« L'outil incontournable
de tout cruciverbiste,
tant le débutant
que le vétéran ! »

Le nouveau dictionnaire des
mots croisés
.... Tome 2

Plus de 5 000 définitions inédites •
Plus de 50 000 nouvelles entrées •
Près de 25 000 mots de •
huit lettres ou plus

NOËL LAZURE

Le **nouveau dictionnaire** des
mots croisés

.......................Tome 2

NOËL LAZURE

Les Éditions
le mieux-être

LE NOUVEAU DICTIONNAIRE DES MOTS CROISÉS – TOME 2
Copyright © 2009, Noël Lazure

Les Éditions le mieux-être
214, rue St-Jacques
Montebello (Québec) Canada
J0V 1L0
Tél. : (819) 423-5604
Site Web : www.lemieuxetre.com

Infographie : Roseau infographie inc.

Dépôt légal – 2009
Bibliothèque nationale du Québec
Bibliothèque nationale du Canada

ISBN 978-2-922969-25-2

Imprimé au Canada

À mon fils, Jean
À ma fille, Laure-Anne
À mes petits-fils, Alexis et Xavier
Qui, au soir de ma vie, me réjouissent et me réconfortent

Remerciements

À mon épouse, Nicole Racine, pour son amour, son appui indé-fectible à mon projet et pour sa patience à me dépanner lorsque j'entrais mes données à l'ordinateur.

Aux trois concepteurs de mots croisés publiés dans les quotidiens québécois. Sans leur permission, cet ouvrage n'aurait pas vu le jour. Je suis ainsi autorisé à citer 1951 définitions créées par monsieur Michel Hannequart. Il en est de même des 1 932 définitions de monsieur Mario Fortier et des 1 310 définitions de monsieur Philippe Dupuis. Ces définitions sont accompagnées dans le texte des initiales de chaque auteur concerné.

Table des matières

Avant-propos

Au Québec, les verbicrucistes ne se contentent pas d'utiliser les définitions des dictionnaires classiques, ils font plutôt preuve de créativité
en inventant parfois de nouvelles définitions. En voici quelques exemples : *n'arrête pas de l'ouvrir (jaseur), station d'épuration (rein), elle
éclate en changeant la face du monde (bagarre).*

Ce tome 2 du Nouveau Dictionnaire des mots croisés présente au
public plus de 5000 définitions inédites (exactement 5193). Elles
font partie d'un ensemble qui comprend plus de 50000 entrées et
qui a nécessité trois ans de travail. Nous présentons aux cruciverbistes un nouvel ouvrage bien à jour qui, nous l'espérons, leur sera
très utile.

Pour en faciliter l'usage, nous rappelons les règles suivantes : les ver-
bes sont employés de façon ordinaire à l'infinitif, les substantifs au
singulier et les adjectifs au masculin.

Mots
de 2 lettres

A besoin d'un lecteur . . . . CD
A bien des émules (MH) . . . . AS
Abraham y serait né . . . . UR
Abréviation d'une province canadienne . . . . . . TN
Abusa sans cœur (PD) . . . . AA
Accord chez Condoleeza . . . . OK
Accord chez George . . . . OK
Accord de la France d'en bas (PD) . . . . OC
Accord d'hier (PD) . . . . OC
Accord du Sud . . . . OC
Adresse informatique . . . . IP
À droite, au bout du couloir (MF) . . . . IR
A dû recevoir un bon coup (MH) . . . . KO
A enrichi le British Museum (MH) . . . . UR
A été mais n'est plus . . . . EX
A été très fouillé . . . . UR
A fini sa course en Égypte (PD) . . . . IO
Agace les parents . . . . NA
À gauche, en principe . . . . PS
Agit sans hâte . . . . AÏ
A inspiré Dumas . . . . IF
À la fin d'adresses Internet . . . . ÇA
À la fin de certaines études . . . . ÈS
À la fin de jour . . . . UR
À la fin de l'amour . . . . UR
À la fin des obsèques . . . . ES
À la fin du parc . . . . RC
À la mairie . . . . IR
À la tête de l'empire . . . . EM
À la tête du client CL
À l'avant-garde . . . . IN
Alberta . . . . AB
Alcoolique qui ne boit plus . . . . AA
À l'entrée d'Issoire . . . . IS
À l'esprit . . . . SU
À l'extrémité du biceps . . . . PS
À l'extrémité du corps . . . . PS
Aliment pour chien . . . . OS
À liquider . . . . DÛ
À lire . . . . NB
À Londres et à Los Angeles . . . . LO
À manipuler avec précaution (PD) . . . . UV
Âme de Marocain (MH) . . . . OC
À moitié bête . . . . BÊ
À moitié rond . . . . RO
Amour vache (PD) . . . . IO
Ancien nom d'un dieu . . . . RÂ
Anciens bons clients de la SAQ (MH) . . . . . . AA
Annonce la venue du sol . . . . FA
A peu de profondeur . . . . RU
A plus d'une face . . . . DÉ
À poil à cause de Zeus (MH) . . . . IO
À poil et à plume . . . . BI
Appartient au groupe des halogènes (MH) . . . . . AT
Apportait sa chaleur aux Égyptiens (PD) . . . . . . RÂ
Apporte un commentaire . . . . NB
À prendre au pied de la lettre (MH) . . . . PS
Après avoir examiné (MH) . . . . VU
Après la chair . . . . OS
A pris le nom de do . . . . UT
A pris un « F » en s'agrandissant (PD) . . . . . . BN
À rapporter . . . . DÛ

Arbre à fruits rouges . . . . IF
A remplacé le disque vynile . . . . CD
À rendre un jour ou l'autre . . . . DÛ
A rendu les hommes fébriles (PD) . . . . OR
À répéter pour galoper (MH) . . . . DA
Armes de poing (MH) . . . . OS
Arriver au bout . . . . ER
Arrive souvent en retard . . . . AÏ
Arrose Ferrare . . . . PÔ
Arrose le Nord . . . . AA
Arrose un peu (MH) . . . . RU
Artère raccourcie (MH) . . . . AV
Article de couture . . . . DÉ
Article inversé . . . . NU
Article partitif . . . . DE, DU
A sa place à l'Université (MH) . . . . ÈS
A ses mines (MH) . . . . OR
A son jour de fête . . . . ST
Associe nos mots . . . . CO
Assurent l'équilibre (PD) . . . . OS
À tout bout de champ (MF) . . . . CP
Attaché à sa chaîne (PD) . . . . OS
Attire l'attention en marge (PD) . . . . NB
Au bas d'une lettre . . . . NB
Au bout de la jetée . . . . ÉE
Au bout de l'Asie . . . . IE
Au bout de l'avenue . . . . UE
Au bout de peines . . . . ES
Au bout des lèvres . . . . ES
Au bout du bâton . . . . ON
Au bout du couteau . . . . AU
Au bout du futur . . . . UR
Au bout du lit . . . . .IT
Au bout du nez . . . . EZ
Au bout du nid . . . . ID
Au bout du rouleau . . . . AU
Au bout du tremplin . . . . IN
Au Burundi . . . . UR
Au centre de la pédale . . . . DA
Au centre de la récréation . . . . ÉA
Au centre du bassin . . . . SS
Au centre du cercle . . . . RC
Au centre d'un aéroport . . . . OP
Au centre d'une légende . . . . NÉ
Au centre du pied . . . . IE
Au centre de Toulon . . . . UL
Au centre du rein . . . . EI
Au centre-ville . . . . EV
Au chevet . . . . EV
Au cœur de dolmen . . . . LM
Au cœur de la brèche . . . . ÈC
Au cœur de la nuit . . . . UI
Au cœur de la rime . . . . IM
Au cœur de la tête . . . . ÊT
Au cœur de l'audience . . . . IE
Au cœur de l'imperméabilité . . . . ÉA
Au cœur des océans . . . . ÉA
Au cœur des FARC . . . . AR
Au cœur du fripon . . . . IP
Au cœur du poulet . . . . UL
Au cœur du tripot . . . . IP
Au cœur du vignoble . . . . NO

Au cou des premiers	OR
Au cou du blasé	OR
Aucune comparaison avec le Saguenay (MH)	RU
Au début de la bouche	BO
Au début de la rue Papineau	PA
Au début du compte	UN
Au début du curriculum vitae	CU
Au début d'un livre	LI
Au fond de l'océan	AN
Au fond du château	AU
Au milieu de la courbe	UR
Au milieu de la mi-carême	AR
Au milieu de la poitrine	TR
Au milieu de la sieste	ES
Au milieu de la source	UR
Au milieu de l'assiette	IE
Au milieu de l'inquiétude	IÉ
Au milieu des nôtres	TR
Au milieu de soap	OA
Au milieu du bassin	SS
Au milieu du chemin	EM
Au milieu du cornet	RN
Au milieu du dessus	SS
Au milieu du dîner	ÎN
Au milieu d'une note	OT
Au milieu du portrait	TR
Au milieu du précédent	ND
Au milieu du seau	EA
Au milieu du secondaire	ND
Au milieu du sein	EI
Au milieu du sermon	RM
Au milieu du tournage	RN
Au moins deux	PL
À une voyelle près d'un ordinateur (MF)	MC
Au pied de la lettre	NB, PS
Au pied de la montagne	MO
Au pied de l'escalier	ES
Au primaire	CM
Au rabais	BA
Aurait pu donner de beaux morceaux de viande (MH)	IO
Aux bords du drap	AP
Aux bouts de déclin	DN
Aux bouts de gratte-ciel	GL
Aux bouts de nous	NS
Aux bouts de tous	TS
Aux bouts de tout	TT
Aux bouts d'ici	II
Aux bouts du bout	BT
Aux bouts du gratte-ciel	GL
Aux bouts du mois	MS
Aux bouts du pied	PD
Aux bouts du poing	PG
Aux bouts du sac	SC
Aux bouts du talon	TN
Aux bouts du terrain	TN
Aux bouts du trip	TP
Aux limites des normes	NS
Avalé de travers (MF)	UB
A valeur d'or	AU
Avant d'être approuvé (PD)	LU
Avant xi	NU

À voile et à vapeur	BI
Bande à part (MF)	CB
Bande organisée (PD)	FM
Belle académie (PD)	NU
Belle à cornes, belle des champs (PD)	IO
Belle carte	AS
Belle des champs (PD)	IO
Belle mésopotamienne (PD)	UR
Belle paire	AS
Belle porteuse de cornes (PD)	IO
Bien en cour (PD)	UR
Bien informé (PD)	ON
Bien plus petit que l'Outaouais	RU
Bien plus que quelques jours (MH)	AN
Bien précieux	OR
Bien rond et mince	CD
Bien sûr	DA
Bique et bouc	BI
Blanc et léger	AL
Bon dans tous les domaines (PD)	AS
Bon départ (PD)	UN
Bon geste	BA
Bonne appréciation	TB
Bonne mine (PD)	HB
Bon ou mauvais, il avance (MH)	AN
Bon pour accord	SI
Bon pour faire un tour (PD)	PI
Bord de rivière	RI
Bordent le galon	GN
Bornée en rouge (PD)	RN
Bouchée de fondu (MH)	ND
Boucher à un bout	ER
Bout de bougie	IE
Bout de chemin	IN
Bout de fil	IL
Bout de lustre (PD)	AN
Bout de mélodie	RÉ
Bout de métal	AL
Bout de poterie	IE
Bout de règle	CM
Bout de route	RO
Bout d'essaim	IM
Bout de tissu	LÉ
Bout de titre (MH)	ÈS
Bout du bout	UT
Bouts de déchet	DT
Bouts de gras	GS
Bouts de nœud	ND
Bouts de quai	AI
Bouts de tronçon	TN
Bradype inversé	IÄ
Brésilien qui ne joue pas au foot (MH)	AÏ
Brillait chez Néfertiti (PD)	RÂ
Brille au-dessus du Nil	RÊ
But de cogneur	KO
But sportif	OR
Cache un ongle	DÉ
Cadeau de Gaspard	OR
Cadeau de nos ancêtres	US
Cadeau de Roi Mage	OR
Capable de gagner une médaille (MH)	AS
Ce gars-là (MF)	IL

Célèbre maîtresse (MH) .... IO
Célèbre pour ses bulles .... AY
Centimètre à l'envers .... MC
Centre de bénévole .... ÉV
Ce que doit faire le 3VI (MH) .... BA
Ce que le dernier n'aura pas .... OR
Certains ont fait la guerre du Vietnam .... GI
Certains ont un col (MH) .... OS
C'est ainsi pour les Anglais .... SO
C'est autour que c'est bon (MH) .... OS
C'est bien peu pour le moulin .... RU
C'est ça en Ontario .... IT
C'est ce qu'il y a autour qui est bon .... OS
C'est ce qu'on voit lorsqu'il est à l'envers (MF) .. LI
C'est entendu .... OK
C'est haut à New-York .... UP
C'est l'abréviation de rad .... RD
C'est le début de la fin (MH) .... PS
C'est le début du succès .... SU
C'est loin d'être neuf (MH) .... UN
C'est pas beaucoup .... UN
C'est pas un nerveux .... AÏ
C'est peu CL
C'est peut-être plus difficile pour eux pendant le temps
des fêtes (MH) .... AA
C'est pratiquement la fin du suspense .... NS
C'est presque sûr .... SR
C'est un édenté .... AÏ
C'est un genre .... SF
C'était O.K. (MH) .... OC
Change généralement la finale (MH) .... PL
Chaque couleur a le sien .... AS
Chef de bande .... AL
Chez Clovis .... OV
Chez la femme .... EM
Chez les femmes et les hommes .... MM
Chez les géants .... ÉA
Chez les Grecs .... MU, NU, PI
Chez le truand .... UA
Chez Miss Rice (PD) .... US
Chez papa .... PP
Chez Sade et Baudelaire .... AD
Chez Viviane VV
Classe de primaire (PD) .... CM
Club de foot (PD) .... OM
Cœur de bonsaï .... NS
Cœur de bourreau .... RR
Cœur de brie .... RI
Cœur de chiite II
Cœur de denrée .... NR
Cœur de gisement .... EM
Cœur de narval .... RV
Cœur d'infidèle .... ID
Coin de France .... IS
Collées en pensée (MH) .... NS
Comble tout bon berger (MH) .... OS
Comme au premier jour (PD) .... NU
Commence dans le froid (MH) .... AN
Commence en janvier .... AN
Commence en plein jour .... PM
Commence par se faire enguirlander, finit par se faire
décorer (MH) .... GI

Comme une vie sans tête (MH) .... IE
Compagnie qui a déraillé (MF) .... CP
Compagnie qui n'est plus en voiture (MF) .... GM
Compagnie qui peut dérailler (MF) .... CN
Complètement découvert .... NU
Complètent les cours (PD) .... TP
Conclue à la fin .... UE
Connu grâce à des tests .... QI
Connu pour sa lenteur .... AÏ
Constitue la charpente des vertébrés .... OS
Couché sans histoire (MH) .... KO
Coule dans les deux sens (PD) .... AA
Coule en campagne (PD) .... RU
Couleur renversée (MF) .... RO
Coup de main .... BA
Coups sur la peau (PD) .... RA
Courant avril (PD) .... RI
Cour sage (MH) .... RU
Cours court (PD) .... RU
Cours du Nord .... AA
Craint le froid .... NU
Dans ce bas monde (PD) .... NÉ
Dans certains jouets (MH) .... PB
Danse, musique et poésie .... NO
Dans la bagarre .... BG
Dans la bergerie .... GE
Dans la boue et la gadoue .... UE
Dans la braise .... AI
Dans la caféine .... FÉ
Dans la cagnotte .... NO
Dans la caisse .... SS
Dans la cale .... AL
Dans la cible .... IB
Dans la circonstance .... NS
Dans la cour .... UR
Dans la gamme .... GM
Dans l'agenda .... ND
Dans la liasse .... IA, LA
Dans la paella .... EL
Dans la poubelle .... BE
Dans l'Atlantique .... RÉ
Dans la tour .... UR
Dans l'autobus .... OB
Dans le bassin .... IN
Dans le besoin .... SO
Dans le beurre .... UR
Dans le biberon .... IB
Dans le bide .... ID
Dans le bol .... OL
Dans le bordeaux .... RD
Dans le bus .... US
Dans le calendrier .... ND
Dans le ciel .... IE
Dans le coin .... CN
Dans le fond du dépanneur (MH) .... UR
Dans le genre .... NR
Dans le germe .... ER
Dans le ide .... ID
Dans le lit .... LT
Dans le nom de plusieurs centrales .... LG
Dans l'ensemble .... NS
Dans le paquet .... AS

Dans le pâturage .... UR	De le .... DU
Dans le pétrin .... TR	Demi café .... KA
Dans le plat .... AT	Demi Parisien .... TI
Dans le poêlon .... ÊL	Demi sens .... NS
Dans le pot .... OT	Départ de suite (PD) .... UT
Dans le pot-au-feu .... OS	Départ primaire, départ scolaire (PD) .... CP
Dans le propos .... OP	Dépouillé de tout artifice .... NU
Dans le quiproquo .... QO	Dernière idée .... PS
Dans le rosbif .... SB	Des chiffres et une lettre (PD) .... PI
Dans l'erreur .... ER	Des gens la regardent, d'autres l'écoutent (MF) .. TV
Dans le sable .... SB	Des hommes, des femmes .... ON
Dans les dents .... EN	Désigne la première personne du singulier .... ME
Dans les mains .... OS	Des notes, des vers et des pas .... NO
Dans les nouilles .... UI	Des pieds à la tête .... OS
Dans les pattes .... TT	Des restes .... OS
Dans les règles .... ÈG	Des sons et des images (MH) .... TV
Dans les rêves .... ÊV	Des tonnes d'octets (MH) .... GO
Dans les tropiques .... OP	De un à six (PD) .... DÉ
Dans le temps .... EM	Deux d'un duo .... UO
Dans le titre d'un livre de Stephen King ...... OS	Deux fois dans le tiroir (PD) .... IR
Dans le ton (MF) .... IN	Deux lettres qui sont au bout d'une lettre (MF) .. PS
Dans l'herbe .... ER	Deux plus quatre VI
Dans l'inconscient .... ÇA	Deux points .... SE, SN
Dans nos habitudes .... US	Deux rouges, deux noires (MH) .... AS
Dans sa spécialité, il est difficile à battre (MH) .. AÏ	Difficile de faire mieux (PD) .... TB
Dans un bourbier .... RB	Dirige la mine, le crayon (MH) .... TÉ
Dans un château de cartes, il est comme les autres (MH) .... AS	Dit plus qu'il ne sait (PD) .... ON
Dans un paquet .... AS	Divisé en quatre .... AN
Début d'abcès .... AB	Division d'une règle .... CM
Début d'abus .... AB	Dix moins six IV
Début d'accès .... AC	Document de travail (MH) CV
Début d'attaque .... AT	Do d'avant .... UT
Début d'attente .... AT	Donne de l'aplomb (MH) .... VÉ
Début d'avril .... AV	Donne toute sa mesure à Pékin (PD) LI
Début d'éclipse .... ÉC	Doublé dans le tutu (PD) .... UU
Début de gamme .... GA	Doublé pour le dessert (PD) .... BA
Début de grippe .... GR	Doublé romain II
Début de pépin .... PÉ	Double tout .... BI
Début de pneumonie .... PN	Douze heures .... AM
Début de présentation .... PR	Du bronze chez les Romains .... AS
Début de rang .... UN	Du papier pour le mur .... LÉ
Début de rhumatisme .... RH	Du passé et du présent pour le futur (MH) CV
Début de rhume .... RH	Eau ou à l'eau (MH) .... AA
Début de route .... RO	Eau russe .... OB
Début d'escale .... ES	Échelle au labo (PD) .... PH
Début d'escarmouche .... ES	Écran au foyer (PD) .... PC
Début d'espoir .... ES	Édenté d'Amérique .... AÏ
Début de tombe .... TO	Élément de jeu .... DÉ
Début de traverse .... TR	Élément péjoratif .... ME
Début d'événement .... ÉV	Éléphants en campagne (PD) .... PS
Début d'identification .... ID	Élevé phonétiquement (MH) IC
Début d'impasse .... IM	Elle avait de beaux grands yeux (MH) .... IO
Début d'otite .... OT	Elle est en ruines .... UR
Début double (MH) .... AA	Elle est située en Iraq .... UR
Début d'une œuvre .... OE	Elle est très regardée (MF) .... TV
Début d'uvéite .... UV	Elle fit meuh .... IO
De dis et va .... DA	Elle nous a à l'œil (MH) .... SQ
Défend en principe les travailleurs ...... FO	Émetteur-récepteur .... CB
Dégèle rapidement .... RU	En abondance .... ND
Degré musical ...... DO, FA, LA, MI, RÉ, SI, UT	En accéléré .... ÉL
De la tête aux pieds (MH) .... OS	En accord .... CO
	En action .... TI

En Algérie .... ÉR
En allemand .... EM
En aparté .... AR
En argent .... GE
En arrière .... IÈ
En arrière à chaque bout .... AE
En automne .... MN
En auto-stop .... OS
En avance .... AN
En avant-garde .... TG
En avant-poste .... TP
En avril .... RI
En berne .... RN
En bleu .... LE
En boîte .... BO, ÎT
En Bolivie LV
En boule .... UL
En Bourgogne .... IS, UR
En bourse .... UR
En bouts de rayon .... RN
Encadrent l'armée .... AE
Encadrent le bail .... BL
Encadrent le mineur .... MR
Encadrent l'énergie .... ÉE
Encadrent les gendarmes .... GS
Encadrent les lettres, nos mots .... AZ
Encadrent le sourd .... SD
Encadrent le témoin .... TN
Encadrent l'hôpital .... HL
Encadrent tous .... TS
Encadrent tout .... TT
En caisse .... SS
En canot .... NO
En caoutchouc .... TC
En catimini .... IM
En causant .... US
En cavale .... VA
En chantier .... AN
En chemin .... EM
En classe .... AS
En confiance .... AN
En conserve .... NS
En consigne .... NS
Encore quelques mots .... PS
En criant .... RI
En crise .... CR
En crue .... CR
En cure .... UR
En dansant .... NS
En décembre .... EM
En dedans .... DA
En demi-lune .... LU
En dernier .... PS
En désordre .... RD, SO
En disgrâce .... GR
En droit et en devoir .... DR
En entrée .... TR
En entrevue .... EV
Énergie sur le Nil (PD) .... KA
Énerve les parents .... NA
En espagnol .... AG
En Europe .... OP

En examen .... AM
En expansion .... NS
En faïence .... ÏE
En faisceau .... SC
En final .... AL
Enfin dehors (MH) .... NÉ
En fin de vie .... IE
En forme de lettre .... TÉ
En France .... AN, FR
En friche .... FR
En fuite .... UI
En galopant .... OP
En Gaspésie .... ÉS
En général, on arrose son arrivée (MH) ...... AN
En glissant .... SS
En grève .... ÈV
En grondant .... ND
En harmonie .... MO
En hausse .... US
En haut de la hiérarchie .... DG
En hiver .... VE
En inox .... NO
En instance .... AN
En janvier .... IE
En jasant .... SA
En jaune sur les cartes (PD) .... RD
En liasse .... IA
En liesse .... ES
En lisant .... SA
En main .... IN
En marche .... RC
En marge .... RG
En marge pour attirer l'attention (PD) ...... NB
En mémoire .... MM
En miettes .... IE
En moins .... NS
En occident .... ID
En onde .... ND
En option .... TI
Énormément d'octets .... GO
En panne .... NN
En paquet .... AS
En partie .... TI
En peine .... EI
En pensée .... NS
En pension .... NS
En perte .... PE
En pierre .... IE, RR
En place .... AC
En plein bois .... OI
En plein ciel .... IE
En pleine course .... UR
En pleine création .... AT
En pleine guerre .... ER
En plein samedi .... ME
En plein scandale .... ND
En pleurant, en pleurs .... UR
En plongée .... LO
En plus .... PL
En pointe .... IN
En prime .... PM
En priorité .... IO

En prise	IS
En prison	RI
En province	VI
En région	GI
En règles	ÈG
En reste	RS
En résumé	SU
En rêve	ÊV
En rogne	OG
En rouge sur les cartes (PD)	RN
En route	RO, UT
En sanscrit	NS
En scène	SC
En sécurité	UR
En Seine	EI
En souffrance	DÛ
En sourdine	UR
En souvenir	VE
En sprint	RI
En suite	UI
En surnombre	NO
En surplus	PL
En tandem	ND
En tenue pour la pause (PD)	NU
En titre	TR
En tournage	RN
En tournant	UR
En traînant	ÎN
En transe	AN
En travaux	TR
En travers	AV
Entre deux adversaires, deux boxeurs (MF)	VS
Entrée de gravelle (MF)	GR
Entrée d'impasse	IM
Entrée d'impôt	IM
Entrée du garage (PD)	GA
En trop	OP, TR
En Turquie	UR
En vente	VT
En vérité	RI
En vitesse	VT
Envoyé en Irak	GI
Éreinter aux deux bouts	ÉR
Ergoter à chaque bout	ER
Espace de Montréal (MH)	GO
Essentiel pour bien des jeux	DÉ
Est passé de la cellule à l'écran (PD)	PC
Est peu profond	RU
Est rouge ou noir	AS
Était à l'embouchure de l'Euphrate	UR
Était en bronze	AS
Était là avant	EX
Étendue d'un pâté chinois (MF)	LI
Étendu pour un certain temps (MH)	KO
Être en deuxième	ES
Eut l'air bête	IO
Eut le temps de ruminer	IO
Évoque l'université	ÈS
Évoque un transport	CN
Examiné à l'envers	UV
Exclamation enfantine	NA
Expression de pionnier	BA

Exprime l'affection	VA
Extraterrestre d'Hollywood	ET
Extrémités de l'islam	IM
Facile à emballer (PD)	CD
Facile à rattraper, à suivre (MH)	AÏ
Facilement plaqué	OR
Façon de vivre	US
Faisaient des excès (MH)	AA
Fait des bulles	AY
Fait marcher (PD)	GR
Fait partie de l'armée	GI
Fait partie des points intermédiaires	NE
Fait redoubler (PD)	BI
Fait son entrée quand il fait froid	AN
Fait tomber le roi (PD)	AS
Fait un tour avant de repartir (PD)	AN
Fenêtre ouverte sur le monde (MH)	TV
Fermé en Ontario	NO
Fin d'audience	CE
Fin de conflit	IT
Fin de journée	ÉE
Fin de la fin	IN
Fin de missive (MH)	PS
Fin de partie	IE
Fin de semaines	ES
Fin de thérapie	IE
Finir à la fin	IR
Finit à midi	AM
Finit sa course en Égypte (PD)	IO
Flue doucement (MH)	RU
Fonctionne à l'envers (MH)	AV
Fonctionne au ralenti (MH)	AÏ
Font partie d'une belle distribution (MH)	AS
Font tourner les usines (PD)	OS
Forme de savoir	SU
Forme raccourcie d'une opposition (MH)	VS
Forte carte	AS
Fourrent leur nez partout (PD)	RG
François-Xavier	FX
Fut dans le coup (PD)	IN
Fut ruinée par les Amorites	UR
Gamme-poids	GP
Garde l'anonymat (PD)	ON
Gardiens de camps (MH)	SS
Genre littéraire (PD)	SF
Grâce à eux, on garde la forme (MF)	OS
Grand cœur (PD)	AS
Grand dans son domaine	AS
Grand dieu	RÂ
Grande école pour les petits (PD)	CP
Grand-mère de Zeus	GÊ
Ha la vache (MH)	IO
Homme de théâtre italien	FO
Homme de troupe (MH)	GI
Homme qui n'a plus rien à découvrir (MF)	NU
Huit moins six	II
Il amorce bien cette définition (MF)	IL
Il a peut-être été remplacé	EX
Il a soif, mais ne boit pas (MF)	AA
Il attire les voleurs	OR
Il augmente la valeur d'une main	AS
Il a un petit régime	RU

Il a vingt-et-un points . . . . DÉ
Il brille . . . . AL
Il change à la fin . . . . AN
Il comble la mesure des Chinois LI
Il commence par un repas en famille . . . . AN
Il défait toutes les figures . . . . AS
Il est blanc et léger . . . . AL
Il est brillant . . . . SN
Il est en règle (MH) . . . . CM
Il est enterré par le berger (MF) . . . . OS
Il est en tête . . . . AS
Il est habile . . . . AS
Il est idéal pour boxer (MF) . . . . OS
Il est membre d'une troupe . . . . GI
Il est nonchalant (MH) . . . . AÏ
Il est possible de le mesurer . . . . QI
Il est presque rouge (MH) . . . . CU
Il est retourné LI
Il est si anglais . . . . IF
Il est tout vert avec du rouge (MH) . . . . IF
Il est très articulé (MF) . . . . OS
Il était adoré . . . . RÂ
Ile touristique . . . . RÉ
Il fait le compte . . . . CA
Il faut le retourner pour bien montrer (MH) . . . . EC
Il inclut un choix . . . . OU
Il ne boit plus d'alcool . . . . AA
Il ne craint plus le roi (MF) . . . . AS
Il n'encaisse plus les coups (MF) . . . . AA
Il ne sert à rien sans son (MF) . . . . DB
Il n'est pas beau, mais tout le monde l'aime (MF) . .
. . . . ET
Il n'est pas rapide . . . . AÏ
Îlot d'isolement . . . . IF
Il peut indiquer la base . . . . PH
Il peut renverser le roi . . . . AS
Il peut révéler que la situation est neutre . . . . . PH
Il portait un uniforme . . . . SS
Il se cache derrière le moi (MF) . . . . ÇA
Ils sont au régime sec (MH) . . . . AA
Ils sont populaires . . . . US
Il suffit d'un pas pour le passer (MH) . . . . . . RU
Il ternit s'il n'est pas poli . . . . OR
Il vaut parfois moins qu'un deux de pique (MF) . . AS
Il voulait toujours retourner à la maison . . . . . ET
Il vous donne le choix . . . . OU
Images et bulles (PD) . . . . BD
Images et sons . . . . TV
Inconnu célèbre (PD) . . . . ON
Inconnu populaire (PD) . . . . ON
Indique le mépris . . . . FI
Indique le moment . . . . EN
Indique les dimensions . . . . HL
Indique l'origine . . . . DE
Individu qui n'est plus sûr de son coup (MF) . . AA
Initiales de l'actrice Laure CL
Initiales de l'auteur de « Lance et compte » . . . . . RT
Initiales de l'ex-président américain Roosevelt . . TB
Initiales de Roch Voisine . . . . RV
Initiales du joueur de hockey ayant remporté le plus
de coupes Stanley . . . . HR
Initialcs d'un directeur de Star Académie . . . . . . RS

Intéressent les voyageurs . . . . US
Introduit la licence . . . . ÈS
Invisible ou aperçu à l'envers (MH) . . . . UV
Italien qui écrit . . . . FO
Italien qui fait du théâtre . . . . FO
Je l'utilise avec les miens (MF) . . . . TU
Joli cœur (PD) . . . . AS
Jouet du hasard . . . . DÉ
La chose qui l'est aujourd'hui ne le sera plus dans
quelque temps (MF) . . . . IN
La couturière l'a mis à l'index . . . . DÉ
La fin des temps (MF) . . . . PS
La fin du cauchemar . . . . AR
La fin du roman . . . . AN
La fin du vinyle . . . . CD
La grève de la SAQ ne les dérange pas (MH) . . AA
La majorité des gens (MF) . . . . ON
La moitié de cent . . . . NT
La moitié de deux . . . . UX
La moitié de la moitié du mec (nana) . . . . NA
La moitié de huit . . . . UI
La moitié d'une obsession . . . . DA
La moitié d'un gâteau . . . . BA
La moitié d'un poupon . . . . BÉ
La moitié d'un sens . . . . NS
La moitié du petit . . . . BÉ
Lancé en piste . . . . DÉ
Lanterne rouge (MH) . . . . AÏ
La part de VGE . . . . PR
La plus haute marche . . . . OR
La première à sortir du chaos (PD) . . . . GÊ
Le Canada devait en rapporter de Turin . . . . . OR
Le cinquième est caché (MH) . . . . AS
Le corps humain en contient 206 . . . . OS
Le début de la cueillette . . . . CU
Le début de la suite . . . . SU
Le début du bonheur . . . . BO
Le début et la fin du canal de Suez . . . . SZ
Le dessinateur l'apprécie . . . . TÉ
Le neuvième art . . . . BD
Le pirate le grave (MF) . . . . CD
Le plus souvent, change la finale . . . . PL
Le pouce . . . . UN
Le premier est l'aîné . . . . NÉ
Le quatorzième chez les Grecs XI
Les aventures d'Astérix . . . . BD
Les choses le sont toujours temporairement (MF) . .
. . . . IN
Les deux premières lettres . . . . AB
Le sexe (MF) . . . . ÇA
Les fesses à l'air . . . . NU
Les Glorieux . . . . CH
Les hommes y passent plus de temps que les femmes
(MF) . . . . PC
Le tiers d'ypréau . . . . YP
Lettres dans la lettre . . . . TT
Lettres de commande . . . . MD
Lettres de danger . . . . NG
Lettres de direction . . . . DI
Lettres de facteur (PD) . . . . RH
Lettres de présentation (PD) CV
Lettres de recours . . . . RC

Lettres de rencontre	RC
Lettres d'espoir	SP
Lettres de tendresse	TD
Lettres de tentation	IN
Lettres de Toulon	TL
Lettres d'Hugo	UG
Lettres numérales	ID
Lettres pour une embauche (PD)	CV
Le voleur qui l'est a peur d'être pris (MF)	VU
L'extension des Têtes à claques (MH)	TV
Lieu d'origine de Tarzan	BD
Livré en barres (PD)	OR
Logarithme népérien	LN
L'olympien en rêve	OR
Long ruban de la Botte (PD)	PÔ
Long sentier	GR
Longs ou plats	OS
Maintenant en Irak	UR
Maintenant réel	NÉ
Maître carré (MH)	AS
Mangea debout un certain temps (MH)	IO
Manières d'agir	US
Manifestation des plus jeunes	DA
Marcha à quatre pattes (MH)	IO
Marché à l'envers, à reculons (va)	AV
Marche au ralenti	AÏ
Marie raccourcie (PD)	ND
Marque de dégoût	FI
Marque de volonté	NA
Marque la provenance	DE
Marque la proximité	CI
Marque l'état	EN
Marque une position	EN
Mauvais clients de brasseries, pour la SAQ	AA
Meilleur que les autres (MH)	AS
Meitnerium	MT
Mène à la baguette	RA
Mention postale	EV
Mesure au labo	PH
Mesure de disque	GO
Mesure d'énergie	EV
Mesure de niveau (MH)	QI
Mesure du bout du monde (PD)	LI
Mesure en raccourci (PD)	CM
Mesure inversée	MC
Mesure sur la muraille (PD)	LI
Mesure très discutable	QI
Métal très dur	TA
Met en opposition	VS
Meurt dans le froid (MH)	AN
Mise en réserve	RS
Mises au rebut	EB
Mis hors circuit (PD)	KO
Mode d'emplois	CV
Moins de cinq	IV
Moins de dix	VI
Moitié de journée	AM
Montre que l'on regarde durant sa retraite (MF)	OR
Morceau de beurre	UR
Morceau de gigot	IG
Morceau de lustre	AN
Morceau de musique	OP

Morceau de toile	LÉ
Morceau de tourtière	IÈ
Mot utilisé à une condition	SI
N'a rien de singulier (MH)	PL
N'arrose plus comme avant	AA
Ne bondit pas (MH)	AÏ
Ne brusque rien (MH)	AÏ
Ne concerne pas le passé (MH)	SF
Ne dure pas toute la journée	AM
Ne fait plus partie du quotidien	EX
Ne fut pas toujours une bête à cornes (MH)	IO
Négation renversée (ni)	IN
Ne l'était pas de son vivant	ST
Ne peuvent se plier à nos exigences (MF)	OS
Ne picolent plus	AA
Ne se joue pas seul	GO
Ne se lit pas au début	PS
Ne se montre jamais (PD)	ON
Ne sent pas l'alcool (MH)	AA
Ne se presse pas	AÏ
Ne se répond plus	OC
Ne sert que quand on s'arrête à 12	PM
Ne s'humectent plus le gosier (MH)	AA
Ne sont plus clients des brasseries (MH)	AA
N'est jamais essoufflé (MH)	AÏ
N'est pas divisible	UN
Ne titubent plus	AA
N'évoque pas le futur	EX
N'offre pas toujours à boire (MH)	AA
Noir pompé (MF)	OR
Noirs ou rouges	AS
Nombreux en main	OS
Nom d'un espace montréalais	GO
Nom d'un golfe	OB
Non-croyant au son (MH)	AT
Non pour les Anglais	NO
N'ont pas peur des barrages (MH)	AA
N'ont plus la gueule de bois (MH)	AA
Note inversée	IS
Notre expérience de travail (MF)	CV
Nous aident à tenir debout (PD)	OS
Nous pour les Anglais	US
Nouveau en janvier	AN
Nuit et jour (MH)	AM
Numéro un	AS
Observés en voyage	US
Obtenu au son	HT
On aimerait tous en être couverts (MF)	OR
On aimerait tous en être pleins (MF)	AS
On a qu'à allonger le pas pour le passer (MH)	RU
On dit que les hommes y pensent plus souvent que les femmes (MF)	ÇA
On en a le tiers de passé	AN
On en a plein les mains (MH)	OS
On fait le plein du noir (MF)	OR
On l'a aimé	EX
On l'admire (MH)	AS
On l'adorait	RÂ
On le conjugue avant nous	IL
On le consulte	DR, MD
On le coupe avec un atout	AS
On l'écoute (MF)	CD

On l'écoute en stéréo . . . . FM
On l'écrit au début du livre LI
On le fait dans l'indifférence . . . . FI
On le fait jouer pour danser (MF) . . . . CD
On le fête . . . . ST
On le récolte en plantant ses adversaires (MF) . . OR
On le retrouve souvent sur une monture (MF) . . OR
On l'est pour faire comme les autres (MF) . . . . . IN
On le taille . . . . IF
On ne le reconnaît pas quand il a le dos tourné (MH)
. . . . AS
On ne le voit plus . . . . EX
On ne peut pas y voguer . . . . RU
On n'y verra pas de gros poissons (MH) . . . . . . RU
On passe à l'action dès qu'on l'entend . . . . . . GO
On peut en avoir au cou . . . . OR
On sait bien qu'ils sont là, mais on ne veut pas les
voir (MH) . . . . OS
Ont tendance à se perdre . . . . US
On voit ceux des maigres . . . . OS
On y a longtemps fait le plein au Québec (MF) . . BP
On y a rattaché une souris (PD) . . . . PC
Opposition du gouvernement fédéral (MH) . . . . NO
Ouverture de gamme . . . . DO, UT
Ouverture des comptes (PD) . . . . UN
Ouvre la fermeture . . . . FE
Ouvre le choix . . . . OU
Ouvre le garage (PD) . . . . GA
Ouvre les comptes (PD) . . . . UN
Ouvre les livres LI
Ouvre le tiroir (PD) . . . . TI
Pan dans la jupe (PD) . . . . LÉ
Paresse dans les arbres (PD) . . . . AÏ
Parfois portatif . . . . PC
Parlaient allemand . . . . SS
Parle beaucoup (PD) . . . . ON
Parmi la population, sa moyenne est de 100 . . . . QI
Part de gâteau . . . . GÂ
Part d'ombre . . . . OM
Parti à gauche (PD) . . . . RC
Particule élémentaire . . . . MU
Particule fondamentale (MH) . . . . PI
Parti dans la tourmente (PD) . . . . PS
Partie de bridge . . . . AS, ID
Partie de curling . . . . UR
Partie de domino, de jeu . . . . AS
Partie de la bouteille CL
Partie de Mikado . . . . KA
Partie de monopoly . . . . OP
Partie de palette . . . . OS
Partie de pétanque . . . . AN
Partie de plaisir . . . . PL
Partie de scrabble . . . . SC
Partie de tournoi . . . . RN
Partie d'huitres . . . . TR
Partie du cale-pied . . . . IE
Partie du cœur . . . . AS
Parti en France . . . . FN
Partie verticale d'une jupe (MF) . . . . LÉ
Parti pour se séparer . . . . PQ
Parti pris . . . . PR
Pas accompagné . . . . NU

Pas chinois LI
Pas dans le ventre . . . . OS
Pas déguisé . . . . NU
Pas démodé . . . . IN
Pas à eux . . . . TA
Pas mal (PD) . . . . AB
Pas poussiéreux (MH) . . . . IN
Pas protégé . . . . NU
Pas rococo (MH) . . . . IN
Passa du médecin au vétérinaire (MH) . . . . IO
Passé au peigne fin (MH) . . . . UR
Passé et présent pour demain (MH) CV
Passe-temps . . . . TV
Pas toujours plat . . . . OS
Pas tout à fait loin . . . . LO
Pas très actif, pas très nerveux, pas véloce (MH) . . AÏ
Patois chinois . . . . WU
Permet de garder l'anonymat (PD) . . . . ON
Permet d'en rajouter (MH) . . . . PS
Permet de prendre ses distances (MH) . . . . KM
Personnel inversé, renversé (me) . . . . EM
Petit à un bout . . . . IT
Petit blanc léger (MH) . . . . AL
Petit caprice (MH) . . . . NA
Petit chez les bêtes (MF) . . . . QI
Petit coin de paradis . . . . PA
Petite anglaise nerveuse (PD) . . . . MG
Petit écran . . . . TV
Petite invention utile aux couturières . . . . DÉ
Petit exemple . . . . EX
Petit jeu pour deux . . . . GO
Petit morceau cubique . . . . DÉ
Petit patron d'une grande entreprise (PD) . . . . . ST
Petit poids . . . . GR
Petit problème . . . . OS
Petit supplément . . . . PS
Peu d'eau . . . . RU
Peu propice à la natation . . . . RU
Peut abrutir . . . . TV
Peut donc être approuvé (PD) . . . . LU
Peut nous faire gagner . . . . AS
Peut se déboîter . . . . OS
Peut se diviser en quatre (MH) . . . . AN
Peut se réclamer . . . . DÛ
Peut venir au musée (PD) . . . . NU
Peuvent se luxer . . . . OS
Pleine de lignes, par définition (MH) . . . . TV
Plein soleil sur Louxor (PD) . . . . RÂ
Plus en mère . . . . NÉ
Plus grande depuis qu'elle a pris un F (PD) . . . BN
Plusieurs sont morts au Vietnam . . . . GI
Plus là . . . . BU
Plus léger . . . . NU
Poème de Kipling . . . . IF
Point de base . . . . UN
Point de départ . . . . GO
Point du temps . . . . AN
Pointes de soleil . . . . SL
Points opposés . . . . OE
Populaire pour un temps (MF) . . . . IN
Porteuse de cornes (PD) . . . . IO
Pose problème . . . . OS

Possession retournée (ta) . . . . AT
Pour abréger . . . . ID
Pour accentuer . . . . AH
Pour accrocher le lecteur (PD) . . . . NB
Pour attirer l'attention . . . . HÉ, NB
Pour attirer l'attention du lecteur (MF) . . . . NB, PS
Pour celui qui franchit le premier la ligne d'arrivée
. . . . OR
Pourchassée par Héra . . . . IO
Pour faire des lignes . . . . TÉ
Pour faire facilement le tour (PD) . . . . PI
Pour l'entendre, il faut le faire jouer . . . . CD
Pour le premier . . . . OR
Pour le premier tour du cadran . . . . AM
Pour le remporter, il faut gagner . . . . OR
Pour les gens sobres (MF) . . . . AA
Pour les yeux et les oreilles (MH) . . . . NÔ
Pour mettre d'aplomb . . . . VÉ
Pour mettre tout le monde d'accord (PD) . . . . LA
Pour montrer . . . . CE
Pourra être approuvé (PD) . . . . LU
Pour redoubler . . . . BI
Pour renforcer . . . . OH
Pour rester dans l'ombre . . . . ON
Pour se faire un bon fond (PD) . . . . OS
Pour situer un morceau . . . . OP
Poursuivie par Héra . . . . IO
Pour trouver la paix intérieure (MF) . . . . OM
Pour un livre plein de bons mots (PD) . . . . . . OR
Pour un poulet local . . . . EV
Précise le doctorat . . . . ÈS
Premier de portée . . . . DO
Prend de la hauteur quand il est contre (PD) . . . UT
Prend fin à chaque jour (PD) . . . . AN
Prend fin au milieu du réveillon, en pleine nuit (MH)
. . . . PM
Prend part à un jeu . . . . AS
Prend peu de place mais contient beaucoup (MH)
. . . . CD
Prend son temps dans ses déplacements (PD) . . . AÏ
Prennent les journées une à la fois (MH) . . . . . AA
Prénom de quelqu'un ayant fait fortune durant la
prohibition . . . . AL
Préparation militaire . . . . PM
Préposition raccourcie . . . . VS
Près d'Épernay, près de Reims . . . . AY
Présenté à tous (MH) . . . . NÉ
Presque la mer . . . . MR
Presque lus . . . . LS
Presque nus . . . . NS
Pris à l'écart . . . . ÉC
Pris au déjeuner . . . . EU
Pris de haut . . . . HT
Prise dans l'épuisette . . . . ÉP
Pris en adoption . . . . OP
Pris en chasse . . . . AS
Pris en estime . . . . TI
Pris en horreur . . . . HR
Pris en liberté . . . . IB
Promet d'en dire plus . . . . PS
Pronom inversé . . . . ES
Propos du Sud (PD) . . . . OC

Proposition raccourcie . . . . VS
Protection extrême (PD) . . . . DÉ
Protège les extrémités (PD) . . . . DÉ
Qualifie des rayons . . . . UV
Quand il se déplace, on a mal (MF) . . . . OS
Quand on en a qu'un, on mange dans une chaise haute
(MF) . . . . AN
Quand on en a qu'un, on ne mange pas seul (MF) . .
. . . . AN
Quand on en est un paquet, c'est qu'on n'est pas gras
(MF) . . . . OS
Quartier de quartier . . . . AR
Quelque part en Algérie . . . . RI
Quelques mots . . . . PS
Quelqu'un a été vache avec elle (MH) . . . . . . IO
Que son père peut enfin sentir (MF) . . . . NÉ
Queue de cheval . . . . AL
Queue de flétan . . . . AN
Queue de homard . . . . RD
Queue de maquereau . . . . AU
Queue de persil IL
Queue de renard . . . . RD
Qui a besoin d'une première couche (MF) . . . . NÉ
Qui a son compte . . . . KO
Qui craint le froid . . . . NU
Qui doit être épongé . . . . DÛ
Qu'il a certainement fallu apprendre (PD) . . . . SU
Qu'il faudra rendre . . . . DÛ
Qui m'est passé par la tête (MF) . . . . LU
Qui n'a ni haut ni bas (MF) . . . . NU
Qui n'a pas été payé . . . . DÛ
Qui n'a plus d'effets . . . . NU
Qui n'a plus de hauts et de bas, qui n'a plus rien à
cacher . . . . NU
Qui n'a rien sur le dos . . . . NU
Qui n'aura plus de cordon bientôt (MF) . . . . . . NÉ
Qui ne prend plus un coup (MF) . . . . AA
Qui n'est plus dans le ventre, dans la peau de l'autre
(MF) . . . . NÉ
Qui sera bientôt dans le bain (MF) . . . . NU
Qui soulage enfin sa mère (MF) . . . . NÉ
Qui s'y frotte s'y pique (MF) . . . . IF
Qu'un seul, c'est peu (MH) CL
Racine de baobab . . . . AB
Rapporte beaucoup (PD) . . . . ON
Rapporte tout . . . . RG
Rayonnait sur le Nil (PD) . . . . RÊ
Refuge pour les rats (PD) . . . . OR
Refus à la Maison Blanche . . . . NO
Regardé à l'envers (vu) . . . . UV
Rejoint la mer du Nord . . . . AA
Remarque importante . . . . NB
Remis en ordre en attendant le prochain tour (PD)
. . . . PS
Rempli d'eau (MF) . . . . RU
Renforce l'accord, l'affirmation . . . . DA
Répète au petit . . . . BÉ
Réponse de l'ouest (MH) . . . . NO
Réponse d'Ottawa (MH) . . . . NO
Réservé au premier . . . . OR
Résistent mal aux chutes . . . . OS
Résistible dans son ascension (PD) . . . . UI

Reste de lapin à la moutarde . . . . OS
Reste seul (PD) . . . . UN
Résumé de carrière, d'une partie de la vie CV
Retenu à la source (MH) . . . . UR
Revient au plus rapide (MH) . . . . OR
Rhésus . . . . RH
Romains chez Verdi . . . . DI
Roule en piste . . . . DÉ
Rouler dessus met à l'aise (PD) . . . . OR
Rutherfordium . . . . RF
S'abattent avec plaisir . . . . AS
Sait beaucoup de choses (PD) . . . . ON
Salut les copains . . . . YO
Sanctionnée à l'université (PD) . . . . UV
Sans dessous dessus (PD) . . . . NU
Sans effets mais peut en faire (PD) . . . . NU
Sans eux, on aurait les jambes molles (MH) . . OS
Sans rien sur le dos . . . . NU
Sans travail . . . . BS
S'arrête à 12 . . . . AM
S'articulent ensemble . . . . OS
Se cherche dans l'opposition (PD) . . . . PS
Se démarque des autres . . . . AS
Se déplace bien lentement . . . . AÏ
Se détourne facilement . . . . RU
Se dit d'une langue . . . . OC
Se dit d'un verre vide . . . . BU
Se donne en spectacle à Tokyo . . . . NÔ
Se fait prier au jour le jour . . . . ST
Se foutaient bien de la grève à la SAQ (MH) . . AA
Se jette quelque part . . . . RU
Sept plus quatre XI
Sera peut-être décoré . . . . GI
Se répond à Ottawa . . . . NO
Se retrouva avec deux pieds de plus (MH) . . . . IO
Se retrouve comme un verre . . . . NU
Sert à caler . . . . VÉ
Se saute facilement (MH) . . . . RU
Ses habitants sont des Agéens . . . . AY
Ses héros sont pris dans leurs bulles (MF) . . . . BD
Ses titres sont vendus très cher . . . . OR
Se suivent dans le courrier . . . . UR
Se suivent dans un va-et-vient (MH) . . . . TV
Se suivent en arrière . . . . RR
Se suivent en entrant . . . . TR
Se suivent en hélicoptère . . . . OP
Se trouve en succursale . . . . UR
Se voient entre deux boxeurs (MF) . . . . VS
Sigle de Schutzstaffel . . . . SS
S'il veut sortir, il est mieux de se rhabiller . . . NU
Site de recherches . . . . UR
Six plus cinq XI
Son cœur bat sur la table (MF) . . . . AS
Son cours est très suivi . . . . OR
S'oppose à ici . . . . LÀ
Sort des Alpes . . . . PÔ
Sortez-les de l'erreur (PD) . . . . ER
Sorti du lot . . . . OT
Sorties de la caisse . . . . SS
Sorties de la soupière . . . . SO
Sorties de l'hiver . . . . HV
Sorties des brumes . . . . UM

Sorties du garage . . . . GG
Sorties du néant . . . . ÉA
Sorties du pot . . . . OT
Sorties du virage . . . . VR
Sous les drapeaux (PD) . . . . RF
Souvent bien informé (PD) . . . . ON
Souvent taillé . . . . IF
Spécialiste en transmission (MH) . . . . TV
Stéradian . . . . SR
Stratégie en jaune (PD) . . . . GO
Suite de desseins . . . . BD
Suivi d'un numéro . . . . OP
Suivi par les marcheurs . . . . GR
Sujet au virus . . . . PC
Superman y est né (MF) . . . . BD
Support de charpente (PD) . . . . OS
Supporte la carcasse . . . . OS
Supporté par les Marseillais . . . . OM
Support musical qu'on va laisser tomber . . . . . CD
Support solide (PD) . . . . OS
Sur la partition . . . . OP
Sur le banc . . . . AN
Sur le calendrier . . . . ST
Sur le carreau, le dos, le tapis (MH) . . . . KO
Sur le retour . . . . RT
Sur les bornes jaunes (PD) . . . . RD
Sur les plaques bataves . . . . NL
Sur le tas . . . . TS
Sur l'Euphrate . . . . UR
Sur une pierre tombale CI
Sur une plaque d'Amsterdam . . . . NL
Surveillée par Argos . . . . IO
Survolé en reculant (MH) . . . . UL
Symbole au labo (PD) CI
Symbolise la perfection . . . . ST
Tangente d'un angle . . . . TG
Tas de sable dans le sable . . . . EG
Te le suit . . . . ME
Termine la lecture . . . . PS
Tête de cochon . . . . CO
Tête de grenouille . . . . GR
Tête de linotte LI
Tête d'escargot . . . . ES
Tête de scorpion . . . . SC
Tête de veau . . . . VE
Tête d'imbécile . . . . IM
Tête et queue de hibou . . . . HU
Tête et queue de loup . . . . LP
Tire à sa fin . . . . AN
Tombaient facilement dans les excès . . . . AA
Tombe de selle (MH) . . . . EL
Tombé par hasard . . . . DÉ
Toujours en arrière . . . . AÏ
Tour bien connue . . . . CN
Tour de taille de Toronto . . . . CN
Tous les mois de 1954 . . . . AN
Tout ça c'est du passé . . . . EX
Toutes les semaines . . . . AN
Tout le monde aimerait en être couvert (MF) . . OR
Tout le monde s'y exprime en restant pris dans sa
bulle (MF) . . . . BD
Tout un drame . . . . NÔ

Traîne en arrière, en chemin (MH) .... AÏ
Train sans vitesse (MH) .... TG
Tranche d'ananas .... AN
Tranche de citron .... TR
Tranche d'esturgeon .... UR
Travaille à la chaîne (PD) .... OS
Travailleur manuel (PD) .... OS
Trente-six plus quinze LI
Très bien vu en ce moment .... IN
Très efficace pour faire des plis .... AS
Très mode .... IN
Très peu CL
Très utile en dentisterie .... OR
Trois plus quatre plus quatre XI
Troisième personne .... SE
Trois plus un IV
Tu le précède .... ES
Type qui assiste à bien des réunions .... AA
Type qui marche toujours droit dans la vie (MF)
.... AA
Type qui règle bien des comptes .... CA
Un bon conducteur .... OR
Un cœur qui bat souvent (MF) .... AS
Un doigt de moins que le pouce (MH) ...... CM
Une belle paire .... AS
Une bonne idée .... BA
Une partie de la preuve .... EU
Une partie de notre vie s'y trouve (MF) CV
Une partie du résumé .... SU
Une vraie tortue .... AÏ
Un geste pas intéressé .... BA
Un homme différent .... ST
Unité de mesure .... AN
Univers de Charlie Brown .... BD
Un maître .... AS
Un milliard d'octets .... GO
Un petit bout de cantique (MH) .... MI
Un peu d'air (MH) .... UT
Un peu d'amertume .... AM
Un peu de bière CL
Un peu de canard .... NA
Un peu de chaleur .... UR
Un peu de chance .... AN
Un peu de charme .... AR
Un peu de clarté .... AR
Un peu de digestif .... ST
Un peu de dynamisme .... DY
Un peu de fièvre .... ÈV
Un peu de fondue .... ND
Un peu de fourrure .... RU
Un peu de frimas .... IM
Un peu de gaieté .... IÉ
Un peu de japonais .... JA
Un peu de jugement .... EM, GE
Un peu d'élégance .... EL
Un peu de liquide CL
Un peu de lotion .... TI
Un peu de ménage .... NA
Un peu de munster .... NS
Un peu de muscadet .... CA
Un peu de myopie .... OP
Un peu de mystère .... ST

Un peu de pétrole .... TR
Un peu de rythme .... RY
Un peu de shampooing .... SH
Un peu de shit .... SH
Un peu de snobisme .... OB
Un peu d'espoir .... PO, SP
Un peu de sport .... SP
Un peu d'estragon .... TR
Un peu de tale .... LE
Un peu de tissu .... LÉ
Un peu de variété .... IÉ
Un peu de vermouth .... MO
Un peu de vin (MH) CL
Un peu de vitamine .... AM
Un peu de yogourt .... UR
Un peu d'humidité .... ID
Un peu d'imagination .... GI
Un peu d'influence .... IN
Un peu friable .... IA
Un peu plus de cent (MH) CX
Un peu rigide .... RI
Un plus un d'une autre façon (MH) II
Un seul point .... AS
Un sur quatre dure 24 heures de plus ...... AN
Un tiers d'alcool .... OO
Urbaine raccourcie .... AV
Utile après le lavage .... IF
Utilisé en médecine .... UV
Va au plus rapide .... OR
Va avec coutumes .... US
Vachement banale pour les cruciverbistes (MH) .
.... IO
Vache qui ne riait pas (MH) .... IO
Va de 1 à 6 .... DÉ
Varient selon les pays .... US
Vaut de l'or .... AU
Vaut un tour (PD) .... TR
Vedette de l'écran (MH) .... OR
Véhicule anglais .... MG
Vers la fin de février .... IE
Victime des pirates (PD) .... CD
Vieille langue .... OC
Vient d'avoir (PD) .... OR
Vient de Champagne .... AY
Vient de Chine .... GO
Vient de naître .... NÉ
Ville à bulles (PD) .... AY
Ville aux trésors, ville sans tours .... UR
Ville entourée de vignobles .... AY
Ville sans métro .... UR
Vingt et un (21) petits points .... DÉ
Vivait de trafics .... AL
Vivent dans l'inquiétude (MH) .... IÉ
Voie de circulation .... RN
Voie en réduction .... RN
Voisines de quartier .... IE
Vous et moi .... ON
Vous l'utilisez pour vous rapprocher des gens (MF)
.... TU
Voyage lentement .... AÏ
Voyelles de pipe .... IE
Vu à l'envers .... UV

Vu pour la première fois . . . . NÉ
Zeus la fit beugler (MH) . . . . IO

Mots
de 3 lettres

A abandonné la lutte armée . . . . IRA
À appeler en cas de défaillance . . . . SAV
A battu quelqu'un . . . . ÉLU
A besoin de ses notes (MH) . . . . AIR
A besoin d'un coup de pouce sur le golf (MH) . . TEE
A besoin d'un quai . . . . ÎLE
A bien des attentats à son actif . . . . ETA
A bien plus qu'une aiguille . . . . PIN
À bon chat, bon . . . . RAT
Abraham y serait né . . . . OUR
Abréviation courante . . . . STE
Abréviation de temps universel coordonné . . . UTC
Abréviation du 10 V4 . . . . MME
Abréviation pour un État . . . . USA
Abréviation souvent gravée . . . . RIP
Abri acadien . . . . TÊT
Absent chez le chauve . . . . ÉPI
À cause de lui, on avance moins vite dans la vie (MF)
. . . . COR
Accompagne la manière . . . . ART
Accompagne le bœuf . . . . ÂNE
Accord, à condition qu'il soit plein (PD) . . . . . GRÉ
Accord à la City . . . . YES
Accord dérangé (MH) . . . . UOI
Accueille des élèves étrangers . . . . ENA
Accueille le vainqueur . . . . ODE
Accumulation des ans . . . . ÂGE
. . . à cheval . . . . FER
À cochons ou à poules en Acadie . . . . TÊT
À compléter . . . . ETC
À condition qu'il y ait la mesure (PD) . . . . FUR
A connu un serpent . . . . ÈVE
À conserver s'il est grand (PD) . . . . CRU
À consommer pur . . . . AIR
A couché avec le premier venu (MH) . . . . ÈVE
A cours à Constanta . . . . LEU
À court d'eau . . . . REG
Acte charitable . . . . DON
Action contre la pagaille (MH) . . . . TRI
Action de faucher (MH) . . . . VOL
Activité de fêtes foraines . . . . TIR
A de belles plumes . . . . ARA
A déjà bien vécu . . . . ÂGÉ
A de la suite dans les idées (MH) . . . . ETC
Adèle ou Agathe . . . . STE
A des baies blanches . . . . GUI
A des comptes à rendre . . . . ÉLU
A des cordes . . . . TAR
A des grains . . . . ÉPI
A des milliers d'aiguilles . . . . PIN
A des vrilles . . . . CEP
A disparu sous J.C. . . . . RPR
A donné du relief au surréalisme . . . . ARP
Adresse d'Internet . . . . URL
À droite . . . . HUE
À droite sur la carte . . . . EST
Adverbe latin . . . . TER
A embarqué avec son père (PD) . . . . SEM
A embarqué du monde avec lui (PD) . . . . NOÉ
À enfoncer avec le pouce . . . . TEE
A enrichi le British Museum . . . . OUR
A envoyé les filles au lycée . . . . SÉE

A été présidée par Arafat . . . . OLP
A été très fouillée . . . . OUR
A eu beaucoup de succès dans les années 70 . . LSD
A eu plus de voix . . . . ÉLU
A évité de nombreux chantiers à Paris . . . . CIO
À éviter si l'on veut rester propre (MH) . . . . . EPO
A existé de 1895 à 1958 . . . . AOF
À extraire . . . . SUC
A fait choisir le maquis à beaucoup de Français . . .
. . . . STO
A fait connaître Cologne . . . . EAU
A fait fureur chez les anciens (PD) . . . . IRE
A fait marcher son monde (PD) . . . . MAO
A fait place à l'euro . . . . ÉCU
Affecte le pied . . . . CAL
À force de l'ajuster, vous finirez par vous en tirer (MF)
. . . . TIR
A gagné ou perdu des électrons . . . . ION
Âge des jeunes . . . . BEL
Agence de presse . . . . UPI
Agent de renseignements . . . . ÉON
Agent de voyage (MH) . . . . LSD
Agent littéraire . . . . ÉON
Agit bruyamment . . . . TNT
Agit sur les sens . . . . LSD
Aide à grimper les côtes (MH) . . . . EPO
Aide à la traction . . . . RÉA
Aide au placement (PD) . . . . DOT
Aile bavaroise de la CDU . . . . CSU
Aimait Beethoven . . . . NAT
Aime bien le peuplier . . . . GUI
Aimé de Chimère . . . . CID
Aime l'eau douce . . . . IDE
Aime les carottes . . . . ÂNE
Aime les dédicaces . . . . FAN
A inspiré bien des poètes . . . . MER
A inspiré confiance . . . . ÉLU
A inspiré Mallarmé et Valéry . . . . POE
Air d'Alger . . . . RAI
Air dégagé . . . . ROT
Aire de vent . . . . SSO
Ajout familial (MH) . . . . BRU
À la bonne heure . . . . TÔT
À la cour du sultan . . . . AGA
À la fin d'aujourd'hui . . . . HUI
À la fin de la récréation . . . . ION
À la fin du dictionnaire . . . . IRE
A laissé tomber les armes . . . . IRA
À la limite de la limite . . . . ITE
À la porte . . . . CLÉ
À la première heure . . . . TÔT
A la tête en bas (MH) . . . . AIL
A la tête hors de l'eau, mais ne flotte pas (MH)
. . . . ÎLE
A la tête presque blanche (MH) . . . . AIL
Alcool à goût de genièvre . . . . GIN
Alcool de grain . . . . GIN
A le câble . . . . RÉA
A le même accent qu'un Nîmois . . . . ÎLE
À l'entrée et à la sortie des entreprises (PD) . . DRH
À l'envers . . . . ELÎ
Alfred l'a ramené de Pologne (PD) . . . . UBU

À l'hôpital, les gros passent en premier (MF) . . CAS
À l'hôtel, il va d'aventure en aventure (MH) . . LIT
A libéré les chaînes (PD) . . . . TNT
A lieu au stade (MH) . . . . OLA
Alimentation à la mode . . . . BIO
Allait à la chasse (MH) . . . . COR
Aller en deuxième position . . . . VAS
Alliance du lion et des chevrons (PD) . . . . PSA
Alliance entre l'Allemagne et l'Italie . . . . AXE
A longtemps marché . . . . MAO
Alphabet international . . . . API
Alpha-hydroxyle-acide . . . . AHA
Amasse les nœuds (PD) . . . . SAC
A mauvais dos . . . . ÂNE
Amédée de Savoie . . . . ROI
Améliore dangereusement les résultats (PD) . . EPO
Améliore le freinage . . . . ABS
Amène la saillie (MH) . . . . RUT
Amène les Parisiens au boulot . . . . RER
Américain coloré . . . . ARA
Américaine importante . . . . ITT
Américaine née à Paris . . . . NIN
À mettre au frigo pour les invités (MH) . . . . . ALE
A moins de 20 ans . . . . ADO
À moitié rempli . . . . REM
Anagramme d'un oiseau (MH) . . . . IPÉ
A navigué jusqu'au mont Ararat . . . . NOÉ
Ancien chef . . . . PET
Ancien euro . . . . ÉCU
Ancien moyen de transport . . . . CAB
Ancienne cité gauloise . . . . APT
Ancienne partie de l'Allemagne . . . . RDA
Ancien pays d'Europe . . . . RDA
Ancien vigneron . . . . NOÉ
André d'Allemagne en faisait partie . . . . RIN
À ne pas faire en public (MF) . . . . PET
À ne pas ignorer (PD) . . . . LOI
Anglais dont on entend le souffle (MF) . . . . . COR
Anglaise à mâchoires mobiles (MF) . . . . CLÉ
Anglaise que l'on sort sous pression (MF) . . . ALE
Anglaise qui a de grandes mâchoires (MF) . . . CLÉ
Anglais griffé . . . . CAT
Anglais qui n'a pas la tête plate (MH) . . . . . . TEE
Anglais qui nous appartient (MH) . . . . OUR
Animal bien connu des cruciverbistes . . . . URE
Animal de compagnie pour certains . . . . RAT
Annonce la fin (PD) . . . . ITE
Anormal en août . . . . GEL
À nos pieds ICI
Antichambre ministérielle (PD) . . . . ENA
Antilope qui nage bien . . . . KOB
A ouvert le Louvre en grand . . . . PEI
A parfois beaucoup à supporter (MH) . . . . . . MUR
A parfois de la barbe . . . . ÉPI
À partir de lui, on vise la normale . . . . TEE
A peu d'à-propos . . . . ÂNE
A peu d'intérêt pour un mycologue (MH) . . . . ERG
À plat sur la jupe . . . . FER
A plus d'un titre (MH) . . . . UNE
À poil ou en tutu (PD) . . . . RAT
À point nommé (à) . . . . PIC
Appartient à l'empire Québecor . . . . TVA

Appel déchirant . . . . CRI
Appel en morse . . . . SOS
Appellation de Jacques Benoît . . . . AOC
Appelle en cas de panne . . . . SAV
Appliqué sur les peaux de vache . . . . TAN
Apporte du nouveau . . . . NÉO
Apportent leur soutien quand ça va mal (PD) . . ONG
Apporteur de vérité (PD) . . . . VIN
Appréciées par les travailleurs . . . . RTT
Apprécient quand le plein n'est pas fait (PD) . . RAB
Appréciés dans les étables . . . . ERS
Appuient Israël . . . . USA
Appui verbal qu'on crie . . . . OLÉ
A préparé l'Europe d'aujourd'hui . . . . CEE
Après certaines déductions . . . . NET
Après le coq (MH) . . . . ÂNE
Après la SDN . . . . ONU
Après moi . . . . TOI
A quitté la chambre (PD) . . . . POT
A quitté les voiles pour les mystères (PD) . . . . SUE
A rarement besoin de trois chiffres (MH) . . . . ÂGE
Arbre d'Amérique tropicale . . . . IPÉ
A remplacé les deniers pour les fils (PD) . . . . TEX
A rendu Corneille célèbre . . . . CID
A réuni les hommes du Général (PD) . . . . UNR
Argent du milieu (PD) . . . . BLÉ
Armée de l'air britannique . . . . RAF
Armée qui a fait taire ses armes . . . . IRA
Armée qui ne se bat plus . . . . OST
Armstrong en a-t-il pris ? . . . . EPO
Arrivé à maturité . . . . MÛR
Arrive avec un plan de travail . . . . KIT
Arrive en cinquième position . . . . MAI
Arrivé en tête . . . . ÉLU
Arrive juste avant la fermeture (MH) . . . . CLÉ
Arrive rarement en début de partie . . . . MAT
Arrose Perpignan . . . . TÊT
Arrosé par les cours (PD) . . . . VAL
Art de parler sur le même ton . . . . RAP
Article de sport, de support . . . . TEE
Article qui commence par la fin (MH) . . . . . . ENU
Art ou vandalisme ? . . . . TAG
A sa place à l'horizontale . . . . NOM
A ses Francofolies (MH) . . . . SPA
A ses idoles . . . . POP
A ses règles . . . . ART
A ses vagues de chaleur . . . . ÉTÉ
Asile de fous . . . . ÎLE
A son armée . . . . AIR
A son jour de fête . . . . STE
A son nom sur une plaque . . . . RUE
A son stand à la foire (PD) . . . . TIR
Assemblée paysanne en Russie . . . . MIR
Assis dans le gazon (MH) . . . . TEE
Assure l'égalité . . . . ISO
Assure une grande part de l'héritage . . . . ADN
A surtout voté rouge . . . . IPÉ
À tailler régulièrement . . . . TIF
À terre . . . . GÎT, LAS, USÉ
A toujours un succès éclatant (MH) . . . . TNT
A traîné ses jupons à la cour de Russie (PD) . . ÉON
A trois cordes doubles . . . . TAR

À trouver comme tous les autres (PD) ...... MOT
Attaché par en haut (PD) .... BAS
Attila était son roi .... HUN
Attire des pèlerins .... ARS
Attire la truite, le poisson .... VER
Attire l'attention .... CRI
Attire les baigneurs .... EAU
Attire les regards (MH) .... UNE
Au bord de la mer .... RIA
Au bord des larmes .... ÉMU
Au bout de la conclusion .... ION
Au bout de la limite .... ITE
Au bout de la narine .... NAR
Au bout de tout .... FIN
Au bout d'une baguette (MH) .... FÉE
Au bout d'une tige .... ÉPI
Au bout d'un pont .... ÎLE
Au bout du rouleau .... USÉ
Au bout du tronc .... COU
Au café-concert .... ECO
Au centre de l'île de Kyushu .... ASO
Au centre d'un conflit .... OLP
Au centre du puisard .... ISA
Au cœur des atrocités (PD) .... OCI
Au cœur des échecs (MF) .... ROI
Au commencement .... TÔT
Au coton .... USÉ
Au coup des belles (PD) .... BOA
Au creux de la main .... CAL
Aucune fantaisie .... UNI
Aucune sage-femme n'aurait pu l'aider à accoucher
(MF) .... ÈVE
Aucun métier ne l'est .... SOT
Aucun problème (MH) .... RAS
Au début, son voisin est fou (MH) ...... ROI
Au départ de l'enquête .... ENQ
Au fond de la basse-cour (MH) .... OUR
Augmente l'endurance, le nombre de globules rouges
.... EPO
Augmente l'intérêt (MH) .... SEL
Au hockey, brillant défenseur .... ORR
Aujourd'hui en Irak .... OUR
Au Labrador .... RAD
Au menu à Qui Nhon .... NEM
Au milieu de la période (MH) .... RIO
Au milieu de l'eau .... ÎLE
Au milieu du cou .... COL
Au milieu d'une extrémité .... RÉM
Au milieu du visage .... PIF
Au mini-putt, il est de deux par trou .... PAR
Au moins deux .... ILS
A un célèbre temple .... ISE
A une balle sur la tête (MH) .... TEE
A une corde dans la gorge (MH) .... RÉA
A une odeur résineuse .... IVE
Au Nigeria .... ABA, EDE
A un large bec .... OIE
Au pied de la lettre (MH) .... NOM
Au pied d'un arbre, dans une petite cabane (MH) ..
.... ÂNE
Au Québec, ce n'est pas gros .... PEU
Au Québec, on le mange avec du sel et du beurre ..

.... ÉPI
Aurait bien pu se noyer (MH) .... NOÉ
Au sud de Montréal .... USA
Au sud de Pau .... NAY
Au sud de Zurich .... URI
Au terme de la retraite .... ITE
Auteur de «Baudolino» .... ECO
Auteur de «l'Île du jour d'avant» .... ECO
Auteur du Petit livre rouge .... MAO
À utiliser avec précaution .... TNT
Autour de la Crète .... EAU
Autour du beigne (MF) .... OBI
Autre nom du moi .... EGO
Autre type .... MEC
Aux Pays-Bas .... EDE
Avait besoin de vent .... NEF
Avait des cornes .... URE
Avait été créé par le traité de Versailles ...... SDN
Avait le marteau comme emblème .... TOR
Avait le vent dans les voiles (MH) ...... NEF
Avait ses entrées un peu partout .... ÉON
Avait un bouffon .... ROI
Avalé au salon .... THÉ
Avance à chaque tour (PD) .... ÂGE
Avance d'un pas (MH) .... ROI
Avance quand il veut .... ÂNE
Avant Ferré .... LÉO
Avant Grande .... RIO
Avant la distribution .... TRI
Avant l'euro .... ÉCU
Avec elle, on risque de barder (MH) ...... IRE
Avec la part de Bercy .... TTC
Avec lui, c'est souvent le même refrain (MH) ....
.... ARA
Avec lui, il faut que ça saute .... TNT
Avec lui, il faut répéter .... ÂNE
Avec lui, on se retrouve sur la paille (MF) .... NID
Avec sable, mais sans eau .... ERG
Aventurier de l'arche perdue .... NOÉ
À verser .... DUS
Avis de recherche, d'ignorance (MH) ...... HEU
À vous de continuer (MH) .... ETC
Baie au pays du saké .... ISE
Baisse avec le temps .... VUE
Balle tirée dans le pied de l'adversaire (MF) ....
...............................ACE
Banque des règlements internationaux ...... BRI
Bardot comprend sûrement ça (MH) ...... HUE
Barre de chocolat ronde (MF) .... PEP
Barres à franchir (MH) .... SPA
Basse, elle n'est pas très bonne .... VUE
Bâti sans permis (MH) .... NID
Bâtisseur de musées, de pyramides ...... PEI
Bâti sur le rock .... POP
Bâton dans les roues .... RAI
Baudet la tête en bas (MH) .... ENÂ
Beau chevalier .... ÉON
Beaucoup de liquide (MH) .... MER
Beaucoup de temps .... ÈRE
Beau domaine .... ART
Beau fruit rouge .... API
Beau parricide (PD) .... CID

Belle à croquer (PD)	API, NUE
Belle au large de Quiberon	ÎLE
Belle de Bretagne (PD)	DOL
Belle découverte	NUE
Belle en Bretagne	ÎLE
Belle et bavarde	PIE
Belle saison	ÉTÉ
Belle tranche de canard (PD)	UNE
Belle wagnérienne (PD)	ÉVA
Berger des Alouettes (MF)	SAM
Bergerie d'Acadie (MH)	TÊT
Bête à cornes	URE
Bête bête	ÂNE
Bête ressuscitée par les mots croisés	URE
Bichonne les grosses bêtes (MH)	LAD
Bien à la campagne	BEN
Bien après le primaire	ENA
Bien après l'hiver	ÉTÉ
Bien avant midi	TÔT
Bien des animaux y vivent	ZOO
Bien des gens ont de la misère à en sortir (MF)	LIT
Bien des gens s'y promènent pieds nus (MF)	ÉTÉ
Bien des gens y sont malades	MER
Bien des notes	AIR
Bien des numéros	RUE
Bien développé	MUR
Bien direct	CRU
Bien engraissée	OIE
Bien établi, mais à l'envers	RÛS
Bien fatigué	LAS
Bien fondamental	EAU
Bien mauvais	NUL
Bien mauvais fond	LIE
Bien plus longue que large	RUE
Bien plus petit qu'un Airbus (PD)	ULM
Bien précieux mal partagé	EAU
Bien régulier	NET
Bien rempli	RAS
Biens donnés par contrat de mariage	DOT
Bien serré	DRU
Bien sûr	OUI
Bien tassé	DRU
Bien tranché	NET
Bière trop pressée, renversée sous la pression (MF)	ELA
Blanc et léger	ALU
Blanche, c'est une personne naïve (MF)	OIE
Blanc, puis bleu (MH)	NIL
Blé du nord de l'Europe (MF)	ORE
Blesse dans une locution (MH)	BÂT
Bleu chez les marins (PD)	COL
Bleu en campagne (PD)	LIN
Bloc habité par peu d'Occidentaux	EST
Blonde enivrante peu amère	ALE
Bloque la situation	GEL
Bœuf qui n'existe plus	URE
Bois clair (MH)	PIN
Bois du vin (MF)	CEP
Bois lourd de sculpture	IPÉ
Boisson anglaise	GIN
Boîte à œufs (PD)	NID
Boit la sauce (MH)	MIE
Bombe verticalement	TAG
Bon à bâter	ÂNE
Bon coup (MH)	ACE
Bon débarras (MH)	OUF
Bon départ de série (PD)	ABC
Bon en rédaction (MH)	BIC
Bonne balle	ACE
Bonne base	ROC
Bonne base de cocktail	GIN
Bonne carte	ROI
Bonne façon de s'arrêter (MH)	ETC
Bonne femme	STE
Bonne mémoire	RAM
Bonne mesure pour l'amateur du rouge (PD)	KIL
Bonne pointe	BIC
Bonne pour le lancer d'un disque	PUB
Bonne prise sur le tapis	CLÉ
Bonne terre	PRÉ
Bonne vendeuse de journaux (MF)	UNE
Bon poisson	SAR
Bon pour figer	GEL
Bon pour raser	TNT
Bons pour le cheptel	ERS
Borde la paupière	CIL
Bouche cornée	BEC
Bouche cousue	COI
Boucle la boucle (MH)	CLÉ
Bout de canal (MH)	SAS
Bout de cane	BEC
Bout de carreau (MH)	ROI
Bout de champ	ARE
Bout de clarinette	BEC
Bout de clos (MH)	CEP
Bout de culture (MH)	ARE
Bout de domino	INO
Bout de film	GAG
Bout de phrase	ETC
Bout d'épi	TIF
Bout de tartine	INE
Bout de tige	ÉPI
Boxeur à Louisville	ALI
Branche de bois (MH)	COR
Branche plus les jeunes que les vieux	RAP
Bref et rapide	SEC
Brillant défenseur, au hockey	ORR
Brisé dans le bâtiment	ARC
Bruit de fond (MH)	ROT
Bruit sec	PAN
Brun rouge	BAI
Buffet végétarien (MH)	PRÉ
Bu par les Anglais	TEA
Bureau célèbre	FBI
But de coureur (MH)	DOT
Buvait sûrement de la piquette (MH)	NOÉ
Cabochon loin d'être brillant (MF)	SOT
Ça c'est de la vague	OLA
Ça c'est du solide	ROC
Cadeau de mariage	DOT
Cadeau qu'il faut développer durant sa vie (MF) DON	
Ça écrit et ça s'écrit comme ça se prononce (MF) BIC	

Ça fait une mèche (MF) .... ÉPI

Cailloux dans le sable (PD) .... REG

Calife assassiné à Kufa .... ALI

Calme et serein .... ZEN

Canadien qui peut cogner solidement, donner mal à la tête (MH) .... RYE

Canadien qui peut en faire tomber plus d'un (MH) .... RYE

Ça ne vaut presque rien .... TOC

Capable de faire un diagnostic à vue de nez (MH) .... ORL

Capable de fendre (MH) .... GEL

Capable de heurter (MH) .... OSÉ

Capable de s'infiltrer un peu partout ... EAU

Capable d'éteindre .... EAU

Capable de tirer (MH) .... ÂNE

Cap d'Espagne renversé .... OAN

Cap en Espagne .... NAO

Ça prend une mèche pour le voir exploser (MF) ..TNT

Capucin colombien .... SAÏ

Capucin qui n'a rien à voir avec saint François (MH) .... SAÏ

Car accidenté .... RCA

Caractéristique du hip-hop .... TAG

Carré pour danser (MF) .... SET

Ça s'arrose .... ÉTÉ

Casse-cou .... OSÉ

Casse les oreilles .... TNT

Cause de la peine .... MAL

Causé par un frottement .... CAL

Cause plusieurs langues (MH) .... ARA

Ça va mieux une fois lâché (PD) .... OUF

Ça veut dire jamais .... ONC

Cébidé de Colombie .... SAÏ

Ce gars-là .... LUI

Ce jour d'un autre temps (PD) .... HUI

Cela coule de source .... EAU

Cela va de soi .... OUI

Celle de la Presse est pliée .... UNE

Celle du foyer fait bon ménage (MF) .... FÉE

Celui de la puberté est ingrat .... ÂGE

Celui des ordures permet de récupérer ...... TRI

Celui du poignet est plus précis (MF) .... TIR

Celui du porto est important .... ÂGE

Celui qui a le goût l'a à la bouche (MF) ... EAU

Celui qui en atteint le sommet est très doué (MF) .. .. ART

Celui qui le prend s'en débarrasse difficilement .. PLI

Celui qui les aime les jette souvent (MF) .... DÉS

Celui qui se retrouve au milieu n'est pas sur la bonne voie (MF) .... RUE

Celui qui y tombe échoue (MF) .... EAU

Ce n'est donc pas tout .... ETC

Ce n'est pas un coup bas .... LOB

Ce n'est pas un créateur (MH) .... ARA

Ce n'est pas une école pour enfants (MH) ... ENA

Ce n'est pas une vieille fille .... BRU

Ce n'est pas un inconnu (MH) .... AMI

Ce n'est pas un pâle imitateur .... ARA

Ce n'est pas un petit pays .... USA

Ce n'est peut-être pas le coin idéal pour passer ses vacances (MH) .... REG

Ce n'est plus un amateur .... PRO

Ce n'est plus une réponse .... OIL

Ce n'est qu'une partie de la partie ...... SET

Centième partie de l'unité monétaire norvégienne .. .. ORE

Cent quatre CIV

Centre à moitié .... CEN

Centre d'hydrothérapie .... SPA

Cent trois médailles .... USA

Ce que nous avons tous .... NOM

Ce qui convient .... GRÉ

Ce qui donne accès .... CLÉ

Ce qui est dur pour lui l'est pour moi (MF) .. EGO

Ce qu'il y a de mieux .... TOP

Ce qui plaît .... GRÉ

Ce qu'on ne voit pas de face .... DOS

Ce qu'on y apprend s'empile dans notre expérience de vie (MF) .... TAS

Certaines y font le plus vieux métier du monde .. .. RUE

Certain sans bon sens (MF) .... RÛS

Certains cyclistes en prennent .... EPO

Certains la boivent .... LIE

Certains le cachent .... ÂGE

Certains le sucrent .... THÉ

Certains n'en ressortent pas avec toute leur tête (MF) .... BAR

Certains ne portent pas le leur .... ÂGE

Certains ont tendance à vouloir y refaire le monde (MH) .... BAR

C'est au bout .... FIN

C'est bien dommage .... DAM

C'est ce qu'il y a de mieux .... TOP

C'est du chinois .... YUE

C'est du faux .... TOC

C'est du jus .... SUC

C'est du nouveau .... NÉO

C'est en bas que l'on fait ses premier pas (MF) ... . ÂGE

C'est grâce à elle qu'on a des côtes ..... MER

C'est la pure vérité .... SIC

C'est le moment de monter (MH) .... RUT

C'est le plus vieux de Noé .... SEM

C'est le retour du balancier .... TAC

C'est le temps des fleurs .... ÉTÉ

C'est moi .... EGO

C'est nécessairement une femme qui n'existe pas (MF) .... FÉE

C'est nécessairement un être de forme féminine (MF) .... FÉE

C'est normal de les jeter (MH) .... DÉS

C'est normal qu'elle baisse .... VUE

C'est nouveau .... NÉO

C'est pas grave .... BAH

C'est peut-être un chien .... AMI

C'est plus facile quand on l'a .... DON

C'est presque un ordre (MH) .... STO

C'est principalement de l'azote et de l'oxygène .. . . AIR

C'est souvent un casse-tête (MH) .... KIT

C'est tentant de mettre ses erreurs sur celui des autres (MF) .... DOS

C'est terminé . . . . ÉTÉ
C'est tout naturel (MH) . . . . BIO
C'est un choix à faire . . . . TRI
C'est un coriace (MH) . . . . ROC
C'est un début . . . . ABC, ÈRE
C'est un dur de dur (MH) . . . . ROC
C'est un e long . . . . ETA
C'est une question d'habitude (MH) . . . . . . TIC
C'est une règle . . . . LOI
C'est une vraie blonde (MH) . . . . ALE
C'est une roue . . . . RÉA
C'est un genre . . . . RAP
C'est un pied . . . . CEP
C'est un poème . . . . LAI
C'est vraiment pas loin ICI
C'était une ville du Japon . . . . EDO
C'était un rude cogneur . . . . ALI
Cette définition l'est (MF) ICI
Cette définition vient de l'être par vous (MF) . . LUE
Cette définition vous en donne-t-elle ? (MF) . . MAL
Ceux passés semblent plus courts que ceux à venir
(MF) . . . . ANS
Ceux qui le croisent déraillent (MF-1) . . . . . . FER
Ceux qui osent y manger ont un front de bœuf (MF)
. . . . PRÉ
Chacun le sien . . . . NOM
Chaîne de caractères . . . . URL
Champion aux poings . . . . ALI
Chandelle qui éteint l'adversaire (MF) . . . . . LOB
Change la forme . . . . TNT
Chanoine qui aime le cassis (MH) . . . . KIR
Chanson de Trenet . . . . MER
Chansonnier québécois . . . . DOR
Chanson qui fait parler les gens . . . . RAP
Chasse les mauvais poulets (PD) . . . . IGS
Chassé par l'homme Cro-Magnon (PD) . . . . . URE
Châtiment d'un autre temps (PD) . . . . DAM
Chaude période (PD) . . . . RUT
Chef de la Régence d'Alger . . . . DEY
Chef du personnel (MF) . . . . EGO
Chef inversé (MF) . . . . IOR
Cheville du pied qui frappe des balles . . . . . . TEE
Cheville plantée à l'envers, retournée (PD) . . . EET
Chez Colette et chez Marcel (PD) . . . . LÉA
Chez George Bush . . . . USA
Chez le commis . . . . CMI
Chez les Belges . . . . ELG
Chez les Grecs . . . . PSI
Chez le veau mais pas chez la vache (MH) . . . RIS
Chez nous, c'est un chum . . . . AMI
Chien célèbre pour sa musique (MF) . . . . . . RCA
Chien ou vache (MF) . . . . RAT
Chimiste taïwanais . . . . LEE
Chlorure de sodium . . . . SEL
Chocolat à la menthe (MF) . . . . PEP
Choix manuel . . . . TRI
Choix unique pour le premier (MH) . . . . ÈVE
Chose très facile à faire (MF) . . . . PET
Cinéaste bengali . . . . SEN
Cinq conflits en six ans . . . . SRC
Cinq francs . . . . ÉCU
Circule à Pyongyang . . . . WON

Circule en Albanie . . . . LEK
Circulent en Moldavie . . . . LEI
Circulent près de la Hongrie . . . . LEI
Citadine très fréquentée (MH) . . . . RUE
Citadin indésirable, peu apprécié (MH) . . . . . RAT
Claquements de main . . . . BAN
Classement inverse . . . . IRT
Classique de tennis . . . . ACE
Classique espagnol . . . . OLÉ
Claudine, il est rond et plat (MH) . . . . COL
Clé d'internaute (MH) . . . . URL
Club français . . . . MED
Coco bleu- blanc- rouge (MH) . . . . HUE
Cœur de bâtard (PD) . . . . MIE
Cœur des bleuets . . . . EUE
Cofondateur du groupe des Cinq . . . . CUI
Cogne dur . . . . HIE
Comité créé en 1894 . . . . CIO
Commanda West Point . . . . LEE
Commande à la baguette . . . . FÉE
Commande naturelle . . . . CLÉ
Comme il disait . . . . SIC
Comme les doigts des deux mains . . . . DIX
Comme l'été parfois . . . . SEC
Commence à sombrer dans l'alcool (MH) . . . SAQ
Commence à un point fixe . . . . ÈRE
Commence par un projet . . . . LOI
Comment donc . . . . OUI
Comme quelqu'un qui a perdu au strip-poker (MH)
. . . . NIR
Comme suit . . . . ETC
Comme un ami de Guy . . . . BEL
Comme un cheval brun et noir . . . . BAI
Comme une nymphe . . . . NUE
Comme un pinson . . . . GAI
Commune de la Charente-Maritime . . . . AIX
Commune des Alpes-Maritimes . . . . ÈZE
Commun en Méditerranée (PD) . . . . SAR
Compagnie bien connue au Québec . . . . CCM
Compagnie française . . . . CRS
Complètement rouge (MF) . . . . UNI
Compliment pour un homme (PD) . . . . BEL
Comporte des clauses . . . . LOI
Composé pour quatre mains (MH) . . . . DUO
Compositeur russe . . . . CUI
Comprend des cris (MH) . . . . IRE
Comprend plusieurs services . . . . SET
Conçu pour écraser (MH) . . . . LIT
Conçu pour une corde . . . . RÉA
Conducteur d'un ordinateur (MH) . . . . BUS
Conférence de 1992 . . . . RIO
Conjointe de John Lennon . . . . ONO
Connaissance intime difficile à acquérir (MF) . . AMI
Connaît bien le marteau et l'enclume (MH) . . ORL
Connu des gnostiques . . . . ÉON
Connue pour ses actions terroristes . . . . IRA
Connu pour ses eaux . . . . SPA
Connu pour ses insolences et sa peinture . . . . TEX
Conscience morale . . . . ÂME
Consentement donné à . . . . GRÉ
Construction flottante médiévale . . . . NEF
Construite sur le roc (MH) . . . . POP

Construit sans outils, sans permis (MH) ...... NID
Consulté quand on ne comprend rien (MH) .. ORL
Contact humain .... BEC
Contenant qui s'ouvre par le haut .... SAC
Contient de la vitamine B .... SON
Contient de l'encre .... BIC
Contient de l'oxygène .... EAU
Contient des informations importantes ..... ADN
Contient du lait .... PIS
Contient une information exclusive .... ADN
Contraste avec la dure saison .... ÉTÉ
Contre la maladie des caissons (MH) .... SAS
Contribue à transmettre un mouvement (MH) . RÉA
Convient à l'homme, pas au monsieur (PD) .. BEL
Coop russe .... MIR
Copain de la Nana .... MAC
Copiée à la fin .... IÉE
Corps de blason .... ÉCU
Côté court (PD) .... ATP
Côtoie la croûte .... MIE
Couette de travers (MF) .... ÉPI
Coule à l'envers (MH) .... LIN
Coule au Québec .... ALE
Coule au Soudan .... NIL
Coule dans les pubs .... ALE
Coule de source .... EAU
Coule en Autriche .... INN
Couleur en anglais .... RED
Coup d'arrêt (PD) .... GEL
Coup de froid à Londres .... ICE
Coup de raquette .... LOB
Coupé court et à l'envers (MF) .... SAR
Coupe-faim pour ceux qui en ont ras le bol (PD) ...
.... RIZ
Coup espéré par le frappeur .... SÛR
Coup gagnant .... ACE
Couple d'hommes .... GAI
Coup que l'on donne à ses proches (MF) ..... FIL
Coup qui perce la défensive .... SÛR
Coup rapidement gagné (PD) .... ACE
Courant en janvier .... GEL
Courant sur le court (MH) .... LET
Cours à l'Est ILL
Cours allemand .... EMS
Cours autrichien .... INN
Cours de Roumanie .... OLT
Cours du Jura .... AIN
Cours du Maghreb, cours marocain .... DRA
Cours en Asie ILI
Cours suisse .... AAR
Cours très suivi en Égypte .... NIL
Court divertissement pour vaches (MH) ..... TGV
Courte impulsion électrique .... TOP
Court en tout sens .... RAS
Court flagelle CIL
Courtisane chez Colette .... LÉA
Court sur pointes (MH) .... RAT
Court tout partout (MF) .... RAS
Coûte moins cher qu'un étalon .... ÂNE
Crache au pays du saké (MH) .... ASO
Craint par les horticulteurs .... ROT
Crâne sans pou .... RAS

Créatrice d'emplois .... PME
Créée en 1919 par le Traité de Versailles ..... OIT
Crème anglaise (MH) .... SIR
Creusé aux allures portantes (PD) .... SPI
Creuse le sol .... SOC
Creusé par les vents .... SPI
Cri dans l'arène .... OLÉ
Cri d'arbitre .... OUT
Cri de joie (MH) .... BIS
Croix de Saint-Antoine .... TAU
Croqua quand même .... ÈVE
Cuit dans l'huile .... NEM
Cuivre que l'on extrait à bout de souffle (MF) .. COR
Cultivé en Afrique .... MIL
Cultivé puis battu .... BLÉ
Cultivé pour ses graines .... LIN
Culture à la mode .... BIO
Culture sur brûlis en Asie .... RAY
Dame de choc (PD) .... HIE
Dame de la côte (PD) .... ÈVE
Dame d'histoire .... FÉE
Dame du monde .... ÈVE
Dangereusement nourri .... TIR
Dangereux même s'ils ne font plus la bombe (PD) ...
.... CFC
Dans ce sens-là, c'est pas certain (MH) ...... RÛS
Danse, dans l'autre sens (MH) .... TAR
Danse d'origine jamaïcaine .... SKA
Danseuse très admirée (MF) .... NUE
Dans la baguette du chef .... MIE
Dans la boue .... EAU
Dans la financière (MH) .... RIS
Dans la graisse .... AIS
Dans la marinade .... SEL
Dans la mayonnaise anglaise .... OIL
Dans la paume .... CAL
Dans la poche des Moldaves .... LEI
Dans la pomme de terre .... EDE
Dans la soucoupe .... SCP
Dans la tapenade .... ENA
Dans la tête de veau .... RIS
Dans l'atmosphère .... ION
Dans la viande rouge .... FER
Dans l'eau .... ÎLE
Dans le beurre .... URE
Dans le biberon .... BER
Dans le cassoulet .... OIE
Dans le colombo .... AIL
Dans le filet .... LET
Dans le fond, il est en terre (MF) .... LAC
Dans l'église .... NEF
Dans le nez ou dans les oreilles (MH) ..... AIR
Dans le nom d'une pâtisserie .... PET
Dans l'entourage .... OUR
Dans le portable .... RAM
Dans l'épuisette .... ISE
Dans le Sahara .... CLÉ
Dans les bourses nipponnes .... YEN
Dans les Grisons .... INN
Dans le sud du Japon .... ASO
Dans le veau marengo .... AIL
Dans le xérès .... ÉRÈ

Dans l'océan	SEL
Dans moins de trois mois	MAI
Dans Playboy	NUE
Dans ses petits souliers (MF)	ÉMU
Dans son camp, on veut l'indépendance	OUI
Dans trois mois	MAI
Dans un alphabet	ETA
Dans un ballon	VIN
Dans une boîte de jeux	DÉS
Dans une écurie	URI
Dans une formule de médicament	QSP
Dans une île française	ARS
Dans une succession (PD)	TER
Dans un instrument à cordes	ÂME
Dans un peu moins de quatre mois	ÉTÉ
Dans un peu plus de cinq mois	ÉTÉ
Dans un roudoudou	UUU
De blé ou d'orge	ÉPI
De bonne heure mais mal foutu (PD)	TTÔ
Débordement d'hier (PD)	IRE
Début d'énumération	UNE
Début de scolarité	SCO
Début de service	SER
Début d'étirement	ÉTI
Début du livre le plus vendu au monde	BIB
Début d'un chant	CUI
Déchiffrée à l'envers (PD)	EUL
Décolle rapidement	ULM
Décoration en façade	OVE
Décor de Pagnol	MAS
Décore la moulure	OVE
Défense des gens d'armes	ÉCU
Défi du golfeur	PAR
Défilent rapidement	ANS
Définit les droits	LOI
Déforme la réalité	LSD
Degré musical	SOL
Dégusté à Qui Nhon	NEM
Déjà bien avancé (PD)	ÂGÉ
De l'âge d'or	ÂGÉ
De la même couleur	UNI
De la terre	ARE
De l'eau et des bulles (PD)	SPA
De l'eau renversée (MH)	REM
De l'écorce pour la peau	TAN
De l'orge	ÉPI
Demande du souffle	COR
Demande une certaine stabilité	TIR
De manière serrée	DRU
Demie mesure	URE
Dense chez le bagel	MIE
Dépasse l'adversaire (PD)	LOB
Dépassé par les événements	OUT
Dépense pour un lutteur de sumo	SEN
Déplacé à table	ROT
Déplacement de biens	VOL
Dépôt sans intérêt (MF)	LIE
Dépourvu de fraîcheur	SEC
De quoi écrire	BIC
Dérivé d'acide	LSD
Dernier appel	SOS
Dernier bout de France pour Napoléon	AIX
Dernier de classe	ÂNE
Dernière chose que l'on rend (MF)	ÂME
Dernière partie de l'exposition	ION
Derrière chacun de nous	DOS
Des Caraïbes ou de Beaufort	MER
Descend de l'Atlas	DRA
Des couples s'y forment	BAL
Des diplomates sont passés par là	ENA
Des dizaines de grains	ÉPI
Des gens croient en lui	ÉLU
Des gens, des individus pas comme les autres (MF)	UNS
Des hommes armés	OST
Désigne la troisième personne du singulier	LUI
Désir animal	RUT
Dès potron-minet	TÔT
Des Québécois y ont étudié	ENA
Dès qu'elle est passée, on doit s'y soumettre (MF)	LOI
Dessus de table	SET
Déstabilise le monde des affaires	OPA
Des tas de gens prennent le leur pour aller travailler	BUS
Des tas de gens vont voir celle qui a été tournée (MF)	VUE
Détient des informations importantes	ADN
De travers	MAL
Détruit nos forêts	FEU
Deux fois, c'est osé (MH)	OLÉ
Devant la mariée	MME
Devant le bol, on en a assez (MF)	RAS
Devant le cheval	ARS
Devant l'épouse	MME
Devant les yeux (MH)	ICI
Devant l'évêque	MGR
Devant un nom	CET
Devient lassant	USÉ
Dieu puissant	TOR
Différent de l'Amazone (MH)	REG
Difficile à creuser, à entamer	ROC
Difficile à faire dans le noir (MH)	TRI
Difficile à mettre en miettes (MH)	ROC
Difficile de l'ignorer (MH)	AIL
Difficile de lui clore le bec (MH)	ARA
Difficile d'imaginer la Chine sans lui	RIZ
Difficile d'y planter un clou (PD)	BEC
Difficilement plaqué (PD)	ÉPI
Difficulté à s'exprimer	HEU
Difficulté essentielle	HIC
Diplôme qui permet de faire un tas d'affaires (MF)	MBA
Diplôme renversé (MF)	CAB
Direction du soleil	SUD
Dirigé par Bourgault	RIN
Dirige vers un fichier (MH)	URL
Discipline olympique	SKI
Discrète dans le quignon (MH)	MIE
Discrètement expulsé	ROT
Dis-moi la suite	PIS
Disparaît discrètement de nos écrans	VHS
Disparu de la scène politique depuis longtemps	RIN

Dissipe les doutes	NET
Dit toute la vérité (PD)	SIC
Dit tout sur votre compte	RIB
Divertit avant le cégep	BAL
Divisée en colonnes	UNE
Divisée en strophes	ODE
Division d'une terre	LOT
Dix sur dix	ARE
Doit accrocher l'œil	UNE
Doit être assez haut	MÂT
Doit être bien horizontal	LIT
Doit être chaud	FER
Doit faire ses preuves, rendre des comptes	ÉLU
Doit se faire avant de déménager	TRI
Doit se manipuler prudemment (MH)	TNT
Doit sûrement sentir un peu l'écurie (MH)	LAD
Doit un peu au blues	RAI
Doit vieillir s'il est grand	CRU
Don chiche	PEU
Donc pas au bout du monde	ICI
Donna le sein à Dionysos	INO
Donne de la rapidité, de la vitesse	RAM
Donne de la valeur aux vins	ÂGE
Donne de l'huile	LIN
Donne des coups de bec	PIC
Donne des pommes	PIN
Donne du caractère aux croûtons	AIL
Donne du fil à retordre (MH)	FER
Donne du grain à moudre	BLÉ
Donne du poids aux fils	TEX
Donnée par la mère	VIE
Donne froid chez Tony (PD)	ICE
Donne matière à ruminer	PRÉ
Donne soif	REG, SEL
Dont la boîte est fermée (MF)	COI
Dont le ballon a été capté	OUT
Dont les forces sont diminuées	USÉ
Dont les unités sont rapprochées	DRU
Dont tout le reste dépend	CLÉ
Dopant pour sportifs	EPO
Doré dans le champ	ÉPI
Dossier en réduction (PD)	DOC
Doublé après la queue (MH)	LEU
Double, c'est un don ou un excès (PD)	VUE
Douglas qui vit dans le bois (MF)	PIN
Douze divisé par quatre	III
Drainé par la Reuss	URI
Dressé sur un pont	MÂT
Drôle d'effet en principe	GAG
Du bois lourd	IPÉ
Du bois sous une balle (MH)	TEE
Du calme	ZEN
Du changement	MUE
Du cheval	ARS
Du chinois	GAN
Duc malmené	UCD
Du début jusqu'à un certain moment (MH)	ÂGE
Du gui mal ramassé (PD)	IGU
Du haut du grand, on voit mieux l'horizon (MF)	
	MÂT
D'une locution latine	ETC
D'une manière brusque	SEC

Durcit en séchant	LUT
Durcit le pneu	AIR
Dur d'Asie (PD)	TEK
Dur en main	CAL
Dure plusieurs années	ÈRE
Du rouge chez Tony Blair (PD)	RED
Du sable et des cailloux	ERG, REG
Du seigle à consommer modérément	RYE
Du turc à Alger	DEY
Du verbe mouvoir	MUT
Dynastie chinoise	QIN
Eau chaude parfumée (PD)	THÉ
Eau roumaine	OLT
Eau russe	DON
Eaux de Liège (MH)	SPA
Ébranle la conscience	CAS
Échange d'injures (MH)	DUO
Échanges sur le court	SET
Échappe aux douanes	ULM
École ayant son siège à Strasbourg	ENA
École prestigieuse	ENA
École sans surveillants (MH)	ENA
Économiseur d'encre (MH)	ETC
Économiste indien	SEN
Écoulement du temps	ANS
Écoutée surtout en Angleterre	BBC
Écrit de Pindare	ODE
Écrivain polonais	REJ
Écrivain suisse	ROD
Écrivait en espagnol	ORS
Écrivait pour le piano	NAT
Élégante chez Marcel	LÉA
Élément décoratif	OVE
Élément de correspondance (MH)	HUE
Élément de preuve	ADN
Élément du grec signifiant urine	URO
Élément d'un trousseau	CLÉ
Élève de Messiaen	DAO
Élève de West Point	LEE
Elle a beaucoup de pouvoirs	FÉE
Elle a de la gueule	PIE
Elle a des fleurs jaunes	IVE
Elle a disparu le 3 octobre 1990	RDA
Elle a du pain sur la planche	ONU
Elle a eu un enfant du premier venu (MF)	ÈVE
Elle a hâte de monter au ciel	ESA
Elle aime jaser	PIE
Elle aime s'envoyer en l'air (MF)	ESA
Elle a la langue bien pendue (MH)	PIE
Elle a ouvert la porte à bien des gens	CLÉ
Elle a permis de sauver des gens	FOI
Elle a plusieurs projets en l'air (MF)	ESA
Elle a quelque chose de vraiment attachant (MH)	
	GLU
Elle a son armée	AIR
Elle a un gros titre	UNE
Elle a un long cou	OIE
Elle bat le pavé	HIE
Elle change tous les jours	UNE
Elle colle à la peau	GLU
Elle combat pour la protection des animaux	SPA
Elle comprend des milliers de membres	CSN

Elle contrôle difficilement sa langue .... PIE
Elle couvre des millions d'années .... ÈRE
Elle doit informer .... UNE
Elle empêche les décollages (MF) .... GLU
Elle emploie des Casques Bleus .... ONU
Elle englobait le Tchad, l'Oubangui-Chari, le Moyen-Congo et le Gabon .... AEF
Elle en incite plusieurs à dire oui .... DOT
Elle est à l'intérieur .... MIE
Elle est arrivée première .... ÈVE
Elle est bien fondée (MF) .... CIE
Elle est bien numérotée (MH) .... RUE
Elle est datée .... UNE
Elle est de plus en plus omniprésente .... PUB
Elle est dotée de six organes principaux ...... ONU
Elle est en danger de mort (MH) .... VIE
Elle est en ruines .... OUR
Elle est entre terre et ciel (MF) .... ESA
Elle est fêtée .... STE
Elle est fétide .... ASE
Elle est historique .... ÈRE
Elle est lyrique .... ODE
Elle est morte quand elle s'est liée avec sa sœur (MF) .... RDA
Elle est parfois difficile à contrôler (MF) .... IRE
Elle est parfois plus forte que nous (MF) ..... IRE
Elle est pleine de coins .... RUE
Elle est pleine de vers .... ODE
Elle est plus savoureuse avec une farce (MF) .. OIE
Elle est rôtie pour devenir rôtie (MF) .... MIE
Elle est salée .... MER
Elle est située en Iraq .... OUR
Elle est souvent incorporée .... CIE
Elle est souvent polluée .... EAU
Elle est souvent réduite en compote (MF) ..... API
Elle est stimulante .... EPO
Elle est stupide .... OIE
Elle est sur la couverture (MF) .... UNE
Elle est sur le cul (MF) .... LIE
Elle est toujours à bout de bras (MF) .... MER
Elle est tout au bout .... FIN
Elle fait de la mousse .... ALE
Elle fait des miracles .... FÉE
Elle fait grimper dans les rideaux (MF) ...... IRE
Elle fait le tour du buffet (MF) .... OBI
Elle fait parfois sacrer .... IRE
Elle fait perdre la tête .... ALE
Elle fait perdre le nord, fait voir rouge ...... IRE
Elle fait rouiller .... EAU
Elle force à changer de peau .... MUE
Elle fut très présente pendant les Jeux olympiques .... PUB
Elle garde le lit toute la journée (MF) .... EAU
Elle incite les gens à pomper (MF) .... IRE
Elle maîtrise difficilement sa langue (MF) .... PIE
Elle n'a pas pu choisir .... ÈVE
Elle n'arrête pas de jacasser (MH) .... PIE
Elle ne flotte pas .... LIE
Elle ne pense qu'à s'envoyer en l'air (MF) ... ESA
Elle ne pond pas des œufs carrés (MF) ..... HEN
Elle n'existe plus depuis le 3 octobre 1990 ... RDA
Elle nous emporte .... IRE

Elle nous fait péter une coche .... IRE
Elle part dès que la chasse est ouverte (MF) .. EAU
Elle pense constamment à s'envoyer en l'air (MF) .... ESA
Elle pétille .... ALE
Elle peut donner mal à celui qui la prend (MF) .... MER
Elle peut être divine .... LOI
Elle peut nous faire perdre le nord (MF) ..... IRE
Elle prend soin des malades .... OMS
Elle regroupe environ 23 500 membres ...... CSN
Elle rentre avant nous (MH) .... CLÉ
Elle s'applique à tous .... LOI
Elle se la coule douce (MF) .... EAU
Elle se rend souvent à l'hôpital .... ÂME
Elle se résume à des articles définis .... LOI
Elle se tire à l'anglaise .... ALE
Elle soutient la vedette (MF) .... EAU
Elle suit des cours (MF) .... EAU
Elle supporte des colonnes (MF) .... UNE
Elle tient son bout (MH) .... GLU
Elle veille à la santé du monde .... OMS
Elle vend au quotidien (MF) .... UNE
Elle vibre .... ÂME
Elle vibre souvent dans le sol (MF) .... CLÉ
Élu dans la confusion (PD) .... EUL
Embouteillée en ville .... RUE
Émettent énormément de gaz à effet de serre .. VUS
Éminence volcanique .... PUY
Émissaire du lac Victoria .... NIL
Émission en direct (MH) .... ROT
Émission sur laquelle on lève le nez (MF) .... PET
Émission vive .... JET
Empêche de bloquer .... ABS
Empêche de glisser, mais fait rouiller (MH) ... SEL
Empêche de regarder par le trou de la serrure (MH) .... CLÉ
Empêche ou permet .... LOI
Employé aux postes .... TRI
Emportement poétique .... IRE
Empreinte génétique .... ADN
En accusation .... USA
En admiration .... IRA
En Afrique .... EDE
En amande (MH) .... ECO
En apostrophe .... OST
En arrière-plan .... ÈRE
En aspirant .... IRA
En auto-stop .... OST
En avoir pour éviter les problèmes (MF) ..... PIF
En Belgique .... SPA
En blanc à Montréal (MH) .... BAL
En bout de ligne (PD) .... VER
En caisse avant de distribuer (PD) .... PMU
En causant .... USA
Encercle l'île .... MER
En ce temps de l'année, bien des gens aimeraient s'y retrouver .... SUD
En chinois .... INO
Encore dépendant .... ADO
Encore elle ? (MH) .... EDE
Encore plus résistant une fois brisé .... ARC

En cours .... OUR
En crise .... RIS
En début de journée .... TÔT
En début de portée .... CLÉ
En début de trimestre .... TRI
En déplacement .... ACE
En dérangement (PD) .... FOU
En désordre .... USÉ
En dire plus serait inutile (MH) ..... ETC
Endroit désigné ICI
Endroit où l'on peut s'asseoir .... CUL
Endroit sans cendriers (MH) .... BAR
Endroits où saigner (MH) .... ARS
Énerve les autres .... TIC
Enfant de Noé .... SEM
En finesse .... NES
Enfin on respire .... OUF
En forte toile .... SPI
En garniture .... ARN
En harmonie .... UNI
En haut de la montagne .... PIC
En haut du toit .... ÉPI
En hiver .... IVE
En immersion .... ERS
En interne .... TER
En janvier, on peut y aller à pied .... ÎLE
En lutte avec Israël .... OLP
En mai 68, ils étaient très occupés ... CRS
En manquer est pénible .... AIR
En métal .... ÉTA
Ennemi de la tuyauterie (MH) .... GEL
En noir et blanc dans le paysage (PD) . PIE
En panne (PD) .... PRI
En partie .... SET
En plein dessus .... SUR
En pleine expansion (MH) .... ANS
En plein mystère (MH) .... STE
En position .... SIS
En poste .... OST
En résumé .... ESM
En scène .... SCÈ
Ensemble de bonnes manières (PD) .... ART
Ensemble d'exercices physiques .... GYM
En sens contraire dans les deux sens (PD) ... ANA
En somme .... SME
En son absence, on meurt .... AIR
En spirale .... IRA
Enterré dans le Middlesex .... ÉON
En tête .... SUS
En tête de la maternelle (PD) .... POU
En tête de liste .... ABC
En totalité .... TTT
En toute liberté quand il est plein (PD) ... GRÉ
Entraîna le Sud dans la défaite ...... LEE
En transit .... ANS
Entre brun et roux .... BAI
Entre deux dates .... ÂGE
Entre deux portes .... SAS
Entre deux trottoirs .... RUE
Entrée dans une autre famille .... BRU
Entre enfant et adulte .... ADO
Entre la naissance et la mort .... VIE

Entre le fleuve et la mer .... RIA
Entre les deux jambes d'un homme (MF) .... VIT
Entrent en sénilité .... SNL
Entre par le nez .... AIR
Entreprise pleine d'assurances (PD) .... AXA
Entre un beau brun et un beau roux .... BAI
En trop .... TRO
En Turquie .... OUR
En Vaucluse .... APT
Enveloppe moulue .... TAN
En vient rapidement aux coups (MH) ... PIC
En voici du grand .... ART
En voyages .... VOG
Épaté, il se fait remarquer .... NEZ
Épuisé jusqu'à la dernière goutte ..... SEC
Équidé renversé .... ENÂ
Espace construit .... AUP
Espace ouvert .... RUE
Espace vert .... PRÉ
Espagnol à la corrida qui stimule .... OLÉ
Espèce animale (MH) .... ERS
Espion lectrice sans spi (MH) .... ÉON
Esprit qui n'a pas d'idée croche (MF) ... PUR
Essayait de passer pour ce qu'il n'était pas ... ÉON
Essentiel à la poulie .... RÉA
Essentiel à l'être humain .... AIR
Essentiel aux joueurs de golf .... TEE
Essentiels pour bien des joueurs ...... DÉS
Est allé se faire voir à la cour de Russie ... ÉON
Est attendu par les écoliers .... ÉTÉ
Est aux hommes .... GAI
Est de la fête .... GUI
Est devenu un parti en 1963 .... RIN
Est en pleine formation .... ADO
Est livré aux bêtes .... ERS
Est parfois pourri .... ÉTÉ
Est passé de dada au surréalisme ..... ARP
Est passé de l'eau au vin (PD) .... NOÉ
Est présent au festival « Juste pour rire » ... GAG
Est presque .... ENE
Est prévu pour bientôt .... ÉTÉ
Est restée longtemps sur orbite ...... MIR
Est sotte .... OIE
Est sur le pont .... MÂT
Est tendre .... ÂGE
Est tombée avec le mur .... RDA
Établi par le gouvernement de Vichy ... STO
Était de service pour son suzerain .... OST
Était en cuivre ou en bronze .... SOU
Était le cœur de la civilisation égyptienne ... NIL
Était porté au bras .... ÉCU
Étanche la soif .... EAU
Et ce n'est pas tout .... ETC
Étendue d'eau retournée .... REM
Étendue de dunes .... ERG
Étendu sur la route .... SEL
Et j'en passe .... ETC
Étouffe avant de manger (PD) .... BOA
Et tout le tintouin .... ETC
Et plein d'autres affaires du genre (MF) ... ETC
Et que ça saute (MH) .... TNT
Être en crise, en formation .... ADO

Et tout le tintouin (MH) .... ETC
Eut Andropov comme chef .... KGB
Évidement d'une bouche à feu .... ÂME
Évite d'avoir à nager, à construire un pont ... GUÉ
Évite de prendre sa voiture (PD) .... RER
Évite la chute du roi .... PAT
Évite les infiltrations dangereuses (PD) ...... DST
Évite les longueurs (PD) .... ETC
Évoque, avec tac, le temps qui passe (MH) .... TIC
Évoque certains événements .... MAI
Évoque des tenues légères .... ÉTÉ
Évoque Hoover .... FBI
Évoque la fin de la journée (MH) .... LIT
Évoque la vertu, le Québec .... LIS, LYS
Évoquent mai 68 .... CRS
Évoque un aéroport .... PET
Évoque une certaine sensibilité .... ISO
Excite les bêtes .... RUT
Exemple de nudité (MH) .... VER
Exercices scolaires .... GYM
Existence humaine .... VIE
Exposé au vent .... ERG
Expression de court (MH) .... ACE
Expression du cœur .... CRI
Expression retournée (MH) .... RIA
Exprimait la joie en chanson .... GUÉ
Exprime le dépit .... ZUT
Exprime un claquement .... PIF
Exprime un état maladif .... ITE
Expulsion discrète (PD) .... ROT
Extension de nom de domaine (MH) .... ORG
Extrait de suc de fruit .... ROB
Extraite de la férule .... ASE
Extraite des baies de gui .... FLU
Extrémité de l'extrémité .... ITÉ
Fabrique de cadres (MH) .... ENA
Facile à monter .... KIT
Facile à prendre s'il est mauvais (PD) .... PLI
Facile à trouver (MH) ICI
Facilement engorgée .... RUE
Facilite la conservation .... UHT
Facilite la recherche .... TRI
Facilite la traction (PD) .... RÉA
Facilite le lancement .... TEE
Facilite le partage .... LOT
Facilite le placement (PD) .... DOT
Facilite le portage .... BÂT
Facilite le premier coup .... TEE
Facilite le traitement .... RAM, TRI
Façon d'abandonner (MH) .... ETC
Façon d'aller .... IRA
Façon d'arriver dans la vie (MF) .... TÔT
Façon de chasser .... ARC
Façon de désigner .... CES, CET
Façon de héler .... HEP
Façon de mettre les gaz (MH) .... PET
Façon d'enterrer sa vie de garçon (MH) ..... MUE
Façon de placer .... TRI
Façon de présenter .... CES, CET
Façon de rendre visite (MH) .... URL
Façon de se défoncer (MH) .... LSD
Façon d'expliquer .... CAR

Façon d'héler .... HEP
Facteur de multiplication (MF) .... RUT
Faire des cadeaux n'est pas son genre (MH) .. RAT
Faire des réductions (PD) .... UER
Faisait du contre-espionnage .... KGB
Faisait la lecture à une impératrice .... ÉON
Faiseur de feuilletons .... SUE
Fait appel .... OHÉ
Fait apprécier la fraîcheur .... ÉTÉ
Fait à sa tête .... ÂNE
Fait à sa tête (MH) .... ÉPI
Fait avancer .... HUE, SPI
Fait avancer le cheval .... HUE
Fait boire plus frais .... ÉTÉ
Fait bouger les gens d'actions, brûler les étapes ....
.... OPA
Fait cavalier seul à l'écurie (MH) .... LAD
Fait chercher de la glace .... ÉTÉ
Fait couler les tests (MH) .... EPO
Fait de la figuration (MH) .... RAT
Fait de la mousse .... ALE
Fait de l'ombre en bord de mer .... PIN
Fait des allers-retours .... BAC
Fait des bulles .... ALE
Fait des dégâts, grand bruit .... TNT
Fait des pointes (MH) .... RAT
Fait des remous .... SPA
Fait des rêves d'étoiles (PD) .... RAT
Fait des tours de reins .... OBI
Fait des vagues à la tribune .... OLA
Fait d'exploser .... IRE
Fait dire n'importe quoi (MH) .... IRE
Fait du vin .... NOÉ
Fait environ 5 % .... ALE
Fait étalage de sa prétention (PD) .... FAT
Fait exploser .... IRE
Fait figer .... GEL
Fait fonctionner .... CLÉ
Fait froid à Londres (PD) .... ICE
Fait gagner du temps aux voyageurs ...... TGV
Fait gagner un point .... ACE
Fait glisser .... GEL
Fait grimper le mercure .... ÉTÉ
Fait grise mine .... ÂNE
Fait grogner .... IRE
Fait grossir le troupeau .... ERS
Fait gueuler .... IRE
Fait honte .... HOU
Fait illusion .... LSD
Fait la grève, en quelque sorte (MH) ...... MER
Fait la grimace (MH) .... SAÏ
Fait l'égalité .... ISO
Fait le pli .... FER
Fait le point (MH) .... ACE
Fait le tour du match (MH) .... OLA
Fait le tour du stade .... OLA
Fait lever les spectateurs .... OLA
Fait l'innocent à contresens (PD) .... EIN
Fait mauvais ménage avec le gag (PD) ..... EAU
Fait monter le classement .... EPO
Fait mouche à moitié (PD) .... TSÉ
Fait oublier la neige .... SUD

Fait ouvrir la bouche . . . . ROT	Filet au volley-ball . . . . NET
Fait parfois pleurer (MH) . . . . GAG	Fils d'un émir . . . . IBN
Fait parler les grands (MH) . . . . ALE	Fils d'un navigateur endurant (MF) . . . . SEM
Fait part égale . . . . ISO	Financée par l'argent du pétrole . . . . OLP
Fait partie de l'entraînement du policier . . . . . . TIR	Fin à table, mais gros dans la rue (MF) . . . . . . SEL
Fait partie de l'épluchette . . . . ÉPI	Fin d'anniversaire . . . . IRE
Fait partie de Québécor . . . . TVA	Fin de collection . . . . ION
Fait partie de notre quotidien (MH) . . . . UNE	Fin de combat . . . . OUT
Fait partie des préparatifs de départ (MH) . . . . TEE	Fin de gestation . . . . ION
Fait partie du hip-hop . . . . TAG	Fin de retraite . . . . ITE
Fait partie d'un jeu . . . . ROI	Fin de tige . . . . ÉPI
Fait partie du système . . . . STE	Fin de transmission . . . . ION
Fait partie du système qui soulève . . . . RÉA	Fin d'inflammation . . . . ITE
Fait parts égales (PD) . . . . ISO	Fin d'inventaire (MH) . . . . ETC
Fait passer au rouge (PD) . . . . IRE	Fin d'office . . . . ITE
Fait peau neuve (MH) . . . . TAN	Fin d'orbite . . . . ITE
Fait pédaler plus vite . . . . EPO	Fin du documentaire . . . . IRE
Fait penser les Chinois (PD) . . . . TAO	Fin d'une rivalité . . . . ITÉ
Fait perdre le sens des réalités . . . . LSD	Fin d'un séjour . . . . OUR
Fait petit à petit (PD) . . . . NID	Fin du Titanic . . . . END
Fait planer (MH) . . . . LSD	Fin hollywoodienne . . . . END
Fait pour enfermer, pour sortir . . . . MUR	Fin, il aime se mettre à table (MH) . . . . BEC
Fait quelque chose au pif (MH) . . . . ORL	Finiront dans nos assiettes (PD) . . . . OGM
Fait râler . . . . IRE	Finissent en décembre . . . . ANS
Fait rapidement le tour du stade (MH) . . . . . . OLA	Finissent par faire blanchir (MH) . . . . ANS
Fait rarement le bonheur de tous, l'unanimité . . ÉLU	Finit en mer du Nord . . . . EMS
Fait référence à une date précise . . . . ÂGE	Finit par baisser . . . . VUE
Fait rougir . . . . IRE	Finit par devenir sèche . . . . MIE
Fait rouler le peloton . . . . EPO	Finit par étourdir . . . . GIN
Fait sa forte tête (MH) . . . . AIL	Finit par nous ralentir . . . . ÂGE
Fait ses preuves sur un terrain de jeu (MH) . . . TEE	Finit souvent par .com . . . . URL
Fait sortir les sandales (MH) . . . . ÉTÉ	Fixé au mât . . . . SPI
Fait souvent des piles (MH) . . . . TRI	Fleurit dans les jachères . . . . IVE
Fait souvent partie d'un club . . . . FAN	Fleuve à remonter (MF) . . . . LIN
Faits pour être jetés . . . . DÉS	Fleuve d'Asie ILI
Fait toujours jouer en société (PD) . . . . OIE	Fleuve de France . . . . TÊT
Fait tourner les têtes (MH) . . . . CRI	Fleuve du Languedoc . . . . ORB
Fait tout péter (PD) . . . . TNT	Flotte au dessert (PD) . . . . ÎLE
Fait une belle manche . . . . FER	Flûte de roseau . . . . NAY, NEY
Fait un tour de rein (MH) . . . . OBI	Fond de bière, de rouge . . . . LIE
Fait voir la vie autrement, fait voyager . . . . . LSD	Fondée à San Francisco . . . . ONU
Fameux pour annoncer sa carrière (MF) . . . . . TNT	Fond inutile (PD) . . . . LIE
Fameux pour faire chanter encore . . . . BIS	Font blanchir . . . . ANS
Faux bijou . . . . TOC	Font de l'ombre au cimetière . . . . IFS
Favorable à la culture . . . . ÉTÉ	Font grossir le bétail . . . . ERS
Fédération créée en 1991 . . . . CEI	Font la part du hasard . . . . DÉS
Femme d'action . . . . FÉE	Font ruminer . . . . ERS
Femme qui a bien marché . . . . EUE	Font tourner l'économie . . . . PME
Femme qui n'a plus rien à cacher, qui n'est plus en	Font vieillir . . . . ANS
dessous . . . . NUE	Forêt champenoise . . . . DER
Femme qui vole (MF) . . . . FÉE	Formation courte . . . . BTS
Femme réduite de moitié (MH) . . . . STE	Formation courte et concrète . . . . IUT
Femme sans amie (MF) . . . . ÈVE	Forme d'avoir . . . . ONT
Femme sans mère (MF) . . . . ÈVE	Formé de graines . . . . ÉPI
Femme toujours nue (MF) . . . . ÈVE	Forme de pouvoir . . . . PUT
Fera rire s'il est bon (PD) . . . . GAG	Forme de soupçon (MF) . . . . PEU
Fermé l'hiver . . . . COL	Forme une idée avec d'autres (MH) . . . . MOT
Fêté en Asie . . . . TÊT	Forme un pays avec 22 autres . . . . URI
Feu médical (PD) . . . . ITE	Formule de politesse . . . . SVP
Fièvre de cheval . . . . RUT	Fort en gueule (MH) . . . . AIL
File à fond de train (MH) . . . . TGV	Fouille à la bibliothèque (MH) . . . . RAT
Filer à l'anglaise (MF) . . . . DIE	Fouille dans les feuilles (PD) . . . . ORL

Fournisseur de pommes (PD) . . . . PIN
Fournisseur d'herbes (PD) . . . . PRÉ
Fournit de quoi bâtir . . . . PIN
Fournit des fruits toute l'année . . . . MER
Fourré à Hanoi . . . . NEM
Fourreau qui gaine la jambe . . . . BAS
Fourre-tout . . . . SAC
Frangine de Rachel . . . . LIA
Frappait fort . . . . ALI
Frappe à grands coups (MH) . . . . PIC
Frappé par des lâches . . . . DOS
Frémit bien au chaud (MH) . . . . EAU
Frétille dans l'étang . . . . IDE
Frétille en Méditerranée . . . . SAR
Frustre l'adversaire . . . . LOB
Fuite de gaz (MH) . . . . PET, ROT
Fuite par en arrière (MH) . . . . PET
Fut champion . . . . ALI
Fut mis en place durant l'occupation . . . . . . STO
Fut nommé sportif du XXe siècle . . . . ALI
Fut ruinée par les Amorites . . . . OUR
Futur en mouvement . . . . IRA
Gâche le fruit . . . . VER
Gagne sa vie les doigts dans le nez (MH) . . . ORL
Galon nippon . . . . DAN
Garanti sans bon sens (MF) . . . . RÛS
Garçon de courses . . . . LAD
Gardé dès que ça va mal, gardé par le malade . . LIT
Garde la ligne (MH) . . . . BUS
Garde la pose (MH) . . . . GLU
Gardien des bandes . . . . INA
Gardienne de la paix . . . . ONU
Gardienne des mystères (PD) . . . . ÂME
Garniture du chef (PD) . . . . ÉPI
Gaz inversé . . . . TOR
Gaz mélangé, sorti de travers (MF) . . EPT, ETP, TEP
Gaz renversé . . . . TOR
Gendarme du monde (PD) . . . . ONU
Gêne quand il est à la patte (PD) . . . . FIL
Généralement blanc . . . . LIS
Généralement bon dernier . . . . ÂNE
Généralement très longue . . . . ÈRE
Génie de la mythologie égyptienne . . . . BES
Genre musical . . . . POP
Gonflé sur les flots (PD) . . . . SPI
Grâce à lui on peut glisser . . . . GEL
Grains en cuisine (PD) . . . . SEL
Grand amateur de son . . . . ÂNE
Grand chimiste . . . . LEE
Grand constructeur . . . . PSA
Grand dur américain (PD) . . . . IPÉ
Grande agence . . . . CIA
Grande dame du monde (PD) . . . . ÈVE
Grande du grand écran (PD) . . . . MGM
Grande en Amérique . . . . RIO
Grande organisation . . . . OMS, ONU
Grande période de migration . . . . ÉTÉ
Grande plage sans eau (MH) . . . . ERG
Grande quantité . . . . MER
Grande trappe (MF) . . . . PIE
Grand marcheur (PD) . . . . MAO
Grand pays . . . . USA

Grand port . . . . RIO
Grand ratite disparu . . . . MOA
Grand réseau américain . . . . ABC
Grand réseau de télévision . . . . CBS
Grand service (MH) . . . . ACE
Grand stratège américain . . . . LEE
Gratuit pour tout le monde (MH) . . . . AIR
Gros, il peut blesser l'oreille . . . . MOT
Gros paquet de pascals . . . . BAR
Gros pique . . . . ROI
Gros port . . . . RIO
Gros qui se retrouve à la rue l'hiver (MF) . . . SEL
Grosse mémoire . . . . RAM
Grosse part du lion (PD) . . . . LIO
Grossier personnage polonais . . . . UBU
Gros soupir . . . . HAN
Grotesque personnage . . . . UBU
Grouille moins le dimanche matin (MH) . . . RUE
Groupe de rebelles (MH) . . . . ÉPI
Groupe dont le chanteur était Jeff Lyne . . . . ELO
Groupe rock . . . . ELO
Groupe terroriste . . . . ETA
Guide le navigateur (MH) . . . . URL
Habitait un jardin . . . . ÈVE
Habitué des salons (MH) . . . . THÉ
Habituellement, on ne crie pas sur les toits qu'on en
a un . . . . PSY
Hareng en caque . . . . PEC
Hausse légèrement . . . . TEE
Haute au large . . . . MER
Haut lieu de navigation (MH) . . . . WEB
Hélas celui de la raison ne vient pas toujours en vieil-
lissant (MF) . . . . ÂGE
Hélas vieux (MH) . . . . LAS
Heureusement qu'elle n'était pas stérile, car elle
n'aurait pu adopter d'enfant (MF) . . . . ÈVE
Heureux dans l'eau (MH) . . . . IDE
Hissé sur l'eau . . . . SPI
Hold-up . . . . VOL
Homme à femmes . . . . MAC
Homme de caverne (MH) . . . . ALI
Homme de paille (PD) . . . . LAD
Homme des fosses et des conduits (PD) . . . . ORL
Homme d'ordre . . . . CRS
Homme impuissant au lit . . . . NUL
Homme ou femme . . . . ÉON
Homme qui attire le regard des femmes (MF) . BEL
Homme qui se costumait . . . . ÉON
Homme volant . . . . DER
Homonyme d'un air, d'une mélodie (MH) . . . ÈRE
Ici, le premier est souvent un nom ou un prénom
. . . . MOT
Idéale pour faire une bonne farce (MF) . . . . . OIE
Idéal pour amorcer une fondation, pour jeter la pierre
à quelqu'un (MF) . . . . TNT
Idéal pour couper une liste . . . . ETC
Idéal pour les propos bien sentis (MF) . . . . . AÏE
Il a aidé son père à regrouper les bêtes . . . . . SEM
Il a atteint le sommet d'une montagne en flottant (MF)
. . . . NOÉ
Il a battu quelqu'un avec ses points (MH) . . . ÉLU
Il a beaucoup d'entraînement . . . . PRO

Il a bu du vin . . . . NOÉ
Il a certainement fait de la piquette (MH) . . . . NOÉ
Il a de gros yeux ronds . . . . DUC
Il a des boules blanches . . . . GUI
Il a des cataractes (MH) . . . . NIL
Il a des pommes . . . . PIN
Il a écrit « Le Corbeau » . . . . POE
Il a été des jours sans voir le soleil . . . . NOÉ
Il a été traduit par Baudelaire . . . . POE
Il a fait des promesses . . . . ÉLU
Il a fait l'histoire en général . . . . LEE
Il a fait parler d'elle (MH) . . . . ÉON
Il a fait sa médecine . . . . ORL
Il a fait ses preuves . . . . PRO
Il a fondé la République socialiste chinoise . . MAO
Il aime beaucoup son prochain (MF) . . . . GAI
Il aime le crack (MH) . . . . LAD
Il a l'air frais (MF) . . . . GEL
Il a la parole facile . . . . ARA
Il a la tête dure . . . . ÂNE
Il a la tête dure (MF) . . . . ROC
Il a l'habitude . . . . PRO
Il a longtemps parlé de la pluie et du beau temps avec
son père (MF) . . . . SEM
Il a longtemps précédé Winston Churchill (MF) . . .
. . . . SIR
Il a lu Freud, c'est sûr . . . . PSY
Il a mis tout le monde au courant de la résistance
. . . . OHM
Il apparaît le plus souvent sur la main ou sur le pied
. . . . CAL
Il a promis . . . . ÉLU
Il a quelque chose d'hallucinant . . . . QAT
Il a refusé de faire son service militaire . . . . . ALI
Il arrive souvent en courant (MF) . . . . AIR
Il a sauvé des vies . . . . ÉCU
Il a son avenir dans sa poche (MF) . . . . THÉ
Il a sûrement battu quelqu'un (MH) . . . . ÉLU
Il a toute sa vie devant lui . . . . ADO
Il a trouvé la bonne formule (MH) . . . . ALI
Il attire l'attention . . . . HEP
Il a un but . . . . TIR
Il a un cœur de pierre . . . . ROC
Il a un gros bec crochu . . . . ARA
Il a un siège . . . . ÉLU
Il avait des cornes . . . . URE
Il avale tout d'un coup . . . . BOA
Il avance grâce aux rames . . . . RER
Il a vécu trop longtemps . . . . NOÉ
Il a vécu une partie de sa vie vêtue en femme . . ÉON
Il a vu de l'eau . . . . NOÉ
Il brûle au Japon . . . . ASO
Il buvait assurément des bons vins . . . . ROI
Il charge l'atmosphère . . . . ION
Il chauffe les Anglais (MF) . . . . SUN
Il circule à Tokyo . . . . YEN
Il conquit l'Égypte . . . . AMR
Il contient le résultat des courses (MF) . . . . . SAC
Il crèche dans l'étable (MH) . . . . ÂNE
Il déplace de l'air et des gens (MF) . . . . RER
Il détermine le site des Jeux olympiques . . . . . CIO
Il disparaît dans la sécheuse . . . . BAS

Il donne de l'élan à l'élan (MF) . . . . RUT
Il donne froid dans le dos . . . . GEL
Il dresse constamment l'oreille (MF) . . . . ORL
Île croate de l'Adriatique . . . . RAB
Île de la côte vendéenne . . . . YEU
Île de la mer Égée . . . . NIO
Il éleva Samuel l'enfant . . . . ÉLI
Il empêche de bien marcher . . . . COR
Il en a fait du chemin (MF) . . . . FER
Il en a plus (poils) devant que derrière (MH) . . ADO
Il en faut 5 ou 6 pour aller à l'école . . . . ANS
Il en sort de jeunes loups (MH) . . . . ENA
Il en sort du lait . . . . PIS
Il entre par la fenêtre sans la briser . . . . RAI
Il équivaut à un centième de sievert . . . . REM
Il est à nos portes . . . . GEL
Il est aride . . . . ERG
Il est assez brillant . . . . ALU
Il est assourdissant . . . . TNT
Il est au-dessus de l'adresse (MF) . . . . ART
Il est aussi difficile de s'en débarrasser que du tac
(MF) . . . . TIC
Il est bel et bien commencé . . . . ÉTÉ
Il est bondé aux heurs de pointe . . . . RER
Il est bon marché . . . . TOC
Il est bon sec . . . . ERG
Il est borné, bouché . . . . ÂNE
Il est brillant . . . . ALU
Il est brun-roux . . . . TAN
Il est bruyant . . . . TNT
Il est chaud . . . . FEU
Il est cher . . . . AMI
Il est comme moi (MF) . . . . EGO
Il est complètement dans le champ (MF) . . . . . BLÉ
Il est constamment menacé par les fous (MF) . . ROI
Il est dans le vent (MH) . . . . FOC
Il est déictique . . . . CET
Il est déjà allé en campagne (MF) . . . . ÉLU
Il est derrière nous . . . . ÉTÉ
Il est disparu . . . . URE
Il est égrené . . . . ÉPI
Il est en arrière . . . . DOS
Il est en bas quand on est en haut (MH) . . . . . SUD
Il est en face (MH) . . . . NEZ
Il est entre deux âges . . . . ADO
Il est fait petit à petit . . . . NID
Il est fourré et frit . . . . NEM
Il est frustrant . . . . LOB
Il est gratuit . . . . AIR
Il est hallucinant . . . . LSD
Il est incongru . . . . ROT
Il est jaunâtre . . . . PUS
Il est là dès le départ . . . . TEE
Il est long et fin . . . . FIL
Il est menacé d'extinction … (de voix) (MH) . . ARA
Il est mort à Pékin . . . . MAO
Il est nourri par des soldats (MF) . . . . TIR
Il est parfois intolérable . . . . MAL
Il est peu ouvert . . . . ÂNE
Il est plein de sable . . . . ERG
Il est plus facile d'y entrer que d'en sortir (MF) . . .
. . . . SPA

Il est plus occupé la nuit que le jour . . . . LIT
Il est pointu . . . . TEE
Il est presque toujours dans l'eau chaude . . . . THÉ
Il est prêt à accueillir les Québécois (MH) . . . SUD
Il est pris avec un tic (MF) . . . . TAC
Il est pris en charge (MF) . . . . ION
Il est rarement l'origine d'un aigle (MF) . . . . . TEE
Il est sans bagage (MH) . . . . NUL
Il est sous nos pieds (MH) . . . . SOL
Il est souvent battu quand il est chaud . . . . . . FER
Il est souvent en tête (MH) . . . . POU
Il est souvent tanné (MF) . . . . TAN
Il est superficiel . . . . TOC
Il est sur la ligne de départ . . . . TEE
Il est sur les rails . . . . RER
Il est sur pied (MF) . . . . BAS
Il est surveillé par un gardien . . . . BUT
Il est toujours intérieur (MF) . . . . FOR
Il est tout en longueur . . . . BOA
Il est translucide et mou . . . . GEL
Il est très allongé, mais à l'envers (MH) . . . . REV
Il est très efficace . . . . TNT
Il est très intérieur (MF) . . . . FOR
Il est trop jeune pour la guerre . . . . ADO
Il est utile pour montrer de quel bois on se chauffe
(MF) . . . . TEE
Il est vassal du sultan . . . . BEY
Il est vietnamien . . . . NEM
Il est vraiment chiche . . . . RAT
Il était distrait par des fous (MF) . . . . ROI
Il était elle (MH) . . . . ÉON
Il était fort comme un bœuf . . . . URE
Il exprime bien la fièvre espagnole . . . . OLÉ
Il exprime bien le mal . . . . AÏE
Il facilite le passage au vert . . . . TEE
Il fait durer le chagrin (MF) . . . . TAN
Il fait marcher tout le monde (MF) . . . . PAS
Il fait suer les gens . . . . ÉTÉ
Il faut acheter un billet pour en faire un tour . . RER
Il faut beaucoup de temps pour en faire une . . ÈRE
Il faut de gros bras pour le vider . . . . BAR
Il faut être malade pour le garder . . . . LIT
Il faut la gagner pour en profiter au maximum (MF)
. . . . VIE
Il faut l'éteindre . . . . FEU
Il faut le tendre . . . . ARC
Il faut lui répéter certaines choses . . . . SOT
Il faut tout lui expliquer longtemps . . . . ÂNE
Il faut y aller avec de l'eau . . . . ERG
Il finira bien par arriver . . . . ÉTÉ
Il finit sa vie dans les bars (MF) . . . . VER
Il force le monde à se dépouiller . . . . ÉTÉ
Il force tout le monde à bien s'habiller . . . . . GEL
Il fournit des pommes . . . . PIN
Il fuit les échecs (MF) . . . . ROI
Il fut assassiné par Zimri . . . . ELA
Il fut traduit par Baudelaire . . . . OIE
Il gagne sa vie à dresser l'oreille (MF) . . . . . ORL
Il gonfle avec la réussite . . . . EGO
Il grince parfois un peu . . . . LIT
Il hue . . . . DUC
Il incite les gens à se découvrir . . . . ÉTÉ

Il inclut tout le reste . . . . ETC
Il joue depuis longtemps . . . . PRO
Il lui arrive d'être dans les pommes (MF) . . . . VER
Il lui faut du souffle (MH) . . . . SPI
Il lui faut un but . . . . TIR
Il marque . . . . BIC
Il monte souvent sur ses grands chevaux (MF) . . . .
. . . . LAD
Il n'a pas de dents . . . . BEC
Il n'a pas fait son service militaire (MF) . . . . . . ALI
Il n'a pas fini d'apprendre, de grandir . . . . ADO
Il ne croise jamais le fer (MF) . . . . TEE
Il ne donne pas grand-chose . . . . RAT
Il ne fait pas bon y vivre . . . . ERG
Il ne fait pas de cadeaux . . . . RAT
Il ne faut pas en manquer . . . . AIR
Il ne faut pas le brûler s'il est rouge . . . . FEU
Il n'en est pas question . . . . NON
Il ne protège plus personne . . . . ÉCU
Il n'est pas bien vieux . . . . ADO
Il n'est pas du tout mou . . . . ROC
Il n'est pas fade . . . . AIL
Il n'est pas gentil de jouer dans celui des gens (MF)
. . . . DOS
Il n'est pas neutre . . . . ION
Il n'est pas parti tout seul (MH) . . . . NOÉ
Il n'est pas pour la femme de quitter le gars qui le fait
(MF) . . . . DUR
Il n'est pas très rapide . . . . ÂNE
Il ne veut rien comprendre (MH) . . . . ÂNE
Il ne vous permet pas de filer un mauvais coton (MF)
. . . . RÉA
Il nous a vraiment fait suer . . . . ÉTÉ
Il nous en fait voir de toutes les couleurs (MF)
. . . . LSD
Il nous épargne du reste . . . . ETC
Il nous fait bouger malgré nous . . . . TIC
Il nous ralentit . . . . ÂGE
Il nous supporte . . . . LIT
Il nous trahit dès que l'on souffle . . . . AIL
Il n'y a qu'à l'intérieur qu'il pose problème (PD) . .
. . . . FOR
Il n'y a que moi qui puisse m'accepter ainsi (MF) . .
. . . . MOI
Il n'y neige presque jamais . . . . ÉTÉ
Il n'y pleut pas souvent . . . . REG
Il parle anglais . . . . SIR
Il parle sans chanter . . . . ARA
Il passe à travers la fenêtre sans la briser (MF) . . RAI
Il passe et repasse (MF) . . . . FER
Il perce en soufflant (MF) . . . . TNT
Il permet d'expliquer les multiplications bêtes (MF)
. . . . RUT
Il peut être cloué sans marteau (MF) . . . . BEC
Il peut être interdit de la descendre . . . . RUE
Il peut être suffisant de trop en parler . . . . . SOI
Il peut gonfler, grossir avec le succès . . . . . . EGO
Il porte une charge . . . . ION
Il prend souvent ses clients à la gorge (MF) . . ORL
Il radote . . . . ARA
Il réchauffe les Anglais . . . . SUN
Il reconnut l'embouchure du Congo . . . . CAO

Il refroidit les pires bandits (MF) . . . . GEL
Il rend les joues rouges . . . . GEL
Il résiste . . . . ROC
Il roule les gens qui l'utilisent (MF) . . . . . RER
Il s'affaisse et se relève en un clin d'œil (MF) . . CIL
Il s'agit de repasser pour qu'il parte . . . . PLI
Il s'apprivoise bien . . . . RAT
Il savait encaisser . . . . ALI
Il savait qu'un gros orage s'en venait (MF) . . NOÉ
Ils contiennent tous les jours de notre vie (MF) . . . .
. . . . ANS
Ils creusent des sillons au front . . . . ANS
Il se croît tout permis (MH) . . . . ÉPI
Il se jette dans la mer du Nord . . . . EMS
Il s'élève pour dominer (MF) . . . . TON
Il sent l'écurie . . . . LAD
Il se plante devant l'allée . . . . TEE
Il se prend toujours aux cheveux (MF) . . . . . . GEL
Il se promène en diagonale (MF) . . . . FOU
Il se rend toujours en bout de ligne . . . . RER
Il se répète sans arrêt (MF) . . . . TIC
Il se retrouve presque toujours dans l'eau chaude
. . . . THÉ
Il s'est arrêté sur le mont Ararat . . . . NOÉ
Il s'est aussi appelé Clay . . . . ALI
Il s'est demandé s'il avait sa place au soleil (MF) . .
. . . . NOÉ
Il s'est fait connaître parce qu'il a échoué (MF) . .
. . . . NOÉ
Il s'est rendu en Virginie . . . . LEE
Il s'est souvent battu . . . . ALI
Il se tord par terre, il se tortille . . . . VER
Il se traîne à nos pieds . . . . VER
Ils nous font courber l'échine . . . . ANS
Il s'occupe des oreilles . . . . ORL
Il sonnait (MH) . . . . ALI
Ils ont des points noirs . . . . DÉS
Il sort du boyau ou de l'aéroport (MF) . . . . . JET
Il sort et rentre par le pavillon (MF) . . . . SON
Il sort par la bouche . . . . CRI
Il sort souvent par trois trous (MF) . . . . SEL
Ils parlent une langue kwa . . . . EDO
Ils polluent beaucoup . . . . VUS
Ils se souviendront longtemps du 11 septembre . . . .
. . . . USA
Ils sont incontrôlables . . . . DÉS
Ils sont souvent casqués . . . . CRS
Il suffit d'un bon coup pour qu'il ait l'air épaté (MH)
. . . . NEZ
Il suit le tic . . . . TAC
Il suit souvent le coq (MF) . . . . ÂNE
Il tend l'oreille . . . . ORL
Il tient la personne qui vous désire en haleine (MF)
. . . . AIL
Il tourne dans Paris . . . . RER
Il travaillait en jouant aux dames (MF) . . . . . ÉON
Il travaille pour des cavaliers (MF) . . . . LAD
Il va à la pêche (MH) . . . . VER
Il vaut mieux la prendre du même côté (MH) . . VIE
Il vaut mieux l'avoir dans le cou que devant soi (MF)
. . . . BOA
Il vaut trois points (MF) . . . . ETC

Il va y avoir du sport . . . . TSN
Il vit en Amérique du Sud . . . . SAÏ
Il vit surtout la nuit . . . . DUC
Il vit une période de transition . . . . ADO
Il vole . . . . PIC
Il vous en bouche un coin (MF) . . . . LUT
Il vous invite à découvrir le reste . . . . ETC
Il vous invite à repasser (MF) . . . . PLI
Il vous permet de filer rapidement . . . . RER
Il y a celui du cœur . . . . CRI
Il y a de l'orage dans l'air . . . . ÉTÉ
Il y a peu d'eau . . . . REG
Il y en a encore (MH) . . . . ETC
Il y en a une près de Québec . . . . ÎLE
Il y est facile de s'ensabler . . . . ERG
Imitateur coloré . . . . ARA
Important acide . . . . ARN
Important pour l'espèce . . . . RUT
Imposée par son fils . . . . BRU
Incapable de suivre . . . . OUT
Indicateur de direction . . . . VIA
Indice de sensibilité d'un film . . . . ISO
Indice de viscosité, du bidon . . . . SAE
Indien apprécié en automne . . . . ÉTÉ
Indique le passage, une direction . . . . VIA
Indique un emplacement . . . . URL
Indique un genre . . . . UNE
Indique un moment précis . . . . TOP
Indispensable en cuisine . . . . SEL
Indispensable pour bien des jeux . . . . DÉS
Indispensable pour circuler dans les allées . . . . TEE
Indissociable de l'histoire de l'Égypte . . . . . . NIL
Individu qui possède deux palais . . . . ROI
Inquiétude exprimée . . . . AÏE
Inscription sur une bière (MH) . . . . ALE
Institution créée en 1845 par l'ONU . . . . FAO
Institution créée en 1957 par le traité de Rome . . . .
. . . . CEE
Instrument à long manche . . . . TAR
Instrument de musique à cordes . . . . OUD
Instrument d'Iran . . . . TAR
Intéressant pour son huile et sa farine . . . . . LIN
Intéresse le médecin . . . . CAS
Intéresse les prédateurs . . . . NID
Intéresse l'hagiographe . . . . STE
Intéresse peu les botanistes . . . . ERG
Interjection invitant à sortir . . . . ZOU
Interjection presque complète (MF) . . . . OLL
Intervient en cas de panne (PD) . . . . SAV
Intervient violemment . . . . TNT
Introduisent les autres . . . . UNS
Introduit l'égalité . . . . ISO
Introduit une explication . . . . CAR
Inutile d'en rajouter, tout le monde a compris (MH)
. . . . ETC
Invité au réveillon . . . . AMI
Invisible mais essentiel . . . . AIR
Invite à la balade . . . . ÉTÉ
Invite à sortir . . . . ZOU
Ionesco en a dépensé . . . . LEI
Isolé avant d'être mis au courant (PD) . . . . . . FIL
Issue du traité de Versailles . . . . SDN

Jamais autrefois . . . . ONC
Jamais bien vieux . . . . ONC
Jamais de la vie . . . . NON
Jamais inondé . . . . REG
Jamais seul en tête (PD) . . . . TIF
Japonaise en soie (MH) . . . . OBI
Japonaise qui pourrait vous coûter un bras (MF) . . .
. . . . CLÉ
Japonais qui circule . . . . YEN
Jaune dans les prés (PD) . . . . RUE
Je l'ai sous les yeux au moment où j'écris ces lignes
(MF) . . . . MAC
Je m'en moque . . . . PFF
Je n'oserais pas m'adresser à vous en utilisant ce mot
(MF) . . . . TOI
Je sais : je n'ai pas donné le mien pour cette défini-
tion (MF) . . . . MAX
J'espère que le vôtre est douillet (MF) . . . . NID
J'espère que vous avez celui de comprendre cette
définition . . . . DON
J'espère que vous en avez en faisant cette grille (MF)
. . . . FUN
Je suis . . . . CHU
Jet de lumière . . . . RAI
Jetés au jeu . . . . DÉS
Jeu bien connu . . . . UNO
Jeu d'adresse . . . . TIR
Jeu de balles . . . . TIR
Jeu de cartes . . . . BOG
Jeune d'aujourd'hui . . . . ADO
Je vous invite à visiter le mien à l'adresse suivante
(MF) . . . . NET
Joli coup sur le court . . . . ACE
Joli coup sur le terrain . . . . LOB
Jonctions d'alezan (MH) . . . . ARS
Jos connaissant . . . . SÛR
Joue à l'écran . . . . ADO
Joue mieux que d'autres . . . . PRO
Joue un grand rôle dans l'identification des criminels
. . . . ADN
Julie ou Anne . . . . STE
Jusqu'à la corde . . . . USÉ
Juste à côté d'un chien anglais (MH) . . . . HOT
Juste avant les autres . . . . UNS
Juste là ICI
King du ring . . . . ALI
La balance . . . . ETC
La bernache en est une . . . . OIE
La blanche est la plus bête (PD) . . . . OIE
La boue y est rare, la caravane y passe . . . . . REG
La chasse y est interdite . . . . ZOO
Lâché pour soulager . . . . OUF
La civilisation égyptienne lui doit tout . . . . . . NIL
La femme l'a à la main lorsqu'elle sort . . . . . SAC
La femme qui a l'air plus jeune ne fait pas le sien . .
. . . . ÂGE
La ferme rarement . . . . PIE
L'affaire qui y est est presque réglée . . . . SAC
La fin de la propagation . . . . ION
La fin de l'émission . . . . ION
La fin de l'histoire . . . . IRE
La fin du fouillis . . . . TRI

La France y a un siège . . . . ONU
L'agent qui lisait . . . . ÉON
La Georgie en fait partie . . . . CEI
La grande illusion (MH) . . . . LSD
Laisse du noir sur son passage . . . . FEU
Laissé par Laozi . . . . TAO
Laisse passer les petits (MH) . . . . SAS
Laisse planer le doute . . . . HEM
Laisser en anglais . . . . LET
L'ale y coule à flot . . . . PUB
L'amateur peut en être un (MF) . . . . PRO
La meilleure garantie va de l'un à l'autre (MF) . . . .
. . . . MUR
La même pour tout le monde (PD) . . . . LOI
La moitié de l'espace . . . . ACE
L'amoureuse voit plus souvent son petit que son grand
(MF) . . . . AMI
Lancé à la fin (PD) . . . . SOS
Lancer renversé, à l'envers, tout croche . . . . . RIT
Lancé violemment . . . . CRI
L'anglais est un hautbois (PD) . . . . COR
La Nouvelle-Orléans n'en a pas manqué . . . . EAU
Là où je me trouve, là où nous sommes ICI
La parade en fait partie (MH) . . . . RUT
La pénombre le rend plus difficile . . . . TRI
La personne à consulter si vous avez la gorge nouée
. . . . ORL
La personne qui le perd est un brin perdue . . . . FIL
La personne qui s'est fait écraser le sien met des
années à le reconstruire (MF) . . . . EGO
La petite est quotidienne (MF) . . . . VIE
La plus grande île de la Nouvelle-Zélande . . . SUD
La police agit en son nom . . . . LOI
L'appel du large (MH) . . . . SOS
La première peut être la bonne (PD) . . . . VUE
La première venue . . . . ÈVE
La queue des mots (PD) . . . . URO
La refaire, c'est la poursuivre sur des bases nouvelles
(MF) . . . . VIE
La Reuss y coule . . . . URI
L'armée autrichienne y capitula . . . . ULM
La rouille n'en manque pas . . . . AIL
La Russie et la Pologne en faisaient partie . . . EST
La Russie et son entourage . . . . CEI
La salique . . . . LOI
L'as de la destruction (MH) . . . . TNT
La situation va devenir grave . . . . MUE
La théorie de Darwin y est remise en question . . . .
. . . . USA
La Terre . . . . GÉO
La Toile . . . . WEB
La vérité vraie . . . . SIC
L'avoir c'est croire . . . . FOI
L'eau y circule rapidement . . . . SPA
Le bas est au début . . . . ÂGE
Le bétail y est rare . . . . ERG
Le bleu est syndiqué, pas le blanc (MF) . . . . . COL
Le bon encourage . . . . MOT
Le bon numéro . . . . LOT
Le bout du tunnel . . . . OUF
Le Brave des braves sous l'Empire . . . . NEY
Le chat chez les Blair . . . . CAT

Le cœur en a un .... ROI
Le cœur n'est pas son domaine .... ORL
Lecteur en Russie .... ÉON
Lectrice à la cour de Russie .... ÉON
Le cultivateur et le guitariste le travaillent (MF) ...
.... SOL
Le cultivateur le gagne en le fauchant .... BLÉ
Le dernier a la vie courte (PD) .... CRI
Le dernier fait du cinéma (PD) .... ART
Le dernier ne dure pas (PD) .... CRI
Le deuxième est plus fort que le premier .... DAN
Le fait d'avoir le tour (MF) .... ART
Le faux est disgracieux .... PAS
Le fer a raison de lui, l'efface .... PLI
Le gagnant .... ÉLU
Le gazon l'est pour le vert .... RAS
Le gel en vient à bout (MH) .... ÉPI
Le genièvre lui donne du goût .... GIN
Le genre de Samian .... RAP
Léger dans l'air .... ULM
Le grand écart .... GAP
Le gros se met rapidement à table (MH) .... SEL
L'Égypte borde la Rouge .... MER
Le huitième est présenté au petit écran ...... ART
Le lion et les chevrons (PD) .... PSA
Le milieu du maquereau .... EAU
Le neuvième contient des bulles (MF) ...... ART
Lent à saisir .... ÂNE
Lente monture .... ÂNE
Lentille bâtarde .... ERS
Le pape l'est par les cardinaux .... ÉLU
Le passer soulage (MH) .... CAP
Le plancher des vaches (MF) .... PRÉ
Le plus fort aux points (MH) .... ÉLU
Le plus souvent durant la journée, il est libre .. LIT
Le plus souvent, il nous écoute .... PSY
Le premier est le plus difficile .... PAS
Le premier sur les plaques (PD) .... AIN
Le prix s'y trouve .... UNE
Le prochain n'est pas pour demain .... ÉTÉ
Le quart le plus chaud (MH) .... ÉTÉ
Le quatrième est le dernier .... ÂGE
Le rôle du calibreur .... TRI
Les autres viennent après .... UNS
Les choses qui m'indiffèrent ne m'en causent aucun
(MF) .... PLI
Le sens de l'orientation .... VUE
Le sens de ses paroles lui échappe (MH) .... ARA
Le septième tourne toujours .... ART
Les fous s'y reproduisent (MF) .... NID
Les Français lui doivent la création de lycées .. SEE
Les gars de gang y règnent .... RUE
Les gens qui ne font pas celui qu'ils ont suscité
l'envie .... ÂGE
Les hommes du président .... UMP
Lésion cutanée .... CAL
Les joueurs le font pour défendre leur but (MF) ...
.... MUR
Les mariés l'ouvrent .... BAL
Les mères y reçoivent des fleurs .... MAI
Le soleil y plombe sur le caillou .... REG
Les ordis en ont besoin .... RAM

Le sourd ne l'entend pas .... SON
L'espion qui lisait .... ÉON
Les plus beaux iront au musée .... NUS
L'est, mais pas tout à fait .... ENE
Les trois premières .... ABC
Les vedettes la font .... UNE
L'été, elle est recouverte de voiles ...... MER
Le temps de couvrir .... RUT
Le temps du changement .... MUE
Le temps ne l'améliore pas toujours ..... VIN
Le troisième n'est pas si vieux que ça .... ÂGE
Le trouver porte chance .... SOU
Lettre grecque à l'envers (tau) .... UAT
Lettres de recommandation (MH) .... ABC
Lettres de rattrapage .... ATP
Lettres de Rutabeuf .... RBF
Lettres d'introduction (MF) .... ABC
Lettres du colporteur .... OLP
Lettres d'une mesure (MH) .... RAE
Lettres envoyées quand on est près de la mort .. SOS
Lettres gravées .... RIP
Lettre triple .... EEE
Le type à voir si vous avez un chat dans la gorge (MF)
.... ORL
Le tyran ne l'a pas été .... ÉLU
Leur idéal pour un stage de formation (MF) .. TAS
Leurs échanges se font en kwa .... IBO
Levait le coude .... NOÉ
Le Vatican n'en fait pas partie .... ONU
Le ventre n'est pas son domaine .... ORL
Le vrai est un dur (PD) .... MEC
L'heure des changements, des remplacements ....
.... MUE
L'hiver, elle peut être entourée de glace ..... ÎLE
L'hiver, parfois, on peut y aller à pied .... ÎLE
L'homme invisible .... ÂME
Liaisons rapides .... TGV
Liberté de boulevard (MH) .... MOB
Libre dès que l'on s'élève (PD) .... AIR
Lie étroitement .... GLU
Lieu d'éclosion, de départ, de naissances ..... NID
Lieu de grève (PD) .... TAS
Lieu de rêves .... LIT
Lieu de rêves pour enfants .... BER
Lieu de vacances .... SUD
Lieu non cultivé .... REG
Lieu où il faut frapper une balle .... SÛR
Lieu peu invitant .... REG
Lieu rempli de sites à visiter .... NET
Ligne fortifiée .... MUR
Liliacée comestible .... AIL
Liquide japonais (MF) .... SEN, YEN
Liquide suédois (MF) .... ORE
Lit à une place .... BER
Logement non meublé (MH) .... NID
Logis douillet (MH) .... NID
Loi mal ficelée .... LIO
Loin de l'objectif, du trou .... TEE
Loin de sa naissance .... ÂGÉ
Loin des Anglais .... FAR
Loin du goulot .... CUL
Loin du lieu d'arrivée .... TEE

Loin du premier jour . . . . ÂGÉ
Long ruban bleu africain (PD) . . . . NIL
Longtemps dirigé par Hoover . . . . FBI
Longtemps porté par les Indiens . . . . ARC
Longue lame . . . . SKI
Lorsque la bouteille l'est, elle est vide . . . . . . BUE
Lorsqu'elle est courte, il faut se rapprocher . . VUE
Lorsqu'elle est étroite, elle n'a qu'un sens . . RUE
Lorsque quelqu'un vous frappe, vous le dites . . AÏE
Lorsqu'il est masqué, on l'est aussi (MF) . . . . BAL
Lorsqu'il est ouvert, on peut boire gratuitement (MF)
. . . . BAR
Lorsqu'il tremble, on tremble aussi . . . . SOL
Lorsqu'on l'a à ses pieds, on le traite aux petits oignons
(MF) . . . . COR
Lorsqu'on le fait, on fait un point . . . . BUT
Lorsqu'on les entend, on sait que ça marche (MF)
. . . . PAS
Lucy s'est promenée sur ses rives . . . . OMO
Luth iranien . . . . TAR
Maintenant en Iraq . . . . OUR
Maison de tyrans non chauffée (MF) . . . . NID
Maîtrise en administration des affaires . . . . . . MBA
Mâle de cœur (MH) . . . . ROI
Manger avec lui est un plaisir . . . . AMI
Manger mou . . . . MIE
Manifestation sportive . . . . OLA
Manifeste sa bonne humeur . . . . GAI
Manque au nonchalant . . . . PEP
Manque d'eau . . . . REG
Manque de liquide (MH) . . . . ERG
Manque de logique . . . . SOT
Manque souvent de justesse . . . . TIR
Mao a le sien . . . . COL
Marchait à voile, pas à vapeur . . . . NEF
Mariage de deux hommes . . . . GAI
Marque d'hésitation . . . . HEU
Marque la similitude . . . . TEL
Marque le départ . . . . DÈS
Marque l'effort . . . . HAN
Marque l'indignation . . . . NON
Marque un passage . . . . MUE
M'as-tu vu . . . . FAT
Matière à farine . . . . BLÉ
Matière à pots . . . . SIL
Matière plastique . . . . PVC
Maurice en est une . . . . ÎLE
Mauvais compagnon de voyage (MF) . . . . LSD
Mauvais coup pour le roi . . . . MAT
Mauvais élève . . . . ÂNE
Mauvais geste . . . . TIC
Mauvais souvenir amoureux (PD) . . . . MST
Mauvais souvenir pour les Algériens . . . . OAS
Méchant tombé à la renverse (MF) . . . . LAM
Méfiez-vous quand il vous veut du bien (PD) . . AMI
Meilleure façon d'intervenir . . . . TÔT
Meilleur en bouche que sous le nez (MF) . . . . AIL
Mélange à consommer avec modération . . . . . . KIR
Mélange bourguignon (PD) . . . . KIR
Même le plus soigneux peut perdre le sien (MH) . .
. . . . JOB
Même pas une fois . . . . ONC

Même s'il a de grandes oreilles, il n'entend rien . . .
. . . . ÂNE
Mémoire des ondes (PD) . . . . INA
Mention sur certaines étiquettes . . . . AOC
Mer de choses qui restent vagues (MF) . . . . . . ETC
Mère biologique que l'on a . . . . UNE
Mesurait le rayonnement . . . . RAD
Mesure calorifique . . . . BTU
Mesure des thermies . . . . TEC
Met du beurre dans épinards (MH) . . . . JOB
Met en boule . . . . IRE
Métier de Freud . . . . PSY
Met le feu aux organes (PD) . . . . IRE
Met le roi à mal . . . . MAT
Met les huiles à leur place (PD) . . . . SAE
Met les sons et les images à l'abri (PD) . . . . . INA
Met plus haut . . . . SUS
Met son grain partout . . . . SEL
Mettait souvent des gants . . . . ALI
Met tout à neuf . . . . NÉO
Michigan renversé . . . . CAL
Mis à la porte, mais plutôt deux fois qu'une (MH)
. . . . TOC
Mis au rancart . . . . BLÉ
Mise en jeu . . . . OIE
Mis en place par Gémier . . . . TNP
Mis en place par le traité de Porto . . . . EEE
Mode de cuisson . . . . EAU
Modifie la terminaison . . . . ILS
Moins beau . . . . BOT
Moins cher . . . . USÉ
Moins dangereux quand il vient de loin . . . . . TIR
Moins haut qu'un bidet . . . . ÂNE
Moins inoffensif que l'on croyait . . . . POT
Moins tentant . . . . USÉ
Moitié de fils . . . . BRU
Moitié de personnage (MH) . . . . TIN
Moitié de radeau . . . . RAD
Moment de liberté (PD) . . . . MAI
Monarque désordonné (PD) . . . . IRO
Montagne volcanique . . . . PUY
Monte dans la colère . . . . TON
Mont nippon . . . . ASO
Montre un bout de queue . . . . URO
Morceau de canard (MH) . . . . UNE
Morceau de flûte . . . . BEC
Morceau de liège . . . . LÈG
Mort de quelqu'un . . . . FIN
Morte à Londres . . . . ÉON
Morte en Palestine . . . . MER
Morte renversée (MF) . . . . REM
Mort récemment . . . . FEU
Mot confirmant que la réception n'est pas annulée
. . . . OUI
Mot de court . . . . ACE
Mot de passe . . . . OLÉ
Mot latin . . . . TER
Mot qui en remplace bien d'autres . . . . ETC
Mot qui revient sans cesse à la mémoire (MF)
. . . . MEG, RAM
Mot qu'une personne utilise lorsqu'elle vous parle
. . . . TOI

Mot sans suite . . . . ETC
Mots croisés . . . . JEU
Mot tupi signifiant perroquet . . . . ARA
Mou et allongé . . . . VER
Moule des cadres (MH) . . . . ENA
Moulin en prit la tête . . . . CNR
Mousse au pub . . . . ALE
Mouvement dans les Bourses . . . . OPE
Mouvement de fans . . . . OLA
Mouvement d'humeur . . . . IRE
Mouvement né en 1960 . . . . RIN
Mouvement vibratoire . . . . SON
Moyen de communication . . . . RUE
Moyen de communiquer avec ceux qui sont loin . . .
. . . . OHÉ
Moyen de conservation . . . . SEL
Moyen de défense . . . . DCA
Moyen de transport . . . . STM, ULM
Moyen de transport assez lent . . . . ÂNE
Musée de Montréal . . . . MBA
Musicien russe . . . . CUI
Musique d'aujourd'hui . . . . RAP
Musique de la rue . . . . RAP
Musique rythmée . . . . HOT
N'accepte pas n'importe qui . . . . ENA
Nage en mer . . . . ZÉE
Nage toute la journée . . . . IDE
Nageur belge (MH) . . . . IDE
N'aime pas l'eau . . . . FEU
N'aime pas l'eau salée . . . . IDE
N'aime pas les tapettes (MH) . . . . RAT
N'aime pas trop le boudin . . . . MAC
Nain égyptien ridicule . . . . BÈS
Naît d'un frottement . . . . CAL
N'a pas été allaitée, n'a pas été bercée par sa mère,
n'a pas eu de mère . . . . ÈVE
N'a pas fait les mêmes études qu'un accoucheur . . .
. . . . ORL
N'a pas fait long feu en ondes . . . . VIP
N'a pas fini de changer . . . . ADO
N'a pas pris la mer en solitaire (MH) . . . . . . NOÉ
N'a pas toujours fait partie de la famille . . . . BRU
N'a pas un long bec . . . . ARA
N'a pas vraiment sa place en public . . . . PET
N'a parfois qu'un sens . . . . RUE
N'a qu'un nom . . . . RUE
N'a rien de drôle . . . . IRE
N'a rien d'une valse . . . . RAP
N'a rien sur le caillou (MF) . . . . REG
N'a souvent qu'une parole (MH) . . . . ARA
N'a sûrement pas eu de vie facile . . . . STE
N'atteint pas toujours le but . . . . TIR
N'attend pas qu'on lui donne la parole (MH) . . PIE
N'attire pas les navigateurs (MH) . . . . REG
N'attire pas tellement les touristes (MH) . . . . ERG
Nautique ou alpin . . . . SKI
N'avait sûrement pas une voix grave (MH) . . . ÉON
Navet qui nous laisse sur notre appétit . . . . . VUE
Navire coulé à moitié . . . . NAV
Navire médiéval . . . . NEF
Né à Tonnerre . . . . ÉON
Ne broute plus . . . . URE

Ne cherchez pas plus loin ICI
Ne concerne pas le voisin . . . . NOS
Ne concerne qu'une région . . . . AOC
Ne convient pas pour l'huile de noix (MH) . . . SAE
Ne convient pas à une fillette . . . . MME
Ne craint pas les inondations . . . . ERG
Ne doit pas rester à la porte . . . . CLÉ
Née de mère inconnue (MH) . . . . ÈVE
Ne faisait certainement pas un grand cru (MH) . . NOÉ
Ne faisait pas le trottoir . . . . STE
Ne fait pas de cadeaux . . . . RAT
Ne fait pas le timide . . . . OSÉ
Ne fait pas rigoler . . . . IRE
Ne fera pas de n'importe qui un champion . . . EPO
Ne foncez pas dedans . . . . MUR
Ne forme pas des ouvriers (MH) . . . . ENA
«Ne lâche pas», comme dirait Pedro (MF) . . . OLÉ
Ne levait sûrement pas le coude (MH) . . . . . . STE
Ne manquait pas de voiles . . . . NEF
Ne manquent pas de protéines . . . . RIS
Ne manque pas d'eau . . . . ÎLE
Ne manque pas de remous . . . . SPA
Ne manque pas de rythme . . . . RAP
N'embaume pas . . . . ASE
N'empêche pas de conduire . . . . THÉ
N'en faites pas un avec cette définition . . . . . CAS
Ne passe pas inaperçu à table . . . . AIL
Ne pense pas à la retraite (MH) . . . . ADO
Ne permet pas de traverser l'Atlantique . . . . . ULM
Ne peut avoir qu'un passager . . . . ULM
Ne pianotait pas . . . . NAT
Ne pose pas problème au charbonnier . . . . . . FOI
Ne pourrait pas vivre sans son pommier (MH) . . GUI
Ne ressemble pas à une balade . . . . RAP
Ne reste pas en place . . . . ÉPI
Ne revient jamais de très loin (MH) . . . . ULM
Ne roule pas sur la route . . . . TGV
Ne rumine plus . . . . URE
Ne s'achète pas . . . . AMI
Ne sait pas trop ce qu'il dit . . . . ARA
Ne se bat pas à froid, dans la neige . . . . FER
Ne s'écrit pas au début . . . . ETC
Ne se joue pas à la mandoline . . . . RAP
Ne se monte pas facilement . . . . PIC
Ne s'emploie pas en temps normal (MH) . . . . TÔT
Ne s'enfonce pas dans la neige (MH) . . . . . . TEE
Ne sent pas la rose . . . . ASE
Ne se perd qu'une fois . . . . VIE
Ne sera pas le dernier à quitter le bâtiment (PD) . .
. . . . RAT
Ne sert plus à rien (PD) . . . . USÉ
Ne s'intéresse pas aux chauves (MH) . . . . . . POU
Ne s'occupe pas des pieds (MH) . . . . ORL
Ne s'occupe pas toujours de leurs oignons . . . USA
N'est généralement pas seul dans le champ (MH) . .
. . . . ARE
Ne stimule pas que les Anglaises . . . . THÉ
N'est jamais la même . . . . UNE
N'est jamais trop loin du conte (MH) . . . . FÉE
N'est pas de la même eau que la mer . . . . LAC
N'est pas le chouchou du prof . . . . ÂNE
N'est pas le même pour le nez que pour les oreilles

(MH)	AIR
N'est pas mort jeune	NOÉ
N'est pas nourrie à la petite cuillère (MH)	OIE
N'est pas palpable	ÂME
N'est pas près de la Lune (MF)	AIR
N'est pas prodigue	RAT
N'est pas puisé aux sources (MH)	SEL
N'est pas très habité	REG
N'est plus au travail	ERG
N'est plus en chambre (PD)	POT
N'est plus sur la paille	ÉPI
Ne suit pas toujours la question (MH)	OUI
Ne supporte pas l'échec (PD)	ROI
Ne supporte pas l'étroitesse (PD)	COR
N'était pas mauvais joueur	NAT
N'était pas un coq du Kentucky	ALI
Net à payer	TTC
Ne tient pas en place	ÉPI
Ne tombent pas toujours comme on veut	DÉS
Ne touche pas toujours le but	TIR
Ne trompe pas l'expert	TOC
Nettoie des robes, nettoie le bidet	LAD
Ne vaut rien, ne vaut pas grand-chose	NIB, TOC
Ne vogue plus	NEF
Ne voit pas le marteau comme le bricoleur (MH)	ORL
Ne voit pas souvent la pluie	REG
Ne volait pas et ne court plus (PD)	MOA
N'évoque pas le futur	ÉON
N'évoque pas le passé	NÉO
N'intéresse pas le maçon	TUF
N'invente rien (MH)	ARA
Nippon qui crache, qui fume (MH)	ASO
Noble qui a du punch (MF)	ART
Noir, il a propagé la peste	RAT
Noir, vert ou à la menthe	THÉ
Nombre important pour un photographe	ISO
Nom d'un bloc (MH)	POT
Nom d'une norme	ISO
Nom d'un frère	LAI
Nom d'un oncle	SAM
Non équivoque	NET
N'ont pas que des amis	USA
Normalement, elle est insipide	EAU
Normal en décembre, en janvier	GEL
Notre-Dame	ÎLE
Notre-Dame-de-Grâce	NDG
Nourrie abondamment	OIE
Nous assouplit	GYM
Nous attend en fin de journée	LIT
Nous enchaîne un peu plus (PD)	TNT
Nous fait tirer la langue	ORL
Nous le sommes tous pour développer nos talents	NÉS
Nous offre bien peu à boire	ERG
Nouveau début	ÈRE
Nouvelle fraîche (MF)	NÉE
Nu et mou	VER
Nullement réservé	OSÉ
Numéro un	ROI
N'y allait pas avec précaution	ALI
N'y entre pas qui veut	ENA
N'y pensons pas trop pour l'instant	ÉTÉ
Objet de collection	PIN
Objet de toutes nos aspirations (MF)	AIR
Obligatoire pour les vassaux	OST
Oblige à décanter	LIE
Oblige à tendre un bras	ARC
Oblige à tirer	ARC
Occasion d'échanger (MH)	SET
Occupe la ligne	VER
Œil-de-perdrix	CAL
Officiellement, c'est pour bientôt	ÉTÉ
Offre un appui	AMI
Oiseau au long cou	OIE
Oiseau aux valeurs éclatantes	ARA
Oiseau mal pris (MF)	IOE
Oiseau perché	ARA
Oiseau qui singe	ARA
On a absolument besoin de lui	AIR
On accélère en le pressant	PAS
On a de l'affection pour lui	AMI
On apprécie sa robe	VIN
On apprécie ses fruits	MER
On a tendance à l'excuser	AMI
On a tendance à l'oublier sur le terrain	TEE
Oncle magicien d'Amérique	TOM
Ondes d'autrefois	TSF
Ondes du Sud	RMC
On dit qu'elle est ce qu'elle est	LOI
On dit qu'elle est immortelle	ÂME
On dit qu'il est très excité	POU
On dit qu'un enfant l'est (MH)	ROI
On doit le faire pour un facteur	TRI
On en a besoin pour entrer chez nous	CLÉ
On en donne à ceux que l'on aime	BIS
On en est encore loin	ÉTÉ
On en étire une partie	ARC
On en faisait des pots	SIL
On en fait au poignet	TIR
On en fait dans le Colorado	SKI
On en fait de la farine	LIN
On en fait des meubles	PVC
On en fait des baguettes, des pâtes	BLÉ
On en fait des tire-bouchons	CEP
On en fait des tresses	AIL
On en fait du fil	FER
On en fait du pain	SON
On en fait du papier	ALU
On en met sur les routes	SEL
On en prend le bord quand il fait chaud	MER
On en ressort avec un diplôme	IUT
On en trouve en Provence	MAS
On est à celle d'Internet, dans la moderne	ÈRE
On est encore loin	ÉTÉ
On frappe dessus en espérant d'atteindre l'aigle (MF)	TEE
On joue avec eux	DÉS
On la bourre	OIE
On l'a constamment à l'œil (MF)	CIL
On l'a dans la face malgré nous (MF)	AIR
On la déclenche avec une craque (MF)	IRE
On la fait passer en criant (MF)	IRE
On la fait tourner	CLÉ

On l'aime chaud . . . . ÉTÉ
On la mange quand elle est bien gavée . . . . OIE
On la met en bouteilles . . . . ALE
On la met sous la porte quand on déménage en cachette
. . . . CLÉ
On la noue dans le dos . . . . OBI
On la pique régulièrement pour rien (MF) . . . . IRE
On l'applique à la lettre (MF) . . . . TRI
On la prend avec un voilier . . . . MER
On la rendra tous un jour . . . . ÂME
On la retrouve dans les boissons gazeuses . . . EAU
On l'arrache en causant de la peine (MF) . . . ÂME
On la sert au buffet (MF) . . . . OBI
On la tourne . . . . VUE
On la tourne à la porte . . . . CLÉ
On la visitait derrière un mur . . . . RDA
On le balance à bout de bras pour avoir la paix . . . .
. . . . BER
On le baptise avec de l'eau . . . . VIN
On le bat en un clin d'œil (MF) CIL
On le beurre . . . . ÉPI
On l'échappe en forçant, quand on bûche . . . . HAN
On l'échappe quand on est soulagé . . . . OUF
On le chique . . . . QAT
On le crie deux fois pour attirer l'attention . . . HOU
On le crie trois fois avant «Hourra» . . . . HIP
On le décrit avec une courbe . . . . ARC
On le dit fier . . . . COQ
On le dit pour faire sauter quelqu'un . . . . HOP
On le dit quand on a peur . . . . OUF
On le donne du bout des lèvres . . . . BIS
On le façonnait . . . . SIL
On le fait en démêlant les lettres . . . . TRI
On le fait en marchant à reculons (MF) . . . . . SAP
On le fait glisser sur une table . . . . FER
On le fait malgré soi . . . . TIC
On le fait pour être de bon ton (MF) . . . . HEM
On le fait pour faire le ménage, pour faire la part des
choses . . . . TRI
On le fait pour plusieurs facteurs . . . . TRI
On le fait pour y voir clair . . . . TRI
On le fait sans cesse malgré nous . . . . TIC
On le forge . . . . FER
On l'égrène . . . . ÉPI
On le hisse . . . . SPI
On le jette quand on a peur . . . . CRI
On le joue tout court (MF) . . . . SET
On le lâche pour s'amuser . . . . FOU
On le laisse sortir après avoir eu chaud . . . . . OUF
On le laisse sortir quand ça ne dérange pas . . . BAH
On le lance avec un cornet . . . . OHÉ
On le lance pour s'amuser . . . . FER
On le lance quand on est dans la merde . . . . . SOS
On le mange avec les doigts . . . . NEM
On le mastique . . . . QAT
On le mène au champ . . . . SOC
On le met à la fin . . . . ETC
On le met à l'eau à son insu (MF) . . . . VER
On le monte lorsqu'on est fâché . . . . TON
On l'emploie avec un de nos proches . . . . TOI
On l'entend de loin . . . . CRI
On l'entend souvent après coup (MF) . . . . AÏE

On le passe sans manteau . . . . ÉTÉ
On le pique . . . . AIL
On le pousse après le but . . . . CRI
On le pousse autour de l'arène . . . . OLÉ
On le pousse avec le pouce . . . . TEE
On le pousse malgré nous . . . . CRI
On le prend à Paris . . . . RER
On le prend en sortant . . . . AIR
On le prend par habitude . . . . PLI
On le prend pour aller ailleurs (MF) . . . . LSD
On le prend pour préciser ou visiter (MF) . . . . CAR
On le quittait plus propre . . . . TUB
On le quitte souvent à regret . . . . LIT
On le rassure en le flattant (MF) . . . . EGO
On le réalise avec un bâton . . . . TIR
On le remplissait d'eau chaude . . . . TUB
On le répète deux fois sur le tambour . . . . . . TAM
On le reprend après son coup . . . . TEE
On le sale . . . . ÉPI
On les lance pour s'amuser . . . . DÉS
On les taille . . . . IFS
On le tient à la gorge (MH) . . . . RÉA
On le voit avec plaisir . . . . AMI
On le voyait souvent en robe . . . . ÉON
On l'exécute à notre insu . . . . TIC
On l'ouvre en tournant (MF) . . . . BAL
On lui doit la pipelette . . . . SUE
On lui fait tourner la tête (MH) . . . . VIS
On lui met la corde au cou . . . . RÉA
On lui met quelque chose de rond sur la tête (MH)
. . . . TEE
On lui pardonne, on lui prête des livres . . . . . AMI
On lui tend l'oreille (MH) . . . . ORL
On l'utilise en désespoir de cause . . . . SOS
On l'utilise pour arrêter quelqu'un . . . . HEP
On l'utilise pour emprunter l'allée (MF) . . . . TEE
On l'utilise pour faire des trous (MF) . . . . TEE
On l'utilise pour faire du chemin, pour travailler en
surface . . . . HIE
On mâche ses feuilles . . . . QAT
On n'attend pas de coups bas de lui . . . . AMI
On ne fait pas du cidre de pomme avec ses pommes
(MH) . . . . PIN
On ne le protège pas du vent . . . . SPI
On ne les voit pas passer . . . . ANS
On ne l'étendait pas facilement . . . . ALI
On ne le voit pas si tout va bien . . . . PSY
On ne l'exprime pas sans mal . . . . AÏE
On n'entend qu'elle . . . . PIE
On ne pense pas sauter la clôture quand on l'a . . CLÉ
On ne peut la voir . . . . ÂME
On ne peut le mettre au régime sec (MH) . . . . BAR
On ne peut s'en passer . . . . EAU
On ne travaille pas le premier . . . . MAI
On ne veut pas que notre main y soit prise (MF) . . .
. . . . SAC
On n'y connaît pas nos voisins . . . . BUS
On n'y craint pas d'inondations . . . . REG
On n'y fume plus . . . . BAR
On n'y parle pas toujours clairement . . . . BAR
On parle d'eux avant de parler des autres (MF) . . . .
. . . . UNS

On perd la tête plus vite avec le gros (MF) . . . GIN
On peut bien prendre une brosse, on n'en vient pas à bout (MH) . . . . ÉPI
On peut en faire en le cultivant (MF) . . . . . . BLÉ
On peut faire appel à elle en cas de conflit (MH) . . . . OIE
On peut la diviser en tranches . . . . VIE
On peut la regretter . . . . IRE
On peut la soulever avec une pointe (MF) . . . . IRE
On peut la voir dans un conte pour enfants . . . FÉE
On peut l'égrener . . . . ÉPI
On peut le pousser sans bouger . . . . CRT
On peut le prendre au piège . . . . RAT
On peut le suivre pas à pas (MH) . . . . AIR
On peut le toucher en faisant son numéro (MF) . . . . LOT
On peut l'inviter à la bonne franquette . . . . . . AMI
On peut mesurer avec son pied (MH) . . . . ROI
On peut nager tout autour . . . . ÎLE
On peut s'y poser en avion . . . . LAC
On peut s'y rendre en passant par Saint-Bernard . . .
. . . . USA
On peut y ajouter des paroles . . . . AIR
On peut y aller à pied . . . . GUÉ, RUE
On peut y aller en bateau . . . . ÎLE
On peut y être cloué . . . . LIT
On peut y faire du ski . . . . MER
On peut y voir le Grand Canyon . . . . USA
On pourrait en rajouter, on pourrait poursuivre (MH)
. . . . ETC
On préfère qu'il soit précédé plutôt que suivi de «certain» (MF) . . . . ÂGE
On risque de le revoir avant la fin de l'année . . GEL
On saute à celui d'une personne aimée . . . . . . COU
On sème ses grains (MH) . . . . SEL
On s'en méfie comme de la peste . . . . RAT
On s'en sert en tirant . . . . ARC
On s'en sert pour appeler . . . . HEP
On sent moins qu'elle est basse avec quelque chose sur le nez (MH) . . . . VUE
On se penche surtout sur ceux qui sont rares . . . . . .
. . . . CAS
On s'y berce . . . . BER
On s'y croise . . . . RUE
On tape sur la tête de la personne qui en sort (MF)
. . . . LOT
Ont beaucoup d'ennemis . . . . USA
Ont des listes d'attente . . . . CPE
On tente de le grossir lorsqu'il n'est pas sain (MF)
. . . . EGO
Ont leurs caprices (MH) . . . . DÉS
Ont un effet sur le réchauffement . . . . GES
Ont un impact sur l'environnement . . . . ONG
On utilise ses filets à la planche (MF) . . . . VIS
On va le revoir l'année prochaine . . . . ÉTÉ
On va tous la rendre un jour . . . . ÂME
On voit celle des étoiles dans le temps des fêtes . . .
. . . . FÉE
On y aménage une poutre . . . . OPE
On y atteint facilement le 0.08 . . . . BAR
On y boit en Grande-Bretagne . . . . PUB
On y casse des œufs . . . . NID

On y cite des gens . . . . SIC
On y cloue les gens marteaux (MF) . . . . LIT
On y danse . . . . BAL
On y dépose une balle . . . . TEE
On y descend pour manifester . . . . RUE
On y entre presque nu . . . . SPA
On y entre sur concours . . . . ENA
On y est à l'étude . . . . FAC
On y est souvent en somme . . . . LIT
On y est taureau jusqu'au 20 . . . . MAI
On y fait des rencontres . . . . ZOO
On y fait du foin . . . . PRÉ
On y fait du lèche-vitrines . . . . RUE
On y fore difficilement . . . . ROC
On y hennit . . . . VAN
On y insère une poutre . . . . OPE
On y mange peu . . . . BAR
On y mange tête baissée, sans assiette . . . . . PRÉ
On y met des feuilles qu'on ramasse . . . . TAS
On y met du vin . . . . FÛT
On y met tout en œuvre . . . . ART
On y nage tout autour . . . . ÎLE
On y parle allemand . . . . URI
On y parle aussi espagnol . . . . USA
On y passe la tête . . . . COL
On y patine l'hiver . . . . LAC
On y perd au change (MH) . . . . USA
On y récupère . . . . LIT
On y refuse du monde . . . . ENA
On y relaxe . . . . SPA
On y rêve aux États-Unis . . . . BED
On y roule . . . . RUE
On y sue . . . . REG, RUE
On y surfe . . . . NET
On y tourne . . . . ONF
On y trempe . . . . SPA
On y trouve des gens qui sont partis (MH) . . . BAR
On y trouve des photos . . . . UNE
On y trouve des sanctuaires shintoïstes . . . . . . ISE
On y trouve des sites . . . . NET
On y va à la campagne . . . . MAS
On y va avec sa gourde . . . . REG
On y vise sans viser personne (MF) . . . . TAS
On y vit dans la solitude . . . . REG
On y vit en cage . . . . ZOO
On y voit des cavaliers mais pas de chevaux (MH)
. . . . BAL
On y voit des singes . . . . ZOO
Opération en affaires . . . . OPE
Opération informatique . . . . TRI
Opposa Lénine et Trotski . . . . NEP
Opposé au couchant . . . . EST
Oratoire érigé sur la bonne parole (MF) . . . . . ART
Ordre des lettres . . . . TRI
Oreille attentive . . . . AMI
Organisation clandestine . . . . ETA
Organisation créée en 1995 . . . . OMS
Organisation de la conférence islamique . . . . OCI
Organisation fondée en 1964 . . . . OLP
Organisme créé en 1947 à l'ONU . . . . UIT
Ornement décorant la crête d'un toit . . . . ÉPI
Otterlo en fait partie . . . . EDE

Oublie dès qu'elle n'est plus au courant (MH) . . . . RAM
Où il y a eu des frottements . . . . USÉ
Oups, c'est pour lui (MH) . . . . ADO
Ouvert l'été . . . . COL
Ouverture à l'autre bout du monde (PD) . . . . . . ISE
Ouverture sur le monde (PD) . . . . UNE
Ouverture sur votre compte (PD) . . . . RIB
Ouvre LE Monde, ferme La Tribune (PD) . . . UNE
Ovation sportive . . . . OLA
Paddy ou basmati . . . . RIZ
Page blanche pour gangs de rue (MH) . . . . . . MUR
Paiement reçu sous la table . . . . NET
Palindrome bien simple . . . . ÉTÉ
Palindrome européen et africain . . . . EDE
Palmipède gavé . . . . OIE
Panoramix en utilise pour sa potion magique . . GUI
Pâques a la sienne . . . . ÎLE
Paquet de chaînes (PD) . . . . TNT
Parc national japonais, parc nippon . . . . ASO
Parcourue à contresens . . . . EUL
Parcours à l'envers (MH) . . . . SIL
Pareil, mais à l'envers . . . . LET
Parfait pour deux . . . . DUO
Parfait pour une femme . . . . MME
Parfait quand accompagné de la manière (PD) . . . . ART
Parfois au bout du pont . . . . ÎLE
Parfois critique . . . . ÂGE
Parfois dans la pomme . . . . VER
Parfois épaté . . . . NEZ
Parfois, il déjoue le gardien (MF) . . . . TIR
Parfois on y chante . . . . NEF
Parfois parti du centre (MH) . . . . TIR
Parfois pratiquement à la verticale l'hiver . . . . . SKI
Parfois pris en charge . . . . TNT
Parfois sous le navire . . . . BER
Parfois travesti . . . . BAL
Parle anglais . . . . SIR
Parlé à Taïwan . . . . MIN
Parlé au Nord . . . . OÏL
Parle mais ne dialogue pas . . . . ARA
Parle sans comprendre, sans réfléchir . . . . . . ARA
Parmi les dames et les moutons (PD) . . . . HIE
Paroi mobile . . . . ÉPI
Partait à la guerre . . . . OST
Partait en mission . . . . ÉON
Part de la moitié . . . . DOT
Part du cœur . . . . CRI
Participe au levage . . . . RÉA
Participent à bien des manifestations . . . . CRS
Parti dans un vaisseau spécial (MH) . . . . NOÉ
Parti disparu . . . . PSU
Parti disparu après 1967 . . . . MRP
Partie avec le premier venu (PD) . . . . ÈVE
Partie de bagel, de baguette . . . . MIE
Partie de baseball . . . . ASE
Partie de bidet . . . . ARS
Partie de canard (MH) . . . . UNE
Partie de cheval . . . . ARS
Partie de coteau . . . . CEP
Partie de flûte . . . . BEC

Partie de hot dog . . . . MIE
Partie de la Suisse . . . . URI
Partie de monture . . . . ARS
Partie de partie . . . . SET
Partie de poulet . . . . COU
Partie de terre . . . . ARE
Partie de voile . . . . RIS
Partie du cœur . . . . ROI
Partie du discours . . . . NOM
Partie d'une bouteille . . . . COU
Partie d'une ceinture . . . . DAN
Partie d'une chemise . . . . COL
Partie d'un théâtre . . . . BAR
Partie d'un vêtement (MH) . . . . TEE
Partie du seigle . . . . LSD
Partie du voilier . . . . MÂT
Partie familière . . . . CUL
Partie intime (MH) . . . . DUO
Partie pincée . . . . PLI
Partie sèche (MH) . . . . REG
Parti politique . . . . ADQ
Partit dans un vaisseau spécial (MH) . . . . NOÉ
Parure de taille . . . . OBI
Pas apprêté . . . . CRU
Pas au diable, pas aux antipodes ICI
Pas aux USA ICI
Pas beau, en fait . . . . BOT
Pas bien . . . . MAL
Pas bien malin . . . . SOT
Pas bigarré, pas carreauté . . . . UNI
Pas bon pour les tomates . . . . GEL
Pas chez la vache . . . . RIS
Pas comprise par tout le monde . . . . GAG
Pas convenable . . . . OSÉ
Pas décent . . . . OSÉ
Pas de glace . . . . ÉMU
Pas dispos . . . . LAS
Pas du tout vers le sud . . . . ENE
Pas en grande forme . . . . LAS
Pas essentiel pour toutes les huiles . . . . SAE
Pas évident à faire dans le noir . . . . TRI
Pas facile à franchir . . . . CAP
Pas facile de s'en débarrasser . . . . GLU
Pas fait pour les enfants . . . . RYE
Pas fort . . . . MOU, NUL
Pas froid . . . . ÉMU
Pas gentil . . . . RAT
Pas grand-chose à contresens (PD) . . . . UEP
Pas insensible . . . . ÉMU
Pas jeune . . . . USÉ
Pas là ICI
Pas laid . . . . BEL
Pas le diable . . . . PEU
Pas loin du bœuf . . . . ÂNE
Pas lumineux . . . . MAT
Pas malin . . . . SOT
Pas modeste . . . . FAT
Pas nous . . . . LUI
Pas pour des enfants . . . . OSÉ
Pas pour toutes les oreilles . . . . OSÉ
Pas rare . . . . DRU
Pas rayé . . . . UNI

Pas réprouvé . . . . ÉLU
Passage délicat dans son milieu (PD) . . . . . . GUÉ
Passage du temps . . . . ÂGE
Passait pour femme . . . . ÉON
Passe à Prades . . . . TÊT
Passe à travers champ (MH) . . . . SOC
Passé d'action . . . . AGI
Passe devant une femme . . . . MME
Passe l'inspection (MH) . . . . SAS
Passent bien vite, avec régularité . . . . ANS
Passe par le chas . . . . FIL
Passe par Strasbourg ILL
Passereau à longue queue . . . . PIE
Passe sous la porte . . . . RAI
Pas seule au carrefour . . . . RUE
Pas toujours appliquée . . . . LOI
Pas toujours chaud . . . . ÉTÉ
Pas toujours costumé . . . . BAL
Pas toujours fertile . . . . SOL
Pas toujours négatif . . . . ION
Pas tout à fait rupin (MF) . . . . RUP
Pas très brillante . . . . OIE
Pas très discipliné . . . . ÂNE
Pas très doux . . . . SEC
Pas très éloignée de Kyoto . . . . ISE
Pas très loin d'Amsterdam . . . . EDE
Pas très loin de l'Italie . . . . URI
Pas très obéissant . . . . ÂNE
Pas très propre . . . . NOM
Pas un débutant . . . . PRO
Pas unique dans le vignoble . . . . CEP
Pas vague . . . . NET
Pas vite . . . . CON
Patiemment bâti . . . . NID
Patrie de Wilfrid Laurier (Saint...) . . . . LIN
Pauvre créateur, mais beau parleur (MH) . . . . ARA
Pauvre terre . . . . REG
Pays basque et liberté . . . . ETA
Pays de Tennessee Williams . . . . USA
Peau dure . . . . CAL
Peigne les crins . . . . LAD
Peintre dada . . . . ARP
Pend au cou de la belle (PD) . . . . BOA
Pendu à l'envers (MH) . . . . ÉUT
Pénètre en tournant . . . . VIS
Perdus dans la salle . . . . PAS
Père de mules . . . . ÂNE
Père d'Hassan . . . . ALI
Père sans tête (MH) . . . . ÈRE
Période de fortes températures . . . . ÉTÉ
Période de l'enfant qui s'affirme . . . . NON
Période de trois mois . . . . ÉTÉ
Permet certaines ouvertures . . . . CLÉ
Permet d'accéder à un fichier . . . . URL
Permet d'apprécier les couleurs . . . . VUE
Permet d'avancer . . . . EAU
Permet de comprendre, de copier (MH) . . . . . CLÉ
Permet de flotter . . . . EAU
Permet de gagner du temps (MH) . . . . ETC
Permet de manger sur place (MH) . . . . PRÉ
Permet de marcher sur l'eau . . . . GEL
Permet d'entrer . . . . CLÉ

Permet de récupérer . . . . LIT
Permet de saisir de nouveau . . . . ORL
Permet de se retrouver n'importe où . . . . GPS
Permet de s'y retrouver . . . . TRI
Permet d'obtenir un nombre carré . . . . ARE
Permet et interdit . . . . LOI
Permettent d'avancer dans la vie . . . . PAS
Personnage de polar . . . . OSS
Personne qui rapporte tout . . . . PIE
Perte de contrôle . . . . IRE
Petit appui . . . . TEE
Petit cadeau pour Woods . . . . TEE
Petit cébidé . . . . SAÏ
Petit coup de vent (MH) . . . . PET
Petit croissant (MF) . . . . ADO
Petite base (MH) . . . . TEE
Petite blonde . . . . ALE
Petite île grecque . . . . IOS
Petite marque d'hésitation . . . . EUH
Petite mesure . . . . PEU
Petit espagnol à la corrida . . . . OLÉ
Petite superficie . . . . ARE
Petit et déjà têtu (PD) . . . . NON
Petit groupe organisé . . . . DUO
Petit groupe sans tête . . . . RIO
Petit importun, petit intrus . . . . POU
Petit lopin de terre . . . . ARE
Petit morceau de la couronne (PD) . . . . ORE
Petit, moyen ou grand . . . . DUC
Petit nom pour un grand Américain . . . . IKE
Petit poitevin protégé (PD) . . . . ÂNE
Petit suisse . . . . URI
Petit supplément . . . . RAB
Petit vent léger (PD) . . . . ROT
Peu charnu . . . . SEC
Peu convenable . . . . OSÉ
Peu habité . . . . REG
Peu invitante quand elle est tourmentée . . . . . MER
Peu peuplé . . . . REG
Peuple de Libéria . . . . KRU
Peu propice à la chasse . . . . REG
Peu propice à la nage . . . . GUÉ
Peut accompagner la manière . . . . ART
Peut apprendre n'importe quelle langue (MH) . . . .
. . . . ARA
Peut avoir de la valeur . . . . DON
Peut avoir la mémoire courte . . . . RAM
Peut bloquer l'évacuation . . . . GEL
Peut consoler . . . . LOT
Peut contenir des clauses . . . . LOI
Peut contenir des touristes . . . . CAR
Peut être appelé à travailler au palais (MH) . . ORL
Peut être chantée . . . . ODE
Peut être de famille . . . . AIR
Peut être de mots . . . . JEU
Peut être d'enfant . . . . JEU
Peut être d'esprit . . . . JEU
Peut être échangé . . . . BON
Peut être héroïque . . . . ODE
Peut être provoqué par la joie . . . . CRI
Peut être sourd . . . . CRI
Peut être très longue . . . . ÈRE

Peut être une cause de ruine . . . . JEU
Peut faire danser . . . . AIR
Peut faire pareil si on le retourne (MH) . . . . . . LET
Peut faire peur . . . . HOU
Peut faire sourire le lecteur . . . . ANA
Peut faire trembler . . . . IRE
Peut finir par faire voir double . . . . GIN
Peut grincer . . . . RÉA
Peut marquer l'étonnement . . . . NON
Peut même avoir quatre pattes (MH) . . . . AMI
Peut rendre malade quand elle est forte . . . . . MER
Peut rouiller . . . . FER
Peut s'accompagner d'un coup de fouet (MH) . . . . .
. . . . HUE
Peut s'attendre à se faire critiquer . . . . ÉLU
Peut se déchirer sous les coups . . . . SPI
Peut se dire d'un site . . . . WEB
Peut se dire en pointant . . . . CES, CET
Peut se faire à blanc . . . . TIR
Peut se faire forger . . . . FER
Peut se jouer à deux ou à quatre . . . . SET
Peut se lire assez rapidement . . . . UNE
Peut se manger dans le quartier chinois . . . . . NEM
Peut se passer de mots (MH) . . . . AIR
Peut se poser n'importe où . . . . ULM
Peut s'infiltrer partout . . . . EAU
Peut venir de l'aile (MH) . . . . TIR
Peut vieillir s'il est bon . . . . VIN
Peuvent faire marche arrière (MH) . . . . PAS
Piaf y a chanté . . . . RUE
Pic des Pyrénées . . . . GER
Pièce de carénage . . . . TIN
Pièce de jeu qui se déplace en diagonale . . . . FOU
Pièce de monnaie renversée (MF) . . . . UOS
Pièce de soutien . . . . TIN
Pièce de violon . . . . ÂME
Pièce d'un bikini . . . . TOP
Pièce en vers . . . . CID
Pièce étanche . . . . SAS
Pièce pour violon . . . . ÂME
Pièces de vêtements qui servent de contenants (MH)
. . . . BAS
Pièce tout en long . . . . MÂT
Pied qu'il faut soigner (PD) . . . . CEP
Pied tordu . . . . CEP
Piétiné par des sabots . . . . PRÉ
Piquet y a été créé . . . . RIO
Piste de ski horizontale (MH) . . . . LAC
Placement de produits . . . . PUB
Placé pour diriger . . . . ÉLU
Plaisant à voir . . . . GAI
Plaisir breton . . . . FAR
Plaît aux badauds . . . . RUE
Planchette de bois posée à l'envers (ais) . . . . . SIA
Plan qui coule de source (MF) . . . . EAU
Plante d'un pommier . . . . GUI
Plante herbacée . . . . ERS
Planté pour frapper . . . . TEE
Plaque protectrice . . . . ÉCU
Plaque rigide utilisée en reliure . . . . AIS
Plat et uni . . . . RAS
Plein de bons mots . . . . ANA

Plein de débris . . . . PUS
Plein de guêpes . . . . NID
Pleine au large (PD) . . . . MER
Pleine de lyrisme . . . . ODE
Pleine de mystères . . . . ÂME
Plein et tout va bien (PD) . . . . GRÉ
Plume américaine . . . . NIN, POE
Plume de la Botte (PD) . . . . ECO
Plume du Corbeau (PD) . . . . POE
Pluriel de ton . . . . TES
Plus alcoolisé que le vin . . . . GIN
Plus avec nous . . . . TUÉ
Plus bon à rien . . . . USÉ
Plus capable . . . . LAS
Plus comme il était . . . . USÉ
Plus comme un enfant . . . . ÂGÉ
Plus de ce monde . . . . TUÉ
Plus de cent CII
Plus difficile que la critique (PD) . . . . ART
Plus d'un ado a de la misère à le faire . . . . . . LIT
Plus d'une fois . . . . TER
Plus d'un Québécois en fait pousser dans leur maison
. . . . POT
Plus d'un travaille l'été . . . . ADO
Plus elle baisse, moins on voit . . . . VUE
Plus fâcheux . . . . PIS
Plus fort que le caïd . . . . AGA
Plus frais en automne . . . . SIR
Plus fréquentée l'été . . . . RUE
Plus haut qu'une tour . . . . ROI
Plus hissé l'été que l'hiver . . . . SPI
Plusieurs ados ne peuvent le faire . . . . LIT
Plusieurs années . . . . ÈRE
Plusieurs enfants y ont grandi . . . . RUE
Plusieurs gens en ont plein le dos (MF) . . . . . SAC
Plusieurs personnes lui parlent, et c'est dommage
(MF) . . . . MUR
Plusieurs personnes y ont grandi . . . . RUE
Plusieurs prises de bec s'y déroulent (MF) . . . NID
Plusieurs projets y tombent . . . . EAU
Plusieurs se sont écroulés devant lui . . . . ALI
Plusieurs y jouent au hockey . . . . RUE
Plusieurs y vont pour le chat . . . . NET
Plus il est élevé, plus on a mal un peu partout . . . . .
. . . . ÂGE
Plus il est grand, plus on est vieux . . . . ÂGE
Plus il est riche, plus il est fauché . . . . PRÉ
Plus il est sec, plus il est dur à digérer . . . . . . NON
Plus là . . . . TUÉ
Plus léger . . . . USÉ
Plus on ouvre l'œil, moins on le voit (MF) CIL
Plus on passe le temps, plus on en a . . . . ANS
Plus on s'en éloigne, plus on gèle (MF) . . . . . . BUT
Plus original . . . . USÉ
Plus ou moins long . . . . TIF
Plus ouvert l'été que l'hiver . . . . COL
Plus petit que la Méditerranée . . . . LAC
Plus près de la fin que du début (MH) . . . . . . ÂGÉ
Plus près de Montréal que de Chicoutimi . . . . USA
Plus qu'une bouteille . . . . KIL
Plus qu'une simple connaissance . . . . AMI
Plus rapide que le tortillard (MH) . . . . TGV

Plus souvent à table le soir que le midi ...... VIN
Poème d'hier .... DIT
Poésie du Moyen Âge .... DIT
Poids lourd du Kentucky .... ALI
Poil mélangé ILC
Point chaud .... SUD
Point close .... BÉE
Point dans l'eau .... ÎLE
Point d'appui .... TEE
Point de chute .... SOL
Point de départ d'un aigle (MF) .... TEE
Point de rencontre (PD) .... PRÉ
Point d'interrogation .... NET
Point d'origine du vert .... TEE
Pointe au sommet .... ÉPI
Pointe d'Espagne .... NAO
Pointe en tête .... ÉPI
Point en mer .... ÎLE
Pointe sur le toit (PD) .... ÉPI
Point final .... BUT
Point funeste .... GAI
Point gagné rapidement .... ACE
Point lumineux .... MAT
Point sensible .... DUR
Point sur la monture (PD) .... ARS
Poisson de couleur pourpre .... IDE
Poisson vorace .... BAR
Poitevin de nos jours protégé (PD) .... ÂNE
Police des Etats-Unis .... FBI
Politique économique établie par Lénine ..... NEP
Pollueurs ambulants .... VUS
Polonais et père stupide .... UBU
Pomme d'....................... API
Populaire à Londres (PD) .... SUN
Populaire en juillet .... BAL
Poreux et pas lourd .... TUF
Portait des gants .... ALI
Portait des sabots .... URE
Porte à l'envers .... TÊV
Porte aujourd'hui le nom de Tokyo .... EDO
Porte des cônes .... PIN
Porte des fruits, des grappes .... CEP
Porte du pouvoir (PD) .... ENA
Porte les armes .... ÉCU
Porte plusieurs titres .... UNE
Porte un beau plumage .... ARA
Porte un grand cou .... OIE
Porteur de grains .... ÉPI
Porteur de pommes (PD) .... PIN
Porteur de robes à la cour (PD) .... ÉON
Porteur protégé (PD) .... ÂNE
Port nippon .... TSU
Pose problème .... CAS, HIC
Pose question .... QUI
Possession retournée .... SEM
Poste des hommes (MF) .... RDS
Poste stable .... CDI
Potable, elle est parfaite .... EAU
Pot de colle .... GLU
Pote de Mahomet .... AMR
Poumon sans air .... MOU
Pour accéder à un site .... URL

Pour accompagner un geste brusque .... HOP
Pour allaiter .... PIS
Pour appeler .... COR
Pour assurer de bons coups .... TEE
Pour attirer l'attention .... HEM
Pour bien conserver .... UHT
Pour bien frapper sur le green .... FER
Pour bien recevoir le vainqueur .... ODE
Pour certains, c'est un secret .... ÂGE
Pour certains cocktails .... GIN
Pour consommer de son fauteuil (PD) .... VPC
Pour conspuer .... HOU
Pour de bons joints .... LUT
Pour des consommateurs d'air frais (PD) .... BOL
Pour désigner .... NOM
Pour diriger sa monture .... HUE
Pour du neuf .... NÉO
Pour écourter la phrase .... ETC
Pour empêcher les dérapages .... SEL
Pour en avoir, il faut le renverser (fip) ...... PIF
Pour enlever les plis .... FER
Pour entraver l'érosion .... ÉPI
Pour essayer de boucher le trou .... RDS
Pour essuyer son assiette .... MIE
Pour éviter de poursuivre .... ETC
Pour éviter les dérapages .... ABS, SEL
Pour exprimer l'accélération de la pesanteur .. GAL
Pour faire honte .... HOU
Pour faire sauter .... HOP, WOK
Pour garder les bons mots .... ANA
Pour hausser un peu .... TEE
Pour jeter un regard sur le monde .... UNE
Pour le cheval .... BOX
Pour le faire sortir, on appuie sur le bouton ... PUS
Pour le nez et les oreilles .... AIR
Pour les charpentiers .... IPÉ
Pour les intimes de mademoiselle West ..... MAE
Pour les moteurs .... SAE
Pour les réserves en cave .... FÛT
Pour les sports .... RDS, TSN
Pour les vols légers .... ULM
Pour mesurer .... ANS
Pour oublier la neige et le froid .... SUD
Pour partager sa douleur .... CRI
Pour prendre le départ .... TEE
Pour quatre mains .... DUO
Pour qu'il travaille mieux, il faut l'engraisser .. SOL
Pour ranger nœuds et embrouilles (PD) ...... SAC
Pourra siéger .... ÉLU
Pour regarder ce qui se passe à l'intérieur (PD) ....
.... IRM
Pourri, c'est un mélange .... POT
Pourri quand il est froid .... ÉTÉ
Pour saluer César .... AVE
Pour séduire une vierge (PD) .... AVE
Pour s'envoyer en l'air (PD) .... ULM
Pour se préparer vite au travail .... IUT
Pour sonner .... COR
Pour souder .... FER
Pour souffler .... NEZ
Pour stimuler .... HOP
Pour tirer avec une corde .... ARC

Pour un avancement à gauche . . . . DIA
Pour une formation courte (PD) . . . . IUT
Pour une visite à domicile . . . . URL
Pour un joint . . . . LUT
Pour un petit bain . . . . TUB
Pour un rappel . . . . BIS
Pour un sportif, c'est très stimulant . . . . EPO
Pour verser . . . . BEC
Pour voir à l'intérieur . . . . IRM
Pour voir clair . . . . TRI
Poussé avant le premier coup (MH) . . . . TEE
Pousse dans le jardin . . . . AIL
Pousse en Abyssinie . . . . QAT
Poussé pour surprendre . . . . CRI
Pôvre de moi . . . . EGO
Pratique l'égalité . . . . ISO
Pratiquement à nos pieds ICI
Pratiquement inébranlable . . . . ROC
Pratique pour se déplacer . . . . CAR
Précède bien des prénoms . . . . STE
Précède la livraison, la tournée . . . . TRI
Précède la mesure . . . . FUR
Précède la naissance . . . . RUT
Précision dans le temps . . . . TOP
Préfixe qui multiplie . . . . MEG
Première dame de compagnie . . . . ÈVE
Première grand-mère . . . . ÈVE
Première madame Jacob . . . . LÉA
Première personne . . . . MOI
Premier ministre japonais . . . . ABE
Premier plaqué . . . . AIN
Premier pour certains . . . . TÊT
Prenait le large . . . . NEF
Prend des couleurs dans l'espace (PD) . . . . . ARC
Prend fin en septembre . . . . ÉTÉ
Prend la route . . . . CAR
Prend part à un soulèvement . . . . RÉA
Prend peu d'altitude . . . . ULM
Prend sa source en Suisse . . . . INN
Prend soin des robes . . . . LAD
Preneur de son (MF) . . . . ÂNE
Prennent part à un jeu . . . . DÉS
Prénom de Ferré . . . . LÉO
Prénom masculin anglais . . . . PAT
Prépare la monture . . . . LAD
Prépare les cadres, les commis . . . . ENA
Prépare les Jeux . . . . CIO
Préposition inversée . . . . RAP
Près de . . . . LÈS, LEZ
Près de la fin . . . . ÂGÉ
Près de Valence . . . . NAO
Près d'Ilorin . . . . EDE
Président en chemise . . . . MAO
Presque à l'est . . . . ENE
Presque mer . . . . EGE
Presque près . . . . RÈS
Presque une gaufre (MF) . . . . EGO
Presque un légume (MF) . . . . POI
Prêt à fondre . . . . ÉMU
Prétexte à bien des festivités . . . . TÊT
Preuve de doute . . . . HEM
Prévu dans huit mois . . . . ÉTÉ

Pris à force d'habitude . . . . PLI
Pris à la gorge . . . . RÉA
Pris à l'aller (MH) . . . . IRA
Pris du cœur . . . . ÉMU
Prise d'un ordi . . . . USB
Prise en sandwich (MH) . . . . MIE
Prise interdite (MH) . . . . VOL
Pris en exercice (PD) . . . . XER
Pris en grippe (MH) . . . . RIP
Prise en sandwich (MH) . . . . MIE
Prise rapide et pratique d'ordi . . . . USB
Pris modérément entre copains . . . . POT
Pris par les Parisiens . . . . RER
Prix Nobel de la Paix . . . . OIT
Problème en tête (PD) . . . . TOC
Procédure boursière . . . . OPA
Produit de la mer . . . . SEL
Produit des fruits . . . . MER
Produit du houx . . . . GLU
Produite par le gui . . . . GLU
Produits tripiers . . . . RIS
Profite du pommier . . . . GUI
Profitez-en : il achève . . . . ÉTÉ
Prolonge la journée des campeurs . . . . FEU
Prompt à s'emporter . . . . VIF
Pronom relatif inversé (que) . . . . EUQ
Propice à la culture . . . . ÉTÉ
Propice à l'éclosion . . . . NID
Propos du Nord . . . . OÏL
Proposition au banquier, en Bourse . . . OPE, PEA
Propre à l'hiver . . . . GEL
Protecteur du globe (MF) CIL
Protège des agressions de l'espace . . . . DCA
Protège la table . . . . SET
Protège poule et poussin . . . . MUE
Qualifie du jazz . . . . HOT
Qualifie du papier . . . . ALU
Qualifie un bleu très vif . . . . ROI
Qualifie un cheval . . . . BAI
Qualifie une bouche . . . . BÉE
Qualifie un frère . . . . LAI
Quand ça va mal . . . . SOS
Quand elle n'est pas douce, on l'avale de travers (MF)
. . . . EAU
Quand il est fait, il est cuit (MF) . . . . RAT
Quand les Anglais l'entendent, ils tournent . . . CUE
Quand les mots n'arrivent peu . . . . HEU
Quand on dort dessus, c'est qu'on ne l'aime pas . . .
. . . . JOB
Quand on en mange, on ferme sa gueule (MF) . . AIL
Quand on est sans lui, on ménage . . . . SOU
Quand on fait un effort violent . . . . HAN
Quand on la quitte, on n'est pas à pied (MF) . . ÎLE
Quand on n'a pas peur de se mouiller, on s'y jette
avec confiance . . . . EAU
Quand on n'en a plus, on est fauché (MF) . . . . BLÉ
Quand on prend un verre, elle s'améliore (MF) . . . .
. . . . VUE
Quand on y fonce, on ne vise personne . . . . . . TAS
Quand on y passe, on n'a plus rien . . . . FEU
Quand vous revenez de son voyage, vous avez votre
voyage (MF) . . . . LSD

Quart courant (MH)	EST
Quartier chaud (MH)	ÉTÉ
Québec l'est par rapport à Montréal	EST
Québec n'en manque pas	EAU
Quelle bavarde	PIE
Que l'on voit bien	NET
Quel plaisir d'entrer dedans	LIT
Quelques coups	PAR
Quelques feuilles et beaucoup d'eau	THÉ
Quelques fois	TER
Quelques miettes	PEU
Quelqu'un a renversé ma bière (MF)	ELA
Que rien n'atténue	CRU
Question de formulaire	ÂGE, NOM
Questionne les gens	QUI
Queue de fraise	ISE
Queue de glaïeul	EUL
Qui a bien vécu	USÉ
Qui a connu la guerre, qui a de la barbe	USÉ
Qui a du front	OSÉ
Qui a été passé dans le beurre	OUT
Qui a fait peau neuve	RAS
Qui a fendu l'air trois fois	OUT
Qui a le motton	ÉMU
Qui a les cheveux gris	ÂGÉ
Qui a les jambes coupées, les jambes molles (MF)	ÉMU
Qui a les larmes aux yeux	ÉMU
Qui a perdu de la valeur	USÉ
Qui a reçu un coup (MH)	ÉMU
Qui a son voyage	LAS
Qui a sûrement les cheveux gris	ÂGÉ
Qui a sûrement rendu service	USÉ
Qui a vécu	USÉ
Qui brûle bien	SEC
Qui cherche ses mots	ÉMU
Qui date de bien des années	USÉ
Qui dit des bêtises	SOT
Qui doit retourner au banc	OUT
Qui est dépassé	OUT
Qui est le contraire de	NON
Qui est loin du trouble	NET
Qui est pour	PRO
Qui est sans doute ridé	ÂGÉ
Qui marche depuis longtemps	ÂGÉ
Qui n'a aucune nuance, aucun motif à fournir	UNI
Qui n'a donc pas été inutile	USÉ
Qui n'a pas de liquide	SEC
Qui n'a pas eu accès au premier coussin	OUT
Qui n'a pas froid aux yeux	DUR, OSÉ
Qui n'a pas la vie sauve	TUÉ
Qui ne donne plus le même rendement	USÉ
Qui ne flottent pas au vent	RAS
Qui ne la connaît pas ?	SDN
Qui ne manque pas d'aplomb	OSÉ
Qui ne manque pas d'expérience	ÂGÉ
Qui ne marche plus	USÉ
Qui n'en revient pas	ÉMU
Qui ne peut en donner plus, qui n'en peut plus .... LAS	
Qui ne pique pas quand on l'embrasse	RAS
Qui ne prend pas de détour	NET
Qui n'est plus au foyer (MF)	FEU
Qui n'est plus célibataire	UNI
Qui peut être coiffant (MH)	GEL
Qui peut s'en passer ?	AIR
Qui se marie bientôt (MF)	ÉLU
Qui semble fondre (MF)	ÉMU
Qui s'en va chez le diable (MF)	USÉ
Qui tourne autour	POT
Qui va finir par arriver	SÛR
Qui vient avant	PRÉ
Quotidien de Pékin	RIZ
Raccourci emballant (MF)	ALU
Raccourci pour arrêter	ETC
Raccourcit les voyages	TGV
Raclement de gorge	HEM
Ralentit le tunnelier	ROC
Ramassé en fin de partie	POT
Ramasse les bons mots	ANA
Ramasse plus qu'il ne distribue (PD)	PMU
Rampe de lancement (MH)	TEE
Rapporteuse d'événements	UNE
Rapproche les animaux	RUT
Rapproche les banlieues	RER
Rare en juillet	GEL
Rarement inoccupé à l'hôpital	LIT
Rarement seul en tête (PD)	POU, TIF
Rarement trois chiffres	ÂGE
Ras-le-bol chinois (MH)	RIZ
Rassemble les pensées	ANA
Rassure le conducteur	ABS
Rassure le consommateur	BIO
Raté s'il passe à côté	TIR
Rebat les oreilles (MH)	ARA
Recette pour Bercy	TVA
Recherche de mots	EUH
Recherché par le merle	VER
Récipient renversé	TOP
Reçoit des tags	MUR
Reçoit la Reuss	AAR
Reçoit le peuple fidèle	NEF
Reçoit souvent des coups de bois (MH)	TEE
Reçoit une corde	RÉA
Recommandée avant de partir	ÂME
Recrute sur concours	ENA
Référence de solidité (MF)	ROC
Référence pour une mise à niveau (PD)	MER
Refuge pour ceux qui volent	NDI
Refus de continuer, de poursuivre (MH)	ETC
Régal de merle	VER
Regardée le dimanche	NFL
Regard sur soi (PD)	IRM
Régime qui donne soif	SEC
Région pleine de sable sans culture	ERG
Règle générale, c'est un endroit plutôt calme	LIT
Rejet d'air	ROT
Rejoint le Danube à Passau	INN
Relativement isolée	ÎLE
Relève la bouillabaisse	AIL
Remonte de la cave	VIN
Remplace la nappe	SET
Remplace la suite, tout le reste	ETC
Remplacé par l'euro	ÉCU

Remue la conscience .... CAS	.... ULM
Rencontra un serpent .... ÈVE	Sa clé sonne bien aux oreilles .... SOL
Rencontre au sommet (MH) .... BEC	Sacré, c'est un zèle ardent .... FEU
Rend bien des gens malades .... MER	Sacré chez les Gaulois .... GUI
Rend compte à George W. .... CIA	Sacré, on le pète (MF) .... FEU
Rendez-vous populaire .... BAL	Sa destinée est d'être mise à la porte .... CLÉ
Rend la taille plus épaisse .... OBI	Sa fleur est recherchée .... SEL
Rend libre comme l'air (MH) .... VOL	Sa fleur est récoltée sur l'eau .... SEL
Rend service à la police .... ADN	Sa forêt est en Champagne .... DER
Renflé au milieu .... FÛT	S'agite et se tortille en bout de ligne ...... VER
Renvoi inattendu qui fait du bruit (MF) ...... ROT	Saint-Jean .... LAC
Ré ou Yeu .... ÎLE	Sait comment faire .... PRO
Repaire pour ceux qui volent (MH) .... NID	S'ajoute mais ne s'enlève pas (MH) .... SEL
Répandu l'hiver .... SEL	Salaire déposé à la banque .... NET
Repas pour ruminants .... ERS	Salin pour bien des vacanciers .... AIR
Repère au golf .... PAR	S'allonge pour arriver plus tôt .... PAS
Répété dans la joie .... HIP	Sa loi envoya les Françaises au lycée .... SÉE
Répété dans une locution «à la suite des autres»	Sa longueur est variable .... ÉTÉ
.... LEU	Sanctionne une formation courte .... BTS
Répété deux fois, on entend l'oiseau (MF) .... CUI	Sanction universitaire .... DEA
Répété en ligne (MH) .... OVE	Sans ajout, sans aucun défaut .... PUR
Répété sur la porte .... TOC	Sans aucun doute .... OUI
Reporter à moitié (MH) .... TIN	Sans aucune bavure .... NET
Réputée pour son fromage .... OKA	Sans aucune valeur .... TOC
Réserve du cru .... FÛT	Sans aucun supplément .... NET
Réserve quand il est carré (PD) .... PRÉ	Sans blague .... SIC
Résidu de mouture .... SON	Sans bouger ni parler .... COI
Résiste à la brosse (MH) .... ÉPI	Sans cœur .... SEC
Résiste face à l'euro (PD) .... ORE	Sans courage VIL
Résout bien des problèmes .... CLÉ	Sans débordement .... PEU
Ressemblait au zébu d'Asie .... URE	Sans défaut .... PUR
Ressemble un peu à un clou .... TEE	Sans déluges .... NET
Ressort après la fermeture .... CLÉ	Sans diversité .... UNI
Reste la même à l'envers (MH) .... ÈRE	Sans effet .... NUL
Rétablit l'ordre .... TRI	Sans elle, le printemps n'est plus ce qu'il était (MH)
Retard dû aux Anglais .... GAP	.... LNH
Retard économique, technologique .... GAP	Sans excès .... PEU
Réunion où l'on ne boit pas d'alcool ...... THÉ	Sans fantaisie, sans fioritures .... UNI
Revit maintenant en harmonie .... OSM	Sans force .... LAS
Ridelle d'une charrette .... BER	Sans intérêt .... USÉ
Rituel latin .... AVE	Sans lui, le pompier se tourne les pouces (MH) ....
Rivière de France .... AIN	.... FEU
Rock en arabe .... RAI	Sans lui, on est pauvre .... SOU
Roi du ring .... ALI	Sans lui, point de portée .... RUT
Roi grotesque .... UBU	Sans mérite intellectuel .... NUL
Roi sans pouvoir (MH) .... MAT	Sans péché .... PUR
Romains dans le civil CIV	Sans perdre de temps .... SEC
Romains de Cinecittà CII	Sans photos, elle est terne .... UNE
Romains de Rimini III	Sans résultat .... NUL
Romancière née au Manitoba .... ROY	Sans retenue .... NET
Rongeur tombé à la renverse (MF) .... TAR	Sans retour sur le court .... ACE
Rouge, pour marquer (MH) .... FER	Sans rien qui dépasse (MH) .... RAS
Rouleau à pâte asiatique .... NEM	Sans se faire attendre .... TÔT
Roule autour de Paris .... RER	Sans supplément .... NET, TTC
Roule sur la voie rapide .... TGV	Sans tache .... NET
Ruban africain (PD) .... NIL	Sans tarder .... TÔT
Ruban asiatique (PD) LLI	Sans valeur VIL
Sa balle est importante .... SET	Sans vigueur .... MOU
Sa capitale était Brazzaville .... AEF	Sans voix, il ne serait pas là .... ÉLU
Sa chartre fut signée à San Francisco .... ONU	Sa pâte est ferme .... OKA
Sa chute dégarnit .... TIF	S'appuie sur le dos .... BÂT
Sa chute ne ferait pas beaucoup de victimes (MH)	Sa qualité se détériore .... AIR

S'arrêtent souvent . . . . BUS
Satisfaction du golfeur . . . . PAR
Sa traversée peut être dangereuse . . . . RUE
Saut du lit (MF) . . . . GUÉ
Saute aux yeux (MH) . . . . TNT
Sauvage qui a des plumes (MF) . . . . OIE
Sauvé de la noyade . . . . NOÉ
Sauveur d'espèces (PD) . . . . NOÉ
Sa vie se termine souvent en bout de ligne (MF) . . .
. . . . VER
Sa vie se tourne souvent en queue de poisson (MF)
. . . . VER
Se boit rarement pur . . . . GIN
Se branche à l'ordi . . . . CLÉ
Se calcule à partir du début . . . . ÂGE
Se chante . . . . ODE
Se chante à l'office . . . . RIP
Sèche assez vite (MH) . . . . MIE
Seconde réalisation (MH) . . . . ÈVE
Se connecte sur un port USB . . . . CLÉ
Se consomme pur . . . . AIR
Se consomme pure . . . . EAU
Secoué par les convives (MH) . . . . SEL
Se crie pour conspuer . . . . HOU
S'écrit après la mort . . . . RIP
Section carrée . . . . ARE
Se démarque en tête . . . . ÉPI
Se déplace en diagonale (PD) . . . . FOU
Se déplace sur la tête . . . . POU
Se détache du peloton (MH) . . . . TIR
Se disait à cheval . . . . DIA
Se dispute à deux ou à quatre . . . . SET
Se dit à la belote . . . . DER
Se dit avant de nommer . . . . CET
Se dit de filles qui sont sur le trottoir (MF) . . . RUE
Se dit de caillou non poilu (MF) . . . . RAS
Se dit d'un coup dans le beurre . . . . NUL
Se dit d'une bonne position, d'une position stratégi-
que . . . . CLÉ
Se dit d'une bouche . . . . BÉE
Se dit d'une très bonne santé . . . . FER
Se dit d'un isomère organique . . . . CIS
Se dit d'un pain avec du son . . . . BIS
Se dit parfois de la bouche . . . . BÉE
Se façonne . . . . SIL
Se fait automatiquement . . . . TIC
Se fait des bons tours de reins (MH) . . . . OBI
Se fait entendre . . . . TNT
Se fait mieux de près . . . . TIR
Se fait prier au jour le jour . . . . STE
Se fait selon certains critères . . . . TRI
S'efface à la fermeture . . . . RAM
Se font larguer . . . . RIS
Se forme dans le vin . . . . LIE
Se garnit au printemps . . . . NID
Ségolène lui fait de l'ombre . . . . DSK
Se jette dans la mer d'Azov . . . . DON
Se joue . . . . SET
Se joue avec deux dés (jeu de l'...) . . . . OIE
Se laboure rapidement . . . . ARE
Se lance quand tout va mal . . . . SOS
Se lance une fois retourné (PD) . . . . ÉSO

S'élève en Turquie . . . . IDA
Se lit même à l'envers (MH) . . . . ÈRE
Semblable à l'envers . . . . LET
Se mélange avec de la Volga (MH) . . . . OKA
Se met dans les cheveux . . . . GEL
Se met sur la table, se met en secouant . . . . . . SEL
S'emploie au golf . . . . PAR
S'emploie pour appeler . . . . OHÉ
S'enfonce du pouce dès le premier coup . . . . . TEE
Sent avant, pendant ... et après . . . . AIL
S'en tire à bon compte (MH) . . . . FÉE
Sent la résine . . . . IVE
Sent le crottin . . . . VAN
Sent l'écurie . . . . LAD
S'envole au départ . . . . ÂME
S'épanouit au sommet (PD) . . . . POU
Séparation grecque . . . . DIA
Se parle en Chine . . . . GAN
Se passe de pattes . . . . VER
Se passe sur un tapis . . . . DAN
Se porte tous les jours (MH) . . . . NOM
Se prenait pour se laver . . . . TUB
Se prend sur un plateau (MH) . . . . SON
Se promène chez Marcel . . . . LÉA
Se promène dans les gradins (MH) . . . . OLA
Se promène en tête (PD) . . . . POU
Se promène sous Paris . . . . RER
Se prononce comme une lettre (MH) . . . . ÈRE
Serait plus claire dans l'autre sens (PD) . . . . . EUV
Se récite . . . . AVE
Se redresse en tête (PD) . . . . ÉPI
Se regarde . . . . TVA
Serpent ou verrat (MF) . . . . RAT
Serré à la gorge . . . . RÉA
Serre bien la taille . . . . OBI
Sert à conserver . . . . SEL
Sert à l'enquêteur . . . . ADN
Sert à l'identification des criminels . . . . ADN
Sert à orner . . . . OVE
Sert à séparer . . . . SAS
Sert à transporter des fardeaux (MH) . . . . BIT
Sert au transport en commun . . . . CAR
Sert parfois de tire-bouchon (MH) . . . . ORL
Servi à Nha Trang . . . . NEM
Service à reprendre . . . . LET
Service chargé de la police fédérale . . . . FBI
Service impeccable . . . . ACE
Service institué sous le gouvernement de Vichy . . . .
. . . . STO
Service médiéval . . . . OST
Servis à la ferme, à l'étable . . . . ERS
Ses adhérents cotisent à l'UMP . . . . RPR
Se sauva du déluge . . . . NOÉ, SEM
Ses bancs ne sont jamais vides, sont toujours mouillés
(MF) . . . . MER
Ses blancs font des bulles . . . . DIE
Ses cordes se pincent . . . . TAR
Ses côtes sont souvent vagues (MF) . . . . ÎLE
Ses coups vont finir par disparaître (PD) . . . . . FIL
Ses enfances ont inspiré Corneille . . . . CID
Se servait de ses poings . . . . ALI
Ses fleurs ne sentent pas bon . . . . RUE

Ses fruits ne se cueillent pas .... MER
Ses fruits se consomment frais .... MER
Ses habitants sont isolés .... ÎLE
Ses habitants vivent de leurs plumes (MF) .... NID
Ses histoires ne sont pas banales .... POE
Ses lignes font du train, sont pleines matin et soir ..
.... RER
Ses membres inférieurs sont sur le terrain .... CIA
Ses nouvelles ne tiennent qu'à un fil (MF) .... UPI
Ses partisans veulent l'indépendance du Québec ...
.... OUI
Ses pirates volent (MF) .... AIR
Ses plumes servaient au poulet (PD) .... OIE
Ses projets ont besoin d'espace, sont écrits dans le
ciel (MF) .... ESA
Ses remous calment .... SPA
S'est jeté à l'eau avant de passer au vin (PD) .. NOÉ
S'est retrouvé sur le mont Ararat .... NOÉ
Se suit point par point .... SET
Se suivent de près (PD) .... PAS
Se suivent en commençant .... ABC
Ses vignes ont été inondées (MH) .... NOÉ
Ses voitures roulent près de Paris .... RER
Se tape avant la visite .... URL
Se tape avec les doigts sur le clavier .... URL
S'étend à table .... SET
Se termine au sol .... VOL
Se tortille .... VER
S'étouffe avec la main .... CRI
Se traîne tout nu par terre .... VER
Se travaille au ciseau .... IPÉ
Se traverse facilement .... GUÉ
Se trempe dans une sauce .... NEM
Se trouve en composant .... OSA
Se trouve en sachets .... THÉ
Se vend en barrettes .... RAM
Se voit dans le fond .... LIE
Siégeait à Genève .... SDN
Siège en Alsace .... ENA
Siège en Suisse .... ISO
Si elle avait été stérile, nous ne serions pas là (MF)
.... ÈVE
Sigle dans les affaires .... SCI
Sigle d'un train .... TGV
Sigle du temps .... UTC
Sigle économique .... PIB
Sigle pas très gai .... RIP
Sigle qu'on voit un peu partout .... USA
Signal né en 1912 .... SOS
Signé à l'embauche .... CDI
Signe anglais .... GMT
Signe du mouvement basque .... ETA
S'il a la gorge nouée, il ne fonctionne plus (MF) ...
.... RÉA
S'il avait coulé, vous n'auriez plus de chat (MF) ...
.... NOÉ
Silencieux et tranquille .... COI
Sillonne la ville .... RUE
Sillonne l'Europe à grande vitesse .... TGV
Sillonne l'île de France .... RER
S'il ne bande plus, à quoi bon le garder (MF) . ARC
S'il n'est pas juste, corrigez-le .... TIR

S'il vous passe un anneau au doigt, vous êtes mort
(MF) .... BOA
Simon et Garfunkel .... DUO
S'infiltrait un peu partout (MH) .... ÉON
S'inspire des autres .... ARA
Si on lui ajoute de l'eau, il faut qu'il flotte ... RAD
Si on se fie à l'adage, elle a plusieurs dents (MF) ..
.... FÉE
Situation burlesque .... GAG
Situation qui met le feu au derrière (MF) .... RUT
Si vous n'êtes pas gentil, elle va s'en aller chez le
diable (MF) .... ÂME
Six lettres, ici (MH) .... NOM
S'obtient grâce à des crédits .... BAC
S'occupe de ceux qui font des courses .... LAD
S'occupe des Jeux .... CIO
S'occupe des oreilles .... ORL
S'occupe d'un grand qui aura un petit sur le dos (MH)
.... LAD
Sœur adorée .... ÂME
Sœur anglaise .... NUN
Sœur du Soleil et de la Lune .... EOS
S'offre bien froide .... ALE
S'offre en spectacle (MH) .... SON
Soie en rond sur les reins .... OBI
Soleil levant .... EST
Solide comme le... .... ROC
Solitaire dans le bide .... VER
Sol-sol .... VOL
Sommet des Alpes .... DRU
Sommet entre l'Aubisque et la frontière espagnole
.... GER
Sommet grec .... IDA
Son adresse est connue .... PRO
Son but est de nous foutre la paix .... ONU
Son cap est en Espagne .... NAO
Son chant met fin à nos rêves (MF) .... COQ
Son chef connaît la musique .... OSM
Son chemin nous permet de faire du train (MF) ....
.... FER
Son col est rond .... MAO
Son coup sert à défroisser (MH) .... FER
Son coup tombe bien (PD) .... BOL
Son cours est très suivi en Afrique .... NIL
Son début est important .... ÈRE
Son degré change avec la couleur de la ceinture ...
.... DAN
Son dos est une bosse .... ÂNE
Son droit est trop souvent bafoué .... SOL
Son eau est douce .... LAC
Son eau est salée .... RIA
Son effet est explosif .... TNT
Son état varie selon ce que l'on vit .... ÂME
Son fil est solide, tient bon .... FER
Son goût peut être instantané .... THÉ
Son goût se marie bien à celui du vinaigre .... SEL
Son jeu est bien simple, est divisé en cases ... OIE
Son morceau est excellent .... ROI
Sonne dans la poche du nippon (PD) ...... SEN
Son nom est sur son coin .... RUE
Son obstination est connue .... ÂNE
Son prix est intéressant .... AMI

Son résultat est entre les mains de plusieurs facteurs .... TRI
Son siège est à Washington .... OEA
Sont anglais .... ARE
Son travail est parfait .... PRO
Son voisin est fou (MH) .... ROI
S'oppose à la malbouffe .... BIO
S'oppose à l'imprimé .... UNI
S'oppose au marais .... REG
S'oppose au mélange .... TIR
S'oppose farouchement à l'ablation du Rhin (MH) .... IDE
Sort à table .... ROT
Sort de l'eau .... ÎLE
Sort de l'exercice .... XER
Sort du Jura .... AIN
Sort du lac .... ÎLE
Sort du lac Victoria .... NIL
Sort d'une pompe .... AIR
Sort d'un four .... MIE
Sort du sujet .... PET
Sorte de bleu .... ROI
Sorte de sac à dos (MH) .... BÂT
Sorti des urnes (PD) .... ÉLU
Sortie avant d'entrer (PD) .... CLÉ
Sorties du stade .... STD
Sort sans traîner .... JET
Sort sous la pluie .... VER
Sort souvent en bande .... ADO
Souci en tête (MH) .... POU
Souffre de psittacisme (MH) .... ARA
Soulage la victime (MH) .... VOL
Soulève des montagnes .... FOI
Source d'énergie .... EAU
Sourd, on ne l'entend presque pas (MH) .... CRI
Sous-entend que tout n'a pas été dit .... ETC
Sous la chaloupe .... LAC
Sous la tête .... ARS
Sous le bât .... DOS
Sous l'écharpe .... COU
Sous le paillasson .... CLÉ
Sous les tags .... MUR
Sous pression au pub .... ALE
Soutien pour le lancement d'une vedette ..... BER
Souvent accostée .... ÎLE
Souvent ajouté à la crème anglaise (MF) ..... SIR
Souvent à l'abri du feuillage .... NID
Souvent au début et à la fin des vacances .... VOL
Souvent beurrée .... MIE
Souvent bourrée .... OIE
Souvent bourré matin et soir .... BUS
Souvent boutonneux .... ADO
Souvent dans le coin à l'école (MF) .... ÂNE
Souvent grouillante, à double sens .... RUE
Souvent invité à la fête (MH) .... GIN
Souvent mis .... USÉ
Souvent plein le matin .... BUS
Souvent pliée en deux (MH) .... UNE
Souvent porteuse de mauvaises nouvelles .... UNE
Souvent répété .... BIP
Souvent révolté .... ADO
Souvent suivi d'un modèle (MF) .... TOP

Souvent traversée .... RUE
S'ouvre sur le large .... RIA
Spécialiste de l'infiltration (MH) ...... EAU
Spécialiste des anneaux (MF) .... BOA
Spécialiste des coups d'éclat (MH) .... TNT
Spécialiste du lancer du marteau (MH) .... TOR
Spécialiste du larynx .... ORL
Spécialiste en analyse de selles (MF) ..... LAD
Spécialiste en communications .... ATT
Spécialiste en ruines .... TNT
Spécialité bretonne .... FAR
Spécialité de Guérande .... SEL
Spécialité provençale .... MAS
Spécialité qui a un air impérial (MH) ...... NEM
Sport aquatique (MF) .... FUN
Stimule sans énerver .... THÉ
Style de jazz .... HOT
Style de Loco Locass .... RAP
Succès à l'anglaise .... HIT
Succès peu académique (PD) .... HIT
Suffixe d'origine grecque .... ITE
Suit bis .... TER
Suit certains critères .... TRI
Suit des cours de danse .... RAT
Suite à un coup de marteau sur les doigts .... AÏE
Suit l'aiguille .... FIL
Suit la tétée .... ROT
Suit l'échec .... MAT
Suit le cours des ondes .... CSA
Suit le prince .... DUC
Suit les bandes de très près (PD) .... CSA
Suit les comptes de la Communauté .... BEL
Suit les exemples .... ETC
Suit un numéro .... TER
Suivent des chiffres .... ANS
Suivi d'un chien anglais, on le mange (MF) .. HOT
Suivi par les porteurs (PD) .... CAC
Suivit son père sur le bâtiment, sur les flots (PD) .... SEM
Sujet d'expérience .... RAT
Sujet parlant (MH) .... ARA
Sujet pensant .... EGO
Sujet qui suit souvent le coq (MF) .... ÂNE
Supérieur au caïd .... AGA
Supérieur en Ontario .... LAC
Support au rugby .... TEE
Supporte la tension .... ARC
Supporte le bateau .... BER
Supporte le socle .... AGE
Support en herbe (MF) .... TEE
Supporte une coquille .... TIN
Supprime les blocages .... ABS
Sur certaines pierres .... RIP
Sûrement invité à la fête du Têt ...... NEM
Sûrement pas un meuble rustique (MH) .... KIT
Sûrement un peu moins beau (MH) ...... USÉ
Sur la côte du Levant .... NAO
Sur la côte indienne .... GOA
Sur la droite .... EST
Sur la Seine .... HAL
Sur le bord de la grève .... MER
Sur le carreau .... USÉ

Sur le dessus du journal .... UNE
Sur le dos .... LAS
Sur le même ton .... UNI
Surtout brun .... BAI
Surtout vert .... PRÉ
Sur une boussole .... EST
Sur un étal méditerranéen .... SAR
Sur un voilier .... SPI
Surveille tout sur l'Hexagone .... DST
Survient quand on est poussé au bout .... IRE
Symbole de splendeur .... LSI
Système vidéo .... VHS
Talent déformé (MF) .... ODN
Tambour et clairon .... BAN
Teen-ager .... ADO
Tell al-Mugayyar .... OUR
Témoin à charge (MF) .... ION
Temps de liberté (PD) .... MAI
Temps variable .... ÈRE
Tendu au vent .... SPI
Tendu pour tirer .... ARC
Tente de régler des conflits .... ONU
Terme de tennis, de court .... LET
Terme d'informatique .... MEG
Terme mathématique .... LOG
Termine la conclusion .... ION
Termine la liste .... ETC
Termine le conservatoire .... IRE
Terrain sec .... REG
Terre renversée, retournée .... ELÎ
Territoire de chasse et de pêche ...... ZEC
Tête blonde .... ÉPI
Tête couronnée .... ROI
Tête d'éléphant (PD) .... ALE
Tête de mouche .... TSÉ
Tête de Turcs .... BEY
Tête dure et grandes oreilles .... ÂNE
Tête enflée .... FAT
Texte important à l'envers (MH) .... IOL
Tient bien la charge mais ne va pas toujours on l'on
veut .... ÂNE
Tient en haleine .... AIL
Tient le drapeau .... MÂT
Tient quelque chose sur sa tête (MH) .... TEE
Timothy Leary en est le pape .... LSD
Tire-bouchon (MH) .... ORL
Tire devant Catherine (MF) .... STE
Tiré d'un ergot .... LSD
Tire la langue au monde égyptien (PD) ...... BÈS
Tiré pour la première fois (MH) .... RAI
Toc toc .... FOU
Tokyo hier .... EDO
Tombe du ciel .... EAU
Tombée après le mur .... RDA
Tonneau renversé (MH) .... TÛF
Tonne d'équivalent charbon .... TEC
Tonnerre de dieu .... TOR
Tortura l'Algérie .... OAS
Touche au chœur .... NEF
Touche les côtes .... MER
Toujours mince .... TIF
Toujours prêt à aider .... AMI

Tour de cou en plumes (MH) .... BOA
Tourne autour des Japonaises .... OBI
Tourné pour couper court .... DOS
Tout à fait .... OUI
Tout à fait à droite .... ITE
Tout à fait à propos .... MAI
Tout à fait propice à la navigation ... WEB
Tout de gris vêtu (MH) .... ÂNE
Tout droit ou à droite .... HUE
Tout le contraire des Everglades .... REG
Tout le monde attend sa chute (MF) ... GAG
Tout le monde connaît son carnaval ... RIO
Tout nu et tout mou (MH) .... VER
Tout près de nous ICI
Tout va bien en bref (PD) .... RAS
Train-train postal .... TRI
Tranche d'histoire .... ÈRE
Transmis par les parents .... NOM
Transport collectif .... CAR
Transporte des Parisiens .... RER
Transporte les odeurs .... AIR
Transport en commun, francilien .... RER
Transporte ou introduit .... CAR
Travail de grue .... NID
Travail de postier .... TRI
Travaille dans le champ .... SEP
Travaille durement à la barre (PD) ... RAT
Travailleur malgré sa réputation (PD) ...... ÂNE
Travail nécessaire aux hommes de lettres (MF) ....
.... TRI
Traversé par une colonne .... DOS
Traverse qui réunit deux couples ... BAU
Traverse une crise .... ADO
Travesti côté cour .... ÉON
Trente secondes (PD) .... MIN
Très caillouteux .... REG
Très différent de la Camargue ..... REG
Très maigre .... SEC
Très mauvais .... NUL
Très net .... VIF
Très peu cultivé .... REG
Très peu discret .... AIL
Très porté sur la bouteille (MH) ... SAQ
Très sec .... ERG
Très sensible .... NET
Très utile pour déterminer le père ... ADN
Très vite .... VIF
Triangle sur le bâtiment .... FOC
Trio qui est un quart (MH) .... ÉTÉ
Trois cents millions .... USA
Trois fois la même lettre .... TTT
Trois points sur quatre ...... ESN, SOE
Trois sur six .... EUI
Trompe-l'œil (MH) .... LSD
Trop loin .... OUT
Trop plein .... FAT
Truc à saupoudrer .... SEL
Truc de photographe .... ISO
Tsunami ou ... de marée .... RAZ
Type en quarantaine sur une embarcation (MF) ....
.... NOÉ
Type plein de promesses .... ÉLU

Type qui a porté des paniers (MF) . . . . ÉON
Type qui parle souvent du nez (MF) . . . . ORL
Type qui travaillait déguisé . . . . ÉON
Ulysse séjourna dans celle de Circé . . . . ÎLE
Ultraléger motorisé . . . . ULM
Un air en bien mauvais état (PD) . . . . IAR
Un ami des bêtes . . . . NOÉ
Un artiste qui l'est, c'est un artiste malheureux . . . .
. . . . HUÉ
Un avion sans agent de bord . . . . ULM
Un bon bout de temps . . . . ÈRE
Un bon endroit pour lire . . . . LIT
Un british . . . . ONE
Un centième de gray . . . . RAD
Un chauve ne l'utilise jamais (MF) . . . . OSÉ
Un choix souvent difficile . . . . TRI
Un coup parti dans le mauvais sens (MH) . . . . RIT
Un de quatre . . . . ÉTÉ
Un des Kennedy . . . . TED
Un droit pour les femmes (PD) . . . . IVG
Un dur de dur . . . . ROC
Une armée qui a déposé les armes . . . . IRA
Une bande de japonais (MF) . . . . OBI
Une bouchée . . . . PEU
Une chance qu'il a écouté Yahvé . . . . NOÉ
Une classique de nos villages . . . . STE
Un Écossais chez les banquiers . . . . LAW
Une dame s'y trouve peut-être (MH) . . . . PLI
Une évidence de l'appât lisse (MF) . . . . VER
Une façon d'arrêter . . . . ETC
Une femme différente, mais pas n'importe laquelle
. . . . STE
Une fin de série, une fin qui n'en est vraiment pas
une . . . . ETC
Une fois donnée, il faudra la gagner . . . . VIE
Une Française qui a du chien (MH) . . . . SPA
Une illisible . . . . EUN
Un élève du coin (MF) . . . . ÂNE
Une mine d'informations . . . . NET
Un endroit de rêves . . . . LIT
Un endroit où l'on tartine . . . . MIE
Une norme qui tend à disparaître . . . . VHS
Une partie de la vérité . . . . ITÉ
Une partie du phénomène lumineux . . . . ARC
Une partie du quotidien . . . . UNE
Une personne avec qui on aime passer du temps . . .
. . . . AMI
Une petite piste lui suffit . . . . ULM
Une pointe . . . . PEU
Une pointe de safran . . . . SAF
Une pointe qui relève (PD) . . . . AIL
Une pointe suffit pour le boucler (MF) . . . . . . BEC
Une position essentielle . . . . CLÉ
Une queue pour nos mots (PD) . . . . URO
Une voie pour les Chinois . . . . TAO
Une vraie blonde (MH) . . . . ALE
Un gars, une fille au boulot (MF) . . . . ÉON
Un grand des forêts sud-américaines . . . . IPÉ
Un gros zéro . . . . NUL
Un habitué des clubs (MF) . . . . TEE
Unité coréenne . . . . WON
Unité de dose . . . . RAD

Unité de luminance . . . . NIT
Unité de mémoire . . . . BIT
Unité de mesure comparative . . . . TEP
Unité de résistance électrique . . . . OHM
Unité de stockage (MH) . . . . CLÉ
Unité de titre des fibres textiles . . . . TEX
Unité informatique . . . . BIT
Un marin parmi les bêtes . . . . NOÉ
Un million d'octets . . . . MEG
Un moment d'égarement (MH) . . . . REM
Un mot qu'on retrouve sur des fromages . . . . CRU
Un petit doute . . . . HUM
Un petit mot d'encouragement . . . . OLÉ
Un peu après l'hiver . . . . MAI
Un peu avant la tournée . . . . TRI
Un peu bernoise . . . . AAR
Un peu brun . . . . BIS
Un peu comme avant . . . . ETC
Un peu d'agneau . . . . RIS
Un peu d'Amérique . . . . AMR
Un peu de biathlon . . . . TIR
Un peu de cohérence . . . . ÉRE
Un peu de culture . . . . ARE
Un peu de gaspillage . . . . SPI
Un peu de merlot . . . . CEP
Un peu de rhétorique . . . . RHÉ
Un peu de veau . . . . RIS
Un peu d'exercice . . . . GYM
Un peu d'expérience . . . . XPÉ
Un peu moins beau . . . . USÉ
Un peu plus de 50 LII
Un plaisir pour le greffier (PD) . . . . MOU
Un point à l'envers (MH) . . . . DUS
Un point de rencontre (MF) . . . . BUT
Un port sur l'Atlantique . . . . RIO
Un sacré stimulant . . . . EPO
Un seul nom . . . . RUE
Un seul suffit à rendre la vie plus agréable . . AMI
Utile à Tiger Woods . . . . TEE
Utile au bureau . . . . RAM
Utile au Japon . . . . YEN
Utile dès le premier coup . . . . TEE
Utile pour identifier le père, un voleur . . . . . ADN
Utile pour jouer au golf . . . . FER
Utiles pour bien des jeux . . . . DÉS
Utilisé en cale sèche . . . . TIN
Utilisé par ceux qui ont besoin de faire une carrière
importante . . . . TNT
Utilisé par ceux qui réfléchissent . . . . HEU
Utilisé par le cavalier . . . . DIA
Utilisé pour arrêter . . . . ETC
Va à fond de train (MH) . . . . TGV
Va au moulin . . . . EAU
Va dans le futur . . . . IRA
Vaincu à Appomattox . . . . LEE
Valet d'écurie . . . . LAD
Va perdre un point . . . . TPS
Va permettre de retrouver plus vite ce qu'on cherche
. . . . TRI
Variations sur un air (MH) . . . . RIA
Varie dans le temps . . . . ÈRE
Va sur la table . . . . SEL

Vaut de l'or dans les prolongations (PD) ..... BUT
Vaut dix chez Tony Blair .... TEN
Vaut dix points sur le tapis vert .... DER
Vaut plus que sa bouteille .... CRU
Vaut l/100 de couronne .... ORE
Vécut à Londres .... ÉON
Véhicule à deux roues .... CAB
Vélo tout terrain .... VTT
Venait avec l'épouse .... DOT
Vent désagréable (MF) .... PET
Vent inversé (air) .... RIA
Vent léger .... AIR
Vers et air .... ODE
Veut bon vent .... SPI
Veut dire Pays basque et liberté .... ETA
Veut imposer sa loi .... DUR
Vibre de droite à gauche (PD) .... EMÂ
Victoire sociale .... RTT
Victoria à sa naissance .... NIL
Victoria puis Blanc .... NIL
Vie des champs (MH) .... BLÉ
Vieille bête .... LEU
Vieille branche .... AMI
Vieille cuvette .... TUB
Vieille dose .... RAD
Vieille pièce, vieille protection .... ÉCU
Vieille taupe .... ÉON
Vient de partir (PD) .... FEU
Vient de se terminer .... MAI
Vient des gradins .... OLÉ
Vient du latin, hostis .... OST
Vient d'une côte .... ÈVE
Vient du répondeur .... BIP
Vient en aide à ceux qui n'ont rien .... RMI
Vietnamien dans un sens, Anglais dans l'autre (MH)
.... NEM
Vieux bain .... TUB
Vieux jeu .... USÉ
Vieux loup .... LEU
Vieux parti .... UDR
Vieux poème .... LAI
Vieux suisse .... URI
Vif mais désordonné (PD) .... IVF
Ville aux trésors .... OUR
Ville de Belgique .... HAL
Ville de France .... DIE
Ville de Serbie .... NIS
Ville d'Europe .... EDE
Ville ou vol .... ULM
Ville sans tours .... OUR
Vin blanc et cassis .... KIR
Visitée tous les jours .... RUE
Vivement coloré .... ARA
Vivent au Nigeria .... EDO
Voie brouillée (MF) .... URE
Voie importante .... AXE
Voir rouge sans bon sens (MF) .... RED
Voisine de la croûte .... MIE
Voix de la France à travers le monde ...... RFI
Vole à l'hôtel (MH) .... RAT
Voleuse chez Rossini (PD) .... PIE
Vont finir dans nos assiettes (PD) .... OGM

Vos amis le sentent quand vous leur parlez .... AIL
Votre meilleur est le plus cher .... AMI
Votre père a le même que vous .... NOM
Voudrait bien avoir la paix .... ONU
Vouloir à l'envers (gré) .... ÉRG
Vous devez le croire .... SIC
Vous en avez, à l'inverse, à trouver le nom de ce pein-
tre cubain (MF) .... LAM
Vous n'avez qu'à remonter le courant (MF) . REM
Vous pouvez suivre ses conseils .... PRO
Vous touchez au but, mais regardez dans le rétroviseur
(MF) .... TUB
Vous voyez le genre (MH) .... ETC
Voyelles triples .... EEE
Vraiment mauvais .... NUL
Vraiment pas loin ICI
Vraiment pas ragoûtant .... PUS
Vraiment stupéfiant .... LSD
Vulgarisateur italien .... ECO
Whisky sans eau .... PUR
Y frapper, c'est frapper au hasard .... TAS
Zones urbaines sensibles .... ZUS

Mots
de 4 lettres

A accroché Louis d'un regard (PD) . . . . ELSA
A apporté le cajou et l'acajou (PD) . . . . TUPI
A armé l'Amérique et le monde . . . . COLT
A attendu avant d'être ce qu'elle est (MH) . MÈRE
Abat-jour . . . . SOIR
A besoin de neige . . . . STEM
A besoin d'espace pour ses recherches . . . . . NASA
A bien des pattes . . . . IULE
A bien peu à déployer (MH) . . . . .ÉMEU
À bonne distance . . . . LOIN
Abri en hauteur . . . . AIRE
Abritait les rencontres de Diane et d'Henri . . ANET
Abrite le paysan russe . . . . ISBA
Abrite quelques familles antillaises . . . . ÎLET
Abrite une statue . . . . NAOS
Absolument charmant (MH) . . . . ÉDEN
Accent typique des Etats-Unis . . . . AIGU
Accent vite remarqué dans Montréal . . . . . . AIGU
Accessible en un clic (MH) . . . . SITE
Accessible via Internet . . . . SITE
Accompagne Brahma et Vishnou . . . . ÇIVA
Accompagne le mezze (MH) . . . . ARAC
Accompagne le radius . . . . ULNA
Accord pour des négociations internationales . . . . .
. . . . GATT
Accroché à l'hameçon . . . . ÈCHE
Accroché au cou du cheval . . . . CRIN
Accroche la voile . . . . BÔME
Accueille choucroute ou ratatouille . . . . PLAT
Accueille des étudiants depuis longtemps . . . IÉNA
Accueillir bien mal par des cris de dérision . . HUER
Accumulateur électrique . . . . ACCU
A charmé les cœurs et les oreilles (PD) . . . . . TINO
A cherché à s'élever . . . . ADER
Acheté la semaine dernière . . . . NEUF
Acheteur de lentilles (PD) . . . . ESAÜ
À consommer avec modération . . . . RHUM
A construit des avions . . . . ADER
À côté . . . . PRÈS
À creuser si elle est bonne . . . . IDÉE
Action d'éclat (MF) . . . . RIRE
Action de frapper le ballon avec le front . . . . TÊTE
Action de se laver . . . . BAIN
Activité demandant de la patience . . . . GUET
Actrice de Varennes . . . . NANA
Adam et Ève s'y sont aimés . . . . ÉDEN
Adapté pour la scène . . . . SPOT
A de belles fleurs . . . . IXIA
À déboucher pendant les fêtes . . . . ASTI
A de grands bois . . . . ÉLAN
A des dagues . . . . DAIM
A des dents bien rangées . . . . SCIE
A des doigts sans ongles (MH) . . . . GANT
A des feuilles dentelées . . . . ORME
A des fruits rouges . . . . HOUX
A des graines . . . . NÉRÉ
A des palmes . . . . AREC
A des petits à gâter . . . . MÉMÉ
A des petits et des grands calices (MH) . . . . REIN
À deux ans, c'est un sérieux retard de langage (MH)
. . . . AREU
À deux pas . . . . PRÈS

A disparu à la levée du rideau (PD) . . . . URSS
Ado parigot . . . . TITI
Adresse que l'on change dès que tout le monde la con-
naît (MF) . . . . RUSE
À droite dans l'abdomen . . . . FOIE
À droite pour les spectateurs (PD) . . . . COUR
Adulée ou détestée . . . . STAR
A éclaté en 1991 . . . . URSS
Aéroport de Papeete . . . . FAAA
Aéroport français . . . . NICE
A étudié les astres . . . . OORT
À éviter quand on vogue . . . . ÉTOC
À faire avant de partir . . . . TOPO
A fait le plein . . . . REPU
A fait plaisir au Petit Caporal (MH) . . . . IÉNA
Affaire d'honneur . . . . DUEL
Affiche son contentement . . . . FIER
Agave d'Amérique . . . . PITE
Agence disparue . . . . TASS
Agent de Chicago . . . . NESS
Agent d'entretien . . . . CIRE
Agglomération du sud . . . . ÎLET
Agite les arbres . . . . ÉOLE
À glace pour frapper . . . . SEAU
Agréable à rafler . . . . MISE
Aide à débiter . . . . SCIE
Aide à faire le ménage (MH) . . . . OUST
Aide au soulèvement . . . . CRIC
Aigre et rude . . . . AMER
Aimait beaucoup les lentilles . . . . ESAÜ
Aime bien boire un coup (MH) . . . . BÉBÉ
Aime bien les grandes chaleurs (MH) . . . . . MÂLE
Aime bien l'huile d'olive . . . . GREC
Aimé de la belle Cybèle . . . . ATYS
Aimée de Zeus . . . . LÉTO
Aime être humilié . . . . MASO
Aime les petites filles et les petits garçons aussi . . .
. . . . OGRE
Aiment sûrement le crack (MH) . . . . LADS
Aime prendre un coup (MH) . . . . MASO
Aimerait bien faire partie du beau monde . . . SNOB
Air chanté par un soliste . . . . ARIA
Aire de vent . . . . RUMB
Air que tout le monde chante . . . . TUBE
À jeter pour ralentir la descente du ballon . . . LEST
À la cour du sultan . . . . AGHA
À la fin, il lui manque la première pour faire de la
musique (MH) . . . . SALS
A l'air du marbre . . . . STUC
À l'aise suspendu (MH) . . . . UNAU
A laissé Lulu en partant . . . . BERG
À la main du chevalier . . . . ÉPÉE
À la portée . . . . CLEF
À la portée de tous . . . . NOTE
À la prochaine . . . . CIAO
Alcool turc . . . . RAKI
À l'... de mon plein gré . . . . INSU
A le bras long (PD) . . . . GRUE
À l'entrée de la mer Rouge . . . . ADEN
A le plus souvent lieu dans l'obscurité . . . . . RÊVE
À l'heure avancée . . . . TARD
A lieu après avoir dit oui . . . . NOCE

A lieu sur une piste . . . . STEM
Allait droit au cœur . . . . ÉROS
Allemande qui a connu Hegel . . . . IÉNA
Aller au bout de ses convictions . . . . OSER
Aller où personne n'a été . . . . OSER
Allonger pour toujours . . . . TUER
Allumée dans le foyer . . . . TÉLÉ
Allume et fait naître des flammes (MH) . . . . VAMP
À l'œil . . . . UVÉE
A longtemps protégé nos fondements (PD) . . TALC
Amas mouvant (MH) . . . . NUÉE
Amener à bout . . . . USER
Américaine qui pense à l'avenir (MH) . . . . NASA
À mettre à l'eau . . . . SALI
Amicalement vôtre . . . . TIEN
Ami fidèle . . . . FÉAL
A mis fin à sa liberté (PD) . . . . MARI
A mis la voiture sur les chaînes (PD) . . . . . FORD
A mis le feu au laboratoire (PD) . . . . AUER
A mis l'homme sur la Lune . . . . NASA
Amorcer une vie de couple (s') . . . . UNIR
A mordu des Ontariens . . . . LOUP
Amour fatal d'Héraclès . . . . IOLE
Amusent petits et grands . . . . JEUX
Anagramme de sale . . . . ALES
Ancêtre de César? (MH) . . . . IULE
Ancêtre d'une tribu d'Israël . . . . ASER
Ancien chef . . . . DOGE
Ancien chinois . . . . TAEL
Ancien maire de Montréal . . . . DORÉ
Ancienne capitale allemande . . . . BONN
Anciennement, on y roulait à toute vapeur . . RAIL
Ancienne métropole de la civilisation toltèque
. . . . TULA
Ancienne unité monétaire . . . . INTI, TAEL
Ancien président des États-Unis . . . . BUSH
Ancien royaume de l'Arabie . . . . SABA
Ancien souverain . . . . TSAR
Ancien terme relatif au globe terrestre . . . . . SIAL
À négocier dans la descente . . . . STEM
Anglais à l'esprit ouvert, non limité (MF) . . OPEN
Anglaise à mâchoires mobiles . . . . CLEF
À ne pas donner à ses amis (MH) . . . . UPAS
À ne pas respirer à pleins poumons . . . . SMOG
Animal de l'espèce bovine . . . . OVIN
Animal pour naïfs . . . . DAHU
Anneau magnétique . . . . TORE
À ouvrir le samedi matin . . . . DICO
A parfois des boutons . . . . PEAU
A perdu sa moitié . . . . VEUF
A peu de portes . . . . LOFT
À peu près au milieu du cœur (MH) . . . . . . HUIT
A pignon sur rue . . . . GANG
A plein de petits calices . . . . REIN
A plusieurs pieds . . . . VERS
A plus ou moins de cheveux . . . . TÊTE
A pour capitale Colombus . . . . OHIO
Appareil architectural . . . . OPUS
Appel en début d'appel . . . . ALLO
Appeler en forêt . . . . RÉER
Apporté en faisant attention . . . . SOIN

Apporte une garantie . . . . AVAL
Apposé dans le passeport . . . . VISA
Appréciée des brasseurs . . . . ORGE
Appréciée par l'œnologue . . . . ROBE
Appréciée par temps chaud . . . . CLIM
Appris par l'acteur . . . . RÔLE
À prendre en remontant pour se mouiller (PD) . . . .
. . . . NIAB
Après cela . . . . PUIS
Après la vie terrestre (au…) . . . . DELÀ
Après le travail . . . . SUÉE
Après un coup sûr, le joueur l'est . . . . SAUF
A quand même accueilli Juppé . . . . ENAP
A quatre cordes . . . . ALTO
Archipel de l'Irlande . . . . ARAN
Ardent sur le retour . . . . ENGI
À régler avant de partir, au moment du départ . . . . .
. . . . NOTE
A régulièrement besoin d'un bon repassage (MH)
. . . . LAME
A remplacé la lire . . . . EURO
Armstrong et Fitzgerald l'ont popularisé . . . . SCAT
Arrêter la circulation (MF) . . . . TUER
Arrive après coups . . . . BLEU
Arrive dès la nuit venue . . . . RÊVE
Arrivée des pèlerins (PD) . . . . NUÉE
Arrivée en masse . . . . RUÉE
Arrivée en nombre à reculons (PD) . . . . EÉUN
Arrivée et départ . . . . QUAI
Arrive en coups de vent (MH) . . . . DUNE
Arrive toujours en fin de journée . . . . NUIT
Arrondissement d'Alençon . . . . SEES
Arrondissement d'Avesnes-sur-Helpe . . . . . . ANOR
Arrondissement de Perpignan . . . . ELNE
Arrondit les ongles . . . . LIME
Arrose Bologne . . . . RENO
Arrose Pise et Florence . . . . ARNO
Art de s'exprimer en danois (MF) . . . . ABOI
Art de voir sans être vu (MF) . . . . GUET
Article de presse (MF) . . . . ÉTAU
Article partitif . . . . DELA
Art nippon . . . . BUTO
A sa place au marché . . . . ÉTAL
A sa place dans un bock . . . . MALT
A sauvé Tchang . . . . YETI
As de cœur (MH) . . . . ÉROS
A séduit Louis . . . . ELSA
À ses côtés, on ne grelotte pas . . . . ÂTRE
A ses racines en Afrique . . . . NÉRÉ
A six faces . . . . CUBE
A son chef et ses secrets . . . . ÉTAT
À son corps défendant (MH) . . . . TOGE
A son maître . . . . FIEF
A souvent la bouche pleine . . . . OGRE
Aspire à l'envers, dans l'autre sens . . . . ECUS
Assez éblouissant . . . . SPOT
Assez gras . . . . FRIT
Assez grave . . . . ALTO
Assez important . . . . JOLI
Assez loin de Caroline . . . . UTAH
Assez malin . . . . FUTÉ
Assez souvent interdit en ville . . . . SENS

Association malfaisante .... GANG
Association sportive .... CLUB
Associé au radius dans les mouvements .... ULNA
Assumer son rôle .... ÊTRE
Assure la jouissance .... BAIL
Assure la surveillance .... GUET
Assure le changement .... MÉTA
Assure le soulèvement .... CRIC
Assurer la liaison .... UNIR
Assure un bon maintien (PD) .... LIEN
Assure un certain maintien (MH) .... ESSE
Astuce, artères et certaine, tous mélangés (MF) ....
.... URES
À suivre pour monter .... PLAN
A sûrement des petits à choyer .... MÉMÉ
A su retourner la situation à la cour .... ÉLOI
Athlète prêt à se battre pour la ceinture d'un autre
.... ASPI
À tire d'aile .... VITE
A travaillé dans l'aviation .... ADER
A trop accumulé (PD) .... GRAS
Attaquer en profondeur (PD) .... USER
Atteint les sommets (PD) .... ACMÉ
Attend dans les arbres .... PUMA
Attend la main .... ANSE
Attend la succession .... HOIR
Attend le marin à quai .... RADE
Attend les invités au salon .... SOFA
Attendus en salivant .... METS
Attention à ses dents .... SCIE
Attention de ne pas la perdre .... TÊTE
Attention quand elle est fixe .... IDÉE
A travaillé dans l'aviation .... ADER
Attention à leurs crises .... NERF
Attire des visiteurs .... EXPO
Attire l'alpiniste .... CIME
Attire l'attention .... PÔLE
Attire le client .... DÉMO
Attire les amateurs de techno (MH) ...... RAVE
Attire les clients .... ÉTAL
Attire les grimpeurs .... ÀPIC
Au bon débit .... ADSL
Au bout de la baguette .... CHEF
Au bout du bras .... CINQ
Au bout du canal .... MÉAT
Au bout d'un câble .... HÂLÉ
Au bout d'une bouteille .... SUCE
Au bout d'une colonne .... TÊTE
Au bout d'une ligne .... ÈCHE
Au bras de .... AVEC
Au centre de la Terre .... NIFE
Au centre d'une légende .... NESS
Au chaud dans sa fourrure .... OURS
Au cœur de l'été .... AOÛT
Au complet .... TOUS
Au cours de .... DANS
Aucun humain n'en est un parfait .... ÊTRE
Aucun pour les Anglais .... NONE
Au début d'une grossesse .... TEST
Au-dessus de la tête de Jésus .... INRI
Au-dessus des pointes (MH) .... TUTU
Au fond du navire .... LEST

Au football, action de frapper le ballon avec le front
.... TÊTE
Au judo, enchaînement de mouvements .... KATA
Au loin, en grec .... TELE
Au même endroit .... IBID
Au miroir ou à la coque .... ŒUF
Au moins, avec lui, on ne risque pas d'être encombré
(MH) .... RIEN
A un accent particulier .... MIDI
A un bon coup de fourchette .... OGRE
A un bon père .... NOËL
À un degré élevé .... TRÈS
A une célébrité monstre .... NESS
A un gros budget .... NASA
Au nord de Glasgow .... NESS
Au nord de la France, de l'Espagne .. EIRE, ÉRIN
Au nord de Nîmes .... UZES
A un ou douze pouces (MH) .... PIED
A un père coloré, généreux (MH) .... NOËL
A un peu les allures d'une grue .... IBIS
A un rôle protecteur .... ÉTUI
Au pied de l'arbre, elle va et vient .... SCIE
Au pied des monts Matra .... EGER
Au Québec, c'est un bourdon .... TAON
Aura du cor .... HÈRE
Aurait pu faire la tortue de la fable (MH) .. UNAU
Aurait sans doute préféré un gros ananas (MH) ....
.... TELL
Aura la tête dure .... ÂNON
Au restaurant, elle sonne mieux quand elle est basse
(MF) .... NOTE
Au septième ciel .... BÉAT
Au septième ciel ou en enfer (MF) .... RAVI
Aussi, familier .... ITOU
Aussi utile en Finlande qu'en France ...... EURO
Auteur de polars, de San Antonio .... DARD
Auteur d'une « Symphonie pastorale » ...... GIDE
Auteur du Projet de paix perpétuelle .... KANT
À utiliser avec précaution .... LAME
Automobile tout terrain .... JEEP
Autour des arbres .... ORÉE
Avait certaines obligations .... SERF
Avait lieu dans un champ clos .... DUEL
Avait l'or en tête (MH) .... RUÉE
Avait ses saltimbanques .... RING
Avait vraiment la fibre maternelle (MH) ..... ISIS
Avalanche de coups .... RIXE
Avale n'importe quoi .... DUPE
Avance à petits pas (MH) .... PION
Avancer malgré tout .... OSER
Avant tôt ou tard (MH) .... LEVÉ
Avant transformation .... ÉCRU
Avant une bouteille de vin .... DIVE
Avec elle, il faut prendre des gants (MH) ... ROSE
Avec foi mais sans loi (MH) .... ANAR
Avec lequel .... DONT
Avec lui, le présent, c'est souvent la veille (MF) ....
.... NOËL
Avec lui, les débordements sont à craindre (MH) ....
.... TROP
Avec lui, on est en plein délire (MH) ...... TRIP
Avec lui, on n'a pas besoin d'argent ...... TROC

Avec lui, tout devient clair . . . . SPOT
Avec ou sans têtes, ils sont toujours en pointes (PD)
. . . . CLOU
Avec sa teinte naturelle . . . . ÉCRU
Aventure intérieure . . . . TRIP
Aventure nocturne . . . . RÊVE
Aveugle qui encourage (MF) . . . . FANA
Avoir du culot . . . . OSER
Avoir l'air chouette (MF) . . . . HUER
Avoir le front moite . . . . SUER
Aznavour vient d'y enregistrer un disque . . . CUBA
Bail à renégocier (PD) . . . . LAIB
Bain pour le petit . . . . EAUX
Balaie les feuilles (MH) . . . . ÉOLE
Bal des finissants (MF) . . . . BOOM
Bande étroite . . . . RAIE
Bande très fréquentée . . . . ADSL
Barbu qui rumine . . . . GNOU
Bar du Midi . . . . LOUP
Baronne Dudevant . . . . SAND
Barrage sur l'Euphrate . . . . ASAD
Base alimentaire . . . . LAIT
Base de calcul (MF) . . . . REIN
Base de canapé . . . . PAIN
Base de soupe . . . . POIS
Bateau de Rimbaud . . . . IVRE
Bâtie en bois . . . . ISBA
Battent la mesure (MH) . . . . ABUS
Battu en cuisine (MH) . . . . LAIT
Battue par un cardinal (MF) . . . . AILE
Bayer aux corneilles . . . . BÉER
Beau berger . . . . ATYS
Beau bleu . . . . AZUR
Beaucoup de gens y vivent . . . . ASIE
Beaucoup moins éclatant . . . . FANÉ
Beau et bête à la fois (PD) . . . . PAON
Beau mouvement . . . . ÉLAN
Beau parleur indonésien . . . . LORI
Beau petit poisson . . . . NÉON
Beau pour sortir . . . . RASÉ
Bébé aime le prendre et papa aussi (MF) . . . . SEIN
Bel effort final (PD) . . . . RUSH
Belle allemande . . . . IÉNA
Belle allure . . . . TROT
Belle avancée féminine (PD) . . . . NÉNÉ
Belle d'Algérie . . . . ORAN
Belle de la côte . . . . NICE
Belle de l'Aisne . . . . LAON
Belle en Angleterre . . . . NICE
Belle enfant de Colette (PD) . . . . GIGI
Belle fille de la Bastille . . . . NINI
Belle fin pour la langouste (PD) . . . . NAGE
Belle mer . . . . ÉGÉE
Belle moldave . . . . IASI
Belle promotion pour le pion (PD) . . . . DAME
Belle qui a de la défense (PD) . . . . ROSE
Belle qui reste de marbre (PD) . . . . KORÊ
Belle russe aux yeux de braise (PD) . . . . . . ELSA
Berger nomade tué par son frère . . . . ABEL
Berg l'a fait chanter . . . . LULU
Bête de somme . . . . LAMA
Beurre, farine et bouillon . . . . ROUX

Bien accrocher . . . . UNIR
Bien aise . . . . RAVI
Bien apprécié par celui qui fait des descentes . . . . .
. . . . FART
Bien attacher . . . . LIER
Bien au nord de l'Espagne, du Maroc . . . . . . EIRE
Bien bardé . . . . RÔTI
Bien chaud . . . . IGNÉ
Bien connu des habitants (MH) . . . . ÊTRE
Bien des choses qui n'en ont pas existent quand
même . . . . SENS
Bien des gens le font à moitié . . . . STOP
Bien des gens y prennent leurs vacances . . . AOÛT
Bien des grains . . . . ÉPIS
Bien des hommes s'en servent l'été . . . . GRIL
Bien développé . . . . FORT
Bien diminuer . . . . USER
Bien équilibré . . . . SAIN
Bien fatigué . . . . NASE
Bien fin . . . . TÉNU
Bien habile . . . . ROUÉ
Bien là . . . . RÉEL
Bien loin de toute vérité . . . . RÊVE
Bien malin . . . . RUSÉ
Bien mince . . . . TÉNU
Bien moins bien . . . . PIRE
Bien orienter . . . . AXER
Bien ou mal selon l'humeur (PD) . . . . LUNÉ
Bien passionné . . . . FÉRU
Bien plus beau . . . . ORNÉ
Bien plus qu'un . . . . TAPÉ
Bien plus tard . . . . LOIN
Bien rond . . . . DODU
Bien roulé . . . . LOVÉ
Bien stimulé . . . . DOPÉ
Bien tendue pour être serrée . . . . MAIN
Bien traitée au « Monde » . . . . INFO
Bien tranquille . . . . LENT
Bière anglaise . . . . BEER
Billet brun . . . . CENT
Billet qu'une femme aime bien recevoir . . . DOUX
Bissé à table . . . . MIAM
Blanc du Piémont . . . . ASTI
Blanche de Montréal . . . . NUIT
Blanche, elle est coupante . . . . ARME
Blanche ou noire . . . . NOTE
Blanches, elles ne volent plus . . . . OIES
Blanchit dans l'eau . . . . OUZO
Blanc, il est souvent dans l'eau (MH) . . . . . . OURS
Blanc italien . . . . ASTI
Bloc d'habitations . . . . ÎLOT
Blonde lorsque petite (MF) . . . . AMIE
Blonde pour les Anglais . . . . BEER
Bœuf à bosse . . . . ZÉBU
Bohémienne ou italienne . . . . ELBE
Bois d'origine africaine . . . . SIPO
Boisson chaude à laquelle on ajoute de l'eau-de-vie
. . . . CAFÉ
Boisson hivernale . . . . GROG
Bois souple . . . . ORME
Boîte à images magique (PD) . . . . TÉLÉ
Boîte à lettres . . . . CASE

Boîte à secrets (PD) . . . . URNE
Boîte pleine et bien faite (PD) . . . . TÊTE
Boit un peu de vin le dimanche . . . . CURÉ
Boivin d'Inde . . . . GAUR
Bon à rien . . . . RATÉ
Bon camarade . . . . POTE
Bon compte pour le pêcheur (PD) . . . . SEPT
Bon et normal . . . . SAIN
Bon gros paresseux (PD) . . . . UNAU
Bon jus avant fermentation . . . . MOÛT
Bon mouvement . . . . ÉLAN
Bonne à l'américaine (PD) . . . . LOTE
Bonne à mâcher . . . . DENT
Bonne à mettre au panier . . . . ANSE
Bonne conseillère . . . . NUIT
Bonne en gelée . . . . MÛRE
Bonne gardienne . . . . AMIE
Bonne mesure et petite quantité . . . . ONCE
Bonne pour gratter . . . . LAME
Bonne pour les poubelles . . . . USÉE
Bonne pour manger . . . . DENT
Bonne pour raser . . . . LAME
Bonnes dispositions en partant . . . . LEGS
Bonne sœur et bonne femme (PD) . . . . ISIS
Bonnes pour tous . . . . LOIS
Bonne terre . . . . NOUE
Bonne voie écologique (PD) . . . . RAIL
Bon père . . . . ÉGÉE
Bon poisson . . . . DORÉ
Bon pour le service militaire . . . . MESS
Bon pour le vannier . . . . OSIER
Bon prince . . . . ÉNÉE
Bon procédé . . . . TRUC
Bon quand tout fonctionne (MF) . . . . ÉTAT
Bon rapport . . . . COÏT
Bon support . . . . ANTE
Bordure taillée à l'envers (PD) . . . . EIAH
Boris Goudonov . . . . TSAR
Bouche antillaise . . . . ACRA
Boucle de pont (MF) . . . . ERSE
Bouffe historique (MH) . . . . CÈNE
Boule rouge . . . . EDAM
Bout d'aiguille . . . . CHAS
Bout de bois . . . . ORÉE
Bout de conduit . . . . MÉAT
Bout de criss (MH) . . . . LAME
Bout de grille . . . . CASE
Bout d'histoire . . . . DATE
Bout d'opéra . . . . ACTE, NOTE
Boutons sans boutonnières (MH) . . . . ACNÉ
Boxeur canadien assassiné . . . . MELO
Brillant et clivable . . . . MICA
Brise la coque . . . . ÉTOC
Brise le silence . . . . AVEU
Briseuse de ménages (PD) . . . . ROTE
Brouillard léger . . . . BUÉE
Broyé quand ça va mal (PD) . . . . NOIR
Bruant ou moineau . . . . ZIZI
Bruit de branche . . . . CRAC
Bruit de déchirement . . . . SNIF
Bruit de foule . . . . HUÉE
Bruit de quelque chose tombant dans l'eau . . FLOC

Bruit de souris CLIC
Bruit d'un bruit (PD) . . . . VLAN
Bruit parmi les pleurs (MF) . . . . SNIF
Brûlait avec le feu . . . . SATI
Brun rouge . . . . PUCE
Brusque hausse . . . . BOOM
Brute ou élaborée . . . . SÈVE
Bruyante respiration . . . . AHAN
But d'Anglais . . . . GOAL
But d'une recherche . . . . IDÉE
Ça bourdonne autour de lui (MF) . . . . MIEL
Cache au fisc . . . . CASH
Cacher le contenu de son sac (MF) . . . . NIER
Cache-sexe . . . . SLIP
Cachette de chasseur . . . . ABRI
Cadet de Caïn . . . . ABEL
Ça fait bébé . . . . AREU
Cafetière en argot . . . . TÊTE
Cajole au nid, en sous-bois et n'est pas doux à
l'oreille . . . . GEAI
Calcule et soutire . . . . FISC
Ça ne nous concerne pas . . . . LEUR
Ça ne peut pas être pire . . . . ZÉRO
Ça n'inspire pas l'amour . . . . PUER
Canular ou vérité ? . . . . NESS
Caoutchouc qui ferme de petites trappes (MF) . . . . .
. . . . SUCE
Capable de couper la parole . . . . TRAC
Capable de dormir longtemps . . . . LOIR
Capable de grommeler . . . . LAIE
Capable de mener grand train . . . . AISÉ
Capable de nous faire oublier nos malheurs, nos
peines . . . . RIRE
Capable de remplir une fonction . . . . RODÉ
Capable de rouler . . . . RUSÉ
Capable de s'élever toute seule (MH) . . . . . . AILE
Capable encore de gronder (MH) . . . . ETNA
Capitale sur la Baltique . . . . RIGA
Cap norvégien . . . . NORD
Caractère de cochon (MH) . . . . LARD
Caractéristique du ouzo . . . . ANIS
Carnassier américain . . . . PUMA
Carte que l'on reçoit avec intérêts . . . . VISA
Cartes sur table . . . . RAMI
Ça sent la fin, le départ . . . . RÂLE
Casse-tête . . . . ARME
Castafiore en est une . . . . DIVA
Cauchemar de jeune fille . . . . ACNÉ
Cavité profonde et abrupte . . . . AVEN
Ce dieu donna à Ulysse une outre contenant des
vents contraires . . . . ÉOLE
Célèbre courtisane . . . . NANA
Célèbre joueur de soccer . . . . PELÉ
Célèbre pendu . . . . RIEL
Célèbre pour sa place des Miracles . . . . PISE
Célèbre pour son collège . . . . ETON
Célèbre pour son école de philosophie . . . . . ÉLÉE
Celle de la sagesse nous en fait arracher (MF) . . . . .
. . . . DENT
Celle des fesses vaut cher (MF) . . . . PEAU
Celle du berger doit être fine . . . . OUÏE
Celui de certains insectes comporte des facettes

.... ŒIL
Celui de la mère est toujours ouvert .... ŒIL
Celui de l'homme s'agrandit à la vue de celui de la femme (MF) .... SLIP
Celui de l'horloge prend 60 minutes .... TOUR
Celui de l'oiseau moqueur fait dans bien des Québécois .... REEL
Celui de Napoléon est bien connu .... CODE
Celui de Rê est représenté sur l'uraeus ..... ŒIL
Celui des autres ne se discute pas .... GOÛT
Celui des gars a une barre de plus .... VÉLO
Celui des reins fait mal .... TOUR
Celui du céleri est bien connu .... PIED
Celui du monde a quatre coins .... TOUR
Celui du spectacle survient à la fin de la soirée ....
.... CLOU
Celui qui apprend qu'il l'est n'est pas indifférent ..
.... COCU
Celui qui en fait va trop loin .... ABUS
Celui qui en mange ne va pas à l'église .... CURÉ
Celui qui est reçu .... HÔTE
Celui qui le prend est dans le champ (MF) .. CLOS
Celui qui nous unit, c'est la passion des mots (MF)
.... LIEN
Celui qui peint l'a bien en main .... ENTE
Ce n'est pas du marbre .... STUC
Ce n'est pas la mer à boire (MH) .... SEIN
Ce n'est pas la modestie qui l'étouffe .... PAON
Ce n'est pas mon truc .... LEUR
Ce n'est pas un colosse .... NAIN
Ce n'est pas une petite balade .... TREK
Ce n'est pas une rencontre amicale .... DUEL
Ce n'est pas un jeu pour les enfants ...... LOTO
Ce n'est pas un lieu sûr .... RING
Ce n'est plus un secret .... AVEU
Ce n'est qu'un souvenir .... RÊVE
Cent douze CXII
Centre du cyclone .... ŒIL
Centre important des Vénètes .... ESTE
Ce poisson se trouve toujours dans un... ... LIEU
Ce qu'apprend un comédien .... RÔLE
Ce que fait une femme en couple (MF) .... MÈNE
Ce que feront tous les garçons .... MUER
Ce que les enfants font tous les jours ..... DODO
Ce que l'on a pour un certain temps ...... PRÊT
Ce que l'on exprime dans une discussion .... AVIS
Ce que l'on se permet exceptionnellement .. LUXE
Ce que ne fait pas le couard .... OSER
Ce que peut faire la grippe aviaire .... TUER
Ce que sait faire un putois .... PUER
Ce que sait une personne innocente (MF) ... RIEN
Ce qui a été énoncé en premier .... CELA
Ce qui donne accès .... CLEF
Ce qui fait la force de quelqu'un .... NERF
Ce qu'il fait après le souper .... NUIT
Ce qu'il faut pour écrire une histoire ..... MOTS
Ce qu'il faut verser .... COÛT
Ce qu'il y a dans une boîte vide .... RIEN
Ce qu'il y a de mieux .... MUST
Ce qui manque aux indolents .... NERF
Ce qui s'y trouve est à vendre .... ÉTAL
Ce qu'une personne qui n'était pas là a vu (MF) ...

.... RIEN
Ce qu'un père ne peut donner .... SEIN
Cercle fermé .... CLAN
Cercle sur l'eau .... RIDE
Cérémonie pas joyeuse .... OBIT
Certainement plus rapide .... LÈGE
Certains étaient fainéants .... ROIS
Certains l'ont long .... BRAS
Certains lui sont fidèles (MH) .... CURÉ
Certains sont appliqués .... ARTS
Certains sont bien arrosés .... ÉTÉS
Certains sont blancs .... OURS
Certains sont croisés .... MOTS
Certains vivent dans les égouts .... RATS
C'est absolument rien (MH) .... TROU
C'est ainsi que se trouve un enfant abandonné ....
.... SEUL
C'est assez cavalier de le tutoyer (MH) .... OXER
C'est bien mieux qu'une simple bougie ... SPOT
C'est bon .... MIAM
C'est chacun pour soi (MH) .... RUÉE
C'est comme ça que vit le célibataire ..... SEUL
C'est dans ce sens qu'il faut flatter les gens (MF)
.... POIL
C'est déjà du passé .... HIER, NOËL
C'est de la graisse .... SUIF
C'est de l'hébreu .... AMEN
C'est de sa faute si Io est devenue vache ... HÉRA
C'est du gaélique .... EIRE
C'est du gibier .... ÉLAN
C'est du jazz .... SCAT
C'est facile à retenir (MH) .... RIEN
C'est grâce à notre fille qu'on en a un beau .. FILS
C'est impossible de le faire décoller (MH) .. ÉMEU
C'est la mère à boire (MH) .... SEIN
C'est la moindre des choses .... IOTA
C'est la présence des proches qui fait qu'on l'est moins .... SEUL
C'est là qu'arrive le Père Noël .... ÂTRE
C'est l'auteur de «Notre-Dame de Paris» .. HUGO
C'est le moment de vous la creuser ...... TÊTE
C'est le premier producteur de films par an au monde
.... INDE
C'est le temps de s'asseoir .... MIDI
C'est le temps du souper .... SOIR
C'est mieux de ne pas la dépasser .... DOSE
C'est Neil Armstrong qui y fut le premier .. LUNE
C'est normal de lui taper dessus .... CLOU
C'est normal d'en faire tout un plat (MH) .. GRÈS
C'est pas des tonnes, mais c'est un début (MH) ....
.... KILO
C'est pas du neuf, mais pas loin (MH) ... SEPT
C'est pas grave .... AIGU
C'est pas gros .... POIL
C'est pas très bon .... RATA
C'est pas très précis .... VERS
C'est pas un état normal .... TRIP
C'est peut-être il y a quelques minutes ..... HIER
C'est peut-être une cuillère .... DOSE
C'est presque la crème (MH) .... ÉLIT
C'est presque toujours une femme qui le prend ....
.... MARI

C'est quand il passe qu'on peut le voir (MH) .. FILM
C'est quand on lui serre la main qu'il est efficace (MH) .... ÉTAU
C'est 44 millions de km^2 .... ASIE
C'est sec et bref .... CLAC
C'est souvent la plus folle qui permet de nous réaliser (MF) .... IDÉE
C'est souvent le petit qui fait la différence ... RIEN
C'est sucré .... TIRE
C'est sur lui que l'on calcule l'intérêt (MF) .. CENT
C'est un bourdon au Québec .... TAON
C'est un but dans son pays .... GOAL
C'est un chef .... IMAM
C'est un contrat .... BAIL
C'est un détail .... IOTA
C'est un droit .... USUS
C'est une anglaise .... GIRL
C'est une chose qui presse .... ÉTAU
C'est une croix .... PLUS
C'est une forme de provocation .... DÉFI
C'est une longue histoire .... SAGA
C'est une masse .... KILO
C'est un endroit malpropre .... SOUE
C'est une pâte molle .... BRIE
C'est une preuve .... REÇU
C'est une promesse .... VŒU
C'est une sœur .... TATA
C'est un filtre .... REIN
C'est un gouffre .... AVEN
C'est un minimum en France .... SMIC
C'est un objectif .... ZOOM
C'est un signe .... LION
C'est un stimulant .... COLA
C'était il y a quinze ans .... POLY
C'était la zone externe du globe .... SIAL
C'était un artiste .... AÈDE
C'était un chef .... TSAR
C'était un petit chapeau .... BIBI
C'était un poète .... AÈDE
C'était un supplice terrible .... ROUE
Cette chose proche .... CECI
Cette définition en a plein .... SENS
Cette définition provient de la mienne ...... TÊTE
Cette femme .... ELLE
Cette quantité-là .... TANT
Ceux qui en font se font rouler (MF) ...... VÉLO
Ceux qui ont des foyers la voient tout en noir (MF) .... SUIE
Ceux qui volent y dorment .... NIDS
Chacun des deux points de la sphère céleste .. PÔLE
Chaîne très écoutée .... HIFI
Chambre à gaz .... NÉON
Champagne très peu sucré .... BRUT
Champ clos .... LICE
Changer l'apparence .... USER
Chantée par le grand Charles .... MAMA
Chantée par un soliste .... ARIA
Chanté par Homère .... ÉNÉE
Chante tout bas .... ALTO
Chanteur de raï né en Algérie .... TAHA
Chanteuse prénommée Catherine .... LARA
Chant portugais .... FADO

Chargé chimiquement .... SODÉ
Chargé de senteurs marines .... IODÉ
Chargé de suc et de gaz .... SODA
Charge littéraire .... FAIX
Charnu et bien rempli .... ROND
Char pour Canadiens-anglais .... TANK
Chassé du jardin .... ADAM
Chasse les nuages .... ÉOLE
Chasseur de cœurs (MH) .... ÉROS
Chaton à la campagne (PD) .... LUIE
Chaud, c'est qu'il est frais .... PAIN
Chaude en France .... NICE
Chef des incorruptibles .... NESS
Chef élu des républiques de Gênes .... DOGE
Chef-lieu d'arrondissement de la Haute-Saône .... LURE
Chemin de guidage (MH) .... RAIL
Chenal du Languedoc reliant un étang à la mer .... GRAU
Cher enfant... .... ÉROS
Cher trésor (MH) .... FISC
Cheval en tête .... DADA
Chez Diane .... ANET
Chez le parfumeur .... MUSC
Chez les brunes et les blondes (MH) ...... MALT
Chez les Pueblo .... HOPI
Chienne difficile à museler (MF) .... PEUR
Chinois né au Québec (MH) .... PÂTÉ
Chinois originaire de Québec (MF) .... PÂTÉ
Chinois tout court (MH) .... PÂTÉ
Chorégraphe américain .... COLE
Chose incontournable .... MUST
Chute d'eau .... FLAC
Ciel de lit .... DAIS
Cinéaste auteur de « Metropolis » .... LANG
Cinéma intime (MH) .... RÊVE
Cinq doigts à l'envers (PD) .... NIAM
Circulaire destinée aux gars de bois (MF) ... SCIE
Circulaire que l'on manie prudemment (MF) .. SCIE
Circulait à Rome .... LIRE
Circulait en Espagne .... RÉAL
Circule à Montréal .... CENT
Circule dans plusieurs pays .... EURO
Circule en Allemagne .... EURO
Circule en Amérique latine .... PESO
Citadin branché (MH) .... TRAM
Civil, il sait tout de vous (PD) .... ÉTAT
Clair et intense .... AZUR
Clameur espagnole .... OLLÉ
Claque avant la prise .... CLAP
Clément audacieux dans le ciel (MF) ...... ADER
Coche ou culot .... CRAN
Cochon avec lequel bien des gens en font tout un plat (MF) .... RÔTI
Cocktail pour l'hiver .... GROG
Coin de campagne .... TROU
Colle aux dents .... TIRE
Colorer délicatement .... NUER
Col pyrénéen .... PORT
Comblé mais que pour un certain temps .... REPU
Combustible solide .... MÉTA
Comique populaire italien .... TOTO

Comme certains yeux .... PERS
Comme chou ou comme ses pieds (MH) .... BÊTE
Comme des soies .... FINS
Comme Juliette et Roméo .... COUR
Comme l'air de la mer .... IODÉ
Comme la senteur des algues .... IODÉ
Comme les doigts d'une main .... CINQ
Commémore une mort .... OBIT
Commençait au milieu de l'après-midi, vers 15 heures .... NONE
Commence le dialogue .... ALLO
Commence par l'entrée .... MENU
Commerce parallèle .... TROC
Comme une équipe de soccer .... ONZE
Comme une porte qui claque .... VLAN
Comme un grand (MH) .... SEUL
Comme un os en tête .... INCA
Comme un simple figurant .... MUET
Commun au marché .... ÉTAL
Commune de Seine-et-Marne .... AVON
Commune du Finistère .... SEIN
Commune du Morbihan .... ÉTEL
Communes à Brelet Gaugin .... ÎLES
Communication souterraine .... SAPE
Communique par la pensée .... ANGE
Commun ou Colin (PD) .... LIEU
Compagne d'un chasseur .... LICE
Compagnie qui vous permet d'aller d'un pays à l'autre avec intérêts (MF) .... VISA
Complètement dans le vent (MF) ...... AÉRÉ
Complètement foutu .... NASE
Complètement priver d'inspiration ..... TUER
Complique le parcours .... OXER
Comporte des risques .... MISE
Composé chimique .... ALUN
Compose des livres avec d'autres ...... ONCE
Compositeur de la Botte (PD) .... NONO
Composition de plâtre .... STUC
Compréhension soudaine .... TILT
Comprend des choix multiples (MH) .... URNE
Comprendre des traits de caractères (MF) ... LIRE
Comprendre sur toute la ligne (MF) ..... LIRE
Comprennent bien des domaines .... ARTS
Conçu avant d'autres .... AÎNÉ
Conçue pour glisser .... LUGE
Conçu pour la mise à feu (MH) .... ÂTRE
Conçu pour un bon débit (MH) .... ÉTAL
Condamné à rapporter (PD) .... ÉCHO
Conducteur tranquille (PD) .... NIER
Conduit des messages dans le corps ..... NERF
Confirmer une alliance .... UNIR
Conforme à sa définition .... RÉEL
Conjoint (e) que l'on aime en diable (MF) .. ANGE
Connaît bien des ragots (MH) .... LAIE
Connue pour ses vins .... ASTI
Conseillère à la portée de tous .... NUIT
Conséquence de gros travaux .... SUÉE
Conservateur britannique .... EDEN
Conserver sa version .... NIER
Consomme et pollue .... AUTO
Constructeur de l'Éole .... ADER
Construite en sapin .... ISBA

Contenant de choix .... URNE
Contester à la façon du 10H2 (MH) .... REIN
Contient du mercure .... TAIN
Contient moins qu'une citerne .... SEAU
Contraire de tout (MF) .... RIEN
Contre quand il est devant (PD) .... ANTI
Contre toute attente, il a gagné .... DION
Contribue à guider le convoi .... RAIL
Contribution volontaire .... ÉCOT
Convaincu ou dur de compremure ...... TÊTU
Convient au rat pas à la souris (MH) ... TUTU
Convient tout à fait au 2H1 .... LAIT
Coquille d'œuf .... ÉCRU
Cordon blanc .... NERF
Cordon littéral .... LIDO
Cornichon ou citron (MF) .... TOTO
Corps cellulaire du neurone .... SOMA
Corps gras (MH) .... SUMO
Corps pur .... IODE
Correspond à la nullité absolue (MH) ... ZÉRO
Couche basse .... TARA
Coule au nord de Kisangani, au nord du Congo .... UÉLÉ
Coule au pays du foie gras .... ISLE
Coule aussi en Moselle .... ORNE
Coule dans bien des grilles (MH) ...... UÉLÉ
Coule dans le Périgord, à Périgueux ..... ISLE
Coule en Angleterre .... ETON
Coule en Crimée .... ALMA
Coule en Italie .... ASTI
Coule entre l'Algérie et le Maroc ...... DRAA
Coule ou partie de squelette (MH) ..... UÉLÉ
... coule pas ? (MH) .... MÉAT
Couler sous l'effort (MF) .... SUER
Coule un peu en Belgique .... OISE
Couleur du feuillage .... VERT
Couleur qui donne de beaux yeux ...... PERS
Couleur sang .... GORE
Coup de cœur .... ÉLAN
Coup de main .... AIDE
Coup de poing amical .... BINE
Couper l'envie pour toujours .... TUER
Coup imprévisible .... ALÉA
Coup par en dessous .... RUSE
Coups de cloche .... GLAS
Courant chez les derniers .... ZÉRO
Courant chorégraphique au Japon ...... BUTO
Courant en cuisine japonaise .... TOFU
Courant sur certaines pistes .... STEM
Coureur australien (PD) .... ÉMEU
Courir après .... OSER
Cours breton .... ILLE
Cours d'eau .... GAVE
Course de grand prix (MF) .... LOTO
Course poursuite (PD) .... RUÉE
Cours normand .... EURE, ORNE
Court aidé de ses ailes .... ÉMEU
Court de jambes .... NAIN
Courte irruption cutanée .... RASH
Court les rues de Paris .... TITI
Court sur pattes .... IULE, NAIN
Coûte cher aux Québécois .... EURO

Couvert de crasse . . . . SALE
Couvert de racines . . . . VELU
Couverte de cratères . . . . LUNE
Couverte de soie . . . . LAIE
Cracheur de feu italien (MH) . . . . ETNA
Créateur des airs d'autrefois (MF) . . . . ÉOLE
Créature légendaire . . . . ELFE
Crème anglaise (MH) . . . . LADY
Crème aux œufs . . . . FLAN
Crème qui contient des bulles (MF) . . . . . SODA
Creux retourné (PD) . . . . UORT
Crevé ? Il est là pour nous remonter (MH) . . . CRIC
Criaille dans le parc . . . . PAON
Cri de joie . . . . ÉVOÉ
Cri d'Halloween . . . . BOUH
Crier comme une bête, comme un porteur de bois
(PD) . . . . RÉER
Crier en forêt . . . . RÉER
Croissance soudaine . . . . BOOM
Cuisinière pour hommes . . . . GRIL
Daguet ou dix cors (PD) . . . . CERF
Dame d'Israël . . . . MEIR
Dame d'un roi . . . . RANI
Dans bien des poches . . . . EURO
Dans ces conditions . . . . DONC
Danse d'origine antillaise . . . . ZOUK
Danse incomplète . . . . SALS
Dans exactement une semaine . . . . SEPT
Dans la campagne russe . . . . ISBA
Dans la corbeille de la mariée (PD) . . . . ARUM
Dans la famille . . . . TATA
Dans la famille des violons . . . . ALTO
Dans la fibre de soie . . . . GRÈS
Dans la gamme . . . . NOTE
Dans la gueule du loup . . . . CROC
Dans l'ailloli . . . . ŒUF
Dans l'air ou dans l'eau, on l'a dans la bouche . . . .
. . . . TUBA
Dans la main d'un peintre . . . . ENTE
Dans la pâte à crêpes . . . . LAIT
Dans la poche des plus jeunes . . . . TUNE
Dans la poche du vainqueur . . . . GAIN
Dans la religion shintoïste, être surnaturel . . KAMI
Dans la rue au bout d'une perche . . . . . . TRAM
Dans l'avant-bras (PD) . . . . ULNA
Dans l'eau . . . . ÎLES
Dans le biberon . . . . LAIT
Dans le coin . . . . PUNI
Dans le collimateur (MH) . . . . ÉPIÉ
Dans le journal . . . . INFO
Dans le langage des enfants, œuf . . . . COCO
Dans le Languedoc-Roussillon . . . . SÈTE
Dans le Morbihan . . . . GUER
Dans le nom d'un divertissement . . . . . . MOTS
Dans le nom d'une ville du Québec . . . . . . MÈRE
Dans le nom d'un lieu célèbre pour son festival wes-
tern . . . . TITE
Dans le nougat, dans le pain d'épice . . . . . . MIEL
Dans le Ricard . . . . ANIS
Dans les airs scandinaves . . . . ELFE
Dans le sang . . . . INNÉ
Dans les Antilles . . . . ÎLET

Dans les bureaux de vote . . . . URNE
Dans le scotch . . . . MALT
Dans le sens contraire du courant (MF) . . RARE
Dans les rayons . . . . MIEL
Dans le titre d'un album de Jamil . . . . . . BUMS
Dans le titre d'une œuvre de Pagnol . . . . MÈRE
Dans le titre d'une œuvre de Plutarque . . . . . . VIES
Dans le titre d'un roman de Céline . . . . . NUIT
Dans le titre d'un roman de Jules Verne . . . LUNE
Dans le titre du premier roman de Félix Leclerc . . .
. . . . AUBE
Dans le voisinage . . . . PRÈS
Dans l'Hérault . . . . SÈTE
Dans l'œuvre de . . . . CHEZ
Dans l'ouzo . . . . ANIS
Dans un coin de l'échiquier . . . . TOUR
Dans une bourse nipponne . . . . YENS
Dans une formule de politesse . . . . CHER
Dans une question . . . . QUEL
Dans un groupe, il ne prend pas la parole . . MUET
Dans un ordinateur . . . . PUCE
Dans un testament . . . . LEGS
Dans un vieux calendrier . . . . IDES
Davantage donné que partagé (PD) . . . . TOIT
De A à Z . . . . TOUT
D'eau ou des champs . . . . RATS
Débarrasser pour de bon . . . . TUER
Débit de boissons (MF) . . . . RADE
De bœuf ou de porc . . . . RÔTI
De bonnes vendeuses (MF) . . . . UNES
Débordement à contresens (crue) . . . . EURC
Début de journée . . . . AUBE
Début de question, d'interrogation . . . . . . QUEL
Début d'hiver . . . . ZÉRO
Début d'une œuvre . . . . IDÉE
Décolla en 1890 . . . . ADER
Décoration de Noël . . . . ANGE
Découpage en Bretagne (PD) . . . . ABER
Découvert quand on se met à table (MH) . . . AVEU
De derrière . . . . ANAL
Déduire le reste . . . . ÔTER
Défaut de fabrication des hommes . . . . TARE
Défense internationale . . . . OTAN
Défense vue des États-Unis . . . . NATO
Défier le destin . . . . OSER
Définit une zone . . . . ÎLOT
Degré d'importance . . . . CRAN
Déjà là . . . . INNÉ
De jasette ou d'herbe . . . . BRIN
De la farine, du beurre et du bouillon . . . . . . ROUX
De la table au tableau (PD) . . . . CÈNE
De l'eau . . . . ONDE
De l'herbe pour des feuilles . . . . ALFA
De l'humour qui ne plaît pas à tous . . . . . NOIR
Délice africain . . . . MAFÉ
Délice de vampire . . . . SANG
Délices en hébreu . . . . ÉDEN
Délimité par des rues . . . . ÎLOT
Délivre ses secrets à chaque tour (PD) . . . . URNE
Demande à être respectée . . . . DOSE
Demande beaucoup d'attention . . . . SOIN
Demande de l'endurance . . . . RAID

Demande une certaine discrétion .... GUET
De manière excellente .... BIEN
Demi-fouillis .... MÉLO
Denier du culte .... DÎME
De Notre-Dame ou de boxe (MF) .... GANT
Dent de cheval .... COIN
Départ pour la formule l .... KART
Dépasse parfois l'imagination .... RÉEL
Dépasse rarement les autres .... NAIN
Déplacé aux funérailles .... RIRE
Déplace de l'air, les nuages .... ÉOLE
Déplacement d'air en France .... CERS
Déplacement de gens .... RUÉE
De plus en plus à la carte (MH) ...... PUCE
De plus en plus manipulé .... GÈNE
De plus en plus plate .... TÉLÉ
Dépôt dans l'eau .... VASE
De quoi faire un plat .... GRÈS
Dernière chose que l'on peut se donner .... MORT
Dernière demeure (MH) .... URNE
Dernière partie d'un pas de deux ..... CODA
Dernier souci du brouillon .... SOIN
Dernier souffle .... RÂLE
Derrière la caméra .... GRUE
Derrière la glace, le miroir .... TAIN
Désaccord au Kremlin .... NIET
Des boutons .... ACNÉ
Des caméléons y vivent .... ASIE
Descend des monts cantabriques .... ÈBRE
Descente en grand nombre (PD) .... RUÉE
Des deux côtés de la caméra .... TATI
Désert asiatique, mongol .... GOBI
Désespère ado .... ACNÉ
Des feuilles .... BLOC
Des fraises sur une jeune fraise (MF) .... ACNÉ
Des gens l'utilisent pour se tirer d'embarras .. ARME
Des gens ne veulent pas en entendre parler s'il a du son .... PAIN
Des gens qui s'en donnent pour se sentir importants .... AIRS
Des gens y perdent leur chemise (MF) .... RENO
Des gens y sont réduits en cendre .... URNE
Des Madelinots y vivent .... ÎLES
Des milliers de gens y font le plein .... ESSO
Des os et de la viande .... CÔTE
De source .... ISSU
Des poils au menton .... BOUC
Des quartiers y passent (MH) .... ÉTAL
Des questions pour avoir des réponses .... ORAL
Dessinateur français .... CABU
Dessin présentant des cercles concentriques .. ONDE
Dessous qui prend le dessus à la plage (PD) .. SLIP
Des tas de gens font un festival juste pour lui .. RIRE
Des tas de gens sont attachés à son câble ... TÉLÉ
Destination incertaine (MF) .... CIEL
Des voyageurs y débarquent .... QUAI
Détache les feuilles .... VENT
Détale à toutes pattes .... IULE
D'... et déjà .... ORES
De temps en temps il faut la fermer .... TÉLÉ
Détenu qui donnait des ordres .... KAPO
D'étonnement ou d'admiration .... BÉER

Détour pour arriver à ses fins .... RUSE
De toute évidence, des frères et sœurs s'y sont reproduits (MF) .... ÉDEN
De toute évidence, la campagne leur a été profitable .... ÉLUS
Deux belles et bonnes courbes .... ESSE
Deux de pique .... RATÉ
Deuxième des premiers .... ABEL
Deuxième vitesse .... TROT
Deux-roues .... VÉLO
Deux tendres moitiés (MF) .... TOUT
Devance l'appel (MH) .... ÉLAN
Devant le divan .... TÉLÉ
Devenir grave .... MUER
Devenu terne .... EMBU
Devise des Français .... EURO
Dévoiler son front (MF) .... OSER
Devra être recherché .... RARE
Devraient être nettoyées par les cols bleus .. RUES
D'honneur il n'a aucune estime .... BRAS
Diane ou Guillaume .... TELL
Di Caprio .... STAR
Dieu à tête d'Isis .... THOT
Dieu de la bise .... ÉOLE
Dieu de la Guerre et du Savoir .... ODIN
Dieu sémitique de l'Orage .... ADAD
Différencie les morceaux .... OPUS
Difficile à convertir .... TÊTU
Difficile à prévoir .... ALÉA
Difficile à surmonter .... DÉFI
Difficile de le prendre au piège ..... FUTÉ
Difficile de lui faire sortir un mot .... MUET
Difficile de s'y retrouver .... NOIR
Digne d'attention .... JOLI
Dinosaure célèbre .... DINO
Dire le contraire .... NIER
Discipline olympique .... ÉPÉE
Disons deux livres .... KILO
Disposé en rayons .... MIEL
Disposer selon les nuances .... NUER
Disposition législative .... ÉDIT
Disque coloré .... IRIS
Disque de musique bien simple (MH) .... GONG
Distribué avant de jouer .... RÔLE
Divertissait les Grecs .... AÈDE
Divisé en cents .... EURO
Division arrondie des organes floraux ..... LOBE
Division d'un échiquier .... CASE
Division d'une pièce .... ACTE
Docteur capable de guérir votre foi ...... IMAM
... d'œil .... CLIN
Doit avoir une bonne mémoire .... ORDI
Doit bien porter .... BASE
Doit bien se passer pour espérer (MH) .... OXER
Doit être bien ronde .... ROUE
Doit faire saliver .... MENU
Doit fumer dehors (MH) .... ÂTRE
Doit-il encore donner l'exemple ? .... AÎNÉ
Doit partir plus tôt que les autres (MH) .... UNAU
Doit son nom à une lettre .... ESSE
Donc généralement cher .... RARE
Donc moins serait mieux (MH) .... TROP

Donc pas dans les jambes . . . . RARE
Donc pas mieux du tout . . . . PIRE
Donc pas pour tous . . . . CHER
Donc vraiment pas grave . . . . AIGU
Donne à réfléchir (MH) . . . . TAIN
Donne de l'éclat . . . . FARD
Donne des ailes . . . . PEUR
Donne des battements de cœur . . . . ÉMOI
Donne des lueurs froides (MH) . . . . NÉON
Donne des possibilités aux mots (PD) . . . . . ABLE
Donne du cachou . . . . AREC
Donne froid dans le dos (MH) . . . . YETI
Donne la chair de poule aux enfants . . . . . . OGRE
Donné ... mais gardé . . . . AVIS
Donner le coup de grâce . . . . TUER
Donne un certain confort . . . . AISE
Don qui semble toucher notre président (PD) . . ÏEOU
Dont la blouse est très déboutonnée . . . . . . OSÉE
Dont la chair trop mûre s'est ramollie . . . . . BLET
Dont l'adresse lui sort par les oreilles . . . . . DOUÉ
Dont le tissage comporte des fils de métal . . LAMÉ
Dont on ne peut douter . . . . RÉEL
Dont on peut vérifier l'adresse . . . . APTE
Doré pour le matin . . . . PAIN
Dormait aux pieds d'Héra . . . . IRIS
Dort d'un sommeil de plomb, comme une marmotte
. . . . LOIR
Double, exprime un plaisir (MH) . . . . MIAM
Double négation (MH) . . . . NÉNÉ
Douce et chaude . . . . BISE
Douce poudre . . . . TALC
Doux et sucré . . . . MIEL
Drôle d'individu (MH) . . . . COCO
Du balai (MH) . . . . OUST
Du blé d'Inde . . . . ÉPIS
Due aux excès de travail . . . . SUÉE
Du genre cochonne (PD) . . . . LAIE
Du jazz . . . . SCAT
Du jazz ... décontracté (MH) . . . . COOL
D'une locution qui parle d'ignorance . . . . . INSU
D'une religion de l'Inde . . . . SIKH
D'un État oriental . . . . ESTE
D'un fruit . . . . UVAL
D'un point à un autre . . . . VOIE
Du poil . . . . ROBE
Du poil des truies . . . . SOIE
Dur, il est en fait assez mou . . . . ŒUF
Du rouge dans l'eau . . . . IDES
Du sable ou des plumes (PD) . . . . LIDO
Du vent . . . . RIEN
Du vert dans le béton (MH) . . . . PARC
Du vin . . . . ASTI
Eau intermittente . . . . OUED
Eaux d'Eire . . . . ERNE
Eaux mystérieuses (PD) . . . . NESS
Écale des noix . . . . BROU
Écarte les haubans . . . . HUNE
Échancrure du littoral . . . . ANSE
Échange commercial . . . . TROC
Échappe à l'impôt . . . . TROC
Échec complet . . . . ZÉRO
Échec d'un spectacle . . . . FLOP

Échelle du Levant . . . . ALEP
Éclaire ou nage . . . . NÉON
Économie de tissu (MH) . . . . MINI
Écrase tout sur son passage . . . . RUÉE
Écrit à l'envers . . . . ÉTON
Écrit en bref (MH) . . . . PAPE
Écrivain indien (... Cand) . . . . PREM
Écumées depuis longtemps . . . . MERS
Édicule égyptien . . . . NAOS
Effet de serre (MH) . . . . SUÉE
Effet du soleil . . . . HÂLE
Effet du temps . . . . RIDE
Effort de concentration . . . . GUET
Effort final . . . . RUSH
Élément de risque . . . . ALÉA
Élément d'opposition . . . . ANTI
Élément d'une batterie . . . . TEST
Élément d'un trousseau . . . . CLEF
Élément spatial isolé dans un ensemble (MF) . . ÎLOT
Élimé à l'envers . . . . ÉPAR
Éliminée quelque fois par jour . . . . URÉE
Élimine les déchets . . . . REIN
Éliminer brutalement . . . . TUER
Elle a besoin d'espace pour réaliser ses projets . . . .
. . . . NASA
Elle a de belles robes . . . . RANI
Elle a de l'énergie . . . . PILE
Elle a des mousses (MF) . . . . MÈRE
Elle a des plumes . . . . AILE
Elle a dirigé Israël . . . . MEIR
Elle a du moût . . . . CUVE
Elle a épousé un roi . . . . RANI
Elle a fait des promesses . . . . ÉLUE
Elle a fait la navette . . . . NASA
Elle aime la fourrure . . . . MITE
Elle aime le sang . . . . PUCE
Elle aime les truffes . . . . LAIE
Elle a l'air cochonne . . . . LAIE
Elle a la peau verte . . . . LIME
Elle a la taille fine . . . . ÉPÉE
Elle a le bras long . . . . GRUE
Elle a le don de cerner le canard dans les coins (MF)
. . . . CANE
Elle a ouvert la porte à bien des gens . . . . . CLEF
Elle a popularisé «Des croissants de soleil» . . RENO
Elle a popularisé «L'essentiel» . . . . RENO
Elle a terminé en beauté . . . . MISS
Elle a un côté théâtral . . . . COUR
Elle a un côté tranchant . . . . ÉPÉE
Elle a une couronne . . . . DENT
Elle a un groin . . . . LAIE
Elle a un large bec . . . . CANE
Elle a un pommeau . . . . ÉPÉE
Elle a un ruban autour de la taille . . . . MISS
Elle borde . . . . ORÉE
Elle borde le lac . . . . RIVE
Elle commence par attendre . . . . MÈRE
Elle coule en Suisse . . . . THUR
Elle dirige un couvent . . . . MÈRE
Elle disparaît avec le début de la grève . . . . LAME
Elle disparaît chaque matin . . . . NUIT
Elle donne un coup de pouce aux parents . . . SUCE

Elle empêche de bien voir avec des lunettes . . BUÉE
Elle en fait courir plus d'un . . . . PEUR
Elle enlève les mots de la bouche des enfants (MF)
. . . . SUCE
Elle est absente du marché noir . . . . TAXE
Elle est à la base des tours . . . . RUSE
Elle est à la une . . . . DATE
Elle est amère . . . . BILE
Elle est amicale quand on l'a sur le dos . . . . TAPE
Elle est au chevet . . . . TAIE
Elle est au fond . . . . VASE
Elle est au premier plan . . . . STAR
Elle est aussi scorpion . . . . NÈPE
Elle est bien en vue . . . . STAR
Elle est en échec sur la glace (MF) . . . . MISE
Elle est ennuyeuse . . . . SCIE
Elle est en pente . . . . CÔTE
Elle est en rondins . . . . ISBA
Elle est entourée de trois océans et d'une mer . . . .
. . . . ASIE
Elle est faite de sable . . . . DUNE
Elle est fameuse pour rouler . . . . RUSE
Elle est fendue . . . . URNE
Elle est généralement près des Smarties . . . . AÉRO
Elle est habile mais déloyale . . . . RUSE
Elle est haïssable . . . . GALE
Elle est ignorante . . . . BUSE
Elle est inutile quand il n'y a rien de grave (MH) . .
. . . . ALTO
Elle est juste au bord du lac . . . . RIVE
Elle est laminée . . . . TÔLE
Elle est mariée . . . . DAME
Elle est matinale . . . . AUBE
Elle est médisante . . . . GALE
Elle est monotone . . . . SCIE
Elle est noire . . . . SUIE
Elle est opposée à la vie . . . . MORT
Elle est parfaite pour rouler (MF) . . . . RUSE
Elle est parfois prise dans le bois . . . . SCIE
Elle est pleine de bulles (MF) . . . . AÉRO
Elle est pleine de bureaux . . . . TOUR
Elle est pleine de pub . . . . TÉLÉ
Elle est pleine de trous . . . . RÂPE
Elle est pleine d'os . . . . MAIN
Elle est près du bois . . . . ORÉE
Elle est recourbée . . . . ESSE
Elle est salée . . . . ÉGÉE, SUÉE
Elle est souvent mise en garde . . . . ÉPÉE
Elle est toujours dans les livres (MF) . . . . . . ONCE
Elle est très connue . . . . STAR
Elle est très plate . . . . LAME
Elle est très sucrée . . . . TIRE
Elle est très utile . . . . RUSE
Elle excite les enfants . . . . NANA
Elle fait déplacer l'ombre (MF) . . . . NAGE
Elle fait la une . . . . STAR
Elle fait perdre la tête . . . . RAGE
Elle grogne . . . . LAIE
Elle marche comme... un canard . . . . CANE
Elle monte au printemps . . . . SÈVE
Elle mourait brûlée . . . . SATI
Elle n'apaise pas toujours l'enfant . . . . SUCE

Elle ne fait pas bonne figure auprès des jeunes . . . .
. . . . ACNÉ
Elle ne nous revient pas toujours . . . . TÊTE
Elle n'entrait pas dans la taverne . . . . DAME
Elle ne part pas toujours par grand froid . . . . AUTO
Elle ne peut se déplacer en diagonale . . . . . . TOUR
Elle ne pourra être mère . . . . MULE
Elle n'est jamais prise dans le bois (MF) . . . . SCIE
Elle n'est pas loin de vous (MH) . . . . TÉLÉ
Elle nous fait des confidences . . . . AMIE
Elle nous fait entendre des voix . . . . OUÏE
Elle nous fait passer le temps . . . . TÉLÉ
Elle nous tombe dans la face avec le temps (MF) . .
. . . . RIDE
Elle pend sur un côté de la tête (MF) . . . . . . LULU
Elle peut avoir un enfant . . . . DAME
Elle peut empêcher de dormir . . . . TOUX
Elle peut être ensoleillée . . . . ORÉE
Elle peut se fendre en quatre pour vous . . . . AMIE
Elle peut vous empêcher de parler . . . . PEUR
Elle pollue . . . . AUTO
Elle prive de plaisir . . . . GÊNE
Elle procède par élimination . . . . SUÉE
Elle provient d'une montagne . . . . LAVE
Elle renferme des voix . . . . URNE
Elle repose sur les épaules . . . . CAPE
Elle s'accorde bien avec maxime . . . . RIME
Elle sait apprécier un beau vison (MH) . . . . . MITE
Elle saute sur les hommes comme sur les femmes . .
. . . . PUCE
Elles couvrent des millions d'années . . . . ÈRES
Elle se cherche un bon bouquin (MH) . . . . . HASE
Elle se dandine . . . . CANE
Elle se manifeste quand on a chaud . . . . SUÉE
Elle s'envole en fumée . . . . SUIE
Elle s'envole régulièrement en l'air (MF) . . . NASA
Elle se pointe . . . . ARME
Elle se prend en main lors de sa mise en garde (MF)
. . . . ÉPÉE
Elle se remplit environ tous les quatre ans . . URNE
Elles ne meurent pas de faim (MH) . . . . OIES
Elles ne sont pas toutes vierges (PD) . . . . . . ÎLES
Elles nous font faire des folies . . . . IRES
Elle sonne bien en crime (MF) . . . . RIME
Elles ont de grands bras . . . . MERS
Elles ont un long cou . . . . OIES
Elle s'oppose au passage du courant électrique . . . . .
. . . . FCÉM
Elle sort du bois pour s'étendre près du foyer . . . .
. . . . SUIE
Elles précèdent toujours les autres . . . . UNES
Elles ramassent les dents tombées . . . . FÉES
Elles sauvèrent Rome . . . . OIES
Elles sont recensées . . . . ÂMES
Elle tourne . . . . STAR
Elle travaille en jouant . . . . STAR
Elle traverse de beaux quartiers (MF) . . . . . . ESSE
Elle va bien avec des tomates et des olives . . FETA
Elle va et vient au pied de l'arbre . . . . SCIE
Elle vaut son pesant d'or . . . . ONCE
Elle vit dans les fonds sablonneux . . . . SOLE
Elle vole . . . . NUÉE

Elle voyage entre ciel et terre .... NASA
Éloigner ses amis (MF) .... PUER
Élue sans pouvoir (MH) .... MISS
Emballage souple .... TIBE
Emballe les enfants .... NOËL
Emblème floral du Québec .... IRIS
Émirat d'hier .... ASIR
Emmagasine de l'énergie .... ACCU
Emmène aux champs .... AGRO
Émotif ou électrique .... CHOC
Émotion d'ordre sensuel .... ÉMOI
Empêche de voir .... BUÉE
Empêche d'ouvrir .... ÉPAR
Empêche souvent de foncer .... GÊNE
Empire éclaté .... URSS
Emporte tout au passage (PD) .... LAME
En admiration .... BÉAT
En Afrique, ses graines servent en médecine ......
.... NÉRÉ
En Asie .... LAOS
En association .... UNIS
En avez-vous besoin pour trouver la réponse ? .....
.... AIDE
En avoir sur les mains est louche .... SANG
Encaissé par le banquier .... AGIO
Enceinte d'un enfant .... PRAC
Enchaînement de mouvements au karaté ... KATA
Encore capable d'émettre .... ETNA
Encore dû .... REDU
Encore en mémoire .... HIER
Encore plus mauvais .... PIRE
Encore plus que mentionné .... TRÈS
Encore tel quel .... BRUT
Encouragement dans l'arène .... OLLÉ
Encrasse la cheminée .... SUIE
En début de portée .... CLEF
En diable .... TRÈS
Endroit de rêve (MH) .... PIEU
En droit de se rebeller, de se révolter ...... LÉSÉ
Endroit où l'on range des bottes (MF) ...... SILO
Endroit où l'on respire mieux .... AÉRÉ
Endroit recherché .... ABRI
Endurer le calvaire .... SUER
En écrases (MH) .... DORS
Énergie bon marché .... VENT
Énergie morale .... NERF
En Europe .... ÉRIN
Enfant d'Aphrodite .... ÉNÉE
Enfant d'Aristide .... NINI
Enfant de la capitale .... TITI
Enfant du réchauffement (PD) .... NINO
En font voir de toutes les couleurs (PD) .... TONS
En forme de cône .... TIPI
Engagement enlevant .... RAPT
Engin de terrassement .... BULL
En haut de l'affiche .... STAR
En haut du four .... GRIL
En Haute-Normandie .... EURE
Enjambe le bras (MH) .... PONT
En jeter empêche de descendre .... LEST
En joue .... BISE
Enlevé dans le manège .... TROT

Enlever la valeur à quelque chose .... USER
En l'honneur d'Auguste .... AOÛT
En maudit .... BLEU
En mesure .... BEAT
En 1995, elle a refusé de céder sa place à un Blanc
(MH) .... ROSA
Ennemi du changement .... RÉAC
En obsède plus d'un .... SEXE
En papier ou en plastique .... SACS
En plein dans l'œil .... UVÉE
En pleine campagne russe .... ISBA
En pleine tronche .... NASE
En quelques mots .... BREF
Enregistre et efface les ruptures .... ROTE
En résumé .... BREF
Enrichissait l'Église .... DÎME
En rivalisant (à l'...) .... ENVI
En rond .... LOVÉ
Enroulé à l'envers .... ÉVOL
Enroulement de fil de forme cylindrique .... COPS
En Russie .... OUFA
Ensemble de peuples du Ghana, de la Côte d'Ivoire
.... AKAN
Ensemble des activités nécessaires aux courses de
chevaux .... TURF
Ensemble des appareils diffusant de la musique ....
.... SONO
Ensemble des pulsions de vie .... ÉROS
Entame la bûche du bout des dents .... SCIE
Entendu chez McDonald's (MF) .... TRIO
Entente que l'on signe .... BAIL
Entier avec du son .... PAIN
Entièrement dévoué à un groupe .... LIGE
Entonné pour honorer Apollon .... PÉAN
Entouré d'eau .... ÎLOT
En train de fêter ? .... IVRE
Entraîne les suiveurs (PD) .... GURU
Entraîné par le courant .... TRAM
Entraîner vers la fin .... USER
En traitement .... ITEM
En travailler un coup .... SUER
Entrave à la liberté .... GÊNE
Entre Caspienne et océan Indien .... IRAN
Entre dans une danse (MH) .... TROT
Entre deux chutes .... BIEF
Entre Dieu et l'homme .... ANGE
Entrée de service (PD) .... HALL
Entrée en matière .... ALLO
Entrée en religion .... RITE
Entrée espagnole .... TAPA
Entre en scène et nous a fait voir de toutes les cou-
leurs (MH) .... SPOT
Entre l'abattoir et la cuisine .... ÉTAL
Entre le cric et le croc .... CRAC
Entre l'épaule et le coude .... BRAS
Entre les jambes du type repentant (MF) .... TÊTE
Entre Munich et Berlin .... IÉNA
En Ukraine .... KIEV
Envahi par la mer .... ABER
Enveloppe protectrice (PD) .... PNEU
Enveloppe sans timbre (MH) .... TAIE
En vogue dans les années 60 .... YÉYÉ

Envoie du monde dans les airs . . . . NASA
En voilà une qui ne se répète pas . . . . DATE
Envoyé dans les cordes . . . . ALFA
Envoyer chez le diable (MF) . . . . NIER
Envoyer en enfer (MF) . . . . TUER
Envoyer paître, promener . . . . NIER
Épaisse table . . . . ÉTAL
Épousa la fille d'un roi . . . . ÉNÉE
Épreuve au concours . . . . ORAL
Équipe de water-polo . . . . SEPT
Équipe en pattes . . . . IULE
Espace délimité . . . . CASE
Espace de recherche . . . . LABO
Espace entre les cellules des végétaux . . . . . MÉAT
Espérait bien mieux . . . . DÉÇU
Esprit protecteur . . . . LARE
Essaie de ne rien perdre . . . . ŒIL
Essence en voie de disparition . . . . ORME
Essentiel dans la famille des violons . . . . . . ESSE
Essentielle à la poésie . . . . RIME
Essentielle pour le biathlon . . . . ARME
Est à base de plâtre . . . . STUC
Est à côté d'un autre . . . . SEIN
Est assez lâche . . . . LOPE
Est attendu par les enfants . . . . NOËL
Est contraire à la raison . . . . TORT
Est divisé en anneaux . . . . IULE
Est en forme de S . . . . RIPE
Est en sang . . . . SIDA
Est entouré de cordes . . . . RING
Est fixé à la jante . . . . PNEU
Est implanté uniquement au Québec . . . . . . BLOC
Est imprévisible . . . . ALÉA
Est indissociable du yin . . . . YANG
Est mis en scène . . . . TUTU
Est moins rapide que le galop . . . . TROT
Est né d'une révolte . . . . DADA
Est parfois sur pattes (MH) . . . . SOIE
Est souvent éphémère . . . . MODE
Est toujours le premier . . . . AÎNÉ
Établir une continuité . . . . LIER
Établit des normes internationales . . . . OACI
Était adoré à Memphis . . . . PTAH
Était bien cornu . . . . URUS
Était considéré comme le roi des dieux . . . . AMON
Était gouverné par Saddam Husayn . . . . IRAK
Était plein de charme . . . . ÉDEN
Était tombé dans l'œil d'Héraclès . . . . IOLE
Était versée à l'Église . . . . DÎME
Étale son aile à l'étal (PD) . . . . RAIE
État d'Asie sans chef . . . . IBAN
État hallucinatoire . . . . TRIP
Éteint les bougies (MH) . . . . ÉOLE
Étendu devant la cheminée . . . . OURS
Étendu par terre . . . . LINO
Éternel retardataire . . . . UNAU
Étoile en mouvement . . . . NOVA
Étoile sur un drapeau . . . . ÉTAT
Être court . . . . NAIN
Être grand ouvert . . . . BÉER
Être près de vous (MF) . . . . ÊTES
Être surnaturel japonais, dans la religion shintoïste

Être témoin . . . . VOIR
Européen du Sud . . . . GREC
Euterpe en est une . . . . MUSE
Eut un trait de génie (PD) . . . . TELL
Évite de se mouiller . . . . PONT
Évite les mauvaises rencontres (PD) . . . . . . STOP
Évoque Auguste . . . . AOÛT
Évoque l'appétit . . . . MIAM
Évoque la Provence . . . . ROSE
Évoque le bruit d'un corps tombant dans l'eau . . . .
. . . . FLOC
Évoque le soleil . . . . INCA
Évoque l'espace . . . . NASA
Évoquer l'étonnement . . . . BÉER
Évoque un arc-en-ciel . . . . SEPT
Évoque une absence . . . . SANS
Évoque une inclinaison . . . . PISE
Évoque une origine . . . . ISSU
Exagérément satisfait . . . . BÉAT
Examen sur la bouche . . . . ORAL
Excellent assistant (MH) . . . . ÉTAU
Excellente position . . . . TÊTE
Excellent poisson de nos lacs . . . . DORÉ
Exceptionnel la tête en bas . . . . ERAR
Excès de travail . . . . SUÉE
Excessif et parfois déplacé . . . . TROP
Exclamation de joie . . . . ÉVOÉ
Exemple de douceur . . . . SOIE
Exemple de quantité . . . . TANT
Exemple de réflexion . . . . ÉCHO
Exerce une séduction irrésistible . . . . VAMP
Exercice commercial . . . . DÉMO
Existe-t-il vraiment ? . . . . YETI
Expérience décisive . . . . TEST
Exposé devant la classe . . . . ORAL
Expression de surprise, d'indignation . . . . . . QUOI
Exprimer sa déception, son mécontentement . . . . .
. . . . HUER
Exprime une absence . . . . SANS
Extraits choisis (MF) . . . . ANAS
Extrémité bien utile . . . . MAIN
Fabricante de tubes (MF) . . . . STAR
Fabriqué dans le mauvais sens aux États-Unis . . . . .
. . . . EDAM
Facétieux personnage (PD) . . . . TILL
Facile à identifier . . . . SEUL
Facile à suivre . . . . UNAU
Facilite le rapprochement . . . . ZOOM
Facilite le transit (PD) . . . . SÉNÉ
Facilite le travail du moteur . . . . CLAP
Façon de marcher . . . . ERRE
Façon de nourrir . . . . SEIN
Façon de parler . . . . AVEU
Façon de pointer . . . . CECI
Façon de remercier verbalement (MH) . . . . . OUST
Façon de se tenir . . . . PRÊT
Façon de s'habiller . . . . MINI
Façon de tomber . . . . PILE
Façon de tourner . . . . STEM
Façon d'exprimer l'exclusion . . . . SANS
Façon d'indiquer . . . . CECI, CELA

Facteur à vélo .... TATI
Facteur qui apporte de mauvaises nouvelles .. VENT
Faire à sa tête .... OSER
Faire chanter faux .... MUER
Faire comme ceux qui sont déçus .... HUER
Faire comme le hibou .... HUER
Faire connaître son avis (MH) .... HUER
Faire contre toute attente .... OSER
Faire de délicats mélanges (PD) .... NUER
Faire de la place .... ÔTER
Faire de quoi .... AGIR
Faire des choses assez surprenantes .... OSER
Faire des nœuds .... LIER
Faire des rapprochements .... LIER
Faire des réductions en surface (PD) ..... USER
Faire disparaître .... ÔTER
Faire dodo avec une troisième personne (MH) .....
.... LIRE
Faire du vieux avec du neuf .... USER
Faire entrer dans un pavillon (MF) .... OUÏR
Faire fuir ses proches (MF) .... PUER
Faire ha ha .... RIRE
Faire la différence .... ÔTER
Faire l'âne .... RUER
Faire la peau .... TUER
Faire le cheval .... RUER
Faire le ménage (MF) .... UNIR
Faire les premiers pas .... OSER
Faire lever les pattes .... TUER
Faire l'impossible .... OSER
Faire partie ....ÊTRE
Faire partir la tête .... TUER
Faire peau neuve .... MUER
Faire place nette .... ÔTER
Faire preuve d'initiative .... OSER
Faire quand même .... OSER
Faire quelque chose d'interdit .... OSER
Faire savoir .... DIRE
Faire signe que non .... NIER
Faire son effet .... AGIR
Faire une définition comme celle-ci (MF) ... OSER
Faire un gros sacrifice .... TUER
Faire un rapprochement .... LIER
Faire un retrait .... ÔTER
Faire un tour au sauna .... SUER
Faisait de drôles de films .... TATI
Fait à partir de muscat .... ASTI
Fait avancer .... ROUE
Fait bouger les feuilles .... ÉOLE
Fait bouger les prix à la pompe .... OPEP
Fait chambre à pairs .... LORD
Fait chanter les Grecs .... OUZO
Fait commerce de ses charmes (MH) ..... NÉON
Fait comme un maringouin .... TAON
Fait courir le crédule .... DAHU
Fait courir le monde (PD) .... SEXE
Fait courir un risque .... PARI
Fait cuire ses lardons .... OGRE
Fait de gros trous .... OBUS
Fait des congères .... ÉOLE
Fait des courses .... KART
Fait des cures de sommeil .... LOIR

Fait des prises de sang (MH) .... TAON
Fait des ravages en Afrique .... SIDA
Fait des signes .... MUET
Fait des tours .... ROUE
Fait éponger .... SUÉE
Faite pour rouler .... RUSE
Faites un effort et il vous aidera ...... CIEL
Fait étalage de sa réalité (PD) .... TÉLÉ
Fait feu de tout bois (MH) .... ÂTRE
Fait fonctionner .... CLEF
Fait freiner .... STOP
Fait froid rien qu'à l'entendre (PD) ... BRRR
Fait généralement mal .... COUP
Fait gratter .... GALE
Fait grossir les petits .... LAIT
Fait la belle .... MISS
Fait la navette .... NASA
Fait la paire avec un autre .... NÉNÉ
Fait le bonheur des commerçants ...... NOËL
Fait le poids .... LEST
Fait les 400 coups .... RIXE
Fait le tour du bois .... ORÉE
Fait marcher .... PILE
Fait mauvaise figure (MH) .... ACNÉ
Fait partie de la Chambre haute .... PAIR
Fait partie de la famille .... PAPI, PÉPÉ
Fait partie de l'héritage .... TARE
Fait partie des États-Unis .... UTAH
Fait partie des mimosacées .... NÉRÉ
Fait partie du folklore scandinave ...... ELFE
Fait partie du jeu .... MISE
Fait partie du paysage breton .... ABER
Fait partir .... PEUR
Fait peur aux enfants .... NOIR
Fait peur aux petits .... OGRE
Fait pleurer les enfants .... BOBO
Fait preuve .... REÇU
Fait réfléchir (PD) .... TAIN
Fait régner l'ordre .... ZEUS
Fait rugir .... FARD
Fait saliver .... MENU
Fait scandale quand il n'a pas été fauché (PD) ...
.... FOIN
Fait serrer les fesses (MH) .... PEUR
Fait serrer les lèvres .... MOUE
Fait sortir la serviette (MH) .... SUÉE
Fait sortir la vedette de l'ombre ..... SPOT
Fait sortir les lecteurs (MH) .... AOÛT
Fait souvent la rue .... STAR
Fait souvent partie de la noce ...... ABUS
Fait souvent partie du quatuor ...... ESSE
Fait travailler des enfants le dimanche ... CURÉ
Fait travailler son père (PD) .... NOËL
Fait trop confiance aux autres .... NAÏF
Fait une pièce avec d'autres (MH) .... ACTE
Fait un mot croisé avec d'autres (MH) ... CASE
Fait un seizième de livre .... ONCE
Fait vinaigre .... MÈRE
Fait vivre les commerçants .... FÊTE
Fait voyager les Français .... AOÛT
Falaise de glace de l'Antarctique ...... ROSS
Fameuse pour faire chanter les gens (MF) .. RUSE

Famille de mécènes .... ESTE
Fatigué et amaigri .... TIRÉ
Faut être initié pour l'admirer .... AURA
Fauve fauve .... PUMA
Favori du roi des Perses en Esther .... AMAN
Femme à fans .... STAR
Femme à Oscar .... STAR
Femme au foyer .... ÂGÉE
Femme bien développée .... MÛRE
Femme dans le cœur d'un homme .... ÉLUE
Femme de chambre (MH) .... ÉLUE
Femme de quatre-vingt-dix .... ÂGÉE
Femme de son frère .... ISIS
Femme dont la flamme s'éteint au foyer (MF) .....
.... ÂGÉE
Femme d'un certain âge .... MÉMÉ
Femme en verlan .... MEUF
Femme excitante et vulgaire .... OSÉE
Femme pleine de voix (MF) .... ÉLUE
Femme qui a l'air grave .... ALTO
Femme qui a le sang chaud .... VAMP
Femme qui décroche assez facilement une bourse
(MF) .... OSÉE
Femme qui en a dedans .... OSÉE
Femme qui en a vu bien d'autres .... ÂGÉE
Femme qui en met plein la vue .... OSÉE
Femme qui espère prendre du galon en portant un
galon (MF) .... MISS
Femme qui fait souvent des scènes (MF) ... STAR
Femme qui fait tourner les sangs d'un homme (MF)
.... VAMP
Femme qui m'a porté pendant neuf mois .... LISE
Femme qui ne passe pas inaperçue (MF) ... OSÉE
Femme qui répète souvent (MF) .... STAR
Femme qui se révèle facilement .... OSÉE
Femme qui tombe vite sur la poche (MF) ... OSÉE
Femme vite découverte .... OSÉE
Fer à repasser (MH) .... LAME
Fermée, elle garde son secret (PD) .... URNE
Fête de liaison .... NOCE
Fêtés en janvier .... ROIS
Figure de glace .... AXEL
Figurer dans .... ÊTRE
Fille à l'anglaise .... GIRL
Fille de Gervaise .... NANA
Fille d'un Anglais .... GIRL
Fille d'un titan .... LÉTO
Fille que l'on voit dans les revues .... GIRL
Film en exclusivité (MH) .... RÊVE
Fils de Créthée et de Tyro .... ESON
Fils de Mouça .... UMAR
Fils d'oisiveté .... VICE
Fin annoncée de partie .... TILT
Fin de ballet .... CODA
Fin de prière, fin du Notre Père .... AMEN
Fin et distingué .... RACÉ
Fin finaud .... RUSÉ
Finira peut-être en civet .... HASE
Finir par lasser .... USER
Finit dans la Baltique .... ODER
Finit dans les cordes ou à vos pieds (PD) ... ALFA
Finit par être brillante .... CIRE

Finit par manquer d'énergie .... PILE
Finit souvent en bière .... ORGE
Fit courber le fier Sicambre .... RÉMI
Fixé à la bride .... MORS
Fixé au justaucorps .... TUTU
Fixé à une autre partie d'un végétal ...... ADNÉ
Fléchissement d'un genou .... PLIÉ
Fleur d'un arbuste épineux .... ROSE
Fleuve de Suède .... LULE
Fleuve ou île .... ELBE
Fondation que l'on encourage les yeux fermés (MF)
.... MIRA
Font des gros trous .... OBUS
Font les fortes têtes .... AILS
Font partie du décor .... OVES
Font souvent partie de la noce .... ABUS
Font unités au PC .... BITS
Forcément un peu gras .... OINT
Forcer ses parents à en acheter un autre (MF)
.... USER
Forcer ses proches à aller à son service, à aller aux
urnes (MF) .... TUER
Formée par le vent .... DUNE
Forment une paire forte .... ROIS
Forment une toison .... TIFS
Former un couple .... UNIR
Forte poussée .... RUÉE
Fort penchant .... VICE
Fort pratique .... ÉTAU
Fou agréable .... RIRE
Fou en région .... FADA
Fou incontrôlable .... RIRE
Fournisseur d'idées (PD) .... TÊTE
Fournit des impressions .... SENS
Fournit les officines africaines .... NÉRÉ
Fournit un bois dur .... TECK
Fourrure du petit-gris sur l'écu .... VAIR
Français dont les parents sont du Maroc .... BEUR
Français du Sud .... SÈTE
Française ou belle anglaise (MH) .... NICE
Française presque italienne (MH) .... NICE
Français qui aime les beignes (MH) ...... MASO
Français qui fait les 400 coups .... TITI
Frein ou moteur de la vie .... PEUR
Fréquenté par des voyageurs .... QUAI
Froide lorsque calme .... TÊTE
Froid qui dure .... NÉVÉ
Front tout le tour de la tête .... CRAN
Fruit contenant des alcaloïdes .... KOLA
Fruit de l'érable .... TIRE
Fruit jaune orangé ressemblant à la tomate .. KAKI
Fuite d'eau (MH) .... SUÉE
Fume à l'occasion .... ETNA
Fume plus l'hiver .... ÂTRE
Furent des chasseurs de tête redoutés ...... IBAN
Fusil de chasse .... ARME
Fut capitale pour les Allemands .... BONN
Fut capitale pour les Chinois .... XIAN
Fut cloué sur la croix .... INRI
Fut évêque de Johannesburg .... TUTU
Fut tué par son frère .... ABEL
Futur de la fiancée .... MARI

Future tête de mule . . . . ÂNON
Galatée s'éprit de lui . . . . ACIS
Gamin de Paris . . . . GONE
Gant défait . . . . NGAT
Garde la porte fermée . . . . PÈNE
Garde le silence . . . . MUET
Garder son aplomb . . . . OSER
Gardien défenseur personnel . . . . ANGE
Gardien de la chambre (PD) . . . . PNEU
Gardienne d'enfants (MF) . . . . TÉLÉ
Garé mais mal rangé (PD) . . . . AGRÉ
Garniture du chef (PD) . . . . TIFS
Genre musical . . . . SOUL
Genre musical du Portugal . . . . FADO
Gentille alouette . . . . LULU
Gérés sans chef (MH) . . . . ÉRÉS
Germen quand il est blanc . . . . THON
Globe d'un astre . . . . ORBE
Gonflé pour des sportifs gonflés . . . . RAFT
Gouffre régional . . . . IGUE
Gourmandise antillaise . . . . ACRA
Grâce à lui, les Anglais ne perdent plus de livres (MF)
. . . . EURO
Grâce à lui on peut fermer et ouvrir . . . . GOND
Grand arbre . . . . SIPO
Grand buveur de lait . . . . VEAU
Grand coureur . . . . ÉMEU
Grand développement . . . . ACMÉ
Grande amoureuse égyptienne (PD) . . . . ISIS
Grande bataille . . . . IÉNA
Grande communauté . . . . RACE
Grande consommatrice . . . . AUTO
Grand écran raccourci . . . . CINÉ
Grande invention . . . . ROUE
Grande mesure en cave . . . . MUID
Grande partie du monde . . . . ASIE
Grand frère . . . . AÎNÉ
Grandit à vue d'œil (MH) . . . . IRIS
Grand joueur de soccer . . . . PELÉ
Grand lac salé de plus en plus petit . . . . ARAL
Grand malade de la maladie . . . . SÉCU
Grand rêveur . . . . LOIR
Grand saint . . . . ÉLOI
Grec et petit . . . . IOTA
Grecque ou idiote . . . . BÊTA
Grève que l'on fait sans pancarte (MF) . . . . . ZÈLE
Grise lorsque ambiguë . . . . ZONE
Grisolle dans le bois . . . . LULU
Gros amateur de sushis . . . . SUMO
Gros cendrier (MH) . . . . URNE
Gros fournisseurs d'œufs . . . . LUMP
Gros mangeur . . . . OGRE
Gros minou . . . . PUMA
Gros paresseux . . . . UNAU
Gros qui mange tout . . . . OGRE
Gros renfort pour San Antonio . . . . BÉRU
Grosse commission (MH) . . . . CACA
Grosse mangeoire (MH) . . . . SILO
Grosse mouche . . . . TAON
Grosse prune . . . . BLEU
Grossit la Dordogne . . . . ISLE
Gros succès . . . . TUBE

Groupe compact . . . . NUÉE
Groupe de petits poissons d'eau douce . . . . . ABLE
Groupe terroriste (MH) . . . . NUÉE
Guerre de bande... (MH) . . . . GAZA
Guide de voyage (MH) . . . . RAIL
Guy Lafleur y jouait . . . . AILE
Habile arbalétrier . . . . TELL
Habille filles et garçons . . . . KILT
Habitant du Nord . . . . ÉLAN
Habitation en hauteur . . . . AIRE
Habitation pour les anglophones . . . . NEST
Habitent les forêts . . . . OURS
Habité par des personnes . . . . ÉDEN
Habité par quelques genstillais . . . . ÎLET
Habité par un couple . . . . ÉDEN
Hamburger, frites et boisson gazeuse . . . . . . TRIO
Handicapé pour communiquer . . . . MUET
Handicapé pour prendre l'air (PD) . . . . ÉMEU
Harmonieusement courbé . . . . ANSÉ
Hausser le ton (MF) . . . . NUER
Hauteur grecque . . . . OETA
Haut sur pattes . . . . IBIS
Héraclès en pinçait pour elle (MH) . . . . IOLE
Héraclès l'enleva . . . . IOLE
Héros décapité (MH) . . . . ÉROS
Héros vernien (PD) . . . . NÉMO
Heureux dans les Andes . . . . LAMA
Heurte la pudeur . . . . SALE
Histoire nocturne . . . . RÊVE
Homme attaché par un bout de papier (MF) . . MARI
Homme engagé . . . . MARI
Homme crédule . . . . GOGO
Homme d'arrêt . . . . GOAL
Homme de la terre . . . . SERF
Homme du monde (PD) . . . . ADAM
Homme en talons hauts . . . . DRAG
Homme mal élevé . . . . PORC
Homme politique slovaque . . . . TISO
Homme pris . . . . MARI
Homme pris par la queue (MF) . . . . ELÂM
Homme qui n'a pas crû . . . . NAIN
Homme qui n'a pas de favoris . . . . RASÉ
Homme qui n'a pas eu de parents . . . . ADAM
Homme qui n'est pas à la hauteur des situations du
quotidien (MF) . . . . NAIN
Homme qui n'est plus du genre masculin (MF) . . . .
. . . . ROSE
Homophone d'une lettre . . . . ESSE
Hongroise au pied des monts Matra . . . . EGER
Hormone sécrétée par la glande corticosurréale
. . . . DHEA
Hors ordre . . . . LAÏC
Hors service . . . . NASE
Ici, ils se croisent . . . . MOTS
Idéale pour placer sa voix . . . . URNE
Idéale quand on veut prendre une tasse . . . . . ANSE
Idéal pour chasser les bibites . . . . RAID
Idéal pour débiter (MH) . . . . ÉTAL
Idéal pour les rapides . . . . RAFT
Idéal pour les vacances... lorsque double, répété
(MF) . . . . BORA
Idéal pour ménager sa monture (MF) . . . . . . ÉTUI

Idéal pour respecter les réserves indiennes ... SARI
Idéal pour tenir des boites (MF) .... CHUT
Idéal pour une balade tout en musique ...... IPOD
Idiot ou voiture .... TOTO
If du Canada .... BUIS
Il a beaucoup d'attraction pour les enfants .. PARC
Il a beaucoup voyagé .... ÉNÉE
Il a de fortes mâchoires .... ÉTAU
Il a de la patience .... ANGE
Il a de la poigne .... ÉTAU
Il a de l'eau jusqu'aux côtes (MF) ...... ÎLET
Il a de puissantes mâchoires .... ÉTAU
Il a des bois .... DAIM
Il a des mandibules broyeuses .... IULE
Il a des propriétés astringentes .... ALUN
Il a des trucs .... RUSÉ
Il a deux pattes .... ÉMEU
Il a dit oui .... MARI
Il a dominé son sport .... PELÉ
Il a donc été testé .... LEGS
Il a du souffle .... ÉOLE
Il a écrit « Nourritures terrestres » ...... GIDE
Il a écrit pour Salvador .... VIAN
Il a été chassé par ses camarades (MF) .... TSAR
Il a été poussé vers la sortie (MH) .... BÉBÉ
Il a été remplacé par l'euro .... MARK
Il a excité le monde .... ÉROS
Il aime beaucoup son semblable .... PÉDÉ
Il aime bien boire .... BÉBÉ
Il aime la douleur .... MASO
Il a l'air à la mode (MF) .... TUBE
Il a l'air frais .... FIER
Il a la tête dure .... TÊTU
Il a le bras long .... FISC
Il a le crâne rasé .... SKIN
Il a le même travail que la personne qui en parle ...
.... PAIR
Il alimente un glacier .... NÉVÉ
Il a mérité sa réputation au vol .... ADER
Il a ouvert le chemin à ceux qui l'ont suivi .. AÎNÉ
Il a perdu une moitié .... VEUF
Il a pignon sur roue .... VÉLO
Il a popularisé « Gaston le téléfon » .... NINO
Il a quatre cordes .... ALTO
Il a remporté le tournoi de Wimbledon en 1975 ....
.... ASHE
Il arrive comme un cheveu sur la soupe .... ALÉA
Il a souvent les cheveux gris .... PAPI
Il assure la stabilité du navire .... LEST
Il a surpris son patron les culottes baissées .. ÉLOI
Il a toujours le dernier mot (MH) .... ÉCHO
Il a tout ce qu'il veut .... GÂTÉ
Il attend qu'on s'arrête .... STOP
Il a un bec arqué .... IBIS
Il a un but .... ACTE
Il a un certain cachet ... touristique (MH) ... VISA
Il a un drapeau noir .... ANAR
Il a une petite tête dure .... ÂNON
Il a un gros budget .... ÉTAT
Il a un long attribut .... ZEUS
Il a un manteau et un tablier .... ÂTRE
Il a un voisin qui lui ressemble (MH) ...... SEIN

Il avait autorisé l'exécution de Thomas Scott .. RIEL
Il avait des ailes et des flèches .... ÉROS
Il avait du souffle à revendre .... ÉOLE
Il bêche .... SNOB
Il blesse les cœurs .... ÉROS
Il chauffe au bois .... ÂTRE
Il chauffe moins bien la porte ouverte ..... FOUR
Il commence toujours par le premier ...... MOIS
Il coule en Irlande .... ERNE
Il coûte cher .... LUXE
Il creuse son trou avec éclat .... OBUS
Il déraille un peu .... GAGA
Il descend avec le temps .... NÉNÉ
Il devint fou pour n'avoir pas obtenu les armes
d'Achille .... AJAX
Il diffère d'une personne à l'autre .... RÉEL
Il dirigea la résistance des métis .... RIEL
Il dirige la bande .... CAÏD
Il dirige les hommes qui passent le balai .. SKIP
Il doit être joué sur des cordes sensibles (MF) .....
.... RÔLE
Il donne des noix .... AREC
Il dort longtemps .... LOIR
Il éblouit .... DAIM
Il émet de la larve .... ETNA
Il en a soufflé un coup (MF) .... ÉOLE
Il en faut pour arriver à se serrer la ceinture (MF)
.... CRAN
Il en faut toute une pour trouver cette réponse (MF)
.... TÊTE
Il en jase un coup .... GEAI
Il en redemande .... MASO
Il envahit les étoiles (MF) .... TRAC
Île parisienne .... CITÉ
Il épousa Créiise .... ÉNÉE
Il est à côté d'un autre .... SEIN
Il est à la mode .... SNOB
Il est à l'extrémité de la Terre .... PÔLE
Il est à l'ombre .... UBAC
Il est assez prévisible .... ÉCHO
Il est astringent .... ALUN
Il est au coin .... STOP
Il est au service du roi .... PION
Il est au téléphone .... ADSL
Il est bas sur pattes .... IULE
Il est bien ficelé .... RÔTI
Il est bien rembourré .... SOFA
Il est bloqué par la grève .... ÎLET
Il est bon pour balayer .... VENT
Il est capable de serrer .... ÉTAU
Il est caustique .... ALUN
Il est chargé de filtrer certains déchets ..... REIN
Il est chaud et sucré .... GROG
Il est choisi par sa conjointe .... MÂLE
Il est clair et ambré .... PIPI
Il est cloué au sol .... ÉMEU
Il est composé de fibres nerveuses ...... NERF
Il est contre le rationnement .... OGRE
Il est différent du reste .... ÎLOT
Il est du même groupe que l'aluminium .... BORE
Il est encore moins brillant quand on le dit beau (MF)
.... TATA

Il est en Écosse . . . . NESS
Il est en vacances . . . . PROF
Il est escarpé . . . . CRÊT
Il est fait pour éclater . . . . OBUS
Il est fragile . . . . ŒUF
Il est frit . . . . ACRA
Il est froid . . . . NÉVÉ
Il est gai . . . . RIRE
Il est glacé . . . . NÉVÉ
Il est grossier . . . . PORC
Il est habité par bien des mormons . . . . . . UTAH
Il est huppé . . . . GEAI
Il est impensable sans violon . . . . REEL
Il est incommodé par la chaleur . . . . GRAS
Il est incontournable . . . . MUST
Il est le quatrième . . . . AVRIL
Il est long et pointu . . . . CROC
Il est lumineux . . . . HALO
Il est méchant . . . . SADO
Il est mélancolique . . . . FADO
Il est mis à nu pour que l'on soit là (MF) . . PÈRE
Il est mort accidentellement . . . . NOYÉ
Il est mort au bout d'une corde . . . . RIEL
Il est mort dans un accident de voiture . . . DEAN
Il est mortel . . . . UPAS
Il est mouillé sur les bords (MF) . . . . ÎLOT
Il est né à Saint-Boniface . . . . RIEL
Il est né bien avant Noël . . . . LION
Il est né en France, mais pas ses parents . . . . BEUR
Il est noté . . . . ORAL
Il est ordinairement hors de prix . . . . LUXE
Il est partout pour les uns et nulle part pour les autres
(MF) . . . . DIEU
Il est plein de malice . . . . TITI
Il est plein de trous . . . . GOLF
Il est plein d'huîtres . . . . ACUL
Il est plus fort lorsqu'il est retranché . . . . . . CAMP
Il est pointu à un bout . . . . CLOU
Il est porté en Angleterre . . . . LORD
Il est porté par une colonne (MF) . . . . REIN
Il est préférable d'arrêter avant . . . . ABUS
Il est présent dans cette définition (MF) . . . . ÊTRE
Il est recourbé . . . . ESSE
Il est relié au cerveau . . . . ŒIL
Il est réputé pour ses sommes . . . . LOIR
Il est sans doute pour la suppression de la monnaie
. . . . ANAR
Il est situé en Grèce . . . . NOME
Il est souvent chaud dans le temps des fêtes . . ÂTRE
Il est souvent de paille . . . . FARÉ
Il est souvent filmé . . . . CLAP
Il est souvent le dernier à le savoir . . . COCU
Il est souvent risqué . . . . PARI
Il est souvent suivi d'un frère chaperon . . . . AÎNÉ
Il est sucré . . . . MIEL
Il est sûrement contre la religion . . . . ANAR
Il est sur la table . . . . VASE
Il est toujours au plancher . . . . LINO
Il est toujours en ligne (MF) . . . . TRAM
Il est toujours entre deux feux . . . . ÂTRE
Il est tout feu tout flamme . . . . ÂTRE
Il est transmis par l'ouvrière . . . . DARD

Il est très utile aux gens qui naviguent . . . . . LIEN
Il est vaniteux . . . . PAON
Il est vendu en tube . . . . NÉON
Il était bon prince . . . . ÉNÉE
Il était de la tradition orale . . . . AÈDE
Il était maître de l'air . . . . AMON
Il était sacré . . . . IBIS
Il évolue peu avec le temps . . . . RITE
Il explose . . . . OBUS
Il fait augmenter le volume (MF) . . . . TOME
Il fait ce qu'il veut . . . . TÊTU
Il fait découvrir le monde (MF) . . . . ÉROS
Il fait de la route . . . . PNEU
Il fait du foin avec de l'huile . . . . ÉMIR
Il fait du vent . . . . ÉOLE
Il fait peut-être partie du destin . . . . ALÉA
Il fait suer le monde . . . . AOÛT
Il fait tordre les gens . . . . RIRE
Il fait toujours ce qu'il peut . . . . ZÉLÉ
Il fait tout un plat des petits . . . . OGRE
Il fait une drôle de tête . . . . TURC
Il faut avoir du pif pour le prendre (MF) . . . VENT
Il faut bien calculer avant de le prendre . . . . ÉLAN
Il faut débarrasser le plancher pour l'appliquer . . . .
. . . . CIRE
Il faut la respecter . . . . DOSE
Il faut le répéter pour espérer trouver (MH) . . CHER
Il faut le servir bien frais . . . . ROSÉ
Il faut l'étancher . . . . SOIF
Il faut l'être à soi-même . . . . ÉGAL
Il faut plus de crédits pour en avoir deux . . BACS
Il faut s'écarter pour le laisser passer (MH) . . BÉBÉ
Il faut se lever tôt pour la voir . . . . AUBE
Il faut s'en méfier . . . . PUMA
Il fonctionne à pleins tubes . . . . NÉON
Il fut le maître de Démosthène . . . . ISÉE
Il fut tué par le cyclope Plolyphème . . . . AGIS
Il gesticule sans arrêt . . . . MIME
Il habille les belles personnes (MF) . . . . RIEN
Il invite à swinger notre partenaire . . . . REEL
Il jouait de la lyre . . . . AÈDE
Il joue entre les arrières et les avants . . . . . . DEMI
Il laisse une pluie de bombes . . . . RAID
Il lui faut de l'air . . . . PNEU
Il met l'eau à la bouche du bébé (MF) . . . . . SEIN
Il migre en bancs . . . . THON
Il multiplie les défauts, les qualificatifs . . . . TRÈS
Il n'achète pas n'importe quoi . . . . SNOB
Il n'a jamais pensé sauter la clôture (MF) . . ADAM
Il n'allume pas vite (MF) . . . . TATA
Il n'a pas évolué . . . . RÉAC
Il ne contrôle pas ses mâchoires (MF) . . . . . . ÉTAU
Il ne correspond pas nécessairement au volume . . .
. . . . TOME
Il ne faut pas le perdre . . . . NORD
Il ne faut pas l'oublier lorsqu'on sort de chez soi . .
. . . . CLEF
Il ne faut pas trop compter sur lui le matin . DÉCA
Il ne lâche pas prise aisément . . . . ÉTAU
Il ne nous coupe pas la parole . . . . MUET
Il n'en reste généralement que des miettes . . . PAIN
Il ne parle pas mais il réfléchit . . . . MUET

Il ne peut exister sans bruit . . . . ÉCHO
Il ne reprenait jamais son souffle (MF) . . . . ÉOLE
Il ne risque pas de tomber de haut (MH) . . . ÉMEU
Il ne s'adapte pas facilement . . . . TÊTU
Il ne sait pas ce qu'il dit . . . . JACO
Il ne se passe pas une journée sans qu'on en ait besoin
(MH) . . . . SENS
Il n'est pas toujours aussi chaud d'une année à
l'autre . . . . AOÛT
Il n'est pas toujours chevelu . . . . CUIR
Il n'est plus question qu'il abandonne son but . . .
. . . . GOAL
Il n'était comme ça avant (MH) . . . . GAGA
Il n'était jamais à bout de souffle (MF) . . . . ÉOLE
Il ne vote pas . . . . ANAR
Il nous laisse tourner la tête . . . . AXIS
Il nous protège des traumatismes . . . . DÉNI
Il nous surprend toujours . . . . ALÉA
Il n'y a pas de route sur sa carte (MH) . . . . CIEL
Il n'y a pas très longtemps . . . . HIER
Il oblige à redoubler de puissance (MF) . . . CUBE
Il parfume . . . . ANIS
Il parlait le quecha . . . . INCA
Il passe très mal à la radio (MH) . . . . MIME
Il permet d'économiser de l'impôt . . . . REER
Il permet de passer le temps . . . . DADA
Il permet de retrouver la pente plus facilement . . . .
. . . . FART
Il permet de sauver les taxes . . . . TROC
Il permet de se sauver de l'impôt . . . . REÇU
Il peut donner mal au ventre . . . . RIRE
Il peut donner tout un punch . . . . RHUM
Il peut être castré . . . . MÂLE
Il peut être rasé ou brouillé (MF) . . . . COCO
Il peut faire échouer une vedette . . . . ÉTOC
Il peut faire irruption à tout moment . . . . . . ALÉA
Il peut se transformer en dame . . . . PION
Il pratique la magie . . . . MAGE
Il préfère les rencontres d'homme à homme . . PÉDÉ
Il prend de la place . . . . GROS
Il produit des vapeurs violettes quand on le chauffe
. . . . IODE
Il raffolait des tenues de Gala . . . . DALI
Il reçoit souvent des fleurs . . . . VASE
Il règne sur le Québec . . . . FRET
Il rehausse le teint . . . . FARD
Il rejette les castes . . . . SIKH
Il ronronne . . . . PUMA
Il sait masser . . . . KINÉ
Il savait viser . . . . TELL
Ils constituent les couches dirigeantes des États-Unis
. . . . WASP
Il sèche . . . . ÉOLE
Il se fait souvent prier . . . . DIEU
Il se laisse monter la laine sur le dos . . . . . . LAMA
Il s'engage dans la gâche . . . . PÊNE
Il s'enroule en spirale quand on le touche . . IULE
Il se retrouve en pièces (MF) . . . . ACTE
Il sert à la fabrication du boudin . . . . SANG
Il s'est penché sur notre galaxie . . . . OORT
Il s'est reproduit au moins une fois . . . . PÈRE
Ils finissent toutes les chansons . . . . VERS

Ils incitent à aller à la plage . . . . ÉTÉS
Ils ne croisent jamais les fers (MF) . . . . TEES
Ils ne sont pas dénués de goût . . . . SENS
Ils ne sont plus neutres . . . . IONS
Ils n'ont pas été battus . . . . ÉLUS
Il sonne quand on n'est plus là . . . . GLAS
Ils ont de fortes têtes . . . . AILS
Ils ont des oreilles . . . . MURS
Ils ont la queue entre les jambes . . . . GARS
Ils ont régné sur l'Italie . . . . ROIS
Ils ont tout l'été pour mûrir . . . . ÉPIS
Il sort . . . . EXIT
Il sort de nulle part (MF) . . . . ALÉA
Il souffle . . . . ÉOLE
Ils sont assez répétitifs . . . . RAPS
Ils sont défaits avant de se coucher . . . . LITS
Ils sont douze . . . . MOIS
Ils sont fameux pour sortir des pommes (MF) . . . . .
. . . . SELS
Ils sont nourris par des chasseurs (MF) . . . . TIRS
Ils sont plus occupés la nuit que le jour . . . . LITS
Ils sont remis au terme de 90 crédits . . . . . . BACS
Il suffit d'un coup pour qu'on le voit arriver (MH)
. . . . BLEU
Il surveille du coin . . . . ŒIL
Ils volent de leurs propres ailes . . . . JETS
Ils vous font filer doux . . . . RÉAS
Ils y étaient treize . . . . CÈNE
Il symbolise les forces naturelles . . . . ELFE
Il tient tout seul . . . . ÉTAU
Il tira le bailli Gessler . . . . TELL
Il tire sur le fauve . . . . OCRE
Il tombe plus tard l'été que l'hiver . . . . SOIR
Il tombe lorsqu'il n'est pas soutenu (MF) . . . SEIN
Il travaille dans une mosquée . . . . IMAM
Il va bien tenir . . . . ÉTAU
Il va de pis en pis (MF) . . . . VEAU
Il va où l'on veut . . . . TAXI
Il va recommencer à fumer . . . . ÂTRE
Il va sûrement partir bientôt . . . . PÉPÉ
Il vaut 100 $ (MF) . . . . BRUN
Il vaut mieux ne pas le perdre . . . . NORD
Il veut des enfants . . . . OGRE
Il vient avant cela . . . . CECI
Il vient d'une république d'Asie . . . . TURC
Il vit dans un monastère . . . . LAMA
Il voit à nous donner l'éclairage . . . . IRIS
Il voit mal . . . . MIRO
Il vous fait descendre à la planche (MF) . . . SURF
Il y a plus de gens devant que dedans (MF) . . . TÉLÉ
Il y a souvent, avec elle, du va-et-vient . . . . . SCIE
Il y a un festival créé pour ça (MH) . . . . RIRE
Il y en a dans la sueur . . . . URÉE
Il y en a dans une ruche . . . . CIRE
Il y en a plus à Montréal qu'à Québec . . . . . ÂMES
Il y en a plusieurs au dortoir . . . . LITS
Il y en a qui sont intéressés . . . . DONS
Il y en a trois qui commencent par J . . . . . . MOIS
Il y en a un à Chambly . . . . FORT
Il y en a une grande à La Ronde . . . . ROUE
Il y fait noir . . . . CINÉ
Il y fait noir plus tard l'été . . . . SOIR

Il y fait très chaud . . . . FOUR
Immigré italien (MH) . . . . ASTI
Important pour le golfeur . . . . OPEN
Impose le silence . . . . CHUT
Impossible d'y reconnaître quelqu'un . . . . . URNE
Impossible faire moins . . . . ZÉRO
Impossible sans violon . . . . REEL
Impressionnante tablée (MH) . . . . CÈNE
Incapable de décoller . . . . ÉMEU
Incite à la flânerie . . . . QUAI
Incliné même s'il n'a aucun penchant (MF) . . OBÉI
Inconnu des nouveaux visiteurs (MH) . . . . . . ÊTRE
Inconnu du barbare, du butor . . . . TACT
Inconnue au Québec . . . . NANA
Indicateur de cause . . . . DONT
Indicateur de frissons (PD) . . . . BRRR
Indice de tension . . . . VOLT
Indienne devant laquelle il ne faut pas passer (MF)
. . . . FILE
Indienne qui se suicidait . . . . SATI
Indiens du Canada (MF) . . . . ÉTÉS
Indigne d'une bonne table, d'un grand resto . . RATA
Indique une compréhension soudaine . . . . TILT
Indique une propriété . . . . LEUR
Indispensable dans la montgolfière . . . . LEST
Individu qui a perdu ses contacts . . . . SEUL
Individu qui a travaillé toute sa vie dans les toilettes
(MF) . . . . DIOR
Individu qui est senti sans le savoir (MF) . . ÉPIÉ
Information royale . . . . ÉDIT
Inquiète-t-il les alpinistes ? . . . . YETI
Inscription célèbre . . . . INRI
Insecte qui pique . . . . NÈPE
Insecte sans ailes . . . . PUCE
Inspiration subite . . . . TILT
Inspira Virgile . . . . ÉNÉE
Installé en tête . . . . LENT
Instaurer une fusion . . . . UNIR
Institut français d'opinion publique . . . . IFOP
Instrument de la famille des violons . . . . ALTO
Intellectuel libre . . . . ARON
Intendant général de la Grande Armée . . . . . DARU
Intense quand elle est bleue . . . . PEUR
Interdit par l'islam . . . . LARD
Intéresse le douanier . . . . VISA
Intéresse le jeu . . . . MISE
Intéressent les mécènes . . . . ARTS
Intéressent les recenseurs . . . . ÂMES
Introduire la qualité (PD) . . . . ÊTRE
Introduit une objection . . . . MAIS
Inutile une fois renversé (PD) . . . . NIAV
Inventer une histoire . . . . NIER
Invitait les enfants à sa table . . . . OGRE
Invoque l'intensité . . . . TANT
Italien au grand cœur . . . . NÉRI
Italien bien connu . . . . DUCE
Italien encore actif . . . . ETNA
Italienne qui roule, avec laquelle on peut aller loin
. . . . FIAT
Italienne touristique . . . . LIDO
Italien qui vomit à l'occasion (MH) . . . . ETNA
Jadis elle mourait sur le bûcher . . . . SATI

J'ai gagné proprement (MH) . . . . BAIN
Jaillit de la bouche (MH) . . . . OBUS
Jamais prévisible . . . . ALÉA
Japonais capable de vous coucher sur le tapis (MH)
. . . . SAKÉ
Jase en forêt . . . . GEAI
Je la mets à votre oreille . . . . PUCE
J'en cherche pour cette définition . . . . IDÉE
Je suis sûr que vous en avez une meilleure . . IDÉE
Jeté pour nuire . . . . SORT
Jeter sur le tapis (MF) . . . . DIRE
Jetons derrière le rideau (MF) . . . . TRAC
Jeu africain . . . . WALÉ
Jeu de cartes . . . . RAMI
Jeune archer . . . . ÉROS
Jeune, il a de l'ambition . . . . LOUP
Jeune imbécile . . . . ÂNON
Jeune ruminant . . . . HÈRE
Je veux bien . . . . SOIT
Je vous invite à naviguer sur le mien . . . . . . SITE
Je vous souffle presque la réponse (MF) . . . . VENT
Joliment coloré . . . . ROSI
Josip Broz . . . . TITO
Joue avec nos cœurs . . . . ÉROS
Jouer avec . . . . USER
Jouer avec le feu . . . . OSER
Jouer les innocents (PD) . . . . NIER
Jouer le tout pour le tout . . . . OSER
Jouer un rôle . . . . ÊTRE
Jouet de plage . . . . SEAU
Joueur assurant la liaison entre les avants et les arriè-
res . . . . DEMI
Jour de congé, jour de fête . . . . NOËL
Jour des enfants . . . . DODO
Jour qui dure tout le mois de décembre . . . . NOËL
Joyeuse manifestation . . . . RIRE
Juridiquement capable . . . . APTE
Juste à côté . . . . PRÈS
Juste avant Noël . . . . PÈRE
La belle Diane s'y installera . . . . ANET
La blancheur les rend niaises . . . . OIES
La bonne la croise souvent . . . . ÉPÉE
Lac glaciaire . . . . ISEO
La championne de la coupe (MH) . . . . SCIE
Lâché par surprise . . . . HEIN
La chose qui ne change pas y revient . . . . . . MÊME
La cinquième ne sert pas souvent (PD) . . . . . ROUE
La classique des pistes . . . . STEM
Lac lombard . . . . ISEO
L'acné le bouche . . . . PORE
Lac renversé . . . . ÉIRÉ
Lac très pollué . . . . ÉRIÉ
Là-dedans, vous avez le choix (MH) . . . . URNE
L'ado qui en a change de face . . . . ACNÉ
La faim le fait sortir du bois . . . . LOUP
La fausse est un canard (MH) . . . . NOTE
L'Afghanistan s'y trouve . . . . ASIE
La fin de la sécheresse, de la vieillesse . . . . . ESSE
La fin des condamnées . . . . NÉES
La fleur sans la queue (MH) . . . . ÉLIT
La Floride en est un . . . . ÉTAT
La garder longtemps n'est pas facile . . . . POSE

La grande devient parfois sa petite . . . . AMIE
La grande est amusante (MH) . . . . ROUE
L'air lui fait prendre sa forme . . . . PNEU
Laisse des laissées . . . . LAIE
Laisse entendre . . . . OUÏE
Laisse la vie sauve . . . . AMAN
Laisse les cuisses à l'air . . . . SLIP
Laisse les plus lents en arrière (MH) . . . . . . RUÉE
Laisser des traces . . . . USER
Laisser sa peur, sa vieille peau . . . . MUER
Laisser tomber . . . . ÔTER
Laisse sa marque . . . . GNON
L'Algérie en fait partie . . . . OPEP
La Libye et l'Algérie en font partie . . . . OPEP
L'alimenter coûte cher . . . . AUTO
La mâcher est risqué . . . . TIRE
L'amazone l'a en main . . . . RENÉ
La meilleure contre l'ennui, c'est le plaisir (MF) . . .
. . . . ARME
La meilleure position . . . . TÊTE
La mère de la mère . . . . MÉMÉ
La moindre bricole . . . . IOTA
La moitié du monde y vit . . . . ASIE
Lancer avec force . . . . RUER
Lancer des tomates . . . . HUER
Lancer une entreprise . . . . OSER
Langage de programmation pour Internet . . . . JAVA
La nuit, ils sont fermés . . . . YEUX
La nuit, on subit son contenu, le jour on en décide
(MF) . . . . RÊVE
La nymphe Galatée s'éprit de lui . . . . ACIS
Là où elle est, il n'y a pas de plaisir . . . . . . GÊNE
La personne qui le relève devra se battre . . DÉFI
La personne qui le sait n'a plus rien à apprendre (MF)
. . . . TOUT
La personne qui n'en a plus un doit travailler . . . . .
. . . . ROND
La personne qui travaille peut y laisser un rond (MF)
. . . . CUIR
La personne qui y touche est sérieusement touchée
(MF) . . . . FOND
La petite reine . . . . MISS, VÉLO
La place des cheveux . . . . TÊTE
La plupart des élèves les chérissent . . . . ÉTÉS
La première pomme y fut mangée . . . . ÉDEN
La preuve qu'on peut se passer d'argent . . . TROC
La regarder est un divertissement . . . . TÉLÉ
La rétine s'y trouve . . . . ŒIL
L'argent est celui de la guerre . . . . NERF
Largeur d'un trait de scie . . . . VOIE
Larme de violon . . . . ESSE
La ronde est la plus longue . . . . NOTE
La route a le sien . . . . CODE
La sagesse en a plus qu'une . . . . DENT
La Sainte-Catherine est bien connue . . . . . . TIRE
La souris le fait CLIC
La vodka doit y couler . . . . ISBA
La vôtre travaille en ce moment . . . . TÊTE
L'eau l'entoure . . . . ÎLOT
Le bateau se laisse glisser dessus . . . . ERRE
Le berger en est une . . . . RACE
Le berger le surveille de près (MF) . . . . CHAT

Le blanc est connu de tous . . . . LOUP
Le blanc est plus gros que le noir . . . . OURS
Le bleu lui donne de l'intensité (PD) . . . . . . PEUR
Le bon poète à la fin de sa vie (PD) . . . . . . RENÉ
Le bruit de l'effort . . . . AHAN
Le bruit est sa raison de vivre (MF) . . . . ÉCHO
Le brûler ne le fait pas disparaître . . . . STOP
Le Canada en fait partie . . . . OTAN
Le capitaine s'en charge . . . . LEST
Le capitaine y mange . . . . MESS
Le cercle des poètes . . . . ORBE
Le chat en a sept . . . . VIES
Le cheval doit le franchir . . . . OXER
Le cheval l'a toujours sur le dos . . . . ROBE
Le cœur n'en a qu'une . . . . DAME
Le connaître fait gagner du temps . . . . TRUC
Lecture de table . . . . MENU
Le début de l'hiver (MH) . . . . ZÉRO
Le début du langage . . . . AREU
Le dernier qui y arrive en prend la queue . . . FILE
Le dessus du pied ne l'est jamais . . . . VELU
Le dollar y circule . . . . UTAH
Le facteur lui a donné son nom (PD) . . . . . . SAXO
Le faire bouger n'est pas facile . . . . TÊTU
Le faire marcher est un jeu d'enfant . . . . . . GOGO
Le far breton en est un . . . . FLAN
Le genre de Charles . . . . SOUL
Léger brouillard . . . . BUÉE
Légères bulles du Piémont (PD) . . . . ASTI
L'église en est un saint . . . . LIEU
Le goût du jour . . . . MODE
Le goût en est un . . . . SENS
Le jambon peut l'être . . . . FUMÉ
Le long d'une ligne (MH) . . . . GARE
Le Luxembourg en fait partie . . . . OTAN
Le massage en est une efficace contre le stress . . . .
. . . . ARME
Le matin, elle nous quitte . . . . NUIT
Le meilleur n'en a pas . . . . ÉGAL
Le Mékong y coule . . . . LAOS
Le mot de la fin (MH) . . . . GLAS
Le néant . . . . RIEN
Le nerf de la guerre . . . . FRIC
L'enfant l'apprécie au bord de la mer . . . . . SEAU
Le nouveau vient juste d'arriver (MF) . . . . . VENU
Lent édenté . . . . UNAU
Le perdre peut faire n'importe quoi (MH) . . NORD
Le petit est très fort et réveille le matin (PD) . . . . .
. . . . NOIR
Le petit prend de l'importance (PD) . . . . RIEN
Le piranha en a plus d'une . . . . DENT
Le plus grand volcan d'Europe . . . . ETNA
Le plus haut degré . . . . CIME
Le plus souvent finit avec un dessert . . . . . . MENU
Le poisson passe à l'intérieur . . . . DARD
Le positif attire le négatif . . . . PÔLE
Le premier, c'est n'importe qui . . . . VENU
Le premier est le bon . . . . RENÉ
Le premier l'est toujours . . . . SEUL
Le premier n'est pas donné à n'importe qui . . RÔLE
Le premier sur les lieux de l'accident . . . . . . SAMU
Le premier tourne plus souvent . . . . RÔLE

Le Qatar en fait partie . . . . OPEP
Le quatrième au départ . . . . ABEL
Le rhum y coule . . . . ÎLET
Le rouler est un jeu d'enfant . . . . DUPE
Les Anglais en ont plein devant leurs yeux (MF) . . .
. . . . LENS
Les belles n'en ont pas . . . . TICS
Les bonnes sont hypocrites . . . . ÂMES
Les cardinaux en forment une . . . . RACE
Les Émirats arabes en font partie . . . . OPEP
Les faux sont souvent plus longs que les vrais . . . . .
. . . . CILS
Les femmes arabes l'ont en pleine face . . . . ARAM
Les frustrations les soulèvent . . . . IRES
Les gens dans le plâtre l'utilisent . . . . STUC
Les gens en sont victimes . . . . RAPT
Les gens qui les prennent sonnent faux . . . . . AIRS
Les gens qui répondent à l'appel le disent . . ALLÔ
Les gens touchés profitent de leurs plaisirs (MF) . . .
. . . . SENS
Les gens y travaillent sans le déclarer . . . . . . NOIR
Les gros en laissent jaillir des petits contenant du feu
(MF) . . . . JETS
Les gros sont vulgaires . . . . MOTS
Les héros l'ont souvent sur le dos . . . . CAPE
Les hommes connaissent bien sa pomme (MH) . . . .
. . . . ADAM
Les hommes la demandent pour avoir tout le reste
(MF) . . . . MAIN
Les hommes y passent plus de temps que les femmes
. . . . ORDI
Lésion à surveiller . . . . PIAN
Les jeunes qui l'ont en tête ne comprennent rien . . .
. . . . IPOD
Les Jeux Olympiques y ont été tenus en 1960 . . . . .
. . . . ROME
Les meilleurs en ressortent décorés . . . . GALA
Les Mormons y sont chez eux . . . . UTAH
Les objets sont pointés vers elle . . . . STAR
Les plus appréciés en ressortent avec une statuette
. . . . GALA
Les plus grands sont bus par les riches . . . . . CRUS
Les Portugais ont le leur . . . . PARC
L'esprit l'est dans un corps qui l'est aussi . . . SAIN
Les prostituées les font . . . . RUES
Les rats y sont nombreux . . . . LABO
Les sables ont la leur . . . . ROSE
Les sauvages ne font que passer chez nous . . OIES
Les secondaires nous enrichissent peu, sont moins
payants . . . . LOTS
L'été, il reste froid . . . . ÂTRE
Le temps des cadeaux . . . . NOËL
Le temps des cambriolages . . . . NUIT
Le temps l'est quand on s'ennuie . . . . LONG
Le tenir, c'est l'accepter . . . . PARI
Le travail est celle du succès . . . . BASE
Le travailleur y verse une partie de son salaire . . . . .
. . . . ÉTAT
Le trèfle a le sien . . . . HUIT
Lettre bien tournée . . . . ESSE
Lettres d'amour . . . . ÉROS
Le type dont le nez l'est aime sentir les choses des

autres (MF) . . . . LONG
Le type qui l'est n'est pas assez brillant pour le savoir
(MF) . . . . RARE
Leur beauté peut être troublante . . . . NUES
Leur langue est proche du malais . . . . IBAN
Leurs pointes sont appréciées . . . . AULX
Leurs trottoirs ne sont pas toujours déneigés . . RUES
Leur support n'est pas du vent (MF) . . . . . . FANS
Lève des poids . . . . CRIC
Lève en partant . . . . CAMP
Lève le nez sur bien des choses . . . . SNOB
Lève les yeux au ciel . . . . NASA
Le Venezuela en fait partie . . . . OPEP
Le venin y passe . . . . DARD
Lever le train . . . . RUER
. . . Lévesque ou Bazin . . . . RENÉ
Le violon en a . . . . ESSE
Le voisin d'en dessous (MH) . . . . NAIN
L'hélium est ce genre de gaz . . . . RARE
L'homme aime en avoir une petite . . . . AMIE
L'homme demande celle de la femme . . . . . MAIN
L'homme des neiges . . . . YETI
L'homme la fait à une femme . . . . COUR
L'homme l'a fait disparaître, l'enfant sait le trouver
(PD) . . . . DODO
L'homme le devient quand sa femme accouche
. . . . PÈRE
L'homme l'utilise seulement l'été . . . . GRIL
L'homme pèse dessus pour aller plus vite (MF) . . . .
. . . . SUCE
Libanais qui est capable d'en prendre (MH) . . PITA
Libérer d'insupportables effluves (PD) . . . . . PUER
Libre depuis 1937 . . . . EIRE
L'idéal, c'est d'avoir autant de plaisir à le faire qu'à
l'élever (MF) . . . . BÉBÉ
Lié par contrat . . . . MARI
Lieu d'arrivée . . . . PORT
Lieu d'échanges virils . . . . RING
Lieu d'éclosion . . . . AIRE
Lieu de conservation . . . . SILO
Lieu de débit (MH) . . . . ÉTAL
Lieu de départ . . . . PORT
Lieu de naissance . . . . ŒUF
Lieu de recherche . . . . DICO, LABO
Lieu destiné à la vinification . . . . CHAI
Lieu qui sent le sapin . . . . ISBA
Lieu rempli de quartiers (MF) . . . . ÉTAL
Ligne qui n'est pas droite . . . . ONDE
Limite extérieure . . . . BORD
Linge dans le panier que l'on lave en famille . . . . .
. . . . SALE
L'inspiration poétique . . . . MUSE
L'instinct l'est . . . . INNÉ
Liquide chinois (MF) . . . . TAEL
Liquide en mouvement . . . . FLOT
Liquide nutritif . . . . SÈVE
Liquide qu'on verse (MH) . . . . CASH
L'Iran en fait partie . . . . OPEP
Liste d'options affichée à l'écran . . . . MENU
Lit du condor . . . . AIRE
Livré par un serveur . . . . SITE
Livres de la Bible . . . . TORA

Livre traduit en une seule langue (MH) .... BOOK
Livre très épais .... PAVÉ
Loi à la royale .... ÉDIT
Loin de la Floride .... UTAH
Loin de Montréal .... ALMA
Loin des pieds .... ORAL
Loin des racines .... CIME
Loin d'être gratuit .... CHER
Loin du cœur, loin du fond .... ORÉE
Long cou, long bec .... IBIS
Longe le champ .... ORÉE
Long hiver .... RISS
Longue épreuve .... RAID
L'or des champs .... ÉPIS
L'ordre du jour (MH) .... DATE
L'orifice long du violon .... ESSE
Lorsqu'elle est fixe, elle nous suit partout .. IDÉE
Lorsqu'elle est vague, elle tombe souvent à l'eau ..
.... IDÉE
Lorsqu'elles dorment, elles ne peuvent sortir de leur
lit (MF) .... EAUX
Lorsqu'elle s'ouvre, tout le monde se lève .. COUR
Lorsqu'elle suit un régime, on la retrouve au bout de
la ligne (MF) .... RIME
Lorsque son avocat n'est pas bon, on reste dessus
(MF) .... FAIM
Lorsqu'il fait peur, il change de nom (MF) .. RÊVE
Lorsqu'il prend congé, c'est le calme plat (MF) ...
.... ÉOLE
Lorsqu'il suit le pas, ça a de l'allure (MF) ... PIRE
Lorsqu'il suit le pas, on n'en a pas outre mesure (MF)
.... TROP
Lorsqu'on en connaît un bon, on veut y retourner
.... SPOT
Lorsqu'on les pique, on ne se contrôle plus .. IRES
Lorsqu'on perd son fil, on ne peut la tisser (MF) ...
.... IDÉE
Lotus au pied du poirier .... YOGA
Louis de Bavière abdiqua pour la suivre .... LOLA
Louis XVI a perdu la sienne .... TÊTE
Lourd lorsque gris .... CIEL
Lucratif au Québec .... LOTO
Lumière de ville .... NÉON
L'un des trois grands dieux de l'hindouisme .. SIVA
Madame Aragon .... ELSA
Madame Shiva .... KALI
Maghrébin de France .... BEUR
Maigre et blême .... HÂVE
Maintes fois enfourché (MH) .... DADA
Maintient la lame en place (PD) .... SOIE
Maintient l'écartement (PD) .... ÉPAR
Maison anglaise .... HOME
Maison bien simple .... ISBA
Maison close .... TÔLE
Maison rouge .... TIPI
Mais pas nécessairement comprendre ...... LIRE
Maladie mortelle .... RAGE
Malaisien toxique .... UPAS
Mal des jeunes .... ACNÉ
Mâle qui expose sa queue .... PAON
Mâle qui porte des cornes (MH) .... COCU
Mal fait .... LAID

Mal taillée dans un mauvais partage (PD) ... COTE
Maman de Zeus .... RHÉA
Maman d'Hélène et de Castor .... LÉDA
Manière de chasser .... OUST
Manière de rouler .... RUSE
Manifestation de joie .... SAUT
Manifestation de mécontentement .... MOUE
Manifester son humeur (PD) .... RUER
Manifeste une impression .... AFIN
Manque aux faibles .... NERF
Manque de retenue .... ABUS
Manque de simplicité .... SNOB
Manqué en sens inverse .... ÉTAR
Marbre en anglais .... HOME
Marche avec des rackets .... GANG
Marché conclu .... TOPE
Marché dans le noir (MH) .... TROC
Maria ses enfants sur l'Olympe .... RHÉA
Marque d'affection .... BISE
Marque la privation .... SANS
Marque l'effort .... SUÉE
Marque le point de vue .... SOUS
Marquer un passage .... MUER
Marque une limite .... HAIE
Marquis ou chanteuse .... SADE
Massif de montagnes .... YETI
Match sans perdant .... ÉGAL
Matière à cachet .... CIRE
Matière à réflexion (MF) .... TAIN
Matière première .... GRÈS
Matisse y est mort .... NICE
Mauvais coup .... GNON
Mauvaise note .... ZÉRO
Mauvaise part de l'héritage .... TARE
Mauvais pour la mémoire .... TROU
Médaillé d'or américain .... HALL
Médaille d'or au baseball .... CUBA
Médite ou rumine .... LAMA
Meilleur ami de l'homme .... CHIEN
Mélodie germanique .... LIED
Mélusine et Morgane .... FÉES
Membre de la famille .... TATI
Membre de Nautilus .... NEMO
Membre du Commonwealth .... INDE
Membre d'un ancien peuple celte .... GAËL
Membre d'une chambre .... PAIR
Même dur il est mou .... ŒUF
Même les miettes, les petits bouts .... TOUT
Menace en l'air .... NUÉE
Menace italienne .... ETNA
Menée par les plus rapides .... RUÉE
Menée sans chef (MH) .... ENÉE
Menuisier qui a une bonne charpente (MF) .. OSSU
Mère de suidés .... LAIE
Mère du maître des dieux, mère divine ..... RHÉA
Mère universelle .... ISIS
Mérite souvent un détour .... SITE
Merveilles, collines et couleurs .... SEPT
Message anglais .... MAIL
Mesurait les étoffes .... AUNE
Met à l'abri pour un temps .... TÔLE
Met de mauvaise humeur .... FIEL

Met en appétit, met l'eau à la bouche	MENU
Métis ou monnaie	RIEL
Met le monde au salon	TÉLÉ
Met les beaux morceaux en valeur	ÉTAL
Met le sujet en valeur	SPOT
Met l'Indienne en beauté	SARI
Mets créole	ACRA
Mettre ailleurs, mettre de côté	ÔTER
Mettre délicatement en couleurs	NUER
Mettre droit	UNIR
Mettre en œuvre	USER
Mettre en relation	UNIR
Mettre en terre	TUER
Mettre en tête	LIRE
Mettre la «switch» à biche (MH)	RÉER
Mettre le paquet	OSER
Mettre par terre (MF)	USER
Mettre son pied à terre (MF)	AGIR
Mettre une camisole de force	LIER
Meuble bas	MAIE
Meuble nos loisirs	TÉLÉ
Meurt sur la côte (MH)	LAME
Mexicain qui n'est pas resté dans son pays (MH)	TACO
Mieux que jamais	TARD
Milieu du terrain	DEMI
Mille millions	PETA
Mince copeau de bois	RIPE
Mince ouverture	ESSE
Mineure qui a plus de 18 ans (MF)	ASIE
Ministre du roi des Perses en Esther	AMAN
Mis dans l'opposition	VETO
Mise en garde	AVIS, ÉPÉE
Mis en couche (PD)	DRAP
Mis en notes par Rossini	TELL
Mis en scène	TUTU
Mit pour arrêter	HOLÀ
Mitraillée quand elle sort (MH)	STAR
Mitraille suédoise (PD)	ORES
Mode des années 60	YÉYÉ
Modèle de ceux qui suivent	AÎNÉ
Modèle du dévouement maternel	ISIS
Moins appétissant, moins beau	TALÉ
Moins beau que le cuir	SKAÏ
Moins bon	SURI
Moins bruyants lorsque secondaires (MF)	LOTS
Moins épais	AÉRÉ
Moins fine avec le temps	OUÏE
Moins joli	FANÉ
Moins lourd	LÈGE
Moins net	SALI
Moins serré	AÉRÉ
Moins solide	FÊLÉ
Moins terne	ORNÉ
Moitié de chef, de roi	RANI
Moitié du parcours d'un golf	NEUF
Mollet ou miroir	ŒUF
Moment crucial	DUEL
Monet y vécut	EURE
Monnaie du Cambodge	DAHU
Monsieur, s'il tombe, ne l'insultez pas (MF)	SEIN
Monstre de papier (PD)	OGRE
Montrer ses couilles (MF)	OSER
Morceau de pin	CÔNE
Morceau non partagé	SOLO
Morceau recourbé	ESSE
Mort après retournement (PD)	ÉNAC
Mort dans un accident de voiture	DEAN
Mot anglais	SELF
Mot de la fin	AMEN
Mot d'ordre (MH)	STOP
Mot japonais pour la salle d'arts martiaux	DOJO
Mot qui augmente tout ce qui le suit	TRÈS
Moule dans le sable	SEAU
Mourir au combat	TUER
Mousse anglaise	BEER
Mouvement du skieur	STEM
Mouvement en peinture	NABI
Mouvement en surface	ONDE
Mouvement en tête	CRAN
Mouvement norvégien	STEM
Mouvement sur le front (PD)	RIDE
Moyen d'échange	EURO
Moyen de communiquer très bébé	AREU
Moyen de défense	DÉNI, RUER
Moyen de transport	BROC
Moyen d'information	SITE
Mycologue français	HERM
N'a aucune souplesse	TÊTU
N'affecte pas la figuration	TRAC
Nage au fond	RAIE
N'agit pas sur avis	TÊTU
N'aime pas le changement	RÉAC
N'aime pas l'eau chaude et salée	LOTE
N'aime pas l'État ni se faire dicter sa conduite	ANAR
Naissent dans la cuisine	METS
Naît dans une cabane (MH)	TIRE
Naît d'un foulage	MOÛT
N'a jamais fait de disque (MH)	AÈDE
N'a pas à se poser	ÉMEU
N'a pas besoin d'une belle route	JEEP
N'a pas chaud	GELÉ
N'a pas de bois de chauffage (MH)	ÉLAN
N'a pas de métro	BLED
N'a pas de noyau	BAIE
N'a pas encore de bois	HÈRE
N'a pas encore été porté	NEUF
N'a pas été appris	INNÉ
N'a pas eu le temps d'achever Lula	BERG
N'a pas fini d'explorer	NASA
N'a pas inspiré Ader (MH)	ÉMEU
N'a pas l'air pressé (MH)	UNAU
N'a pas nécessairement été fécondé	ŒUF
N'a pas reçu les ordres	LAÏC
N'a pas une taille ronde (MH)	ÉPÉE
N'a plus les crocs	REPU
N'a plus vingt ans	MÉMÉ, PAPI
Nappe en voie de disparition (PD)	ARAL
N'a qu'une roue	PAON
N'a qu'un phare	ÎLOT
N'a rien d'un sprinter (MH)	UNAU
N'arrive pas à se tenir debout tout seul (MH)	ŒUF

N'atterrit pas à Dorval . . . . OVNI
N'aurait pas échangé la pomme contre une cerise
(MH) . . . . TELL
N'avait pas d'ampli (MH) . . . . AÈDE
N'a vraiment pas chaud . . . . GELÉ
Ne boit pas au verre . . . . BÉBÉ
Ne bouge pas . . . . TÊTU
Ne branchent pas tout le monde . . . . ARTS
Ne cèdera pas de terrain . . . . TÊTU
Ne cherchez pas la petite . . . . BÊTE
Ne cherchez pas trop pour lui (MF) . . . . RIEN
Ne côtoie pas le sapin . . . . AREC
N'écoute pas la tour de contrôle (MH) . . . . . OVNI
Ne coûte pas nécessairement moins . . . . MINI
Ne craint pas l'été . . . . NÉVÉ
Ne détonne pas . . . . DIVA
Ne deviendra pas grand . . . . NAIN
Ne devrait pas être mou . . . . PNEU
Ne disparaîtra pas de sitôt de la circulation . . EURO
Ne doit pas arrêter de circuler . . . . SANG
Ne doit pas être mou . . . . PNEU
Ne doit pas rester blanche . . . . CASE
Néerlandais ayant étudié la galaxie . . . . OORT
Ne fait pas pour les Anglais . . . . DONT
Ne fait pas saliver un végétarien . . . . RÔTI
Ne fait que tourner . . . . ROUE
Ne fera pas pencher la balance (MH) . . . . . . RIEN
Ne fera toujours qu'une moitié (PD) . . . . MARI
Néfertiti l'adorait . . . . ATON
Ne finissaient pas à l'abattoir . . . . URES
Ne font pas de bien . . . . MAUX
Ne former qu'un . . . . UNIR
Ne gêne pas . . . . RIEN
Ne grandira plus . . . . NAIN
Ne grignote pas . . . . OGRE
Ne jaillit pas toujours facilement . . . . IDÉE
Ne lâche pas le morceau, sa prise . . . . ÉTAU
Ne laisse pas passer beaucoup d'eau . . . . . . PORE
Ne laisse pas s'échapper sa proie . . . . ÉTAU
Ne les baissez pas et vous trouverez (MF) . . BRAS
Ne lit sûrement pas beaucoup . . . . BÊTA
Ne manquait pas de caractères . . . . TYPO
Ne manque pas de gaz . . . . SODA
Ne manque pas de lard . . . . SOUE
Ne manque pas de souffle . . . . ÉOLE
Ne manque pas d'intérêt . . . . PRÊT
Ne parle pas même sous la menace . . . . MUET
Ne pas acclamer . . . . HUER
Ne pas acheter, ne pas accorder . . . . NIER
Ne pas apprécier . . . . HUER
Ne pas avoir peur de se mouiller . . . . OSER
Ne pas avoir vraiment soif . . . . SUER
Ne pas bouder . . . . RIRE
Ne pas certifier, ne pas confirmer, ne pas croire, ne
pas reconnaître . . . . NIER
Ne pas être sec . . . . SUER
Ne pas faire comme ceux qui hésitent . . . . . OSER
Ne pas faire comme une personne mouillée . . OSER
Ne pas hésiter . . . . AGIR
Ne pas lâcher le morceau . . . . NIER
Ne pas le faire peut vous donner une contravention
. . . . STOP

Ne pas louer . . . . HUER
Ne pas maintenir . . . . NIER
Ne pas peser le pour et le contre . . . . OSER
Ne pas pouvoir sentir, souffrir, voir, ne pas préférer
. . . . HAÏR
Ne pas reconnaître . . . . NIER
Ne pas rester timidement en arrière . . . . OSER
Ne pas sauver . . . . TUER
Ne pas se confesser . . . . NIER
Ne pas s'écraser, ne pas se dégonfler . . . . . . OSER
Ne pas se faire de souci, ne pas se faire tartir . . . . . .
. . . . RIRE
Ne pas se laisser approcher facilement . . . . . PUER
Ne pas s'embêter, ne pas se morfondre, ne pas s'en-
nuyer . . . . RIRE
Ne pas sentir . . . . HAÏR
Ne pas se tâter . . . . OSER
Ne passe pas l'hiver dans le sud . . . . OURS
Ne pas se raser (MH) . . . . RIRE
Ne pas se retenir, ne pas se tâter . . . . OSER
Ne pas vendre la mèche . . . . NIER
Ne permet pas d'aller très loin . . . . ERRE
Ne permet pas de grands déplacements . . . . CAGE
Ne peut donc devenir reine . . . . SIRE
Ne peut faire un tour complet . . . . TÊTE
Ne peut que regarder les autres voler . . . . . . ÉMEU
Ne peut se partager (MH) . . . . RIEN
Ne peut tomber de très haut . . . . ÉMEU
Ne peut viser la tête (MH) . . . . LENT
Ne pignoche pas . . . . OGRE
Ne plaît pas aux fines gueules . . . . RATA
Ne plane pas . . . . ÉMEU
Ne plus être là . . . . ÔTER
Ne plus vouloir voir (MF) . . . . HUER
Ne prend pas l'avis des autres . . . . TÊTU
Ne quitte pas le plancher des vaches (MH) . . ÉMEU
Ne reconnaître rien . . . . NIER
Ne rencontre jamais personne lors de ses sorties (MH)
. . . . NASA
Ne répandre rien de bon (MH) . . . . PUER
Ne répond pas aux canons . . . . LAID
Ne respecte pas toujours les stops . . . . VÉLO
Ne restait pas longtemps veuve . . . . SATI
Ne restez pas dessus . . . . FAIM
Ne rien avouer, ne rien confirmer, ne rien maintenir
. . . . NIER
Ne rien craindre . . . . OSER
Ne rouille pas . . . . INOX
Ne sait pas lire mais sait écrire (MH) . . . . . . MINE
Ne s'assoit pas comme tout le monde . . . . . . YOGI
Ne saute pas très loin . . . . NAIN
Ne se donne pas aux amis . . . . GNON
Ne se fait pas entendre (PD) . . . . MUET
Ne se feront pas tous baptiser (MH) . . . . VINS
Ne s'élève pas, ne se pose pas . . . . ÉMEU
Ne s'occupe plus des ragots . . . . LAIE
Ne sont jamais loin du conte (MH) . . . . FÉES
Ne sont pas les plus forts . . . . ROIS
Ne sont pas tous à boire . . . . AIRS
Ne sont pas tous envahis par les algues . . . . LACS
Ne sort pas de chez les grands couturiers . . . SARI
Ne souffle pas chez nous . . . . CERS

Nés pour être dévorés . . . . METS
N'est jamais prévu . . . . ALÉA
N'est pas à la portée de tous . . . . LUXE
N'est pas à n'importe qui . . . . TIEN
N'est pas de marbre mais en a l'air . . . . STUC
N'est pas fort comme un turc (MH) . . . . . . DÉCA
N'est pas homme de loi . . . . ANAR
N'est pas important . . . . RIEN
N'est pas le plus rapide . . . . TROT
N'est pas né à l'hôpital (MH) . . . . ADAM
N'est pas nécessairement poli . . . . VOUS
N'est pas nécessairement sous terre (MF) . . . CAVE
N'est pas sans voie (MH) . . . . GARE
N'est pas toujours à plein régime . . . . OUED
N'est pas très excitant . . . . DÉCA
N'est pas vendu au marché (MH) . . . . ÉTAL
N'est plus une jeunesse . . . . MÉMÉ
N'est point mondain . . . . OURS
Ne suit pas le même piste qu'un cavalier (MH) . . . .
. . . . TOUR
Ne suit pas les ordres (PD) . . . . LAÏC
Ne supporte pas qu'on le laisse tomber (MH) . . . . .
. . . . ŒUF
N'était pas libre . . . . SERF
N'étire pas les choses en longueur . . . . MINI
Ne traînez pas dedans . . . . BOUE
Nettement plus haute que large . . . . TOUR
Neuromédiateur dans le cerveau . . . . GABA
Ne veut rien savoir d'un cabinet (MH) . . . . ANAR
Ne vire pas de bord facilement . . . . TÊTU
Ne vola pas longtemps . . . . ADER
Ne volera jamais de ses propres ailes . . . . . . ÉMEU
Ni blanc ni noir . . . . GRIS
Ni blond ni noiraud . . . . ROUX
Niche au sol . . . . LULU
Niche près du sol . . . . ZIZI
Ni court ni rond . . . . LONG
Nid-de-poule . . . . TROU
N'ignorez pas cette lettre . . . . RSVP
Ni lavé ni blanchi . . . . ÉCRU
N'importe qui, c'est le premier . . . . VENU
N'ira pas au ciel . . . . ÉMEU
Nobel qui prit la plume au retour de l'URRS . . . . .
. . . . GIDE
Nœud coulant pour prendre le gibier . . . . . . LACS
N'offre pas toujours à boire . . . . OUED
Noire ou blanche . . . . CASE
Noires elles sont terribles . . . . FÉES
Noix stimulante . . . . COLA
Nombreux dans les Alpes . . . . COLS
Nombreux qui se changent quand elle change (MH) . .
. . . . MODE
Nom de Dieu . . . . PÈRE
Nom de la mère de Zeus . . . . RHÉA
Nom donné à une sorte de fève . . . . LIMA
Nom d'un dieu . . . . ÉOLE, ÉROS
Nom d'une république . . . . EIRE
Nom d'un jardin . . . . ÉDEN
Nom d'un marché . . . . NOIR
Nom d'un parti . . . . VERT
Nom espagnol d'un État d'Amérique du Sud . . . . . .
. . . . PERU

Non compris . . . . HORS
Normal pour une punaise . . . . PUER
Normal qu'il se sente visé (MH) . . . . CLOU
Nos impôts paient ses employés . . . . ÉTAT
Noté à l'envers . . . . ÉTON
Note du cancre . . . . ZÉRO
Notre visage l'est pour les Indiens . . . . PÂLE
Nous a enchanté en chantant . . . . PIAF
Nous aide à tout remettre en place (PD) . . . KINÉ
Nous aident à faire le pli . . . . FERS
Nous colle au train (MH) . . . . SLIP
Nous donne l'acajou et l'ipéca . . . . TUPI
Nous en fait voir de toutes les couleurs . . . . PEUR
Nous font suer . . . . ÉTÉS
Nous laisse les mains libres . . . . ÉTAU
Nous prend au dépourvu . . . . ALÉA
Nuit agitée . . . . RAVE
Nuit à la belle étoile (MF) . . . . RIDE
Numéro d'identification international . . . . . . ISSN
Objectif du safari . . . . LION
Objet de rangement . . . . ÉTUI
Objet pour immobiliser . . . . CALE
Oblige à faire face à une dépense . . . . ÉCOT
Oblige à marcher sur un pied (PD) . . . . TONG
Obtenir une audition (MF) . . . . OUÏR
Obtenu sans effort . . . . INNÉ
Occupe les loisirs . . . . DADA
Œuf dans le langage des enfants . . . . COCO
Œuvre de Chateaubriand . . . . RENÉ
Œuvre de chocolatier . . . . ŒUF
Œuvre de concert . . . . LIED
Œuvre de rondins . . . . ISBA
Œuvres de chef . . . . METS
Œuvres de Pierre Ronsard . . . . ODES
Offre une certaine protection . . . . ABRI
Offre une prise . . . . ANSE
Oignon qui fait pleurer . . . . PELÉ
On a entendu parler de ses noces . . . . CANA
On aime le mettre sur le carreau (MF) . . . . . ABAT
On aime les pousser au lit . . . . CRIS
On aimerait tous que notre cul le soit . . . . . BÉNI
On a la tête dessus . . . . TAIE
On connaît bien ses prunes . . . . AGEN
On devrait facilement s'en rappeler . . . . HIER
On dirait qu'il est sourd . . . . TÊTU
On dit qu'elle prend quand le cœur tient le coup . . .
. . . . ENTE
On dit qu'il a un certain pif . . . . GREC
On dit souvent qu'ils sont trop courts . . . . . ÉTÉS
On doit les déposer pour les enregistrer . . . . NOMS
On doit lui appliquer plusieurs couches avant qu'il ne
devienne une pièce majeure (MF) . . . . BÉBÉ
Ondule sur le toit . . . . TÔLE
One-man show . . . . SOLO
On en a besoin pour entrer chez nous . . . . . CLEF
On en a plein la bouche . . . . MOTS
On en a presque à tous les coins de rue . . . . STOP
On en fait à la personne que l'on veut séduire, qui est
tombée dedans . . . . ŒIL
On en fait des bries . . . . LAIT
On en fait des cocktails . . . . RHUM
On en fait des pichets . . . . GRÈS

On en fait de vermicelles chinois . . . . SOJA
On en fait parfois une grève . . . . ZÈLE
On en fait seulement aux gens qui nous attirent . . . .
. . . . ŒIL
On en fait sur la neige . . . . SURF
On en fait tout un plat . . . . METS
On en ramène toujours de l'épicerie . . . . . . SACS
On en sort après coups . . . . RING
On en sort tout mouillé . . . . BAIN
On en sort tout nu . . . . MÈRE
On l'a à l'œil . . . . IRIS, UVÉE
On l'a après coup . . . . BLEU
On la baisse quand on a honte . . . . TÊTE
On la chasse avec des boules (MF) . . . . MITE
On l'a constamment à l'œil . . . . UVÉE
On l'actionne avec une clé . . . . PÊNE
On l'a dans la peau . . . . PORE
On la demande pour avoir tout le reste . . . . MAIN
On la fait aux gens que l'on aime . . . . BISE
On la fait quand on n'est pas content . . . . . TÊTE
On la fixe pour se rencontrer . . . . DATE
On l'ajoute souvent aux fèves . . . . LARD
On l'ajuste avec la clef du poêle . . . . TIRE
On l'allume dans le foyer (MH) . . . . TÉLÉ
On l'a perdu à cause d'un serpent . . . . ÉDEN
On la pointe devant soi, on la porte . . . . . . ÉPÉE
On la prend par une fusée . . . . ÉPÉE
On la prend sous les réflecteurs . . . . POSE
On la retrouve au fond du lit (MF) . . . . VASE
On la taquine avec des vers (MH) . . . . MUSE
On la tire aux autres . . . . PIPE
On l'attend plusieurs mois . . . . BÉBÉ
On la voit bien avant midi . . . . AUBE
On la voit souvent sur la couverture . . . . . . STAR
On l'a vu commettre un meurtre à la télé . . . RUBY
On le barde . . . . RÔTI
On le bouche avec une bonne réplique . . . . . COIN
On le brûle sans qu'il fume (MH) . . . . STOP
On le démantèle en éliminant le cerveau (MF) . . . .
. . . . GANG
On le devient quand on ne se fait plus voir souvent
. . . . RARE
On le dit aux gens que l'on ne connaît pas . . VOUS
On le dit bon . . . . DIEU
On le dit très fort . . . . TURC
On le dit triste . . . . SIRE
On le donne aux gens méchants . . . . TORT
On le dresse avec un crayon . . . . PLAN
On le fait au lieu de se moucher . . . . SNIF
On le fait avec intérêt . . . . PRÊT
On le fait discrètement, en jetant un coup d'œil . . . .
. . . . GUET
On le fait en rendant visite à quelqu'un . . . . TOUR
On le fait en tournant . . . . FILM
On le fait pour ne pas se faire prendre, pour s'assurer
qu'il n'y a personne . . . . GUET
On le fait quand on est surpris . . . . SAUT
On le félicite pour son premier vol . . . . ADER
On le joue dans l'espoir de le gagner . . . . . . TOUT
On l'élimine . . . . URÉE
On le maquille pour mieux le révéler . . . . . . ŒIL
On l'embrasse et il ne fait plus mal . . . . . . BOBO

On le met au frais . . . . ROSÉ
On le met de côté pour en avoir devant soi . . GAIN
On le met en boîte . . . . THON
On le met en le faisant passer par-dessus la tête . . . .
. . . . PULL
On le monte à l'échelle . . . . PLAN
On le négocie sur la neige . . . . STEM
On l'enlève avec l'hérisson . . . . SUIE
On l'entend au bout du fil . . . . ALLÔ
On le place pour en tirer profit . . . . REER
On le place surtout en février . . . . REER
On le pousse devant une belle assiette (MF) . . MIAM
On le prend après les repas . . . . REÇU
On le prend pour sa retraite . . . . REER
On le présente devant la classe . . . . ORAL
On le reçoit dès le départ . . . . LEGS
On le regarde pour entendre la chanson . . . . CLIP
On le rencontre dans la mosquée . . . . IMAM
On le renouvelle quand on ne déménage pas . . BAIL
On le retire de la palette pour manger (MF) . . RÔTI
On les découvre quand ça va mal . . . . AMIS
On les dit éternelles . . . . ÂMES
On le sert frais . . . . ROSÉ
On les fait bouillir . . . . ÉPIS
On les fait tourner . . . . CLÉS
On les frappe à coup de bois (MF) . . . . TEES
On le sonne lors d'un feu, quand c'est la fin . . GLAS
On le sort à la retraite . . . . REER
On le sort quand on manque d'air (MH) . . . . CRIC
On les ouvre à ceux que l'on aime . . . . BRAS
On les prend pour se remonter . . . . AIRS
On les récolte en travaillant . . . . SOUS
On les sert dans une assiette . . . . METS
On l'est encore plus avec tout (MF) . . . . . . SEUL
On les tire au hasard . . . . LOTS
On le suit en descendant (MF) . . . . PÈRE
On les utilise pour faire des trous (MF) . . . . TEES
On les voit bien en hiver . . . . NIDS
On le tire par la bouche (MF) . . . . OBUS
On l'étouffe . . . . RIRE
On le trouve de pis en pis . . . . LAIT
On leur pardonne . . . . AMIS
On le voit à la fin de certains films . . . . LION
On le voit à marée basse . . . . ÉTOC
On le voit à quelques pieds de son semblable (MF)
. . . . RAIL
On le voit en queue de cheval . . . . CRIN
On l'oublie souvent très vite . . . . RÊVE
On lui a mis la corde au cou . . . . RIEL
On lui doit «Les Misérables» . . . . HUGO
On lui donne de l'air pour le remettre en forme . . . .
. . . . PNEU
On lui échappe sur le marché noir . . . . FISC
On lui fait boire une bonne rasade d'alcool . . BABA
On lui fait confiance . . . . AMIE
On lui fait dire ce qu'on veut (MF) . . . . ÉCHO
On lui fait porter le chapeau (MH) . . ROUE, TÊTE
On lui laisse le choix (MH) . . . . URNE
On lui lance des balles . . . . VERT
On lui offre des fleurs . . . . ATON
On lui parle surtout quand ça va mal . . . . . . DIEU
On lui passe des messages en lui donnant un coup de

pouce (MF) .... TÉLÉ
On lui pompe l'air .... PNEU
On lui touche et il s'enroule .... IULE
On l'utilisait pour s'offrir des mets chinois .. TAEL
On l'utilise derrière le miroir .... TAIN
On l'utilise pour arriver à ses fins ...... RUSE
On l'utilise pour chasser .... OUST
On l'utilise pour croiser le fer .... ÉPÉE
On l'utilise pour jouer au golf .... GANT
On l'utilise pour partager ses vues (MF) .... CINÉ
On l'utilise pour un renvoi .... OUST
On mange celle de l'asperge .... TIGE
On mange ses tubercules .... TARO
On met des gants avant d'y aller .... RING
On nage entre deux quand on hésite ...... EAUX
On n'a qu'à le héler .... TAXI
On ne la prend pas par la taille .... ÉPÉE
On ne la voit plus quand on ferme l'œil ... UVÉE
On ne l'entend plus .... AÈDE
On ne l'étouffe pas (MH) .... AÉRÉ
On ne le voit jamais venir (MF) .... ALÉA
On ne le voit qu'à marée basse .... ÉTOC
On ne lui en veut pas d'avoir volé (MF) .... ADER
On ne peut en douter .... VRAI
On ne peut en imprimer les images (MH) ... RÊVE
On ne peut le prendre au vol .... ÉMEU
On ne peut plus .... TRÈS
On ne peut s'y rendre à pied .... ÎLET
On ne veut pas qu'il lâche prise .... ÉTAU
On nous la sert sur un plateau (MF) ..... STAR
On n'y voit pas grand-chose .... NOIR
On n'y voit que du feu .... ÂTRE
On n'y voit rien .... NOIR
On paie pour ceux qu'on casse .... POTS
On parle beaucoup de son cancer .... SEIN
On passe à travers les yeux fermés ...... RÊVE
On peut en faire un sandwich .... PITA
On peut en voir à Téhéran .... RIAL
On peut en voir plus d'un dans l'ouest canadien ...
.... VEAU
On peut facilement le berner .... NAÏF
On peut facilement le tromper .... DUPE
On peut facilement s'y couper .... ÉTAL
On peut la manger ou s'y baigner ...... BAIE
On peut le faire avec un poignard .... TUER
On peut le saisir sans y toucher (MH) ..... SENS
On peut l'être par conviction ou par ignorance ....
.... TÊTU
On peut le voir à Paris .... TITI
On peut le voir en haut d'un arbre ...... AIRE
On peut parfois la perdre .... TÊTE
On peut regretter de l'avoir donnée ..... TAPE
On peut s'y fier .... ÉTAU
On peut y passer ses vacances .... CAMP
On pince ses cordes .... LYRE
On pourrait y trouver des plumes ...... TIPI
On préfère le donner que le partager ..... TORT
On promène sa carcasse (MH) .... PNEU
On recherche sa compagnie .... PAIX
On recueille sa graisse .... RÔTI
On règle ses calculs en les soustrayant (MF) .. REIN
On sait qu'il y avait des pommiers .... ÉDEN

On s'appuie dessus quand ça va moins bien .. POTE
On se drogue pour le fuir .... RÉEL
On se l'arrache .... STAR
On s'en charge (MH) .... LEST
On s'en donne un pour sauter .... ÉLAN
On s'en fait quand on s'inquiète pour rien ... BILE
On s'en fait souvent pour lui (MF) ...... RIEN
On s'en fout .... PFUT
On s'en régale au printemps .... TIRE
On s'en sert pour débarrasser le plancher ... OUST
On s'en sert pour berner les gens .... RUSE
On se sert d'un modèle pour la prendre ..... POSE
On souffle dessus et il disparaît .... BOBO
On souffre quand c'est son tour (MF) ..... REIN
On suit ce qui y est inscrit .... ORDO
On s'y baigne dehors .... ÉTÉS
On s'y colle l'oreille en fermant les yeux ... TAIE
On s'y échange des cadeaux .... PIGE
On s'y étend sur la neige .... LUGE
On s'y marie et s'y divorce .... RENO
On s'y rend en bateau .... ÎLET
On s'y rend en donnant des coups de bâton .. VERT
On s'y repose pour l'éternité .... URNE
On tape dans celui que l'on séduit .... ŒIL
Ont le nez au vent .... SPIS
Ont leurs amateurs .... ARTS
Ont leurs contes .... FÉES
Ont leurs entrées un peu partout .... CLÉS
Ont un grand chef .... CRIS
On vend cher sa peau .... DAIM
On veut sa peau devant le foyer .... OURS
On voit le premier en gros plan .... RÔLE
On y accède en descendant .... CAVE
On y a la tête plusieurs heurs par jour ..... TAIE
On y arrive en ayant notre bagage, en utilisant une
rame .... GARE
On y avance au coup par coup .... GOLF
On y brûle des cordes .... ÂTRE
On y chasse le tigre .... ASIE
On y commence et termine notre vie (MF) .. TROU
On y compte les jours .... TÔLE
On y coupe dans le vif (MH) .... ÉTAL
On y danse .... RAVE
On y dépèce du gibier .... ÉTAL
On y développe des photos .... LABO
On y donne des coups .... RING
On y emmagasine du vin .... CHAI
On y enseigne depuis fort longtemps .... ETON
On y entre à l'hôtel .... HALL
On y entre à mains nues .... GANT
On y entre pour se battre .... LICE
On y est à l'ombre .... TÔLE
On y étudie depuis longtemps .... IÉNA
On y fait cuire des blinis .... ISBA
On y fait des analyses, des examens, des expériences,
des recherches .... LABO
On y fait du direct mais on a droit à plusieurs reprises
(MH) .... RING
On y fait fondre du beurre .... ÉPIS
On y fait l'épicerie .... MAXI
On y ferme le poing .... GANT
On y fixe une bouée .... ORIN

On y garde la bouteille au froid . . . . SEAU
On y glisse sa main . . . . GANT
On y grogne . . . . SOUE
On y joue du couteau . . . . ÉTAL
On y jouit de présents . . . . NOËL
On y mange comme des bêtes . . . . AUGE
On y mesure l'équilibre des forces en présence . . . .
. . . . JUDO
On y met des bouts de corde . . . . ÂTRE
On y met des bouts de papier, des restes . . . URNE
On y met des oiseaux . . . . CAGE
On y met du champagne . . . . SEAU
On y met du vin . . . . CAVE
On y met la joue . . . . TAIE
On y met la main . . . . ANSE, GANT
On y met son X . . . . URNE
On y met souvent de l'argent . . . . LOBE
On y mettait le pain . . . . MAIE
On y met toute la gomme pour effacer son erreur (MF)
. . . . MINE
On y navigue . . . . SITE
On y offre le coucher et le petit déjeuner . . . . GÎTE
On y ouvre le bec . . . . NIDS
On y parle arabe . . . . IRAK, IRAN
On y parle aussi anglais . . . . INDE
On y parle le gaélique . . . . ÉRIN
On y parle le norvégien . . . . OSLO
On y parle plusieurs langues . . . . ASIE
On y parle russe . . . . ISBA
On y passe du bon et du moins bon . . . . TÉLÉ
On y passe parfois avec crainte . . . . ACTE
On y passe quand on entre dans le bois . . . ORÉE
On y philosophait . . . . ÉLÉE
On y prend le train . . . . QUAI
On y prépare les plats (MF) . . . . ÎLOT
On y range le télescope . . . . ÉTUI
On y remet les choses brisées . . . . ÉTAT
On y sème la zizanie . . . . ASIE
On y sert à manger . . . . AUGE
On y sert le poulet du colonel . . . . MESS
On y sert sûrement de la vodka . . . . ISBA
On y surfe . . . . SITE
On y travaille surtout sur le bout des pieds (MF) . . .
. . . . ODES
On y trouve de quoi faire le couscous . . . . . . SOUK
On y trouve des litchis . . . . ASIE
On y trouve un meuble de maquillage . . . . . LOGE
On y va pour dire son opinion, pour voter . . URNE
On y vit sur des réserves . . . . TIPI
On y voit de bons jeux de jambes . . . . BOXE
On y voit des étincelles, des flammes . . . . . . ÂTRE
On y voit des plans . . . . CINÉ
On y voit les gens qui sont dans le champ (MF) . . .
. . . . CINÉ
On y voit parfois des navets . . . . CINÉ
On y voit souvent de la fumée . . . . GRIL
On y voit souvent que du feu . . . . ÂTRE
Opposé à toute évolution . . . . RÉAC
Opposé au yin . . . . YANG
Opposition brutale . . . . VETO
Ordre et propreté . . . . SOIN
Organisation économique . . . . APEC

Organisation internationale . . . . OCDE
Orifice de canaux . . . . MÉAT
Orignal mélangé (MF) . . . . NAÉL
Oud ou sarod . . . . LUTH
. . . ou face . . . . PILE
Ouïe musicale . . . . ESSE
Où il y a de la place, où l'on n'étouffe pas . . AÉRÉ
Outil de sculpteur . . . . RIPE
Outil très pratique . . . . MAIN
Ouvert en Alberta . . . . OPEN
Ouverture chez la vieille (PD) . . . . OUÏE
Ouverture dans un embâcle . . . . ABÉE
Ouverture de ligne (PD) . . . . ALLÔ
Ouverture qu'il ne faut pas condamner . . . . MÉAT
Ouverture qui va dans les deux sens . . . . ESSE
Ouverture sportive . . . . OPEN
Ouvrages de défense (MH) . . . . TOGE
Paire de Seth . . . . ADAM
Paisible mais un peu niais . . . . BÉAT
Papa bien familier . . . . DABE
Paradis du surfeur . . . . SITE
Par conséquent (dès…) . . . . LORS
Parfois argentin . . . . RIRE
Parfois bleue . . . . PEUR
Parfois critique . . . . ÉTAT
Parfois fixe . . . . IDÉE
Parfois interdit en ville . . . . SENS
Parfois nécessaire à l'entrée . . . . VISA
Parfois on n'y voit que du feu . . . . ÂTRE
Parfois pétillant . . . . ŒIL
Parfois pommelé . . . . CIEL
Parfois voilée . . . . FACE
Parfument et adoucissent . . . . SELS
Parlait quechua . . . . INCA
Parlé en Asie . . . . THAÏ
Parlementaire à Québec . . . . CITÉ
Parole d'expert . . . . DIRE
Partager nos éclats (PD) . . . . RIRE
Part en éclats . . . . OBUS
Participa à la guerre de Troie . . . . ÉNÉE
Partie de clavier . . . . PAVÉ
Partie de costume . . . . KILT
Partie de crosse, de fusil . . . . BUSC
Partie de golf . . . . TROU
Partie de hockey . . . . DUEL
Partie de la face . . . . JOUE
Partie de la gorge . . . . NÉNÉ
Partie de literie . . . . DRAP
Partie de livre . . . . PAGE
Partie de l'hémoglobine . . . . HÈME
Partie des Grenadines . . . . ÎLOT
Partie d'examen . . . . ORAL
Partie du jurassique . . . . LIAS
Partie d'un bar . . . . OUÏE
Partie d'une chaussure . . . . TIGE
Partie d'une grille . . . . CASE
Partie d'une viande . . . . GRAS
Partie d'un labrador . . . . CROC
Partie d'un parti . . . . AILE
Partie d'un train, d'un vélo . . . . PNEU
Partie féminine . . . . NÉNÉ
Partie importante . . . . ASIE

Partie importante d'un spectacle .... SONO
Partie la plus importante des choses .... FOND
Partir à l'aventure .... OSER
Partir avec .... OSER, ÔTER
Partisan de la chute du régime (MH) ...... OGRE
Partisan de l'ordre .... ABBÉ
Pas abandonné .... AIDÉ
Pas acclamer .... HUER
Pas à la portée de n'importe qui .... ARDU
Pas anorexique .... OGRE
Pas appris, pas inculqué .... INNÉ
Pas à tout le monde .... TIEN
Pas au coin de la rue .... LOIN
Pas banal .... NEUF, RARE
Pas beaucoup .... DEUX
Pas besoin de couper les cheveux en quatre pour en
faire à sa tête (MF) .... RAIE
Pas bien tenu .... SALE
Pas bon .... RATÉ
Pascale Bussières .... ROBI
Pas certifier .... NIER
Pas choyé .... LÉSÉ
Pas choyé par la nature .... LAID
Pas comme la moyenne .... NAIN
Pas comme le dessus du pied .... VELU
Pas complet .... DEMI
Pas concis .... LONG
Pas confessionnel, pas dans l'église ...... LAÏC
Pas connu pour ses excès .... SAGE
Pas content .... DÉÇU
Pas découvert .... INNÉ
Pas désagréable .... CHER
Pas destiné aux enfants .... GORE
Pas donné .... ARDU
Pas doux .... ÂCRE
Pas droit .... TORS
Pas du tout convenable .... INDU
Pas du tout vénérer .... HAÏR
Pas écrit .... ORAL
Pas effectués avec plus ou moins de patience (MF)
.... CENT
Pas élevé .... RASÉ
Pas enchanté .... DÉÇU
Pas encore démodé .... NEUF
Pas encore oublié .... HIER
Pas encore très froid .... ZÉRO
Pas en état de conduire .... ROND
Pas épais .... TÉNU
Pas étrangère à Grappelli (MH) .... ESSE
Pas facile à escalader .... ÀPIC
Pas fauché .... AISÉ
Pas fondé .... INDU
Pas graphique .... ORAL
Pas hors de vue .... ÉPIÉ
Pas imaginaire, pas incertain .... RÉEL
Pas inculqué .... INNÉ
Pas lisse .... RIDÉ, VELU
Pas long .... BREF
Pas maigre .... GRAS
Pas malingre .... OSSU
Pas mince .... GROS
Pas ordinaire .... HAUT

Pas pâle .... HÂLÉ
Pas par la plume .... ORAL
Pas prêt à se mettre à table .... REPU
Pas progressiste .... RÉAC
Pas reconnue pour son parfum .... SOUE
Pas rigolo .... RUDE
Passage musical .... SOLO
Passage obligé pour une pizza .... FOUR
Passage pour une seule personne .... SOLO
Pas satisfait .... DÉÇU
Passe au nord de Kisangani .... UÉLÉ
Passe du grand au petit écran (PD) .... FILM
Passe en l'air .... NUÉE
Passe en ondes .... INFO
Passe par-dessus .... PONT
Passe par-dessus tête .... LOBE
Passe par Saragosse .... ÈBRE
Passe partout .... JEEP
Passe par Vendôme .... LOIR
Passer à l'action .... OSER
Passer à l'attaque .... OSER, RUER
Passer à travers .... USER
Passer aux actes .... AGIR
Passer en parlant du temps .... TUER
Passe silencieusement .... ANGE
Passe-temps qui se reconstruit à l'infini .... LEGO
Passé tout proche .... HIER
Pas souple .... TÊTU
Pas suave .... ÂCRE
Pas supérieur .... ÉGAL
Pas toujours contagieux .... RIRE
Pas toujours d'ivoire .... TOUR
Pas très bien dirigé .... ÉTAT
Pas très bon .... ÂCRE
Pas très bon pour les poumons .... SMOG
Pas très compact .... AÉRÉ
Pas très futé .... BÊTA
Pas très gros quand il est à côté .... GAIN
Pas très joli quand il est bot .... PIED
Pas très précis .... VERS
Pas trop chargé .... LÈGE
Pas vert .... BLET
Pas vieux .... NEUF
Pas vilain .... BEAU
Pas virtuel .... RÉEL
Pas vite .... NAÏF
Patelin perdu .... BLED
Patin à roulettes .... QUAD
Patrie de Lucien Bouchard .... ALMA
Patte à la mélasse (MF) .... OURS
Pauvre père .... LEAR
Payé avec d'autres .... ÉCOT
Paysage pittoresque .... SITE
Paysan en Amérique du Sud .... PÉON
Pays de rêve .... ÉDEN
Pêcherie fluviale .... GORD
Peiner au travail .... SUER
Peint dans le jardin (MH) .... NAIN
Peintre qui faisait partie d'un groupe ..... NABI
Pelure d'avocat (MH) .... ROBE
Penche tout haut .... PISE
Pendant la belle saison .... AOÛT

Pendant ses pauses, il soufflait un peu (MF) . . ÉOLE
Pendu en 1885 . . . . RIEL
Pénible à supporter . . . . ÂPRE
Pensée pour celui qui est parti (PD) . . . . OBIT
Pente du nord . . . . UBAC
Pente inversée . . . . ETÔC
Perdre des plumes . . . . MUER
Perdre du poids . . . . SUER
Perdues par la mère . . . . EAUX
Perdu le matin . . . . PAIN
Père des dieux . . . . ZEUS
Période de débordement . . . . RUSH
Perle que l'on aime voir accrochée à son cou . . . . . .
. . . . RARE
Permet au marin de repérer la côte . . . . AMER
Permet aux petits de renverser les grands . . . JUDO
Permet certaines corrections . . . . TEST
Permet certaines ouvertures . . . . CLEF
Permet de comprendre . . . . CLEF
Permet de diriger . . . . RÊNE
Permet de jouir . . . . BAIL
Permet de juger, de noter . . . . TEST
Permet d'envoyer des messages . . . . NERF
Permet de saisir sans l'aide de la main (MH) . . OUÏE
Permet de s'enfuir à toutes jambes (MH) . . . VÉLO
Permet de se rendre sur les îles . . . . PONT
Permet de se retrouver . . . . DATE
Permet de se voir . . . . TAIN
Permet d'évacuer . . . . SÉNÉ
Permettent aux Anglais d'y voir plus clair . . LENS
Permettent de faire des distinctions . . . . NOMS
Permet une distribution . . . . RABE
Permet une grande variété de plans . . . . ZOOM
Personnage de l'Iliade . . . . AJAX
Personnage des Grimm . . . . NAIN
Personnage de Zola, du 7V2 . . . . NANA
Personnage qu'on retrouve côté cour ou côté jardin
(MH) . . . . NAIN
Personne à prendre avec des pincettes . . . . . ÀPIC
Personne bien en vue . . . . STAR
Personne de plus de 65 ans . . . . ÂGÉE
Personne généralement citadine . . . . BOBO
Personne ignorante et sotte . . . . BUSE
Personne inclassable (MH) . . . . OVNI
Personne ne le voit venir . . . . ALÉA
Personne n'en veut, lui, il en redemande (MH) . . . .
. . . . MASO
Personne ne veut être comme eux (MF) . . . . RATS
Personne n'y parlait de ses ex (MF) . . . . ÉDEN
Personne qui a bien tournée . . . . STAR
Personne qui a des bibites . . . . TAON
Personne qui a le souffle coupé . . . . ÉMUE
Personne sur le trône (MF) . . . . ÉLUE
Personne volontaire . . . . TÊTE
Perte de contact (MH) . . . . SAUT
Petit amateur de gros rouge (PD) . . . . TAON
Petit badge métallique . . . . PIN'S
Petit bâton . . . . MINE
Petit blanc d'été . . . . NÉVÉ
Petit blanc pour le dessert (MH) . . . . LAIT
Petit bonheur . . . . AREU
Petit bout de morceau . . . . NOTE

Petit carreau . . . . SEPT
Petit cerf . . . . AXIS
Petit coin de paradis . . . . ÉDEN
Petit coin des Antilles . . . . ÎLET
Petit coin en campagne (PD) . . . . TROU
Petit dessin . . . . LOGO
Petite bête à pattes . . . . IULE
Petite blonde (MH) . . . . DEMI
Petit écran . . . . TÉLÉ
Petite et tendre . . . . AMIE
Petite formation, petit ensemble . . . . TRIO
Petite invention de Jack Kilby . . . . PUCE
Petite mesure . . . . ONCE
Petite poignée de main (MF) . . . . ANSE
Petit espace isolé . . . . ÎLOT
Petit État africain . . . . TOGO
Petit et déjà têtu (PD) . . . . ÂNON
Petite tête de cochon (MH) . . . . ÂNON
Petit film . . . . CLIP
Petit génie scandinave . . . . ELFE
Petit groupe . . . . TRIO
Petit, il peut avoir de la valeur (PD) . . . . RIEN
Petit mangeur de rosette . . . . GONE
Petit monstre . . . . MÔME
Petit morceau de beurre . . . . NOIX
Petit mot . . . . AREU
Petit nageur . . . . NÉON
Petit plus . . . . RABE
Petit rapporteur (PD) . . . . ÉCHO
Petit reptile fouisseur . . . . SEPS
Petits œufs . . . . FRAI
Petit sot . . . . ÂNON
Petit trou . . . . CHAS
Pétrir sans mal . . . . AXER
Peu agréable à avaler . . . . ÂCRE
Peu apprécié en tête . . . . LENT
Peu de gens peuvent y manger . . . . MESS
Peu excitant pour un pyromane (MH) . . . . . ÂTRE
Peuple nomade . . . . AFAR
Peu présentable . . . . SALE
Peu prompt . . . . LENT
Peur éclatée (PD) . . . . RUPE
Peu résistant aux chocs . . . . ŒUF
Peut briser la coque . . . . ÉTOC
Peut contenir des pierres . . . . REIN
Peut donner mal au ventre . . . . RIRE
Peut encore avoir envie de vomir (MH) . . . . ETNA
Peut être bonne à exploiter . . . . IDÉE
Peut être criminel . . . . ACTE
Peut être d'attraction . . . . PÔLE
Peut être déroulant à l'écran . . . . MENU
Peut être diabétique . . . . COMA
Peut être épicé . . . . METS
Peut être féroce . . . . BÊTE
Peut être moqueur . . . . RIRE
Peut être mouchetée . . . . ÉPÉE
Peut être pas palpable mais authentique . . . . RÉEL
Peut être payée à la ligne (MH) . . . . COKE
Peut être thoracique . . . . CAGE
Peut être triple . . . . SAUT
Peut faire grelotter, même en plein été . . . . . PEUR
Peut faire trembler . . . . PEUR

Peut finir par se déchausser . . . . DENT
Peut marquer la joie . . . . SAUT
Peut naviguer dans les deux sens (MH) . . . . PRAO
Peut nouer la gorge, nuire au jeu . . . . TRAC
Peut qualifier un fruit . . . . AMER
Peut qualifier un tournoi . . . . OPEN
Peut remplacer le bon mot . . . . TRUC
Peut se boire noir . . . . CAFÉ
Peut se dire d'un jaune . . . . FLUO
Peut se lancer à celui qui s'en va . . . . CIAO
Peut se manger au déjeuner . . . . MIEL
Peut se mettre au lit . . . . DAIS
Peut se retrouver quelque part . . . . PLAN
Peut servir à faire des drinks . . . . SODA
Peuvent être vieilles, mais ennuyeux (MH) . . GENS
Peuvent maintenant convoler . . . . GAIS
Peuvent se faire au beurre noir (MH) . . . . . . YEUX
Physicien français . . . . NEEL
Pièce cochonne (PD) . . . . SOUE
Pièce conique . . . . TIPI
Pièce de collection . . . . ROBE
Pièce de deux pièces . . . . SLIP
Pièce d'une serrure . . . . PÊNE
Pièce d'un jeu . . . . TOUR
Pièce qui accroche, qui retient . . . . ESSE
Piège à oiseaux dans les eaux et dans les airs . . . . .
. . . . RETS
Pieux troyen . . . . ÉNÉE
Pinçait des cordes . . . . AÈDE
Pincée pour être entendue . . . . LYRE
Pinson chez Alfred (PD) . . . . MIMI
Pisser dans ses culottes . . . . RIRE
Pistolet à barillet . . . . COLT
Pitance quelconque . . . . RATA
Place de celui qui dirige . . . . TÊTE
Place des étoiles . . . . CIEL
Place en seconde position (PD) . . . . VICE
Placer un mot . . . . DIRE
Plaisir du cruciverbiste . . . . MOTS
Plaît aux grenouilles . . . . MARE
Plaît aux sourds-muets . . . . MIME
Plan de travail (MH) . . . . ÉTAL
Plan et parti . . . . VERT
Plan que l'on fait pour se rapprocher des gens (MF)
. . . . GROS
Plante aromatique . . . . THYM
Plante d'origine sud-africaine . . . . IXIA
Plante utilisée pour fixer le sable des dunes . . OYAT
Plante voisine de l'iris . . . . IXIA
Plaques dermiques de l'oursin . . . . TEST
Plateau formé par les restes d'une coulée volcanique
. . . . MESA
Plat retourné . . . . STEM
Plein aux as . . . . AISÉ
Plein de miettes . . . . PANÉ
Plein de nourriture . . . . REPU
Plein de qualités . . . . DOUÉ
Plein de sang . . . . GORE
Plein de verres . . . . SOÛL
Plein de vers . . . . RIMÉ
Pleine de sable . . . . DUNE
Plume hongroise . . . . DÉRY

Plus attrayant, plus éclatant . . . . ORNÉ
Plus capable de viser . . . . IVRE
Plus cher quand il est gras (MH) . . . . FOIE
Plus comme une fillette . . . . ÂGÉE
Plus compliqué qu'une simple bataille . . . . . RAMI
Plus d'une est louée au Centre Bell . . . . LOGE
Plus d'un étudiant y vide son sac . . . . CASE
Plus d'un homme en fait à sa tête en prenant une
brosse (MF) . . . . RAIE
Plus d'un milliard d'habitants . . . . INDE
Plus éclatant . . . . ORNÉ
Plus fine quand on est jeune . . . . OUÏE
Plus gros qu'une balle . . . . OBUS
Plusieurs admirent des étoiles filantes (MF) . FANS
Plusieurs femmes y mettent le voile . . . . IRAN
Plusieurs larmes s'y sont versées . . . . GARE
Plusieurs la suivent . . . . MODE
Plusieurs ne les respectent pas . . . . LOIS
Plusieurs personnes . . . . CEUX
Plus il est cher, plus on l'aime . . . . ÊTRE
Plus il est jeune, plus il est ferme . . . . SEIN
Plus il est méchant moins il comprend . . . . . TATA
Plus il est menaçant, plus il risque de gronder
. . . . CIEL
Plus il est solide, plus il est fluide . . . . LIEN
Plus ils sont gros, plus les gens les espèrent . . LOTS
Plus incliné . . . . LEVÉ
Plus large que le lit . . . . DRAP
Plus l'hiver approche, plus il est chaud . . . . . ÂTRE
Plus loin que (au...) . . . . DELÀ
Plus lourd quand il devient gras (PD) . . . . . . RIRE
Plus ... moelleux que les autres ? (MH) . . . . OSSU
Plus on en a, plus on est calme . . . . NERF
Plus on est près de lui, plus il nous chauffe . . ÂTRE
Plus on serre la vis, plus il se referme . . . . . . ÉTAU
Plus on y met de la gomme, plus il perd de la gomme
(MF) . . . . PNEU
Plus ou moins . . . . PROU
Plus pour les Anglais . . . . MORE
Plus que parfait . . . . RÊVÉ
Plus qu'une goutte . . . . ONCE
Plus rapidement accessible en barre que dans le ciel
(MF) . . . . MARS
Plus rapide que le pas . . . . TROT
Plus rare au parti que parmi les fagots (PD) . . COCO
Plus vivable . . . . AÉRÉ
Plus vous criez, plus il vous répond sur le même ton
(MF) . . . . ÉCHO
Plus vous en avez, plus vous vous offrez des sakés
. . . . YENS
Plut à Didon . . . . ÉNÉE
Plutôt au son . . . . NASA
Poème du Moyen Âge . . . . LIED
Poète britannique . . . . POPE
Poète du Plat Pays . . . . BREL
Poète de la couleur . . . . KLEE
Poète entré au Panthéon . . . . HUGO
Poids ajouté au dirigeable . . . . LEST
Poil de carotte . . . . ROUX
Poil dur et raide du cochon . . . . SOIE
Point à viser . . . . MIRE
Point blanc . . . . SALE

Point confirmer . . . . NIER
Point dans l'eau, point isolé . . . . ÎLOT
Point d'appui . . . . BASE
Point de repère dans une œuvre . . . . OPUS
Point de suspension (MH) . . . . CLOU
Pointe dangereusement la tête . . . . ÉTOC
Pointe de la rose (PD) . . . . AIRE
Point express . . . . LENT
Point graphique . . . . ORAL
Point maintenir . . . . NIER
Point montré . . . . INNÉ
Point pour le marin . . . . AMER
Point pour l'équipe . . . . GOAL
Point satisfait . . . . LÉSÉ
Point transmis . . . . INNÉ
Poison volant . . . . UPAS
Poisson à chair estimée . . . . MUGE
Poisson nordique . . . . LUMP
Poivre et sel . . . . GRIS
Poli pour une personne . . . . VOUS
Pollue l'air . . . . ÂTRE
Pollution urbaine . . . . SMOG
Pond des gros œufs mais ne vole pas . . . . . ÉMEU
Popote des chefs (PD) . . . . MESS
Populaire au Japon . . . . SUMO
Populaire au Mexique . . . . TACO
Populaire chez nos voisins germaniques . . . . LIED
Populaire sur le terrain et à l'écran . . . . FOOT
Population de l'Inde . . . . NAGA
Population tribale de l'Inde . . . . GARO
Portait le nom de Christiana . . . . OSLO
Porté à la scène . . . . TUTU
Porté à l'écran . . . . SITE
Porte-cartes . . . . ÉTUI
Porte de maison . . . . HUIS
Porte en bois (MF) . . . . ORÉE
Porte encore le faux-col . . . . DEMI
Porte le chapeau . . . . TÊTE
Porte le tablier (PD) . . . . PILE
Porté par les danseuses . . . . TUTU
Porte-poussière (MH) . . . . URNE
Porter toujours le même habit . . . . USER
Porte un bonnet . . . . HÈRE
Porte une fleur . . . . TIGE
Porte une longue barbe . . . . ORGE
Porteur d'andouillers . . . . DAIM
Porteur de laine . . . . OVIN
Portion d'espace . . . . AIRE
Portion de territoire . . . . ZONE
Port sur le golfe de Botnie . . . . OULU
Pose la question . . . . QUOI
Pose problème . . . . ARDU
Position pas évidente . . . . DÉNI
Pot-de-vin . . . . GAIN
Poubelle ou réalité (PD) . . . . TÉLÉ
Poudre de perlimpinpin . . . . TALC
Pour accrocher . . . . ESSE
Pour aller sur l'eau . . . . YOLE
Pour arriver . . . . PORT
Pour bâtir une maison écologique . . . . PISÉ
Pour boucher . . . . ÉTAL
Pour changer de direction . . . . STEM

Pour de bonnes glaces . . . . TAIN
Pour descendre les rapides . . . . RAFT
Pour éclairer . . . . NÉON
Pour en faire un, nul besoin de règle (MH) . . ROND
Pour en savoir plus sur un candidat . . . . TEST
Pour éviter la répétition . . . . IDEM
Pour faire des améliorations . . . . TEST
Pour faire des glissades . . . . LUGE
Pour faire labour . . . . HOUE
Pour faire le bon poids . . . . TARE
Pour faire réfléchir . . . . TAIN
Pour faire trembler . . . . PEUR
Pour gâcher . . . . AUGE
Pour gagner, les joueurs doivent en former un . . . . .
. . . . TOUT
Pour la descente rapide . . . . RAFT
Pour la faire, il faut avoir de l'équilibre . . . . ROUE
Pour la fermer . . . . ÉPAR
Pour la guerre . . . . ARMÉ
Pour la suivre, il faudra remonter (PD) . . . . EDOM
Pour lequel on n'a pas besoin de sytlo (MH) . ORAL
Pour les amateurs de grandes chaînes . . . . . . HIFI
Pour les bâtisseurs en herbe . . . . LEGO
Pour les échanges écossais . . . . ERSE
Pour les fleurs . . . . VASE
Pour les grands de Bourgogne . . . . CLOS
Pour les transports en liquide . . . . SEAU
Pour le voir voler, il faut de l'imagination (MF) . . .
. . . . OVNI
Pour l'instant sans bois (MH) . . . . HÈRE
Pour lui, un enfant de nanan, c'est du nanan (MF)
. . . . OGRE
Pour mesurer . . . . TEST
Pour mettre la main au panier . . . . ANSE
Pour mieux voir . . . . SPOT
Pour montrer . . . . CELA
Pour ne pas se perdre dans les notes . . . . . . OPUS
Pour opérer à chaud . . . . GRIL
Pour partir . . . . PORT
Pour pousser sur l'eau . . . . RAME
Pourpre pâle . . . . ROSE
Pour préparer un beau gâchage (PD) . . . . . . AUGE
Pour que chaque chose soit à sa place . . . . . ÉTUI
Pour qu'il soit crédible, il faut savoir se faire oublier
. . . . RÔLE
Pourra fumer dans certains restos cet hiver . . ÂTRE
Pour rouler . . . . RUSE
Pour saisir la cruche . . . . ANSE
Pour saisir la pièce . . . . GRIL
Pour sauver du temps, elle coupe dans le bois (MF)
. . . . SCIE
Pour se chauffer . . . . FUEL
Pour se déplacer, il faut en monter un de plus . . . . .
. . . . CRAN
Pour se désintoxiquer . . . . CURE
Pour se faire noter sans écrire . . . . ORAL
Pour se lever avant elle, il faut se coucher de bonne
heure (MH) . . . . AUBE
Pour se rendre à celui de l'autre, il faut changer le
sien . . . . AVIS
Pour situer le morceau . . . . OPUS
Pourtant, elle avance sans rames (MF) . . . . . RAME

Pour tenir . . . . ESSE
Pour un bon gâchage (PD) . . . . AUGE
Pour une approche discrète (PD) . . . . ZOOM
Pour une bonne glace . . . . TAIN
Pour une famille tahitienne . . . . FARÉ
Pour un ou plusieurs . . . . VOUS
Pour un séjour à la campagne . . . . GÎTE
Pour un séjour paradisiaque . . . . ÉDEN
Pour voir . . . . TEST
Pour vous, il n'est pas encore disparu (MH)
. . . . URUS
Pousse à agir, à l'action . . . . ÉLAN
Pousse à la queue . . . . CRIN
Pousse en Afrique . . . . NÉRÉ
Pousse en Asie . . . . AREC
Pousse en altitude . . . . AROL
Pousse et soulève . . . . CRIC
Pousse les jeunes pousses (PD) . . . . SÈVE
Pousse les voiliers . . . . ÉOLE
Pousser à bout . . . . OSER
Pouvoir donc être approuvé, être enregistré
. . . . LIRE
Pratique à l'automne . . . . PULL
Pratiquement tout le monde la connaît . . . . . STAR
Pratique pour faire de la poudre . . . . RÂPÉ
Précède facto . . . . IPSO
Précède une proposition d'échange . . . . RAPT
Préfère être assis en avant, être au premier rang . . . .
. . . . NAIN
Premier à prendre l'avion, à voler de ses propres ailes
. . . . ADER
Premier assassin de l'histoire . . . . CAÏN
Premier berger . . . . ABEL
Premier dans la descente (PD) . . . . CAÏN
Première place . . . . TÊTE
Premier film à succès de Spielberg . . . . DUEL
Premier président de l'Assemblée européenne . . . .
. . . . VEIL
Premier sorti . . . . AÎNÉ
Premier vin de l'histoire . . . . ROSÉ
Prend l'eau . . . . SEAU
Prend racine en Afrique . . . . NÉRÉ
Prendre à la corde . . . . LIER
Prendre en compte . . . . LIRE
Prendre en grippe . . . . HAÏR
Prendre la liberté de . . . . OSER
Prendre la vie du bon côté . . . . RIRE
Prendre les grands moyens . . . . TUER
Prendre positivement . . . . ÔTER
Prendre son courage à deux mains . . . . OSER
Prendre sur le fait . . . . VOIR
Prendre un autre timbre, une autre voix . . . . MUER
Prendre un coup de chaud (PD) . . . . SUER
Prendre une bonne assurance, une chance . . . OSER
Prendre une moitié (MF) . . . . UNIR
Prendre un ton plus grave . . . . MUER
Prend soin de nos amis à quatre pattes (MH) . . . . . .
. . . . VETO
Prend soin des spécialistes . . . . FMSQ
Prend souvent part à la cérémonie (MH) . . . . FRAC
Prénom anglais . . . . BILL
Prénom de la comédienne Lafontaine . . . . . . RITA

Prénom de Madame Bovary . . . . EMMA
Prénom du chanteur Mariano . . . . LUIS
Prénom féminin anglais . . . . LANA
Prénom masculin . . . . ENZO
Prépara les escalopes en remontant (PD) . . . ANAP
Prépare vos repas de demain (PD) . . . . INRA
Près de la mer Morte . . . . NÉBO
Près de l'eau . . . . RIVE
Près de Monaco . . . . NICE
Près de Moscou . . . . OREL
Près d'Hiroshima . . . . KURE
Près du bas-ventre . . . . AINE
Près du chevalet . . . . ESSE
Présence d'esprit . . . . TÊTE
Présent à la naissance, dès le départ . . . . . . INNÉ
Présente à l'ouverture . . . . CLEF
Présente bien . . . . ÉTAL
Presque bleu . . . . PERS
Presque impossible . . . . ARDU
Presque impossible à faire dans le noir . . . . VOIR
Presque neuf . . . . HUIT, OCTO, SEPT
Presque noir . . . . HÂLÉ
Pression française (MH) . . . . DEMI
Prêt à sortir de table . . . . REPU
Prêt pour la campagne . . . . ARMÉ
Prêt pour le digestif . . . . REPU
Prévu pour la fin de l'année . . . . NOËL
Prince du passé . . . . TSAR
Princesse d'Ochalie . . . . IOLE
Pris à la gorge . . . . NÉNÉ, SEIN
Prise au détriment des autres . . . . AISE
Prise dans les filets à cause de ses filets . . . SOLE
Prise de têtes célèbre (MF) . . . . RAPT
Pris en arrivant . . . . SEIN
Prise par le modèle . . . . POSE
Prison dont on a inversé les consonnes (MF) . . . . . .
. . . . GACE
Prison d'où s'évadent ceux qui vont voler (MH) . . .
. . . . ŒUF
Privé de . . . . SANS
Priver de reconnaissance . . . . NIER
Prix cinématographique . . . . OURS
Prix de la victoire . . . . GAIN
Procédé poétique . . . . RIME
Producteur de cachous . . . . AREC
Production ouvrière (PD) . . . . MIEL
Produit automatiquement déposé sur les rayons (MF)
. . . . MIEL
Produit de la vache . . . . CUIR
Produit de mégisserie . . . . ALUN
Produit en Syrie . . . . ARAC
Produit par . . . . ISSU
Projectile métallique . . . . OBUS
Projection en privé (MH) . . . . RÊVE
Prolongent les pieds . . . . SKIS
Propice à la lecture . . . . SOIR
Propos enfantin . . . . AREU
Propos rapportant des faits . . . . ÉCHO
Protecteur des rues romaines . . . . LARE
Protection en eaux profondes, en mer . . . . . . TEST
Protège du vent . . . . ABRI
Protège les jumelles . . . . ÉTUI

Protègent le globe .... CILS

Protègent les fondements (PD) .... TAIE

Protégé par des Anglais .... GOAL

Protocole de réservation de ressources sur Internet .... RSVP

Publicité éclairée (MF) .... NÉON

Qualifie le rire .... GRAS

Qualifie une perle .... RARE

Qualifie un pinot .... NOIR

Quand il a peur, il se replie sur lui-même ... IULE

Quand il crache, les Italiens se sauvent ..... ETNA

Quand il est là, c'est qu'il n'y a pas de problème (MF) .... RIEN

Quand il parle, c'est toujours après avoir réfléchi (MF) .... ÉCHO

Quand il sera pour nous, on ne l'entendra pas (MH) .... GLAS

Quand ils sont chauds, ils font suer .... ÉTÉS

Quand il tombe, on souffle un peu .... VENT

Quand il y en a beaucoup, ça fait une foule ..... GENS

Quand les choses vont trop loin .... ABUS

Quand on dit qu'il est là, c'est que c'est facile (MF) .... RIEN

Quand on en a quatre, on est aux as .... ROIS

Quand on en sort, on a eu chaud .... AOÛT

Quand on est dans celle de quelqu'un, il faut se surveiller .... MIRE

Quand on la force, on exagère .... NOTE

Quand on la met en bas, elle a tendance à rougir ... TÊTE

Quand on le passe, on est jugé .... TEST

Quand on le perd, on est vraiment perdu (MF) .... PIED

Quand on l'est, on a plus de chance de se faire rouler .... ROND

Quand on l'est, on ne peut en être conscient ...... MORT

Quand on ne le fait pas, on le brûle .... STOP

Quand on peinture, on l'a dans la main .... ENTE

Quand un match l'est, il n'y a pas de gagnant ..... ÉGAL

Quand un objet tombe dans le lac .... PLOC

Quatre cordes indiennes .... VINA

Que l'on a malgré soi .... INNÉ

Que l'on fait les doigts dans le nez (MF) .... AISÉ

Que l'on n'a pas appris .... INNÉ

Que l'on ne peut pas voir .... ORAL

Que l'on peut entendre .... ORAL

Que l'on peut saisir .... ANSE

Que l'on sent très bien .... RÉEL

Que l'on se souvient de ne pas avoir réalisé .. OMIS

Quelque chose qu'on cache .... AVEU

Quelque chose qu'on peut faire dans le sud .. SUER

Quelque chose tombe dans l'eau .... FLAC

Quelques bouchées de poulet .... AILE

Quelques familles .... CLAN

Quelques maisons .... ÎLET

Quelques minutes .... LAPS

Quelques sièges .... LOGE

Quelques verres et elle n'est plus là ...... GÊNE

Quelqu'un pleure .... SNIF

Quelqu'un qui ne pige pas vite .... LENT

Qu'est-ce que vous dites ? .... QUOI

Qu'est-ce qu'il a reçu .... GÂTÉ

Qui a besoin d'être relevé .... FADE

Qui a besoin d'un bain .... SALI

Qui a besoin d'une bière (MF) .... TUÉE

Qui a déjà une blonde .... PRIS

Qui a du chien .... RACÉ

Qui a éliminé ses favoris (MF) .... RASÉ

Qui a eu de la chance .... SAUF

Qui a eu peur .... PÂLI

Qui a eu un grand plaisir (MF) .... VENU

Qui a fière allure .... RACÉ

Qui a le don .... APTE

Qui a les moyens .... AISÉ

Qui a mis le nez dehors .... ISSU

Qui a perdu un peu de sûreté .... IVRE

Qui a pris un coup .... TALÉ

Qui a pris une bonne bouffée .... AÉRÉ

Qui a reçu ce qu'il ne voulait pas recevoir ... PUNI

Qui a son compte (MH) .... IVRE

Qui a tout ce qu'il veut .... GÂTÉ

Qui a un air un peu niais .... BÉAT

Qui a un certain cachet .... DATÉ

Qui a une certaine durée .... LONG

Qui a un homme dans sa vie, qui a un petit ami .... LIÉE

Qui aurait bien besoin de boire un coup (MH) ..... FANÉ

Qui brûle le palais .... ÂCRE

Qui commence à se détériorer .... BLET

Qui contient des scènes sanglantes ..... GORE

Qui contient du sodium .... SODÉ

Qui divise par un millardième .... NANO

Qui doit faire sa toilette .... SALI

Qui donne soif .... SALÉ

Qui en a gros sur le cœur .... AMER

Qui en est pour ses frais .... DÉÇU

Qui est allé au soleil .... HÂLÉ

Qui est à poil sans l'être (MF) .... RASÉ

Qui est de haut de gamme .... AIGU

Qui est fait avec calme .... KENT

Qui est indépendant de toute confession religieuse .... LAÏC

Qui est privé d'un sens .... MUET

Qui est semé facilement .... LENT

Qui est séparé en trois .... TRIN

Qui est tordu .... TORS

Qui est tout le contraire de grave ..... AIGU

Qui est vraiment arrivé .... VÉCU

Qui fait couler beaucoup de liquide (MF) ... CHER

Qui fait l'affaire .... APTE

Qui l'a sur le cœur, qui le digère mal ..... AMER

Qui le prend suit sa voie .... TRAM

Qu'il faut avaler tout cru, qu'il faut croire .. RÉEL

Qu'il faut détacher .... SALI

Qui lutte .... ANTI

Qui marche très bien .... NEUF

Qui marque le toucher rudement ...... ÂPRE

Qui met du temps à allumer .... LENT

Qui n'a donc qu'à se laisser faire ..... TOUÉ

Qui n'a pas de blanc .... ZAIN

Qui n'a pas idée où il s'en va . . . . MÊLÉ
Qui n'a pas subi de transformation . . . . BRUT
Qui n'a pas toute sa tête . . . . GELÉ
Qui n'a plus de favoris . . . . RASÉ
Qui n'a rien dans le ventre (à...) . . . . JEUN
Qui ne donne rien . . . . VAIN
Qui ne la connaît pas ? . . . . STAR
Qui ne le prend pas . . . . AMER
Qui ne manque pas de courant (MH) . . . . . AÉRÉ
Qui ne marche pas droit . . . . IVRE
Qui n'encombre pas le quai . . . . LÈGE
Qui ne peut plus rire dans sa barbe (MF) . . . RASÉ
Qui ne peut que monologuer . . . . SEUL
Qui ne rêve plus . . . . LEVÉ
Qui ne risque pas de gagner . . . . LENT
Qui ne se fait pas à l'idée . . . . AMER
Qui ne se fait pas en écrivant . . . . ORAL
Qui ne s'étire pas . . . . BREF
Qui n'est donc pas juste à côté . . . . HÉLÉ
Qui n'est donc pas tout seul . . . . ÉPIÉ
Qui n'est pas complet . . . . DEMI
Qui n'est pas de la frime . . . . RÉEL
Qui n'est pas égal . . . . RUDE
Qui n'est pas encore mûr . . . . VERT
Qui n'est pas inventé . . . . RÉEL
Qui n'est pas juste dans la tête, ne vous fait pas d'illusion . . . . RÉEL
Qui n'est pas trop chargé . . . . AÉRÉ
Qui ne tient pas debout . . . . IVRE
Qui ne vaut pas cinq cents (MF) . . . . RATÉ
Qui pavoise . . . . FIER
Qui pense à se refaire une beauté . . . . RIDÉ
Qui pense la même chose . . . . POUR
Qui peut donc en prendre . . . . LÈGE
Qui peut être facilement touché . . . . RÉEL
Qui peut oublier la tête . . . . LENT
Qui peut se séparer en deux . . . . PAIR
Qui plaît beaucoup . . . . RÊVÉ
Qui radote . . . . SOÛL
Qui ressemble beaucoup . . . . SEMI
Qui rêve de rencontrer l'âme sœur ? (MH) . . . . .
. . . . .SEUL
Qui risque de ne pas dépasser le barrage (MH) . . .
. . . . IVRE
Qui se fait attendre . . . . LENT
Qui se fait en parlant . . . . ORAL
Qui se passe loin des pieds (MH) . . . . ORAL
Qui se tient bien . . . . POLI
Qui s'oppose à . . . . ANTI
Qui s'y frotte s'y pique . . . . DARD, PINS
Qui tire une vive satisfaction . . . . FIER
Qui tombe du ciel . . . . INNÉ
Quittent le navire . . . . RATS
Qui va son petit train de Sénateur (MH) . . . . IVRE
Qui vient de quelque part . . . . ISSU
Qui vous prend à la gorge . . . . ÂPRE
Qu'on n'attend pas . . . . PRÊT
Quotidien qui va mal . . . . LIBE
Raconter une histoire . . . . NIER
Radio communautaire . . . . CIBL
Ramasse au départ . . . . HOIR
Ramasse les restes (PD) . . . . URNE

Rapport logique . . . . LIEN
Rapproché du micro (MF) . . . . MINI
Rapproche les gens . . . . ZOOM
Rarement discret . . . . RIRE
Rassemble les gens qui se ressemblent . . . . . CLAN
Raté raté . . . . RAÉT
Ratite australien . . . . ÉMEU
Recherché dans la tempête, pendant l'orage, quand il fait très froid . . . . ABRI
Recherché par bien des auteurs . . . . RIRE
Récipient de bois pour la vendange . . . . TINE
Récipient de choix . . . . URNE
Récitait des vers . . . . AÈDE
Reçoit des coups de lames (MH) . . . . ÉTAL
Reçoit des touristes . . . . GÎTE
Reçoit des visiteurs de partout . . . . SITE
Reçoit du soleil . . . . ORÉE
Reçoit souvent des fleurs . . . . VASE
Reçoit un bulletin qui n'est pas chiffré . . . . URNE
Recommendation pour one man show . . . . . SOLO
Reçue chez Gustave . . . . IDÉE
Reçue de la main de quelqu'un . . . . TAPE
Récupère les restes . . . . URNE
Redoutable chasseur . . . . PUMA
Réfléchi une fois retourné (PD) . . . . EGAS
Refrain qui revient . . . . TOPO
Refroidit l'air . . . . VENT
Refuse toute évolution . . . . RÉAC
Régal d'Obélix . . . . LAIE
Regarde en l'air (MH) . . . . NASA
Regarder à l'œil nu . . . . VOIR
Regarder ce que les autres ont écrit . . . . . . LIRE
Région du Québec . . . . ÎLES
Région du Sahara . . . . MZAB
Régna sur la Chine . . . . YUAN
Regroupement organisé . . . . CLAN
Rejoint la Seine . . . . OISE
Rejoint le lac de Neuchâtel . . . . ORBE
Relâche l'intestin . . . . SÉNÉ
Relatif à un trou . . . . ANAL
Relever un défi . . . . OSER
Relief de Sicile . . . . ETNA
Relie l'Espagne au Portugal . . . . TAGE
Religieux français . . . . ODON
Remarquable en son genre . . . . FIER
Remis involontairement par le père . . . . INNÉ
Remplace le nom que l'on ne trouve pas . . . TRUC
Rempli à la pompe . . . . PNEU
Rempli d'une idée . . . . IMBU
Remplissent les poches . . . . CLÉS
Rencontre à risque . . . . DUEL
Rencontre de japonais . . . . SUMO
Rendait les flèches mortelles . . . . UPAS
Rendez-vous important . . . . DUEL
Rend quelqu'un sans défenses . . . . SIDA
Rendre inutilisable . . . . USER
Rendre la vie impossible . . . . TUER
Rend serre vis . . . . ÉTAU
Rend service aux végétariens . . . . TOFU
Renferme les cendres du mort . . . . URNE
Renvoi déjà vu . . . . IBID
Repas bien connu . . . . CÈNE

Repasser par la tête . . . . LIRE
Repère au cinéma . . . . CLAP
Réponse au Kremlin . . . . NIET
Réponse d'abonné à un appel . . . . ALLÔ
Repousser ses proches, son entourage (MF) . . . . .
. . . . .PUER
Réputées entre autres pour leurs homards . . . . ÎLES
Réputée pour ses vins . . . . ASTI
Réseau large bande . . . . ADSL
Réserve de gibier . . . . PARC
Réservée aux adultes . . . . URNE
Résineux et odorant . . . . TOLU
Responsabilité du chef . . . . MENU
Responsable de la sécheresse . . . . NINA
Responsable d'une zone évacuée (MH) . . . . . SÉNÉ
Ressemble à la belote . . . . YASS
Ressemble au curare . . . . UPAS
Ressemble à un barracuda . . . . SPET
Ressemble à une tomate . . . . KAKI
Ressemble un peu au sanskrit . . . . PALI
Ressource importante . . . . MINE
Reste au sol . . . . ÉMEU
Reste dans son coin (PD) . . . . ANTE
Reste de glace ou va de l'avant (PD) . . . . . . PACK
Reste nickel . . . . INOX
Reste planté aux coins des rues . . . . STOP
Rester au chaud (MH) . . . . SUER
Reste les deux pieds sur terre, reste sur le plancher des
vaches (MH) . . . . ÉMEU
Résultat du tannage . . . . CUIR
Résultat erroné d'une multiplication (MF) . . TARE
Retour sonore . . . . ÉCHO
Réunion dans le désordre (PD) . . . . AMAS
Réunit pros et amateurs . . . . OPEN
Réveille-matin . . . . CAFÉ
Revenus à la banque . . . . NETS
Revêtement extérieur parfois presque brique . . . .
. . . . .PEAU
Revient à chaque année . . . . NOËL
Revient chaque jour . . . . NUIT
Rhum, eau sucrée et citron . . . . GROG
Ria débouchant sur l'Atlantique . . . . ÉTEL
Riche en calcium . . . . LAIT
Richesse du chanteur . . . . VOIX
Rien ne l'empêche de dormir . . . . LOIR
Rio bolivien . . . . BENI
Risque d'effets indésirables, d'inconvénients . . . . .
. . . . ALÉA
Rivière de Bretagne . . . . ILLE
Robe de chambre (MF) . . . . PNEU
Robe mise à l'envers . . . . IRAS
Robe portée par des hommes en certains pays . . . . .
. . . . TOGE
Robe qui part en fumée (PD) . . . . CAPE
Robert, Larousse ou Littré . . . . DICO
Roi qui se noya . . . . ÉGÉE
Roland en avait une . . . . ÉPÉE
Rôle de Roch Voisine dans «Lance et compte» . . . .
. . . . ROSS
Romancier français . . . . ISOU
Rompt le silence . . . . AVEU
Rond lorsqu'à moitié . . . . SOÛL

Rose défaite . . . . OSER
Roulait dans l'aréna . . . . CHAR
Roule partout . . . . JEEP
Royalement triste . . . . SIRE
Ruban africain (PD) . . . . UÉLÉ
Ruée anglaise . . . . RUSH
Ruminant africain . . . . GNOU
Rumine en forêt . . . . CERF
Rupture illégale d'un scellé . . . . BRIS
Rythme des Anglais . . . . BEAT
Sa base est circulaire . . . . CÔNE
Sable se mouvant . . . . DUNE
Sac à main (MH) . . . . GANT
S'accompagne souvent d'un geste . . . . CECI
S'accroche à ses idées . . . . TÊTU
S'accroche au ventre (PD) . . . . PEUR
S'accumule dangereusement . . . . URÉE
Sa chenille aime la laine . . . . MITE
Sa compagne était nue . . . . ADAM
Sacré premier roi d'Israël . . . . SAÜL
Sacs de sable . . . . LEST
S'active au printemps . . . . SÈVE
Sa définition est vague . . . . LAME
Sa définition exige plus qu'une ligne (MF) . . . . .
. . . . TÉLÉ
Sa fête est en juin . . . . PÈRE
S'affaisse avec le temps . . . . SEIN
Sa force est dans les mâchoires . . . . ÉTAU
Sage mais désordonné . . . . ESAG
S'aiguise avant de croquer (MH) . . . . MINE
Saint du country en Mauricie . . . . TITE
Saisir par l'oreille . . . . OUÏR
Sale abri . . . . SOUE
Sale coup pour un fruit . . . . BLET
Sa lecture ouvre l'appétit . . . . MENU
Salé et séché . . . . SAUR
Sa ligne est imaginaire . . . . MIRE
Salit le fond . . . . VASE
Salle de police . . . . CLOU
Sa lumière n'est pas à la portée de tous . . . . AURA
Salutation manuelle (MF) . . . . TATA
Sa mère est vache . . . . VEAU
Sanction universitaire . . . . DEUG
Sans angles . . . . OVAL
Sans appui . . . . SEUL
Sans arrêt, on le brûle (MH) . . . . STOP
Sans assistance . . . . SEUL
Sans avantages . . . . LÉSÉ
Sans avoir rien mangé ni bu depuis le réveil (à...)
. . . . JEUN
Sans beaucoup de caractère . . . . LOPE
Sans cargaison . . . . LÈGE
Sans charme . . . . PLAT
Sans conjointe . . . . VEUF
Sans connaissances . . . . SEUL
Sans don ou sans bol . . . . RATÉ
Sans elles, bien des pubs passeraient inaperçus (MF)
. . . . ALES
Sans elle, vous ne trouverez pas cette réponse (MF)
. . . . TÊTE
Sans emballage (en...) . . . . VRAC
Sans étoiles . . . . NOIR

Sans eux, il n'y a pas de société .... GENS
Sans fautes .... BIEN
Sans goût .... FADE
Sans hâte (à la...) .... PAPA
Sans indépendance .... SERF
Sans inscription .... MUET
Sans interlocuteur .... SEUL
Sans intrus .... TRIÉ
Sans lois .... ANAR
Sans lui, le saut est moins bon, on va moins loin ...
.... ÉLAN
Sans lui, personne ne pourrait garder sa ligne (MF)
.... BELL
Sans lui, personne ne serait dans le vent (MF) .....
.... ÉOLE
Sans peau .... PELÉ
Sans petit creux .... REPU
Sans problème .... BIEN
Sans raison .... TARÉ
Sans rien oublier (PD) .... TOUT
Sans scrupule .... ROUÉ
Sans ses habitants, elle devient fantôme ..... CITÉ
Sans traîner .... VITE
Sans trop d'images (MH) .... AÉRÉ
Sans trop d'importance .... MENU
Sans valeur .... VAIN
Saoule les Anglais .... BEER
Sa parade est impressionnante, spectaculaire ......
.... PAON
Sa part fait des jaloux .... LION
Sa patience est exemplaire .... ANGE
Sa piqûre est douloureuse .... NÈPE
Sa place n'est pas en enfer .... ANGE
Sa présence empêche d'ouvrir .... ÉPAR
Sa prise est énergique .... ÉTAU
Sa racine n'est pas en terre (MH) .... DENT
Sa réaction est attendue (PD) .... CUTI
Sa recette n'intéresse personne .... RATA
Sa taille est mince .... ÉPÉE
Saucisse et pâte .... POGO
Sauf-conduit .... AMAN
Saute à l'envers (MH) .... ECUP
Sauvage ou dentaire .... SOIE
Sa vie est un bide, un échec .... RATÉ
Sa vie est un roman .... EMMA
Sa vie intéresse bien des gens .... STAR
Savoir-faire .... ARTS
Sa voix a charmé les dames .... TINO
Schelling y enseigna .... IÉNA
Se boit allongé .... ARAC
Se boit chaud .... DÉCA
Se boit dans le pays d'Orient .... ARAC
Se boit dans les pubs .... BEER
Se brandit .... ÉPÉE
Sec et desséché .... SAUR
Se chante .... LIED
Sèche ou froide .... BISE
Se comporter comme un âne .... RUER
Second Dagobert .... ÉLOI
Se conduire comme un brocart .... RÉER
Se consomment comme légumes .... POIS
Se couche sur les murs .... STUC

Se crie sur .... HARO
Se croisent en ville .... RUES
Secteur réservé .... FIEF
Se dégonfle .... CANE
Se demande au consulat .... VISA
Se déroule généralement en nocturne ... RÊVE
Se déroule sur plusieurs générations ...... SAGA
Se distribue avant le tournage .... RÔLE
Se dit de l'équipe jouant devant ses partisans ...
.... HÔTE
Se dit d'un air qui ne vole pas haut (MF) ... TATA
Se dit d'un chien qui n'est pas un animal (MF) ....
.... SALE
Se dit d'une coiffure .... AFRO
Se dit d'une eau qui coule de la source ..... VIVE
Se dit d'un enfant docile .... SAGE
Se dit d'un enfant très choyé .... GÂTÉ
Se dit d'une pluie forte .... DRUE
Se dit d'une vedette en réorientation de carrière (MF)
.... HUÉE
Se dit d'une veine .... CAVE
Se dit d'une visite .... RARE
Se dit d'un goût particulier du vin ...... FOXÉ
Se dit d'un homme .... RARE
Se dit d'un homme qui n'affiche pas ses couleurs
naturelles (MF) .... ROSE
Se dit d'un jeu où chaque joueur incarne un per-
sonnage .... RÔLE
Se dit d'un nombre .... PAIR
Se dit d'un temps couvert .... GRIS
Se dit d'un travail non déclaré .... NOIR
Se dit d'un vin au goût acide .... VERT
Se dit d'un vin qui racle la gorge ...... ÂPRE
Se dit du ski .... AVAL
Se donne au bébé .... SEIN
Séduite par un palmipède .... LÉDA
Se fait avec le nez .... SNIF
Se fait caché .... GUET
Se fait en s'amusant .... FÊTE
Se fait en ski .... STEM
Se fait entendre avant de partir .... RÂLE
Se fait la paire avec un autre (MH) .... NÉNÉ
Se fait pour le repos éternel .... OBIT
Se fait pour surprendre .... GUET
Se fait sur la neige .... STEM
Se fait tondre .... OVIN
Se fait tondre l'été .... COUR
Se fend le derrière (MF) .... RAME
Se fendre la pêche .... RIRE
Se forme dans le foie .... URÉE
Se fume .... LARD, PORC, SHIT
Se jette dans la Garonne .... SAVE
Se jette dans la Méditerranée ...... AUDE, ÈBRE
Se jette dans l'Arctique .... LENA
Se jette dans le Rhin .... AARE
Se jette en mer du Nord .... RHIN
Se joue avec des clubs .... GOLF
Se joue en Suisse .... YASS
Se lâche quand on fait des concessions ... LEST
Se laisse prendre par la main .... ANSE
Se laisse tondre la laine sur le dos ...... OVIN
Se lancer (se) .... RUER

S'élève mais ne s'élève pas (MH) . . . . ÉMEU
Selon l'adage, ce chemin y mènera . . . . ROME
Se manifeste brutalement (PD) . . . . RUER
Semblable aux autres . . . . ÉGAL
Semblable quant au rang . . . . PAIR
Se mêle de nos amours . . . . ÉROS
Se met sur le feu . . . . GRIL
Se mettent au bain . . . . SELS
Se mettre à poil (MH) . . . . MUER
Se mettre ensemble (s') . . . . UNIR
Se monte ou se descend mais toujours à l'envers
(MH) . . . . ÉTOC
Se montre à l'entrée . . . . VISA
Se montre en écartant les doigts . . . . CINQ
Se montrer téméraire . . . . OSER
Se mouiller en se jetant à l'eau . . . . OSER
S'emporte dans un ballon . . . . LEST
Se nettoie à la brosse . . . . DENT
S'enroule au toucher . . . . IULE
Sensible à la douleur . . . . MASO
Sensible au toucher . . . . IULE
Sens incomplet (MH) . . . . ŒIL
S'entend l'hiver . . . . BRRR
Sentier rectiligne en forêt . . . . LAIE
Sent le lapin . . . . ISBA
S'épanouit au fond du placard (PD) . . . . MITE
Séparée de l'Olympe par la vallée du Tempé . . . . . .
. . . . OSSA
Sépare le chœur de la nef . . . . JUBÉ
Se parle en Afghanistan . . . . DARI
Se parle en Écosse . . . . ERSE
Se passe sans écrire . . . . ORAL
Se plaisent dans le Rhin . . . . IDES
Se plonger dans Le Monde . . . . LIRE
Se portait à gauche . . . . ÉPÉE
Se porte au milieu . . . . SLIP
Se porte sur les épaules . . . . CAPE
Se prend avec espoir . . . . ÉLAN
Se prendre pour un autre (MF) . . . . ÊTRE
Se présente à l'entrée . . . . VISA
Se promène dans l'arbre . . . . SÈVE
Se prononce comme une lettre . . . . ESSE
Serait mieux d'appeler Nez Rouge . . . . IVRE
Serait sûrement incommodé par la chaleur (MH) . . .
. . . . YETI
Serbe important . . . . TSAR
Se rechape . . . . PNEU
Se remplit en une journée, à la sortie du four . . . . . .
. . . . URNE
Se réserve la grosse part . . . . LION
Se ressent avant . . . . TRAC
Se retrouve souvent sur la couverture . . . . . . STAR
Se rince l'œil (PD) . . . . MATE
Seront bientôt fêtés . . . . ROIS
Se rouler par terre . . . . RIRE
Sert à appeler . . . . HOLÀ
Sert à arrêter . . . . CRAN
Sert à attraper . . . . RUSE
Sert à désinfecter . . . . IODE
Sert à diriger . . . . MORS
Sert à écarter . . . . OUST
Sert à envelopper . . . . TAIE

Sert à fumer . . . . PIPE
Sert à lire . . . . ŒIL
Sert à mégir . . . . ALUN
Sert à présenter . . . . CECI
Sert à retenir . . . . ESSE
Sert à rouler . . . . RUSE
Sert au déchargement . . . . ACON
Sert dans la fabrication de la glace . . . . TAIN
Sert de référence, d'expérience . . . . TEST
Servent à parfumer l'eau du bain . . . . SELS
Servi au client . . . . REÇU
Service à l'anglaise . . . . SELF
Ses bords sont vagues . . . . ÎLOT
Ses bulles sont délicieuses . . . . AÉRO
Ses calculs nécessitent une opération, rendent la vie
dure . . . . REIN
Ses cendres sont au Panthéon . . . . HUGO
Ses chenilles laissent des traces . . . . BULL
Ses cordes sont pincées . . . . LYRE
Ses coups balaient tout . . . . VENT
Ses coups sont imprévisibles . . . . TÊTE
Se sert, mais à l'envers . . . . STEM
Ses faces se ressemblent . . . . CUBE
Ses fleurs sont blanches . . . . ORNE
Ses fruits n'ont ni noyau ni pépins . . . . MERA
Ses grains servent en médecine en Afrique . . NÉRÉ
Ses gros bonnets ont beaucoup d'influence dans notre
société (MF) . . . . SEIN
Ses livres ne sont pas classés pour tous . . . . . SADE
Ses monts sont bretons . . . . MENÉ
Se soigne facilement . . . . BOBO
Ses parents ne sont pas nés en France, ont traversé la
Méditerranée . . . . BEUR
Ses parties sont excitantes . . . . SEXE
Ses postes sont constamment observés . . . . . TÉLÉ
Ses postes sont moins observés la nuit . . . . . TÉLÉ
Ses premiers étudiants sont morts . . . . IÉNA
Ses producteurs ont souvent la piqûre (MF) . . MIEL
S'est mise à chanter avec Berg . . . . LULU
Ses traits vont droit au cœur . . . . ÉROS
Se suivent au jour le jour (PD) . . . . UNES
S'étale sur le Tarn . . . . ALBI
Se taper la Bible . . . . LIRE
Se taper sur les cuisses . . . . RIRE
Se tartine . . . . MIEL
Se tenir . . . . ÊTRE
Se tient à carreau au nain jaune . . . . SEPT
S'étire souvent le cou . . . . NAIN
Se traîne à quatre pattes . . . . UNAU
Se traverse en sortant du bois . . . . ORÉE
Se trouve sur Internet . . . . SITE
Seul celui de l'enfant est beau . . . . CACA
Seul, dans un certains sens (MH) . . . . LUES
Seul un chef y mange . . . . MESS
Se vend en boule . . . . ÉDAM
Se vend illégalement . . . . DOPE
Se visite en cliquant . . . . SITE
Se visite rapidement . . . . ÎLOT
Sexe enfantin . . . . ZIZI
S'exprimer en un élan (MF) . . . . RÉER
S'habille comme une reine . . . . RANI
Shrek en est un . . . . OGRE

Si ça le fait dans votre esprit, vous trouverez ce mot (MF) . . . . TILT

Siège pour le Saint-Siège . . . . ROTE

Si elle est noire, elle ne reçoit pas de lettre (MF) . . . . CASE

Siffler parce qu'on n'est pas content . . . . . . HUER

Sigle bien connu des gens fidèles . . . . INRI

Signal de sortie . . . . OUST

Signe de bien-être . . . . AREU

Signe des produits . . . . FOIS

Signer un contrat . . . . LIER

Signe souvent son nom . . . . STAR

S'il avait été gai, on ne serait pas là (MF) . . . . .ADAM

S'il cède, on déraille . . . . RAIL

S'il cède un pouce, il perd son nom (MF) . . . PIED

Si le « A » ne marche pas, utilisez le « B » . . . PLAN

S'il est artificiel, c'est un catalyseur . . . . REIN

S'il est au plancher, on bouge très vite (MF) . . . . .PIED

Si l'homme la dit petite, c'est qu'il y tient (MF) . . . . AMIE

Sillon cutané . . . . RIDE

Sillonnent Montréal . . . . RUES

Simple et confiant . . . . NAÏF

Sinistre sonnerie . . . . GLAS

S'intéresse à l'espace . . . . NASA

S'intéresse au développement de l'enfant (MH) . . . . OGRE

Si on est le 16, il s'agit donc du 15 . . . . . . HIER

Si on ne les pèse pas, ils prennent un poids démesuré (MF) . . . . MOTS

Site archéologique du Mexique . . . . TULA

Site de la piscine olympique . . . . CUBE

Site des Jeux Olympiques d'hiver de 1952 . . OSLO

Site protégé . . . . ABRI

Si tout va bien, on ne parle que de lui (MF) . . . RIEN

Situation pénible . . . . ÉTAU

Si votre tailleur l'est . . . . CHIC

Si vous lui frappez sur la tête, il éclate (MF) . . OBUS

Si vous me comprenez bien, on est sur la même longueur (MF) . . . . ONDE

Si vous trouvez cette réponse tout de suite, ce n'est pas un (MF) . . . . ADON

S'occupe de la coupe . . . . SAIE

S'occupe des déchets . . . . REIN

S'occupe d'un gîte à la campagne (MH) . . . . HASE

Sœur en attente . . . . ANNE

Soi-même . . . . AUTO

Soin en désordre . . . . IONS

Solide comme le roc . . . . BEAT

Solide imitation . . . . STUC

Sombre pente . . . . UBAC

Sommet arrondi . . . . DÔME

Sommet végétal . . . . APEX

Son armure est toilée . . . . REPS

Son auteur veut de l'argent . . . . RAPT

Son avenir baigne dans l'huile (MF) . . . . ÉMIR

Son bain fait du bien . . . . BOUE

Son bénéficiaire est peut-être triste . . . . LEGS

Son bois est très dur . . . . BUIS

Son cadeau est une aubaine . . . . CIEL

Son canal commence à Toulouse . . . . MIDI

Son conseil est à Bruxelles . . . . OTAN

Son contenu a tendance à se reproduire très vite (MF) . . . . SLIP

Son contenu est bien examiné . . . . URNE

Son corps est cylindrique . . . . IULE

Son costume est assez simple (MH) . . . . BAIN

Son coup de main tombe toujours à plat (MF) . . . . TATA

Son coup est illégal . . . . ÉTAT

Son coup est rapide . . . . ŒIL

Son coup est renversant (PD) . . . . ÉTAT

Son coup ne fait pas de mal . . . . MAIN

Son cours est récent . . . . EURO

Son couvercle est fendu . . . . URNE

Son de frisson . . . . BRRR

Son démon s'attaque à l'homme mûr . . . . . . MIDI

Son domaine est infini (MH) . . . . NASA

Son drapeau est noir . . . . ANAR

Son eau est salée . . . . ABER

Son et images . . . . TÉLÉ

Son fruit contient une amande . . . . AREC

Son histoire a bien tourné . . . . STAR

Son histoire commence par l'invention de Karl Drais . . . . VÉLO

Son intensité lui donne des couleurs (PD) . . . PEUR

Son jus est amer . . . . LIME

Son lancer a déjà été permis (MH) . . . . NAIN

Son maître aime le vin . . . . CHAI

Son mec est un vrai roi . . . . RANI

Sonne bien à l'envers . . . . EMIR

Son passage est noté . . . . OXER

Son point est au centre de votre attention . . . MIRE

Son procès a tourné court . . . . RIOM

Son procès eut lieu à Regina . . . . RIEL

Son rival était Polyphème . . . . ACIS

Son sommet est pointu . . . . CÔNE

Son va-et-vient use . . . . LIME

Son volume peut déchirer . . . . SONO

Son vrai nom est Donatien Alphonse François . . . . SADE

S'oppose à acquis . . . . INNÉ

S'oppose à l'adret . . . . UBAC

S'oppose à lenteur . . . . HÂTE

S'oppose à toute reconnaissance . . . . DÉNI

S'oppose au changement . . . . TÊTU

S'oppose au plaisir . . . . GÊNE

Sort avec l'urine . . . . URÉE

Sort de certaines usines . . . . SUIE

Sort de la Manche pour passer à table . . . . . PLIE

Sort des sentiers battus . . . . JEEP

Sort d'une agence . . . . INFO

Sort d'une cabane . . . . TIRE

Sorte de chien qui se dresse avec fermeté . . . SALE

Sorte de tube de colle . . . . HOUX

Sort en vidant . . . . OUST

Sorti avant d'autres . . . . AÎNÉ

Sortie de derrière . . . . ANUS

Sortie de scène (MH) . . . . HUÉE

Sortie en canaux . . . . MÉAT

Sortir de la liste, du lot . . . . ÔTER

Sortir des sentiers battus . . . . OSER

Sort parfois dans la douleur . . . . AVEU
Sort quand on ne le trouve pas (PD) . . . . TRUC
Souci en tête (MH) . . . . LENT
Soudaine irruption de l'activité mentale . . . . . TILT
Souffle en France . . . . CERS
Souffle ou claque parfois . . . . BISE
Souhaitons que les prochains ressemblent à celui de
cette année (MF) . . . . ÉTÉS
Source de fortune . . . . ROUE
Source de plaisirs . . . . SENS
Source de supplice . . . . ROUE
Souris aux Anglais . . . . MICE
Sous des cordes . . . . ESSE
Sous la moyenne . . . . NAIN
Sous le bonnet . . . . NÉNÉ, SEIN
Sous le melon . . . . TÊTE
Sous le pantalon . . . . SLIP
Sous le sabot du cheval ou au four . . . . SOLE
Sous les cordes . . . . ESSE
Soutien provisoire . . . . ÉTAI
Soutient dans son coin . . . . ANTE
Souvenir matinal . . . . RÊVE
Souvent à double sens . . . . RIRE
Souvent à sec . . . . OUED
Souvent associé au blanc . . . . NOIR
Souvent bien au chaud . . . . ÂTRE
Souvent bien difficile à trouver . . . . IDÉE
Souvent caché . . . . VICE
Souvent contagieux . . . . RIRE
Souvent de la revue . . . . GIRL
Souvent difficile à trouver . . . . IDÉE
Souvent en demande . . . . QUEL
Souvent en éruption . . . . ETNA
Souvent engloutis . . . . METS
Souvent en spirale . . . . IULE
Souvent entendre . . . . USER
Souvent entendu . . . . TUBE
Souvent fleuri . . . . VASE
Souvent galvanisée . . . . TÔLE
Souvent larmoyant . . . . MÉLO
Souvent matinal . . . . RÊVE
Souvent mélangé à des fèves . . . . LARD
Souvent mélangé au coke . . . . RHUM
Souvent mettre . . . . USER
Souvent, on ne s'en souvient pas . . . . RÊVE
Souvent oubliés le long du parcours . . . . TEES
Souvent plein de sang . . . . ÉTAL, TAON
Souvent remis en question . . . . QUEL
Souvent servie bien épicée . . . . AILE
Souvent très chaud . . . . ÂTRE
Souvent très cher . . . . RAIE
Souvent visité . . . . SITE
Souverainement triste . . . . SIRE
Spécialiste de l'étreinte (MH) . . . . ÉTAU
Spécialiste du ballon rond . . . . PELÉ
Spécialiste du croissant (MF) . . . . IMAM
Spécialiste du lancer du marteau . . . . THOR
Spécialiste du trait d'union (PD) . . . . ÉROS
Spécialiste en descente (MH) . . . . FLIC
Spécialiste en immobilisation (MH) . . . . . . ÉTAU
Spécialité anglaise (PD) . . . . SMOG
Spécialité bien de chez nous . . . . TIRE

Spécialité de puces . . . . SAUT
Spécialité martiniquaise . . . . RHUM
Spécialité québécoise . . . . TIRE
Stade que l'on quitte après la ronde éliminatoire (MF)
. . . . ANAL
Station balnéaire italienne . . . . LIDO
Station d'épuration (PD) . . . . REIN
Station touristique française . . . . NICE
Stimulant qui ne coûte rien (MF) . . . . RÊVE
Stockée en tête (PD) . . . . IDÉE
Stupide si elle a toute sa tête (MH) . . . . INDE
Substance atoxique . . . . URÉE
Substitut à la viande . . . . TOFU
Succès d'Alain Barrière . . . . ELLE
Successeur du premier Ramsès . . . . SETI
Succession rapide de coups d'archet . . . . . . REEL
Suce du sang . . . . TAON
Suie en anglais . . . . SOOT
Suit la voie . . . . RAIL
Suit les chocs de près (PD) . . . . ONDE
Suit une cérémonie importante . . . . NOCE
Suivait Marceau . . . . MIMA
Suiveur de Paul . . . . TITE
Suivie allègrement par bien du monde . . . . . MODE
Support de coin . . . . ANTE
Supporte bien la chaleur . . . . ÂTRE
Support pour travailler la terre (PD) . . . . . . TOUR
Support provisoire . . . . ÉTAI
Suprême de brebis (MF) . . . . ÊTRE
Suprême en période révolutionnaire (PD) . . . ÊTRE
Sûrement déjà rétif, déjà têtu . . . . ÂNON
Sûrement entouré de cannes à sucre (MH) . . ÎLET
Surface de travail pour boucher . . . . ÉTAL
Surface rouge de la Terre (MF) . . . . URSS
Surface verticale pour baiser . . . . JOUE
Sur la couverture . . . . STAR
Sur la rose . . . . AIRE
Sur le Rhin . . . . BÂLE
Sur l'Harricana . . . . AMOS
Sur pieds . . . . LEVÉ
Surplombe la plaine de Catane . . . . ETNA
Surplombe la ville . . . . TOUR
Surplus de recette . . . . BONI
Surprend l'adversaire, l'ennemi . . . . RUSE
Sur toutes les lèvres de la France . . . . NANA
Susceptible de tomber . . . . IVRE
Symbole de la poésie . . . . LYRE
Système de protection . . . . ÉTUI
Table commune . . . . MESS
Talent remarquable . . . . BRIO
Tante voisine de l'oncle Pierre . . . . IRMA
Tant qu'on y est, on a des chances de gagner . . LICE
Taquinée la plume à la main (PD) . . . . MUSE
Taré un peu raté . . . . RAÉT
Tas de briques . . . . LEGO
Tas de neige . . . . NÉVÉ
Tas de sable . . . . DUNE
Taureau divisé . . . . APIS
Teint d'une personne qui en a vu de toutes les cou-
leurs (MF) . . . . PÂLE
Télescope américain . . . . KECK
Témoigne de la reconnaissance . . . . REÇU

Témoin d'un règlement de comptes . . . . REÇU
Tempo dont on connaît bien l'air l'hiver (MF) . . . . .
. . . . ABRI
Tempo qui évite des maux de dos (MF) . . . . ABRI
Temps de devoir . . . . DOIT
Temps du clavardage, d'un échange en ligne . . . . . .
. . . . RÉEL
Temps libre dans l'horaire (MF) . . . . TROU
Temps où plus personne ne joue . . . . MORT
Temps qu'un joueur prend pour établir sa stratégie
. . . . MORT
Tendre l'oreille . . . . OUÏR
Tentative de parler . . . . AREU
Tenter le diable . . . . OSER
Tenue dans l'affrontement . . . . TÊTE
Tenue de cérémonie . . . . FRAC
Tenue légère . . . . TUTU
Tenue par le cavalier . . . . RÊNE
Terme d'affection . . . . LOUP
Terme de blason . . . . VAIR
Terme de géologie . . . . LIAS, RIFT
Terme de jazz, de rock . . . . BEAT
Terme de judo, de karaté . . . . KATA
Terme de photo . . . . IRIS
Terme en pointe . . . . CÔNE
Terme informatique . . . . RISC
Terminé en pointe . . . . CÔNE
Terrain aménagé en pente . . . . ADOS
Terrible et Grand le quatrième . . . . IVAN
Test pour désigner une allergie . . . . CUTI
Tête-à-tête risqué (MH) . . . . DUEL
Thessalonien qui domine (MH) . . . . OETA
Tiens toi . . . . VLAN
Tient ferme . . . . ÉTAU
Tient la chandelle . . . . MAIN
Tient la feuille . . . . TIGE
Tient les carcasses . . . . ESSE
Tient table ouverte . . . . ESSE
Tire d'embarras . . . . PRÊT
Tirer sur la ficelle, tirer un joint . . . . LIER
Tirés une fois l'an . . . . ROIS
Tireur d'élite . . . . BELL
Tissu d'ameublement . . . . REPS
Toi, pour un type qui bégaie . . . . TUTU
Toit de babouchka . . . . ISBA
Tombe du ciel (PD) . . . . PARA
Tombe toujours bien . . . . PAIE
Ton terne . . . . EMBU
Tore mal déroulée . . . . EORT
Touche au Colorado . . . . UTAH
Touche en plein cœur . . . . ÉROS
Toujours agréable à toucher . . . . BONI
Toujours bon de l'avoir . . . . COTE
Toujours dans les poches des Suédois . . . . . ORES
Toujours dans le vent (PD) . . . . ÉOLE
Toujours en activité malgré son âge (PD) . . . ETNA
Toujours mal reçu . . . . GNON
Tour à la campagne . . . . SILO
Tour en forêt (PD) . . . . ORÉE
Tour en hauteur . . . . TREK
Tour imprévu . . . . ALÉA
Touristique au Québec . . . . GÎTE

Tournée par certains facteurs . . . . ESSE
Tourne ou va et vient . . . . SCIE
Tourne partout . . . . TUBE
Tourné pour promouvoir . . . . CLIP
Tourne sur la broche . . . . RÔTI
Tous les Québécois s'y expriment . . . . URNE
Tout au plus . . . . MAXI
Tout autour du globe . . . . CIEL
Tout ce qui bouge lui fait peur . . . . RÉAC
Tout ce qu'il faut pour faire rien (MH) . . . NIER
Toute sa population en a été chassée . . . . . . ÉDEN
Toute une aventure . . . . SAGA
Tout le monde connaît son ruban rouge . . . . SIDA
Tout le monde en sort en pleurant (MF) . . . . MÈRE
Tout le monde l'a à l'œil . . . . IRIS
Tout le monde ne mange pas comme lui . . . . PORC
Tout petit disque . . . . IRIS
Tout petit trou . . . . PORE
Tout près . . . . HIER
Tout un numéro (MF) . . . . CLOU
Tout un plat . . . . TIAN
Trace dans la neige . . . . PIED
Tracée en tête . . . . RAIE
Tradition libanaise . . . . ARAC
Traitant une échelle très petite . . . . NANO
Trame musicale . . . . RAGA
Tranche d'opéra . . . . ARIA
Transgression d'une loi . . . . VIOL
Transmise à l'homme par morsure . . . . RAGE
Transpiration troublée . . . . EUSÉ
Transporterait des étrangers (MH) . . . . OVNI
Transporté sous l'effet d'une émotion . . . . . IVRE
Transport vert . . . . TRAM
Travail d'acteur . . . . RÔLE
Travail, en argot . . . . TURF
Travaillait dans une imprimerie . . . . LINO
Travaille des mâchoires . . . . ÉTAU
Travailler dur, fort . . . . SUER
Travailler fort de façon contraire (MH) . . . . REUS
Traverse la péninsule ibérique . . . . TAGE
Treize personnes y mangent . . . . CÈNE
Tremblant, par exemple . . . . MONT
Très à la mode pour les jeunes . . . . COOL
Très au nord du Maroc . . . . EIRE
Très bon . . . . DOUÉ
Très bons en descente . . . . SKIS
Très chaud . . . . IGNÉ
Très conservateur . . . . RÉAC
Très court . . . . RASÉ
Très distant . . . . LONG
Très distingué . . . . RACÉ
Très féminine . . . . ELLE
Très fort . . . . TURC
Très froid . . . . FRET, GELÉ, RUDE
Très heureux . . . . FIER
Très intéressé . . . . FÉRU
Très inversé . . . . SÈRT
Très loin des abus . . . . RIEN
Très long hiver . . . . RISS
Très longue rivière . . . . UÉLÉ
Très mal accueillie . . . . HUÉE
Très mal recevoir . . . . HUER

Très peu de toits . . . . ÎLET
Très peu prompt . . . . LENT
Très proches . . . . UNIS
Très satisfait . . . . BÉAT, REPU
Très simple . . . . NAÏF
Très surpris . . . . SCIÉ
Très tanné . . . . HÂLÉ
Très usé . . . . RÂPÉ
Très utile en cuisine . . . . ŒUF
Très utiles tous les jours . . . . SENS
Tribunal mélangé (rote) . . . . ETRO
Triste cloche . . . . GLAS
Triste roi, triste sire . . . . LEAR
Trois buts et vous avez celui du chapeau . . TOUR
Trône au-dessus d'un trône, trône sur un trône . . . .
. . . . DAIS
Trop avancé (PD) . . . . GAGA
Trop, c'est tarabiscoté . . . . ORNÉ
Trop content . . . . BÉAT
Trophée de chasse . . . . TÊTE
Trop jeune pour porter des bois . . . . HÈRE
Trop pour les mains . . . . ONZE
Trou habité . . . . BLED
Trou qu'il ne faut pas boucher . . . . MÉAT
Truc à retenir . . . . ESSE
Tue bien du monde . . . . SIDA
Type qui a passé sa vie dans les robes (MF) . . . .
. . . . DIOR
Type qui n'a pas beaucoup foncé dans la vie (MF)
. . . . PÂLE
Type qui n'a pas reçu d'ordre (MF) . . . . . . LAÏC
Type qui ne hausse jamais le ton . . . . MUET
Type qui n'est pas à la course . . . . LENT
Type qui n'est pas bien élevé . . . . NAIN
Type qui ouvre la bouche sans rien dire . . . . MUET
Type qui s'est fait baiser par sa conjointe (MF) . . . .
. . . . COCU
Type qui trace sa vie sans suivre la règle . . . ANAR
Type qui travaille dans une chambre (MF) . . . . .
. . . . LORD
Typique de la télé américaine . . . . SOAP
Un amour d'enfant (MH) . . . . ÉROS
Un billion . . . . TÉRA
Un blanc qui ne se vend plus en bouteilles (MH) . .
. . . . LAIT
Un bon café . . . . MOKA
Un bon paquet de feuilles . . . . RAME
Un cadeau avant de partir (MH) . . . . LEGS
Un classique des pistes . . . . STEM
Un de plus et il devient tout neuf (MF) . . . . HUIT
Un des dieux de l'hindouisme . . . . SIVA
Un doigt sur la bouche . . . . CHUT
Un droit bien légitime . . . . USUS
Un dur qui s'écrase facilement (MH) . . . . . . ŒUF
Une arme pour les moins forts . . . . RUSE
Une belle qui fait parfois saigner (MH) . . . . ROSE
Une bonne, ça n'a pas de prix . . . . AMIE
Une chance qu'il ne porte pas de souliers (MF) . . . .
. . . . IULE
Une couche portée par le cochon (MF) . . . . LARD
Une des collines de Jérusalem . . . . SION
Une femme . . . . ELLE, MLLE

Une femme avec les pieds par-dessus la tête (MH)
. . . . ÉDAM
Une femme peut le devenir suite à un accident . . . .
. . . . MÈRE
Une femme s'y fait chanter la pomme (MF) . . . . . .
. . . . ÉDEN
Une feuille qui va brûler (MH) . . . . ROBE
Une fois tombée, elle est prise par la fée . . . DENT
Une grande partie du monde . . . . ASIE
Une grande petite personne (MF) . . . . NAIN
Une main levée . . . . VOTE
Une mer en réduction . . . . ARAL
Une mouche en France, un bourdon au Québec . . . .
. . . . TAON
Un endroit où l'on peut boire . . . . CHAI
Un endroit pour mettre son magnum . . . . . . SEAU
Une ne suffit pas . . . . AILE
Une occasion de décorer la maison, de se réunir . . .
. . . . NOËL
Une ombre au tableau . . . . ARIA
Une partie du premier horizontal . . . . RAIL
Une place comme une autre . . . . LIEU
Une position essentielle . . . . CLEF
Une raie mal faite . . . . EIRA
Une raseuse de première (MH) . . . . LAME
Une rue de Montréal . . . . PEEL
Une semaine . . . . SEPT
Une seule médaille à Athènes . . . . EIRE
Une toile de Léonard de Vinci . . . . CÈNE
Une vraie tête à claques (MH) . . . . MASO
Une vraie tortue . . . . UNAU
Un film qui ne sort pas en salle (MH) . . . . . RÊVE
Un fou plutôt agréable (PD) . . . . RIRE
Un gage d'amour royal . . . . ANET
Un genre qui tombe dans l'excès . . . . GORE
Un grand décoré (MH) . . . . NOËL
Un grand qui aime les petits (MH) . . . . OGRE
Un homme de poids . . . . SUMO
Unité électrique . . . . VOLT
Unité monétaire . . . . INTI
Unité monétaire du Lesotho . . . . LOTI
Un mieux peu académique (PD) . . . . MUST
Un milliardième . . . . NANO
Un million de millions . . . . TÉRA
Un octet en a huit . . . . BITS
Un petit blanc pour les enfants (MH) . . . . . . LAIT
Un petit coup et il coule (MH) . . . . ŒUF
Un petit mot d'encouragement . . . . OLLÉ
Un peu avancé . . . . BLET
Un peu comme un sylphe . . . . ELFE
Un peu d'air . . . . NOTE
Un peu de dinde . . . . AILE
Un peu de Grèce . . . . NOME
Un peu de paille . . . . FÉTU
Un peu de poulet . . . . AILE
Un peu d'espace . . . . LIEU
Un peu fou . . . . TAPÉ
Un peu gras . . . . OINT
Un peu juste pour une partie de hockey . . . . MARE
Un peu mou . . . . BLET
Un peu niais mais content de lui . . . . BÉAT
Un peu orangé . . . . ROUX

Un peu plus mince .... LIMÉ
Un peu sec en été .... OUED
Un peu trop en forme .... DODU
Un peu trop mûr .... BLET
Un peu trouble .... FLOU
Un produit qui l'est coûte plus cher ...... RARE
Un repas typiquement anglais .... MEAL
Un rôle à récrire .... OELR
Un rôle facile à apprendre .... MUET
Un saut à rétablir (PD) .... UAST
Un seul côté des choses .... PILE, POUR
Un seul suffit, mais deux c'est encore mieux ......
.... REIN
Un sur cinq .... GOÛT
Un tas de côtes (MH) .... GRIL
Un travail bien ficelé (MH) .... RÔTI
Un vrai nid de rapaces .... AIRE
Un vrai paresseux .... UNAU
Usage abondant .... CURE
Usées, elles sont sales .... EAUX
Use les feuilles (PD) .... SCIE
Utile au brasseur .... MALT
Utile au végétarien .... TOFU
Utile quand il y a beaucoup de morceaux ... OPUS
Utile sous l'eau .... TUBA
Utilisé aux USA .... MILE
Utilise le réseau téléphonique .... ADSL
Utilisé par les couples très attachés (MF) ... CUIR
Utilisé pour chasser .... OUST
Va à la chasse .... LICE
Va à l'assaut .... ÉPÉE
Va au sol .... LINO
Va avec la cape .... ÉPÉE
Va bien avec le chocolat .... LAIT
Va bien avec le scotch (MH) .... KILT
Va dans la gâche .... PÊNE
Va de la Suisse à la mer du Nord .... RHIN
Va en diminuant .... ERRE
Va et vient .... YOYO
Va et vient pour faire deux (MH) .... SCIE
Vaillant guerrier .... ÉNÉE
Variété de panthère .... ONCE
Variété de son (MF) .... SIEN
Vaste partie du globe .... ASIE
Va-t-il revenir à Montréal ? .... TRAM
Va très bien avec la bière mexicaine ...... LIME
Va au sol .... LINO
Vaut 30,48 cm .... PIED
Vaut 1,20 m .... AUNE
Vedette de la scène .... SPOT
Vedette d'une exposition canine .... CROC
Vedette vue de dos (MF) .... RATS
Véhicule à moteur .... AUTO
Véhicule bien simple .... KART
Véhicule rapide .... MOTO
Venaient de Sibérie .... HUNS
Vénéré à Memphis .... APIS
Verbe très usité .... ÊTRE
Vers à l'envers .... EMIR
Vers désordonnés .... VSER
Verser des gouttes .... SUER
Vertèbre ou cerf .... AXIS

Vêtement passé à l'envers .... EBOR
Vêtement sans coutures .... SARI
Victime de l'air ambiant (PD) .... SURI
Victoire de l'empire .... IÉNA
Vide ou presque .... LÈGE
Vieil acte législatif .... ÉDIT
Vieil artiste .... AÈDE
Vieil ennui .... ARIA
Vieil instrument .... LYRE
Vieille porte .... HUIS
Viendrait de loin .... OVNI
Vient d'arriver .... BLEU
Vient d'être .... ÊTES
Vient d'être exprimé (MH) .... MOUI
Vieux bison, vieux bovidé .... URUS
Vieux campus .... YALE
Vieux père .... VIOC
Vieux serbe .... TSAR
Vieux souci, vieux tracas .... ARIA
Vilaine est celle qui la reçoit .... ILLE
Village isolé .... BLED
Ville à l'ouest de Londres .... ETON
Ville de jeux .... RENO
Ville de Roumanie .... ARAD
Ville en face d'Ottawa .... HULL
Vingt-six États associés .... OTAN
Virage glissant .... STEM
Virage pris à l'envers .... METS
Visage non autochtone .... PÂLE
Visait le cœur .... ÉROS
Visité d'un peu partout .... SITE
Vit couchée au fond (MH) .... SOLE
Vit dans le luxe .... STAR
Vit dans les savanes .... LION
Vitesse excessive .... HÂTE
Vit une histoire harde (MH) .... DAIM
Vivait au Pérou .... INCA
Voir la mort de près .... TUER
Voisine de la cape .... ÉPÉE
Voisine de l'ail .... CIVE
Voisine en est une .... STAR
Voix bouleversante .... PIAF
Vola jadis .... ADER
Vole et cajole .... GEAI
Vole et pique .... TAON
Vol groupé .... NUÉE
Vos amis savent que le vôtre n'est plus normal ....
.... ÉTAT
Vos amis veulent le vôtre .... BIEN
Vote avec ses pieds .... ANAR
Vous aide à tout remettre en place (PD) ..... KINÉ
Vous avez beau la suivre, elle finit par passer (MF)
.... MODE
Vous êtes de la même que votre père ...... RACE
Vous et moi .... NOUS
Vous l'êtes de la réponse .... PRÈS
Vous pouvez l'ouvrir pour confirmer cette abrévia-
tion (MF) .... DICO
Vous vous souvenez d'il y a 40 ans ...... EXPO
Vous y baigneriez-vous ? .... NESS
Voyage dans l'espace (PD) .... RÊVE
Voyage sans itinéraire (MF) .... TRIP

Voyage provoqué par la neige (MF) .... TRIP
Vraiment pas avantagé .... LÉSÉ
Vraiment pas bête .... FUTÉ
Vraiment pas indifférent .... ZÉLÉ
Vue élémentaire .... IDÉE
Vuillard en était un .... NABI
Y aller............................... OSER
Y compris le moindre petit grain .... TOUT
Y lancer sa ligne est risqué .... NESS
Y nageriez-vous ? .... NESS
Zone chaude .... ÂTRE

Mots
de 5 lettres

A beaucoup à offrir pour la vue mais très peu pour le toucher (MH) .... MUSÉE
A beaucoup fait danser .... DISCO
A beaucoup produit et reproduit .... RONÉO
A beaucoup trop servi .... ÉCULÉ
À Berlin, on a détruit son œuvre .... MACON
A besoin de plus de place qu'un autre .... OBÈSE
A besoin de son maître (PD) .... CÉANS
A besoin d'être poussé pour avancer ..... ÉLÈVE
A besoin d'œillets .... LACET
A besoin d'un support .... LIANE
A bien des chatons .... NOYER
A bien des fils .... TISSU
A bien des livres à écouler (MH) ...... OBÈSE
À bientôt peut-être .... ADIEU
Absence de tout .... NÉANT
Absent de la remise des prix .... NAVET
Absente des têtes chauves .... IPPON
Absolument parfait .... IDÉAL
Accélère en courant .... POULS
Accent mis sur le problème .... GRAVE
Accès à la culture .... LOPIN, OASIS
Accessoire au gymnase .... ENGIN
Accessoire freudien .... DIVAN
Accompagnait le ménestrel .... REBEC
Accompagne bien l'agréable .... UTILE
Accompagne l'huile (MH) .... ARROI
Accompagne poliment un refus .... MERCI
Accorde sa protection .... ASILE
Accroche l'œil .... TITRE
Accrocher au passage (PD) .... RÂPER
Accueil de glace (MH) .... IMAGE
Accueille de chauds partisans .... STADE
Accueille des aficionados .... ARÈNE
Accueille les plus démunis .... ASILE
À conserver .... UTILE
À consulter sur place .... USUEL
À côté du jardin .... SCÈNE
À côté et pas dans le bon sens .... SETAR
Acte d'espoir .... ESSAI
Acteur américain décédé en 2004 .... REEVE
Action de s'adresser à quelqu'un .... ABORD
Activité de vagabonds .... ERRER
Activité du printemps .... SEMER
Activité estivale .... NAGER
Actrice américaine .... JOLIE
Actrice britannique .... LEIGH
A de bons guides .... NÉPAL
A de larges feuilles .... GNÈTE
A de l'eau salée .... ÉTIER
A de l'influence sur les esprits faibles .... ASTRE
A de longues vacances .... ÉLÈVE
A des allures de paresseux .... LOTUS
A des as .... ÉLITE
A des faines .... HÊTRE
A des feuilles charnues .... ORPIN, SEDUM
A des fleurs blanches ou roses .... CISTE
A des gradins .... ODÉON
A des palmes .... ÉLÉIS
A des poils blancs, alezans et noirs ...... ROUAN
A des tuyaux .... ORGUE
À deux pas .... ÀCÔTÉ

Adieu tristesse .... SAGAN
A disparu en avalant la pilule (PD) ...... OGINO
À distance du divin .... ATHÉE
Adjectif hivernal .... NIVAL
A donc gagné la confiance .... RÉÉLU
A donné des coups de ballets chez Molière .. LULLI
Adossement de paille protégeant les jeunes plants ..
.... ACCOT
Adresse de l'homme d'aujourd'hui (PD) .. EMAIL
À droite dans Le Monde .... RECTO
A du nez quand il ne vole pas (PD) ...... TARIN
A été intégrée dans l'OTAN .... EESTI
A été le théâtre d'une guerre récente ..... LIBAN
A eu cinquante enfants .... NÉRÉE
A eu la chienne .... BLÊME
À faire avant de partir .... PLEIN
A fait danser la cour, les comédiens ...... LULLI
A fait des plans pour Versailles ...... LEVAU
A fait porter son chapeau à beaucoup d'autres (PD)
.... GIBUS
A fait réfléchir Sartre .... NÉANT
A fait sauter avant de passer à la distribution des prix
(PD) .... NOBEL
A fait une croix sur la vie de famille ..... SŒUR
Affecte le do .... DIÈSE
Affecte l'ouïe, un sens .... OTITE
Affichée à l'écran .... ICÔNE
Affirmation pleine de doute (PD) .... OUAIS
Affluent de l'Aller .... LEINE
Affluent du Maroni .... ININI
A fracassé des records .... NEIGE
Agace les autres .... MANIE
À garder .... UTILE
A généralement de l'ordre .... LISTE
A généralement lieu le matin .... LEVER
Agir avec espoir .... TIRER
Agneau à la broche (MH) .... LAINE
Agréable à regarder .... BELLE
Agréable à toucher .... RENTE
Agréable obligation .... REPAS
Aimait le cirque, les courses de chars, les jeux ....
.... NÉRON
Aime copier .... SINGE
Aimée de Tristan .... ISEUT
Aime la décomposition, la putréfaction ... URUBU
Aime le poivre .... STEAK
Aime le sang .... IXODE
Aime les mers chaudes .... MÉROU
Aime les plaisanteries .... RIEUR
Aime les vieux arbres .... USNÉE
Aiment le bas de laine .... MITES
Aimerait bien revenir chez lui (MH) ...... OTAGE
A inspiré Bach .... MESSE
Air des poètes .... ÉTHER
Aire de jeux .... ARÈNE
Air malin à souffler .... VICIÉ
Ajouter au reste .... MÊLER
À la base d'un réseau (PD) .... TRAME
À la bonne vôtre .... TCHIN
À la bouche d'une personne en colère ..... ÉCUME
À la face du monde (MH) .... TEINT
À la façon d'un entonnoir .... ÉVASÉ

À la fin, avec eux . . . . ELLES
À la fin de l'année . . . . AVENT
A la forme d'un dôme . . . . IGLOO
A laissé son journal . . . . AMIEL
À la mode et bien griffé (MH) . . . . MINET
A la taille fine . . . . GUÊPE
A le beau rôle à la Bastille (PD) . . . . TÉNOR
À l'échelle des grandeurs . . . . TOISE
À l'endroit . . . . RECTO
À l'envers . . . . VERSO
A les couleurs du spectre . . . . IRISÉ
A les pieds dans l'eau . . . . ACORE
A les poches pleines . . . . RUPIN
À l'est de Liège . . . . EUPEN
À l'est et à l'ouest du Canada . . . . OCÉAN
A le temps de s'amuser . . . . OISIF
A le vent dans les voiles . . . . SLOOP
À l'heure . . . . EXACT
À l'horizontale . . . . ALITÉ
A lieu au printemps . . . . ÉVEIL
Alimentation à la source (PD) . . . . TÉTÉE
Alimente des barrages dans les Alpes . . . . . . ISÈRE
Alimente des marais . . . . ÉTIER
À l'index et ailleurs (MH) . . . . ONGLE
Allait à la selle de façon régulière . . . . RODIN
Aller au fond des choses (PD) . . . . CURER
Aller au palais (PD) . . . . ESTER
Aller chercher le lait (PD) . . . . TÉTER
Aller comme une lettre (MH) . . . . ERRER
Aller en reconnaissance (MH) . . . . TÂTER
Aller vers le bas . . . . CHOIR
Allié de poids (PD) . . . . ÉTAIN
Allongée sur la plage . . . . ÉPAVE
Allonge la route . . . . ARRÊT
Allonger sur la glace d'un seul coup (MF) . . GELER
Alors là, c'est le bouquet (MF) . . . . ODEUR
Altération du vin causée par l'air . . . . ÉVENT
Amant de Camille Claudel . . . . RODIN
Amas tissulaire globuleux . . . . NŒUD
Amateur de fruits . . . . LÉROT
Amateur de grenouilles . . . . HÉRON
Amateur de gros rouge (PD) . . . . TIQUE
Amateur de lézards . . . . COATI
Amateur de vers . . . . MERLE
Américain qui a fait un vol orbital . . . . GLENN
A mis de l'ordre dans les plantes et les espèces . . . .
. . . . LINNÉ
A mis des spaghettis dans le western . . . . . LEONE
A mis les œuvres en mouvement (PD) . . . . OPART
A mis Molière au pas . . . . LULLI
Ami très cher . . . . FRÈRE
À moitié . . . . ÀDEMI
À Montréal, ils sont entre les rues (MF) . . . BLOCS
A mordu Cléopâtre . . . . ASPIC
Anagramme de rusée . . . . URÉES
Ancêtre du courriel . . . . TÉLEX
Anchois de Norvège . . . . SPRAT
Ancien conseiller de Jacques Parizeau . . . . . LISÉE
Ancien joueur derrière le banc . . . . CARBO
Ancien maire de Westmount . . . . TRENT
Ancien monastère situé à San Antonio . . . ALAMO
Ancienne loterie . . . . INTER

Ancienne unité de longueur . . . . EMPAN
Ancienne unité de poids . . . . SICLE
Ancienne ville d'Asie Mineure . . . . ILION
Ancienne ville de Syrie . . . . ÉMÈSE
Ancien nom du Congo . . . . ZAÏRE
Ancien premier ministre du Québec . . . . . GOUIN
Anciens monuments de Paris . . . . NESLE
À ne pas prendre au sérieux (MH) . . . . . . BIDON
À ne pas prendre au sérieux (PD) . . . . PITRE
Animal menacé d'extinction . . . . PANDA
Animal ou végétal . . . . RÈGNE
Années folles . . . . VINGT
Annonce des bonnes et des mauvaises nouvelles . . .
. . . . MÉTÉO
À Noël, mais pas au jour de l'An . . . . TRÉMA
Antillaise rythmée . . . . SALSA
A ouvrir pour voyager . . . . ATLAS
Apaise la faim . . . . TÉTÉE
A planté des flèches à Barcelone (PD) . . . GAUDI
A plusieurs cordes . . . . REBEC
A plusieurs fils . . . . TORON
A pour base le nombre huit . . . . OCTAL
Appareil de projection (MH) . . . . PÉNIS
Appareil qui fait japper les automobilistes (MF) . . .
. . . . RADAR
Appartiennent à plusieurs personnes . . . . . LEURS
Appartient à la congrégation . . . . SŒUR
Appeler en désespoir de cause (MF) . . . . . PRIER
Appliquer à la lettre . . . . OBÉIR
Appliqué verticalement . . . . MURAL
Apporte du soutien . . . . ALLIÉ
Apportent une bouffée d'oxygène . . . . OUÏES
Apporte ou se comporte bien . . . . AMÈNE
Apporter son soutien . . . . AIDER
Apporter un air marin . . . . IODER
Apporte son aide . . . . OUTIL
Apprécié pour ses fleurs . . . . ASTER
Approcher du bout des lèvres . . . . BISER
Approuver à la majorité . . . . ÉLIRE
À prendre avec des pincettes . . . . TISON
Après avoir réglé le compte de quelqu'un, c'est tout
ce qui reste (MF) . . . . TALON
Après bien des semaines en mer, bien des gens aban-
donnent son port . . . . BARBE
Après la fin de semaine . . . . LUNDI
Après la nuit . . . . MATIN
Après l'avoir pétée, on n'a plus de gaz (MF) . . . . . .
. . . . CRISE
Après le travail . . . . HOBBY
Après nul et non... . . . . AVENU
Après quelque chose de secondaire . . . . . . CÉGEP
Après tout, c'est surprenant . . . . ÀCOUP
À priori douée pour le dessin . . . . ENCRE
A pris le voile, a prononcé des vœux . . . . . NONNE
A quatre cordes . . . . SETAR
A quelques cordes . . . . REBEC
À quelques pas . . . . ÀCÔTÉ
À quelques rangs de la tête . . . . SEXTO
A rarement le dos au mur (MH) . . . . MAÇON
Arbre à inciser . . . . HÉVÉA
Arbre dont on tire des vernis . . . . SUMAC
Arbrisseau à feuilles épineuses . . . . AJONC

Arbrisseau décoratif . . . . OBIER
Arbrisseau du Midi . . . . GAROU
Arbrisseau grimpant . . . . GNÈTE
Arbuste aromatique . . . . MYRTE
Arbuste fleuri . . . . OBIER
Arbuste très envahissant . . . . RONCE
Archipel comptant plus de 300 îles . . . . FIDJI
À retourner pour monter (MH) . . . . ELLES
Argentin qui a eu trois femmes . . . . PERON
Arme de chasse . . . . ÉPIEU
Arme de choc . . . . TASER
Arme de pointe . . . . ESTOC
Arme des cavaliers . . . . LATTE
Armoire à glace . . . . FRIGO
Arrache à contresens (PD) . . . . TIVAR
Arracher sur son passage . . . . RÂPER
Arrange bien des choses . . . . TEMPS
Arrive à la plage en piteux état . . . . ÉPAVE
Arrive avant l'heure . . . . HATIF
Arrivée sans train (MH) . . . . CRASH
Arrivées en grand nombre . . . . NUÉES
Arrivent en fronçant . . . . RIDES
Arrive rarement seul . . . . ENNUI
Arrive sans prévenir . . . . ICTUS
Arrose Romans . . . . ISÈRE
Art de se répéter . . . . MANIE
A sa dose de fer . . . . ACIER
À sa quête, il y a du monde à la messe (MF) . . . .
. . . . IDÉAL
A ses adeptes . . . . SECTE
A ses fans . . . . IDOLE
A sinistrement travaillé derrière le Rideau . . STASI
Aspect de la peau . . . . TEINT
Aspect de la structure du papier . . . . ÉPAIR
Aspect d'un lieu . . . . DÉCOR
Aspirer pour sentir . . . . HUMER
Assassiné par Joab . . . . ABNER
Assemblage de particules . . . . ATOME
Assez juste . . . . SENSÉ
Assez terne . . . . PÂLOT
Assis sur son steak (MF) . . . . OISIF
Association francophone pour le savoir . . . . ACFAS
Associé au mal . . . . SATAN
Assoupissement moral (MH) . . . . OPIUM
Assure la continuité du message . . . . AXONE
Assure la défense . . . . ARMÉE
Assure la garde . . . . NURSE
Assurer l'équilibre . . . . TARER
Astronome britannique . . . . ADAMS
A suivi Breton dans son aventure . . . . ERNST
À suivre et à respecter . . . . RÈGLE
À suivre pour la construction . . . . ÉPURE
A sûrement été endormi . . . . OPÉRÉ
A sûrement un bateau . . . . ILIEN
À supprimer du programme . . . . VIRUS
A tendance à faire hurler les gens . . . . SOURD
À terre . . . . FLAPI
À tout bon gréement . . . . ESPAR
À tout bout de champ . . . . RIENS
A tout un réseau de galeries (MH) . . . . TAUPE
A trouvé son maître . . . . SÉIDE
Attaché à un pieu (MH) . . . . SAINT

Attachées à une cause . . . . AMIES
Attachement à la religion . . . . PIÉTÉ
Attaque par derrière . . . . RUADE
Attaquer la pierre . . . . RIPER
Attend au chai . . . . CUVÉE
Attend vos offrandes . . . . TRONC
Attend votre courrier . . . . BOÎTE
Attention, il brûle . . . . TISON
Attire des Québécois l'hiver . . . . MIAMI
Attire l'attention . . . . SCÈNE
Attire les fidèles . . . . MESSE
Attire les foules . . . . IDOLE
Attire les regards . . . . ÉCRAN
Attire les touristes . . . . HÔTEL
Attire les voleurs à la tire (MH) . . . . COHUE
Attiré très jeune par les aimants (PD) . . . . . GAUSS
Attraction universelle . . . . AMOUR
Au bord de la Baltique . . . . EESTI
Au bout des doigts . . . . PULPE
Au bout du tronc du gros chêne . . . . GLAND
Au ciel ou sur terre . . . . OURSE
Au cœur des villes . . . . MÉTRO
Au cœur du cigare . . . . TRIPE
Au creux de la main . . . . PAUME
Aucun de ses membres n'a les cheveux longs . . . . .
. . . . ARMÉE
Au début, ça va . . . . CHUTE
Au début d'une rencontre, il est toujours égal . . . . .
. . . . SCORE
Au début d'une réplique . . . . TIRET
Au-dessus de la moyenne . . . . GÉANT
Au masculin et au féminin, a fait perdre la tête à bien
des hommes (MF) . . . . NÉRON
Au milieu de la route . . . . LIGNE
A une bonde . . . . ÉVIER
A une cuisine bien équipée . . . . RESTO
A une drôle de voix et une curieuse démarche . . . . .
. . . . ROBOT
À une époque lointaine . . . . ANTAN
A une trompe . . . . TAPIR
A un faisceau très fin . . . . LASER
A un goût salé . . . . ÉTIER
A un modèle . . . . ÉMULE
Au nord de Dallas . . . . TULSA
Au nord de l'Angleterre . . . . LEEDS
Au nord des haciendas . . . . RANCH
A un père bouc . . . . BICOT
Au pis aller (MH) . . . . TÉTER
Au plus juste . . . . EXACT
Au plus mal . . . . FOUTU
Au Québec, faire le plein . . . . GAZER
Au Québec, la personne qui la mange a mal (MF) . .
. . . . VOLÉE
Au Québec, on dirait tralée . . . . SMALA
Au Québec, on en voit surtout des bleus . . . GEAIS
Au Québec, on la termine toujours en hiver . . . . . .
. . . . ANNÉE
Au Québec, on souligne les religieuses . . . . FÊTES
Auquel on a rendu hommage . . . . SALUÉ
Au repos . . . . ALITÉ
Aussi faible soit-elle, elle permet de tenir bon . . . .
. . . . LUEUR

Au sud de l'Algérie .... NIGER
Au sud de la Libye .... TCHAD
Au sud d'Helsinki .... EESTI
Auteur anonyme .... NÈGRE
Auteur d' «Alexandre» .... STONE
Auteur de «Robinson Crusoé» .... DEFOE
Auteur des «Bougons» .... AVARD
Auteur sans droits (PD) .... NÈGRE
Autour du cou .... ÉTOLE
Autour d'un bassin .... GAINE
Autour du palais .... DENTS
Autrefois synonyme de bille (MF) ...... ALLÉE
Aux États-Unis .... TEXAS
Avaler comme une tarte .... GOBER
Avance à coups de pédale .... ROUET
Avancer en osant se mouiller (MF) ...... NAGER
Avancer prudemment .... TÂTER
Avancer sur l'eau sans se mouiller (MF) .. RAMER
Avant de prendre le dîner .... STOUT
Avant la fin .... DÉBUT
Avant l'entrée .... APÉRO
Avant les derniers réglages .... ESSAI
Avant on la trouvait plate .... TERRE
Avant un combat de boxe .... PESÉE
Avant un nom propre d'homme .... SIEUR
Avec beaucoup de finesse .... MALIN
Avec des reflets .... IRISÉ
Avec elle, on va de pis en pis (MF) ...... VACHE
Avec elles, vous avez toujours les pieds bien placés
(MF) .... RIMES
Avec lui, c'est bien difficile de garder quelque chose
(MH) .... IPÉCA
Avec lui, c'est comme si on avait des yeux derrière la
tête (MH) .... RÉTRO
Avec lui, plusieurs cas sont à envisager .... LATIN
Avec ou sans têtes, ils sont toujours en pointe (PD)
.... CLOUS
Avec plusieurs verres, il déborde .... ÉVIER
Avec prudence et application (MH) .... SERRE
Avec une dizaine de coups de pouce vous trouverez
la réponse (MF) .... RÈGLE
A vendu son âme au démon .... FAUST
Avertissement profitable .... LEÇON
Avez-vous assez de corde pour le démêler ? ....
.... NŒUD
Avis important .... DÉCÈS
Avoir à l'œil .... ÉPIER
Avoir au moins un but dans la vie (MH) ... VISER
Avoir beaucoup de plaisir (MF) .... VENIR
Avoir du mal à suivre (PD) .... NAGER
Avoir en main .... TENIR
Avoir la chienne .... PÂLIR
Avoir l'air dans le vent (MF) .... AÉRER
Avoir la même finale, les mêmes sons .... RIMER
Avoir le pouvoir .... GÉRER
Avoir sous le nez .... HUMER
Avoir sur le dos .... VÊTIR
Avoir très chaud .... RÔTIR
Avoir un but, un objectif en vue .... VISER
A voulu épouser Charlemagne .... IRÈNE
À vous de tirer la bonne .... CARTE
Baie bien sucrée .... DATTE

Baie d'ici .... ATACA
Baigne Aime .... ISÈRE
Baigner dans l'huile .... FRIRE
Baisser la vitre .... AÉRER
Balayé par le vent .... NUAGE
Balcon clos, fermé .... ORIEL
Balle lancée par en dessous .... LENTE
Bandage croisé .... SPICA
Bande dessinée japonaise .... MANGA
Bande liturgique .... ÉTOLE
Bande sonore (MH) .... HORDE, MEUTE
Banlieue de Châteauroux .... DÉOLS
Barbe en campagne (PD) .... ARÊTE
Bas du dos du lièvre .... RÂBLE
Base de la rouille .... AIOLI
Base d'improvisation .... THÈME
Base d'une œuvre musicale .... THÈME
Basé sur le Coran .... ISLAM
Basse, elle est sans chœur .... MESSE
Bâtiment antique souverain .... RÉALE
Bâtiment d'escortes .... AVISO
Battue à coups de pieds (MH) .... TERRE
Bavarde et voleuse .... AGACE
Baudelaire en a écrit plus d'un ...... POÈME
Beau bois blanc .... CÈDRE
Beaucoup de gens le poursuivent .... IDÉAL
Beaucoup moins caressé qu'avant (MH) .. HARET
Beaucoup moins fade .... ÉPICÉ
Beau fauteuil .... TRÔNE
Beau joueur .... LOYAL
Beau morceau à l'étal .... FILET
Beaupré, gui ou vergue .... ESPAR
Beauté céleste .... ASTER
Beauté céleste promise par le Coran ...... HOURI
Bec-de-corbeau .... OUTIL
Bel ensemble .... UNITÉ
Belle artésienne .... ARRAS
Belle baie .... SORBE
Belle blonde .... ISEUT
Belle d'automne .... ASTER
Belle étendue .... NAPPE
Belle et sombre africaine .... ÉBÈNE
Belle harmonie .... UNITÉ
Belle italienne .... UDINE
Belle noire africaine (PD) .... ÉBÈNE
Belle pierre .... GEMME, RUBIS
Belle tranche .... DARNE
Best-seller que très peu ont lu .... BIBLE
Bête à cornes .... ISARD
Bien agréable .... SUAVE
Bien agréable à côtoyer .... RIANT
Bien à protéger .... TERRE
Bien à sa place .... REMIS
Bien barder .... RÔTIR
Bien bâti pour le sport .... STADE
Bien bouché .... OBTUS
Bien compacter .... DAMER
Bien connu des marins .... NŒUD
Bien connue pour la qualité de son poil à gratter ...
.... ORTIE
Bien des animaux y sont montés .... ARCHE
Bien descendre .... BOIRE

Bien des gens les préfèrent à la bière (MF) .... URNES
Bien des gens ont pleuré sur eux .... QUAIS
Bien des gens sont endettés à cause d'elle ... ENVIE
Bien des gens y adhèrent au passage ..... CORAN
Bien des jeunes n'y vont pas .... CÉGEP
Bien des mamans aiment à manger celle à papa (MF) .... BARBE
Bien des mots .... IMAGE
Bien des parents y mettent leur avenir sur la glace (MF) .... ARÉNA
Bien enrouler .... LOVER
Bien en tête .... VOULU
Bien en vie .... ANIMÉ
Bien examiner .... PESER
Bien fermer .... LUTER
Bien garnir .... GRÉER
Bien informé .... AVISÉ
Bien installé .... ASSIS
Bien moins cher .... USAGÉ
Bien moins froid .... TIÉDI
Bien noire .... ÉBÈNE
Bien nourrir .... GAVER
Bien observer .... ÉPIER
Bien ouvert .... BÉANT
Bien placé pour être en paix .... ISOLÉ
Bien planqué .... TERRÉ
Bien plus que quelques journées .... ANNÉE
Bien raisonnable .... SENSÉ
Bien sûr, mais cependant sceptique (MH) .. OUAIS
Bien tasser .... DAMER
Bien troublé .... ÉGARÉ
Bien vrai .... EXACT
Bière qui cogne .... STOUT
Biologiste américain .... SABIN
Blanche en campagne (PD) .... GELÉE
Blanche pour ceux qui voient tout en noir (MF) ... . CANNE
Blanche qui donne tous les pouvoirs (MF) .. CARTE
Blanches, elles hantent bien des gens (MF) . PAGES
Blanchi par l'âge .... CHENU
Blesser bien inutilement .... VEXER
Blocage au foot .... TACLE
Bloc de pierre .... STÈLE
Bloquer face au problème .... BUTER
Boire à petits coups (MH) .... TÉTER
Boire du petit blanc, mais pas au verre (MH) ... . TÉTER
Bois de marqueterie .... ÉBÈNE
Bois dur .... GAÏAC
Bois qui a du coffre (MF) .... CÈDRE
Bois qui ne se vend pas à la corde (MH) .. ÉBÈNE
Boîte à ouvrage (PD) .... USINE
Bon à avoir dans son jeu .... ATOUT
Bon à mettre au panier .... OSIER
Bon à rien .... MINUS
Bon coup .... HEURT
Bon dans la défense (PD) .... ALIBI
Bon descendeur (PD) .... TUEUR
Bon dos .... RÂBLE
Bon endroit pour suivre .... AFFÛT
Bon flotteur .... LIÈGE

Bon grimpeur .... ATÈLE, ISARD, RATON
Bon gros poisson .... MÉROU
Bon home de neige .... IGLOO
Bon isolant .... LIÈGE
Bonjour méridional .... TCHAO
Bonne à table .... CHÈRE
Bonne base .... SOCLE
Bonne carte en mains .... ATOUT
Bonne chance .... MERDE
Bonne dernière chez les Grecs (PD) ..... OMEGA
Bonne opinion .... RENOM
Bonne ou mauvaise, elle avance .... ANNÉE
Bonne pâte corse .... NIOLO
Bonne pour la santé .... DIÈTE
Bonnes à mettre au panier .... ANSES
Bon poisson .... LOTTE
Bon port .... HAVRE
Bon pour égriser .... ÉMERI
Bon pour la corbeille .... OSIER
Bon pour la poubelle .... USAGÉ
Bonsoir, ils sont partis (MH) .... EXPOS
Bon tuyau pour une bonne circulation ... DURIT
Bon vivant .... RIEUR
Borde la semelle du ski .... CARRE
Borde un orifice .... LÈVRE
Bosse dans le costume de bain, sous la fermeture éclair (MF) .... DÉSIR
Bosser à la roue .... BINER
Bouché à l' .... ÉMERI
Bouche des fosses, une entrée d'air ..... RHUME
Boucle aérienne .... SALTO
Boucler la boucle .... LACER
Bouillir de colère (MF) .... NAGER
Boule d'étoffe .... TAPON
Boule partie .... NOIRE
Boulette empoisonnée (PD) .... OPIUM
Boulot de bûcheron .... STÈRE
Bourdonne comme une guêpe (MH) ..... VESPA
Bourg d'Italie ... ou gros mot (MF) ..... OSTIE
Bout de BD .... IMAGE
Bout de canne .... SCION
Bout de couverture .... TUILE
Bout de pain .... TALON
Bout de patte .... ERGOT
Bout de patte de mouche .... TARSE
Bout de squelette .... TIBIA
Bout de terrain .... TERRE
Bout de terre .... LOPIN
Bout de tour .... ÉTAGE
Bout de tube (MH) .... ILÉON
Bout de viscère .... ILÉON
Bout d'existence .... TERME
Boutonnée devant .... VESTE
Bras d'honneur .... GESTE
Brasse-camarade .... NOISE
Bref thème musical .... SONAL
Bretonne et biélorusse .... BREST
Brève abondance .... ONDÉE
Brillamment broder .... LAMER
Brillante constellation .... ORION
Brouillés, il est impossible de les réconcilier (MH) .... ŒUFS

Bruit de commère .... RAGOT
Bruits de la rue .... ONDIT
Brûlerait facilement .... FENIL
Brune, c'est le nazisme (MH) .... PESTE
Brunir la peau .... HÂLER
Brusquement inviter .... HÉLER
But d'alpiniste .... CRÊTE
But de celui qui pousse (MH) .... RECUL
Cachée dans l'ombre .... ARÊTE
Ça fait du bruit (MH) .... POTIN
Calme le bébé .... TÉTÉE
Ça n'existe pas .... NÉANT
Caniche ou tigre (MF) .... ROYAL
Caoutchouc dans le moteur .... DURIT
Capable de combler .... IDÉAL
Capable de faire dresser les cheveux sur la tête (MH)
.... LAQUE
Capable de faire mal .... ACÉRÉ
Capable de flotter .... LIÈGE
Capable de griffer .... ONGLÉ
Capable de s'accrocher .... ATELÉ
Capable de saisir (MH) .... POÊLE
Capable de satisfaire certains besoins .... UTILE
Capable de se nourrir presque normalement ....
.... SEVRÉ
Capable de tenir l'affiche longtemps (MH) ....
.... COLLE
Capable du pire .... CRUEL
Capitale du Frioul .... UDINE
Capitale du Tatarstan .... KAZAN
Capitale pour le Nord .... LILLE
Cardinal poids plume (MH) .... LÉGER
Caresse affectueuse .... CÂLIN
Carte en morceaux (PD) .... TEACR
Carte qui vaut toutes les cartes .... FRIME
Ça sent l'effort .... SUEUR
Casse-croûte (MH) .... TÉTÉE
Casser la croûte .... BINER
Casser sèchement (PD) .... PÉTER
Cause de douleur .... PLAIE
Causer une rupture .... FÊLER
Cause un engourdissement .... OPIUM
Ça va .... ASSEZ
Ce dont on vient de parler .... LEDIT
Cela fait .... VOICI
Célèbre amoureux .... ROMÉO
Célèbre bataille .... IPSOS
Célèbre musée .... ORSAY
Célèbre numéro 12 .... MOORE
Célèbre psychanalyste .... FREUD
Celle de Panoramax est en or .... SERPE
Celle des reins peut être excitante (MF) ... CHUTE
Celle des vacances est bien appréciée (MH) ....
.... ROUTE
Celle du corps est parfois difficile .... LEVÉE
Celle du ventre est sensuelle .... DANSE
Celles de scène se donnent à fond (MF) ... BÊTES
Celui de la femme attire le regard de l'homme ....
.... GALBE
Celui de l'Impact est tout récent .... STADE
Celui de Pékin est le jingxi .... OPÉRA
Celui de Rameau fait du théâtre .... NEVEU

Celui des choses est prévisible .... ORDRE
Celui du diamant .... ÉCLAT
Celui du Kentucky est célèbre .... DERBY
Celui du mot à trouver est masculin ...... GENRE
Celui d'une relation nous fait flotter (MF) ....
.... DÉBUT
Celui du rire se reflète dans les yeux ... ÉCLAT
Celui du scout le décrit en partie ...... TOTEM
Celui qui change d'avis le vire de bord ... CAPOT
Celui qui en sort est regardé de travers (MF) ....
.... NORME
Celui qui en sort ne joue plus .... SCÈNE
Celui qui est parti sans laisser d'adresse (MH) ....
.... ÉVADÉ
Celui qui est vite sur ses patins n'a qu'à regarder en
dessous (MF) .... LAMES
Celui qui la cherche risque une correction (MF) ...
.... NOISE
Celui qui la défend reçoit sa maîtrise ..... THÈSE
Celui qui la perd n'a plus la forme ..... SANTÉ
Celui qui la reçoit est nommé évêque ... MITRE
Celui qui la touche la transforme en liquide (MF) ..
.... RENTE
Celui qui l'atteint en a assez .... QUOTA
Celui qui le brûle risque de se faire frapper ....
.... ARRÊT
Celui qui les tient dirige .... RÊNES
Celui qui n'a pas de voiture ne le gratte pas .....
.... GIVRE
Celui qui ne s'y arrête pas la brûle ..... ÉTAPE
Celui qui perd la boule risque de s'y retrouver (MF)
.... DALOT
Celui qui réussit le connaît .... ESSOR
Celui qui voit la lumière n'en a pas besoin ....
.... CANNE
Celui qui y prend place en pédale un coup ... SELLE
Celui qui y vit n'a pas les deux pieds sur terre .....
.... NUAGE
Cendres d'un être humain .... RESTE
Ce ne sont pas des gens de parole (MH) .. MIMES
Ce ne sont pas des gens simples .... SNOBS
Ce ne sont que des rumeurs .... ONDIT
Ce n'est pas la peine de la chercher ...... NOISE
Ce n'est pas nécessaire avec une bûche de Noël (MH)
.... SCIER
Ce n'est pas parce qu'elle est paquetée qu'elle est
chaude (MF) .... SALLE
Ce n'est pas un bon diable .... DÉMON
Ce n'est pas une façon de boire à table .... LAPER
Ce n'est pas un endroit où fourrer ses doigts (MH)
.... FOSSE
Ce n'est pas une préoccupation hivernale .. SEMER
Ce n'est pas un festin, mais ça dépanne ... ENCAS
Ce n'est pas un petit rien (MF) .... NÉANT
Ce n'est pas un tendre (MH) .... ÉMERI
Ce n'est plus un bébé (MH) .... UNTEL
Centre pétrolier américain .... TULSA
Cent sous .... HUARD
Céphée fut son roi .... TÉGÉE
Ce que doit faire l'ânier .... MENER
Ce que fait très bien Phelps .... NAGER
Ce que ne connaissent pas les gens actifs .. ENNUI

Ce que vous ne voulez pas faire .... ERRER
Ce qui cause un engourdissement .... OPIUM
Ce qui ne saute pas aux yeux .... VERSO
Ce qu'on a tous fait .... TÉTER
Ce qu'une orange peut faire .... JUTER
Certaines sont blanches .... NUITS
Certains arrivent à les arracher en donnant de bons
coups (MH) .... AVEUX
Certains se cachent derrière (MF) ...... IMAGE
Certains sont contagieux .... RIRES
Certains sont de passage .... RITES
Certains y mettent des livres .... PILON
Certains y vont surtout pour voir leurs amis .. ÉCOLE
Cervidé femelle .... DAINE
Ces chaises .... ELLES
C'est ainsi qu'Israël désigne son Dieu .... YAHVÉ
C'est assez .... HALTE
C'est carrément du haut de gamme .... BASSE
C'est ce que fait l'araignée .... FILER
C'est comme ça .... AINSI
C'est complètement fou, le monde là-bas (MH) ....
.... ASILE
C'est de la glace .... SÉRAC
C'est dommage .... GRIEF
C'est du bonbon .... NANAN
C'est du gâteau .... OPÉRA
C'est du riz .... PILAF
C'est épais et visqueux .... MAGMA
C'est facile de tomber dedans .... EXCÈS
C'est généralement efficace contre les odeurs ....
.... AÉRER
C'est la couleur du poisson dans un bocal .. ROUGE
C'est la face cachée .... AVERS
C'est la fête .... NOUBA
C'est la personne qui les tient qui contrôle .. RÊNES
C'est là qu'on marque des points .... ENBUT
C'est le genre musical de Pavarotti .... OPÉRA
C'est le signal pour commencer l'entraînement (MH)
.... BEDON
C'est le temps de le joindre à l'agréable ... UTILE
C'est l'hiver été comme hiver (MH) ..... ARÉNA
C'est parfois du bouche à oreille (MH) ... BÉCOT
C'est par lui qu'un marais communique avec la mer
.... ÉTIER
C'est parti .... ESSOR
C'est pas donné .... PRÊTÉ
C'est pas la joie .... ENNUI
C'est pas une bien brave idée .... FUITE
C'est pas vraiment le moment de songer au retour
(MH) .... ALLER
C'est peut-être là que vont les rats quand ils quittent
le navire .... ÉGOUT
C'est peut-être un petit carreau .... TROIS
C'est pile ou face .... AVERS
C'est plus simple d'y entrer que d'en sortir ....
.... TAULE
C'est pour bientôt .... AVRIL
C'est presque l'été en février .... SERRE
C'est prioritaire .... URGER
C'est ramollie qu'on la préfère .... NÈFLE
C'est rien du tout .... NÉANT
C'est songer à l'avenir .... SEMER

C'est souvent la meilleure façon d'avoir quelqu'un
(MF) .... USURE
C'est souvent le début et la fin des vacances ......
.... PISTE
C'est toujours l'hiver là-bas (MH) .... FRIGO
C'est très efficace contre les odeurs ...... AÉRER
C'est un battant .... CŒUR
C'est un bec fin .... SIRLI
C'est un blocage .... ILÉUS
C'est un début .... ÉVEIL
C'est un droit .... ASILE
C'est un effort .... PESÉE
C'est une fille .... NIÈCE
C'est une qualité .... BONTÉ
C'est un génie .... ÉFRIT
C'est un goujat .... SALOP
C'est un homme .... SIEUR
C'est un jeu de poursuite .... ESTER
C'est un passionné .... MORDU
C'est un peu toujours l'hiver là-bas ...... ARÉNA
C'est un ponceur .... ÉMERI
C'est un risque .... PÉRIL
C'est un roi .... RAJAH
C'est un vaisseau .... AORTE
C'est visqueux .... MUCUS
C'était un cyclomoteur .... DERNY
C'était une tribune .... AMBON
C'était un hôpital psychiatrique .... ASILE
C'était un rhum de qualité .... TAFIA
Ceux des lumps sont très petits .... ŒUFS
Ceux qui cherchent trop les petites le sont presque
(MF) .... BÊTES
Ceux qui y vivent sont en dedans .... GEÔLE
Ceux qui y vivent suscitent l'envie de bien des gens
(MF) .... OUATE
Chacun des descendants d'une souche masculine
.... AGNAT
Chacun des milieux de la planète .... BIOME
Chacune des trois régions du corps des arthropodes
.... TAGME
Chacun le sien .... GENRE
Chaise d'enfant (MH) .... GIRON
Chambre non meublée qui n'est pas insonorisée ...
.... TENTE
Chambre où l'on développe des souvenirs .. NOIRE
Champ d'action .... RAYON
Champ de courses .... ASCOT
Champion du monde montréalais .... GATTI
Championne de dictée .... STÉNO
Change les idées .... ROMAN
Changement de direction .... STEMM
Changer de caractères .... MUTER
Changer de couleur .... ROSIR
Changer de député .... ÉLIRE
Changer l'air d'une pièce (MF) .... ORNER
Changer pour le mieux .... ORNER
Chant du départ (MH) .... VROUM
Chanté à l'office .... MOTET
Chanter des bêtises .... CRIER
Chanteur en demande .... IDOLE
Chanteur populaire (MH) .... SERIN
Chanteuse fatale ou empereur fatal ...... NÉRON

Chant liturgique .... MOTET
Chargée avant le départ .... SOUTE
Charger comme un âne .... BÂTER
Chariot pour certains observateurs (PD) ... OURSE
Charognard noir .... URUBU
Charpente d'une feuille .... ÉPAIR
Chasse la nuit .... TIGRE
Chasseur sans fusil .... GROOM
Chat sauvage .... HARET, RATON
Chaudement pourvu (PD) .... POILU
Chaud lapin .... CIVET
Chaussure faisant mal au pied .... NEUVE
Chef du Commonwealth .... REINE
Chefs remplacés par leurs camarades (MF) .. TSARS
Cherche la petite bête à contresens (PD) . EPUCE
Cherche les étoiles (MH) .... RESTO
Chercher à en savoir plus .... TÂTER
Cheval avec trois couleurs .... ROUAN
Chevalier des cours .... OMBLE
Chien célèbre .... MILOU
Chien renversé (PD) .... TOBAC
Choisir au hasard .... TIRER
Choisir comme élément .... BASER
Choisir des voies détournées .... RUSER
Chute d'eau .... ONDÉE
Cinéaste américain .... ALLEN
Cinéaste malien .... CISSE
Circulation lente .... NORIA
Circule en Macédoine .... DÉNAR
Civilisation musulmane .... ISLAM
Clapit dans son clapier .... LAPIN
Clouer sur place .... FIGER, POSER
Club ou jeu .... VIDÉO
Club qui fonctionne par la bande (MF) .... VIDÉO
Coco de tête (MH) .... LENTE
Cœur, pique, carreau, trèfle .... ATOUT
Coin où les hommes tiennent leur bout (MF) ......
.... PETIT
Coin tranquille dans les murs de l'église .. ENFEU
Collé au mur .... CRÉPI
Colle au train .... SELLE
Collier porté par les hommes (MF) ...... BARBE
Colonie active .... RUCHE
Comme certaines plaisanteries .... OSÉES
Comme certains ours .... BRUNS
Comme la senteur des algues .... IODÉE
Comme la tartine, finit toujours par tomber sur le
Beur... (MH) .... LEPEN
Comme les ongles .... VINGT
Comme le visage .... OVALE
Comme l'odeur de la laminaire .... IODÉE
Commence à lire .... GOSSE
Commence dans le froid .... ANNÉE
Commence en haut .... CHUTE
Commence par des plaisanteries .... AVRIL
Commence par le départ du train (MH) ... RUADE
Commence par une queue de cheval (MH) . ESSOR
Comme on peut le constater .... AINSI
Comme Polichinelle .... BOSSU
Comme Séraphin Poudrier .... AVARE
Comme un chat nocturne .... HUANT
Comme une endive .... AMÈRE

Comme une histoire vraie .... VÉCUE
Comme un porte-voix .... ÉVASÉ
Commune de Suisse .... USTER
Communication directe .... TRACT
Compagnie complètement dans le jus .... OASIS
Compagnon de Tintin .... MILOU
Compagnons de débauche (MH) .... EXCÈS
Compétition sportive .... POULE
Complètement bloquer .... GELER
Complètement épuiser .... TARIR
Composé de l'ammoniac .... AMIDE
Composé organique .... ESTER
Comprend huit éléments binaires .... OCTET
Comprendre tout .... PIGER
Comptait sans calculette (MH) .... EULER
Comtesse conteuse .... SÉGUR
Conçue pour exploser .... BOMBE
Conçu pour tenir .... NŒUD
Conducteur peu pressé (PD) .... ÂNIER
Conduite intérieure (PD) .... AORTE
Conduit généralement très bien .... MÉTAL
Configuration des lieux .... ÊTRES
Confondre tout .... MÊLER
Connaît la vie de camp .... SCOUT
Connu pour sa conquête .... OUEST
Connu pour ses nombreuses aventures .... HERGÉ
Connu pour son opposition à la civilisation moderne
.... AMISH
Constitue la périphérie de la roue du véhicule ....
.... JANTE
Construire en hauteur (MH) .... AIRER
Construite sans permis .... HUTTE
Consulté à la bibliothèque .... USUEL
Conter des histoires (MF) .... LÉSER
Contestation contestable sous la coupole ... SITIN
Contient des articles variés .... VARIA
Contient des déchets .... URINE
Contient des enzymes .... SÉRUM
Contient les poussées à la base .... CULÉE
Contient un peu de carbone .... ACIER
Contraire au canon à neige (MH) .... PELLE
Contraste avec le reste .... OASIS
Contribution directe .... OBOLE
Contrôle permanent .... SUIVI
Convenir comme avant .... SEOIR
Convient à la promenade .... SENTE
Copain espagnol .... AMIGO
Coque sur le sable .... ÉPAVE
Coquille des calmars .... PLUME
Cordes en triangle .... HARPE
Corps de garde (MH) .... MOMIE
Corps gras qui fond difficilement (MH) ... OBÈSE
Corse qui a du goût .... NIOLO
Côté d'où vient le vent, côté qui pousse .. AMURE
Côté d'une boîte importante (MH) .... TEMPE
Couche en décomposition .... HUMUS
Couche légère .... NATTE
Coule abondamment dans les mots croisés (MH) ..
.... ISÈRE
Coule au Portugal .... DOURO
Coule dans le Valais .... RHÔNE
Coule en Champagne .... SEINE

Coule plus l'été que l'hiver	BIÈRE
Couleur changeante qui coupe	ATOUT
Coup commandé à la baguette	RÉTRO
Coup de feu entre marteau et enclume (PD)	OTITE
Coup de fil	APPEL
Coup de genou	ATÉMI
Coup de main	GIFLE
Coupe à table	ATOUT
Coupe à travers bois	HACHE
Coupe-chou	SABRE
Coupé, on lui fait des points	TISSU
Couper la parole	MIMER
Coup qui vient d'en haut	SMASH
Courante à l'écran	ICÔNE
Courant sur certaines pistes	STEMM
Courber l'échine, le front	OBÉIR
Courent les rues	ONDIT
Coureur mort à Helsinki	NURMI
Courriel, pour les Français	EMAIL
Cours alpin	ISÈRE
Course sur deux roues	TRIAL
Cours franco-allemand	SARRE
Cousin de votre fille	NEVEU
Cousin du fils de la sœur de votre père	FRÈRE
Cousine de votre fils	NIÈCE
Cousu d'or	NANTI
Couteau de plage	SOLEN
Couverture qui refroidit les gens (MF)	TUILE
Couvre-chef	MELON
Couvre les dents	LÈVRE
Couvre-lit	ALÈSE
Couvrir d'une teinture	IODER
Cracheur de balles (MH)	FUSIL
Craint les tornades	TENTE
Crée de l'émoi	DÉCÈS
Crée un vide	PERTE
Creuse des tunnels	TAUPE
Creusé pour les bateaux	CANAL
Creuser un trou	FORER
Criblée de balles (MH)	ALLÉE
Cri persan	MIAOU
Croît dans les rocailles	ORPIN
Cube d'essence (PD)	STÈRE
Cueilli au vol (MH)	RECEL
Cuire dans un enrobage	PANER
Cuit sans levain	AZYME
Cultivée dans la vallée du Rhône	SYRAH
Cultivée pour ses feuilles et ses côtes	BETTE
Cultivé pour ses fleurs	ASTER
D'acier ou de mouton	LAINE
Dadaïste avant d'être surréaliste	ERNST
D'agréable compagnie	LIANT
Dame de cœur	AIMÉE
Dame d'ordre	NONNE
Dame très cochonne (PD)	TRUIE
Dangereuse particule	PRION
Danois regroupés	MEUTE
Dans bien des cocktails	GLACE
Dans bien des poches	EUROS
Dans ce temps-là	ALORS
Dangereux quand il touche à la personnalité (PD)	CULTE
Dans la bouche	ÉMAIL
Dans la ciguë	TRÉMA
Dans la famille	NIÈCE
Dans la famille des luths	SETAR
Dans la jambe	TIBIA
Dans la jungle	LIANE
Dans la main du pugiliste	CESTE
Dans la Manche	SPRAT
Dans la piscine	FLUOR
Dans la poutine	SAUCE
Dans la rue	RUINÉ
Dans le ciel ou en forêt (MH)	OURSE
Dans le Loiret	INGRÉ
Dans le maïs	TRÉMA
Dans le nom d'un drapeau	UNION
Dans le nom d'une constellation boréale	OURSE
Dans le nom d'une pâtisserie	NONNE
Dans le nom d'un rapace	HUANT
Dans le nord de l'Italie	UDINE
Dans le parc des Laurentides	ÉTAPE
Dans le pouding	ŒUFS
Dans lequel on a creusé	ÉVIDÉ
Dans les Andes	QUITO
Dans les bonnets	SEINS
Dans les cordes orientales	RABAB
Dans les formules de politesse	RAVIE
Dans les Grisons	AROSA
Dans les mains du menuisier	RABOT
Dans les mers chaudes	ATOLL
Dans les Philippines	ÎLOTS
Dans les placards du Vatican	TIARE
Dans les Pyrénées-Orientales	CÉRET
Dans les souliers	PIEDS
Dans le titre d'un film de Fellini	DOLCE
Dans le ventre	ILÉON
Dans une cartouche	ENCRE
Dans une formule de départ (MH)	PRÊTS
Dans un fauteuil	ASSIS
Dans un sens, ralentit le cycliste (MH)	PENTE
D'Austin	TEXAN
Débarrasser de son collier (MF)	RASER
De bien mauvaise qualité	NANAR
De bien petites personnes	NAINS
De bonne humeur	RIEUR
Débordement dans l'effort (PD)	SUEUR
Début de matinée	LEVER
Début de pas à deux (MH)	ADAGE
Début de voyage	ALLER, ENVOL
Décès de quelqu'un	DEUIL
Décision importante	ARRÊT
Décor chez le passementier (PD)	GLAND
Décore les allées (PD)	TERME
Découvrir du bout des doigts	TÂTER
Déesse de la Féminité	JUNON
Défaire les unions (PD)	ROTER
Défense de calmar	ENCRE
Défilé creusé dans un anticlinal	CLUSE
Définition qui paraît à l'écran (MF)	HAUTE
Défraie la chronique	DRAME
De fumée, de sauterelles	NUAGE
Dégagement d'hydrocarbures gazeux	SALSE
Déjeuner, dîner, souper (MH)	TÉTER

De la même façon . . . . AUSSI
De l'argent . . . . SOMME
De la viande et des légumes . . . . POTÉE
De la voix et du geste . . . . OPÉRA
De l'eau . . . . ONDÉE
De l'eau qui nous fait penser au vin (MH) . . RHÔNE
Délicieux avec de la dinde . . . . ATOCA
Délicieux lorsqu'il est à la mode (MF) . . . . BŒUF
Demande dominicale . . . . QUÊTE
De ménage, c'est une querelle (MH) . . . . . SCÈNE
Démonstration de politesse . . . . SALUT
De naissance . . . . NATAL
Département de Condom . . . . EAUZE
Département français . . . . ISÈRE
Départ vers les cieux (MH) . . . . ESSOR
Dépasse les autres . . . . GÉANT
Dépenser de la salive . . . . BAVER
De père en fils, puis de fils en père (MH) . . COUTU
Déplacement d'air (MH) . . . . DANSE, RISÉE
Déplacer au sol . . . . RIPER
Déplacer de la rive . . . . HALER
Déplacés aux funérailles . . . . RIRES
Dépourvu de bon sens . . . . IDIOT
Dépourvu d'occupations . . . . OISIF
De quilles ou de garages . . . . LIGUE
De quoi faire pleurer l'assoiffé (MH) . . . . LARME
De quoi faire une terrine . . . . LAPIN
De quoi se chauffer . . . . STÈRE
Dérange l'audition . . . . OTITE
Déride la classe . . . . PITRE
Dernier coup dans le cou (MF) . . . . COUIC
Dernier coup pris par quelqu'un . . . . FATAL
Dernier élément d'une série . . . . OMÉGA
Dernière partie de la ballade (PD) . . . . ENVOI
Derrière les portes . . . . ÉPARS
Derrière un chèque . . . . ENDOS
Derrière un spectacle . . . . RÉGIE
Des adultes y jouent . . . . SCÈNE
Des agents de bord y travaillent . . . . AVION
Désagréable dans la soupe . . . . ARÊTE
Désagréable en bouche . . . . APHTE
Des branches et des feuilles . . . . RAMÉE
Des bruits . . . . ONDIT
Descend de la tête . . . . NATTE
Descendre quelqu'un . . . . CALER
Des champs . . . . RURAL
Des couples qui peuvent avancer (MH) . . . HARDE
Des durs de durs en construction (MH) . . . ORMES
Des électeurs, les uns derrière les autres (MH)
. . . . LISTE
Des femmes . . . . ELLES
Des gens . . . . ÊTRES
Des gens en ressortent avec l'escalier roulant . . . .
. . . . MÉTRO
Des gens les prennent trop en public . . . . . AISES
Des gens prétendent parler à ceux des morts . . . . . .
. . . . MÂNES
Des gens y règnent, d'autres y lisent le journal (MF)
. . . . TRÔNE
Des gens y vont pour prendre le taureau par les cor-
nes . . . . RODÉO
Des Grecs y ont chanté . . . . ODÉON

Des hommes, des chevaux, des veaux . . . . RODÉO
Dès le jour de l'ouverture, on le coupe . . . RUBAN
Des légumes écrasés . . . . PURÉE
Des milliers de chansons s'adressent à elle . . . . . .
. . . . FEMME
Des mots pour d'autres . . . . TROPE
Des phrases . . . . TEXTE
Des S . . . . OUÏES
Dessert les grandes villes . . . . MÉTRO
Dessin d'après nature . . . . ÉTUDE
Dessiné en rouge . . . . CŒUR
Des tas de gens l'ont au poignet . . . . HEURE
De tous les jours . . . . USITÉ
De toute évidence gêné . . . . ROUGE
De très bonne humeur . . . . RIEUR
De très bonne qualité . . . . EXTRA
Détruire les tissus . . . . LYSER
Détruire progressivement . . . . SAPER
Dette envers l'État . . . . DÉBET
Deux cent vingt-trois (223) lunaisons . . . . SAROS
Deux choses allant ensemble . . . . PAIRE
Deux muscles . . . . PSOAS
Deux syllabes pour un pied . . . . IAMBE
Devait faire rigoler Churchill (MH) . . . . . . NINAS
Dévaler une pente . . . . SKIER
Devant chaque internaute . . . . ÉCRAN
Devant les dents de laie . . . . GROIN
Devant pour l'arrière (MH) . . . . RÉTRO
Devant un magasin . . . . BANNE
Développement en grand . . . . ESSOR
Devenu insensible . . . . BLASÉ
Dévier de la route . . . . ERRER
De Vologda ou de Kourov . . . . RUSSE
De votre salon, vous voyez les gens qui y passent . .
. . . . ÉCRAN
Devra être rendu un jour . . . . PRÊTÉ
Devrait faire rire . . . . DRÔLE
Dieu qui eut 50 filles . . . . NÉRÉE
Dieux protecteurs . . . . LARES
Différent des autres . . . . TITRÉ
Différente de la masse . . . . ÉLITE
Difficile à avaler . . . . ARÊTE
Difficile à dompter . . . . RÉTIF
Difficile à garder . . . . PESTE
Difficile à grimper en vélo . . . . RAIDE
Difficile de comprendre une fois perdu . . . . LATIN
Difficile de ne pas répondre à son appel . . . CHAIR
Difficile de se passer d'eux toute la journée . . . . . .
. . . . REPAS
Diminue l'épaisseur . . . . USURE
Dire aux autres quoi faire . . . . MENER
Dire beaucoup de bien . . . . LOUER
Dire des choses épouvantables . . . . SALIR
Diriger vers le haut . . . . LEVER
Dirige une tour de Babel tricolore (MH) . . CARBO
Disciple de Saint Augustin . . . . OROSE
Discipline olympique . . . . SABRE
Disparaît l'été . . . . IGLOU
Distancer habilement . . . . SEMER
Distribué à des fins de propagande . . . . . . TRACT
Distribuer des coups . . . . TAPER
Divinité champêtre . . . . FAUNE

Divisé en huit .... OCTET
Division d'une course cycliste .... ÉTAPE
Docteur peu consulté au Québec (MF) ... ULÉMA
Doit aussi se méfier des fous (MH) .... REINE
Doit beaucoup et ne boit jamais (MH) .... KOALA
Doit être bien tendu .... PIÈGE
Doit être bien tendue .... TENTE
Doit être bien vitrée .... SERRE
Doit être brossé pour être protégé .... ÉMAIL
Doit être sevré .... ACCRO
Doit être tout ouïe .... ÉLÈVE
Doit faire bonne impression .... ENCRE
Doit ouvrir l'œil .... GARDE
Doit rester à la bibliothèque .... USUEL
Doit se donner à temps .... ÉVEIL
Doit se tenir debout .... THÈSE
Doit sûrement être caché .... ÉVADÉ
Doit sûrement pousser et tirer .... ÂNIER
Doit surtout éviter l'échec .... REINE
Doivent tenir .... ANTES
Donc ductile .... ÉTIRÉ
Donc pas au plafond .... RURAL
Don de la mère .... TÉTÉE
Donnait du poids aux coups .... CESTE
Donne à boire au serin .... AUGET
Donne à regret .... AVARE
Donne de l'air .... POMPE
Donne des baies .... OBIER
Donne des maux de tête aux voisins ..... NOUBA
Donne des ordres à des êtres entêtés ...... ÂNIER
Donne des renseignements à la police ..... INDIC
Donne du jus .... NAVEL
Donne du travail aux employés des pompes funèbres
(MH) .... TUEUR
Donne la réplique .... SOSIE
Donne mal à la tête .... CUITE
Donné par les karatékas .... ATÉMI
Donne plein de détails .... MACRO
Donner au compte-gouttes (MH) .... DOSER
Donner à un enfant tout ce qu'il veut ..... GÂTER
Donner de la bande en remontant (PD) .... RETÎG
Donner de la couleur .... OCRER
Donner de la hauteur .... LEVER
Donner de l'air (MH) .... NOTER
Donner des pouvoirs, des responsabilités ... ÉLIRE
Donner du boulot pour quatre ans (MF) .... ÉLIRE
Donner du fil à retordre .... NUIRE
Donner du travail à .... ÉLIRE
Donner en exemple .... CITER
Donner et donner encore .... GÂTER
Donner la chance à quelqu'un de devenir ministre
(MF) .... ÉLIRE
Donner la vie .... VÊLER
Donner le plus de voix .... ÉLIRE
Donner trop d'eau .... NOYER
Donner un bécot .... BISER
Donner un coup de fouet .... DOPER
Donner une nouvelle allure .... ORNER
Donner un nouvel élan .... DOPER
Donner un peu de couleur .... OCRER
Donne sur l'Atlantique .... MAROC
Dont il faut se méfier .... MADRÉ

Dont il ne reste plus rien .... CRAMÉ
Dont l'allure est majestueuse .... ROYAL
Dont le cœur est fendu .... PEINÉ
Dont les membres sont étendus .... ÉTIRÉ
Dont les talons sont usés .... ÉCULÉ
Dont on a enlevé l'enveloppe .... ÉCALÉ
Dorée en cuisine (PD) .... GELÉE
Doublé, il est sans surprise (MH) .... TRAIN
Douche de bêtises (MF) .... TOLLÉ
Douche qu'on prend tout habillé (MH) ... ONDÉE
D'où sort-il ? .... ÉVADÉ
Doux et agréable .... TIÈDE
Drame de Sardou .... TOSCA
Dressée par les courses .... LISTE
Drôle de façon d'écrire .... RÉBUS
Drôle de façon de souhaiter la bienvenue .. TAXES
Drôle d'envie, d'idée .... LUBIE
Drôle de tête .... FIOLE
Du bétail .... OVINS
Du bon côté des barreaux .... MATON
Du début à la fin .... DURÉE
Du fond du rang .... RURAL
Du grave à l'aigu .... SERIN
Du même groupe que Thalie .... ÉRATO
Du monde .... ÊTRES
D'une ancienne région d'Europe .... IBÈRE
D'une étendue d'eau .... ÉGÉEN
D'une locution prépositive .... QUANT
D'une partie de l'œil .... IRIEN
D'une partie qui a des ailes .... NASAL
D'une population du Nord .... INUIT
D'un goût douteux .... TRASH
Du noyau à la jante .... RAYON
D'un peuple d'en haut (MH) .... INUIT
Du pain, du vin .... MESSE
Du pif .... NASAL
Du poil sur les épaules (MH) .... ÉTOLE
Du porc et du chou .... POTÉE
Du poulet .... BLANC
Dure et fine .... ÉPINE
Dure et lourde .... ÉBÈNE
Dur et froid .... ACIER
Dur et méchant .... ROSSE
Du rouge dans nos assiettes (PD) ...... ROCOU
Dur, tranchant et pointu .... ACÉRÉ
Du saumon .... DARNE
Du Sénégal au Soudan .... SAHEL
Du temps des baby-boomers .... RÉTRO
Du vert dans les sables (PD) .... OASIS
Dynamique de groupe un peu spéciale ... ORGIE
Dynastie chinoise .... TSING
Eau de Savoie .... ISÈRE
Eau naturellement gazeuse .... SELTZ
Eau servie avec de la glace (MF) .... GRÊLE
Eau suisse .... REUSS
Eaux anglaises .... TRENT
Écarteur chirurgical .... ÉRINE
Échelon d'une hiérarchie .... GRADE
Éclairage de théâtre .... HERSE
Éclate au moindre coup .... BULLE
Éclater avec bruit (PD) .... PÉTER
Écot écolo ? .... PÉAGE

Écoulement que l'on sent .... NASAL
Écrase les mottes .... HERSE
Écrire la mauvaise réponse .... ERRER
Écrit à l'envers .... ECART
Écrit dans l'ombre .... NÈGRE
Écrit pour le chant .... VOCAL
Écrit rapidement .... STÉNO
Écrits sans règles (PD) .... PROSE
Édifice à gradins .... ODÉON
Effet du temps .... USURE
Effets d'hiver .... GANTS
Effet secondaire du secondaire pour bien des jeunes
(MF) .... CÉGEP
Égoïne, par exemple .... OUTIL
Élan qui nous fait sortir du bois (MF) .... ESSOR
Élargit le panneau .... ALÈSE
Élégant anglais .... SMART
Élément chimique gazeux .... RADON
Élément de langage machine .... OCTET
Élevée sur les côtes (MH) .... MOULE
Éliminer des gaz .... ROTER
Éliminer les favoris .... RASER
Elle a besoin d'être soutenue .... THÈSE
Elle a chanté à la coupe Grey .... AVILA
Elle achève .... ANNÉE
Elle a de la classe (MH) .... ÉCOLE
Elle a de la difficulté à faire l'épicerie en paix (MF)
.... IDOLE
Elle a de l'avance sur les autres .... AÎNÉE
Elle a de quoi satisfaire les petits cochons .. TRUIE
Elle a des boutons .... FLEUR
Elle a des joues roses .... TRUIE
Elle a des yeux inexpressifs .... CARPE
Elle a du jus à revendre (MF) .... OASIS
Elle a du punch .... RUADE
Elle a dû traîner ses sœurs malgré elle ..... AÎNÉE
Elle a été consacrée .... OINTE
Elle a été mal élevée (MH) .... NAINE
Elle a été pendant l'hiver .... SERRE
Elle a fait mourir bien des femmes ...... GAINE
Elle a forcé bien des gens à se soulager le long de la
route (MF) .... ENVIE
Elle aime les pique-niques .... GUÊPE
Elle a la même grand-mère que votre fils .. NIÈCE
Elle a la même mère que votre mère .... TANTE
Elle a la peau lisse .... OLIVE
Elle a le dos noir et le ventre blanc ...... ORQUE
Elle amplifie la réalité .... LOUPE
Elle a plusieurs sujets .... REINE
Elle arrose le gazon l'été .... ROSÉE
Elle a suivi un lapin blanc .... ALICE
Elle a tous les dons .... QUÊTE
Elle a tout pour agacer .... MANIE
Elle a un certain rapport avec la bière .... URINE
Elle a une drôle de façon d'écrire ...... STÉNO
Elle a une oreille .... TASSE
Elle a un groin .... TRUIE
Elle a vraiment la tête dure .... MASSE
Elle bout dans les foyers .... BOMBE
Elle brame .... DAINE
Elle change la face du monde (MF) ..... BARBE
Elle change les enfants .... NURSE

Elle commence par un repas en famille ... ANNÉE
Elle comprend plusieurs équipes .... LIGUE
Elle comprend plusieurs individus ...... MEUTE
Elle croit .... NONNE
Elle devient grise avec le temps .... TEMPE
Elle doit être bien défendue pour avoir sa maîtrise
.... THÈSE
Elle domine .... REINE
Elle est amorphe .... LARVE
Elle est à pic .... PAROI
Elle est à prendre avec des pincettes (MF) ... ORTIE
Elle est aromatique .... SAUGE
Elle est au milieu de la raie .... ARÊTE
Elle est au programme dans toutes les écoles ......
.... ÉTUDE
Elle est bien en chair (MH) .... ARÊTE
Elle est bien gardée .... GEÔLE
Elle est bonne en dictée .... STÉNO
Elle est bonne pour les enfants .... NURSE
Elle est bordée d'arbres .... DRÈVE
Elle est bourrée lorsqu'on se bourre la fraise (MF)
.... PANSE
Elle est brillante et précieuse .... PERLE
Elle est capitale dans plusieurs États américains ...
.... PEINE
Elle est carrossable .... ROUTE
Elle est claire et ambrée .... URINE
Elle est composée de cercles rouges et blancs .....
.... CIBLE
Elle est dans des enveloppes .... MALLE
Elle est dans le jus (MF) .... OASIS
Elle est dans les nuages .... PLUIE
Elle est douce et frisée .... LAINE
Elle est dure et pointue .... ÉPINE
Elle est employée comme abrasif .... ÉMERI
Elle est en forme de crochet pointu ...... ÉRINE
Elle est entourée de mousses (MF) ...... NURSE
Elle est en train (MH) .... FESSE
Elle est étendue sur le canapé .... OLIVE
Elle est fermée en été .... ÉCOLE
Elle est fraîche .... BRISE
Elle est généralement très matinale ...... ROSÉE
Elle est hors du commun .... ÉLITE
Elle est interrompue durant les Fêtes .... ÉCOLE
Elle est irritante .... ORTIE
Elle est jaune .... PISSE
Elle est la petite amie de ses copains ...... NAINE
Elle est le reflet de nous-mêmes .... IMAGE
Elle est matinale .... ROSÉE
Elle est mince et plate .... LATTE
Elle est moins écoutée la nuit .... RADIO
Elle est noire .... ÉBÈNE
Elle est parfois septique .... FOSSE
Elle est passagère .... LUEUR
Elle est plate .... CRÊPE
Elle est plus longue que large .... BANDE
Elle est plus vieille que son frère ...... AÎNÉE
Elle est poilue .... ORTIE
Elle est pointue .... ÉPINE
Elle est presque toujours au travail ..... USINE
Elle est rapide .... FUSÉE
Elle est remplie d'air .... BULLE

Elle est remplie de rebondissements . . . . . . ANNÉE
Elle est remplie de tableaux . . . . ÉCOLE
Elle est rouge comme un coq . . . . CRÊTE
Elle est si petite que tout le monde la remarque . . . .
. . . . NAINE
Elle est souvent dissimulée dans l'ombre (MF) . . . .
. . . . ARÊTE
Elle est souvent frappée . . . . PORTE
Elle est souvent funéraire . . . . STÈLE
Elle est souvent grossie par le pêcheur . . . . . PRISE
Elle est souvent remarquée dans le vestibule (MF)
. . . . OTITE
Elle est sur de vieux arbres . . . . USNÉE
Elle est sur la couverture . . . . TUILE
Elle est sur le bureau ou sur les murs . . . . . ICÔNE
Elle est toujours la dernière à quitter la table (MF)
. . . . NAPPE
Elle est toujours ronde . . . . TARTE
Elle est tout oreilles (MF) . . . . OTITE
Elle est un peu stupide . . . . DINDE
Elle est utile pour surmonter les échecs (MF) . . . .
. . . . REINE
Elle est vide l'été . . . . ÉCOLE
Elle est violente . . . . BRUTE
Elle était super radioactive (MH) . . . . CURIE
Elle exprime bien la chaleur humaine (MF) . . . .
. . . . SUEUR
Elle fait briller le gazon . . . . ROSÉE
Elle fait cliquer les gens du doigt ou du cœur (MF)
. . . . ICÔNE
Elle fait des gagnants, puisqu'elle incite à perdre (MF)
. . . . DIÈTE
Elle fait grossir . . . . LOUPE
Elle fait la pluie et le beau temps . . . . MÉTÉO
Elle fait passer le poisson . . . . SAUCE
Elle fait tourner la tête des hommes . . . . . . PÉPÉE
Elle fait tourner sur soi-même . . . . VALSE
Elle fait travailler les cols bleus . . . . NEIGE
Elle file à environ 30 kilomètres à la seconde . . . . .
. . . . TERRE
Elle finit toujours en miettes . . . . MICHE
Elle flatte . . . . ÉLOGE
Elle force la souris à se déplacer . . . . ICÔNE
Elle fut prise par les Français en 1830 . . . . ALGER
Elle gagne sa vie avec des mousses (MF) . . NURSE
Elle glousse . . . . POULE
Elle grimpe . . . . GESSE
Elle grisolle . . . . SIRLI
Elle grossit à vue d'œil (MH) . . . . LOUPE
Elle menace la couronne (MF) . . . . CARIE
Elle monte la côte (MF) . . . . MARÉE
Elle n'écoute pas les autres . . . . TÊTUE
Elle n'écrit pas comme nous . . . . STÉNO
Elle ne fait pas de bruit . . . . VESSE
Elle ne manque pas d'air . . . . BULLE
Elle ne ruine pas . . . . OBOLE
Elle ne sait pas lire (MH) . . . . ENCRE
Elle ne sort plus dans les bars (MH) . . . . . CLOPE
Elle n'est pas bien grande . . . . NAINE
Elle n'est pas toujours sociale . . . . DANSE
Elle n'obstrue pas la vue . . . . VITRE
Elle nourrit souvent de faux espoirs . . . . . . DIÈTE

Elle nous prend à la gorge . . . . DETTE
Elle oblige à frôler les moutons . . . . TONTE
Elle passe sa vie en cellules (MF) . . . . REINE
Elle passe souvent dans le beurre . . . . RÔTIE
Elle perd ses bouchons au début de la soirée . . . . .
. . . . VILLE
Elle permet d'avoir la laine fraîche . . . . . . TONTE
Elle permet de rassembler les brebis (MF) . . MESSE
Elle peut être remplie de bergers . . . . MEUTE
Elle peut être un homme (MH) . . . . IDOLE
Elle peut rebondir . . . . BALLE
Elle pique . . . . GUÊPE
Elle porte une belle fourrure . . . . OURSE
Elle pourrait donner sa chemise aux enfants (MF) . .
. . . . NAINE
Elle prend l'eau . . . . ÉCOPE
Elle ravit le voyeur (MF) . . . . FENTE
Elle réfléchit . . . . GLACE
Elle ressemble à une sardine . . . . ALOSE
Elle ronge . . . . LÈPRE
Elles aiment bien les chiens . . . . PUCES
Elle sait écrire (MH) . . . . ENCRE
Elle sait grimper . . . . LIANE
Elle sait rouler les gens . . . . RUSÉE
Elle sait se battre . . . . ARMÉE
Elles changent la face des gens avec le temps . . . .
. . . . RIDES
Elles changent tous les jours mais une à la fois (MF)
. . . . DATES
Elle se démarque des autres . . . . ÉLITE
Elle se fait exploiter . . . . TERRE
Elle se fait remarquer . . . . IMAGE
Elle se fait remarquer sans faire de bruit (MH) . . . .
. . . . VESSE
Elle se retrouve entre les mains de ceux qui bûchent
dans la vie . . . . HACHE
Elle s'est fait brasser . . . . BIÈRE
Elles ne sont pas toutes de la même longueur . . . . .
. . . . NUITS
Elles nous ont bien eus (MF) . . . . MÈRES
Elle soigne les Anglais . . . . NURSE
Elle ont circulé au Vatican . . . . LIRES
Elles ont la taille fine . . . . ÉPÉES
Elles ont un système bien à elles (MH) . . . . STARS
Elles remplissent le Journal de Montréal . . . INFOS
Elles se donnent avec un compliment (MF) . . AILES
Elles s'envoient en l'air . . . . MAINS
Elles s'étendent sur plusieurs pays d'Europe . . . . . .
. . . . ALPES
Elles sonnent pareil . . . . RIMES
Elles sont aux pieds des joueurs de hockey . . . . . .
. . . . LAMES
Elles sont grasses . . . . CIRES
Elles sont reliées par leurs fils . . . . MÈRES
Elle tombe souvent en grève (MF) . . . . . . VAGUE
Elle tourne sur elle-même . . . . TERRE
Elle transporte le sang . . . . VEINE
Elle travaille pour la galerie (MF) . . . . TAUPE
Elle va au fond du lac . . . . ANCRE
Elle va bien finir par commencer à fumer (MH) . . .
. . . . STÈRE
Elle valait environ quatre (4) kilomètres . . . LIEUE

Elle valait six pieds . . . . TOISE
Elle vit entourée de petits monstres (MF) . NURSE
Elle vous regarde rarement de haut . . . . . . NAINE
Emballé avant expédition . . . . COLIS
Embarque la couronne . . . . RÉALE
Émetteur de signaux . . . . MODEM
Empêche de bien voir . . . . BRUME
Empêche le soleil d'entrer . . . . VOLET
Empêchent de lire les lignes de la main . . . GANTS
Emplacement où sont rangées les chaînes d'ancre du
navire . . . . GATTE
Employé de tous les jours (MF) . . . . USITÉ
En abondance . . . . ÀGOGO
En accord avec . . . . SELON
En Afrique du Sud . . . . LECAP
En Amérique du Sud . . . . CHILI
En avoir dans son jeu . . . . ATOUT
En avoir facilite la recherche . . . . ORDRE
En bout de ligne . . . . TIRET
Encombre les routes . . . . EXODE
Encore impossible pour les suivants . . . . . . ESSOR
Encore là . . . . RESTÉ
En couleurs . . . . IRISÉ
En décourage plus d'un . . . . ÉCHEC
En dents de scie . . . . DENTÉ
Endroit glissant . . . . ARÉNA
Endroit où l'on dore (MH) . . . . POÊLE
Endroit reposant . . . . OASIS
Endroit très occupé . . . . RUCHE
En effervescence . . . . AGITÉ
En faire un peu trop . . . . GÂTER
En fait, elle comprend plus que 5 lettres . . . POSTE
Enfant de troupe (PD) . . . . SCOUT
Enfant très espiègle . . . . DÉMON
Enfant turbulent . . . . PESTE
Enfiler sur la broche . . . . RÔTIR
En Finlande . . . . INARI
Enfin la paix . . . . TRÊVE
Engraisse des cochons . . . . TRUIE
En gras sur la couverture . . . . TITRE
En Inde, intouchable . . . . PARIA
En Inde, subdivision . . . . CASTE
En manger une bonne (MF) . . . . SUBIR
En mer Égée . . . . EUBÉE
En mettre est une action d'éclat (MH) . . . . ÉMAIL
En musique, silence d'une partie . . . . TACET
Ennemie des ostréiculteurs . . . . NASSE
Ennemi juré du pingouin . . . . ROBIN
En obéissant à . . . . SELON
En partie . . . . ÀDEMI
En perte d'autonomie . . . . VIEIL
En petits morceaux . . . . HACHÉ
En plein ciel (MF) . . . . TRÔNE
En plus . . . . AUSSI
En principe, on le prend pour la vie . . . . . . ÉPOUX
En quatrième position . . . . AVRIL
En quête de renseignements, d'indications . . ÉGARÉ
En réseau . . . . TISSÉ
Enrobé de sucre . . . . CANDI
En sandwich . . . . SERRÉ
Ensemble de peintres . . . . ÉCOLE
Ensemble des étudiants d'une même année . . CUVÉE

Ensemble des parlers rhéto-romans . . . . LADIN
Ensemble organisé . . . . SÉRIE
En soi, c'est un problème facile à évacuer . . ÉTRON
Entamer la bûche du bout des dents (MH) . . SCIER
Entendu à la messe du dimanche . . . . PRÔNE
En tête . . . . PRÉVU
En théorie prêt pour l'hiver . . . . ISOLÉ
Enthousiasme et brio . . . . VERVE
Entraîner au palais (PD) . . . . ESTER
Entraîne une perte de données . . . . CRASH
Entre deux (PD) . . . . TIÈDE
Entre deux arrêts . . . . ÉTAPE
Entre Duplessis et Barrette . . . . SAUVÉ
Entrée en matière . . . . DÉBUT
Entre en action pour arrêter le mouvement . . FREIN
Entre en ligne de compte . . . . SEXTO
Entrées espagnoles . . . . TAPAS
Entre La Paz et Sucre . . . . ORURO
Entre l'Arabie et l'Iran . . . . GOLFE
Entre la source et un point donné . . . . AMONT
Entre le départ et l'arrivée . . . . ÉTAPE
Entre le jéjunum et le gros intestin . . . . ILÉON
Entre le plus grand et le plus gros . . . . INDEX
Entre les fesses et le dos . . . . SELLE
Entre les lèvres d'une personne furieuse . . ÉCUME
Entre l'Europe et l'Asie . . . . OURAL
Entre l'expéditeur et le destinataire . . . . . . POSTE
Entre l'extrémité du pouce et celle du petit doigt . . .
. . . . EMPAN
Entre Poquelin et Molière . . . . ALIAS
Entreprise française vendant des cigarettes . . . SEITA
Entre quatre murs . . . . PIÈCE
Entretenue sur un terrain de golf . . . . ALLÉE
Entre terre et massif de corail . . . . LAGON
En trouver porte chance . . . . CENNE
Entrouvrir les fenêtres . . . . AÉRER
En tubes ou en bouteilles (PD) . . . . ROUGE
En vie . . . . ANIMÉ
Environ 5,556 km . . . . LIEUE
En voici un d'esprit . . . . TRAIT
En voici un qui vous désennuiera (MF) . . . ENNUI
En voilà assez . . . . HALTE
Envoyé de Benoît . . . . LÉGAT
Envoyé papal . . . . NONCE
Envoyer à la tête (MH) . . . . ÉLIRE
Envoyer à Québec . . . . ÉLIRE
Envoyer au ciel (MF) . . . . TRIER
Envoyer plus haut que la raquette de l'adversaire
. . . . LOBER
Envoyer travailler ailleurs . . . . MUTER
Épidémie en Ouganda . . . . EBOLA
Épreuve qui fait ouvrir la bouche . . . . ORALE
Éprouver des tourments . . . . GÉMIR
Équiper dangereusement . . . . ARMER
Érable rouge . . . . TISON
Escale après le vol (MH) . . . . RECEL
Esclave, bègue, difforme et fabuliste . . . . . . ÉSOPE
Espace libre . . . . BLANC, MARGE
Espagnol un peu sec (PD) . . . . XÉRÈS
Espèce de macaque . . . . MAGOT
Espèce de viorne . . . . OBIER
Espèce d'ours . . . . LIPPU

Espérer un miracle	PRIER
Espion infiltré	TAUPE
Essaie de prédire l'avenir	MÉTÉO
Essence suisse	AROLE
Est bien en évidence	TRÔNE
Est célébrée la nuit de Noël	MESSE
Est distribué à Hollywood	OSCAR
Est du domaine public	RENOM
Est d'une grande fertilité	LŒSS
Est en forme de bec (MH)	PLUME
Est essentielle aux potagers	PLUIE
Est jaune ou rougeâtre	AMBRE
Est là pour apprendre	ÉLÈVE
Est l'objet d'un culte	IDOLE
Est loin du centre	ULTRA
Est mâle ou femelle	PRISE
Est mystérieux et inquiétant	ANTRE
Est parfois déchirant	ADIEU
Est parfois férié	CONGÉ
Est plein d'espoir	ESSAI
Est réservé aux femmes	HAREM
Est tiré du chanvre indien	HASCH
Est très utile au campeur	TENTE
Établissement pour de bonnes œuvres	MUSÉE
Était à l'ombre	ÉVADÉ
Était au service du roi	LEUDE
Était dominé	ILOTE
Était en train de le battre (MF)	AVAIT
Était fréquenté par des musiciens	ODÉON
Était gouverneur	NABAB
Était gréé en brick	SENAU
État en grande partie désertique	YÉMEN
État insulaire d'Europe	MALTE
... et bouche cousue	MOTUS
Étendus sur le lit	DRAPS
Et en santé, en plus	RICHE
Étoiles américaines	ÉTATS
Étouffé par Héraclès	ANTÉE
Étranger aux allures voyantes	RASTA
Être à bout de souffle	RÂLER
Être à côté de la track	ERRER
Être artificiel à forme humaine	GOLEM
Être au septième ciel (MF)	JOUIR
Être correct	ALLER
Être dans la lune	RÊVER
Être dans les jambes	GÊNER, NUIRE
Être dans les patates	ERRER
Être devant	MENER
Être en joie	FÊTER
Être en pleine action (MH)	ESTER
Être en prière	ORANT
Être en tant que phénomène	ÉTANT
Être imaginaire	TROLL
Être loin de la réponse recherchée (MF)	GELER
Être lourd	PESER
Être malin	RUSER
Être millésimé	DATER
Être perdu	ERRER
Être porté sur	AIMER
Être solide	TENIR
Être soumis	OBÉIR
Être suranné	DATER
Être tout yeux	ÉPIER
Étroite et plate	LATTE
Européen du Sud venu du Sahara	IBÈRE
Évacuer sans retenue	ROTER
Évacue sans ménagement	OUSTE
Évaluer l'état de ses livres (MF)	PESER
Événement très spécial	SALON
Évêque de Tyr	ORIEL
Évidemment décoratif en dentelle	AJOUR
Évident pour tous	CLAIR
Évite les branches mortes (MH)	ATÈLE
Évite les débordements disgracieux (PD)	GAINE
Évite les églises	PAÏEN
Évite un frottement dans la peau	NILLE
Évoque certaines bulles	REIMS
Évoque de longues soirées	HIVER
Évoque la froideur	ACIER
Évoque la malchance	TUILE
Évoque la nécessité d'agir vite	URGER
Évoque la poésie	ÉRATO
Évoque le feu	ENFER
Évoque Norbourg et ses investisseurs	RUINE
Examiner de près	MIRER
Excédent de pois	COSSE
Excellente idée	TRÊVE
Excellent plongeur	HUARD
Excite le désir	APPÂT
Exclamation de marin	TERRE
Exécute les ordres	NERVI
Exercice de traduction	THÈME
Expériences amoureuses	ÉBATS
Expert en la matière (MF)	ADHOC
Exploité en Laconie	ILOTE
Exposé en se plaignant	GRIEF
Exposer à la chaleur	RÔTIR
Expressionniste belge	ENSOR
Expression que l'on a en bouche	ORALE
Exprime la vitesse d'un véhicule	VROUM
Exprime le doute	OUAIS
Exprimer des choses déraisonnables	RÊVER
Exprimer sa foi	PRIER
Exprime une mort violente	COUIC
Extorquer par l'intimidation, sans ménagement	TAXER
Face au parterre	SCÈNE
Face côté face	REINE
Facile à corrompre	VÉNAL
Facile à lire	CLAIR
Facilement essoufflé	OBÈSE
Facilement monté par les petits	PONEY
Facilite la circulation	AGENT
Facilite l'évacuation souterraine	DRAIN
Façon d'aller au ciel (MH)	ESSOR
Façon d'aller plus avant (MH)	ISSUE
Façon de chasser	OUSTE
Façon de payer	RECTA
Façon de plonger (en...)	APNÉE
Façon de poncer	POTÉE
Façon de répondre	OUAIS
Façon de s'asseoir	ASANA
Façon de vendre	CRIÉE
Façon de voir	ESSAI

Façon policière de nous mettre au courant (MH) ... . TASER
Faire à la tête .... OBÉIR
Faire avancer .... TRIER
Faire bailler .... RASER
Faire ce qu'il faut pour ne pas oublier .... NOTER
Faire ce qu'il faut pour se faire comprendre .. CRIER
Faire comme demandé .... OBÉIR
Faire comme le soleil .... HÂLER
Faire comme quelqu'un qui va partir (MH) .... RÂLER
Faire comme une truite .... NAGER
Faire confiance à quelqu'un .... ÉLIRE
Faire de beaux chaussons (MF) .... CIRER
Faire de faux plis .... GODER
Faire de l'administration .... GÉRER
Faire de la place .... TRIER
Faire de la poudre .... PILER
Faire de la ventilation .... AÉRER
Faire des boucles .... NOUER
Faire des cabrioles .... BICOT
Faire des copeaux .... RÂPER
Faire des gestes .... MIMER
Faire des rapprochements .... NOUER
Faire des vagues en surface (PD) .... RIDER
Faire disparaître .... LAVER, LEVER
Faire du bruit .... PÉTER, ROTER
Faire du bruit après avoir mangé .... ROTER
Faire du bruit en mangeant (MF) .... SAPER
Faire du tort .... LÉSER
Faire en se moquant .... NIQUE
Faire en sorte que ça ne marche pas ..... NUIRE
Faire en sorte que ses proches ne peuvent le sentir .... PÉTER
Faire entendre des voix .... ÉLIRE
Faire époque .... DATER
Faire fausse route .... ERRER
Faire fondre la glace, la neige .... SALER
Faire honte à l'autre .... GÊNER
Faire la barbe .... RASER
Faire la bonne mesure .... DOSER
Faire l'affaire .... ALLER
Faire l'amour .... CRÉER
Faire la queue entre les pattes (MF) ..... OBÉIR
Faire la tarte devant ses invités (MF) ..... GÊNER
Faire le bilan de ses livres (MF) .... PESER
Faire le bon poids .... TARER
Faire le chien de poche (MF) .... ÉPIER
Faire le petit chien .... OBÉIR
Faire le plein .... TÉTER
Faire le plein, au Québec .... GAZER
Faire l'escargot (PD) .... BAVER
Faire les pas nécessaires .... ALLER
Faire les yeux fermés .... RÊVER
Faire marcher .... GÉRER
Faire monter la note .... SALER
Faire obstacle .... NUIRE
Faire payer .... PUNIR
Faire peau douce .... RASER
Faire place nette .... RASER
Faire plaisir à ceux qui ont de la culture (MH) .... MÛRIR

Faire plusieurs paquets .... TRIER
Faire preuve d'autorité .... TENIR
Faire preuve de tendresse .... AIMER
Faire quand même .... OBÉIR
Faire rouler .... GÉRER
Faire sentir sa présence .... CRIER, PÉTER
Faire son difficile à table .... TRIER
Faire son trou .... FORER
Faire sortir .... ÉLIRE
Faire travailler ses méninges, ses neurones .. CRÉER
Faire une demande .... PRIER
Faire un effet bœuf (PD) .... MUGIR
Faire une expédition (MH) .... FAXER
Faire une gaffe .... ERRER
Faire une ligne .... RAYER, TIRER
Faire une observation indiscrète .... ÉPIER
Faire un placement liquide (MH) .... BOIRE
Faire un sondage .... TÂTER
Faire un X .... VOTER
Fair-play .... LOYAL
Faisaient beaucoup de sacrifices .... INCAS
Faisait des passes partout .... CATIN
Faisait ramer .... RÉALE
Fait baisser la tête .... HONTE
Fait belle impression .... HÉLIO
Fait ce qu'elle veut .... TÊTUE
Fait ce qu'on lui demande .... SBIRE
Fait chambre à part (MH) .... SÉNAT
Fait chercher de nouvelles recettes .... DIÈTE
Fait chou blanc (MH) .... CRÈME
Fait circuler l'information .... TRACT
Fait courir les marcheurs .... ORAGE
Fait crier les enfants .... RÉCRÉ
Fait danser les Cubains .... SALSA
Fait déjà une belle taille (PD) .... MAOUS
Fait de la fumée .... NINAS
Fait de l'ombre .... NUAGE
Fait de ne pas agréer .... REJET
Fait de nouveau glisser .... REGEL
Fait des choses incroyables .... GÉNIE
Fait des dégâts dans le parc .... NASSE
Fait de sensibiliser à quelque chose ...... ÉVEIL
Fait des grands pas .... GÉANT
Fait des heureux à l'école .... RÉCRÉ
Fait des malheureux quand elle ferme ..... USINE
Fait des malheurs .... IDOLE
Fait des miettes .... RÔTIE
Fait des tours avec d'autres (MH) .... ÉTAGE
Fait des volutes .... FUMÉE
Fait d'hiver .... MORVE
Fait dire la vérité .... SÉRUM
Fait du cul sec (MH) .... IMPER
Fait entrer la lumière .... ORIEL
Fait envier les assiettes des autres .... DIÈTE
Faites attention s'il parle de vous .... INDIC
Fait éternuer .... RHUME
Fait face drôlement .... BILLE
Fait faire des choses admirables .... GÉNIE
Fait faire des choses inusitées .... CULOT
Fait faire un tour aux Parisiens .... PÉRIF
Fait fonctionner des pompes .... DÉGEL
Fait fuir l'âne .... ÉTUDE

Fait fuir les gens dans le sud . . . . HIVER
Fait grandir . . . . TÉTÉE
Fait gratter . . . . ORTIE
Fait grossir . . . . TÉTÉE
Fait halluciner . . . . ACIDE
Fait illusion . . . . MAGIE
Fait la grève (MH) . . . . SABLE
Fait la une . . . . TITRE
Fait la une tous les jours . . . . MÉTÉO
Fait le bouffon . . . . PITRE
Fait le plein chez les gros (PD) . . . . SOUPE
Fait lever des pois (MH) . . . . CIRRE
Fait lever le coude . . . . TOAST
Fait le vide à l'office . . . . HOTTE
Fait paraître trop de livres (MH) . . . . OBÈSE
Fait parfois ouvrir la bouche . . . . ENNUI
Fait partie de la famille . . . . AÏEUL
Fait partie de l'apprentissage . . . . ESSAI
Fait partie d'un tour . . . . ÉTAPE
Fait partie du paysage . . . . CHAMP
Fait partie du saint-crépin . . . . ALÊNE
Fait plaisir aux actionnaires . . . . ESSOR
Fait pleurer . . . . DÉCÈS
Fait rejeter . . . . IPÉCA
Fait revenir . . . . OUBLI
Fait rêver le musulman . . . . HOURI
Fait sa rentrée avant les prix . . . . ROMAN
Fait sauter sur place . . . . CORDE
Fait son travail à l'intérieur (PD) . . . . ALÈSE
Fait sursauter . . . . ÀCOUP
Fait tache dès la naissance . . . . ENVIE
Fait taire le petit . . . . TÉTÉE
Fait toujours honneur au buffet . . . . GOULU
Fait toujours plaisir . . . . ÉLOGE
Fait tousser . . . . RHUME
Fait tout simplement le poids . . . . PESON
Fait trop vite . . . . HÂTIF
Fait un sale boulot . . . . SBIRE
Fait vivre les dentistes . . . . CARIE
Fait vivre sans trop forcer . . . . RENTE
Fait vraiment suer . . . . ÉTUVE
Fameux pour les cornichons . . . . ANETH
Fameux pour son poisson . . . . AVRIL
Fatiguer par des propos oiseux . . . . RASER
Faucon chasseur . . . . SACRE
Fausse alerte du cœur (MF) . . . . FLIRT
Faut être affamé pour les avaler . . . . RATAS
Faut être malade pour en suivre une . . . . . . DIÈTE
Faut ouvrir les parapluies . . . . ONDÉE
Faux anis . . . . AULNE
Faveur dont bénéficie quelqu'un . . . . VOGUE
Favorable à la culture . . . . LŒSS
Favorise la méditation . . . . ASANA
Femme comptant beaucoup . . . . . AIMÉE, CHÈRE
Femme libérée . . . . VEUVE
Femme provocante . . . . AGACE
Femme qui a envie d'investir dans une compagnie
(MF) . . . . SEULE
Femme qui a une bonne charpente . . . . OSSUE
Femme qui en a assez . . . . LASSE
Femme qui met du temps à voir . . . . LENTE
Femme qui n'est plus une jeunesse . . . . RIDÉE

Femme rarement prise . . . . RUSÉE
Femme sans moustache . . . . RASÉE
Femmes qui se partagent les mêmes gosses (MF) . .
. . . . HAREM
Fendre légèrement . . . . FÊLER
Fermée avant de disparaître (PD) . . . . BIÈRE
Ferme pendant le repas . . . . UVULE
Fermer un œil . . . . VISER
Fermes mais renversées (PD) . . . . SERUD
Feu-follet . . . . TROLL
Feuille à chiquer . . . . BÉTEL
Feuille qu'il faut savoir lire entre les lignes (MF) . .
. . . . TRACT
Feuillet d'un dépliant . . . . VOLET
Feuillet d'un registre . . . . FOLIO
Feu qui fait brûler d'impatience, qu'il est risqué de
brûler . . . . ROUGE
Fiancée de Popeye . . . . OLIVE
Fidèle à l'original . . . . EXACT
Figue de Barbarie . . . . NOPAL
Filet à manche pour pêcher . . . . PUCHE
Filet de chasse . . . . RIDÉE
Fille de la famille . . . . NIÈCE
Fille qui n'est pas unique . . . . AÎNÉE
Film catastrophe . . . . NAVET
Fil révolutionnaire . . . . NYLON
Fils d'architecte . . . . ICARE
Fils d'Ouranos et de Gaia . . . . OCÉAN
Fin désagrément . . . . ARÊTE
Fine ligne sur une carte . . . . ROUTE
Fine mouche . . . . RUSÉE
Fines rondelles . . . . CHIPS
Finira dans l'âtre . . . . STÈRE
Finissent à nos pieds . . . . ALFAS
Finit dans la Loire . . . . INDRE
Finit dans la Marne . . . . OURCQ
Finit dans les cordes et va au tapis (PD) . . . . SISAL
Finit en bas . . . . CHUTE
Finit en bordure . . . . GANSE
Finit en pointe . . . . ALÊNE
Finit en pointes . . . . TARTE
Finit par faire des trous (MH) . . . . USURE
Finit par nous lâcher la grappe . . . . VIGNE
Finit toujours mal . . . . DRAME
Fin tissu . . . . LINON
Fit des propositions à Charlemagne . . . . IRÈNE
Fit effet . . . . OPÉRA
Fixé à l'hameçon . . . . APPÂT
Fixée au cadre . . . . SELLE
Fixer solidement . . . . RIVER
Flairer ce qui est bon, la bonne affaire . . . HUMER
Flétan belge, au plat pays . . . . ELBOT
Fleurit ou hennit . . . . GENÊT
Fleuve enjambé par le Pont Neuf . . . . SEINE
Fonctionner correctement . . . . OBÉIR
Fond de couche (PD) . . . . ALÈSE
Font circuler les bandes, les messages . . . . . ONDES
Font-ils partie du destin ? . . . . ALÉAS
Forcer à s'adapter . . . . PLIER
Forme de jalousie . . . . VOLET
Forme la jeunesse . . . . STAGE
Former plusieurs groupes . . . . TRIER

Forme une couche .... NEIGE
Forme une paire avec Feore .... HUARD
Formule de vœux .... SANTÉ
Formule par laquelle on relève un défi ... BANCO
Fortifie villes et villages .... FERTÉ
Fournisseur de bleu .... GUÈDE
Fournisseur de cônes .... CÈDRE
Fournisseur d'huile .... RICIN
Fournit des graines .... PAVOT
Fournit douceur et chaleur .... EIDER
Fournit du chanvre .... ABACA
Fournit du vernis .... SUMAC
Fournit une matière isolante (MH) ...... EIDER
Fourrer le doigt dans l'œil (MF) .... ERRER
Fous difficiles à contenir (MF) .... RIRES
Foutre ou secouer dans une expression ... CIRER
Françaises dont la tête est froide (MF) ... ALPES
Frapper parfois un nœud (MF) .... LACER
Frappe sans avertissement .... ICTUS
Fréquent chez l'étourdi .... OUBLI
Fréquente chez les enfants .... OTITE
Fréquentée par des gens peu vêtus ...... PLAGE
Fréquente les galeries .... TAUPE
Fréquente les expositions .... STAND
Frère célèbre .... ANDRÉ
Frères dans la vie et dans les lettres ..... ROSNY
Frétille à la chaleur (MH) .... BACON
Frétille en eau douce .... BRÈME
Friand de miel .... RATEL
Froide précipitation .... GRÊLE
Fruit aromatique .... CARVI
Fruits, flocons et lait .... MUSLI
Fruit très sucré .... DATTE
Fume beaucoup (MH) .... USINE
Fut changé en pin .... ATTIS
Fut conquise par les pharaons .... NUBIE
Fut curé à Paris .... OLIER
Fut roi de Libye .... IDRIS
Gainsbourg ou Reggiani .... SERGE
Gang de sauvages .... HORDE
Gant de fer .... CESTE
Garantie de qualité .... LABEL
Gardait bébé au sec .... LANGE
Garde au sec .... IMPER
Garde-corps .... RAMPE
Garde les cordons fermés .... AVARE
Gardent la chambre quand tout va bien (PD) ......
.... PNEUS
Garder secret .... CELER, TAIRE
Gardien de la paix .... HAVRE
Gardienne de feu .... VESTA
Garni de duvet .... EIDER
Garni de poils .... CILIÉ
Garnit les vieilles branches .... USNÉE
Garniture du chef .... BÉRET
Gars qu'il faut battre .... RIVAL
Gaz hautement toxique .... SARIN
Gel après un dégel .... REGEL
Généralement bien bordée .... ALLÉE
Généralement, ils vont nus sur la plage ... PIEDS
Genre littéraire .... ROMAN
Genre musical .... DISCO

Germaine ou Nicolas .... STAËL
Germent dans les sommets (MH) .... IDÉES
Geste incertain .... ESSAI
Geste malheureux .... GAFFE
Glissade pour enlever le ballon .... TACLE
Glisser au sol .... RIPER
Glisser un œil sur le receveur (MF) ..... ENTER
Gourde, mais pas stupide (MF) .... OUTRE
Grâce à elle, on se débarrasse de déchets .. URINE
Grâce à lui, grand-mère apprécie grand-père (MF)
.... SIROP
Grand amateur de poissons .... HARLE
Grand argentin .... PERON
Grand départ .... ENVOL
Grand d'Espagne .... XÉRÈS
Grande anglaise .... LEEDS
Grande différence .... ABÎME, MONDE
Grande étendue .... OCÉAN
Grande lame de combat .... ESTOC
Grande misère .... PURÉE
Grande parmi les étoiles .... OURSE
Grande plume .... PENNE
Grande quantité de liquide .... OCÉAN
Grand intérêt .... USURE
Grand lac de Russie .... ONEGA
Grand pêcheur .... HÉRON
Grand personnage .... GÉANT
Grands airs .... OPÉRA
Grand vide .... ENNUI
Gratte mais disparaît au tirage (PD) ..... NÈGRE
Gratuit il ne profite à personne .... CRIME
Grenouille de bénitier .... BIGOT
Grillé au petit déjeuner .... TOAST
Grimpe en faisant des grimaces .... ATÈLE
Grimper dans les rideaux .... RAGER
Grimpeur aux doigts ventouses .... GECKO
Gros disque (MH) .... MEULE
Gros morceau de fromage .... MEULE
Gros prélèvement .... IMPÔT
Grosse dame cochonne (PD) .... TRUIE
Grosse famille .... TRIBU
Grosse narine .... ÉVENT
Grosse populaire à Alma .... BIÈRE
Grosse tête .... GÉNIE
Grossières, on les voit venir .... RUSES
Grossier et stupide .... BUTOR
Grossir le cheptel .... VÊLER
Groupe de discussion .... FORUM
Groupe de tête .... ÉLITE
Groupe pétrolier .... TOTAL
Groupe qui se démarque .... GOTHA
Guère froid .... TIÈDE
Guide patient .... ÂNIER
Guide un cours .... DIGUE
Habitant de Belgrade .... SERBE
Habitation bien gardée .... NICHE
Habite à la campagne .... RURAL
Habite dans les Pyrénées .... ISARD
Habite la montagne .... ISARD
Habitude ridicule .... MANIE
Habitué au froid .... INUIT
Habituellement, après le dernier on est puni .. DÉLAI

Hautbois à la sonorité puissante .... ZOUMA
Haut d'un bikini .... PIÈCE
Hebdomadaire français sans article (MH) .. POINT
Herbe aquatique .... PESSE
Héroïne de plusieurs drames (MF) ...... OPIUM
Héros de Shakespeare .... ROMÉO
Héros d'une chanson de Noël .... RENNE
Heureuse exception .... OASIS
Heureux de ne plus avoir d'affection ..... GUÉRI
Heureux élu de la campagne .... RURAL
Histoire sans paroles .... IMAGE
Historien à la foi disparue .... RENAN
Homme à la mer (MH) .... ICARE
Homme de couleurs (PD) .... RAPIN
Homme de main .... TUEUR
Homme de théâtre argentin .... IRIAS
Homme d'étude .... CLERC
Homme du milieu (MH) .... ÉCOLO
Homme gai .... LURON
Homme passant son temps dans le lit ..... ALITÉ
Homme politique français ...... ARAGO, FAURE
Homme qui fait rêver les femmes .... IDÉAL
Homme trop beau pour être vrai .... IDÉAL
Ho que non .... NENNI
Hors de soi .... FURAX
Hors du commun .... INOUÏ
Hors d'usage .... CASSÉ, NASES
Hors filet .... ARÊTE
Hors foule .... ISOLÉ
Idéale pour le lunch .... BOÎTE
Idéale pour les amateurs de tableaux (MF) .....
.... CRAIE
Idéales pour ceux qui veulent parler le joual (MF)
.... RÊNES
Idéal pour amorcer un foyer .... FAGOT
Idéal pour ceux qui n'aiment pas prendre une goutte
(MF) .... IMPER
Idéal pour faire le vide intérieur (MF) ..... RICIN
Idéal pour les rapides .... CANOË
Idéal pour observer les étoiles .... HAMAC
Idée de fou .... LUBIE
Il a bien crû .... GÉANT
Il a bien évolué .... HOMME
Il abuse de sa force .... TYRAN
Il a célébré son 50e anniversaire d'indépendance
.... MAROC
Il a de bonnes dents .... XÉRUS
Il a des conseils à vous proposer (MF) .... MAIRE
Il a des cordes .... SITAR
Il a des cornes recourbées .... ISARD
Il a des feuilles charnues .... ALOÈS
Il a écrit «Avec le temps» .... FERRÉ
Il a épousé Doris .... NÉRÉE
Il a eu deux fils avec sa cousine .... ISAAC
Il a eu une vie exemplaire .... SAINT
Il a fait emprisonner Britannicus .... NÉRON
Il a huit bits .... OCTET
Il aime à rire .... RIEUR
Il aime jaser .... JACOT
Il aime la montagne .... ISARD
Il aime le poisson .... HARLE
Il aime le reggae .... RASTA

Il aime le samedi (MH) .... MORDU
Il aime les mollusques .... MORSE
Il a la faculté de poncer .... ÉMERI
Il a la forme d'un prisme triangulaire ..... TIBIA
Il a la gorge rouge .... MERLE
Il a l'air de rien .... NÉANT
Il a l'air hébété .... AHURI
Il a lancé l'album «Les petites chansons d'Odile et
Balivon» .... RIOUX
Il a la tête sur les épaules .... TRONC
Il a l'eau à la bouche (MF) .... ÉGOUT
Il a les pattes palmées .... EIDER
Il a longtemps été utilisé à la messe ... LATIN
Il a mis sa vie sur la glace depuis longtemps (MF)
.... INUIT
Il a perdu des plumes (MH) .... ICARE
Il a plusieurs faces .... TOTEM
Il a plus qu'un air de famille (MH) .... SOSIE
Il apparaît au bout de deux lignes ...... ANGLE
Il appauvrit les hommes .... CARAT
Il a pris la poudre d'escampette .... ÉVADÉ
Il a pris un bon coup de soleil .... ICARE
Il a quitté ses maîtres (MH) .... HARET
Il arrive que des gens y soient sauvés par la cloche
.... ARÈNE
Il articule bien .... GENOU
Il assure la défense des éléphants .... ÉMAIL
Il a trouvé chaussure à son pied au rayon des enfants
.... NABOT
Il attend sa libération .... OTAGE
Il a un chien .... FUSIL
Il a une bague .... NINAS
Il a une communication à faire .... MÉDIA
Il a une drôle de voix .... ROBOT
Il a une longue queue .... ATÈLE
Il a une présence du tonnerre (MF) .... ORAGE
Il a une sale gueule .... GORET
Il a un gros cachet .... HÉROS
Il a un long cou .... CYGNE
Il aurait séjourné dans le ventre de la baleine ......
.... JONAS
Il avait le génie des affaires .... RADIN
Il brille .... ÉTAIN
Il change chaque fois que quelqu'un a un but .....
.... SCORE
Il chante en duo avec John Hall .... OATES
Il chante fort .... TÉNOR
Il chauffe surtout l'hiver .... POÊLE
Il comprend cinq (5) piliers .... ISLAM
Il comprend un noyau .... ATOME
Il comprend vite .... GÉNIE
Il compte 100 membres .... SÉNAT
Il connaît son métier sur le bout des doigts (MF) ...
.... STÉNO
Il court dans une chanson .... FURET
Il dégourdit les gens .... SPORT
Il détruit les programmes .... VIRUS
Il devrait aller mieux .... OPÉRÉ
Il dirige des têtes de mule .... ÂNIER
Il dit avoir un bon conseil pour vous (MF) .. MAIRE
Il donne la grippe .... VIRUS
Il drageonne .... LILAS

Île au bout du monde . . . . ATOLL
Île d'Estonie . . . . OESEL
Île et golfe . . . . ÉGINE
Île française de l'Atlantique . . . . GROIX
Il encercle un lagon . . . . ATOLL
Il en fait descendre plus d'un . . . . HIVER
Il en faut pour en acheter (MF) . . . . BACON
Il en sort un papillon . . . . COCON
Il équivaut à un mètre cube . . . . STÈRE
Il est à l'aise en montagne . . . . ISARD
Il est à l'entrée . . . . SEUIL
Il est allé à la Mecque . . . . ULÉMA
Il est au-dessus de la graisse . . . . DERME
Il est bien poli . . . . GALET
Il est blanc et brillant, mais un peu mou . . . ÉTAIN
Il est brusque . . . . ÀCOUP
Il est complètement fou . . . . DINGO
Il est constitué de corindon . . . . ÉMERI
Il est couvert de plaques . . . . TATOU
Il est dans la mémoire (MF) . . . . OUBLI
Il est dans le ciel . . . . ASTRE
Il est dans le cou . . . . ATLAS
Il est davantage regardé que pratiqué . . . . SPORT
Il est de prime au premier . . . . ABORD
Il est dévoué . . . . SÉIDE
Il est diplomate . . . . NONCE
Il est dit par le curé . . . . PRÔNE
Il est élu . . . . MAIRE
Il est encore en combustion . . . . TISON
Il est enfoncé dans la racine . . . . PIVOT
Il est en laine . . . . TWEED
Il est entouré de sable . . . . OASIS
Il est en train de prier . . . . ORANT
Il est entre deux plages . . . . OCÉAN
Il est épris de quelqu'un . . . . AMANT
Il est espiègle et malicieux . . . . LUTIN
Il est exclu de la société . . . . PARIA
Il est fait avec du raisin . . . . XÉRÈS
Il est gai . . . . LURON, RIEUR
Il est impossible à faire sans moto . . . . TRIAL
Il est impossible de constater le sien . . . . . DÉCÈS
Il est indispensable pour le bronze . . . . . ÉTAIN
Il est insouciant . . . . LURON
Il est insoutenable . . . . ENFER
Il est jaune . . . . SERIN
Il est laveur en Amérique . . . . RATON
Il est lisse et brillant . . . . SATIN
Il est loin de chez lui . . . . EXILÉ
Il est masculin au singulier et féminin au pluriel . . .
. . . . ORGUE
Il est mieux de près que de loin . . . . MYOPE
Il est mijoté au vin rouge . . . . CIVET
Il est moins déprimant de les écouter que de les avoir
(MF) . . . . BLUES
Il est moins fatigant d'en descendre que d'y monter
. . . . ÉTAGE
Il est monté sur des patins . . . . LACET
Il est noir sur blanc (MF) . . . . ÉCRIT
Il est opposé au cation . . . . ANION
Il est opposé au pour-soi . . . . ENSOI
Il est pavé de bonnes intentions . . . . ENFER
Il est périlleux . . . . SALTO

Il est plat . . . . BÉRET
Il est plein de flocons . . . . FUTON
Il est plein de trous . . . . TAMIS
Il est plein de vers (MH) . . . . POÈME
Il est près des côtes . . . . RÉCIF
Il est presque rond . . . . GALET
Il est prêt à prendre la mer . . . . SMOLT
Il est pris par les personnes qui ne font rien (MF) . .
. . . . MOINE
Il est profond . . . . PUITS
Il est rayé . . . . TAMIA
Il est rempli de touches personnelles . . . EMAIL
Il est résistant au froid . . . . RENNE
Il est rond et bombé . . . . MELON
Il est rond . . . . BÉRET
Il est rose et noir . . . . GORET
Il est rouge à l'extérieur et blanc à l'intérieur . . . . . .
. . . . RADIS
Il est sale . . . . GORET
Il est soulevé par des gens mécontents . . . . TOLLÉ
Il est sous les réflecteurs en soirée . . . . . . STADE
Il est souvent à la fin d'une ligne . . . . TIRET
Il est souvent plein après le souper . . . . . ÉVIER
Il est tiré chaque semaine . . . . HEBDO
Il est toujours le bienvenu . . . . RÉPIT
Il est toujours prêt à aider . . . . SCOUT
Il est toujours sur la touche (MF) . . . . . . STÉNO
Il est trempé . . . . ACIER
Il est très apprécié par les amateurs de chevaux . . . .
. . . . RODÉO
Il est très maniable . . . . OSIER
Il est très regardé . . . . ÉCRAN
Il est très riche . . . . NABAB
Il est un peu mou . . . . ÉTAIN
Il est un peu soupe au lait (MH) . . . . MUSLI
Il est vert . . . . ÉCOLO
Il était isolé, maintenant il se cache . . . . . ÉVADÉ
Il était musulman . . . . MAURE
Il était temps . . . . ENFIN
Il évangélisa la Nouvelle-Angleterre . . . . ELIOT
Il existe mais il n'existe pas (MF) . . . . . . NÉANT
Il fait briller les yeux des femmes . . . . . . CARAT
Il fait chanter davantage les adultes que les jeunes
. . . . RÉTRO
Il fait élever le sol . . . . DIÈSE
Il fait gonfler nos yeux . . . . RHUME
Il fait renvoyer les gens (MF) . . . . IPÉCA
Il faut descendre pour y monter . . . . MÉTRO
Il faut en donner à la balle pour qu'elle courbe . . . .
. . . . EFFET
Il faut être bien mal pour sacrer (MF) . . . . ÉLEVÉ
Il faut être deux pour la faire . . . . PAIRE
Il faut l'affronter avec courage . . . . PÉRIL
Il faut le crever . . . . ABCÈS
Il faut le garder pour ne pas tomber . . . . . BALAN
Il faut parfois rester au-dessus d'elle . . . . MÊLÉE
Il faut parfois s'y rendre . . . . UTILE
Il faut rarement en prendre pour les chasser (MF) . .
. . . . ÉLANS
Il faut recharger sa batterie avant de les subir (MF)
. . . . TESTS
Il faut répondre à ceux que l'on réalise . . . . ACTES

Il faut se mettre à l'abri quand ils pleuvent (PD) ... . GNONS

Il faut une moto pour y participer .... TRIAL

Il faut souvent se priver pour la garder .... LIGNE

Il faut suer d'artifices pour qu'il s'enflamme (MH) .... BLASÉ

Il fit construire l'hôtel-Dieu de Beaune .... ROLIN

Il fonce plus l'été, sous le soleil .... TEINT

Il fuit les froids de canard (MF) .... EIDER

Il fume au foyer .... TISON

Il fut le premier Noir gouverneur de la Guadeloupe .... ÉBOUÉ

Il fut un temps où on ne se mariait pas sans lui .... HYMEN

Il gagne sa vie en tapant des mains (MF) .. STÉNO

Il gère pour le compte d'autrui .... AGENT

Il glande .... OISIF

Il glapit .... AIGLE

Il hausse le ton .... DIÈSE

Il hiberne .... LÉROT

Il impose le silence .... MOTUS

Il incite à boire .... TOAST

Il joue avec sa santé .... OBÈSE

Il joue un rôle important dans son secteur d'activité .... TÉNOR

Il lave ses aliments avant de les manger ... RATON

Il lui arrive d'avoir de l'esprit (PD) .... TRAIT

Il lui arrive d'être en panne .... DÉSIR

Il lui faudrait dix mitaines (MF) .... CRABE

Il manie la truelle .... MAÇON

Il marche comme un canard .... EIDER

Il marche devant des têtes dures (MF) ..... ÂNIER

Il n'a pas dix-huit ans .... GOSSE

Il n'a pas inventé l'eau tiède .... BENÊT

Il n'a pas l'air là (MH) .... ZOMBI

Il n'a qu'un seul pied (MF) .... VERRE

Il n'arrête pas de bouger .... CŒUR

Il n'a vraiment pas de tête (MH) .... TORSE

Il ne comprend pas grand-chose .... SOURD

Il ne doit pas être bien loin .... MYOPE

Il ne faut pas hésiter à ouvrir le sien ...... CŒUR

Il ne faut pas qu'elle flotte .... ANCRE

Il ne faut surtout pas y lâcher son fou (MF) .. ASILE

Il ne navigue pas sur Internet .... AMISH

Il ne participera jamais au derby du Kentucky .... ROSSE

Il ne peut résister à un régime (MF) ..... ATÈLE

Il ne pousse pas au Québec .... ÉLÉIS

Il n'est pas du tout doux .... ÉMERI

Il n'est pas né d'hier, nous a ouvert le chemin .... AÏEUL

Il n'existe pas sans cause .... EFFET

Il n'existe plus .... RÉTRO

Il n'existe que dans le dictionnaire (MF) . NÉANT

Il nous pousse à nous découvrir .... DÉSIR

Il n'y a pas un chat (MH) .... NICHE

Il n'y a rien comme les bisous de maman pour les faire passer .... BOBOS

Il n'y a rien là .... NÉANT

Il paie en roubles .... RUSSE

Il parle arabe .... MUFTI

Il perd des plumes chaque printemps ...... EIDER

Il peut endormir et faire mourir les gens ... ENNUI

Il peut être armé .... BÉTON

Il peut se permettre d'être distrait .... OISIF

Il place quelqu'un sur le piédestal .... ÉLOGE

Il porte une bague .... NINAS

Il porte un masque et des bas de nylon .... ROBIN

Il pourrait décrocher .... ÉLÈVE

Il pousse les gens à se grouiller le cul (MF) .. DÉSIR

Il pousse sur les sols humides .... AULNE

Il prend les gens à toute vitesse .... RADAR

Il prépare les cadeaux .... LUTIN

Il provient d'une canne .... SUCRE

Il rapporta le tabac du Portugal en France .. NICOT

Il renferme une bête .... TOTEM

Il rentre chez lui en bateau ou en avion .... ILIEN

Il ressemble à rien .... NÉANT

Il roucoule .... BISET

Il s'accorde de temps en temps .... VERBE

Il sait écrire .... STYLO

Ils amusent les enfants .... RIENS

Ils arrivent de nulle part .... ALÉAS

Ils descendent avec le temps .... SEINS

Ils dorment chez moi .... MIENS

Il s'écrit de droite à gauche .... ARABE

Il se déplace sur une ligne .... MÉTRO

Il se fait dans le trafic .... RECEL

Il se faufile entre les œillets .... LACET

Il se lève avec le soleil (MF) .... STORE

Il s'émascula .... ATTIS

Il s'en fait du mousseux .... CIDRE

Il se nourrit de lézards et d'insectes .... COATI

Il se nourrit de pousses de bambou ...... PANDA

Il se nourrit de vers (MF) .... POÈTE

Il s'enroule sur lui-même .... STORE

Il sera bientôt réduit en cendre .... TISON

Il se répand même s'il est faux .... POTIN

Il sert à faire du papier .... ARBRE

Il sert à flageller .... FOUET

Il sert en construction .... OUTIL

Il se salit les mains .... SBIRE

Il s'est fait descendre (MF) .... APÉRO

Il s'est marié secrètement .... ROMÉO

Il se travaille bien .... OSIER

Ils explosent après en avoir poussé une bonne .... RIRES

Il s'exprime en un éclair (MF) .... ORAGE

Ils finissent tous les jours .... SOIRS

Il signe des autographes .... SOSIE

Ils nous jouent de vilains tours dans notre dos (MF) .... REINS

Ils nous permettent de faire du train ...... RAILS

Il sort chaque semaine .... HEBDO

Il sort généralement d'une grande trappe (MF) .... RAGOT

Il sort toujours par l'arrière .... ÉTRON

Ils perdent leur vocation dans la quarantaine (MF) .... LOLOS

Ils prennent forme lorsqu'ils sont en pièces (MF) .. .. ACTES

Ils se dépensent beaucoup à Cuba .... PESOS

Ils s'entretuent en diagonale .... PIONS

Ils sont en grande partie responsables de ce que nous

sommes .... GÈNES
Ils sont entrés en religion .... RITES
Ils sont plus difficiles à créer qu'à rompre .. LIENS
Ils sont réputés pour leur toilette (MF) .... LILAS
Il suit son cours .... ÉLÈVE
Ils viennent d'arriver .... BLEUS
Ils vivent .... ÊTRES
Il travaille avec des animaux .... ÂNIER
Il travaille entouré de bottes .... LIEUR
Il utilise des ondes acoustiques .... SONAR
Il va d'un régime à l'autre (MF) .... ATÈLE
Il va falloir la ressortir bientôt .... PELLE
Il va nous prendre de vitesse (MH) ...... RADAR
Il vaut mieux avoir de l'adresse avant de donner leurs
coups de fil (MF) .... ÉPÉES
Il vaut mieux en mettre un .... BÉMOL
Il vaut mieux éviter tout contact avec elle .. ORTIE
Il vaut mieux lui faire perdre ses cheveux si elle en a
(MH) .... SOUPE
Il vaut mieux s'arrêter quand il va trop vite .. CŒUR
Il verra si on tient à lui .... OTAGE
Il vire de bord entre deux vols (MF) ..... AGENT
Il vit à Hawaii .... ILIEN
Il vit au Nord .... LAPON
Il vit dans le bois .... ARBRE
Il vit dans les montagnes .... ISARD
Il vit et meurt de sa plume (MF) .... EIDER
Il vole .... RÉMIZ
Il volera bientôt .... OISON
Il vous donne une bonne mine (MF) ..... PLOMB
Il vous fait allonger en grand .... ÉCART
Il y a à boire et à manger .... RESTO
Il y a celui des bois .... ROBIN
Il y a certains jours où elle est très recherchée ..... OMBRE
Il y a longtemps qu'elle nous supporte .... TERRE
Il y a plus de gens qui le recherchent qu'il y en a qui
le trouvent (MF) .... IDÉAL
Il y en a au moins une dans le lieu .... ARÊTE
Il y en a au moins une dans un lieu ...... ARÉNA
Il y en a dans la béarnaise .... ŒUFS
Il y en a dans les médailles de bronze ..... ÉTAIN
Il y en a dans le sous-sol lorsqu'on est inondé
.... DÉGÂT
Il y en a moins cet hiver à la télé .... SPORT
Il y en a un à Noël .... TRÉMA
Il y fait souvent plus froid qu'à l'extérieur .. ARÉNA
Il y pleut rarement .... SAHEL
Image fidèle .... RADIO
Image ou son, pas dans les deux en même temps (PD)
.... RADIO
Images énigmatiques .... RÉBUS
Immense grec .... ANTÉE
Impose le silence .... MOTUS
Improvisation en jazz .... BŒUF
Incite à boire .... TOAST
Incite à la paresse .... HAMAC
Incompris du jeune chiot (MH) .... ASSIS
Indice qui se sent à plein nez .... NASAL
Indique le grade .... GALON
Individu bandé .... MOMIE
Individu qui a perdu son libre arbitre (MF) .. ROBOT

Individu qui fait bondir ses amis .... SAUTÉ
Individu qui se fait exploiter .... COLON
Influencée par la Lune .... MARÉE
Influence le menu .... DIÈTE
Inondés par Rita .... ÉTATS
Inscrit au programme .... OCTET
Insecte aux reflets métalliques .... MÉLOÉ
Insecte énorme .... TITAN
Insecte noir ou bleu .... MÉLOÉ
Insoluble dans l'eau .... HUILE
Inspiré du jazz et du rock .... DISCO
Installer auprès du feu .... RÔTIR
Instrument de force .... UNION
Instrument de pêche .... NASSE
Instrument d'optique .... LOUPE
Interdite dans les bars .... FUMÉE
Interdit l'alcool, le porc .... ISLAM
Intervalle musical .... SIXTE
Intouchable en Inde .... PARIA
Introduit un ajout .... AUSSI
Investir d'un mandat .... ÉLIRE
Invisible mais très présente .... ODEUR
Inviter à descendre .... BOIRE
Inviter avec force, de loin .... HÉLER
Issue d'un coup d'État .... JUNTE
Jadis elle fréquentait assidûment les bars .. FUMÉE
J'ai couru proprement .... LANCE
Jamais mieux .... IDÉAL
Jamais seule au bout de la ligne (MH) ... ARÊTE
Jamais seule dans le bar (MH) .... ARÊTE
Jardin à l'abri .... SERRE
Je regrette .... NAVRÉ
Jeter un froid .... GELER
Jette un froid .... HIVER
Jeu avec des animaux (MH) .... RODÉO
Jeu de cartes .... ATLAS
Jeune à l'étude .... CLERC
Jeune de bande .... SCOUT
Jeune touffe en sous-bois .... CÉPÉE
Je vois .... VIDÉO
John Irving en a écrit plus d'un .... ROMAN
Joindre les deux bouts (MF) .... LACER
Joliment coloré .... IRISÉ
Joliment décorer .... OCRER
Joliment doré .... AMBRÉ
Joue chez Molière et chez Racine ...... ÉLISE
Joue dans l'aigu .... TÉNOR
Joue les doublures (MH) .... OUATE
Jouer au plus fin .... RUSER
Jouer au 6/49 .... GAGER
Jouer dans l'aigu .... SILER
Jouer de la lame .... RASER
Jouer sur les mots .... RIMER
Jouer sur un cheval .... MISER
Jouit d'un microclimat .... SERRE
Jour chômé .... CONGÉ
Jour de grasse matinée .... FÉRIÉ
Jours romains .... NONES
Joyeuse manifestation .... YOUPI
Juge québécois .... RUFFO
Juillet en décembre (MH) .... SAUNA
Jus de Normandie .... CIDRE

Juste avant le gros intestin . . . . ILÉON
La bonne n'a pas d'enfant . . . . SŒUR
La canicule entre quatre murs (MH) . . . . . . ÉTUVE
Lâché du bout des lèvres . . . . BÉCOT
Lâcher brusquement (PD) . . . . PÉTER
Lâcher prise . . . . PLIER
Lâcher ses coups . . . . TAPER
La circulation y est constante . . . . AORTE
La deuxième, la quatrième ou les suivantes au Monde
(PD) . . . . VERSO
La face de pile . . . . AVERS
La faim va le faire sortir . . . . ENCAS
La femme de petite taille attire l'homme qui en a peu
(MF) . . . . VERTU
La femme qui en prend une finit par l'être (MF) . . .
. . . . CUITE
La fin du monde (MH) . . . . DÉCÈS
La fin d'un rêve . . . . ÉVEIL
La Fontaine a puisé à sa source . . . . ÉSOPE
La frôler laisse des souvenirs . . . . ORTIE
La Grande brille dans le ciel . . . . OURSE
L'ail n'en manque pas . . . . ARÔME
Laissé de côté . . . . REBUT
Laisse des plumes au passage . . . . EIDER
Laisse des traces . . . . STYLO
Laissée par une vache . . . . BOUSE
Laisse peu de temps pour rêver . . . . SOMME
Laisse plaies et bosses . . . . MÊLÉE
Laisser dans la brume . . . . SEMER
Laisser dans l'assiette (MF) . . . . TRIER
Laisser entendre une partie de sa vie intérieure (MF)
. . . . ROTER
Laisser la fenêtre ouverte . . . . AÉRER
Laisser partir le chien (MF) . . . . TIRER
Laisser sortir les gaz, les vents (MF) . . . . . ROTER
La langue en fit partie . . . . ABATS
L'alcool l'est moins que l'eau . . . . DENSE
La lire n'et pas évident . . . . STÉNO
La maison de la culture . . . . SERRE
Lame à l'œil . . . . TARSE
Lame cornée . . . . ONGLE
La mer lui fait du bien . . . . TEINT
La moitié d'une paire . . . . FESSE
La mouche à l'ombre (MF) . . . . APPÂT
L'ancêtre du GPS ? . . . . LORAN
Langage parlé . . . . PROSE
L'anglaise n'est pas fouettée (PD) . . . . CRÈME
Langoureusement à deux temps . . . . TANGO
Langue morte . . . . LATIN
Langue que l'on parle . . . . ORALE
Langue utilisée en Perse . . . . PARSI
L'antichambre de la mort (MH) . . . . TORIL
La nuit ils sont tous gris (MH) . . . . CHATS
La nuit porte conseil . . . . ADAGE
La partie de golf l'est après 18 trous . . . . . . FINIE
La patience en est un . . . . RUMEX
La personne qui en fait en rame un coup . . CANOT
La personne qui en reçoit un ne fait rien . . . RÉPIT
La personne qui l'utilise est seule (MF) . . . BIDET
La personne qui ne le fait pas perd trois points . . . .
. . . . ARRÊT
La personne qui n'en a pas ne verra pas ses vœux se

réaliser (MF) . . . . GÉNIE
La personne qui s'en sort la remonte . . . . . PENTE
La personne qui y est au bord est pleine de dettes (MF)
. . . . RUINE
La personne qui y tombe ne sait plus quoi penser (MF)
. . . . NÉANT
La personne remerciée ne le dit pas à son patron . . .
. . . . MERCI
La petite permet de repérer le nord . . . . OURSE
La petite roule (MH) . . . . REINE
La plus connue contient du gin . . . . PONCE
La police l'écoute . . . . INDIC
L'apport du lion . . . . RUGIR
La radio et la télévision . . . . ONDES
La raison pour laquelle on y va est que l'on n'a pas
raison (MF) . . . . ASILE
La réponse est dans le filet (MF) . . . . ARÊTE
La réponse est juste sous votre nez . . . . SINUS
Large, il fait des heureux . . . . GESTE
L'art dramatique . . . . SCÈNE
L'art du coup de bâton, de bambou . . . . KENDO
L'artichaut en a un . . . . CŒUR
Lassitude morale . . . . ENNUI
La sterne l'est . . . . AILÉE
La Suisse qui y est hésite (MF) . . . . BALAN
La télé en est un . . . . MÉDIA
La Traviata . . . . OPÉRA
Lavande et valériane . . . . NARDS
L'aveugle l'utilise quand son chien est mort (MF) . .
. . . . CANNE
La vie après la mort . . . . DEUIL
La vieille, c'est la tradition . . . . ÉCOLE
La vie nous en sert plus d'une . . . . LEÇON
La vie qui rôde après la mort (MH) . . . . . . URUBU
Le bac constitue le premier des études universitaires
. . . . CYCLE
Le bananier en est une . . . . HERBE
Le boxeur s'y soumet . . . . PESÉE
Le câble s'enroule autour de lui (MF) . . . . ROUET
L'échec ne lui fait pas peur . . . . ESSAI
Le ciel des poètes . . . . ÉTHER
Le cochon y prend ses aises . . . . FANGE
Le coin du feu (MH) . . . . ENFER
Le coq marche dessus . . . . ERGOT
Le crawle et la brasse . . . . NAGES
Lecteur brillant (MF) . . . . LASER
Le dernier de la série . . . . OMÉGA
Le dernier est le plus haut . . . . ÉTAGE
Le deuxième est le plus subtil . . . . DEGRÉ
Le dimanche est leur grosse journée . . . . . . CURÉS
Le fait de ne pas consentir . . . . REFUS
Le fait d'en vouloir à quelqu'un . . . . HAINE
Le faux est un hypocrite . . . . FRÈRE
Le F de la FAQ (MH) . . . . FOIRE
Le feu dans les feuilles (PD) . . . . OTITE
Le fleuve et l'étudiant le suivent . . . . COURS
Le framboisier en est une . . . . RONCE
Le Français qui tourne peut le gagner . . . . . OSCAR
Le fustet en est un . . . . SUMAC
Le gars qui l'est cherche de l'eau . . . . ENFEU
Le genre de Bud Powell . . . . BEBOP
Léger et imperméable . . . . LIÈGE

Léger et transparent . . . . TULLE
Le gros n'a pas sa place sur une bonne table (PD) . .
. . . . ROUGE
Le guépard en est un . . . . FÉLIN
Le L de LNH . . . . LIGUE
Le lièvre et la tortue . . . . FABLE
L'éliminer est le but visé dans le tir au pistolet (MH)
. . . . URINE
Le lion y dort . . . . ANTRE
Le long du Pacifique . . . . PÉROU
Le marcher aux puces (MH) . . . . SAUTS
Le meilleur ami de l'homme . . . . CLEBS
Le milieu . . . . PÈGRE
Le mot que vous cherchez doit justement l'être . . . .
. . . . ÉCRIT
Le mou en aurait besoin . . . . TONUS
Le muet n'a pas celui de la parole . . . . . USAGE
L'endroit idéal pour jouer . . . . SCÈNE
Le noir peut aussi faire du propre (PD) . . . SAVON
Le nouvel employé espère le réaliser dans une société
moderne . . . . STAGE
L'ensemble de la loi juive . . . . TORAH
L'ensemble des biens qui constituent le patrimoine
. . . . ACTIF
Le petit est réconfortant . . . . SOMME
Le pire d'entre eux, c'est la maladie . . . . . ÉTATS
Le plus réputé a le plus d'étoiles . . . . MOTEL
Le plus souvent, ce citoyen ne voit jamais le soleil
(MH) . . . . MÉTRO
Le premier à profiter de ce que l'on gagne (MF) . . .
. . . . IMPÔT
Le premier est au pied de la lettre (MF) . . . DEGRÉ
Le prêtre l'a autour du cou pendant l'office
. . . . AMICT
Le professeur en donne une à l'élève qui copie (MF)
. . . . COPIE
Les arts ont la leur à Montréal . . . . PLACE
Les auditeurs y entendent des personnes . . ONDES
Les autres, chez Jean-Paul (PD) . . . . ENFER
Les conditions extrêmes ne lui font pas peur
. . . . USNÉE
Les coureurs y font le plein . . . . STAND
Les courriels lui enlèvent du travail . . . . . . POSTE
Les déchets le sont . . . . TRIÉS
Les députés suivent souvent celle de leur parti . . . .
. . . . LIGNE
Les enfants en ont besoin . . . . AMOUR
Les Etats-Unis ont éliminé un de ses présidents . . . .
. . . . CHILI
Le seul Noir à siéger au Sénat des États-Unis . . . . .
. . . . OBAMA
Les Français en profitent . . . . SECAM
Les Français le mettent sur la glace . . . . . . PALET
Les gens qui en vivent sont des moineaux rares (MF)
. . . . PLUME
Les gens qu'il aime . . . . SIENS
Les gens qui tournent rêvent de le gagner . . OSCAR
Les gens qui y dorment ne font pas leur lit . . HÔTEL
Les gens qui y tombent le regrettent . . . . . EXCÈS
Les gens qui y travaillent l'occupent . . . . . ÉTAGE
Les Grands s'y donnèrent rendez-vous . . . . IALTA
Les honnêtes gens n'en font pas partie . . . . PÈGRE

Le sisal en est un . . . . AGAVE
Les marins aimaient bien ses filles . . . . NÉRÉE
Les meilleures peuvent être exploitées . . . . . IDÉES
Les miens sont dans le mien . . . . CŒUR
Les mineurs ne peuvent s'y exprimer . . . . URNES
Les noires sont moins nombreuses . . . . CASES
Les papillons en ont . . . . AILES
Les personnes qui y jouent sont dans le champ (MF)
. . . . VACHE
Les petites ne font pas rougir (MH) . . . . . . TAPES
Les plus grandes sont celles que l'on se fait (MF)
. . . . PEURS
Les plus simples ne manquent pas d'intérêt . . IDÉES
Les premières tombent . . . . DENTS
Les Québécois y ont acheté des millions de bouteilles
. . . . RÉGIE
Les Romains s'y délassaient . . . . BAIES
Les scandales la font couler . . . . ENCRE
Les soldats en forment une . . . . UNITÉ
Les voitures n'y circulent pas . . . . AGORA
L'été, il est plus foncé . . . . TEINT
Le temps de l'action . . . . DURÉE
Le temps de se reposer . . . . TRÊVE
Le temps qu'on a . . . . DÉLAI
L'été, on peut s'en passer . . . . LAINE
Le toit et le nez en ont une . . . . ARÊTE
L'être, c'est s'y connaître (MH) . . . . FERRÉ
Le tromblon l'est . . . . ÉVASÉ
L'étudiant veut le passer en bonne compagnie . . . . .
. . . . STAGE
Le type fâché le montre . . . . POING
Le type qui se montre ainsi est méchant . . . CRUEL
Le type qui s'y fait tirer veut savoir son avenir . . . .
. . . . TAROT
Leur batterie permet de savoir comment recharger la
nôtre (MF) . . . . TESTS
Leur éclat fait du bien . . . . RIRES
Leurs coups déchirent . . . . CROCS
Leurs coups peuvent nous entraîner au loin . . . . .
. . . . AILES
Leur tour fait souffrir . . . . REINS
Lever le nez . . . . HUMER
Lever les pattes . . . . PÉRIR
Le voleur la laisse à désirer . . . . TRACE
Lèvres sur la peau . . . . BISOU
Le won y circule . . . . CORÉE
L'hiver ne lui fait pas peur . . . . INUIT
L'homme de la fin (MH) . . . . TUEUR
L'homme qui l'est fait rêver les femmes . . . VIRIL
L'homme qui se le pogne ne peut pas se faire pogner
(MF) . . . . MOINE
L'huile ne lui fait pas défaut . . . . ÉLÉIS
Libère l'intérieur (PD) . . . . IPÉCA
Libérer des gaz . . . . ROTER
Liberté provisoire . . . . RÉCRÉ
Lieu agréable et protecteur . . . . COCON
Lieu d'affrontement . . . . ARÈNE
Lieu d'apprentissage . . . . CÉGEP, ÉCOLE
Lieu de dernier repos . . . . TOMBE
Lieu de pêche . . . . ÉTANG
Lieu de production . . . . USINE
Lieu de promenade . . . . SENTE

Lieu de rendez-vous	HÔTEL
Lieu de travail	ÉCRAN
Lieu d'où l'on vient	NATAL
Lieu où aucun joueur ne touche du bois (MF)	GREEN
Lieu où les gens font toutes sortes de folies	ASILE
Lieu peu invitant	GEÔLE
Lieu qui a du punch (MF)	USINE
Lieu qui sent le diable (MF)	ENFER
Lieu rempli de moutons noirs (MF)	GEÔLE
Lieu reposant	OASIS
Lieu touristique	TENTE
Lieu très mal fréquenté (PD)	ENFER
Ligne de conduite	CREDO
Liquide de seiche	ENCRE
Liquide estival (MH)	SUEUR
Liquide noir	SÉPIA
Livre d'usage courant	USUEL
Loin de chez lui	ÉGARÉ
Loin de la lie (MH)	ÉLITE
Loin d'être plat	RAIDE
L'oiseau entre dedans	VITRE
Long et étroit	RUBAN
Long métrage très moyen	NAVET
Long ruban français (PD)	LOIRE
Longue chaîne	ALPES
Longue histoire pleine d'épisodes imprévus	ROMAN
Longue veste de tissu épais	CABAN
L'ONU l'a à l'œil	CORÉE
L'onyx en est une	AGATE
Loque humaine	ÉPAVE
L'Orient-Express	TRAIN
Lorsque apposé la chose est officielle	SCEAU
Lorsque c'est notre dernier, on ne s'en fait pas (MF)	SOUCI
Lorsque la zizanie l'est, on récolte la chicane	SEMÉE
Lorsque le pompon l'est, on explose	ÉTIRÉ
Lorsqu'elle change, on a une nouvelle main (MF)	DONNE
Lorsqu'elle est mal tournée, on la reprend	SCÈNE
Lorsqu'elle est vide, on a faim	PANSE
Lorsqu'il est faux, il ne brille pas vraiment	ÉCLAT
Lorsqu'il manque de caractères, il se tourne les pouces (MF)	STÉNO
Lorsqu'il n'est plus sur les dents, on découvre sa couronne (MF)	ÉMAIL
Lorsqu'on l'a facile, on l'a souvent à l'œil	LARME
Lorsqu'on les bat, quelqu'un est heureux (MF)	MAINS
Lorsqu'on se fait surprendre au milieu d'eux, on est excité (MF)	ÉBATS
Loterie disparue	INTER
Lot souvent récolté par le parieur	DETTE
Lourde et dure	ÉBÈNE
Lourd manteau (PD)	NEIGE
L'un a une selle, l'autre pas (MH)	BIDET
L'un des instigateurs du coup d'État de 1974 au Portugal	EANES
L'un des plus gros insectes du monde (MH)	TITAN
L'un des traités mettant fin à la guerre de trente ans	
	OLIVA
L'un trotte, pas l'autre (MH)	BIDET
Machin chouette	UNTEL
Machine à écrire	STÉNO
Madame Bougon	DANIS
Madame de Staël en a un	TRÉMA
Ma famille et mes amis	MIENS
Mailles en réseau	TULLE
Maintenant détaché	BLASÉ
Maintenant sans eau	SÉCHÉ
Maintient l'aviron	TOLET
Maison close	GEÔLE
Maison de campagne	CLOSE
Maison d'édition fondée en 1937	FIDES
Maison de maître	ÉTUDE
Maison des anges (MH)	NUAGE
Maison sans cave	HUTTE
Mâle de chœur (MH)	TÉNOR
Mâle, en parlant d'un poisson	LAITE
Mal élever	GÂTER
Mal pris	ÉGARÉ
Mange du bortsch	RUSSE
Mange en volant	ASILE
Manger la bouche ouverte	SAPER
Manière d'écrire	PROSE
Manière de faire	FERAS
Manière de s'exprimer	GENRE
Manifestation commerciale	SALON
Manifestation de joie	YOUPI
Manifestement plein aux as	NABAB
Manque de douceur	ÀCOUP
Manque d'enthousiasme	TERNE
Manque vraiment de sérieux	LÉGER
Manteau chaud	VISON
Marchand apprécié des parents	SABLE
Marche arrière	REPLI
Marche avec peine	TACOT
Marche parfois	ESSAI
Marcher à quatre pattes, à reculons	OBÉIR
Marcher en dormant (MF)	RÊVER
Marcher sans but	ERRER
Marque d'estime	ÉGARD
Marquée pour mieux poursuivre	PAUSE
Marque l'intensité	AUSSI
Marquer dans le temps	DATER
Marquer par le passage du temps	RIDER
Marque sur le terrain	ESSAI
Matière à boutons	NACRE
Matière à omelette	ŒUFS
Matière à réflexion	PHILO
Mauvaise humeur	ROGNE
Mauvaise intention	NUIRE
Mauvaise odeur	RANCE
Mauvais gras	TRANS
Médecin autrichien mort à Montréal	SELYE
Médecin français	ITARD
Meilleur ami de l'homme	CHIEN
Membre d'un peuple indo-européen	CELTE
Même brouillés, on les voit très bien (MF)	ŒUFS
Même durs, ils sont mous (MH)	ŒUFS
Même la frôler laisse des traces (MH)	ORTIE
Même les secondes ont leur nuit	NOCES

Même l'été n'en vient pas à bout .... NÉVÉS
Même quand on la prend, elle reste là (MF) ......
.... PORTE
Même sans flash, il a les yeux rouges (MH) .....
.... FURET
Même s'il a des glaçons, il vous réchauffe (MF) ...
.... APÉRO
Mène une vie de château (MH) .... OISIF
Mener bien sa barque .... RAMER
Mennonite américain .... AMISH
Méprisant et froid .... ROGUE
Mercenaire venu de l'est .... UHLAN
Mère d'un faon .... DAINE
Mère que l'on cherche toute sa vie (MF) .. MAMAN
Mesure de mémoire, mesure informatique .. OCTET
Mesure d'essences (PD) .... STÈRE
Mesure du bois de chauffage .... CORDE
Met de l'eau partout .... DÉGEL
Met fin au rêve .... ÉVEIL
Met le feu avant l'explosion .... DELCO
Met le pied en mauvaise position (PD) .... ÉQUIN
Met les effets de son chum dans un sac vert (MF)
.... CASSE
Met les feuilles en danger (PD) .... OTITE
Mets particulièrement apprécié .... RÉGAL
Mettait du plomb dans la tête (MH) ..... CESTE
Mettre à bout .... ENTER
Mettre ailleurs .... MUTER
Mettre à la poubelle .... JETER
Mettre à nu .... RASER
Mettre à sa place .... CASER
Mettre à ses pieds .... LACER
Mettre au coin .... PUNIR
Mettre au monde, au point .... CRÉER
Mettre au rang des députés .... ÉLIRE
Mettre au secret .... TAIRE
Mettre beaucoup d'eau .... NOYER
Mettre ça et là .... SEMER
Mettre de côté .... RATER, TRIER
Mettre dehors .... AÉRER, VIDER
Mettre de la pression .... PESER
Mettre de l'eau dans son vin ..... CÉDER, PLIER
Mettre des pompes (MF) .... LACER
Mettre du bacon sur la table (MF) ...... MISER
Mettre du croustillant .... FRIRE
Mettre du liquide dans le pot (MH) ..... GAGER
Mettre du poids dans la balance .... PESER
Mettre en beauté .... ORNER
Mettre en joue .... TIRER
Mettre en miettes .... PILER
Mettre en mouvement .... TOUER
Mettre en place .... CASER, JETER
Mettre en poste .... ÉLIRE
Mettre en poudre .... RÂPER
Mettre en valeur .... ALLER
Mettre le doigt dessus .... TÂTER
Mettre le nez à la fenêtre .... HUMER
Mettre les bonnes proportions .... DOSER
Mettre les gaz (MH) .... PÉTER
Mettre les voiles .... GRÉER
Mettre sur les braises .... RÔTIR
Mettre sur pied .... BÂTIR

Mettre sur un bloc .... NOTER
Mettre trop d'eau .... NOYER
Mettre un corset .... LACER
Mettre un peu de pression .... PESER
Meurt dans l'Aar .... REUSS
Meurt dans le froid .... ANNÉE
Mexicain de sacs et de cordes (MH) ..... SISAL
Mi-carême .... JEUDI
Mieux vaut ne pas attaquer son petit ... OURSE
Migration saisonnière des troupeaux ..... REMUE
Mille mots .... IMAGE
Mineur qui pioche (MF) .... ÉLÈVE
Mineur qui travaille à la mine (MF) .. ÉLÈVE
Mini dose .... ZESTE
Ministère dont on parle beaucoup .... SANTÉ
Miroir d'un état .... TEINT
Miroir extérieur d'un véhicule .... RÉTRO
Mis devant pour voir en arrière (MH) .... RÉTRO
Mise à nu .... TONTE
Mise au parfum (MH) .... ODEUR
Mise de côté .... MARGE
Mise en pages .... ENCRE
Mis en réserves .... SIOUX
Mises à mort .... RÊNES
Mis sur la voie .... TRAIN
Moins beau .... TERNI
Moins chaud .... TIÉDI
Moins cher .... USAGÉ
Moins chère que l'hôtel .... TENTE
Moins court .... ÉTIRÉ
Moins éblouissant .... TERNI
Moins éclatant .... USAGÉ
Moins élevé qu'avant .... ÉTÊTÉ
Moins froid .... TIÉDI
Moins joli .... TERNI
Moins long .... ÉTÊTÉ
Moins sérieux quand il bouffe (PD) ..... OPÉRA
Moins verte chez nous, dit-on .... HERBE
Moitié d'une pièce .... AVERS
Moment apprécié .... RÉPIT
Moment de détente .... RÉCRÉ
Moment qui précède le repas .... APÉRO
Moment qui prend fin des actions ...... TERME
Monsieur démodé .... SIEUR
Monsieur que l'on connaît juste de vue (MF)
.... UNTEL
Montée en plein air .... TENTE
Monte et descend .... MARÉE
Montent en graines (MH) .... SILOS
Monter dans le bateau .... AVOIR
Montréalais quinquagénaire (MH) ...... MÉTRO
Montre du regret .... HÉLAS
Montre la route .... PHARE
Montre plus souvent sa queue que sa tête à l'étal ...
.... LOTTE
Montrer un accord .... TOPER
Morceau de bœuf .... STEAK
Morceau de bois toujours pris par le même bout (MF)
.... SUÇON
Morceau de viande .... LONGE
Morceau d'intestin .... ILÉON
Morceau en majeur (MH) .... BAGUE

Morceau exécuté par tout l'orchestre ...... TUTTI
Mort d'un coup de soleil .... ICARE
Mortellement chargée .... OGIVE
Mort en mer .... ICARE
Mot algonquin .... TOTEM
Mot à mot .... TEXTO
Mot d'ado .... GENRE
Mot de maître .... ASSIS
Mot d'ordre .... ASSIS
Motif d'accusation .... RECEL
Mot poli .... MERCI
Mouillée si elle marche exagérément sur des œufs
(MF) .... POULE
Moule les formes .... GAINE
Mouvement de descente .... STEMM
Mouvement d'équidés .... RUADE
Mouvement matinal .... LEVER
Moyen de défense .... VENIN
Moyen de pression .... GRÈVE, OTAGE
Moyen de transport .... BENNE
Mûri en été .... AOÛTÉ
Mozart en a écrit plus d'un .... OPÉRA
N'accroche pas .... LISSE
Nage dans la manche .... COLIN
N'aiment pas trop les bonbons .... DENTS
N'aime pas cracher (MH) ...... AVARE, RADIN
N'aime pas qu'on abatte des arbres ... ATÈLE
Naît après la coupe .... CÉPÉE
N'a pas de mal à percer .... ALÈNE
N'a pas d'énergie .... LARVE
N'a pas de pépins .... CIDRE
N'a pas de secret pour l'ORL .... OTITE
N'a pas dit oui, mais ne dit pas non (MH) .. AMANT
N'a pas la langue bien pendue .... BÈGUE
N'a pas les joues creuses (MH) .... OBÈSE
N'a pas toujours un bon chef .... RESTO
N'a pas un brin de rigidité .... OSIER
N'a pas une grosse voix .... TÉNOR
N'a plus aucune dignité .... LARVE
N'a plus d'ambition .... ÉPAVE
Nappe de filets de pêche .... SENNE
N'arrive malheureusement jamais seul (PD) ......
.... ENNUI
N'attend rien d'en haut .... ATHÉE
Naturellement bon .... ÉMILE
Naturellement porté .... SUJET
N'aura pas d'Oscar .... NAVET
N'avait pas besoin de stylo pour signer (MH) ....
.... ZORRO
Ne bat pas des ailes .... AVION
Ne broie pas du noir .... RIEUR
Ne cache pas grand-chose .... TULLE
Nécessaire au bas de laine (MH) ...... TONTE
Nécessaire pour travailler .... OUTIL
Ne connaît pas les 35 heures au travail ... ROBOT
Ne contribue pas beaucoup à faire marcher l'écono-
mie .... AVARE
Ne craint pas le froid .... IGLOO
Ne craint pas le réchauffement de la planète ....
.... ARÉNA
N'écrit pas lisiblement pour tous ..... STÉNO
Ne croit pas tout ce qu'on lui raconte ..... ATHÉE

Ne descend pas jusqu'en bas .... SHORT
Ne descend pas sous la ceinture .... BUSTE
Ne doit pas couler .... BOUÉE
Ne doit pas être scrupuleux .... SBIRE
Ne fait pas dans la basse .... TÉNOR
Ne fait pas dans les grandes largeurs .... EXIGU
Ne fait pas glousser la dinde, quoique... (MH) ....
.... FARCE
Ne fait pas long feu (MH) .... NINAS
Ne fait pas rigoler .... DÉPIT
Ne fait pas rire tout le monde .... RISÉE
Ne fait pas vraiment son âge (MH) ...... MOMIE
Ne fera pas un malheur .... NAVET
Ne fera plus vivre Théodore .... USURE
Ne fermer donc pas les yeux (MH) ... VISER
Ne flambe pas, mais n'est pas à sec (MH) . RADIN
Ne garde que les premières lettres ...... SIGLE
Ne gaspille pas son argent .... LADRE
Ne laisse que des croûtes .... RADIN
Ne laisser rien paraître .... TAIRE
Ne lésine pas sur l'huile de coude (MH) ... AGITÉ
N'élève pas le niveau général (PD) ...... CUCUL
Ne manque pas d'air (MH) .... OPÉRA
Ne manque pas de classe (MH) .... ÉCOLE
Ne manque pas de crocs .... MEUTE
Ne manque pas de flair .... CHIEN
Ne manque pas de goût .... ÉPICE
Ne manque pas de grains .... VINÉE
Ne manque pas de lustre .... SATIN
Ne manque pas de profondeur .... ABÎME
Ne manque pas de sel .... ÉTIER
Ne manque pas de tuyaux .... ORGUE
Ne manque pas d'intérêts .... USURE
N'en faites pas un avec cette définition ... DRAME
Ne niche pas dans les arbres .... SIRLI
Ne pas abandonner .... AIDER
Ne pas avoir de plans, de projets (MH) ... ERRER
Ne pas avoir de rendez-vous (MH) ... ERRER
Ne pas boire à la régalade, dans un verre (MH) ....
.... TÉTER
Ne pas bouger jusqu'à ce que l'on ait un flash ....
.... POSER
Ne pas copier .... CRÉER
Ne pas diriger, ne pas discuter .... OBÉIR
Ne pas écrire à la main .... TAPER
Ne pas encourager, donc... .... SÉVIR
Ne pas épargner .... PUNIR
Ne pas être content .... RÂLER
Ne pas être tendre .... SÉVIR
Ne pas fermer les yeux .... ÉPIER, VISER
Ne pas lâcher .... DURER
Ne pas mâchouiller .... GOBER
Ne pas mener à bien .... RATER
Ne pas passer loin .... RASER
Ne pas perdre de temps .... FILER, URGER
Ne pas perdre de vue .... ÉPIER
Ne pas permettre d'aller très loin (MH) ... ERRER
Ne pas pouvoir manger davantage ...... CALER
Ne pas publier .... TAIRE
Ne pas réprouver .... ÉLIRE
Ne pas rester assis .... ERRER
Ne pas toucher .... RATER

Ne pas trop charger . . . . AÉRER
Ne pas trop savoir où aller . . . . ERRER
Ne permet pas de faire des folies . . . . DÈCHE
Ne permet pas encore de tâter le pou (MH) . . LENTE
Ne peut pas se noyer . . . . LIÈGE
Ne peut poncer seul . . . . ÉMERI
Ne peut se faire qu'à la fin . . . . BILAN
Ne poser donc pas . . . . LEVER
Ne plaît pas trop aux déménageurs . . . . PIANO
Ne plus dépenser d'énergie (MH) . . . . ERRER
Ne plus les suivre est souvent catastrophique . . . . . .
. . . . RAILS
Ne prenait pas de vacances . . . . ILOTE
Ne prie pas . . . . ATHÉE
Ne rampe pas . . . . LIANE
Ne reculait devant aucun sacrifice . . . . AUTEL
Ne respire pas . . . . ROBOT
Ne rien améliorer . . . . GÂTER
Ne rien faire d'intéressant (MH) . . . . ERRER
Ne se casse pas (MH) . . . . RESTE
Ne se contente pas de ce qu'il est . . . . . . EMULE
Ne se court pas sur le plat . . . . CROSS
Ne se fait qu'à la fin . . . . BILAN
Ne se fatigue pas . . . . OISIF
Ne se lave pas avec la vaisselle . . . . NAPPE
Ne se mange pas verte . . . . NÈFLE
Ne s'emprunte pas . . . . USUEL
Ne s'en fait pas trop avec la vie . . . . LURON
Ne s'enfonce pas . . . . LIÈGE
Ne sent pas bon . . . . RANCI
Ne sera jamais une bonne affaire . . . . NANAR
N'est pas à sa place dans la cheminée . . . ÉPINE
N'est pas vraiment chouette (MH) . . . . HIBOU
Ne s'habille pas au coin des petits . . . . GÉANT
Ne signe pas ses livres . . . . NÈGRE
Ne sont pas depuis longtemps dans les collections des
musulmans . . . . EUROS
Ne sont pas tous des coins perdus (PD) . . . TROUS
Ne sont plus au pouvoir . . . . TSARS
Ne sont que des bruits . . . . ONDIT
Ne sort pas de la bibliothèque . . . . USUEL
Ne souffle pas fort . . . . BRISE
N'est pas à l'étroit . . . . ÉVASÉ
N'est pas dégonflé . . . . PREUX
N'est pas drôle pour tout le monde . . . . PITRE
N'est pas en chaleur (MH) . . . . REGEL
N'est pas garanti . . . . ESSAI
N'est pas là pour les Anglais . . . . STONE
N'est pas nécessairement une affaire de cœur . . . . . .
. . . . FLUSH
N'est pas sans défenses . . . . MORSE
N'est pas totalement nickel . . . . INVAR
N'est pas toujours agréable . . . . ODEUR
N'est pas toujours à manger (MH) . . . . SALLE
N'est pas unique . . . . SOSIE
N'est plus dans la course . . . . ROSSE
N'est plus malade . . . . GUÉRI
N'est souvent qu'à quelques secondes de marche
(MH) . . . . ÉTAGE
N'est sûrement pas allé à la messe de minuit . . . . . .
. . . . ATHÉE
Ne surveillait pas que du coin de l'œil . . . . ARGUS

N'était pas à Cannes . . . . NAVET
N'était pas libre . . . . ILOTE
N'était sûrement pas au bout de sa peine (MH) . . . .
. . . . ÉVADÉ
Net et sans bavure à l'anglaise (PD) . . . . . . CLEAN
Ne traîne pas sur l'eau . . . . RACER
Neuf déesses . . . . MUSES
Neuf mois de grossesse . . . . TERME
Neuve après un tour . . . . ANNÉE
Ne vaut vraiment rien . . . . NANAR
Ne veille pas longtemps au coin du feu (MH) . . . . .
. . . . GLACE
Neveu de Caligula . . . . NÉRON
Ne viennent pas toujours facilement . . . . . . IDÉES
Ne vous en faites pas : c'est la réponse que vous cher-
chez (MF) . . . . SOUCI
Ne vous fatiguez pas pour eux (MF) . . . . . . RIENS
N'exécute pas que les ordres . . . . NERVI
N'habite pas le continent . . . . ILIEN
Niche au sol . . . . SIRLI
Ni en voiture ni à cheval . . . . ÀPIED
Ni plus ni moins . . . . ASSEZ
Nippon plein de flocons de coton . . . . FUTON
N'ira pas au mariage de son fils . . . . REINE
Ni sable ni argile . . . . LŒSS
Ni trop ni peu . . . . MOYEN
Ni vu ni connu . . . . INOUÏ
Noire, c'est une araignée . . . . VEUVE
Noire rescapée d'un écrasement d'avion . . . BOÎTE
Noires et blanches . . . . CASES
Noix d'eau . . . . MACRE
Noix indigeste (MF) . . . . ÉCROU
Nom de famille célèbre (MF) . . . . UNTEL
Nom de plusieurs sultans ottomans . . . . . . AHMED
Nom donné par les Grecs au pharaon Narmer . . . . .
. . . . MÉNÈS
Nom d'un dieu . . . . NÉRÉE
Nom d'une guerre . . . . CORÉE
Nom d'une tarte . . . . TATIN
Nommées à la direction . . . . RÊNES
Non coupable . . . . BLANC
Nos enfants n'y vont pas . . . . URNES
Note de musique égale au quart de la ronde . . NOIRE
Note que l'on paie en avalant de travers (MF) . . . . .
. . . . SALÉE
Notre cœur l'est quand il est rempli d'amour . . . . . .
. . . . LÉGER
Notre gorge l'est quand on est trop ému . . NOUÉE
Nourrit de noirs desseins (MH) . . . . ENCRE
Nous accueille chaleureusement (MH) . . . DUVET
Nous aide à passer l'hiver (MH) . . . . EIDER
Nous entraîne au bout du monde . . . . VERNE
Nous fait marcher l'un derrière l'autre . . . . SENTE
Nous font plus penser à une paire de dames qu'à une
paire de rois (MH) . . . . SEINS
Nous met à l'abri des regards indiscrets . . . STORE
Nous passe sous le nez . . . . ODEUR
Nous réserve un accueil de glace (MH) . . . ARÉNA
Numéro qui n'est pas neuf . . . . USAGÉ
N'y va pas avec le dos de la cuillère . . . . . GOULU
Objectif de boxeur . . . . TITRE
Objectif de karatéka . . . . IPPON

Objet conçu pour amuser . . . . JOUET
Objet de culte . . . . IDOLE
Objet de parure . . . . NIPPE
Objet qui protège . . . . ÉCRAN
Objet sphérique qui rebondit . . . . BALLE
Oblige à payer pour emprunter (MH) . . . . . PÉAGE
Oblige à se servir de cordes (MH) . . . . CHANT
Oblige à toujours revenir sur ses pas . . . . . DANSE
Obligé de demander ou de chercher (MH) . . ÉGARÉ
Obliger à passer devant un juge . . . . CITER
Observe le ramadan . . . . ULÉMA
Observer en fermant les yeux . . . . OBÉIR
Obsession du roi (MF) . . . . ÉCHEC
Occupe la place d'honneur . . . . TRÔNE
Occupé par Pékin . . . . TIBET
Œuvre de Mozart . . . . OPÉRA
Œuvre d'un être qui file parfaitement (MF) . . TOILE
Œuvres pies (MH) . . . . ŒUFS
Offrir son concours, offrir un support . . . . AIDER
Oiseau des montagnes . . . . CRAVE
Oléacée au bois clair . . . . FRÊNE
On abuse d'elle . . . . TERRE
On affirme le perdre quand on ne le comprend pas
. . . . LATIN
On aime les mettre sur le carreau (MF) . . . . ABATS
On aimerait bien s'en débarrasser . . . . RIVAL
On aimerait y être en février . . . . MIAMI
On aime s'y retrouver entre l'arbre et l'écorce (MF)
. . . . HAMAC
On a longtemps entendu dire qu'elle pouvait faire
mourir . . . . GAINE
On appelle ainsi un gars qui a de l'étoffe . . ÉTOLE
On appuie la personne qui aime se rendre ainsi . . . .
. . . . UTILE
On compte sur eux quand on se lève . . . . . . PIEDS
On court vite pour en piquer un cent (MF) . . MÈTRE
On dit qu'elle doit montrer l'exemple . . . . . AÎNÉE
On dit qu'on ne doit pas s'y découvrir d'un fil . . . .
. . . . AVRIL
On dit qu'une seule vaut mille mots . . . . . . IMAGE
On doit la remonter avant le départ . . . . . . ANCRE
On doit le consommer en cachette . . . . TABAC
On donne les premiers aux malades . . . . . . SOINS
Ondulé en tête . . . . CRÉPU
On en a quand on est exaspéré . . . . MARRE
On en a tous une . . . . MAMAN
On en descend . . . . SINGE
On en fait dans l'espoir qu'il soit fumant . . TABAC
On en fait de l'acide . . . . ERGOT
On en fait des boules . . . . NEIGE
On en fait des colliers . . . . TIARÉ
On en fait des cordes . . . . TILLE
On en fait des gants . . . . SUÈDE
On en fait des gobelets, des plats . . . . ÉTAIN
On en fait du fil . . . . NYLON
On en fait du pain . . . . ÉPICE
On en fait du papier . . . . ARBRE
On en fait du vinaigre . . . . XÉRÈS
On en fait du vin de palme . . . . ÉLÉIS
On en joue avec les mains . . . . PIANO
On en joue avec un archet et précaution (MF)
. . . . SCIES

On en met à ceux qui lèvent trop le ton . . . BÉMOL
On en sort avec plaisir . . . . GEÔLE
On en sort parfois ensanglanté . . . . ARÈNE
On espère que la retraite le soit . . . . DORÉE
On est celle des autres quand on les fait rire . . RISÉE
On est content de l'avoir quand il fait un froid de
canard . . . . EIDER
On est tous dessus . . . . TERRE
On fait tout pour ne pas être celle des autres . . RISÉE
On finit par les voir en face (MH) . . . . RIDES
On l'a à la main . . . . INDEX
On l'a à l'oreille . . . . HÉLIX
On la brise quand on commence . . . . GLACE
On la change . . . . HEURE
On la cherche quand on est mal pris . . . . . . ISSUE
On la conçoit pour jeter de la poudre aux yeux aux
autres (MF) . . . . IMAGE
On l'a cru égyptien . . . . GITAN
On l'a cru roulé . . . . SUSHI
On la cultive . . . . TERRE
On la découvre sous la couverture (MF) . . . PINUP
On la défend en marchant dans la rue . . . . . CAUSE
On la dit avec une robe (MF) . . . . MESSE
On la dit muette . . . . CARPE
On l'adore . . . . DÉITÉ
On la fait avec de la pâte à modeler . . . . . . TARTE
On la fait bonne à table . . . . CHÈRE
On la fait courte pour avoir un beau vert . . TONTE
On la fait en boudant . . . . NIPPE
On la fait pour rien faire . . . . PAUSE
On la fête en mai . . . . MAMAN
On la fouette pour notre plaisir . . . . CRÈME
On l'aime particulièrement dans un carré . . . . . .
. . . . DATTE
On la mange au féminin et on l'a sous le soulier au
masculin (MF) . . . . CRÊPE
On la passe durant la messe . . . . QUÊTE
On la pèle . . . . RATTE
On l'appelait Nez Rouge . . . . RENNE
On l'apporte au travail ou à l'école . . . . . . LUNCH
On la prend avec plusieurs verres . . . . CUITE
On la prend en courant . . . . FUITE
On la prend pour la suivre . . . . ROUTE
On la prend pour oublier ou relaxer . . . . . . BIÈRE
On la purge . . . . PEINE
On la regarde de haut . . . . NAINE
On la remplit en mangeant . . . . PANSE
On la ressortira l'été prochain . . . . TENTE
On la retourne en la faisant sauter . . . . CRÊPE
On la roule d'un pays à l'autre . . . . BOSSE
On la sort de sa coquille . . . . NACRE
On la souhaite bonne . . . . ANNÉE
On la tient entre deux lignes . . . . ROUTE
On la tient par la main . . . . RAMPE
On la tire pour poser ses fesses . . . . BÛCHE
On la traverse en rampant très fort (MF) . . . . . .
. . . . CRISE
On l'attend . . . . SUITE
On la vend pour ses intérêts personnels . . . MÈCHE
On la voit dans la glace . . . . IMAGE
On la voit quand il y a du feu . . . . FUMÉE
On la voit souvent dans un cabaret . . . . REVUE

On le baisse avant de se coucher . . . . STORE
On l'écarte en étant prudent . . . . PÉRIL
On le chasse en s'amusant . . . . ENNUI
On le comprend de se prendre pour un autre . . SOSIE
On le consulte à la carte (MF) . . . . ATLAS
On le creuse en courant plus vite . . . . ÉCART
On le crève pour éviter que notre relation ne crève
(MF) . . . . ABCÈS
On le crie au défenseur lors d'une attaque . . SHOOT
On le cultive pour son latex . . . . HÉVÉA
On le déjoue en le sentant venir . . . . PIÈGE
On le devine à rien faire . . . . OISIF
On le dit solitaire . . . . TÉNIA
On le dit très fort . . . . BŒUF
On le faisait boire . . . . ILOTE
On le fait à tour de bras . . . . CÂLIN
On le fait nu . . . . AMOUR
On le fixe . . . . ÉCRAN
On le fume . . . . SPRAT
On le gagne en mangeant . . . . POIDS
On le gagne en montant . . . . ÉTAGE
On le gave . . . . OISON
On le laisse sortir quand ça va mal . . . . SACRE
On le lève en quittant un lieu . . . . SIÈGE
On le met dans un tiroir . . . . CDROM
On le met en poudre . . . . ÉMERI
On le met sous l'eau . . . . IMPER
On le met sur une plaie . . . . BAUME
On le monte avant de jouer . . . . DÉCOR
On l'entend gronder de loin . . . . ORAGE
On l'entend japper de loin . . . . MEUTE
On le parle en Algérie . . . . ARABE
On le passe à la mitaine (MF) . . . . HIVER
On le porte à la plage . . . . PARÉO
On le porte avec des verres . . . . TOAST
On le prend pour monter au ciel . . . . ENVOL
On le prend pour ne rien faire . . . . RÉPIT
On le prend pour oublier . . . . VERRE
On le prend pour sauter plus loin . . . . RECUL
On le prend pour un autre . . . . SOSIE
On le prend quand on est tanné d'être debout
. . . . SIÈGE
On le regarde pendant qu'on tape . . . . . . ÉCRAN
On le remarque . . . . TITRE
On les aime brouillés ou durs . . . . ŒUFS
On les met pour se protéger . . . . GANTS
On le sort quand il faut que ça rentre (MH) . . ENCAS
On les prend en se foutant des autres (MF) . . . . .
. . . . AISES
On les prend quand on ne se contrôle plus . . NERFS
On les retrouve à table au concert (MH) . . . ESSES
On les sert frais . . . . ROSES
On les soulève avec une pointe . . . . RIRES
On les soutient à bout de bras . . . . MAINS
On l'est quand on doit de l'argent (MF) . . . RESTÉ
On les voit bien la nuit . . . . RÊVES
On les voit en avion . . . . TOITS
On le transmet en direct pour foudroyer les gens (MF)
. . . . DROIT
On le tue en tuant le temps . . . . ENNUI
On leur met un bonnet mais pas une tuque (MH) . .
. . . . SEINS

On le visse . . . . ÉCROU
On le voit souvent entre deux arbres . . . . . HAMAC
On l'honore avec du bacon (MF) . . . . DETTE
On l'imagine remplie de crocodiles (MF) . . DOUVE
On l'observe pour réfléchir . . . . TRÈVE
On l'obtient de moins en moins (MF) . . . . . RESTE
On l'obtient quand on fait de la raquette . . TAMIS
On l'offre volontiers à une femme enceinte . . SIÈGE
On lui confie des charges (MH) . . . . PELLE
On lui fait la peau pour en faire un sac (MF) . . . . .
. . . . CROCO
On lui laisse les petits . . . . NURSE
On lui refile le sale boulot . . . . SBIRE
On lui répond en baissant la tête . . . . NAINE
On lui serre la tête (MF) . . . . ÉCROU
On l'utilise avant d'égorger le veau . . . . . . LASSO
On l'utilise pour dormir . . . . TENTE
On l'utilise pour faire bonne impression (MF)
. . . . ENCRE
On l'utilise pour le travail du bois . . . . RABOT
On l'utilise pour pêcher ou sauver des vies
. . . . CANOT
On marche dessus en faisant attention . . . . ŒUFS
On n'aime guère leur tour . . . . REINS
On ne dort pas à la belle étoile avec elle . . . TENTE
On ne l'aime pas juste pour la forme . . . . SPORT
On ne la voit pas se répandre . . . . ODEUR
On n'en fait pas du charbon de bois . . . . . ÉBÈNE
On ne peut le faire marcher . . . . APODE
On ne peut l'empêcher de fumer . . . . POÊLE
On ne peut plus les allumer partout . . . . . . NINAS
On ne peut rien lui cacher . . . . SONAR
On ne sait pas qui est cet individu, mais tout le monde
en parle (MF) . . . . UNTEL
On ne tolère aucun relâchement chez eux (MH) . .
. . . . ÉTAUX
On ne verra plus longtemps les espèces qui y sont
. . . . PÉRIL
On ne veut plus voir celui qui est sur la noire
. . . . LISTE
On n'y va pas avec son bois . . . . GREEN
On peut croire à son influence . . . . ASTRE
On peut entendre son émission en direct tous les jours
(MH) . . . . URINE
On peut en voir à Téhéran . . . . RIALS
On peut facilement savoir où il est passé (MH) . . . .
. . . . STYLO
On peut la farcir . . . . OLIVE
On peut l'enlever et manger le reste . . . . . . MOISI
On peut l'ensemencer . . . . ÉTANG
On peut le prendre avec des baguettes . . . . SUSHI
On peut l'être au lit . . . . CLOUÉ
On peut lui compter les côtes (MH) . . . . . . BETTE,
. . . . RHÔNE
On peut lui mettre une couche (MH) . . . . . RÔTIE
On peut l'utiliser pour botter . . . . ESSAI
On peut tomber dedans debout . . . . PIÈGE
On peut y être victime d'une illusion (MF) . . POKER
On peut y patiner . . . . ÉTANG
On peut y rire même quand on n'en a pas (MF) . . .
. . . . BARBE
On peut y savourer grand-père mais pas grand-mère

(MF) .... SIROP
On pousse une pointe pour les faire éclater .. RIRES
On prie les gens qui y prient d'en sortir (MF) .....
.... SECTE
On relève celle du pneu avec ses yeux .... TRACE
On se confie sous celui du secret .... SCEAU
On se la coule... .... DOUCE
On se le met dans le nez .... ARÔME
On s'en passerait bien .... RIVAL
On s'en sert pour distribuer les cadeaux ... RENNE
On s'en sert pour la stérilisation des eaux .. OZONE
On s'en sort quand on n'a plus de peine (MF) .....
.... TAULE
On serre celle des amis que l'on rencontre .. PINCE
On s'occupe des choses importantes et lui, on s'en
fout (MF) .... RESTE
On sort du cinéma pendant qu'il joue (MF) .....
.... NAVET
On subit ses foudres .... ORAGE
On suit une thérapie pour favoriser celui de la cons-
cience .... ÉVEIL
On s'y accroche pour communier .... AUTEL
On s'y amuse .... RAOUT
On s'y assoit au-dessus de l'eau (MF) .... TRÔNE
On s'y met lorsque les choses ne tournent pas bien
(MF) .... BOULE
On s'y mouille les pieds .... ROSÉE
On s'y prélasse .... HAMAC
On s'y prépare à la fête de Noël .... AVENT
On s'y rend en aidant les autres .... UTILE
On s'y rend par l'escalier .... ÉTAGE
On s'y rend pour un oui ou pour un non ... URNES
On s'y retrouve lorsqu'on n'arrive pas (MF) .....
.... ROUGE
On s'y suit en skis .... PISTE
On s'y tape dessus .... ARÈNE
Ont beaucoup de restaurants à Montréal ... GRECS
Ont besoin de rails .... TRAMS
Ont eu la visite d'un tueur .... AMISH
Ont fait bonne impression en leur temps (PD) .....
.... DIDOT
On tire une huile de son foie .... MORUE
Ont leur redresseur .... TORTS
Ont perdu leur couronne .... TSARS
Ont reçu la visite d'Astérix .... GOTHS
Ont tous des frontières .... ÉTATS
ONU en est un .... SIGLE
On va à l'hôpital pour en recevoir ...... SOINS
On va bientôt la retrouver .... NEIGE
On voit à travers .... TULLE
On y a besoin de couronnes .... EESTI
On y a déjà vu passer les gros chars ..... RAILS
On y a la paix .... ASILE
On y améliore la race .... HARAS
On y amène le pointeur .... ICÔNE
On y arrive par un trou et on la quitte dans un trou
(MF) .... TERRE
On y a tous vécu quelques mois (MF) .... BEDON
On y boit de la chartreuse .... ISÈRE
On y court en prenant de mauvaises décisions ...
.... PERTE
On y dépose son argent .... ÉCRIN

On y dispute des championnats .... ARÉNA
On y distribue des cartes .... RESTO
On y donne des coups de lame (MH) ..... ARÉNA
On y dore .... PLAGE
On y dort à l'ombre .... HAMAC
On y élève des lamas .... TIBET
On y élit un député .... COMTÉ
On y entend les taconeos .... CUEVA
On y entre affamé .... RESTO
On y entre à mains nues (MH) .... GANTS
On y entre en voiture (MF) .... DÉCOR
On y entre par la bouche (PD) .... MÉTRO
On y envoie la balle .... GREEN
On y est à l'ombre .... TAULE
On y est au chaud .... LOGIS
On y est remarqué si on est vite sur ses patins .....
.... ARÉNA
On y fait cuire de la viande .... GRILL
On y fait feu .... STAND
On y fait l'épicerie .... MÉTRO
On y fait monter les meilleurs .... HARAS
On y fait pousser des légumes .... SERRE
On y fait une plonge sans se mouiller les pieds (MF)
.... ÉVIER
On y galope .... ASCOT
On y garde les gens en les faisant parler (MF) .....
.... ÉVEIL
On y glisse des pièces dans des cochons ... FENTE
On y glisse le doigt pour se retrouver (MH) .....
.... CARTE
On y joue .... ARÉNA, STADE
On y joue depuis longtemps .... ODÉON
On y joue en passant aux actes (MF) ..... PIÈCE
On y lutte avec des animaux .... RODÉO
On y mange .... SNACK
On y met des bagages .... SOUTE
On y met le doigt .... PLAIE
On y met les choses que l'on veut mieux voir .....
.... CLAIR
On y mettra le feu .... STÈRE
On y monte pour s'y asseoir .... TRÔNE
On y mord le premier (MF) .... AVRIL
On y parle .... MICRO
On y parle arabe .... MAROC
On y parle créole et français .... HAÏTI
On y parle surtout espagnol .... PÉROU
On y part pour boire et s'amuser .... RUMBA
On y passe pour se libérer .... AVEUX
On y prépare son avenir .... CÉGEP
On y reste plus longtemps la veille de Noël .. ÉVEIL
On y retrouve son calme .... ASILE
On y savoure des abats (MF) .... ALLÉE
On y séjourne pour passer son temps .... TAULE
On y siège à Ottawa .... SÉNAT
On y transpire .... SAUNA
On y trouve beaucoup de cartes .... ATLAS
On y trouve des techniciens .... RÉGIE
On y trouve plus de jeunes que de vieux .. ÉCOLE
On y va à fond en espérant qu'il aura bonne mine
(MF) .... PUITS
On y va pour se reposer .... ASILE
On y va quand la nature nous le dicte ..... SELLE

On y va se faire suer . . . . SAUNA
On y vend des tas de hot dogs . . . . STADE
On y vit à l'abri des tourments, en toute sécurité . . .
. . . . OUATE
On y voit parfois des casques bleus . . . . . ARÉNA
Opposés aux Médicis . . . . PITTI
Orage plein de rebondissements . . . . GRÊLE
Orange foncé . . . . TANGO
Ordre à la caserne . . . . REPOS
Ordre verbal . . . . ASSIS
Organisation qui roule en crime (MF) . . . . PÈGRE
Organiste français . . . . AQUIN
Orifice de rorqual . . . . ÉVENT
Or, il devrait y en avoir (MH) . . . . ÉCRIN
Ornât très mal (PD) . . . . ROÂNT
OTAN en est un . . . . SIGLE
Oui, bien sûr . . . . OUIDA
Où l'herbe foisonne . . . . HERBU
Outil à lame recourbée . . . . SERPE
Outil de dialogue (MH) . . . . TIRET
Outil de druide tranchant . . . . SERPE
Outil de pointe . . . . ALÈNE
Outil du graveur sur bois . . . . GOUGE
Ouverture d'esprit . . . . ÉVEIL
Ouvrage à avoir sous la main . . . . USUEL
Ouvrage de maçon . . . . MURET
Ouvrage littéraire . . . . ESSAI
Ouvre la voie . . . . AVISO
Ouvre les portes des paradis artificiels (PD)
. . . . OPIUM
Ouvrir en grand (PD) . . . . AÉRER
Ouvrir les gaz (MF) . . . . ROTER
Ouvrir le volume . . . . CRIER
Paiement il n'a plus (MF) . . . . HUARD
Paire de dames (MH) . . . . NÉNÉS
Paire de pic . . . . AILES
Pâle et déplaisant . . . . BLÊME
Palissade en Afrique . . . . SECCO
Panneau solaire . . . . VITRE
Papier de luxe . . . . JAPON
Papouasie aujourd'hui . . . . IRIAN
Paquet de huit en mémoire . . . . OCTET
Paquet de cartes . . . . ATLAS
Paquet d'os . . . . TARSE
Paradis des alpinistes . . . . NÉPAL
Paradis des cuisses de grenouilles . . . . . ÉTANG
Paraît chaque semaine . . . . HEBDO
Paraît satisfaite d'elle . . . . BÉATE
Paralyser par une sensation agréable (se) . . . . .
. . . . .PÂMER
Parcourt le golf . . . . CADET
Par-dessus tout il se déplace . . . . NUAGE
Parée pour l'éternité (MH) . . . . MOMIE
Parée pour paraître . . . . PRÊTE
Par exemple . . . . AINSI
Parfaitement acceptable . . . . SÉANT
Parfaite pour une balade . . . . SENTE
Parfait pour les cornichons . . . . ANETH
Parfois accusateur . . . . INDEX
Parfois botté (MH) . . . . TRAIN
Parfois brûlant . . . . SABLE
Parfois désagréable, parfois stimulante . . . AMÈRE

Parfois un coup de maître . . . . ESSAI
Par ici la sortie . . . . OUSTE
Parlé en Polynésie . . . . MAORI
Parler populaire québécois . . . . JOUAL
Parler sans mot dire . . . . MIMER
Parler tout seul (MH) . . . . PRIER
Parole de têtu (MH) . . . . HIHAN
Partage nos jours et nos nuits (PD) . . . . . HEURE
Parti à prendre . . . . OPTION
Participe aux courses . . . . CABAS
Participe aux naissances . . . . GERME
Partie de boulon . . . . ÉCROU
Partie de cartes (MH) . . . . ROUTE
Partie décisive (MH) . . . . BELLE
Partie de cours d'eau . . . . DELTA
Partie de derrière . . . . FESSE
Partie de football . . . . ESSAI
Partie de fusée . . . . ÉTAGE
Partie de la rhétorique . . . . ITHOS
Partie de tête . . . . TEMPE
Partie d'œuvre littéraire . . . . TEXTE
Partie du corps de la ceinture aux genoux . . GIRON
Partie du labrador . . . . ERGOT
Partie d'une baguette . . . . RÈGLE
Partie d'une roue . . . . MOYEU
Partie d'un os . . . . ILION
Partie d'un sabre . . . . TSUBA
Partie du salaire des humoristes . . . . RIRES
Partie du terrain de rugby . . . . ENBUT
Partie féminine . . . . VULVE
Partie importante . . . . BELLE
Partie intime (MH) . . . . REPLI
Partie mesurée . . . . TIERS
Parties du monde (MH) . . . . SEXES
Partir de rien . . . . CRÉER
Pas agréable à essuyer . . . . PERTE
Pas agréable pour celui qui suit . . . . RUADE
Pas anonyme . . . . SIGNÉ
Pas arrondi . . . . ACÉRÉ
Pas assez pour enlever une faim de loup . . ENCAS
Pas aussi haut qu'avant . . . . ÉTÊTÉ
Pas bas . . . . ÉLEVÉ
Pas bien brillant . . . . BENÊT
Pas bien malin . . . . NIAIS
Pas bon . . . . CRUEL
Pas brillant . . . . IDIOT, TERNI
Pas brûlant . . . . TIÈDE
Pas classé . . . . ÉPARS
Pas commun . . . . INOUÏ
Pas courbe . . . . PLANE
Pas d'accord . . . . REFUS
Pas dans la presse . . . . ONDES
Pas désagréable . . . . AMÈNE, LIANT
Pas de tout repos . . . . TUANT
Pas digéré . . . . RENDU
Pas droit . . . . ÉVASÉ
Pas drôle quand elle est noire . . . . SÉRIE
Pas d'un seul bloc . . . . ÉPELÉ
Pas du tout . . . . NENNI
Pas du tout fait pour blesser . . . . ÉLOGE
Pas du tout farouche . . . . LIANT
Pas emballé . . . . TIÈDE

Pas encore adapté par les USA . . . . MÈTRE
Pas encore debout . . . . ALITÉ
Pas en feu mais pas éteint (MF) . . . . TIÈDE
Pas en roulant, pas en skis . . . . ÀPIED
Pas entravé . . . . ÉVASÉ
Pas éveillé . . . . ABÊTI
Pas facile . . . . RÉTIF
Pas facile à avaler . . . . ARÊTE
Pas facile à comprendre . . . . SABIR
Pas facile à grimper, à monter . . . . RAIDE
Pas facile à résoudre . . . . COLLE
Pas fade . . . . IRISÉ
Pas fidèle . . . . FÉLON
Pas fort . . . . LÉGER
Pas frais chez le malade (MH) . . . . TEINT
Pas général . . . . LOCAL
Pas grave . . . . BÉNIN
Pas gris . . . . IRISÉ
Pas gros . . . . FLUET
Pas gros et pas fin . . . . MIFIN
Pas hâlé . . . . BLÊME
Pas hérissé . . . . LISSE
Pas honni . . . . ADULÉ
Pas inconnu, pas nouveau . . . . USITÉ
Pas indulgent . . . . ROSSE
Pas lâche . . . . TENDU
Pas la peine de la chercher . . . . NOISE
Pas le diable . . . . GUÈRE
Pas lisse . . . . RÊCHE
Pas loin du début . . . . TROIS
Pas nécessairement intégriste . . . . BARBU
Pas original . . . . IMITÉ
Pas oublié . . . . USITÉ
Pas ouvert . . . . BORNÉ
Pas pauvre . . . . COSSU
Pas petit . . . . GÉANT
Pas plat . . . . ÉPICÉ
Pas propre à retaper, pas reposant . . . . USANT
Pas réputée pour son confort . . . . GEÔLE
Passa entre les mains de Prévost et de Massenet . . .
. . . . MANON
Passage du cycle de la vie . . . . ILÉON
Passage étroit . . . . SENTE
Passage important à souligner . . . . DÉCÈS
Passage obligé pour pénétrer . . . . SEUIL
Passage salé . . . . ÉTIER
Passe à Lucerne . . . . REUSS
Passe à Poitiers . . . . CLAIN
Passe en tête au ranch (MH) . . . . LASSO
Passent après vous . . . . ELLES
Passe par le four . . . . TARTE
Passer à côté . . . . ERRER
Passer à travers bois . . . . SCIER
Passer dans le beurre . . . . ERRER, RATER
Passer de façon fugitive (MF) . . . . ERRER
Passer en joue (MF) . . . . RASER
Pas sérieux . . . . BÉNIN
Passer par un concours (MF) . . . . AIDER
Passer par une partie de la tête . . . . BOIRE
Pas serré . . . . NANTI
Passer sous silence . . . . CÉLER
Passer tout droit . . . . ERRER, RATER

Passe sa vie à grimper, mais a les pieds sur terre (MH)
. . . . LIANE
Passe son temps à ricaner . . . . HYÈNE
Passe sous le rouleau à pâtisserie (MH) . . . . TUILE
Passionnait le frère Marie-Victorin . . . . FLORE
Pas sombre . . . . IRISÉ, RIANT
Pas sucré . . . . SURET
Pas superflu . . . . UTILE
Pas surprenant . . . . ÉCULÉ
Pas tanné . . . . BLÊME
Pas tendre . . . . ACÉRÉ
Pas terne . . . . IRISÉ
Pas tonique . . . . USANT
Pas toujours avancée . . . . HEURE
Pas toujours concluant . . . . ESSAI
Pas toujours faciles à trouver . . . . IDÉES
Pas toujours flagrant . . . . DÉLIT
Pas toujours probant . . . . ESSAI
Pas toujours recommandé . . . . ENVOI
Pas trempé . . . . MOITE
Pas très agréable au goût . . . . RÊCHE
Pas très ardent . . . . TIÈDE
Pas très brillant . . . . BENÊT
Pas très développé . . . . PETIT
Pas très doux . . . . RÊCHE
Pas très futé . . . . NIAIS
Pas très gentil . . . . ACIDE, ROSSE
Pas très intéressant . . . . TERNE
Pas très invitant . . . . ENFER
Pas très joli . . . . OBTUS
Pas très subtil mais amusant . . . . PITRE
Pas très vite . . . . LENTO
Pas triste . . . . RIANT
Pas trop . . . . GUÈRE
Pas trop pris par son travail . . . . OISIF
Pas uni . . . . CHINÉ, STRIÉ
Pas un truc d'athée . . . . PIÉTÉ
Pas vraiment le bienvenu à Hérouxville . . ULÉMA
Patauge dans les eaux du Nord (PD) . . . . . ONDIN
Pâte corse . . . . NIOLO
Pâtissière anglaise . . . . CRÈME
Patrie d'Anacréon . . . . IONIE
Patrie de Marie Cardinal . . . . ALGER
Pays normand . . . . OUCHE
Pays ou sauce . . . . CHILI
Peau de souliers bleus légendaires . . . . SUÈDE
Peau de vache . . . . ROSSE
Pêchée avec d'autres . . . . ARÊTE
Pelle pour vider l'eau . . . . ÉCOPE
Pend aux vieilles branches (PD) . . . . USNÉE
Pénètre du regard (MH) . . . . ÉGOUT
Pente balisée pour les descentes à ski . . . . . PISTE
Perd des plumes pour aller au lit (PD) . . . . EIDER
Perdre les pédales . . . . RAGER
Perdre sa peau par plaques . . . . PELER
Perdre son temps . . . . ERRER
Père de filles de mer . . . . NÉRÉE
Période de formation . . . . STAGE
Période d'évacuation . . . . ANALE
Permet à peine de voir . . . . LUEUR
Permet d'activer un logiciel . . . . ICÔNE
Permet de copier . . . . ENCRE

Permet de corriger . . . . ESSAI
Permet de cultiver . . . . MOERE
Permet de faire . . . . OUTIL
Permet de lire Le Monde . . . . ENCRE
Permet de ne pas trop se mouiller . . . . IMPER
Permet de prendre le pli . . . . ATOUT
Permet de quitter les lieux . . . . ISSUE
Permet de récupérer . . . . PAUSE
Permet de reprendre des forces . . . . ÉTAPE
Permet de se faire entendre . . . . MICRO
Permet de se passer de bouteilles (MH) . . . APNÉE
Permet de se reprendre . . . . GOMME
Permet de s'exprimer . . . . GESTE
Permet de sortir . . . . ISSUE
Permet de souffler . . . . ARRÊT
Permet de surveiller ses arrières . . . . RÉTRO
Permet d'évacuer . . . . ISSUE
Permet de vivre plus longtemps . . . . SAUVÉ
Permet la sustentation . . . . ROTOR
Permettait au roi de voyager . . . . RÉALE
Permettent de garder son calme . . . . NERFS
Permettent de quitter le sol . . . . AILES
Permet un écoulement . . . . DALOT, DRAIN
Permet une meilleure vision . . . . RECUL
Perron célèbre . . . . EVITA
Personnage de conte arabe . . . . DJINN
Personnage de Dumas . . . . ATHOS
Personnage d'une fable . . . . CHÊNE
Personnage verbeux (MH) . . . . TALON
Personnage voltairien . . . . SÉIDE
Personne consacrée . . . . OINTE
Personne éclairante . . . . PHARE
Personne influente . . . . HUILE
Personne mauvaise . . . . REBUT
Personne n'aime recevoir leurs coups de fil . . ÉPÉES
Personne qui partage la moitié d'une autre personne
(MF) . . . . AMANT
Personne ravagée . . . . RUINE
Personne ravie . . . . OTAGE
Personne sans beaucoup d'allure . . . . LENTE
Personne sans énergie . . . . LARVE
Personne tenue à l'écart . . . . PARIA
Petit archipel de la Guyane française . . . . . SALUT
Petit bout de dialogue (MH) . . . . TIRET
Petit charançon phytophage . . . . APION
Petit chaton ou beau minou . . . . CHÉRI
Petit cheval . . . . GENET
Petit chien blanc . . . . MILOU
Petit dessin . . . . ICÔNE
Petite à col étroit . . . . FIOLE
Petite baie . . . . ATACA
Petite bande de tissu cousue à un vêtement . . GANSE
Petite chose pleine d'importance (PD) . . . . ATOME
Petite contribution . . . . OBOLE
Petite galette, grosse mémoire (PD) . . . . . CDROM
Petit ensemble . . . . PAIRE
Petite partie d'un toit . . . . TUILE
Petite portée par la femme excitante pour l'homme
(MF) . . . . TENUE
Petite séparation . . . . MURET
Petite statue . . . . CÉSAR
Petite tache . . . . PICOT

Petite vedette de l'écran (PD) . . . . ICÔNE
Petit groupe . . . . TRIADE
Petit lapin ou beau trésor . . . . CHÉRI
Petit lit . . . . MOÏSE
Petit morceau de terrain . . . . MOTTE
Petit ourlet . . . . NUAGE
Petits besoins . . . . URINE
Petit seau . . . . AUGET
Pétri dans ses doigts (MH) . . . . TEXTE
Peu de gens y vivent en permanence . . . HÔTEL,
. . . . MOTEL
Peu développés chez l'homme . . . . SEINS
Peu invitant à la promenade . . . . ORAGE
Peuple du Cameroun . . . . TIKAR
Peuple grec . . . . ETHNO
Peu producteur . . . . COSSE
Peut avoir plusieurs voies . . . . ROUTE
Peut causer des inondations . . . . DÉGEL
Peut contenir des virus . . . . EMAIL
Peut devenir bas (MH) . . . . NYLON
Peut être à l'origine d'une descente . . . . . . INDIC
Peut être aux bleuets . . . . TARTE
Peut être brune, rouge, verte et même bleue
. . . . ALGUE
Peut être d'honneur . . . . DETTE
Peut être excellente ou pas terrible . . . . . . TARTE
Peut être papillon . . . . NŒUD
Peut être plein ou partiel . . . . TEMPS
Peut être prise par un cavalier . . . . REINE
Peut être tissé . . . . ORLON
Peut être un homme de cœur (MH) . . . . . . VALET
Peut-être un peu comme le temps des fêtes
. . . . USANT
Peut être zen . . . . SECTE
Peut faire beaucoup de bruit . . . . ÉCLAT
Peut faire fondre . . . . DIÈTE
Peut faire l'effet d'une bombe (MH) . . . . . SCOOP
Peut faire perdre la tête . . . . DÉSIR
Peut faire sortir la vérité . . . . SÉRUM
Peut finir dans un fauteuil (MH) . . . . OSIER
Peut gêner . . . . ÉLOGE
Peut nous faire craquer . . . . ENVIE
Peut nous obliger à revenir sur nos pas . . . . OUBLI
Peut nous rester en travers de la gorge . . . . ARÊTE
Peut reprendre sa place . . . . RÉÉLU
Peut s'apprécier les yeux fermés (MH) . . . AROME
Peut s'attraper en un clic . . . . VIRUS
Peut se dire à un chien . . . . ASSIS
Peut se dire d'une pêche . . . . MELBA
Peut se dire d'un hareng . . . . LAITÉ
Peut se dire d'un jeu . . . . VIDÉO
Peut se dire d'un verre . . . . IRISÉ
Peut se dire en pointant . . . . CETTE
Peut se diviser en quatre . . . . ANNÉE
Peut se faire à la brosse . . . . CIRER
Peut se faire de bien des façons . . . . AIDER
Peut se faire en deux, en quatre . . . . PLIER
Peut se faire sur le dos . . . . NAGER
Peut se reproduire . . . . LAITÉ
Peut servir à frapper . . . . BÂTON
Peut servir de repas . . . . SOUPE
Peut vivre longtemps sans eau . . . . USNÉE

Peuvent être d'argent . . . . NOCES
Phénomène automnal . . . . GELÉE
Phocée s'y trouvait . . . . IONIE
Pièce d'argent de cinq francs . . . . THUNE
Pièce d'eau . . . . ÉTANG
Pièce de bois . . . . LATTE
Pièce de fixation . . . . TENON
Pièce de jeu . . . . JETON
Pièce musicale . . . . RONDO
Pièce où l'on dort . . . . TENTE
Pièces de collection . . . . MUSÉE
Pièce tout en long . . . . ESPAR
Pied menu . . . . PETON
Piège à souris (MH) . . . . VIRUS
Pierre et Marie . . . . CURIE
Pierre Garand . . . . GAROU
Pierre plate qui ne roule pas . . . . STÈLE
Pieuse œuvre d'art . . . . PIETÀ
Pique et attaque . . . . ACIDE
Place des arts antique . . . . ODÉON
Place des comédiens . . . . SCÈNE
Placer à côté . . . . RATER
Placer dans une suite . . . . DATER
Placer démocratiquement . . . . ÉLIRE
Placer en haut . . . . ÉLIRE
Placer n'importe comment . . . . MÊLER
Placer pour diriger . . . . ÉLIRE
Placer sur le côté . . . . GARER
Place sur le parterre . . . . ASSIS
Plaie du monde . . . . LÈPRE
Plaisir en bouche . . . . RÉGAL
Plaisirs qui ne sont pas solitaires . . . . ÉBATS
Plaît aux aquariophiles . . . . XIPHO
Plaît aux enfants . . . . MAGIE
Planche rectangulaire . . . . GALÉE
Plante cultivée pour ses feuilles . . . . TABAC
Plante pour faire des colliers . . . . TIARÉ
Plante qui pue . . . . ACTÉE
Plate en eau douce . . . . BRÈME
Plat froid . . . . ASPIC
Plein à craquer . . . . RUPIN
Plein aux as . . . . NANTI, RICHE
Plein d'arbres . . . . BOISÉ
Plein de désirs . . . . AVIDE
Plein de lignes . . . . STRIÉ
Plein de saillies . . . . DENTÉ
Plein de sincérité . . . . SENTI
Pleine de chaleur le matin . . . . TASSE
Pleine de sang . . . . AORTE
Plié en deux . . . . RIANT, RIEUR
Plie mais ne se casse pas . . . . OSIER
Plier sans discuter . . . . OBÉIR
Plume norvégienne . . . . IBSEN
Plus abordable . . . . USAGÉ
Plus à la mode . . . . ÉCULÉ
Plus aux extrêmes . . . . TIÉDI
Plus belle que la réalité (PD) . . . . RÊVÉE
Plus capable de flamber comme avant (MH) . . . . . .
. . . . RUINÉ
Plus chère que le pin . . . . ÉBÈNE
Plus chère qu'un galet . . . . AGATE
Plus confortable qu'un tatami . . . . FUTON

Plus d'une femme recherche un homme dont le porte-
feuille l'est bien . . . . GARNI
Plus elle est chaude, plus elle fait jaser le monde . . .
. . . . MÉTÉO
Plus facile à passer qu'à prendre (PD) . . . . VESTE
Plus facile à saisir . . . . IMAGÉ
Plus fort . . . . DURCI
Plus glissant . . . . FORTÉ
Plus gros . . . . ENFLÉ
Plusieurs hommes le font chaque matin . . . RASER
Plusieurs l'utilisent pour se cacher (MF) . . IMAGE
Plusieurs possèdent des puits de pétrole . . . ÉMIRS
Plus il est bourré, moins on savoure la vie (MF) . . .
. . . . CRÂNE
Plus il est gros, plus il a besoin de soutien . . BUSTE
Plus ils sont jeunes, plus ils sont fermes . . . . SEINS
Plus là . . . . PARTI
Plus large en bas . . . . ÉPATÉ
Plus mince . . . . ÉTIRÉ
Plus on brûle de livres, plus on en perd . . . POIDS
Plus on les caresse, plus ils nous excitent . . RÊVES
Plus ou moins grande selon les sorties . . . . . TENUE
Plus petit qu'avant . . . . ÉTÊTÉ
Plus petit qu'un barreau de chaise (MH) . . . NINAS
Plus petit qu'un hareng . . . . SPRAT
Plus qu'une bouteille . . . . LITRE
Plus qu'un quart . . . . TIERS
Plus rapide chez l'Italien que chez le Suisse . . DÉBIT
Plus sous la main, plus sous les yeux . . . . . ÉGARÉ
Plus sur la liste . . . . RADIÉ
Plus tout à fait là . . . . SONNÉ
Plus un gars l'est, moins il est fin (MF) . . . ÉPAIS
Plus vous vous fatiguez à chercher, plus vous l'avez
sous les yeux (MF) . . . . CERNE
Plutôt astucieux . . . . MALIN
Plutôt petit et de forte carrure . . . . RÂBLÉ
Poche dans laquelle rien n'entre (MF) . . . . NULLE
Poète africain . . . . GRIOT
Poétesse grecque . . . . SAPHO
Poids de six grammes . . . . SICLE
Poignée de main . . . . SALUT
Poilue, irritante et peu invitante . . . . ORTIE
Point absurde . . . . SENSÉ
Point d'appui . . . . CANNE
Point de départ . . . . GERME
Point de rencontre (MF) . . . . SCORE
Point de repère . . . . CAIRN, HEURE
Point noir . . . . RIANT
Point rond . . . . ACÉRÉ
Poisson coloré . . . . IDOLE
Poisson d'aquarium . . . . XIPHO
Policière que l'on voit à la télé . . . . SÉRIE
Pollue un peu . . . . NINAS
Pond dans le bois . . . . SIREX
Pond en rivière . . . . ALOSE
Population vivant au Rwanda . . . . TUTSI
Portable chez les Suisses . . . . NATEL
Port du continent africain . . . . LECAP
Porte à confusion . . . . SOSIE
Porte à faire le bien . . . . VERTU
Porte à souhaiter du mal . . . . HAINE
Porte fruit . . . . QUEUE

Porte-panier . . . . INDIC
Porté par certaines . . . . VOILE
Porté par les sœurs en deuil . . . . ESCOT
Porter atteinte . . . . LÉSER
Porter plainte . . . . GÉMIR
Porte une robe pour aller dans le bois (MH) . . . . . .
. . . . DAINE
Porteur de bois (PD) . . . . RENNE
Porteur hybride (PD) . . . . MULET
Pose des problèmes au dormeur . . . . APNÉE
Posée en bout de mur pour aller plus loin (PD) . . . .
. . . . HARPE
Poser sur un plateau . . . . PESER
Possibilité de s'en sortir . . . . ISSUE
Poste d'écoute . . . . SONAR
Poste où les gens s'arrêtent . . . . PÉAGE
Poudre colorante de « perlinteintteint » . . . HENNE
Pour activer une fonction . . . . ICÔNE
Pour aller plus avant . . . . ISSUE
Pour allumer le feu . . . . LIGOT
Pour apprendre . . . . ÉTUDE
Pour attirer, attraper le poisson . . . . LIGNE
Pour barrer . . . . TRAIT
Pour bien tenir la monture en main . . . . . . LONGE
Pour bien voir . . . . ÉCRAN
Pour boire . . . . GODET, TASSE
Pour canner . . . . ROTIN
Pour ceux qui tournent très bien (MH) . . . . CÉSAR
Pour de belles pâtures . . . . ERBUE
Pour désigner des choses féminines . . . . . . ELLES
Pour échapper au danger . . . . ISSUE
Pour empêcher de voir . . . . ÉCRAN
Pour en faire, il faut tomber bien bas (PD) . . LÈCHE
Pour être docteur, il faut la soutenir . . . . . . THÈSE
Pour être sûr qu'il se rende, on le recommande . . . .
. . . . ENVOI
Pour évacuer de l'eau . . . . OUÏES
Pour exprimer le regret . . . . HÉLAS
Pour faire lever les Anglais . . . . STAND
Pour fixer une couronne . . . . TENON
Pour gens du septième . . . . CÉSAR
Pour la propagande . . . . TRACT
Pour la radio ou pour la télé . . . . MICRO
Pour le connaître, on arrête tout (MF) . . . . . RÉPIT
Pour le passer, il ne faut pas le sécher (MF) . . . . . .
. . . . COURS
Pour le repos des Nippons . . . . FUTON
Pour les amateurs de boulettes (PD) . . . . . . OPIUM
Pour les amateurs de gibier . . . . CIVET
Pour les amateurs de vie en plein air . . . . . . TENTE
Pour les bonnes toiles (PD) . . . . OSCAR
Pour les échanges dans le milieu londonien . . . . . .
. . . . SLANG
Pour les personnes disparues . . . . URNES
Pour l'imagination des hommes . . . . SEINS
Pour lui, c'est le proche ou rien . . . . MYOPE
Pour mener une bête . . . . LICOL
Pour mesurer . . . . GALON, RÈGLE, TASSE
Pour ne boire qu'un petit coup (PD) . . . . . LARME
Pour ne pas oublier . . . . STÈLE
Pour nourrir les enfants . . . . SEINS
Pour opérer . . . . LASER

Pour partir sans se retourner (MH) . . . . . . RÉTRO
Pour percer le cuir . . . . ALÈNE
Pour prendre la main . . . . ATOUT
Pour protéger le matelas . . . . ALÈSE
Pour qualifier un pied . . . . ÉQUIN
Pour que les pousses poussent (PD) . . . . . SERRE
Pour ranger ses souvenirs . . . . ALBUM
Pourra se faire à l'extérieur . . . . NAGER
Pour se faire sauter la cervelle (MH) . . . . . POÊLE
Pour se refaire une santé . . . . DIÈTE
Pour résumer . . . . ENFIN
Pour savoir ce qui reste . . . . JAUGE
Pour se refaire une santé . . . . DIÈTE
Pour se reposer . . . . ARRÊT
Pour s'y retrouver en fin d'ouvrage . . . . . . INDEX
Pour une infusion . . . . NOUET
Pour unir . . . . LIURE
Pour un repos éternel dans les murs de l'église (PD)
. . . . ENFEU
Pour voir derrière . . . . RÉTRO
Pour voir et ne pas se faire voir (PD) . . . . . ÉCRAN
Pour y porter un roman, il faut tourner . . . ÉCRAN
Pour y tremper, il ne faut pas avoir peur de se mouiller
. . . . CRIME
Pour Zola, chez Rousseau . . . . ÉMILE
Pousse à l'abstention . . . . DOUTE
Pousse au dégagement (PD) . . . . OUSTE
Pousse avec du poil . . . . ORTIE
Pousse bien trop loin . . . . ULTRA
Pousse dans la jungle . . . . LIANE
Pousse dans l'eau en Louisiane . . . . CIPRE
Pousse dans les Philippines . . . . ABACA
Pousser un cri . . . . RAIRE
Pousser un son aigu . . . . SILER
Pousse son frère à bout . . . . FÂCHÉ
Pousse sur les murs . . . . ORPIN
Pouvoir poursuivre . . . . ALLER
Pratiquement indispensable . . . . UTILE
Pratiquer la sélection . . . . TRIER
Pratiques pour ceux qui montent . . . . RÊNES
Précède la construction . . . . ÉPURE
Précède l'article . . . . TITRE
Précède le maçon, mais pas sur le chantier (MH) . .
. . . . FRANC
Précède l'engagement . . . . ESSAI
Précède l'entrée des temples shintoïstes . . . TORII
Précède les travaux . . . . DEVIS
Précède un long voyage . . . . ADIEU
Précipite l'action . . . . OUSTE
Prédateur ou charognard . . . . HYÈNE
Prédit en temps et lieu . . . . MÉTÉO
Préfère les morts aux vivants . . . . URUBU
Préfère surveiller de près . . . . MYOPE
Prélèvement au passage . . . . PÉAGE
Prélèvement obligatoire . . . . IMPÔT
Premier coup au golf . . . . DRIVE
Première ou dernière planche dans le sciage des arbres
. . . . DOSSE
Première poche de l'estomac des ruminants . . . . . .
. . . . RUMEN
Première sortie . . . . AÎNÉE
Premier mot d'enfant . . . . MAMAN

Premier président allemand . . . . EBERT
Premier repas . . . . TÉTÉE
Premier statisticien officiel du Canada . . . . TALON
Premier Turc à obtenir un prix Nobel . . . . PAMUK
Prend bien des formes . . . . VERBE
Prend fin à chaque jour (PD) . . . . ANNÉE
Prend la pose sans bras ni jambes (PD) . . . TERME
Prend la vie du bon côté . . . . RIEUR
Prend par la taille . . . . TOISE
Prendre au hasard . . . . TIRER
Prendre de l'air . . . . HUMER
Prendre de l'ampleur . . . . LEVER
Prendre de l'expérience . . . . MÛRIR
Prendre des risques . . . . MISER
Prendre des vessies pour des lanternes (MF) . . . . . .
. . . . ERRER
Prendre des chemins détournés, des voies détournées
. . . . RUSER
Prendre du bout des lèvres . . . . SUCER
Prendre du plaisir . . . . JOUIR
Prendre illégalement . . . . RAVIR
Prendre le pouls des gens . . . . TÂTER
Prendre les affaires en main . . . . GÉRER
Prendre les bonnes mesures . . . . DOSER
Prendre par en avant . . . . TOUER
Prendre par les deux bouts . . . . NOUER
Prendre pour un temps . . . . LOUER
Prendre quelqu'un en main . . . . TÂTER
Prendre sans examen . . . . GOBER
Prendre son pied de la tête en bas (MH) . . . RIUOJ
Prendre un accent aigu . . . . CRIER
Prendre un coup . . . . BOIRE
Prendre une autre voix (MF) . . . . MUTER
Prend un peu de la mer . . . . DRÈGE
Prennent la route par tous les temps . . . . . . PNEUS
Prennent part aux repas . . . . DENTS
Prénom de la romancière Parizeau . . . . ALICE
Prénom du grand écran (MH) . . . . OSCAR
Préparé pour une jonction . . . . ÀBOUT
Préparer en cuisine . . . . PANER
Préparer le loup (PD) . . . . VIDER
Préparer les futures récoltes (PD) . . . . ENTER
Préparer pour récolter . . . . SEMER
Préparer une bonne descente . . . . DAMER
Prépare son avenir . . . . ÉLÈVE
Préposé aux renseignements . . . . INDIC
Prescrite par un médecin . . . . DIÈTE
Près de la Finlande . . . . EESTI
Près des coulisses . . . . SCÈNE
Près d'Osaka . . . . ITAMI
Près d'une crosse, près de quelques cordes . . ESSES
Présentée à l'écran . . . . ICÔNE
Présenter une chose d'une nouvelle manière . . . . .
. . . . CRÉER
Présente ses collections . . . . MUSÉE
Presque blême . . . . PALOT
Presque imperceptible . . . . LÉGER
Presque toujours dos au mur . . . . CADRE
Presque trop beau . . . . IDÉAL
Presser fortement . . . . URGER
Prêt à attaquer la dinde (MH) . . . . ASSIS
Prêt à craquer (PD) . . . . TENDU

Prêt à reprendre le collier (MH) . . . . ÉCRIN
Prêté par faiblesse . . . . FLANC
Prêt pour bien commencer l'année, pour ce qui s'en
vient (MH) . . . . ISOLÉ
Prêt pour une balade . . . . SELLÉ
Principes sur lesquels on fonde son opinion . . . . . .
. . . . CREDO
Pris au vol . . . . RECEL
Pris dans une crise . . . . NERFS
Prise illégale . . . . OTAGE
Prise par la France en 1830 . . . . ALGER
Prise sans plaisir en mer (PD) . . . . TASSE
Prises pour être reprises (PD) . . . . NOTES
Pris pour vider (MH) . . . . IPÉCA
Prix américain . . . . OSCAR
Prix pour le septième . . . . OSCAR
Problème accessoire . . . . ÀCÔTÉ
Problème d'intestin . . . . SPRUE
Problèmes de peau . . . . NAEVI
Procède à l'évacuation . . . . DRAIN
Procédé de transmission . . . . MÉDIA
Procède par ordres, mais pas toujours avec succès
(MH) . . . . ÂNIER
Procéder à un partage (MH) . . . . SCIER
Procéder au renvoi . . . . ROTER
Procédure d'approche (MH) . . . . TAPIN
Proche dans un passé plus ou moins loin . . . AÏEUL
Proches de la personne à qui l'on parle . . . . SIENS,
. . . . TIENS
Producteur d'huile . . . . ÉLÉIS
Produire un rapport . . . . ROTER
Produisent des sons harmonieux . . . . RIMES
Produit de storax . . . . BAUME
Produit de toilette (MH) . . . . ÉTRON
Produit du hêtre . . . . FAINE
Profiter de l'été . . . . MÛRIR
Promenade que l'on fait à pied . . . . SANTÉ
Prône un certain respect . . . . ÉCOLO
Propice aux records . . . . STADE
Propos de baudet . . . . HIHAN
Propos de tous les jours (PD) . . . . PROSE
Propre à abattre, à amoindrir . . . . USANT
Propre au repos . . . . ASILE
Protection de jardinier contre le gel . . . . . . ACCOT
Protection divine . . . . ÉGIDE
Protection dure . . . . ÉCALE
Protection fragile (PD) . . . . VITRE
Protection utilisée au lit . . . . ALÈSE
Protégeait les guerriers . . . . ARMET
Protège la façade . . . . CRÉPI
Protège le campeur . . . . TENTE
Protège le fond . . . . ÉTAIN
Protègent du chaud et du froid . . . . GANTS
Provoque une otalgie . . . . OTITE
Puni par Zeus . . . . IXION
Qualifie une aile (MH) . . . . DELTA
Qualifie une espèce . . . . OVINE
Qualifie une peur . . . . BLEUE
Qualifie une tradition . . . . ORALE
Qualité de l'orateur . . . . VERVE
Qualité d'exécution . . . . RENDU
Quand elle éclate, on n'en a pas (MF) . . . . . VEINE

Quand elle est nouvelle, il faut vite s'ajuster .... DONNE
Quand elle joue, on l'écoute .... RADIO
Quand il a des ailettes, il devient un papillon (MH) .... ÉCROU
Quand il arrive, on n'a qu'à s'habiller ..... HIVER
Quand il est bourré, on goûte moins à la vie (MF) .. .. CRÂNE
Quand il est dégarni, on n'a plus besoin de brosses (MF) .... CRÂNE
Quand il est faux, c'est un traître .... FRÈRE
Quand il est grand, il n'est pas à la portée de tous .. .. ÉCART
Quand il est mort, c'est qu'on a frappé un os (MF) .... CHIEN
Quand il passe, tout le monde l'entend ... ORAGE
Quand ils deviennent amoureux, on a tendance à tout laissé tomber (MF) .... ÉBATS
Quand ils s'engueulent, on n'entend pas un mot (MF) .... RIMES
Quand le greffier fait appel (PD) .... MIAOU
Quand on en a un bon personne ne peut nous accuser .... ALIBI
Quand on en fait un, on le répare ... DÉGÂT
Quand on l'a, on veut s'en débarrasser au plus vite .... ENVIE
Quand on le donne à quelqu'un, il n'a plus d'emploi .... CONGÉ
Quand on le prend, ça marche bien (MF) .. ESSOR
Quand on lui parle, elle fait des signes .... STÉNO
Quand on ne peut y retourner dans son coin, c'est qu'on est perdu (MF) .... ARÈNE
Quand on se chicane pour eux, c'est parce qu'on a des conflits plus sérieux (MF) .... RIENS
Quand on vous demande d'en faire, il faut changer de place (MF) .... OMBRE
Quand on y est, on n'est plus vraiment là .. VAPES
Quand on y met la pédale, on n'avance pas .. FREIN
Quand on y tombe, on flotte .... AMOUR
Quand ses troupes entrent en scène, on ne joue plus (MF) .... ARMÉE
Quartier de New York .... BRONX
Quartier d'hiver .... IGLOO
Quatre-vingt pour cent de l'atmosphère ... AZOTE
Que d'eau ! .... OCÉAN
Quelle famille ! .... SMALA
Quelle galère ! .... RÉALE
Que l'on entend .... USITÉ
Que l'on n'a pas rendu brillant .... ABÊTI
Que l'on ne veut pas jeter .... UTILE
Que l'on pourrait remplir .... ÉVIDÉ
Quelques cartes .... ATLAS, LEVÉE
Quelques indices .... PISTE
Quelques pièces .... OBOLE
Quelques-uns de vos proches s'y trouvent peut-être .... URNES
Quelqu'un choisi au hasard .... UNTEL
Queue-de-cheval ou queue-de-rat (PD) .... PRÊLE
Qui a atteint sa limite .... ÀBOUT
Qui a beaucoup de nerf .... RAIDE
Qui a ce qu'il demande .... SERVI
Qui a changé de tête (MF) .... ÉTÊTÉ

Qui achève son service .... USAGÉ
Qui a de la barbe .... POILU, USITÉ
Qui a de très petits seins .... PLATE
Qui a deux parties impressionnantes (MH) .. FESSU
Qui a du sang bleu .... NOBLE
Qui a du temps devant lui .... OISIF
Qui a été dans le vent .... VENTÉ
Qui aime à plaisanter .... RIEUR
Qui a la bouche ouverte .... AHURI
Qui a la tête plus courte .... ÉTÊTÉ
Qui a les mains protégées .... GANTÉ
Qui a le souffle coupé .... ÉBAHI
Qui a les yeux sortis de la tête (MF) ..... BÉANT
Qui amène à la fin .... LÉTAL
Qui a perdu sa jeunesse .... VIEUX
Qui a son compte (MH) .... SAOUL
Qui a sûrement été anesthésié .... OPÉRÉ
Qui a toute sa tête .... SENSÉ
Qui a une alliance .... ALLIÉ
Qui a une bonne mise aux points (MH) ... COUSU
Qui a une selle .... SELLÉ
Qui a un régime plus diversifié .... SEVRÉ
Qui a un sommet différent .... ÉTÊTÉ
Qui bouge beaucoup .... AGITÉ
Qui brûle .... ENFEU
Qui comble parfaitement .... IDÉAL
Qui commence à manger .... SEVRÉ
Qui concerne la Turquie .... ÉGÉEN
Qui concerne un disque .... IRIEN
Qui concerne une portion de tube .... ILÉAL
Qui consomme du jus (MF) .... USANT
Qui constitue le point central de quelque chose .. .. NODAL
Qui contient de quoi assaisonner .... SALIN
Qui devrait .... CENSÉ
Qui doit être défendu .... SENSÉ
Qui doit être détaché .... TACHÉ
Qui échappe à tout contrôle .... PERDU
Qui en a gros sur le cœur .... PEINÉ
Qui en mène large (MF) .... ÉPAIS
Qui est allé à l'hôpital .... OPÉRÉ
Qui est bien appuyé .... SENSÉ
Qui est content .... RIEUR
Qui est court et large .... TRAPU
Qui est dans de sales draps .... ALITÉ
Qui est dans l'impossibilité de marcher ... APODE
Qui est déjà dans son assiette (MF) ..... SERVI
Qui est mâle ou femelle .... SEXUÉ
Qui est stéréotypé .... FESSU
Qui est très profond, très loin des vagues .. HADAL
Qui est un peu conique .... ÉVASÉ
Qui fait faire une grimace .... AIGRE
Qui fait mal .... CRUEL
Qui fait partie d'un peuple nordique ...... INUIT
Qui fait son bonheur .... UTILE
Qui fait une drôle de tête .... RIEUR
Qui gonfle .... SUANT
Qui invite à la bonne humeur .... RIANT
Qu'il flambe serait surprenant .... AVARE
Qu'il soit humain ou au mur, il peut être en bois (MF) .... CADRE
Qui manque de foin (MF) .... SERRÉ

Qui manque de jugement . . . . ÉPAIS
Qui manque de vie . . . . ATONE
Qui met à bout, à terre, sur les rotules . . . . USANT
Qui n'agit que par intérêt . . . . VÉNAL
Qui n'a pas beaucoup d'importance . . . . PETIT
Qui n'a pas été choyé . . . . AIGRI
Qui n'a pas l'air fragile . . . . TRAPU
Qui n'a pas l'air solide . . . . FRÊLE
Qui n'a pas toujours la même longueur . . . . ÉVASÉ
Qui n'a plus besoin de travailler . . . . RICHE
Qui n'a plus le même train de vie . . . . RUINÉ
Qui n'a plus de savon . . . . RINCÉ
Qui n'a plus de tête . . . . ÉTÊTÉ
Qui n'a plus rien, n'a plus un sou . . . . RUINÉ
Qui n'a qu'un automne, qu'un hiver . . . . . . ANNAL
Qui n'a rien de neuf . . . . OCTAL
Qui n'a rien de réconfortant . . . . USANT
Qui n'arrête donc jamais . . . . USANT
Qui ne choque pas . . . . SENSÉ
Qui n'éclate pas . . . . LARVÉ
Qui ne connaît donc pas le coin . . . . ÉGARÉ
Qui ne croit pas . . . . IMPIE
Qui ne doit pas être trop loin . . . . UTILE
Qui ne fume plus . . . . TIÉDI
Qui ne laisse pas indifférent . . . . ÉPICÉ
Qui ne nous est pas étranger . . . . USUEL
Qui n'en revient pas . . . . ÉBAHI
Qui ne permet pas de bien voir . . . . EMBUÉ
Qui ne peut faire l'autruche (MF) . . . . AVISÉ
Qui ne peut rester bien droit . . . . VOÛTÉ
Qui ne reste jamais longtemps seul . . . . . . LIANT
Qui ne s'enthousiasme plus pour rien . . . . BLASÉ
Qui n'est pas de tout repos . . . . USANT
Qui n'est pas emballé . . . . TIÈDE
Qui n'est pas juste une parure . . . . UTILE
Qui n'est pas lourd . . . . LÉGER
Qui n'est pas paresseux pour autant . . . . . . ALITÉ
Qui n'est pas rond . . . . SOBRE
Qui n'est plus . . . . PASSÉ
Qui ne tient plus en place . . . . AGITÉ
Qui ne tient qu'à un fil . . . . COUSU
Qui ne va pas en se rétrécissant . . . . ÉVASÉ
Qui nous en fait voir de toutes les couleurs . . IRISÉ
Qui nous met par terre . . . . USANT
Quinte flush . . . . SUITE
Qui peut commencer à manger . . . . SERVI
Qui peut faire saigner . . . . ACÉRÉ
Qui peut faire uriner (MF) . . . . DRÔLE
Qui peut vous faire perdre le souffle (MF) . . INOUÏ
Qui prend beaucoup de place . . . . VASTE
Qui renverse . . . . INOUÏ
Qui revient à ses moutons . . . . OVINE
Qui s'applique aux gens qui sont en peine . . PÉNAL
Qui se défend . . . . SENSÉ
Qui se développe au-dessus du sol . . . . ÉPIGÉ
Qui se plie en deux . . . . RIEUR
Qui se repose . . . . ASSIS
Qui suit ses goûts . . . . LIBRE
Qui s'y frotte apprend à devenir poli (MH) . . ÉMERI
Qui tend la main aux autres . . . . UTILE
Qui tient bon malgré les opinions diverses . . SENSÉ
Qui titube . . . . SAOUL

Quitte le palmier pour le fauteuil (PD) . . . . ROTIN
Qui va continuer de faire ce qu'il faisait . . . RÉÉLU
Qu'on entend souvent . . . . USITÉ
Racler les fonds . . . . CURER
Radio ou télé . . . . ONDES
Ralentit la circulation . . . . NEIGE
Ramasse au passage (PD) . . . . PÉAGE
Ramassée en perdant (PD) . . . . VESTE
Ramasser en rond (se) . . . . LOVER
Ramasser les impôts . . . . LEVER
Rapide et répétitif . . . . DISCO
Rapide et souple . . . . AGILE
Rapproche la famille . . . . TENTE
Rapprochement en affaires . . . . TRUST
Rapprocher solidement . . . . NOUER
Rare en septembre . . . . NEIGE
Rarement seul dans la tristesse (PD) . . . . . . PLEUR
Rarement vu cet été . . . . GIVRE
Rares ceux qui y résistent . . . . USURE
Rare sur un cellulaire . . . . DRING
Ravi mais pas content (MH) . . . . OTAGE
Rayé de bandes foncées . . . . TIGRÉ
Rayon d'action . . . . DÉCOR
Rayon des disques (MF) . . . . LASER
Réagir contre l'oppression (MF) . . . . AÉRER
Réalisateur japonais . . . . OKUDA
Recevait des offrandes . . . . AUTEL
Reçoit de l'argent . . . . ÉCRIN
Reçoit des gens sans raison (MH) . . . . ASILE
Reçoit des touristes . . . . MOTEL
Reçoit du soleil . . . . ADRET
Reçoit la visite . . . . SALON
Reçoit la visite des sportifs . . . . ARÉNA
Reçoit les offrandes . . . . AUTEL
Récompense les bonnes toiles (PD) . . . . . . OSCAR
Reconnaître qu'un autre a raison . . . . PLIER
Recouverte de poils . . . . ORTIE
Recule au lieu d'avancer . . . . LÂCHE
Récupère toutes vos saletés . . . . ÉGOUT
Redresse au passage . . . . DIODE
Réduit à une grande misère, en esclavage . . ILOTE
Reflète une orientation . . . . ÉDITO
Refuge des valeurs . . . . ÉCRIN
Refus d'hier . . . . NENNI
Regarder de très près . . . . MIRER
Regarder du coin de l'œil . . . . ÉPIER
Regarder en silence chez le voisin . . . . ÉPIER
Regarder par le trou de la serrure . . . . ÉPIER
Regard sur les comptes . . . . AUDIT
Région de la tête . . . . TEMPE
Région de Normandie . . . . OUCHE
Règle des comptes . . . . NERVI
Règle la circulation . . . . CŒUR
Règle le mouvement du fluide dans une canalisation
. . . . VALVE
Règles de vie . . . . CREDO
Regroupement de livres (MF) . . . . TONNE
Régulièrement retrouvée dans un coffre (MF) . . . . .
. . . . ARÊTE
Rejoint la Gaspienne . . . . OURAL
Rejoint le marais . . . . ÉTIER
Rejoint le pied . . . . TIBIA

Relâche l'intestin . . . . RICIN
Relatif au briquet . . . . CANIN
Relatif au mollet . . . . SURAL
Relatif à un chef spirituel . . . . PAPAL
Relatif à une mer . . . . ÉGÉEN
Relatif à une religion syncrétique . . . . BAHAÏ
Relatif au sacrum . . . . SACRÉ
Relève-plat . . . . ÉPICE
Reliée à la borne positive . . . . ANODE
Religieux né au Lac-Saint-Jean . . . . UNTEL
Ramasse ce qui traîne au fond . . . . DRÈGE
Remercier de ses services . . . . VIRER
Remettre d'aplomb . . . . CALER
Remettre son repas . . . . VOMIR
Remonte les rivières pour frayer . . . . ALOSE
Remontent le coucou (MH) . . . . AILES
Rempli de souvenirs . . . . ALBUM
Rempli de vers . . . . POÈME
Remplir un baril . . . . LITER
Rencontrer au sommet (PD) . . . . NOUER
Rencontre sans gagnant . . . . NULLE
Rendez-vous artistique . . . . SALON
Rendre chez le dépanneur (MF) . . . . TOUER
Rend service . . . . NILLE
Rend tout petit (PD) . . . . OLIGO
Rendu stupide en remontant (PD) . . . . ITÊBA
Renfort sous la voûte . . . . OGIVE
Renseigne la police . . . . INDIC
Renvoie dans l'œil . . . . IRIEN
Répandre clairement . . . . CRIER
Répare les erreurs . . . . PEINE
Repas bien simple pris entre intimes . . . . . TÉTÉE
Repas qui peut se prendre en plein air, partout . . . . .
. . . . TÉTÉE
Repas sans façon pris sur le bras (MH) . . . . TÉTÉE
Repas toujours prêt à être servi (MF) . . . . . TÉTÉE
Répété en trinquant . . . . TCHIN
Répète ses ordres . . . . ÂNIER
Répète son texte, mais ne joue pas la comédie . . . . .
. . . . BÈGUE
Répondre bien . . . . ALLER
Répondre sans dire mot . . . . OBÉIR
Reprend le collier . . . . ÉCRIN
Reprendre le sauvageon . . . . ENTER
Représentation de la localisation de données à l'ordi-
nateur . . . . MAPPE
Reprise d'activité . . . . ÉVEIL
Réputée pour ses vins doux . . . . SAMOS
Réputé pour sa jalousie . . . . TIGRE
Réseau de parcs et de réserves fauniques . . SEPAC
Réservé aux mineurs . . . . CORON
Réservée aux piétons . . . . AGORA
Résiste à la corrosion . . . . MONEL
Résiste aux dents . . . . ÉCALE
Respirez par le nez et vous trouverez ce mot . . . . .
. . . . SINUS
Responsable de la production . . . . USINE
Ressemble à l'aloès . . . . YUCCA
Ressemble au chardonneret . . . . TARIN
Ressemble à une antilope . . . . SAÏGA
Ressemble un peu à du lait . . . . LATEX
Ressemble un peu à un écureuil . . . . XÉRUS

Reste au-dessus, à la surface . . . . LIÈGE
Reste de pierres . . . . RUINE
Reste d'un vison . . . . ÉTOLE
Reste interdit . . . . AHURI
Rester immobile . . . . POSER
Résultat d'un débordement (PD) . . . . CUITE
Résultat d'une réflexion . . . . IMAGE
Résultat d'un vol . . . . BUTIN
Résumer en livres (MF) . . . . PESER
Retournée pour un nouveau départ (PD) . . . VESTE
Retraite forcée . . . . REPLI
Retraite volontaire d'une troupe . . . . REPLI
Réunion de fils . . . . NŒUD
Réunion des unités . . . . ARMÉE
Rêva de s'unir à Charlemagne . . . . IRÈNE
Rêvait sûrement de liberté . . . . ILOTE
Rêve de dodo . . . . ESSOR
Rêve d'émeu . . . . ESSOR
Rêve de s'enfuir . . . . OTAGE
Réveil des sens . . . . DÉSIR
Révéler de plus en plus son coco (MF) . . . CALER
Revient en piste . . . . AVION
Rhinite chronique . . . . OZÈNE
Riche écossais . . . . LAIRD
Rien de bon . . . . ÉTRON
Rien de certain . . . . ESSAI, ONDIT
Rien de sûr . . . . ESSAI
Rien du tout . . . . NÉANT
Rien ne peut arrêter sa chute . . . . NEIGE
Rien ne viendra à ses oreilles . . . . SOURD
Risque gros . . . . OBÈSE
Risquer sa chemise . . . . MISER
Rite social . . . . APÉRO
Robe préférée des femmes . . . . NEUVE
Robert Zimmerman . . . . DYLAN
Robin des bois (MH) . . . . HÉROS
Roche métamorphique . . . . ÉMERI
Roche sédimentaire marine . . . . CRAIE
Romancière américaine . . . . STEIN
Romancière née à Québec . . . . BLAIS
Roman de Marguerite Duras . . . . AMANT
Rond et plat en tête . . . . BÉRET
Rondins ou quartiers . . . . STÈRE
Roseau aromatique . . . . ACORE
Rouge à l'extérieur et blanc à l'intérieur . . . RADIS
Rouge brillant . . . . RUBIS
Rouge pourpre (MF) . . . . OPÉRA
Rouler dans la panure . . . . PANER
Roule sous nos pieds . . . . MÉTRO
Roulette explosive . . . . RUSSE
Royale, elle est très nourrissante . . . . GELÉE
Ruminant bossu . . . . GAYAL
Rumine en Laponie . . . . RENNE
S'abaisser au-dessous de zéro centigrade . . . . . .
. . . . .GELER
Sa biche est aussi chargée de bois . . . . RENNE
S'abîma dans la mer sous le soleil . . . . ICARE
Sa capitale est Boise . . . . IDAHO
Sa capitale est Beyrouth . . . . LIBAN
Sa capitale est en altitude . . . . NÉPAL
Sa capitale est Nairobi . . . . KENYA
Sa capitale est N'Djamena . . . . TCHAD

Sac à vin . . . . OUTRE
S'accepte avec plaisir . . . . ÉLOGE
S'accroche ou s'enroule . . . . LIANE
Sac en vache . . . . RUMEN
S'achètent à la boucherie . . . . ABATS
Sa circulation fait mal au cœur . . . . . . AORTE
Sa course est faible . . . . VÉRIN
S'acquitte bien de sa charge . . . . PALAN
S'adresse aux enfants . . . . CONTE
Sa fertilité n'est plus à démontrer . . . . LŒSS
S'affiche en jaune et bleu . . . . SUÈDE
Sa force est grande . . . . VÉRIN
S'agrippe à nous . . . . RONCE
S'agrippe sans difficulté . . . . ATÈLE
Sainte Vierge . . . . MARIE
S'ajoute à la paire . . . . TIERS
Sa levée élargit . . . . ÉCROU
Salle d'attente . . . . AFFÛT
Sanglier de deux à trois ans . . . . RAGOT
Sans aucun bon sens . . . . IDIOT
Sans bosses, sans relief . . . . ARASÉ
Sans coins . . . . OVALE
Sans conjoint . . . . VEUVE
Sans domicile fixe . . . . CLODO
Sans eau . . . . SÉCHÉ
Sans elle, la note risque d'être basse . . . . . ÉTUDE
Sans envergure . . . . MINUS
Sans équivoque . . . . CLAIR
Sans finesse . . . . ÉPAIS, LOURD, OBTUS
Sans germe contaminant . . . . AXÈNE
Sans gravité . . . . LÉGER
Sans lui, on n'attend pas . . . . DÉLAI
Sans ressources . . . . RUINÉ
Sans rien oublier . . . . TOTAL
Sa peau est douce . . . . PÊCHE
Sa place n'est pas dans l'œil ni dans le nez . . DOIGT
Sa pointe est appréciée . . . . TARTE
Sa position peut devenir inconfortable . . . . LOTUS
S'apprend par cœur . . . . LEÇON
Sa présence est reposante . . . . TRÊVE
Sa pulpe est sucrée . . . . DATTE
Sa quête a donné lieu à bien des récits . . . GRAAL
Sa queue est fragile . . . . ORVET
Sa racine est charnue . . . . RADIS
Sa résine est amère . . . . ALOÈS
S'arrête au-dessous du genou . . . . MIBAS
S'arrête aux genoux . . . . FÉMUR
S'arrêter avant de brûler . . . . RÔTIR
S'arrête souvent en route . . . . TACOT
Sa survie est souvent en dents de scie (MF) . . . .
. . . . ARBRE
Sa tache se propage . . . . HUILE
Sa taille est fine, est enviée par les femmes, fait des
jalouses . . . . GUÊPE
Saut du lit . . . . LEVÉE
Sauvé par les dauphins . . . . ARION
Sauve-qui-peut . . . . FUITE
Sa vie est sans intérêt . . . . BLASÉ
Savoir qui se pose comme la connaissance suprême
. . . . GNOSE
Sa voisine lui ressemble beaucoup (MH) . . . FESSE
Scénariste américain . . . . CRUMB

Scène de poursuite . . . . PÉNAL
Scène où Jean Lapointe a souvent travaillé . . SÉNAT
Se balader . . . . ERRER
Se boit vite, à quatre . . . . LITRE
Se brancher . . . . OPTER
Se brûla les ailes . . . . ICARE
Se cache en forêt . . . . TROLL
Se cambrent . . . . REINS
Se consacre à Dieu . . . . AUTEL
Sécrété par la seiche . . . . SÉPIA
Se dansait à la cour de Louis XIV . . . . . . LOURE
Se découvre au pif . . . . ODEUR
Se découvrent en entrant . . . . ÊTRES
Se démarque du reste . . . . OASIS
Se démarque facilement . . . . ÉLITE
Se dépose dans les articulations . . . . . . URATE
Se dispute à deux . . . . ISSUE
Se dispute avec d'autres . . . . MATCH
Se dit à-terre-neuve (MH) . . . . ASSIS
Se dit d'un air dans la lune . . . . ÉGARÉ
Se dit d'un air vague (MF) . . . . SALIN
Se dit d'un chat bleu . . . . RUSSE
Se dit d'une adresse . . . . INNÉE
Se dit d'une âme . . . . SŒUR
Se dit d'une eau stagnante . . . . MORTE
Se dit d'une femme qui s'est fait prédire son futur
(MF) . . . . TIRÉE
Se dit d'une pierre de taille . . . . MOYÉE
Se dit d'une voix puissante . . . . FORTE
Se dit d'un regard froid . . . . ACIER
Se dit d'un son aigu . . . . GRÊLE
Se dit d'un timbre . . . . CLAIR
Se dit d'un train très vite (MF) . . . . ENFER
Se dit du ski du côté de la montagne . . . . AMONT
Se donner un autre air (MF) . . . . AÉRER
Se donne sous le nez . . . . BISOU
Se faire une idée . . . . OPTER
Se fait au détriment d'une autre personne . . . . .
. . . . CRIME
Se fait avec des pommes de terre . . . . . . PURÉE
Se fait bien au chaud . . . . CUIRE
Se fait caché . . . . ÉPIER
Se fait cliquer . . . . ICÔNE
Se fait en blocs . . . . IGLOO
Se fait en catimini . . . . ÉPIER
Se fait engraisser . . . . OISON
Se fait enguirlander en fin d'année (PD) . . . SAPIN
Se fait en justice . . . . ESTER
Se fait en mangeant et en buvant . . . . . . NOUBA
Se fait en ouvrant . . . . AÉRER
Se fait en partant . . . . ADIEU
Se fait entendre à la Bastille (PD) . . . . . . TÉNOR
Se fait gaver . . . . OISON
Se fait pointer . . . . ICÔNE
Se fait sans crier . . . . ÉPIER
Se fait souvent à tâtons . . . . ESSAI
Se fait souvent en levant le bras . . . . . . HÉLER
Se fait souvent jeter par-dessus bord . . . . ANCRE
Se fait tailler . . . . TISSU
Se fendre en quatre (MF) . . . . RAMER
Se finit en tirant . . . . NŒUD
Se font le plus souvent à deux . . . . ÉBATS

Se fout du sacré .... IMPIE
Se frotte .... ÉMERI
Se fume .... OPIUM
Se gardent plus longtemps dans des bouteilles que
dans un vase .... ROSES
Se gonfler .... LEVER
Se joue .... PIÈCE
Se joue avec un archet .... REBEC
Se joue en Inde .... SITAR
Se laboure rapidement .... LOPIN
Se lève pour se battre .... ARMÉE
Se lever en Angleterre .... STAND
Se lie sans faire de nœud (MH) ...... SAUCE
S'éloigner de la réalité .... RÊVER
Selon la légende, c'est là que se trouvait l'hydre que
tua Héraclès .... LERNE
Se loue dans un hôtel .... SUITE
Se mâche facilement .... PURÉE
Se mange molle .... NÈFLE
Se mange ou se porte .... MELON
Se marier (se) .... CASER
Semblent rendre le cardinal léger ...... AILES
Semelle de botte (MF) .... CARNE
Se met à table avant les convives ...... NAPPE
Se met en quatre chez le pâtissier (PD) ... QUART
Se met sur des murs .... CRÉPI
Se met sur la peau .... CÉRAT
Se met sur le do .... DIÈSE
Se mettre à genoux .... PRIER
Se mettre à l'affût .... ÉPIER
Se mettre devant .... GÊNER
Se mettre le nez dans les affaires des autres ....
.... GÉRER
Se mettre un doigt dans l'œil .... ERRER
Se montrent parfois en public, mais pas n'importe où
.... SEINS
Se mouille pour nous .... IMPER
S'emploie pour saluer .... HELLO
S'emploie pour trinquer .... TCHIN
S'énerver le poil des jambes (se) (MF) .... RASER
S'enfermer dans le mutisme (se) .... TAIRE
S'enfoncer dans la neige .... CALER
S'enjambe facilement .... MURET
S'ennuierait dans le désert .... ISARD
Sens de l'orientation (MH) .... ÉDITO
S'enseigne au cégep, au collège .... PHILO
S'entend à l'apéro .... TCHIN
S'entendent à la fin .... RÂLES
Sentir chez le voisin .... ÉPIER
Sent le bon pin .... CÈDRE
Sent le crottin .... HARAS
Se paie une fois par mois .... LOYER
Se parle à Volgograd .... RUSSE
Se passe dans des œillets .... LACET
Se passe sur le sol .... BALAI
Se pêche mais ne se vend pas à la poissonnerie (MH)
.... PERLE
Se pencher vers sa conjointe et lui dire qu'elle a rai-
son (MF) .... PLIER
Se perd en ne faisant rien .... TEMPS
Se perdre dans la brume .... ERRER
Se plaît dans les bambouseraies ...... PANDA

Se plaît sur les vieilles branches .... USNÉE
Se portait pour assommer .... CESTE
Se prend du bout du doigt (MH) .... PHOTO
Se prend en s'en allant .... CONGÉ
Se prend pour vider .... IPÉCA
Se prendre le beigne (MF) .... ERRER
Se prend souvent pour un autre ...... SOSIE
Se prennent sans se préoccuper des voisins .. AISES
Se présente au Saint-Siège .... NONCE
Se procurer .... AVOIR
Sept est ce genre de chiffre .... ARABE
Sept os .... TARSE
Sera brûlé .... STÈRE
Sera équarrie .... GRUME
Sera peut-être fumé .... TACON
Sera peut-être mère mais n'aura pas d'enfants (MH)
.... SŒUR
Sera une graine .... OVULE
Se ravitaille en plein vol (PD) .... ASILE
Se regarde à la télé .... SÉRIE
Se remise à la fonte des glaces .... PATIN
Se remplit en dehors des repas .... ÉVIER
Se retrouve souvent le bec dans l'eau .... HÉRON
Série de divers aspects de choses de même nature ..
.... GAMME
Se roule par terre (MH) .... TENTE
Sert à attirer .... APPÂT
Sert à barrer .... TRAIT
Sert à barrer une route .... HERSE
Sert à couper des branches .... SERPE
Sert à écraser .... MEULE
Sert à écrire .... PLUME
Sert à égoutter les fromages frais ...... CAGET
Sert à faire des colliers .... TIARÉ
Sert à guider les navires .... PHARE
Sert à lester .... PLOMB
Sert à maintenir le bassin .... GAINE
Sert au besoin .... ENCAS
Sert aux ablutions intimes .... BIDET
Servait à assommer .... CESTE
Servait à drainer une plaie .... SÉTON
Servait à faire la vaisselle .... ÉTAIN
Servait à la navigation .... LORAN
Servait de monnaie .... CAURI
Servent à protéger .... GANTS
Service impeccable, non négociable ..... SMASH
Servie avec peu d'eau .... TASSE
Servir de modèle .... POSER
Ses agents de sécurité aiment jouer au hockey ......
.... MÉTRO
Ses airs sont pincés .... SITAR
Ses auteurs jouent dans le trafic (MF) .... RECEL
Ses auteurs ravissent bien des gens (MF) .. RAPTS
Ses côtes sont bien connues (MH) ...... RHÔNE
Ses coups se donnent par terre .... BALAI
Se sent aimée .... IDOLE
Se sentir .... ALLER
Se sert à la pelle (MH) .... TARTE
Se servir de sa main .... TÂTER
Se servir d'un clavier .... TAPER
Se servir d'un crayon .... NOTER
Se servir d'un entonnoir .... GAVER

Ses fleurs sont blanches ou roses .... CISTE
Ses fleurs sont jaunes .... INULE
Ses graines ont du goût .... ANETH, CUMIN
Ses habitants sont prévenus (MF) .... TAULE
Ses joueurs ne fumeront plus .... BINGO
Ses membres sont silencieux .... MAFIA
Ses occupants passent leur temps à ramer ......
.... SCULL
Ses partisans .... SIENS
Ses phrases sont longues .... BÈGUE
Ses plumes vont au plume (PD) .... EIDER
Ses produits sont de moins en moins développés
(MF) .... KODAK
Ses sœurs l'imitent souvent .... AÎNÉE
S'est marié secrètement .... ROMÉO
S'est mis au piano et à la harpe .... ÉRARD
Se termine au début de l'hiver .... ANNÉE
Se termine en mars .... HIVER
Se termine en serrant .... NŒUD
Se tiennent à cheval .... RÊNES
Se traîne comme une tortue en mer ..... CARET
Seul l'être humain peut le cracher (MF) ... VENIN
Seuls les Français qui jouent peuvent le recevoir
(MF) .... OSCAR
Seuls les gens célèbres en ont un .... RENOM
Se verse pour consoler .... BAUME
Se vide à la cuillère .... BOLÉE
Se vide en gargouillant .... ÉVIER
Se vit après la mort .... DEUIL
Se voir de loin .... LUIRE
Se voit dans le regard .... LUEUR
Se voit plus par temps gris .... IMPER
S'exécute en couple .... VALSE
S'exprimer à coups de pieds (MF) ...... RIMER
S'exprimer comme un fauve, comme un roi ......
.... RUGIR
S'exprimer mais sans dire un mot (MH) .. GÉMIR
S'habille sur mesure .... GÉANT
Siège de cérémonie .... TRÔNE
Siège ... en arrière (MH) .... ELLES
Si elle est noire, elle est venimeuse ...... VEUVE
Signal de départ .... ADIEU
Signe de Noël .... TRÉMA
Signe de va-et-vient (MF) .... TIRET
Signe extérieur du travail .... SUEUR
Signer de la croix .... BÉNIR
Signifie à l'excès .... ARCHI
S'il est à femmes, c'est un Don Juan .... HOMME
S'il est secret, c'est un espion .... AGENT
S'il est vert, c'est une émeraude .... BÉRYL
Sillonnent nos campagnes .... RANGS
Si l'on se fie à l'adage, elle n'a pas de plaisir
.... GÊNÉE
Simple demeure .... HUTTE
Simples, ils ne ruinent pas .... GOÛTS
S'inscrit au tableau .... CRAIE
Si on en prend exagérément, on s'y retrouve (MF) ..
.... BIÈRE
Site par où passait le ravitaillement de Rome ......
.... OSTIE
Situation désespérée .... ABOIS
Situation élevée .... TRÔNE

Si une seule tombe du toit, vous en avez une petite
(MF) .... TUILE
Si vous en piquez une, ne pas blesser vos proches ..
.... CRISE
Si vous la gardez, votre sœur vous remerciera .....
.... NIÈCE
Si vous perdez la carte, vous ne pouvez plus prendre
de liquide (MF) .... DÉBIT
Six plus six plus quatre .... SEIZE
S'occupe des bottes .... LIEUR
Sociologue allemand .... ELAIS
Sœurs qui ont laissé un dessert (MH) ..... TATIN
Solide liquide gazeux (MF) .... ÉTATS
Solides chez ceux qui sont fortunés ..... REINS
Solides, ils permettent de faire face .... REINS
Solides pour tenir .... BASES
Solution de facilité .... FUITE
Solution qui met fin à votre cauchemar (MF) .....
.... RÊVÉE
Somme qui nous empêche de dormir ..... DETTE
Son agenda est vide .... OISIF
Son autoroute est la 30 .... ACIER
Son bain ne peut pas faire de mal (PD) .... SIÈGE
Son baiser est le dernier .... ADIEU
Son chef ne déclare pas tous ses impôts ... PÈGRE
Son coup est une tentative, permet de corriger .....
.... ESSAI
Son coup vient de derrière .... LAPIN
Son derby attire du beau monde .... EPSOM
Son drapeau est jaune et bleu .... SUÈDE
Son eau est claire .... ROCHE
Son eau ne s'écoule pas .... ÉTANG
Son effet est mené à la baguette (MF) .... RÉTRO
Son émission est quotidienne .... URINE
Son expédition signale un long voyage .... COLIS
Son fruit fournit l'huile de palme .... ALOÈS
Son heure varie selon qu'on est au Québec ou en
France .... DÎNER
Son mot vous permet d'entrer .... PASSE
Sonner pareil .... RIMER
Son nom n'est pas personne .... LEONE
Son objet doit être clair .... ÉTUDE
Son occupant a des crocs .... NICHE
Son odeur est facilement reconnaissable .. ÉTRON
Son papier a du grain .... ÉMERI
Son pied se prend par la main .... VERRE
Son succès dépend de l'héroïne .... RÉCIT
Sont au Panthéon .... CURIE
Sont en test .... ITEMS
Sont passés par Pont-Aven .... NABIS
Son vin est banal, n'est pas un grand cru .. MESSE
Son voyage est terminé .... ÉPAVE
S'oppose à abattre .... LOFER
S'oppose à la critique .... ÉLOGE
S'oppose à l'existence .... NÉANT
S'oppose à l'incohérence .... UNITÉ
S'oppose au mouvement .... ARRÊT, FREIN
Sort au besoin .... URINE
Sort avec son maître (PD) .... CÉANS
Sort de l'ordinaire .... INOUÏ
Sorte d'automate .... GOLEM
Sorte de clan .... CASTE

Sorte de couteau à pin (MH) .... HACHE
Sorte de cruche .... NIAIS
Sortent du crâne .... IDÉES
Sortent parfois au théâtre .... HUÉES
Sort gagnant (PD) .... VAINE
Sorti de la Manche .... SPRAT
Sortie dans les airs .... ENVOL
Sortir de la tête (MF) .... CRÉER
Sortir de l'esprit (PD) .... CRÉER
Sortir de l'urne .... ÉLIRE
Sortir de nulle part (MF) .... CRÉER
Sort la nuit venue .... HIBOU
Sort par les pores .... SUEUR
Sort par un canal .... URINE
Sort plus l'été que l'hiver .... SUEUR
Sort rarement par beau temps .... IMPER
Sort sans faire de bruit .... VESSE
Souffler avant le grand voyage (MF) .. RÂLER
Soumettre à Bercy .... TAXER
Souper qui se prend collé (MF) .... TÉTÉE
Souple dans les mains du vannier ..... OBIER
Souple et léger .... LIÈGE
Source d'informations (PD) .... FUITE
Sous celui qui monte .... SELLE
Sous-estima le soleil .... ICARE
Sous la cape .... TRIPE
Sous la nappe .... TABLE
Sous la tête .... ATLAS
Sous le burnous .... ARABE
Sous le pied .... VOÛTE
Sous le train .... RAILS
Soutenu par cinq piliers .... ISLAM
Soutiennent les arches du pont .... PILES
Souvenir de vacances .... PHOTO
Souvent artificiel .... ARÔME
Souvent attaquée par les Allemands ... IEPER
Souvent difficile à faire .... CHOIX
Souvent en grève .... CÉGEP
Souvent en gros caractères .... TITRE
Souvent entendu .... USITÉ
Souvent essentiel pour bien juger .... RECUL
Souvent incrustée .... NACRE
Souvent langoureux sur la piste ...... TANGO
Souvent mis en joue (MH) .... BÉCOT
Souvent montrée en exemple .... IMAGE
Souvent née en ville, elle est faite pour la campagne
(MH) .... TENTE
Souvent ombragée .... ALLÉE
Souvent orageux .... DÉBAT
Souvent peu appréciée par les voisins .... SCÈNE
Souvent placé dans un texte .... USITÉ
Souvent plantée à l'ombre, sous les arbres
.... TENTE
Souvent plein de fautes .... TEXTE
Souvent plus grande que nature .... OMBRE
Souvent pris en filature (MH) .... COTON
Souvent prononcé, souvent répété ..... USITÉ
Souvent sous la fenêtre de la cuisine ... ÉVIER
Souvent vue avec le bœuf .... PURÉE
Souvent vu en cachette .... AMANT
Souverain au Danemark .... SVEND
S'ouvre dans la confiance .... CŒUR

S'ouvre lentement .... FLEUR
Spécialiste de la Castafiore .... OPÉRA
Spécialiste du clavier .... STÉNO
Spécialiste du Coran .... ULÉMA
Spécialité de la Callas .... OPÉRA
Spécialité du tire-au-flanc (MH) ..... COSSE
Spectacle son et lumière (MH) .... ORAGE
Station balnéaire d'Ukraine .... IALTA
Statue funéraire .... ORANT
Style d'écriture personnel .... PROSE
Substance dans le vin rouge .... TANIN
Succès des années 60 .... RÉTRO
Succès d'Offenbach .... AYOYE
Sucre, une fois par année (MH) .... LAPIN
Suffisamment solide pour s'obstiner (MF) .....
.... SENSÉ
Suisse qui ne vit pas au Québec (MH) ... TAMIA
Suit dix .... VALET
Suite d'empreintes .... TRACE
Suit la cause .... EFFET
Suit la tempête .... CALME
Suit la tétée .... PURÉE
Suit la voie .... TRAIN
Suit le cours .... ÉLÈVE
Suit le garde-à-vous .... REPOS
Suit le maître aveuglément .... SÉIDE
Suit les études .... STAGE
Suiveur fidèle .... SÉIDE
Suivi d'un verbe à l'infinitif .... CENSÉ
Suivi par de nouveaux employés .... STAGE
Suivre avec du mal (PD) .... RAMER
Suivre de très près .... FILER
Suivre sans discuter .... OBÉIR
Sujet qui fait rire les autres (MF) ... RISÉE
Support d'images .... ÉCRAN
Supporte la terre (PD) .... SELLE
Supprimer tout .... RASER
Sûrement moins large .... ÉTIRÉ
Sur la mer Noire .... IALTA
Sur la mer Rouge .... YÉMEN
Sur la tête, c'est mieux qu'une banane (MH)
.... MELON
Sur la tête d'un seul catholique (MF) ... TIARE
Sur le boudoir .... SUCRE
Sur le bureau .... ICÔNE
Sur l'écu .... FASCE
Sur le dos .... ÉBAHI
Sur le dos d'une brebis .... LAINE
Sur le flanc (MH) .... ALITÉ
Sur le lit, le matelas ...... ALÈSE, DRAPS
Sur le Nil .... ESNÉH
Sur le pouce .... ONGLE
Sur les fesses .... ASSIS
Sur les lèvres des gens en colère .... ÉCUME
Sur pied .... GUÉRI
Surprend le long des routes .... RADAR
Surtout fréquenté par des mineurs .... CÉGEP
Surtout levé assis .... COUDE
Sur une carte nipponne (PD) .... SUSHI
Sur un lit .... ALÈSE
Sur un trône .... ASSIS
Surveille de près .... MYOPE

Survient brusquement, brutalement .... ICTUS
S'use au tableau .... CRAIE
S'utilisait pour chasser .... ÉPIEU
S'utilise dans la confection de textiles ... LYCRA
Symbole d'un travail intense .... SUEUR
Système défensif .... ALIBI
Table sans chaises (MH) .... AUTEL
Tant qu'elle coule en nous, on a au moins celle de
vivre (MF) .... VEINE
Tant qu'on la suit, on se surveille .... DIÈTE
Taper du pied .... BUTER
Tapis entre le renard et le corbeau (MH) .. USNÉE
Tartine peu appréciée des convives (MH) .. LAÏUS
Tasser dans un coin .... AVOIR
Téléphone peu fiable .... ARABE
Témoin-clé du scandale des commandites .. GUITÉ
Tendre un ressort .... ARMER
Tendu au passage .... PIÈGE
Tendu pour le repos .... HAMAC
Tente à midi .... DÉMON
Tente pour un navire .... TAUDE
Tenter de tromper .... RUSER
Tenu à l'exposition .... STAND
Tenue d'été .... SHORT
Terme affectueux .... MAMAN
Terme bancaire .... ENDOS
Terme de grammaire .... TMÈSE
Terme de jazz .... BREAK
Terme de philosophie .... NOÈME
Terme de rugby .... ENBUT, MÊLÉE
Terme de théâtre .... MERDE
Termine la plupart des phrases .... POINT
Terrain de jeu pour les enfants .... NEIGE
Terrain glissant .... ARÉNA
Terrain pour la pratique du sport .... STADE
Terre de bruyères .... LANDE
Tête de cochon .... RÉTIF
Tête d'insecte .... TAGME
Théâtre italien célèbre .... SCALA
Tient à cœur (MH) .... AORTE
Tient au chaud .... LAINE
Tient l'aviron .... TOLET
Tient le corps au chaud .... EIDER
Tient le cou .... BUSTE
Tient un blogue à Cyberpresse .... AUGER
Tirée avec plaisir du pied .... ÉPINE
Tire en abandonnant (PD) .... TRAIT
Tirelire de curé (MH) .... TRONC
Tirer de bas en haut .... TIRER
Tirer la langue .... LAPER
Tir puissant .... SHOOT
Titre de l'Hindoustan .... BÉGUM
Titre d'un roman de Marguerite Duras (L'...)
.... AMANT
Titre ironique .... SIEUR
Toile fine .... LINON
Toile très légère .... TULLE
Toilette de femme .... ATOUR
Toit en grec .... STEGO
Tombe avec régularité .... RENTE
Tombe toujours mal .... TUILE
Tomber sur le poil (MH) .... RASER

Tombe très rarement l'été .... NEIGE
Tonnerre, pluie et éclairs .... ORAGE
Total pour une meilleure protection (PD) .. ÉCRAN
Touche au jéjunum .... ILÉON
Touchée en France .... ALLOC
Touche le fond .... ANCRE
Toucher du bout des lèvres .... BISER
Toucher moralement .... SALIR
Touffe de plantes .... TALLE
Toujours apprécié quand on est en retard .. DÉLAI
Toujours en main (PD) .... PAUME
Toujours invisible .... ODEUR
Toujours ouvert en cas d'urgence .... HOSTO
Toujours préférable de l'avoir pour soi .... DROIT
Toujours prêt .... SCOUT
Toujours prêt à aller de l'avant .... BRAVE
Toujours prêt à s'amuser .... LURON
Toujours prêtes à sauter sur le premier berger qu'elles
rencontrent (MH) .... PUCES
Toujours sur la défensive .... ARMÉE
Toujours très attendu .... REPOS
Tour après tour, elle s'ajoute aux autres (PD) ......
.... BERGE
Tour complet .... SALTO
Tourelle avec vue .... GUÈTE
Tourne autour de Saturne .... TITAN
Tourne autour du trou (MH) .... GREEN
Tourne dans la cuisine .... ROBOT
Tourne depuis longtemps .... TERRE
Tourner autour .... RÔDER
Tous les plats s'y retrouvent .... ÉVIER
Tout au bout de la nuit .... ÉVEIL
Tout boire .... VIDER
Tout ce que l'on y voit nous apparaît plus gros ....
.... LOUPE
Tout comme .... SELON
Tout de même .... ENFIN
Toute cause en a un .... EFFET
Toute petite quantité .... TRACE
Toutes sauf le y .... UIOEA
Tout fait illicite .... DÉLIT
Tout garnir .... GRÉER
Tout le contraire d'un club Med ...... BAGNE
Tout le monde en porte sauf les nudistes ... LINGE
Tout le monde le poursuit, peu de gens le réalisent
(MF) .... IDÉAL
Tout le monde y a une maîtresse .... ÉCOLE
Tout malheur la fait circuler (MF) .... ENCRE
Tout parent espère que son fils ne le devienne pas ..
.... VOYOU
Tout seul, il n'ira pas loin .... WAGON
Traces de service .... USURE
Traduit un état .... TEINT
Train arrière (MF) .... SÉANT
Traîne sur la plage, sur le rivage .... ÉPAVE
Traîne toujours ses pinces avec lui (MH) .. CRABE
Train rapide (MF) .... GALOP
Traité par l'ordinateur .... OCTET
Trait fin (MH) .... FILET
Trait vertical d'une lettre .... HAMPE
Tranche qu'on grille .... STEAK
Travail de facteur (MH) .... HARPE

Travail de matador . . . . FAENA
Travail d'un artisan . . . . FAÇON
Travaille à la chaîne (MH) . . . . AMPLI
Travaille à la fermeture de fosses . . . . UVULE
Travaille au berceau (MH) . . . . OSIER
Travaille au moulin . . . . MEULE
Travaille avec des gens qui ont un handicap (MH)
. . . . CADDY
Travaille dans l'anonymat (MH) . . . . NÈGRE
Travaille dans l'enseignement . . . . CRAIE
Travaille pour un notaire . . . . CLERC
Travailler à la tête de pioche . . . . BINER
Travailler au compte-gouttes . . . . DOSER
Travailler en groupes (MH) . . . . TRIER
Travail printanier . . . . SEMER
Traverse le Mali . . . . NIGER
Traverse l'Ombrie . . . . TIBRE
Traversé par le Rhône . . . . LÉMAN
Traverser le bois (MF) . . . . SCIER
Traverser le ruisseau à pied . . . . GUÉER
Très appréciée des enfants . . . . RÉCRÉ
Très bon ami . . . . FRÈRE
Très dit . . . . USITÉ
Très épineuse . . . . RONCE
Très facile . . . . NANAN
Très fatigant . . . . TUANT
Très grand chasseur . . . . ORION
Très important . . . . VITAL
Très italien . . . . ASSAI
Très longue chaîne . . . . ANDES
Très mauvaise quand elle est bonne (PD) . . CUITE
Très mauvaise toile . . . . NAVET
Très ordinaire . . . . USUEL
Très pénible . . . . TUANT
Très petite quantité . . . . RESTE
Très peu enthousiaste . . . . ATONE
Très poli . . . . LISSE
Très rapide (d'...) . . . . ENFER
Très rare en mai . . . . NEIGE
Très rarement consulté . . . . IDIOT
Très répandu dans les champs . . . . PURIN
Très sale . . . . CRADO
Très simple . . . . NIAIS
Très usé . . . . ÉLIMÉ
Très utile pour le jardin . . . . BÊCHE
Triangle amoureux (MF) . . . . PUBIS
Trio quotidien . . . . REPAS
Triste et maussade . . . . MORNE
Triste histoire . . . . DRAME
Troisième jambe . . . . CANNE
Trois mille six cents secondes (3600) . . . . . HEURE
Trois milles marins . . . . LIEUE
Trois minutes à se faire taper sur la gueule (MF) . . .
. . . . ROUND
Trois, pour neuf . . . . TIERS
Trompe l'adversaire . . . . EFFET
Tromper sur le court (PD) . . . . LOBER
Trop facilement mises à la poubelle . . . . . . PILES
Trop modeste pour Raoul et Fidel (PD) . . . NINAS
Trouble de la circulation . . . . STASE
Trouble mental . . . . MANIE
Troubler l'ordre . . . . MÊLER

Trou pour inhumer . . . . FOSSE
Trouve de quoi manger en volant . . . . ASILE
Trouve le cadavre exquis (MH) . . . . URUBU
Trouver un emploi au gouvernement (se) . . CASER
Tsé-tsé l'est . . . . AILÉE
Tube de rouge (MH) . . . . VEINE
Tué par son frère jumeau . . . . REMUS
Tué, puis exposé au salon (MH) . . . . SAPIN
Type dans de beaux draps (MF) . . . . ALITÉ
Type de notre bord . . . . ALLIÉ
Type malheureux d'être ravi . . . . OTAGE
Type qui a besoin de son pour se faire écouter (MF)
. . . . ÂNIER
Type qui garde la tête froide en toutes saisons (MF)
. . . . INUIT
Type qui transporte beaucoup de livres avec lui (MF)
. . . . OBÈSE
Type renfermé dans ses livres (MF) . . . . . OBÈSE
Un argument de poids (MH) . . . . MASSE
Un bâton et un fer . . . . ÉPIEU
Un beau coton pour le patron . . . . TISSU
Un beau tata . . . . TARLA
Un bon compagnon pour s'endormir . . . . . LIVRE
Un bon endroit où taper (MH) . . . . MILLE
Un bon gardien . . . . ARGUS
Un bon moment (MF) . . . . MÈCHE
Un certain aspect du papier . . . . ÉPAIR
Un chef et sa suite . . . . SMALA
Un chien peut vous aider à le chasser (MF) . . ENNUI
Un chien qui a vu du pays . . . . MILOU
Un côté de la médaille . . . . AVERS
Un côté ensoleillé . . . . ADRET
Un coup d'épée dans l'autre (MH) . . . . BOTTE
Un cri du cœur . . . . GRÂCE
Un cul-de-sac n'en a pas . . . . ISSUE
Un décimètre cube . . . . LITRE
Un dé en a plusieurs . . . . FACES
Un droit qui en a soulagé plus d'un . . . . . . ASILE
Un drôle de trophée (MH) . . . . SCALP
Une affaire d'opinion . . . . ÉDITO
Une algue qui n'est pas bleue . . . . FUCUS
Une belle femme fit sur les hommes (MF) . . EFFET
Une belle journée . . . . CONGÉ
Une bête à bon Dieu (MH) . . . . DÉVOT
Une boîte avec du cuivre (MH) . . . . CRÂNE
Une boîte qui peut valoir une fortune . . . . . ÉCRIN
Une bonne façon de s'en sortir . . . . ALIBI
Une bonne manière de prendre un élan (MF) . . . . .
. . . . RAIRE
Une bonne poire . . . . FRUIT
Une côte à manger dans l'autre sens (PD) . . ETTEB
Une excuse . . . . ALIBI
Une fâcheuse affaire . . . . ENNUI
Une façon de poncer . . . . ÉMERI
Une façon de se débarrasser de ses déchets . . URINE
Une façon de s'enrichir . . . . USURE
Une femme sexy en fait tourner plusieurs . . TÊTES
Une femme sur le dos (MF) . . . . LASSE
Une fenêtre ouverte sur le monde (MH) . . ÉCRAN
Une fille dans un arbre (MH) . . . . NIÈCE
Une hirondelle l'est . . . . AILÉE
Une histoire plein d'intérêt (MH) . . . . USURE

Une indésirable dans les parcs à huîtres . . . NASSE
Une intruse qui prend racine (MH) . . . . . . LENTE
Une larme près de l'œil . . . . TARSE
Une partie de la couverture . . . . TUILE
Une partie de la tête . . . . SCALP
Une partie des deux côtés . . . . . RECTO, VERSO
Une partie du contenu d'un journal (MH) . . ENCRE
Une place de choix . . . . ASSIS
Une pomme, par exemple . . . . FRUIT
Une sacrée coupe de cheveux (MH) . . . . . SCALP
Une seule personne y boit du vin . . . . AUTEL
Une solitaire qui tente de s'accrocher (PD) . . TÉNIA
Une sorte d'aveugle . . . . SÉIDE
Une, trois, cinq et les autres (PD) . . . . RECTO
Un événement qui ne cause pas de joie . . . . DEUIL
Une vierge pleine de douceur (PD) . . . . LAINE
Un fer et un bâton . . . . ÉPIEU
Un fort orage peut lui mettre l'eau à la bouche (MF)
. . . . MÉTRO
Un futur voleur (MF) . . . . OISON
Un gars stressé l'est . . . . TENDU
Un grand du cinéma (MF) . . . . ÉCRAN
Un groupe qui a du poids . . . . TRUST
Unis, chez nos voisins . . . . ÉTATS
Unité de masse (MH) . . . . OBÈSE
Unité de mesure . . . . ANNÉE
Un maître à poncer . . . . ÉMERI
Un monde de différence (MH) . . . . ABÎME
Un mont près de Toulon . . . . FARON
Un nouveau aux finances . . . . AUDET
Un petit bâton apprécié . . . . SUÇON
Un petit bout de temps . . . . HEURE
Un petit corse bonne pâte (PD) . . . . NIOLO
Un petit peu plus haut que la baguette (MH) . . . . .
. . . . BÉRET
Un petit qui deviendra grand mais avec de l'eau . . .
. . . . PLANT
Un peu de citron, de melon . . . . PÉPIN
Un peu de lait (MH) . . . . NUAGE
Un peu de melon . . . . PÉPIN
Un peu de pieuvre . . . . ENCRE
Un peu de vélo . . . . SELLE
Un peu d'hébreu . . . . ALEPH
Un peu glissante (MH) . . . . OINTE
Un peu moins grand . . . . ÉTÊTÉ
Un peu nantaise . . . . ERDRE
Un peu parisienne sur les bords (MH) . . . . SEINE
Un peu plus de trois pieds . . . . MÈTRE
Un peu plus haut que la baguette . . . . BÉRET
Un peu plus long . . . . ÉTIRÉ
Un peu trop . . . . EXCÈS
Un pleureur . . . . SAULE
Un plongeur y touche facilement le fond (MH) . . . .
. . . . ÉVIER
Un policier pas très honnête . . . . RIPOU
Un quatre de sept . . . . SÉRIE
Un régime impopulaire . . . . DIÈTE
Un repas bien arrosé, facile à préparer, qu'on ne
payait pas . . . . TÉTÉE
Un roi y vit . . . . ANTRE
Un secrétaire qui ne chôme pas . . . . ANNAN
Un seul billet . . . . ALLER

Un soupçon d'intelligence (PD) . . . . LUEUR
Un tantinet . . . . UNPEU
Un tour pour revenir au point de départ . . . SALTO
Un trou dans la tête (MH) . . . . OUBLI
Un truc à la noix . . . . ÉCALE
Un truc à régler . . . . DETTE
Un truc à tout casser . . . . MASSE
Un truc qui donne la faim . . . . JEÛNE
Un verre peut l'être . . . . IRISÉ
Un vert l'est toujours . . . . TONDU
Un visiteur dont on se passerait bien (MH) . . VIRUS
Un vol de nuit lui aurait sauvé la vie (MH) . . ICARE
Un vrai délice . . . . RÉGAL
Usé jusqu'à la corde . . . . ÉLIMÉ
Utile en bijouterie . . . . GEMME
Utile en médecine . . . . LASER
Utile en voyage . . . . CARTE
Utile pendant la déglutition . . . . UVULE
Utile pour appeler un proche . . . . PSITT
Utile pour celui qui recherche la vérité . . . SÉRUM
Utile pour considérer l'ensemble . . . . RECUL
Utile si on veut manger des escalopes de veau (MF)
. . . . LASSO
Utilisé comme mât . . . . ESPAR
Utilisée pour se rincer l'œil (MF) . . . . FENTE
Utiliser au mieux . . . . GÉRER
Utiliser sa langue . . . . LAPER
Utiliser sans acheter . . . . LOUER
Va à l'école . . . . ÉLÈVE
Va au combat, mais n'est pas de taille . . . ESTOC
Va au fond des choses (PD) . . . . SONDE
Va au mur . . . . CRÉPI
Va bien avec le saumon . . . . ANETH
Vaccin contre la poliomyélite . . . . SABIN
Va dans un tiroir, dans un trou . . . . CDROM
Va de haut en bas . . . . SMASH
Vade-mecum . . . . LIVRE
Va en mortaise . . . . TENON
Va finir par de la fumée . . . . STÈRE
Vallée des Pyrénées . . . . OSSAU
Valseuse du Québec (MF) . . . . GOSSE
Va permettre certains ajustements . . . . ESSAI
Va rarement plus loin que la plage . . . . . . VAGUE
Varient d'une maison à l'autre . . . . ÊTRES
Variété de français . . . . CAJUN
Va s'en aller en fumée . . . . STÈRE
Va souvent de A à Z . . . . LISTE
Vaut de l'or . . . . CARAT
Vaut la moitié d'une ronde (MH) . . . . NEIGE
Vaut mille mots . . . . IMAGE
Vaut parfois son pesant d'or . . . . ÉCRIN
Végétal sans racines . . . . ALGUE
Veille sur le bâtiment . . . . QUART
Vendéen, général de l'armée catholique . . . ELBÉE
Vendue à la poissonnerie . . . . ARÊTE
Vent frais soufflant sur le lac Léman . . . . . JORAN
Venu de Bretagne, il n'est pas très malin (PD) . . . . .
. . . . PLOUC
Venue d'Angleterre pour s'occuper des enfants . . . .
. . . . NURSE
Venu en Gaule avant Jésus-Christ . . . . CELTE
Verbe d'action . . . . URGER

Véritable icône de l'univers informatique (MF) .... ALIAS
Verre borosilicaté .... PYREX
Verre de contact (MF) .... TOAST
Verser avec précaution .... DOSER
Vers la source .... AMONT
Vert, c'est un légionnaire .... BÉRET
Vert de terre (MH) .... ÉCOLO
Vertueux ... au moins en apparence ..... PRUDE
Vêtement chaud .... LAINE
Veut dire pourri en verlan .... RIPOU
Victime de son jumeau .... REMUS
Vide de sens .... CREUX
Vider le magasin .... TIRER
Vie de chien .... NICHE
Vie facile et oisive (... vita) .... DOLCE
Vieil espagnol .... IBÈRE
Vieille classe .... PLÈBE
Vieille de l'Atlantique .... LABRE
Vieille disposition .... ÊTRES
Vieille satire .... SOTIE
Vient d'Écosse .... TWEED
Vient de la mer .... ÉTIER
Vient d'en haut, généralement .... ORDRE
Vient d'un palmier .... ROTIN
Vient exciter les sens .... ODEUR
Vieux casque .... ARMET
Vieux et ridicule sur les planches .... GRIME
Vieux frère .... UNTEL
Vieux pépé .... AÏEUL
Vieux refus .... NENNI
Vieux vaisseau .... ARCHE
Vieux vase à boire .... HANAP
Ville de Belgique .... AALST, ALOST, IEPER
Ville de conciles .... NICÉE
Ville de France .... ANNOT
Ville de la Flandre-Orientale .... EEKLO
Ville des Grisons .... COIRE
Ville d'Espagne .... UBEDA
Ville de Suisse .... AARAU
Ville d'Italie .... TERNI
Ville du Japon .... ITAMI
Ville d'Ukraine .... IALTA
Ville réputée pour son champagne .... REIMS
Ville sur la côte nord de Java .... TELAL
Ville sur l'Oise .... CERGY
Violet foncé .... PRUNE
Virus n'affectant pas les ordinateurs ..... EBOLA
Visage pâle .... BLÊME
Visée avec une flèche .... ICÔNE
Visé par le golfeur .... GREEN
Visible en regardant la feuille à la lumière .. ÉPAIR
Vit au large .... ILIEN
Vit dans l'eau .... ALGUE
Vit dans le nord .... RENNE
Vit dans une cage .... CŒUR
Vit entouré d'eau .... ILIEN
Vit-il en France ou en Espagne ? .... ISARD
Vit près de l'eau .... SAULE
Vit sous terre .... TAUPE
Vive discussion .... SCÈNE
Vivement coloré .... ROUGI

Vivre dans le présent (se) .... GÂTER
Vivre en couple, en parlant d'une femme (MF) .... GÉRER
Voilà une bonne parole .... MERCI
Voir dans sa soupe (MF) .... AIMER
Voir la nuit .... RÊVER
Voir en somme, voir alors qu'on dort (MF) .... RÊVER
Voir sans ouvrir les yeux (MH) .... RÊVER
Voir sans se faire voir (MF) .... ÉPIER
Voisin de la caille .... COLIN
Voisin de la chèvre .... SAÏGA
Voisin du moustique (MF) .... ATOME
Voisin du pigeon .... GANGA
Voit rarement le soleil .... TAUPE
Voit rouge jusqu'à la fin (MH) .... CŒUR
Voiture qui fait rêver bien des hommes ... NEUVE
Vont à Cannes .... STARS
Vont de la tête aux mains .... RÊNES
Votre sœur l'a eu .... NEVEU, NIÈCE
Voudrait un monde en vert (PD) .... ÉCOLO
Vous êtes assis dessus .... SÉANT
Vous l'utiliserez si vous n'avez pas bonne mine (MF) .... ENCRE
Vous met dans l'impossibilité de répondre .. AQUIA
Vraiment à éviter, pas bon .... NOCIF
Vraiment essentiel .... VITAL
Vraiment il nous fait suer .... SAUNA
Vraiment incomparable .... IDÉAL
Vraiment pas content .... FÂCHÉ
Vraiment pas drôle .... SUANT
Vraiment pas empoté .... ATÈLE
Vraiment pas gentil .... CRUEL
Vraiment pas grand .... EXIGU
Vraiment pas gros .... GRÊLE
Vraiment pas loin .... ÀCÔTÉ
Vraiment passionné .... MORDU
Y descendre comporte des risques .... ARÈNE
Y regarder, c'est regarder dans le vide (MF) .... NÉANT
Zeus l'a précipité aux enfers .... IXION

Mots
de 6 lettres

Abaisser le pavillon (PD) . . . . AMENER
A beaucoup perdu . . . . AMPUTÉ
A beaucoup tourné . . . . MÉLIES
A besoin d'eau . . . . NAVIRE
A besoin de soins . . . . BLESSÉ
A bien des choses à découvrir . . . . IGNARE
Abri d'équidés . . . . ÉCURIE
Abri de Sibérie . . . . YOURTE
A brillé sur «Le Monde» (PD) . . . . SIRIUS
Abri sans toit qui peut nous permettre de conserver notre toit (MF) . . . . FISCAL
Abrite des familles . . . . MAISON
Abrite le château d'Anne de Montmorency . . . . . .
. . . . ÉCOUEN
Absence de sens musical . . . . AMUSIE
Accès à la cave . . . . TRAPPE
Accompagne notre enfance . . . . NOUNOU
Accompagnent le poulet frit . . . . FRITES
Accord fiscal . . . . DATION
Accrocher sa toile (MF) . . . . TISSER
Accueille aujourd'hui plus de touristes que de fidèles
. . . . ÉGLISE
A certainement beaucoup donné . . . . ÉPUISÉ
À ceux qui se lèvent de bonne heure . . . . AVENIR
À cheval sur deux continents . . . . RUSSIE
A consommé sans modération . . . . ENIVRÉ
À consulter en cas de doute . . . . ROBERT
À côté du centre . . . . AILIER
À cran . . . . ÉNERVÉ
A croqué papes et rois (PD) . . . . TITIEN
Acte manqué . . . . LAPSUS
Acteur américain mort en 1961 . . . . COOPER
Acteur qui fut bienheureux (MH) . . . . NOIRET
Action au soccer . . . . AMORTI
Action brutale sur un organisme . . . . STRESS
Action de couper . . . . TAILLE
Action de peler les peaux . . . . PELAGE
Action de prêter attention à ce quelqu'un dit . . . . . .
. . . . ÉCOUTE
Action nuisible . . . . MÉFAIT
Activité de couvée . . . . PÉPIER
Activité de touriste . . . . VISITE
Activité qui peut se pratiquer assis . . . . . . PENSÉE
À défaut de mieux . . . . ERSATZ
À défaut de pouvoir faire autre chose, il court . . . .
. . . . RATITE
A des cannelures . . . . CÉLERI
A des fleurs pourpres . . . . NIELLE
A des idées larges . . . . ÉVOLUÉ
A des patins mais ne patine pas . . . . LUGEUR
A des pattes palmées . . . . LOUTRE
A des pompons . . . . KERRIA
A des trompes . . . . UTÉRUS
A dîné avec ses enfants . . . . UGOLIN
À discuter en priorité . . . . URGENT
A disparu avec la vapeur . . . . TENDER
Adore ceux qui nagent . . . . OTARIE
À droite ou à gauche sur le terrain . . . . . . AILIER
A du vague à l'âme . . . . RÊVEUR
A été écrit avant J.-C. . . . . ÉNÉIDE
A eu très faim à la fin . . . . UGOLIN
À faire pour avoir de l'étoffe (MH) . . . . . . TISSER

A fait danser la cour à Versailles . . . . MENUET
A fait disparaître . . . . VÉSUVE
Affaissement de la paupière . . . . PTOSIS
Affecter un bien en garantie d'une dette . . NANTIR
Affecte une partie de l'œil . . . . IRITIS
Affluent du Pô . . . . TRÉBIE
À fleur de peau . . . . ÉMOTIF
À force de les accumuler, elles forment une dizaine
. . . . UNITÉS
À force de manger comme lui, l'homme bat vite de l'aile (MF) . . . . OISEAU
Agir comme un grand duc . . . . ULULER
Agir sur la forme . . . . ÉTIRER
Agir sur la taille . . . . ÉTÊTER
Agitation en mer . . . . RESSAC
Agit dans l'ombre . . . . ÉGÉRIE
Agiter le drapeau rouge . . . . TORÉER
À greffer pour sauver la face (MH) . . . . . . VISAGE
Ah ! les femmes n'en font qu'à leur tête (MF) . . . . .
. . . . NATTES
Aide à la création . . . . ÉGÉRIE
Aigu et désagréable . . . . CRIARD
Aile sans plume (MF) . . . . ANNEXE
Aime avoir des promotions . . . . CLIENT
Aime baguenauder . . . . MUSARD
Aime bien le temps des fêtes . . . . NOCEUR
Aime bien se mettre un genou à terre (MH) . . . . . .
. . . . LYCAON
Aimée des masos . . . . FESSÉE
Aime faire à sa tête . . . . ÂNESSE
Aime l'eau . . . . ÉLODÉE
Aime le sable mais pas le désert . . . . PRAIRE
Aime les arbres, les murs, les toits . . . . . . MOUSSE
Aime mordre . . . . TRUITE
Ainsi sont les amis des gens en amour (MF) . . . . . .
. . . . PETITS
A inspiré Berlioz . . . . ÉNÉIDE
Aire rougeâtre qui entoure un point enflammé . . . . .
. . . . ARÉOLE
Air marin . . . . NOROÎT
À la Chambre anglaise . . . . TORIES
À l'affût au bout du fil (MH) . . . . ÉPEIRE
À la fin du mois . . . . TRENTE
À l'aise . . . . RELAXÉ
À l'apéritif ou en salades . . . . OLIVES
À la première clarté du jour . . . . POINTE
A largué des bombes au phosphore . . . . . . ISRAËL
A la tête pleine . . . . ÉRUDIT
A le poil doux . . . . SETTER
A les dents bien rangées . . . . TIMBRÉ
A l'esprit de vengeance . . . . VOCERO
A lieu dans un palais . . . . PROCÈS
A lieu pendant le voyage . . . . ESCALE
A lieu très tôt . . . . AURORE
Alimenté par un rapace . . . . AIGLON
Allemand célèbre . . . . HITLER
Aller à l'aventure (MH) . . . . VAGUER
Aller au cinéma . . . . SORTIR
Aller aux faits . . . . NARRER
Aller danser avec des amis . . . . SORTIR
Aller d'un site à l'autre . . . . SURFER
Aller faire un tour . . . . SORTIR

Aller finir par tout détruire avec le temps (MH) .... ÉRODER

Aller fumer dehors (MH) .... STÉRER

Aller mieux .... GUÉRIR

Aller prendre de l'air .... SORTIR

Aller vers d'autres cieux .... MIGRER

Allez ! un dernier et la grille sera complétée (MF) .. EFFORT

Amas de poussière .... MOUTON

Amateur de noix et de fromage (MH) .... SUISSE

Améliore la terre .... LISIER

Amener à un plus haut niveau .... ÉLEVER

Amener dans cet état .... RENDRE

À mettre en tête de liste .... URGENT

Américain étoile (PD) .... SHÉRIF

Américain qui s'est trompé de cible .... EMMONS

Américain très ingénieux .... EDISON

Ami d'Astérix .... DRUIDE

Amoureuse chez Beaumarchais .... ROSINE

Anagramme de couple .... COPULE

À Naxos chez Strauss .... ARIANE

Ancienne colonie russe .... ALASKA

Ancienne mesure de Russie .... VERSTE

Ancienne région de l'Italie .... APULIE

Ancienne région du Nord de la France ... ARTOIS

Ancienne ville de la Mésopotamie ...... UGARIT

Ancien parasite de l'abeille .... VARROA

Ancien peuple de la Grande-Bretagne .... PICTES

Ancien président des États-Unis ...... REAGAN, ... TRUMAN

Andin que l'on mange .... ULLUCU

À ne pas oublier .... URGENT

À ne pas rater si elle est bonne (PD) .... OCCASE

À ne pas répéter .... SECRET

Anglais que l'on aime griller (MF) ..... MUFFIN

Animal auquel il vaut mieux ne pas se frotter (MF) .... OURSIN

Animal qu'on ne caresse pas (MH) ..... OURSIN

Animé surtout pour les enfants .... DESSIN

Annexe de l'œil (MH) .... RIMMEL

Annonce un nouveau paragraphe ..... ALINÉA

A organisé de longs voyages .... APOLLO

Apaiser les douleurs de sa mère .... NAÎTRE

À perte de vue .... INFINI

À plusieurs ils feront une belle pièce (PD) .. LOPINS

A posé sa plume pour la toile .... PAGNOL

Appartient au groupe des halogènes ..... ASTATE

Appel 911 .... URGENT

Appeler sans crier .... SONNER

Apporte du travail aux douaniers .... AIRBUS

Apporter son assiette .... SERVIR

Apporter son soutien .... ÉTAYER

Apporte un parfum de violette .... IONONE

Apporte un soulagement au lit .... URINAL

Apporteur d'oubli (PD) .... OPIACÉ

Appréciée par l'acheteur .... BAISSE

Apprécié pour la beauté du zeste .... CITRON

Approche de macho .... VIRILE

Approche pressante .... RETAPE

Appuyer sur une syllabe en chantant ... PAUSER

A préféré le pape à l'empereur .... GUELFE

À prendre avec des pincettes (MH) ...... TISONS

Après coup ils peuvent être beaux (PD) .. RESTES

Après la coupe .... SCIAGE

Après la fin, la vie terrestre .... AUDELÀ

Après rasage .... LOTION

Après son dernier tour de piste, il enlève ses grosses bottines .... SKIEUR

A pris ses derniers repas en famille ..... UGOLIN

A publié des recettes .... BENOIT

A quelque chose de magique .... ÉLIXIR

À qui les grosses bises font de l'effet (MH) .... ÉOLIEN

Arabe uni avec d'autres .... ÉMIRAT

Arbre d'Asie .... CIRIER

Arbre de la famille des mimosacées .... ACACIA

Arbre de l'Afrique tropicale .... KARITE

Arbre fruitier .... AGRUME

Arbre sans feuilles .... DÉNUDÉ

Arbuste à fleurs blanches .... VIORNE

Arbuste décoratif .... TROÈNE

Arbuste ornemental .... CYTISE

Archipel à l'est des îles Salomon ..... ELLICE

Archipel danois .... FEROVE

Archipel portugais .... AÇORES

Arme la crevette et le marlin .... ROSTRE

Arrangé avec le gars des vues .... IRRÉEL

Arrêt d'un moteur .... CALAGE

Arrive après coup .... OUILLE

Arrive au-dessous du gnou .... OURÉBI

Arrive au moment des adieux .... BAISER

Arrivée inattendue .... COUCOU

Arriver à la fin .... RUINER

Arriver à poil .... NAÎTRE

Arriver après le travail de sa mère ..... NAÎTRE

Arriver au niveau .... ÉGALER

Arriver chez nous, parmi nous .... NAÎTRE

Arriver par hasard .... ÉCHOIR

Arrondissement de Provins .... NANGIS

Art de combiner les sonorités (MH) ..... POÉSIE

Art d'en dire moins pour en dire plus (MF) .... LITOTE

Artificielle en attendant la fin .... SURVIE

Artiste américain .... NAUMAN

À sens unique .... INÉGAL

A ses aficionados .... TORERO

Asiatique généralement médecin ..... NGUYEN

A souvent lieu en circuit fermé ...... COURSE

Assassiné en 1980 .... LENNON

Assemblage de coquillages, chez les Amérindiens .. .. WAMPUM

Assemblage de trois éléments .... TRESSE

Assez énervé .... IRRITÉ

Assez pour bien se chauffer .... STÈRES

Assez proche de l'homme .... BONOBO

Associé aux guelfes pour prendre Pise ... UGOLIN

Assurent un bon assemblage (PD) ..... TÉTONS

Assurer la descendance .... COÏTER

Astronome allemand .... BESSEL

Astronome français .... DANJON

A-t-il toujours raison ? .... CLIENT

Attaque en se moquant .... SATIRE

Attaquer par derrière .... FESSER

Atteindre un niveau supérieur (MF) .... PERCER

Atteint des sommets . . . . APOGÉE
Atteint du VIH . . . . SIDÉEN
Attend la mise au rancart (PD) . . . . CINTRE
Attendre derrière les défenseurs (MF) . . . . SEINER
Attendu longtemps . . . . MARINE
Attentif aux ragots . . . . OBÉLIX
Attention à sa langue . . . . VIPÈRE
Attention, il peut être pire . . . . REMÈDE
Atterrit où il veut . . . . PIRATE
Attire le fer . . . . AIMANT
Attire les campeurs . . . . NATURE
Attire les enfants . . . . MANÈGE
Attrape des poissons . . . . OTARIE
Au bout de la botte . . . . SICILE
Au bout de la chaîne . . . . AMARRÉ
Au bout de la mamelle . . . . TRAYON
Au bout du compte, elle ne pense qu'à ses intérêts
(MF) . . . . BANQUE
Au bout du manche de la guitare . . . . SILLET
Au bout d'une descente inoubliable (MH) . . ENFERS
Au bout du rouleau . . . . ÉPUISÉ
Au bout du sein . . . . ARÉOLE
Au centre des extrémités . . . . MILIEU
Au cœur d'Offenbach . . . . BOULET
Au cœur, il faut en faire le moins possible ou toutes
les faire . . . . LEVÉES
Au complet . . . . ENTIER
Au courant d'un secret . . . . INITIÉ
Au football, il est espacé ou rapproché . . . . AILIER
Augmenter la longueur . . . . ÉTIRER
Auguste dans ses gestes (PD) . . . . SEMEUR
Aujourd'hui Toleara . . . . TULÉAR
Au milieu de la descente, de la pente (à…)
. . . . MICÔTE
Au milieu du filet (MF) . . . . ARÊTES
Au moment de l'accouchement . . . . GÉSINE
A un doigt d'asile (MH) . . . . ANNEAU
A une corde dans la gorge (MH) . . . . POULIE
A un moins beau sourire . . . . ÉDENTÉ
Au nord de Springfield . . . . PEORIA
A un peu la couleur du lait . . . . IVOIRE
A un peu l'air d'un goéland . . . . RIEUSE
A un port qui en jette (MH) . . . . DÉESSE
Au pied d'un arbre . . . . CRÈCHE
Au poker, miser pour rester dans le jeu . . . SUIVRE
Au Québec, division territoriale . . . . CANTON
Au Québec, le jeune homme l'est à quatorze ans . . .
. . . . NUBILE
Au Québec, on l'aime surtout rouge ou blanche . . .
. . . . VIANDE
Au Québec, on y met une pelle l'hiver . . . . VALISE
Au royaume des aveugles, les borgnes sont rois . . . .
. . . . DICTON
Aussi entêtée que son compagnon (MH) . . ÂNESSE
Au tennis, mettre la balle en jeu . . . . SERVIR
Auteur de « Mort à crédit » . . . . CÉLINE
Auteur d'hymnes révolutionnaires . . . . GOOSEC
Auteur du stratagème du cheval de Troie . . ULYSSE
Autour du bois . . . . ÉCORCE
Autre nom de Satan . . . . BÉLIAL
À utiliser quand le plus dur est passé (MH) . . . .
. . . . VIAGRA

Autour du bois, du sapin . . . . ÉCORCE
Avaler tout rond (MF) . . . . CROIRE
Avance à coups de rame . . . . TRIÈRE
Avance comme un escargot . . . . LIMACE
Avancer en courant au lieu de voler . . . . . PIÉTER
Avancer en observant . . . . PISTER
Avancer en tournant . . . . ROULER
Avant de commencer à bouillir, renversez la (MF) . .
. . . . VAPEUR
Avant de navire . . . . GUIBRE
Avant de se coucher . . . . SOIRÉE
Avant la messe de minuit . . . . SOIRÉE
Avec cette définition, vous devriez en avoir passable-
ment (MF) . . . . MISÈRE
Avec des inflexions . . . . MODULÉ
Avec des nuances . . . . TEINTÉ
Avec elle, il faut joindre le geste à la parole . . . .
. . . . SOURDE
Avec elle, oubliez les nuits blanches (MH) . . . .
. . . . TSÉTSÉ
Avec elles, on ne peut rien oublier (MH) . . TOUTES
Avec eux, c'est facile de tout mélanger . . . SOSIES
Avec le temps, il a perdu ses aiguilles mais il est tou-
jours efficace (MH) . . . . RÉVEIL
Avec lui, il y a à manger . . . . GAVEUR
Avec lui, on ne sait pas trop à quoi s'attendre . . . . .
. . . . AVENIR
Avec lui, on progresse sans peine . . . . . . MOTEUR
Avec paiement différé (à…) . . . . CRÉDIT
Avec une perche, on peut en attraper (MF) . . . .
. . . . ARÊTES
Aversion très vive . . . . PHOBIE
Avertissent le lecteur . . . . ERRATA
Avoir dans la peau (MF) . . . . ADORER
Avoir de la suite dans les idées (MH) . . . LÉGUER
Avoir des choses à cacher (PD) . . . . MENTIR
Avoir du mal . . . . PEINER
Avoir l'air d'un duc (MF) . . . . ULULER
Avoir peut-être froid . . . . BLEUIR
Avoir pour opinion . . . . PENSER
Avoir quelque chose dans la tête . . . . SAVOIR
Avoir sa maison . . . . RESTER
Avoir sous les yeux une autre fois . . . . . . RELIRE
Avoir tout faux . . . . MENTIR
Avoir un chat dans la gorge (MH) . . . . . . FEULER
Avoir un son de cloche . . . . TINTER
À vous de tirer le bon . . . . NUMÉRO
A vraiment l'esprit de chicane (MH) . . . SLALOM
Baigne dans l'huile . . . . OLÉINE
Baisser la tête . . . . ÉCIMER, ÉVITER
Baisser le ton . . . . ISOLER
Balancement du train . . . . ROULIS
Balayés par le vent . . . . NUAGES
Banc de sable mouillé . . . . ÉCUEIL
Bande organisée (PD) . . . . DÉFILÉ
Bâtiment de fortune (PD) . . . . RADEAU
Bâton d'une course de relais . . . . TÉMOIN
Battre à la campagne en hauteur (PD) . . . GAULER
Beau chanteur derrière les barreaux . . . . . CANARI
Beaucoup moins rude . . . . ADOUCI
Beau gosse . . . . ÉPHÈBE
Beau langage . . . . POÉSIE

Beau papillon .... URANIE
Bel assemblage .... TRESSE
Belge forte .... GUEUSE
Belle arménienne .... EREVAN
Belle au cœur tendre (PD) .... LAITUE
Belle bête .... AGNEAU
Belle comme une coquille .... NACRÉE
Belle des bois et des montagnes ... ORÉADE
Belle du Massachusetts .... BOSTON
Belle fourrure .... OCELOT
Belle italienne autrefois française ...... SICILE
Belle italienne sur l'Adige .... TRENTE
Belle réputation .... GLOIRE
Belles levées en main .... CHELEM
Belle-sœur de Castor et de Pollux ...... HÉLÈNE
Belle ukrainienne .... ODESSA
Belle vache porteuse de disque .... HATHOR
Berceau de la mafia .... SICILE
Bête de trait .... ÂNESSE
Bêtes à manger du foin .... BÉTAIL
Bien accueillir .... AGRÉER, SALUER
Bien adapté .... IDOINE
Bien aimable .... URBAIN
Bien bâtir .... ÉRIGER
Bien battre .... FORGER
Bien combler .... EMPLIR
Bien connus des vieux loups de mer ..... NŒUDS
Bien définir .... CIBLER
Bien des aventures .... ÉPOPÉE
Bien des bûches .... STÈRES
Bien descendre .... AVALER
Bien des gens comptent sur eux ...... DOIGTS
Bien des gens qui y sont ont peur de ne pas faire le
poids (MF) .... RÉGIME
Bien des gens sont intimidés par la personne qui l'est
.... SÉVÈRE
Bien des gens y cognent des clous .... ÉTABLI
Bien des gens y sont descendus (MF) .... TUERIE
Bien développé .... MATURE
Bien éclairé .... ÉRUDIT
Bien entourer .... COUVER
Bien exprimer .... SENTIR
Bien frappé .... ÉBAUBI
Bien frotter .... RACLER
Bien immobile .... STATUE
Bien installé .... ÀLAISE
Bien léger .... OLÉOLÉ
Bien mal en point .... ÉBOULÉ
Bien mal vue au bureau .... SIESTE
Bien mis .... COQUET
Bien nettoyer .... ÉCURER, ÉPURER
Bien peu de gens savent la transformer en instrument
de musique .... ÉGOÏNE
Bien planquer (se) .... TERRER
Bien plein .... SATURÉ
Bien poli .... URBAIN
Bien recevoir .... AGRÉER
Bien réglé .... RITUEL
Bien remplir .... LESTER
Bien rouge .... CERISE
Bien siphonné (MH) .... ALIÉNÉ
Bien tartiner .... ÉTALER

Bien tasser .... SERRER
Bien tracées avant la partie .... LIGNES
Bien user .... ARASER
Bigarrer de diverses couleurs .... JASPER
Biochimiste américain .... MULLIS
Biscuit au beurre d'arachide .... PIRATE
Blanc et pur .... LILIAL
Bloc de pierre vertical .... MENHIR
Blonde allemande .... MERKEL
Boire au point de perdre sa matière grise (MF)
.... GRISER
Bois précieux .... ACAJOU
Bois qui flotte .... RADEAU
Boisson chaude .... TISANE
Boisson qui prend le bord .... RASADE
Bon bout de terrain .... ARPENT
Bon champignon .... TERFÈS
Bon compagnon .... DRILLE
Bon coup .... HORION
Bon en descente .... LUGEUR
Bon et doux .... BENOÎT
Bon gros poisson .... SCIÈNE
Bonheur félin exprimé .... RONRON
Bonheur qui n'est pas solitaire, mais solidaire (MH)
.... LIESSE
Boni sur le gâteau (MF) .... CERISE
Bon morceau de bouffe .... ONGLET
Bonne affaire en fin de comptes (PD) .... REMISE
Bonne base .... NOTION
Bonne, elle ne fait pas de bien .... ROSSÉE
Bonne observation .... EXAMEN
Bon melon .... SUCRIN
Bon poisson .... MERLAN
Bon pour fendre .... MERLIN
Botter en touche (MH) .... ÉLUDER
Boucle de pont (MF) .... ERSEAU
Bouger avec un bébé dans les bras ..... BERCER
Bouger dans tous les sens .... REMUER
Bourrer de bourre .... OUATER
Bout de pièce .... TIRADE
Bout métallique d'un lacet .... FERRET
Bovidé nordique .... OVIBOS
Branler dans le manche (MF) .... GOSSER
Brasser la cage .... AGITER
Breton invité à la foire .... BINIOU
Brève explication .... NOTULE
Brève réflexion .... PENSÉE
Brille d'un faux éclat .... STRASS
Brin de scie .... SCIURE
Broie les aliments .... GÉSIER
Broyer du lin .... TILLER
Bruce Huard a été le plus connu ...... SULTAN
Bruit de voix .... RUMEUR
Bruit qui traduit un bien-être .... RONRON
Bruit sec .... DÉCLIC
Brûle en descendant .... GNIOLE
Brusque reprise .... REBOND
Bush ou Obama en toute familiarité .... AMERLO
But de tout athlète .... PODIUM
Cabaret doré .... FAISAN
Cache la vue .... RIDEAU
Cacher dans le métro .... TERRER

Cacher les rides . . . . GRIMER
Cadeau à développer . . . . TALENT
Cadeau de Balthazar . . . . ENCENS
Cadre harmonieux . . . . SISTRE
Ça fait une mèche que je ne lui ai pas vu la fraise (MF)
. . . . DRILLE
Ça fait une secousse, en grec . . . . SEISMO
Calculer à la corde (MH) . . . . STÉRER
Calmant avant de devenir inoffensif . . . . ANODIN
Calme un peu l'appétit . . . . ENTRÉE
Camping pour caravanes . . . . DÉSERT
Ça ne dure qu'un temps . . . . TOCADE
Ça ne vaut pas un bon casque de moto . . . .
. . . . TURBAN
Canidé du Nord . . . . ISATIS
Canidé futé . . . . RENARD
Canot en caoutchouc . . . . ZODIAC
Caoutchouc utilisé pour fermer une petite boîte (MF)
. . . . TÉTINE
Capable de fleurir en plein hiver . . . . NIVÉAL
Capable d'endormir plus d'un . . . . TSÉTSÉ
Capable de raser . . . . OISEUX
Capable de s'entortiller . . . . LIERRE
Capable de travailler . . . . VALIDE
Capable de vivre sous la neige . . . . NIVÉAL
Ça peut être un écueil . . . . ROCHER
Capitale de l'Érythrée . . . . ASMARA
Capitale des Marches . . . . ANCÔNE
Capitale du Texas . . . . AUSTIN
Capitale européenne . . . . MOSCOU
Caractère dur . . . . ÂPRETÉ
Caractérise le marlin . . . . ROSTRE
Carburant des moteurs diesel . . . . GASOIL
Cardinal qui ne deviendra jamais pape (MF) . . . . . .
. . . . OISEAU
Carré de sucre trempé dans l'alcool . . . . CANARD
Cas particulier . . . . ESPÈCE
Casque que bien des jeunes ont en tête (MF) . . . . . .
. . . . STÉRÉO
Casse les oreilles . . . . RAMDAM
Casser des œufs (MF) . . . . ÉCALER
Casser les oreilles de quelqu'un . . . . REDIRE
Casser sa pipe (MH) . . . . MOURIR
Casser une noix . . . . ÉCALER
Ça suffit . . . . RIDEAU
Cause d'échec . . . . ÉCUEIL
Causer par . . . . DEVOIR
Céder n'est pas son genre . . . . ENTÊTÉ
Cela va de soi . . . . CERTES
Célèbre gaulois . . . . OBÉLIX
Célèbre poème . . . . ILIADE
Célèbre pour son mythe de la caverne . PLATON
Célèbre tour . . . . EIFFEL
Célèbre tragédie . . . . OTELLO
Celle de l'État restera secrète . . . . RAISON
Celle de l'histoire est révélée à la fin . . . MORALE
Celle d'en avant . . . . AÏEULE
Celle de notre visage change quand on a peur . . . . .
. . . . TEINTE
Celles des pauvres sont petites . . . . SŒURS
Celui de glace peut être en or (MF) . . . ANNEAU
Celui de la personne qui y travaille file constamment

(MF) . . . . MÉTIER
Celui de notre mère est notre première demeure . . .
. . . . VENTRE
Celui du monde appartient à une seule personne . . .
. . . . RECORD
Celui en or peut être de glace . . . . ANNEAU
Celui qui a fait une croix . . . . VOTANT
Celui qui aime bouquiner . . . . LISEUR
Celui qui dispute un assaut, en escrime . . . TIREUR
Celui qui en mange une la digère mal . . . . ROSSÉE
Celui qui la fait se trompe . . . . ERREUR
Celui qui le concerne tient bon . . . . ESPOIR
Celui qui le court a chaud . . . . DANGER
Celui qui le frappe passe très près de son but (MF)
. . . . POTEAU
Celui qui les lèche peut rester sur son appétit (MF)
. . . . BOTTES
Celui qui le suit fait grand bruit . . . . ÉCLAIR
Celui qui s'y place les pieds ne bouge plus (MF) . .
. . . . CIMENT
Celui qui va aux urnes . . . . VOTEUR
Celui qui y entre ne doit pas avoir son esprit ailleurs
. . . . TRANSE
Celui qui y est condamné doit la payer . . . .
. . . . AMENDE
Celui qui y passe passe à côté . . . . BEURRE
Celui qui y tourne reste sur place (MF) . . BEURRE
Cendres d'un être humain . . . . RESTES
Ce n'est pas elle qui conduira trop vite (PD) . . . . . .
. . . . ÂNIÈRE
Ce n'est pas grand-chose . . . . TEINTE
Ce n'est pas le visage d'un abstinent (MH) . . . .
. . . . TROGNE
Ce n'est pas nouveau . . . . DÉJÀVU
Ce n'est pas un enfant de... . . . . CHŒUR
Ce n'est pas un livre qu'on lit couché . . . . MISSEL
Ce n'est pas un signe de santé . . . . PÂLEUR
Ce n'est pas un travail d'artisan . . . . USINER
Ce n'est plus le travail des vieux . . . . RELÈVE
Ce n'est qu'un début . . . . AMORCE
Centre nautique en Bretagne . . . . GLÉNAN
Ce que fait le fumeur avant d'entrer dans un bar . . .
. . . . ÉTEINT
Ce que fait l'usurier . . . . PRÊTER
Ce que fait quelqu'un d'inexpérimenté . . ERREUR
Ce que la cire peut faire . . . . ÉPILER
Ce que le malade doit garder . . . . ESPOIR
Ce que les pionniers ne sont pas (MH) . . ÉMULES
Ce que vous direz en trouvant la réponse . . . .
. . . . EURÊKA
Ce qui ajoute un élément piquant . . . . PIMENT
Ce qui dissimule quelque chose . . . . GANGUE
Ce qui immunise contre un mal . . . . VACCIN
Ce qu'il a vu intéresse la police . . . . TÉMOIN
Ce qu'il ne faut pas faire avec la patate . LÂCHER
Ce qui nous pend au bout du nez . . . . AVENIR
Ce qui reste d'un feu de foyer . . . . CENDRE
Ce qui vient après la vie (l') . . . . AUDELÀ
Ce qu'on aime faire le lendemain d'une fête . . . . . .
. . . . DORMIR
Ce qu'on ne dit qu'à une personne à la fois . . . . . .
. . . . SECRET

Ce qu'on ne veut pas en vacances . . . . . . ENNUIS
Ce qu'on prend quand on va moins vite . . RETARD
Ce qu'une cire peut faire . . . . ÉPILER
Ce qu'un État devait fournir à un autre . . . TRIBUT
Cercle intime (PD) . . . . ARÉOLE
Céréale rustique . . . . SEIGLE
Céréales et fruits secs . . . . MUESLI
Certains d'entre eux ont des Polonais comme voisins
. . . . BALTES
Certains font ça à quatre pattes (MH) . . . . PRIÈRE
Certains la font sur un tapis . . . . PRIÈRE
Certains sont précieux . . . . MÉTAUX
Certains veulent sa peau . . . . OTARIE
C'est ainsi que la femme aime son mignon (MF) . .
. . . . TENDRE
C'est de l'engrais . . . . LISIER
C'est du jamais vu (MF) . . . . CÉCITÉ
C'est être le favori de l'arène . . . . TORÉER
C'est faire penser à nouveau . . . . RAPPEL
C'est inhumain . . . . TUERIE
C'est la première année qu'elle joue . . . . RECRUE
C'est le bonheur total . . . . LIESSE
C'est le mal . . . . BÉLIAL
C'est le plus vaste pays du monde . . . . . . RUSSIE
C'est l'étoile la plus brillante . . . . SIRIUS
C'est mieux que rien . . . . ERSATZ
C'est pas pire . . . . LITOTE
C'est pas une honte . . . . FIERTÉ
C'est pas vrai . . . . ERRONÉ
C'est pour monsieur, mais madame en profite tout
autant (MF) . . . . VIAGRA
C'est presque toujours le petit ou le gros qui reçoit le
coup . . . . ORTEIL
C'est un chant . . . . PSAUME
C'est une coupure au milieu de la journée . . SIESTE
C'est une entrée de luxe . . . . CAVIAR
C'est une envie . . . . NAEVUS
C'est une langue . . . . RADULA
C'est une peine . . . . AMENDE
C'est une perte de temps . . . . RETARD
C'est un excitant . . . . THÉINE
C'est un fruit . . . . TOMATE
C'est un genre . . . . ESPÈCE
C'est un peu dur à avaler (MH) . . . . LUETTE
C'est un rêve . . . . UTOPIE
C'est un robinet bien souvent (PD) . . . . . ACACIA
C'est un vieux renard . . . . GOUPIL
C'est vraiment le pied (MH) . . . . EXTASE
C'était l'Espagne . . . . IBÉRIE
C'était un coiffeur . . . . MERLAN
C'était une galère . . . . BIRÈME
C'était une prison . . . . INPACE
C'était un homme condamné aux galères . . FORÇAT
C'était un portier . . . . SUISSE
Cette définition en a une . . . . ERREUR
Cette fois, je ne vous monte pas un bateau (MF) . . .
. . . . NAVIRE
Ceux de cœur sont les plus durs à toucher (MF) . . .
. . . . CŒURS
Ceux du diner sont servis pour souper . . . RESTES
Ceux qui les cherchent s'engueulent . . . . . NOISES
Chacun la révèle dans le bain . . . . NUDITÉ

Chaîne sans mailles à laquelle bien des gens sont atta-
chés (MF) . . . . STÉRÉO
Chanceux à souhait . . . . ALADIN
Chanceux de s'en tirer . . . . IMPUNI
Changement d'air . . . . AÉRAGE
Changement de timbre . . . . NUANCE
Changer d'air . . . . MIGRER
Changer d'apparence, changer le format . . ÉTIRER
Changer de tons . . . . IRISER
Changer la forme, le format . . . . ÉTIRER
Changer le mal de place . . . . VARIER
Changer son fusil d'épaule (se) . . . . DÉDIRE
Chant des sirènes . . . . ALERTE
Chante en direct (MH) . . . . OISEAU
Chanter comme Elvis Presley (MF) . . . . . IMITER
Chanter haut . . . . IODLER
Chanter sur tous les tons . . . . REDIRE
Chanteur de blues américain . . . . HOOKER
Chanteur des bois . . . . LORIOT
Chanteur gai de Narbonne . . . . TRENET
Chanteur québécois décédé en l997 . . . . . FARAGO
Chanteuse américaine . . . . TURNER
Chant funèbre corse . . . . VOCERO
Chant latin . . . . TEDEUM
Chaque jour des milliers de gens s'y rendent . . . . .
. . . . BUREAU
Charcuterie d'Italie . . . . SALAMI
Chargé quand les affaires reprennent . . . AGENDA
Charlatan politique . . . . DÉMAGO
Charles le Simple l'aida à s'installer en Normandie
. . . . ROLLON
Charlevoix l'a, ce saint . . . . IRÉNÉE
Char utilisé pour tirer d'autres véhicules . . ASSAUT,
. . . . BLINDÉ
Chasse à l'affût . . . . ÉPEIRE
Chasseur chassé . . . . OCELOT
Chasseur de mouches . . . . RÉDUVE
Chasseur de sangliers . . . . OBÉLIX
Chasseur grec . . . . ACTÉON
Chasseur légendaire, passionné . . . . NEMROD
Chat en cours (PD) . . . . SILURE
Chaude, on se la refile . . . . PATATE
Chauffeur de poids lourd (MH) . . . . CORNAC
Chef de file . . . . LEADER
Chef des gibelins de Pise . . . . UGOLIN
Chef qui a des munitions en réserve (MF) . . INDIEN
Chefs québécois selon Pettigrew . . . . LOSERS
Chemin qui mène souvent au but (MF) . . PERCÉE
Cherche à obtenir des renseignements . . . . ESPION
Chercher d'arrache-pied . . . . TRIMER
Cherchez-la et vous ferez mouche (MF) . . BIBITE
Cheval entier . . . . ÉTALON
Cheval non châtré . . . . ENTIER
Chevelure abondante . . . . TOISON
Chez les Amérindiens, assemblage de coquillages . .
. . . . WAMPUM
Chez les Romains, prêtre consacré à Mars . . SALIEN
Chien à pattes droites . . . . BEAGLE
Chien bas . . . . TECKEL
Chien fidèle . . . . TOUTOU
Chienne non contrôlée (MF) . . . . PHOBIE
Choisi par un internaute (MH) . . . . AVATAR

Choisit pour vous à votre place . . . . TRIEUR
Chrétien qui reconnaît la suprématie du pape . . . . . .
. . . . UNIATE
Chroniqueur politique . . . . VASTEL
Cindy Klassen en est la reine . . . . ANNEAU
Cinéaste américain . . . . WARHOL
Cinéaste français . . . . BESSON
Cinq ans . . . . LUSTRE
Circonstance de l'affaire . . . . TENANT
Circulaire du quotidien . . . . ENCART
Circule à Montréal . . . . DOLLAR
Circule au Cap-Vert . . . . ESCUDO
Circule au Népal, au Pakistan . . . . ROUPIE
Clair comme de l'eau de roche (MF) . . . . FLUIDE
Clameur d'ensemble . . . . CHORUS
Cligner des yeux . . . . CILLER
Cloue au lit . . . . TSÉTSÉ
Cogner le quai . . . . TOSSER
Col d'une femme . . . . UTÉRIN
Colimaçon dans l'escalier (MF) . . . . HÉLICE
Collet monté . . . . GUINDÉ
Colorant blanc . . . . CÉRUSE
Col routier . . . . ISERAN
Combat à mains nues . . . . ULTIME
Combat dans l'arène . . . . TORERO
Combat de pilotes . . . . AÉRIEN
Combat violent . . . . ULTIME
Combinaison de rimes (PD) . . . . TERCET
Combiner des idées (MH) . . . . PENSER
Comédie destinée à la télévision . . . . SITCOM
Comme certaines maisons . . . . CLOSES
Comme de la soie . . . . CÉTACÉ
Comme Juliette de Roméo . . . . ÉPRISE
Comme la lune d'avril . . . . ROUSSE
Comme l'ivoire . . . . ÉBURNÉ
Comme mort . . . . INERTE
Commence bien l'après-midi . . . . SIESTE
Commencement de la formation d'un fruit . . . .
. . . . NOUURE
Comme quand on se met le doigt dans l'œil . . . . .
. . . . ERREUR
Comme toujours . . . . RITUEL
Comme un bébé naissant . . . . ÉDENTÉ
Comme un casque protégé . . . . CLOUTÉ
Comme un col . . . . UTÉRIN
Comme un contrat abusif . . . . LÉONIN
Comme un coup fumant (MH) . . . . RÉUSSI
Comme un crâne chauve . . . . DÉNUDÉ
Comme une citrouille . . . . ORANGE
Comme une lame . . . . ACÉRÉE
Comme un parc plein de couleurs . . . . . . FLORAL
Comme un partage injuste . . . . LÉONIN
Comme un sapin de Noël . . . . DÉCORÉ
Communauté culturelle . . . . ETHNIE
Commune de Suisse . . . . AIROLO
Communique avec l'entrée . . . . PERRON
Compagne de voyage (MH) . . . . VALISE
Compétition pour l'or et l'argent . . . . FINALE
Complément de pseudonyme . . . . AVATAR
Complètement inutile . . . . OISEUX
Complètement rond . . . . BEURRÉ
Comportements individuels . . . . MŒURS

Composée d'asphalte ou d'olive (MF) . . . ENTRÉE
Compte les moutons . . . . BERGER
Conçu pour les personnes alitées . . . . URINAL
Conçu pour une évacuation . . . . URÈTRE
Condo alla turca (MH) . . . . IOURTE
Conducteur de poids lourds (MF) . . . . . . CORNAC
Conducteur qui en bave un coup . . . . ENRAGÉ
Confiance dans la solvabilité de quelqu'un . . . . . .
. . . . CRÉDIT
Confirmé sur le plan professionnel . . . . . . SENIOR
Conforme à l'équidé . . . . ÉCURIE
Conjointe dont on accepte les défauts . . . . IDÉALE
Connaît bien la montagne . . . . SHERPA
Connue pour son mur . . . . BERLIN
Connu pour ses graines . . . . SÉSAME
Conquérir le sommet (MF) . . . . ÉTÊTER
Conséquence du stress . . . . ULCÈRE
Consommateur de drogues dures . . . . JUNKIE
Constructeur aéronautique . . . . AIRBUS
Construite à la campagne . . . . GRANGE
Contempler la lune de très près (MF) . . . ALUNIR
Content mais un peu ridicule . . . . FIÉROT
Conter une blague . . . . MENTIR
Contient souvent des pièges . . . . DICTÉE
Contraire à l'équité . . . . INIQUE
Coquillage ayant servi de monnaie . . . . . . CAURIS
Cornettiste américain . . . . OLIVER
Corps à corps sur les pistes (PD) . . . . TANGOS
Corps isolé (MH) . . . . RECLUS
Corps qui est supposé nous entourer (MF) . . . . .
. . . . ASTRAL
Correction en rouge (MH) . . . . FESSÉE
Corriger la hauteur, la longueur . . . . ÉTÊTER
Cotation de base de la barre d'or . . . . FIXAGE
Couche petits et grands (MH) . . . . TSÉTSÉ
Coucher avec le chum de sa sœur . . . . TRAHIR
Coudre un repli . . . . OURLER
Coule aussi hors Syrie . . . . ORONTE
Coule en forêt . . . . ÉRABLE
Coup au tennis . . . . REVERS
Coup de cochon (MF) . . . . CRASSE
Coup de cœur . . . . EFFORT
Coup de feu dans le bas-ventre (PD) . . . . . ILÉITE
Coup de feu dans les yeux (PD) . . . . IRITIS
Coup de foudre . . . . ÉCLAIR
Coup de main qui change la face du monde (MF) .
. . . . DIRECT
Coupe d'un mot en fin de ligne . . . . CÉSURE
Coupe la journée . . . . SIESTE
Coupe peu profonde . . . . SÉBILE
Couper à l'extrémité . . . . ÉTÊTER
Couper de sa mère . . . . NAÎTRE
Couper du bois . . . . ÉTÊTER
Couper du monde . . . . ISOLER
Couper du pied . . . . ÉTÊTER
Coupe remportée par le « Rouge et Or » . . . .
. . . . VANIER
Couper en longueur . . . . FENDRE
Couper les jambes . . . . OPÉRER
Couper pas trop court . . . . ROGNER
Coupeur de gui . . . . DRUIDE
Coups de fer très rapprochés . . . . RAFALE

Coureur brésilien .... PIQUET
Courir après .... TENTER
Courir très vite : comme un............ DÉRATÉ
Courte scène comique .... SKETCH
Court hébergement .... NUITÉE
Court instant .... ÉCLAIR, MINUTE
Court séjour loin de la maison .... NUITÉE
Court sur pattes .... TECKEL
Cousin germain .... TEUTON
Coût élevé .... CHERTÉ
Coutumes et usages .... MŒURS
Couvre sol .... BITUME
Couvrir aux extrémités .... GANTER
Couvrir de chagrin (PD) .... RELIER
Couvrir de petites crevasses .... GERCER
Couvrir d'un manteau blanc .... NEIGER
Couvrir sommairement .... BÂCHER
Couvrir un pied .... TERRER
Cracher le morceau .... PARLER
Craint l'eau .... SALETÉ
Craque pour celui qui fait le singe (MH) .. GUENON
Crayon antique .... CALAME
Créateur d'images (MH) .... MIROIR
Créer une toile .... TISSER
Creuser avec une bouveteuse .... RAINER
Creuser en profondeur .... ÉVIDER
Cri d'un oiseau .... BIPBIP
Crier sur les toits .... CLAMER
Critique faite sur un texte .... SCOLIE
Crue chez les Tartares .... VIANDE
Cuistot français .... OLIVER
Cultivée pour ses fleurs .... IBÉRIS
Dame de cœur (PD) .... CHÉRIE
Dame de pouvoir (PD) .... DÉESSE
Dangereuse émanation .... MIASME
Dangereux somnifère (MH) .... TSÉTSÉ
Dans celui du sud, l'avortement est interdit ....
.... DAKOTA
Dans la bouche du bébé .... TÉTINE
Dans la cuisine du Maroc .... TAGINE
Dans la famille des crucifères .... IBÉRIS
Dans la farine .... GLUTEN
Dans l'ancien Japon, seigneur local .. DAIMIO
Dans l'armée .... ENRÔLÉ
Dans l'âtre .... CHENET
Dans le beurre d'escargot .... PERSIL
Dans le champ .... ERRONÉ
Dans le chorizo .... PIMENT
Dans le ciel, le firmament .... ASTRES
Dans le nom d'une province du Canada . ÉCOSSE
Dans le nord du Québec .... UNGAVA
Dans le panier à salade mais n'escroque pas (MH) ....
.... LAITUE
Dans le Pina Colada .... ANANAS
Dans lequel il n'y a plus de place ...... REMPLI
Dans les bras .... ENLACÉ
Dans les brioches de Pâques .... RAISIN
Dans les halvas .... SÉSAME
Dans les nuages .... RÊVEUR
Dans les patates .... ERRONÉ
Dans les Pyrénées-Orientales .... PRADES
Dans les Rocheuses .... NEVADA
Dans le taboulé .... MENTHE
Dans le vent .... RÉCENT
Dans quelques jours .... SAMEDI
Dans tous ses états .... EXCITÉ
Dans tout le monde, c'est le petit qui en arrache ...
.... PEUPLE
Dans une bien mauvaise situation ...... ENLISÉ
Dans une interjection exprimant un long bavardage
.... PATATI
Dans un partage, compensation financière .. SOULTE
D'Arezzo ou de Lucques .... TOSCAN
Débarquer en ce monde .... NAÎTRE
Débarquer sur un croissant (MF) ...... ALUNIR
Débordement à table .... RIBOTE
Débourser sans discuter .... RAQUER
Debout aux terrasses (MH) .... BIÈRES
Début du jour de l'an .... MINUIT
Décaper avec un abrasif .... PONCER
Décapiter sans tuer (MH) .... ÉTÊTER
Décharge électrique .... ÉCLAIR
Décider avant de mourir qui paiera nos dettes (MF)
.... LÉGUER
Décision contre laquelle on ne peut rien .. DÉCRET
Déclarer faillite .... FERMER
Décore la moulure .... FRETTE
Décorer ou protéger .... VERNIR
De derrière .... DORSAL
De facto .... DEFAIT
Défilent rapidement .... ANNÉES
Dégager au sommet .... ÉTÊTER
De grande qualité .... SURFIN
De grands hommes le prennent pour le mettre au
panier .... REBOND
Déguster de la crème glacée .... LÉCHER
... de justice .... REPRIS
De la couleur du rouge .... VINEUX
Délai d'exécution .... SURSIS
De la main jusqu'au cou (MH) ...... LAISSE
De la matrice .... UTÉRIN
De la patrie de Zénon .... ÉLÉATE
De la pierre à la feuille .... LITHOS
De la tête aux pieds .... TAILLE
Délice d'équidés .... AVOINE
Délicieuse mais donne mauvaise haleine .. AILLÉE
Délicieux au petit déjeuner .... MUESLI
Délit, à la Bourse .... INITIÉ
Délivrance au moyen d'une rançon ..... RACHAT
Demandée pour une libération .... RANÇON
Demander à ce qu'on lui ouvre la porte .. SONNER
De manière continue .... SUIVIE
De même espèce que la betterave ...... BLETTE
Demeure épiscopale .... ÉVÊCHÉ
Démodé et ridicule .... ROCOCO
De moins en moins donnée aux enfants .. FESSÉE
D'en haut .... ASTRAL
Dénigrer quelqu'un .... DAUBER
De Niro, Charlebois ou Redford .... ROBERT
Dénoncer publiquement .... NOMMER
Dépasser la mesure, les limites .... ABUSER
De Pegu, de Rangoun .... BIRMAN
Déposer sans réaliser où (MF) .... ÉGARER
Dépôt de vin .... TARTRE

Dépourvu de toute mesure . . . . ZOMBIE
De quelque chose qu'on évacue . . . . FÉCALE
Dernier coup par l'ivrogne (MF) . . . . . . MORTEL
Dernier match . . . . FINALE
Dernier segment de l'abdomen des arthropodes . . . .
. . . . TELSON
Derrière elles, il y a la joie et la tristesse . . LARMES
Derrière la calèche . . . . COCHER
Derrière la locomotive . . . . TENDER
Derrière une étoile . . . . SHÉRIF
Désaccord entre deux parties . . . . DÉMÊLÉ
Désagréable par définition . . . . RÂLEUR
Des bouchons peuvent s'y former . . . . . . AVENUE
Descend du haut des aires . . . . URAÈTE
Descend plus qu'elle ne monte . . . . BOURSE
Descente directe à skis . . . . SCHUSS
Des cheveux entrelacés . . . . TRESSE
Des coques et des coquilles pour faire de la musique
. . . . SISTRE
Des cuisses . . . . CRURAL
Des gens en ont si peu qu'ils n'osent rien . . ÉCHECS
Des gens se le passent en courant vite . . . TÉMOIN
Des gouttes ou des flocons . . . . AVERSE
Des hollandaises y habitent (MH) . . . . ÉTABLE
Désignait l'Espagne . . . . IBÉRIE
Désir pris pour une réalité . . . . UTOPIE
Des milliards de gens aux yeux bridés y vivent . . . .
. . . . ORIENT
Des portes dans la descente . . . . SLALOM
Dès qu'il est présent, il devient passé (MF)
. . . . AVENIR
Des regards curieux se glissent en elles . . FENTES
Des tas de gens l'ont en main plusieurs heures par jour
. . . . SOURIS
Des tas de gens y ont perdu leur célibat (MF) . . . . .
. . . . ÉGLISE
Des tas de gens y versent du liquide (MF) . . CAISSE
Destination touristique . . . . EUROPE
Des vedettes du petit écran (MH) . . . . . . ICÔNES
Des vedettes y font du ski . . . . GSTAAD
De toute façon il aura tort . . . . ABSENT
Détruire en douceur (PD) . . . . ÉRODER
Deuxième point au tennis . . . . TRENTE
Deux personnes au travail (MH) . . . . BINÔME
Deux places assises . . . . TANDEM
Deux-roues . . . . BÉCANE
Deux sœurs qui viennent de publier un livre . . . . . .
. . . . HILTON
Deux, trois et quatre de pique . . . . TIERCE
Devait rendre immortel . . . . NECTAR
Devant lui les va-nu-pieds passent leur chemin (MH)
. . . . CIREUR
Devenir concret, réel . . . . NAÎTRE
Devenir dur et perdre un peu la raison (MF) . . . . . .
. . . . BANDER
Devenir gai (s') . . . . AMUSER
Devenir moins chaud . . . . TIÉDIR
Deviendra grand . . . . ALEVIN
Deviennent rares en chimie . . . . TERRES
Devient moins humaine si répétée . . . . . . ERREUR
Devient rouge quand elle est à l'honneur (PD) . . . . .
. . . . LÉGION

Devoir reprendre un test . . . . COULER
Devra être élargi . . . . TÔLARD
Dialecte du groupe italien . . . . TOSCAN
Dialecte grec . . . . IONIEN
Dictateur allemand . . . . HITLER
Dieu personnifiant le Temps . . . . CRONOS
Difficile à comprendre . . . . ÉDENTÉ
Difficile à contenir . . . . SPASME
Difficile à joindre . . . . NOMADE
Difficile à saisir . . . . FUYANT
Difficile à supporter . . . . ODIEUX
Difficile d'accès . . . . RECULÉ
Difficile d'avancer quand il est seul (PD) . . ARPION
Difficile de lui tourner le dos (PD) . . . . . AVENIR
Difficiles à différencier . . . . SOSIES
Difficiles à voir avec un miroir . . . . FESSES
Difficulté imprévue . . . . ACCROC
Diminuer d'intensité (se) . . . . TASSER
Diminuer le charme (MF) . . . . ÉCIMER
Dire n'importe quoi . . . . MENTIR
Dirige les chiens de chasse . . . . VENEUR
Dirige une entreprise . . . . PATRON
Dirige un groupe difficile . . . . ÂNIÈRE
Discours moralisateur . . . . SERMON
Discret au travail . . . . ESPION
Dispense d'exécution de la peine . . . . SURSIS
Distribués pendant les fêtes . . . . BÉCOTS
Diva en italien . . . . DÉESSE
Division territoriale du Québec . . . . CANTON
Doit être partagée pour être belle . . . . . . AMITIÉ
Doit faire effet . . . . GÉLULE
Doit sans cesse avancer et reculer . . . . . . ÉGOÏNE
Doit s'ennuyer de l'hiver . . . . SKIEUR
Doit son nom à un équidé . . . . ÂNERIE
Domestique mal traité . . . . LARBIN
Dominer la situation . . . . RÉGNER
Donc meilleur . . . . AFFINÉ
Donc pas pour . . . . CONTRE
Donnait l'heure approximativement . . . . . GNOMON
Donna sa tunique à Déjanire . . . . NESSOS
Donne de bons conseils . . . . MENTOR
Donne de la chaleur . . . . SOLEIL
Donne de la hauteur au port (PD) . . . . . . ALTIER
Donne de l'huile . . . . SÉSAME
Donne des conseils . . . . ÉGÉRIE
Donne des maux de tête aux recenseurs (MH) . . . . .
. . . . ESSAIM
Donne du jus . . . . TOMATE
Donne du travail à la police . . . . ÉMEUTE
Donnée si ça va mal . . . . ALARME
Donne le pain et la bière . . . . LEVURE
Donne le tournis à la bique . . . . ŒSTRE
Donne l'heure juste . . . . RÉVEIL
Donnent la réplique (MH) . . . . SOSIES
Donnent mauvaise impression . . . . ERRATA
Donne place à l'espoir . . . . AVENIR
Donner à boire . . . . SERVIR
Donner de jolies couleurs . . . . IRISER
Donner de la valeur . . . . PRISER
Donner du jus, du vin . . . . VERSER
Donner en garantie . . . . NANTIR
Donner fière allure à la monture (PD) . . . AMBLER

Donner la mesure . . . . RÉGLER
Donner son accord . . . . SIGNER
Donner son adhésion (MH) . . . . COLLER
Donner trop d'importance . . . . OUTRER
Donner un peu d'éclat . . . . AZURER
Dont il ne faut pas tenir compte . . . . RATURE
Dont la cuisson produit des effets de couleurs . . . .
. . . . FLAMMÉ
Dont les avantages ne sont pas répartis également . .
. . . . LÉONIN
Dont le sens est confus . . . . OBSCUR
Dont on a supprimé la plus haute partie . . ÉCRÊTÉ
Dont on coupe un membre . . . . AMPUTÉ
Dont on ne connaît pas la date de sortie (MH) . . . .
. . . . LATENT
Dont on se passerait facilement . . . . GÊNANT
Dont on se souviendra . . . . ÉPIQUE
Dorés en Suisse . . . . RŒSTI
Doublement stupide (MF) . . . . DUMDUM
Douze en cubes (MH) . . . . ARÊTES
Dramaturge américain . . . . MILLER
Dresse à l'étude . . . . PROTÊT
Dresse ses grandes oreilles dans les sables . . . .
. . . . FENNEC
Drôle de coureur . . . . RATITE
Drôle de pistolet (PD) . . . . URINAL
Drôle d'oiseau (MH) . . . . RIEUSE
Du bon temps . . . . LOISIR
Du canard . . . . MAGRET
Du dimanche au mardi de la semaine suivante . . . . .
. . . . DÉCADE
Du faux . . . . SIMILI
Du foin dans le champ . . . . ANDAIN
D'un ancien royaume . . . . SABÉEN
D'une ancienne contrée de l'Asie Mineure . . . .
. . . . ÉOLIEN
D'une colonne . . . . SPINAL
D'une région du nord de l'Afrique . . . . . NUMIDE
D'une simple pression elles font la lumière (PD) . . .
. . . . OLIVES
D'un esthétisme moderne et fonctionnel . . DESIGN
D'un État d'Asie . . . . SYRIEN
D'un fleuve d'Europe . . . . RHÉNAN
D'un jaune mêlé de rouge . . . . ORANGE
D'un joli vert un peu jaune . . . . RÉSÉDA
D'un pays d'Europe centrale . . . . CROATE
D'un seul bloc . . . . ENTIER
D'un vert jaunâtre . . . . RÉSÉDA
Du papier . . . . PRESSE
Du porc vinaigré . . . . LANGUE
Dur à cuir . . . . TENACE
Dur de comprenure . . . . ENTÊTÉ
Du Rif . . . . RIFAIN
Durillon se formant sur le gros orteil . . . . OIGNON
Du rivage . . . . CÔTIER
Du troisième âge . . . . SENIOR
Eau courante . . . . AVERSE
Eau-de-vie italienne . . . . GRAPPA
Eau servie avec de la glace . . . . GRÊLE
Écarter du chemin . . . . TASSER
Échancrer le contour de . . . . ÉVIDER
Échange de services . . . . TENNIS

Échange parfait . . . . OSMOSE
Échappement gazeux . . . . RENVOI
Échapper du ketchup sur sa chemise . . . . TERNIR
Échappe souvent aux recherches . . . . TRÉSOR
Éclaire en permanence . . . . SOLEIL
Éclate partout dans le monde . . . . GUERRE
Économiser petitement . . . . ROGNER
Écossais qui a fait tourner bien des têtes (MH) . . . .
. . . . SCOTCH
Écoulement du temps . . . . ANNÉES
Écouter avant de parler . . . . IMITER
Écouter la radio . . . . CAPTER
Écrit adressé à un ministre . . . . PLACET
Écrit sur des livres . . . . MARTEL
Écrivain anglais . . . . SIDNEY
Écrivain français . . . . NERVAL, NODIER
Écrivain français ami de Sartre . . . . LEIRIS
Écureuil mort de faim (MH) . . . . ÉDENTÉ
Effacer un élément vocalique . . . . ÉLIDER
Effectuer une transformation . . . . ÉTIRER
Égaliser les assises . . . . ARASER
Église chrétienne orientale reconnaissant l'autorité du
pape . . . . UNIATE
Égratigne au passage . . . . ROSIER
Élément du grec signifiant «chaud» . . . . THERME
Élément d'une charpente . . . . LIERNE
Élevée dans un parc . . . . HUÎTRE
Élever difficilement . . . . HISSER
Élever non sans peine . . . . HISSER
Élimine rapidement les favoris (MH) . . . . RASOIR
Elle a connu une autre époque . . . . AÏEULE
Elle a de l'influence . . . . ÉGÉRIE
Elle a de petites dents . . . . ÉGOÏNE
Elle a des branches . . . . ÉTOILE
Elle a des racines . . . . SOUCHE
Elle adore le poisson . . . . OTARIE
Elle a échangé un baiser sous le bruit des couteaux
. . . . ÉPOUSE
Elle a écrit «Jane Eyre» . . . . BRONTE
Elle a fait près de 600 morts dans les Caraïbes . . . .
. . . . JEANNE
Elle a habité «La Madrague» . . . . BARDOT
Elle aime la mer . . . . STERNE
Elle applaudit les spectateurs venus voir son numéro
(MF) . . . . OTARIE
Elle a une robe grise . . . . ÂNESSE
Elle a vu naître la mafia . . . . SICILE
Elle clapit . . . . LAPINE
Elle consomme beaucoup de cachets (MF) . . . .
. . . . AGENTE
Elle contient deux grains de café (MF) . . . CERISE
Elle déborde parfois du verre . . . . MOUSSE
Elle descend les autres . . . . TUEUSE
Elle dirige des têtes de mule (MF) . . . . . . ÂNIÈRE
Elle donne des cauchemars . . . . TSÉTSÉ
Elle donne du jus . . . . TOMATE
Elle en bouche un coin à bien des enfants (MF) . . .
. . . . TÉFINE
Elle en déplace de l'air . . . . RAFALE
Elle en fait râler plus d'un . . . . AGONIE
Elle est à la base d'une carrière (MF) . . . . PIERRE
Elle est allée en voyage de noces . . . . ÉPOUSE

Elle est assez vaste . . . . PLAINE
Elle est assumée par les jeunes . . . . RELÈVE
Elle est au bout du fil (MH) . . . . ÉPEIRE
Elle est bien équipée pour la chasse . . . . LIONNE
Elle est chérie . . . . AMANTE
Elle est dans la bouche des enfants . . . . . . TÉTINE
Elle est difficile à atteindre . . . . UTOPIE
Elle est divine . . . . DÉESSE
Elle est due à un virus . . . . VERRUE
Elle est en dents de scie . . . . ÉGOÏNE
Elle est en haut de la page . . . . ENTÊTE
Elle est entourée de têtes de cochons (MF) . . . .
. . . . ÂNIÈRE
Elle est fidèle . . . . BREBIS
Elle est fouillée aux douanes . . . . VALISE
Elle est généralement la première servie . . ENTRÉE
Elle est habile pour attraper des poissons . . OTARIE
Elle est lente et molle . . . . LIMACE
Elle est louangée en peinture . . . . NUDITÉ
Elle est maladroite . . . . SAVATE
Elle est méchante . . . . TEIGNE
Elle est médisante . . . . VIPÈRE
Elle est parfois difficile à reconnaître . . ERREUR
Elle est parfois dure à entendre . . . . VÉRITÉ
Elle est pleine de sang ou d'asphalte (MF) . . . .
. . . . ARTÈRE
Elle est poilue . . . . BROSSE
Elle est ridicule . . . . ÂNERIE
Elle est souterraine . . . . RACINE
Elle est souvent alcoolisée . . . . LOTION
Elle est souvent dans l'eau . . . . OTARIE
Elle est souvent embouteillée à 7 h . . . . . . ARTÈRE
Elle est souvent méchante . . . . IRONIE
Elle est souvent servie avec des salades d'avocats
(MF) . . . . SÉANCE
Elle est souvent tirée à la fin de l'histoire . . . .
. . . . MORALE
Elle est toujours appréciée sur le gâteau . . CERISE
Elle est toujours en haut de la liste . . . . . . ENTÊTE
Elle est transmise par un moustique . . . . DENGUE
Elle est très endormante . . . . TSÉTSÉ
Elle est très petite . . . . NABOTE
Elle est très peu peuplée . . . . ÎLETTE
Elle expose ses toiles dans le jardin (MF) . . ÉPEIRE
Elle fait augmenter les prix . . . . RARETÉ
Elle fait chanter les marins . . . . SIRÈNE
Elle fait couler de l'encre lorsqu'elle n'est pas con-
tente (MF) . . . . SEICHE
Elle fait déborder les gens . . . . LIESSE
Elle fait des nœuds . . . . LIEUSE
Elle fait la lumière . . . . CLARTÉ
Elle fait monter les prix . . . . RARETÉ
Elle fait son chemin dans le bois (MF) . . . ÉGOÏNE
Elle fait tomber les gens comme des mouches (MF)
. . . . TSÉTSÉ
Elle fleurit au printemps . . . . TULIPE
Elle fréquente les restaurants à service rapide (MF)
. . . . STERNE
Elle fut cédée à la Grande-Bretagne en 1713 . . . . .
. . . . ACADIE
Elle fut constituée en 1946 . . . . UNESCO
Elle garde des enfants à domicile . . . . . . NOUNOU

Elle hurle pendant que la police arrive (MF) . . . . . .
. . . . SIRÈNE
Elle jacassait . . . . AGASSE
Elle laisse quelques millimètres de pluie au sol . . . .
. . . . AVERSE
Elle mérite de se faire savonner . . . . CRASSE
Elle met de la couleur dans la vie (MF) . . . TEINTE
Elle met fin à vos rêves en vous donnant envie de dor-
mir (MF) . . . . TSÉTSÉ
Elle mugit . . . . SCIÈNE
Elle n'a pas de tête (MH) . . . . CRUCHE
Elle n'a pas peur de se mouiller pendant ses specta-
cles (MF) . . . . OTARIE
Elle ne bouge pas . . . . STATUE
Elle n'en revenait pas . . . . AHURIE
Elle n'est pas née hier . . . . AÏEULE
Elle n'obéit pas facilement . . . . ÂNESSE
Elle nous envoie au lit rapidement . . . . . . TSÉTSÉ
Elle nous fait changer d'air rapidement . . RAFALE
Elle nous fait réfléchir . . . . ÉNIGME
Elle nous permet de bien avaler sa pilule . . GÉLULE
Elle partage la vie d'un roi (MF) . . . . LIONNE
Elle pêche dans la mer . . . . OTARIE
Elle pend à l'oreille . . . . CRÉOLE
Elle peut être d'amour . . . . LETTRE
Elle pique . . . . EUMÈNE
Elle pond des œufs . . . . ŒSTRE
Elle porte une robe grise . . . . ÂNESSE
Elle précède la suite . . . . BRELAN
Elle prend soin de ses poulains (MF) . . . . AGENCE
Elle prend souvent la mouche . . . . ÉPEIRE
Elle produit des perles fines . . . . HUÎTRE
Elle rampe . . . . NÉRÉIS
Elle rend l'haleine fraîche . . . . MENTHE
Elle rend une chose précieuse . . . . RARETÉ
Elle renferme des médicaments . . . . GÉLULE
Elle revient avec plein de souvenirs (MH) . . VALISE
Elle ronge l'arrière des maisons . . . . RUELLE
Elle sait qu'on ne prend pas de mouches avec du
vinaigre . . . . ÉPEIRE
Elle s'amuse . . . . RIEUSE
Elle se lie dans la confiance . . . . AMITIÉ
Elle se nourrit de vers (MF) . . . . POÉSIE
Elle s'envole en fumée . . . . GITANE
Elle sert au logement des bovins . . . . ÉTABLE
Elle s'étend . . . . PLAINE
Elle se termine par une signature . . . . LETTRE
Elle se termine toujours en queue de poisson . . . . .
. . . . SIRÈNE
Elle siège près du palais (MF) . . . . LUETTE
Elle s'installe entre les gens aux atomes crochus . . .
. . . . CHIMIE
Elles n'ont pas eu d'enfants (MH) . . . . SŒURS
Elles ont des oreilles . . . . TASSES
Elles ont une tête de cochon (MH) . . . . . . TRUIES
Elle sort presque de la coupe (MF) . . . . . RASADE
Elles passent moins vite si on les regarde passer une
à une (MF) . . . . HEURES
Elles passent plus vite quand on s'amuse . . HEURES
Elles passent souvent dans le beurre (MF) . . RÔTIES
Elles peuvent survenir dans notre maison . . SCÈNES
Elles prennent souvent fin devant le juge . . UNIONS

Elles sont bonnes pour baiser . . . . LÈVRES
Elles sont dans les yeux des amoureux . . LUEURS
Elles sont entre les bancs . . . . ALLÉES
Elles sont permanentes sur l'Everest . . . . . NEIGES
Elle subvient toute seule aux besoins de sa famille
. . . . LIONNE
Elle suit parfois l'erreur . . . . EXCUSE
Elle tombe bien . . . . AVERSE
Elle travaille dans un abattoir . . . . TUEUSE
Elle travaille pour des poissons (MF) . . . . OTARIE
Elle traverse Londres . . . . TAMISE
Elle trouve la vie plus légère à l'eau . . . . TORTUE
Elle vit sur des fonds vaseux . . . . NÉRÉIS
Éloigné du quotidien . . . . IRRÉEL
Emballage pour le transport des fruits . . . CAGEOT
Emboîter le pas . . . . SUIVRE
Empêche de lire . . . . CÉCITÉ
Empêche de rester debout (MH) . . . . TSÉTSÉ
Empêche les céréales de fleurir . . . . NIELLE
Empêchent d'aller plus loin . . . . FREINS
Empêcher de passer . . . . GARDER
Empereur allemand . . . . KAISER
En Arizona . . . . TUCSON
En attente . . . . ESPÉRÉ
En beau fusil . . . . RAGEUR
En bien mauvaise posture . . . . ENLISÉ
En bonne place chez le menuisier . . . . ÉTABLI
En bout de ligne, leurs pieds sont pareils (MF) . . . .
. . . . IAMBES
En bout de tube (PD) . . . . RECTUM
Encaisse au passage (PD) . . . . OCTROI
Encaisse pour passer à la caisse (MH) . . BOXEUR
En Camargue, groupe de chevaux . . . . . MANADE
En cheveux . . . . NUTÊTE
En compétition . . . . ENGAGÉ
Encore parcourir . . . . RELIRE
Encore recherchée en Asie . . . . PÂLEUR
Encourage au massacre . . . . TAÏAUT
En demander trop . . . . ABUSER
Endroit plat où l'on monte . . . . MANÈGE
En Égypte, noria actionnée par des bœufs . . SAKIEH
En escrime, celui qui dispute un assaut . . . TIREUR
En Europe et en Asie . . . . RUSSIE
En faire voir de toutes les couleurs . . . . . . IRISER
En fait beaucoup trop . . . . ABUSIF
Enfant de Deucalion et de Pyrrha . . . . HELLEN
Enfant de François René . . . . AMÉLIE
Enfant dont la vie change plus que d'un poil (MF)
. . . . PUBÈRE
Enfant insupportable . . . . POISON
Enfonce et défonce . . . . BÉLIER
En forme de botte . . . . ITALIE
En fusil . . . . ENRAGÉ
Engagé volontaire . . . . ADEPTE
Engagé volontaire (PD) . . . . FIANCÉ
Engin pour catapulter . . . . ONAGRE
En Irlande . . . . ULSTER
En joual vert . . . . ENRAGÉ
En l'air . . . . AÉRIEN
En larmes . . . . ÉPLORÉ
Enlève le brillant . . . . AMATIS
Enlever la boue . . . . ÉBOUER

Enlever les puces . . . . ÉPUCER
Enlever un bout . . . . ÉTÊTER
En maudit . . . . IRRITÉ, RAGEUR
En mettre plein la vue . . . . ÉTALER
En mouvement . . . . ONDULÉ
Ennemie des producteurs de blé . . . . NIELLE
En payer le prix . . . . ÉCOPER
En pièces . . . . LACÉRÉ
En poche . . . . OBTENU
En Polynésie . . . . HAWAII
En prière pour l'éternité . . . . ORANTE
En principe, on la prend pour la vie . . . . . ÉPOUSE
En proie à un trouble violent . . . . HAGARD
En rang, mais où . . . . ÉNIÈME
Enregister sur un ordinateur . . . . ENTRER
En retrait . . . . EFFACÉ
En saillies . . . . ARÊTES
En Savoie . . . . ISERAN
Ensemble de baies . . . . RAISIN
Ensemble de caractères . . . . NATURE
Ensemble de personnes mangeant ensemble . . . . . .
. . . . TABLÉE
Ensemble de reflets (MH) . . . . ORIENT
Ensemble des couples d'éléments vérifiant une rela-
tion donnée . . . . GRAPHE
Ensemble des données et des questions d'un problème
. . . . ÉNONCÉ
Ensemble des petits mis bas par une femelle . . . . .
. . . . PORTÉE
Ensemble d'exercices pour un perfectionnement spi-
rituel . . . . ASCÈSE
Ensemble musical . . . . OCTUOR
Ensemble plus ou moins organisé . . . . . . GROUPE
En somme elle est dure à battre (MF) . . . . TSÉTSÉ
En somme, on les retient d'une colonne à l'autre (MF)
. . . . UNITÉS
En souffler un coup . . . . AHANER
En tas . . . . FUMIER
Entendus après une chute . . . . PLEURS
En tête chez les nonnes . . . . GUIMPE
En tête en attendant la sortie (PD) . . . . . . LENTES
Entourée de pigeons . . . . STATUE
Entoure le pied de champignons . . . . . . ANNEAU
Entourer de soins . . . . COUVER
Entraîner dans la bonne direction . . . . . . GUIDER
Entre dans le bois en tournant . . . . VRILLE
Entre décembre et janvier chez les républicains . . . .
. . . . NIVÔSE
Entre des cours . . . . RUELLE
Entre deux mandats . . . . ANNÉES
Entre deux roues . . . . ESSIEU
Entre Grèce et Turquie . . . . ÉGÉENS
Entre la mer Rouge et le golfe Persique . . ARABIE
Entre la promesse et la réalité . . . . RETARD
Entre Maurienne et Tarentaise . . . . ISERAN
Entreprise pleine de risques . . . . CASINO
Entrer dans une piscine (se) . . . . SAUCER
En un mot . . . . LETTRE
Enveloppe pour le fœtus . . . . AMNIOS
En venir aux coups . . . . ROSSER
Environ 700 millions de personnes y vivent . . . . . .
. . . . EUROPE

En voici une faute .... FRAPPE
En voilà une idée .... EURÊKA
En vouloir encore .... BISSER
Envoyer à côté du bol (MF) .... URINER
Envoyer au tapis .... SONNER
Envoyer chez le diable .... RENIER
Envoyer les couleurs (PD) .... HISSER
Envoyer sous terre .... TERRER
Épopée en 10 000 vers .... ÉNÉIDE
Épousa sa mère .... ŒDIPE
Époux de Jocaste .... ŒDIPE
Épreuve de ski alpin .... SUPERG
Équilibre le partage .... SOULTE
Éric Gagné s'y réchauffe .... ENCLOS
Érigé par Saint-Louis en comté ...... ARTOIS
Escalade les murs .... LIERRE
Espagnole disparue .... PESETA
Espagnole du Nord .... ORENSE
Espar cylindrique .... VERGUE
Espérer le bien des autres .... ENVIER
Esprit borné .... ÉTROIT
Essaie de jongler avec les pieds (PD) .... RIMEUR
Essence extraite d'un arbuste d'Australie .. SANTAL
Essence solidifiée .... NAPALM
Essentielle pour les longs voyages ..... ESCALE
Est à la fois pétale et sépale .... TÉPALE
Est chargée de contrôler le passage des biens à la frontière .... DOUANE
Est constitué de pigments .... STIGMA
Est de moins en moins donnée aux enfants
.... FESSÉE
Est de retour à Rome .... UNIATE
Est divisée en stalles .... ÉCURIE
Est due à la présence de pigments biliaires ....
.... ICTÈRE
Est en proie à une idée fixe .... OBSÉDÉ
Est issu d'un tigre et d'une lionne ..... TIGLON
Est parfois plein d'humour .... DESSIN
Est plein de numéros .... BOTTIN
Est plus facile quand on divise .... RÉGNER
Est propre à une région .... CLIMAT
Est relativement loin de la tête .... ÉNIÈME
Est sans intérêt .... BLABLA
Est servie après le potage .... ENTRÉE
Est souvent lumineux .... SIGNAL
Est souvent pressé .... CITRON
Est toujours de la fête .... NOCEUR
Étaient leurs richesses (PD) .... NABABS
Était à Montréal pour protester contre la peine de mort
.... JAGGER
Était divisée en cohortes .... LÉGION
Était mère sans être mère (MH) ...... TERESA
Était redoutée des écoliers .... FÉRULE
Était un embryon .... FŒTUS
Étanche la soif .... RASADE
État de ce qui est lâche .... LAXITÉ
État d'Europe .... MONACO
État dirigé par un prince arabe ...... ÉMIRAT
État pacifique .... OREGON
Été apprécié .... INDIEN
Étendre sur un matelas .... ALITER
Éternelles sur les hauts sommets ..... NEIGES

Ethnie africaine .... CAFRES
Étoffe à carreaux .... TARTAN
Étoile très brillante .... SIRIUS
Étourdit le bouc .... ŒSTRE
Être admis .... PASSER
Être à la peine .... AHANER
Être content de .... DEVOIR
Être dans ses cordes .... STÉRER
Être de bon conseil .... ÉGÉRIE
Être expulsé .... GICLER
Être fidèle .... CROIRE
Être obligé .... DEVOIR
Être sur le tapis .... JUDOKA
Être tout près du but, être très chaud .... BRÛLER
Européenne de la première heure ..... ITALIE
Éveiller le désir, les envies .... TENTER
Évite de se découvrir .... PSEUDO
Évite le flambage sous les toits (PD) .... LIERNE
Évite les répétitions d'un texte ...... IBIDEM
Éviter en passant par-dessus (MH) ... SNOBER
Éviter le choc des voyelles (PD) ..... ÉLIDER
Éviter le taureau à tout prix (MF) .... TORÉER
Évoque le jaune .... ICTÈRE
Évoque le passé .... REGRET
Évoque Noël et Pâques avec le tison (MH) ....
.... BALCON
Examiner pour vérifier .... REVOIR
Excellente pour les bottes .... LIEUSE
Excellent sauteur .... ANOURE
Exemplaire d'une publication .... NUMÉRO
Exemple de douceur .... AGNEAU
Exhale de la vapeur .... FUMIER
Expédie dans les bras de Morphée (MH) .. TSÉTSÉ
Exploré par une célèbre patrouille (MF) ....
.... COSMOS
Exposer ouvertement ce qu'il pense à sa conjointe
(MF) .... BANDER
Ex-premier ministre libanais .... HARIRI
Expression de la rue .... HIPHOP
Expression de satisfaction (PD) ...... RONRON
Exprimer sa réprobation .... BLÂMER
Exprimer sur tous les tons (MF) ...... IRISER
Exprimer très fort .... HURLER
Exprime une certaine parenté .... UTÉRIN
Extrême pour les Japonais .... ORIENT
Extrémité renforcée .... EMBOUT
Extrémité sud-ouest de l'Asie .... ARABIE
Face rougeaude du mangeur .... TROGNE
Facilite la lecture .... LUTRIN
Facilite la reproduction des algues ... OOGONE
Facilite l'ouverture .... SÉSAME
Faciliter le bon fonctionnement ..... HUILER
Façon d'appeler .... SURNOM
Façon d'attaquer .... SATIRE
Façon de conclure un marché .... TOPELÀ
Façon d'éliminer les favoris (MH) .... RASAGE
Façon d'entrer facilement .... TICKET
Façon de se cacher (MH) .... PSEUDO
Facteur agglutinogène suivi à la lettre par le cardiologue .... RHÉSUS
Faire abstraction .... ISOLER
Faire à la sauvette .... GÂCHER

Faire bailler .... LASSER
Faire bien des efforts .... AHANER
Faire bouger son nez .... MENTIR
Faire certains pas .... DANSER, VALSER
Faire changer de nature .... VARIER
Faire circuler .... ÉDITER
Faire classe à part .... SÉRIER
Faire comme le capucin .... SINGER
Faire comme les autres .... IMITER
Faire comme lui, c'est ne pas faire grand-chose ....
.... LÉZARD
Faire comme tout le monde au début .... NAÎTRE
Faire comme un grand duc .... ULULER
Faire communiquer .... RÉUNIR
Faire de quoi .... RÉAGIR
Faire des allers et retours (MH) .... BERCER
Faire des desseins .... IMAGER
Faire des efforts .... LUTTER
Faire des gouttelettes .... PERLER
Faire des longueurs .... ÉTIRER
Faire des ouvertures .... TROUER
Faire des rapports .... NARRER
Faire des réductions .... TASSER
Faire des tractions .... ÉTIRER
Faire des visites et des consultations (MH) ....
.... SURFER
Faire disparaître .... AVALER
Faire divers essais .... TESTER
Faire effet .... OPÉRER
Faire entendre des voix .... IMITER
Faire la baboune .... BOUDER
Faire la chasse aux parasites .... ÉPUCER
Faire l'âne .... BRAIRE
Faire la pincée .... SNOBER
Faire le gros dos .... BOSSER
Faire le jars (MF) .... RÉGNER
Faire le ménage .... SASSER
Faire le plein .... GARNIR
Faire le singe .... IMITER
Faire le vide .... RENDRE, TROUER
Faire le vide (PD) .... URINER
Faire marcher .... MENTIR
Faire monter la pression .... SERRER
Faire monter la température .... ÉTUVER
Faire partir la tête .... ÉTÊTER
Faire passer de bons moments .... AMUSER
Faire passer mon enthousiasme (PD) .... ANIMER
Faire passer par de petits trous .... SASSER
Faire patate .... CREVER
Faire pénétrer .... ENTRER
Faire perdre la tête .... ÉTÊTER
Faire perdre son temps .... AMUSER
Faire réfléchir (MH) .... ÉTAMER
Faire revenir un aliment à feu .... SAUTER
Faire sa chipie .... AGACER
Faire sa langue sale (MF) .... TERNIR
Faire sa mauvaise langue .... MÉDIRE
Faire semblant .... CRÂNER
Faire serrer les lèvres .... ABUSER
Faire son frais .... SNOBER
Faire sourire .... AMUSER
Faire tomber les fruits de l'arbre .... LOCHER

Faire un bruit d'essai .... TENTER
Faire une ligne .... TRACER
Faire une manœuvre de repli (MH) ..... OURLER
Faire une mise en plis .... DRAPER
Faire une réaction allergique .... ENFLER
Faire une torsade .... NATTER
Faire un gros party .... RÉUNIR
Faire un gros plan .... ZOOMER
Faire un placement .... BOTTER
Faire un tour .... ÉVIDER
Faire un tour d'étable (MH) .... TRAIRE
Faire un tri .... SASSER
Faire voir des choses .... ÉTALER
Faisait de la philosophie .... ÉLÉATE
Faisait partie de la richesse du fermier égyptien ...
.... BÉTAIL
Faiseur de pluie .... TLALOC
Faiseuse d'images .... ÉPINAL
Fait à la dérobée .... FURTIF
Fait bâiller .... TSÉTSÉ
Fait bien les choses .... HASARD
Fait briller le cuir .... CIRAGE
Fait chercher .... DÉDALE
Fait clochette .... DRELIN
Fait courir les forces de l'ordre .... ÉMEUTE
Fait dangereusement la bombe .... NAPALM
Fait de chics voyages .... JETSET
Fait de cirer les bottes de quelqu'un ..... CIRAGE
Fait de gros dégâts .... TUERIE
Fait de la fumée .... CIGARE
Fait de l'effet à la bique .... ŒSTRE
Fait de manquer de vision .... MYOPIE
Fait de n'avoir ni hauts ni bas (MF) ..... NUDITÉ
Fait de prendre ses rêves pour la réalité .. UTOPIE
Fait de quelqu'un un soldat .... ENRÔLÉ
Fait des choix au passage .... TRIEUR
Fait de s'en aller chez le diable .... DÉCLIN
Fait des flaques .... AVERSE
Fait des longueurs au spectacle (PD) .... TUNNEL
Fait de suie .... BISTRE
Fait de travailler sans filet à la télévision .. DIRECT
Fait du bruit en tombant .... GRÉSIL
Fait du théâtre .... TROUPE
Fait envie .... NAEVUS
Faites-la avant de hausser le ton .... NUANCE
Fait faire de l'exercice .... RAMEUR
Fait faire un tour aux enfants .... MANÈGE
Fait intrusion .... PIRATE
Fait jaunir .... ICTÈRE
Fait la grimace .... GUENON
Fait la peau lisse .... RASOIR
Fait les 400 coups (MH) .... LOUBAR
Fait mal au ventre .... ILÉITE
Fait mal aux oreilles .... BOUCAN
Fait mauvais effet dans la page .... RATURE
Fait ouvrir les parapluies .... SAUCÉE
Fait partie de la famille des bougons .... RÂLEUR
Fait partie de la famille des crucifères .... IBÉRIS
Fait partie de la liste des péchés ...... LUXURE
Fait partie de la Serbie-et-Monténégro . KOSOVO
Fait partie de notre système .... URANUS
Fait partie des terres rares .... ERBIUM

Fait partie du G8 . . . . ITALIE
Fait partie d'un groupe de chanteurs . . . . . ORIOLE
Fait partie d'un régime … sans viande . . BANANE
Fait partie du smoking . . . . VESTON
Fait partie du voyage . . . . ESCALE
Fait perdre des points . . . . ERREUR
Fait rapidement le tour de la question . . . RÉSUMÉ
Fait réfléchir . . . . ÉNIGME
Fait rire . . . . HUMOUR
Fait ronfler . . . . TSÉTSÉ
Fait rougir . . . . ECZÉMA
Fait rougir les plus beaux visages (PD) . . DARTRE
Fait saillie . . . . RELIEF
Fait son numéro au cirque . . . . OTARIE
Fait souvent des grimaces . . . . RHÉSUS
Fait souvent partie des prévisions . . . . . . AVERSE
Fait tache sur la robe . . . . OCELLE
Fait tout trembler . . . . SÉISME
Fait vivre le personnel d'un hôtel . . . . . . NUITÉE
Fameux poème . . . . ÉNÉIDE
Faute à moitié pardonnée . . . . AVOUÉE
Faux nom . . . . PSEUDO
Favoriser la croissance . . . . ÉTÊTER
Fécondation in vitro . . . . FIVETE
Fêlure à fentes rayonnantes . . . . ÉTOILE
Femme avec les bras levés . . . . ORANTE
Femme bien foutue . . . . DÉESSE
Femme d'idées avec un bon jugement . . . . ÉGÉRIE
Femme dont la ligne est souvent observée par un
homme . . . . SVELTE
Femme en état de siège (MF) . . . . ASSISE
Femme modèle . . . . IDÉALE
Femme qui a de bonnes idées, un bon jugement . . .
. . . . ÉGÉRIE
Femme qui a le goût . . . . AGACÉE
Femme qui a les moyens . . . . RUPINE
Femme qui a une alliance . . . . MADAME
Femme qui a une nouvelle tête . . . . TEINTE
Femme qui est vite remarquée . . . . ROUSSE
Femme qui gagne sa vie en faisant des commissions
. . . . AGENTE
Femme qui n'a pas besoin de cartes (MF) . . SERVIE
Femme qui ne comprend rien . . . . SOURDE
Femme qui ne peut plus jouer (MF) . . . . RINCÉE
Femme qui pense au mariage . . . . ÉPRISE
Femme qui prend peu de place dans la maison (MF)
. . . . SVELTE
Femme riche et belle . . . . ENVIÉE
Femme sans adresse (MF) . . . . GITANE
Femme sans cœur . . . . MÉGÈRE
Fendre un diamant . . . . CLIVER
Ferme dans ses projets . . . . RÉSOLU
Fermé la nuit . . . . DIURNE
Fermer après ouverture (PD) . . . . OPÉRER
Fervents de la pédale . . . . TIFOSI
Fêté à la fin de juin . . . . IRÉNÉE
Feuille pleine de lignes . . . . MOBILE
Feu qui ne dure pas longtemps . . . . PAILLE
Fibre française . . . . TERGAL
Fidèlement reproduire . . . . MOULER
Figure de la Nativité . . . . CRÈCHE
Filament blanc . . . . CIRRUS

Filet qui fait bondir de grands hommes (MF) . . . . . .
. . . . PANIER
Filiation artistique . . . . LIGNÉE
Fille d'Hypérion . . . . SÉLÈNE
Film de Sauvé . . . . CHEECH
Fils de Jocaste . . . . ŒDIPE
Fils d'un pauvre tailleur . . . . ALADIN
Fin de journée . . . . SOIRÉE
Finir par tout détruire avec le temps . . . . ÉRODER
Finissent dans la poubelle . . . . RESTES
Finissent en décembre . . . . ANNÉES
Finit dans les cordes . . . . TEILLE
Finit en queue de poisson . . . . SIRÈNE
Fixer l'itinéraire d'un navire . . . . ROUTER
Fixer par en haut . . . . PENDRE
Fixer solidement . . . . CLOUER
Fleur en tête . . . . PENSÉE
Fleurit dans les jachères . . . . IVETTE
Fleuve qui a inspiré Strauss . . . . DANUBE
Folle comme un balai . . . . AGITÉE
Fond à l'église . . . . CIERGE
Fond comme neige au soleil . . . . BEURRE
Fondre en parlant d'un fusible . . . . SAUTER
Font briller les yeux . . . . LARMES
Font blanchir, font vieillir . . . . ANNÉES
Font partie des offices . . . . VÊPRES
Font un film . . . . IMAGES
Forcément peu bavard . . . . APHONE
Forcer à pelleter . . . . NEIGER
Forcer un rouge-gorge à s'installer ailleurs (MF) . . .
. . . . ÉTÊTER
Forestier connue . . . . LOUISE
Formation au verger . . . . NOUURE
Formation de l'épi . . . . ÉPIAGE
Forme de pari . . . . QUARTE
Forment des haies . . . . TENIAS
Former une ouverture . . . . TROUER
Fort en prenant la graine (PD) . . . . SÉNEVÉ
Forte tension . . . . STRESS
Fort liquide . . . . ROBINE
Fou à lier . . . . ALIÉNÉ
Foule qui déborde . . . . LIESSE
Fournir de quoi écrire . . . . DICTER
Fournir un revenu périodique . . . . RENTER
Fournit de l'huile . . . . ELAEIS
Fournit de l'information . . . . ODORAT
Fournit iode et soude . . . . VARECH
Fournit une teinture jaune . . . . SAFRAN
Fourrer son nez partout . . . . SENTIR
Français du nord-ouest . . . . BRETON
Française, espagnole, italienne . . . . NAPLES
Frappe plus fort en disant moins . . . . . . LITOTE
Frapper avec un bâton, frapper de la pointe
. . . . DARDER
Fréquente les restos mais pas les bars . . . MINEUR
Fréquent sur les rochers . . . . LICHEN
Frères célèbres . . . . DALTON
Froide en tombant . . . . BRUINE
Frotter pour donner du goût . . . . AILLER
Fruit à la pulpe cotonneuse . . . . ICAQUE
Fruit charnu . . . . FRAISE
Fruit d'une rencontre chez les équidés . . BARDOT

Fume pendant la messe . . . . ENCENS
Furent le sujet d'une chanson de Yvon Deschamps
. . . . FESSES
Fut aimée de Zeus . . . . SÉMÉLÉ
Fut enlevée par Pâris . . . . HÉLÈNE
Fuyez dès qu'il vous approche (PD) . . . . . TAPEUR
Gagner par ruse . . . . CAPTER
Gagner sa vie comme les Rougeau . . . . . . LUTTER
Galopait sans hennir (MH) . . . . NESSUS
Gamal Abdel . . . . NASSER
Garde la pose . . . . MODÈLE
Gardés pour le lendemain . . . . RESTES
Gardien de troupeau . . . . GAUCHO
Gars aimant avoir la tête . . . . MENEUR
Gars louche . . . . RODEUR
Gaspillage de salive . . . . REDITE
Géant sur une pente raide (MF) . . . . SLALOM
Geler pour redonner la forme (MF) . . . . . OPÉRER
Gêne aux entournures (PD) . . . . EMBÊTÉ
Généralement première servie . . . . ENTRÉE
Général ou sans hésiter . . . . FRANCO
Général romain assassiné . . . . AETIUS
Généreux donateur . . . . MÉCÈNE
Genre littéraire . . . . SATIRE
Géographe arabe . . . . EDRISI
Germer artificiellement l'orge . . . . MALTER
Geste qui n'a pas mené à la prison . . . . . IMPUNI
Gibier à plumes . . . . FAISAN
GI ou SS . . . . SOLDAT
Glace s'accumulant sur des glaces . . . . . GRÉSIL
Goût vif et passager . . . . TOCADE
Graminée fourragère . . . . FLÉOLE
Grande antilope . . . . KOUDOU
Grande gêne . . . . MISÈRE
Grande lame pour de dangereuses rencontres . . . . . .
. . . . BRETTE
Grand filet de pêche . . . . DREIGE
Grand mais indéterminé . . . . ÉNIÈME
Grand mammifère domestique . . . . CHEVAL
Grand mollusque gastéropode . . . . TRITON
Grand vin rouge . . . . CORTON
Grand vitrail d'église . . . . ROSACE
Grand voyage . . . . TRÉPAS
Gratter en surface . . . . HERSER
Grave chez mon père et ma mère . . . . . ACCENT
Grave problème d'épuration (PD) . . . . . . URÉMIE
Grec ancien . . . . IONIEN
Grecque pleine d'olives . . . . LESBOS
Grec qui devint évêque de Lyon . . . . IRÉNÉE
Grêle et décoloré . . . . ÉTIOLÉ
Grogne partout . . . . RÂLEUR
Gros dégâts . . . . RAVAGE
Gros lézard . . . . IGUANE
Gros loup ou petit oiseau (MF) . . . . TRÉSOR
Gros mot . . . . SALETÉ
Gros ... : personne importante . . . . BONNET
Gros poisson osseux . . . . SCIÈNE
Gros rond-point . . . . ÉTOILE
Grosse baie charnue . . . . SAPOTE
Grosse commission au Fédéral . . . . GOMERY
Grosse femme . . . . DONDON
Grosse foire d'un autre temps . . . . LENDIT

Gros verre à pied . . . . CALICE
Groupe de chevaux, en Camargue . . . . . MANADE
Groupe dépendant d'un autre . . . . VASSAL
Groupe de personnes qui remonte la pente (MF) . . .
. . . . CORDÉE
Groupe de trois enfants nés d'une même grossesse
. . . . TRIPLÉ
Groupe dont la chanteuse était Sandra Doyon
. . . . NUANCE
Groupe organisé . . . . ÉQUIPE, ESSAIM
Gruger du temps . . . . ÉTIRER
Guerrier violent . . . . REÎTRE
Guide qu'on suit mais qui ne bouge pas (MH) . . . . .
. . . . REPÈRE
Guider pour la mise en forme (MH) . . . . MOULER
Guitariste américain . . . . HOOKER
Guy Lafleur en était un . . . . AILIER
Habiller comme une indienne . . . . DRAPER
Habiller jeune . . . . NIPPER
Habitant d'un archipel du Pacifique . . . . SAMOAN
Habitant d'une région de l'Italie . . . . TOSCAN
Habitant d'un pays de l'Afrique . . . . SOMALI
Habitation ancienne . . . . MANOIR
Habite les savanes . . . . GUENON
Habite peut-être au Sahara . . . . OASIEN
Habite un grand palais à Paris . . . . CHIRAC
Habitué de la place . . . . ABONNÉ
Habituel et précis . . . . RITUEL
Haut comme trois pommes (MH) . . . . . . ANANAS
Haute comme trois pommes . . . . PETITE
Hauts lieux touristiques . . . . RUINES
Héros qui volait . . . . ARSÈNE
Heureusement, ils sont souterrains . . . . . ÉGOUTS
Heureux débordement . . . . LIESSE
Heureux et content . . . . RÉJOUI
Homme à quatre pattes . . . . NESSUS
Homme d'affaires . . . . REQUIN
Homme d'Église laïc (MH) . . . . BEDEAU
Homme de la Côte . . . . NIÇOIS
Homme de peine . . . . FORÇAT
Homme d'images . . . . NIEPCE
Homme du milieu qui n'est pas droit (MH) . . . . .
. . . . TRUAND
Homme gai . . . . ÉMÉCHÉ
Homme marié qui a une ex-conjointe . . . RECASÉ
Homme qui agit en toute connaissance de cause . . .
. . . . AVERTI
Homme qui boit depuis une mèche (MF) . . ÉMÉCHÉ
Homme qui faisait l'amour comme un étalon . . . . .
. . . . NESSUS
Homme qui n'apprécie pas tellement le blé d'inde en
épi . . . . ÉDENTÉ
Homme qui ne claque pas des dents (MF) . . . . .
. . . . ÉDENTÉ
Homme rusé . . . . LASCAR
Homme sans colonne . . . . SOUMIS
Homophone de tacot . . . . TACAUD
Hors de l'ordinaire . . . . ANOMAL
Hors de lui . . . . ENRAGÉ
Hors ordre . . . . LAÏQUE
Hôtesse qui danse . . . . GEISHA
Huer à trois heures du matin (MF) . . . . . ULULER

Humoriste français . . . . ALLAIS
Ici même en toutes lettres . . . . IBIDEM
Idéal pour affiner . . . . HÂLOIR
Idéal pour la personne qui monte sur ses grands chevaux (MF) . . . . ÉTRIER
Idéal pour le café . . . . FILTRE
Idéal pour les cocktails . . . . SHAKER
Idéal pour les gâteaux renversés . . . . ANANAS
Idéal pour regrouper les feuilles . . . . RÂTEAU
Idée de fou . . . . UTOPIE
Idée noire . . . . CAFARD
Idées qui font passer des nuits blanches (MF) . . . . .
. . . . NOIRES
Il a beaucoup de difficultés à suivre . . . . . LEADER
Il a besoin d'eau . . . . LAVEUR, NAGEUR
Il a bien répondu . . . . ŒDIPE
Il absorbe les pertes de bien des femmes . . TAMPON
Il a chanté « Y a de la joie » . . . . TRENET
Il a déclaré la guerre aux États-Unis . . . . . HITLER
Il a déjà été entraîneur en France . . . . GAINEY
Il a de la barbe . . . . MENTOR
Il a de la force . . . . BICEPS
Il a de l'appétit . . . . VORACE
Il a de la suite dans les idées . . . . ENTÊTÉ
Il a des ailes et un gros nef (MH) . . . . . . AIRBUS
Il a des branches . . . . CÉLERI
Il a des crampons . . . . LIERRE
Il a des dents longues . . . . PEIGNE
Il a des épines . . . . ROSIER
Il a des feuilles palmées . . . . ARALIA
Il a des manches courtes . . . . TSHIRT
Il a des sabots . . . . ONGULÉ
Il a du mal à se retenir . . . . ÉMOTIF
Il a écrit «Faust» . . . . GOETHE
Il a écrit «On ne badine pas avec l'amour» . . . .
. . . . MUSSET
Il a écrit près de mille chansons . . . . TRENET
Il a entraîné les Canadiens . . . . PERRON
Il a envoyé promener les juges . . . . SADDAM
Il a été assassiné en 1980 . . . . LENNON
Il a été tué par Achille . . . . HECTOR
Il a eu plusieurs médailles à Athènes . . . . PHELPS
Il a évité l'abat et se contente de la réserve (MF) . . .
. . . . APACHE
Il a fait des folies (MH) . . . . ALIÉNÉ
Il affronte les taureaux . . . . TORERO
Il a fini d'allonger . . . . ADULTE
Il aide à atteindre de hauts sommets . . . . . SHERPA
Il a imaginé les péripéties d'Ulysse . . . . HOMÈRE
Il aime jouer des tours . . . . LASCAR
Il aime s'amuser . . . . FÊTARD
Il a inventé une machine arithmétique . . . PASCAL
Il a le don d'imitation . . . . APPEAU
Il a les dents bien rangées . . . . RÂTEAU
Il a le tour . . . . POTIER
Il amuse les enfants . . . . BIDULE
Il a peut-être perdu pied (MH) . . . . MUTILÉ
Il a précédé l'oligocène . . . . ÉOCÈNE
Il a quitté son pays natal . . . . ÉMIGRÉ
Il a réalisé le premier pneumatique . . . . . DUNLOP
Il arrive aux épaules (MH) . . . . CINTRE
Il a souvent l'air absent . . . . RÊVEUR

Il a souvent les doigts jaunes . . . . FUMEUR
Il a un but . . . . TIREUR
Il a un capitaine . . . . NAVIRE
Il a un certain pouvoir judiciaire . . . . SHÉRIF
Il a une bonne aventure pour vous . . . . . . DISEUR
Il a une bonne descente . . . . LUGEUR
Il a une plume dans sa coquille . . . . CALMAR
Il a une queue de cheval . . . . ÉTALON
Il a une sacrée tête de cochon . . . . VERRAT
Il a une solide culture . . . . LETTRÉ
Il a un museau pointu . . . . ISATIS
Il a un nez en forme de trompe . . . . TANREC
Il a un petit ami . . . . OBÉLIX
Il aurait besoin de se détendre . . . . ÉNERVÉ
Il a visité le Congo avant le Tibet . . . . . . TINTIN
Il bout quand on prend un café . . . . CANARD
Il change avec le temps . . . . RITUEL
Il charmait même les bêtes sauvages . . . . ORPHÉE
Il communique avec les esprits . . . . MÉDIUM
Il conduit un bateau . . . . ROCKER
Il conduit vers l'état de siège (MF) . . . . . URÈTRE
Il contient plusieurs postes . . . . INDIGO
Il crie inlassablement dans le désert . . . . MÉHARI
Il cueillait le gui sacré . . . . DRUIDE
Il demeure mortel même après sa mort . . ENNEMI
Il déshabille les gens sans leur toucher (MF) . . . . . .
. . . . REGARD
Il détermine le rang . . . . UNIÈME
Il doit bien jouer ses cartes avec son valet . . . .
. . . . MAÎTRE
Il doit être bien bouclé si vous voulez joindre les deux
bouts . . . . BUDGET
Île au nord d'Haïti . . . . TORTUE
Île découverte par S.Wallis . . . . TAHITI
Île du Pacifique . . . . PÂQUES
Il empêche les gens de déraper . . . . SALEUR
Il en faut pour chasser . . . . PERMIS
Il en faut pour réussir dans la vie . . . . . . APLOMB
Il en faut pour réussir et s'habiller (MF) . . ÉTOFFE
Il entoure le « smoke meat » . . . . SEIGLE
Il est à côté d'une plante ou d'une personne . . . . . .
. . . . TUTEUR
Il est à la base de l'italien moderne . . . . . TOSCAN
Il est à prendre avec des pincettes (MH) . . OURSIN
Il est attendu . . . . MESSIE
Il est aux toilettes . . . . LAVABO
Il est bas sur pattes . . . . BASSET, TECKEL
Il est bien aéré . . . . NASEAU
Il est bien rond . . . . CERCLE
Il est bon et assez gros . . . . BURGER
Il est censé être aphrodisiaque . . . . CÉLERI
Il est complètement rond . . . . CERCLE
Il est consacré aux sciences naturelles . . MUSÉUM
Il est constamment suivi . . . . LEADER
Il est couvert de plumes . . . . OISEAU
Il est dans le milieu . . . . TRUAND
Il est dans les nuages . . . . RÊVEUR
Il est devant les autres . . . . LEADER
Il est difficile à supporter . . . . ÉNERVÉ
Il est d'origine italienne . . . . SALAMI
Il est dur en affaires . . . . REQUIN
Il est effronté . . . . DÉLURÉ

Il est en avant, en tête . . . . MENEUR
Il est espiègle . . . . FRIPON
Il est gonflé . . . . INTRUS
Il est grand lorsqu'on ne se mêle pas de ses affaires
(MF) . . . . TALENT
Il est gravé . . . . SILLON
Il est gros comme un pic . . . . PIVERT
Il est juré tant qu'il vit . . . . ENNEMI
Il est le fondateur du pragmatisme logique . . PEIRCE
Il est lent et maladroit . . . . EMPOTÉ
Il est loin de la Floride . . . . OREGON
Il est majeur . . . . ADULTE
Il est moins cher à l'épicerie (MF) . . . . . . AVOCAT
Il est monté au nord . . . . LATINO
Il est mort à côté de Jésus . . . . LARRON
Il est noir et blanc . . . . SCONSE
Il est permis de le fumer dans les restaurants . . . . . .
. . . . HARENG
Il est plein de sable . . . . DÉSERT
Il est plus agréable sous le nez que dans la bouche
. . . . MUGUET
Il est pris dans un engrenage . . . . ROUAGE
Il est rayé . . . . SUISSE
Il est recueilli par des ouvrières . . . . NECTAR
Il est relié par plusieurs ponts . . . . NAVIRE
Il est situé dans le thorax . . . . POUMON
Il est souvent alimenté par le centre . . . . . AILIER
Il est souvent armé jusqu'aux dents (MF) . . CIMENT
Il est souvent dans le trafic . . . . RÉSEAU
Il est spirituel . . . . GOUROU
Il est stupide et vaniteux . . . . DINDON
Il est sur les dents . . . . TARTRE
Il est toujours là pour une bonne cause . . AVOCAT
Il est toujours sur les dents . . . . IVOIRE
Il est trempé après l'entraînement . . . . . . NAGEUR
Il est très fort dans sa partie . . . . EXPERT
Il est unique . . . . PHÉNIX
Il est végétarien . . . . LIÈVRE
Il est vénéneux . . . . ACONIT
Il est vif et violent . . . . ASSAUT
Il évolue avec le temps . . . . RITUEL
Il existe tant qu'on le garde pour nous . . SECRET
Il fait bouger même les plus paresseux (MF) . . . . . .
. . . . SÉISME
Il fait chanter les gens (MF) . . . . ORGANE
Il fait courir le cheval . . . . ÉPERON
Il fait des points de crochet (MF) . . . . . . BOXEUR
Il fait des sauts au-dessus de l'eau . . . . . . EXOCET
Il fait jaunir les tissus (MF) . . . . ICTÈRE
Il fait la fête . . . . NOCEUR
Il fait passer le temps . . . . CADRAN
Il fait passer le temps plus vite . . . . LOISIR
Il fait preuve d'audace mais n'est plus en tête (PD) .
. . . . TOUPET
Il fait réagir le cheval . . . . ÉPERON
Il fait rire jaune (MF) . . . . ICTÈRE
Il faut du pif pour les sentir . . . . ODEURS
Il faut en courir un à la fois . . . . LIÈVRE
Il faut être malade pour boire ça . . . . ÉLIXIR
Il faut être un as pour les battre rapidement (MF) . .
. . . . CARTES
Il faut la faire avant de la reconnaître . . . ERREUR

Il faut l'avoir à l'œil . . . . ENNEMI
Il faut le garder . . . . SECRET
Il faut l'être devant les épreuves de la vie . . SEREIN
Il faut oser se la payer de temps à autre . . TRAITE
Il faut s'en méfier . . . . ENNEMI
Il faut souvent se fier au premier . . . . ASPECT
Il faut y être pour ne pas se faire pincer (MF) . . . . .
. . . . AGUETS
Il faut y passer pour pouvoir l'acheter (MF)
. . . . ACTION
Il fond dans le verre . . . . GLAÇON
Il fond devant une foule . . . . TIMIDE
Il fut guillotiné . . . . DANTON
Il fut l'incarnation de l'Américain viril . . COOPER
Il hurle au milieu des canards (MF) . . . . . CRIEUR
Il incite le chanteur à chanter de nouveau . . RAPPEL
Il indique la voie à suivre . . . . LEADER
Il jappe . . . . CHACAL, SETTER
Il joue . . . . ACTEUR
Il laisse des traces sur les statues . . . . PIGEON
Il laisse les fesses nues . . . . STRING
Il lui manque quelque chose . . . . AMPUTÉ
Illumine peu de temps . . . . ÉCLAIR
Il marche . . . . PIÉTON
Il marche mieux avec une canne . . . . LEURRE
Il marche sur l'eau . . . . GERRIS
Il mesure environ cent milles carrés . . . . CANTON
Il met de la vie dans la vie . . . . PIMENT
Il met de la vie sur terre . . . . SEMEUR
Il met la main à la pâte . . . . MITRON
Il n'a encore rien fait, mais ça (MH) . . . . RÔDEUR
Il naît en l'air (MH) . . . . URAÈTE
Il n'a pas d'affaire là où il est, il n'a pas été invité
. . . . INTRUS
Il n'a pas toute sa tête . . . . ALIÉNÉ
Il n'a sûrement pas le vertige . . . . OISEAU
Il ne doit pas bouger . . . . MODÈLE
Il ne fait pas un travail intellectuel . . . . . MANUEL
Il ne faut pas la donner lorsqu'elle est fausse . . . . . .
. . . . ALERTE
Il ne faut pas le prendre au sérieux . . . . . BOBARD
Il ne faut pas les flatter . . . . ORTIES
Il ne faut pas trop lui faire confiance . . . RÔDEUR
Il n'en n'a jamais assez . . . . VORACE
Il ne passe jamais par la tête des chauves . . PEIGNE
Il ne plie pas facilement, ne se rétracte pas . . . .
. . . . ENTÊTÉ
Il ne sait pas vivre . . . . RUSTRE
Il n'est jamais le bienvenu . . . . INTRUS
Il n'est jamais présent sauf dans notre tête . . AVENIR
Il n'est pas banal . . . . INÉDIT
Il n'est pas donné à tous d'en avoir . . . . . ESPRIT
Il n'est pas droit . . . . TRUAND
Il n'est pas du tout mondain . . . . ERMITE
Il n'est toujours pas sous les verrous . . . . BANDIT
Il n'était pas rare que le père la donnait aux enfants
. . . . RACLÉE
Il nous force à gratter avant de partir . . . . GRÉSIL
Il nous mène en rond . . . . AVIRON
Il nous met les larmes aux yeux . . . . OIGNON
Il nous permet d'économiser . . . . RABAIS
Il nous regarde de haut . . . . OISEAU

Il n'y a pas de roses sans elles .... ÉPINES
Il n'y a pas de vaccin contre elle .... TSÉTSÉ
Il observe les yeux à contre-jour .... MIREUR
Il obtint la première photographie ...... NIÉPCE
Il organisait de sacrés banquets .... ÉPULON
Il parle sûrement espagnol .... LATINO
Il permet de s'accrocher .... ESPOIR
Il peut aider la police .... TÉMOIN
Il peut causer un échec .... ÉCUEIL
Il peut faire le tour du monde en restant dans son coin
(MF) .... TIMBRE
Il peut maintenant aller à l'école .... KIRPAN
Il peut quand même mordre dans la vie (MF) .....
.... ÉDENTÉ
Il peut vous enfler la tête (MF) .... DIRECT
Il peut vous faire voir des étoiles .... DIRECT
Il pioche toute la journée .... MINEUR
Il pique .... EUMÈNE, OURSIN
Il plane au-dessus de l'Australie .... URAÈTE
Il plie facilement .... PLIEUR
Il pollue .... TRAFIC
Il pratique son loisir presque nu .... NAGEUR
Il précède l'oligocène .... ÉOCÈNE
Il prend soin des minounes .... MÉCANO
Il presse sur la détente .... TIREUR
Il prétend avoir des contacts privilégiés .. MÉDIUM
Il prolonge la durée des cancers (MF) .. MÉCANO
Il provient du porc .... LARDON
Il pue .... SCONSE
Il remet en question le jugement de l'arbitre ....
.... PROTÊT
Il remonte inlassablement la côte .... SKIEUR
Il rentre en travaillant, rentre avec le temps .....
.... MÉTIER
Il repère vite les brebis égarées .... GOUROU
Il représente son pays .... CONSUL
Il reste en arrière .... TIMIDE
Il sait se défendre .... AVOCAT
Il sait tirer .... BUTEUR
Il s'amène à la barre .... TÉMOIN
Il s'avère parfois un atout dans la vie .... TRÈFLE
Ils défilent dans le ciel le soir de Noël ... RENNES
Ils dirigent Paris, Dublin et Montréal .... MAIRES
Il se couche tard .... NOCEUR
Il secoue tout sur son passage .... SÉISME
Il se fait tirer devant la fenêtre .... RIDEAU
Il se ferme sur lui-même .... VELCRO
Il se fixe au mur .... LIERRE
Il se forme sur le bord du pavillon de l'oreille .....
.... TOPHUS
Il se gonfle à tour de bras (MF) .... BICEPS
Il s'empiffre .... MORFAL
Il serait créé par l'occasion .... LARRON
Il se rend au travail en métro .... USAGER
Il sert à boire .... BARMAN
Il sert bien le capitaine Haddock .... NESTOR
Ils étaient les fils d'Ouranos .... TITANS
Il s'étend à nos pieds pour briller (MF) .. CIRAGE
Ils fabriquent des éclairs .... NUAGES
Ils ont été massacrés au Rwanda .... TUTSIS
Il s'oppose au pointeur .... TIREUR
Il sortit vivant de la fosse aux lions ..... DANIEL

Il sort pendant qu'on prend la pose (MF) .. OISEAU
Ils sont montés sur des patins .... LACETS
Il suce ses cannes de Noël (MH) ...... ÉDENTÉ
Il suffit de l'agiter pour le faire résonner .. GRELOT
Il suit difficilement .... MENEUR
Il survole l'Australie .... URAÈTE
Il s'y fait des calculs, parfois .... VESSIE
Il tombe au dernier acte .... RIDEAU
Il tombe sur les nerfs .... STRESS
Il traîne de la patte .... ÉCLOPÉ
Il travaille à la barre (MH) .... AVOCAT
Il travaille pour vous .... ARGENT
Il travaille souvent en direct (MF) ..... BOXEUR
Il travaille toujours sur la route .... PÉAGER
Il tripe avec son héroïne .... AUTEUR
Il use ses semelles .... PIÉTON
Il va d'une roue à l'autre .... ESSIEU
Il va jusqu'à l'anus .... RECTUM
Il vaut mieux en poursuivre un à la fois .. LIÈVRE
Il vaut mieux la courber que de craquer .. ÉCHINE
Il vaut mieux qu'elle soit froide qu'engagée .....
.... GUERRE
Il veut le bien d'autrui .... VOLEUR
Il veut se faire entendre .... CRIEUR
Il vit dans la savane .... OURÉBI
Il vit dans la vase, sur les fonds vaseux ... NÉRÉIS
Il vit en bancs .... HARENG
Il vole au pays des kangourous, en Australie ......
.... URAÈTE
Il voyage à partir de la navette (MF) .... ENCENS
Il voyage en autobus .... USAGER
Il y a celui de Polichinelle .... SECRET
Il y a celui du diable et celui de l'arbuste (MF) ....
.... AVOCAT
Il y en a deux dans le quartier chinois ... ARCHES
Il y en a sous l'arbre de Noël .... JOUETS
Il y en a trois dans Saint-Jean-de-Matha .. TIRETS
Il y en a un dans géant .... HIATUS
Il y en a un très gros qui est venu à Montréal ......
.... AIRBUS
Image publicitaire .... VISUEL
Image qui doit être refaite .... TERNIE
Imiter le duc .... ULULER
Imite un bruit .... DRELIN
Impatiemment attendu .... MESSIE
Important dans une course de relais .... TÉMOIN
Important orifice .... NARINE
Impôt d'hier .... TAILLE
Improductive, mais tellement efficace (MH) ......
.... SIESTE
Improvisation d'un instrumentiste ..... CHORUS
Incapable de bouger .... ÉPUISÉ
Incapable d'en pousser une (MH) ...... MUSELÉ
Incapable de pignocher .... VORACE
Incapable de remettre ça .... ÉPUISÉ
Incapable de s'enfuir .... LIGOTÉ
Inciser l'écorce d'un pin .... GEMMER
Incite à décrocher .... STRESS
Incite à l'action .... ALLONS
Inclure dans un tout .... METTRE
Indice laissant prévoir un sujet de crainte ....
.... MENACE

Indiquer un mauvais chemin . . . . ÉGARER
Indispensable pour chasser . . . . PERMIS
Individu dont on peut lire le testament . . . DÉCÉDÉ
Individu plein de sang froid (MF) . . . . . . DÉCÉDÉ
Individu qui a le droit d'asile . . . . ALIÉNÉ
Individu qui a peu d'importance dans le groupe . . . .
. . . . FRETIN
Individu qui se retrouve souvent dans la rue . . . . . .
. . . . PIÉTON
Induire en erreur . . . . ROULER
Industriel français . . . . CLAUDE
Influence le choix des touristes . . . . CLIMAT
Ingénieur des Eaux et Forêts (MH) . . . . . CASTOR
In pace . . . . PRISON
Inscrire sur un disque . . . . GRAVER
Insecte aplati . . . . CAFARD
Insecte heureux dans le jardin . . . . ALTISE
Insecte orthoptère . . . . EMPUSE
Insecte qui aime la vigne . . . . ALTISE
Insecte qui marche sur l'eau . . . . GERRIS
Insecte qui pond dans les fleurs du pois . . BRUCHE
Inséré dans une publication . . . . ENCART
Insister longuement . . . . ÉTIRER
Insister lourdement . . . . TANNER
Insoutenable à cause de sa cruauté . . . . . . ATROCE
Inspira Racine . . . . ESTHER
Installation forcée de poste de travail . . . . CHAÎNE
Institution créée en 1946 . . . . UNESCO
Instrument à cordes pincées . . . . CISTRE
Instrument de communication . . . . IDIOME
Instrument de musique d'Océanie . . . . . . RHOMBE
Insupportable dès qu'elle devient unique (PD) . . . . .
. . . . PENSÉE
Insupportable passage au rouge . . . . DARTRE
Intéresse la police . . . . RÉSEAU
Intéresse les collectionneurs . . . . RARETÉ
Intéresse les fleuristes . . . . IBÉRIS
Interjection de Laflaque . . . . BÂTARD
Interjection qui exprime un accord dubitatif . . . .
. . . . MOUAIS
Intermédiaire en affaires . . . . AGENCE
Interruption du travail . . . . SIESTE
Intervalle de temps . . . . TICTAC
Intervalle musical . . . . SIXTE
Intrus dans le réseau . . . . PIRATE
Inventer une salade . . . . MENTIR
Invite à prier . . . . ORÉMUS
Inviter les gens à prendre des livres (MF) . . ÉDITER
Irisation des perles . . . . ORIENT
Irlande divisée . . . . ULSTER
Jadis interdite le vendredi . . . . VIANDE
J'adore le rouge dans le spaghetti . . . . PIMENT
Jamais content . . . . RÂLEUR
Jamais désirée . . . . ERREUR
Jamais gêné (MH) . . . . CRÉSUS
Jardin d'enfant (PD) . . . . UTÉRUS
Jaune et acide . . . . CITRON
Je n'ai jamais été nationaliste . . . . LAFOND
Jésus y est né . . . . ÉTABLE
Jetée en grandissant . . . . GOURME
Jeter à terre . . . . ÉTALER
Jeter de la poudre aux yeux (MH) . . . . . . FRIMER

Jeter la pierre . . . . BLÂMER
Jeter par terre . . . . ÉBAHIR, ÉPATER
Jeter un regard dédaigneux . . . . TOISER
Jetsgo n'en fera plus . . . . ESCALE
Jeu de stratégie . . . . ÉCHECS
Jeune enfant . . . . MARMOT
Jeune homme bien élégant . . . . GANDIN
Jeune retraité . . . . SENIOR
Jeu permettant de construire . . . . MÉCANO
Jeux olympiques boycottés par le Canada . . . .
. . . . MOSCOU
Joint l'utile à l'agréable . . . . GADGET
Joli brin de fille (MF) . . . . TRESSE
Joli coup sur le terrain (PD) . . . . AMORTI
Jolie maman du bouillant Achille . . . . THÉTIS
Joliment élancé . . . . SVELTE
Joliment léger (PD) . . . . OLÉOLÉ
Joliment marqué après coup . . . . ÉTOILÉ
Jouer au matador . . . . TORÉER
Jouer les durs . . . . CRÂNER
Joue un rôle dans la déglutition . . . . LANGUE
Joueur animant une équipe . . . . MENEUR
Joueur qui s'attend à être initié . . . . RECRUE
Journaliste à Athènes . . . . DROUIN
Journaliste bien connu . . . . TINTIN
Joyeux pour les enfants chez McDonald . . FESTIN
Juré, craché . . . . PROMIS
Jus de cerises . . . . KIRSCH
Jus, eau et sucre . . . . NECTAR
Justicier masqué . . . . BATMAN
La belle dure six mois . . . . SAISON
Lâchement abandonner . . . . RENIER
La circulation y est constante . . . . ARTÈRE
La Cléopâtre de Furey . . . . MOREAU
La couleur de sa fourrure varie suivant les saisons
. . . . ISATIS
La couleur des Pays-Bas . . . . ORANGE
La crèche s'y trouvait . . . . ÉTABLE
La dame d'en face . . . . RIVALE
La femme l'aime s'il est petit (MF) . . . . . COPAIN
L'affaire est dans le sac . . . . ORDURE
La folle est sauvage . . . . AVOINE
La Fontaine a pompé dedans (PD) . . . . . . YSOPET
Laïc en charge des aumônes . . . . DIACRE
L'aigle en a . . . . SERRES
Laissa un bras à Tenerife . . . . NELSON
Laissa un œil à Toulon . . . . NELSON
Laisse entrer le vent . . . . TUYÈRE
Laisse le pêcheur froid . . . . FRÉTIN
Laisse peu de place à l'imagination . . . . . NUDITÉ
Laisser échapper un liquide . . . . COULER
Laisser sa griffe, sa marque . . . . SIGNER
Laisser sécher . . . . ISOLER
L'alleluia en est une . . . . OXALIS
Lame dangereuse . . . . CUTTER
La meilleure place pour garder quelque chose à laquelle
on tient (MF) . . . . ENTÊTE
Lance une attaque . . . . SATIRE
L'ancien s'est terminé en 1789 . . . . RÉGIME
Langue de terre . . . . ISTHME
L'anosmie y réfère . . . . ODORAT
La patrie de Jansénius . . . . ACQUOY

La personne qui en a une grande est souvent petite
.... GUEULE
La personne qui la pique ne l'a pas volée (MF) ....
.... SIESTE
La personne qui y est n'avance pas ..... NEUTRE
La personne sonnée l'entend .... DRELIN
La plupart des gens y jouent en cachette .. NARINE
La plupart des gens y ont les yeux bridés .. ORIENT
La plupart des Québécois l'ont rangée durant l'hiver
.... BÉCANE
La plus grosse fait du bruit .... CAISSE
La poule l'est pour être abattue .... ÉLEVÉE
La principale des îles Éoliennes .... LIPARI
La puce l'est .... APTÈRE
La raison du plus fort .... DIKTAT
La réponse en est un grand .... REMÈDE
L'armée israélienne .... TSAHAL
La spécialité du baratineur .... BAGOUT
Las Vegas s'y trouve .... NEVADA
La tête entre les deux jambes .... PENAUD
Latiniste français .... ERNOUT
L'eau à la bouche .... SALIVE
Le bois le laisse froid .... AIMANT
Le cœur est ce genre d'organe .... IMPAIR
Lecture médiévale .... ISOPET
Le début de la formation des Alpes ..... ÉOCÈNE
Le doigt du milieu de la main .... MÉDIUS
Le dos et le derrière .... REVERS
Le faire, c'est vider son verre d'un trait .. CULSEC
Le fait de parcourir pour examiner .... VISITE
Le fameux cheval, c'était son idée ...... ULYSSE
Le gardien qui en fait 70 a une étoile .... ARRÊTS
Le gars qui l'est mal a faim .... NOURRI
Le géant des carnivores terrestres ...... KODIAK
Légère étoffe .... TUSSOR
Légèrement provocant .... FRIPON
Léger, explosif et inflammable .... HÉLIUM
Le gourou y dispense son enseignement .. ASHRAM
Le jaguar l'a toujours sur le dos .... OCELLE
Le Japonais l'a à l'œil (MF) .... AMANDE
Le long du cheval .... ÉTRIER
Le long d'un fleuve du Nord .... MOSANE
Le loup y dort .... LITEAU
L'élu est juif .... PEUPLE
L'embryon prend ce nom .... FŒTUS
Le meilleur pour maigrir, c'est l'exercice ....
.... REMÈDE
Le mendiant y recueillait les aumônes .... SÉBILE
Le mime en fait beaucoup .... GESTES
Le mot magique .... SÉSAME
Le néon est ce genre de gaz .... INERTE
Le noir fait grincer les dents (PD) ..... HUMOUR
Le passager d'une moto s'y assoit ...... TANSAD
Le père d'Astérix .... UDERZO
Le petit autour du Soleil .... PLUTON
Le petit jour .... OCULUS
Le philodendron en est une .... ARACÉE
Le plus bas niveau d'un cours d'eau ..... ÉTIAGE
Le plus grand des rongeurs .... CABIAI
Le plus loin qu'on peut en aimer une autre (MF) ...
.... INFINI
Le Québécois en est-il encore un? ..... MOUTON

Le roi de la pétanque (MH) .... PASTIS
Le roi de l'arène .... TORERO
Le rouge brûle les lèvres .... PIMENT
Les ados l'aiment basse .... TAILLE
Les Alouettes en font trois et les Cardinaux quatre
.... ESSAIS
Les dames y prennent tout le plancher (MF) .....
.... DAMIER
Les deux font la paire .... FESSES
Le secrétaire en a au moins un .... TIROIR
Les événements le font grossir .... TIRAGE
Les exposer n'est toujours pas bien vu ... FESSES
Les fauves s'y sèchent .... RESSUI
Les femmes y voient leur futur .... AGENDA
Les fidèles y célèbrent celui des morts ... OFFICE
Les filles l'imaginent charmant .... PRINCE
Les gars de la relève s'y préparent ...... ENCLOS
Les gens de son entourage se tiennent loin de lui ..
.... PÉTEUR
Les gens fiers s'y tiennent .... DEBOUT
Les gens le demandent à l'artiste ...... RAPPEL
Les gens qui rendent service le sont ... UTILES
Les gens y travaillent en tournant (MF) .. STUDIO
Les gros rapportent au quotidien ...... TITRES
Les hommes y portent la robe .... CLERGÉ
Les lacs en sont pleins (MH) .... ARÊTES
Les muets en posent constamment ... GESTES
Le sperme y passe .... URÈTRE
Les poids lourds l'évitent .... RUELLE
Les policiers en font parfois .... SAISIE
Les principes ne l'embarrassent pas .... AMORAL
Les riches y voient des spectacles ..... BALCON
Les rois y sont pourchassés .... ÉCHECS
Les roues sont à son extrémité .... ESSIEU
Les saumons en ont .... ARÊTES
Le taro en est une .... ARACÉE
Le temps du spectacle .... SÉANCE
Le terrain devrait l'être ce printemps .... RÂTELÉ
Léto est celle de la santé .... DÉESSE
Le type qui le fait est frit (MF) ...... PATATE
Leur banc est mouillé .... MORUES
Leur cadet est le plus petit .... SOUCIS
Leur influence est discutable .... ASTRES
Leur nocher était Charon .... ENFERS
Leurs habitants sont vaches .... FERMES
Leurs pieds marchent toujours ensemble (MF) ....
.... IAMBES
Leur taille fait des jaloux .... GUÊPES
Le vaillant chasseur devant l'Éternel ... NEMROD
Levée pour passer à l'attaque ...... TROUPE
Lever le nez .... SENTIR
Lever les pattes .... MOURIR
Levez-vous .... DEBOUT
Le voleur le trouve gênant .... TÉMOIN
Levrette d'Italie .... LEVRON
L'hélium est ce type de gaz .... INERTE
L'hiver a les siens .... SPORTS
L'hiver, il peut être tout blanc ...... ISATIS
L'hiver, plus de gens la passent devant la télé .....
.... SOIRÉE
L'homme du labrador .... MAÎTRE
L'homme qui a sa piqûre s'endort ..... TSÉTSÉ

L'homme qui l'est n'a pas besoin de le suivre ..... MANUEL
L'homme qui l'est peut quand même mordre dans la vie (MF) .... ÉDENTÉ
L'homme qui part pour elle ne voit plus de limites (MF) .... GLOIRE
L'hôtesse parfaite .... GEISHA
Lieu de rencontre des gens d'église ..... PERRON
Lieu de rencontres .... TATAMI
Lieu où bien des gens ont débuté leur vie à deux ... ÉGLISE
Lieu où ça sent le cheval .... ÉCURIE
Lieu plein de niches .... CAVEAU
Lieu sûr .... SÛRETÉ
Ligne joignant les points d'une vallée ... TALWEG
Liquide jusqu'au bord .... RASADE
Liquide qui s'écoule facilement (MF) ... ARGENT
Lire en se soulageant (MF) .... TRÔNER
Livrer au public .... NAÎTRE
Loin de la coupe .... LÈVRES
Loin de la vérité .... ERREUR
Loin des bouts .... MILIEU
Loin de tous .... RETIRÉ
Loin d'être bête .... ÉRUDIT
Loin d'être sec .... INONDÉ
Long développement emphatique ..... TIRADE
Long et mince .... ÉLANCÉ
Long poisson .... MURÈNE
Longtemps recherché par le pelletier .... OCELOT
Longueur d'une marche .... TROTTE
L'ordre du dauphin .... CÉTACÉ
Lorsqu'elle est en l'air, on n'a pas à la craindre .... MENACE
Lorsqu'elle est levée, tout le monde se calme ..... ALERTE
Lorsqu'il s'est envolé, la police perd des plumes (MF) .... OISEAU
Lorsqu'on la corrige, elle est comblée ... LACUNE
Lorsqu'on le perd, on n'a plus rien à gagner ..... ESPOIR
Lorsqu'on ne peut le vaincre, on s'y associe ..... ENNEMI
Lourde défaite .... TANNÉE
Lourdement charger .... GREVER
Luit la nuit .... ÉTOILE
Lui, y connaît ça .... ÉRUDIT, INITIÉ
Lui, y connaît pas ça .... IGNARE
Lumineusement entourer .... NIMBER
L'une des Petites Antilles .... TOBAGO
Lune grecque .... SÉLÈNE
Lutte de vitesse (MH) .... ÉCURIE
Machine agricole .... SEMOIR
Maigre comme un clou .... ÉTIQUE
Maintenant sans effet .... ANNULÉ
Maintient le navire en place .... AMARRE
Maire d'une municipalité régionale de comté ..... PRÉFET
Maison close .... CLANDÉ
Mal dans sa tête .... ALIÉNÉ
Mal de gorge .... ANGINE
Mal de l'air (MH) .... ASTHME
Mâle aux pieds (MH) .... CIREUR

Mâle de tête (MF) .... MENEUR
Mâle en poings .... BOXEUR
Mâle qui fait coin-coin .... MALART
Mal fondé .... ERRONÉ
Mal traduit .... OUILLE
Mal traiter .... SNOBER
Mammifère nordique .... OVIBOS
Mammifère puant .... SCONSE
Mammifères aperçus dans le ciel ...... RENNES
Mange comme un manchot .... OTARIE
Manger trop (MF) .... ENFLER
Manière agaçante .... CHICHI
Manière d'être à l'ancienne .... ACABIT
Manifestation de déplaisir .... REGRET
Manifeste de la constance .... ASSIDU
Manifester du respect .... SALUER
Manifester sa mauvaise humeur ...... SACRER
Manière d'être qui a bien vieilli (PD) .... ACABIT
Manière dont une chose est formée ..... GENÈSE
Manque de bon sens .... INEPTE
Manque de coordination .... ATAXIE
Manque de jugement .... BÊTISE
Manque nettement de consistance .... PANTIN
Marchande qui flotte (MF) .... MARINE
Marche avec une cane .... MALART
Marche en sabots .... ONGULÉ
Marche la tête haute .... GIRAFE
Marque d'affection (MF) .... LÉSION
Marque la fin d'une réflexion .... EURÊKA
Marque le but .... AFINDE
Marque le début de la formation de la chaîne des Alpes .... ÉOCÈNE
Marquer à la lame .... STRIER
Marquer au bleu .... CERNER
Marquer un but qui force la prolongation .. ÉGALER
Marquer un point qui rassure ses coéquipiers ...... ÉGALER
Martyre fêtée en octobre .... URSULE
Massif grec .... OLYMPE
Matériel agricole .... ARAIRE
Matière d'olifant à sculpture .... IVOIRE
Mauvaise humeur .... ÂCRETÉ
Mauvais reste .... SCORIE
Mauvais tour .... CRASSE
Mécanique, c'est une stase .... ŒDÈME
Mécanisme d'un appareil de récolte ..... LIEUSE
Médecin et écrivain .... FERRON
Meilleure place pour attaquer le mal ..... RACINE
Mélanger l'histoire et la fiction .... BRODER
Mêler les cartes (MF) .... BATTRE
Membrane de l'œil, du globe .... SCLÈRE
Membre actif (MH) .... ÉTALON
Membre de la noblesse .... ARISTO
Membre du G7 .... ITALIE
Membre d'une secte judéo-chrétienne ... SABÉEN
Membre d'un trio .... AILIER
Même les gens riches peuvent en avoir .. DETTES
Même minuscule on la voit bien .... LETTRE
Même s'il est connu, celui qui le signe reste méconnu (MF) .... PSEUDO
Même très courte, elle est trop longue ... AGONIE
Menacer en l'air .... PLANER

Mène grande vie . . . . FÊTARD
Mener en bateau . . . . MENTIR
Mène une vie de débauche . . . . NOCEUR
Mental malmené . . . . NMELTA
Mère morte en Inde . . . . TERESA
Mère qui bêle . . . . BREBIS
Mère suppléante . . . . NOUNOU
Mesquin et étriqué . . . . RIKIKI
Mesure de capacité (MF) . . . . EXAMEN
Mesure étoilée . . . . LITRON
Métal brillant . . . . CERIUM
Métal dur et brillant . . . . CHROME
Met au repos forcé (MH) . . . . TSÉTSÉ
Met fin à l'énumération . . . . ULTIMO
Met fin à l'explication . . . . PREUVE
Met l'eau à la bouche (MH) . . . . PAILLE
Met le candidat à l'épreuve . . . . EXAMEN
Met les Mongols à l'abri . . . . IOURTE, YOURTE
Mettent les convives en appétit . . . . ODEURS
Metteur en scène (MH) . . . . VOYEUR
Met tout le monde en joie . . . . FIESTA
Mettre à jour . . . . NAÎTRE
Mettre à la porte (MH) . . . . NAÎTRE
Mettre à l'eau . . . . RINCER
Mettre à l'écart . . . . EXILER
Mettre à nu . . . . ÉPILER, TONDRE
Mettre à plat . . . . ÉTALER, LISSER
Mettre à sa place . . . . SERRER
Mettre au feu . . . . ABOLIR
Mettre beaucoup d'insistance . . . . EXIGER
Mettre dans la rue . . . . RUINER
Mettre dans le coin . . . . TASSER
Mettre dans une coupe . . . . SERVIR
Mettre de côté . . . . ISOLER, TASSER
Mettre dehors . . . . NAÎTRE, SORTIR
Mettre de la couleur . . . . IRISER
Mettre de la pression . . . . SERRER, TASSER
Mettre de la vie . . . . ANIMER
Mettre deux heures à boire sa bière (MF) . . . . .
. . . . .ÉTIRER
Mettre en appétit . . . . TENTER
Mettre en beau fusil (MF) . . . . OUTRER
Mettre en échec . . . . RUINER
Mettre en examen . . . . TESTER
Mettre en garde . . . . AVISER
Mettre en mouvement . . . . ANIMER
Mettre en page (PD) . . . . ALITER
Mettre en pièces . . . . CASSER
Mettre en place comme un caillou . . . . SERTIR
Mettre en route (PD) . . . . BRAIRE
Mettre ensemble . . . . ALLIER
Mettre la pression . . . . PULSER
Mettre la réponse dans les cases . . . . ÉCRIRE
Mettre le paquet . . . . TENTER
Mettre les couleurs en place (PD) . . . . HISSER
Mettre les pieds dans le plat . . . . GAFFER
Mettre le sujet en valeur . . . . CADRER
Mettre les unes sur les autres . . . . GERBER
Mettre quelqu'un dans de beaux draps (MF) . . . . . .
. . . . .ALITER
Mettre son nez partout . . . . SENTIR
Mettre sur disque dur . . . . ENTRER

Mettre sur la bonne voie . . . . GUIDER
Mettre sur la glace . . . . CESSER
Mettre sur la paille . . . . RUINER
Mettre sur la table . . . . ÉTALER
Mettre sur la voie du succès . . . . LANCER
Mettre sur le marché . . . . ÉDITER
Mettre sur le nez . . . . REDIRE
Mettre sur son disque dur . . . . ENTRER
Mettre sur un CD . . . . GRAVER
Mettre sur un piédestal . . . . ADORER
Mettre tous ses œufs dans le même panier (MH) . . .
. . . . PONDRE
Mettre un deux là-dessus, une somme en jeu . . . . . .
. . . . PARIER
Mettre un terme à . . . . CESSER
Mettre un terme à la grossesse . . . . NAÎTRE
Michel Louvain et Pierre Lalonde l'ont chantée . . . .
. . . . LOUISE
Mieux que de la piquette . . . . NECTAR
Migrateur quand il n'est pas élevé . . . . SAUMON
Milieu restreint . . . . SÉRAIL
Mince et galbé . . . . FUSELÉ
Mince et souple . . . . SVELTE
Mise au parfum . . . . IONONE
Mise au point par essais . . . . RODAGE
Mise sur couches . . . . ALAISE
Modifier la longueur . . . . ÉTÊTER
Moins bondée qu'avant . . . . ÉGLISE
Moins dur . . . . AMOLLI
Moins fort . . . . ÉTENDU
Moins fréquentée qu'avant . . . . ÉGLISE
Moins gracieux . . . . FLÉTRI
Moins gras . . . . ALLÉGÉ
Moins ignorant . . . . INITIÉ
Moins important . . . . MINEUR
Moins joli . . . . FLÉTRI
Moins lourd, moins pénible . . . . ALLÉGÉ
Moins violent . . . . ADOUCI
Moment le plus intense dans un récit . . . . CLIMAX
Monnaie du Cap-Vert . . . . ESCUDO
Monnaie du Panama . . . . BALBOA
Monnaie en papier . . . . BILLET
Monsieur cent mille volts . . . . BÉCAUD
Montage en manche . . . . RAGLAN
Monte à la tête . . . . ŒSTRE
Monte à la verticale . . . . HÉLICO
Monte en graines . . . . SÉSAME
Montée pour jouer . . . . ÉQUIPE
Monte les bagages . . . . SHERPA
Monter à la tête . . . . GRISER
Monte souvent . . . . ÉTALON
Monte sur la monture . . . . ÉTRIER
Monte tranquillement . . . . LIERRE
Montre les fesses . . . . STRING
Montrer qu'on peut faire comme les autres . . . .
. . . . IMITER
Mont visité par Noé . . . . ARARAT
Morceau de bœuf . . . . ONGLET
Morceau de bois . . . . RONDIN
Morceau de veau . . . . JARRET
Mord à belles dents (PD) . . . . ÉGOÏNE
Mord à l'hameçon . . . . TRUITE

Morte, elle est évidemment plus tranquille (MH) . . . . SAISON
Morte sur le mur . . . . NATURE
Mortier à projeter . . . . GUNITE
Mot défendu qu'on entend souvent . . . . . . CALICE
Mot d'ordre . . . . NUMÉRO
Mot mal écrit . . . . ERREUR
Mot qui, dans l'Antiquité, a désigné l'Espagne . . . . IBÉRIE
Mots échangés dans une conversation . . . PROPOS
Mots trompeurs . . . . BLABLA
Mot synonyme de « mal organisé » . . . . . OCCUPÉ
Mouchard électronique . . . . COOKIE
Moud du dur . . . . MOULIN
Mou et sans énergie . . . . DOLENT
Mouille l'Afrique et l'Asie . . . . INDIEN
Moulin à paroles . . . . BAVARD
Mousseux qui ne contient pas d'alcool . . NECTAR
Mouvements chinois . . . . TAÏCHI
Mouvement relatif aux auberges de jeunesse . . . . AJISME
Mouvement socioculturel . . . . TECHNO
Moyen d'expression . . . . IDIOME
Moyen pour se faire ouvrir les portes . . . SÉSAME
Municipalité de Lanaudière . . . . RAWDON
Museau pointu et queue touffue . . . . LOULOU
Musicalement avec souplesse . . . . RUBATO
Musicien assassiné . . . . LENNON
Musicien italien . . . . BUSONI
Musicien roumain . . . . ENESCO
Nage dans le Saint-Laurent . . . . BÉLUGA
N'aime pas ce qui est dur . . . . ÉDENTÉ
N'aime pas les bottes de caoutchouc . . . . CIREUR
N'aime pas nécessairement les policiers . . LISEUR
N'aime pas trop les détails croustillants (MH) . . . . ÉDENTÉ
Naître en sortant de l'œuf . . . . ÉCLORE
N'a ni rames ni moteur . . . . PÉDALO
N'a pas beaucoup d'importance . . . . MINEUR
N'a pas besoin de beaucoup d'espace pour tourner . . . . TOUPIE
N'a pas encore cassé ... son cigare . . . . . CASTRO
N'a pas grandi au soleil . . . . ENDIVE
N'a pas la bouche pleine (MH) . . . . ÉDENTÉ
N'a pas le poil court . . . . ANGORA
N'a pas toujours des baies rouges . . . . . . RAISIN
N'a pas toute sa tête . . . . ALIÉNÉ, DÉMENT
N'a pas vraiment de bon sens . . . . APORIE
N'a pas vraiment les pieds sur terre . . . . . UTOPIE
N'a plus cours . . . . DENIER
N'a qu'une aile et c'est suffisant . . . . SAMARE
N'a rien de remarquable sauf s'il est en tête . . . . LAMBDA
N'a rien perdu . . . . ENTIER
N'arrête pas de l'ouvrir (MH) . . . . JASEUR
N'a sûrement pas l'intention de prolonger son séjour . . . . TÔLARD
N'attend pas les invitations . . . . INTRUS
Nature morte symbolique . . . . VANITÉ
N'avait pas toute sa tête . . . . ALIÉNÉ
Ne bamboche pas . . . . ASCÈTE
Ne beugle plus . . . . ROSBIF

Ne brûle pas dans la cheminée . . . . CHENET
Nécessairement brillante . . . . ÉLÉGIE
Nécessaire pour regarder Super Écran . . . ILLICO
Ne change rien malheureusement . . . . . . REGRET
Ne cherche pas à faire plaisir . . . . ENNEMI
Ne comprend pas les lapins . . . . BÉTAIL
Ne craint pas le froid . . . . ISATIS
Ne croque plus . . . . ÉDENTÉ
Ne demande qu'à réfléchir . . . . MIROIR
Ne devait pas manquer de rameurs . . . . . TRIÈRE
Ne doit pas être discret s'il veut vendre . . CRIEUR
Ne doit pas manquer d'inspiration . . . . . . ÉGÉRIE
Ne donne pas des dents éclatantes . . . . . . TARTRE
Ne donne pas nécessairement l'heure juste . . . . MONTRE
Ne donne pas trop envie de manger . . . . . NAUSÉE
Né du sang de la Méduse . . . . PÉGASE
Ne fait pas bailler d'ennui (MH) . . . . TSÉTSÉ
Ne fait pas de grosses parts . . . . ÉMINCÉ
Ne fait pas d'excès de vitesse (MH) . . . . . ÂNIÈRE
Ne fait pas engraisser . . . . CÉLERI
Ne fait pas le printemps . . . . ARONDE
Ne fera pas une grosse friture . . . . VAIRON
Ne fonctionne qu'à deux . . . . TANDEM
Ne fréquente pas les plages bondées . . . . ERMITE
Négocia la Normandie avec Charles le Simple . . . . ROLLON
Ne lâche pas facilement . . . . TENACE
Ne livre pas tous ses secrets (MH) . . . . . ALCÔVE
Ne manque pas de flair . . . . SETTER
Ne manque pas d'huile . . . . ELAEIS
Ne me dites pas que je devrais vous en faire un . . . . DESSIN
Ne mène pas une vie de patachon (MH) . . ASCÈTE
Ne mérite pas qu'on s'y arrête . . . . DÉTAIL
Nc met pas en appétit . . . . NAUSÉE
N'en déplaise à . . . . MALGRÉ
Ne pas avoir de pain sur la planche . . . . CHÔMER
Ne pas baisser les bras . . . . TENTER
Ne pas boucher les trous . . . . SASSER
Ne pas casser la croûte (MF) . . . . SAUTER
Ne pas comprimer . . . . ÉTIRER
Ne pas conserver . . . . VENDRE
Ne pas décoller . . . . RESTER
Ne pas élever le niveau . . . . ABÊTIR
Ne pas enfouir . . . . SORTIR
Ne pas étrangler . . . . ÉVASER
Ne pas éveiller . . . . ABÊTIR
Ne pas faire à la main . . . . USINER
Ne pas filer . . . . RESTER
Ne pas lever l'ancre . . . . RESTER
Ne pas mettre en boule . . . . ÉTIRER
Ne pas paresser . . . . TRIMER
Ne pas parler comme tout le monde . . . . . BLÉSER
Ne pas partir, ne pas quitter . . . . RESTER
Ne pas rater . . . . SAISIR
Ne pas rechercher . . . . ÉVITER
Ne pas reconnaître . . . . DÉNIER
Ne pas remettre . . . . DEVOIR
Ne pas rester au sol . . . . SAUTER
Ne pas retarder le reste de la classe . . . . SUIVRE
Ne pas savoir se limiter . . . . ABUSER

Ne pas s'éloigner du bord . . . . LONGER
Ne pas se mêler, s'occuper de ses affaires . . SENTIR
Ne pas s'exprimer avec facilité . . . . BLÉSER
Ne pas toujours bien appliquer . . . . ÉLIMER
Ne pas tout couper . . . . ÉTÊTER
Ne pas tracer de limites (MH) . . . . ABUSER
Ne pas travailler vraiment vite . . . . DORMIR
Ne pas utiliser les pieds . . . . MÉTRER
Ne peut se faire qu'une fois . . . . NAÎTRE
Ne peut se faire sans témoins . . . . RELAIS
Ne plaît pas à la direction . . . . ÉMEUTE
Ne plus avoir de mou . . . . DURCIR
Ne plus cacher . . . . NAÎTRE
Ne plus faire . . . . CESSER
Ne pose pas de problème . . . . FACILE
Ne pouvoir rien garder . . . . RENDRE
Ne prend pas l'eau (MH) . . . . PANIER
Ne prend pas position . . . . NEUTRE
Ne prendre qu'une gorgée . . . . GOÛTER
Ne remplit plus la caserne . . . . APPELÉ
Ne renvoie pas l'ascenseur . . . . INGRAT
Ne résiste pas au temps . . . . ÉROSIF
Ne reste pas insensible . . . . ÉMOTIF
Ne rien changer à sa situation actuelle . . . RESTER
Ne rien donc inventer . . . . IMITER
Ne s'apprivoise pas facilement . . . . MÉGÈRE
Ne se donne plus à Noël . . . . ORANGE
Ne se fait pas sans peine . . . . EFFORT
Ne se fions pas aux faux . . . . JETONS
Ne se joue pas avec un deux de pique . . . BELOTE
Ne semble pas porté sur la chose . . . . . . ASEXUÉ
Ne s'enlève pas à la brosse . . . . TARTRE
Ne sent plus la rose . . . . MIASME
Ne se paie pas avec plaisir . . . . AMENDE
Ne servira à rien . . . . INAPTE
Ne se tient pas droit . . . . ESCROC
N'est pas destiné à être vu . . . . ENVERS
N'est pas du genre à partager . . . . JALOUX
N'est pas permise partout . . . . NUDITÉ
N'est pas seule en ciboire (MH) . . . . HOSTIE
N'est pas seul en chapelle (MH) . . . . CIERGE
N'est pas toujours frisé . . . . PERSIL
N'est pas toujours régulier . . . . CLERGÉ
N'est pas très simple . . . . POSEUR
N'est plus à l'heure mais fait pleurer (PD) . . . .
. . . . OIGNON
N'est souvent qu'une façon de s'en sortir . . EXCUSE
Ne surprend guère chez les débutants . . . ERREUR
Ne tient qu'à un fil . . . . OURLET
Ne tourne pratiquement plus . . . . VINYLE
Neuve, en parlant d'une cassette . . . . VIERGE
Ne va ni d'un côté ni de l'autre . . . . NEUTRE
Ne va rien bousculer . . . . INERTE
Ne veut pas rater son numéro . . . . ABONNÉ
Ne vit pas en ermite . . . . NOCEUR
Ne vouloir rien reconnaître . . . . DÉNIER
Ne vous en faites pas inutilement . . . . . . TRACAS
Ni du nez ni des yeux . . . . BUCCAL
Ni parlé ni écrit . . . . MENTAL
Nippon du milieu . . . . YAKUZA
Niveau du gouvernement . . . . PALIER
N'obéit pas facilement . . . . ÂNESSE

Noé s'y serait arrêté . . . . ARARAT
N'offre que de mauvais placements . . . . . CASINO
Noircir du papier . . . . PONDRE
Noire ou blanche, elle coule en Allemagne . . . .
. . . . ELSTER
Nombreux dans une tour . . . . ÉTAGES
Nom de onze pharaons d'Égypte . . . . RAMSÈS
Nom de plusieurs contes de Savoie . . . . . AMÉDÉE
Nom de plusieurs papes . . . . EUGÈNE
Nom de Rocky . . . . BALBOA
Nom d'internaute . . . . PSEUDO
Nom d'un effet sonore . . . . LARSEN
Nommer un cardinal, nommer sir . . . . TITRER
Non exprimé . . . . TACITE
Non fameux . . . . NUANCÉ
N'ont aucun contrôle sur leur destinée (MH) . . . . .
. . . . BALLES
N'ont rien de très rigolo . . . . AFFRES
Nos besoins y passent . . . . URÈTRE
Nos efforts y portent des fruits (MF) . . . . VERGER
Nos jambes le sont par la peur . . . . MOLLES
Nos premiers repas . . . . TÉTÉES
Notre dame du bon conseil (MH) . . . . ÉGÉRIE
Nous empoisonne carrément la vie . . . . . CURARE
Nous fait changer de couleur . . . . ICTÈRE
Nous fait courir à la ruine . . . . SÉISME
Nous fait partager son goût des madeleines . . . . . .
. . . . PROUST
Nous fait verser des larmes . . . . OIGNON
Nous permet d'écouter avec les deux oreilles . . . . .
. . . . STÉRÉO
Nous sommes en train de prendre le repas du midi
. . . . ONDINE
Nouvelle du Canada . . . . ÉCOSSE
Nuit doublement chère pour le couple . . . NUITÉE
Obélix l'a toujours sur le dos . . . . MENHIR
Objet d'exposition . . . . PILORI
Objet en verre . . . . TESSON
Objet fétiche des enfants . . . . DOUDOU
Obligation quotidienne . . . . BESOIN
Oblige à reconstruire . . . . SÉISME
Obliger à repasser . . . . FRIPER
Observation attentive . . . . EXAMEN
Observer avant d'agir . . . . IMITER
Observe sans se faire voir . . . . VOYEUR
Occasion sur laquelle il faut sauter . . . . . IDÉALE
Odeur de sainteté (MH) . . . . ENCENS
Œufs de poisson, huile d'olive et citron . . TARAMA
Œuvre de chaire (MH) . . . . SERMON
Œuvre de Verdi . . . . OTELLO
Offre de l'appui . . . . LEVIER
Offre plusieurs pistes . . . . STUDIO
Offre un abri . . . . AUVENT
Offrir au public . . . . ÉDITER
Offrir du liquide . . . . VERSER
Offrir un cadeau . . . . DONNER
Offrir une couverture contre la maladie (MF) . . . . .
. . . . ALITER
Oiseau coureur . . . . RATITE
Oiseau des marais . . . . BUSARD
Oiseau ou terme d'affection . . . . CAILLE
On a du mal à y croire . . . . ÉPOPÉE

On aime en être habité . . . . LIESSE
On aime en voir le bout . . . . TUNNEL
On aime qu'elle soit à l'heure . . . . MONTRE
On aime qu'elle soit dégagée . . . . NARINE
On aime que nos actions le soient (à la...) . . . . HAUSSE
On a son expression en pleine face (MF) . . VISAGE
On a tendance à les confondre . . . . SOSIES
On connaît bien la noire . . . . MOUCHE
On coupe ses branches . . . . CÉLERI
On découvre qu'elle est fausse après y avoir répondu . . . . ALERTE
On dit parfois qu'elle est morte . . . . NATURE
On dit qu'il est rusé . . . . RENARD
On dit qu'il n'a pas un gros appétit . . . . . OISEAU
On dit qu'il va sortir pour immobiliser les gens (MF) . . . . OISEAU
On en a dans la bouche . . . . CÉMENT
On en a plein le dos (MF) . . . . ÉCHINE
On en fait au neuf . . . . LEVÉES
On en fait de la tarte . . . . CITRON
On en fait des bombes incendiaires . . . . . NAPALM
On en fait des chapeaux . . . . PAILLE
On en fait des haies . . . . CÈDRES
On en fait des manteaux . . . . RENARD
On en fait des tapis . . . . SPARTE
On en fait du beurre . . . . ÉRABLE
On en fait tous en travaillant . . . . ARGENT
On en met dans la piscine . . . . CHLORE
On en prend une autre au soleil . . . . TEINTE
On en retrouve sur les crêpes . . . . ÉRABLE
On en rit une fois qu'ils sont passés . . . . ENNUIS
On en sort grandi . . . . UTÉRUS
On en sort quelque chose de bon par des pis (MH) . . . . ÉTABLE
On espère ne pas tomber entre ses mains . . ENNEMI
On est tous partis de là . . . . UTÉRUS
On est tous passés par là un jour . . . . . . UTÉRUS
On fait le ménage avant qu'elle arrive . . . . VISITE
On fait ses points après une blessure . . . . SUTURE
On fait une boisson avec sa sève . . . . RÔNIER
Ongulé d'Inde . . . . ONAGRE
On ignore son nom . . . . QUIDAM
On joue quand on ne le voit plus . . . . . . RIDEAU
On l'a à l'œil . . . . RÉTINE, UVÉITE
On l'a dans le nez . . . . ODORAT
On l'a dans les jambes à longueur de journée (MF) . . . . CUISSE
On l'a dans l'œil . . . . BERLUE
On l'a dans l'os . . . . MOELLE
On la dit petite pour parler d'une personne faible . . . . NATURE
On la donne quand on a le feu au derrière . . ALERTE
On la fait dans le temps des fêtes . . . . . . CRÈCHE
On la fait de chez soi pour se changer les idées . . . . SORTIE
On la fait en comptant les coupures (MF) . . CAISSE
On la fait entre deux avions, deux jets . . . ESCALE
On la libère avec une pelle . . . . ENTRÉE
On l'allume en signe de reconnaissance . . CIERGE
On la paie au gouvernement . . . . AMENDE
On l'appuie pour jeter à la poubelle . . . . . PÉDALE

On la prend lorsqu'on nous la coupe . . . . PAROLE
On la prend pour avoir une belle tête ou pour perdre la tête . . . . BROSSE
On la prépare pour la grande opération . . . VALISE
On la savonne . . . . CRASSE
On l'a sur le dos l'été . . . . TSHIRT
On l'a toujours en tête . . . . PENSÉE
On l'a tous dans le dos . . . . MOELLE
On la travaille mieux avec de l'eau . . . . . . ARGILE
On l'avale en salade ou il nous vend sa salade (MF) . . . . AVOCAT
On le baisse pour s'entendre . . . . STÉRÉO
On le chasse . . . . LIÈVRE
On le chasse avec des activités agréables . . RÉVEIL
On le confie au médecin ou au mécanicien (MF) . . . . CANCER
On le consulte . . . . MENTOR
On le coupe à la naissance . . . . CORDON
On le devient par sagesse ou par manque d'énergie . . . . ASSAGI
On le dit argenté et fin . . . . RENARD
On le dit bon . . . . VIVANT
On le dit pour envoyer quelqu'un au diable . . . . MAUDIT
On le dit quand le mal est fait . . . . OUILLE
On le dit très compétent . . . . ORACLE
On le fait après séchage, après avoir repassé . . . . PLIAGE
On le fait à une personne qui peut rembourser . . . . CRÉDIT
On le fait brûler pour dire merci . . . . CIERGE
On le fait pour avoir l'air plus propre . . . MÉNAGE
On le met dans le guichet automatique . . . LIVRET
On l'emporte en voyage . . . . VALISE
On l'emprunte pour aller travailler . . . . . . ARTÈRE
On l'enfermait . . . . ALIÉNÉ
On l'entend quand ça sonne . . . . DRELIN
On le parle à Muqdisho . . . . SOMALI
On le prend pour échapper à une situation . . . . DÉTOUR
On le remonte pour ne pas passer tout droit . . . . RÉVEIL
On le retrouve généralement près des religieuses (MF) . . . . ÉCLAIR
On le savoure avec son chou (MF) . . . . MOMENT
On les consulte en priant le ciel . . . . ASTRES
On les développe en prenant son poids en main (MF) . . . . BICEPS
On les entend japper . . . . MEUTES
On le sent quand on est en feu . . . . ROUSSI
On le sert en civet . . . . LIÈVRE
On les éteint avec du foin (MF) . . . . DETTES
On les fait à ceux qu'on ne verra plus . . . ADIEUX
On les ferme en les relevant . . . . STORES
On les interroge en mettant cartes sur table . . . . ASTRES
On les observe mieux avec des lunettes . . ASTRES
On l'espère bénigne . . . . TUMEUR
On l'espère sur le sundae, sur le gâteau . . CERISE
On les prend à la mitaine (MF) . . . . PELLES
On les regarde avec envie . . . . ONGLES
On les répète avant de les tourner . . . . . . SCÈNES

On les sent passer .... ODEURS
On les tient en parlant .... PROPOS
On les suit le plus souvent assis .... ROUTES
On les trouve amusants aujourd'hui ..... DRÔLES
On le suit souvent à reculons .... RÉGIME
On les utilise pour tresser des liens (MF) .. OSIERS
On les utilise pour jouer à la marelle ..... CRAIES
On le trace avec des comportements et non avec un crayon (MF) .... CHEMIN
On le voit quand quelqu'un sourit (MF) .. IVOIRE
On le voit souvent ramper .... LARBIN
On l'exécute avec les pieds ou avec la bouche (MF) .... CANCAN
On l'imagine avec une barbe et les cheveux longs .... MESSIE
On l'installe sous le sapin .... CRÈCHE
On l'ouvre à l'aide d'une plante de l'Inde (MF) ... . GROTTE
On l'ouvre pour couper, avant de trancher .. OPINEL
On l'ouvre pour laisser passer les vedettes .. ÉCLUSE
On lui confie des fardeaux lourds .... TREUIL
On lui doit le microphone .... EDISON
On lui donne une étoile .... SHÉRIF
On lui fait rendre l'air .... NARINE
On lui laisse le manteau .... CINTRE
On lui tend l'autre joue (MH) .... RASOIR
On lui trouvait asile .... ALIÉNÉ
On l'utilise pour dessiner un portrait de quelqu'un .... RÉSUMÉ
On l'utilise pour faire de belles pompes .. CIRAGE
On mord dans son pied .... CÉLERI
On n'a plus peur quand un danger l'est .. ÉCARTÉ
On ne fait que l'imaginer .... AUDELÀ
On ne les voit pas passer .... ANNÉES
On ne lui veut pas trop de bien .... ENNEMI
On n'en fait plus de pareil .... UNIQUE
On n'en sort pas en claquant la porte .. SALOON
On n'en voit pas dans tous les bains .... REMOUS
On ne peut se voir la faire à moins de se filmer .... SIESTE
On ne sait pas comment le prendre ...... OURSIN
On ne s'en méfie jamais assez .... ESCROC
On ne serait pas là sans elle .... AÏEULE
On nous le confie .... SECRET
On n'y fait pas de déclarations d'amour .. DOUANE
On n'y ramasse pas les vidanges l'hiver ... RUELLE
On peut comprendre qu'il s'ennuie ..... ERMITE
On peut en faire de la confiture .... PRUNES
On peut en faire un bon civet .... LIÈVRE
On peut en faire un château .... CARTES
On peut la prendre au mot (MH) .... LETTRE
On peut la voir près du palais (MF) .... LUETTE
On peut le créer en révélant un secret de famille ... . REMOUS
On peut les compter sur les doigts d'une main .... ONGLES
On peut les ensemencer .... ÉTANGS
On peut le voir dans « Kinsey » .... NEESON
On peut manger celui du poulet .... GÉSIER
On peut s'y rendre sur le pont .... ÎLETTE
On peut y aller en protestant (MF) ..... TEMPLE
On peut y voir notre futur .... AGENDA

On pourra, plus tard, en faire tout un plat (MH) ... . RESTES
On rit jaune lorsqu'on se retrouve avec un (MF) ... . CITRON
On s'aligne pour le prendre .... DÉPART
On saurait difficilement dire qu'un Japonais en souffre (MF) .... ICTÈRE
On se cogne contre une de ses pattes .. MEUBLE
On s'en moque aux heures de pointe ... IRONIE
On s'en passerait volontiers ... ENNUIS, SOUCIS
On s'en sert pour naviguer .... SOURIS
On se passerait de lui volontiers .... RASEUR
On suit sa piste en passant par plusieurs portes .... SLALOM
On s'y fie les yeux fermés .... ORACLE
On s'y réfère .... REPÈRE
On s'y rend chaque jour de la semaine .. BUREAU
On s'y rend en bateau .... ÎLETTE
On s'y repose .... AERIUM
On s'y salit les pieds .... GADOUE
Ont l'esprit d'équipe .... TIFOSI
Ont leur saison .... AMOURS
On trouve qu'il a la mémoire courte ... INGRAT
Ont une île près de Montréal .... SŒURS
On va chez le coiffeur pour changer celle de notre tête .... ALLURE
On y accoste .... MARINA
On y a tous été formés .... UTÉRUS
On y croit même si ce n'est pas vrai .... CINÉMA
On y enferme le bétail .... CORRAL
On y entend le bruit d'une plage .... STÉRÉO
On y entre à corps perdu (MF) .... TRANSE
On y envoie paître les plus bêtes ...... PACAGE
On y est souvent à genoux .... ÉGLISE
On y faisait la lessive .... LAVOIR
On y fait des fouilles .... DOUANE
On y fait des revers gagnants (MF) ...... TENNIS
On y fait du judo .... TATAMI
On y forme des gardiens (MH) .... CHENIL
On y joue .... DAMIER
On y joue attaque et défense .... PALAIS
On y lave son linge sale en famille ..... LAVOIR
On y lève les bras .... HOLDUP
On y met de l'eau .... GOURDE
On y met du liquide (MH) .... CAISSE
On y met du parfum ou de la lotion ..... FLACON
On y met le feu .... CIERGE, CIGARE
On y met le pied .... ÉTRIER
On y met notre compte à jour .... LIVRET
On y met son œil .... VISEUR
On y met une paille ou nos bottes (MF) .. SLOCHE
On y navigue .... RÉSEAU
On y parle arabe .... SOUDAN
On y parle plusieurs langues .... EUROPE
On y parle portugais .... BRÉSIL
On y parle une langue romane .... ITALIE
On y passe quand on meurt .... TRÉPAS
On y passe sa peine .... ÉPAULE
On y pédale à deux .... TANDEM
On y produit le tokay .... ALSACE
On y puise à pleines mains .... POCHES
On y raffine .... REGINA

On y reçoit une médaille .... PODIUM
On y reprend du service (MH) .... TENNIS
On y reste tant qu'on n'a pas l'esprit tranquille ....
.... AGUETS
On y roule .... AVENUE
On y savoure des abats .... ALLÉES
On y sert le café .... BISTRO
On y sert régulièrement des navets (MF) .. CINÉMA
On y tourne en rond .... DÉDALE
On y trouve un tabernacle .... ÉGLISE
On y veille .... PERRON
On y vide le zinc et voit jusqu'où le mercure a grimpé
(MF) .... ESCALE
Opération culinaire .... LARDER
Opération de cuisine .... ÉPICER
Opération de graffiteur .... TAGUER
Or au 100 m .... GATLIN
Ordinateurs interconnectés .... RÉSEAU
Ordre chronologique .... TERTIO
Organisation mafieuse chinoise .... TRIADE
Organisation ouvrière .... ESSAIM
Organiser un nouveau sommet (MF) .... ÉCIMER
Organisme humanitaire .... UNICEF
Originaire de Valence .... PAELLA
Originaire du nord de la France .... CHTIMI
Orne une coiffure .... PLUMET
Ôter à quelqu'un la possession de .... PRIVER
Où les grands esprits se rencontrent ... HANTÉE
Où il n'y a pas foule .... DÉSERT
Où l'on a enlevé les mauvaises herbes ... SARCLÉ
Où l'on parle français, en Suisse ..... ROMAND
Où presque personne ne va .... RETIRÉ
Outil des tailleurs de pierre .... SMILLE
Outil servant à dépolir le métal .... MATOIR
Ouverte par le rat .... TRAPPE
Ouverture anormale du col de l'utérus .. BÉANCE
Ouverture en pleine face .... NASEAU
Ouverture étroite .... FÊLURE
Ouverture matinale (PD) .... RÉVEIL
Ouvre-boîte .... TRÉPAN
Ouvre la cérémonie en grande pompe .... SUISSE
Ouvrir au bloc (PD) .... OPÉRER
Pain alsacien, pain suisse .... TRESSE
Pain de coucou (MH) .... OXALIS
Palerme est sa capitale .... SICILE
Pallie les manques de subventions ..... MÉCÈNE
Panoramix en est un .... DRUIDE
Pansement pour un doigt .... POUPÉE
Papa à crinière (PD) .... TIGRON
Paquet de six jeux de cartes .... SIXAIN
Parallèle au tibia .... PÉRONÉ
Parasite plat .... TAENIA
Parcours dans l'air .... AÉRIEN
Parfaite pour un oiseau .... BÉQUÉE
Parfaites pour les compagnons de Blanche ....
.... NAINES
Parfois en flocons .... AVOINE
Parfois éternelles .... NEIGES
Parfois précieuse .... PIERRE
Parfois pulvérisé .... RECORD
Parfois rien ne lui résiste .... SÉISME
Parfois sur la pizza .... OLIVES

Parfume les pizzas .... ORIGAN
Paris-Brest .... GÂTEAU
Pari sportif .... TIERCE
Parler dans le dos de quelqu'un ...... MÉDIRE
Parler plus fort (... la voix) .... ÉLEVER
Parler plus longtemps que prévu, pour passer le temps
.... ÉTIRER
Parole de contentement .... EURÊKA
Parole magique .... SÉSAME
Parole maladroite .... BÊTISE
Part de la tête .... TRESSE
Part des Rocheuses .... FRASER
Part du plot .... NAGEUR
Partenaire d'une tête de mule (MF) .... ÂNESSE
Part en parts .... GÂTEAU
Participe à des expéditions de chasse en Afrique ...
.... LIONNE
Participent à la discussion .... LÈVRES
Participent au spectacle .... DÉCORS
Particulièrement désagréable .. ACERBE, ODIEUX
Partie de combiné .... SLALOM
Partie de coque .... CARÈNE
Partie de la jambe .... CUISSE
Partie de l'année .... SAISON
Partie de millénaire .... SIÈCLE
Partie de voile .... LUETTE
Partie du calice .... SÉPALE
Partie d'une route .... VIRAGE
Partie d'un gant long .... REBRAS
Partie d'un vélo .... GUIDON
Partie protectrice .... ÉCORCE
Partie située en haut d'une feuille ...... ENTÊTE
Partir dans des rêveries .... SONGER
Partir le bal .... VALSER
Parures de bars (MH) .... ARÊTES
Pas à la saint-glinglin .... ILLICO
Pas à plat ventre .... ADOSSÉ
Pas appréciée par le vendeur .... BAISSE
Pas besoin d'en être une pour être mère .. ÉPOUSE
Pas bon .... ERRONÉ
Pas brillant .... BÉBÊTE
Pas capable .... INAPTE
Pas comme un sumo .... SVELTE
Pas commun .... PROPRE
Pas connu de tous .... IGNORÉ
Pas contracté .... NUANCÉ
Pas courageux .... TIMORÉ
Pas dans un mois .... ILLICO
Pas doué .... EXEMPT
Pas droit .... INÉGAL
Pas du tout apprécié des apiculteurs ... VARROA
Pas du tout comme de la poudre .... GLUANT
Pas du tout gracieux .... PATAUD
Pas du tout inquiet .... SEREIN
Pas du tout squelettique .... ENROBÉ
Pas encore dépassé .... RÉCENT
Pas encore dévoilé .... INÉDIT
Pas encore mûr .... PUÉRIL
Pas enjoué .... SÉVÈRE
Pas en tête .... OUBLIÉ
Pas entreprenant .... INERTE
Pas épais .... SVELTE

Pas équitable . . . . INIQUE
Pas excessif . . . . MODÉRÉ
Pas facile à ouvrir . . . . HOMARD
Pas fin . . . . DINGUE
Pas inquiet . . . . SEREIN
Pas le genre d'un plat des fêtes . . . . ALLÉGÉ
Pas libre . . . . RETENU
Pas lisse . . . . CÔTELÉ, ÉRAFLÉ
Pas mauvais . . . . RÉUSSI
Pas n'importe comment . . . . ALIGNÉ
Pas nuageux . . . . SEREIN
Pas par terre . . . . AÉRIEN
Pas passé . . . . ACTUEL
Pas plat . . . . RENFLÉ
Pas plein . . . . MAIGRE
Pas ramassé . . . . ÉLANCÉ
Pas ravi . . . . DÉSOLÉ
Pas reconnue pour sa gentillesse . . . . TEIGNE
Pas relatif à l'été . . . . HIÉMAL
Passage à la bascule . . . . PESAGE
Passage à l'hôtel . . . . NUITÉE
Passage étroit . . . . RUELLE
Passage obligé pour faire des enfants . . . . URÈTRE
Passe à l'attaque . . . . AILIER
Passe à travers champs . . . . ARAIRE
Passé date, passé de mode . . . . DÉSUET, PÉRIMÉ
Passe du vert au rouge . . . . TOMATE
Passent bien vite, avec régularité . . . . ANNÉES
Passent souvent par le frigo . . . . RESTES
Passe rapidement au dessert (MH) . . . . . . ÉCLAIR
Passer après les autres . . . . SUIVRE
Passer au jet (MH) . . . . SABLER
Passer date . . . . MOISIR
Passer du docte à l'âne . . . . ABÊTIR
Passer du liquide au solide (PD) . . . . SEVRER
Passer en dessous de la table (MF) . . . . . . JEÛNER
Passer la nuit . . . . RESTER
Passer l'arme à gauche . . . . MOURIR
Passer les caractères en revue . . . . ÉPELER
Passer par dessus . . . . SAUTER
Passer par des trous . . . . SASSER
Passer par toutes les couleurs de l'arc-en-ciel . . . . .
. . . . IRISER
Passer près . . . . FRÔLER, LONGER
Passer sa vie entre les câbles, sur le matelas (MF) . .
. . . . LUTTER
Passer sous le nez . . . . SENTIR
Passer sur le billard . . . . OPÉRER
Passer un savon . . . . TANCER
Passe-temps utile . . . . TRICOT
Pas sorti de là . . . . ENLISÉ
Pas souterrain . . . . AÉRIEN
Pas sûr . . . . IRRÉEL
Pas tendre . . . . ACERBE
Pas touché . . . . VIERGE
Pas toujours . . . . JAMAIS
Pas toujours facile à corriger . . . . DÉFAUT
Pas toujours facile à découvrir . . . . INDICE
Pas toujours facile à fournir . . . . EFFORT
Pas toujours facile à ouvrir . . . . CLAIRE, HUÎTRE
Pas toujours facile à passer . . . . EXAMEN
Pas toujours facile de la réussir sans fautes . . . . .

. . . . DICTÉE
Pas toujours pardonnée . . . . ERREUR
Pas tous amateurs de Poutine . . . . RUSSES
Pas tout à fait chaud . . . . ÉMÉCHÉ
Pas tout à fait roux . . . . AUBURN
Pas tout seul sous l'auto . . . . ESSIEU
Pas très bon pour la santé . . . . STRESS
Pas très clair . . . . ÉVASIF
Pas très courageux . . . . TIMORÉ
Pas très dégourdi . . . . EMPOTÉ
Pas très différent . . . . VOISIN
Pas très entreprenant . . . . INERTE
Pas très futé . . . . NEUNEU
Pas très important . . . . MINIME
Pas très sain . . . . DÉSAXÉ
Pas trop pantouflard . . . . BOHÈME
Pas vieux . . . . RÉCENT
Pas volé . . . . MÉRITÉ
Pas vraiment en état de marcher . . . . ÉCLOPÉ
Pas vraiment rond, mais pas droit non plus . . . . .
. . . . ÉMÉCHÉ
Patrie de Sophia Loren . . . . ITALIE
Patriote juif du Ier siècle après J.-C. . . . . . ZÉLOTE
Patron des travailleurs . . . . JOSEPH
Patron d'un commerce . . . . GÉRANT
Patronne de Bruxelles . . . . GUDULE
Paul Desmarais en a bâti un . . . . EMPIRE
Payer les tournées (PD) . . . . RINCER
Payer pour . . . . ÉCOPER
Pays d'origine de Sir Conan Doyle . . . . . . ÉCOSSE
Peau qui ne fera pas un bon vêtement (PD) . . . . .
. . . . PELURE
Peaux cousues . . . . OUTRES
Pêchées par obligation . . . . ARÊTES
Pêche sans filet (MH) . . . . OTARIE
Peintre britannique . . . . SISLEY
Peintre des Pays-Bas . . . . MABUSE
Peintre espagnol . . . . RIBERA
Peintre français . . . . SEURAT
Peintre italien . . . . LONGHI
Peintre japonais . . . . EITOKU
Peinture japonaise . . . . GEISHA
Pélagie-la-Charrette en a deux . . . . TIRETS
Pêle-mêle . . . . ENVRAC
Pellicule cireuse recouvrant les fruits . . . . PRUINE
Pendant le voyage . . . . ESCALE
Pendue près du palais . . . . LUETTE
Pénétrer à son insu (MF) . . . . VIOLER
Péninsule du Canada . . . . AVALON
Pensée qui fait sourire . . . . RIANTE
Penser que c'est vrai même sans preuve . . CROIRE
Pente de quelque chose . . . . DEVERS
Perce les os . . . . TRÉPAN
Percer de coups . . . . LARDER
Perdre un temps fou à réparer quelque chose (MF)
. . . . GOSSER
Père de famille nombreuse (MH) . . . . ÉTALON
Père québécois natif de la Beauce . . . . . . GÉDÉON
Période difficile . . . . TUNNEL
Période dont peu de gens en voient le début et la fin
. . . . SIÈCLE
Permet au maître d'équilibrer le partage . . SOULTE

Permet d'aller du simple au double (MH) . . MIROIR
Permet d'avoir à attendre . . . . PILULE
Permet de débarquer . . . . ESCALE
Permet de faire des affaires sans payer d'impôts . . .
. . . . TRAFIC
Permet de passer . . . . OUVERT
Permet de rendre heureux des gens ravis . . RANÇON
Permet de respirer . . . . SURSIS
Permet de sauter plus haut . . . . PERCHE
Permet de se faire voir . . . . CLARTÉ
Permet de s'engouffrer plus facilement . . BRÈCHE
Permet de tricher . . . . ASTUCE
Permettent de se couvrir . . . . EFFETS
Permettra de se faire une idée . . . . APERÇU
Permettre de forcer sans problème . . . . . . SERRER
Permet un bon assemblage . . . . ARONDE
Personnage branché . . . . AVATAR
Personnage de l'Évangile de Luc . . . . SIMON
Personnage de Molière . . . . SCAPIN
Personnage de Western . . . . SHÉRIF
Personnage du «Barbier de Séville» . . . . FIGARO
Personnage d'Uderzo . . . . OBÉLIX
Personnage virtuel . . . . AVATAR
Personne chargée de régler les conditions d'un duel
. . . . TÉMOIN
Personne délurée . . . . MÂTINE
Personne doublement engagée . . . . BIGAME
Personne ne veut être celui de la farce . . . DINDON
Personne que l'on croit . . . . ORACLE
Personne qui a le teint pâle . . . . ROUSSE
Personne qui déchire les oreilles . . . . CRIARD
Personne séduisante . . . . BEAUTÉ
Pesant propos de bain (PD) . . . . EURÊKA
Petit archipel au large du Finistère . . . . . GLENAN
Petit cahier de poche . . . . CARNET
Petit chien . . . . CARLIN
Petit cloporte . . . . ASELLE
Petit deux-pièces . . . . BIKINI
Petite cabane . . . . CARBET
Petite douceur de la vie . . . . BONBON
Petite élévation . . . . TERTRE
Petite île . . . . ÎLETTE
Petit ensemble . . . . DUETTO
Petite part de gâteau . . . . MIETTE
Petite terre . . . . ÎLETTE
Petit-fils de Cham . . . . NEMROD
Petit kodiak . . . . OURSON
Petit plus apprécié (PD) . . . . CERISE
Petit poilu . . . . OURSON
Petit porc mexicain . . . . PÉCARI
Petit propriétaire de l'Angleterre . . . . . . YEOMAN
Petit voilier . . . . LOUGRE
Petit yacht de croisière (MF) . . . . BÉLUGA
Peu agréable à recevoir . . . . ROSSÉE
Peu alcoolisée et pas à boire . . . . LOTION
Peu considérable . . . . MINIME
Peu de gens vivent assez longtemps pour en voir le
début et la fin . . . . SIÈCLE
Peu gras . . . . ALLÈGE
Peu intéressé par les compromis . . . . RIGIDE
Peuple amérindien des États-Unis . . . . . . MICMAC
Peuple d'Afrique . . . . MASSAÏ

Peuple qui envahit le nord de l'Inde . . . . . ARYENS
Peur de marin . . . . ÉCUEIL
Peut cogner fort . . . . GNIOLE
Peut être coupant . . . . TESSON
Peut-être en feriez-vous plusieurs avant de trouver la
réponse . . . . ESSAIS
Peut être Irlandais . . . . SETTER
Peut être petit mais très fort . . . . PIMENT
Peut être réglé comme du papier à musique . . .
. . . . CAHIER
Peut-être un signe d'abus ? . . . . NAUSÉE
Peut exploser à tout moment . . . . ÉNERVÉ
Peut faire échouer . . . . ÉCUEIL
Peut faire mal à la tête . . . . GNIOLE
Peut faire partie d'une énumération . . . . . . TERTIO
Peut mettre fin au cauchemar . . . . RÉVEIL
Peut monter assez haut sans échelle (MH) . . LIERRE
Peut qualifier une monnaie . . . . INCUSE
Peut qualifier un maniaque . . . . SEXUEL
Peut qualifier un raid . . . . AÉRIEN
Peut qualifier un vin . . . . FRUITÉ
Peut rendre malade . . . . ROULIS, TSÉTSÉ
Peut se retrouver sur le trottoir . . . . GRANIT
Peut se voir dans l'eau . . . . REFLET
Peut tout faire sauter (MH) . . . . POÊLON
Peuvent corriger ou faire des dégâts (PD) . . VERRES
Peuvent tout emporter sur leur passage . . VAGUES
Philippe le Bienheureux . . . . NOIRET
Philosophe grec . . . . THALÈS
Philosophe québécois . . . . DUMONT
Photo pour déterminer le gagnant . . . . FINISH
Physicien français . . . . CLAUDE
Physicien suisse . . . . ROHRER
Pianiste autrichien . . . . HUMMEL
Pièce à conviction . . . . PREUVE
Pièce de caoutchouc utilisé pour fermer une boîte . . .
. . . . TÉTINE
Pièce de Giraudoux . . . . ONDINE
Pièce de poésie . . . . DIZAIN
Pièce détachée . . . . TESSON
Pièce d'identité . . . . PAPIER
Pièces détachées . . . . DÉBRIS
Pierre fine . . . . GRENAT
Pionnier de la dodécaphonie . . . . WEBERN
Piquer en bordure . . . . OURLER
Pitoune pour laquelle on fait la queue . . MANÈGE
Place des gagnants . . . . PODIUM
Placer à la vue de tous . . . . NAÎTRE
Placer à l'horizontale . . . . ALITER
Placer en une corde . . . . STÉRER
Plafond flottant (MH) . . . . NUAGES
Plaie du corps . . . . LÉSION
Plaît au bricoleur . . . . ÉTABLI
Plaît aux collectionneurs . . . . RARETÉ
Planer dans l'ombre . . . . DOUTER
Planté dans le jardin . . . . TUTEUR
Plante des Andes . . . . ULLUCU
Plante des eaux stagnantes . . . . MORÈNE
Plante des marécages . . . . SCIRPE
Plante des prairies . . . . VULPIN
Plante des sous-bois . . . . MUGUET
Planter là . . . . ISOLER

Plante utilisée en vannerie .... SCIRPE
Plaque de jeu .... DOMINO
Plat de pommes de terres râpées .... RŒSTI
Plateforme en bois .... RADEAU
Plat traditionnel écossais .... HAGGIS
Plein d'abeilles .... ESSAIM
Plein d'eau ...... AQUEUX, ARROSÉ, INONDÉ
Plein de connaissances .... ÉRUDIT
Plein de ferveur .... ARDENT
Plein de fraîcheur .... INGÉNU
Plein de risques .... RISQUÉ
Plein de trous partout .... CRIBLÉ
Plein de vivacité .... ARDENT
Plume roumaine .... ELIADE
Plumes expérimentales (PD) .... OULIPO
Plus à l'ombre .... ÉLARGI
Plus court .... ABRÉGÉ
Plus d'un se proclame son avocat (MF) .. DIABLE
Plus elle court, plus elle est déformée .. RUMEUR
Plus en stock .... ÉPUISÉ
Plus facile de la faire aux autres que de l'appliquer
.... MORALE
Plus facile pour celui qui vient de loin ... MENTIR
Plus fine quand elle est faite à la feuille .. DORURE
Plus gros que le citron .... CÉDRAT
Plusieurs Québécois aimeraient y être en hiver ....
.... NASSAU
Plus il tourne, plus il fait tourner la tête des gens (MF)
.... ACTEUR
Plus là .... DÉCÉDÉ
Plus las .... REPOSÉ
Plus on la plie, plus on risque de céder (MF)
.... ÉCHINE
Plus petit .... RÉDUIT
Plus petit qu'un château .... MANOIR
Plus profane .... INITIÉ
Plus qu'un symbole chez les Québécois .. ÉRABLE
Plus rusé qu'il ne paraît .... MATOIS
Plutôt mal fringué .... ATTIFÉ
Plutôt mordant .... ACERBE
Plutôt porté à l'horizontale (MH) .... PYJAMA
Poche près de l'abdomen .... BANANE
Poète allemand .... UHLAND
Poète chantant .... TRENET
Poète grec .... RITSOS
Poids lourd .... CAMION
Point brillant .... ÉTOILE
Point de départ d'un organe .... RACINE
Point de faiblesse .... FAILLE
Point fixe permettant de se déplacer ..... REPÈRE
Points disposés deux par deux .... TRÉMAS
Point sombre .... CLAIRE
Poisson capable de se fixer à de gros poissons ...
.... RÉMORA
Poisson de vase .... TANCHE
Poisson marin de l'Atlantique .... TACAUD
Police dans le milieu .... ROUSSE
Policier aux méthodes brutales .... COWBOY
Politicien français .... AURIOL
Politicien russe .... LÉNINE
Politiquement juste sous Louis-Philippe .. MILIEU
Pomme d'amour (MH) .... TOMATE

Pond sur le bouc .... ŒSTRE
Pont franchi par les avions .... AÉRIEN
Population tsigane .... GITANS
Porte-bonheur .... GRIGRI
Porte des fardeaux .... DIABLE
Porte des grappes de fleurs .... ONAGRE
Portée de petits dans le nid .... NICHÉE
Porte malheur .... TREIZE
Porte que l'on prend .... SORTIE
Porter aux nues, au pinacle .... ADULER
Porter sur le système .... AGACER
Porte souvent une bague .... CIGARE
Porte un col .... UTÉRUS
Porteur de belles grappes noires .... SUREAU
Porteur de charges (PD) .... ESSIEU
Porteur de nouvelles en voie de disparition (PD) ...
.... CRIEUR
Porteur en Extrême-Orient .... COOLIE
Porteuse de grains .... GOUSSE
Portion de littoral .... ESTRAN
Portraitiste d'Alexandre le Grand ...... APELLE
Port sur la mer .... ODESSA
Pose des problèmes à la sortie .... ANURIE
Posée par jeu .... ÉNIGME
Pose problème .... ÉNIGME
Poser très haut (PD) .... ALUNIR
Postérieur de cheval .... CROUPE
Pot de vin .... PICHET
Potion magique .... TISANE
Poulet qui se livre .... ENTIER
Poulette idéale pour la soupe .... GRASSE
Pour atteindre le niveau supérieur ...... ÉCLUSE
Pour attraper de gros animaux .... SAFARI
Pour bien empeser .... AMIDON
Pour boire .... TÉTINE
Pour briller à la sortie (PD) .... CIRAGE
Pour commettre son attentat, il faut se découvrir (MF)
.... PUDEUR
Pour couper du bois .... ÉGOÏNE
Pour croître en beauté .... TUTEUR
Pour diffuser vos faits et gestes .... NETCAM
Pour égoutter des pâtes .... CLISSE
Pour enrouler du fil .... FUSEAU
Pour eux, l'enfer, c'est les autres (MH) .. JALOUX
Pour exister, il doit être révélé au moins une fois (MF)
.... SECRET
Pour faire comme le canard .... APPEAU
Pour faire de belles miches .... LEVAIN
Pour faire des pâtures .... ERBUES
Pour faire un joint .... MASTIC
Pour juger sans voir (MH) .... ODEURS
Pour la trouver, il faut chercher .... RARETÉ
Pour le chasser, il faut parfois rendre les armes (MF)
.... STRESS
Pour le pain ou la bière .... LEVURE
Pour le piquer, il faut courir très vite .... SPRINT
Pour les amateurs d'eau chaude parfumée .. TISANE
Pour les amateurs de boulettes (PD) ..... OPIACÉ
Pour les bains de foule, c'est là qu'il faut aller ....
.... PLAGES
Pour les bandits .... GEOLES
Pour les bateaux .... MARINA

Pour les besoins de l'homme . . . . URINAL
Pour les bois durent (PD) . . . . LASURE
Pour les dévorer, il faut les prendre . . . . . . PROIES
Pour les entendre, il faut articuler . . . . AIEOUY
Pour les outils . . . . REMISE
Pour l'être, il ne faut vraiment pas être gêné . . . . . .
. . . . GÊNEUR
Pour l'instant, passe entre les mailles . . . . ALEVIN
Pour ne pas se faire mouiller . . . . AUVENT
Pour piquer le cheval . . . . ÉPERON
Pour protéger . . . . ARMURE
Pour racler les os . . . . RUGINE
Pourrait avoir du mal à se loger . . . . FUMEUR
Pourrait éliminer les favoris (MH) . . . . . RASOIR
Pour reprendre l'histoire au bon endroit . . SIGNET
Pour respecter les bonnes mesures . . . . . . DOSEUR
Pour réussir, il faut les franchir une à une . . ÉTAPES
Pour se faire des nattes . . . . TEILLE
Pour s'entraîner à la maison . . . . RAMEUR
Pour sept chandelles . . . . MENORA
Pour se voir . . . . MIROIR
Pour suivre à l'office . . . . MISSEL
Pour surélever des cordes . . . . SILLET
Pour tirer le bon, il faut de la chance . . . NUMÉRO
Pour voir . . . . VITRES
Pour voir avant de monter . . . . RUSHES
Pour voir la réalité bien en face . . . . MIROIR
Pousse-café . . . . GNIOLE
Pousse dans l'eau . . . . ISOÈTE
Pousse dans le jardin . . . . OIGNON
Pousse dans les Andes . . . . ULLUCU
Poussé naturellement à quelque chose . . . ENCLIN
Poussent les joueurs (MH) . . . . TIFOSI
Poussent sur la tête . . . . CORNES
Pousser à bout . . . . TANNER
Pousser fort . . . . FORCER
Pousser une pipe (MF) . . . . MENTIR
Poussière d'eau . . . . EMBRUN
Pratique pour lever . . . . TREUIL
Pratiquer l'ouverture . . . . OPÉRER
Précède le taureau . . . . BÉLIER
Précède un saut . . . . TRIPLÉ
Précis et rapide . . . . PRESTE
Préférable à l'orage . . . . IDYLLE
Préfère la différence . . . . HÉTÉRO
Préfère rester dans l'opposition (PD) . . . . HÉTÉRO
Premier colon de la Nouvelle-France . . . . HÉBERT
Première étape dans la fabrication du fromage . . . . .
. . . . TRAITE
Premier lit de Jésus . . . . CRÈCHE
Premier ministre du Canada en 1984 . . . . TURNER
Premier ministre libanais . . . . KARAME
Premier mousseux servi aux enfants . . . . NECTAR
Prend la plume par nécessité . . . . APHONE
Prendre à chaque bout . . . . ÉTIRER
Prendre congé . . . . PARTIR, SALUER
Prendre connaissance, prendre conscience . . SENTIR
Prendre contre soi . . . . SERRER
Prendre du poil de la bête (MF) . . . . ÉPILER
Prendre hors contexte . . . . ISOLER
Prendre la bonne place . . . . TRÔNER
Prendre la tête . . . . ÉTÊTER

Prendre le bord . . . . LONGER
Prendre les bonnes mesures . . . . TOISER
Prendre le taureau par les cornes . . . . TORÉER
Prendre par les deux bouts . . . . ÉTIRER
Prendre racine . . . . ÉPILER
Prendre sa place . . . . RÉGNER
Prendre soin de ses skis . . . . FARTER
Prendre son poste . . . . TASSER
Prendre un autre ton . . . . IRISER
Prendre une saveur âcre . . . . RANCIR
Prend souvent l'avion . . . . VALISE
Prénom d'une réalisatrice québécoise . . . . DENISE
Prénom d'un peintre impressionniste . . . . BERTHE
Prénom masculin . . . . ALCIDE
Préparation pharmaceutique . . . . GÉLULE
Préparent aux examens . . . . COLLES
Préparer à toute vapeur . . . . ÉTUVER
Préparer des œufs durs . . . . ÉCALER
Préparer les fils . . . . CARTER
Préparer le vert . . . . TONDRE
Préparer une glace . . . . ÉTAMER
Préparer un mauvais coup . . . . TRAMER
Préposé aux renseignements (MH) . . . . . ESPION
Près du palais . . . . LUETTE
Présenter à tous . . . . NAÎTRE
Présenter en avant . . . . TENDRE
Préside à la magie . . . . HÉCATE
Président du Congo . . . . KABILA
Président mort en France . . . . ARAFAT
Presque rouge . . . . ROSACÉ
Presque trop belle . . . . IDÉALE
Presque un dieu en Égypte . . . . NASSER
Presser le pis . . . . TRAIRE
Prêt à faire des affaires . . . . OUVERT
Prêt à se mettre à table . . . . AFFAMÉ
Prêt à servir de nouveau . . . . RÉPARÉ
Prêt à tout pour aider . . . . DÉVOUÉ
Prêt à tout pour elle . . . . SÉDUIT
Prête à assurer la succession (PD) . . . . . . OVULÉE
Prêtre consacré à Mars, chez les Romains . . SALIEN
Prêtresse de Bacchus . . . . MÉNADE
Primeur qu'on peut éplucher (MH) . . . . . LÉGUME
Princesse mise au parfum . . . . NÉROLI
Prise au passage . . . . RAPINE
Prise d'eau (PD) . . . . NARINE
Prise par les jeunes . . . . RELÈVE
Prison d'un couvent . . . . INPACE
Pris par le plus fort . . . . DESSUS
Prix permettant des économies . . . . RÉDUIT
Prix selon lequel un objet peut être vendu . . . . . .
. . . . VALEUR
Problème à la station d'épuration (PD) . . URÉMIE
Problème mental . . . . BIBITE
Problème rénal . . . . URÉMIE
Procéder aux essais . . . . TESTER
Procéder par élimination . . . . ÉPURER
Procurateur de Judée . . . . PILATE
Producteur d'hormones . . . . OVAIRE
Production de couleurs (MH) . . . . ORIENT
Produire des sons aigus . . . . TINTER
Produire un assaisonnement . . . . SAUNER
Produire une copie . . . . CLONER

Produit de la conception non arrivée à terme ......
.... FŒTUS
Produit d'entretien .... CITRON
Profite bien de l'été .... PLANTE
Profiter de la vague .... SURFER
Profondément différent d'une montagne .. ABYSSE
Progrès rapide et spectaculaire .... PERCÉE
Projet québécois controversé .... SUROÎT
Protection en mer .... SUROÎT
Protégeait le chef .... HEAUME
Protégée en régions (PD) .... ÂNESSE
Protège les artistes .... MÉCÈNE
Province d'Irlande .... ULSTER
Provoque le tournis .... CÉNURE
Publicité tapageuse .... RETAPE
Public rempli par le public (MF) .... TRÉSOR
Puissance du mal .... BÉLIAL
Puits de science .... ÉRUDIT
Punir l'auteur .... VENGER
Purement imaginaire .... IRRÉEL
Qualifie une cuisine .... TEXMEX
Qualifie une eau qui dissout l'or ...... RÉGALE
Qualifie une fosse .... NASALE
Qualifie un passage pour piétons ...... CLOUTÉ
Quand ça fait mal .... OUILLE
Quand ça tombe comme des clous ..... RINCÉE
Quand ça va mal, il sort sa lampe (MF) .. ALADIN
Quand celle de l'enfant doit être changée, on le sent
.... COUCHE
Quand elle est naturelle, on n'a pas à la refaire ....
.... BEAUTÉ
Quand elles marchent mal, ça sent les mises à pied
.... USINES
Quand il file un mauvais coton, il travaille mal (MF)
.... FILEUR
Quand il ne file pas il ne travaille pas (MF) ....
.... FILEUR
Quand il s'exprime, il reste toujours dans son coin
(MF) .... CANARD
Quand ils n'obéissent pas, on peut se préparer au pire
(MH) .... FREINS
Quand ils sont mignons, on peut en faire (MF) ....
.... PÉCHÉS
Quand il tape, il faut faire attention à ses coups ....
.... SOLEIL
Quand les policiers en font une importante, on la voit
dans les médias .... SAISIE
Quand l'homme est sur elle, il ne doit pas ralentir ..
.... LANCÉE
Quand nos mains le sont, on dort bien ... NETTES
Quand on en a une, on a envie de changer de disque
.... HERNIE
Quand on est sous elle, on est tranquille .. MENACE
Quand on la dit drôle, c'est que ce n'est pas drôle
(MF) .... GALÈRE
Quand on la fait, on n'est plus là .... SIESTE
Quand on la perd, on devient fou .... RAISON
Quand on le perd, on devient fou .... ESPRIT
Quand on le subit, on cherche un autre emploi ....
.... RENVOI
Quand on y est, on ne sait pas trop quoi faire ......
.... PÉTRIN

Quand on y est, on n'est pas confortable .. ÉTROIT
Quand on y parle, on parle tout seul (MF) .. DÉSERT
Quatre bottes en font deux .... PAIRES
Quatre (IV), mais au pluriel .... SŒURS
Quelle joie .... LIESSE
Quelle langue parle-t-il ? (MH) .... SÉLÈNE
Quelle malchance .... POISSE
Quelle plaie .... RASEUR
Que l'on lit entre les lignes .... TACITE
Que l'on peut donc faire .... LICITE
Que l'on s'invente .... IRRÉEL
Quelque part dans la file, dans la queue .. ÉNIÈME
Quelques grandes lignes .... SCHÉMA
Quelques mots .... PHRASE
Quelques notes .... OCTAVE
Quelques personnes mangeant ensemble .. TABLÉE
Quelques personnes qui travaillent ensemble ......
.... RÉSEAU
Quelqu'un de la famille .... PARENT
Queue que la femme a en tête (MF) ..... TRESSE
Queue que la femme a en tête le jour de son mariage
(MF) .... TRAÎNE
Qui a appris à vivre avec .... ADAPTÉ
Qui a besoin d'être éclairci .... ENROUÉ
Qui a besoin d'une épaule .... ÉPLORÉ
Qui a de la barbe .... ANCIEN
Qui a deux faces .... DIÈDRE
Qui a enfin les idées claires .... DÉMÊLÉ
Qui a eu du succès .... RÉUSSI
Qui a fendu l'air trois fois .... RETIRÉ
Qui a la chienne .... APEURÉ
Qui a la langue bien pendue, la parole facile ......
.... DISERT
Qui a la mine basse .... DÉSOLÉ
Qui a la queue entre les jambes .... PENAUD
Qui a le diable au corps .... SATANÉ
Qui a les jambes coupées .... SIDÉRÉ
Qui a le sourire fendu jusqu'aux oreilles .. RIEUSE
Qui a lieu durant la saison froide ...... HIÉMAL
Qui a perdu de son lustre .... DÉDORÉ
Qui a perdu son combat .... ÉCRASÉ
Qui a plus de cinquante (50) ans .... SENIOR
Qui a plus de rouge à mettre (MH) ..... LIPPUE
Qui a plus d'un tour dans son sac ...... DÉLURÉ
Qui appartient à un peuple de l'Inde .... TAMOUL
Qui appréhende l'avenir .... ÉNERVÉ
Qui a priorité sur un autre .... URGENT
Qui a pris l'air .... GONFLÉ
Qui a reçu un cachet .... SCELLÉ
Qui a ses partisans derrière elle (MH) .... FESSUE
Qui a son compte .... GROGGY
Qui a trop bu .... BEURRÉ
Qui attire l'œil .... VOYANT
Qui a une bonne adresse (MF) .... ADROIT
Qui a une issue heureuse .... RÉUSSI
Qui a une pensée bien plantée dans son jardin secret
(MF) .... OBSÉDÉ
Qui a une sale mine .... MOROSE
Qui a un penchant à .... ENCLIN
Qui blesse l'amour-propre .... VEXANT
Qui broie du noir .... MOROSE
Qui cause l'usure .... ÉROSIF

Qui change d'idée . . . . INÉGAL
Qui cherche à exercer son charme . . . . . . COQUET
Qui commence à se raser . . . . PUBÈRE
Qui commence à se répéter . . . . ÉMÉCHÉ
Qui concerne quelque chose avant les fêtes . . . . .
. . . . HIÉMAL
Qui connaît ça . . . . INITIÉ
Qui contient de l'iridium . . . . IRIDIÉ
Qui contient du sucre extrait d'un pavot . . OPIACÉ
Qui contrarie . . . . MAUDIT
Qui coule facilement . . . . FLUIDE
Qui coule lentement sans se diviser en gouttes . . . . .
. . . . FILANT
Qui coupe un plan . . . . SÉCANT
Qui croît en hiver . . . . HIÉMAL
Qui dépend d'un avion . . . . AÉRIEN
Qui dérange . . . . GÊNANT
Qui devra revenir . . . . RECALÉ
Qui doit demander son chemin . . . . ÉCARTÉ
Qui doit être fait sans délai . . . . URGENT
Qui dort dans une cellule . . . . ARRÊTÉ
Qui dure longtemps . . . . TENACE
Qui est ailleurs . . . . ABSENT
Qui est bien avec lui-même . . . . SEREIN
Qui est compris . . . . INCLUS
Qui est en forme de spirale . . . . VOLUTE
Qui est en règle . . . . VALIDE
Qui est fatigué à la fin d'une journée pareille (MF)
. . . . PLEINE
Qui est inventé . . . . IRRÉEL
Qui est passé . . . . RÉVOLU
Qui est tombé en bas de sa chaise (MF) . . SIDÉRÉ
Qui exige de la finesse . . . . SUBTIL
Qui fait ouvrir de grands yeux . . . . ÉNORME
Qui fait rougir . . . . GÊNANT
Qui jouit d'un grand nom . . . . RÉPUTÉ
Qu'il est facile de détester . . . . ODIEUX
Qu'il faudra sortir des fonds (PD) . . . . . . ENVASÉ
Qu'il faudra vite boucher . . . . CARIÉE
Qu'il faudra vite régler . . . . URGENT
Qu'il faut apprendre . . . . SAVOIR
Qu'il ne fait pas bon respirer . . . . ENFUMÉ
Qu'il ne faut pas croire . . . . ERRONÉ
Qui manifeste de la fierté . . . . ALTIER
Qui n'a aucun penchant . . . . NEUTRE
Qui n'allume plus . . . . ÉTEINT
Qui n'a pas d'adresse . . . . INAPTE
Qui n'a pas de cœur . . . . INGRAT
Qui n'a donc pas vécu . . . . MORTNÉ
Qui n'a pas été touché . . . . INTACT
Qui n'a pas les doigts dans le nez . . . . . . DÉLURÉ
Qui n'a pas pu entrer . . . . REFUSÉ
Qui n'a pas quelque chose dans les pieds . . ENTÊTÉ
Qui n'a pas reçu d'ordre précis . . . . ÉNIÈME
Qui n'a pas son pareil . . . . INÉGAL
Qui n'a pas tout son temps . . . . PRESSÉ
Qui n'a plus de peine . . . . LIBÉRÉ
Qui n'a presque plus d'eau . . . . ESSORÉ
Qui n'a quand même pas trop abusé . . . . ÉMÉCHÉ
Qui n'arrive pas à se brancher . . . . HÉSITE
Qui n'attire pas une horde de journalistes . . ANODIN
Qui ne bégaie pas . . . . DISERT

Qui ne bouge pas par temps calme . . . . . ÉOLIEN
Qui n'éclaire plus . . . . ÉTEINT
Qui ne fait pas de détour . . . . DIRECT
Qui ne grandira plus . . . . ADULTE
Qui ne lâche pas . . . . TENACE
Qui ne marche plus . . . . ARRÊTÉ
Qui ne mène à rien . . . . OISEUX
Qui n'en est pas à ses premiers pas . . . . . INITIÉ
Qui n'en revient pas . . . . HÉBÉTÉ
Qui ne peut pas s'expliquer . . . . APHONE
Qui ne peut voler . . . . APTÈRE
Qui ne pose pas de problème . . . . FACILE
Qui ne pouvait plus s'accorder . . . . SÉPARÉ
Qui ne reste pas de glace . . . . ÉMOTIF
Qui ne revient pas tous les jours ni chaque semaine
. . . . ANNUEL
Qui ne risque pas de tomber . . . . STABLE
Qui ne sait pas tenir sa langue . . . . BAVARD
Qui ne sait plus où il est rendu . . . . ÉCARTÉ
Qui ne sait plus trop quoi penser . . . . EMBÊTÉ
Qui ne se comprend plus . . . . ÉNERVÉ
Qui ne sent plus rien (MF) . . . . ÉVENTÉ
Qui ne se prend pas pour n'importe qui . . . ALTIER
Qui n'est pas complètement là . . . . INSANE
Qui n'est pas de race pure . . . . MÂTINÉ
Qui n'est pas exprimé . . . . MENTAL
Qui n'est pas grave . . . . VÉNIEL
Qui n'est pas tout là . . . . INSANE
Qui n'est plus dans le vent . . . . DÉMODÉ
Qui n'est plus une enfant . . . . NUBILE
Qui n'était donc pas vraiment prêt . . . . . . RECALÉ
Qui ne va nulle part . . . . ERRANT
Qui ne vient pas d'ailleurs (MH) . . . . MAISON
Qui ne voit plus clair (MF) . . . . OBSÉDÉ
Qui n'existe que dans sa tête . . . . ERRONÉ
Qui n'ose pas s'avancer . . . . NEUTRE
Qui nous met en diable . . . . SATANÉ
Qui nous passe par les oreilles . . . . SONORE
Qui ouvre la porte . . . . GALANT
Qui part en peur . . . . ÉNERVÉ
Qui peut être loué . . . . RÉUSSI
Qui peut surgir à tout moment . . . . LATENT
Qui placotent ensemble . . . . RÉUNIS
Qui pourra donc rapporter . . . . ARABLE
Qui pousse dans le dos . . . . URGENT
Qui pousse dans le froid . . . . HIÉMAL
Qui profite de son rôle . . . . ABUSIF
Qui provient du même ventre . . . . UTÉRIN
Qui provoque peu ou pas de symptômes . . LATENT
Qui sait se tenir . . . . DÉCENT
Qui sait y faire . . . . ADROIT
Qui s'allonge en fil continu . . . . FILANT
Qui s'attend à recevoir quelque chose . . . ABONNÉ
Qui se fait à la dérobée . . . . FURTIF
Qui se fait aller au lit (MF) . . . . ARDENT
Qui s'en fait facilement . . . . BILEUX
Qui s'ennuie de sa mère . . . . ÉCARTÉ
Qui sent venir la tempête . . . . ÉNERVÉ
Qui se situe à une heure avancée . . . . TARDIF
Qui sort de l'eau, d'un milieu liquide . . . ÉMERGÉ
Qui s'y frotte s'y pique . . . . RONCES
Qui s'y trouve s'y pique . . . . ROSIER

Qui tient en une corde . . . . STÉRÉE
Qui tient son bout . . . . TENACE
Qui tombe des nues . . . . ÉBAUBI
Qui tourne autour du pot . . . . VASEUX
Qui tourne en rond . . . . OISEUX
Quitte la rivière pour aller chez le fourreur (PD) . . .
. . . . L0UTRE
Quitte la rue pour retrouver le chef (PD) . . RUTINE
Qui va se perdre . . . . AVARIÉ
Qui vient de sortir . . . . INÉDIT
Qui vient du bouc . . . . HIRCIN
Quoiqu'on en dise, il a parfois tort . . . . . CLIENT
Qu'on voit le jour . . . . DIURNE
Quotidien sans pain . . . . MISÈRE
Race de chiens . . . . BRAQUE
Raffole des insectes . . . . TENREC
Rafler tout ce qui est intéressant . . . . ÉCUMER
Raide et gracile . . . . SÉTACÉ
Râler, mais pas comme un Français (MH) . . . .
. . . . SACRER
Ramasse la mise et les jetons . . . . RÂTEAU
Ramener plus près de terre . . . . ÉTÊTER
Rangée où on peut s'asseoir . . . . TRAVÉE
Rang indéterminé . . . . ÉNIÈME
Rapidement engorgée . . . . RUELLE
Rapport entre des amoureux . . . . ÉTROIT
Rapporter par indiscrétion . . . . REDIRE
Rarement fermé chez la pie . . . . CLAPET
Rassembler devant l'autel . . . . RÉUNIR
Raton laveur . . . . RACOON
Ravisseuse d'enfants . . . . HARPIE
Réalisateur de «Jésus de Montréal» . . . . ARCAND
Réaliser un but qui oblige à faire du temps supplé-
mentaire . . . . ÉGALER
Réalité abstraite . . . . ENTITÉ
Rebaptisée Urfa . . . . ÉDESSE
Recevoir de l'argent . . . . PALPER
Recharge les batteries . . . . SIESTE
Récit d'aventures . . . . ÉPOPÉE
Réclamer avec insistance . . . . EXIGER
Reçoit des fidèles . . . . ÉGLISE
Reçoit des trucs mâchés . . . . GOSIER
Reçoit peu de pluie . . . . CIERGE
Reconnaître par l'auteur . . . . SIGNER
Reconnue pour défendre les libertés . . . . PRISON
Reconnu pour s'être lavé les mains . . . . . PILATE
Recouvre le bas des jambes . . . . GUÊTRE
Recouvrir d'un métal blanc gris . . . . ÉTAMER
Refaire les seins . . . . OPÉRER
Refaire surface . . . . ARISER
Refait le plein en cave (PD) . . . . OUILLE
Refermer après ouverture . . . . OPÉRER
Réfléchir, c'est ce qu'on lui demande (PD) . . . . . .
. . . . MIROIR
Réfléchit mais ne parle pas (MH) . . . . . . MIROIR
Regarder chez le voisin . . . . SENTIR
Région de l'Antiquité . . . . IBÉRIE
Région désertique d'Israël . . . . NEGUEV
Réglé d'avance . . . . RITUEL
Régler son compte à quelqu'un (se) . . . . VENGER
Régna à Mycènes . . . . ORESTE
Regroupement en petit nombre . . . . TRIADE

Rejeter tout ce qu'il a pris . . . . RENDRE
Relatif à certaines carrières . . . . MINIER
Relatif à la vie amoureuse (d'...) . . . . . . ALCÔVE
Relatif au bord de la mer . . . . CÔTIER
Relatif à une plante herbacée . . . . LINIER
Relatif à un roi . . . . LÉONIN
Relatif au rayon . . . . RADIAL
Relatif au squelette du pied . . . . TARSAL
Relève les cordes . . . . SILLET
Relever en cuisine . . . . AILLER
Relever les voiles . . . . FERLER
Relier à un réseau de télécommunications . . . .
. . . . CÂBLER
Remettre son souper . . . . RENDRE
Remettre sur pied . . . . GUÉRIR
Remontée de gaz . . . . RENVOI
Remonte pour prendre l'air . . . . CÉTACÉ
Remplacer par une apostrophe . . . . ÉLIDER
Remplir le petit pot . . . . URINER
Remuer ciel et terre . . . . PEINER
Rencontrer Séléné (PD) . . . . ALUNIR
Rend la galerie respirable . . . . AÉRAGE
Rend l'ovin étourdi . . . . ŒSTRE
Rendre comme des patates (MH) . . . . ABÊTIR
Rendre merveilleux, moelleux par grattage . . . .
. . . . LAINER
Rendre moins fort . . . . DILUER
Rendre obtus . . . . ABÊTIR
Rendu possible . . . . LICITE
Renforcer le fond . . . . ÉTAMER
Rentrer du bois . . . . STÉRER
Renversée par quelque chose qui roule . . . QUILLE
Renvoie au groupe . . . . TRIBAL
Renvoie vers maman . . . . UTÉRIN
Repas que l'on se prépare à manger . . . POÊLÉE
Repasser par la tête . . . . RELIRE
Répétition inutile . . . . REDITE
Réponse de Bush au pape . . . . YESSIR
Reprendre son métier . . . . TISSER
Représente environ 10 500 000 km² . . . . . EUROPE
Reprise quotidienne . . . . RÉVEIL
Reptile bon à manger, porteur de crête . . . IGUANE
République fédérale . . . . RUSSIE
Réputé pour sa richesse . . . . CRÉSUS
Réservée aux membres (MH) . . . . CAPOTE
Résonne l'été . . . . TAMTAM
Résout les problèmes de niveaux . . . . ÉCLUSE
Responsabilité des jeunes . . . . RELÈVE
Responsable de certaines coupures . . . . . TESSON
Ressemble à des yeux . . . . OCELLE
Ressemble à une botte . . . . ITALIE
Ressemble à une mouette . . . . STERNE
Ressemble à un grand lézard . . . . IGUANE
Ressemble un peu à une anguille . . . . MURÈNE
Reste dans l'ombre . . . . ESPION
Reste du verre . . . . TESSON
Reste en dehors des hostilités, en dehors de tout . . .
. . . . NEUTRE
Rester des heures sous un soleil brûlant (MF) . . . . .
. . . . FONCER
Rester sur les bords (PD) . . . . OURLER
Restes après un accident . . . . DÉBRIS

Reste sur le champ . . . . ÉTEULE
Retenir le bâtiment . . . . FRÉTER
Retient le bâtiment . . . . AMARRE
Retombé en enfance . . . . SÉNILE
Retourner vivre chez sa mère (MF) . . . . . CASSER
Rêve d'édentés . . . . RONGER
Révèle des secrets . . . . MÉMÈRE
Revenir à . . . . COÛTER
Revenir de l'arrière . . . . ÉGALER
Rien ne le fera mollir . . . . ENTÊTÉ
Risque d'avoir du mal à se dégager . . . . . . ENLISÉ
Risque de finir écrasé . . . . DOMINÉ
Risque sa dernière chance (jouer son...) . . VATOUT
Rivière de Suisse et d'Italie . . . . TESSIN
Robin des Bois moderne . . . . ARSÈNE
Roches appréciées des touristes . . . . RUINES
Roi de Grande-Bretagne . . . . GEORGE
Roi de la jungle . . . . TARZAN
Romain conduisant un char . . . . AURIGE
Romaine servie avec des mets italiens . . LAITUE
Romancier anglais . . . . HILTON
Roman de Sartre . . . . NAUSÉE
Rondelle sur le jambon (MF) . . . . ANANAS
Rond-point à plus de quatre voies . . . . ÉTOILE
Rostov s'y trouve . . . . RUSSIE
Rouge sombre . . . . GRENAT
Rouge vif . . . . CERISE
Rougit facilement . . . . HOMARD
Roulé au chocolat . . . . SUISSE
Roule sa bosse au Sahara . . . . MÉHARI
Route empruntée par les politiciens en campagne . .
. . . . RURALE
Ruminer son plaisir de ne rien faire . . . . . VACHER
Sa capitale est Conakry . . . . GUINÉE
Sa capitale est Pristina . . . . KOSOVO
Sa carte est pratique . . . . CRÉDIT
Sa carte fait saliver . . . . RESTAU
S'adresse au lecteur . . . . CONFER
Sa farine est grise . . . . SEIGLE
Saillie arrondie . . . . NODULE
Sait danser et chanter . . . . GEISHA
Sa loi est celle du plus fort . . . . JUNGLE
Salut, je suis là . . . . COUCOU
Sa montée n'est pas rassurante . . . . DROITE
Sans abréger . . . . AULONG
Sans cérémonies . . . . NÛMENT
Sans chapeau . . . . NUTÊTE
Sans embarras . . . . ÀLAISE
Sans fard . . . . NÛMENT
Sans hésiter . . . . FRANCO
Sans peine . . . . IMPUNI
Sans rapport avec le printemps . . . . HIÉMAL
Sans restriction . . . . ENTIER
Sans temporiser . . . . ILLICO
Sans toit . . . . ERRANT
Sans trop de patience . . . . PRESSÉ
Sans trop de précision . . . . ÉVASIF
Sans voix . . . . APHONE
Sapin de Noël . . . . ÉPICÉA
Sa piqure est douloureuse . . . . FRELON
Sa place est sur le plateau (PD) . . . . OURSIN
Sa sortie n'a tenu qu'à un fil (MF) . . . . ARIANE

S'avale d'un coup . . . . GORGÉE
Sa vie ne tient qu'à un fil (PD) . . . . PANTIN
Sa vocation est d'être à date . . . . DATEUR
Se boit étendu d'eau . . . . PASTIS
Secousse brusque qui secoue le monde . . . SÉISME
Se dit de tout le monde . . . . ENTIER
Se dit d'un caractère d'écriture . . . . ONCIAL
Se dit d'une chaloupe . . . . COULÉE
Se dit d'une fille de joie . . . . ÉGAYÉE
Se dit d'une ignorance . . . . CRASSE
Se dit d'une mère qui gâte ses enfants . . GÂTEAU
Se dit d'un endroit rêvé . . . . IRRÉEL
Se dit d'un homme mariable . . . . NUBILE
Se dit d'un œuf . . . . MIMOSA
Se dit d'un partage injuste . . . . LÉONIN
Se dit d'un ton clair . . . . PASTEL
Se dit d'un très bon argument . . . . MASSUE
Se dit d'un type qui fonctionne à plein régime (MF)
. . . . AMINCI
Se faire entendre la nuit . . . . ULULER
Se fait battre au stade . . . . RECORD
Se fixe un but . . . . TIREUR
Se glisse sous les épaules . . . . CINTRE
Se jette à l'eau . . . . NAGEUR
Se mange avec du lait . . . . MUESLI
Se mélange à la pâte à pain . . . . LEVAIN
S'engorge facilement . . . . RUELLE
S'en remettre au facteur . . . . POSTER
Sent bon . . . . PARFUM
Sentir bien familièrement . . . . PIFFER
Sent la violette . . . . IONONE
Sent le crottin . . . . STALLE
Se poser des questions . . . . DOUTER
Se prend avec des doigts . . . . PINCÉE
Se prendre pour un autre . . . . SNOBER
Se présentent avec la dinde . . . . ATACAS
Se promène dans des endroits désertiques . . . .
. . . . MÉHARI
Sert à fabriquer des bombes incendiaires . . NAPALM
Sert à orienter les roues de la voiture . . . VOLANT
Sert à piquer le cheval . . . . ÉPERON
Sert à tendre un cordage . . . . RIDOIR
Sert de base . . . . PILIER
Sert le thé . . . . GEISHA
Ses droits ne sont pas toujours respectés . . AUTEUR
Se servent plutôt le matin . . . . TOASTS
Ses feuilles sont en couleur . . . . ÉRABLE
Ses habitants ont été chassés . . . . ACADIE
Ses habitants sont les Trélonais . . . . TRÉLON
Ses histoires sont croustillantes . . . . ALCÔVE
Ses pièges sont fragiles . . . . ÉPEIRE
S'est aussi attaché à Sainte-Beuve . . . . . . PROUST
Ses troubles empêchent de bien voir . . . . VISION
Se tape du bout du doigt . . . . LETTRE
S'étonner au plus haut point (s') . . . . ÉBAHIR
Se traîne par terre . . . . LIMACE
Se visitent à Nîmes . . . . ARÈNES
S'exprimer au bout du fil (MF) . . . . TISSER
S'exprimer comme un chaud lapin . . . . . . CLAPIR
Signes que quelque chose va tomber . . . NUAGES
Situation de ségrégation . . . . GHETTO
Situé près du mont de Vénus (MF) . . . . . PUBIEN

S'occupe de quelqu'un	TUTEUR
S'occupe des bottes	LIEUSE
Sociologue québécois	DUMONT
Sœur plus jeune	PETITE
Soigner les détails	LÉCHER
Soldat brutal	REÎTRE
Somme que l'on investit dans les énergies (MF)	SIESTE
Sommet difficile à atteindre	ZÉNITH
Sommet espagnol	SIERRA
Son bois est utilisé en parfumerie	SANTAL
Son but est de contrôler le marché	CARTEL
Son eau est sucrée	ÉRABLE
Son histoire est complexe	ŒDIPE
Son horizon est en montagnes russes	RUSSIE
Sonner chouette	ULULER
Son pied est vert	CÉLERI
Son port fait parler	HIDJAB
Son regard était mortel	MÉDUSÉ
S'oppose à la débauche	ASCÈSE
S'oppose à la profusion	RARETÉ
Sort en bande ou en laisse (MH)	LOULOU
Sortir à l'abri des regards (MH)	URINER
Sortir du bois (MF)	STÉRER
Sortir un ouvrage	ÉDITER
Sortir vite	GICLER
Sot et même stupide	INEPTE
Source d'inspiration	NARINE
Sous le pardessus	PATÈRE
Sous les lèvres	MENTON
Sous terre	INHUMÉ
Souvent consulté	ÉRUDIT
Souvent perché	OISEAU
S'ouvrir en éclatant	CREVER
Spécialiste de la descente	LUGEUR
Spectacle qui donne mal au cou (MF)	AÉRIEN
Sport de combat	SAVATE
Sport de raquette	TENNIS
Style de vie	ASCÈSE
Succédané de moindre qualité	ERSATZ
Sucée à la noce	DRAGÉE
Suent à grosses gouttes	ONDÉES
Suit des pistes	LIMIER
Suit la dizaine	UNIÈME
Suivi par l'auteur	TIRAGE
Sujet de discussion	LITIGE
Support d'exposition	PILORI
Sur la route	BITUME
Sur la sellette	STATUE
Sur le chemin des écoliers	DÉTOUR
Sur le toit ou le plancher	TUILES
Sur l'heure	ILLICO
Surprend le pêcheur	SIRÈNE
Système d'isolation	VÊTURE
Tabac des Vosges	ARNICA
Tablier d'enfant	SARRAU
Tache sur les ongles	ALBUGO
Taillé comme un saule	TÊTARD
Tambour africain	DJEMBÉ
Tape en silence	SOLEIL
Taper sur le clavier	ENTRER
Temps de pause	SIESTE

Temps forts et temps faibles	RYTHME
Temps très long	SIÈCLE
Tendre la main	QUÊTER
Tendre l'oreille	SENTIR
Tenir au courant	AVISER
Ténor de tessiture grave	TAILLE
Tenu dans la dépendance	VASSAL
Tenue de somnambule	PYJAMA
Terme de golf	DRIVER
Terme de spiritisme	TRANSE
Terme de tarot	OUDLER
Terme d'héraldique	TORTIL
Terminer le gâteau	GLACER
Termine souvent sa vie dans une chaloupe	TRUITE
Territoire d'un évêque	ÉVÊCHÉ
Tête de cochon	ENTÊTÉ, TENACE
Tête de mule	ENTÊTÉ
Tête dure	BAUDET, TENACE
Tient la rame, l'aviron	ERSEAU
Tient le bateau en place	AMARRE
Tient par la queue	CERISE
Tient par la taille	CORSET
Tinte dans un verre	GLAÇON
Tire dans les cabanes (MF)	ÉRABLE
Tire dehors (MH)	FUMEUR
Tiré d'une formule magique	SÉSAME
Tirer la langue	LÉCHER
Tissu en mauvais état	ULCÈRE
Tomber sur le poil (MH)	ÉPILER
Totalement incapable de voler	APTÈRE
Touche à plusieurs mers	ITALIE
Toucher du doigt	RECTAL
Toujours négatif et bien peu	LERCHE
Tour de cochon (MH)	CRASSE
Tourner en rond	VALSER
Tourner par petits coups	VISSER
Tous les enfants en proviennent	SPERME
Tout abandonner n'est pas son genre	ENTÊTÉ
Tout à coup	SUBITO
Tout à l'heure	TANTÔT
Tout le contraire d'un pauvre philistin (MH)	MÉCÈNE
Tout sucre tout miel	BENOÎT
Tout un enthousiasme	DÉLIRE
Train d'enfer	TAPAGE
Traîner en longueur	ÉTIRER
Traiter fort mal	ROSSER
Transportée en ambulance (MH)	SIRÈNE
Transport en commun (MF)	LIESSE
Travail d'aiguille	TRICOT
Travail d'orfèvre	NIELLE
Travaille avec du fil	ÉPEIRE
Travaille avec espoir, pour le futur	SEMEUR
Travailler aux pièces	USINER
Travailler avec soin	LÉCHER
Travailler avec un masque (MF)	OPÉRER
Travailler la chaîne et la trame	TISSER
Travailler le béton	VIBRER
Travaille sa voix	CRIEUR
Traverse Belgrade, Budapest	DANUBE
Trempette de légumes	ENTRÉE
Très apprécié des artistes	MÉCÈNE

Très désagréable . . . . ODIEUX
Très enflammé . . . . IRRITÉ
Très ennuyeux . . . . MORTEL
Très étonné . . . . MÉDUSÉ
Très faible . . . . ANÉMIÉ
Très important . . . . URGENT
Très impressionné . . . . ÉBLOUI
Très irrité . . . . ULCÉRÉ
Très loin de la vérité . . . . IRRÉEL
Très malhonnête . . . . VÉREUX
Très mobile . . . . NOMADE
Très offensé . . . . ULCÉRÉ
Très poussé . . . . POINTU
Très rapide . . . . ÉPERDU
Très recherché . . . . TRÉSOR
Très sensible . . . . ÉROSIF
Très souvent pleine de fautes . . . . DICTÉE
Très très gros . . . . ÉNORME
Très user . . . . ARASER
Très utile au photographe . . . . VISEUR
Trois dames . . . . BRELAN
Trop beau pour être vrai . . . . IRRÉEL
Trop souvent raconter . . . . ÉCULER
Trouver à vue de nez . . . . SENTIR
Tua le Minotaure . . . . THÉSÉE
Tué par Héraclès . . . . NESSUS
Tuerie organisée . . . . SAFARI
Type bien en vue . . . . ACTEUR
Type faisant chanter les gens . . . . ESCROC
Type qui avale tout . . . . GOBEUR
Type qui fait du foin . . . . FANEUR
Type qui joue à la planche (MF) . . . . ACTEUR
Type qui ne se gêne pas pour passer devant les autres
(MF) . . . . LEADER
Type qui ne se mouille pas . . . . NEUTRE
Type qui peut continuer à jouer même après trois
prises (MF) . . . . ACTEUR
Type qui va souvent à l'église . . . . BEDEAU
Type sur le dos mais vite sur ses patins (MF) . . . . . .
. . . . LUGEUR
Type tenant les rênes . . . . LEADER
Un bon chasseur . . . . SETTER
Une bonne partie de pêche . . . . PELURE
Une envie désagréable . . . . NAUSÉE
Une espèce de sauvage (MF) . . . . TRAÎNE
Une fille chez les grisons (MH) . . . . ÂNIÈRE
Une fin horrible . . . . TUERIE
Une forme d'humour . . . . IRONIE
Une œuvre bien léchée (MH) . . . . TIMBRE
Une personne étrangère . . . . TIERCE
Un homme barbu avec une queue de poisson . . . . . .
. . . . TRITON
Un outil ou un magicien . . . . MERLIN
Un peu comme l'ivoire . . . . ÉBURNÉ
Un peu de chaleur et il ne tient plus . . . . BEURRE
Un peu de morse . . . . IVOIRE
Un peu d'or . . . . PÉPITE
Un peu mieux qu'avant . . . . RETAPÉ
Un peu paf . . . . ÉMÉCHÉ
Un reporter qui intéresse Spielberg . . . . . . TINTIN
Un rien peut le retourner . . . . ÉMOTIF
Un tout petit peu plus mince . . . . RABOTÉ

Un truc qui marche . . . . FEUTRE
Un verre bien plein . . . . RASADE
Utile au guitariste . . . . FRETTE
Utilisé pour fendre le bois . . . . MERLIN
Va du simple au double . . . . TENNIS
Va et vient dans le bassin . . . . NAGEUR
Va exprimer sa mauvaise humeur . . . . RAGEUR
Vaincu par les Grecs à Marathon . . . . DARIUS
Variété d'oxyde ferrique . . . . AETITE
Veiller à ne pas faire . . . . ÉVITER
Vénus est celle de l'amour . . . . DÉESSE
Vers le haut . . . . RELEVÉ
Vêtement d'hiver . . . . ANORAK
Veuf qui s'est remarié . . . . RECASÉ
Vibre dans la gorge . . . . LUETTE
Vicieux qu'on ne sait pas par quel bout prendre (MF)
. . . . CERCLE
Victime d'un direct . . . . ÉTENDU
Vide-poches . . . . VOLEUR
Vieillir en devenant aigre . . . . RANCIR
Vieux jeu . . . . ANCIEN
Vieux renard . . . . GOUPIL
Vieux seau . . . . SEILLE
Ville bâtie sur un groupe d'îlots . . . . VENISE
Ville célèbre pour son «monstre vert» . . BOSTON
Ville du Rwanda . . . . KIGALI
Vingt-quatre heures à l'auberge . . . . NUITÉE
Vin rouge . . . . BAROLO
Viser le niveau supérieur . . . . ÉLEVER
Vit dans la savane . . . . OURÉBI
Vit dans l'eau douce . . . . ASELLE
Vit dans le désert . . . . OASIEN
Vit en société . . . . FOURMI
Vit sur les côtes . . . . STERNE
Vivait dans une maison de fous . . . . ALIÉNÉ
Vivait peut-être à Phocée . . . . IONIEN
Vivent en communauté . . . . MOINES
Voilà la solution . . . . EURÊKA
Voisin de la taupe . . . . DESMAN
Voisin du lama . . . . ALPAGA
Voisin du maquereau . . . . BONITE
Voisine de la cigale . . . . PSYLLE
Voisine de la perdrix . . . . CAILLE
Voitures faisant rêver bien des hommes . . NEUVES
Volatile australien . . . . URAÈTE
Vole en ville . . . . RAMIER
Vont bien avec les frites . . . . MOULES
Voyagea dans l'espace . . . . LEONOV
Vraiment pas accommodant . . . . RIGIDE
Vraiment pas alerte . . . . INERTE
Vrai tarte . . . . CRÉTIN
Zeus en pinçait pour elle . . . . SÉMÉLÉ
Zone de haute tension (MF) . . . . STRESS

Mots
de 7 lettres

A abandonné la lutte . . . . RÉSIGNÉ
A abandonné son parti . . . . RENÉGAT
A accédé à l'indépendance en 1991 . . . . UKRAINE
A accueilli les douzième et treizième Benoît . . . . . .
. . . . AVIGNON
A besoin d'air . . . . OCARINA
A besoin d'une bonne vinaigrette . . . . . MESCLUN
Abondance de paroles . . . . FACONDE
Abondamment mouiller . . . . TREMPER
Abri pour les Belges . . . . AUBETTE
Absence de concentration . . . . RÊVERIE
À cause d'elle, on voit tout en noir . . . . . OPACITÉ
Accepter dans un groupe . . . . INITIER
Accompagnement vietnamien . . . . NUOCMAM
Accroche au passage (PD) . . . . RUGUEUX
Accueil chaleureux . . . . OVATION
Accueille le jury . . . . ESTRADE
Accusé de trahison . . . . RENÉGAT
A ce qu'il faut en bois (MH) . . . . ORIGNAL
A contresens (à) . . . . REBOURS
A coulé en 1912 . . . . TITANIC
A cours au Honduras . . . . LEMPIRA
Acrobatie aérienne . . . . LOOPING
Acte chirurgical . . . . EXÉRÈSE
Acte conférant un grade . . . . DIPLÔME
Acteur américain . . . . CLOONEY
Acteur français . . . . LUCHINI
Action de blâmer . . . . CENSURE
Action de charger en remplissant . . . . . LESTAGE
Action de diviser en portions . . . . PARTAGE
Action de mettre du tain . . . . ÉTAMAGE
Action de ne pas fournir la couleur demandée
. . . . RENONCE
Action de pincer quelqu'un . . . . PINÇADE
Action de quitter . . . . ABANDON
Action de redresser l'avant d'un avion . . CABRAGE
Action de se retirer . . . . RETRAIT
Action de se soulager . . . . MICTION
Action inconsidérée . . . . IDIOTIE
Active la respiration . . . . AÉROBIC
Active le changement . . . . FERMENT
Actrice ou plante . . . . ANÉMONE
À déconseiller pour la purée . . . . HARISSA
A de gros taux . . . . USURIER
À demi . . . . ÀMOITIÉ
A des anneaux . . . . SATURNE
A des antennes . . . . INSECTE
A des choses à remettre . . . . ENDETTÉ
A des créanciers . . . . ENDETTÉ
A des goûts dépassés . . . . RETARDÉ
A des idées plein la tête . . . . CRÉATIF
A des trous et un bec . . . . OCARINA
Adjectif numéral ordinal . . . . DIXIÈME
Aéronef sans moteur . . . . PLANEUR
A été Premier Ministre du Canada . . . . TRUDEAU
À éviter pour être crédible . . . . INEPTIE
A fait entrer l'URSS en Afghanistan . . . BREJNEV
Affecté par le bacille de Hansen . . . . . . LÉPREUX
Affection neurologique . . . . AGNOSIE
Affiner la fonte en la décarburant par brassage . . . .
. . . . PUDDLER
A fourni les outils à Cro-Magnon (PD) . . NUCLÉUS

Agir en Séraphin (MF) . . . . LÉSINER
Agit de façon hypocrite . . . . JÉSUITE
Agitation sans contrôle . . . . ÉMOTION
Agité de sentiments contraires . . . . . . HOULEUX
Agneau cuit à la broche . . . . MÉCHOUI
Agronome Premier ministre du Québec . . . .
. . . . GODBOUT
Aide à la manœuvre sur le bâtiment . . . . BOSSOIR
Aide le réalisateur . . . . SCRIPTE
Aigrelet en bouche . . . . ACIDULÉ
Aiguillon du squelette des éponges . . . SPICULE
Aime l'art . . . . ESTHÈTE
Aime la sève . . . . PUCERON
Aime le gros rouge qui tache (MH) . . . DRACULA
Aime les betteraves . . . . AGRIOTE
Aime les gros tirages . . . . ÉDITEUR
Aime qu'on l'écoute . . . . ORATEUR
Air pour danser . . . . ONESTEP
Air triste . . . . LAMENTO
Ajouter sur le tas . . . . AMASSER
Ajouter un volume aux livres que l'on a déjà (MF)
. . . . ÉLARGIR
Akène lisse . . . . AVELINE
À la boutonnière . . . . ROSETTE
À l'abri pour un temps . . . . TAULARD
A la forme d'un T . . . . ÉQUERRE
A la peau couverte de plaques . . . . SERPENT
À la réputation de retaper . . . . GINSENG
À la vanille ou sans plomb (MF) . . . . . . ESSENCE
À l'aveuglette . . . . ÀTÂTONS
Alcoolisme aigu . . . . IVRESSE
A le bec plat . . . . ANATIDÉ
A le bras long et fait le poids (PD) . . . . ROMAINE
À l'étable ou dans le ciel . . . . TAUREAU
Alimente abeilles et fourmis . . . . MIELLAT
A lire avant de monter (PD) . . . . NOTICES
Aller à gauche, à droite, à gauche . . . . . HÉSITER
Aller de gauche à droite . . . . BRANLER
Aller sur le terrain (MH) . . . . RÂTELER
Alliage d'aluminium et de magnésium . . . .
. . . . ALMÉLEC
Allonger d'un crochet . . . . ÉTENDRE
Allusion à César . . . . RUBICON
À l'occasion (le cas...) . . . . ÉCHÉANT
À l'œil mais douloureux . . . . ORGELET
À l'opposé . . . . VISÀVIS
À l'opposé du gaillard d'avant . . . . DUNETTE
À l'origine de l'expansion de l'univers . . BIGBANG
Alphabet est ce genre de jeu . . . . SOCIÉTÉ
Alsacien différent du petit suisse . . . . . MUNSTER
Amateur de charogne . . . . VAUTOUR
Amateur de gros rouge (PD) . . . . VAMPIRE
Amener le ballon dans l'axe du terrain . . CENTRER
Américain qui a fait le tour du monde . . FOSSETT
A mis la poule au pot au menu . . . . HENRIIV
Amphithéâtre de Rome . . . . COLISÉE
Amplitude maximale entre la haute et la basse mer
. . . . MARNAGE
Analyseur à balayage . . . . SCANNER
Ancêtre des lamas domestiques . . . . . . GUANACO
Ancienne unité d'exposition de rayonnement X . . . .
. . . . RÖNTGEN

Ancien pays de France .... AGENAIS
Ancien peuple du Latium .... RUTULES
Ancrer dans sa peau un souvenir ..... TATOUER
Andin qu'on mange .... ULLUQUE
À ne pas prendre au sérieux .... MENTEUR
Anglais prêts à tirer .... TOMMIES
Animal marin .... AURÉLIE
Anticonformiste des années 60 .... BEATNIK
À peine amorcé .... ÉBAUCHÉ
A perdu son lustre d'antan .... ORIPEAU
A perdu son shah (MH) .... TÉHÉRAN
Aplatir en bande étroite .... RUBANER
À plein poumons (à) .... TUETÊTE
A plus de loisirs qu'avant .... RENTIER
Appareil de projection .... AÉROSOL
Appareil pour mesurer le degré d'alcool dans le vin
.... PÈSEVIN
Appareil qui vole .... AÉRONEF
Appliquer une couche .... ÉTENDRE
Apporte beaucoup d'eau .... MOUSSON
Apporter un plus .... AJOUTER
Apporte un peu de confort au fauteuil ... TÊTIÈRE
Apprécié des ébénistes .... ALISIER
Apprécie la douceur de vivre chez lui .. ANGEVIN
Apprendre en insistant .... SERINER
Apprendre en s'endettant (MF) .... ÉTUDIER
Apprendre par cœur .... RÉPÉTER
Après le boulot, le travail .... LOISIRS
Après l'école .... RETENUE
Après le dernier étage .... TOITURE
Après tous les autres .... DERNIER
A pu retrouver tous ses charmes (PD) .. REBOISÉ
À qui on fait le bouche-à-bouche ..... RÉANIMÉ
A quitté l'école depuis longtemps ..... ENCRIER
Arabesque végétale .... RINCEAU
Araignée colorée .... THOMISE
Araignée ou pieuvre .... TENDEUR
Arbuste à fleurs roses .... TAMARIS
Arbuste du Midi .... ROMARIN
Arbuste parfois épineux .... NERPRUN
Archipel de Grande-Bretagne .... ORCADES
A retrouvé un peu de souffle .... RÉANIMÉ
A réussi à s'en sortir .... RESCAPÉ
Argent que l'on entend couler entre ses doigts (MF)
.... SONNANT
Arracheur de dents .... MENTEUR
Arrête certains automobilistes français (MH) ......
.... PLATANE
Art de faire des liens .... TISSAGE
Art de ne rien faire .... INERTIE
Art de se débarrasser du poli à la planche (MF) ....
.... SABLAGE
Artisan du livre .... RELIEUR
A sa maison .... CULTURE
A sa place dans le buffet .... TERRINE
Assemblage solide .... AGRÉGAT
Assembler méthodiquement .... TRESSER
Assez regrettable .... NAVRANT
Assez tordre .... ESSORER
Assistait le maire .... ÉCHEVIN
Assommer d'un coup de poing ...... ÉTENDRE
Assommer suite à un coup de poing ... ÉTAMPER

Assure certains mouvements de tête ... SCALÈNE
Assure les échanges gazeux des végétaux ....
.... STOMATE
Assure la garde .... GEÔLIER
Assurer la liaison .... ÉPISSER
Assure un bon débit .... GICLEUR
A suivi de près Napoléon III .... NÉLATON
A sûrement la goutte au nez .... ENRHUMÉ
A sûrement signé un contrat .... SALARIÉ
A tendance à démoraliser le monde ... NÉGATIF
A toujours quelque chose à déclarer ... JASEUSE
A trois faces .... TRIÈDRE
A trop tourné .... ÉTOURDI
Attachent bien leurs bottes (MH) ..... LIEUSES
Attaque naturelle (PD) .... ÉROSION
Attaquer dans les angles (PD) ...... ÉCORNER
Attaquer en surface .... ÉRAFLER
Attaquer l'arme blanche .... SURINER
Attaquer les bordures (PD) .... ÉMARGER
Attaquer par le haut .... ÉCRÊTER
Attendre avec impatience .... GUETTER
Attendre longtemps .... MARINER
Attire le consommateur .... ÉTALAGE
Attire les orignaux .... VASIÈRE
Attirer au parti .... ENRÔLER
Attirer l'attention .... AVERTIR
Attirer un poisson avec un ver ...... APPÂTER
Attise le désir .... TENTANT
Attrape et fait marcher .... CANULAR
Au beau milieu d'un chemin en lacet (MF) ....
.... ŒILLET
Au bout de la ligne ...... ASTICOT, PÊCHEUR
Au bout du rouleau (MF) .... ÉREINTÉ
Au cimetière .... ENTERRÉ
Au début, il n'est pas net .... SALAIRE
Au-dessous de tout .... MINABLE
Au-dessus de la bouche .... NARINES
Audrey Tautou .... ACTRICE
Au fond des bottes .... ORTEILS
Au fond, la magie, ce ne l'est pas ..... SORCIER
Augmentation du prix .... ENCHÈRE
Au hockey, il y en a trois par match ... ÉTOILES
Au milieu d'une cage .... STERNUM
Au milieu d'une correspondance (MH) .. FACTEUR
A une peau verruqueuse .... CRAPAUD
A une vie dissolue .... DÉPRAVÉ
A une voix aiguë .... EUNUQUE
Au niveau de la fesse .... ISCHION
A un tempérament chaud (MH) ...... LAINAGE
Au poil .... PARFAIT
Au premier regard, il est physique ..... ATTRAIT
Au Québec, elles n'ont pas toutes la même longueur
.... SAISONS
Au Québec, environ une sur deux est brisée ....
.... FAMILLE
Au Québec, il sert à exprimer un état d'âme (MF) ..
.... CIBOIRE
Au Québec, on dirait « moumoune » ... EUNUQUE
Auquel on accède difficilement ...... ESCARPÉ
Auraient pu facilement devenir religieuses (MH) ...
.... ÉCLAIRS
Au septième ciel .... HEUREUX

Au sud des États-Unis . . . . FLORIDE
Au terme de ses rencontres, il y a des gagnants . . . .
. . . . TOURNOI
Auteur de «Guerre et paix» . . . . TOLSTOÏ
Auteur de lettres anonymes . . . . CORBEAU
Auteur de «Rhinocéros» . . . . IONESCO
Auteur de «Tartuffe» . . . . MOLIÈRE
Auteur du «Seigneur des anneaux» . . . . TOLKIEN
Auteur français de vaudeville . . . . FEYDEAU
À utiliser pour économiser le pétrole . . . DIESTER
Aux formes pleines . . . . PULPEUX
Aux pieds de ceux qui montent . . . . ÉTRIERS
Avait l'humeur guerrière . . . . ASTÉRIX
Avaler de travers (MF) . . . . TOLÉRER
Avance avec beaucoup d'intérêt (MH) . . USURIER
Avancer à grand-peine . . . . TITUBER
Avant la vaisselle . . . . DESSERT
Avec beaucoup d'expérience . . . . ÉMÉRITE
Avec elle, c'est le hasard . . . . LOTERIE
Avec elle, on peut s'attendre à une flambée des prix
. . . . ESSENCE
Avec elle, on s'en remet au hasard . . . . . LOTERIE
Avec lui, il faut compter sur ses doigts . . BRAILLE
Avec lui, on risque de mal finir . . . . ARSENIC
Avec une chèvre et une brebis dans une fable . . . . .
. . . . GÉNISSE
Avec un peu de perspicacité, vous ferez mouche (MF)
. . . . INSECTE
Avec un peu d'imagination, on peut le voir au loin
. . . . HORIZON
À vif . . . . CRUENTÉ
Avoir beau . . . . POUVOIR
Avoir besoin d'une pastille . . . . TOUSSER
Avoir confiance . . . . ESPÉRER
Avoir de l'aversion pour . . . . EXÉCRER
Avoir des bras (MF) . . . . BAISSER
Avoir des mines défaites (MF) . . . . DÉMINER
Avoir froid . . . . CAILLER
Avoir l'air amusé . . . . RICANER
Avoir l'air d'un joli moineau (MF) . . . . . SIFFLER
Avoir manqué de lumière (s') . . . . ÉTIOLER
Avoir plutôt une bonne opinion . . . . ESTIMER
Avoir son siège . . . . RÉSIDER
Avoir subi la force . . . . ATTIRER
Avoir un cheveu sur la langue . . . . . . ZÉZAYER,
. . . . ZOZOTER
Avoir une bonne senteur de pin . . . . RÉSINER
Avoir une idée en tête, avoir vraiment envie . . . . . .
. . . . ESPÉRER
À vos souhaits . . . . ATCHOUM
À vous de la tirer du jeu . . . . ÉPINGLE
Baguette italienne . . . . GRESSIN
Baigner dans un liquide . . . . MACÉRER
Bailleur d'un immeuble . . . . PROPRIO
Ballet fantastique . . . . GISELLE
Balthazar en a un sur la tête (MH) . . . MUSELET
Bande d'étoffe au bas d'un rideau . . . . . FALBALA
Banquette d'autobus . . . . ROTONDE
Base de nombreux colorants . . . . ANILINE
Bataille de l'indépendance grecque . . . . NAVARIN
Bâtiment cuirassé . . . . MONITOR
Bâtonnet de la Botte (PD) . . . . GRESSIN

Beaucoup de bruit souvent pour rien . . TUMULTE,
. . . . VACARME
Beaucoup trop de naturel . . . . NAÏVETÉ
Beau discours à la fin (PD) . . . . ORAISON
Beau papillon . . . . APOLLON
Beau poisson . . . . GOURAMI
Beigne, en France . . . . TALOCHE
Bel effet en surface . . . . MOIRURE
Bel étalage bien souvent inutile (PD) . . . BARATIN
Bel homme . . . . APOLLON
Belle Africaine . . . . ALGÉRIE
Belle charbonnière (PD) . . . . MÉSANGE
Belle et triste . . . . MÉLOPÉE
Belle occasion à saisir . . . . AUBAINE
Belle parleuse . . . . DISEUSE
Belle Sicilienne . . . . MESSINE
Béni par le destin . . . . VEINARD
Berceau de ceps . . . . TREILLE
Besoin que vous assouvissez (MF) . . . . . ÉVASION
Bête à laine . . . . MERINOS
Bête femelle . . . . CRÉTINE
Bien à l'abri . . . . ENTERRÉ
Bien analyser . . . . ÉTUDIER
Bien apprécié mais trop court . . . . WEEKEND
Bien attacher . . . . AMARRER
Bien blanc . . . . ENNEIGÉ
Bien connu . . . . RENOMMÉ
Bien dégager . . . . ESPACER
Bien des gens en ont plein le dos (MF) . . DOSSIER
Bien des gens ne la regardent pas en face . RÉALITÉ
Bien des gens y dorment . . . . DORTOIR
Bien des vols n'en ont pas . . . . ESCALES
Bien distinguer . . . . SÉPARER
Bien droit . . . . HONNÊTE
Bien en formes . . . . OPULENT
Bien envoyer . . . . ASSÉNER
Bien épurer . . . . CHÂTIER
Bien examiner . . . . SCRUTER
Bien faire . . . . RÉUSSIR
Bien ficeler . . . . LIGOTER
Bien fixer . . . . AMARRER
Bien frapper . . . . ASSÉNER
Bien froisser . . . . ULCÉRER
Bien gonflé . . . . CULOTTÉ
Bien marier . . . . AGENCER
Bien moins vif qu'avant . . . . ÉMOUSSÉ
Bien nettoyer . . . . RÉCURER
Bien plus loin que vous le pensez (MF) . . PARDELÀ
Bien polir . . . . ÉGRISER
Bien rangé . . . . ORDONNÉ
Bien ranger . . . . CLASSER
Bien refermer . . . . SUTURER
Bien régler . . . . AJUSTER
Bien repasser . . . . AFFÛTER
Bien rond . . . . REBONDI
Bien saignant . . . . CRUENTÉ
Bien senti . . . . SINCÈRE
Bien siphonner . . . . ALIÉNER
Bien soulevé . . . . RÉVOLTÉ
Bien souligner . . . . RYTHMER
Bien tordre . . . . ESSORER
Bien trouver . . . . RÉUSSIR

Bien voir . . . . ADMIRER
Bière blonde non filtrée . . . . BLANCHE
Bière et limonade . . . . PANACHE
Biologiste allemand . . . . SPEMANN
Blanc comme neige . . . . ENNEIGÉ
Blesser en profondeur . . . . ULCÉRER
Blesser légèrement . . . . ÉRAFLER
Blesser par les roues d'un véhicule . . . . ÉCRASER
Blessure profonde . . . . OUTRAGE
Blessure qui tombe sur les nerfs (MF) . . NÉVRITE
Blond fade . . . . FILASSE
Bloque la circulation . . . . EMBARGO
Bloquer quelque chose de mobile . . . . . COINCER
Blouse de protection . . . . TABLIER
Blouson noir . . . . LOUBARD
Bœuf, oignons et vin blanc . . . . MIROTON
Boire de l'alcool à l'excès (s') . . . . IMBIBER
Bois blanc . . . . TILLEUL
Bois blanc et brillant . . . . AVODIRÉ
Boisson d'été . . . . SANGRIA
Boîte de nuit . . . . CABARET
Bon à rien . . . . NULLARD, RINGARD
Bon à tirer . . . . LARIGOT
Bond en avant . . . . PROGRÈS
Bon grimpeur des Philippines . . . . TARSIER
Bon interprète . . . . EXÉGÈTE
Bonne couche . . . . MATELAS
Bon enchaînement . . . . LOGIQUE
Bon marché . . . . PASCHER
Bonne correction . . . . PEIGNÉE
Bonne croqueuse . . . . MOLAIRE
Bonne mise au point . . . . NETTETÉ
Bonne réserve de liquide (PD) . . . . CITERNE
Bon ou mauvais . . . . ESCIENT
Bon petit bruant . . . . ORTOLAN
Bon pour la santé . . . . SALUBRE
Bon produit de laine . . . . MÉRINOS
Bouffe sous la ceinture . . . . SAROUEL
Boule glacée (PD) . . . . MYSTÈRE
Bourreau de travail . . . . BOSSEUR
Bout de conversation (MH) . . . . SILENCE
Bout d'histoire . . . . ÉPISODE, PASSAGE
Bout d'oreille . . . . LIMAÇON
Bouteille d'encre à la mer (MH) . . . . . . PIEUVRE
Bracelet métallique . . . . MENOTTE
Bras droit . . . . ADJOINT
Brassens a ouvert sa cage . . . . GORILLE
Brasser la cage . . . . SECOUER
Brayer ou guiderope . . . . CORDAGE
Brebis fidèle . . . . OUAILLE
Bref séjour . . . . PASSAGE
Brioche alsacienne . . . . KOUGLOF
Briser le peigne . . . . ÉDENTER
Bruit aigu lors de l'inspiration . . . . STRIDOR
Buffle d'Asie . . . . KÉRABAU
Bureau sur un chantier . . . . GUÉRITE
Buste décoratif . . . . PROTOMÉ
But ultime de la culture . . . . RÉCOLTE
Cache parfois de l'argent . . . . MATELAS
Cacheter une lettre . . . . SCELLER
Ça congestionne . . . . RHINITE
Cage thoracique . . . . STERNUM

Calment les enfants . . . . TÉTINES
Canal du corps . . . . FISTULE
Ça ne fait pas bouger les choses . . . . . . APATHIE
Capable de faire du bien . . . . SÉDATIF
Capable de faire gueuler . . . . DOULEUR
Cap du Mozambique . . . . DELGADO
Capitale de l'Émilie-Romagne . . . . BOLOGNE
Capitale du Nicaragua . . . . MANAGUA
Capitale du Nanavut . . . . IQALUIT
Capitale du Sri Lanka . . . . COLOMBO
Capitale du Swaziland . . . . MBABANE
Capture les insectes . . . . DROSERA
Caractère de ce qui est dangereux pour la santé . . . .
. . . . NOCUITÉ
Caractère de ce qui est inutile . . . . INANITÉ
Caractère d'une voix rauque . . . . RAUCITÉ
Caractère fondamental . . . . ESSENCE
Caractère gras (MH) . . . . OBÉSITÉ
Carence en vitamine C . . . . SCORBUT
Carnassier d'Afrique . . . . OTOCYON
Carnet où l'on inscrit ce dont on veut se souvenir . .
. . . . MÉMENTO
Carnivore africain . . . . LÉOPARD
Carnivore arboricole . . . . LINSANG
Carte dont le dos est marquée de compartiments en
grisaille . . . . TAROTÉE
Cas des langues à déclinaison . . . . VOCATIF
Casse la croûte avec les ouvrières (PD) . . APIVORE
Catégorie à la boxe . . . . MIMOYEN
Catherine II la Grande . . . . TSARINE
Causer les souliers (MH) . . . . TROTTER
Causer une altération de la voix . . . . . . ENROUER
Ceci devrait vous y mettre la puce (MF) . . OREILLE
Célèbre mont . . . . EVEREST
Célèbre paquebot . . . . TITANIC
Celle de la fièvre vous rend malade . . . . POUSSÉE
Celle de l'air s'envole souvent . . . . HÔTESSE
Celle qui donne l'hospitalité . . . . HÔTESSE
Celle qui n'a pas été invitée . . . . INTRUSE
Celui de l'air, c'est le premier vol . . . . . BAPTÊME
Celui du tennis est court . . . . TERRAIN
Celui qui bouquine . . . . LECTEUR
Celui qui cogite . . . . PENSEUR
Celui qui fait traverser un cours d'eau . . PASSEUR
Celui qui la fait en gagne plus d'une (MF) . . . .
. . . . PIASTRE
Celui qui la pratique ne peut se permettre un coup
d'épée dans l'eau (MF) . . . . ESCRIME
Celui qui ne respecte pas sa loi meurt . . . SILENCE
Celui qui n'hésite pas à aller de l'avant . . FONCEUR
Celui qui ramasse des miettes doit s'y pencher . . . .
. . . . ENAVANT
Celui qui reçoit un cadeau qui l'est l'est (MF) . . . . .
. . . . EMBALLÉ
Ce n'est pas au talon qu'elle fera la lumière (PD) . .
. . . . AMPOULE
Ce n'est pas floue comme idée . . . . NETTETÉ
Ce n'est pas là que vous serez seul avec Morphée (PD)
. . . . DORTOIR
Ce n'est pas là qu'on veut finir ses jours . . HOSPICE
Ce n'est pas le meilleur endroit pour faire pousser
des fleurs (MH) . . . . CAVERNE

Ce n'est pas lui qui prendra les devants (PD) ......
.... LOPETTE
Ce n'est pas un voyage très reposant ... ODYSSÉE
Ce n'est qu'un jeu .... LUDISME
Ce que l'on ressent après le travail ..... FATIGUE
Ce qu'il faut pour boire la tasse .... THÉIÈRE
Ce qu'il faut répondre à quelqu'un qui vous traite
d'imbécile (MF) .... TOIMÊME
Ce qu'il y a encore à faire .... RESTANT
Ce qui n'était pas à l'agenda .... IMPRÉVU
Ce qui permet d'éviter un bouleversement ....
.... SOUPAPE
Ce qui produit un effet de douceur .... VELOURS
Cercle ou froid .... POLAIRE
Céréales killer .... ALUCITE
Certaines ont un petit accent .... LETTRES
Certaines personnes font des efforts pour être dans
cet état (MF) .... INERTIE
Certaines sont précieuses .... PIERRES
Certains la portent l'hiver, d'autres à la banque (MF)
.... CAGOULE
Certains mots le sont .... CROISÉS
Certains sont forcés .... TRAVAUX
Ce sont des Français .... BRETONS
Ce sont nos affaires .... OIGNONS
C'est absurde .... NONSENS
C'est ce que l'oiseau fait au printemps ... NIDIFIE
C'est d'accord .... ENTENDU
C'est de la folie .... VÉSANIE
C'est dommage .... TANTPIS
C'est du beurre .... DEMISEL
C'est du harcèlement sexuel ... LUTINER
C'est du temporaire .... INTÉRIM
C'est en plein ce que vous devez écrire .. RÉPONSE
C'est inquiétant quand elle est au menu (MH) .....
.... AMANITE
C'est l'appel de la chaire (MH) .... PRÊCHER
C'est la sienne qu'il faut casser .... NÉNETTE
C'est la vie .... RÉALITÉ
C'est le mal du XXIe siècle .... OBÉSITÉ
C'est l'enfer .... GÉHENNE
C'est normal qu'il soit un peu perdu .. NOUVEAU
C'est nous .... BIPÈDES
C'est pas très gentil .... INFAMIE
C'est plein de bon sens .... JUGEOTE
C'est rien du tout mais c'est rare (MH) .. SILENCE
C'est sale et humide .... SENTINE
C'est souvent ce qui reste à ceux qui se présentent les
derniers .... MIETTES
C'est un art .... POTERIE
C'est une façon de voir les choses ..... VERSION
C'est un fonceur (MH) .... TAUREAU
C'est un genre .... FÉMININ
C'est un modèle .... GABARIT
C'est un œuf .... OOSPORE
C'est un passe-temps .... LECTURE
C'est un pic .... ÉPEICHE
C'est un piège .... RATIÈRE
C'est un salarié .... OUVRIER
C'est un vieux jeton .... TESSÈRE
C'est vraiment le bordel .... LUPANAR
C'était le nom d'un État d'Asie orientale ....

.... FORMOSE
C'était un professeur d'art oratoire .... RHÉTEUR
C'était un titre .... MESSIRE
C'était un valet .... LAQUAIS
Cette ville est intégrée à Québec ...... SILLERY
Chacun des côtés d'une plume d'oiseau .. VEXILLE
Chaîne calcaire du sud de la France ... LUBERON
Chaîne rompue en n'écrivant à personne ....
.... LETTRES
Chambre à gaz (MH) .... ESTOMAC
Champignon non comestible .... GÉASTER
Chance exceptionnelle .... MIRACLE
Chandail trop court (MF) .... BEDAINE
Change de bord .... RENÉGAT
Changer de ton .... NUANCER, TEINTER
Changer l'atmosphère des lieux (MF) .. DÉCORER
Changer le menu .... IMPOSER
Chanté par les troubadours .... OCCITAN
Chante pour les petits (MH) .... BROCOLI
Chapeau chinois .... PATELLE
Chaque fois que Pierre le prend, il prend du poids
(MF) .... HALTÈRE
Chaque fois qu'il travaille, il est au bout du rouleau
(MF) .... PEINTRE
Charbon fossile .... LIGNITE
Charest l'a imposé pour adopter la loi 124 ....
.... BAÎLLON
Charmante mais un peu niaise (PD) .... OISELLE
Charme sophistiqué .... GLAMOUR
Chassée au passage .... OUTARDE
Chasser d'un groupe .... EXCLURE
Chasseur de rongeurs .... GERFAUT
Chasseur rapide et musclé .... LÉVRIER
Chaste romaine .... VESTALE
Chat ayant trois couleurs (MF) .... ESPAGNE
Chauffage d'appoint .... BRASERO
Chauffer les oreilles (MH) .... ÉNERVER
Chaussée routière .... MACADAM
Chef de file des automatistes montréalais ....
.... BORDUAS
Chef de la mafia .... PARRAIN
Chef gaulois .... SABINUS
Chef historique d'Afrique du Sud .... MANDELA
Chef-lieu de c. des Pyrénées-Atlantiques ....
.... PONTACQ
Chemise de mailles à manches .... HAUBERT
Cherche la petite bête .... VICIEUX
Chercher des bibites .... ERGOTER
Cherche toujours à faire mal .... MÉCHANT
Chez Corneille et chez Molière .... GÉRONTE
Chez les Français, mais pas en France .. CÉDILLE
Chez lui, il y a à boire et à manger ..... ÉPICIER
Chicorée à larges feuilles .... SCAROLE
Chicorée qui fournit l'endive .... WITLOOF
Chiffe molle .... LAVETTE
Chiffre salé (MH) .... PRETZEL
Chimiste américain .... SEABORG
Choix dont on se passerait bien .... DILEMME
Chose complémentaire à une autre .... PENDANT
Chose difficile à supporter .... FARDEAU
Chose qu'il ne faut pas répéter .... SECRÈTE
Chute de rein .... URÉTÈRE

Chute en piquée à la suite d'une perte de vitesse ... ABATTÉE
Circonférence avec projections (MH) .. CRATÈRE
Circule en l'air .... AÉRONEF
Clan irlandais aux XIe et XIIe siècles .. OCONNOR
Cloche à plongeur .... CAISSON
Clochette de chef de troupeau .... BÉLIÈRE
Clou de tapissier à tête plate .... SEMENCE
Coffre au trésor (MH) .... GRENIER
Coiffure de la princesse .... DIADÈME
Coin d'une ville .... SECTEUR
Coït anal .... SODOMIE
Colère la fait monter .... ROUGEUR
Colis remis à la police (MF) .... SUSPECT
Collée sur la chambre, au trou .... RUSTINE
Colline elliptique .... DRUMLIN
Colorer dans un corps gras et chaud .... REVENIR
Colorer légèrement .... TEINTER
Combat la fatigue .... GINSENG
Commandant de l'armée d'Allemagne .. TURENNE
Commanditaire français .... SPONSOR
Comme certains mots .... CROISÉS
Comme du trèfle .... TRILOBÉ
Comme le peuple acadien .... DÉPORTÉ
Comme le sommet de l'Everest .... ENNEIGÉ
Comme les soies de porc .... SÉTACÉE
Comme mort .... INANIMÉ
Commence à travailler tôt le matin ..... LAITIER
Commence par un réveillon .... JANVIER
Comme nos aïeules .... CHENUES
Commenter dans la page .... ANNOTER
Comme un bébé par sa mère .... ATTENDU
Comme un chameau en déplacement (PD) ....
.... AMBLEUR
Comme une excellente affaire .... JUTEUSE
Comme une mère affectueuse .... AIMANTE
Comme un enfant à l'Halloween ...... DÉGUISÉ
Comme une terre plusieurs fois retournée ....
.... TIERCÉE
Comme un ver rongeur .... REMORDS
Commune des Hautes-Pyrénées .... BARÈGES
Communiquer en secret (se) .... CONFIER
Complètement vidé .... EXTÉNUÉ
Comporte des listes d'ingrédients .... RECETTE
Comté de Warwick .... NEVILLE
Concert de cuivres .... FANFARE
Conclure en direct .... ÉTENDRE
Conçu pour des piétons .... SENTIER
Condamné au jeu de patience (MF) .... ESSEULÉ
Conducteur de poids lourds .... ROUTIER
Conduire au loin .... EMMENER
Conduit pour l'envie (MF) .... URÉTÈRE
Consister en quelque chose .... RÉSIDER
Consommateur de café (MH) .... THERMOS
Consommée en lignes .... COCAÏNE
Construction dans le jardin .... CABANON
Contenait des corps gras .... ONGUENT
Conter fleurette .... ENJÔLER
Contexte infect .... MERDIER
Contient des appareils très utiles ..... ABDOMEN
Contracté à deux .... MARIAGE
Contraction des mâchoires .... TRISMUS

Contraire aux règles .... ILLÉGAL
Contre la peine de mort avec Jagger ... DENEUVE
Conversation insignifiante .... PARLOTE
Convoiter quelqu'un .... LORGNER
Cordage servant à fixer .... SAISINE
Cornet à la vanille et au chocolat (MF) .. TORSADE
Corps d'un ange .... CÉLESTE
Corriger comme il faut (MF) .... ÉTRIPER
Côté fesses .... ISCHION
Coulant à la taille .... PASSANT
Coule dans le milieu .... RAISINÉ
Coup de pied de réparation .... PENALTY
Coup donné après coup .... RIPOSTE
Coup dur .... DÉVEINE
Coupe-jarret .... BRIGAND
Coupe les bobines .... RUPTEUR
Coupe qui mène au sommet (MF) .... ÉCIMAGE
Couper court .... RÉSUMER
Couper dans un sens .... AMINCIR
Couper des fines herbes .... CISELER
Couper le souffle .... ÉTONNER
Couper une voie .... CROISER
Coupe un lit (MH) .... BARRAGE
Couple qui prend l'air (MH) .... NARINES
Coupure de sons (MF) .... SYLLABE
Coureur des bois .... PIÉGEUR
Coureur néo-zélandais .... APTÉRYX
Courir le monde .... VOYAGER
Couronner de succès .... RÉUSSIR
Court congé .... WEEKEND
Courte tenue de soirée .... SPENCER
Court et souvent diffamatoire ...... LIBELLE
Court ou long, on le regarde .... MÉTRAGE
Cousu sur un vêtement .... ÉCUSSON
Couvert de moisissures .... LÉPREUX
Couvert d'un blanc manteau ...... ENNEIGÉ
Couvert d'une coquille .... TESTACÉ
Couverte de vergnes .... AULNAIE
Couvrir contre le feu .... ASSURER
Couvrir de marques .... CRIBLER
Crabe ou requin .... DORMEUR
Crainte de capitaine .... ICEBERG
Craint les séismes .... VERRIER
Créateur de Frodon .... TOLKIEN
Crevasse dans un mur .... LÉZARDE
Crier comme la hyène .... RICANER
Crier comme Sylvestre .... MIAULER
Crier comme un éléphant .... BARÉTER
Crier pour rendre son conjoint fier (MF) .. SIMULER
Criminelle au volant (MF) .... IVRESSE
Croire que ça va se réaliser ...... ESPÉRER
Croît dans les décombres .... RUDÉRAL
Cuire à feu doux .... BRAISER
Culbute d'un véhicule .... TONNEAU
Cuire lentement .... MIJOTER
Cuisinier français .... OLIVIER
Dame de compagnie .... ESCORTE
Dame forte .... HÉROÏNE
Dans certaines roches volcaniques ... LEUCITE
Dans certains sports, faute ...... HORSJEU
Dans deux minutes .... BIENTÔT
Danseur de claquettes .... ASTAIRE

Danseuse française . . . . GUILLEM
Dans la main du sculpteur . . . . MAILLET
Dans la mythologie grecque, c'est la première femme
de l'humanité . . . . PANDORE
Dans la poussière . . . . ACARIEN
Dans la ratatouille . . . . OIGNONS
Dans l'âtre . . . . CENDRES
Dans le bas de l'arbre (MH) . . . . ANCÊTRE
Dans le bras . . . . HUMÉRUS
Dans le Journal de Montréal, il y en a plus d'une . .
. . . . ANNONCE
Dans le noir nuit et jour . . . . AVEUGLE
Dans le noyau atomique . . . . NUCLÉON
Dans les comptes de nos voisins francophones . . . .
. . . . NONANTE
Dans les petits papiers des Nippons . . . ORIGAMI
Dans les pommes . . . . ÉVANOUI
Dans les protéines . . . . ALANINE
Dans les talons . . . . ESTOMAC
Dans les topinambours . . . . INULINE
Dans le symbole olympique . . . . ANNEAUX
Dans le titre d'une aventure de Tintin . . . OTTOKAR
Dans le titre d'une œuvre de Sydney Bechet . . . . . .
. . . . ANTIBES
Dans le vent . . . . ÀLAMODE
Dans l'or et dans l'air, il n'y en a qu'une . . . .
. . . . SYLLABE
Dans l'osso-buco . . . . JARRETS
Dans son coin . . . . ESSEULÉ
Dans un courriel . . . . ADRESSE
Débile profond . . . . ARRIÉRÉ
Débiter avec peine . . . . ÂNONNER
Débordement parfois joyeux (PD) . . . . . IVRESSE
Debout à cinq heures du matin . . . . LÈVETÔT
Débris de construction . . . . DÉBLAIS
Début d'action . . . . ÉBAUCHE
Début de journée . . . . MATINÉE
Début de quelque chose . . . . ORIGINE
De Caraquet . . . . ACADIEN
De certains plaisirs . . . . CHARNEL
Déchu après s'être révolté . . . . LUCIFER
De consistance peu épaisse . . . . CLAIRET
Décoration intérieure . . . . TENTURE
De couleurs différentes . . . . VAIRONS
Découpage au bloc (PD) . . . . EXÉRÈSE
Découverte en 1846 par Galle . . . . NEPTUNE
Découvrir la mèche (MF) . . . . TRESSER
Décrispera l'assemblée . . . . TORDANT
De fait . . . . DEFACTO
Défaut d'articulation . . . . ENTORSE
Défaut de zèle . . . . TIÉDEUR
Défaut en plein bois (PD) . . . . ROULURE
Définition précise . . . . NETTETÉ
Dégrader l'environnement . . . . POLLUER
Délicieuse et fine en bouche . . . . GÉNOISE
Délit de fuite . . . . ÉVASION
De loin en loin . . . . PARFOIS
De l'or noir, vraiment . . . . ESSENCE
De l'osier en grand format (PD) . . . . . . PANIÈRE
Demander le divorce (se) . . . . DÉSUNIR
Démarche rationnelle de l'esprit . . . . . MÉTHODE
Demeure parisienne (hôtel de...) . . . . . SOUBISE

Demoiselle à la chasse (MH) . . . . ODONATE
Dent qui arrive sur le retard, que bien des gens n'ont
plus . . . . SAGESSE
Dépanneur portatif (MF) . . . . SACOCHE
Dépasse les 120 km à l'heure . . . . OURAGAN
Dépasse les taux . . . . USURIER
Dépassement inutile . . . . ROGNURE
Dépense faite pour l'entretien d'un bien . IMPENSE
Dépenser, mais dans une certaine forme (MH) . . . .
. . . . DÉMENER
De plus en plus rare aux États-Unis . . . MINCEUR
Déposer sur un lac . . . . AMERRIR
Dépôt, dépouillement et proclamation . . SCRUTIN
Dépouiller de l'enveloppe des graines . . ÉCOSSER
Dépourvu de pédicule . . . . SESSILE
Depuis longtemps dans les fonds chauds . . NAUTILE
De quoi écrire . . . . LETTRES
De quoi se défendre . . . . ARSENAL
Désagrément des vacances . . . . TURISTA
Des anneaux qui pendent (MH) . . . . ÉTRIERS
Descendants des Alains . . . . OSSÈTES
De service au pub . . . . BARMAID
Des gens la sautent juste pour la sauter . . CLÔTURE
Des gens qui n'ont pas peur de lâcher leur fou (MF)
. . . . ALIÉNÉS
Des grandes profondeurs . . . . ABYSSAL
Des grisons . . . . ASINIEN
Des hauts et des bas au passage . . . . ÉCLUSES
Désigne la personne que l'on peut montrer . . . . . .
. . . . CELLECI
Désigner à une tâche . . . . ATTELER
Des mots qu'il faut trouver . . . . CROISÉS
Des poils . . . . SOURCIL
Despote irakien . . . . HUSSEIN
Dès qu'on la sent, on sert les fesses (MF) . . . .
. . . . CRAINTE
Des roches . . . . MINÉRAL
Des sémites de Syrie . . . . ARAMÉEN
Dessiné par les lèvres . . . . SOURIRE
Destination touristique . . . . AUBERGE
Déterminer la position . . . . REPÉRER
Détroit du Sund . . . . ORESUND
Deux frères assassinés . . . . KENNEDY
Deuxième mari de Jacky Kennedy . . . . . ONASSIS
Deuxième osselet de l'oreille . . . . ENCLUME
Deux parties du monde en une . . . . EURASIE
Deux-roues . . . . SCOOTER
Devait être insubmersible . . . . TITANIC
Devait manger froid (PD) . . . . NÉMÉSIS
Devant l'orchestre . . . . MAESTRO
Devant un but . . . . GARDIEN
Devenir bien moins violent . . . . APAISER
Devenir chevalier . . . . ADOUBER
Devenir désagréable . . . . IRRITER
Devenir habile (s') . . . . EXERCER
Deviner par intuition . . . . FLAIRER
Dévouer à son travail (MF) . . . . ATTELER
Devra être réparée . . . . OFFENSE
D'extrême droite . . . . NÉONAZI
Dictateur soviétique . . . . STALINE
Dictionnaire bilingue . . . . LEXIQUE
Différent des chèvres . . . . GRUYÈRE

Différent du cardinal .... ORDINAL
Difficulté qui s'endure .... DEMIMAL
Diminuer la pression dans les tuyaux (MF) ....
.... APAISER
Dire ça mais pas chat .... ZOZOTER
Dire en moins de mots .... RÉSUMER
Dire par cœur .... RÉCITER
Dirigée par Morales .... BOLIVIE
Diriger vers le bas .... PLONGER
Discours inintelligible .... PATAQUE
Disposé comme dans une ruche .... ALVÉOLÉ
Disposer à l'avance .... PRÉVOIR
Disposer par deux .... GÉMINER
Disposer sur le terrain (PD) .... ÉPANDRE
Dispositif d'une machine à écrire .... MARGEUR
Disque tournant surtout l'été .... FRISBEE
Distribuer très largement (PD) .... ARROSER
Distributeur de billets .... GUICHET
Diviser en trois .... TIERCER
Divulguer par voie de presse .... PUBLIER
Dix m. de ruban (MH) .... NÉMERTE
Dix mille mètres carrés .... HECTARE
Doit donner l'heure juste .. HORLOGE, PENDULE
Doit être bien étanche .... CITERNE
Doit être outillé .... ATELIER
Doit passer la première .... URGENCE
Doit trancher .... ARBITRE
Donc attaquable .... ILLÉGAL
Donc sûrement apprécié .... AIMABLE
Donc très froid .... SURGELÉ
Donne de la consistance aux soupes .... TAPIOCA
Donne de la lumière .... FENÊTRE
Donne de la raideur .... TÉTANOS
Donne des baies .... AIRELLE
Donne des coups en vache (MH) ...... TRAÎTRE
Donne des soins .... HÔPITAL
Donne du lait .... MAMELLE
Donne la mort .... CYANURE
Donne l'heure (MH) .... POIGNET
Donnent un temps gris .... STRATUS
Donner de bonnes munitions .... RÉARMER
Donner de l'ampleur .... GROSSIR
Donner de l'espoir .... NOURRIR
Donner de l'importance .... ÉVALUER
Donner de nouvelles munitions ...... RÉARMER
Donner des couleurs .... PEINDRE
Donner des coups de couteau .... SURINER
Donner des garanties .... ASSURER
Donner la charge (MF) .... IONISER
Donner le goût de se prendre en main ... ATTIRER
Donner le vertige .... ENTÊTER
Donner libre cours à .... EXHALER
Donner lieu à .... MÉRITER
Donner l'impulsion .... MOUVOIR
Donner un caractère plus ou moins nuancé ....
.... TEINTER
Donner un certain cachet .... TIMBRER
Donner un coup de fil (MF) .... LIGOTER
Donner une certaine raideur .... EMPESER
Donner une chienne à quelqu'un ..... MENACER
Donner un pot-de-vin .... ACHETER
Donner un trophée .... HONORER

Donne soif .... ARIDITÉ
Dont la forme ressemble à celle d'un œuf ....
.... OVOÏDAL
Dont la surface est dégradée .... LÉPREUX
Dont le domaine englobe toutes les spécialités ....
.... GÉNÉRAL
Dont le pH est supérieur à 7 .... ALCALIN
Dont les jambes sont rapprochées ... CAGNEUX
Dont les mœurs sont relâchées .... DISSOLU
Dont on a augmenté la hauteur ...... REMONTÉ
Dont on a enlevé l'eau .... ÉGOUTTÉ
Dont on a parlé inlassablement ...... REBATTU
Dont on jouit sans payer .... GRATUIT
Dormir mal .... ÉNERVER
Dort peut-être dans une canadienne ... CAMPEUR
Dort souvent avec des enfants ...... PELUCHE
Dos au mur (MH) .... AFFICHE
Doublée pour pouvoir suivre .... VERSION
Douce impression .... SUAVITÉ
Douceur et politesse .... AMÉNITÉ
Douche et décoiffe .... TEMPÊTE
Douleur au pavillon .... OTALGIE
Dramaturge québécoise .... LASNIER
Draps et couvertures .... LITERIE
Drôle d'allure .... DÉGAINE
Drôle de type qui ne vient pas du coin .. ÉTRANGE
Drôle d'idée .... HÉRÉSIE
Drôlement habiller, saper .... ATTIFER
Drôle sur la piste (PD) .... AUGUSTE
Du coude .... ULNAIRE
D'une bassesse ignoble .... IMMONDE
D'une belle mer .... ÉGÉENNE
D'une bizarrerie drôle .... COCASSE
D'une capitale européenne .... BERNOIS
D'une locution signifiant à contresens (à) ....
.... REBOURS
D'une locution signifiant si l'occasion se présente
.... ÉCHÉANT
D'une partie du bras .... ULNAIRE
D'une région de France .. NORMAND, VENDÉEN
D'un État d'Europe du Nord .... SUÉDOIS
D'une tête de mule .... ASINIEN
D'une voix trop forte .... TUETÊTE
D'un orifice féminin .... VAGINAL
D'un os du bras .... ULNAIRE
D'un pays d'Asie occidentale .... IRAKIEN
Du pays d'Auge .... AUGERON
Du raphia dans les tissus .... RABANES
Du vingt janvier au 19 février ...... VERSEAU
Dynamique et audacieux .... FONCEUR
Eau-de-vie mexicaine .... TEQUILA
Éblouissant de bonheur .... RADIEUX
Échassier de Patagonie aux ailes armées d'éperons
.... KAMICHI
Échassier ou métal .... TANTALE
Échec à mat (MH) .... LUISANT
Éclaircir sa voix .... TOUSSER
Éclaircir un mystère .... INITIER
Éclaire le grenier .... LUCARNE
Économie par une mise de côté de son argent .....
.... ÉPARGNE
Économiser son argent .... EMPILER

Écran qui autorise les contacts . . . . TACTILE
Écrire des remarques . . . . ANNOTER
Écrire en chiffres . . . . ÉVALUER
Écrire une autre fois . . . . RETAPER
Écrit avec ses deux mains . . . . DACTYLO
Écriture tracée au courant de la plume . . CURSIVE
Écrivain autrichien . . . . STIFTER
Écrivain britannique . . . . TOLKIEN
Écrivain grec . . . . ATHÉNÉE
Écrivain né à Saint-Adèle . . . . GRIGNON
Écumeur des océans (PD) . . . . SENNEUR
Effectuer un renvoi (MF) . . . . ÉRUCTER
Effet cinématographique . . . . RACCORD
Effet de voix . . . . TRÉMOLO
Élancé et fragile . . . . GRACILE
Élargir un trou pour y faire entrer une vis . . FRAISER
Électron de charge négative . . . . NÉGATON
Élément d'une couverture . . . . AISSEAU
Éliminer de l'eau . . . . ESSORER
Elle a appris quelque chose . . . . INITIÉE
Elle a besoin d'eau . . . . NAGEUSE
Elle a de longs bras souples . . . . ASTÉRIE
Elle aime bien les graines de tournesol . . MÉSANGE
Elle aime ceux qui s'interrogent . . . . . . RÉPONSE
Elle a le ventre blanc . . . . BELETTE
Elle a perdu le contrôle . . . . ÉNERVÉE
Elle a quatre portes . . . . BERLINE
Elle a retenu Ulysse pendant 10 ans . . . CALYPSO
Elle a tendance à s'échoir sur les bords . . BALEINE
Elle a tendance à trop consommer . . . . . BAGNOLE
Elle a un bon appétit, une bonne fourchette
. . . . OGRESSE
Elle a un long bec . . . . BÉCASSE
Elle a un museau pointu . . . . RENARDE
Elle a un noyau . . . . CELLULE
Elle colporte toutes les nouvelles . . . . COMMÈRE
Elle consiste à récolter les céréales . . . . MOISSON
Elle coupe . . . . SCIEUSE
Elle crie pour avoir un élan (MF) . . . . . ORIGNAL
Elle critique . . . . RÂLEUSE
Elle dévale les pentes . . . . SKIEUSE
Elle doit avoir la parole facile . . . . ACTRICE
Elle donne du volume . . . . MOULURE
Elle donne les détails . . . . NETTETÉ
Elle éclate en changeant la face du monde (MF) . . .
. . . . BAGARRE
Elle en fait rêver plus d'un . . . . LOTERIE
Elle entoure la base des dents . . . . GENCIVE
Elle est assez sotte . . . . BÊTASSE
Elle est au courant . . . . INITIÉE
Elle est beurrée . . . . TARTINE
Elle est bien mal foutue . . . . MOCHETÉ
Elle est bien polie et douce . . . . AMÉNITÉ
Elle est carrément dans le champ (MH) . . SEMEUSE
Elle est dans la lune . . . . RÊVEUSE
Elle dans notre chemin . . . . ENNEMIE
Elle est facilement impressionnable . . . ÉMOTIVE
Elle est grégaire . . . . OUTARDE
Elle est insouciante . . . . LURONNE
Elle est là depuis longtemps . . . . DOYENNE
Elle est l'auteur de « Frankenstein » . . . . SHELLEY
Elle est longue et peu large, généralement en cuir . .

. . . . LANIÈRE
Elle est mieux de loin que de près . . . . . LUNETTE
Elle est mortelle . . . . RASEUSE
Elle est orange . . . . CAROTTE
Elle est parfois dure à voir . . . . RÉALITÉ
Elle est pleine de dents . . . . DENTURE
Elle est punie lorsqu'elle dépasse les bornes . . . . .
. . . . RUDESSE
Elle est sale et humide . . . . SENTINE
Elle est sotte . . . . CRÉTINE
Elle est souvent vécue en cachette . . . . . LIAISON
Elle est toujours en train de se plaindre . . RÂLEUSE
Elle est très excitante . . . . CAFÉINE
Elle était du bord de Hitler . . . . GESTAPO
Elle fait rêver . . . . LOTERIE
Elle fait tourner bien des têtes . . . . IVRESSE
Elle fournit la barbe-de-capucin . . . . WITLOOF
Elle gêne . . . . ENTRAVE
Elle glisse . . . . LUGEUSE
Elle incite les gens à amasser leur foin (MF) . . . . .
. . . . AVARICE
Elle incite les gens à ne pas être fidèles au poste . . .
. . . . MANETTE
Elle incite les gens à ne pas travailler . . . FATIGUE
Elle joue . . . . ACTRICE
Elle mange beaucoup . . . . OGRESSE
Elle monte à cheval . . . . AMAZONE
Elle monte assise . . . . ÉCUYÈRE
Elle n'a ni une belle robe ni un beau bouquet (MH)
. . . . VINASSE
Elle n'a pas besoin de faire son lit (MF) . . RIVIÈRE
Elle n'a pas dix-huit ans . . . . MINEURE
Elle n'a pas été invitée . . . . INTRUSE
Elle ne changera pas . . . . ENTÊTÉE
Elle ne pense qu'à ça . . . . OBSÉDÉE
Elle ne s'envoie pas en l'air . . . . VESTALE
Elle ne se ronge pas les ongles . . . . ÉDENTÉE
Elle n'est jamais contente . . . . RÂLEUSE
Elle n'est pas toujours interprétée de la même façon
. . . . SOURATE
Elle n'est pas très honnête . . . . GREDINE
Elle ne vit sûrement pas dans un taudis . . BÂRONNE
Elle nous a fait du mal . . . . ENNEMIE
Elle nous attend au bout du rouleau (MF) . . FATIGUE
Elle nous pompe l'air . . . . RASEUSE
Elle part en fusée . . . . NAVETTE
Elle passe après la tempête . . . . CHARRUE
Elle passe ses hivers dans le Sud . . . . . OUTARDE
Elle passe toute la journée dans son lit . . RIVIÈRE
Elle permet aux gens de se rapprocher (MF) . . . . .
. . . . LUNETTE
Elle permet de mieux voir le but . . . . . . REPRISE
Elle permet de sauver la face en cas de coup dur (MF)
. . . . VISIÈRE
Elle peut être le mélange d'une chienne et d'un fin
renard (MF) . . . . NAGEUSE
Elle peut être longue à l'urgence . . . . . . ATTENTE
Elle porte généralement une robe blanche . . . . . .
. . . . ÉPOUSÉE
Elle pratique l'aviron . . . . RAMEUSE
Elle produit des cellules fécondables . . . FEMELLE
Elle produit une contraction de la pupille . . ÉSÉRINE

Elle produit un musc nauséabond ...... ZORILLE
Elle radote .... GÂTEUSE
Elle remplace de plus en plus les travailleurs ......
.... MACHINE
Elle remplit ses salles très souvent .... URGENCE
Elle représente ses clients en justice ... AVOCATE
Elle s'assoit sur une selle .... ÉCUYÈRE
Elle se manifeste sur la peau .... RUBÉOLE
Elle se nourrit de sang .... SANGSUE
Elle sert à broyer les aliments .... MOLAIRE
Elle sert à transporter la sève .... NERVURE
Elle s'est fait tirer parce qu'elle n'écoutait pas (MF)
.... OREILLE
Elle sévit au Texas et au Kansas ..... TORNADE
Elles ne sont pas toutes comme dans les histoires
(MH) .... BLONDES
Elle s'occupe de ses sœurs .... ABBESSE
Elle souffle sur l'Asie .... MOUSSON
Elles sont à la hausse à chaque fois qu'on s'en fout
(MF) .... ÉPAULES
Elles sont défaites en rentrant de vacances ..VALISES
Elles survolent la mer de Beaufort .... STERNES
Elle symbolise la sainteté .... AURÉOLE
Elle tient le rôle principal .... HÉROÏNE
Elle tient l'heure .... TOCANTE
Elle tombe sur les nerfs (MF) .... NÉVRITE
Elle tourne en rond sans arrêt .... PLANÈTE
Elle travaille exclusivement pour une reine (MF) ...
.... ABEILLE
Elle va à l'encontre de l'opinion admise .. HÉRÉSIE
Elle veut qu'on y croie .... ACTRICE
Elle vient de passer .... SECONDE
Elle vit à la campagne .... BERGÈRE
Elle vous accompagne parfois jusqu'au lit (MF) ...
.... ESCORTE
Elle voyage beaucoup .... HÔTESSE
Elle voyage en ambulance .... CIVIÈRE
Émettre un rapport .... ÉRUCTER
Émise pour fixer les limites .... RÉSERVE
Empêche de passer à l'acte .... ABOULIE
Empêche d'ouvrir .... CADENAS
Empêcher de bouger .... LIGOTER
Empêcher de grandir .... NANISER
Employer la deuxième personne .... TUTOYER
Empoisonna Claude .... LOCUSTE
Emprisonner de façon définitive ..... EMMURER
En accord .... ASSORTI
En amour, il ne faut pas en courir deux à la fois ...
.... LIÈVRES
En arrière d'un alignement (en) ...... RETRAIT
En avez-vous besoin pour trouver ce mot ? ...
.... RENFORT
En bataille .... HIRSUTE
En boucher un coin (MH) .... ÉTONNER
En boucher un coin à quelqu'un .... MUSELER
En cache plus qu'il en montre .... ICEBERG
Enchaînement de virages, en skis ...... GODILLE
Encore sur les rayons, au magasin ..... INVENDU
En creux ou en relief .... MOULURE
En dehors des règles établies .... IMMORAL
Endroit caché .... TANIÈRE
Endroit réservé aux adultes .... ISOLOIR

En Europe .... ISLANDE
En face .... VISÀVIS
En faire beaucoup trop .... INONDER
En fait, c'est dans le noir qu'on a découvert leur travail (MH) .... LUMIÈRE
En faire passer moins .... RÉDUIRE
En faire preuve est déshonorant ..... LÂCHETÉ
Enfant de Doris .... NÉRÉIDE
En fines gouttelettes .... ATOMISÉ
Enfin organiser .... DÉMÊLER
En fleurs, elle en connaît un rayon (MH) .. ABEILLE
En forme de grelot .... URCÉOLÉ
En français, son sigle graphique est l'apostrophe
.... ÉLISION
En haut du dossier .... TÊTIÈRE
En haut et à droite sur la carte .... NORDEST
En Inde .... HARYANA
En laisser passer .... TOLÉRER
Enlèvement délicat (PD) .... EXÉRÈSE
Enlever la capacité de se reproduire ... CASTRER
Enlever une matière noire (MH) .... RAMONER
En ligne quand elle est haute (PD) ..... TENSION
En marchant .... PEDIBUS
En mettre une couche .... ÉTENDRE
Énorme bloc de glace .... ICEBERG
En parlant de la mer, recouvrir une portion de continent .... ENNOYER
En petits morceaux .... ÉMIETTÉ
En pleine forme .... ÉPANOUI
En pleine lumière .... AGIORNO
En réduction .... ÉCOURTÉ
En remettre une couche .... REDORER
En Russie, moine-prophète .... STARETS
En scène pour créer .... METTEUR
En secret .... INPETTO
Enseignait l'art oratoire .... RHÉTEUR
Ensemble continental .... EURASIE
Ensemble d'additions .... ADDENDA
Ensemble de caractères expressifs ... BINETTE
Ensemble de ceps de vigne .... TREILLE
Ensemble de disques .... COFFRET
Ensemble des avocats .... BARREAU
Ensemble des œufs, des larves des abeilles .....
.... COUVAIN
Ensemble des plumes d'une flèche ... EMPENNE
Ensemble d'expressions du visage ..... MIMIQUE
Ensemble d'organes qui se font suite ... TRACTUS
Ensemble du sol et du climat .... TERROIR
En s'époumonant (à) .... TUETÊTE
En service .... UTILISÉ
En skis, enchaînement de virages ...... GODILLE
Entaille faite dans le fût d'un arbre ... SAIGNÉE
Entendre des voix .... DÉLIRER
Entendue à la messe du dimanche .... HOMÉLIE
En tête .... INITIAL, PREMIER
Entêté dans ses opinions .... OBSTINÉ
Entièrement déployer .... ÉTENDRE
Entourage habituel .... ÉLÉMENT
En train de manger .... ATTABLÉ
Entraîné à se défendre .... ARRIÈRE
Entre dans la composition de la porcelaine ....
.... KAOLINE

Entre dans la composition des os ...... OSSÉINE
Entre dans le vif du sujet (MH) .... SCALPEL
Entrée accidentellement sous la peau .. ÉCHARDE
Entrées des fêtes .... HUÎTRES
Entre la bouche et l'œsophage .... PHARYNX
Entre le repas et le coucher .... VEILLÉE
Entre les bras .... DOSSIER
Entre le sol et le pied .... SEMELLE
Entre les périodes, les hommes y font la queue ....
.... URINOIR
Entre le ténor et la basse .... BARYTON
Entre l'Oural et le Pacifique .... SIBÉRIE
Entre Nice et la frontière italienne ..... RIVIERA
Entrer dans la balayeuse .... ASPIRER
Entretenue chez les Grecs .... HÉTAIRE
Énumération ennuyeuse .... LITANIE
En usant d'un pouvoir discrétionnaire .. ADNUTUM
En venir aux coups .... ÉCRASER
Envergure d'une personne .... STATURE
En ville .... CITADIN
En voici un glissant .... TERRAIN
En voici un qui pourrait vous donner la piqure ....
.... GUÊPIER
En voilà un qu'on attend souvent mais qui arrive
rarement (MH) .... MIRACLE
Envoye à maison (MH) .... FERLAND
Envoyer des signaux .... ÉMETTRE
En vue d'un procès .... ADLITEM
Épineux porteur de fruits .... NÉFLIER
Époux de Desdémone .... OTHELLO
Éprouver de la lassitude (s') .... ENNUYER
Équipée avant d'être mise sur orbite ... STATION
Équipé pour monter partout (PD) ..... TARENTE
Erevan est sa capitale .... ARMÉNIE
Espèces de scarabées .... BEATLES
Essentielle dans une salle d'opération ... ASEPSIE
Essuyer la suie .... RAMONER
Est arrivé avec son régime (PD) .... CRÉTOIS
Est blanche pour le pape .... CALOTTE
Est comme un ruban .... NÉMERTE
Ester de l'acide acétique .... ACÉTATE
Est hérissé d'obstacles .... STEEPLE
Est introduit dans l'organisme .... IMPLANT
Est recouvert d'écailles .... REPTILE
Est rouge ou noir .... LAPILLI
Est sans clé ni piston .... CLAIRON
Est sans grande portée (MH) .... UNIPARE
Est sans intérêt .... INEPTIE
Établir un contact .... HEURTER
Établissement offrant le gîte et le couvert ....
.... AUBERGE
Était comblé .... SATIÉTÉ
Était compris de tous .... STENTOR
Était en usage dans les duels .... RAPIÈRE
Était le plus heureux dont on puisse jouir ... PARADIS
Était utile quand on n'avait pas de vraies fosses ...
.... TINETTE
Était veau sera vache .... GÉNISSE
Étalage du bigot .... MÔMERIE
Étanche la soif .... SERVEUR
État à éliminer à l'aide d'un régime militaire (MF)
.... OBÉSITÉ

État d'Afrique centrale .... BURUNDI
État des Antilles .... BAHAMAS
État des Petites Antilles .... GRENADE
État d'Europe, à Rome .... VATICAN
État non gouverné (MF) .... IVRESSE
État peu stable .... ÉBRIÉTÉ, IVRESSE
État qui n'a personne à sa tête, non gouverné (MF)
.... ÉBRIÉTÉ
État sans dirigeant (MF) .... INERTIE
État sans régime (MF) .... OBÉSITÉ
État souverain (MF) .... NIRVANA
Éteindre une cigarette .... ÉCRASER
Étend les bras dans l'eau .... PIEUVRE
Étendue sur un lit .... COUETTE
Étouffe ceux qu'il aime (MH) .... EUNECTE
Et puis après .... ENSUITE
Étouffer un bruit .... FEUTRER
Étrange allure .... DÉGAINE
Être aux anges .... EXULTER
Être bien parmi nous, bien là .... EXISTER
Être complice de .... TREMPER
Être constitué de .... COMPTER
Être dans les jambes (MF) .... ENNUYER
Être dans toute sa splendeur (MF) ..... FLEURIR
Être en cage .... LIFTIER
Être inerte .... STAGNER
Être partagé .... HÉSITER
Être tout proche de .... COTOYER
Être très, très content .... EXULTER
Être victime d'une fouille .... GLISSER
Être vivant fixé au sol .... VÉGÉTAL
Étroite bande .... LANIÈRE
Étudie des textes .... EXÉGÈTE
Évêque de Myra .... NICOLAS
Évite d'avoir à se boucher le nez ..... ANOSMIE
Évoque le passé .... NAGUÈRE
Examiner avant d'agir .... ÉTUDIER
Examiner comme il faut .... VISITER
Excellent pour la peau .... DERMATO
Excellent ragoût .... NAVARIN
Exemple d'écervelée .... LINOTTE
Exercer une garde, une surveillance .... VEILLER
Exiger par les circonstances .... VOULOIR
Explication apportée à une question ... RÉPONSE
Expliquer de long en large .... DÉCRIRE
Exploit de commère (MH) .... SILENCE
Explosif composé de nitrate d'ammonium et d'alu-
minium .... AMMONAL
Expose à l'ouest .... WESTERN
Exposé littéraire en vue d'un examen .. MÉMOIRE
Exposer à certains rayons .... BASANER
Expression orale .... SOURIRE
Exprime l'entente .... UNANIME
Expulser lez gaz .... ÉRUCTER
Extrêmement fatiguer .... ANÉMIER
Fabrication à la chaîne .... USINAGE
Face à face .... NEZÀNEZ
Facilite la lecture du journal, la compréhension ....
.... NETTETÉ
Façon d'adoucir les formes .... SFUMATO
Façon de sauter (MH) .... CISEAUX
Façon de se faire du blé .... MOISSON

Faire beaucoup de bruit autour de soi . . AMEUTER
Faire ce que je dis . . . . ÉCOUTER
Faire chou blanc . . . . ÉCHOUER
Faire circuler . . . . ÉMETTRE
Faire comme le champagne . . . . MOUSSER
Faire comme si ce n'était pas là, comme si ça n'existe
pas . . . . IGNORER
Faire comme un charolais . . . . MEUGLER
Faire comme un cheval . . . . TROTTER
Faire comme une hirondelle . . . . TRISSER
Faire de l'air . . . . ÉVENTER
Faire de l'écho . . . . RÉPÉTER
Faire descendre . . . . INGÉRER
Faire des chinoiseries (PD) . . . . SINISER
Faire des efforts . . . . ESSAYER
Faire des enfants . . . . PEUPLER
Faire des incisions . . . . CISELER
Faire des nattes . . . . TRESSER
Faire des petites parts (MH) . . . . ÉMINCER
Faire des pieds et des mains . . . . GIGOTER
Faire des provisions . . . . AMASSER
Faire des raccourcis . . . . RÉSUMER
Faire des recherches . . . . ÉTUDIER
Faire des souhaits . . . . ESPÉRER
Faire du bruit sans s'en rendre compte . . RONFLER
Faire du chantage . . . . MENACER
Faire du gringue . . . . DRAGUER
Faire du vélo . . . . PÉDALER
Faire entendre un à un . . . . ÉGRENER
Faire entrer . . . . INITIER, INSÉRER
Faire épaissir . . . . RÉDUIRE
Faire fonctionner . . . . MOUVOIR
Faire fumer . . . . IRRITER
Faire grimper dans les rideaux . . . . ENRAGER,
. . . . IRRITER
Faire grrr . . . . GRONDER
Faire la manche (MH) . . . . MENDIER
Faire la paix . . . . RENOUER
Faire le fou . . . . NIAISER
Faire le siège . . . . PAILLER
Faire le Tour de France . . . . PÉDALER
Faire le trottoir . . . . TAPINER
Faire mauvais effet dans la page (PD) . . RATURER
Faire ouvrir grand les yeux . . . . SIDÉRER
Faire ouvrir la bouche . . . . NOURRIR
Faire passer de la cave au tonneau . . . . DÉCUVER
Faire perdre les pédales . . . . ÉNERVER
Faire plus ample connaissance . . . . ÉTUDIER
Faire saigner très légèrement . . . . ÉRAFLER
Faire son apparition . . . . ÉMERGER
Faire tourner des feuilles (MH) . . . . . . ESSORER
Faire très mal . . . . ÉLANCER
Faire trop vite . . . . SABOTER
Faire un détour pour aller vous voir . . . . ARRÊTER
Faire une belle carrière . . . . RÉUSSIR
Faire une tentative . . . . ESSAYER
Faire un filet dans le métal . . . . FILETER
Faire un travail de taille (MF) . . . . ÉMONDER
Faire venir les pompiers . . . . ALERTER
Faire voir des étoiles . . . . ÉTENDRE
Faisait bouger les Américains . . . . ONESTEP
Fait boiter . . . . ENTORSE

Fait chercher de quoi manger . . . . DISETTE
Fait claquer . . . . ONÉREUX
Fait concurrence aux journaux, aux potins . . . .
. . . . COMMÈRE
Fait consommer pour rien . . . . RALENTI
Fait courir bien du monde . . . . ATTRAIT
Fait cracher . . . . ONÉREUX
Fait dangereusement la bombe . . . . NEUTRON
Fait dans les formes . . . . OPULENT
Fait défaut au lourdaud . . . . AGILITÉ
Fait de la parodie . . . . TRAVELO
Fait de la résistance . . . . INERTIE
Fait de la route (MH) . . . . GOUDRON
Fait de mettre cartes sur table . . . . NETTETÉ
Fait de mordre aisément . . . . NAÏVETÉ
Fait des réductions . . . . PLIEUSE
Fait dévorer (MH) . . . . INTÉRÊT
Fait d'interrompre les relations . . . . RUPTURE
Fait du 120 à l'heure . . . . OURAGAN
Fait du propre dans les allées . . . . NITRATE
Faite pour rouler . . . . VOITURE
Fait éternuer . . . . RHINITE
Fait hausser les épaules . . . . SURSAUT
Fait la couverture . . . . RELIEUR
Fait le ménage à l'intérieur (PD) . . . . . . TAMARIN
Fait le poids . . . . ROMAINE
Fait les cent pas . . . . SEMELLE
Fait lever presque tout le monde . . . . . . OVATION
Fait le vide autour de lui . . . . ÉGOÏSTE
Fait mal au dos . . . . LOMBAGO
Fait mal où le dos perd son nom . . . . . . TÉNESME
Fait monter des gens sur le toit . . . . TUILIER
Fait onduler la Polynésienne . . . . TAMOURÉ
Fait partie de la famille des bougons . . . RÂLEUSE
Fait partie des bougons . . . . RONCHON
Fait partie d'un système . . . . NEURONE
Fait partie du palmarès . . . . LAURÉAT
Fait peu d'heureux . . . . LOTERIE
Fait peur à bien du monde . . . . INCONNU
Fait plaisir à voir . . . . RADIEUX
Fait plus que décoiffer . . . . TORNADE
Fait polluer sans raison . . . . RALENTI
Fait pour rien . . . . GRATUIT
Fait sauter les petites filles . . . . MARELLE
Fait semblant . . . . ACTRICE
Fait ses provisions . . . . HAMSTER
Fait suer . . . . RASEUSE
Fait toujours des progrès . . . . SCIENCE
Fait tourner le PC . . . . CELLULE
Fait-tout . . . . MARMITE
Fait un grand vide . . . . VACUITÉ
Fait un peu mal au nez . . . . NASARDE
Famille comprenant les bergers . . . . . . CANIDÉS
Famille de la mythologie grecque . . . . . ATRIDES
Famille de mammifères . . . . ÉQUIDÉS
Famille de peintres flamands . . . . BRUEGEL
Famille des taros . . . . ARACÉES
Famille princière . . . . ORLÉANS
Fatiguer l'assemblée . . . . ENNUYER
Faucon mâle . . . . LANERET
Fausse-renoncule . . . . FICAIRE
Faute dans certains sports . . . . HORSJEU

Faux ou déformé . . . . INEXACT
Faux pli d'une étoffe . . . . GRIMACE
Femme au coton . . . . ABATTUE
Femme ayant un seul enfant . . . . UNIPARE
Femme bavarde . . . . COMMÈRE
Femme bulgare puissante . . . . TSARINE
Femme dans le noir (MF) . . . . ÉTEINTE
Femme de couleurs (MH) . . . . PEINTRE
Femme de lettres française . . . . LENCLOS
Femme de mauvaise vie . . . . TRAÎNÉE
Femme difficile à découvrir . . . . SECRÈTE
Femme dont je vous vends la mèche (MF) . . . .
. . . . TRESSÉE
Femme en forme . . . . EXERCÉE
Femme mariée qui dort seule . . . . SÉPARÉE
Femme protégée par la police (MF) . . . . ASSURÉE
Femme pure . . . . VESTALE
Femme qui aime le papillon (MF) . . . . . NAGEUSE
Femme qui aime manger . . . . OGRESSE
Femme qui a la séparation en tête (MF) . . PEIGNÉE
Femme qui a laissé tomber sa guenille (MF) . . . . . .
. . . . SÉPARÉE
Femme qui a perdu son pneu (MF) . . . . ALLÉGÉE
Femme qui a pris un coup solide . . . . . . BLESSÉE
Femme qui devrait avoir honte . . . . ODIEUSE
Femme qui est enregistrée pour son travail . . . .
. . . . ACTRICE
Femme qui gère un département . . . . . . TENEUSE
Femme qui lit une carte routière . . . . . . ÉCARTÉE
Femme qui ne tient plus compagnie . . . . RETIRÉE
Femme qui se contente de dévorer la vie avec ses
yeux (MF) . . . . ÉDENTÉE
Femme qui se ramasse sur la rue . . . . . . TRAÎNÉE
Femme qu'un voleur croise pendant son vol (MF)
. . . . HÔTESSE
Fendre les cheveux en quatre . . . . ERGOTER
Fera mouche . . . . ASTICOT
Ferme carrément la porte aux négociations (MH) . .
. . . . CERBÈRE
Ferme ou supporte . . . . BARREAU
Fermé pour cause de dignité . . . . LUPANAR
Fermer les yeux . . . . TOLÉRER
Fermer sa gueule (MF) . . . . AGRAFER
Fermer sa trappe (MF) . . . . ÉCRASER
Fermeture d'esprit . . . . OPACITÉ
Fermeture intérieure . . . . ATRÉSIE
Feuilles ou billets . . . . OSEILLE
Figure symbolique d'anciens timbres français . . . . .
. . . . SEMEUSE
Filet de pêche . . . . ANSIÈRE
Filet pour pêcher la crevette . . . . HAVENET
Fille à tonton . . . . COUSINE
Fille de Doris . . . . NÉRÉIDE
Fille de la Nuit . . . . NÉMÉSIS
Fille sotte . . . . BÉCASSE
Film de Falardeau . . . . OCTOBRE
Films que les femmes aiment regarder . . . TRISTES
Fils d'Œdipe . . . . ÉTÉOCLE
Finalement, il a voté . . . . INDÉCIS
Finalement, on ne parle que d'elle au « Salon du
Livre » (MH) . . . . LECTURE
Fin de repas . . . . DESSERT

Finir en direct (MF) . . . . ÉTENDRE
Finit à midi . . . . MATINÉE
Finit par tomber dans l'alcool . . . . ALAMBIC
Fin provoquée . . . . MEURTRE
Fixer son choix . . . . PRENDRE
Fleurit la haie . . . . LISERON
Fleuve de l'Inde . . . . CAUVERY
Flotte à la surface de la mer . . . . ICEBERG
Follicule bactérienne . . . . SYCOSIS
Fonctionner par saccades . . . . BROUTER
Fondateur de la religion musulmane . . MAHOMET
Font des bancs . . . . HARENGS
Font partie du milieu . . . . TRUANDS
Font un bon gratin . . . . ENDIVES
Forcer l'arbitre à compter jusqu'à dix (MF) . . . . . .
. . . . ÉTENDRE
Forgée pour plus de solidité . . . . OPINION
Formation qui sert de renfort . . . . RÉSERVE
Forme de liberté . . . . LICENCE
Fougère d'appartement . . . . ADIANTE
Fournisseur d'huile . . . . OLIVIER
Fournit de quoi préparer un condiment . . CÂPRIER
Fournit des précisions . . . . NETTETÉ
Fournit du bon jus . . . . TREILLE
Fournit un aliment de luxe . . . . STERLET
Frais chié . . . . HAUTAIN
Français banni de la France . . . . RÉFUGIÉ
Français qui a beaucoup observé le ciel . . MESSIER
Frapper durement . . . . ASSÉNER
Frapper fort . . . . ÉTONNER
Frapper sur des touches . . . . RÉDIGER
Frapper vers le bas . . . . SMASHER
Fréquente à l'hôpital . . . . ATTENTE
Frères rarement séparés . . . . SIAMOIS
Frisé à petites ondulations . . . . CRÊPELÉ
Frôler un obstacle équestre (MH) . . . TUTOYER
Fromage à l'odeur forte . . . . MUNSTER
Fruit exotique . . . . GRENADE
Fruit laxatif . . . . TAMARIN
Fulbert lui joua un très mauvais tour . . . ABÉLARD
Fut séduite par Zeus . . . . ALCMÈNE
Gagnent du terrain grâce aux RTT . . . . . LOISIRS
Gallinacé d'Afrique . . . . PINTADE
Garantir le bon fonctionnement . . . . . . ASSURER
Garçon en avion . . . . STEWARD
Garder l'essentiel . . . . RÉSUMER
Gardien de harem, de prisons dorées . . EUNUQUE
Garniture du pot-au-feu ou de la cheminée . . . .
. . . . TRUMEAU
Gastronome romain . . . . APICIUS
Gauguin ou Monnet . . . . PEINTRE
Généralement aimable comme une porte de prison
(MH) . . . . GEÔLIER
Généralement peu éclairé . . . . SOUSSOL
Généreux ... en principe . . . . LIBÉRAL
Geste qui fait du bien . . . . AIMABLE
Gildor Roy en est un . . . . TAUREAU
Glace aux fruits confits . . . . CASSATE
Gonfler de façon malsaine . . . . BOUFFIR
Gourmandise à consommer avec modération . . . . .
. . . . SUCETTE
Gracieuse et mélodieuse . . . . ARIETTE

Grains en cuisine . . . . BASMATI
Grand acteur du XXᵉ siècle . . . . CHAPLIN
Grand amateur de malbouffe (MH) . . . GOÉLAND
Grand amateur de musique . . . . MAESTRO
Grande aventure . . . . ODYSSÉE
Grande chapelle au Vatican . . . . SIXTINE
Grande échalote . . . . ÉCHALAS
Grande finesse . . . . TÉNUITÉ
Grande fougère . . . . OSMONDE
Grande gueule . . . . STENTOR
Grand frisson . . . . ORGASME
Grand joueur de tennis . . . . FEDERER
Grand journaliste (MH) . . . . LONDRES
Grand mât . . . . MEISTRE
Grand mouvement dans les affaires . . . RÉFORME
Grand-père s'y berce . . . . GALERIE
Grand singe arboricole . . . . SIAMANG
Grand talent du Lac-Saint-Jean (MF) . . . BELETTE
Gratter les fonds de tiroir (MF) . . . . LÉSINER
Grimper dans les rideaux . . . . ÉCLATER
Gravée dans la pierre mais souvent oubliée (PD) . . .
. . . . ÉGALITÉ
Gros dodo (MH) . . . . NARCOSE
Gros fer à repasser de tailleur . . . . CARREAU
Gros récipient . . . . CITERNE
Gros requin . . . . PÈLERIN
Grosse toile à tissage . . . . CANEVAS
Grosse voix . . . . STENTOR
Gros succès . . . . OVATION
Gros temps . . . . TEMPÊTE
Groupe de langues indo-européennes . . . IRANIEN
Groupe d'individus vils . . . . VERMINE
Groupe qui accompagne . . . . RIPIENO
Guérit tout . . . . PANACÉE
Guitare à quatre cordes originaire du Portugal . . . . .
. . . . UKULÉLÉ
Guitariste mort en 1970 . . . . HENDRIX
Guy Lafleur en est une vivante . . . . LÉGENDE
Habitant de la ville d'Anjou . . . . ANGEVIN
Habitant de Russie . . . . COSAQUE
Habitant du massif du sud de la France . . CÉVENOL
Habitant d'une capitale européenne . . . . BERNOIS
Habitant du Portugal . . . . IBÉRIEN
Habitation où ça bourdonne . . . . GUÊPIER
Habitée par une personne attentive . . . . GUÉRITE
Habite peut-être Ispahan . . . . IRANIEN
Habitude de voir des boutons (MH) . . . DERMATO
Hallucination visuelle . . . . ZOOPSIE
Hara-kiri . . . . SEPPUKU, SUICIDE
Harper y est . . . . ÀDROITE
Hasard merveilleux . . . . MIRACLE
Haut lieu . . . . EVEREST
Haut plateau malgache . . . . IMERINA
Héros d'Alexandre Dumas (d') . . . . . . ARTAGAN
Héros populaire au Québec . . . . RICHARD
Heureusement, il tire en l'air (MH) . . . STARTER
Histoire de cape et d'épais (MH) . . . . . CORRIDA
Hockeyeur surnommé «Le Rocket» . . . RICHARD
Homme à la retraite . . . . RENTIER
Homme cruel et sanguinaire . . . . BOUCHER
Homme d'affaires grec . . . . ONASSIS
Homme de la Botte (PD) . . . . ITALIEN

Homme de lettres . . . . FACTEUR, POSTIER
Homme d'État italien . . . . SAROGAT
Homme d'une force extraordinaire . . . . COLOSSE
Homme inculte . . . . PRIMATE
Homme politique soviétique . . . . ELTSINE
Homme qui prétend savoir ce qui est bon pour tout le
monde (MF) . . . . CENSEUR
Homme qui se creuse la tête (MF) . . . . . PENSEUR
Honneur de légion . . . . ROSETTE
Hors compétition . . . . ÉLIMINÉ
Hors du mariage, elle est infidèle . . . . . LIAISON
Humoriste québécois . . . . BADOURI
Hussard la plume à la main (PD) . . . . . LAURENT
Ici ou là . . . . ADVERBE
Idéale pour allumer les ardeurs (MF) . . . CARESSE
Idéale pour voler . . . . ENVOLÉE
Idée allant à l'encontre de l'opinion admise . . . .
. . . . HÉRÉSIE
Idée générale . . . . CONCEPT
Il abandonne facilement . . . . LÂCHEUR
Il a besoin de pistons . . . . TUBISTE
Il accorde ses violons avant de travailler . . ALTISTE
Il a découvert le plutonium . . . . SEABORG
Il a découvert les anneaux de Saturne . . . GALILÉE
Il a déjà un long cou . . . . GIRAFON
Il a de longues ailes . . . . PLANEUR
Il a déshérité sa fille Cordélia . . . . ROILEAR
Il a des idées . . . . CRÉATIF
Il a des plumes . . . . ÉDREDON
Il administre une université . . . . RECTEUR
Il a écrit des «Contes de Noël» . . . . DICKENS
Il a écrit «Guerre et Paix» . . . . TOLSTOÏ
Il a entre 6 et 12 ans . . . . ÉCOLIER
Il a été baptisé . . . . FILLEUL
Il affecte le culte de la beauté . . . . ESTHÈTE
Il a inspiré le savant Christian Huygens . . PENDULE
Il a l'air pâle (MH) . . . . DÉTERRÉ
Il a laissé son nom à un aqueduc et à une trompe . . .
. . . . FALLOPE
Il a le sang froid . . . . REPTILE
Il a le teint bronzé . . . . NOIRAUD
Il a mauvaise mine (MH) . . . . DÉTERRÉ
Il a peint «Les joueurs de cartes» . . . . . CÉZANNE
Il a peint les «Tournesols» . . . . VANGOGH
Il a publié «Alice au pays des merveilles» . . . .
. . . . CARROLL
Il a remporté une épreuve . . . . GAGNANT
Il a sombré dans la légende . . . . TITANIC
Il a sûrement dû skier . . . . SUÉDOIS
Il a tué le loup (MH) . . . . LECLERC
Il a une adresse certaine pour vivre ainsi sans adresse
(MF) . . . . TSIGANE
Il a une face de singe . . . . SAPAJOU
Il a une petite tête . . . . ÉTOURDI
Il a une tête d'éléphant . . . . GANESHA
Il a un métier . . . . LISSIER
Il a un noyau . . . . NEURONE
Il a un père haïtien et une mère norvégienne . . . . . .
. . . . MULÂTRE
Il a un petit-fils . . . . BONPAPA
Il a un trou au centre . . . . CÉDÉROM
Il broie du bois . . . . TERMITE

Il calme . . . . SÉDATIF
Il change sans arrêt mais on est toujours dedans (MF)
. . . . PRÉSENT
Il conduit durant de longs trajets . . . . . ROUTIER
Il conduit un chariot de manutention . . . CARISTE
Il connaissait la formule magique . . . . . . ALIBABA
Il connaît la musique . . . . MAESTRO
Il contient des pensées . . . . RECUEIL
Il contient du sucre mais n'est pas sucré . . SUCRIER
Il court les rues . . . . ÉBOUEUR
Il décoiffe . . . . OURAGAN
Il détruit un animal myope . . . . TAUPIER
Il distribue les cartes . . . . DONNEUR
Il doit être bien épaulé pour être mené à bout de bras
(MF) . . . . HALTÈRE
Il doit être matinal . . . . CAMELOT
Il doit prendre son temps avant d'être soigné . . . . . .
. . . . PATIENT
Il donne le grain . . . . GRENEUR
Il dort en plein air . . . . CAMPEUR
Île croate de l'Adriatique . . . . BASMATI
Île de Grèce . . . . ITHAQUE
Île des Antilles néerlandaises . . . . CURAÇAO
Il en avait plein le dos . . . . SUICIDÉ
Il en faut pour rebondir après une épreuve . . . .
. . . . RESSORT
Il enlève tout . . . . NUDISTE
Il en met une couche . . . . ÉTAMEUR
Il enquête dans les cas de morts suspectes . . . .
. . . . CORONER
Il est à la tête du Grand Prix . . . . LEGAULT
Il est à l'hôpital . . . . INTERNE
Il est allé à l'université . . . . DOCTEUR
Il est appliqué aux yeux des femmes . . MASCARA
Il est attendu . . . . SAUVEUR
Il est bien de la prêter aux autres . . . . . . OREILLE
Il est bon quand on gagne et pourri quand on perd
. . . . ARBITRE
Il est bruant . . . . ORTOLAN
Il est calme à l'intérieur mais très agité à l'extérieur
. . . . OURAGAN
Il est capable d'imiter la parole humaine . . MAINATE
Il est chargé de la mise à mort . . . . MATADOR
Il est chatouilleux . . . . EMPORTÉ
Il est combatif . . . . BATTANT
Il est contre les actes gratuits . . . . NOTAIRE
Il est dirigé d'une main de maître (MF) . . ESCLAVE
Il est donné à ceux qui veulent s'initier . . ATELIER
Il est du même groupe que l'oxygène . . TELLURE
Il est employé pour aromatiser la bière . . HOUBLON
Il est en haut . . . . GRENIER
Il est en pleine crise . . . . FORCENÉ
Il est en révolte . . . . REBELLE
Il est en révolte contre le conformisme . . BEATNIK
Il est fermé l'hiver . . . . DRIVEIN
Il est imperméable . . . . GORETEX
Il est important dans l'industrie du pétrole . . . .
. . . . OLÉODUC
Il est laid . . . . MONSTRE
Il est maladroit . . . . GAFFEUR
Il est malpropre . . . . SAGOUIN
Il est mauvais conducteur . . . . ISOLANT

Il est né au printemps . . . . TAUREAU
Il est né sous une bonne étoile . . . . VEINARD
Il est plein d'épines . . . . RONCIER
Il est pompeux . . . . RHÉTEUR
Il est possible de la calmer . . . . DOULEUR
Il est prêt pour un bon bain . . . . SAGOUIN
Il est réputé pour ses réponses ambiguës . . . .
. . . . NORMAND
Il est rouge ou blanc . . . . GLOBULE
Il est salé . . . . NUOCMÂM
Il est sans effets . . . . NUDISTE
Il est sans goût . . . . BÉOTIEN
Il est sec et chaud . . . . SIROCCO
Il est sous le toit des gens . . . . GRENIER
Il est souvent dévissé avant d'en avoir plein les bras
(MF) . . . . HALTÈRE
Il est souvent rose et en fibre de verre . . ISOLANT
Il est sûrement au lit de bonne heure . . . LÈVETÔT
Il est tout près de son but . . . . ARRIÈRE
Il est vaniteux . . . . MASTUVU
Il était connu . . . . HASBEEN
Il était très populaire dans les années 70 . . . .
. . . . MACRAMÉ
Il étudie les textes bibliques . . . . EXÉGÈTE
Il fabrique des instruments qui polissent . . . .
. . . . .MEUNIER
Il fabrique des plaquettes de terre cuite . . TUILIER
Il fait aller à la toilette . . . . CHOLÉRA
Il fait comme les poules . . . . LÈVETÔT
Il fait couler beaucoup d'encre . . . . ENCREUR
Il fait des vitraux . . . . VERDIER
Il fait passer le temps . . . . SABLIER
Il fait respecter les règles du jeu . . . . . . ARBITRE
Il fait son fanfaron . . . . CRÂNEUR
Il fait une forte impression . . . . TABASCO
Il fallait être sourd pour ne pas l'entendre . . . .
. . . . STENTOR
Il faut acheter un billet si vous espérez voyager à
volonté (MF) . . . . LOTERIE
Il faut bien s'en offrir une petite de temps en temps
. . . . GÂTERIE
Il faut en avoir pour arrêter de fumer . . VOLONTÉ
Il faut la réduire pour la forme . . . . OBÉSITÉ
Il faut le faire sortir . . . . MÉCHANT
Il faut l'être en tout temps . . . . SOIMÊME
Il faut monter pour l'avoir . . . . VERTIGE
Il faut s'asseoir pour bien le traiter . . . . . DOSSIER
Il faut savoir en profiter . . . . AUBAINE
Il faut s'y rendre pour savoir ce qui se passe . . . . . .
. . . . TERRAIN
Il fut le deuxième évêque de Montréal . . BOURGET
Il gratte fort pour gagner sa vie . . . . RACLEUR
Il habite la Serbie-et-Monténégro . . . . . KOSOVAR
Il habite l'est du Canada . . . . ACADIEN
Il inspira bien des films . . . . DRACULA
Il l'a échappé belle . . . . RESCAPÉ
Il leur arrive d'avoir du génie (PD) . . . . . ÉCLAIRS
Il lui manque un sens . . . . AVEUGLE
Il mange à l'école . . . . INTERNE
Il mène une vie fastueuse . . . . SATRAPE
Il met de l'ambiance . . . . AMUSEUR
Il met de l'emphase . . . . RHÉTEUR

Il met mal à l'aise . . . . MALAISE
Il n'a pas fini ses études . . . . ÉCOLIER
Il n'a pas une minute à perdre . . . . NOTAIRE
Il ne chôme pas . . . . BOSSEUR
Il ne fait plus d'avances . . . . EUNUQUE
Il ne faut pas avoir peur de la renverser . . . SALIÈRE
Il ne faut pas l'engager dans une garderie (MH) . . .
. . . . OGRESSE
Il ne faut pas les prendre pour des lanternes
. . . . VESSIES
Il ne faut pas s'y fier . . . . OUIDIRE
Il ne mange pas très bien . . . . ÉCOLIER
Il n'en reste que deux . . . . BEATLES
Il n'est pas dans la Lune . . . . TERRIEN
Il n'est pas né d'hier . . . . ANCÊTRE
Il n'est pas original . . . . COPISTE
Il n'existe que dans le dictionnaire, qu'en définition
. . . . NONÊTRE
Il n'inspire pas confiance . . . . LOUSTIC
Il nous aide à mieux voir le but . . . . RALENTI
Il nous berne mais personne ne s'en plaint . . .
. . . . TRUCAGE
Il nous fait cogner des clous . . . . SOMMEIL
Il nous quitte quand on descend . . . . VERTIGE
Il nous rattachait à notre mère . . . . OMBILIC
Il n'y croit pas . . . . NÉGATIF
Il oublie bien des choses . . . . ÉTOURDI
Il passe généralement la nuit dans l'eau . . DENTIER
Il passe son temps à faire des mises au point des
machines . . . . RÉGLEUR
Il permet à la famille de joindre les deux bouts . . . .
. . . . SOUTIEN
Il permet au golfeur de prendre un coup . . OISELET
Il permet à Zelda de progresser . . . . OCARINA
Il permet de faire des distinctions . . . . . . CRITÈRE
Il permet de remonter la pente . . . . TÉLÉSKI
Il permet d'être rejoint partout . . . . SANSFIL
Il peut contenir un squelette . . . . PLACARD
Il peut être mauvais au point de perdre les pédales
. . . . PERDANT
Il peut faire du bruit . . . . RAPPORT
Il pilote un petit avion . . . . ULMISTE
Il possède l'art de bien parler . . . . CAUSEUR
Il pratique un sport pour son agrément, son plaisir
. . . . AMATEUR
Il préfère la purée (MH) . . . . ÉDENTÉ
Il publie des livres . . . . ÉDITEUR
Il réalisa les premières liaisons hertziennes . . . .
. . . . MARCONI
Il reçoit les informations . . . . NEURONE
Il regrette ses fautes . . . . REPENTI
Ils aimaient recevoir des cadeaux . . . . . BAMBINS
Il s'avère un atout qui peut faire perdre la carte aux
autres (MF) . . . . CARREAU
Il seconde . . . . ADJOINT
Il se confirme lors des élections . . . . . . SONDAGE
Il se déplace avec une cane (MF) . . . . . CANETON
Il se laisse charmer par la musique . . . . . SERPENT
Il se nourrit de sang . . . . VAMPIRE
Il se promène avec une calotte . . . . CALOTIN
Il sera sûrement bien cuisiné . . . . SUSPECT
Il se remet constamment en selle (MF) . . SELLIER

Ils étaient là . . . . TÉMOINS
Il s'exprime devant des gens . . . . ORATEUR
Ils font avancer la barque . . . . RAMEURS
Ils font passer des nuits blanches . . . . EXAMENS
Ils ne sont pas tous en Russie . . . . OSSÈTES
Ils n'ont pas réussi la prise de la Bastille . . SOLDATS
Ils nous empêchent de voir les étoiles . . STRATUS
Ils nous regardent de haut . . . . OISEAUX
Ils ont tort . . . . ABSENTS
Il s'oppose au bien-être . . . . MALÊTRE
Il souffle . . . . CHAMSIN
Ils procurent du plaisir . . . . LOISIRS
Ils roulent souvent en groupe . . . . MOTARDS
Ils s'entendent très bien . . . . LARRONS
Ils sont à égalité . . . . EXAEQUO
Ils sont aérés . . . . NASEAUX
Ils sont à nos bras . . . . TRICEPS
Ils sont aux pieds des amazones . . . . . . ÉPERONS
Ils sont bien traités à Sainte-Justine . . . . ENFANTS
Ils sont deux dans une cage . . . . POUMONS
Ils sont divins . . . . NECTARS
Ils sont gratuits, évidemment . . . . CADEAUX
Ils sont toujours attendus . . . . SECOURS
Ils sont toujours près des religieuses (MF) . . . .
. . . . ÉCLAIRS
Il suffit de suivre les flèches pour les trouver . . . . . .
. . . . SORTIES
Ils vivent tout près . . . . VOISINS
Il tient quelque chose en main . . . . MANIEUR
Il tient une femme dans ses bras . . . . . . DANSEUR
Il traite les bijoux, l'or . . . . ORFÈVRE
Il travaille aux fourneaux . . . . CUISTOT
Il travaille dans une meulerie . . . . SASSEUR
Il travaille dans un établissement hospitalier . . . . . .
. . . . INTERNE
Il travaille dans un magasin . . . . VENDEUR
Il travaille pour quelqu'un . . . . SALARIÉ
Il travaille sans être payé . . . . ESCLAVE
Il tremble . . . . PEUREUX
Il va au hasard . . . . FLÂNEUR
Il vend des toilettes usées . . . . FRIPIER
Il vient de l'Inde . . . . TSIGANE
Il vise le green . . . . GOLFEUR
Il vit enfoui dans le sable . . . . NÉMERTE
Il vit en plein air . . . . CAMPEUR
Il vit entouré d'animaux . . . . ÉLEVEUR
Il vit un peu comme un castor . . . . ONDATRA
Il vole . . . . OISELET
Il y a une mouche à son extrémité (MF) . . FLEURET
Il y en a dans ça . . . . CÉDILLE
Il y en a deux officielles au Canada . . . LANGUES
Il y en a encore en Arizona . . . . APACHES
Il y en a plusieurs sous l'arbre de Noël . . CADEAUX
Il y en a une partie sur la porte . . . . ADRESSE
Il y fait très froid . . . . SIBÉRIE
Il y pend des grappes . . . . TREILLE
Il y pense deux fois avant de bouger . . . PRUDENT
Imaginer un monde meilleur . . . . ESPÉRER
Imbiber d'un liquide . . . . TREMPER
Immobilise la souris sans fil (MH) . . . . TAPETTE
Implique plusieurs personnes . . . . RÉUNION
Impossible à avaler . . . . NONSENS

Impossible de les réaliser . . . . UTOPIES
Impossible qu'il pique . . . . IMBERBE
Incapable d'attendre . . . . URGENCE
Incapable de répondre . . . . ÉVANOUI
Indice de consommation (MH) . . . . HALEINE
Indique avec précision . . . . NETTETÉ
Indique la voie . . . . SENTIER
Indique sur un écran la position . . . . . . CURSEUR
Indispensable pour écrire . . . . LETTRES
Individu en qui on n'a pas confiance . . . LOUSTIC
Individu peu sérieux . . . . GUGUSSE
Individu qui a les deux pieds sur terre . . TERRIEN
Individu qui a prêté l'oreille pour nous aller droit au
cœur (MF) . . . . LAENNEC
Individu qui ne voit pas la vie en couleurs . . . . . .
. . . . NÉGATIF
Individu qui passe l'éternité bandé (MF) . . . .
. . . . PHARAON
Individu qui revient à ses moutons (MF) . . LAINEUR
Industrie qui marche au coton (MF) . . . . LANIÈRE
Infection de la peau . . . . SYCOSIS
Inflammation du testicule . . . . ORCHITE
Ingénieur américain . . . . THOMSON
Insecte coléoptère . . . . AGRIOTE, DONACIE
Insecte du midi de la France ressemblant à une brin-
dille . . . . BACILLE
Insecte d'un vert doré . . . . CÉTOINE
Insecte, poisson ou dessin . . . . BARBEAU
Insecte voisin de l'abeille . . . . BOURDON
Insensible aux susurrements . . . . DORMEUR
Institution catholique . . . . OPUSDEI
Institutrice suisse . . . . RÉGENTE
Instrument d'armée . . . . CLAIRON
Instrument de musique à percussion . . . . CÉLESTA
Insupportable pour le nez et les yeux . . . PUTRIDE
Interdit aux mineurs . . . . ISOLOIR
Intéresse les chats . . . . CATAIRE
Interrogation de personnes pour se faire une opinion
. . . . SONDAGE
Interrompre la marche . . . . ARRÊTER
Intervention chirurgicale . . . . DIÉRÈSE
Inutilement long . . . . PROLIXE
Inventeurs du cinématographe . . . . LUMIÈRE
Investissement risqué . . . . LOTERIE
Irakien chassé du pouvoir . . . . HUSSEIN
Issu d'un croisement . . . . MÉTISSÉ
J'aime penser que cette grille en est une (MF) . . . . .
. . . . ÉVASION
J'espère que vous mettrez moins de 15 minutes pour
trouver ce mot (MF) . . . . CARDEUR
Jésus, Marie et Joseph . . . . FAMILLE
Jeter brutalement à terre . . . . ABATTRE
Jeter la pierre à quelqu'un . . . . LAPIDER
Jeter par terre . . . . SIDÉRER
Jeton de présence . . . . TESSÈRE
Jeu de mains . . . . CARESSE
Jeu de piste . . . . ENQUÊTE
Jeune délinquant . . . . LOUBARD
Jeune pousse . . . . STARTUP, SURGEON
Jeu originaire d'Espagne . . . . ALUETTE
Joindre les deux bouts . . . . ARRIVER
Joli coup au spectacle, sale coup dans les urnes . . . .

. . . . TRUCAGE
Jolies petites sœurs des satyres . . . . ORÉADES
Joli mélange de soie et de coton . . . . . OTTOMAN
Jonathan est le plus célèbre . . . . GOÉLAND
Jouer avec les nerfs, avec ma patience . . . IRRITER
Jouer du couteau . . . . SURINER
Jouer la comédie . . . . SIMULER
Jouer médiocrement de la guitare . . . . . GRATTER
Jouet représentant un animal . . . . PELUCHE
Joueur dans la trentaine . . . . VÉTÉRAN
Joueur de défense . . . . ARRIÈRE
Joueur de tennis bâlois . . . . FEDERER
Joueur qui travaille souvent à reculons . . . DÉFENSE
Joueur très important dans certains sports . . . .
. . . . GARDIEN
Jouisseur, puissant et despotique . . . . . . SATRAPE
Jour de repos . . . . SHABBAT
Jugement de valeur . . . . OPINION
Juge sur épreuves . . . . TESTEUR
Juriste français . . . . HAURIOU
Juste devant les yeux . . . . BINOCLE
La biologie est celle de la vie . . . . SCIENCE
Lac de cratère . . . . BOLSENA
La chapelle Sixtine s'y trouve . . . . VATICAN
Lâché dans l'étonnement . . . . DIANTRE
La demoiselle en est un . . . . ODONATE
Là-dessus . . . . SURCELA
La donner à quelqu'un, c'est la lui enlever (MF) . . .
. . . . LIBERTÉ
La femme l'est pour la forme . . . . EXERCÉE
La femme l'est quand l'homme est allumée . . . . . .
. . . . DÉSIRÉE
La femme y fait une croix . . . . ISOLOIR
L'affaire, là . . . . PATENTE
La France l'a été de 1940 à 1944 . . . . . . ENVAHIE
La glace en est une qui aide à réfléchir (MF) . . . . . .
. . . . MATIÈRE
La grosse pomme . . . . NEWYORK
L'aire que l'on respire . . . . AMBIANT
Laisse passer la lumière . . . . FENÊTRE
Laisse passer le fil et l'aiguille . . . . CANEVAS
Laisse passer les anges (MH) . . . . SILENCE
Laisse pénétrer la lumière . . . . FENÊTRE
Laisser aller . . . . TOLÉRER
Laisser de côté . . . . IGNORER, OMETTRE
Laisser de côté tout le reste . . . . CHOISIR
Laisser entendre une remontée (MF) . . . ÉRUCTER
Laisser là . . . . OMETTRE
Laisser le moins bon . . . . ÉCRÉMER
Laisser loin derrière . . . . DOMINER
Laisser sa marque . . . . ÉTAMPER
Laisse tomber des gouttelettes . . . . AÉROSOL
Laiteuse et bleuâtre . . . . OPALINE
L'alléluia en est une . . . . OXALIDE
La meilleure façon de se sortir d'un mauvais pas . . .
. . . . INDEMNE
Lamelle qui sert à jouer de la guitare . . . PLECTRE
Lance longue . . . . SARISSE
Lancé pour être rattrapé . . . . DIABOLO
Lancer dans le monde . . . . ÉMETTRE
Langue de cerf . . . . FOUGÈRE
La page principale d'un site . . . . ACCUEIL

La personne vive d'esprit en a une rapide .. RIPOSTE
La petite est un peu plus éloignée ..... COUSINE
Lapins, lièvres, faisans .... GIBIERS
La plupart des gens qu'il rencontre ne vont pas bien
.... MÉDECIN
La plus proche du soleil .... MERCURE
La pression lui donne une certaine énergie ....
.... RESSORT
La preuve que les Anglais aiment le fromage (PD)
.... CHESTER
La rage en est une .... ZOONOSE
Large récipient .... BASSINE
L'arrivée des singes .... MIOCÈNE
L'art de faire des plis .... ORIGAMI
La soirée l'est si tout le monde s'amuse .. RÉUSSIE
Lauréate vertueuse .... ROSIÈRE
L'autre c'est moi, c'est lui (MH) ..... ELMALEH
La vaisselle s'y trouve .... ARMOIRE
Le béribéri en est une .... ENDÉMIE
Le blanc est mortel .... ARSENIC
Le bois en est un .... ISOLANT
Le bon côté des choses (PD) .... ENDROIT
Le cerisier en est une .... ROSACÉE
Le chanteur la fait d'une ville à l'autre .. TOURNÉE
Le commerce du faux-monnayeur l'est .. ILLÉGAL
Leçon de morale .... HOMÉLIE
Le conducteur y regarde constamment .. ENAVANT
Le court principal d'un stade de tennis .. CENTRAL
Le dahu en est un .... CANULAR
Le dông y circule .... VIETNAM
Le dram y circule .... ARMÉNIE
Le droit de passer le premier .... AÎNESSE
Le faire, c'est avoir l'air légume (MF) .. POIREAU
Le fait de dire adieu aux vieilles branches ....
.... ÉLAGAGE
Le fait de gober .... NAÏVETÉ
Le fait de pouvoir avaler n'importe quoi .. NAÏVETÉ
Le fameux jardin de Monet .... GIVERNY
Le feu aux commandes (PD) .... NÉVRITE
Le Fils en fait partie .... TRINITÉ
Le frelon en est un .... VESPIDE
Le gars qui profite trop risque d'en souffrir ....
.... OBÉSITÉ
Le genre à se précipiter vers le buffet .. GOINFRE
Légitime quand on se sent menacé ..... DÉFENSE
Le maître et ses élèves .... ATELIER
Le mardi matin, tout le monde en parle (MH) .....
.... RUMEURS
Le milieu du cinéma craint son retour .. CENSURE
Le mineur y travaille .... GALERIE
Le musicien doit en avoir .... OREILLE
L'endroit idéal pour réaliser son but (MF) ....
.... ENCLAVE
Léonard de Vinci l'était .... ITALIEN
L'épée est ce genre d'arme .... BLANCHE
Le peintre y travaille .... ATELIER
Le plus grand Canadien .... DOUGLAS
Le plus jeune des territoires du Canada .. NANAVUT
Le plus souvent, il est bien rond (MH) .. IVROGNE
Le premier qui en coupe le fil gagne .. ARRIVÉE
Le public lui donne du poids .... OPINION
Le règne conservateur s'y poursuit .... ALBERTA

Le repos de la gorge .... LOUKOUM
Le requin l'a toujours sur le dos ...... AILERON
Les Anglais lui empruntaient des livres (MH) .....
.... USURIER
Le sapin ne l'est pas .... FEUILLU
Les Australiens s'y baignent .... JANVIER
Les avoir à zéro .... BALISER
Les bonnes sont charitables .... ŒUVRES
Les chats raffolent de son odeur ...... CATAIRE
Les déchets y passent .... URÈTRES
Les enfants en ont beaucoup .... ÉNERGIE
Les enfants la prennent du bout des doigts pour des-
siner .... GOUACHE
Les éoliennes en produisent .... ÉNERGIE
Les fumeurs en avaient une au restaurant .. SECTION
Les gens avec un cancer en font le plein plus souvent
(MF) .... ESSENCE
Les gens que l'on fait marcher l'usent plus vite ....
.... SEMELLE
Les gens qui l'accusent de leur malheur en font partie
.... SOCIÉTÉ
Les gens qui la perdent ne s'en souviennent pas ...
.... MÉMOIRE
Les gens qui l'ont connaissent très bien ça ....
.... AFFAIRE
Les gens qui prennent des livres l'ont souvent à la
main (MF) .... RELIURE
Les gens qui y dorment sont patients ... HÔPITAL
Les gens y suivent leur cours .... ATELIER
Les gros mots l'offensent .... OREILLE
Les hommes réagissent en remuant la queue (MF)
.... CARESSE
Les Indiens et les Anglais y vivent ..... EURASIE
Les Japonais et les Belges y vivent ..... EURASIE
Les jeunes filles y jouent sur une patte .. MARELLE
Les mannequins y passent une partie de leur vie ...
.... VITRINE
Les médias permettent à quelqu'un de le devenir ...
.... CÉLÈBRE
Les morveux s'y fourrent le nez ...... KLEENEX
Le spectateur y applaudit .... GALERIE
Les piétons y marchent .... BASCÔTÉ
Les plus douces sont aussi défendues .. DROGUES
L'esprit qui s'évade l'est .... DÉTENDU
Les soldats s'en remettent à lui ...... GÉNÉRAL
Les trompettes auraient fait s'écrouler ses murs ....
.... JÉRICHO
Les uns sont joyeux, les autres percent (PD) ......
.... DRILLES
Le temps qui passe .... SABLIER
L'été on peut s'en passer, la laisser à la maison ....
.... PELISSE
Le toit de la maison ne le sera pas cet été ....
.... ENNEIGÉ
Lettre d'Homère .... UPSILON
Lettre par lequel le pape répond à une supplique ...
.... RESCRIT
Le type qui y est cité y est aussi traduit .. JUSTICE
Leur croissance est terminée .... ADULTES
L'Europe et l'Asie .... EURASIE
Leur rentrée a lieu à la fin d'août ...... CLASSES
Lève l'interdit .... LAXISTE

Lever à l'ouverture .... SCELLER
Lever le coude .... PICOLER
Lever le voile .... RÉVÉLER
Lève souvent le verre .... IVROGNE
Le vice de Séraphin Poudrier .... AVARICE
Le vrai prix .... COÛTANT
L'hiver, il rentre à l'intérieur ... NUDISTE
L'homme et les animaux .... ÉLEVEUR
L'homme l'aime dans son filet et la femme dans son lit (MF) .... APOLLON
L'homme s'y excite .... ISOLOIR
L'homme y a les yeux dans le même trou ....
.... SERRURE
L'homme y fait la guerre ou l'amour .. MATELAS
L'homme y joue en prenant sa queue ... BILLARD
Libérer de ce qui encombre .... DÉGAGER
Libérer d'un poids .... ALLÉGER
Lien étroit .... FICELLE
Lieu de rencontre .... MEETING
Lieu de rencontre du maître et des élèves .. ATELIER
Lieu d'exposition .... VITRINE
Lieu noir de monde (MF) .... AFRIQUE
Lieu où vivent des femmes .... GYNÉCÉE
Lieu planté des voisins du bouleau ..... AULNAIE
Ligne joignant les points d'une vallée .. THALWEG
Limonade et sirop .... DIABOLO
L'important, c'est qu'il trouve à qui parler ....
.... ORATEUR
Liquide essentiel durant l'hiver .... ANTIGEL
Liste comprenant des gens qui prennent leur mal en patience (MF) .... ATTENTE
Livre blanc (MH) .... LAITIER
Livre de moins en moins .... LAITIER
Livre où est résumé l'essentiel de la question .....
.... MÉMENTO
Logique inflexible .... RIGUEUR
L'oie en est un .... ANATIDÉ
Loin de la passion .... TIÉDEUR
Loin de la tête .... DERNIER
Loin d'être gai .... AUSTÈRE
Loin d'être plat .... ESCARPÉ
Longue course de voiliers .... TRANSAT
Longue et étroite .... RAINURE
Long ver .... NÉMERTE
L'ordre des nandous .... RATITES
L'origine de bien des œuvres .... ATELIER
L'or noir y coule .... OLÉODUC
Lorsque son réveil l'est, on passe tout droit ....
.... DÉRÉGLÉ
Lorsqu'on est dans celui d'une personne, on ne laisse pas de trace .... SILLAGE
Lorsqu'on parle sans elle, on peut vider son sac (MF)
.... CRAINTE
Louer sans bail (MF) .... VÉNÉRER
Lourde à supporter .... ABSENCE
Lourdement renforcer .... BLINDER
L'ouvrir en grand .... GUEULER
Lui aussi en met une couche .... ROULEAU
Lui, c'est dans la salle à manger qu'il s'installe ....
.... CONVIVE
Lui, mais pas là .... ARTICLE
L'un des fondateurs du félibrige ...... MISTRAL

L'un est de Mansart, l'autre de Gabriel .. TRIANON
L'un tenait la plume, l'autre les éprouvettes ....
.... ROSTAND
Machine agricole .... SEMEUSE
Machine de guerre .... BALISTE
Maintenant sur pied .... RÉTABLI
Maintient solidement .... ATTELLE
Maison sans confort .... CAMBUSE
Maître et élève .... ATELIER
Maîtresse de maison .... TÔLIÈRE
Maîtresse de Patapouf .... MARTINE
Maladie de plus en plus répandue ...... DIABÈTE
Maladie due à un trypanosome ...... DOURINE
Mal de dents .... MORSURE
Mal dégrossi .... FRUSTRÉ
Mal fagoter .... ATTIFER
Malvenue dans les rédactions ...... CENSURE
Mammifère aux mains préhensibles .. PRIMATE
Mammifère nocturne .... GENETTE
Mammifère puant .... ZORILLE
Mange du krill .... BALEINE
Manier la serfouette .... SARCLER
Manifestement heureux .... RADIEUX
Manifester comme un chaton .... MIAULER
Manifester sa fatigue en ouvrant la bouche ....
.... BAILLER
Manipule des lettres .... POSTIER
Manœuvre pour se garer .... CRÉNEAU
Manque d'eau .... ARÉISME
Manque de tout .... PÉNURIE
Manque nettement de finesse ...... INEPTIE
Manquer d'air .... ANHELER
Manqués ils sont bien bons (PD) ..... GÂTEAUX
Manque souvent de liquide .... TAPEUSE
Marche avec un bâton .... PÈLERIN
Marcher avec la tête chaude (MF) .... TITUBER
Marcher après une soirée bien arrosée (MH) ......
.... TITUBER
Maréchal français .... OUDINOT
Marqué de raies .... VERGETÉ
Marque de voiture (MF) .... ORNIÈRE
Marquée par l'apostrophe .... ÉLISION
Marquer à la chinoise .... SINISER
Marquer au fer rouge .... FLÉTRIR
Marquer de sa griffe .... PARAFER
Marquer en profondeur .... CRANTER
Marque une pause dans une phrase ... VIRGULE
Marteau ou enclume .... OSSELET
Martin quand il peut monter (PD) ..... BARYTON
Masse de terre rapportée .... REMBLAI
Massif au Canada .... TORNGAT
Massif des Alpes .... BERNINA
Massif saharien .... TASSILI
Matériel compliqué .... ARSENAL
Matière noire obtenue par vulcanisation du caoutchouc .... ÉBONITE
Matière thermoplastique .... RHODOÏD
Mauvais compagnon .... ACOLYTE
Mauvais conducteur qui ne perd pas de points (MH)
.... ISOLANT
Mauvaise position .... ECTOPIE
Mauvais journal .... TORCHON

Mauvais restaurant . . . . GARGOTE
Mayonnaise provençale . . . . AILLOLI
Médecin français . . . . BOMBARD
Meilleure avec une vinaigrette . . . . . . ROMAINE
Meilleurs joueurs . . . . ÉTOILES
Mélange de salades . . . . MESCLUN
Méli-mélo . . . . MÉLANGE
Membre amputé . . . . MOIGNON
Membre de la famille française . . . . TANTINE
Même bien préparée, elle reste plate . . . LIMANDE
Même gros, il a des doigts de fée (MH) . . MASSEUR
Même la plus ordinaire est déjà assez chère . . . .
. . . . ESSENCE
Mener à bien . . . . ABOUTIR
Méninge interne . . . . PIEMÈRE
Mesurait les champs . . . . OERSTED
Métal analogue au zirconium . . . . HAFNIUM
Met à la vue des gens . . . . ÉTALAGE
Métal blanc . . . . NÉODYME
Métal du numéro atomique 77 . . . . IRIDIUM
Métal rare . . . . HAFNIUM
Met des lunettes au travail . . . . SOUDEUR
Met des œuvres en vente . . . . ÉDITEUR
Met en bonne voie . . . . ROUTAGE
Met la balle en jeu . . . . SERVEUR
Met la Chambre au travail . . . . SESSION
Met le haut en beauté (PD) . . . . CORSAGE
Met les grains au propre . . . . VANNEUR
Mets libanais . . . . FALAFEL
Mettre à feu et à sang . . . . RAVAGER
Mettre à l'écart . . . . REJETER
Mettre à l'envers . . . . TOURNER
Mettre à l'intérieur . . . . RENTRER
Mettre à l'ombre . . . . ARRÊTER
Mettre à même de juger sans illusion . . . ÉDIFIER
Mettre à sec . . . . ÉPUISER
Mettre au banc (MH) . . . . ASSEOIR
Mettre au courant . . . . INITIER
Mettre au défi . . . . NARGUER
Mettre au grand jour . . . . RÉVÉLER
Mettre au tapis . . . . ÉTENDRE
Mettre contre le mur . . . . ADOSSER
Mettre dans le coin . . . . ÉCARTER
Mettre dans une inconfortable situation . . EMPALER
Mettre dans un état de confusion . . . . . EMMÊLER
Mettre de côté, dehors . . . . ÉVINCER, EXCLURE
Mettre de l'argent de côté . . . . PRÉVOIR
Mettre de l'argent en banque . . . . DÉPOSER
Mettre de l'onguent . . . . ENDUIRE
Mettre de nouveau en poste . . . . RÉÉLIRE
Mettre du vin dans son vin . . . . OUILLER
Mettre en abondance dans . . . . TRUFFER
Mettre en accord . . . . ADAPTER
Mettre en boucle . . . . ANNELER
Mettre en circulation . . . . PUBLIER
Mettre en cohérence . . . . UNIFIER
Mettre en couleur . . . . NOIRCIR
Mettre en morceaux . . . . DÉBITER
Mettre en pleine lumière . . . . ÉBLOUIR
Mettre en réseaux . . . . TRESSER
Mettre en réserve . . . . AMASSER
Mettre en rogne . . . . IRRITER

Mettre joliment en couleurs . . . . DIAPRER
Mettre la balle en jeu . . . . SMASHER
Mettre la forme . . . . TAILLER
Mettre la hache dans quelque chose . . . SABOTER
Mettre la main sur . . . . ENLEVER
Mettre la scie dans un sale état . . . . ÉDENTER
Mettre la table . . . . DRESSER
Mettre le bordel dans une vie de couple . . SABOTER
Mettre le doigt sur le bobo . . . . POINTER
Mettre le foin de côté . . . . ENSILER
Mettre le linge sur une corde . . . . ÉTENDRE
Mettre son pain dans la sauce . . . . TREMPER
Mettre sur pied . . . . ÉDIFIER
Mettre tout le monde sur le gros nerf . . AMEUTER
Mettre une bonne couche . . . . ÉTENDRE
Mettre un frein à . . . . STOPPER
Meuble pour s'asseoir . . . . BERGÈRE
Mieux qu'avant . . . . RASSURÉ
Mieux vaut l'être dans la vie que dans la tête (MF)
. . . . DÉRANGÉ
Mince lame de cuir . . . . ORIPEAU
Ministre des finances du Canada . . . . . GOODALE
Mise au propre (PD) . . . . ÉTUVAGE
Mise en pièce . . . . SEMEUSE
Misérable taudis . . . . GALETAS
Mi-temps . . . . PÉRIODE
Modérer ses transports . . . . FREINER
Modifier au labo . . . . IONISER
Moelleux comme un ananas . . . . PULPEUX
Moi et pas un autre . . . . MOIMÊME
Moine-prophète en Russie . . . . STARETS
Moins boire . . . . RÉDUIRE
Moins cher que l'hôtel . . . . CAMPING
Moins de cent, mais pas pour nous . . . . OCTANTE
Moins grave que prévu . . . . DEMIMAL
Moins important . . . . MINEUR
Moins important qu'avant . . . . DIMINUÉ
Moins sensible . . . . ENDURCI
Moins tranchant . . . . ÉMOUSSÉ
Molle comme une chique . . . . LAVETTE
Monnaie de Malaisie . . . . RINGGIT
Monnaie divisionnaire du Liban . . . . PIASTRE
Monstre fabuleux . . . . CHIMÈRE
Monte et descend toute la journée . . . . . LIFTIER
Monte la jument . . . . ÉCUYÈRE
Monter la garde . . . . VEILLER
Montrer des choses . . . . INITIER
Montrer peu d'intérêt . . . . BAILLER
Montrer son émotion . . . . PLEURER
Morceau de bœuf . . . . GRASSET
Morceau de gros pain . . . . QUIGNON
Motif de plaintes . . . . TORTURE
Mouche noire . . . . INSECTE
Moule rond et haut . . . . TIMBALE
Moulure surmontant un pied droit de porte . . . .
. . . . IMPOSTE
Mousseline qui reproduit la guipure . . . . GISELLE
Mouvement dans le bâtiment . . . . TANGAGE
Moyen astucieux . . . . COMBINE
Moyen de transport . . . . OLÉODUC
Moyen habile pour obtenir quelque chose . . . .
. . . . SYSTÈME

Munir de certaines courroies . . . . ENRÊNER
Muscle qui s'attache aux côtes . . . . . . DENTELÉ
Musicien français . . . . OLIVIER
Musique originaire des Antilles françaises . . . .
. . . . BIGUINE
N'a aucune compétence . . . . NULLITÉ
N'aime pas avoir des livres en trop . . . ÉDITEUR
N'aime pas les fautes d'orthographe . . . GROUPIE
N'aime pas les petites cuillères . . . . OGRESSE
Naît sur la paupière . . . . ORGELET
N'a jamais les mains dans les poches . . MANCHOT
N'a ni dureté ni rudesse . . . . ONCTION
N'a pas apprécié le Code da Vinci . . . . . OPUSDEI
N'a pas besoin de boire pour oublier (MH) . . . . .
. . . . ÉTOURDI
N'a pas écrit «Le Cid» (MH) . . . . CORBEAU
N'a pas encore vêlé . . . . GÉNISSE
N'a pas le goût de rire . . . . STRESSÉ
N'a pas l'habitude de lâcher prise . . . . LUTTEUR
N'a pas peur du vent . . . . OSERAIE
N'a pas toutes ses parties . . . . EUNUQUE
N'a peur de personne . . . . HERCULE
N'a que la tête sortie de l'eau . . . . ICEBERG
N'a rien de scandinave . . . . NOIRAUD
N'attend pas d'enfants . . . . ISOLOIR
Nature ou avec des fruits . . . . YOGOURT
N'avait pas besoin de mégaphone . . . . . STENTOR
N'avait pas de semelles de caoutchouc . . ASTAIRE
N'avale pas tout . . . . HAMSTER
Navigateur français . . . . TABARLY
N'avoir rien à perdre . . . . ESSAYER
Né au début de l'année . . . . VERSEAU
Ne cache rien aux autres . . . . NUDISTE
Nécessaire pour faire les lits . . . . LITERIE
Nécessite une intervention médicale rapide . . . . . .
. . . . URGENCE
Ne changent rien . . . . REGRETS
Ne comprend pas tout . . . . SECTION
Ne connaît rien . . . . NULLARD
Ne couche pas avec sa maîtresse (MH) . . EXTERNE
Ne conduit pas la chaleur . . . . ISOLANT
Ne dansait pas pieds nus . . . . ASTAIRE
Ne demande pas de cuisson . . . . TARTARE
Ne demande pas d'entretien . . . . JETABLE
Ne deviennent pas tous rouges en automne . . . .
. . . . ÉRABLES
Ne doit pas marmonner . . . . ORATEUR
Ne fait pas de bien . . . . CRUAUTÉ
Ne fait pas de longues croisières, ne monte jamais haut
. . . . ULMISTE
Ne fait pas la grasse matinée . . . . LÈVETÔT
Ne fait pas partie des victimes . . . . RESCAPÉ
Ne fait pas souvent de cadeaux . . . . . . ÉCONOME
Ne ferme pas les yeux . . . . LECTEUR
Ne font pas de bien à ceux qui y goûtent . . ACONITS
Ne garder que l'essentiel . . . . ÉLAGUER
Ne la gaspillez pas . . . . ÉNERGIE
Ne laisse aucune chance à celui qui est en face . . . .
. . . . PELOTON
Ne manque pas de rameaux . . . . OSERAIE
Ne manque pas d'obstacles . . . . STEEPLE
Ne marche pas toujours à plein régime . . RIVIÈRE

Ne met pas tout le monde sur le même pied . . . .
. . . . SEXISTE
Ne montre pas tout . . . . ICEBERG
N'en cherchez pas autour de vous, et tout ira bien (PD)
. . . . CROSSES
N'enlever donc rien . . . . AJOUTER
Ne participe pas à la Coupe du monde . . AMATEUR
Ne pas admettre l'autorité de quelqu'un . . RÉCUSER
Ne pas aimer du tout . . . . EXÉCRER
Ne pas aller dans le détail . . . . RÉSUMER
Ne pas confirmer . . . . RÉFUTER
Ne pas consentir . . . . REFUSER
Ne pas contester . . . . OMETTRE
Ne pas couper en grosses tranches . . . . . ÉMINCER
Ne pas dire . . . . OMETTRE
Ne pas donner généreusement . . . . MESURER
Ne pas échouer . . . . ABOUTIR
Ne pas en faire assez pour tout défoncer . . TAPOTER
Ne pas étouffer ses larmes . . . . CHIALER
Ne pas être certain . . . . ESPÉRER
Ne pas exprimer clairement sa douleur . . GEINDRE
Ne pas faire cul sec . . . . SIROTER
Ne pas faire de tas . . . . ALIGNER
Ne pas faire rouler sa boule (MH) . . . . PLOMBER
Ne pas flamber . . . . LÉSINER
Ne pas foncer . . . . HÉSITER
Ne pas gambader . . . . TROTTER
Ne pas inscrire . . . . OMETTRE
Ne pas inviter à la fête . . . . EXÉCRER
Ne pas jeter son argent par les fenêtres . . LÉSINER
Ne pas lâcher une miette . . . . MÉGOTER
Ne pas laisser entier . . . . REFUSER
Ne pas manquer d'eau . . . . INONDER
Ne pas mentionner, ne pas prendre en compte, ne pas
signaler . . . . OMETTRE
Nc pas se décharger . . . . ASSUMER
Ne pas se mordre la langue (MF) . . . . . RÉVÉLER
Ne pas s'exprimer très bien . . . . BLESSER
Ne pas siffler . . . . SIROTER
Ne pas tenir debout . . . . TITUBER
Ne pas voler . . . . MÉRITER
Ne pas voter pour le parti dans l'opposition . . . .
. . . . RÉÉLIRE
Ne permet pas d'aller où on veut . . . . . . HORAIRE
Ne permet pas de toujours gagner . . . . . TRICHER
Ne peut aller bien loin en avion, ni traverser l'Atlan-
tique . . . . ULMISTE
Ne picole pas . . . . ABSTÈME
Ne plus avoir de hauts et de bas (MF) . . DÉVÊTIR
Ne prête pas à confusion . . . . NETTETÉ
Ne reste pas au lit . . . . LÈVETÔT
Ne rien faire d'intéressant . . . . NIAISER
Ne risque pas d'arriver en retard pour la course (MH)
. . . . STARTER
Ne rumine pas depuis longtemps . . . . . . GÉNISSE
Ne s'aiment pas . . . . ENNEMIS
Ne sautait pas dans le lit du premier venu (MH) . . .
. . . . ROSIÈRE
Ne saute jamais un repas (MH) . . . . CALORIE
Ne se bat pas avec ses poings . . . . ÉPÉISTE
Ne se fait plus mitrailler (MH) . . . . HASBEEN
Ne se laisse pas approcher . . . . DISTANT

Ne sert que si elle est fraîche . . . . ÉMOULUE
Ne surprend pas les médecins . . . . ENDÉMIE
Ne s'exprime pas simplement . . . . RHÉTEUR
Ne sort pas tous les jours . . . . MENSUEL
N'est absolument pas dans l'incertitude . . . .
. . . . NETTETÉ
N'est jamais la bienvenue . . . . RASEUSE
N'est pas à la portée de n'importe qui . . EXPLOIT
N'est pas ambigu . . . . NETTETÉ
N'est pas à un poil près . . . . ÉPILEUR
N'est pas bonne à grand-chose . . . . NULLITÉ
N'est pas expert en la matière . . . . AMATEUR
N'est pas là pour les B.A. (MH) . . . . . ACOLYTE
N'est pas pris au sérieux . . . . GUGUSSE
N'est pas très sympathique . . . . BÊCHEUR
N'est pas utile partout en Europe . . . . . . ITALIEN
N'est plus avec la «Bottine souriante» . . LAMBERT
Ne tient pas vraiment la bouteille (PD) . . POCHARD
Ne tire qu'une fois et tout le monde détale (MH) . .
. . . . STARTER
N'être jamais content . . . . GEINDRE
Nettoyage peu apprécié sous la Coupole (PD) . . . . .
. . . . KEELING
Nettoyer de façon chirurgicale . . . . CURETER
Nettoyer encore . . . . RELAVER
Ne vaut pas grand-chose . . . . VAURIEN
N'évitera pas le danger . . . . FROUSSE
N'exige aucune planification . . . . ERRANCE
Nid douillet . . . . CHEZSOI
N'implique pas l'Église . . . . LAÏCITÉ
N'invente rien . . . . SUIVEUR
N'ira jamais à la mer . . . . RIVIÈRE
Noé l'a oublié . . . . LICORNE
Noisette grillée . . . . PRALINE
Noix pas encore mûre . . . . CERNEAU
Nom donné aux premiers habitants du Nouveau Con-
tinent . . . . INDIENS
Nom d'un requin de l'Atlantique . . . . . DORMEUR
Non effacé . . . . INEXPIÉ
Non fondé sur les faits . . . . APRIORI
N'ont plus cours . . . . DENIERS
Nos yeux y regardent constamment . . . ENAVANT
Notre-Dame de Thermidor . . . . TALLIEN
Notre santé dépend d'elle . . . . HYGIÈNE
Nourriture journalière . . . . PITANCE
Nous avons les premières . . . . NATIONS
Nous fait oublier nos soucis . . . . AMNÉSIE
Nous fait perdre la tête (MH) . . . . TCHADOR
Nous gonfle et gonfle les autres . . . . . . ORGUEIL
Nous laisse de bons souvenirs . . . . MÉMOIRE
Nous rappellent que nous sommes mortels . . . .
. . . . VANITÉS
Nous tous . . . . UNIVERS
Nuire à l'ensemble . . . . DÉPARER
Nuit grandement à l'action . . . . ABOULIE
Obélix en a . . . . TRESSES
Objectif du coureur . . . . VITESSE
Objet traînant sur l'étagère . . . . BIBELOT
Oblige à passer à la vitesse supérieure . . URGENCE
Oblige assez rapidement à revenir sur ses pas . . . . .
. . . . IMPASSE
Obstruction du vaisseau sanguin . . . . . . EMBOLIE

Œuvre de Dieu . . . . OPUSDEI
Œuvre de sculpture . . . . ATLANTE
Œuvre de Verlaine . . . . SAGESSE
Œuvre pondue par un être avec des plumes (MF) . .
. . . . POUSSIN
Officiel, en parlant d'un marchand . . . . ATTITRÉ
Officier qui donne des ordres . . . . GÉNÉRAL
Offre des investissements risqués . . . . . LOTERIE
Offrent peu de place aux badauds . . . . . RUELLES
Offrir à tout le monde, au public . . . . . ÉMETTRE
Oiseau aquatique . . . . TADORNE
Oiseau imitateur . . . . MAINATE
Oiseau primitif . . . . TINAMOU
On a fini par trouver quelqu'un pour le porter . . . . .
. . . . DRAPEAU
On aime qu'il soit flexible . . . . HORAIRE
On a leur âge, dit-on . . . . ARTÈRES
On apprécie les doux et les gros (PD) . . . BILLETS
On a souvent une petite pensée pour lui (MH) . . . .
. . . . CALEPIN
On assiste à leur mariage en plein ciel (MF) . . . . .
. . . . OISEAUX
On attend qu'il arrive avant de partir . . . STARTER
On danse sur son pont . . . . AVIGNON
On dépose ses fruits dans un carré . . . . . DATTIER
On descend de lui . . . . PRIMATE
On dit que l'avenir lui appartient . . . . . . LÈVETÔT
On dit qu'il y en a 1 000 . . . . MIETTES
On doit l'être dans une file . . . . PATIENT
On donne ses graines aux oiseaux en cage . . . . . .
. . . . ALPISTE
On en a parfois urgemment besoin . . . . . HÔPITAL
On en brûle, on en consomme trop . . . . ESSENCE
On en descend . . . . ANCÊTRE
On en ressort sec . . . . SÉCHEUR
On en rit, mais c'est pour s'en moquer . . . IDIOTIE
On espère toujours la réussir . . . . RÉSERVE
On est bien dans le sien . . . . ÉLÉMENT
On est sûr de lui faire plaisir avec des fleurs (MH)
. . . . ABEILLE
On fait la courte en joignant les mains . . ÉCHELLE
On l'a à l'œil . . . . LUNETTE, ORGELET
On la brûle dans le feu de l'action . . . . . ÉNERGIE
On la colle pour être plus fixé . . . . OREILLE
On la connaît bien . . . . CHANSON
On la conserve dans la réserve . . . . DÉCENCE
On l'a dans le dos quand on a froid . . . . FRISSON
On l'a dans l'œil . . . . LEUCOME
On l'a derrière la tête . . . . OCCIPUT
On la donne des deux mains . . . . OVATION
On la fait avec la langue . . . . GRIMACE
On la fuit . . . . RASEUSE
On l'aime parce qu'elle est excitante . . . CAFÉINE
On l'allume lorsque désespéré . . . . LAMPION
On la met à la porte pour qu'elle fasse son travail . .
. . . . SERRURE
On la passe plus souvent dans le noir l'hiver que l'été
. . . . VEILLÉE
On la perd à force de courir à gauche et à droite . . .
. . . . HALEINE
On la perd en faisant rien de bon . . . . . . ÉNERGIE
On la prend pour ne rien faire . . . . VACANCE

On la prend sur le bras .... TENSION
On la quitte en rêvant .... RÉALITÉ
On la trouve longue quand les Canadiens perdent ..
.... VEILLÉE
On la voit dans l'habit .... ÉLISION
On le cherche .... DISPARU
On le donne à un film .... TITRAGE
On le donne aux enfants pour tout ce que l'on fait
.... EXEMPLE
On le fait sortir en parlant, en appuyant sur le bouton
.... MÉCHANT
On le mange frit .... ÉPERLAN
On l'enlève pour boire .... CAPSULE
On l'entend lorsqu'un joueur commet une faute ...
.... SIFFLET
On l'entreprend par un voyage, il se termine quand
on a son voyage .... MARIAGE
On l'envie .... VEINARD
On le porte au nez .... KLEENEX
On le présente durant une pause .... MESSAGE
On le protège en regardant dans le rétroviseur ....
.... ARRIÈRE
On le retrouve chez Molière et Corneille ....
.... GÉRONTE
On les a dans les bras .... TRICEPS
On les emporte en voyage .... VALISES
On les entend surtout à Noël .... GRELOTS
On les met en boîte .... ANCHOIS
On les retrouve par groupe de cinq ..... ORTEILS
On les retrouve serrées en canne .... SARDINES
On l'essuie pendant qu'elle souffle (MF) ....
.... TEMPÊTE
On les voit au début des lettres .... ENTÊTES
On le tourne aux toilettes .... ROBINET
On le voit à la queue .... DERNIER
On le voit souvent avec un chien ..... AVEUGLE
On l'imagine en train d'embrasser une femme dans
le cou (MF) .... VAMPIRE
On l'ouvre avec l'entrée (MF) .... ESTOMAC
On l'ouvre pour mieux saisir .... OREILLE
On lui doit un hors-d'œuvre estimé .... STERLET
On lui donne souvent du café .... THERMOS
On l'utilise après avoir peinturé .... SOLVANT
On l'utilise comme doublure de vêtement ....
.... OUATINE
On l'utilise comme solvant .... ACÉTONE
On l'utilise comme stimulant du système parasym-
pathique .... ÉSERINE
On l'utilise pour dissuader l'agresseur .. CAYENNE
On l'utilise pour immobiliser un membre .. ATTELLE
On l'utilise pour réparer une chambre à air ......
.... RUSTINE
On l'utilise pour vaporiser .... AÉROSOL
On mange ses fleurs .... BROCOLI
On n'entend que lui .... STENTOR
On ne peut en servir deux à la fois ..... MAÎTRES
On ne peut le voir complètement ...... ICEBERG
On ne peut lui faire confiance .... CRAPULE
On ne peut s'y permettre un coup d'épée dans l'eau
(MF) .... ESCRIME
On paie pour l'entendre parler ...... RHÉTEUR
On parlera longtemps de celui de 2004 .. TSUNAMI

On partage celui des mains entre amis ....
.... SERRAGE
On passe devant avant d'entrer dans une nouvelle
maison .... NOTAIRE
On peut lui mettre de la pression ..... RESSORT
On peut se fier sur lui .... CONCRET
On peut s'y entraîner .... PISCINE
On peut vraiment compter dessus .... SÉRIEUX
On peut y acheter des cigarettes moins cher ....
.... RÉSERVE
On peut y faire passer un cordon bleu ... ŒILLET
On peut y voir des œuvres de Van Gogh .. OTTERLO
On peut y voir le Grand Canyon ...... ARIZONA
On plante son clou sans marteau (MF) .. GIROFLE
On pourrait dire douce comme elle .... AGNELLE
On roule dessus .... MACADAM
On s'en sort en revenant sur nos pas .... IMPASSE
On sort d'elles .... AÏEULES
On s'y bat avec des gants .... ESTRADE
On s'y suit .... SENTIER
Ont donc eu la même mère .... UTÉRINS
Ont fait chanter .... CERISES
Ont laissé leur place à l'euro .... PESETAS
Ont leur place sous l'auto .... ESSIEUX
Ont reçu un mandat d'arrêt .... SETTERS
On utilise celui du corps pour s'accrocher à celui qui
balance (MF) .... TRAPÈZE
On veut le faire durer .... PLAISIR
On vide ses rayons pour se sucrer le bec (MF) ....
.... ABEILLE
On vient de lui .... ANCÊTRE
On y a besoin de pesos .... URUGUAY
On y attend un véhicule de transport ... ABRIBUS
On y chuchote des messes basses ...... CLOÎTRE
On y conserve les hosties consacrées ... CIBOIRE
On y consomme de l'opium .... FUMERIE
On y écoute la formation .... ATELIER
On y enseigne le Talmud .... YESHIVA
On y est patient même si l'on n'est pas patient ....
.... URGENCE
On y fait bouillir la marmite .... ÉLÉMENT
On y fait cuire des aliments .... MARMITE
On y fait du pouce (MH) .... ZAPETTE
On y fixe l'appareil photo .... TRÉPIED
On y fixe les avirons .... ERSEAUX
On y fixe l'objectif .... BOÎTIER
On y fixe une ampoule .... DOUILLE
On y flotte .... PISCINE
On y fourre son nez .... KLEENEX
On y jette souvent un coup d'œil ...... FENÊTRE
On y laisse des plumes .... VOLIÈRE
On y met les choses dont on ne veut plus ....
.... RANCART
On y met les pieds .... ÉTRIERS
On y met un CD .... LECTEUR
On y note ce dont on veut se souvenir .. MÉMENTO
On y ouvre l'œil .... GUÉRITE
On y paie le loyer .... PREMIER
On y paie tous des impôts .... FÉDÉRAL
On y parie en dinars .... ALGÉRIE
On y parle espagnol .... URUGUAY
On y parle français .... SÉNÉGAL

On y passe plus de temps l'été que l'hiver .... VÉRANDA
On y range les poissons pris en pleine mer .... THONIER
On y reçoit les malades chroniques ..... HOSPICE
On y récolte des avocats (MF) ...... BARREAU
On y recueille les eaux de pluie ...... CITERNE
On y sue .... GYMNASE
On y trouve des cocotes .... CUISINE
On y trouve des souvenirs de famille ... GRENIER
On y trouve la chapelle Sixtine .... VATICAN
On y va avec du linge sale .... LAVERIE
On y va en descendant .... SOUSSOL
On y va pour fumer .... TABAGIE
On y va quand on manque trop souvent à ses devoirs
.... RETENUE
On y vit isolé .... CELLULE
On y vote .... ISOLOIR
Opération dans le domaine de l'imprimerie ....
.... ENCRAGE
Opération de calibre .... ALÉSAGE
Opération de verrier .... ÉTIRAGE
Opération finale avant projection ... MONTAGE
Opération qui n'est pas une multiplication ....
.... EXÉRÈSE
Opposition d'opinions .... CONFLIT
Ordre d'architecture grecque .... IONIQUE
Organiser un match entre deux équipes .. OPPOSER
Os ou muscle .... TRAPÈZE
Os situé en avant de la cage thoracique .. STERNUM
Ôter le haut .... ÉCRÊTER
Ôter les entrailles .... ÉTRIPER
Où il y a de la lumière .... ÉCLAIRÉ
Oups est son interjection favorite ..... GAFFEUR
Ours noir .... BARIBAL
Outil à pointe recourbée et tranchante .. RÉNETTE
Outil à pointe tranchante .... BINETTE
Outil de chirurgien .... SCALPEL
Outil du tagueur .... AÉROSOL
Ouvert largement .... ÉPANOUI
Ouverture d'esprit .... LARGEUR
Ouverture par le haut .... LUCARNE
Ouvrage de maçon .... MURETTE
Ouvrage qui rapporte les événements année par année
.... ANNALES
Ouvrir son sac .... RÉVÉLER
Pain sur la planche .... OUVRAGE
Paix à ses cendres (MH) .... CALUMET
Palette graphique .... IMAGEUR
Panacée venue de Chine .... GINSENG
Panneau mural .... TABLEAU
Panne sèche en pleine bouche (PD) .... ASIALIE
Papa, maman et les enfants .... FAMILLE
Papier de marque .... KLEENEX
Paquet de nerfs .... TOUTFOU
Paradisier noir de la Nouvelle-Guinée.... SIFILET
Parent de la fesse gauche .... ÉLOIGNÉ
Parer de diverses couleurs .... PEINDRE
Par erreur (par) .... MÉGARDE
Parfait pour une nuit fraîche .... ÉDREDON
Parfois dure .... RÉALITÉ
Parfois elles s'envoient en l'air (MH) ... LETTRES

Parfois engendré par un séisme .... TSUNAMI
Parlé par les Hongrois .... OUGRIEN
Parler des autres .... RAGOTER
Parler d'une affaire .... RELATER
Parole basse .... VILENIE
Parole d'... .... HONNEUR
Parole qui critique durement .... ATTAQUE
Parsemer d'astres lumineux .... ÉTOILER
Participent à la course mais sont loin de la tête ....
.... ORTEILS
Participer à un mauvais coup .... TREMPER
Partie de certains projectiles .... AILETTE
Partie de fugue .... STRETTE
Partie de route .... TRONÇON
Partie du corps qui permet de saisir .... OREILLE
Partie d'un bassin .... ILIAQUE
Partie d'un canon .... CULASSE
Partie d'un casque de hockey .... VISIÈRE
Partie d'une balance .... PLATEAU
Partie d'une chose .... ENDROIT
Partie d'un objet par où on le saisit .... POIGNÉE
Partie d'un oiseau .... BRÉCHET
Partie d'un ovule .... NUCELLE
Partie d'un tronc (MH) .... ABDOMEN
Partie du soulier .... ŒILLET
Partie latérale d'un terrain de tennis ... COULOIR
Partie verticale de l'os temporal .... ÉCAILLE
Partie vitrée dormante d'une porte ..... IMPOSTE
Partir en peur .... DÉLIRER
Partisan de l'esclavagiste .... SUDISTE
Partisan de Tito .... TITISTE
Partisan d'un cessez-le-feu (MH) .... POMPIER
Partisan inconditionnel de quelqu'un ... GROUPIE
Pas à côté .... ÉLOIGNÉ
Pas aplatir .... RENFLER
Pas assez gonflé .... PEUREUX
Pas beaucoup .... TRÈSPEU
Pas bénéfique .... NÉFASTE
Pas bien malin .... STUPIDE
Pas bienvenu .... DÉPLACÉ
Pas bon .... MINABLE
Pas caché .... ÉBRUITÉ
Pas conseillé pour la paella .... BASMATI
Pas court .... ÉTERNEL
Pas délicat .... ROBUSTE
Pas déployé .... ENTASSÉ
Pas du tout économique .... ONÉREUX
Pas encore libéré .... ENDETTÉ
Pas entendu tous les jours .... INUSITÉ
Pas éphémère .... ÉTERNEL
Pas excité .... RÉFRÉNÉ
Pas facile à laver .... OFFENSE
Pas facile à réaliser .... EXPLOIT
Pas feint .... SINCÈRE
Pas floue du tout .... NETTETÉ
Pas fort .... DÉPRIMÉ
Pas généreux .... ÉGOÏSTE
Pas gratuit .... ONÉREUX
Pas infirme .... INGAMBE
Pas inquiet .... PEINARD
Pas limpide .... TROUBLÉ
Pas loin .... RASIBUS

Pas ménagé .... ÉREINTÉ
Pas naturel .... MANIÉRÉ
Pas net .... SUSPECT
Pas nue en parlant d'une pièce ...... MEUBLÉE
Pas ouvert .... RÉSERVÉ
Pas poli .... RUGUEUX
Pas pour s'amuser .... SÉRIEUX
Pas près .... ÉLOIGNÉ
Pas prête à se soulever .... SOUMISE
Pas pris en compte dans les effectifs .... INACTIF
Pas professionnel pour deux sous ..... AMATEUR
Pas pur .... FRELATÉ
Pas récemment .... NAGUÈRE
Pas réfrigérant .... GRISANT
Pas répandre .... AMASSER
Pas sage .... REMUANT
Passage de l'enfance à l'adolescence ... PUBERTÉ
Passe à Metz .... MOSELLE
Passe la nuit dans un verre .... DENTIER
Pas semé .... ENTASSÉ
Pas sensible .... INANIMÉ
Passent à table en premier .... ENTRÉES
Passe par toutes les couleurs (MH) ..... PALETTE
Passer à l'autre .... REFILER
Passer au feu .... IMMOLER
Passer au peigne fin ...... DÉMÊLER, PEIGNER
Passer dans la mitaine .... RETIRER
Passer dans une cheminée .... RAMONER
Passer date .... EXPIRER, PÉRIMER
Passer de nouveau .... RÉÉLIRE
Passer en revue .... RÉVISER
Passer la brosse dans le bon sens ..... RELUIRE
Passer l'éponge .... ESSUYER
Passer l'été dans un lieu .... ESTIVER
Passer sous le nez .... SNIFFER
Passer tout au chinois .... SINISER
Passer tout droit .... OMETTRE
Passer un coup de torchon .... ESSUYER
Passer une autre fois .... RÉÉLIRE
Pas singulier, très courant .... PLURIEL
Pas somnolent .... ÉVEILLÉ
Pas sournois .... SINCÈRE
Pas sur le dos .... VENTRAL
Pas tenté de continuer .... ÉCŒURÉ
Pas touché par le progrès .... ARRIÉRÉ
Pas toujours faciles à ouvrir .... CLAIRES
Pas très calme .... ORAGEUX
Pas très rigolo .... AUSTÈRE
Pas très viril ni très courageux ..... LOPETTE
Pâtisserie viennoise .... STRUDEL
Patriote génois .... BALILLA
Patte d'ours .... ACANTHE
Payer la traite à ses amis .... RÉGALER
Pays d'Europe de l'Est .... UKRAINE
Pays du Maghreb .... TUNISIE
Pêchaient dans le Saint-Laurent il y a très longtemps
.... BASQUES
Peignage des fibres textiles .... CARDAGE
Peintre français .... COURBET, GAUGUIN
Peintre japonais .... UTAMARO
Peintre néerlandais .... VERMEER
Pelée ou Galatie .... NÉRÉIDE

Pend à la taille du Nippon .... NETSUKE
Pendant l'absence du titulaire (par...) ... INTÉRIM
Pendent aux oreilles (MH) .... CRÉOLES
Penser sérieusement à acheter .... VOULOIR
Percer le bois .... VRILLER
Perdre du temps .... HÉSITER
Perdre son mât .... DÉMÂTER
Perd sa couleur au lavage .... PINCEAU
Père et fille .... INCESTE
Période de la vie .... PUBERTÉ
Permet à l'avion de virer .... AILERON
Permet à tous de remonter la pente .... TÉLÉSKI
Permet d'avancer dans l'eau .... AILERON
Permet de chanter sur une musique préenregistrée ..
.... KARAOKÉ
Permet de faire court .... VITESSE
Permet de grimper .... ÉCHELLE
Permet de guérir .... CURATIF
Permet de passer d'une chaîne à l'autre .. ZAPETTE
Permet de rebondir .... RESSORT
Permet d'éviter toute confusion ..... NETTETÉ
Permettait d'entrer .... TESSÈRE
Persévérez et vous ferez mouche (MF) .. INSECTE
Persistance d'une maladie dans une région ......
.... ENDÉMIE
Personnage de conte .... ALIBABA
Personnage de Shakespeare .... OTHELLO
Personnage grossier .... MALOTRU
Personne caméléon .... INÉGALE
Personne de conte .... OGRESSE
Personne dont la profession est de taper . DACTYLO
Personne dure .... ROSSARD
Personne matinale .... LÈVETÔT
Personne mise en examen .... INCULPÉ
Personne n'aime y passer .... TORDEUR
Personne niaise .... NOUILLE
Personne poursuivie pour une infraction .. PRÉVENU
Personne que l'on ne peut sentir ..... ENNEMIE
Personne qui appuie un groupe ...... SOUTIEN
Personne qui a une musculature très développée ...
.... ATHLÈTE
Personne qui cherche à se faire valoir ... FAISEUR
Personne qui en a envie .... ATTIRÉE
Personne qui est dans la misère ..... PUROTIN
Personne qui mène grand train ...... SATRAPE
Personne qui n'atteint pas le premier but .. RETIRÉE
Personne qui ne mâche jamais ses mots (MF) .....
.... ÉDENTÉE
Personne qui ne veut rien entendre .... ENTÊTÉE
Personne qui travaille beaucoup ...... BOSSEUR
Personne qui trouve à redire .... RÂLEUSE
Personne qui va d'endroit en endroit pour voler (MF)
.... ÉCUMEUR
Personne sans envergure .... MICROBE
Personnes ensemble .... RÉUNIES
Personne s'érigeant en juge .... CENSEUR
Personne sotte .... CRÉTINE
Personne tuée ou blessée .... VICTIME
Pèse souvent moins que ce qu'elle pèse .. BALANCE
Petit animal d'agrément .... HAMSTER
Petit bâtonnet de pain séché .... GRESSIN
Petit blond à moustache .... ASTÉRIX

Petit bonheur enfantin .... RISETTE
Petit bout de rein .... NÉPHRON
Petit bout de temps .... INSTANT
Petit bout de tissu (MH) .... BIOPSIE
Petit carreau de terre cuite .... TOMETTE
Petit clou à tête large .... PUNAISE
Petit coin où l'on va souvent .... ISOLOIR
Petit coussin sur le dossier .... TÊTIÈRE
Petit crustacé sauteur .... TALITRE
Petit défaut .... TRAVERS
Petite boutique .... KIOSQUE
Petite mélodie .... ARIETTE
Petite ouverture .... OSTIOLE
Petite queue de garçon (MF) .... CÉDILLE
Petite tranche de vie .... INSTANT
Petite ville de l'Estrie .... EASTMAN
Petit groupe défendant ses intérêts ..... COTERIE
Petit lama .... VIGOGNE
Petit mammifère carnivore .... GENETTE
Petit morceau .... BRISURE
Petit organe du pétiole des feuilles ... STIPULE
Petit poème italien .... CANZONE
Petit poisson d'aquarelle .... GIRELLE
Petit pour les besoins .... ENDROIT
Petit repas intime .... DÎNETTE
Petit reptile .... SCINGUE
Petit restaurant lyonnais .... BOUCHON
Petit rouge léger .... CLAIRET
Petit ruminant .... AGNELET
Petit tour d'adresse (MH) .... AROBASE
Petit ver blanc .... ASTICOT
Peu de gens comprennent ses écrits ... DOCTEUR
Peu épais .... CLAIRET
Peu expansif .... RÉSERVÉ
Peu intelligent .... ATTARDÉ
Peuple de Russie .... OSSÈTES
Peuplier gris .... GRISARD
Peu propice à une conservation intime .. TUMULTE
Peut blesser profondément .... OFFENSE
Peut compter sur certaines rentrées ..... RENTIER
Peut empêcher de courir .... ENTORSE
Peut être causé par l'émotion .... TRÉMOLO
Peut être fiscale .... ÉVASION
Peut faire dans le détail .... MAGASIN
Peut faire mal aux oreilles .... DÉCIBEL
Peut nous faire tomber .... VERTIGE
Peut qualifier une crinière .... LÉONINE
Peut qualifier un père .... ADOPTIF
Peut rendre malade .... IVRESSE
Peut se dire des yeux .... VAIRONS
Peut se dire d'un chevalier .... SERVANT
Peut se dire d'un ongle .... INCARNÉ
Peut se faire à la cheville .... ENTORSE
Peut se faire à la pelle .... REMBLAI
Peut se faire avant de bien sauter ..... RECULER
Peut se faire en tournant .... ESSORER
Peut se perdre en courant .... HALEINE
Peut servir au pyromane .... ESSENCE
Peut toujours servir .... UTILITÉ
Peut tout supporter .... ROBUSTE
Philosophe qui n'a rien écrit ...... SOCRATE
Physicien britannique .... THOMSON

Picasso en a été un .... CUBISTE
Pic d'Europe .... ÉPEICHE
Pièce d'armure .... SOLERET
Pièce de la charpente d'un navire .... ÉTAMBOT
Pièce d'un dossier .... TÊTIÈRE
Pièce d'une arme à feu .... CULASSE
Pièce que l'on quitte en étant moins riche
.... MONNAIE
Pilier de bar (MH) .... PORTIER
Pipette pour déguster .... TÂTEVIN
Piquent parfois quand on les embrasse .. AÏEULES
Piquer une dépendance .... SOMBRER
Place le beau au-dessus de tout .... ESTHÈTE
Placer à plat .... ÉTENDRE
Placer à un niveau inférieur .... RAVALER
Placer bien avant les autres .... VÉNÉRER
Placer de nouveau .... RÉÉLIRE
Placer devant .... ATTELER
Placer le reste dans la colonne de gauche .. RETENIR
Placer loin devant les autres ...... VÉNÉRER
Placer sous la pluie .... ARROSER
Placer sur une civière .... ÉTENDRE
Plaît à l'horticulteur .... TERREAU
Plaît beaucoup aux enfants .... CAILLOU
Planète entourée d'un système d'anneaux ....
.... SATURNE
Plantation qui baigne dans l'huile (MF) .. OLIVAIE
Plante aux fleurs jaunes .... SENEÇON
Plante cultivée pour ses grosses fleurs ... PIVOINE
Plante des eaux douces .... SAGETTE
Plante des landes .... BRUYÈRE
Plante dont les fleurs ont la forme d'une cloche ...
.... LISERON
Plante dont on tire l'arrow-root ..... MARANTA
Plante herbacée .... LINAIRE
Plante herbacée à bulbe .... FREESIA
Plante herbacée ornementale .... ANÉMONE
Planté là .... ESSEULÉ
Planté le long des routes de France .... PLATANE
Plante odorante .... BASILIC
Plante ou grand lézard .... BASILIC
Plante vénéneuse .... VÉRATRE
Plat de bœuf bouilli .... MIROTON
Plein de bouteilles .... CELLIER
Plein de petits points .... GRENELÉ
Plein de selles .... MERDEUX
Pleurer pour rien .... GEINDRE
Pliage nippon .... ORIGAMI
Plombée pour durer .... MOLAIRE
Plume russe .... TOLSTOÏ
Plus au goût du jour .... SURANNÉ
Plus bas que les yeux .... NARINES
Plus capable .... ANÉANTI
Plus conciliant .... RADOUCI
Plus dans le coup .... SURANNÉ
Plus d'une finit sa vie tassée dans une boîte ....
.... SARDINE
Plus d'un professeur y donne son cours .. ESTRADE
Plus d'un vit à nos dépens .... ACARIEN
Plus elle est riche, plus on peut la voir sur la mer ..
.... VEDETTE
Plus haut que tout .... EVEREST

Plusieurs personnes âgées y tombent . . . ENFANCE
Plusieurs tours sur le pas . . . . VISSAGE
Plus il est vieux, plus il est écouté . . . . . ROUTIER
Plus ils sont gros, plus ils sont influents (PD) . . . . .
. . . . BONNETS
Plus il y a du bruit, plus son niveau est élevé . . . . . .
. . . . DÉCIBEL
Plus on en a la piqûre, plus on la gratte jusqu'à la
corde (MF) . . . . GUITARE
Plus on en a, plus on pète le feu . . . . ÉNERGIE
Plus on va vite, plus on en brûle . . . . . . ESSENCE
Plus que doubler . . . . TRIPLER
Plus que satisfait . . . . EMBALLÉ
Plus que tout (MF) . . . . SURTOUT
Plus rapide que le caniche . . . . LÉVRIER
Plus vraiment là . . . . ENTERRÉ
Plutôt bizarre . . . . ÉTRANGE
Poème de sept vers . . . . SEPTAIN
Poète français . . . . CHÉNIER
Poétesse québécoise . . . . LASNIER
Poétiquement dépassé . . . . SURANNÉ
Point chaud . . . . SOMALIE
Point conscient . . . . INANIMÉ
Point de repaire . . . . TANIÈRE
Point de suspension (MH) . . . . POTENCE
Point devant . . . . ARRIÈRE
Point empâté . . . . AMAIGRI
Point faible . . . . FISSURE
Point mat . . . . LUISANT
Poisson à tête épineuse . . . . SÉBASTE
Poisson d'argent . . . . LÉPISME
Poisson ou capitaine . . . . HADDOCK
Poisson ou oiseau . . . . OVIPARE
Poisson téléostéen . . . . SPARIDE
Pomper l'air à force de répéter . . . . SERINER
Port d'Italie . . . . TARENTE
Porte-bête . . . . CIGOGNE
Portée par l'homme, développée dans la femme . . .
. . . . SEMENCE
Porter au double . . . . DOUBLER
Porter aux nues . . . . VÉNÉRER
Porter avant de passer à la caisse . . . . . . ESSAYER
Porter le coup de grâce . . . . ACHEVER
Porte une belle robe rouge . . . . ALEZANE
Porte un numéro . . . . DOSSARD
Portier intraitable . . . . CERBÈRE
Porto millésimé . . . . VINTAGE
Portraitiste britannique . . . . RAEBURN
Poser les doigts comme il convient . . . . DOIGTER
Poser une colle . . . . EMBÊTER
Poste de garde . . . . GUÉRITE
Potage onctueux . . . . VELOUTÉ
Pot de chambre antillais . . . . TINETTE
Pot-pourri . . . . MÉLANGE
Pouche-pouche . . . . AÉROSOL
Pour attraper les rats . . . . RATIÈRE
Pour battre de l'aile, il bat de l'aile (MH) . . COLIBRI
Pour boucher un trou . . . . RUSTINE
Pour certains, c'est le pied . . . . RIPATON
Pour certains, c'est un bon somnifère . . LECTURE
Pour ceux qui n'ont pas de machine au foyer . . . . .
. . . . LAVERIE

Pour chasser la caille . . . . TIRASSE
Pour copie conforme . . . . STENCIL
Pour cuisiner quand on n'est pas à la maison . . . . . .
. . . . RÉCHAUD
Pour débarrasser la table . . . . DÉSERTE
Pour de bonnes infusions . . . . THÉIÈRE
Pour détacher ses vêtements . . . . LESSIVE
Pour dire sans dire . . . . ELLIPSE
Pour en écrire, il faut les utiliser . . . . . . LETTRES
Pour enlever les rides . . . . LISSAGE
Pour en manger, il faut d'abord le gagner . . BIFTECK
Pour éplucher . . . . ÉCONOME
Pour faire des flûtes . . . . CRISTAL
Pour faire harmonieusement des plis . . . ORIGAMI
Pour faire la cuisine . . . . MARMITE
Pour faire tomber de l'arbre . . . . GAULAGE
Pour faire un tour dans les montagnes russes . . . . .
. . . . TÉLÉGAS
Pour habiller bébé . . . . LAYETTE
Pour joindre . . . . ADRESSE
Pour la suivre, il faut se mettre au pas . . CADENCE
Pour le moins singulier . . . . ÉTRANGE
Pour le porter, il faut avoir toute sa tête (MF) . . . . .
. . . . CHAPEAU
Pour les adeptes du crochet (MF) . . . . . . PUGILAT
Pour les légumes . . . . ÉCONOME
Pour les petits poids . . . . PESETTE
Pour l'instant ne faire qu'attendre . . . . . HÉSITER
Pour maintenir un membre immobile . . . ATTELLE
Pour mettre un petit mot sur la médaille . . EXERGUE
Pour parfumer un plat . . . . AROMATE
Pour prendre la pâtée . . . . ÉCUELLE
Pour que la leçon ne devienne pas une insulte (PD)
. . . . CÉDILLE
Pourra fournir du renfort . . . . RÉSERVE
Pour réparer des crevasses . . . . RUSTINE
Pour rouler tête à l'air . . . . TORPÉDO
Pour se payer le quart d'une pinte de bon sang . . . .
. . . . DEMIARD
Pour servir de bonnes soupes . . . . ÉCUELLE
Pour soutenir une construction . . . . PILOTIS
Pour tout le monde . . . . UNISEXE
Pour un petit gâchis (PD) . . . . AUGETTE
Pour y arriver, il faut être d'accord . . . . ENTENTE
Pousse à l'exaltation . . . . GRISANT
Pousse dans le jardin . . . . OSEILLE
Pousse dans les décombres . . . . RUDÉRAL
Pousser à bout . . . . ENNUYER, NIAISER
Pousser à agir, à aller plus vite . . . . PRESSER
Pousser contre un obstacle . . . . ACCULER
Pousser des cris d'oiseau . . . . JABOTER
Pousser un cri sourd . . . . MEUGLER
Pouvaient voler et voguer . . . . PIRATES
Pouvoir pénétrer en un lieu . . . . ACCÉDER
Pratiquer comme métier . . . . EXERCER
Précède la distribution . . . . PARTAGE
Précède l'ovulation . . . . ŒSTRUS
Préciser les caractéristiques . . . . DÉFINIR
Première lettre . . . . INITIALE
Première victime des pollueurs . . . . ABEILLE
Premier ministre irakien . . . . ALLAOUI
Premier usage . . . . ÉTRENNE

Prend les mesures . . . . TESTEUR
Prendra la relève . . . . DAUPHIN
Prendre au fond . . . . ENVASER
Prendre au piège avec de la colle . . . . ENGLUER
Prendre aux autres . . . . USURPER
Prendre congé (se) . . . . RETIRER
Prendre dans le sable . . . . ENLISER
Prendre de l'air . . . . ASPIRER
Prendre de l'ampleur . . . . GROSSIR
Prendre des livres . . . . ÉTUDIER
Prendre en considération . . . . RETENIR
Prendre en main . . . . ESSAYER
Prendre la place . . . . USURPER
Prendre la place sur la chaise longue (s') . . ÉTENDRE
Prendre l'eau . . . . ESSORER, ESSUYER
Prendre le premier morceau . . . . ENTAMER
Prendre le temps de la réflexion . . . . . . MÉDITER
Prendre par surprise . . . . ÉTONNER
Prendre sans droit . . . . USURPER
Prendre son mal en patience (MF) . . . . . . NIAISER
Prendre tel ou tel aspect . . . . REVÊTIR
Prendre une brosse (s') . . . . ENIVRER
Prendre un raccourci . . . . RÉSUMER
Prennent facilement l'air (PD) . . . . PAROLES
Prennent l'air . . . . NARINES, POUMONS
Préoccupe le photographe . . . . NETTETÉ
Préparation italienne . . . . RISOTTO
Prépare les pièges . . . . LACEUSE
Préparé pour diriger . . . . ÉNARQUE
Préparer la table . . . . DRESSER
Préparer les haricots . . . . ÉCOSSER
Préposé à la caisse (MH) . . . . BATTEUR
Près de disparaître . . . . MOURANT
Près de la poignée . . . . SERRURE
Présence d'esprit (MH) . . . . FANTÔME
Présentée par Mérimée à son futur mari . . EUGÉNIE
Présenter brièvement . . . . RÉSUMER
Présenter dans un ordre cohérent . . . . . ALIGNER
Présente un angle droit . . . . ÉQUERRE
Préserve le tapis . . . . LITIÈRE
Président français . . . . SARKOZY
Presque de saison . . . . PELISSE
Presque sec . . . . ÉGOUTTÉ
Presque une lapalissade . . . . TRUISME
Prêt à marcher de nouveau . . . . REMONTÉ
Prêt à souffler . . . . LARIGOT
Prêt à tout . . . . AGUERRI
Prête de l'argent, du fric illégalement . . . USURIER
Prêter de l'argent . . . . AVANCER
Prêtes pour qu'on monte . . . . SELLÉES
Prêt pour le travail . . . . OUTILLÉ
Prier quelqu'un de venir en un lieu . . . . . INVITER
Prince de Transylvanie . . . . DRACULA
Principale cause de divorce (MF) . . . . . MARIAGE
Principe de séparation du civil et du religieux . . . . .
. . . . LAÏCITÉ
Prise de bec... . . . . INGÉRÉE
Prise de corps (MH) . . . . EXÉRÈSE
Pris par la banque . . . . INTÉRÊT
Priver de vivres . . . . AFFAMER
Priver un végétal de lumière . . . . ÉTIOLER
Privilège royal . . . . APANAGE

Procédé de vannerie . . . . LACERIE
Procède l'ovulation . . . . ŒSTRUS
Procéder à la rotation des cultures . . . . . ASSOLER
Procéder au nettoyage . . . . CURETER
Producteur de café . . . . CAFÉIER
Producteur d'informations . . . . NEURONE
Produire une émission que personne ne veut écouter
(MF) . . . . ÉRUCTER
Produire un rapport . . . . ÉRUCTER
Produit par l'oxydation de l'iode . . . IODIQUE
Produit qu'on ajoute à un autre . . . . ADDITIF
Produit scandinave . . . . AKVAVIT
Produit vache (PD) . . . . LAITAGE
Promettre des choses . . . . MENACER
Pronominal pas du tout réjouissant . . . . LAMENTE
Prononcer en détachant les syllabes . . . SCANDER
Propice à la création . . . . ATELIER
Propos ignorant, innocent . . . . NAÏVETÉ
Protection des fonds . . . . ÉTAMAGE
Protection passée dangereusement à l'attaque (PD)
. . . . AMIANTE
Protégeait la jambe . . . . CNÉMIDE
Protège des rayons UV . . . . PARASOL
Protège la main . . . . MITAINE
Protège le grain de café . . . . ÉCALURE
Protège le livre . . . . RELIURE
Protéger la chaussée . . . . ENROBER
Protester avec véhémence (se) . . . . RÉCRIER
Provient d'un piment doux . . . . PAPRIKA
Provisoirement (par…) . . . . INTÉRIM
Prudence et modération . . . . SAGESSE
P'tit Québec . . . . CHEDDAR
Pucelle récompensée . . . . ROSIÈRE
Puissant et despotique . . . . SATRAPE
Qualifie une bannière . . . . ÉTOILÉE
Qualifie une membrane . . . . SÉREUSE
Qualifie une poule . . . . FAISANE
Qualifie un sport . . . . EXTRÊME
Qualité d'impression . . . . NETTETÉ
Qualité d'un fonctionnaire . . . . LENTEUR
Quand elle est amoureuse, elle finit souvent dans la
haine . . . . RUPTURE
Quand elle est vireuse, c'est un champignon mortel
. . . . AMANITE
Quand il est rare, il n'est pas nécessairement voleur
(MF) . . . . OISEAU
Quand il tire, tout le monde part en courant (MH) . .
. . . . STARTER
Quand l'enfant commence à en manger, il a des
besoins différents . . . . SOLIDES
Quand on le fait, on l'évite . . . . MALHEUR
Quand on le prête, il faut le tenir . . . . . SERMENT
Quand on les voit clignoter, on soupçonne qu'il y a
le feu (MF) . . . . CERISES
Quand on s'y lève, on n'est pas parlable . . TRAVERS
Quand on y est, on nous voit à la télé . . ANTENNE
Quand on y est, personne gagne . . . . ÉGALITÉ
Quand on y met le pied, on a la piqure . . ESSAIMS
Quand on y passe, notre réputation en souffre (MF)
. . . . TORDEUR
Quand tout s'est bien passé à la maternité
. . . . EUTOCIE

Quartier de Montréal . . . . VILLAGE
Quatre roues, quatre portes . . . . BERLINE
Quatrième année du secondaire . . . . ONZIÈME
Québécois qui a dû se soumettre à de dures règles pour bien écrire . . . . GAUCHER
Que l'on a dans le sang . . . . NATUREL
Que l'on aimerait voir arriver . . . . ATTENDU
Que l'on est bien dans le sien . . . . ÉLÉMENT
Que l'on fait tous les cinq ans . . . . LUSTRAL
Que l'on ne peut avaler, que l'on saisit mal . . . . INSENSÉ
Que l'on veut faire revenir . . . . RAPPELÉ
Quel poison . . . . ARSENIC
Quelques tablettes . . . . ÉTAGÈRE
Question à laquelle vous devez répondre maintenant . . . . URGENTE
Qui a ce qu'il faut pour travailler . . . . . . OUTILLÉ
Qui a cessé d'être visible . . . . DISPARU
Qui a changé de toilette . . . . APPRÊTÉ
Qui a commencé à réparer . . . . REPENTI
Qui a des propriétés thérapeutiques . . . THERMAL
Qui a été rejeté . . . . ESSEULÉ
Qui aime les ruines . . . . RUDÉRAL
Qui a l'air bête . . . . BESTIAL
Qui a la tête qui tourne . . . . ÉTOURDI
Qui a le cœur brisé . . . . DÉTRUIT
Qui a les caractères de l'orage . . . . ORAGEUX
Qui a les mêmes parents . . . . GERMAIN
Qui a perdu sa couleur . . . . DÉTEINT
Qui apporte le malheur . . . . FUNESTE
Qui a pris froid . . . . SURGELÉ
Qui a trop emprunté . . . . ENDETTÉ
Qui a une base d'implantation large . . . . . SISSILE
Qui a une chienne (MH) . . . . PEUREUX
Qui a une température relevée à la source . . . .
. . . . THERMAL
Qui a un problème de poids . . . . AMAIGRI
Qui aurait besoin de s'amuser . . . . STRESSÉ
Qui cesse avant la fin . . . . ABORTIF
Qui cherche à attaquer . . . . MÉCHANT
Qui cherche rarement . . . . ORDONNÉ
Qui clopine . . . . BOITEUX
Qui colle . . . . ADHÉSIF
Qui concerne la membrane séreuse . . . . PLEURAL
Qui contient de l'encre . . . . ENCREUR
Qui contribue à nous couvrir . . . . TEXTILE
Qui convient à peu près . . . . POTABLE
Qui croit à la hiérarchie des races . . . . . . RACISTE
Qui devra rembourser . . . . ENDETTÉ
Qui doit être adopté pour avoir un gendre . . STÉRILE
Qui domine . . . . RÉGNANT
Qui dure toute l'année, depuis longtemps . . . .
. . . . PÉRENNÉ
Qui en a par-dessus la tête . . . . DÉBORDÉ
Qui en est à sa dernière bière . . . . ENTERRÉ
Qui éprouve du dégoût . . . . DÉGOÛTÉ
Qui est comme ça dans la vie . . . . NATUREL
Qui est dans le trou . . . . ENTERRÉ
Qui est de faible constitution . . . . FRAGILE
Qui est d'esprit inventif . . . . CRÉATIF
Qui est d'une grande délicatesse . . . . . . RAFFINÉ
Qui est en accord . . . . ASSORTI

Qui est en tête de liste . . . . PREMIER
Qui est entre le zist et le zest . . . . INDÉCIS
Qui est exempt de germe . . . . STÉRILE
Qui est le plus récent . . . . DERNIER
Qui est le résultat d'un accord . . . . CONVENU
Qui est né à la fin de janvier . . . . VERSEAU
Qui est proche . . . . DÉTACHÉ
Qui est très anxieux . . . . STRESSÉ
Qui est très bizarre . . . . ÉTRANGE
Qui est très chaud . . . . BRÛLANT
Qui étourdit (à...) . . . . TUETÊTE
Qui excède . . . . TANNANT
Qui fait preuve de bassesse morale . . . . SORDIDE
Qui fait tourner les têtes . . . . ÉLÉGANT
Qui fait vibrer . . . . PRENANT
Qui fatigue en ennuyant . . . . LASSANT
Qui importune . . . . TANNANT
Qu'il faudra bientôt mettre en terre . . . MOURANT
Qu'il faudrait cacher . . . . AFFREUX
Qui manifeste de l'émotion . . . . VIBRANT
Qui manque de générosité . . . . MESQUIN
Qui manque d'élan . . . . POUSSIF
Qui manque de liaison logique . . . . DÉCOUSU
Qui manque d'entraînement, d'activité . . ROUILLÉ
Qui marque le rang . . . . ORDINAL
Qui mérite une bonne correction . . . . . INEXACT
Qui met à terre . . . . CREVANT
Qui met en maudit . . . . RAGEANT
Qui n'a aucun défaut . . . . PARFAIT
Qui n'affecte pas le nez . . . . INODORE
Qui n'aime pas attirer l'attention . . . . . . DISCRET
Qui n'a pas besoin de se raser . . . . IMBERBE
Qui n'a pas de réalité . . . . NONÊTRE
Qui n'a pas de rival . . . . INÉGALÉ
Qui n'a pas trop bu . . . . SÉRIEUX
Qui n'a rien au menton . . . . IMBERBE
Qui n'arrête pas . . . . CONTINU
Qui n'arrive pas en plein milieu . . . . LATÉRAL
Qui n'avait pas assez d'argent . . . . ENDETTÉ
Qui ne bouge pas . . . . UNANIME
Qui ne dort pas . . . . ÉVEILLÉ
Qui ne fait rien . . . . INACTIF
Qui ne fuit pas . . . . ÉTANCHE
Qui ne laisse pas de place à l'incertitude . . PRÉCISÉ
Qui ne mérite pas quelque chose . . . . . . INDIGNE
Qui ne meurt pas . . . . ÉTERNEL
Qui ne peut plus maîtriser la situation . . DÉPASSÉ
Qui ne pique pas . . . . IMBERBE
Qui ne profite plus du plein air . . . . ÉREINTÉ
Qui ne raconte pas de blague . . . . HONNÊTE
Qui ne s'entendaient plus . . . . SÉPARÉS
Qui ne se possède plus . . . . STRESSÉ
Qui ne se sent donc pas menacé . . . . . . RASSURÉ
Qui n'est donc pas qu'une mode (MH) . . ÉTERNEL
Qui n'est pas commun . . . . SPÉCIAL
Qui n'est pas d'aplomb sur ses pieds . . . BOITEUX
Qui n'est pas du milieu . . . . LATÉRAL
Qui n'est pas nu . . . . HABILLÉ
Qui n'est pas ordinaire . . . . SPÉCIAL
Qui n'est pas trop vrai . . . . DOUTEUX
Qui n'était pas prévu . . . . INOPINÉ
Qui ne tient pas debout . . . . ABSURDE

Qui ne traîne pas au lit .... MATINAL
Qui ne vient pas du coin .... ÉTRANGE
Qui offre le choix .... ASSORTI
Qui ondule en vagues légères et serrées .. CRÊPELÉ
Qui parle au mur .... ESSEULÉ
Qui parle du nez .... ENRHUMÉ
Qui pèse lourd .... LASSANT
Qui peut avoir des conséquences fâcheuses ......
.... NÉFASTE
Qui peut disparaître sans nous attrister .. INUTILE
Qui peut donc dire n'importe quoi (MH) CULTIVÉ
Qui peut être étiré sans se rompre ..... DUCTILE
Qui préfère rester seul .... ASOCIAL
Qui présente un caractère résistif ..... OHMIQUE
Qui produit beaucoup .... FERTILE
Qui produit une substance épaisse .... MUQUEUX
Qui recommence à prendre son gaz égal (MF) .....
.... RASSURÉ
Qui refuse de se soumettre .... REBELLE
Qui regrette .... REPENTI
Qui renferme de l'arsenic .... ARSÉNIÉ
Qui répand une odeur .... ODORANT
Qui risque d'exploser .... ÉRUPTIF
Qui se borne à refuser .... NÉGATIF
Qui se fait à pression constante .... ISOBARE
Qui se fait de justesse .... TANGENT
Qui se fait remarquer .... DÉGUISÉ
Qui sème le doute .... SUSPECT
Qui se meut de bas en haut .... MONTANT
Qui s'en fait .... NERVEUX
Qui sent bon .... ODORANT
Qui sépare du monde .... CLOÎTRÉ
Qui se passionne pour .... FERVENT
Qui serait en droit de se plaindre ..... ESSEULÉ
Qui sert à polir .... LIMEUSE
Qui sert à purifier .... LUSTRAL
Qui se tient difficilement debout ..... ÉTRANGE
Qui sort de l'ordinaire .... GRATINÉ
Qui suit l'ordre d'ébranlement dans un séisme ....
.... SÉISMAL
Qui surprend .... INOPINÉ
Qui témoigne de l'ardeur .... BRÛLANT
Qui tient son bout .... OBSTINÉ
Qui tire sur le violet .... VIOLACÉ
Qui tombe sur les nerfs .... LASSANT
Qui touche .... VIBRANT
Quitte parfois son lit .... RIVIÈRE
Quitter le droit chemin .... DÉRAPER
Qui voit juste ce qu'il veut voir .... AVEUGLE
Qui vous fait tomber en bas de votre chaise ......
.... ÉPATANT
Qu'on hume avec plaisir .... ODORANT
Qu'on met du temps à atteindre ..... ÉLOIGNÉ
Qu'on ne peut appeler .... INNOMMÉ
Qu'on ne peut endurer (pas...) .... TENABLE
Quotidien sans pain (MH) .... OSTENDE
Racine riche en sucre .... CAROTTE
Racine utilisée contre la fatigue .... GINSENG
Rafraîchir dans la glace .... FRAPPER
Ramasse ce qu'on jette .... ÉBOUEUR
Ramasse-poussière .... BIBELOT
Ramasser les gens .... AMEUTER

Ramener à lui .... RANIMER
Rares ceux qui vont le narguer (MH) .. HERCULE
Rasage de tête (MF) .... ÉCIMAGE
Rassemblement organisé .... RÉUNION
Rassembler autour d'un projet commun . FÉDÉRER
Ravi au point d'être paqueté (MH) .... EMBALLÉ
Réalisateur brésilien .... DIEGUES
Réaliser un vœu .... EXAUCER
Rebattre les oreilles .... RÉPÉTER
Recevoir très mal le vent .... FASEYER
Recherche de clients par la poste ...... MAILING
Recherché pendant la prohibition ..... ALAMBIC
Recherché pour sa fourrure .... ONDATRA
Récipient où l'on broie .... MORTIER
Récipient pour la cuisson .... TERRINE
Reçoit des avis dans le journal .... LECTEUR
Reçoit des bons coups .... ENCLUME
Reconstituer des bruits naturels ...... BRUITER
Recouvrir de cadmium .... CADMIER
Recouvrir d'un métal précieux .... REDORER
Recouvrir une pièce céramique .... ENGOBER
Recule au lieu d'avancer .... PEUREUX
Redonner un siège .... RÉÉLIRE
Réduire du bois en planches .... DÉBITER
Réduire en feuilles .... LAMINER
Réduire le succès .... ESTIMER
Réduit au silence .... APHONIE
Réécrire à l'ordinateur .... RETAPER
Réellement senti .... SINCÈRE
Refiler seulement les appels importants .. FILTRER
Refrain qui n'en finit pas .... ÉTERNEL
Région de l'Italie ancienne .... LUCANIE
Région de l'Italie centrale .... MAREMME
Région d'Europe .... SILÉSIE
Région du cercle polaire arctique ..... LAPONIE
Région très touchée par les flammes (MF) ....
.... ÉROGÈNE
Région viticole du Bordelais .... BLAYAIS
Reine d'Angleterre .... SEYMOUR
Reine de France .... ISABEAU
Reine de Suède .... DÉSIRÉE
Relatif à la fonction des deux oreilles .. BIAURAL
Relatif à l'agriculture .... AGRAIRE
Relatif à la lame fibreuse de la paupière .. TARSIEN
Relatif à la lumière précédant le lever du soleil ....
.... AURORAL
Relatif à la résidence du président de la République
.... ÉLYSÉEN
Relatif à la société des gens en vue ... MONDAIN
Relatif à la toison des moutons .... LAINIER
Relatif à la trajectoire d'un corps céleste .. ORBITAL
Relatif à l'Espagne .... IBÉRIEN
Relatif à un âge du mésolithique ...... AZILIEN
Relatif à une étoile .... SOLAIRE
Relatif à une grande organisation ..... ONUSIEN
Relatif à une île grecque .... ICARIEN
Relatif à une partie de l'œil .... CORNÉEN
Relatif à un mouvement artistique ..... CUBISTE
Relatif à un sarcome .... TUMORAL
Relation amoureuse qui excite encore . RÉCENTE
Relie toujours les deux mêmes points .. NAVETTE
Rembourrage arrière (PD) .... FESSIER

Remet les mots en place . . . . BÉCARRE
Remettre dans le droit chemin . . . . DRESSER
Remettre en place . . . . . . RAMENER, REPOSER
Remettre en poste . . . . RECASER, RÉÉLIRE
Remettre en vigueur . . . . RECRÉER
Remettre les cartouches . . . . RÉARMER
Remettre sans discussion . . . . ABOULER
Remettre sur le feu . . . . RECUIRE
Remettre sur le piton . . . . . RANIMER, RETAPER,
. . . . SOIGNER
Rempli de rouge (MF) . . . . CELLIER
Remplir encore le magasin . . . . RÉARMER
Remplit le bas des cannelures d'une colonne . . . . .
. . . . RUDENTÉ
Rencontre animée . . . . TOURNOI
Rencontre au sommet de pans . . . . ARÊTIER
Rencontre prévue, planifiée . . . . RANCARD,
. . . . RENCARD
Rend la bouche sèche . . . . ASIALIE
Rend la compréhension difficile . . . . . . TUMULTE
Rendre avec des inflexions variées . . . MODULER
Rendre chinois . . . . SINISER
Rendre douloureux . . . . IRRITER
Rendre fou . . . . OBSÉDER
Rendre hommage . . . . HONORER
Rendre moins gras . . . . ÉCRÉMER
Rendre moins lourd . . . . ESSORER
Rendre moins soucieux, moins triste . . . .
. . . . DÉRIDER
Rendre plus subtil . . . . AFFINER
Rendre public . . . . ÉMETTRE
Rendre silencieux . . . . MUSELER
Rendre son texte plus lisible . . . . ÉLAGUER
Rend service en photo . . . . TRÉPIED
Rendu sans être emprunté (PD) . . . . SERVICE
Renflé en forme de grelot . . . . URCÉOLÉ
Renforcer pour bien tomber . . . . DOUBLER
Renforce un conseil . . . . SURTOUT
Renfort ou fleur . . . . ŒILLET
Renvoie dans les bras . . . . ULNAIRE
Renvoie sur les flancs . . . . ILIAQUE
Renvoie vers la mère . . . . UTÉRINE
Renvoyer à Québec . . . . RÉÉLIRE
Repaire souterrain . . . . TANIÈRE
Répare le pneu . . . . RUSTINE
Repas cuit au four micro-ondes . . . . . . SURGELÉ
Répétition d'un mot . . . . DOUBLON
Replacer où il était . . . . RÉÉLIRE
Repousser comme tel . . . . RÉCUSER
Reproduction interdite . . . . STÉRILE
Reptile fabuleux . . . . BASILIC
République de Russie . . . . TATARIE
Réservé aux princes et aux princesses . . . ALTESSE
Résistance des poids lourds . . . . INERTIE
Résiste au feu mais a mauvaise réputation . . . .
. . . . AMIANTE
Respirer à un rythme précipité . . . . HALETER
Ressemble à un boa . . . . EUNECTE
Ressemblent aux deuxièmes du 3H . . . . LIERRES
Reste à la maison, sans cérémonie (MH) . . . .
. . . . SMOKING
Reste assis mais bouge beaucoup . . . . . ROUTIER

Reste comme deux ronds de flan (PD) . . ÉBERLUÉ
Reste d'un repas . . . . ROGATON
Reste en ville . . . . CITADIN
Restera sans suite (PD) . . . . STÉRILE
Rester au chevet . . . . VEILLER
Rester dans l'ombre . . . . . . GUETTER, VÉGÉTER
Rester trop longtemps au soleil . . . . ROUSSIR
Restes d'un repas . . . . RELIEFS
Restes d'un verre . . . . TESSONS
Résultat de la décomposition de la lumière . . . .
. . . . SPECTRE
Résultat d'un coup de golf sous la normale . . . .
. . . . OISELET
Retenir au passage . . . . FILTRER
Retenir sa colère . . . . RAVALER
Retenir sur l'eau . . . . AMARRER
Retirer ou apporter . . . . DÉPOSER
Retour immédiat . . . . RIPOSTE
Retourner dans sa tête . . . . RUMINER
Réunit maîtres et élèves . . . . ATELIER
Réussir socialement . . . . ARRIVER
Rêve d'alpiniste . . . . EVEREST
Revenir à la maison . . . . RENTRER
Revenir sur ses pas . . . . RECULER
Revenir vers son point de départ . . . . . . REFLUER
Rêveur lunaire et pathétique . . . . PIERROT
Revient à la maison . . . . EXTERNE
Revient au galop . . . . NATUREL
Revient comme avant après écrasement . . RESSORT
Revue littéraire (PD) . . . . TELQUEL
Richard, Paul, George et John . . . . BEATLES
Risque d'accrocher au passage . . . . RUGUEUX
Risque de compliquer vos déplacements . . . .
. . . . HYGROMA
Risque d'exploser à tout moment . . . . . NERVEUX
Risque vraiment de s'ennuyer . . . . ESSEULÉ
Rivière franchie par César . . . . RUBICON
Roche feuilletée . . . . SCHISTE
Roi assassiné . . . . HENRIIV
Roi condamné à d'affreux supplices . . . TANTALE
Roi de France et de Navarre . . . . HENRIIV
Roi des mathématiques . . . . MATHEUX
Roi légendaire de Corinthe . . . . SISYPHE
Roi qui nourrissait ses chevaux de chair humaine
. . . . DIOMÈDE
Romaine avec de belles rondeurs (PD) . . ONCIALE
Roman de Stephen King . . . . SHINING
Rond, parfois même chaud . . . . ÉLÉMENT
Roses à croquer . . . . DRAGÉES
Roue dentée du vélo . . . . PLATEAU
Rue de Montréal . . . . ONTARIO
Rumeur publique . . . . OUÏDIRE
Rumine au Canada . . . . ORIGNAL
Sa bataille de San Romano se partage entre Paris,
Florence et Londres . . . . UCCELLO
Sa bibliothèque est à Partis . . . . ARSENAL
Sa capitale est Montevideo . . . . URUGUAY
Sa capitale est Reykjavik . . . . ISLANDE
Sa capitale est Zagreb . . . . CROATIE
S'accroche à la paupière . . . . ORGELET
Sacrer dans les deux sens (MF) . . . . CRISSER
Sacrifier à la demande d'en-haut . . . . . IMMOLER

S'adresse aux ouailles . . . . HOMÉLIE
Sa fin est attendue au cégep . . . . SESSION
Sa fonction est de modifier le sens d'un autre mot
. . . . ADVERBE
Saint à l'origine des bouchons (MF) . . . LAURENT
Saint auquel se vouent les skieurs mal pris
. . . . BERNARD
Sait diriger son monde . . . . MANIEUR
S'amuser stupidement . . . . RICANER
Sans ambages . . . . CRÛMENT
Sans amoureux, sans les autres . . . . ESSEULÉ
Sans aucun intérêt . . . . INUTILE
Sans cailloux . . . . ÉPIERRÉ
Sans défense . . . . DÉSARMÉ
Sans doute albanais . . . . KOSOVAR
Sans eux on y va à tâtons . . . . REPÈRES
Sans existence . . . . NONÊTRE
Sans fard ni déguisement . . . . NUEMENT
Sans force . . . . EXTÉNUÉ
Sans lui, c'est pas du gâteau . . . . GLAÇAGE
Sans lui, Zelda serait mal pris . . . . OCARINA
Sans mal . . . . INDEMNE
Sans naturel . . . . APPRÊTÉ
Sans opposition . . . . UNANIME
Sans originalité . . . . REBATTU
Sans personne avec qui s'engueuler . . . . ESSEULÉ
Sans tige . . . . SESSILE
Sans vie . . . . INANIMÉ
Sa place est en avant . . . . PRÉFIXE
Sa pointe assure la découpe . . . . DIAMANT
S'approchait de plus en plus de la réponse
. . . . BRÛLANT
Sa production est remise en question . . ÉTHANOL
Sa racine est l'alizari . . . . GARANCE
Sa robe est pleine de taches . . . . LÉOPARD
S'arrêter de travailler . . . . DÉTELER
Sa superficie est le double de celle de la France . . .
. . . . ONTARIO
Sa tempête a glacé le Québec . . . . VERGLAS
Satisfaire quelqu'un . . . . EXAUCER
S'attaque à tout même aux mœurs . . . . OUTRAGE
S'attarder inutilement . . . . TRAÎNER
Sauce forte . . . . TABASCO
Sauter aux yeux . . . . ÉCLATER
Sa vie n'est pas sans histoire . . . . CONTEUR
Sa ville principale est Calgary . . . . ALBERTA
Scout de plus de seize ans . . . . ROUTIER
Sculpteur au Moyen Âge . . . . IMAGIER
Sculpture célèbre . . . . PENSEUR
Se battre lame à la main . . . . SURINER
Se caler encore plus . . . . EMPIRER
Se charge de la plupart des opérations . . HÔPITAL
Se consomme brûlante (MH) . . . . ESSENCE
Se contenter (se) . . . . SUFFIRE
Se coucher plus tard . . . . VEILLER
Se couvrir de buée . . . . RESSUER
Secret souvent bien gardé . . . . RECETTE
Se croisent dans les souks . . . . RUELLES
Se croit sorti de la cuisse de Jupiter (MH) . . . .
. . . . MASTUVU
Se dégonfler . . . . RECULER
Se dégrader . . . . EMPIRER

Se déplacer après quelques coupes . . . . . TITUBER
Se déplace ventre à terre . . . . SERPENT
Se dit de la vérité sans en oublier une goutte (MF)
. . . . ENTIÈRE
Se dit de quelqu'un au caractère frivole . . ÉVAPORÉ
Se dit d'un bonheur sans défaut . . . . PARFAIT
Se dit d'un champagne . . . . CRÉMANT
Se dit d'un cheveu de 70 ans . . . . ARGENTÉ
Se dit d'un corolle . . . . URCÉOLÉ
Se dit d'un courant réactif . . . . DÉWATTÉ
Se dit d'une autoroute américaine . . . . . . NIVELÉE
Se dit d'une certaine voix . . . . ENROUÉE
Se dit d'une charrue avec plusieurs socs . . POLYSOC
Se dit d'une conjonction . . . . ASTRALE
Se dit d'un écu fuselé . . . . ENDENTÉ
Se dit d'une femme bien roulée . . . . TROMPÉE
Se dit d'un enfant . . . . PRÉCOCE
Se dit d'une période entre cinq et treize ans . . . . .
. . . . LATENCE
Se dit d'une plante vivant dans la neige . . NIVÉALE
Se dit d'une porte . . . . COCHÈRE
Se dit d'une salle pleine de malades . . . . ATTENTE
Se dit d'une viande . . . . RASSISE
Se dit d'une ville sans âme . . . . ÉVACUÉE
Se dit d'une voix d'une sonorité éclatante . . . .
. . . . CUIVRÉE
Se dit d'une voix rauque . . . . ROGOMME
Se dit d'un incendie difficilement maîtrisable . . . . .
. . . . VIOLENT
Se dit d'un mammifère . . . . UNIPARE
Se dit d'un médicament . . . . TOPIQUE
Se dit d'un organisme transmettant un agent infec-
tieux . . . . VECTEUR
Se dit d'un ours . . . . POLAIRE
Se dit d'un pied de champignons (MF) . . ATHLÈTE
Se dit d'un plat . . . . GRATINÉ
Se dit d'un poisson à la chair rose orangé . . . .
. . . . SAUMONÉ
Se dit d'un trouble n'affectant pas l'ensemble d'une
fonction . . . . ÉLECTIF
Se dit d'un vert . . . . LUISANT
Se donne avec les mains . . . . MASSAGE
Se donne entre intimes . . . . ÉTRENNE
Se faire une bonne idée . . . . ESTIMER
Se fait avec des fils . . . . TISSAGE
Se fait gratter le ventre (MH) . . . . GUITARE
Se fait souvent attendre . . . . SAUVEUR
Se fait souvent en famille . . . . CAMPING
Se foutre à poil (se) . . . . DÉNUDER
Se gondoler sans raison . . . . RICANER
Se lamenter pour un rien . . . . GEINDRE
Sel dérivant de l'hydroxyde de zinc . . . . ZINCATE
Sélectionne au passage . . . . TRIEUSE
Selon un tempo modéré . . . . ANDANTE
Selon un tempo rapide . . . . ALLEGRO
Se mange en salade . . . . TRÉVISE
Semblable au xylophone africain . . . . . BALAFON
Se met en application . . . . POMMADE
Semeuse de désordres et de tempêtes (PD) . . . . . .
. . . . NÉMÉSIS
Sémite né en Syrie . . . . ARAMÉEN
Se montrer à la hauteur . . . . ASSURER

Se moque des autres .... ÉGOÏSTE
Se moquer de quelqu'un .... NIAISER
Se morfondre (s') .... ENNUYER
S'en aller chez le diable .... DÉPÉRIR
S'endort à l'école .... INTERNE
S'enflammer (s') .... ÉPANDRE
S'engager à épouser (se) .... FIANCER
Se nourrit d'abeilles .... APIVORE
S'en payer une bonne tranche .... RIGOLER
Sensation pénible .... ,.. HORREUR
Sentiment agréable .... PLAISIR
Sentiment de défiance .... OMBRAGE
Sentir avec sa tête .... FLAIRER
Sentir la bête .... HALENER
Sent le poisson .... NUOCMÂM
S'envoyer en l'air .... COPULER
Séparation par plans .... CLIVAGE
Se parlait dans le Proche-Orient ..... ARAMÉEN
Se passe au Far West, dans l'Ouest .... WESTERN
Se passionner pour (s') .... ENGOUER
Se pêche au Québec .... ACHIGAN
Se pencher la tête généralement (MH) ....
.................................ÉTUDIER
Se plaît dans la vase .... RANATRE
Se porte autour du cou .... ÉCHARPE
Se porte l'été.................... BERMUDA
Se pousser pour manifester son mécontentement ...
.................................GUEULER
Se prend à la fin du repas .... FACTURE
Se prendre aux cheveux (MF) .... TRESSER
Se prendre pour un duc .... HULULER
Se prendre pour une hirondelle ...... TRISSER
Se préparer pour un examen .... RÉVISER
Se présentait à l'entrée .... TESSÈRE
Se produit lors d'une crise de larmes .. SANGLOT
Serait efficace contre la grippe aviaire .. TAMIFLU
Se ramasse en tombant .... GAMELLE
Se ramollir en parlant d'un fruit ...... BLETTIR
Se récite .... ORAISON
Se règle selon les vents .... VOILURE
Se replier sur soi-même (se) .... BLOTTIR
Se retire pour boire .... CAPSULE
Se retrouve le dos au mur .... AFFICHE
Se retrouvent en Sibérie .... STEPPES
Se rouler par terre .... RICANER
Serre la gorge .... BUSTIER
Serrer au buste par des pinces .... AJUSTER
Serre souvent les fesses (MH) .... PEUREUX
Sert à dénoyauter .... VIDELLE
Sert à mélanger .... BATTEUR
Sert à se protéger du froid .... MANTEAU
Sert à tailler les sabots .... RÉNETTE
Sert à trotter le cheval .... ÉTRILLE
Sert de renfort à une perforation .... ŒILLET
Sert de tuteur .... ÉCHALAS
Servait au transport des munitions ..... CAISSON
Servir de guide .... PILOTER
Ses brûlures ne sont pas causées par le feu (MF) ...
.................................ESTOMAC
Ses chatons sont en boule .... PLATANE
Ses chutes sont célèbres .... NIAGARA
Ses coups sont foireux (PD) .... PÉTOIRE

Ses dents sont grosses .... SAGESSE
Se servir de sa tête .... COGITER
Se servir de ses ongles .... GRATTER
Se servir indûment .... PIRATER, USURPER
Ses étreintes sont viriles .... LUTTEUR
Ses feuilles sont épaisses et molles ..... ÉPINARD
Ses feuilles sont parfumées .... ORANGER
Ses feuilles traitent les voies urinaires .. UVAURSI
Ses fleurs parfument au printemps ..... SERINGA
Ses fleurs sont en forme de cornet ..... PETUNIA
Ses flocons ne fondent pas (MF) ...... CÉRÉALE
Ses fruits sont d'un jaune mêlé de rouge ....
.................................ORANGER
Ses graines sont excitantes .... CAFÉIER
Ses habitants volent .... VOLIÈRE
Ses idées sont démodées .... FOSSILE
Ses objectifs sont inavoués .... MISSILE
Ses occupants sont patients .... URGENCE
Ses parents sont responsables d'elle ... MINEURE
Se spécialisent dans les milieux humides .. ISOÈTES
Ses poils ne poussent pas (MH) ...... PINCEAU
Ses propos choquent .... RACISTE
Ses 700 habitants paient en euros .... VATICAN
Se succéder sans interruption .... DÉFILER
Se suivent dans un livre .... PHRASES
Se sustenter (se) .... NOURRIR
Se termine dans un réservoir (MH) .... URETÈRE
Se termine en décembre .... AUTOMNE
Se tourner les pouces .... NIAISER
Seulement ignorant .... BÉOTIEN
Se vendent en petits pots .... YAOURTS
Se vend en tube .... HARISSA
S'exprime facilement .... SANGUIN
S'imaginer en train de perdre la face (MF) ....
.................................FIGURER
Signe de supériorité .... SPECTRE
S'il purge, il ne fait pas le singe (PD) .. TAMARIN
Simple d'esprit .... DEMEURÉ
S'informe ou se divertit .... LECTEUR
Sinistre individu .... CRAPULE, POMPIER
Sinistrement colorer .... NOIRCIR
Site important .... PORTAIL
Site très fréquenté .... YOUTUBE
Situation qui nous incite à nous répéter (MF) .....
.................................IVRESSE
Situation qui sent mauvais .... MERDIER
Smiley québécoise (MH) .... BINETTE
S'occupe de certains enfants .... RITALIN
S'occupe du troupeau .... BERGÈRE
S'offre à la vue .... PAYSAGE
S'offre-t-il une bouchée à la reine? (MH) . APIVORE
S'offrir à tout le monde .... TAPINER
Solitaire qui se prend en main (MF) ..... PLAISIR
Solitaire vivant au sommet d'une colonne .. STYLITE
Solution qu'il faut trouver sur-le-champ .. URGENTE
Somme que l'on fait sous la table (MF) .. LIQUIDE
Sommet mondial .... EVEREST
Son absence au lit nous laisse froid ... ÉDREDON
Son absence fait décrocher .... INTÉRÊT
Son accident lui a coûté un bras ..... MANCHOT
Son art réside dans la qualité de ses bottes ....
.................................ÉPÉISTE

Son bec est pourvu d'une poche .... PÉLICAN
Son chauffeur doit bien connaître le trajet ....
.... NAVETTE
Son clou a du goût, est utilisé comme condiment ..
.... GIROFLE
Sonder à nouveau .... RETÂTER
Son élection fut le signal de la guerre de Sécession
.... LINCOLN
Son entreprise est fragile .... VERRIER
Son filet l'isole (MH) .... ENCADRÉ
Sonne comme un cor .... OLIFANT
Sonner d'un bon coup .... ÉTENDRE
Son parrain n'est pas dans la mafia ..... FILLEUL
Son passage à table se fait sentir .... LIVAROT
Son point de contact avec la voisine est la synapse
.... NEURONE
Son premier voyage fut aussi son dernier .. TITANIC
Son prix nous fait pomper (MF) ...... ESSENCE
Son seul voyage est tombé à l'eau (MF) .. TITANIC
Son signe graphique est l'apostrophe .... ÉLISION
Sont de moins en moins distribuées aux enfants ...
.... FESSÉES
Son travail demande beaucoup de précision ....
.... ORFÈVRE
S'oppose à la confiance .... ANXIÉTÉ
S'oppose à la détente .... TENSION
S'oppose à la hâte .... LENTEUR
S'oppose à la rouille .... ÉTAMAGE
S'oppose au gigantisme .... NANISME
S'oppose au végétal .... MINÉRAL
S'oppose aux grèves de la faim .... ÉPICIER
Sort d'une cruche (MH) .... IDIOTIE
Sorte de jambière .... HOUSEAU
Sorte de pic .... ÉPEICHE
Sorte de soutien-gorge .... BUSTIER
Sorte de steak .... TARTARE
Sortent du cratère .... LAPILLI
Sorti du droit chemin .... IMMORAL
Sortie de prison souvent provisoire ..... ÉVASION
Sortir brutalement .... ÉJECTER
Sortir de derrière les barreaux (MH) ... ÉLARGIR
Sortir de sa coquille .... RISQUER
Sortir des boules à mites (MF) .... RECRÉER
Sortir de son chapeau (MF) .... INNOVER
Sortir du sommeil .... ÉMERGER
Sortir la langue (MH) .... TIMBRER
Sortir l'étalon .... MESURER
Sortir par les oreilles .... ABONDER
Sortir un par un .... ÉGRENER
Sortir sans faire de bruit (MH) .... SUINTER
Souffrance intense .... GÉHENNE
Souhaiter la possession de .... DÉSIRER
Soulèvement contre l'autorité .... RÉVOLTE
Soumettre aux obligations .... APPELER
Sous-estimer .... MINORER
Sous le diaphragme .... ESTOMAC
Sous le matelas .... SOMMIER
Sous le pied .... SEMELLE
Sous le sapin de Noël .... CADEAUX
Sous les chèvres (MH) .... PLATEAU
Sous peu .... BIENTÔT
Sous pression .... STRESSÉ

Soustraire à la vue .... DÉROBER
Sous une photo .... LÉGENDE
Soutenir à tour de bras (MF) .... ÉPAULER
Soutien de colonne .... DOSSIER
Souvenir de vacances .... TURISTA
Souvenirs qui s'envolent (MH) ...... CENDRES
Souvent chères au téléphone .... MINUTES
Souvent en panne .... ÉVENTRÉ
Souvent gravée, rarement appliquée .... ÉGALITÉ
Souvent il s'écoute parler .... INTELLO
Souvent les baguettes en l'air .... BATTEUR
Souvent marqué d'un «s» .... PLURIEL
Souvent sur une bague .... DIAMANT
Souvent tondue .... PELOUSE
Spaghetti sorti du four .... GRATINÉ
Spasmes et contractures .... TÉTANIE
Spécialiste de la glace .... ÉTAMEUR
Spécialiste de l'agrandissement des prises (MF) ...
.... PÊCHEUR
Spécialiste des pipes (MF) .... MENTEUR
Spécialiste du découpage (PD) .... CENSEUR
Spécialiste en boulettes .... GAFFEUR
Spécialité lyonnaise .... SOIERIE
Stimulant à éviter .... ECSTASY
Stimulant du système parasympathique .. ÉSERINE
Stocker en grande quantité .... ENCUVER
Stratagème amoureux .... PHILTRE
Stupéfait et consterné .... ANÉANTI
Style décoratif .... RÉGENCE
Substance qui prend part à une réaction chimique ..
.... RÉACTIF
Succède aux vacances .... RENTRÉE
Sucre à la surface d'une feuille (MH) .. EXSUDAT
Sucre est sa capitale constitutionnelle ... BOLIVIE
Sucré ou pas, il ne fait pas envie .... DIABÈTE
Suit le bon pasteur .... OUAILLE
Suit le poulet ou le veau .... MARENGO
Suit les attaques de près .... RIPOSTE
Suit les degrés .... CELSIUS
Suit mais ne dépassera pas .... ÉPIGONE
Suit tout ce qui sa passe dans le quartier .. ÎLOTIER
Suit un traitement .... CURISTE
Suivent les cours de près .... COTEURS
Suiveur de Richard Cœur de Lion ..... IVANHOÉ
Suivie à la cuisine .... RECETTE
Suivi quand il est battu .... SENTIER
Suivre le problème .... ÉTUDIER
Suivre son cours .... ÉVOLUER
Sujet à déficiences .... CERVEAU
Sulfate naturel d'aluminium et de potassium ....
.... ALUNITE
Supérieur à la moyenne, aux autres ... SURDOUÉ
Supplice de la roue (PD) .... LOTERIE
Supporte la tenture .... TRINGLE
Supprimer les irrégularités de surface .. RAGRÉER
Surface agricole .... HECTARE
Sur la Baltique .... ESTONIE
Sur la carte des desserts, elle choisit la crème brûlée
(MH) .... ÉDENTÉE
Sur le bâtiment .... TOITURE
Sur le carreau .... ASSOMMÉ, ÉREINTÉ
Sur le golfe de Guinée .... NIGERIA

Sur le gros nerf . . . . FÉBRILE
Sur l'épaule du maître . . . . ÉPITOGE
Sur les genoux . . . . EXTÉNUÉ, FATIGUÉ
Sur le sommier . . . . MATELAS
Sur l'étagère . . . . INVENDU
Sur l'Yonne . . . . AUXERRE
Surmonter un sentiment . . . . DOMPTER
Sur papier, on la corrige . . . . ÉPREUVE
Sur pied . . . . RÉTABLI
Sur une tête . . . . TONSURE
Surveillance prolongée . . . . FACTION
Susceptible de s'ennuyer . . . . ESSEULÉ
Susceptible de sentir les petits pieds . . . GODASSE
Susceptible de succomber à une attaque . . OFFENSE
S'utilisait en médecine . . . . ÉSERINE
S'utilise avec un rétroprojecteur . . . . ACÉTATE
Symbole de la justice . . . . BALANCE
S'y plonger peut être distrayant . . . . LECTURE
Système de sécurité qui fait fuir les voleurs . . . . .
. . . . ANTIVOL
Tacheté de brun et de gris . . . . GRIVELÉ
Taillé dans la défense pour faire appel (PD) . . . .
. . . . OLIFANT
Tailler les bordures . . . . ÉMARGER
Taper des pieds . . . . PIAFFER
Tapis de banlieue (MH) . . . . PELOUSE
Tas à évacuer . . . . ÉBOULIS
Tas de foin (MF) . . . . LIASSES
Tasse la neige . . . . DAMEUSE
Tasse la poussière . . . . PLUMEAU
Tasser de là . . . . ÉCARTER
Temple des Aztèques . . . . TEOCALI
Temps de réaction . . . . LATENCE
Temps de travail . . . . SESSION
Tendre à nouveau le ressort d'un mécanisme . . . . . .
. . . . RÉARMER
Tendre comme une feuille . . . . DRESSER
Tendres démonstrations . . . . MAMOURS
Tenir compte des différences . . . . NUANCER
Tenir en échec . . . . ARRÊTER
Tenir en l'air en menaçant . . . . BRANDIR
Tenter de garder la ligne . . . . EXERCER
Tenter de pénétrer . . . . SCRUTER
Tenter de se découvrir . . . . ATTIRER
Tenue de soirée . . . . SMOKING
Terme de géologie . . . . MIOCÈNE
Terme d'injure . . . . ENFOIRÉ
Terrain très recherché par les couples . . ENTENTE
Territoire du nord du Canada . . . . NUNAVUT
Territoires au-delà du Mississipi . . . . . . FARWEST
Territoire soumis à un régime spécial . . . RÉSERVE
Tête en l'air . . . . ÉTOURDI
Texte placé en tête d'un livre . . . . PRÉFACE
Théâtre d'une meurtrière prise d'otages . . BRESLAN
Thétis ou Galatée . . . . NÉRÉIDE
Tient au chaud . . . . MANTEAU, PELISSE
Tient bon la barre . . . . SKIPPER
Tient chaud . . . . LAINAGE
Tient la charge . . . . RIDELLE
Tient les cheveux . . . . RÉSILLE
Tige dans un chapiteau corinthien . . . . . . TIGETTE
Timidité la fait monter . . . . ROUGEUR

Tiré à quatre épingles . . . . ÉLÉGANT
Tirer la pipe . . . . NARGUER
Tirer une conséquence . . . . . DÉDUIRE, INFÉRER
Tirer un trait . . . . RATURER
Tissu léger de coton . . . . NANSOUK
Titre d'honneur . . . . ALTESSE
Tomba sous les coups d'Électre . . . . ÉGISTHE
Tombe à plat pour relever (MH) . . . . . AROMATE
Tombé en bas de sa chaise (MF) . . . . ÉBERLUÉ
Tomber sur la noix (MF) . . . . EMBÊTER
Tomber sur les nerfs . . . . OBSÉDER
Tonneau utilisé pour le beurre fondu . . . . TINETTE
Tordre avec d'autres . . . . TRESSER
Touche à la Suède . . . . NORVÈGE
Touche à l'Éthiopie . . . . SOMALIE
Touche de l'argent . . . . ORFÈVRE
Touchée en pleine tête . . . . ALIÉNÉE
Toucher aux restes du feu (MF) . . . . HÉRITER
Toucher en tête . . . . TIMBRER
Toucher l'eau . . . . AMERRIR
Toujours dans l'opposition . . . . REBELLE
Toujours en vie . . . . RESCAPÉ
Toujours intéressé en affaires . . . . USURIER
Tourmenter de manière incessante . . . . . OBSÉDER
Tourner dans le beurre (s') . . . . ENLISER
Tourner en rond . . . . NIAISER
Tour qu'on fait la tête en bas . . . . CULBUTE
Tous ceux qui en sont victimes ne se plaignent pas
(MF) . . . . MEURTRE
Tout ce qu'il faut pour passer à l'attaque . . ARSENAL
Tout en rondeurs . . . . REBONDI
Toute substance qui est digestible . . . . . ALIMENT
Tout homme en est un . . . . TERRIEN
Tout le monde y a recours pour entrer dans l'Église
. . . . BAPTÊME
Tout le monde y tourne . . . . PLATEAU
Tout vendre . . . . ÉPUISER
Tracé dans le bois . . . . SENTIER
Trace de bateau . . . . SILLAGE
Tracer une ligne . . . . LIMITER
Traduit un manque d'intelligence . . . . IDIOTIE
Traiter à fond . . . . ÉPUISER
Traiter aux petits oignons . . . . SOIGNER
Traiter avec égards . . . . MÉNAGER
Tranche fine . . . . LAMELLE
Trancher en haut . . . . ÉGORGER
Transmettre en douceur (PD) . . . . INFUSER
Transportait une station météorologique . . PHOENIX
Travail à la pièce, au trou . . . . ALÉSAGE
Travail au labo . . . . ANALYSE
Travail de Romain . . . . TESSÈRE
Travail fait trop vite . . . . BÂCLAGE
Travail intérieur . . . . ALÉSAGE
Travaille à plein temps (MH) . . . . PENDULE
Travaille à son étude . . . . NOTAIRE
Travaille au poinçon . . . . SELLIER
Travaille aux pièges . . . . LACEUSE
Travaille dans l'eau . . . . TUBISTE
Travaille dans le cinéma . . . . OUVREUR
Travaille dans le pâté . . . . ÎLOTIER
Travaille dans les entrepôts . . . . CARISTE
Travaille dans l'organisation . . . . MAFIOSO

Travaille en sifflant	ARBITRE
Travaille les peaux	TANNEUR
Travaillent tous ensemble	ROUAGES
Travaille pour quelqu'un	SALARIÉ
Travailler à la corbeille (PD)	TRESSER
Travailler à son avenir	ÉTUDIER
Travailler dur sur le moût	TANISER
Travailler en surface	RAGRÉER
Travailler pour le Ministère du Revenu (MF)	
	ÉGORGER
Travaille sur de grandes feuilles	TÔLERIE
Travaille sur la route	LIVREUR
Travaille sur un plateau	SCRIPTE
Travailleur dont les balles sont prises (MF)	
	LANCEUR
Travailleur intellectuel	INTELLO
Travail sur la pièce	USINAGE
Tremper dans l'eau	INFUSER
Tremper longtemps	MACÉRER
Trempe ses pointes pour qu'elle pousse	ASPERGE
Très à l'aise	OPULENT
Très apprécié par les maringouins (MH)	NUDISME
Très attendu le samedi matin	CAMELOT
Très bien faire	RÉUSSIR
Très bien fermer	SCELLER
Très chaud	BRÛLANT
Très désagréable	AFFREUX
Très drôle	FENDANT, ROULANT
Très efficace	RADICAL
Très en forme	OPULENT
Très étonner	MÉDUSER
Très fatigué	HARASSÉ
Très important	DÉCISIF
Très impressionner	ÉBLOUIR
Très intense	EXTRÊME
Très loin de la sobriété	TRALALA
Très mauvaise marcheuse	ÉCLOPÉE
Très occupé	ABSORBÉ
Très profond	ABYSSAL
Très tendre	FONDANT
Très tolérant	LAXISTE
Très vieille monnaie	STATÈRE
Très vieux	VÉTUSTE
Triste étoffe	TENTURE
Trois mois à l'université	SESSION
Trompent les nouveaux nés	TÉTINES
Tromper en bout de ligne	LEURRER
Tromper son monde	FEINDRE
Trop charger	EMPÂTER
Trop en mettre	SATURER
Trop verts pour un rusé	RAISINS
Trouble du métabolisme des glucides	DIABÈTE
Trouble psychiatrique	AUTISME
Trou dans un horaire	CRÉNEAU
Trou de renard	TERRIER
Trou pratiqué dans la voûte d'un aqueduc	
	PUISARD
Trouve le cadavre exquis (MH)	VAUTOUR
Trouver ça drôle	RICANER
Trouver dans l'ensemble	REPÉRER
Trouver sa place	RENTRER
Trouver un emploi ailleurs (se)	RECASER
Trouve son emploi chez Molière	INGÉNUE
Tube d'une trentaine de centimètres	URETÈRE
Type qui a de la gueule	ORATEUR
Type qui a donné son nom	INSCRIT
Type qui ne trouve pas le quotidien ennuyant	
	LECTEUR
Type qui parle le même langage que son patron	
	LÉCHEUR
Type qui pioche	HERSEUR
Type qui prend constamment du volume (MF)	
	LECTEUR
Type qui récolte ce qu'il sème	FERMIER
Type qui sait où sont ses affaires	ORDONNÉ
Type qui se fait écouter à la baguette	MAESTRO
Type qui se laisse traîner	FLÂNEUR
Type qui sépare les grains de la paille	VANNEUR
Type sévère	PÈTESEC
Un bec qui fait tomber	VERSEUR
Un besoin bien naturel	ÉVASION
Un blanc à la mousse légère (PD)	CRÉMANT
Un bon accueil, mais pas un triomphe	OVATION
Un bon compagnon au lit (MH)	ÉDREDON
Un bout du monde	OCÉANIE
Un célèbre festival de théâtre s'y tient	AVIGNON
Un des chefs de la «Beat Generation»	KÉROUAC
Un des pays scandinaves	NORVÈGE
Un des romans de Yves Beauchemin	LEMATOU
Une affaire d'honneur	OVATION
Une affaire l'est lorsqu'elle est dans le sac	
	KETCHUP
Une affaire qui a fait du bruit en France	OUTREAU
Une belle taille	ÉLANCÉE
Une belle tarte	DESSERT
Une bonne façon de s'évader	LECTURE
Une des îles Anglo-Normandes	AURIGNY
Une des sept collines de Rome	AVANTIN,
	VIMINAL
Une des sources du jazz	RAGTIME
Une façon de dire que trop c'est comme pas assez	
(MF)	SATIÉTÉ
Une façon de parler du nez	ATCHOUM
Une façon de s'en sortir	INDEMNE
Une femme peut l'être à 65 ans	PUCELLE
Une fine mouche trouvera cette réponse (MF)	
	DIPTÈRE
Une force de la nature	ÉNERGIE
Une histoire ayant fait couler beaucoup d'encre	
	TITANIC
Une jambe l'est souvent sur l'autre	CROISÉE
Une main peut l'être	NOUEUSE
Une petite dose peut tuer	ARSENIC
Une place de choix	ISOLOIR
Une rue de Montréal	ONTARIO
Une simplicité dangereuse	NAÏVETÉ
Une théorie bizarre	HÉRÉSIE
Une vraie pâte molle	NOUILLE
Une vraie sauterelle	INSECTE
Une vraie tortue	REPTILE
Un gars tannant (MF)	TANNEUR
Un gros problème, surtout aux USA	OBÉSITÉ
Union d'autrefois (PD)	HYMÉNÉE
Unité de choc (MH)	ENCLUME

Unité fonctionnelle du tissu nerveux . . NEURONE
Unité phonétique . . . . SYLLABE
Unit les lacs Érié et Ontario . . . . NIAGARA
Univers de l'impression . . . . ÉDITION
Un jeu de cartes . . . . CANASTA
Un lien avec l'extérieur . . . . FENÊTRE
Un mot qu'on ne retrouve que dans le « Petit Lapierre illustré » . . . . NAZISTE
Un pantalon et une veste . . . . COSTUME
Un peu aigre . . . . ACIDULÉ
Un peu grotesque . . . . RISIBLE
Un peu lourd . . . . BÉOTIEN
Un peu malade . . . . ENRHUMÉ
Un peu moins de cent . . . . NONANTE
Un peu trop développé . . . . OPULENT
Un plat qui n'est pas russe (MH) . . . POUTINE
Un plat qui se mange froid . . . . TARTARE
Un plein qui nous vide (MH) . . . . ESSENCE
Un prince, une île ou une ville . . . . . . ORLÉANS
Un professionnel du meurtre . . . . SICAIRE
Un rien le fait fuir . . . . PEUREUX
Un sacré trafic (MH) . . . . SIMONIE
Un simple soldat . . . . BIDASSE
Un texte bon pour le feu (PD) . . . . ORAISON
Un truc à éclaircir . . . . MYSTÈRE
Un type pas de couilles . . . . EUNUQUE
Un vieux de la veille des fonds marins . . . .
. . . . .NAUTILE
Ustensile de table . . . . HUILIER
Utile quand on est triste . . . . KLEENEX
Utiles sur l'eau . . . . AVIRONS
Utilisée comme doublure . . . . OUATINE
Utilisée en médecine comme stimulant . . ÉSERINE
Utilisée pour la première fois . . . . ÉTRENNE
Utilisée pour la reproduction . . . . SEMENCE
Utiliser l'index . . . . POINTER
Va à l'université mais pas aux cours . . . RECTEUR
Va avec la liberté et la fraternité . . . . . . ÉGALITÉ
Vache n'ayant pas eu de veau . . . . GÉNISSE
Va du jardin au saladier . . . . TRÉVISE
Va en s'élargissant . . . . ÉVASURE
Va et vient sur le mur . . . . ROULEAU
Vague qui fait des vagues . . . . TSUNAMI
Va jusqu'à la vessie . . . . URETÈRE
Valeur de gris d'un phototype . . . . DENSITÉ
Vedette des parquets (MH) . . . . CIREUSE
Vedette du petit écran (MH) . . . . CURSEUR
Véhicule public . . . . AUTOCAR
Vend de quoi se sustenter . . . . ÉPICIER
Vend du blanc (MH) . . . . LAITIER
Vendre juste la moitié des exemplaires en kiosque (MF) . . . . RÉUSSIR
Vendre quelque chose . . . . REFILER
Vendre ses chums . . . . RÉVÉLER
Vénéré martyr par les chiites . . . . HUSSEIN
Vent de sable soufflant en Égypte . . . . . CHAMSIN
Vente au détail . . . . REVENTE
Vente au plus offrant . . . . ENCHÈRE
Vénus et Diane . . . . DÉESSES
Verser de l'argent pour obtenir des faveurs . . . .
. . . . ARROSER
Version d'un écrit . . . . MOUTURE

Vers l'avenir, le futur . . . . ENAVANT
Veste courte . . . . SPENCER
Vêtement de clochard . . . . HAILLON
Vêtement de marin . . . . VAREUSE
Vêtement féminin . . . . BUSTIER
Victime du bacille de Hansen . . . . LÉPREUX
Vidée par le berger . . . . ÉCUELLE
Vide la grenade . . . . ÉPÉPINE
Vider lentement . . . . SIROTER
Vider son sac . . . . CRACHER, DÉFAIRE
Vieillard facile à berner . . . . GÉRONTE
Vieille folie . . . . VÉSANIE
Vieille interjection . . . . MAZETTE
Vieille sage-femme . . . . MATRONE
Vieille tablette . . . . TESSÈRE
Viennent par paires . . . . ARÉOLES
Vient de remporter un succès . . . . LAURÉAT
Vierge récompensée . . . . ROSIÈRE
Vieux billet . . . . TESSÈRE
Vieux innocent . . . . GÉRONTE
Vieux jeton . . . . TESSÈRE
Vieux jeu . . . . SURANNÉ
Vieux pantalon . . . . FENDANT
Vieux porto . . . . VINTAGE
Vieux sketch . . . . SAYNÈTE
Vieux sportif . . . . VÉTÉRAN
Vif argent . . . . MERCURE
Vilain défaut . . . . AVARICE
Ville de Floride . . . . ORLANDO
Ville de Sicile . . . . PALERME, TRAPANI
Ville d'Italie . . . . MESSINE, SALERNE
Ville du Manitoba sur l'Assiniboine . . BRANDON
Ville du Québec où les gens sont le plus détendus . .
. . . . EASTMAN
Ville située dans l'île de Vancouver . . . NANAIMO
Vin aromatisé . . . . RETSINA
Vin blanc sec de Bourgogne . . . . CHABLIS
Vin réputé . . . . MARSALA
Vin rouge de Bourgogne très réputé . . . ROMANÉE
Violoniste compositeur italien . . . . TARTINI
Virtuose des claquettes . . . . ASTAIRE
Visitée par les chats . . . . LITIÈRE
Vit à côté des pyramides . . . . CAIROTE
Vit dans la mer . . . . ASTÉRIE
Vite descendre . . . . DÉBOULER
Vitre fait . . . . EXPRESS
Vit malhonnêtement . . . . USURIER
Vive compétition . . . . BAGARRE
Vivement impressionner . . . . ÉBLOUIR
Vivre avec . . . . TOLÉRER
Vivre avec un conjoint drogué (MF) . . . TOLÉRER
Vivre avec un irresponsable alcoolique (MF) . . . . .
. . . . TORCHER
Voir dans sa soupe . . . . VÉNÉRER
Voir sans voir . . . . IGNORER
Voisin de la courge . . . . POTIRON
Voisin des Autrichiens . . . . SLOVÈNE
Voit du pays . . . . ROUTARD
Voiture hippomobile fermée . . . . BERLINE
Vol de récolte . . . . MARAUDE
Voler, en parlant d'une prostituée . . . . . ENTÔLER
Voler en quelque sorte . . . . USURPER

Vols et dégâts . . . . PILLAGE
Vont à la poubelle . . . . DÉCHETS
Vont aux urnes . . . . CENDRES
Vous en cherchez . . . . LETTRES
Vous êtes à un poil près de découvrir ce genre d'homme
(MF) . . . . IMBERBE
Vous ne les entendez pas, mais ils sont dans vos oreil-
les (MF) . . . . ÉTRIERS
Voûte hémisphérique d'un dôme . . . . . . COUPOLE
Voyage à peu de frais . . . . ROUTARD
Voyage au ciel . . . . SPATIAL
Voyageur dans les airs . . . . ULMISTE
Vrai en tout temps . . . . ÉTERNEL
Vraiment pas à l'aise . . . . STRESSÉ
Vraiment pas confortable . . . . TAPECUL
Vraiment pas entreprenant . . . . INACTIF
Vraiment pas fier . . . . HONTEUX
Vraiment pas grave . . . . SOPRANO
Vraiment pas moderne . . . . ARRIÉRÉ
Vraiment pas raffiné . . . . BESTIAL
Vraiment prendre en considération . . . . VÉNÉRER
Vraiment très mauvais . . . . NULLARD
Vue de l'esprit . . . . DESSEIN
Xylophone africain . . . . BALAFON
Yasser Arafat le portait . . . . KEFFIEH

Mots de
8 lettres et plus

accueilli Rousseau . . . . ERMITAGE
A acheter . . . . ESSENTIEL
A appris à voler . . . . AVIATEUR
Abaisser le bouton . . . . ÉTEINDRE
Abaissement de la température du corps . . . . .
. . . . HYPOTHERMIE
Abaissement moral . . . . ABJECTION
Abandon de la foi . . . . APOSTASIE
Abandon d'un droit . . . . CONCESSION
Abandonner l'état ecclésiastique . . . DÉFROQUER
Abandon volontaire d'une religion . . . APOSTASIE
Abattement extrême provoqué par la maladie . . . . .
. . . . PROSTRATION
Abattement profond . . . . DÉSESPOIR
Abattre le courage de . . . . DÉCOURAGER
Abattre physiquement ou moralement . . . .
. . . . TERRASSER
Abattre quelqu'un physiquement ou moralement . . .
. . . . DÉPRIMER
Abattre sans tirer (MH) . . . . CONSTERNER
A beaucoup de mal à attendre (PD) . . . .
. . . . IMPATIENT
A beaucoup de poitrine (MH) . . . . . POULAILLER
A beaucoup joué . . . . LECOUVREUR
Abeille battant des ailes à l'entrée de la ruche . . . . .
. . . . VENTILEUSE
Abeille charpentière . . . . XYLOCOPE
Abeille stérile bien occupée . . . . OUVRIÈRE
A belle allure . . . . ÉLÉGANTE
Aberration chromosomique . . . . TRISOMIE
A besoin d'eau . . . . NATATION
A besoin de gaz pour prendre l'air . . . AÉROSTAT
A besoin de tissu, d'aiguilles mais pas de fils (MH)
. . . . ACUPONCTEUR
A besoin de vent . . . . ÉOLIENNE
A bien des plans en tête (MH) . . . . . . CINÉASTE
À bientôt . . . . ÀLAPROCHAINE
Abîmer à l'ouverture . . . . ÉGUEULER
Ablation chirurgicale de l'estomac . . . .
. . . . GASTRECTOMIE
Ablation d'un lobe du poumon . . . LOBECTOMIE
Ablation d'un organe nécessaire à la génération . . .
. . . . CASTRATION
Ablation d'un ovaire . . . . OVARIECTOMIE
Abondance de biens . . . . RICHESSE
Abondance de paroles inutiles . . . . VERBIAGE
Abondance excessive . . . . PLÉTHORE
Abondant en gibier . . . . GIBOYEUX
Abonder au point d'envahir . . . . INFESTER
Abonner de nouveau . . . . RÉABONNER
Abouchement de la vessie à la peau . . . .
. . . . CYSTOTOMIE
Abrégé de l'essentiel d'une matière . . . .
. . . . AIDEMÉMOIRE
Abri de nombreux oiseaux . . . . ROSELIÈRE
Abri enterré d'un fort . . . . CASEMATE
Abri orientable d'un engin blindé . . . . TOURELLE
Abrite une lumière . . . . LANTERNE
Absence d'ardeur . . . . NONCHALANCE
Absence de cheveux . . . . ALOPÉCIE,
. . . . CALVITIE
Absence de combativité . . . . RÉSIGNATION

Absence de comportement religieux . . IRRÉLIGION
Absence de contrainte . . . . LAISSERALLER
Absence de culpabilité . . . . INNOCENCE
Absence de dents . . . . ANODONTIE
Absence de formation d'un organe . . . . AGÉNÉSIE
Absence de graisse . . . . MAIGREUR
Absence de la sécrétion lactée . . . . . . AGALACTIE
Absence de la transpiration . . . . ANIDROSE
Absence d'encéphale . . . . ANENCÉPHALIE
Absence d'énergie . . . . NONCHALANCE
Absence de parti pris . . . . OBJECTIVISME
Absence de progrès . . . . STAGNATION
Absence d'équilibre . . . . ASYMÉTRIE,
. . . . DÉSÉQUILIBRE
Absence de réflexes . . . . ARÉFLEXIE
Absence de sensibilité gustative . . . AGUEUSIE
Absence de sobriété dans les paroles . . . .
. . . . INCONTINENCE
Absence de spermatozoïdes . . . AZOOSPERMIE
Absence de travail . . . . INACTION
Absence de variété . . . . UNIFORMITÉ
Absence d'orgasme . . ANORGASMIE, FRIGIDITÉ
Absence d'originalité . . . . ACADÉMISME
Absence d'ornement . . . . AUSTÉRITÉ
Absence d'oxygène . . . . ANOXÉMIE
Absence totale de développement d'un organe . . . . .
. . . . AGÉNÉSIE
Absence totale de pigmentation de la peau . . . . .
. . . . ALBINISME
Absence totale ou partielle de dents . . ANODONTIE
Absente chez les dépressifs (MH) . . . . EUPHORIE
Absolument confidentiel . . . . TOPSECRET
Absolument confondant . . . . RENVERSANT
Absorber l'air et le rejeter . . . . RESPIRER
Absorption interne . . . . RÉSORPTION
Abstention des plaisirs charnels . . . . . CHASTETÉ
Abus de confiance . . . . DÉTOURNEMENT
Abus d'écritures administratives . . PAPERASSERIE
Abus des boissons alcooliques . . . . ALCOOLISME
Abus des plaisirs de la table . . . INTEMPÉRANCE
Abus en faveur de sa famille . . . . NÉPOTISME
Abuser de la crédulité de . . . . MYSTIFIER
Acajou à pommes . . . . ANACARDIER
Acarien parasite de l'homme . . . . SARCOPTE
À cause d'elle, la femme a souvent l'homme dans ses
jambes (MF) . . . . MINIJUPE
Accabler de louanges . . . . ENCENSER
Accabler de reproches . . . . ENGUEULER,
. . . . INCENDIER
Accabler d'un malheur . . . . AFFLIGER
Accabler par abus d'autorité . . . . OPPRIMER
Accabler sous le poids de l'ennui . . . ASSOMMER
Accélération du rythme cardiaque . . TACHYCARDIE
Accélération pathologique du débit verbal . . . .
. . . . TACHYPHÉMIE
Accentuer à l'excès . . . . EXAGÉRER
Acceptation loyale des règles . . . . FAIRPLAY
Accepte facilement . . . . TOLÉRANT
Accepter de nouveau . . . . RÉADMETTRE
Accepter en dépit de répugnances (se) . . RÉSIGNER
Accepter que quelque chose se fasse . . CONSENTIR
Accepter qu'une chose soit . . . . PERMETTRE

Accepter sans dépit . . . . PARDONNER
Accès de maux de tête . . . . MIGRAINE
Accessoire de bureau . . . . SOUSMAIN
Accessoire de cuisine . . . . USTENSILE
Accessoire de gymnastique . . . . ESPALIER
Accessoire de joueur de pétanque . . COCHONNET
Accessoire de pêche . . . . CUILLÈRE
Accessoire féminin . . . . SACÀMAIN
Accessoire portatif . . . . ÉVENTAIL
Accident de chemin de fer . . . . DÉRAILLEMENT
Accident de la circulation (MH) . . . THROMBOSE
Accident dû au passage d'aliments dans les voies
aériennes (MH) . . . . FAUSSEROUTE
Accident fâcheux . . . . ESCLANDRE
Acclimater définitivement . . . . NATURALISER
Accolement anormal de deux organes . . . .
. . . . ADHÉRENCE
Accommodement dans une manière de vivre . . .
. . . . MODUSVIVENDI
Accommoder en ragoût . . . . FRICOTER
Accommoder un plat . . . . CUISINER
Accommoder un plat au gratin . . . . GRATINER
Accompagné de persil haché . . . . PERSILLÉ
Accompagné de sueur . . . . SUDATOIRE
Accompagnée d'une sauce au vin rouge (à la...) . . .
. . . . BORDELAISE
Accompagne l'événement . . . . . CIRCONSTANCE
Accompagnement désagréable (PD) . . . .
. . . . RECONDUITE
Accompagner pour protéger . . . . ESCORTER
Accompagner quelqu'un . . . . CHAPERONNER
Accomplir à la hâte . . . . PRÉCIPITER
Accomplir de nouveau . . . . RÉÉDITER
Accomplir une tâche phase par phase . . PROCÉDER
Accord complet des suffrages . . . . . . UNANIMITÉ
Accord de sentiments . . . . HARMONIE
Accord des opinions . . . . UNANIMITÉ
Accorder à titre de faveur . . . . OCTROYER
Accorder comme avantage . . . . ATTRIBUER
Accorder comme une faveur . . . . CONCÉDER
Accorder largement . . . . DISPENSER
Accorder un délai . . . . PROROGER
Accorder une faveur . . . . GRATIFIER
Accord obtenu par des concessions . . . .
. . . . COMPROMIS
Accord parfait . . . . UNANIMITÉ
Accouchement difficile . . . . DYSTOCIE
Accouplement d'un mâle et d'une femelle . . . .
. . . . COPULATION
Accoupler à l'aide d'un crabot . . . . . . CRABOTER
Accoutrement encombrant . . . HARNACHEMENT
Accrochage entre des personnes . . . . . . FRICTION
Accroche-cœur . . . . ROUFLAQUETTE
Accrocher avec le harpon . . . . HARPONNER
Accroissement de la vitesse . . . . ACCÉLÉRATION
Accroissement de masse que subit une étoile . . . . . .
. . . . ACCRÉTION
Accroissement du nombre de cellules par division . . .
. . . . PROLIFÉRATION
Accroissement excessif . . . . INFLATION
Accroître l'activité de . . . . STIMULER
Accroître la durée de . . . . PROLONGER

Accroître la vitesse de . . . . ACCÉLÉRER
Accroître le volume . . . . AMPLIFIER
Accueille ceux qui ont tout perdu . . ORPHELINAT
Accueille chaleureusement (MH) . . POÊLEÀBOIS
Accueille des enfants . . . . GARDERIE
Accueillir chaudement . . . . OVATIONNER
Accumulation anormale de sang . . . CONGESTION
Accumulation d'air dans l'estomac . . . .
. . . . AÉROGASTRIE
Accumulation de gaz dans le colon . . . .
. . . . AÉROCOLIE
Accumulation de gaz dans une cavité . . . .
. . . . FLATULENCE, FLATUOSITÉ
Accumulation de graisse . . . . ADIPOSITÉ
Accumulation de pigments dans la peau . . . .
. . . . PIGMENTATION
Accumulation de pigments dans les tissus . . . . . .
. . . . MÉLANOSE
Accumulation d'un fluide dans une cavité . . . . . .
. . . . ÉPANCHEMENT
Accumuler les biais . . . . LOUVOYER
Accusation mensongère attaquant la réputation . . . .
. . . . CALOMNIE
A certainement du chagrin (PD) . . . . . . RELIEUSE
À ce sujet . . . . LÀDESSUS
Acharnement collectif contre quelqu'un . . . .
. . . . LYNCHAGE
Achat d'objets . . . . EMPLETTE
Acheminer dans une certaine direction . . . .
. . . . CANALISER
Acheter ce qu'on a vendu . . . . RACHETER
Achever avec soin . . . . FIGNOLER
Acide aminé . . . . TYROSINE
Acide à odeur d'œuf pourri . . . . SULFHYDRIQUE
Acide à un seul atome d'hydrogène . . . .
. . . . MONOACIDE
Acide oxygéné du chrome . . . . CHROMIQUE
À consommer avec modération (PD) . . . DIGESTIF
À consulter quand il y a des problèmes à la sortie (PD)
. . . . UROLOGUE
À contrecœur . . . . MALGRÉSOI
À corps perdu . . . . SANSSEMÉNAGER
À coup sûr . . . . SÛREMENT
Acquérir des connaissances . . . . APPRENDRE
Acquisition mnémonique . . . . . . MÉMORISATION
À cran . . . . EXASPÉRÉ
Acrobate dans les foires . . . . . . SALTIMBANQUE
Acrobate qui se déplace sur une corde . . . .
. . . . FUNAMBULE
Acte ajouté à un testament pour le modifier . . . . . .
. . . . CODICILLE
Acte antérieur qui permet de juger la conduite . . . . .
. . . . ANTÉCÉDENT
Acte contraire à la justice . . . . INJUSTICE
Acte contraire aux mœurs . . . . ATTENTAT
Acte criminel . . . . ASSASSINAT
Acte de félonie . . . . TRAHISON
Acte de générosité . . . . BIENFAIT
Acte déloyal . . . . DÉLOYAUTÉ
Acte de nature à provoquer la guerre . . . .
. . . . CASUSBELLI
Acte de perfidie . . . . TRAÎTRISE

Acte désignant un candidat pour l'élection . . . .
. . . . INVESTITURE
Acte de soumission . . . . GÉNUFLEXION
Acte de volonté . . . . VOLITION
Acte d'huissier . . . . SOMMATION
Acte estimé contraire à la morale . . . . SCANDALE
Acte irréfléchi . . . . ÉTOURDERIE
Acte juridique . . . . VÉRIFICATION
Acte par lequel on déclare ses dernières volontés, on
dispose des ses biens . . . . TESTAMENT
Acte par lequel quelque chose est établie . . . .
. . . . CONSTITUTION
Acte par lequel quelqu'un décide . . . . . DÉCISION
Acte policier . . . . ARRESTATION
Acte provoquant une déclaration de guerre . . . .
. . . . CASUSBELLI
Acte qui rend légitime un enfant . . LÉGITIMATION
Acte rituel de l'Église . . . . SACREMENT
Acte rituel de purification . . . . ABLUTION
Actes antérieurs permettant de comprendre une con-
duite . . . . ANTÉCÉDENTS
Actes de dévotion . . . . NEUVAINE
Acteur américain . . . . . ALPACINO, EASTWOOD,
. . . . MARLONBRANDO, PAULNEWMAN,
. . . . TRAVOLTA
Acteur américain ayant joué dans «Certains l'aiment
chaud» . . . . JACKLEMMON
Acteur américain mort à 24 ans . . . JAMESDEAN
Acteur américain surnommé «The King» . . . .
. . . . ELVISPRESLEY
Acteur américain, vedette de «Taxi Drive» . . . .
. . . . ROBERTDENIRO
Acteur d'origine arménienne . . . . . . AZNAVOUR
Acteur français . . . ALAINDELON, BELMONDO,
. . . . DEPARDIEU, SERRAULT, VILLERET
Acteur français qui a joué dans «Cadavres exquis»
. . . . LINOVENTURA
Acteur italien . . . . MASTROIANNI
Acteur jouant la tragédie . . . . TRAGÉDIEN
Acteur qui a un rôle peu important . . . FIGURANT
Acteur qui jouait des farces grossières . . HISTRION
Acte violent . . . . RAPINERIE
Action affreusement cruelle . . . . ATROCITÉ
Action aimable . . . . GENTILLESSE
Action basse et vile . . . . SALOPERIE
Action bienfaisante . . . . BIENFAIT
Action clandestine contre l'occupation allemande . .
. . . . RÉSISTANCE
Action contraire à la politesse . . . . GROSSIÈRETÉ
Action contraire au règlement . . . . IRRÉGULARITÉ
Action coordonnée de plusieurs éléments . . . .
. . . . SYNERGIE
Action d'abaisser . . . . ABAISSEMENT
Action d'abandonner une cause . . . . . DÉFECTION
Action d'abattre un arbre . . . . ABATTAGE
Action d'abdiquer . . . . ABDICATION
Action d'aboucher . . . . ABOUCHEMENT
Action d'abrutir . . . . ABRUTISSEMENT
Action d'absorber par les voies respiratoires . . . . .
. . . . INHALATION
Action d'acclimater . . . . ACCLIMATATION
Action d'accomplir . . . . RÉALISATION

Action d'accrocher du pied une jambe de quelqu'un
. . . . CROCENJAMBE
Action d'accroître quelque chose en longueur . . . . .
. . . . PROLONGEMENT
Action d'adapter . . . . ADAPTATION
Action d'adjurer . . . . ADJURATION
Action d'admettre par hypothèse . . SUPPOSITION
Action d'aérer . . . . AÉRATION
Action d'affiner . . . . AFFINAGE
Action d'agglutiner . . . . AGGLUTINATION
Action d'agrafer . . . . AGRAFAGE
Action d'ajouter . . . . ADDITION
Action d'allaiter . . . . ALLAITEMENT
Action d'allouer . . . . ALLOCATION
Action d'allumer . . . . ALLUMAGE
Action d'altérer la vérité . . . . MENSONGE
Action d'amalgamer . . . . AMALGAMATION
Action d'amidonner . . . . AMIDONNAGE
Action d'amputer . . . . AMPUTATION
Action d'analyser minutieusement quelque chose . .
. . . . DISSECTION
Action d'aromatiser . . . . AROMATISATION
Action d'arracher . . . . ARRACHEMENT
Action d'arranger en tresse . . . . TRESSAGE
Action d'arrêter quelqu'un . . . . . . ARRESTATION
Action d'arrimer . . . . ARRIMAGE
Action d'articuler . . . . ARTICULATION
Action d'aseptiser . . . . ASEPTISATION
Action d'assimiler . . . . ASSIMILATION
Action d'attacher . . . . AMARRAGE
Action d'attribuer un caractère sacré à . . . .
. . . . SACRALISATION
Action d'avaler . . . . DÉGLUTITION
Action d'avancer . . . . AVANCEMENT
Action d'avertir . . . . AVERTISSEMENT
Action de balayer . . . . BALAYAGE
Action de barbouiller . . . . BARBOUILLAGE,
. . . . BARBOUILLIS
Action de barrer un chèque . . . . BARREMENT
Action de battre de coups de fouet . . . .
. . . . FLAGELLATION
Action de bercer . . . . BERCEMENT
Action de bitumer . . . . BITUMAGE
Action de blinder . . . . BLINDAGE
Action de boiter . . . . CLAUDICATION
Action de boucaner . . . . BOUCANAGE
Action de boucher . . . . BOUCHAGE
Action de bricoler . . . . BRICOLAGE
Action de briser le goulot de . . . ÉGUEULEMENT
Action de bronzer . . . . BRONZAGE
Action de brosser . . . . BROSSAGE
Action d'ébruiter . . . . ÉBRUITEMENT
Action de cacher quelque chose . . OCCULTATION
Action d'écailler . . . . ÉCAILLAGE
Action de calculer le montant des sommes à régler
. . . . LIQUIDATION
Action de camper . . . . CAMPEMENT
Action de celui qui obéit . . . . OBÉISSANCE
Action d'échafauder une œuvre . . ÉCHAFAUDAGE
Action de changer la nature de quelque chose . . . . .
. . . . ALTÉRATION
Action de chaponner . . . . CHAPONNAGE

Action d'échapper à quelque chose de nuisible .... ÉVITEMENT

Action d'écharner les peaux ...... ÉCHARNAGE, ÉCHARNEMENT

Action de châtier .... CHÂTIMENT

Action d'échauffer .... ÉCHAUFFEMENT

Action d'écheniller .... ÉCHENILLAGE

Action de chiffrer .... CHIFFRAGE

Action de ciller .... CILLEMENT

Action d'éclat .... PROUESSE

Action de commettre une deuxième infraction ..... RÉCIDIVE

Action de condenser .... CONDENSATION

Action de conduire .... CONDUITE

Action de conférer une capacité juridique .... HABILITATION

Action de conférer un titre .... COLLATION

Action de construire .... ÉRECTION

Action de contraindre .... COERCITION

Action d'écorcher .... ÉRAILLEMENT

Action de couper les barbes .... ÉBARBAGE

Action de couper les branches inutiles .... ÉMONDAGE

Action de couronner .... COURONNEMENT

Action d'écouter .... AUDITION

Action d'écouter les bruits d'un organe .... AUSCULTATION

Action de cracher .... CRACHEMENT

Action de cramponner ... CRAMPONNEMENT

Action de créer du nouveau .... INVENTION

Action d'écrémer .... ÉCRÉMAGE

Action de creuser .... ÉVIDEMENT

Action d'écrire un texte .... RÉDACTION

Action de crocheter une serrure ... CROCHETAGE

Action de croître .... CROISSANCE

Action de débarrasser un camion de ses marchandises .... DÉCHARGEMENT

Action de débrayer .... DÉBRAYAGE

Action de déchirer .... LACÉRATION

Action de décoder .... DÉCODAGE

Action de décoller .... DÉCOLLAGE

Action de décrisper .... DÉCRISPATION

Action de délainer .... DÉLAINAGE

Action de démilitariser .... DÉMILITARISATION

Action de déminer .... DÉMINAGE

Action de déneiger .... DÉNEIGEMENT

Action de dénoncer quelqu'un ..... CAFARDAGE

Action de dératiser .... DÉRATISATION

Action de dérober .... SOUSTRACTION

Action de désavouer ce qu'on a fait ou dit .... RÉTRACTATION

Action de déshydrater ...... DÉSHYDRATATION

Action de désoxyder .... DÉSOXYDATION

Action de desserrer .... DÉBLOCAGE

Action de détaxer .... DÉTAXATION

Action de détordre .... DÉTORSION

Action de deux personnes s'embrassant .... EMBRASSADE

Action de devenir très pâle .... BLÊMISSEMENT

Action de dévoiler .... RÉVÉLATION

Action de diluer .... DILUTION

Action de dire .... ÉNONCIATION

Action de diriger .... CONDUITE

Action de diriger une arme .... POINTAGE

Action de diriger un engin .... PILOTAGE

Action de diriger un véhicule ..... MANŒUVRE

Action de distancer le peloton .... ÉCHAPPÉE

Action de diviser .... DIVISION

Action de dompter .... DOMPTAGE

Action de donner de l'eau aux plantes .... ARROSAGE

Action de donner les moyens d'attaquer .... ARMEMENT

Action de donner son accord .. CONSENTEMENT

Action de draper .... DRAPEMENT

Action de faire cailler .. CAILLAGE, CAILLEMENT

Action de faire connaître publiquement .... PROCLAMATION

Action de faire de nouveau ...... ITÉRATION

Action de faire des offrandes à Dieu .. OBLATION

Action de faire entrer .... INTRODUCTION

Action de faire passer dans une catégorie inférieure .... DÉCLASSEMENT

Action de faire passer un bateau par l'écluse ...... ÉCLUSAGE

Action de faire une chose d'avance .... ANTICIPATION

Action de faire un trou ...... CREUSAGE

Action de fasciner .... FASCINATION

Action d'effiler .... EFFILAGE

Action de fignoler .... FIGNOLAGE

Action de finir avec soin .... FINITION

Action de flâner .... FLÂNERIE

Action de flatter avec excès ... ENCENSEMENT

Action de folâtrer .... FOLÂTRERIE

Action de fomenter .... FOMENTATION

Action de former quelqu'un ... ÉDUCATION

Action de frôler .... FRÔLEMENT

Action de goûter .... GUSTATION

Action d'égrapper .... ÉGRAPPAGE

Action de gravir .... ASCENSION

Action d'égrener .... ÉGRENAGE

Action de haleter .... HALÈTEMENT

Action de jeter un mauvais sort, en Italie .... JETTATURA

Action de jeter un sort .... SORTILÈGE

Action de joindre par les bouts ... ABOUTEMENT

Action de justifier .... LÉGITIMATION

Action d'élaborer quelque chose dans son esprit ... CONCEPTION

Action de lancer .... LANCEMENT

Action de lancer quelque chose dans l'espace .... PROJECTION

Action de laper .... LAPEMENT

Action de lécher .... LÈCHEMENT

Action de légaliser .... LÉGALISATION

Action de lessiver .... LESSIVAGE

Action d'élever verticalement ...... ÉRECTION

Action délicate .... GENTILLESSE

Action d'éliminer .... ÉLIMINATION

Action d'éliminer ceux qui sèment le désordre .... ÉPURATION

Action de liquéfier .... LIQUÉFACTION

Action de livrer à la circulation .... ÉMISSION

Action de mâcher .... MÂCHONNEMENT,
.... MASTICATION
Action de magnétiser .... MAGNÉTISATION
Action de maltraiter .... RUDOIEMENT
Action de manger .... MANDUCATION
Action de massacrer .... MASSACRE
Action d'emblaver .... EMBLAVAGE
Action d'emboutir .... EMBOUTISSAGE
Action d'embrasser .... ACCOLADE, ÉTREINTE
Action de médire .... DÉNIGREMENT
Action de mélanger des choses différentes ....
.... AMALGAMATION
Action de mentir .... MENSONGE
Action d'émerger .... ÉMERSION
Action d'émettre .... ÉMISSION
Action de mettre des marchandises en dépôt ......
.... ENTREPOSAGE
Action de mettre en caisse .... ENCAISSAGE
Action de mettre en route .... DÉMARRAGE
Action de mettre les scénarios en images ....
.... TOURNAGE
Action d'émigrer .... ÉMIGRATION
Action de moissonner .... MOISSONNAGE
Action de mordiller .... MORDILLAGE,
.... MORDILLEMENT
Action d'émoudre .... ÉMOULAGE
Action de murmurer entre ses dents ....
.... MARMONNEMENT
Action de nasiller .... NASILLEMENT
Action d'enchanter .... ENCHANTEMENT
Action de ne faire aucun cas .... NÉGATION
Action de ne pas approuver ..... IMPROBATION
Action de nettoyer .... BALAYAGE
Action d'enfermer .... INTERNEMENT
Action d'enfiler une viande sur la broche ....
.... EMBROCHEMENT
Action d'engazonner ...... ENGAZONNEMENT
Action d'engendrer .... ENGENDREMENT
Action d'engerber .... ENGERBAGE
Action d'engommer .... ENGOMMAGE
Action de nier .... NÉGATION
Action d'enlever un membre ..... AMPUTATION
Action d'enlever un organe .... ABLATION
Action de noter les ressemblances ....
.... COMPARAISON
Action de noter par des symboles .... NOTATION
Action d'enrôler .... ENRÔLEMENT
Action d'ensiler .... SILOTAGE
Action d'entendre .... AUDITION
Action d'envahir un pays .... INVASION
Action d'envergure d'une force armée ....
.... OFFENSIVE
Action de palper .... PALPATION
Action d'épamprer .... ÉPAMPRAGE,
.... ÉPAMPREMENT
Action de parachever .... FIGNOLAGE
Action de paraffiner .... PARAFFINAGE
Action de pardonner une offense .... RÉMISSION
Action de parler beaucoup, avec futilité ....
.... BAVARDAGE
Action de pénétrer dans un lieu par une clôture ....
.... ESCALADE

Action de pénétrer furtivement ... INFILTRATION
Action de pendre .... PENDAISON
Action de perdre connaissance ....
.... ÉVANOUISSEMENT
Action de perforer .... PERFORATION
Action de pétrir .... PÉTRISSAGE
Action de peupler avec des alevins .. ALEVINAGE
Action de piéger .... PIÉGEAGE
Action d'épiler .... ÉPILATION
Action de pisser .... PISSEMENT
Action déplacée .... IMPERTINENCE
Action de placer de l'argent .... PLACEMENT
Action d'éplucher .... ÉPLUCHAGE
Action de plumer un oiseau .... PLUMAISON
Action de polir .... ÉGRISAGE
Action de pousser avec effort .... PRESSION
Action de prendre pour modèle ..... IMITATION
Action de presser dans ses bras ...... ÉTREINTE
Action de priver d'eau .... DÉSHYDRATION
Action de produire un énoncé .... ÉNONCIATION
Action de progresser .... AVANCEMENT
Action de progresser vers le haut ... ASCENSION
Action de projeter de l'eau bénite ... ASPERSION
Action de protéger quelqu'un excessivement ......
.... MATERNAGE
Action de protéger une pièce contre la chaleur ....
.... ISOLATION
Action d'épurer .... ÉPURATION
Action de raboter .... RABOTAGE
Action de racoler .... RACOLAGE
Action d'éradiquer .... ÉRADICATION
Action de ramener à un degré inférieur ....
.... RABAISSEMENT
Action de ramener quelqu'un au bien ....
.... RÉDEMPTION
Action de ramper .... RAPTATION
Action de rappeler une chose oubliée ....
.... ÉVOCATION
Action de râteler .... RÂTELAGE
Action de ratifier .... HOMOLOGATION
Action de ratisser .... RATISSAGE
Action de rattacher un territoire ..... ANNEXION
Action de raturer .... RATURAGE
Action de réciter avec peine ..... ÂNONNEMENT
Action de recruter par des moyens publicitaires ....
.... RACOLAGE
Action de recueillir des dons .... COLLECTE
Action de récurer .... RÉCURAGE
Action de réduire en cendres .... INCINÉRATION
Action de refaire un nœud ...... RENOUEMENT
Action de refuser de franchir un obstacle ....
.... DÉROBADE
Action de refuser de reconnaître ... RENIEMENT
Action de régler .... RÈGLEMENT
Action d'éreinter .. ÉREINTAGE, ÉREINTEMENT
Action de rejeter .... NÉGATION
Action de reléguer .... RELÉGATION
Action de remettre à neuf .... RÉFECTION
Action de remettre à plus tard .. ATERMOIEMENT
Action de rendre .... RESTITUTION
Action de renommer .... RÉÉLECTION
Action de renoncer au trône ...... ABDICATION

Action de réparer grossièrement . . RAFISTOLAGE
Action de répartir . . . . ÉTALEMENT
Action de répartir entre des personnes . . . .
. . . . DISTRIBUTION
Action de repasser une matière . . . . RÉVISION
Action de repousser quelqu'un . . REFOULEMENT
Action de rétablir le calme . . . . . PACIFICATION
Action de retenir une place . . . . . . RÉSERVATION
Action de retercer . . . . RETERÇAGE
Action de retirer des cales . . . . DÉCALAGE
Action de rétorquer . . . . RÉTORSION
Action de retoucher . . . . RETOUCHE
Action de retrouver après perte . . RÉCUPÉRATION
Action de réunir des dispositions législatives . . . . . .
. . . . CODIFICATION
Action de réunir deux groupes en un seul . . . .
. . . . FUSIONNEMENT
Action de revacciner . . . . REVACCINATION
Action de révéler . . . . RÉVÉLATION
Action de revenir sur quelque chose . . . .
. . . . INSISTANCE
Action de revêtir de gazon . . . . GAZONNAGE,
. . . . GAZONNEMENT
Action de rire stupidement . . . . RICANEMENT
Action de ronchonner . . . . . RONCHONNEMENT
Action de rouir . . . . ROUISSAGE
Action de rouler . . . . ROULEMENT
Action de s'abstenir de faire quelque chose . . . .
. . . . ABSTENTION
Action de saluer . . . . SALUTATION
Action de s'amuser à des choses futiles . . . .
. . . . BATIFOLAGE
Action de saper . . . . SAPEMENT
Action de s'appesantir . . . APPESANTISSEMENT
Action de sasser . . . . SASSEMENT
Action de s'assurer une domination . . MAINMISE
Action de se baigner . . . . BAIGNADE
Action de se coiffer, de se laver . . . . . . TOILETTE
Action de sélectionner . . . . SÉLECTION
Action de s'éloigner . . . . ÉLOIGNEMENT
Action de s'émanciper . . . . ÉMANCIPATION
Action de semer . . . . SEMAILLES
Action de s'emparer de quelque chose . . . .
. . . . MAINMISE
Action de s'enfoncer dans le sable . . ENLISEMENT
Action de s'engager à faire quelque chose . . . .
. . . . PROMESSE
Action de se nourrir . . . . ALIMENTATION
Action de s'enrôler . . . . ENRÔLEMENT
Action de s'entremettre . . . . ENTREMISE
Action de se présenter devant la justice . . . .
. . . . COMPARUTION
Action de séquestrer . . . . SÉQUESTRATION
Action de se rendre . . . . REDDITION
Action de se répandre avec impétuosité . . . .
. . . . DÉFERLEMENT
Action de se retirer du travail . . . . RETRAITE
Action de serrer dans ses bras . . . . ÉTREINTE
Action de serrer la main . . . . SERREMENT
Action de se saisir de quelqu'un . . ARRESTATION
Action de se servir de la deuxième personne du sin-
gulier . . . . TUTOIEMENT

Action de se soustraire à des obligations . . . .
. . . . ESCAPADE
Action de se venger . . . . VENGEANCE
Action de siffloter . . . . SIFFLOTEMENT
Action de s'inscrire à un parti . . . . ADHÉSION
Action de s'interdire des plaisirs . . . ABSTINENCE
Action de solfier du système de l'hexacorde (MF)
. . . . SOLMISATION
Action de s'opposer au jeu de l'adversaire . . . .
. . . . OBSTRUCTION
Action de s'orienter en sens contraire . . INVERSION
Action de souscrire à une idée . . . . ADHÉSION
Action de soustraire quelqu'un à ce qui le menace
. . . . SAUVETAGE
Action de soutenir les parois d'une excavation . . . .
. . . . SOUTÈNEMENT
Action de supprimer . . . . ANNULATION
Action d'étaler . . . . ÉTALEMENT
Action d'étayer . . . . ÉTAIEMENT
Action d'étendre du linge . . . . ÉTENDAGE
Action de tendre vers un même but . . . .
. . . . CONVERGENCE
Action d'éternuer . . . . STERNUTATION
Action d'étioler une plante . . . . ÉTIOLEMENT
Action d'étirer . . . . ÉTIREMENT
Action de tirer . . . . TRACTION
Action de tirer avec une arme à feu . . DÉCHARGE
Action de tirer du néant . . . . CRÉATION
Action de tordre du linge . . . . ESSORAGE
Action de toucher légèrement . . ATTOUCHEMENT,
. . . . FRÔLEMENT
Action d'étouffer . . . . ÉTOUFFAGE
Action de tourmenter . . . . HARCÈLEMENT
Action de tracer . . . . TRACEMENT
Action d'étreindre . . . . ÉTREINTE
Action de tremper quelque chose dans un liquide . .
. . . . TREMPAGE
Action de tricoter . . . . TRICOTAGE
Action de tuer un animal de boucherie . . . .
. . . . ABATTAGE
Action de vider . . . . ÉVACUATION
Action d'évincer . . . . ÉVICTION, ÉVINCEMENT
Action de voyager pour son plaisir . . . TOURISME
Action d'excentrer . . . . EXCENTRATION
Action d'exclure quelqu'un d'un groupe . . . .
. . . . OSTRACISME
Action d'exiler . . . . RELÉGATION
Action d'expirer de façon bruyante . . . .
. . . . ÉBROUEMENT
Action d'expurger . . . . EXPURGATION
Action d'extorquer de l'argent . . . . . . CHANTAGE
Action d'illuminer . . . . ILLUMINATION
Action d'imaginer des actions futures . . . .
. . . . ANTICIPATION
Action d'imbiber une étoffe de vapeur . . . .
. . . . BRUISSAGE
Action d'imprégner . . . . IMPRÉGNATION
Action d'inaugurer . . . . OUVERTURE
Action d'ingérer . . . . INGESTION
Action d'installer . . . . DRESSAGE
Action d'intercepter . . . . INTERCEPTION
Action d'interrompre . . . . INTERRUPTION

Action d'intervenir dans les affaires d'autrui .... IMMIXTION
Action d'inventer .... INNOVATION
Action d'inverser .... INVERSION
Action d'invoquer .... INVOCATION
Action d'irriguer .... ARROSAGE
Action d'oblitérer .... OBLITÉRATION
Action d'opaliser .... OPALISATION
Action d'orienter quelqu'un ...... AIGUILLAGE
Action d'ôter l'écorce d'un arbre .... ÉCORÇAGE
Action d'ouvrir .... OUVERTURE
Action d'oxygéner .... OXYGÉNATION
Action dramatique .... MIMODRAME
Action d'une couturière .... PLISSAGE
Action d'une personne allant d'un lieu à un autre .. .. DÉPLACEMENT
Action d'unifier .... UNIFICATION
Action d'urbaniser .... URBANISATION
Action d'usurper .... USURPATION
Action infamante .... IGNOMINIE
Action inspirée par la malice ...... DIABLERIE
Action irréfléchie .... IMPRUDENCE
Actionnée avec le doigt .... GACHETTE
Actionner un avertisseur sonore ... KLAXONNER
Action par laquelle on répare une offense .... SATISFACTION
Action qui amuse .... JOYEUSETÉ
Action qui passe les bornes .... OUTRANCE
Action qui vise à rétablir la bonne entente .... CONCILIATION
Action qui vise à saper les valeurs .. SUBVERSION
Action qu'une chose exerce sur une autre .... INFLUENCE
Action remarquable .... PROUESSE
Action scélérate .... SCÉLÉRATESSE
Action vile .... BASSESSE, PLEUTRERIE
Activité dans laquelle une femme se dépense .... MAGASINAGE
Activité de badaud .... FLÂNERIE
Activité de propagation d'une foi religieuse .... APOSTOLAT
Activité des bandits .... GANGSTÉRISME
Activité de styliste .... STYLISME
Activité d'un artisan du bois ...... MENUISERIE
Activité économique .... BUSINESS
Activité hivernale .... DÉNEIGER
Activité mentale pour se souvenir .... MÉMORISATION
Activité sportive .... EXERCICE
Actrice américaine .... DIETRICH
Actrice américaine ayant joué dans « le Magicien d'Oz» .... JUDYGARLAND
Actrice française .... SIGNORET
Actrice jouant la tragédie ... TRAGÉDIENNE
Actrice norvégienne .... LIVULLMANN
Actrice suédoise .... GRETAGARBO
Actualité du jour .... ÉVÉNEMENTIEL
Addition de soufre au caoutchouc .... VULCANISATION
Additionné d'acide phénique .... PHÉNIQUÉ
Additionner de résine .... CARBONATER
A de belles dents et de grandes oreilles ....

A .... LÉPORIDÉ
A de gros yeux .... LIBELLULE
A déjà un grand parcours derrière lui (PD) .... CENTENAIRE
A de la méthode .... CARTÉSEIEN
À de nombreuses reprises ...... BEAUCOUP
Adepte de la doctrine de Zoroastre .... ZOROASTRIEN
Adepte du manichéisme .... MANICHÉEN
Adepte d'une religion .... BOUDDHISTE
Adepte du nihilisme .... NIHILISTE
Adepte du séparatisme .... SÉPARATISTE
Adepte récent d'une doctrine .... NÉOPHYTE
A des aiguilles .... CONIFÈRE
A des baies rouges .... ÉPINEVINETTE
A des fleurs en cœur .... DICENTRA
A des points de suspension (MH) ..... PENDERIE
A des problèmes au moment de faire son choix ... . IRRÉSOLU
A des problèmes de réfraction .... AMÉTROPE
A des racines aériennes .... PALÉTUVIER
A deux paires d'ailes égales .... ISOPTÈRE
Adhésion à une autorité spirituelle .. OBÉDIENCE
À différencier des désirs .... RÉALITÉS
A dix faces .... DÉCAÈDRE
Adjectif numéral ordinal .... CENTIÈME, ... NEUVIÈME, TRENTIÈME
Adjoindre à un film une bande-son .. SONORISER
Admettre à un examen .... RECEVOIR
Admettre comme incontestable .. RECONNAÎTRE
Admettre communément .... RÉPANDRE
Admettre dans une association .... AFFILIER
Admettre dans un endroit où l'on soigne .... HOSPITALISER
Admettre pour vrai .... RECONNAÎTRE
Administrateur de site Internet .... WEBMESTRE
Administrateur d'un bureau de poste .. RECEVEUR
Administration du trésor public .... TRÉSORERIE
Administrer des médicaments (se) .... MÉDICAMENTER
Administrer le baptême .... BAPTISER
Admirateur de Wagner .... WAGNÉRIEN
Admiration de soi .... NARCISSISME
Admiration excessive .... ADULATION
Admiration pour ce qui est en vogue .. SNOBISME
Admis à poursuivre en justice ...... RECEVABLE
Admis par la loi .... LÉGITIME
Admission au nombre des saints .... CANONISATION
Ado anglais .... TEENAGER
A donc perdu ses illusions ..... DÉSENCHANTÉ
Adonné à la luxure .... LUXURIEUX
Adonné à l'opium .... OPIOMANE
Adorateur des animaux .... ZOOLÂTRE
Adoration des animaux divinisés .... ZOOLÂTRIE
Adoration des images .... ICONOLÂTRIE
Adoucir dans son expression ..... ÉDULCORER
Adoucir les souffrances .... SOULAGER
Adoucir par addition de sucre .... ÉDULCORER
Adoucir un dessin avec l'estompe .... ESTOMPER
Adoucissement d'une expression trop drue .... EUPHÉMISME

Adresse manuelle . . . . DEXTÉRITÉ
Adresser des conseils, des remontrances . . . .
. . . . SERMONNER
Adresser des félicitations à quelqu'un . . . .
. . . . COMPLIMENTER
Adresser un discours . . . . HARANGUER
Adresser une semonce . . . . SEMONCER
Adulte qui ne sera pas là demain (MF) . . . .
. . . . ÉPHÉMÈRE
A du mal à assortir sa cravate avec sa chemise (MH)
. . . . DALTONIEN
A du mal à rêver . . . . RÉALISTE
A du mal à suivre . . . . INATTENTIF
Adverbe pratique . . . . UTILEMENT
Adverbe qui introduit une explication . . . .
. . . . CESTÀDIRE
Adverbe servant à déterminer l'âge d'un cerf . . . . .
. . . . JEUNEMENT
A écrit «l'Automne à Pékin» . . . . . . BORISVIAN
À elle de s'occuper de la suite (PD) . . . .
. . . . EXÉCUTRICE
A encore quelque chose à dire après tout le monde
(PD) . . . . COMMENTATEUR
Aérodrome aménagé en montagne . . . . ALTIPORT
Aéronaute français . . . . ARLANDES
Aéroport de Bordeaux . . . . MÉRIGNAC
Aéroport international de New York . . JFKENNEDY
Aéroport pour hélicoptères . . . . HÉLIPORT
A été abolie le 14 juillet 1976 . . . PEINEDEMORT
A été gentil à une époque (PD) . . . . . MÉCRÉANT
A été inventé pour mesurer un trajet . . ODOMÈTRE
A évidemment quelque chose de rassurant (MH) . . .
. . . . SÉCURITÉ
À éviter à tout prix . . . . VÉNÉNEUX
À éviter si vous voulez avoir la paix (PD) . . . .
. . . . AFFRONTEMENT
À faire sous serment . . . . DÉPOSITION
A fait connaître Montmartre . . FRENCHCANCAN
A fait bouffer les belles dames (PD) . . . .
. . . . VERTUGADIN
A fait la Grève . . . . EISENSTEIN
Affaibli par l'âge . . . . DÉCRÉPIT
Affaiblir insensiblement . . . . DÉGRADER
Affaiblir physiquement ou moralement . . . .
. . . . DÉPRIMER
Affaiblissement de la vision en lumière peu intense
. . . . HÉMÉRALOPIE
Affaiblissement extrême . . . . EXTÉNUATION
Affaiblissement général de l'organisme . . . .
. . . . ASTHÉNIE
Affaiblissement physique ou moral . . . .
. . . . ABATTEMENT
Affaiblissement produit par la vieillesse . . SÉNILITÉ
Affaiblissement progressif . . . . . . EFFRITEMENT
Affaire de cœur . . . . PALPITATION
Affaire difficile à faire fonctionner . . GRÉEMENT
Affaire malhonnête . . . . SCANDALE
Affectation dans les manières . . . . . . PRÉCIOSITÉ
Affecté et compliqué . . . . CONTOURNÉ
Affecter la niaiserie . . . . BÊTIFIER
Affection caractérisée par des accès de sommeil . . .
. . . . NARCOLEPSIE

Affection caractérisée par des plaques de dépigmen-
tation . . . . VITILIGO
Affection chronique des articulations . . ARTHROSE
Affection contagieuse de la peau . . . . . IMPÉTIGO
Affection de la fin de la grossesse . . . ÉCLAMPSIE
Affection de la peau . . . . KÉRATOSE
Affection des muscles . . . . MYOPATHIE
Affection douloureuse d'un nerf . . . . . SCIATIQUE
Affection du cou . . . . TORTICOLIS
Affection du système nerveux . . . . . . PARKINSON
Affection mentale . . . . PSYCHOSE
Affection qui donne des accès de sommeil . . . .
. . . . NARCOLEPSIE
Affine la taille . . . . GUÊPIÈRE
Affirmation d'une évidence niaise . . LAPALISSADE
Affluence excessive de véhicules . . . .
. . . . ENCOMBREMENT
Affluent de la Garonne . . . . DORDOGNE
Affluent de l'Ohio . . . . TENNESSEE
Affluent du Congo . . . . OUBANGUI
Affluent du Missouri . . . . YELLOWSTONE
Affluent d'une rivière . . . . RUISSEAU
Affluent du Saint-Laurent . . . . CHAUDIÈRE,
. . . . SAINTMAURICE
Affluent du Yukon . . . . KLONDIKE
Affranchir de toute contrainte . . . . . . ÉMANCIPER
Affrontement sauvage . . . . ÉTRIPAGE
Afin de ne rien lâcher . . . . FERMEMENT
A foi en Jésus . . . . CHRÉTIEN
À fond . . . . SÉRIEUSEMENT
À fond de train . . . . ÀTOUTEVITESSE
À force de suivre sa piste, on finit par avoir son
voyage (MF) . . . . AÉROPORT
À force de toutes les examiner, vous trouverez la
réponse (MF) . . . . FACETTES
Agate rouge . . . . CORNALINE
Âgé d'à peu près trente ans . . . . TRENTAINE
Âgé de quatre-vingt-dix à quatre-vingt-dix-neuf ans
. . . . NONAGÉNAIRE
Âgé de soixante-dix à soixante-dix-neuf ans . . . . . .
. . . . SEPTUAGÉNAIRE
Âge minimum légal pour se marier . . . . NUBILITÉ
Agencement de choses diverses . . COORDINATION
Agenda de bureau . . . . SEMAINIER
Agent chargé d'une mission secrète . . ÉMISSAIRE
Agent de la douane . . . . DOUANIER
Agent de police (MH) . . . . ASSUREUR
Agent de police . . . . ARGOUSIN
Agent de sapidité (PD) . . . . GLUTAMATE
Agglomération d'abris de fortune . . BIDONVILLE
Agglomération destinée au logement . . . .
. . . . VILLEDORTOIR
Aggravation d'un phénomène, d'un conflit . . . .
. . . . ESCALADE
Agir avec lenteur . . . . LAMBINER
Agir de façon à encourir un blâme . . DÉMÉRITER
Agir de manière à produire un effet . . TRAVAILLER
Agir en justice contre quelqu'un . . . POURSUIVRE
Agir en lâche . . . . DÉSERTER
Agir sur . . . . INFLUENCER
Agitateur à libérer à la place de Jésus . . BARRABAS
Agitation bruyante . . . . TURBULENCE

Agitation confuse et bruyante ...... TOHUBOHU
Agitation de ce qui tremble .... TREMBLEMENT
Agitation extrême .... EFFERVESCENCE
Agitation légère de l'eau .... CLAPOTAGE,
.... CLAPOTEMENT, CLAPOTIS
Agitation qui peut atteindre les esprits ....
.... FERMENTATION
Agit avec perte et fracas .... BRISETOUT
Agité de secousses brusques .... TRÉPIDANT
Agit pour la forme (MH) .... MODELEUR
À gogo .... ABONDAMMENT
Agrandissement de la valvule mitrale ....
.... COMMISSUROTOMIE
Agréable à regarder .... CHARMANT
Agréable perte de temps (PD) ..... AMUSEMENT
Agréable pour les sens .... MOELLEUX
Agrémenter d'ornements brillants .. BRILLANTER
Agresser physiquement .... ATTAQUER
Agrippine le poussa au suicide .... NARCISSE
Agrume du genre citrus .... LIMETTIER
Agrume plus petit que l'orange ... MANDARINE
A huit faces .... OCTAÈDRE
Aide à remonter la pente (PD) ....
.... RÉCONFORTANT
Aide à se relâcher .... NARCOTIQUE
Aide à trouver chaussure à son pied (MH) ....
.... POINTURE
Aide financière accordée par l'État .. SUBVENTION
Aide légère apportée à quelqu'un ....
.... COUPDEPOUCE
Aide mutuelle .... ENTRAIDE
Aider à la croissance (PD) .... ALLAITER
Aider à la réinsertion sociale ..... RÉHABILITER
Aider à supporter une épreuve .. RÉCONFORTER
Aider dans une tâche .... ASSISTER
Aider une personne .... PROTÉGER
Aigle de grande taille .... PYGARGUE
Aigu et intense .... STRIDENT
Aiguille des secondes d'une montre .. TROTTEUSE
Ail d'Espagne .... ROCAMBOLE
Aimable et gai .... SOURIANT
Aime avoir des réserves .... ÉCUREUIL
Aime beaucoup la crème (MH) ...... ÉLITISTE
Aime bien rester dans son nid ... PANTOUFLARD
Aimée de Quasimodo .... ESMERALDA
Aime être enfariné (MH) .... TÉNÉBRION
Aime être nu .... NATURISTE
Aime jouer des tours .... ESPIÈGLE
Aime la chair crue .... CARNASSIER
Aime les glands .... ÉCUREUIL
Aime les manteaux de fourrure ...... ATTAGÈNE
Aime le sirop d'érable .... BECSUCRÉ
Aime l'étable et le jardin (MH) ..... ÉRISTALE
Aime mieux le téléphone que le courrier ....
.... ILLETTRÉ
Aime nous décortiquer (MH) ..... ANATOMISTE
Aimerait bien se retrouver au pouvoir ....
.... OPPOSITION
Aimerait se donner en spectacle le plus souvent possible (PD) .... INTERMITTENT
Aimer à l'excès .... RAFFOLER
Aimer avec passion .... IDOLÂTRER

Aimer mieux .... PRÉFÉRER
Aimer recommencer .... REGRETTER
Aime s'étaler sur l'eau .... NÉNUPHAR
Aime vivre à poil .... NATURISTE
A inspiré les pionniers d'Internet (MH) ....
.... ARAIGNÉE
A intérêt à être meilleur à l'écrit qu'à l'oral (PD) .
.... BREDOUILLEUR
Air à danse de l'Italie .... TARENTELLE
Air bruyant de certaines musiques ... FLONFLON
Air de candeur .... BONENFANT
Air de famille .... RESSEMBLANCE
Air qui franchit de grands intervalles mélodiques ..
.... TYROLIENNE
Aisance dans l'allure .... ÉLÉGANCE
Aisance matérielle .... BIENÊTRE
À jet continu .... FACILEMENT
Ajouté entre d'autres choses .... INTERCALAIRE
Ajouter ce qui manque .... SUPPLÉER
Ajouter de l'alcool à quelque chose ....
.... ALCOOLISER
Ajouter de la moutarde .... SINAPISER
Ajouter de l'eau .... MOUILLER
Ajouter de l'eau à du lait, à du vin .... BAPTISER
Ajouter du liquide à une sauce ...... ALLONGER
Ajouter du nitrate à .... NITRATER
Ajouter du piquant .. ASSAISONNER, ÉROTISER
Ajouter du sucre .... ÉDULCORER
Ajouter du sucre à un moût ...... CHAPTALISER
Ajouter du tannin .... TANNISER
Ajouter une chose à une autre ... ADDITIONNER
Ajout fait à une lettre .... POSTSCRIPTUM
Ajuster le dernier chiffre .... ARRONDIR
À la base de la statue .... TERRASSE
A la conscience lourdement chargée (PD) ....
.... MEURTRIER
À la dernière limite .... INEXTREMIS
À la dérobée .... FURTIVEMENT
A la faculté de voir la nuit .... NYCTALOPE
À la fin .... FINALEMENT
À la fin de l'année .... NOVEMBRE
À la fois mâle et femelle .... HERMAPHRODITE
A la forme d'un petit boudin .... QUENELLE
À la gauche des spectateurs ...... CÔTÉJARDIN
À la hâte, sans précipitation ... ÀLASAUVETTE
A l'air d'un navet .... RUTABAGA
À l'aise .... DÉCONTRACTÉ
A laissé un journal .... LÉAUTAUD
A la langue gluante .... TAMANOIR
À la lettre .... LITTÉRALEMENT
À la main du chevalier (MH) ..... PÉNICILLINÉ
À la mode .... TENDANCE
A la peau lisse .... NECTARINE
À la perfection .... IDÉALEMENT
À la pétanque, équipe de quatre joueurs ....
.... QUADRETTE
À la planche (MF) .... RONDEMENT
A la pointe du foret (PD) .... TUNGSTÈNE
À la portée de toutes les bourses (MH) ....
.... TESTICULES
À la prochaine .... ÀBIENTÔT
À la rescousse .... ENRENFORT

À la suite de . . . . DERRIÈRE
A la tête entourée de bras . . . . . . CÉPHALOPODE
À laver . . . . CRASSEUX
Album sans photos (MH) . . . . BANDEDESSINÉE
Alcaloïde de la grande ciguë . . . . CICUTINE
Alcaloïde de l'opium . . . . NARCÉINE
Alcaloïde des cantharides . . . . . CANTHARIDINE
Alcaloïde du poivrier . . . . PIPÉRINE
Alcaloïde du rauwolfia . . . . RÉSERPINE
Alcaloïde du tabac . . . . NICOTINE
Alcaloïde extrait de la belladone . . . . . . ATROPINE
Alcaloïde extrait de l'écorce de yohimbehe . . . .
. . . . YOHIMBINE
Alcaloïde hallucinogène . . . . MESCALINE
Alcaloïde prescrit contre l'impuissance . . . .
. . . . YOHIMBINE
Alcaloïde produit par l'ellébore blanc . . VÉRATRINE
Alcaloïde toxique . . . ACONITINE, COLCHICINE,
. . . . STRYCHNINE
Alcaloïde toxique extrait de la fausse oronge . . . . .
. . . . MUSCARINA
Alcaloïde très vénéneux . : . . . . CICUTINE
Alcaloïde utilisé comme tonicardiaque . . . .
. . . . STROPHANTINE
Alcaloïde utilisé en collyre . . . . . . PILOCARPINE
Alcaloïde voisin de l'atropine . . . SCOPOLAMINE
Alcool éthylique . . . . ESPRITDEVIN
Alcool extrait du baume du Pérou . . CINNAMIQUE
Alcoolisme dû à l'abus du vin . . . . ŒNILISME,
. . . . ŒNOLISME
Aldéhyde dérivé du furanne . . . . FURFURIAL
À l'eau pour quelque temps (PD) . . . . CURISTES
A le feu au derrière (MH) . . . . CORBILLARD
À l'endroit et à l'envers . . . . RECTOVERSO
À l'entrée d'un site . . . . PAGEDACCUEIL
À l'esprit pratique . . . . RÉALISTE
À l'est de Laon . . . . SISSONNE
À l'état latent . . . . RÉCESSIF
Aleviner un lac . . . . ENSEMENCER
À l'extérieur . . . . ENDEHORS
Algue brune des côtes rocheuses . . . . LAMINAIRE
Algue brune des mers froides . . MACROCYSTE,
. . . . MACROCYSTIS
Algue brune flottante . . . . SARGASSE
Algue rouge marine . . . . CORALLINE
Aliéner moyennant une redevance . . . . AFFÉAGER
A lieu avant le match . . . . ENTRAÎNEMENT
A lieu matin et soir . . . . RAMASSAGE
A lieu sans avertissement . . . . IRRUPTION
A lieu sur l'eau . . . . NAUTISME
Alimente le compte en banque . . ENCAISSEMENT
Aliment plus ou moins pâteux . . . . BOUILLIE
Aliment riche en amidon . . . . FÉCULENT
À lire au pied de la lettre . . . . . POSTSCRIPTUM
Allait au cirque . . . . RÉTIAIRE
Allée, berceau de charmes . . . . CHARMILLE
Allées et venues . . . . VAETVIENT
Alléguer un prétexte . . . . PRÉTEXTER
Aller à cheval . . . . CHEVAUCHER
Aller à la ruine . . . . PÉRICLITER
Aller à la toilette . . . . ÉLIMINER
Aller à l'encontre de . . . . CONTREDIRE

Aller au bal avec sa blonde . . . . ESCORTER
Aller au-delà . . . . . . DÉPASSER, OUTREPASSER
Aller au-delà de ce qui a été dit . . . . . ENCHÉRIR
Aller au-devant de quelque chose . . . . . PRÉVENIR
Aller au fond d'une histoire . . . . ENQUÊTER
Aller bientôt s'éteindre . . . . AGONISER
Aller dans le détail . . . . ÉNUMÉRER
Aller dans tous les sens . . . . SILLONNER
Aller de nouveau en haut . . . . REMONTER
Aller de soi . . . . ÊTREÉVIDENT
Aller de travers . . . . ZIGZAGUER
Aller droit au cœur (MH) . . . . AUSCULTER
Aller du haut vers le bas . . . . DESCENDRE
Aller d'un bord pis de l'autre (MF) . . SILLONNER
Aller d'un lieu à l'autre . . . . PARCOURIR
Aller d'un site à l'autre . . . . NAVIGUER
Aller du premier jusqu'au dernier . . . ÉNUMÉRER
Aller en diminuant . . . . RALENTIR
Aller en tournoyant . . . . TOURBILLONER
Aller et venir . . . . OSCILLER
Aller loin, beaucoup trop loin . . . . . . EXAGÉRER
Aller plus doucement . . . . RALENTIR
Aller plus vite . . . . ACCÉLÉRER
Aller vers le sud . . . . DESCENDRE
Alliance contre un adversaire commun . . . .
. . . . COALITION
Alliance réciproque (PD) . . . . GRAVITATION
Alliage contenant du fer . . . . . . FERROALLIAGE
Alliage de cobalt, de chrome, de tungstène et de
molybdène . . . . STELLITE
Alliage de cuivre, de manganèse et de nickel . . . . .
. . . . MANGANINE
Alliage de cuivre et de nickel . . . . CONSTANTAN
Alliage de fer et de nickel . . . . . . FERRONICKEL,
. . . . PLATINITE
Alliage de nickel, de chrome et de fer . . NICHROME
Alliage de nickel, de cuivre et de zinc . . ARGENTAN
Alliage du mercure et d'un autre métal . . . .
. . . . AMALGAME
Alliage léger d'aluminium . . . . DURALUMIN
Alliage naturel d'or et d'argent . . . . . ÉLECTRUM
Allier par le mariage . . . . APPARENTER
Allongement accidentel d'un muscle . . . .
. . . . ÉLONGATION
Allonger une autre fois . . . . RETENDRE
Allons chez eux, pour voir (MH) . . . . OCULISTES
Allons enfants de la Patrie . . . . . MARSEILLAISE
Allumer de nouveau . . . . RALLUMER
Allumer des lumières . . . . ÉCLAIRER
À l'œil . . . . GRATUITEMENT
A longtemps équipé le fonctionnaire . . LUSTRINE
A longtemps fait du propre (PD) . . . LESSIVEUSE
À l'opposé du four (MH) . . . . RÉUSSITE
Alourdir d'éléments inutiles . . . . . . SURCHARGER
Altération à la tonalité . . . . ACCIDENT
Altération de la cellule . . . . . DÉGÉNÉRESCENCE
Altération de la fraîcheur des végétaux . . . .
. . . . FLÉTRISSURE
Altération de la voix . . . . ENROUEMENT
Altération de l'éclat du teint . . . . . FLÉTRISSURE
Altération des aliments . . . . RANCISSEMENT
Altération d'une fonction . . . . PERVERSION

Altération morphologique .... MALFORMATION
Altercation survenant inopinément .. ALGARADE
Alter ego .... BRASDROIT
Altérer la couleur de .... DÉCOLORER
Altérer la forme de quelque chose ... DÉFORMER
Alternance de fonctions .... ROTATION
Aluminate de béryllium .... CHRYSOBÉRYL
Amaigri par le manque de nourriture .. FAMÉLIQUE
Amaigrissement extrême .... ÉMACIATION,
.... ÉMACIEMENT
Amas de choses disparates .... MACÉDOINE
Amas de ferrailles .... MITRAILLE
Amas de petites pierres .... PIERRAILLE
Amas de petites pierres sur le sol .... ROCAILLE
Amas de squelettes .... OSSUAIRE
Amas de tripes .... TRIPAILLE
Amas d'objets empilés .... ÉCHAFAUDAGE
Amas d'objets hétéroclites .... BRICÀBRAC
Amasser de l'argent .... CAPITALISER
Amateur de cerfs-volants .... LUCANOPHILE
Amateur de chinoiseries (PD) ..... SINOLOGUE
Amateur de cinéma .... CINÉPHILE
Amateur de coucou (MH) ..... ORNITHOLOGUE
Amateur de courses de taureaux ... AFICIONADO
Amateur de duels .... SPADASSIN
Amateur de livres rares .... BIBLIOPHILE
Amateur de mots croisés ...... CRUCIVERBISTE
Amateur de musique .... MÉLOMANE
Amateur de noisettes .... ÉCUREUIL
Amateur de patate en chocolat (MF) .. PAILLASSON
Amateur de poissons .... PINGOUIN
Amateur de transports interdits (PD) .. OPLOMANE
Amateur de vapeurs prohibées ... ÉTHÉROMANE
Amateur de viande froide (PD) ... NÉCROPHAGE
Amateur passionné de ballet ... BALLETOMANE,
.... BALLETTOMANE
Ambitieux peu scrupuleux .... ARRIVISTE
Ambassadeur américain .... CELLUCCI
Amélioration du confort ...... MIEUXÊTRE
Améliore le travail .... ERGONOMIE
Amener à l'état fossile .... FOSSILISER
Amener à reconnaître la vérité .... CONVAINCRE
Amener à sa fin .... CONCLURE
Amener au poste ou au bal (MF) ..... ESCORTER
Amener de force .... ENTRAÎNER
Amener de l'eau .... IRRIGUER
Amener un objet avec soi .... APPORTER
Amertume profonde .... RANCŒUR
Ameuter de nouveau .... RAMEUTER
Amie de nains .... BLANCHENEIGE
Amine dérivée de l'histidine .... HISTAMINE
Ammonite du crétacé .... SCAPHITE
Amoncellement important ...... MONTAGNE
Amortissement en forme de petit clocher ....
.... CLOCHETON
Amour ardent .... ADORATION
Amour de la lutte .... PUGNACITÉ
Amour de soi excessif .... ÉGOTISME
Amour-en-cage .... PHYSALIS
Amoureux ridicule .... GALANTIN
Amour fervent .... ADORATION
Amour passager .... AMOURETTE

Amour pur .... DILECTION
Amour sans relations .... PLATONIQUE
Amour soudain et irrésistible .. COUPDEFOUDRE
Amphibien des États-Unis ...... AMBLYSTOME
Amphibien sauteur et nageur ..... GRENOUILLE
Amphibien urodèle de l'Europe .. SALAMANDRE
Ampleur de l'intelligence ...... ENVERGURE
Amplifier par un commentaire verbeux ....
.... PARAPHRASER
Amputation de la langue ..... GLOSSOTOMIE
Amputer un membre dans l'articulation ....
.... DÉSARTICULER
Amuser le plus souvent la galerie (PD) ....
.... PLASTRONNER
Analyse de physique .... ANATOMIE
Analyse des mélanges gazeux ... EUDIOMÉTRIE
Analyser minutieusement .... DISSÉQUER
Analyser minutieusement un texte ....
.... DÉCORTIQUER, DÉPIAUTER
Ancêtre de la bicyclette .... CÉLÉRIFÈRE,
.... VÉLOCIPÈDE
Ancêtre de la clarinette .... CHALUMEAU
Ancien État de l'Europe méridionale ....
.... YOUGOSLAVIE
Ancien guerrier japonais .... SAMOURAÏ
Ancienne arme .... ARBALÈTE
Ancienne arme à feu .... ESCOPETTE
Ancienne chaussure militaire ... GODILLOT
Ancienne coiffure .... CORNETTE
Ancienne contrée de l'Europe centrale ....
.... GERMANIE
Ancienne contrée du sud-ouest du Péloponnèse ....
.... MESSÉNIE
Ancienne monnaie ...... ESTERLIN, SESTERCE
Ancienne monnaie de cuivre du Piémont ....
.... PICAILLON
Ancienne province de France .... AUVERGNE
Ancienne ville du Québec .... CHICOUTIMI
Ancienne voiture .... VICTORIA
Ancien nom de Montréal .... VILLEMARIE
Ancien nom du mercure .... HYDRARGYRE
Ancien ordre de mammifères .... PACHYDERME
Ancien ordre d'insectes ...... NÉVROPTÈRE
Ancien palais royal de France .... TUILERIES
Ancien président de la République française ......
.... MITTERRAND
Ancien supplice .. ÉCARTÈLEMENT, ESTRAPADE
Ancrer dans l'esprit .... ENRACINER
Anéantir par le feu .... CONSUMER
Anéantir une condamnation .... AMNISTIER
Anémie d'une jeune fille .... CHLOROSE
À ne pas avaler .... VÉNÉNEUX
À ne pas oublier .... RÉABONNEMENT
À ne pas prendre au sérieux ...... BATIFOLANT,
.... PLAISANTIN
À ne pas prendre trop au sérieux ..... OPÉRETTE
Anesthésie par la cocaïne ..... COCAÏNISATION
Ange d'un ordre supérieur .... ARCHANGE
Angle le long d'un élément de construction ......
.... FEUILLURE
Aniline dérivée du toluène .... TOLUIDINE
Animal aquatique fossile .... PTÉRYGOTUS

Animal articulé à quatre paires de pattes ....
.... ARAIGNÉE
Animal destructeur .... NUISIBLE
Animalerie spécialisée .... OISELLERIE
Animal mâle destiné à engendrer .... GÉNITEUR
Animal marin .... MILLÉPORE, TÉRÉBRATULE
Animal qui a un squelette .... VERTÉBRÉ
Animal qui barrit .... ÉLÉPHANT
Animal qui creuse la terre .... FOUISSEUR
Animal qui se nourrit de proies ..... PRÉDATEUR
Animal qui vit aux dépens d'un autre .. PARASITE
Animal qui vit dans une grotte ... CAVERNICOLE
Animal sans colonne vertébrale ... INVERTÉBRÉ
Animal très petit .... ANIMALCULE
Animal vivant en colonies .... VÉRÉTILLE
Animal voisin de l'écureuil ..... SPERMOPHILE
Animal voisin du tamanoir .... TAMANDUA
Animé par l'appât du gain .... MERCANTILE
Animer par un enthousiasme créateur .. INSPIRER
Anneau de fer .... ORGANEAU
Anneau de la base du larynx .... CRICOÏDE
Anneau de mariage .... ALLIANCE
Anneau de regroupement (PD) .... PORTECLEFS
Anneau formé par un ténia ...... CUCURBITAN,
.... CUCURBITIN
Anneau que l'on porte au poignet .... BRACELET
Année de congé .... SABBATIQUE
Annexe d'une église .... SACRISTIE
Annonce d'un événement .... NOUVELLE
Annonce l'orage .... TONNERRE
Annoncent des points à venir (MH) .. ÉRAILLURES
Annonce publicitaire imprimée ...... DÉPLIANT
Annonce quelque chose .... MESSAGER
Annonce quelqu'un .... SONNETTE
Annoncer par quelque signe .... PRÉSAGER
Annonce un événement .... FAIREPART
Annulation d'un contrat .... RÉSILIATION
Annulation judiciaire d'un acte ..... RESCISION
Annuler l'effet .... NEUTRALISER
Annuler par rescision .... RESCINDER
Annuler une décision .... INFIRMER
Anomalie chromosomique .... TRISOMIE
Anomalie congénitale et héréditaire .. ALBINISME
Anomalie de l'activité musculaire .. FIBRILLATION
Anomalie de la réfraction oculaire .. AMÉTROPIE
Anomalie de la vision .... ASTIGMATISME,
.... HYPERMÉTROPIE
Anomalie des plantes .... FASCIATION
Antérieur à la civilisation latine ...... PRÉLATIN
Antériorité dans le temps .... PRIORITÉ
Antibiotique d'usage externe ... TYROTHRICINE
Antibiotique tiré d'une moisissure du sol ......
.... STREPTOMYCINE
Anticonformistes des années 60 .... BEATNIKS
Anticorps neutralisant la toxine d'un micro-organisme
.... ANTITOXINE
Antilope d'Afrique du Sud .... STEINBOCK
Antilope du Sahara .... ALGAZELLE
Antiparticule du neutron .... ANTINEUTRON
Antiparticule du proton .... ANTIPROTON
Anxiété oppressante .... ANGOISSE
Apaise les troubles .... PACIFICATEUR

Apaisement par un calmant .... SÉDATION
Apaiser en flattant .... AMADOUER
Apaiser la faim de .... RASSASIER
Apaiser la soif de .... DÉSALTÉRER
Apaiser un besoin .... ASSOUVIR
À Paris, bateau de service .... BATEAUMOUCHE
À Paris, galerie de figures de cire .. MUSÉEGREVIN
À Paris, stade de tennis .... ROLANDGARROS
À partir du moment actuel .... DÉSORMAIS
À partir du moment présent ...... DORÉNAVANT
À parts égales .... MOITIÉMOITIÉ
À pas de tortue .... TRÈSLENTEMENT
À peine blessé .... ÉGRATIGNÉ
À peine ouvert .... ENTREBÂILLÉ
À peine plus que le premier du 6 H ....
.... TRENTEETUM
Aperçu global .... SYNTHÈSE
Apéritif à base de vin blanc .... VERMOUTH
À peu de chose près ...... SENSIBLEMENT
À peu près .. APPROXIMATION, GROSSOMODO
À peu près semblable .... SIMILAIRE
Aplatissement du poumon .... COLLAPSUS
A plein d'idées derrière la tête ..... IMAGINATIF
A plus d'un jour .... DENTELLE
À plus forte raison .... AFORTIORI
Apophyse de l'omoplate .... ACROMION
Apophyse du cubitus .... OLÉOCRANE
À portée de main .... ACCESSIBLE
Appareil à enlever l'eau .... ESSOREUSE
Appareil à tamiser .... TAMISEUSE
Appareil culinaire .... YAOURTIÈRE
Appareil de chauffage .... CHAUFFERETTE
Appareil d'éclairage .... LAMPADAIRE,
.... LUMINAIRE, RÉVERBÈRE
Appareil de mesure de la résistance des prises de terre
.... TELLUROMÈTRE
Appareil de photocomposition pour titres ....
.... TITREUSE
Appareil de photographie .... POLAROID
Appareil de protection .... ATOMISEUR
Appareil de séchage .... SÉCHEUSE
Appareil destiné à mesurer la viscosité ....
.... VISCOSIMÈTRE
Appareil destiné à produire du jus ....
.... CENTRIFUGEUR, CENTRIFUGEUSE
Appareil de télécopie .... BELLINOGRAPHE
Appareil de télégraphie .... TÉLÉGRAPHE
Appareil de télémétrie .... TÉLÉMÈTRE
Appareil donnant un éclairage sans ombres ....
.... SCIALYTIQUE
Appareil électrique pour les massages ....
.... VIBROMASSEUR
Appareil électroménager ...... ASPIRATEUR
Appareil envoyant un jet de liquide sur le pare-brise
.... LAVEGLACE
Appareil étalonné en ampères .. AMPÈREMÈTRE
Appareil frigorifique .... CONGÉLATEUR
Appareil ménager ... CAFETIÈRE, ESSOREUSE,
.... FERÀREPASSER
Appareil mesurant l'acuité auditive ....
.... AUDIOMÈTRE
Appareil mesurant la densité du lait ... PÈSELAIT

Appareil mesurant une variation de flux . . . . FLUXMÈTRE

Appareil mobile de cuisson . . . . BARBECUE

Appareil où l'on fait éclore des œufs . . COUVEUSE

Appareil permettant d'observer le larynx . . . . LARYNGOSCOPE

Appareil portatif servant à écouter de la musique . . . . BALADEUR

Appareil pour classer . . . . NUMÉROTEUR

Appareil pour dialyser . . . . DIALYSEUR

Appareil pour empêcher de mordre . . MUSELIÈRE

Appareil pour humecter . . . . MOUILLEUR

Appareil pour l'allaitement . . . . TÉTERELLE

Appareil pour le lancement des avions . . . . CATAPULTE

Appareil pour l'hémodialyse . . . . DIALYSEUR

Appareil pour préparer les glaces . . SORBETIÈRE

Appareil qui assure le pilotage automatique des avions . . . . GYROPILOTE

Appareil qui assure une ventilation pulmonaire . . . . RESPIRATEUR

Appareil qui engrène les batteuses . . ENGRENEUR

Appareil qui mesure l'altitude . . . . . . ALTIMÈTRE

Appareil qui sert à adoucir l'eau . . ADOUCISSEUR

Appareil qui sert à détecter la présence de quelque chose . . . . DÉTECTEUR

Appareil qui sert à diminuer la tension . . . . DÉVOLTEUR

Appareil qui sert à disperser finement des liquides . . . . ATOMISEUR

Appareil qui sert à faire tourner la broche . . . . TOURNEBROCHE

Appareil qui sert à la coupe du gazon . . TONDEUSE

Appareil qui sert à maintenir la température constante . . . . THERMOSTAT

Appareil qui sert à mesurer la fréquence d'un courant alternatif . . . . FRÉQUENCEMÈTRE

Appareil qui sert à mesurer la pression osmotique . . . . OSMOMÈTRE

Appareil qui sert à mesurer l'éclairement . . . . LUXMÈTRE

Appareil qui sert à préparer des émulsions . . . . ÉMULSEUR

Appareil recevant un signal de télécommunication . . . . RÉCEPTEUR

Appareil renvoyant au loin la lumière d'un foyer . . . . PROJECTEUR

Appareil servant à cuire les aliments . . CUISINIÈRE

Appareil servant à indiquer quelque chose . . . . INDICATEUR

Appareil servant à la mesure des capacités électriques . . . . CAPACIMÈTRE

Appareil servant à marquer le rythme . . . . MÉTRONOME

Appareil servant à projeter sur un écran des vues . . . . PROJECTEUR

Appareil servant à regarder les films . . . . VISIONNEUSE

Appareil servant à répandre du soufre sur les végétaux . . . . SOUFREUSE

Appareil servant au transport vertical des personnes . . . . ASCENSEUR

Appareil très dans le vent (MF) . . . . . ÉOLIENNE

Appareil utilisé pour le dégivrage . . . DÉGIVREUR

Appareil végétatif des champignons . . MYCÉLIUM

Apparence éblouissante mais trompeuse . . . . TAPEÀLŒIL

Apparence flatteuse mais trompeuse . . . . TROMPELŒIL

Appariement des perdrix . . . . . . APPAREILLADE

Apparition de feuilles sur les arbres au printemps . . . . FRONDAISON

Apparition de la vie sur terre . . BIOGENÈSE

Apparition de l'épi des céréales . . . . . . ÉPIAISON

Apparition d'un phonème dans un mot . . . . ÉPENTHÈSE

Apparition et développement d'une malformation . . . . TÉRATOGENÈSE

Apparition subite de boutons . . . . ÉRUPTION

Appartenance à une religion . . . . . . CONFESSION

Appartient à la NASA . . . . ATLANTIS

Appartient à l'État . . . . NATIONAL

Appâter au grain . . . . AGRAINER

Appeau utilisé pour imiter le cri de la caille . . . . COURCAILLET

Appel à la basse-cour . . . . GLOUSSEMENT

Appel à l'attention . . . . MISEENGARDE

Appel discret (PD) . . . . CLINDŒIL

Appeler de nouveau . . . . RAPPELER

Appeler des recrues . . . . RECRUTER

Appeler devant un tribunal . . . . TRADUIRE

Appeler l'attention sur . . . . SIGNALER

Appeler quelqu'un . . . . SIGNALER

Appeler quelqu'un en justice . . . . ASSIGNER

Appel téléphonique . . . . COUPDEFIL

Appendice de certains invertébrés . . . TENTACULE

Appendice large et plat d'animaux aquatiques . . . . NAGEOIRE

Appendice venimeux des scorpions . . CHÉLICÈRE

Application d'une couche de platine sur un métal . . . . PLATINAGE

Appliquer des petits baisers . . . . BAISOTER

Appliquer l'un contre l'autre des conduits . . . . ABOUCHER

Appliquer une sanction . . . . INFLIGER

Apporte de l'amertume à l'apéro . . . . . GENTIANE

Apporte du volume . . . . ÉPAISSISSANT

Apporter avec soi . . . . RAPPORTER

Apporter des fonds . . . . RENFLOUER

Apporter des modifications à . . . . . . RETOUCHER

Apporter des raisons contre . . . . RÉPONDRE

Apporter une solution . . . . REMÉDIER

Apposer un cachet . . . . OBLITÉRER

Appréciée à sa juste valeur . . . . EXPERTISE

Appréciée dans le milieu médical, pas dans le milieu (PD) . . . . DONNEUSE

Appréciée des amateurs de bonne bouffe (PD) . . . . RÉMOULADE

Appréciée des commerçants . . . . CLIENTÈLE

Apprécier au-dessous de sa valeur . . . . DÉPRISER, ... SOUSESTIMER

Apprend à ceux qui sont bêtes (MH) . . DOMPTEUR

Apprend en tombant . . . . ACROBATE

Apprendre à lire et à écrire . . . . . ALPHABÉTISER

Apprendre de nouveau .... RÉAPPRENDRE
Apprenti cuisinier .... MARMITON
Apprêt en pâte brisée ou feuilletée .. CROUSTADE
Apprêter au gratin .... GRATINER
Apprêter le cuir .... CORROYER
Apprêter un mets .... ACCOMMODER
Approcher de la grève .... ACCOSTER
Approuver en battant des mains .... APPLAUDIR
Approuve toujours les décisions .... BÉNIOUIOUI
Approvisionner en marchandises ..... ASSORTIR
Approvisionner un navire .... AVITAILLER
Approximation superficielle .... ÀPEUPRÈS
Appuie-bras .... ACCOUDOIR
Appuyer de preuves .... RAISONNER
Appuyer en donnant sa caution ...... AVALISER
Appuyer sur le rhéostat (MF) .... ÉCLAIRER
À prendre avec des pincettes .... IRRITABLE
À prendre avant de commencer .. DISPOSITIONS
Après avoir réfléchi .... DÉLIBÉRÉMENT
Après cinquante ans de mariage ..... NOCESDOR
Après de longues réflexions ...... MÛREMENT
Après en avoir fait tout un plat, on la fait (MF) ....
.... VAISSELLE
À présent .... MAINTENANT
Après la générale .... PREMIÈRE
Après la pluie, le beau temps .... PROVERBE
Après la vie active .... RETRAITE
Après 1870, partisan d'un mouvement de revendication italien .... IRRÉDENTISTE
Après treize ans de mariage (noces de...)
.... DENTELLE
Après une brosse .... DÉGRISEMENT
Après vingt-cinq ans de mariage ....
.... NOCESDARGENT
A pris de la bouteille et de l'autonomie (PD) .....
.... SCAPHANDRE
À profusion .... BEAUCOUP
À-propos .... OPPORTUNITÉ
Aptitude à adhérer .... ADHÉSIVITÉ
Aptitude à agir sans peine .... FACILITÉ
Aptitude à contracter des maladies .. RÉCEPTIVITÉ
Aptitude à effectuer des mouvements spontanés ...
.... MOTILITÉ
Aptitude à faire quelque chose sans peine ....
.... FACILITÉ
Aptitude à former un mélange homogène ....
.... MISCIBILITÉ
Aptitude à goûter les plaisirs des sens ....
.... SENSUALITÉ
Aptitude à percevoir des sensations .... ESTHÉSIE
Aptitude à recevoir des impressions .. RÉCEPTIVITÉ
Aptitude à résister à la fatigue ..... ENDURANCE
Aptitude à se marier .... NUBILITÉ
Aptitude à s'émouvoir .... SENSIBILITÉ
Aptitude à vivre en société .... SOCIABILITÉ
Aptitude d'un aliment à être digéré ....
.... DIGESTIBILITÉ
Aptitude d'un corps à diminuer de volume ......
.... COMPRESSIBILITÉ
Aptitude d'un être à se reproduire .. FÉCONDITÉ
Aptitude d'un individu .... RÉSILIENCE
Aptitude légale .... CAPACITÉ

Aptitude pour un genre de vie .... VOCATION
A pu reprendre une place .... RECLASSÉ
À quel rang? .... COMBIENTIÈME
À qui l'on ne peut résister ...... IRRÉSISTIBLE
À quoi on ne peut se retenir .... GLISSANT
Arachnide aux pattes très longues ... FAUCHEUR,
.... FAUCHEUX
A raconté Rome avec beaucoup de détails
.... TITELIVE
Araignée aquatique .... ARGYRONÈTE
Araignée aux couleurs vives .... THÉRIDION,
.... THÉRIDIUM
Araignée d'eau .... HYDROMÈTRE
Araignée des maisons .... TÉGÉNAIRE
Araignée des régions méditerranéennes ....
.... MALMIGNATTE
Araignée du genre lycose .... TARENTULE
A rarement eu l'occasion de refaire son numéro (PD)
.... GLADIATEUR
A rarement moins de 50 ans .... RETRAITÉ
A rarement plus de 20 ans .... CÉGÉPIEN
Arbre à bois blanc et tendre .... FROMAGER
Arbre abondant dans le midi de la France ....
.... MICOCOULIER
Arbre à écorce blanche .... PEUPLIER
Arbre à feuilles dentées .... CHÂTAIGNIER
Arbre à fleurs blanches .... BOULEDENEIGE
Arbre à fleurs blanches ou roses ... ABRICOTIER
Arbre à fleurs roses .... GRENADIER
Arbre à pin .... ARTOCARPE
Arbre aux fleurs blanches .... AMANDIER
Arbre d'Afrique .... KOLATIER
Arbre cultivé dans les parcs ...... TULIPIER
Arbre cultivé dans les régions tropicales ....
.... TAMARINIER
Arbre cultivé pour la production du cacao ....
.... CACAOTIER, CACAOYER
Arbre cultivé pour ses baies sucrées .. GOYAVIER
Arbre cultivé pour ses fleurs d'odeur suave ....
.... MAGNOLIA
Arbre cultivé pour ses fleurs utilisées en parfumerie
.... ILANGILANG
Arbre cultivé pour ses fruits .... MANGUIER
Arbre cultivé pour son fruit, l'avocat .. AVOCATIER
Arbre d'Amérique du Nord ...... SASSAFRAS
Arbre de la famille des lauracées .... AVOCATIER
Arbre de la famille des salicacées ..... PEUPLIER
Arbre de l'Amérique tropicale ...ANACARDIER,
.... MYROXYLON, SIMARUBA
Arbre des Antilles .... SAPOTIER
Arbre des mangroves .... PALÉTUVIER
Arbre des Moluques .... MUSCADIER
Arbre des régions chaudes .... CÉDRATIER
Arbre des régions tropicales ..... MUSCADIER
Arbre d'Extrême-Orient .... ALEURITE
Arbre d'Indonésie .... ILANGILANG
Arbre dont le fruit est la grenade ... GRENADIER
Arbre dont les bourgeons produisent du baume ....
.... BALSAMIER
Arbre du genre citrus ...... PAMPLEMOUSSIER
Arbre du genre laurier .... CANNELIER
Arbre du groupe des agrumes ..... CITRONNIER

Arbre du voyageur .... RAVENALA
Arbre épineux .... ROBINIER
Arbre épineux au Maroc .... ARGANIER
Arbre forestier gymnosperme .... RÉSINEUX
Arbre fruitier .... ABRICOTIER, MERISIER
Arbre fruitier des pays méditerranéens ....
.... GRENADIER
Arbre fruitier tropical .... SAPOTIER
Arbre originaire de l'Inde .... JAMBOSIER
Arbre originaire d'Asie .... AMANDIER
Arbre ornemental de l'Extrême-Orient ....
.... PAULOWNIA
Arbre qui donne de petits fruits rouges . CERISIER
Arbre qui donne une huile purgative ....
.... BANCOULIER
Arbre qui produit des pistaches ..... PISTACHIER
Arbre tropical .... SPONDIAS, TAMARINIER
Arbre tropical cultivé pour son écorce ....
.... QUINQUINA
Arbre voisin de l'oranger ...... BERGAMOTIER
Arbre voisin du fromager .... KAPOKIER
Arbre voisin du laurier .... SASSAFRAS
Arbre voisin du sapin .... ÉPINETTE
Arbrisseau à petites fleurs roses ... SYMPHORINE
Arbrisseau appelé raisin d'ours ..... BUSSEROLE
Arbrisseau cultivé dans le Proche-Orient ....
.... LENTIAQUE
Arbrisseau cultivé pour ses fleurs ornementales ....
.... HORTENSIA
Arbrisseau de la famille des oléacées .. FORSYTHIA
Arbrisseau de montagne .... RHODENDRON
Arbrisseau d'Europe .... LAURIERCERISE
Arbrisseau d'Extrême-Orient ...... HORTENSIA
Arbrisseau du bassin méditerranéen .. ARBOUSIER,
.... RÉGLISSE
Arbrisseau du genre airelle .... MYRTILLE
Arbrisseau du Midi .... ARBOUSIER
Arbrisseau épineux ... AUBÉPINE, ÉGLANTIER,
.... ÉPINEVINETTE
Arbrisseau odorant voisin de l'armoise ....
.... SANTOLINE
Arbuste à baies violettes .... GENÉVRIER
Arbuste aromatique .... JABORANDI
Arbuste cultivé pour ses fleurs blanches ....
.... SERINGAT
Arbuste d'Amérique tropicale ... FRANGIPANIER
Arbuste des régions tropicales ......SESBANIA,
.... SESBANIE
Arbuste du genre nerprun .... BOURDAINE
Arbuste grimpant d'Amérique tropicale ....
.... LANTANIER
Arbuste originaire de l'Inde .... COTONNIER
Arbuste ornemental originaire de Chine ....
.... GARDÉNIA
Archipel britannique de l'Atlantique .. BERMUDES
Archipel de Grande-Bretagne .... HÉBRIDES
Archipel de la Polynésie française .. MARQUISES
Archipel de l'Atlantique .... CANARIES
Archipel du Pacifique .... GALAPAGOS
Archipel volcanique de la Polynésie .. SANDWICH
Archipel volcanique du Pacifique .. MARIANNES
Architecte d'intérieur .... DÉCORATEUR

Architecte français .... TAILLIBERT
Architecte italien .... PIRANESE
Arc lumineux coloré .... ARCENCIEL
Arc séparant deux voûtes .... DOUBLEAU
À reconstruire, donc .... DÉMANTELÉ
À remplacer, même s'il fonctionne encore ....
.... OBSOLÈTE
Argent colloïdal .... COLLARGOL
Argile aux emplois industriels ...... BENTONITE
Argile utilisée en céramique ...... CHAMOTTE
Argument opposé à une affirmation .. OBJECTION
Arme à feu .... PISTOLET
Arme à feu portative .... ESCOPETTE
Arme contondante .... MATRAQUE
Arme antique .... JAVELINE
Arme de combat .... LANCEFLAMMES
Arme défensive .... BOUCLIER
Arme de jet .... BOOMERANG
Arme de main .... COUPDEPOING
Arme de poing .... REVOLVER
Arme de trait .... ARBALÈTE
Arme d'hast .... FAUCHARD
Armée de l'air .... AVIATION
Armée de terre .... INFANTERIE
Arme d'origine japonaise .... NUNCHAKU
Arme ou jouet .... SARBACANE
Armoire sacrée placée sur l'autel .. TABERNACLE
A rompu avec la reproduction du monde extérieur
(PD) .... NONFIGURATIF
Arrachage des arbres ou des souches .. ARRACHIS
Arrachement des tissus .... DIVULSION
Arracher avec la racine .... EXTIRPER
Arracher des broussailles .... ESSARTER
Arracher de terre avec ses racines ... DÉRACINER
Arracher en force .... SOUTIRER
Arracher les pédoncules .... ÉQUEUTER
Arracher les pétales .... EFFEUILLER
Arrangement dans une relation .. MODUSVIVENDI
Arrangement des cheveux .... COIFFURE
Arrangement pris avant un voyage .. PRÉPARATIF
Arrangement selon une disposition ....
.... COMBINAISON
Arranger avec des bouts de ficelle .. RAFISTOLER
Arranger dans un but précis .... ORGANISER
Arranger les choses .... DISPOSER
Arranger tant bien que mal .... COLMATER,
.... PATENTER
Arrêt du développement d'un individu ....
.... INFANTILISME
Arrête le travail si elle manque de peaux ....
.... MÉGISSERIE
Arrêter au passage .... HARPONNER,
.... INTERCEPTER
Arrêter de nouveau .... REPRENDRE
Arrêter en mer un navire .... ARRAISONNER
Arrêter la manifestation d'un sentiment .. RÉPRIMER
Arrêter l'écoulement de .... ÉTANCHER
Arrêter momentanément .... NEUTRALISER
Arrêter quelqu'un .... CUEILLIR
Arrêter quelqu'un au passage ..... HARPONNER
Arrête tout quand elle frappe (PD) ....
.... INTERDICTION

Arrêt momentané . . . . PAUSECAFÉ
Arrière-grand-mère . . . . BISAÏEULE
Arrive à faire parler ceux qui sont partis (PD) . . . . .
. . . . NÉCROMANCIEN
Arrive à ses fins en toute naïveté (PD) . . . .
. . . . DÉSARMANT
Arrive avec le temps . . . . SÉNILITÉ
Arrivé depuis peu de temps . . . . NOUVEAUNÉ
Arrivée déconcertante . . . . IRRUPTION
Arrivée de quelque chose d'important . . . .
. . . . AVÈNEMENT
Arrivé hors du foyer conjugal . . . . . . ADULTÉRIN
Arriver à destination . . . ACHEMINER, PARVENIR
Arriver à l'improviste et au bon moment . . . .
. . . . TOMBERDUCIEL
Arrivera toujours après coup (PD) . . RECTIFICATIF
Arriver au bon moment . . . . TOMBERPILE
Arriver avant . . . . DEVANCER, PRÉCÉDER
Arriver inopinément . . . . SURVENIR
Arriver sans attendre . . . . ACCOURIR
Arrondissement de la ville de Saguenay . . . .
. . . . CHICOUTIMI
Arrondissement de Pontoise . . . . ISLEADAM
Arrondissement d'Évry . . . . MONTGERON
Art de bien parler . . . . RHÉTORIQUE
Art de broder . . . . BRODERIE
Art de choisir ses mots . . . . ÉLÉGANCE
Art de combattre des bovins . . . . TAUROMACHIE
Art de construire des bâtiments . . . .
. . . . ARCHITECTURE
Art de contraindre le monde à dépenser . . . .
. . . . PUBLICITÉ
Art de coordonner l'action des forces militaires . . .
. . . . STRATÉGIE
Art de dresser les oiseaux de proie pour la chasse . .
. . . . FAUCONNERIE
Art de faire bonne chère . . . . GASTRONOMIE
Art de faire des statues . . . . STATUAIRE
Art de jeter de la poudre aux yeux (MF) . . . .
. . . . MAQUILLAGE
Art de la chasse . . . . CYNÉGÉTIQUE
Art de l'aménagement des villes . . . URBANISME
Art de mettre de l'eau dans son vin . . . .
. . . . COMPROMIS
Art de mettre en valeur les pierres précieuses . . . . .
. . . . JOAILLERIE
Art d'empailler les animaux . . . . . . TAXIDERMIE
Art de reproduire par impression . . LITHOGRAPHIE
Art de sculpter . . . . SCULPTURE
Art de se comporter comme un duc (MF) . . . .
. . . . RAPACITÉ
Art de se prendre les fesses . . . . OISIVETÉ
Art de se tirer aux cartes (MF) . . . . . HÉSITATION
Art de s'exprimer avec éloquence . . . BIENDIRE
Art de s'exprimer par les gestes . . . . PANTOMINE
Art de soigner les chevaux . . . . HIPPIATRIE,
. . . . HIPPIATRIQUE
Art de tailler les pierres fines . . . . . TAILLERIE
Art de tailler les pierres fines en creux ou en relief
. . . . GLYPTIQUE
Art divinatoire . . . . ASTROLOGIE
Art du ciselage . . . . TOREUTIQUE

Artère conduisant le sang du cœur à la tête . . . .
. . . . CAROTIDE
Artériosclérose des artères . . . . CORONARITE
Arthropode des régions chaudes . . . . . SCORPION
Arthropode venimeux . . . ARANÉIDE, SCORPION
Arthropode vermiforme . . . . LINGUATULE
Arthrose de la hanche . . . . COXARTHROSE
Arthrose des articulations de la région lombaire . . .
. . . . LOMBARTHROSE
Article de fond exprimant l'opinion de la direction
d'un journal . . . . ÉDITORIAL
Articulation fixe entre deux os . . SYNARTHROSE
Articulation peu mobile . . . . SYMPHYSE
Articulation qui permet des mouvements étendus . .
. . . . DIARTHROSE
Articuler avec force . . . . MARTELER
Articuler d'une certaine manière . . . PRONONCER
Artisan qui lave les alluvions aurifères . . . .
. . . . ORPAILLEUR
Artiste comique décédé . . . . . . RAYMONDDEVOS
Artiste de cirque . . . . ACROBATE
Artiste de music-hall . . . . VENTRILOQUE
Artiste de variétés . . . . IMITATEUR
Artiste française de music-hall . . . MISTINGUETT
Artiste-peintre . . . . AQUARELLISTE
Artiste qui exécute des exercices d'agilité . . . .
. . . . ACROBATE
Artiste qui travaille le stuc . . . . STUCATEUR
Ascendant exercé par quelqu'un sur autrui . . . .
. . . . CHARISME
À soigner pour la voir revenir . . . . . . CLIENTÈLE
A son mot à dire lors de la mise en ondes . . . .
. . . . ÉMETTEUR
A souvent du charme sous ses airs faciles . . . .
. . . . OPÉRETTE
A souvent la forme d'un cochon . . . . . TIRELIRE
A souvent la tête en bas (MH) . . . . SITTELLE
A souvent lieu sur un plateau . . . . TOURNAGE
Aspect du corps humain . . . . ANATOMIE
Aspect général du corps humain . . MORPHOLOGIE
Aspect négatif . . . . INCONVÉNIENT
Aspersion d'eau sur le corps . . . . AFFUSION
Aspiration par le nez de vapeurs . . . INHALATION
Aspirer l'air puis le rejeter . . . . RESPIRER
Aspirer par le nez . . . . RENIFLER
Assaisonner avec du vinaigre . . . . . VINAIGRER
Assaisonner de piment . . . . PIMENTER
Assassin d'Henri IV . . . . RAVAILLAC
Assassin d'un roi . . . . RÉGICIDE
Assaut d'un navire à un autre . . . . . . ABORDAGE
Assèche la verdure (MH) . . . . ESSOREUSE
Assemblage d'atomes . . . . MOLÉCULE
Assemblage de fils . . . . ÉCHEVEAU
Assemblage de lattes . . . . TREILLAGE
Assemblage de pièces . . . . ARMATURE
Assemblage de poutres . . . . POUTRAISON
Assemblage des choses plus ou moins hétéroclites
. . . . AGGLOMÉRAT
Assemblage disparate de couleurs . . BARIOLAGE
Assemblage fort disparate . . . . AGGLOMÉRAT
Assemblée de personnes savantes . . . AÉROPAGE
Assemblée des cardinaux . . . . CONSISTOIRE

Assemblée politique qui exerce le pouvoir législatif
.... PARLEMENT
Assembler au moyen d'une clavette .. CLAVETER
Assembler avec des goupilles ...... GOUPILLER
Assembler bout à bout .... RABOUTER
Assembler deux arbres .... CLABOTER
Assembler en grand désordre .... ENTREMÊLER
Assembler par embrèvement .... EMBREVER
Assez considérable .... APPRÉCIABLE
Assez dégoûtant .... NAUSÉABOND
Assez fins pour ne pas laisser de traces (PD) ......
.... ESSUIEVERRES
Assez important .... APPRÉCIABLE
Assez loin de la réalité .... APPROXIMATIF
Assignation à comparaître .... CITATION
Assigner devant un tribunal .... ATTRAIRE
Assise de pierre formant le rebord d'un puits ....
.... MARGELLE
Assise peu confortable (PD) .... TABOURET
Association d'avenir dans les transports (PD) ....
.... FERROUTAGE
Association d'entreprises ...... PARTENARIAT
Association de religieux ...... CONGRÉGATION
Association de trois personnes ayant le pouvoir ....
.... TRIUMVIRAT
Associer une personne à une autre .. ADJOINDRE
Assombrissement des angles d'une photo ....
.... VIGNETAGE
Assortiment de légumes .... JARDINIÈRE
Assouvir sa faim (se) .... REPAÎTRE
Assujettir avec des éclisses .... ÉCLISSER
Assumer la responsabilité de ...... ENDOSSER
Assure confort et économies ..... THERMOSTAT
Assure la garantie de la dette ... NANTISSEMENT
Assure la négociation des opérations de change ....
.... CAMBISTE
Assure le bon équilibre (PD) ... CONTREPARTIE
Assure la fermeture .... OPERCULE
Assurent la fermeture des baies (PD) .. CRÉMONES
Assurer l'authenticité de quelque chose ....
.... CONFIRMER
Assurer la vérité .... ATTESTER
Assurer qu'une chose est vraie ...... AFFIRMER
Assurer une bonne organisation .. RÉGLEMENTER
Astre qui gravite autour d'un autre ... SATELLITE
Astrologue français .... NOSTRADAMUS
Astronome français .... FLAMMARION
Astronome polonais .... COPERNIC
A suivi Tampa Bay .... CAROLINE
À supposer que .... DANSLECASOÙ
À tâtons (à l'...) .... AVEUGLETTE
Atelier d'armurier .... ARMURERIE
Atelier de clichage .... CHICHERIE
Atelier du corroyeur .... CORROIERIE
Atelier du maréchal-ferrant .... MARÉCHALERIE
Atelier où l'on taille des pierres fines .. TAILLERIE
Atelier où s'effectue le tréfilage .... TRÉFILERIE
À tel point .... TELLEMENT
A tendance à éliminer tout corps étranger (MH) ...
.... XÉNOPHOBE
Athlète de grande valeur .... CHAMPION
Athlète qui lance le disque .... DISCOBOLE

À tire d'aile .... TRÈSVITE
Atmosphère d'un lieu .... AMBIANCE
Atmosphère triste et monotone ...... GRISAILLE
Atomiseur projetant de l'eau .... BRUMISATEUR
A toujours quelque chose à placer (PD) ....
.... DÉMARCHEUR
A toujours une certaine importance .. ÉVÉNEMENT
À tout à apprendre .... NÉOPHYTE
À toute allure ...... ÀTIREDAILE, DAREDARE,
.. PRESTISSIMO, TRÈSVITE, VENTREÀTERRE
À toute vapeur .... DAREDARE
À toute vitesse .... ÀFONDDETRAIN
À tout jamais .... POURTOUJOURS
À tout moment .... TOUJOURS
A tout préparé avant de partir (PD) .. NOTAIRESSE,
.... TESTATRICE
À tout prix .... COÛTEQUECOÛTE
À très vite des limites .... TOLÉRANCE
À trois angles aigus .... ACUTANGLE
À trois elles mirent fin au règne de Charles X (PD)
.... GLORIEUSES
À trois places .... TRIPLACE
Atrophie des muscles .... AMYOTROPHIE
A trouvé Saussure à son pied (MH) .. LINGUISTE
Attaché aux petits détails .... TATILLON
Attaché aux traditions .... PASSÉISTE
Attachement à la monarchie ...... ROYALISME
Attachement à la religion .... DÉVOTION
Attachement obstiné à ses idées .. ENTÊTEMENT
Attache pour papiers .... TROMBONE
Attacher au joug .... ENJUGUER
Attacher quelqu'un à un service ..... AFFECTER
Attaché sans titre .... ASSIMILÉ
Attache un prix au détail .... VÉTILLEUX
Attaquants et défenseurs s'y affrontent .. TRIBUNAL
Attaque à main armée .... BRAQUAGE
Attaque brutale aux extrémités (PD) .. ENGELURE
Attaque criminelle .... ATTENTAT
Attaque frontale (PD) .... RENTREDEDANS
Attaqué par le mildiou .... MILDIOUSÉ
Attaquer en justice .... INTENTER
Attaquer en profondeur (PD) .... ENTAILLER
Attaquer la réputation de quelqu'un .. DÉNIGRER
Attaquer quelqu'un en le serrant par le cou ....
.... CRAVATER
Attaquer vigoureusement .... POURFENDRE
Attaque soudaine .... ESTOCADE
Attaque superficielle .... ÉRAFLURE
Attaque surprise .... ESTOCADE
Attaque violente .... AGRESSION
Atteindre dans sa dignité .... HUMILIER
Atteindre dans sa réputation ...... CALOMNIER
Atteindre d'une maladie corporelle .. CONDAMNER
Atteindre en causant une altération physique ......
.... AFFECTER
Atteindre, en parlant d'un nerf .... INNERVER
Atteindre quelqu'un par des railleries ....
.... ÉGRATIGNER
Atteindre sa valeur maximale ...... PLAFONNER
Atteindre son point le plus élevé .... CULMINER
Atteindre un niveau inférieur ...... DESCENDRE
Atteint d'aboulie .... ABOULIQUE

Atteint d'affaiblissement . . . . SÉNESCENT
Atteint d'amblyopie . . . . AMBLYOPE
Atteint d'amétropie . . . . AMÉTROPE
Atteint d'amnésie . . . . AMNÉSIQUE
Atteint d'arthrite . . . . ARTHRITIQUE
Atteint d'ataxie . . . . ATAXIQUE
Atteint de bronchite . . . . BRONCHITIQUE
Atteint d'eczéma . . . . ECZÉMATEUX
Atteint de diphtérie . . . . DIPHTÉRIQUE
Atteint de hernie . . . . HERNIEUX
Atteint de la peste . . . . PESTIFÉRÉ
Atteint de la syphilis . . . . SYPHILITIQUE
Atteint de la tuberculose . . . . TUBERCULEUX
Atteint de la variole . . . . VARIOLEUX
Atteint de microcéphalie . . . . . . MICROCÉPHALE
Atteint de migraine . . . . MIGRAINEUX
Atteint d'énurésie . . . . ÉNURÉTIQUE
Atteint de paralysie . . . . PARALYTIQUE
Atteint de paranoïa . . . . PARANOÏAQUE
Atteint de phtisie . . . . PHTISIQUE
Atteint de pleurésie . . . . PLEURÉTIQUE
Atteint de pneumonie . . . . PNEUMONIAQUE
Atteint de putréfaction . . . . PUTRESCENT
Atteint de scrofule . . . . SCROFULEUX
Atteint des sommets insoupçonnés . . . .
. . . . HAUTECONTRE
Atteint d'hémophilie . . . . HÉMOPHILE
Atteint d'hystérie . . . . HYSTÉRIQUE
Atteint d'ictère . . . . ICTÉRIQUE
Atteint du choléra . . . . CHOLÉRIQUE
Atteint du diabète . . . . DIABÉTIQUE
Atteint du grand mal . . . . ÉPILEPTIQUE
Atteint d'un cancer . . . . CANCÉREUX
Atteint d'une inflammation du gros intestin . . . .
. . . . DYSENTÉRIQUE
Atteint d'une maladie infectieuse . . . . PESTIFÉRÉ
Atteint d'une maladie mortelle . . . . . CONDAMNÉ
Atteint d'un trouble rendant difficile à agir . . . .
. . . . ABOULIQUE
Atteint du scorbut . . . . SCORBUTIQUE
Atteint du typhus . . . . TYPHIQUE
Atteinte à l'intégrité des personnes . . AGRESSION
Atteinte ignominieuse à l'honneur . . FLÉTRISSURE
Atteinte simultanée de beaucoup d'individus par une
maladie . . . . ÉPIDÉMIE
Atteinte simultanée de plusieurs nerfs . . . .
. . . . POLYNÉVRITE
Atteint les plus belles réputations (PD) . . . .
. . . . ÉCLABOUSSURE
Attendre sans irritation . . . . PATIENTER
Atténuation momentanée d'un mal . . RÉMISSION
Atténuer d'une charge fiscale . . . . DÉGREVER
Atténuer la couleur . . . . DÉTEINDRE
Atténuer la rudesse . . . . ESTOMPER
Atténuer les effets néfastes . . . . REMÉDIER
Atténuer l'excès de quelque chose . . . TEMPÉRER
Atténuer un sentiment . . . . ÉMOUSSER
Atténuer un texte . . . . ÉDULCORER
Attestation déclarant un débiteur quitte . . . .
. . . . QUITTANCE
Attestation servant de recommandation . . . .
. . . . RÉFÉRENCE

Attirail embarrassant . . . . BATACLAN
Attirance pour quelqu'un . . . . PENCHANT
Attire des touristes à Montréal . . . . . . ORATOIRE
Attire discrètement l'attention (PD) . . CLIGNEMENT
Attire l'attention . . . . ESCLANDRE
Attire le client . . . . RABATTEUR
Attire les skieurs, en Autriche . . . . INNSBRUCK
Attirent les foules . . . . ATTRACTIONS
Attirer irrésistiblement l'attention . . . . . FASCINER
Attirer l'attention sur quelque chose . . SOULIGNER
Attirer l'attention sur soi . . . . POLARISER
Attitude consistant à ne pas intervenir . . . .
. . . . NONINGÉRENCE
Attitude cruelle . . . . BARBARIE
Attitude de croyants qui refusent toute évolution . . .
. . . . INTÉGRISME
Attitude de quelqu'un niant l'existence de Dieu . . . .
. . . . ATHÉISME
Attitude de quelqu'un qui hésite à dire sa pensée . .
. . . . RÉTICENCE
Attitude de quelqu'un qui ne suit pas les règles . . . .
. . . . INOBSERVANCE
Attitude de quelqu'un se considérant sans indulgence
. . . . HUMILITÉ
Attitude désinvolte . . . . DÉSINVOLTURE
Attitude d'esprit qui s'intéresse à tous les sujets . . .
. . . . ÉCLECTISME
Attitude distante . . . . QUANTÀSOI
Attitude du corps couché sur un plan horizontal . . .
. . . . DÉCUBITUS
Attitude d'une personne prévoyante . . . .
. . . . PRÉVOYANCE
Attitude fanfaronne . . . . CRÂNERIE
Attitude irrationnelle . . . . SUPERSTITION
Attitude irrésistible . . . . FASCINATION
Attitude politique . . . . MODÉRANTISME
Attitude politique des alliés du pacte de l'Atlantique
. . . . ATLANTISME
Attitude prudente . . . . EXPECTATIVE
Attitude qui consiste à régler sa conduite selon les
circonstances . . . . OPPORTUNISME
Attrait exercé par quelqu'un . . . . ATTIRANCE
Attrait irrésistible . . . . FASCINATION
Attrait pouvant séduire . . . . PRESTIGE
Attrait puissant et mystérieux . . . . MAGNÉTISME
Attraper avec le bec . . . . BECQUETER
Attraper un coryza . . . . ENRHUMER
Attribuer à l'avance . . . . DESTINER
Attribuer quelque chose à quelqu'un . . ASSIGNER
Attribuer une importance à quelque chose . . . .
. . . . PRIVILÉGIER
Attribut des pharaons . . . . PECTORAL
Au bord du toit . . . . GOUTTIÈRE
Au bout du Canada . . . . TERRENEUVE
Au bout du doigt . . . . PHALANGETTE
Au bout du pic (MF) . . . . GUITARISTE
Au bout de votre plume . . . . ÉCRITURE
Au choix . . . . ADLIBITUM
Au cou d'Alexandre Despatie . . . . MÉDAILLE
Au début d'un chapitre, d'un paragraphe . . . .
. . . . LETTRINE
Au début d'un opéra . . . . OUVERTURE

Au dernier moment . . . . INEXTREMIS
Au dessous du nombril . . . . BASVENTRE
Au-dessus des pattes de derrière . . . .
. . . . ARRIÈRETRAIN
Augmentation accidentelle d'un nerf . . . .
. . . . ÉLONGATION
Augmentation anormale du volume du foie . . . .
. . . . HÉMATOMÉGALIE
Augmentation de corps cétoniques . . . .
. . . . ACÉTONÉMIE, ACÉTONURIE
Augmentation de la quantité d'eau du plasma . . . . .
. . . . HYDRÉMIE
Augmentation de la vitesse . . . . ACCÉLÉRATION
Augmentation des richesses . . . . PROSPÉRITÉ
Augmentation de volume du corps . . . .
. . . . TUMÉFACTION
Augmentation de volume du liquide céphalo-rachidien
. . . . HYDROCÉPHALIE
Augmentation de volume d'un organe . . . .
. . . . HYPERTROPHIE
Augmentation d'intensité . . . . RECRUDESCENCE
Augmentation du calibre d'un conduit naturel . . . . .
. . . . DILATATION
Augmentation du nombre des globules blancs . . . . .
. . . . LEUCOCYTOSE
Augmentation excessive . . . . INFLATION
Augmentation progressive . . . . CRESCENDO,
. . . . CROISSANCE
Augmenter la durée de . . . . PROLONGER
Augmenter la longueur . . . . ALLONGER
Augmenter la quantité . . . . MULTIPLIER
Augmenter la valeur . . . ENRICHIR, VALORISER
Augmenter la vitesse . . . . ACCÉLÉRER
Augmenter le diamètre d'un alésage . . RÉALÉSER
Augmenter le mérite de . . . . VALORISER
Augmenter le volume d'une partie du corps . . . .
. . . . TUMÉFIER
Augmenter l'importance de . . . . ACCROÎTRE
Augmenter sa vitesse en arrivant . . . . SPRINTER
Au jeu, dépouiller quelqu'un . . . . LESSIVER
Au Lac-Saint-Jean, on en fait tout un plat (MF) . . .
. . . . TOURTIÈRE
Au même degré, au même titre . . . . ÉGALEMENT
Au milieu du bras . . . . OLÉCRANE
Au moment même . . . . AUSSITÔT
Au Moyen Âge, musulman . . . . SARRASIN
Au moyen de la voix . . . . VOCALEMENT
A un bon système de défenses . . . . . . ÉLÉPHANT
A un but . . . . FINALITÉ
A un délicat goût de châtaigne . . . POTIMARRON
A une coquetterie dans l'œil (MH) . . LOUCHEUR
À une grande distance . . . . LOINTAIN
A une mémoire d'éléphant (MH) . . . RANCUNIER
A une queue en panache . . . . ÉCUREUIL
À un haut degré . . . . HAUTEMENT,
. . . . PROFONDÉMENT
Au nord du Pérou . . . . COLOMBIE
À un taux de croissance élevé . . . . . ÉMERGENT
A un ton pincé . . . . NASILLARD
A un travail ingrat . . . . TÂCHERON
À un très haut degré . . . . EXTRÊMEMENT,
. . . . RUDEMENT

Au plus haut point . . . . ÉMINEMMENT,
. . . . FOLLEMENT
Au point où on en est . . . . TANTQUÀFAIRE
Au prix le plus élevé . . . . ONÉREUSEMENT
Au Québec, c'est une étoffe de tissus multicolores
. . . . CATALOGNE
Au Québec, c'est une fête en plein air . . . .
. . . . ÉPLUCHETTE
Au Québec, elles peuvent désigner les femmes . . . .
. . . . CRÉATURES
Au Québec, il y en a plus d'un l'été . . . FESTIVAL
Au Québec, on a longtemps jeté notre argent par ses
fenêtres (MF) . . . . PORTIÈRE
Au Québec, on appelle ça du niaisage (MF) . . . .
. . . . PINAILLAGE
Auquel il manque quelque chose . . . INCOMPLET
Aura du mal à aller plus loin (PD) . . DÉCOURAGÉ
Aura du mal à retrouver sa liberté . . . . ENCHAÎNÉ
Aura du mal à tenir debout (PD) . . . INSTABLE
Aurait tendance à s'opposer au cessez-le-feu (MH)
. . . . ARMURIER
Au ras des pâquerettes . . . . TERREÀTERRE
Au restaurant, ce sont des secrets bien gardés . . . . .
. . . . RECETTES
Au reste, tout bien pesé . . . . . . AUDEMEURANT
Au rugby, écarter un adversaire . . . . . . RAFFUTER
Au Scrabble, forme de tournoi . . . . . . DUPLICATE
Au sens étroit . . . . STRICTOSENSU
Au sens large . . . . LATOSENSU
Au sud de Bruges . . . . ROSELARE
Au sud-est de l'Australie . . . . TASMANIE
Autel principal d'une église . . . . MAÎTREAUTEL
Au tennis, fait de manquer deux services . . . .
. . . . DOUBLEFAUTE
Au tennis, point marqué quand la marque est de 40
. . . . AVANTAGE
Au tennis, totalité des victoires pour une série de
compétitions . . . . GRANDCHELEM
Au tennis, troisième point du jeu . . . . QUARANTE
Auteur-compositeur français . . . ALAINBASHUNG
Auteur de biographies . . . . BIOGRAPHE
Auteur de célèbres contes . . . . PERRAULT
Auteur d'écrits comiques . . . . HUMORISTE
Auteur d'écrits satiriques . . . . . . PAMPHLÉTAIRE
Auteur de dictionnaires . . . . . . LEXICOGRAPHE
Auteur de Don Quichotte de la Manche . . . .
. . . . CERVANTÈS
Auteur de films . . . . CINÉASTE
Auteur de «Gatsby le Magnifique» . . FITZGERALD
Auteur de grilles de mots croisés . . . .
. . . . VERBICRUCISTE
Auteur de «La femme du boulanger» . . . .
. . . . MARCELPAGNOL
Auteur de «La Mouette» . . . . TCEHKHOV
Auteur de la musique de «Starmania» . . . .
. . . . MICHELBERGER
Auteur de la «Petite fille aux allumettes» . . . .
. . . . ANDERSEN
Auteur de la «Petite sirène» . . . . ANDERSEN
Auteur de la série «La guerre des étoiles» . . . .
. . . . GEORGELUCAS
Auteur de la théorie de la relativité . . . . EINSTEIN

Auteur de « L'idiot » . . . . DOSTOÏEVSKI
Auteur de mémoires historiques . . . .
. . . . MÉMORIALISTE
Auteur de notices biographiques . . NÉCROLOGUE
Auteur de nouvelles . . . . NOUVELLISTE
Auteur dc pièces de théâtre . . . . . DRAMATURGE
Auteur de « Roméo et Juliette » . . SHAKESPEARE
Auteur de textes louangeant quelqu'un . . . .
. . . . PANÉGYRISTE
Auteur de « Vol de nuit » . . . . . . SAINTEXUPÉRY
Auteur de script . . . . SCÉNARISTE
Auteur d'hérésies . . . . HÉRÉSIARQUE
Auteur d'opérettes . . . . OFFENBACH
Auteur dramatique . . . . DRAMATURGE
Auteur dramatique français . . . BEAUMARCHAIS,
. . . . CORNEILLE, SACHAGUITRY
Auteur dramatique québécois . . ROBERTLEPAGE
Auteur du livret d'une œuvre lyrique . . . .
. . . . LIBRETTISTE
Auteur d'une parodie . . . . PARODISTE
Auteur du « Neveu de Rameau » . . . .
. . . . DENISDIDEROT
Auteur d'un journal intime . . . . DIARISTE
Auteur d'un message écrit . . . . SCRIPTEUR
Auteur d'un meurtre . . . . ASSASSIN
Auteur du « Vilain petit canard » . . . . . ANDERSEN
Auteur médiocre . . . . ÉCRIVAILLEUR
Auteur qui écrit sur la musique . . MUSICOGRAPHE
Auteur qu'on lit quand il ne s'exprime pas dans notre
langue (MH) . . . . RÉALISATEUR
Automate à figure humaine . . . . ANDROÏDE
Automatiquement pour les latinistes . . IPSOFACTO
Automobile de luxe, avec des places arrières closes
. . . . LIMOUSINE
Autorisation donnée à un religieux . . OBÉDIENCE
Autorité qui a le pouvoir législatif . . LÉGISLATEUR
Autorité suprême . . . . SOUVERAINETÉ
Autour de la taille . . . . CEINTURE, CEINTURON
Autour d'une ville . . . . BANLIEUE
Au tout dernier moment . . . . INEXTREMIS
Autrefois incrédulité religieuse . . . LIBERTINAGE
Autre part . . . . AILLEURS
Aux cartes, ne pas fournir la couleur demandée . . . .
. . . . RENONCER
Aux environs . . . . ALENTOUR
Aux États-Unis, mais pas au Canada (MH) . . . .
. . . . TRAITDUNION
Auxiliaire médical . . . . AIDESOIGNANT
Aux pieds du président . . . . SANTIAGS
Aux urnes, citoyens (MH) . . . . . . CRÉMATOIRE
Avait ses péripatéticiennes (MH) . . . . . ARISTOTE
Avalée pour aller mieux (PD) . . . . . . ASPIRINE
Avaler gloutonnement, tout d'un coup . . . .
. . . . ENGLOUTIR
Avaler rapidement en grande quantité . . . .
. . . . INGURGITER
Avance à pas de tortue (MH) . . . . . CHÉLONIEN
Avancer comme justification . . . . INVOQUER
Avancer comme les oiseaux . . . . SAUTILLER
Avancer en terrain difficile . . . . PATAUGER
Avancer lentement . . . . CHEMINER
Avancer une idée avec risque (se) . . . HASARDER

Avantage dû à une fonction . . . . . . PRÉROGATIVE
Avantage pécuniaire consenti à un client . . . .
. . . . RISTOURNE
Avant-coureur . . . . PRÉCURSEUR
Avant de prendre la route . . . . AUTOÉCOLE
Avant-dernier . . . . PÉNULTIÈME
Avant-goût . . . . ÉCHANTILLON
Avant, ils étaient bien au chaud dans les maisons
(MH) . . . . TÉLÉPHONES
Avant, il y avait des maisons pour cela (PD) . . . . . .
. . . . REDRESSEMENT
Avant la belle (MH) . . . . REVANCHE
Avant la première . . . . GÉNÉRALE
Avant la suite . . . . PREMIÈREMENT
Avant le temps normal . . . . . PRÉMATURÉMENT
Avant-propos . . . . PRÉAMBULE
Avant terme . . . . PRÉMATURÉ
Avarice mesquine . . . . RADINERIE
Avarice sordide . . . . LADRERIE
Avec accroissement de la vitesse du temps . . . .
. . . . ACCELERANDO
Avec affection . . . . TENDREMENT
Avec aisance . . . . AISÉMENT
Avec amertume . . . . AMÈREMENT
Avec âpreté . . . . ÂPREMENT
Avec assurance . . . . FERMEMENT
Avec avidité . . . . GOULÛMENT
Avec bassesse . . . . LÂCHEMENT
Avec beaucoup d'énergie . . . . ÂPREMENT
Avec beaucoup trop de vivacité . . NERVEUSEMENT
Avec calme . . . . CALMEMENT
Avec chaleur . . . . ESPRESSIVO
Avec clarté . . . . NETTEMENT
Avec Coluche . . . . LAILEOULACUISSE
Avec courage . . . . BRAVEMENT
Avec crédulité . . . . NAÏVEMENT
Avec dévotion . . . . DÉVOTEMENT
Avec douleur . . . . DOULOUREUSEMENT
Avec dureté . . . . DUREMENT
Avec elle, il faut faire feu avant de tirer (MH) . . . . .
. . . . GAULOISE
Avec elle, on doit compter sur ses doigts (MH) . . . .
. . . . CALCULATRICE
Avec elle, pas moyen d'en placer une . . PIPELETTE
Avec elles, on avait les traits tirés (MH) . . . .
. . . . ARBALÈTES
Avec emphase . . . . POMPEUSEMENT
Avec empressement . . . . DESDEUXMAINS
Avec entrain . . . . GAIEMENT
Avec eux, on est bon pour une petite secousse (MH)
. . . . NIDSDEPOULE
Avec eux, on n'attend pas les enfants . . STÉRILETS
Avec excès . . . . DÉMESURÉMENT,
. . . . IMMODÉRÉMENT
Avec fierté . . . . FIÈREMENT
Avec finesse et précision . . . . . . DÉLICATEMENT
Avec franchise . . . . CLAIREMENT
Avec gaieté . . . . GAIEMENT
Avec grâce et souplesse . . . . LÉGÈREMENT
Avec hâte . . . . ÀLASAUVETTE
Avec habileté . . . . ADROITEMENT
Avec impudence . . . . EFFRONTÉMENT

Avec indifférence . . . . TIÈDEMENT
Avec insolence . . . . INSOLEMMENT
Avec la ferme résolution de ne pas céder . . . .
. . . . DEPIEDFERME
Avec la saucisse et le pain . . . . MOUTARDE
Avec lui nous courons vers la ruine . . . .
. . . . DÉMOLISSEUR
Avec magnificence . . . . RICHEMENT
Avec manque d'audace . . . . TIMIDEMENT
Avec méchanceté . . . . IMMORALEMENT
Avec mièvrerie . . . . MIÈVREMENT
Avec naïveté . . . . NAÏVEMENT
Avec nonchalance . . . . MOLLEMENT
Avec persévérance (d') . . . . ARRACHEPIED
Avec peu de mots . . . . BRIÈVEMENT
Avec platitude . . . . PLATEMENT
Avec précipitation . . . . ÀLASAUVETTE
Avec promptitude . . . . VIVEMENT
Avec prudence . . . . PRUDEMMENT
Avec quand même une certaine valeur . . . .
. . . . ESTIMABLE
Avec qui il est facile de vivre . . . . SOCIABLE
Avec qui on peut entrer en contact . . . JOIGNABLE
Avec raison . . . . JUSTEMENT
Avec réciprocité . . . . MUTUELLEMENT
Avec retenue . . . . TIÈDEMENT
Avec rudesse . . . . RUDEMENT
Avec sa grande trappe, il rapporte des canards (MF)
. . . . COLPORTEUR
Avec sans-gêne . . . . EFFRONTÉMENT
Avec sévérité . . . . SÉVÈREMENT
Avec souplesse . . . . . AGILEMENT, LESTEMENT
Avec stupidité . . . . SOTTEMENT
Avec timidité . . . . TIMIDEMENT
Avec tolérance . . . . LIBÉRALEMENT
Avec tristesse . . . . AMÈREMENT
Avec trois balles et deux prises, il vous amuse à coup
sûr (MF) . . . . JONGLEUR
Avec une économie de paroles . . . . . . ÀDEMIMOT
Avec une énergie dure . . . . ÂPREMENT
Avec une extrême vitesse . . . . . VENTREÀTERRE
Avec une fermeté opiniâtre . . . . MORDICUS
Avec une grande hâte . . . . ÀLAVAVITE
Avec une grande tranquillité d'esprit . . . .
. . . . SEREINEMENT
Avec une simplicité et une confiance excessive . . . .
. . . . NAÏVEMENT
Avec un grand poids . . . . PESAMMENT
Avec un manque d'indulgence . . . . SÉVÈREMENT
Avec vivacité . . . . VERTEMENT
Avec volonté . . . . FERMEMENT
Avenir plus ou moins immédiat . . . . LENDEMAIN
Aventure désagréable . . . . MÉSAVENTURE
Aventure légère et plutôt agréable . . BATIFOLAGE
Aventurier espagnol . . . . CONQUISTADOR
Aventurier italien . . . . CASANOVA
Avenue de Londres . . . . WHITEHALL
Aversion pour quelque chose . . . . RÉPUGNANCE
Aveu de la faute commise . . . . MEACULPA
Aveu d'une faute . . . . CONFESSION
Aviateur américain . . . . LINDBERGH
Aviateur français . . . . SAINTEXUPÉRY

Avidité à manger . . . . VORACITÉ
Avion à trois moteurs . . . . TRIMOTEUR
Avion de grande capacité . . . . GROSPORTEUR
Avion qui se pose sur l'eau . . . . HYDRAVION
Avis donné par un avocat . . . . . . CONSULTATION
Avocat chargé de représenter quelqu'un . . . .
. . . . PROCUREUR
Avocat médiocre . . . . AVOCAILLON
Avocat républicain . . . . DESMOULINS
À voile et à vapeur (MH) . . . . BISEXUEL
Avoine élevée . . . . FROMENTAL
Avoir à sa disposition . . . . DISPOSER
Avoir à soi . . . . POSSÉDER
Avoir besoin de . . . . RÉCLAMER
Avoir conscience de . . . . RESSENTIR
Avoir de l'attachement pour quelqu'un . . . .
. . . . AFFECTIONNER
Avoir de l'aversion pour . . . . DÉTESTER
Avoir de l'importance . . . . IMPORTER
Avoir de nouveau tel type de comportement . . . . . .
. . . . RETOMBER
Avoir des conséquences imprévues . . . REBONDIR
Avoir de sérieux doutes . . . . SUSPECTER
Avoir des fantasmes . . . . FANTASMER
Avoir des rapports de similitude . . . CONCORDER
Avoir des relations sexuelles . . . . . . FORNIQUER
Avoir des relations suivies avec quelqu'un . . . .
. . . . FRÉQUENTER
Avoir du bagout . . . . TCHATCHER
Avoir du mal à changer de disque (PD) . . . .
. . . . RESSASSER
Avoir du mépris pour quelqu'un . . . . . MÉPRISER
Avoir du succès . . . . TRIOMPHER
Avoir en horreur . . . . . ABHORRER, ABOMINER,
. . . . DÉTESTER
Avoir en quantité . . . . DÉBORDER
Avoir en sa possession . . . . DISPOSER
Avoir en très grande abondance . . . . . REGORGER
Avoir faim . . . . CLAQUERDUBEC
Avoir fait le plein des sens . . . . ÉROTISER
Avoir froid . . . . GRELOTTER
Avoir la charge de . . . . SUPPORTER
Avoir le cafard . . . . CAFARDER
Avoir le dessus . . . . SURMONTER
Avoir le hoquet . . . . HOQUETER
Avoir le nez qui coule (s') . . . . ENRHUMER
Avoir le nez qui pique trop (MF) . . . . ÉTERNUER
Avoir le rhume des foins . . . . ÉTERNUER
Avoir le sens de . . . . SIGNIFIER
Avoir l'esprit pris par un souci (se) . . PRÉOCCUPER
Avoir le tract . . . . TREMBLOTER
Avoir le trot très court . . . . TROTTINER
Avoir l'idée de . . . . IMAGINER
Avoir l'intuition de . . . . RENIFLER
Avoir mal . . . . SOUFFRIR
Avoir peur . . . . APPRÉHENDER, CRAINDRE
À voir quand ça coince un peu partout (PD) . . . . . .
. . . . RHUMATOLOGUE
Avoir recours à . . . . RECOURIR
Avoir reçu une bonne correction . . . . RECTIFIER
Avoir retrouvé la terre ferme (PD) . . . .
. . . . REDESCENDRE

Avoir réussi à ne rien perdre .... RENTABILISER
À voir si ça vous gratouille (PD) ....
.... URGENTOLOGUE
Avoir trop emprunté (s') .... ENDETTER
Avoir trouver son calme (se) ..... RASSÉRÉNER
Avoir un défaut de prononciation .... CHUINTER
Avoir une similitude avec .... RESSEMBLER
Avoir un faible pour .... INCLINER
Avoir un même but .... CONVERGER
Avoir un moment de répit .... RESPIRER
Avoir un mouvement brusque ..... SURSAUTER,
.... TRESSAUTER
Avoir un sens .... SIGNIFIER
Avouer ses fautes .... CONFESSER
À vous de les envisager pour ne pas être surpris (PD)
.... ÉVENTUALITÉS
À vous de vous en servir .... INTELLECT
A vraiment besoin d'énergie (MH) ....
.... ÉLECTROMÉNAGER
A vu s'épanouir Fra Angelico, Uccello et Botticelli
.... QUATTROCENTO
Aye-aye ou autre maki .... LÉMURIEN
Bactérie agent de diverses infections ....
.... PNEUMOCOQUE
Bactérie en forme de bâtonnet .... COLIBACILLE
Bactérie en forme de filaments allongés .. SPIRILLE
Bactérie fixatrice d'azote atmosphérique ....
.... RHIZOBIUM
Bactérie qui provoque la nitrosation ....
.... NITROSOMONAS
Bactérie responsable de graves infections ....
.... STREPTOCOQUE
Baguette d'acier bordant la semelle du ski ....
.... VASALOPPET
Baguette fixée sur le plancher d'une pièce ....
.... ANTEBOIS, ANTIBOIS
Baguette souple .... CRAVACHE
Baie du Canada .... BAIEDEFUNDY
Baie du Maryland et de la Virginie .. CHESAPEAKE
Baie noire comestible .... MYRTILLE
Baie rouge .... CANNEBERGE
Bain très court .... TREMPETTE
Baiser rituel .... BAISEMENT
Baisse de régime .... DÉCÉLÉRATION
Baisse lente .... TASSEMENT
Baisser de popularité .... ÉCLIPSER
Baisser les bras .. DÉMISSIONNER, FLANCHER,
.... RENONCER
Balai à franges .... VADROUILLE
Balai de branchages .... HOUSSOIR
Balai pour nettoyer les plafonds ... TÊTEDELOUP
Balancer son corps (se) .... DANDINER
Balayage des rues .... NETTOIEMENT
Baldaquin placé au-dessus du lit ..... CIELDELIT
Ballon d'entraînement .... PUNCHINGBALL
Ballon dirigeable .... ZEPPELIN
Ballonnement du ventre dû à des gaz ....
.... MÉTÉORISATION, MÉTÉORISME
Bande de cuir .... CEINTURE
Bande de terre entre les pieds de la vigne ....
.... CAVAILLON
Bande de tissu élastique .... JARRETIÈRE

Bande de tissu passant sur les épaules .. BRETELLE
Bande de tissu qui retient un vêtement aux épaules
.... ÉPAULETTE
Bande de tissu retenant le rideau .... EMBRASSE
Bande d'étoffe attachée à un mât ... BANDEROLE
Bande d'un matériau souple .... COURROIE
Bande qui fixe un vêtement autour de la taille .....
.... CEINTURE
Bande qui passe sous le menton .. MENTONNIÈRE
Bande sonore .... BANDESON
Bandit au grand cœur .... ROBINDESBOIS
Bannière d'apparat .... ORIFLAMME
Barbouiller de noir .... MÂCHURER
Barrage où l'eau s'écoule en nappe .. REVERSOIR
Barrière formant protection devant un vide ....
.... GARDEFOU
Base de départ (PD) .... INITIATION
Base de lancement .... SARBACANE
Base d'un projet .... ARMATURE
Base élargie d'un tronc d'arbre .. EMPATTEMENT
Base navale américaine à Cuba .. GUANTANAMO
Base purique présente dans le sang ... XANTHINE
Basilique de Rome .... SAINTPIERRE
Basse flatterie .... FLAGORNERIE
Bassin à eau dans une église .... BÉNITIER
Bassin destiné au lavage des pieds .... PÉDILUVE
Bataille de la campagne d'Italie ..... SOLFERINO
Bateau de guerre .... SOUSMARIN
Bateau de pêche .... MORUTIER
Bateau de service à Paris ..... BATEAUMOUCHE
Bateau muni d'une dérive .... DÉRIVEUR
Bateau pour la pêche de la sardine ... SARDINIER
Batelier qui conduit une gondole ... GONDOLIER
Bâti de bois .... HUISSERIE
Bâtiment avec des niches pour les urnes cinéraires
.... COLUMBARIUM
Bâtiment de guerre ... CORVETTE, SOUSMARIN
Bâtiment de guerre affecté à la surveillance ....
.... STATIONNAIRE
Bâtiment d'hier (PD) .... GOÉLETTE
Bâtiment divisé en appartements .... IMMEUBLE
Bâtiment où l'on élève des porcs .... PORCHERIE
Bâtiment où l'on entasse des ossements ....
.... OSSUAIRE
Bâtiment pour abriter les moutons .... BERGERIE
Bâtiment qui abrite des marchandises .. ENTREPÔT
Bâton de berger .... HOULETTE
Bâton qui enflamme la charge d'une bouche à feu ..
.... BOUTEFEU
Battement de paupière .... CLIGNOTEMENT
Battement du cœur .. PALPITATION, PULSATION
Batteur qui se fait aller (MF) .... MALAXEUR
Battre à coups de bâton .... FUSTIGER
Battre à plate couture .... RATATINER
Battre au vent, en parlant d'une voile ....
.... RALINGUER
Battre de coups de fouets .... FLAGELLER
Battre des mains .... APPLAUDIR
Battre dix à zéro .... MASSACRER
Battre fortement .... ÉTRILLER
Battre plus fort .... PALPITER
Battre vivement, violemment .... FOUETTER

Bavardage bruyant . . . . JACASSEMENT
Bavardage frivole . . . . PAPOTAGE
Beau brun . . . . NOISETTE
Beau coup . . . . PROUESSE
Beaucoup, beaucoup, beaucoup . . . .
. . . . COPIEUSEMENT
Beaucoup de bruit . . . . CACAPHONIE
Beaucoup de bruit pour rien . . . . AGITATION
Beaucoup de mots pour rien . . . PATATIPATATA
Beaucoup de ses efforts sont réduits en compote (MF)
. . . . POMICULTEUR
Beaucoup d'héroïne . . . . OVERDOSE
Beaucoup d'histoires pour un oui ou un non . . . . . .
. . . . RÉFÉRENDUM
Beaucoup fréquentent le Buona Notte . . . .
. . . . CÉLÉBRITÉS
Beaucoup ont eu plus qu'elle . . . . . DÉSHÉRITÉE
Beaucoup plus facile à manipuler (PD) . . . .
. . . . PALETTISABLE
Beaucoup trop d'honneurs . . . . . ENCENSEMENT
Beaucoup trop occupé . . . . SURCHARGÉ
Beau parleur . . . . ENJÔLEUR
Beau sacrifice . . . . ABNÉGATION
Bébés moules (PD) . . . . NAISSAIN
Bécasseau des sables . . . . SANDERLING
Beignet soufflé très léger . . . . PETDENONNE
Beignet sucré . . . . OREILLETTE
Bel homme fat et niais . . . . BELLÂTRE
Belle assemblée . . . . AÉROPAGE
Belle aventure amoureuse (PD) . . . . . . OARISTYS
Belle-de-nuit . . . . MIRABILIS
Belle des prairies . . . . PÂQUERETTE
Belle et sauvage . . . . ÉGLANTINE
Belle fille de Victor . . . . ESMÉRALDA
Belle mandarine . . . . TANGERINE
Belle pierre . . . . ÉMERAUDE
Belle plante . . . . AMARANTE, PULPEUSE
Belle quand elle rapporte (PD) . . . . . . SITUATION
Bénéfice d'actionnaire . . . . DIVIDENDE
Bénéficiaire d'un legs . . . . LÉGATAIRE
Benoît XVI . . . . RATZINGER
Benzoate de naphtyle . . . . BENZONAPHTOL
Berceau de charmes . . . . CHARMILLE
Berger allemand . . . . CHIENLOUP
Besoin d'absorber beaucoup de nourriture . . . .
. . . . BOULIMIE
Besoin de boire beaucoup d'eau . . . . POTOMANIE
Besoin immédiat, impérieux . . . . NÉCESSITÉ
Besoin irrésistible de boire beaucoup d'alcool . . . . .
. . . . DIPSOMANIE
Besoin pathologique d'écrire . . . GRAPHOMANIE
Besoin pathologique de manger beaucoup . . . .
. . . . BOULIMIE
Bête à bon Dieu . . . . COCCINELLE
Bête de somme . . . . DROMADAIRE
Bêtement mondain . . . . SALONNARD
Bibliothèque itinérante . . . . BIBLIOBUS
Bidon d'essence . . . . JERRICAN
Bidonville des villes d'Afrique . . . . . . TOWNSHIP
Bidule célèbre des années 60 . . . TARMACADAM
Bien accrocher . . . . ENRACINER
Bien adapté au travail . . . . ERGONOMIQUE

Bien-aimé . . . . AMOUREUX
Bien-aimée . . . . DULCINÉE, MAÎTRESSE
Bien arroser . . . . IRRIGUER
Bien astiqué . . . . ÉTINCELANT
Bien battre . . . . FOUETTER
Bien boucler . . . . ENCERCLER
Bien ceindre . . . . ENSERRER
Bien charger . . . . ALOURDIR
Bien chauffer . . . . UPÉRISER
Bien confortable . . . . DOUILLET
Bien couvert . . . . EMMITOUFLÉ
Bien découper . . . . SEGMENTER
Bien des Acadiens y ont été déportés . . . .
. . . . LOUISIANE
Bien désaltérer . . . . ÉTANCHER
Bien des as . . . . SESTERCES
Bien des enfants en ont un double . . . .
. . . . NOMDEFAMILLE
Bien des gens font des bassesses pour y être couchés
. . . . TESTAMENT
Bien des gens la font en pensant à leur patron . . . .
. . . . NEUVAINE
Bien des gens la noient après quelques verres (MF)
. . . . TIMIDITÉ
Bien des gens la retrouvent en même temps que
l'amour . . . . JEUNESSE
Bien des gens l'ont constamment en tête . . . .
. . . . CASQUETTE
Bien des gens qui y ont recours choisissent de porter
un chapeau (MF) . . . . CHIMIOTHÉRAPIE
Bien des gens se confessent à lui . . . . AUMÔNIER
Bien des gens s'y rendent à genoux . . . ORATOIRE
Bien des hommes en rêvent (MF) . . . .
. . . . COUPESTANLEY
Bien des voyageurs en ont plein le dos . . . .
. . . . HAVRESAC
Bien détailler . . . . ÉNUMÉRER
Bien difficile de lui coller une définition (MH) . . . .
. . . . JENESAISQUOI
Bien dorer . . . . RISSOLER
Bien écraser . . . . RATATINER
Bien écrire . . . . ORTHOGRAPHIER
Bien élever . . . . ENNOBLIR
Bien encadrer . . . . ESCORTER
Bien en chair . . . . PLANTUREUX
Bien en place . . . . ENRACINÉ, ENCASTRÉ
Bien entourer . . . . ENSERRER
Bien entraîner . . . . AGUERRIR
Bien estimer . . . . EXPERTISER
Bien-être . . . . BÉATITUDE, QUIÉTUDE
Bien examiner . . . . ÉPLUCHER
Bien expliquer . . . . ÉLUCIDER
Bien faire et laisser dire . . . . PROVERBE
Bienfait tiré de quelque chose . . . . BÉNÉFICE
Bien fendre (MH) . . . . ÉVENTRER
Bien forger (MH) . . . . IMAGINER
Bien fouiller . . . . RATISSER
Bien garnir de tous côtés (PD) . . . REMBOURRER
Bien habillé . . . . ENDIMANCHÉ
Bien imprégner . . . . ABREUVER
Bien mal en point après absorption (PD) . . . .
. . . . EMPOISONNÉ

Bien malmener . . . . MOLESTER
Bien manger . . . . GUEULETONNER
Bien marquer (PD) . . . . MEURTRIR
Bien mauvaise intention (PD) . . . SCÉLÉRATESSE
Bien moins d'un an . . . . SEMESTRIEL
Bien nourrir . . . . ENGRAISSER
Bien ou mal coupé, vous ne risquez pas la grippe aviaire (PD) . . . . PIEDDECOQ
Bien placer au centre . . . . ENTOURER
Bien pleine . . . . FÉCONDÉE
Bien plus beau que dans nos rêves . . . . INESPÉRÉ
Bien plus qu'une dizaine . . . . CENTAINE
Bien préparée, elle apporte des fruits (PD) . . . .
. . . . COGITATION
Bien réel . . . . EXISTANT
Bien remuer . . . . ÉMOUVOIR
Bien rentrer . . . . ENCAISSER
Bien retourner . . . . RESTITUER
Bien rouler . . . . ATTRAPER
Bienséance sociale . . . . CONVENANCE
Biens laissés par le mourant . . . . . SUCCESSION
Bien traiter . . . . RESPECTER
Bienveillance autoritaire . . . . PATERNALISME
Bienveillance qui part du cœur . . . . CORDIALITÉ
Bière consommée dans l'Antiquité . . . . CERVOISE
Bigarrure d'une peau tavelée . . . . TAVELURE
Bijouterie de faible valeur . . . . . . VERROTERIE
Bile noire . . . . ATRABILE
Bille en tête . . . . CARRÉMENT
Biographie embellie . . . . HAGIOGRAPHIE
Biologiste français . . . . LOUISPASTEUR
Biscuit ferme et cassant . . . . BISCOTIN
Biscuit sec très sucré . . . . SPÉCULOOS
Bitume naturel . . . . ASPHALTE
Bizarre parce que contradictoire . . . PARADOXAL
Blaireau d'Amérique du Nord . . . . . CARCAJOU
Blâme que l'on adresse à quelqu'un . . . .
. . . . RÉPRIMANDE
Blâmer avec dureté . . . . STIGMATISER
Blâmer avec force . . . . VITUPÉRER
Blâmer publiquement . . . . STIGMATISER
Blâmer sans raison . . . . CRITICAILLER
Blâme sévère . . . . . ANATHÈME, RÉPROBATION
Blanc de baleine . . . . SPERMACETI
Blanchit le prévenu (MH) . . . . AMNISTIE
Blanc spécialiste des défenses immunitaires (PD) . .
. . . . LEUCOCYTE
Blé dont l'espèce est dépourvu de barbes . . . .
. . . . TOUSELLE
Blé noir . . . . SARRASIN
Blériot en était un . . . . AVIATEUR
Blé rustique . . . . ÉPEAUTRE
Blesser à coups de cornes . . . . ENCORNER
Blesser à mort avec un coup d'épée . . ESTOQUER
Blesser au visage . . . . BALAFRER
Blesser avec un clou un animal . . . . . ENCLOUER
Blesser dans son amour-propre . . . . . MORTIFIER
Blesser grièvement . . . . ÉCHARPER
Blesser moralement . . . . FROISSER, MEURTRIR
Blesser par contusion . . . . CONTUSIONNER
Blesser par un choc . . . . MEURTRIR
Blesser quelqu'un dans sa dignité . . . . OFFENSER

Blesser superficiellement . . . . ÉCORCHER
Blesse trop souvent inutilement . . . . . . VEXATION
Blessure d'amour-propre . . . . ÉGRATIGNURE,
. . . . VEXATION
Blessure d'un animal encloué . . . . ENCLOUURE
Blessure faite à un chien par un cerf . . DÉCOUSURE
Blessure faite avec un instrument tranchant . . . . . .
. . . . ENTAILLE
Blessure superficielle . . . . ÉCORCHURE
Bleu ciel . . . . CÉRULÉEN
Bleu de cobalt . . . . SMALTINE
Bloque la sortie (PD) . . . . INTROVERSION
Bloquer à l'intérieur . . . . REFOULER
Bloquer totalement . . . . TÉTANISER
Blouse qui passe par la tête . . . . . MARINIÈRE
Bob Dylan . . . . ZIMMERMAN
Boire beaucoup . . . . LEVERLECOUDE
Boire souvent et avec excès . . . . . BIBERONNER
Bois appartenant à la Ville de Paris . . VINCENNES
Bois d'aloès d'Insulinde . . . . CALAMBAC
Bois lourd et dur . . CAMPÊCHE, PALISSANDRE
Boisson à base de citron . . . . CITRONNADE
Boisson à base de jus de cerise . . . . . CERISETTE
Boisson alcoolique . . . . HYDROMEL
Boisson alcoolisée servie avant le repas . . . .
. . . . APÉRITIF
Boisson à l'orange . . . . ORANGEADE
Boisson composée de pastis et de sirop de menthe
. . . . PERROQUET
Boisson faite avec du vin, de la cannelle, de la vanille,
du girofle et du sucre . . . . HYPOCRAS
Boisson faite de lait bouillant sucré . . . .
. . . . CHAUDEAU
Boisson festive . . . . CHAMPAGNE
Boisson gazeuse . . . . LIMONADE
Boisson qui redonne des forces . . . . REMONTANT
Boisson rafraîchissante . . . . ORANGEADE
Boîte à bonbons . . . . BONBONNIÈRE
Boîte à images . . . . TÉLÉVISEUR
Boîte à lumière à écran translucide . . . .
. . . . NÉGATOSCOPE
Boîte à médicaments . . . . PILULIER
Boîte à musique . . . . BALADEUR
Boîte à poudre pour maquillage . . . . POUDRIER
Boîte de nuit (MH) . . . . LANTERNE
Boîte fendue . . . . TIRELIRE
Boîte qui abrite une lumière . . . . LANTERNE
Boîte qui contient une aiguille aimantée . . . .
. . . . BOUSSOLE
Bombardier en était un . . . . INVENTEUR
Bomber le torse . . . . PLASTRONNER
Bon à jeter . . . . INUTILISABLE
Bon à rien . . . . MINUSHABENS
Bonbon aromatisé . . . . BERLINGUOT
Bon coup . . . . RÉUSSITE
Bond agile . . . . CABRIOLE
Bon départ dans la nature (PD) . . GERMINATION
Bondir légèrement . . SURSAUTER, TRESSAUTER
Bon goût dans les manières . . . . ÉLÉGANCE
Bon grimpeur (PD) . . . . VARAPPEUR
Bonheur intérieur . . . . FÉLICITÉ
Bonheur parfait . . . . BÉATITUDE

Bonifier une terre avec de l'engrais . . FERTILISER
Bon jusqu'à la faiblesse . . . . DÉBONNAIRE
Bonne bordée de neige . . . . AVALANCHE
Bonne bouffe . . . . GUEULETON
Bonne entente . . . . CAMARADERIE
Bonne humeur . . ENJOUEMENT, GAILLARDISE,
. . . . JOVIALITÉ
Bonne idée . . . . TROUVAILLE
Bonne maman . . . . GRANDMÈRE
Bonne pâte . . . . LAGUIOLE
Bonne pâte italienne . . . . PARMESAN
Bonne précaution à prendre (MH) . . RÉSERVATION
Bonne relation . . . . ANALOGIE
Bonnet carré des ecclésiastiques . . . . . BARRETTE
Bonnet de toile qui recouvre l'enfant après le bap-
tême . . . . CHRÉMEAU
Bon pour débusquer . . . . AIREDALE
Bon pour la santé . . . . HYGIÉNIQUE
Bon pour la vie (MH) . . . . INUSABLE
Bon pour un autre tour . . . . BALLOTTAGE
Bon traitement . . . . ÉMOLUMENT
Bord de l'ouverture de l'urne des mousses . . . .
. . . . PÉRISTOME
Bordeaux rouge . . . . SAINTÉMILION
Border d'échancrures . . . . DENTELER
Bosse du thorax . . . . GIBBOSITÉ
Bossu au grand cœur . . . . QUASIMODO
Bouche cousue . . . . SANSPARLER
Boucher avec du mastic . . . . MASTIQUER
Boucher les trous . . . . . RAPIÉCER, REPRISER
Boucle de cheveux roulés en spirale . . ANGLAISE
Boucler de nouveau . . . . REFERMER
Bouc qui ne pue pas (MH) . . . . ÉMISSAIRE
Bouffonnerie grossière . . . . PANTALONNADE
Bouger lentement d'un côté, de l'autre . . . .
. . . . BALANCER
Bouger les bras . . . . GESTICULER
Bouger son corps en tous sens (se) . . . .
. . . . TRÉMOUSSER
Bouillie de flocons d'avoine . . . . PORRIDGE
Bouillie médicamenteuse . . . . CATAPLASME
Bouillon de viande . . . . CONSOMMÉ
Bouillonnement de bulles gazeuses . . . .
. . . . EFFERVESCENCE
Boulette de hachis de viande . . . . GODIVEAU
Boulette de pâte, de viande, de poisson . . . .
. . . . CROQUETTE
Bouleversement dû à une émotion violente . . . .
. . . . COMMOTION
Bouleversement général de la surface du globe . . . .
. . . . CATACLYSME
Bouleverser de fond en comble . . CHAMBARDER
Bouleverser quelqu'un . . . . TOURNEBOULER
Bourdonnement dans l'oreille . . . . . CORNEMENT
Bourdonnement perçu en l'absence de tout son . . . .
. . . . ACOUPHÈNE
Bourgeoise d'âge mûr . . . . ROMBIÈRE
Bourgeon à l'aisselle d'une feuille . . . AXILLAIRE
Bourgogne rouge . . . . CHAMBERTIN
Bourrelet posé sur la tête pour porter un fardeau . . .
. . . . TORTILLON
Bourse portée à la ceinture . . . . AUMÔNIÈRE

Bout de chou . . . . PETITENFANT
Bout de chromosome . . . . TÉLOMÈRE
Bout de la mèche d'une bougie . . . . . LUMIGNON
Bout de mosaïque . . . . TESSELLE
Bouteille de forme renflée . . . . BOMBONNE,
. . . . BONBONNE
Bouteille en grès . . . . JAQUELIN
Boute-en-train . . . . GAILURON
Boutique de crémier . . . . CRÉMERIE
Boutique de l'herboriste . . . . . HERBORISTERIE
Boutique du parfumeur . . . . PARFUMERIE
Bouton-d'argent . . . . RENONCULE
Bouture de l'année . . . . MAILLETON
Bracelet à sept anneaux . . . . SEMAINIER
Bractée enveloppant les fleurs de l'épi des graminées
. . . . GLUMELLE
Branche de la biologie . . . . ANATOMIE
Branche de la biologie animale . . ORNITHOLOGIE
Branche de la médecine . . . . UROLOGIE
Branche de l'horticulture . . . . . . FLORICULTURE
Branche des mathématiques . . . . ARITHMÉTIQUE
Branche des sciences naturelles étudiant les animaux
. . . . ZOOLOGIE
Branche d'étude . . . . SPÉCIALITÉ
Branche du celtique . . . . GAÉLIQUE
Branche flexible du pêcher . . . . CHIFFONNE
Branche tenant à la plante mère . . MARCOTTE
Branche très mince . . . . BRINDILLE
Branche utilisée comme bouture . . . . . PLANTARD
Bras des céphalopodes . . . . TENTACULE
Bras droit . . . . ALTEREGO
Bras droit dans la manche du général (MF) . . . . . .
. . . . LIEUTENANT
Bras formé par la division des eaux . . DÉFLUENT
Brassière pour accommoder une viande en daube . .
. . . . DAUBIÈRE
Brave à trois poils (MH) . . . . FIERÀBRAS
Bref exposé écrit d'un sujet de film . . . SYNOPSIS
Brillant éclat . . . . ÉTINCELLE
Briller avec éclat . . . . SCINTILLER
Briller avec grand éclat . . . . RESPLENDIR
Briller d'un vif éclat . . . . ÉTINCELER
Brio et entrain (PD) . . . . ABATTAGE
Brique faite avec de la tourbe . . . . . BRIQUETTE
Briser à l'extrême . . . . ÉPOINTER
Briser avec violence . . . . FRACASSER
Briser de fatigue . . . . ÉREINTER
Briser en défonçant . . . . DÉFONCER
Briser le goulot de . . . . ÉGUEULER
Briser pour empêcher de voler . . . . . ÉJOINTER
Brochette creuse (MF) . . . . LARDOIRE
Broie du noir (MH) . . . . MOULINÀPOIVRE
Brosse à plafond . . . . TÊTEDELOUP
Brosse de ramoneur . . . . HÉRISSON
Brosse des peintres . . . . VEINETTE
Brosser encore les cartes . . . . REBATTRE
Broyer la tige du lin . . . . ÉCANGUER
Bruit accompagnant une décharge électrique . . . . .
. . . . TONNERRE
Bruit aigre . . . . GRINCEMENT
Bruit assourdissant . . CHARIVARI, TINTAMARRE
Bruit cadencé . . . . MARTÈLEMENT

Bruit causé par le déplacement des gaz . . . .
. . . . BORBORYGME
Bruit confus . . . . BROUHAHA
Bruit d'eau . . . . CLAPOTEMENT
Bruit de chaînes . . . . CLIQUETIS
Bruit de chute . . . . BADABOUM
Bruit de cloche . . . . TINTEMENT
Bruit d'éclatement . . . . EXPLOSION
Bruit de la foudre . . . . TONNERRE
Bruit de langue . . . . CLAPPEMENT
Bruit de mourant . . . . RÂLEMENT
Bruit désagréable . . . . GRINCEMENT
Bruit de sortie (MH) . . . . GLOUGLOU
Bruit de voix confus . . . . BROUHAHA
Bruit de voix qui parlent tout bas
. . . . CHUCHOTEMENT
Bruit d'oiseaux . . . . PIAILLEMENT
Bruit d'une personne qui agonise, qui râle
. . . . RÂLEMENT
Bruit d'un liquide dans l'estomac . . GARGOUILLIS
Bruit d'un téléphone . . . . SONNERIE
Bruit faible et confus . . . . BRUISSEMENT
Bruit intense . . . . DÉCIBELS
Bruit léger . . . . FRÔLEMENT, FROUFROU
Bruit par lequel le chat manifeste son contentement
. . . . RONRONNEMENT
Bruit produit par le vent . . . . SIFFLEMENT
Bruit provoqué par un événement fâcheux
. . . . ESCLANDRE
Bruit que fait un dormeur . . . . RONFLEMENT
Bruit sec . . . . CRAQUEMENT
Bruit sourd et continu . . . . BOURDONNEMENT
Bruit violent produit par une explosion . . . .
. . . . DÉTONATION
Brûler avec un cautère . . . . CAUTÉRISER
Brûler avec un liquide bien chaud . . . .
. . . . ÉBOUILLANTER
Brûler complètement . . CALCINER, CARBONISER
Brûler pour soigner . . . . CAUTÉRISER
Brûlure plus ou moins grave . . . COUPDESOLEIL
Brun clair . . . . CANNELLE
Brutal déchirement . . . . LACÉRATION
Bruyant, visant à l'effet . . . . FRACASSANT
Bubale ou nilgaut . . . . ANTILOPE
Buffet avec étagères pour la vaisselle . . VAISSELIER
Buffet où l'on range la vaisselle . . . . . CRÉDENCE
Bulle, dans une bande dessinée . . . PHYLACTÈRE
Bulle qui s'élève à la surface d'un liquide
. . . . BOUILLON
But à atteindre . . . . OBJECTIF
But de toucher (MH) . . . . PROSTATE
Butée d'un mécanisme . . . . ARRÊTOIR
Buter du pied contre quelque chose . . ACHOPPER
Byzance, puis Constantinople . . . . ISTANBUL
Ça attire des souhaits . . . . ÉTERNUER
Cabinet d'aisances . . . . TOILETTES
Cabinet de verdure . . . . GLORIETTE
Câble qui sert au remorquage . . . . . REMORQUE
Ça bourdonne autour d'elle (MH) . . APICULTRICE
Cache la vérité, le véritable motif . . . . PRÉTEXTE
Cacher les trous (MH) . . . . RAPIÉCER
Cacheter de nouveau . . . . RECACHETER

Cachot, dans l'ancienne Rome . . . . . ERGASTULE
Cachot souterrain d'un château fort . . BASSEFOSSE
Cadeau inattendu . . . . SURPRISE
Ça fait mal . . . . NÉVRALGIE
Café-concert . . . . MUSICHALL
Café servi dans un verre profond . . . MAZAGRAN
Cafetière à poignée droite . . . . VERSEUSE
Cailler avec de la présure . . . . PRÉSURER
Caillot sanguin dans un vaisseau . . . . THROMBUS
Caisse commune . . . . CAGNOTTE
Calendrier dont on retire une feuille chaque jour . . .
. . . . ÉPHÉMÉRIDE
Calendrier illustré . . . . ALMANACH
Calmant, mais peut aussi être trompeur (PD) . . . . . .
. . . . LÉNIFIANT
Calme les écraseurs de champignon (PD)
. . . . RALENTISSEUR
Calme momentané de la mer . . . . ACCALMIE
Calmer la douleur . . . . REMÉDIER
Calotte qui est loin de réchauffer (MF)
. . . . GLACIAIRE
Camarade de collège . . . . LABADENS
Camarade d'études . . . . CONDISCIPLE
Cambriolage avec effraction . . . . FRICFRAC
Caméra vidéo portative . . . . CAMÉSCOPE
Campagne menée pour créer un mouvement d'opi-
nion . . . . CROISADE
Campanule dont les feuilles se mangent en salade . .
. . . . RAIPONCE
Cambrure de la colonne vertébrale . . ENSELLURE
Camp d'extermination des Juifs . . . TREBLINKA
Camper en plein air . . . . BIVOUAQUER
Canadienne en Afghanistan . . . . INFANTERIE
Canadien travaillant ailleurs qu'au Canada, à nos frais
. . . . AMBASSADEUR
Canal conduisant la bile au duodénum . . . .
. . . . CHOLÉDOQUE
Canal d'évacuation des eaux . . . . CANIVEAU
Canalisation pour le transport du pétrole . . PIPELINE
Canalisations domestiques . . . . PLOMBERIE
Canal qui sert à la circulation du sang . . VAISSEAU
Canapé de plan ovale . . . . OTTOMANE
Canapé-lit . . . . CLICCLAC
Canard au plumage coloré . . . . MANDARIN
Canard des régions boréales . . . . MACREUSE
Canard originaire d'Extrême-Orient . . MANDARIN
Canard plongeur . . . . FULIGULE
Canard sauvage . . . . SARCELLE
Canard sauvage à plumage noir . . . MORILLON
Cancer à la recherche de Poissons . . ASTROLOGIE
Cancer de la peau . . . . NOLIMETANGERE
Canevas d'une pièce . . . . SCÉNARIO
Canot automobile . . . . CHRISCRAFT
Canot léger et étroit . . . . BALEINIÈRE
Cantatrice qui tient le premier rôle . . PRIMADONNA
Caoutchouc synthétique . . . . NÉOPRÈNE
Capable d'avaler n'importe quoi (MH) . . . .
. . . . AUTRUCHE
Capable de faire des miracles . . . . . . SURHOMME
Capable de marcher sur un fil . . . . . ÉCUREUIL
Capable d'engendrer . . . . FERTILITÉ
Capable d'ennuyer . . . . INCESSANT

Capable de nous faire plier les genoux .. ÉCRASANT
Capable d'en prendre .... ENDURANT
Capable de raser .... RÉPÉTITIF
Capable de répondre aux questions .. INCOLLABLE
Capable de se dresser, de se redresser ... ÉRECTILE
Capable d'une grande rapidité .... SPRINTER
Capables de faire tourner bien des têtes (MH) .....
.... ÉTOURDISSEMENTS
Capacité de rendement .... EFFICIENCE
Cape de femme .... MANTELET
Cap élevé s'avançant dans la mer .. PROMONTOIRE
Capitaine ou colonel .... OFFICIER
Capitale de Hongrie .... BUDAPEST
Capitale de la Belgique .... BRUXELLES
Capitale de la Californie .... SACRAMENTO
Capitale de la Colombie-Britannique .. VICTORIA
Capitale de la Finlande .... HELSINKI
Capitale de la Floride .... TALLAHASSEE
Capitale de l'Alabama .... MONTGOMERY
Capitale de l'Alberta .... EDMONTON
Capitale de la Louisiane .... BÂTONROUGE
Capitale de la Pennsylvanie ...... HARRISBURG
Capitale de la Pologne .... VARSOVIE
Capitale de l'Argentine .... BUENOSAIRES
Capitale de la Roumanie .... BUCAREST
Capitale de la Slovaquie .... BRATISLAVA
Capitale de la Toscane .... FLORENCE
Capitale de l'Australie-Méridionale ... ADÉLAÏDE
Capitale de la Virginie .... RICHMOND
Capitale de l'Écosse .... ÉDIMBOURG
Capitale de l'Éthiopie .... ADDISABEBA
Capitale de l'île Maurice .... PORTLOUIS
Capitale de l'Indiana .... INDIANAPOLIS
Capitale de l'Islande .... REYKJAVIK
Capitale de l'Ouzbékistan .... TACHKENT
Capitale de l'Uruguay .... MONTEVIDEO
Capitale de Madagascar ...... ANTANANARIVO
Capitale des Hawaii .... HONOLULU
Capitale des Pays-Bas .... AMSTERDAM
Capitale des Territoires du Nord-Ouest ....
.... YELLOWKNIFE
Capitale d'Haïti .... PORTAUPRINCE
Capitale du Bengale .... CALCUTTA
Capitale du Brésil .... BRASILIA
Capitale du Chili .... SANTIAGO
Capitale du cinéma .... HOLLYWOOD
Capitale du Congo .... BRAZZAVILLE
Capitale du Danemark .... COPENHAGUE
Capitale du Gabon .... LIBREVILLE
Capitale du Kosovo .... PRISTINA
Capitale du Manitoba .... WINNIPEG
Capitale du Népal .... KATMANDOU
Capitale d'un État du Brésil ...... SAOPAULO
Capitale du Nouveau-Brunswick .. FREDERICTON
Capitale du Pakistan .... ISLAMABAD
Capitale du Paraguay .... ASUNCION
Capitale du Portugal .... LISBONNE
Capitale du Soudan .... KHARTOUM
Capitale du Yukon .... WHITEHORSE
Capitale fédérale de l'Australie ..... CANBERRA
Capitale politique ou économique d'une région ....
.... MÉTROPOLE

Capitalisation des intérêts d'une somme prêtée ....
.... ANATOCISME
Capitale supposée de l'enfer ... PANDÉMONIUM
Capuchon couvrant la tête et les épaules ....
.... CHAPERON
Caractère de ce qui a rapport au sexe ... ÉROTISME
Caractère de ce qui a une fin .... FINALITÉ
Caractère de ce qui a un sens caché ....
.... ÉSOTÉRISME
Caractère de ce qui dure très longtemps ....
.... PÉRENNITÉ
Caractère de ce qui est achevé .... FINITION
Caractère de ce qui est ambigu ..... AMBIGUÏTÉ
Caractère de ce qui est annuel ...... ANNUALITÉ
Caractère de ce qui est banal .... BANALITÉ
Caractère de ce qui est complet .. EXHAUSTIVITÉ
Caractère de ce qui est dangereux ..... NOCIVITÉ
Caractère de ce qui est énorme ..... ÉNORMITÉ
Caractère de ce qui est exotique ... EXOTISME
Caractère de ce qui est façonné avec simplicité ....
.... RUSTICITÉ
Caractère de ce qui est faux .... FAUSSETÉ
Caractère de ce qui est fin et léger ... SVELTESSE
Caractère de ce qui est fluide ...... FLUIDITÉ
Caractère de ce qui est fongueux .... FONGOSITÉ
Caractère de ce qui est fugace ...... FUGACITÉ
Caractère de ce qui est général .... GÉNÉRALITÉ
Caractère de ce qui est humide ...... HUMIDITÉ
Caractère de ce qui est imaginaire ... IRRÉALITÉ
Caractère de ce qui est imminent ... IMMINENCE
Caractère de ce qui est impair .... IMPARITÉ
Caractère de ce qui est importun ....
.... IMPORTUNITÉ
Caractère de ce qui est indiscutable ... ÉVIDENCE
Caractère de ce qui est inflammable ....
.... INFLAMMABILITÉ
Caractère de ce qui est insipide ... INSIPIDITÉ
Caractère de ce qui est irréel ...... IRRÉALITÉ
Caractère de ce qui est létal .... LÉTALITÉ
Caractère de ce qui est limpide .... LIMPIDITÉ
Caractère de ce qui est modique ..... MODICITÉ
Caractère de ce qui est nocif .... TOXICITÉ
Caractère de ce qui est pernicieux .... NOCIVITÉ
Caractère de ce qui est peu large ... ÉTROITESSE
Caractère de ce qui est plausible .. PLAUSIBILITÉ
Caractère de ce qui est polychrome ....
.... POLYCHROMIE
Caractère de ce qui est précaire ..... PRÉCARITÉ
Caractère de ce qui est puéril ...... PUÉRILITÉ
Caractère de ce qui est putrescible ....
.... PUTRESCIBILITÉ
Caractère de ce qui est rutilant ... RUTILANCE
Caractère de ce qui est salubre ..... SALUBRITÉ
Caractère de ce qui est sans gravité ... LÉGÈRETÉ
Caractère de ce qui est sapide .... SAPIDITÉ
Caractère de ce qui est secret .... INTIMITÉ
Caractère de ce qui est singulier .. ORIGINALITÉ
.... SINGULARITÉ
Caractère de ce qui est sordide ..... SORDIDITÉ
Caractère de ce qui est spontané .. SPONTANÉITÉ
Caractère de ce qui est tonique .... TONICITÉ
Caractère de ce qui est toxique .... TOXICITÉ

Caractère de ce qui est truculent . . TRUCULENCE
Caractère de ce qui est visqueux . . . . . VISCOSITÉ
Caractère de ce qui manque d'équilibre . . . .
. . . . INSTABILITÉ
Caractère de ce qui n'est pas uni . . . . INÉGALITÉ
Caractère de ce qui peut être admis . . . .
. . . . PLAUSIBILITÉ
Caractère de ce qui peut être séparé d'un ensemble
. . . . AMOVIBILITÉ
Caractère de ce qui peut être transmis . . . .
. . . . ALIÉNABILITÉ
Caractère de ce qui s'écarte de la norme . . . .
. . . . DÉVIANCE
Caractère de ce qui s'écoule . . . . FLUIDITÉ
Caractère de ce qui tend vers un but . . . FINALITÉ
Caractère de ce qui va vite . . . . RAPIDITÉ
Caractère de l'androgyne . . . . ANDROGYNIE
Caractère de quelqu'un agissant bestialement . . . . .
. . . . BESTIALITÉ
Caractère de quelqu'un qui est morose . . MOROSITÉ
Caractère des affections rémittentes . . RÉMITTENCE
Caractère des composés isomères . . . . . ISOMÉRIE
Caractère des corps anisotropes . . . ANISOTROPIE
Caractère des corps isomorphes . . ISOMORPHISME
Caractère de tartufe . . . . TARTUFERIE
Caractère d'imprimerie . . . . ITALIQUE
Caractère du béotien . . . . BÉOTISME
Caractère du fainéant . . . . FAINÉANTISE
Caractère d'un aliment facile à mâcher . . TENDRETÉ
Caractère d'un arbre présentant des nœuds . . . . . .
. . . . NODOSITÉ
Caractère d'une chose désuète, surannée . . . .
. . . . DÉSUÉTUDE
Caractère d'une forme conique . . . . CONICITÉ
Caractère d'une odeur fétide . . . . FÉTIDITÉ
Caractère d'une personne faillible . . FAILLIBILITÉ
Caractère d'une personne irritable . . IRRITABILITÉ
Caractère d'une personne obstinée . . OBSTINATION
Caractère d'une personne pointilleuse . . . .
. . . . MÉTICULOSITÉ
Caractère d'une personne simple . . . BONHOMIE
Caractère d'une plante polygame . . . POLYGAMIE
Caractère d'un objet peu pesant . . . . . LÉGÈRETÉ
Caractère d'un végétal qui présente des nœuds . . . .
. . . . NODOSITÉ
Caractère emphatique . . . . BOURSOUFLURE
Caractère épidémique de la maladie . ÉPIDÉMICITÉ
Caractère érotique de quelqu'un . . . . . ÉROTISME
Caractère féminin . . . . FÉMINITÉ
Caractère fondamental de quelqu'un . . . IDENTITÉ
Caractère fossile dû à l'impact d'une météorite . . . .
. . . . ASTROBLÈME
Caractère global de quelque chose . . GLOBALITÉ
Caractère hétéromorphe . . . . . HÉTÉROMORPHIE,
. . . . HÉTÉROMORPHISME
Caractère inéluctable de quelque chose . . FATALITÉ
Caractère lubrique . . . . . LUBRICITÉ, SALACITÉ
Caractère malhonnête . . . . DÉLOYAUTÉ
Caractère mesquin . . . . PETITESSE
Caractère nasal du son . . . . NASALITÉ
Caractère niais . . . . NIAISERIE
Caractère opposable d'un doigt . . OPPOSABILITÉ

Caractère permanent des personnes . . . . IDENTITÉ
Caractère placide . . . . PLACIDITÉ
Caractère propre à un pays situé sur des îles . . . . . .
. . . . INSULARITÉ
Caractère pudibond . . . . PUDIBONDERIE
Caractère simplificateur de quelque chose . . . .
. . . . SCHÉMATISME
Caractère tenace . . . . TENACITÉ
Caractère trop bon par faiblesse . . . BONASSERIE
Caractérisé par la pluie . . . . PLUVIEUX
Caractérisé par le désordre . . . . ANARCHIQUE
Caractérisé par le goût de l'action . . PROMÉTHÉEN
Caractérisé par une abondance excessive . . . .
. . . . EXUBÉRANT
Caractéristique du café . . . . AMERTUME
Carassin doré . . . . POISSONROUGE
Carbonate de calcium cristallisé . . . . . ARAGONITE
Carbonate de calcium et de magnésium . . . .
. . . . DOLOMITE
Carbonate hydraté . . . . . . HYDROCARBONATE
Carbonate naturel de cuivre . . . . . MALACHITE
Carbonate naturel de fer . . . . SIDÉROSE
Carbonate naturel de zinc . . . . . . SMITHSONITE
Carbone naturel . . . . GRAPHITE
Cardinal administrant les biens pontificaux . . . .
. . . . CAMERLINGUE
Caresse câline . . . . CHATTERIE
Caresser indiscrètement . . . . TRIPOTER
Cargo qui fonctionne à plein régime (MH) . . . .
. . . . BANANIER
Carnet de notes . . . BULLETIN, MÉMORANDUM
Carré de tissage gaufré . . . . SERPILLIÈRE
Carrière d'ardoise . . . . ARDOISIÈRE
Carrière de marbre . . . . MARBRIÈRE
Carrière de sable . . . . SABLIÈRE
Carrière d'où l'on extrait le grès . . . . . GRÉSIÈRE
Carte du ciel . . . . HOROSCOPE
Carton présentant les nuances d'un produit . . . .
. . . . NUANCIER
Casque de métal ancien . . . . CABASSET
Casse les oreilles . . . . TINTOUIN
Casse-pieds . . . . IMPORTUN
Casser le bout d'une aiguille . . . . ÉPOINTER
Casser les pieds . . . . ASSOMMER
Casserole à bords bas . . . . SAUTEUSE
Cassolette dans laquelle on brûle l'encens . . . .
. . . . ENCENSOIR
Castration du mâle . . . . ÉMASCULATION
Casus belli . . . . ACTEDEGUERRE
Catégorie dans un classement . . . . . . RUBRIQUE
Catégorie de personnes qu'on méprise . . . .
. . . . ENGEANCE
Cause de stérilité . . . . AZOOSPERMIE
Causer à quelqu'un du mécontentement . . . .
. . . . CONTRARIER
Causer à quelqu'un une mésaventure . . ÉCHAUDER
Causer de grands dégâts . . . . DÉVASTER
Causer de l'agitation . . . . TROUBLER
Causer de la lassitude . . . . FATIGUER
Causer de l'appréhension . . . . EFFRAYER
Causer de l'étonnement . . . . SURPRENDRE
Causer de nouveau . . . . RECAUSER

Causer des soucis .... TRACASSER
Causer du dégoût .... ÉCŒURER
Causer du chagrin .... CHAGRINER
Causer l'asphyxie .... ASPHYXIER
Causer la tuméfaction .... TUMÉFIER
Causer un certain tort .... STRESSER
Causer un dommage à .... ACCIDENTER
Causer une démangeaison .... DÉMANGER
Causer une douleur morale .... AFFECTER
Causer une émotion profonde ...... RENVERSER
Causer une enflure anormale .... TUMÉFIER
Causer une grande envie .... DÉMANGER
Causer une grande surprise à quelqu'un ....
.... ESTOMAQUER
Causer une profonde douleur .... AFFLIGER
Causer une sorte de griserie .... ÉTOURDIR
Causer une tension nerveuse .... STRESSER
Causer un grand chagrin .... AFFLIGER
Causer un grand étonnement .... SURPRENDRE
Causer un rhume .... ENRHUMER
Cautère de platine .... THERMOCAUTÈRE
Cautérisation par une aiguille rougie ....
.... IGNIPUNCTURE
Cautionné par l'efficacité .... PRAGMATIQUE
Cave qui n'est pas sous terre (MF) .... IMBÉCILE
Cavité de l'omoplate .... GLÉNOÏDE
Cavité de l'oreille .... UTRICULE
Cavité de l'os iliaque .... ACÉTABULE
Cavité du corps sous l'épaule .... AISSELLE
Cavité en cul-de-sac .... DIVERTICULE
Ce chien peut y vivre (MF) ... TERRENEUVE
Cécité plus ou moins complète ..... AMAUROSE
Céder par complaisance ...... CONDESCENDRE
Ce dont on se sert pour arriver à un résultat ....
.... TREMPLIN
Ce fut le sort de Louis XVI ..... DÉCAPITATION
Ceinture très solide .... CEINTURON
Cela va de soi .... ILVASANSDIRE
Célèbre actrice italienne .... LOLLOBRIGIDA
Célèbre avenue de Marseille .... CANEBIÈRE
Célèbre cimetière parisien ..... PÈRELACHAISE
Célèbre cinéaste québécois ...... GILLESCARLE
Célèbre druide .... PANORAMIX
Célèbre église de Paris .... NOTREDAME
Célèbre entomologiste .... BROSSARD
Célébrées après 25 ans de mariage ....
.... NOCESDARGENT
Célèbre espionne .... MATAHARI
Célèbre festival rock .... WOODSTOCK
Célèbre grammairien belge .... GREVISSE
Célèbre musée de New York ..... GUGGENHEIM
Célèbre pharaon .... TOUTANKHAMON
Célèbre poète québécois .... NELLIGAN
Célébrer le souvenir d'une personne ....
.... COMMÉMORER
Célébrer l'office divin .... OFFICIER
Célèbre rue de New York .... WALLSTREET
Célèbre ténor italien .... PAVAROTTI
Célèbre trompettiste .... ARMSTRONG
Célèbre université française .... SORBONNE
Célèbre voyageur vénitien .... MARCOPOLO
Celle de Beethoven est célèbre ..... NEUVIÈME

Celle de Dijon est célèbre .... MOUTARDE
Celle de la femme est plus remplie que celle de
l'homme (MF) .... PENDERIE
Celle de l'aveugle est aveugle envers son chien (MF)
.... CONFIANCE
Celle de l'éléphant est très longue ... GESTATION
Celle de l'esprit .... VIVACITÉ
Celle de l'homme réfère à son irresponsabilité (MF)
.... LÉGÈRETÉ
Celle des Canadiens fait hurler de joie (MF) ......
.... REMONTÉE
Celle des trompes, par exemple ..... LIGATURE
Celle qui le vit revient constamment à ses moutons
(MF) .... AGNELAGE
Celle qui prononce un discours ...... ORATRICE
Celle qui seconde quelqu'un ..... ASSISTANTE
Celles de Nostradamus sont célèbres .. PROPHÉTIES
Celles de Scapin sont connues ..... FOURBERIES
Celles du chef sont souvent proposées au restaurant
.... SPÉCIALITÉS
Cellule de la moelle osseuse .... OSTÉOBLASTE
Cellule reproductrice .... ZOOSPORE
Cellules gliales .... NÉVROGLIE
Celui de la mère pour ses enfants est profond .....
.... ATTACHEMENT
Celui de l'été .... SOLSTICE
Celui de Québec se tient en février ... CARNAVAL
Celui des dents doit être fait régulièrement ....
.... BROSSAGE
Celui dressant les oiseaux de proie .. FAUCONNIER
Celui du Lac-Bouchette est bien connu ....
.... ERMITAGE
Celui du Saint-Laurent commence à l'île d'Orléans
.... ESTUAIRE
Celui que porte l'infirmière l'est (MF) .. UNIFORME
Celui qui abandonne une cause ..... DÉSERTEUR
Celui qui annonce un événement futur .. PROPHÈTE
Celui qui a occupé une fonction avant quelqu'un ...
.... PRÉDÉCESSEUR
Celui qui a quitté son pays .... DÉRACINÉ
Celui qui attaque le premier .... AGRESSEUR
Celui qui commet le péché de la chair ....
.... FORNICATEUR
Celui qui comptabilise les avoirs .... TRÉSORIER
Celui qui concentre les pouvoirs .... TRÉSORIER
Celui qui critique violemment .... DÉTRACTEUR
Celui qui dérange .... EMPOISONNEUR
Celui qui devait le cens .... CENSITAIRE
Celui qui doit de l'argent .... DÉBITEUR
Celui qui écoute .... AUDITEUR
Celui qui élève les oiseaux .... OISELEUR
Celui qui en dépend a les doigts jaunes .. NICOTINE
Celui qui essaie d'amener la clientèle ....
.... RABATTEUR
Celui qui est au-dessus des siennes dort tranquille
.... AFFAIRES
Celui qui est chargé de transmettre une information
.... MESSAGER
Celui qui est dans l'adolescence .. ADOLESCENT
Celui qui est incarcéré avec d'autres .. CODÉTENU
Celui qui exécute des ouvrages de serrurerie .....
.... SERRURIER

Celui qui explique un texte dans un sens allégorique . . . . ALLÉGORISTE
Celui qui fabrique ou vend des armes . . ARMURIER
Celui qui fait de longs voyages sur mer . . . . NAVIGATEUR
Celui qui fait la cour à une femme . . SOUPIRANT
Celui qui fait la cour à une femme pour l'épouser . . . . ÉPOUSEUR
Celui qui fait son gros n'a rien à se reprocher . . . . POSSIBLE
Celui qui garde une chose volée . . . . . RECELEUR
Celui qui hongre . . . . HONGREUR
Celui qui invente . . . . INVENTEUR
Celui qui la perd risque de perdre le nord . . . . BOUSSOLE
Celui qui l'a voit du pays (MH) . . . . BOUGEOTTE
Celui qui manœuvre un aérostat . . . . . AÉROSTIER
Celui qui met de l'argent de côté . . ÉPARGNANT
Celui qui parle au nom des autres . . PORTEPAROLE
Celui qui participe à un soulèvement populaire . . . . ÉMEUTIER
Celui qui prend au piège des oiseaux . . OISELEUR
Celui qui prend la défense de quelqu'un . . . . CHAMPION
Celui qui prépare la route aux autres . . PIONNIER
Celui qui prohibait la vénération des images saintes . . . . ICONOCLASTE
Celui qui raconte . . . . NARRATEUR
Celui qui recrute les adhérents pour un parti . . . . RABATTEUR
Celui qui remplit la même fonction qu'un autre . . . . COLLÈGUE
Celui qui seconde un chef . . . . LIEUTENANT
Celui qui séduit par des paroles flatteuses . . . . ENJOLEUR
Celui qui sert dans l'armée sans y être obligé . . . . VOLONTAIRE
Celui qui se soulève . . . . ÉMEUTIER
Celui qui s'expatrie . . . . ÉMIGRANT
Celui qui siège auprès d'un magistrat . . ASSESSEUR
Celui qui s'occupe de la science étudiant la ligne, la surface et le volume . . . . GÉOMÈTRE
Celui qui sort de l'autoroute la prend . . BRETELLE
Celui qui surveille les positions ennemies . . . . OBSERVATEUR
Celui qui tient une auberge . . . . HÔTELIER
Celui qui transgresse une loi . . CONTREVENANT
Celui qui va aux urnes . . . . ÉLECTEUR
Celui qui y est condamné ne fait rien (MF) . . . . INACTION
Celui qu'on combat . . . . ADVERSAIRE
Cémentation au soufre . . . . SULFINISATION
Cémentation de l'acier . . . . CYANURATION
Cémentation des métaux par l'aluminium . . . . CALORISATION
Cendre qui provient de la lie de vin brûlée . . . . GRAVELÉE
Ce ne sont pas des filles faciles (MH) . . . ROSIÈRES
Ce n'est pas assez pour partir une semaine (MH) . . . . BAISEENVILLE
Ce n'est pas du bois de chauffage . . SAPINETTE
Ce n'est pas encore un adulte . . ADOLESCENTE

Ce n'est pas la discrétion qui l'étouffe (MH) . . . . SANSGÊNE
Ce n'est pas la peine d'en tenir compte . . . . NÉGLIGEABLE
Ce n'est pas son genre de ramper devant les gens (MH) . . . . SAUTERELLE
Ce n'est pas sûr . . . . PEUTÊTRE
Ce n'est pas une force de la nature (MH) . . . . MAUVIETTE
Ce n'est pas une maniaque (MH) . . NÉGLIGENTE
Ce n'est pas une voyelle . . . . CONSONNE
Ce n'est pas un insulaire . . . . CONTINENTAL
Ce n'est pas un siège qu'on offre à un ami (MH) . . . . ÉJECTABLE
Ce n'est pas un travail qui l'enrichit . . . BÉNÉVOLAT
Ce n'est que pure invention . . . . . . FABULATION
Ce n'est qu'une simple supposition . . . . CONJECTURE
Ce n'est qu'un rien . . . . : . . . . BROUTILLE
Censurer un texte . . . . CAVIARDER
Cent hommes . . . . CENTURIE
Centième partie d'un are . . . . CENTIARE
Cent pour cent . . COMPLÈTEMENT, TOUTÀFAIT
Centre de distribution du lait . . . . . LACTARIUM
Centre de l'industrie du cinéma américain . . . . HOLLYWOOD
Centre de résistance . . . . CITADELLE
Centre d'une division administrative française . . . . CHEFLIEU
Centre le plus important . . . . MÉTROPOLE
Centre principal . . . . CITADELLE
Centré sur lui-même . . . . ÉGOCENTRIQUE
Centre touristique américain . . . . LASVEGAS
Cépage blanc . . . . CHARDONNAY, CHASSELAS, . . FOLLEBLANCHE, GROSPLANT, RIESLING
Cépage blanc du Bordelais . . . . SÉMILLON
Cépage blanc qui produit des vins de qualité . . . . SAUVIGNON
Cépage de Provence . . . . GRENACHE
Cépage du bas Languedoc . . . . PICARDAN
Ce que fait l'individu en beau fusil équipé d'un silencieux (MF) . . . . BOUDERIE
Ce que font les conjoints qui ne dorment plus ensemble . . . . CHAMBREÀPART
Ce que l'on enlève avec une pelle . . . . PELLETÉE
Ce que l'on épargne . . . . ÉCONOMIE
Ce que l'on met lorsqu'on en a soupé (MF) . . . . PIEDÀTERRE
Ce que l'on n'a pas versé (MH) . . . ÉCONOMIE
Ce que l'on obtient . . . . RÉSULTAT
Ce que l'on oppose à une suggestion . . OBJECTION
Ce que l'on souhaite quand on est malade (MF) . . . . GUÉRISON
Ce que l'on tient de ses parents . . . . . . HÉRITAGE
Ce que tous font avant d'aller au lit . . . ÉTEINDRE
Ce que vous lisez est la réponse . . . . DÉFINITION
Ce qui altère quelque chose . . . . IMPURETÉ
Ce qui annonce quelque chose . . . . . . MESSAGER
Ce qui appartient à quelqu'un . . . . . . ATTRIBUT
Ce qui arrive . . . . ÉVÉNEMENT
Ce qui attire . . . . ATTRACTION
Ce qui constitue un profit . . . . AVANTAGE

Ce qui corrompt . . . . GANGRÈNE
Ce qui demeure d'une chose détruite . . VESTIGES
Ce qui détourne l'esprit de ses préoccupations . . . .
. . . . DÉRIVATIF
Ce qui doit passer avant . . . . PRIORITÉ
Ce qui effraie sans raison . . . . ÉPOUVANTAIL
Ce qui empêche d'avancer . . . . OBSTACLE
Ce qui est bon pour elle ne sert à rien (MF) . . . . .
. . . . POUBELLE
Ce qui est douceâtre . . . . GUIMAUVE
Ce qui est dû . . . . ARRÉRAGES
Ce qui est fourni en échange . . . CONTREPARTIE
Ce qui est parfait en son genre . . . CHEFDŒUVRE
Ce qui fait éclater une situation explosive . . . .
. . . . DÉTONATEUR
Ce qui fait que l'on mérite un blâme . . DÉMÉRITE
Ce qui fait qu'une chose est de même nature qu'une
autre . . . . IDENTITÉ
Ce qui isole des contacts extérieurs . . CARAPACE
Ce qu'il avance est bien calculé . . . STATISTICIEN
Ce qu'il faut pour sortir . . . . GARDEROBE
Ce qu'il ne faut pas oublier . . . . ESSENTIEL
Ce qu'il y a de mieux . . . . NECPLUSULTRA
Ce qu'il y a de plus secret . . . . TRÉFONDS
Ce qui permet de recharger . . . . RECHARGE
Ce qui pourrit . . . . GANGRÈNE
Ce qui résiste aux influences extérieures . . . .
. . . . FORTERESSE
Ce qui reste . . . . RÉSULTAT
Ce qui reste d'une rente . . . . ARRÉRAGES
Ce qui s'ajoute à quelque chose . . . SUPPLÉMENT
Ce qui salit . . . . IMPURETÉ
Ce qui se fait de plus récent . . . . . . DERNIERCRI
Ce qui se produit . . . . ÉVÉNEMENT
Ce qui sert à envelopper . . . . ENVELOPPE
Ce qui s'étend . . . . GANGRÈNE
Ce qui s'étend sur le pourtour de quelque chose . . .
. . . . PÉRIPHÉRIE
Ce qui souille . . . . SOUILLURE
Ce qui soutient . . . . CHARPENTE
Ce qui tend à un but . . . . FINALITÉ
Ce qu'on dit pour exprimer son mécontentement . . .
. . . . REPROCHE
Ce qu'on donne aux enfants . . . . ÉDUCATION
Ce qu'on emploie pour se sortir d'embarras . . . .
. . . . RESSOURCE
Ce qu'on entend dire lorsque la balle a franchi la clô-
ture . . . . BONSOIRELLESTPARTIE
Ce qu'on laisse à sa mort . . . . TESTAMENT
Ce qu'on ramasse avec le râteau . . . . RÂTELURES
Ce qu'on tient de ses parents . . . . HÉRITAGE
Ce qu'ont, le plus souvent, ceux qui tournent (MH)
. . . . SCÉNARIO
Ce qu'un écrivain fait . . . . COMPOSER
Cercle à égale distance des pôles . . . . ÉQUATEUR
Cercle céleste . . . . ALMICANTARAT
Cercle d'initiés . . . . AÉROPAGE
Cercueil de pierre . . . . SARCOPHAGE
Céréale rustique . . . . SARRASIN
Cérémonial dans une réception officielle . . . .
. . . . ÉTIQUETTE
Cérémonie commémorative . . . . ANNIVERSAIRE

Cérémonie des funérailles . . . . OBSÈQUES
Cérémonie estudiante d'initiation . . . . . BIZUTAGE
Cérémonie médiévale . . . . ADOUBEMENT
Cérémonie qui célèbre la majorité religieuse d'un juif
. . . . BARMITSVA
Cerf qui a atteint sa septième année . . . .
. . . . CERFDIXCORS
Cerise au goût acidulé . . . . ANGLAISE
Cerise d'une variété acide . . . . MARASQUE
Cerise d'une variété acidulée . . MONTMORENCY
Cerise rouge . . . . BIGARREAU
Cerise séchée . . . . CERISETTE
Cerise sucrée . . . . REVERCHON
Cerisier sauvage . . . . MERISIER
Certaines sont funèbres . . . . ORAISONS
Certaines sont mortelles . . . . AMANITES
Certaines sont secrètes . . . . SCIENCES
Certains d'entre vous la passent le 31 octobre . . . . .
. . . . HALLOWEEN
Certains le passent en retenant leur souffle (MF) . . .
. . . . ALCOOTEST
Certains les mangent en salade . . . . PISSENLITS
Certains politiciens en sont de redoutables . . . .
. . . . ORATEURS
Certains sont à table, les autres dans la cuisine . . . .
. . . . USTENSILES
Certains sont sur la corde raide (MH) . . . .
. . . . ACROBATES
Certains y déposent des œufs . . . . VINAIGRE
Certifié par une autorité compétente . . . OFFICIEL
Certifier l'authenticité de quelque chose . . . .
. . . . ATTESTER, AUTHENTIFIER
Certifier la vérité de . . . . ATTESTER
Ce sont des cas de force majeure (MH) . . . .
. . . . HALTÈRES
Cessation de l'activité des ovaires . . MÉNOPAUSE
Cessation des hostilités . . . . CESSEZLEFEU
Cessation momentanée . . . . INTERRUPTION
Cesser de considérer comme possible . . RENONCER
Cesser d'être enflé . . . . DÉSENFLER
Cesser d'être soûl . . . . DESSOÛLER
Cesser le travail . . . . DÉBRAYER
C'est assez pour mettre le feu . . . . . ÉTINCELLE
C'est ce que doivent faire les arbres au printemps . .
. . . . BOURGEONNER
C'est ce qu'il y a de mieux . . . . NECPLUSULTRA
C'est Champollion qui les a déchiffrées . . . .
. . . . HIÉROGLYPHES
C'est chercher à reprendre l'avantage . . . REVANCHE
C'est continuer sa route après un accident . . . .
. . . . DÉLITDEFUITE
C'est courant et très pratique . . . . . ÉLECTRICITÉ
C'est croire au vendredi 13 . . . . SUPERSTITIEUX
C'est dehors qu'il se sent le mieux . . NATURISTE
C'est de la bouillie . . . . PORRIDGE
C'est de la famille par alliance . . BEAUXPARENTS
C'est de la petite bière (MF) . . . . ÉPINETTE
C'est du sang . . . . THROMBUS
C'est du vrai chinois (MF) . . . . ORIENTAL
C'est écrasée qu'elle meurt (MH) . . . CIGARETTE
C'est elle qui m'a soufflé cette définition (MF) . . . .
. . . . INSPIRATION

C'est elle qui vous fait mâle ... TESTOSTÉRONE
C'est grâce à elle que l'on peut lire tous les caractères .... HÉRÉDITÉ
C'est juste pour rire .... GUILIGUILI
C'est juste un essai .... BROUILLON
C'est la capitale du jeu .... LASVEGAS
C'est la fête des Suisses .... PREMIERAOÛT
C'est là que tous descendent .... TERMINUS
C'est la suite des choses .... ETCETERA
C'est le contraire d'économiser ... DÉPENSER
C'est le contraire de la vérité ... MENSONGE
C'est le contraire d'une défaite ...... VICTOIRE
C'est le contraire d'un inconvénient .. AVANTAGE
C'est le mal du XXIe siècle .... OBÉSITÉ
C'est le moment de se le creuser (PD) .. CIBOULOT
C'est le père d'Astérix .... GOSCINNY
C'est le plus gros animal ...... ÉLÉPHANT
C'est le poumon de la planète ...... AMAZONIE
C'est lorsqu'elle est gratuite qu'elle peut coûter le plus cher (MF) ...... AFFIRMATION
C'est mettre le feu au feu (MH) .... CRÉMATION
C'est mettre les bouchées doubles (MH) .... GLOUTONNERIE
C'est oui .... ASSENTIMENT
C'est parce qu'elle a du piston qu'elle peut travailler (PD) .... SERINGUE
C'est partir sans laisser d'adresse .. DÉLITDEFUITE
C'est pas un bûcheur (MH) ..... TIREAUFLANC
C'est pas un canon (MH) .... LAIDERON
C'est peut-être un jeu .... PASSETEMPS
C'est quand deux autos se frappent ... ACCIDENT
C'est quelqu'un qui commence une activité .... DÉBUTANT
C'est rire de soi .... AUTODÉRISION
C'est souvent un cochon .... TIRELIRE
C'est souvent une œuvre de jeunesse .. GRAFFITI
C'est toujours elle qui écope (MH) ... ÉPUISETTE
C'est tout vu (MH) .... NATURISME
C'est très long .... ÉTERNITÉ
C'est un avantage .... BÉNÉFICE
C'est un bateau qui coule .... NAUFRAGE
C'est un bon départ (MH) .... INTENTION
C'est un calendrier .... ÉPHÉMÉRIDE
C'est un collectionneur ... PHILATÉLISTE
C'est un conseiller du pape .... CARDINAL
C'est une bonne façon de poncer (MH) .... SABLEUSE
C'est une cause d'accidents ...... IMPRUDENCE
C'est une étoffe de tissus multicolores, au Québec .... CATALOGNE
C'est une façon de passer sans se faire remarquer (MH) .... INAPERÇU
C'est une façon de voir les choses .. POINTDEVUE
C'est une façon d'exécuter les condamnés à mort .... ÉLECTROCUTION
C'est une fête en plein air, au Québec .... ÉPLUCHETTE
C'est une honte .... IGNOMINIE
C'est une orchidée de forêts ..... NIDDOISEAU
C'est une qualité .... ALTRUISME
C'est un facteur de risque de maladies cardio-vasculaires .... HYPERTENSION

C'est un genre .... MASCULIN
C'est un habitant d'Afrique occidentale .... SÉNÉGALAIS
C'est un lézard qui change de couleur .... CAMÉLÉON
C'est un maniaque .... TÂTILLON
C'est un manque de sérieux .... LÉGÈRETÉ
C'est un mélange explosif ...... DÉTONANT
C'est un ours .... MISANTHROPE
C'est un palet, en France .... RONDELLE
C'est un petit cochon .... PORCELET
C'est un piège .... EMBUSCADE
C'est un projet .... INTENTION
C'est un rêveur .... UTOPISTE
C'est un souvenir .... RESSENTIMENT
C'est un Suisse .... GENEVOIS
C'est un torchon .... ESSUIEMAINS
C'est un touriste .... CROISIÉRISTE
C'est un triomphe .... APOTHÉOSE
C'est un véhicule que l'on voit dans les champs .... TRACTEUR
C'est vraiment le bonheur (MH) ..... BIENÊTRE
C'est un vrai tyran .... POTENTAT
C'est vraiment du bonbon .... FRIANDISE
C'est vraiment un crime .... ASSASSINAT
Cétacé de l'Atlantique nord ...... ÉPAULARD
C'était la place de l'accusé ..... SELLETTE
C'était la résidence des tsars ..... KREMLIN
C'était un chanteur itinérant .... RHAPSODE
C'était une luxueuse voiture .... CARROSSE
C'était un homme d'avenir (MH) .... ARUSPICE
C'était un officier royal de justice .... SÉNÉCHAL
C'était un pirate .... FLIBUSTIER
C'était un poulet .... ARGOUSIN
C'était un régime politique ...... TSARISME
C'était un tribunal grec .... AÉROPAGE
C'était un vêtement féminin ...... CORSELET
C'était un village amérindien ..... HOCHELAGA
Cette grille est la preuve que j'en suis un (MF) .... CRÉATEUR
Cette réponse ne l'est pas (MF) .... IRRÉELLE
Cette rivière du Québec se jette dans le Saint-Laurent .... BATISCAN
Ceux d'avant .... ANCÊTRES
Ceux de qui on descend .... ANCÊTRES
Ceux du pétrole sont très recherchés .. GISEMENTS
Ceux qui en ont sont bornés ...... ŒILLÈRES
Ceux qui s'endorment dessus ne sont pas très ambitieux (MF) .... LAURIERS
Ceux qui s'y rendent n'ont rien à redire (MF) ..... ÉVIDENCE
Ceux qui y entrent se bourrent en esprit (MF) .... BIBLIOTHÈQUE
Ceux qui y gagnent leur croûte ont toujours les baguettes en l'air (MF) ...... BOULANGERIE
Ceux qui y vivent ne sont pas sortis de l'auberge (MF) .... MÉDIOCRITÉ
Chacun des anneaux d'un ver cestode .... PROGLOTTIS
Chacun des cohéritiers ...... COLICITANT
Chacun des côtés d'une scène de théâtre .... CANTONADE

Chacun des deux arcs osseux .... MÂCHOIRE
Chacun des deux parallèles de la Terre .. TROPIQUE
Chacun des membres du Directoire en France .....
.... DIRECTEUR
Chacun des organes lymphoïdes de la gorge ......
.... AMYGDALE
Chacun des os de la colonne vertébrale ....
.... VERTÈBRE
Chacun des os de la colonne vertébrale ....
.... OMOPLATE
Chacun des petits os du métacarpe .. SÉSAMOÏDE
Chacun des segments articulés des doigts ....
.... PHALANGE
Chacun des signes de l'écriture ancienne des Égyptiens .... HIÉROGLYPHE
Chacune des deux moitiés du globe .. HÉMISPHÈRE
Chacune des ombrelles partielles ... OMBELLULE
Chacune des petites chapelles près de l'abside .....
.... ABSIDIOLE
Chacun la casse à sa façon .... PRESSION
Chaîne d'acier de dix mètres ..... DÉCAMÈTRE
Chaîne de montagnes .... PYRÉNÉES
Chaîne de montagnes de la Sibérie ... STANOVOÏ
Chaîne de montre pour dames .... LÉONTINE
Chaîne européenne .... CARPATES
Chair comestible de gibier .... VENAISON
Chair du porc sauvage .... SANGLIER
Chaise longue .... DUCHESSE
Chaise sur le dos d'un animal ..... PALANQUIN
Chameau femelle .... CHAMELLE
Champ de chanvre .... CHÈNEVIÈRE
Champ de houblon .... HOUBLONNIÈRE
Champ de luzerne .... LUZERNIÈRE
Champ de trèfle .... TRÉFLIÈRE
Champignon à chapeau charnu ...... BOLÉTALE
Champignon à chapeau en entonnoir ....
.... CHANTERELLE
Champignon à lamelles .... PHOLIOTE
Champignon ascomycète .... PÉNICILLIUM
Champignon comestible ..... COUCOUMELLE,
.... MOUSSERON, PLEUROTE,
.... TERFESSE, VOLVAIRE
Champignon des bois ... CLAVAIRE, HELVELLE,
.... LACTAIRE
Champignon en forme de poire retournée ....
.... VESSEDELOUP
Champignon gélatineux .... TRÉMELLE
Champignon malvenu dans les blés ... PUCCINIE
Champignon non comestible ..... AMADOUVIER
Champignon parasite des végétaux .. URÉDINALE,
.... USTILAGINALE
Champignon qui pousse sur les souches ....
.... SOUCHETTE
Champignon responsable des rouilles des plantes ..
.... URÉDINALE
Champignon rouge sang .... FISTULINE
Champion de la coupe (MH) .... COIFFEUR
Championne olympique en 1976 .... COMANECI
Chandelier sans pied .... BOUGEOIR
Chandelles que l'on voit lorsque c'est sa fête (MF)
.... TRENTESIX
Changeant mais suivi (PD) .... ALTERNANT

Change de couleur .... TEINTURE
Change de couleur pour rien (PD) .. TROUILLARD
Change l'atmosphère .... AÉRATION
Changement brusque d'opinion ..... PIROUETTE
Changement brusque et complet .. REVIREMENT
Changement complet dans le caractère d'une personne
.... MÉTAMORPHOSE
Changement complet d'opinion ....
.... RETOURNEMENT, VIREVOLTE
Changement de couleur des fruits .... VÉRAISON
Changement de position d'un corps spatial ....
.... MOUVEMENT
Changement d'opinion .... VOLTEFACE
Changement d'une forme en une autre ....
.... MÉTAMORPHOSE
Changement imprévisible .... RETOURNEMENT
Changement imprévu .... PÉRIPÉTIE
Changement imprévu et incontrôlé d'une situation
.... DÉRAPAGE
Changement se faisant dans une chose ....
.... MODIFICATION
Changement soudain .... RÉVOLUTION
Changera le cours des choses (PD) ....
.... IMPONDÉRABLE
Changer de place avec quelqu'un .... ALTERNER
Changer brutalement .... CHAMBARDER
Changer brutalement de position ..... BASCULER
Changer complètement la composition ....
.... REMANIER
Changer de domicile .... DÉMÉNAGER
Changer de place réciproquement ... PERMUTER
Changer de place un végétal ... TRANSPLANTER
Changer d'opinion .... VIRERDEBORD
Changer en mal .... PERVERTIR
Changer en mieux .... AMÉLIORER
Changer en pierre .... PÉTRIFIER
Changer l'aspect de quelque chose ....
.... TRANSFIGURER
Changer le sens d'un courant électrique ....
.... INVERSER
Changer l'ordre .... INVERSER
Chanson braillée à tue-tête .... BEUGLANTE
Chanson des gondoliers vénitiens ....
.... BARCAROLLE
Chanson pour enfants .. BERCEUSE, COMPTINE
Chanson qui a du succès .... RENGAINE
Chant de la liturgie catholique ... STABATMATER
Chant de la messe des morts .... DIESIRAE
Chantée par les Français .... MARSEILLAISE
Chanter à mi-voix .... CHANTONNER,
.... FREDONNER
Chanter au-dessus du baryton, en haut ....
.... TÉNORISER
Chanter de façon assourdissante ..... BRAILLER
Chanter, en parlant de l'alouette .... GRISOLLER
Chanter le même refrain .... RESSASSER
Chanter pouilles .... POUILLER
Chanter sans articuler les paroles ... FREDONNER
Chanter un air .... ENTONNER
Chanteur américain .... ELVISPRESLEY,
.... RAYCHARLES
Chanteur américain de rock .... BOBDYLAN

Chanteur avec une voix dans le registre aigu du ténor .... HAUTECONTRE
Chanteur canadien .... LEONARDCOHEN
Chanteur d'origine arménienne ..... AZNAVOUR
Chânteur du Rwanda .... CORNEILLE
Chanteur français .... ALAINBASHUNG, ... ALAINSOUCHON, GAINSBOURG, ... LENORMAN, LÉOFERRÉ
Chanteur jamaïquain .... BOBMARLEY
Chanteur né à Montréal ..... LÉONARDCOHEN
Chanteur québécois .... CHARLEBOIS
Chanteur qui mène une carrière d'une remarquable longévité .... SALVADOR
Chanteur rock québécois ...... ÉRICLAPOINTE
Chanteur surnommé le Boss ..... SPRINGSTEEN
Chanteuse américaine .. AGUILERA, STREISAND
Chanteuse des rues .... GOUALEUSE
Chanteuse d'opéra .... CANTATRICE
Chanteuse française .... MIREILLE
Chant patriotique français ..... MARSEILLAISE
Chant religieux .... CANTIQUE
Chant religieux collectif .... SPIRITUAL
Chant révolutionnaire (l'…) .. INTERNATIONALE
Chanvre indien .... CANNABIS, HASCHICH
Chapeau à bords repliés en trois cornes .... TRICORNE
Chapeau à larges bords .... SOMBRERO
Chapeau cylindrique .... HAUTDEFORME
Chapeau de femme à grands bords .... CAPELINE
Chapeau de paille .... CANOTIER
… chapeau pointu .... TURLUTUTU
Chapelet d'îles des Antilles (îles…) .... SOUSLEVENT
Chapelet d'îles volcaniques .... ALÉOUTIENNES
Chaque homme aime penser que la sienne fait bande à part (MF) .... ÉRECTION
Charcuterie faite d'intestins de porc .... ANDOUILLETTE
Chargé de mission .... AMBASSADEUR
Charge d'explosif .... CARTOUPUCHE
Charge grevant un bien immobilier .. SERVITUDE
Charger de dettes .... ENDETTER
Charger officiellement d'un droit ..... INVESTIR
Charger quelqu'un d'assurer un service .... PRÉPOSER
Charmant abri au fond du parc ..... GLORIETTE
Charmantes chez le bambin, ridicules chez l'adulte (PD) .... RISETTES
Charognard des marais africains ... MARABOUT
Charpente du corps ... OSSATURE, SQUELETTE
Charpente d'un objet .... ARMATURE
Charrette campagnarde .... CARRIOLE
Chasse à l'homme .... POURSUITE
Chasse au faucon .... FAUCONNERIE
Chasse le mal (PD) .... ANTALGIE
Chasse les moutons au sommet (PD) .... TÊTEDELOUP
Chasser d'un lieu avec violence ..... EXPULSER
Chasser sans respecter la loi ..... BRACONNER
Chasseur d'animaux à fourrure ..... TRAPPEUR
Chasseur de démons .... EXORCISTE
Chasseur des bois .... ÉPERVIER

Chasseur d'images .... PHOTOGRAPHE
Chasseur plus petit que sa dame (PD) .. TIERCELET
Chasseur sans fusil (MH) .... RETRIEVER
Châssis de bois extérieur .... PERSIENNE
Chaste et pur .... VERTUEUX
Châtaignier produisant le marron .. MARRONNIER
Château de la Loire .... CHAMBORD, ... CHENONCEAUX
Château de Louis XIV .... VERSAILLES
Château de Talleyrand .... VALENCAY
Chat gris .... CHARTREUX
Châtiment corporel .... CORRECTION
Chatouillement agréable .... TITILLATION
Chatouiller agréablement, légèrement .. TITILLER
Chat proche du siamois .... ORIENTAL
Chat sauvage .... RATONLAVEUR
Chauffage d'une pièce métallique .. CÉMENTATION
Chauffé à blanc .... INCANDESCENT
Chauffer avec une grande intensité .. EMBRASER
Chauffer un métal .... CÉMENTER
Chaussées avant examen, pour mieux voir .... BÉSICLES
Chaussette basse qui s'arrête à la cheville .... SOCQUETTE
Chaussure avec une épaisse semelle .. COTHURNE
Chaussure de femme légère et plate .. BALLERINE
Chaussure montante .... BOTTILLON
Chaussure portée à l'intérieur ..... PANTOUFLE
Chaussure souple .... MOCASSIN
Chauve-souris .. CHEIROPTÈRE, FERÀCHEVAL, ... OREILLARD, ROUSSETTE
Chauve-souris d'Europe .... VESPERTILION
Chef apache mort en 1908 .... GERONIMO
Chef de cités gauloises .... VERGOBRET
Chef de file .... PORTEDRAPEAU
Chef dc la confrérie des avocats .... BÂTONNIER
Chef des esclaves révoltés contre Rome .... SPARTACUS
Chef d'État .... PRÉSIDENT
Chef d'État américain .... EISENHOWER
Chef d'exploitation agricole ..... CULTIVATEUR
Chef d'œuvre de Tolstoï ...... GUERRE ETPAIX
Chef d'orchestre français ...... MESSAGER
Chef du département de la Charente .... ANGOULÊME
Chef du gouvernement allemand .. CHANCELIER
Chef du mir russe .... STAROSTE
Chef d'un mouvement .... PORTEDRAPEAU
Chef du premier cabinet du Canada .... MACDONALD
Chef indien mort en France en 1539 .... DONNACONA
Chez les papes, le premier fut le Grand .... GRÉGOIRE
Chef-lieu du département de la Charente .... ANGOULÊME
Chef spirituel .... DALAÏLAMA
Chef suprême .... EMPEREUR
Chef vendéen .... CHARRETTE
Chemin de fer .... FUNICULAIRE
Chemin en pente raide .... GRIMPETTE
Chemin étroit .... TRAVERSE

Chemin plus court . . . . RACCOURCI
Chemise de nuit . . . . JAQUETTE
Chemise de nuit légère . . . . NUISETTE
Chemise pour bébé . . . . BRASSIÈRE
Chêne qui fournit le liège . . . . CHÊNELIÈGE
Chêne vert de l'Amérique du Nord . . QUERCITRON
Chenille du bombyx du mûrier . . . . VERÀSOIE
Cherche à faire la conquête de . . . . . COURTISER
Cherche les meilleurs sources (PD)
. . . . ÉNERGÉTICIEN
Chercher à gagner du temps . . . . ATERMOYER
Chercher à séduire . . . . AGUICHER
Chercher avec minutie . . . . ÉPLUCHER
Chercher à voir ce que l'autre a dans le ventre . . . . .
. . . . ÉVENTRER
Chercher en bouleversant tout . . . . FARFOUILLER
Chercher en touchant . . . . TÂTONNER
Chercher le coupable . . . . ENQUÊTER
Chercher par essais et erreurs . . . . . . TÂTONNER
Chercheur d'or . . . . ORPAILLEUR
Cheval destiné à l'attelage . . . . LIMONIER
Chevalier amoureux de la reine Guenièvre . . . .
. . . . LANCELOTDULAC
Chevalier servant d'une dame . . . . SIGISBÉE
Cheval issu de reproducteurs dont un est pur-sang
. . . . DEMISANG
Cheval maigre . . . . ROSSINANTE
Cheval qui piaffe . . . . PIAFFEUR
Cheval trottant avec vivacité . . . . TROTTEUR
Chevaux appareillés . . . . ATTELAGE
Chevaux débridés en ville . . . . QUATREQUATRE
Chevaux devant la cavale (MF) . . . . . . ATTELAGE
Chevelure abondante . . . . CRINIÈRE, TIGNASSE
Chevelure rebelle . . . . TIGNASSE
Cheveux postiches qui ne poussent pas . . . .
. . . . MOUMOUTE
Cheveux qui ne tiennent pas en place . . REBELLES
Cheville cylindrique . . . . TOURILLON
Chèvre sauvage . . . . BOUQUETIN
Chez des malades mentaux, utilisation d'une langue
incompréhensible . . . . GLOSSOLALIE
Chez les insectes, poil du tégument . . SENSILLE
Chez les protestants, ordination . . CONSÉCRATION
Chez les Romains, fête en l'honneur des morts . . . .
. . . . FÉRALIES
Chez les Romains, pièces de théâtre bouffonnes . . .
. . . . ATELLANES
Chez les Romains, premier jour du mois . . . .
. . . . CALENDES
Chicago s'y trouve . . . . ILLINOIS
Chico, Harpo, Groucho, et Zeppo . . . .
. . . . MARXBROTHERS
Chien à la robe rouge . . . . IRISHTERRIER
Chien à long poil . . . . ÉPAGNEUL
Chien à robe blanche . . . . DALMATIEN
Chien aux oreilles pendantes . . . . ÉPAGNEUL
Chien aux sourcils broussailleux . . . SCHNAUZER
Chien chasseur de rats . . . . BULLTERRIER
Chien de berger belge . . . . GROENENDAEL
Chien de chasse . . . . . AIREDALE, LABRADOR,
. . . . RETRIEVER, SPRINGER
Chien de mer . . . . AIGUILLAT, ÉMISSOLE

Chien de petite taille . . . . BOULEDOGUE
Chien de sauvetage . . . . TERRENEUVE
Chien de traîneau . . . . SAMOYÈDE
Chienne dominante . . . . TROUILLE
Chien noir . . . . LABRADOR
Chien secouriste . . . . SAINTBERNARD
Chiffonnier à sept tiroirs . . . . SEMAINIER
Chiffres indiquant l'année de récolte du raisin . . . .
. . . . MILLÉSIME
Chilien ou Mexicain . . . . HISPANOPHONE
Chimiste français . . . . LOUISPASTEUR
Chimiste russe . . . . MENDELEÏEV
Chlorure à deux atomes de chlore . . BICHLORURE
Choc de deux corps . . COLLISION, RENCONTRE
Choc d'un corps sur un autre . . . . . PERCUSSION
Choc psychologique . . . . SECOUSSE
Choisir les bons mots (PD) . . . . . ARGUMENTER
Choix entre deux possibilités . . . . ALTERNATIVE
Choix entre diverses perspectives . . CARREFOUR
Choix préliminaire . . . . PRÉSÉLECTION
Choix qu'on exprime par le vote . . . . ÉLECTION
Chorégraphe italien . . . . ANGIOLINI
Chose dénuée de valeur . . . . FUTILITÉ
Chose détestable . . . . ABOMINATION
Chose dont on s'est rendu maître . . . . CONQUÊTE
Chose énorme . . . . MASTODONTE
Chose entièrement opposée à une autre . . . .
. . . . ANTITHÈSE
Chose faite comme par jeu, sans effort . . RIGOLADE
Chose faite pour s'amuser . . . . . . PLAISANTERIE
Chose finie . . . . RÉALISÉE
Chose frivole . . . . FRIVOLITÉ, NIAISERIE
Chose horrible . . . . MONSTRUOSITÉ
Chose incohérente . . . . ILLOGISME
Chose indiscutable . . . . ÉVIDENCE
Chose néfaste . . . . NUISANCE
Chose négligeable . . . . GNOGNOTE
Chose occupant le deuxième rang . . . . DEUXIÈME
Chose omise . . . . OMISSION
Chose peu sérieuse . . . . RIGOLADE
Chose possédée en commun . . . . COPOSSESSION
Chose quelconque . . . . NIMPORTEQUOI
Chose que l'on dit pour amuser . . PLAISANTERIE
Chose qui a peu d'importance . . . . . FRIVOLITÉ
Chose qui diffère d'une autre . . . . VARIANTE
Chose qui éveille l'intérêt . . . . CURIOSITÉ
Chose qui obsède et fait peur . . . . . CAUCHEMAR
Chose qu'on ne saurait définir . . . JENESAISQUOI
Chose répétée sans cesse . . . . ANTIENNE
Chose sans intérêt . . . . FOUTAISE
Chose sans valeur . . . . . . FIFRELIN, FOUTAISE,
. . . . FUTILITÉ
Chose très facile . . . . JEUDENFANT
Chouette de petite taille . . . . CHEVÊCHE
Chou-navet . . . . RUTABAGA
Chute d'eau . . . . CATARACTE
Chute de pierres . . . . ÉBOULEMENT
Chute de quelqu'un tombant en avant . . PLONGEON
Chute des cheveux . . . . ALOPÉCIE
Chute des feuilles . . . . DÉFEUILLAISON
Chute libre . . . . DÉGRINGOLADE
Cierge dont on se sert à l'église . . . . LUMINAIRE

Cigare cubain . . . . PANATELA
Cil du tégument, chez les insectes . . . . . SENSILLE
Ciment résistant . . . . PORTLAND
Cinéaste américain . . BOBFOSSE, CASSAVETES,
. . . . EASTWOOD, GEORGELUCAS,
. . . . MINNELLI, SCORSESE, SPIELBERG
Cinéaste de la nouvelle vague . . . . TRUFFAUT
Cinéaste espagnol . . . . ALMODOVAR
Cinéaste français . . . . EUSTACHE,
. . . . MARCELPAGNOL, SACHAGUITRY
Cinéaste italien . . . . ROSSELLINI
Cinéaste né à Montréal . . . . MICHELBRAULT
Cinéaste polonais . . . . POLANSKI
Cinéma où l'on ne dispose que de deux ou trois ran-
gées de sièges . . . . CINÉPARC
Cinquante au minimum . . . . QUARTERONS
Cinquième doigt de la main . . . . . AURICULAIRE
Circonstance qui vient à propos . . . . . OCCASION
Circulation intense . . . . CARROUSEL
Cisaille sur un manche . . . . CUEILLOIR
Citation à comparaître en justice . . ASSIGNATION
Citation d'un fait . . . . ALLÉGATION
Citation placée en tête d'un livre . . . . . ÉPITAPHE
Cité pour mémoire (MH) . . . . ÉLÉPHANT
Citer devant un tribunal . . ATTRAIRE, TRADUIRE
Citer en justice . . . . ASSIGNER
Citrouille après minuit . . . . CARROSSE
Claire de pieux qui soutient des terres . . . .
. . . . CLAYONNAGE
Clair pour tous . . . . TRANSPARENT
Clair sur tous les points . . . . EXPLICITE
Clameur de protestation . . . . GUEULANTE
Claquer des dents . . . . GRELOTTER
Claquer du bec . . . . AVOIRFAIM
Classe d'algues . . . . CHLOROPHYCÉE
Classe d'angiospermes . . . . DICOTYLÉDONE
Classé s'il est intéressant . . . . MONUMENT
Classer un document . . . . ARCHIVER
Classification des maladies . . . . NOSOLOGIE
Classification du règne animal . . . . . . ZOOTAXIE
Clerc appelé à recevoir un ordre . . . . . ORDINAND
Cliché photographique . . . . INSTANTANÉ
Client d'une prostituée . . . . MICHETON
Clignement des yeux . . . . CILLEMENT
Clinique où l'on soigne diverses maladies . . . .
. . . . POLYCLINIQUE
Clocher d'église . . . . CAMPANILE
Clochette pour avertir . . . . SONNETTE
Cloison couverte d'icônes, dans les églises . . . .
. . . . ICONOSTASE
Clore de nouveau . . . . REFERMER
Clôt le débat . . . . MOTDELAFIN
Clôture à claire-voie . . . . TREILLAGE
Clôture de pieux . . . . PALISSADE
Clouer de nouveau . . . . RECLOUER
Club de golf de La Malbaie . . MANOIRRICHELIEU
Club de golf de Longueil . . . PARCOURSDUCERF
Cochon de mer . . . . MARSOUIN
Cochon que l'on engraisse pour économiser (MF) . .
. . . . TIRELIRE
Cochon qu'on engraisse (MH) . . . . TIRELIRE
Cocktail à base de rhum . . . . PLANTEUR

Cocktail à base de tequila . . . . MARGARITA
Coco Chanel . . . . COUTURIÈRE
Coexistence de deux éléments différents . . . .
. . . . DUALISME
Coffret d'ustensiles . . . . MÉNAGÈRE
Coffret où l'on conserve des objets précieux . . . . . .
. . . . CASSETTE
Cogner des clous (s') . . . . ENDORMIR
Coiffe de femme utilisée comme bonnet de nuit . . . . .
. . . . COLINETTE
Coiffure de certaines religieuses . . . . . CORNETTE
Coiffure postiche . . . . PERRUQUE
Coïncider avec . . . . RECOUPER
Coin de Lucifer . . . . TÉNÈBRES
Colchique d'automne . . . . TUECHIEN
Colère persistante . . . . IRRITATION
Colle à la peau (MH) . . . . SPARADRAP
Collection d'animaux de toutes espèces . . . .
. . . . MÉNAGERIE
Collection de livres . . . . BIBLIOTHÈQUE
Collection des actions non cotées en Bourse . . . . . .
. . . . SCRIPOPHILIE
Collectionneur de timbres . . . . PHILATÉLISTE
Collègue de Télécino (MF) . . . . . . TAPAGEUR
Coller avec du mastic . . . . MASTIQUER
Coller de nouveau . . . . RECOLLER
Collet monté (MF) . . . . PURITAIN
Collet qui prend les grives . . . . TENDELLE
Collision de deux navires . . . . ABORDAGE
Colocataire temporaire . . . . CODÉTENU
Côlon d'une longueur excessive . . . .
. . . . DOLICHOCÔLON
Colonnade qui forme portique autour d'un édifice . .
. . . . PÉRISTYLE
Colonnette ornant le dos d'un siège . . BALUSTRE
Colorant bleu . . . . INDULINE
Colorant jaune . . FLUORESCÉINE, QUERCITRINE
Colorant tiré d'un lichen . . . . ORSEILLE
Coloration brune de la peau . . . . BRONZAGE
Coloration noirâtre de la peau . . MÉLANODERMIE
Coloration rouge du visage . . . . COUPEROSE
Colorer avec un pigment . . . . PIGMENTER
Colorer de nouveau . . . . RETEINDRE
Colorer de rouge . . . . EMPOURPRER
Colorer d'un caractère sexuel, érotique . . ÉROTISER
Colorer en jaune avec du safran . . . . . SAFRANER
Colorer par l'afflux du sang . . . . INJECTER
Colorer vivement . . . . ENLUMINER
Colporter des cancans . . . . COMMÉRER
Combat bref et confus . . . . . . ÉCHAUFFOURRÉE
Combat dans l'arène . . . . TORÉADOR
Combat de courte durée . . . . . . ESCARMOUCHE
Combat meurtrier . . . . BOUCHERIE
Combattait dans l'arène . . . . GLADIATEUR
Combattant en dehors de l'armée régulière . . . .
. . . . FRANCTIREUR
Combattant islamique . . . . MOUDJAHID
Combattre longuement . . . . GUERROYER
Combinaison avec l'oxygène . . . . . . OXYDATION
Combinaison de l'arsenic avec un corps simple . . . .
. . . . ARSÉNIURE
Combiner avec le soufre . . . . SULFURER

Combiner avec l'hydrogène ..... HYDROGÉNER
Combustible alimentant un moteur .. CARBURANT
Combustible liquide .... CARBURANT
Combustion vive .... IGNITION
Comédie de Molière .... MISANTHROPE,
.... TARTUFFE
Comédie légère .... VAUDEVILLE
Commande l'obéissance .... AUTORITÉ
Commander à la baguette (MH) ..... RÉGENTER
Comme certaines femmes… mais pas à Hérouxville
(MH) .... RÉPUDIÉES
Comme certains arts .... MÉNAGERS
Comme certains documents ... CONFIDENTIELS
Comme Copernic .... ASTRONOME
Comme 2008 .... BISSEXTILE
Comme Dupont… ou Dupond ...... DÉTECTIVE
Comme la grande saison du blanc (PD) ....
.... NEIGEUSE
Comme le drapeau canadien .... UNIFOLIÉ
Comme le drapeau français .... TRICOLORE
Comme les doux et bons moments de la vie (PD) ..
.... TENDREMENT
Comme les griffes du chat .... RÉTRACTILES
Commence à paraître .... NAISSANT
Commence l'automne .... SEPTEMBRE
Commencement de la ruine .... DÉCADENCE
Commencement de la vie .... NAISSANCE
Commencent par de petits filets (PD) .. RIVIÈRES
Commence par la casse (PD) .... OMELETTE
Commencer à chanter .... ENTONNER
Commencer à corrompre (s') .... ENTICHER
Commencer à devenir vermoulu ... VERMOULER
Commencer à être connu .... TRANSPIRER
Commencer à faire ... DÉMARRER, ÉBAUCHER,
.... ESQUISSER
Commencer à manger .... ATTAQUER
Commencer de nouveau ...... RECOMMENCER
Commencer le combat .... ATTAQUER
Commencer par des farces et finir par tourmenter (PD)
.... TURLUPINER
Comme nom .... NOMINALEMENT
Commente les propos de cours (PD) .. ARRÊTISTE
Comment sera leur eau, cet été à Montréal ? (MH)
.... PISCINES
Commerçant en ferraille .... FERRAILLEUR
Commerçant malhonnête .... MERCANTI
Commerçant spécialisé dans la vente des huîtres ...
.... ÉCAILLER
Commerce clandestin .... CONTREBANDE
Commerce de garnitures de plumes ....
.... PLUMASSERIE
Commerce de la vaisselle ...... VAISSELLERIE
Commerce de livres .... LIBRAIRIE
Commerce de petits objets en cuir ....
.... MAROQUINERIE
Commerce des fruits .... FRUITERIE
Commerce des gants .... GANTERIE
Commerce des oiseaux .... OISELLERIE
Commerce des parfums .... PARFUMERIE
Commerce des vitres .... VITRERIE
Commerce de toile .... TOILERIE
Commerce d'images .... IMAGERIE

Commerce d'objets usagés .... BROCANTE
Commerce du drap .... DRAPERIE
Commerce du gantier .... GANTERIE
Commerce du marchand de tripes ..... TRIPERIE
Commerce du mercier .... MERCERIE
Commerce d'un fabricant d'objets précieux ....
.... ORFÈVRERIE
Commerce où l'on vend des pièces de harnais .....
.... BOURRELIERIE
Commerciale, elle sert au transport des passagers ..
.... AVIATION
Commettre des vols .... MARAUDER
Commettre la même infraction ...... RÉCIDIVER
Commettre un acte criminel .... ATTENTER,
.... PERPÉTRER
Commettre une agression sur quelqu'un ....
.... AGRESSER
Comme un âne .... SOTTEMENT
Comme une bouteille qu'il faut retourner ....
.... BOUCHONNÉE
Comme une coque prête à reprendre l'eau ....
.... RADOUBÉE
Comme une force difficile à contrôler ....
.... CENTRIPÈTE
Comme une histoire à ne pas raconter aux enfants
.... SCABREUSE
Comme une nappe qu'il ne faudrait pas salir .....
.... PHRÉATIQUE
Comme une piste de ski en janvier ... ENNEIGÉE
Comme une plage lourdement chargée ....
.... BÉTONNÉE
Comme une poire désagréable en bouche (PD) ....
.... GRAVELEUSE
Comme une statue bien montée (PD) .. ÉQUESTRE
Comme un grand vide (PD) .... SANITAIRE
Comme un ticket qu'il faudra bien régler (PD) ....
.... MODÉRATEUR
Comme Warren Buffet .... MILLIARDAIRE
Commissaire chargé d'établir les handicaps ....
.... HANDICAPEUR
Communauté autonome du nord de l'Espagne .....
.... ASTURIES
Communauté autonome du sud de l'Espagne ......
.... ANDALOUSIE
Communauté espagnole .... CATALOGNE
Commune de la Gironde .... SAUTERNES
Communément admettre .... RÉPANDRE
Communiquer la propriété de l'aimant ....
.... AIMANTER
Communiquer par inoculation ...... INOCULER
Communiquer une aimantation à .. MAGNÉTISER
Compagne d'un être qui a roulé sa bosse (MF) ....
.... CHAMELLE
Compagnie qui vole de ses propres ailes (MF) ....
.... AÉRIENNE
Compagnie très ferme (MF) .... AGRICOLE
Compagnon avec lequel on partage .. CAMARADE
Compagnon d'Achille .... PATROCLE
Compagnon de Rimbaud .... VERLAINE
Compagnon de Robinson .... VENDREDI
Compagnon des premiers jours (PD) . NOUNOURS
Compagnon empressé et galant ...... SIGISBEE

Comparaison développée dans un récit . . . . PARABOLE
Compartiment à l'intérieur des portières d'une automobile . . . . VIDEPOCHES
Compétence professionnelle . . . . . SAVOIRFAIRE
Compétition de ski . . . . COMBINÉALPIN
Compétition sportive . . . . RENCONTRE
Complainte populaire . . . . GOUALANTE
Complément ajouté au bas d'une lettre . . . . POSTSCRIPTUM
Complètement abasourdi . . . . TÉTANISÉ
Complètement à l'envers . . . . . TNEMETÈLPMOC
Complètement détruire . . . . ANÉANTIR, ... DÉSINTÉGRER
Complètement disparaître . . . . ANÉANTIR
Complètement égaré . . . . HALLUCINÉ
Complètement étourdi . . . . KNOCKOUT
Complètement fou . . . . SIPHONNÉ
Complètement laver . . . . ANÉANTIR
Complètement vider . . ÉVISCÉRER, HARASSER
Complication inextricable . . . . . BROUILLAMINI, ... LABYRINTHE
Complice de voleur . . . . RECELEUR
Complimenter quelqu'un . . . . FÉLICITER
Comporte des indications météorologiques . . . . ALMANACH
Comportement affecté . . . . SNOBISME
Comportement de quelqu'un ayant un souci du détail . . . . MANIAQUERIE
Comportement de quelqu'un qui se croit persécuté . . . . PARANOÏA
Comportement de snob . . . . SNOBISME
Comportement directif . . . . . . VOLONTARISME
Comportement d'une personne dominée par la sensibilité . . . . ROMANTISME
Comportement échappant aux règlcs . . DÉVIANCE
Comportement excessivement autoritaire . . . . DIRECTIVISME
Comportement immoral . . . . DÉVIANCE
Comportement irresponsable . . . . INFANTILISME
Comportent quelques examens . . . . SESSIONS
Composant de l'acier . . . . MARTENSITE
Composant fondamental des ongles . . . KÉRATINE
Composé à odeur de muguet . . . . . . TERPINÉOL
Composé de deux éléments . . . . BIPARTITE
Composé de deux métaux . . . . . . BIMÉTALLIQUE
Composé d'éléments disparates . . HÉTÉROCLITE
Composé de récits . . . . NARRATIF
Composé dérivé de la morphine . . . . APOMORPHINE
Composé de toutes sortes de fruits . . TUTTIFRUTTI
Composé de trois éléments . . . . TERNAIRE
Composé gazeux . . . . AMMONIAC
Composé hétérocyclique . . . . QUINOLÉINE
Composer à nouveau . . . . REMANIER
Composer d'éléments différents . . . . PANACHER
Composer directement au clavier . . . PITONNER
Composer sur-le-champ . . . . IMPROVISER
Compositeur allemand . . . . BEETHOVEN
Compositeur américain . . . . BOBDYLAN, ... GERSHWIN
Compositeur autrichien . . . . SCHUBERT

Compositeur de jazz américain . . . . ELLINGTON, ... MILESDAVIS
Compositeur finlandais . . . . SIBELIUS
Compositeur français . . MASSENAT, MESSAGER
Compositeur hongrois . . . . BELABARTOK
Compositeur italien . . . ANGIOLINI, LOCATELLI
Compositeur russe . . . . TCHAÏKOVSKI
Composition musicale . . . . RHAPSODIE
Composition musicale à sujet religieux . . ORATORIO
Composition populaire . . . . RHAPSODIE
Composition vocale polyphonique . . . MADRIGAL
Compositrice française . . . . BOULANGER
Comprend tout . . . . TOTALITÉ
Compris par un chien . . . . ULTRASON
Compromettre par un mauvais usage . . . . GALVAUDER
Compromettre quelqu'un . . . . . . ÉCLABOUSSER
Compte-rendu écrit . . . . PROCÈSVERBAL
Compte-rendu fidèle, mot pour mot . . VERBATIM
Compter sur . . . . ATTENDRE, ESCOMPTER
Compter sur quelque chose pour en tirer avantage . . . . SPÉCULER
Comptes, correspondance du commerçant . . . . ÉCRITURE
Compte sur ses doigts (MH) . . . . GUITARISTE
Compteur de taxi . . . . TAXIMÈTRE
Comptoir commercial romain . . . . . . EMPORIUM
Concentration d'acide urique dans le sang . . . . URICÉMIE
Concentration de la pensée sur un thème . . . . MONOÏDÉISME
Concentration de l'attention sur un sujet . . . . POLARISATION
Concentration du glucose dans le sang . . GLYCÉMIE
Concentration du sodium dans le sang . . NATRÉMIE
Concentration organisée (PD) . . . . . . OLIGOPODE
Concentrer sur un point précis . . . . . . FOCALISER
Concert estival (MH) . . . . SÉRÉNADE
Concert nocturne, sous une fenêtre . . . SÉRÉNADE
Concevoir autrement . . . . REPENSER
Concevoir un vif attachement (s') . . . . ÉPRENDRE
Conclure un pacte . . . . PACTISER
Conclusion d'un ouvrage littéraire . . . ÉPILOGUE
Concombre mis en conserve . . . . . . CORNICHON
Concrétion calcaire dans une oreille . . OTOLITHE
Concrétion s'élevant en colonne sur le sol . . . . STALAGMITE
Conçu pour faire de la fumée . . . . FUMIGÈNE
Conçu pour faire gagner du temps (PD) . . . . PRÉPROGRAMMÉ
Conçu pour pivoter . . . . TOURNANT
Concurrence de personnes . . . . RIVALITÉ
Concurrent dont la victoire est inattendue . . . . OUTSIDER
Condamnation au malheur . . . . . . MALÉDICTION
Condamnation aux peines de l'enfer . . DAMNATION
Condamnation publique . . . . ANATHÈME
Condamné à la réclusion . . . . RÉCLUSIONNAIRE
Condamne sans ménagement . . . PROSCRIPTEUR
Condiment obtenu de graines de nigelle . . . . TOUTEÉPICE
Condiment provençal . . . . TAPENADE

Condition de noble .... NOBLESSE
Condition d'ilote .... ILOTISME
Conducteur de chameaux .... CHAMELIER
Conducteur de la poste .... POSTILLON
Conducteur de pirogue .... PIROGUIER
Conducteur des Muses .... MUSAGÈTE
Conducteur professionnel .... CHAUFFEUR
Conduire à l'extérieur .... PROMENER
Conduire le ballon par petits coups ... DRIBBLER
Conduire une enquête .... ENQUÊTER
Conduite ignominieuse .... TURPITUDE
Conduite licencieuse .... DÉVERGONDAGE
Conduite raisonnable .... PRUDENCE
Conduit par où s'échappe la fumée ... CHEMINÉE
Confédération nationale des syndicats .. CENTRALE
Conférer la tonsure .... TONSURER
Confier des responsabilités .... DÉLÉGUER
Confiner dans un endroit déterminé .. RELÉGUER
Confirmé par une autorité .... OFFICIEL
Confiserie en forme de losange ... CALISSON
Confiserie faite de filaments de sucre ...
.... BARBEÀPAPA
Confiserie molle .... GUIMAUVE
Confiserie orientale .... RAHATLOKOUM
Confiture de prunes .... PRUNELÉE
Conforme à la règle établie .... STATUTAIRE
Conforme à la raison, au bon sens ... RATIONNEL
Conforme au dogme d'une religion .. ORTHODOXE
Conforme aux intérêts du peuple ....
.... DÉMOCRATIQUE
Conforme aux règles .... RÉGULIER
Conforme aux statuts .... STATUTAIRE
Conformité à la justice .... RECTITUDE
Conformité au droit .... BIENFONDÉ
Confusion entre diverses époques ....
.... ANACHRONISME
Confusion langagière .... BABÉLISME
Confusion totale .... ANARCHIE
Congestion du pied d'un cheval ..... FOURBURE
Conifère d'Océanie .... ARAUCARIA
Connaissance de ce qui se rapporte à la cuisine ....
.... GASTRONOMIE
Connaissance des usages du monde ....
.... SAVOIRVIVRE
Connaissance superficielle .... TEINTURE
Connaissance universelle ... OMNISCIENCE
Connaisseur en vin .... ŒNOLOGUE
Connaît bien ceux qui volent (MH) .... OISELIER
Connaître parfaitement .... POSSÉDER
Connaître par un emploi daté .... ATTESTER
Connaît sûrement Tintin .... BÉDÉPHILE
Connue pour ses erreurs .... JEUNESSE
Conquistador espagnol .... HERNANCORTÉS
Consacrer par ordination .... ORDONNER
Conseiller du pape .... CARDINAL
Consentir à donner à .... ACCORDER
Consentir à prendre .... ACCEPTER
Conséquence attendue .... IMPLICATION
Conséquence indirecte .... CONTRECOUP
Conséquence plus ou moins directe .. INCIDENCE
Conséquence tirée d'un raisonnement ....
.... DÉDUCTION

Conserver dans la saumure .... SAUMURER
Conserver par congélation .... CONGELER
Considérée comme morte .... DISPARUE
Considérer comme indigne d'estime .. MÉPRISER
Considérer comme semblable .... ASSIMILER
Considérer quelqu'un comme auteur .. ATTRIBUER
Considérer quelqu'un comme indigne d'estime ....
.... MÉPRISER
Consigne donnée en vue d'une action ....
.... MOTDORDRE
Consigner par écrit de l'information ....
.... ENREGISTRER
Consiste à monter .... EMBARQUEMENT
Consommées de plus en plus fraîches (PD) ....
.... INFORMATIONS
Consomment assis et se font gaver (MH) ....
.... TÉLÉSPECTATEURS
Consommer sans discernement ..... GASPILLER
Constellation australe .... CENTAURE
Constituant des fibres .... COLLAGÈNE
Constituant organique .... KÉROGÈNE
Constituant universel de la matière ... ÉLECTRON
Constitué de basalte .... BASALTIQUE
Constitué de cinq sons .... PENTATONIQUE
Constitué de liège .... SUBÉREUX
Constitué de trois éléments .... TERNAIRE
Constitué par du métal .... MÉTALLIQUE
Constituent un danger pour la santé .. NUISANCES
Constituer en systèmes .... SYSTÉMATISER
Constituer le voisinage de ..... ENVIRONNER
Constructeur de cellules d'avion .... AVIONNEUR
Construction au sommet d'un édifice .. BELVÉDÈRE
Construction basse sur un toit .... LANTERNEAU
Construction semi-circulaire à gradins ....
.... HÉMICYCLE
Construire avec du béton .... BÉTONNER
Construire en maçonnerie .... MAÇONNER
Construire en pierres .... MAÇONNER
Construire un nid petit à petit .... NIDIFIER
Construite pour la défense .... FORTERESSE
Consultation populaire .... PLÉBISCITE,
.... RÉFÉRENDUM
Consulté pour y voir plus clair ....
.... OPHTALMOLOGISTE
Contaminer par les microbes .... INFECTER
Conte de Charles Perrault .... BARBEBLEUE,
.... CENDRILLON, LECHATBOTTÉ,
.... PEAUDÂNE, LEPETITPOUCET
Conte de Saint-Exupéry .... LEPETITPRINCE
Contenir étroitement dans ses limites ....
.... RESSERRER
Contenir larmes et passions .... REFOULER
Contenir par digues .... ENDIGUER
Contentement intérieur .... FÉLICITÉ
Content et comptant quand ça tourne (PD) ....
.... IMPRÉSARIO
Contenu de l'inconscient collectif .. ARCHÉTYPE
Contenu d'une assiette .... ASSIETÉE
Contenu d'une écuelle .... ÉCUELLÉE
Contester sur des minuties .... POINTILLER
Conteste tout .... ERGOTEUR
Conteur québécois .... PELLERIN

Contient beaucoup de vitamine C . . . .
. . . . POIVRONROUGE
Contient de l'argent, des billets . . . TIROIRCAISSE
Contient de l'huile . . . . OLÉIFÈRE
Contient de l'or . . . . AURIFÈRE
Contient des pièces, du liquide . . . . TIRELIRE
Contient l'hostie . . . . OSTENSOIR
Contient une missive . . . . ENVELOPPE
Continuer avec une scène attachante . . . .
. . . . ENCHAÎNER
Continuer d'être . . . . PERDURER
Continuer sans relâche . . . . POURSUIVRE
Contour d'un espace . . . . PÉRIMÈTRE
Contourne l'échelle (MH) . . . . . SUPERSTITIEUX
Contracter des charges financières (s') . . ENDETTER
Contracter un nouvel engagement . . . RENGAGER
Contracture douloureuse au cou . . . TORTICOLIS
Contradiction entre deux idées . . . . . ANTINOMIE
Contraindre par la force . . . . ASSERVIR
Contraindre quelqu'un . . . . VIOLENTER
Contrainte imposée par la loi . . . . . OBLIGATION
Contraire à la décence . . . . LICENCIEUX
Contraire à l'amitié . . . . INAMICAL
Contraire à la raison . . . . IRRATIONNEL
Contraire à l'hygiène . . . . ANTIHYGIÉNIQUE
Contraire de dextrogyre . . . . LÉVOGYRE
Contraire de génétisme . . . . NATIVISME
Contraire de lévogyre . . . . DEXTROGYRE
Contraire de nativisme . . . . GÉNÉTISME
Contralto canadienne . . . . FORRESTER
Contrat d'exploitation agricole . . . . . . MÉTAYAGE
Contre-attaquer . . . . RIPOSTER
Contrebandier lors de la prohibition . . . .
. . . . BOOTLEGGER
Contrecoup d'un événement . . . . SÉQUELLE
Contrecoup d'un événement fâcheux . . . .
. . . . ÉCLABOUSSURE
Contre tout en général (PD) . . . . NÉGATEUR
Contrôle les écoliers et leurs maîtres . . . .
. . . . INSPECTEUR
Contrôle minutieux . . . . FILTRAGE
Contrôler à distance . . . . TÉLÉGUIDER
Convaincu que ça marchera (MF) . . . . OPTIMISTE
Convenir à quelqu'un . . . . ARRANGER
Convention conclue entre chefs militaires . . . .
. . . . ARMISTICE
Conversation suivie . . . . ENTRETIEN
Converser avec quelqu'un (s') . . . . . ENTRETENIR
Conversion en os . . . . OSSIFICATION
Conversion en sucre . . . . . . SACCHARIFICATION
Convertir à la religion chrétienne . . . .
. . . . CHRISTIANISER
Convertir à l'islam . . . . ISLAMISER
Convertir en tissu osseux . . . . OSSIFIER
Convertir en vinaigre . . . . ACÉTIFIER
Convertisseur d'énergie actionné par le vent . . . . . .
. . . . ÉOLIENNE
Convertisseur qui transforme la fonte en acier . . . . .
. . . . BESSEMER
Convoqué pour aller au combat (PD) . . . .
. . . . ARRIÈREBAN
Convoquer de nouveau . . . . RAPPELER

Copie d'un acte notarié . . . . EXPÉDITION
Copier un enregistrement . . . . REPIQUER
Coquillage comestible . . BIGORNEAU, PÉTONCLE
Corbeille où l'on dépose des objets . . VIDEPOCHES
Cordage auquel sont cousus les bords d'une voile . .
. . . . RALINGUE
Cordage qu'on emploie pour l'amarrage . . . .
. . . . AUSSIÈRE
Corde à linge . . . . ÉTENDOIR
Cordeau servant à tracer des circonférences . . . . . .
. . . . SIMBLEAU
Cordes très sensibles . . . . STRADIVARIUS
Cordon de petits grains sur une monnaie . . . .
. . . . GRÈNETIS
Cordon qu'on grave sur une pièce de monnaie . . . . .
. . . . CRÉNELAGE
Corolle de certaines fleurs . . . . CLOCHETTE
Corps blanc . . . . VASELINE
Corps conducteur d'électricité . . . . . ÉLECTRODE
Corps d'un animal mort . . . . CHAROGNE
Corps des amiraux . . . . AMIRAUTÉ
Corps des magistrats . . . . MAGISTRATURE
Corps de troupes . . . . GARNISON
Corps en putréfaction . . . . CHAROGNE
Corps et âme . . . SANSRÉSERVE, TOUTENTIER
Corps gras . . . . STÉARINE
Corps pouvant donner trois séries de sels . . . .
. . . . TRIACIDE
Corps que lance une arme . . . . PROJECTILE
Corps qui gravite autour d'une planète . . SATELLITE
Corps qui résulte de la combinaison du phosphore et
d'un autre élément . . . . PHOSPHURE
Corps simple gazeux . . . . HYDROGÈNE
Corps sphérique dans le noyau d'une cellule . . . . . .
. . . . NUCLÉOLE
Correction d'un nez disgracieux . . RHINOPLASTIE
Corriger à coups de fouet . . . . FUSTIGER
Corruption morale . . . . POURRITURE
Cortège religieux . . . . PROCESSION
Côte des animaux de boucherie . . . . . CÔTELETTE
Cote de succès d'un spectacle . . . . . BOXOFFICE
Côté effilé d'un instrument . . . . TRANCHANT
Côté secret d'une chose . . . . COULISSE
Couche de glace dans les régions polaires . . . .
. . . . BANQUISE
Couche de l'atmosphère . . . . STRATOSPHÈRE
Couche externe de la Terre . . . . . . LITHOSPHÈRE
Cou de l'homme . . . . ENCOLURE
Coudre en surjet . . . . SURJETER
Coudre provisoirement . . . . FAUFILER
Coule en Mongolie . . . . IENISSEÏ
Couler en abondance . . . . RUISSELER
Couler lentement . . . . DÉGOUTTER
Couler un navire . . . . SABORDER
Couleur brun foncé . . . . TÊTEDENÈGRE
Couleur dominante . . . . TONALITÉ
Couleur d'un cheval . . . . ISABELLE
Couleur d'un rouge vif . . . . ÉCARLATE
Couleur rousse . . . . ROUSSEUR
Couloir aménagé à l'intérieur d'un navire . . . .
. . . . COURSIVE
Couloir qui s'enfonce sous terre . . . SOUTERRAIN

Coupable de trafic d'objets sacrés .. SIMONIAQUE
Coupable d'infraction .... CRIMINEL
Coup bas .... ROSSERIE
Coup brusque .... BOURRADE
Coup de chaleur .... INSOLATION
Coup décisif mais peu loyal ... COUPDEJARNAC
Coup de fouet .... STIMULATION
Coup de frein dans les activités (PD) .. INHIBITION
Coup de griffes .... GRIFFADE
Coup de pied que donne le talon ... TALONNADE
Coup de poing .... CHÂTAIGNE, UPPERCUT
Coup de soleil .... INSOLATION
Coup d'essai .... TENTATIVE
Coup de théâtre .... PÉRIPÉTIE
Coup de vent .... BOURRASQUE
Coup d'œil au fond des yeux (PD) .. IRODOLOGIE
Coup d'œil furtif .... ŒILLADE
Coup donné avec un doigt ...... CHIQUENAUDE
Coup donné avec une épée .... ESTOCADE
Coup du plat de la main .... SOUFFLET
Coupe-coupe .... MACHETTE
Coupe dans laquelle on abat tous les arbres ......
.... BLANCESTOC
Coupe de cheveux .... COIFFURE
Coupé de collines .... MONTUEUX
Coupe des foins .... FENAISON
Coupe du monde .... RENFERMEMENT
Coupe-jarret .... ASSASSIN
Coupe-jarrets (PD) .... RAIDILLON
Coupe la communication (MH) ... BÉGAIEMENT
Coupe le contact .... ISOLEMENT
Coupe les matinées trop longues .... PAUSECAFÉ
Coupe pour baigner l'œil .... ŒILLÈRE
Couper avec des cisailles .... CISAILLER
Couper bras et jambes .... SURPRENDRE
Couper encore .... REFENDRE
Couper la parole à quelqu'un .... INTERROMPRE
Couper l'arête d'une pièce .... DÉLARDER
Couper l'arrivée d'air .... ÉTRANGLER
Couper les cheveux en quatre .... PINAILLER
Couper les oreilles d'un animal .... ESSORILLER
Couper l'herbe sous le pied (MF) .... DÉPASSER
Couper net .... SECTIONNER
Couper un pneu .... ÉVENTRER
Coupeur de cheveux en quatre ...... ERGOTEUR
Coup fourré .... ENTOURLOUPE
Coups sur la peau (PD) .... RANTANPLAN
Coupure à la portée de toutes les bourses (MF) ....
.... CASTRATION
Coupure allongée .... INCISION
Coup violent .... TORGNOLE
Courage dans les combats .... BRAVOURE
Courage exceptionnel .... HÉROÏSME
Courante à l'aéroport (MH) .... ÉTREINTE
Courant-jet .... JETSTREAM
Courant majoritaire de l'islam ...... SUNNISME
Courant marin froid .... LABRADOR
Courant mystique islamique .... SOUFISME
Courant religieux issu de l'hindouisme .. SIVAÏSME
Courbe de la sensibilité aux sons
.... AUDIOGRAMME
Courbe de niveau .... ISOHYPSE

Courber de dehors en dedans .... INCURVER
Courber par le bout .... RECOURBER
Courbure en arc .... CAMBRURE
Courbure saillante d'un corps ...... CONVEXITÉ
Courge d'Italie .... ZUCHETTE
Courir après .... CHERCHER
Courir bruyamment en groupe .... CAVALCADER
Courir de nouveau .... RECOURIR
Courir derrière quelqu'un .... POURSUIVRE
Couronnement moulurée d'un meuble ....
.... ENTABLEMENT
Couronner le travail .... RÉCOLTER
Courroie de cuir sous le menton ....JUGULAIRE
Courroie du bouclier .... ENGUICHURE
Courroie d'un bâton de ski ..... DRAGONNE
Courroie d'un fusil .... BRETELLE
Courroie pour la selle .... ÉTRIVIÈRE
Cours d'eau .... RUISSEAU, RUISSELET
Course à obstacles .... STEEPLECHASE
Course à pied .... MARATHON
Course au galop .... GALOPADE
Course cycliste sur piste .... AMÉRICAINE
Course d'une troupe de cavaliers ... CAVALCADE
Course faite à cheval .... CHEVAUCHÉE
Course précipitée .... GALOPADE
Cours qui s'écoule en moins de temps qu'à l'habi-
tude (MF) .... INTENSIF
Court écrit satirique .... PAMPHLET
Courte durée .... BRIÈVETÉ
Courte histoire .... NOUVELLE
Courte remarque .... NOTATION
Court jupon masculin .... FUSTANELLE
Court pilier .... BALUSTRE
Court récit .... HISTOIRE
Court récit en prose ou en vers ...... APOLOGUE
Coussin cylindrique .... TRAVERSIN
Coussin soutenant la tête .... OREILLER
Couteau de la guillotine .... COUPERET
Couteau de peintre .... AMASSETTE
Couteau de poche ...... EUSTACHE, LAGUIOLE
Couteau qui sert à greffer .... GREFFOIR
Couteau qui sert à saigner les bêtes de boucherie
.... SAIGNOIR
Coûte que coûte .... ÀTOUTPRIX
Couture faite en rentrayant ...... RENTRAITURE
Couvent de lamas .... LAMASERIE
Couvercle du sporogone des mousses .. OPERCULE
Couvert de buissons .... BUISSONNEUX
Couvert de duvet .... LANUGINEUX
Couvert de plaies .... ULCÉREUX
Couvert de poudre blanche .... ENFARINÉ
Couvert de poux .... POUILLEUX
Couvert de pustules .... PUSTULEUX
Couvert de rouille .... RUBIGINEUX
Couvert de squames .... SQUAMEUX
Couvert de terre .... POUSSIÉREUX
Couvert de vert-de-gris .... VERTDEGRISÉ
Couvert d'ulcères .... ULCÉREUX
Couverture de lit piquée .... COURTEPOINTE
Couverture d'un livre .... JAQUETTE
Couvre de points rouges .... SCARLATINE
Couvrent les pelouses, au printemps .. PISSENLITS

Couvrent les pieds .... CHAUSSETTES
Couvrir chaudement .... EMMITOUFLER
Couvrir comme de perles .... EMPERLER
Couvrir de briquetage .... BRIQUETER
Couvrir de choses vaporeuses ...... ENNUAGER
Couvrir de crasse .... ENCRASSER
Couvrir de fleurs .... ENCENSER
Couvrir de flocons .... ENNEIGER
Couvrir de gouttelettes .... EMPERLER
Couvrir de gros rouge (PD) ... ENSANGLANTER
Couvrir d'émeri .... ÉMERISER
Couvrir de neige .... ENNEIGER
Couvrir de nuages .... ENNUAGER
Couvrir de petits cailloux ..... GRAVILLONNER
Couvrir de petits nuages blancs ..... POMMELER
Couvrir de plantations .... COMPLANTER
Couvrir de poudre d'émeri .... ÉMERISER
Couvrir de sable ... ENSABLER, SABLONNER
Couvrir de sang ...... ENSANGLANTER
Couvrir de son ombre .... OMBRAGER
Couvrir de tapisseries .... TAPISSER
Couvrir de terre .... ENTERRER
Couvrir d'ombre .... OBOMBRER, OMBRAGER
Couvrir d'ordures .... SOUILLER
Couvrir d'un abrasif en poudre ...... ÉMERISER
Couvrir d'un dépôt .... ENCROÛTER
Couvrir d'un dépôt minéral .... INCRUSTER
Couvrir d'une feuille d'argent ...... ARGENTER
Couvrir d'une fine couche de glace .. VERGLACER
Couvrir d'un liquide rouge .... ENSANGLANTER
Couvrir le faîte d'un toit .... ENFAÎTER
Couvrir les légumes .... ENCHAUSSER
Cow-boy solitaire au cœur pur .... LUCKYLUKE
Crachat épais .... GRAILLON
Crachement de sang .... HÉMOPTYSIE
Cracheur de feu .... LANCEFLAMMES
Craindre vivement .... REDOUTER
Crainte d'animaux .... ZOOPHOBIE
Crainte de rougir .... ÉREUTHOPHOBIE
Crainte d'être trompé .... DÉFIANCE
Crainte morbide d'être dans un espace clos ......
.... CLAUSTROPHOBIE
Crainte vague, mal définie ..... APPRÉHENSION
Crapaud de mer .... RASCASSE
Crapaud fouisseur .... PÉLODYTE
Craque faite en hiver .... GÉLIVURE
Craquer à petit bruit .... CRAQUETER
Craquer légèrement sous la dent .. CROUSTILLER
Créateur de « Sherlock Holmes » ......
.... CONANDOYLE
Création de deux objets identiques .. GÉMINATION
Création de mots nouveaux .... NÉOLOGIE
Création des formes du relief terrestre ....
.... MORPHOGENÈSE
Créativité libre et imprévisible .... FANTAISIE
Cré chien sensible (MF) .... SENSITIF
Créer de l'orage dans l'air (MF) ... ÉLECTRISER
Créer des tensions .... STRESSER
Créer de toutes pièces .... INVENTER
Créer une œuvre d'art à trois dimensions ......
.... SCULPTER
Crème fouettée et sucrée .... CHANTILLY

Crème pâtissière .... FRANGIPANE
Crêpe très épaisse .... MATEFAIM
Cresson alénois .... NASITORT
Creuse les fosses .... FOSSOYEUR
Creuser de nouveau .... RECREUSER
Creuser en dedans .... ÉCHANCRER
Creuser profondément le sol ... LABOURER
Creuse son nid dans le bois ..... XYLOCOPE
Creux du bras sous l'épaule ... AISSELLE
Crève-la-faim .... FAMÉLIQUE
Crever un œil .... ÉBORGNER
Crevette rose .... SALICOQUE
Cri aigu et prolongé .... HURLEMENT
Criailler pour ameuter .... CLABAUDER
Cri de colère .... HURLEMENT
Cri de joie .... ALLÉLUIA
Cri de joie collectif .... ACCLAMATION
Cri de la caille .... COURCAILLET
Cri de la cigogne .... CRAQUÈTEMENT
Cri de la grenouille .... COASSEMENT
Cri de la poule appelant ses petits ....
.... GLOUSSEMENT
Cri de la grue .... CRAQUÈTEMENT
Cri de l'éléphant .... BARRISSEMENT
Cri de l'enfant nouveau-né ..... VAGISSEMENT
Cri de l'ours .... GROGNEMENT
Cri d'enthousiasme .... ACCLAMATION
Cri de rapace .... ULULEMENT
Cri de rut du cerf .... BRAMEMENT
Cri des jeunes oiseaux .... PÉPIEMENT
Cri des pigeons .... ROUCOULEMENT
Cri du chat .... MIAULEMENT
Cri du cheval .... HENNISSEMENT
Cri du dindon .... GLOUGLOU
Cri du loup .... HURLEMENT
Cri du mouton .... BÊLEMENT
Cri d'un coq .... COCORICO
Cri d'un homme des cavernes (MF) ......
.... YABADABADOU
Cri du porc .... GROGNEMENT
Cri du puma, du tigre ...... FEULEMENT
Crier comme l'oie .... CACARDER
Crier comme un canard ...... NASILLER
Crier comme une caille .... MARGOTER
Crier dans le désert .... BLATÉRER
Crier, en parlant de la corneille ...... CRAILLER,
.... GRAILLER
Crier, en parlant de la pie ...... JACASSER
Crier, en parlant du corbeau ... CROASSER
Crier fort .... BRAILLER
Crier sans cesse .... PIAILLER
Cri faible du crocodile ...... VAGISSEMENT
Cri geignard .... BÊLEMENT
Cri matinal .... COCORICO
Crime commis en mer .... PIRATERIE
Criminel d'habitude ...... RÉCIDIVISTE
Crise économique .... DÉPRESSION
Cri sourd de la vache .... MUGISSEMENT
Crissement aigu de certains insectes ......
.... STRIDULATION
Critique amère .... DIATRIBE
Critiquer amèrement .... RÉCRIMINER

Critiquer durement . . . FLINGUER, MATRAQUER
Critiquer sévèrement . . . . ESQUINTER
Critiquer violemment . . . . ÉREINTER
Critiquer vivement . . . . . . ÉTRILLER, FUSTIGER
Critique tout . . . . DÉTRACTEUR
Cri violent . . . HURLEMENT, RUGISSEMENT
Croc-en-jambe . . . . JAMBETTE
Crochet qui ouvre les serrures . . . ROSSIGNOL
Crocodile d'Amérique . . . . ALLIGATOR
Croire au père Noël . . . . SILLUSIONNER
Croire d'après certains indices . . . . . . PRÉSUMER
Croisement entre deux espèces différentes . . . .
. . . . HYBRIDATION
Croisement réussi (PD) . . . . MÉTISSAGE
Croiser des danois et des afghans . . . . . MÉTISSER
Croiser en divers sens . . . . ENTRECROISER
Croix de bois, de métal . . . . CRUCIFIX
Croix gammée . . . . SVASTIKA
Croque-monsieur . . . . SANDWICH
Croûte en pâte feuilletée . . . . . . VOLAUVENT
Croyance attribuant une âme aux animaux . . . .
. . . . ANIMISME
Croyance aux présages . . . . SUPERSTITION
Croyance aux vampires . . . . VAMPIRISME
Croyance fausse . . . . ILLUSION
Cruche, gourde, poche . . . . IMBÉCILE
Crustacé à carapace . . . . EUCARIDE
Crustacé à déguster . . . . ÉCREVISSE
Crustacé à fortes antennes . . . . . LANGOUSTE
Crustacé d'eau douce . . . . ÉCREVISSE
Crustacé décapode . . . . LANGOUSTINE,
. . . . MACROURE
Crustacé décapode marcheur . . . . ANOMOURE
Crustacé décapode marin . . . . CREVETTE
Crustacé parasite des crabes . . . SACCULINE
Crustacé terrestre . . . . CLOPORTE
Cueillir çà et là . . . . GRAPILLER
Cuillère percée de trous . . . . ÉCUMOIRE
Cuisine médiocre . . . . TAMBOUILLE
Cuisine politicienne (PD) . . . . . GRENOUILLAGE
Cuisinier français . . . . PAULBOCUSE
Cuisses et coassements . . . . GRENOUILLE
Culotte à longues jambes . . . . PANTALON
Culotte collante arrivant au genou (MH) . . . .
. . . . CYCLISTE
Culotte de cheval . . . . . CELLULITE, JODHPURS
Culte des serpents . . . . OPHIOLÂTRIE
Culte du moi . . . . ÉGOTISME
Culte qui s'en va chez le diable (MF) . . SATANISME
Cultivée pour sa racine . . . . BETTERAVE
Cultivée pour ses fleurs . . . . HÉMÉROCALLE
Culture de la vigne . . . . VITICULTURE
Culture des arbres fruitiers . . . ARBORICULTURE
Culture des jardins . . . . HORTICULTURE,
. . . . JARDINAGE
Culture des plantes aquatiques . . . AQUICULTURE
Culture du riz . . . . RIZICULTURE
Cupide et profiteur . . . . MERCANTILE
Curieux petit récit . . . . ANECDOTE
Cycle à trois roues . . . . TRICYCLE
Cycle de vie . . . . MENSTRUEL
Cycle mû grâce à des pédales . . . . . VÉLOCIPÈDE

Cyclone tropical . . . . HURRICANE
Cyclotron à électrons . . . . BÊTATRON
Cylindre de tabac haché . . . . CIGARETTE
Dais à colonnes . . . . BALDAQUIN
Dame-d'onze-heures . . . . ORNITHOGALE
Dame forte . . . . PORTEUSE
Dame qui dirige une œuvre de bienfaisance . . . .
. . . . PATRONNESSE
Dans ce lieu . . . . LÀDEDANS
Dans des proportions illimitées . . IMMENSÉMENT
Danse à trois temps . . . . SARABANDE
Danse cubaine . . . . HABANERA
Danse brésilienne . . . . BOSSANOVA
Danse d'Andalousie . . . . CACHUCHA
Danse de music-hall, de scène française . . . .
. . . . FRENCHCANCAN
Danse d'origine américaine . . . . . . CHARLESTON
Danse d'origine cubaine . . . . . . CHACHACHA
Danse d'origine hongroise . . . . . . HUSSARDE
Danse d'origine provençale . . . . . . RIGAUDON
Danse espagnole . . . FANDANGO, SEGUEDILLA,
. . . . SEGUEDILLE
Danse espagnole de rythme vif . . . . . PASODOBLE
Danse folklorique italienne . . . . . : TARANTELLE
Danse nationale de Pologne . . . POLONAISE
Danse où l'on forme une chaîne . . . FARANDOLE
Danse provençale . . . . FARANDOLE
Danser de façon gauche . . . . DANSOTTER
Danseur de corde . . . . PÉTAURISTE
Danseur italien . . . . ANGIOLINI
Danseuse sacrée de l'Inde . . . . . . BAYADÈRE
Dans la bouillabaisse . . . . RASCASSE
Dans la cité grecque, haut magistrat . . ARCHONTE
Dans la danse flamenca, martèlement rythmé des talons
. . . . TACONEOS
Dans la devise française . . . . . . FRATERNITÉ
Dans l'air (MF) . . . . APOSTROPHE
Dans l'ancienne Rome, cachot . . . . . ERGASTULE
Dans la niche . . . . TERRENEUVE
Dans la pizza . . . . FROMAGERÂPÉ
Dans l'arbre de Noël . . . . DÉCORATIONS,
. . . . GUIRLANDES
Dans l'armée italienne, soldat d'infanterie . . . .
. . . . BERSAGLIER
Dans la Russie tsariste, représentant élu . . . .
. . . . STAROSTE
Dans le cas où . . . . ÀSUPPOSERQUE
Dans le crâne . . . . CERVELLE
Dans le genou . . . . MÉNISQUE
Dans le journal . . . . NOUVELLE
Dans les airs et dans les mers (PD) . . BÉCASSINES
Dans les cheveux ou sur une scène (MF) . . . .
. . . . BARRETTE
Dans les églises, cloison couverte d'icônes . . . .
. . . . ICONOSTASE
Dans le sens contraire des aiguilles d'une montre (MH)
. . . . SENESTRORSUM
Dans les grandes lignes . . . . GROSSOMODO
Dans les mains du forgeron . . . . . DÉGORGEOIR
Dans les maisons arabes, grillage en bois . . . .
. . . . MOUCHARABIEH
Dans les méninges . . . . DUREMÈRE

Dans les muscles et dans le cerveau . . . CRÉATINE
Dans les oreilles . . . . OSSELETS
Dans les pays musulmans, saint personnâge . . . .
. . . . MARABOUT
Dans les leçons reçues . . . . CÉDILLES
Dans les pommes . . . . INCONSCIENT
Dans l'est du Canada . . . . TERRENEUVE
Dans le titre d'une émission télévisée . . ACADÉMIE
Dans le titre du représentant de la Couronne britan-
nique . . . . LIEUTENANNT
Dans leur jus . . . . MARINIÈRE
Dans leurs domaines, ils sont les meilleurs . . . .
. . . . SPÉCIALISTES
Dans l'ordinateur . . . . LOGICIEL
Dans l'oreille . . . . OSSELETS
Dans l'oreille interne . . . . UTRICULE
Dans quelques années, il votera à Londres . . . .
. . . . TEENAGER
Dans sa maison, il y a beaucoup de pièces (MH) . . .
. . . . NUMISMATE
Dans un autre lieu . . . . AILLEURS
Dans un sens ou dans l'autre . . . . VICEVERSA
D'après les lois de la chimie . . . CHIMIQUEMENT
Dard du torero . . . . BANDERILLE
Dare-dare . . . . ÀTIREDAILE, ÀTOUTEALLURE,
. PRESTISSIMO, TRÈSVITE, VENTREÀTERRE
D'Arles . . . . ARLÉSIEN
D'arrache-pied . . . . AVECPERSÉVÉRANCE
Date à laquelle expire un délai . . . . . . ÉCHÉANCE
Date de fabrication d'un vin . . . . MILLÉSIME
Date de naissance (MH) . . . . MILLÉSIME
Date importante . . . . ÉCHÉANCE
D'au-delà de la mort . . . . DOUTRETOMBE
Dauphin russe . . . . MEDVEDEV
Daurade rose . . . . ROUSSEAU
De A à Z . . . . ALPHABET
Débandade générale . . . . SAUVEQUIPEUT
Débarrasser de ce qui obstrue . . . . . . DÉGORGER
Débarrasser d'éléments indésirables . . NETTOYER
Débarrasser de quelque chose de pénible . . . .
. . . . DÉLIVRER
Débarrasser des chardons . . . . . ÉCHARDONNER
Débarrasser des corps étrangers . . . . NETTOYER
Débarrasser de ses bavures . . . . ÉBAVURER
Débarrasser de ses poux . . . . ÉPOUILLER
Débarrasser de ses souillures . . . . PURIFIER
Débarrasser de son ignorance . . . . . . DÉCRASSER
Débarrasser des pousses inutiles . . . . . ÉPAMPRER
Débarrasser des rats . . . . DÉRATISER
Débarrasser de toxines . . . . DÉSINTOXIQUER
Débarrasser d'une charge . . . . DÉLESTER
Débarrasser d'une mauvaise habitude (se) . . . . . .
. . . . REPENTIR
Débarrasser d'un liquide . . . . ÉGOUTTER
Débarrasser la table . . . . DESSERVIR
Débarrasser un arbre de ses chenilles . . . .
. . . . ÉCHENILLER
Débarrasser une peau de ses chairs . . ÉCHARNER
Débarrasser une substance de ses impuretés . . . .
. . . . RAFFINER
Débarrasser un liquide de ses impuretés . . . .
. . . . DÉCANTER

Débat public . . . . FACEÀFACE
Débats judiciaires . . . . HUISCLOS
Débit de boissons . . . . GINGUETTE
Débit de boissons de pauvre qualité . . ASSOMMOIR
Débiter des mensonges . . . . RACONTER
Débiter d'une façon monotone . . . . PSALMODIER
Déboîtement d'un os . . . . LUXATION
De bon gré . . . . VOLONTIERS
De bons amis . . . . CLÉBARDS
De bons petits oiseaux (MH) . . . . ORTOLANS
Déborde d'enthousiasme (PD) . . . . FRÉNÉTIQUE
Débordé de travail . . . . SUBMERGÉ
Déborder sur quelque chose . . . . EMPIÉTER
De brève durée . . . . PASSAGER
Débrouiller des pistes . . . . ÉLUCIDER
Début de la vie d'un livre . . . . PARUTION
Début de réalisation . . . . MISEENŒUVRE
De but en blanc . . . . ABRUPTEMENT
Début important . . . . AVÈNEMENT
De Calabre . . . . CALABRAIS
Déceler d'après des signes . . . . DIAGNOSTIQUER
Déceler l'existence . . . . DÉTECTER
Décernée par l'arbitre . . . . PÉNALITÉ
Décerner un diplôme . . . . DIPLÔMER
Décès brutal . . . . MORTSUBITE
Décevoir une attente . . . . FRUSTRER
Décharge émotionnelle . . . . ABRÉACTION
Décharger des marchandises . . . . DÉBARDER
Décharger d'impôts . . . . DÉGREVER
Décharger quelqu'un de ses frais . . . DÉFRAYER
Décharge simultanée de plusieurs armes à feu
. . . . MITRAILLADE
Déchargeur de gabarres . . . . GABARRIER
Déchire les feuilles fragiles (PD) . . . . OBSCÉNITÉ
Déchirement moral . . . . TIRAILLEMENT
Déchirer en quatre . . . . ÉCARTELER
Déchirer en surface, superficiellement . . ÉRAILLER
Déchirer légèrement . . . . ÉGRATIGNER
Déchirer les oreilles . . . . AGRESSER
Décider avec autorité . . . ARBITRER, DÉCRÉTER
Décision difficile à prendre (PD) . . . .
. . . . RENONCEMENT
Décision prise . . . . RÉSOLUTION
Décision rendue par un juge . . . . SENTENCE
Déclaration dans un acte juridique . . ÉNONCIATION
Déclaration des droits de l'homme (MH) . . . .
. . . . ÉRECTION
Déclaration d'humour . . . . PLAISANTERIE
Déclaration écrite engageant à certaines conditions
. . . . SOUMISSION
Déclaration solennelle . . . . AFFIRMATION
Déclaration témoignant de la véracité d'un fait . . . .
. . . . ATTESTATION
Déclarer avec force son opposition . . PROTESTER
Déclarer conforme . . . . HOMOLOGUER
Déclarer non coupable . . . . INNOCENTER
Déclarer nul . . . . RÉVOQUER
Déclarer nul, en droit . . . . INFIRMER
Déclarer publiquement . . . . PROFESSER
Décomposition d'un cadavre . . . PUTRÉFACTION
Décomposition enzymatique . . . FERMENTATION
Décontenancé à la suite d'un échec . . . DÉCONFIT

Décorations de Noël . . . . GUIRLANDES
Décorer de lettres . . . . ENLUMINER
Décorer d'une médaille . . . . MÉDAILLER
Décorer un emballage de cadeaux . . ENRUBANNER
De couleur brun-rouge foncé . . . . CHOCOLAT
Découpage au bloc (PD) . . . . ÉNERVATION
Découpage plus ou moins précis (PD) . . . .
. . . . MORCELLEMENT
Découper dans la tranche d'un livre . . ENCOCHER
Découpure en forme de dents . . . . . . DENTELURE
De courte durée . . . . MOMENTANÉ
Découverte en 1928 par Fleming . . PÉNICILLINE
Découverte heureuse . . . . TROUVAILLE
Découvre le monde . . . . NAISSANT
Découvrir au terme d'une enquête . . . . DÉPISTER
Découvrir la solution . . . . RÉSOUDRE
Décrire des sinuosités . . . . SERPENTER
De Dachoguz et d'Achgabat . . . . . . TURKMÈNES
De deux manières . . . . DOUBLEMENT
Dédommagement matériel . . . . COMPENSATION
Déduire comme conséquence . . . . CONCLURE
Déesse de la Beauté . . . . APHRODITE
Déesse de la Mémoire . . . . MNÉMOSYNE
De façon abrupte . . . . ABRUPTEMENT
De façon ambiguë . . . . ÉVASIVEMENT
De façon amicale . . . . AMICALEMENT
De façon avantageuse . . . . HEUREUSEMENT
De façon banale . . . . PLATEMENT
De façon bénévole . . . . BÉNÉVOLEMENT
De façon bienheureuse . . . . BÉATEMENT
De façon brutale . . . . BRUTALEMENT
De façon correcte . . . . CORRECTEMENT
De façon curieuse . . . . CURIEUSEMENT
De façon décente . . . . DÉCEMMENT
De façon différente . . . . AUTREMENT
De façon durable . . . . PROFONDÉMENT
De façon égale . . . . ÉGALEMENT
De façon étrange . . . . ÉTRANGEMENT
De façon exacte . . . . CORRECTEMENT
De façon exécrable . . . . ODIEUSEMENT
De façon fébrile . . . . NERVEUSEMENT
De façon fidèle . . . . FIDÈLEMENT
De façon fière . . . . FIÈREMENT
De façon fiévreuse . . . . FIÉVREUSEMENT
De façon franche . . . . SINCÈREMENT
De façon grossière . . . . VILAINEMENT
De façon hostile . . . . GLACIALEMENT
De façon illégitime . . . . INDÛMENT
De façon immense . . . . IMMENSÉMENT
De façon incorrecte . . . . IMPROPREMENT
De façon infâme . . . . ABJECTEMENT
De façon intense . . . . PROFONDÉMENT
De façon lumineuse . . . . . . LUMINEUSEMENT
De façon méprisable . . . . VILEMENT
De façon nuisible . . . . FUNESTEMENT
De façon pieuse . . . . PIEUSEMENT
De façon plate . . . . PLATEMENT
De façon pratique, profitable . . . . . . UTILEMENT
De façon raisonnable . . . . SENSÉMENT
De façon rapide . . . . PRESTEMENT
De façon rude . . . . RUDEMENT
De façon sage . . . . SAGEMENT

De façon sale . . . . SALEMENT
De façon sérieuse . . . . GRIÈVEMENT
De façon sûre . . . . SOLIDEMENT
De façon tranquille . . . . SEREINEMENT
Défaire ce qui est cloué . . . . DÉCLOUER
Défaire fil à fil . . . . PARFILER
Défaire la boucle . . . . DÉBOUCLER
Défaire la brochure d'un livre . . . DÉBROCHER
Défaire la frisure de . . . . DÉFRISER
Défaire les nattes . . . . DÉNATTER
Défaire les piqûres d'une étoffe . . . . . DÉPIQUER
Défaire un clavetage . . . . DÉCLAVETER
Défaite cuisante . . . . DÉCULOTTÉE
Défaite de Napoléon . . . . WATERLOO
Défaite totale . . . . DÉCONFITURE
Défaut d'assimilation des aliments . . . ATHREPSIE
Défaut de concordance . . . . DÉCALAGE
Défaut de fonctionnement . . . . DÉFAILLANCE
Défaut de prononciation . . . . ZÉZAIEMENT
Défaut d'existence . . . . INEXISTENCE
Défaut d'une personne qui zézaie . . ZÉZAIEMENT
Défaut d'un propos verbeux . . . . VERBOSITÉ
Défendu avec la veuve . . . . ORPHELIN
Défendu par la loi . . . . ILLICITE
Défense des intérêts des travailleurs . . . .
. . . . CORPORATISME
Défenseur de l'ordre social . . . . CONSERVATEUR
Déficience intellectuelle . . . . ARRIÉRATION
Déficience physique ou mentale . . . . . HANDICAP
Défilé de personnes masquées . . . MASCARADE
Défricher un terrain boisé . . . . ESSARTER
Déformer à l'ouverture . . . . ÉGUEULER
Déformer en tordant, par une tension . . DISTORDRE
Déformer la silhouette . . . . ENGONCER
Déformer une surface rigide . . . . GONDOLER
Défrichement d'un terrain boisé . . . . ESSARTAGE
Défricher un terrain boisé . . . . ESSARTER
Défriper avec un fer chaud . . . . REPASSER
Dégagement un peu bruyant . . . TOUSSOTEMENT
Dégager de ce qui encombre . . . . DÉBLAYER
Dégager de ce qui lie . . . . DÉPÊTRER
Dégager des bulles de gaz . . . . PÉTILLER
Dégager de ses obligations . . . . . . EXONÉRER
Dégager une odeur désagréable . . . . . EMPESTER
Dégarnir de sa croûte . . . . ÉCROÛTER
Dégarnir de sa paille . . . . DÉPAILLER
Dégarnir de ses arbres . . . . DÉBOISER
Dégarnir de ses cornes . . . . DÉCORNER
Dégarnir de ses lardons . . . . DÉLARDER
Dégeler brusquement une rivière . . . DÉBLÂCLER
Dégénérescence cancéreuse . . . CANCÉRISATION
Dégénérescence de la tunique des artères . . . .
. . . . ATHÉROME
Dégénérescence graisseuse d'un tissu . . STÉATOSE
De Gouda ou d'Edam . . . . NÉERLANDAIS
Dégradation d'un milieu naturel . . . . POLLUTION
De grandeur exceptionnelle . . . . . GIGANTESQUE
Degré de température . . . . FAHRENHEIT
De haut en bas . . . . DESCENTE
De Kairouan ou de Tataouine . . . . TUNISIEN
De la bonne manière . . . . EFFICACEMENT,
. . . . PARLEBONBOUT

Délabrement physique .... DÉCRÉPITUDE
De la campagne .... RUSTIQUE
De la capitale de la Toscane .... FLORENTIN
De la capitale de l'Autriche .... VIENNOIS
De la Chine .... ASIATIQUE
De la côte d'Ivoire .... IVOIRIEN
De la haute mer .... PÉLAGIQUE
Délaisser un lieu .... DÉSERTER
De l'Albanie .... ALBANAIS
De l'Allemagne .... ALLEMAND
De la Loire .... LIGÉRIEN
De l'Alsace .... ALSACIEN
De l'Altaï .... ALTAÏQUE
De la motoneige au TGV .... BOMBARDIER
De la nature de l'ardoise .... ARDOISIER
De la nature de l'éponge .... SPONGIEUX
De l'est .... ORIENTAL
De la nature de l'huile .... OLÉAGINEUX
De la nature de l'imitation .... IMITATIF
De la nature de l'œdème .... ŒDÉMATEUX
De la nature des angles .... ANGULAIRE
De la nature des scories .... SCORIACÉ
De la nature du cuivre .... CUPRIQUE
De la nature d'une roche terreuse .... ARGILEUX
De langue portugaise .... LUSOPHONE
De la paume de la main .... PALMAIRE
De la pommette .... ZYGOMATIQUE
De la principauté d'Andorre .... ANDORRAN
De la province de Québec .... QUÉBÉCOIS
De la région d'Arles .... ARLÉSIEN
De la République démocratique allemande
.... ESTALLEMAND
De la semaine .... HEBDOMADAIRE
De la Sicile .... SICILIEN
De l'Atlantique au Pacifique .... ÉTATSUNIS
De l'est .... ORIENTAL
De l'Estonie .... ESTONIEN
De l'État .... ÉTATIQUE
De l'Europe .... EUROPÉEN
Délicate hésitation (MH) .... SCRUPULE
Délicatement découper .... FESTONNER
Délimiter le contour d'un sujet ..... DÉTOURER
Délimiter nettement .... CIRCONSCRIRE
Délimiter un espace .... CLÔTURER
Délire aigu .... ONIRISME
Délire de persécution .... PARANOÏA
Délire des grandeurs .... MÉGALOMANIE
Délire qui croit qu'un animal habite son corps .....
.... ZOOPATHIE
Délivrance de ce qui embarrasse .... DÉBARRAS
Délivrer en payant une rançon ..... RACHETER
Délivrer quelqu'un du démon ..... EXORCISER
De l'Océanie .... OCÉANIEN
De l'œil .... OCULAIRE
De l'Olympe .... OLYMPIEN
De l'Ontario .... ONTARIEN
De Madrid .... MADRILÈNE
De maison en maison .... PORTEENPORTE
Demande d'adhésion .... NESTCEPAS
Demander avec déférence .... SOLLICITER
Demander avec humilité .... SUPPLIER
Demander avec insistance .... RÉCLAMER

Demander avec instance .... IMPLORER
Demande reconventionnelle ... RECONVENTION
Demander en justice .... REQUÉRIR
Demander jusqu'à ce que l'autre accepte ....
.... INSISTER
Demander l'aumône .... TENDRELAMAIN
Démanger légèrement .... GRATOUILLER
Demander un emploi .... POSTULER
De manière crâne .... CRÂNEMENT
De manière expressive .... ESPRESSIVO
De manière fière .... FIÈREMENT
De manière fixe .... FIXEMENT
De manière plaisante ... AGRÉABLEMENT
De manière quasi implicite .... ÀDEMIMOT
De manière répétée .... COUPSURCOUP
De manière sage .... SAGEMENT
De manière tacite .... TACITEMENT
Démarche en faveur de quelqu'un
.... INTERCESSION
De mauvais augure .... SINISTRE
De mauvaise humeur .... MARABOUT
De mémoire .... PARCŒUR
Demeurer ferme et constant ...... PERSÉVÉRER,
.... PERSISTER
Demeurer quelque temps en un lieu .. SÉJOURNER
Demi-bouteille .... FILLETTE
Demi-dieu grec .... HÉRACLÈS
Demi-ivresse .... GRISERIE
Demi-jour .... PÉNOMBRE
Demi-portion .... GRINGALET
Demi-sommeil .... SOMNOLENCE
Démodé et un peu ridicule .... VIEILLOT
De moins en moins, son résultat fait toute la diffé-
rence (MF) .... SOUSTRACTION
Démolir les murailles d'une ville .. DÉMANTELER
Démolir sans donner de coups .... ÉREINTER
De Monaco .... MONÉGASQUE
De Montmartre .... MONTMARTROIS
Démoraliser profondément .... ÉCŒURER
De nature à inquiéter .... ALARMISTE
De Neustrie .... NEUSTRIEN
Denis Drouin était celui d'Olivier Guimond ......
.... FAIREVALOIR
Dénombrer des personnes .... RECENSER
Dénombrer et classer .... RÉPERTORIER
Dénoncer quelqu'un .... CAFARDER
Dénouement heureux d'un film ... HAPPYEND
Denrée alimentaire conservée par le sel .. SALAISON
Dent-de-lion .... PISSENLIT
Dent des mammifères .... INCISIVE
Dent d'une fourche .... FOURCHON
Dentelle aux fuseaux .... VALENCIENNES
Dentelure en créneaux .... CRÉNELURE
De nuit .... NOCTURNE
De Paris .... PARISIEN
Départ de navire .... APPAREILLAGE
Départ de nombreuses situations .... INITIATION
Département de Provence-Alpes ..... VAUCLUSE
Département français d'outre-mer .. GUADELOUPE
Dépasse la mesure .... OUTRANCE
Dépasse largement les bornes ..... EXORBITANT
Dépasse les bornes (MH) .... OVERDOSE

Dépasse les mesures habituelles . . ÉTRAVAGANT
Dépassé par le fax et les courriels . . . .
. . . . TÉLÉGRAMME
Dépassera de toute manière . . . . EXCÉDENTAIRE
Dépasse rarement son modèle . . . . IMITATEUR
Dépasser en masse . . . . DÉVERSER
Dépasser la mesure, les bornes . . . . . EXAGÉRER
Dépasser les bornes . . . . OUTREPASSER
Dépasser les normes . . . . SURSAUTER
Dépasser quelque chose . . . . TRANSCENDER
Dépasser un bateau . . . . TRÉMATER
Dépendance de l'Atlantique . . . . BALTIQUE
Dépendance envers une drogue . . . . . ASSUÉTUDE
Dépendance mutuelle entre les hommes . . . .
. . . . SOLIDARITÉ
Dépense faite pour l'entretien . . . . IMPENSES
Dépense physique . . . . EXERCICE
Dépenser avec mesure, avec parcimonie . . . .
. . . . CALCULER
Dépenser avec profusion . . . . GASPILLER
Dépenser inconsidérément . . . . DISSIPER
Dépense sans compter . . . . PRODIGUE
Dépité à la suite d'un échec . . . . DÉCONFIT
Dépit envieux . . . . JALOUSIE
Déplacement dans le temps . . . . DÉCALAGE
Déplacement de liquide . . . . VIREMENT
Déplacement de l'os de son articulation . . . .
. . . . DÉBOÎTEMENT
Déplacement de marchandises . . . .
. . . . MANUTENTION
Déplacement d'un troupeau . . TRANSHUMANCE
Déplacer à l'aide de trévires . . . . TRÉVIRER
Déplacer de sa position . . . . DÉMETTRE
Déplacer par rapport à un axe . . . . . DÉCENTRER
Déploiement d'éloquence . . . . RHÉTORIQUE
De plus en plus rigide, mais toujours en mouvement
(PD) . . . . PARKINSONIEN
De Poitiers . . . . POITEVIN
Déposer en masse . . . . DÉVERSER
Déposer provisoirement . . . . ENTREPOSER
Déposition au palais, en justice . . . TÉMOIGNAGE
Déposséder de sa propriété . . . . . . EXPROPRIER
Déposséder de ses biens . . . . DÉPOUILLER
Dépôt de graisse sous-cutané . . . . CELLULITE
Dépôt de plaques riches en cholestérol . . . .
. . . . ATHÉROME
Dépôt d'une couche d'argent . . . . . . ARGENTURE
Dépôt laissé par les eaux . . . . SÉDIMENT
Dépôt laissé par une eau calcaire . . . .
. . . . INCRUSTATION
Dépouiller de sa peau un animal . . . . DÉPIAUTER,
. . . . ÉCORCHER
Dépouiller de sa queue . . . . ÉQUEUTER
Dépouiller de ses os . . . . DÉSOSSER
Dépouiller de ses plumes . . . . DÉPLUMER
Dépouiller quelqu'un au jeu . . . . LESSIVER
Dépouiller quelqu'un de ce qu'il a sur lui . . . .
. . . . DÉTROUSSER
Dépourvu d'adresse . . . . ITINÉRANT
Dépourvu de vigueur . . . . EXSANGUE
Dépourvu d'intelligence . . . . IMBÉCILE
Dépression du nord de l'Écosse . . . . . GLENMORE

Dépression qui fait glousser les Québécois (MF) . . .
. . . . NIDDEPOULE
Depuis peu . . . DERNIÈREMENT, RÉCEMMENT
Depuis peu de temps . . . . FRAÎCHEMENT
Député qui fit adopter un instrument donnant la mort
. . . . GUILLOTIN
Député qui mourut sur l'échafaud en 1793 . . . .
. . . . GENSONNÉ
De quoi faire de bonnes tablettes (MH) . . . .
. . . . CHOCOLAT
Déranger la coiffure . . . . DÉPEIGNER
Déraper par l'arrière dans une courbe . . SURVIRER
Dérèglement de la conduite . . . . ÉGAREMENT
... de remords . . . . BOURRELÉ
De rêve . . . . ONIRIQUE
Dermatose chronique . . . . PSORIASIS
Dernier défenseur . . . . GARDIENDEBUT
Dernière phalange des doigts . . . . PHALANGETTE
Dernière poche de l'estomac des ruminants . . . .
. . . . CAILLETTE
Dernière répétition . . . . GÉNÉRALE
Dernière station . . . . TERMINUS
Dernières volontés . . . . TESTAMENT
Dernière symphonie de Beethoven . . . NEUVIÈME
Dernier examen . . . . AUTOPSIE
Dernier mois de l'année . . . . DÉCEMBRE
Dernier rempart à la pudeur (PD) . . . CACHESEXE
Dernier séjour des animaux de boucherie . . . .
. . . . ABATTOIR
Dernier stade de l'accouchement . . DÉLIVRANCE
Dérober adroitement . . . . SUBTILISER
Dérober subtilement . . . . ESCAMOTER
Déroulement confus de quelque chose . . . .
. . . . CAFOUILLAGE, CAFOUILLIS
Dérouler ce qui est en bobine . . . . . . DÉBOBINER
Derrière le tronc cérébral . . . . CERVELET
Désaccord sur le bien-fondé d'un fait . . . .
. . . . CONTESTATION
Désagréable, en dépit de l'apparence . . . .
. . . . AIGREDOUX
Désagrégation d'un corps par l'eau . . DÉLITANCE
... de sang . . . . EFFUSION
Désappointement causé par l'insuccès . . . .
. . . . DÉCONVENU
Désaveu qui pousse à l'abandon (PD) . . . .
. . . . RENIEMENT
Des bobines, des baguettes et des bouts de ficelle
. . . . DIABOLOS
Des bulles . . . . PHYLACTÈRES
Des bulles en grande quantité . . . MATHUSALEM
Descend du ciel . . . . PARACHUTISTE
Descendre à un niveau plus bas . . . . . . ABAISSER
Descendre au tombeau . . . . ENTERRER
Descendre en flammes . . . . ÉREINTER
Descendre en grande quantité . . . . . ENFOURNER
Descendre rapidement . . . . DÉBOULER
Descendre une personne . . . . DÉNIGRER
Descend toute seule . . . . TRAÎNESAUVAGE
Descente de lit . . . . CARPETTE
Descente d'une équipe dans une catégorie inférieure
(MF) . . . . RELÉGATION
Des cheveux dans la soupe . . . . . . VERMICELLES

Des chiffres et des lettres (PD) .... INITIALES
Description des biens .... INVENTAIRE
Description des maladies .... NOSOGRAPHIE
Description métaphorique .... ALLÉGORIE
Description objective et en profondeur ....
.... RADIOGRAPHIE
Description physique .... SIGNALEMENT
Description précise du déroulement d'une expérience
.... PROTOCOLE
Description satirique .... CARICATURE
Déséquilibre alimentaire ...... MALNUTRITION
De service en cuisine .... CUILLERS
Des États-Unis .... AMÉRICAIN
Des étoiles visibles en plein jour ...... ASTÉRIES
De Sfax .... TUNISIEN
Des gens pauvres et riches qui ont peur y vivent (MF)
.... INSÉCURITÉ
Des gens qui seraient encore dans leur pays s'ils
n'avaient manqué le bateau (MF) .. BOATPEOPLE
Des gens qu'on fait souvent attendre ... PATIENTS
Des hauts bien au-dessus des bas (MH) .. BUSTIERS
Désignation d'une personne par vote .. ÉLECTION
Désigner brusquement quelqu'un à une fonction ...
.... PARACHUTER
Désigner par un sobriquet .... SURNOMMER
Désigner par un titre ... INSTITUER, INTITULER
Désigner quelque chose .... INDIQUER
Désinvolte jusqu'à la grossièreté ..... CAVALIER
Désir ardent de réussite .... AMBITION
Désir de faire quelque chose .. DÉMANGEAISON
Désir de plaire .... COQUETTERIE
Désirer ardemment .... SOUPIRER
Désir immodéré de posséder ...... CONVOITISE
Désir immodéré des richesses .... CUPIDITÉ
Désir irrépressible .... DÉMANGEISON
Désir irrésistible .... FRINGALE
Désir pressant de faire quelque chose ....
.... DÉMANGEAISON
Désir profond .... AMBITION
Désirer vivement .... SOUPIRER
Désir sexuel ardent .... CONCUPISCENCE
Dès la pointe du jour .... POTRONMINET
Des louches, des spatules etc. ...... USTENSILES
De Slovaquie .... SLOVAQUE
Dès maintenant .... DORESETDÉJÀ
Des marches .... ESCALIER
Des œufs battus .... OMELETTE
Désolant et morne .... GRISÂTRE
Désorientation dans le temps ...... CONFUSION
Désorienter en changeant les habitudes ....
.... DÉPAYSER
De Sousse .... TUNISIEN
Des Pays-Bas .... NÉERLANDAIS
Des pays de la Méditerranée orientale .. LEVANTIN
Des Philippines .... PHILIPPIEN
Des poils sur le caillou (MH) .... PERRUQUE
Dès que le chien l'entend, il jappe et court à la porte
(MF) .... DINGDONG
Dès que vos lettres lui seront livrées, vous vous livre-
rez à votre tour (MF) .... GRAPHOLOGIE
Dès qu'une de ses mains touche le sol, son autre tou-
che du bois (MF) .... GUITARISTE

Dessert composé de banane, de glace à la vanille, de
crème Chantilly et d'amandes ... BANANASPLIT
Dessinateur qui se passe de papier (MH) ....
.... TATOUEUR
Dessin broché sur une étoffe ...... BROCHURE
Dessiner autrement .... RETRACER
Dessine sur le corps .... TATOUEUR
Dessiné sur les parois d'une grotte .... PARIÉTAL
Dessin indélébile sur la peau .... TATOUAGE
Dessin sur un mur .... GRAFFITI
Dessous féminins .... LINGERIE
Dessus-de-lit .... COURTEPOINTE
Des tas de lettres dont le timbre résonne jusqu'à nous
fendre l'âme (MF) .... COURRIERDUCŒUR
Destination à un usage déterminé .. AFFECTATION
Destination touristique en Gaspésie ....
.... ROCHERPERCÉ
Destiné à en mettre plein la vue .... TAPEÀLŒIL
Destiner à une personne .... RÉSERVER
Destiner à un usage déterminé ...... AFFECTER
Destituer de son grade .... DÉGRADER
Destituer un roi .... DÉTRÔNER
Des troubles dans les mirettes (PD) .. STRABISMES
Destruction à petite vitesse (PD) ....
.... GRIGNOTEMENT
Destruction causée par un phénomène naturel .....
.... CATACLYSME
Destruction des globules rouges du sang ....
.... HÉMOLYSE
Destruction des sanves .... ESSANVAGE
Destruction de tissu par ses enzymes .. AUTOLYSE
Destruction d'un relief .... SAPEMENT
Destruction par le feu .... AUTODAFÉ
Destruction progressive .... GRIGNOTAGE
Destruction volontaire .... SABOTAGE
Des voyageurs y passent .... AÉROGARE
Des yeux partout (PD) .... ESPIONNITE
Détaché de ce qui se passe .... LOINTAIN
Détacher ce qui était collé .... DÉCOLLER
Détacher de la grappe .... ÉGRAPPER
Détacher de leurs tiges .... CUEILLIR
Détacher la chemise .... LESSIVER
Détacher les grains d'une grappe .... ÉGRAINER
Détacher les grains d'un épi .... ENGRENER
Détacher par lamelles .... EXFOLIER
Détail accessoire servant à orner ..... FIORITURE
De teinte bleuâtre .... CÉRULÉEN
Détendre ou exciter son partenaire (MF) ....
.... CARESSER
Détériorer quelque chose .... BOUSILLER
Détermination de la richesse des vins en alcool ..
.... ŒNOMÉTRIE
Détermination de la valeur des grandeurs ....
.... MENSURATION
Détermination du groupe sanguin .... GROUPAGE
Déterminer en détail .... SPÉCIFIER
Déterminer la nature de quelque chose ....
.... IDENTIFIER
Déterminer le parcours de .... JALONNER
Déterminer par le calcul .... CALCULER
Déterminés par le boulevard Saint-Laurent ......
.... ESTOUEST

De Thessalie .... THESSALIEN
Détient un otage .... RAVISSEUR
De tonton .... AVUNCULAIRE
Détour de langage .... PÉRIPHRASE
Détournement de fonds .... MALVERSATION
Détourner du droit chemin (MF) .... SUBORNER
Détourner quelqu'un d'une décision .. DISSUADER
De tous les temps, bien des gens n'en ont pas découvert la recette (MF) ...... PARTICIPEPASSÉ
De toute évidence, vous en êtes un(e) (MF) ...
.... CRUCIVERBISTE
De très courte durée .... ÉPHÉMÈRE
De très petite taille .... LILLIPUTIEN
De très peu (de) .... JUSTESSE
Détroit qui unit la mer Égée à la mer de Marmara ..
.... DARDANELLES
Détruire avec des armes atomiques ... ATOMISER
Détruire complètement .... DÉSINTÉGRER,
.... NÉANTISER
Détruire entièrement .... ANÉANTIR
Détruire le cerveau .... DÉCÉRÉBRER
Détruire le crédit de quelqu'un .. DÉMONÉTISER
Détruire les germes de fermentation ....
.... PASTEURISER
Détruire les germes microbiens ... DÉSINFECTER
Détruire les hannetons .... HANNETONNER
Détruire les microbes ... ASEPTISER, UPÉRISER
Détruire par le feu ... CONSUMER, INCENDIER
Détruire volontairement un projet ... SABORDER
Détruit des germes .... DÉSINFECTANT
Détruit l'environnement ..... REMEMBREMENT
Détruit les bronches .... NICOTINE
Deux belles tartes .... DESSERTS
Deux cent six os .... SQUELETTE
Deux fois par mois .... BIMENSUEL
Deuxième division du thorax des insectes ....
.... MÉSOTHORAX
Deuxième période de l'ère tertiaire .. OLIGOCÈNE
Deuxième phalange .... PHALANGINE
Deuxième plus ancienne ville du Québec ....
.... TROISRIVIÈRES
Deux minutes au cachot (MF) ...... PÉNALITÉ
Deux mots qu'on entend en décembre ....
.... JOYEUXNOËL
Deux routes s'y croisent .... INTERSECTION
Deux temples y furent élevés sous Ramsès II .....
.... ABOUSIMBEL
Devait ramer .... GALÉRIEN
Dévale la montagne .... AVALANCHE
Dévaliser une maison .... CAMBRIOLER
Devant certaines fenêtres .... PERSIENNES
Devant du corps du cheval .... POITRAIL
Devant elle, on s'amuse ou on s'offusque (MH) ...
.... TRIVIALITÉ
Devant lui, quelqu'un bouge les bras (MF) ....
.... ORCHESTRE
Devant son travail, on est bouche bée (MF) ....
.... DENTISTE
Devant une machine agricole ...... TRACTEUR
Devant un restaurant .... TERRASSE
Développement anormal des glandes mammaires ..
.... GYNÉCOMASTIE

Développement à surveiller de très près (PD) .....
.... RENFLEMENT
Développement de bourgeons ..... GEMMATION
Développement de l'individu .... ONTOGÉNÈSE,
.... ONTOGÉNIE
Développement des végétaux ..... VÉGÉTATION
Développement d'un embryon ...... APOGAMIE,
.... GERMINATION
Développement étranger au sujet de la conversation
.... DIGRESSION
Développement exagéré des poils .... PILOSISME
Développement excessif .... HYPERTROPHIE
Développement excessif de quelque chose ....
.... GIGANTISME
Développement explicatif d'un texte ....
.... PARAPHRASE
Développement inutile .... REMPLISSAGE
Développement parasitaire de quelque chose .....
.... EXCROISSANCE
Développement progressif d'une action ....
.... DÉROULEMENT
Développer au maximum de son potentiel (s') .....
.... ÉPANOUIR
Développer des charges électriques .. ÉLECTRISER
Développer une faculté .... ÉVEILLER
Développer une qualité .... CULTIVER
Devenir amoureux (s') .... ÉNAMOURER
Devenir démodé .... VIEILLIR
Devenir fou .. DISJONCTER, PERDRELABOULE
Devenir inerte (se) .... MOMIFIER
Devenir insensible .... DESSÉCHER
Devenir insensible (s') .... ENDURCIR
Devenir maigre .... AMAIGRIR
Devenir manifeste .... APPARAÎTRE
Devenir meilleur .... BONIFIER
Devenir moche .... ENLAIDIR
Devenir moins fréquent (se) .... RARÉFIER
Devenir mou .... RAMOLLIR
Devenir plus courageux (s') .... ENHARDIR
Devenir plus court .... RAPETISSER
Devenir plus étroit .... RÉTRÉCIR
Devenir plus étroit (se) .... RESSERRER
Devenir plus frais .... FRAÎCHIR
Devenir plus proche .... FAMILIARISER
Devenir propriétaire .... ACQUÉRIR
Devenir visible .... APPARAÎTRE
De Venise .... VÉNITIEN
Devenue une prison sous Louis XIII ... BASTILLE
Devenu vieux .... SÉNESCENT
Déviation de la colonne vertébrale .... SCOLIOSE
De Vienne .... VIENNOIS
Devient insupportable dès qu'il l'ouvre (PD) .....
.... SERMONNEUR
Deviner ce qui est obscur .... DÉCHIFFRER
Deviner par intuition .... SUBODORER
Devin romain .... ARUSPICE
De vive voix .... VERBALEMENT,
.... VOCALEMENT
Devoir de l'argent .... REDEVOIR
Devrait faire baisser les prix .... RISTOURNE
Devrait se faire remarquer .... OSTENSIBLE
Devrait sortir des écoles .... MALBOUFFE

Devra s'adapter aux compétences transversales (MH) .... ENSEIGNANT
D'humeur chagrine .... MAUSSADE
Diable femelle .... DIABLESSE
Diablement inspiré (PD) .... SATANIQUE
Dialecte chinois .... MANDARIN
Dialecte germanique .... ALSACIEN
Dialogue de sourds .... MONOLOGUE
Diamant monté seul .... SOLITAIRE
Diamant noir .... CARBONADO
Diatomée microscopique .... NAVICULE
Dictateur haïtien .... DUVALIER
Dictionnaire qui traite d'un domaine spécialisé ....
.... GLOSSAIRE
Dieu d'Astérix .... TOUTATIS
Dieu de la Santé .... ASCLÉPIOS
Dieu du feu .... HÉPHAÏSTOS
Dieu grec de la Médecine .... ASCLÉPIOS
Dieu merci .... HEUREUSEMENT
Dieu romain de la Médecine .... ESCULAPE
Différence d'altitude entre deux points .. DÉNIVELÉ
Différence de niveau .... DÉNIVELLATION,
.... DÉNIVELLEMENT
Différence extrême .... OPPOSITION
Difficile à comprendre .. ABERRANT, CHARABIA,
.... HERMÉTIQUE
Difficile à contenter .... EXIGEANT
Difficile à digérer .... INDIGESTE
Difficile à expliquer .... IRRAISONNÉ
Difficile à interpréter .... ÉNIGMATIQUE
Difficile à résoudre .... PROBLÈME
Difficile à retenir en période de crise
.... SANGLOTEMENT
Difficile à suivre .... INCOHÉRENT
Difficile à trouver .... RECHERCHÉ
Difficile d'échapper à ses filets (PD) .. IMPOSITION
Difficile de comprendre quelque chose .....
.... BROUHAHA
Difficile de faire mieux .... IMPECCABLE
Difficile de le faire sortir de chez lui (PD) ....
.... INTROVERTI
Difficile de l'empêcher d'entrer (MH)
.... SERRURIER
Difficile de ne pas l'entendre (PD) .. TONITRUANT
Difficile de ne pas le voir .... INRATABLE
Difficile de s'y retrouver .... MÉLIMÉLO
Difficilement soutenable ...... ÉPOUVANTABLE
Difficulté à avaler .... DYSPHAGIE
Difficulté à percer .... TÉNÉBREUX
Difficulté à s'endormir .... INSOMNIE
Difficulté d'apprentissage de la lecture .. DYSLEXIE
Difficulté de l'accouchement ...... DYSTOCIE
Difficulté de l'évacuation des matières fécales .....
.... CONSTIPATION
Difformité du crâne .... ACROCÉPHALIE
Diffuse l'information .... CIRCULAIRE
Digne de confiance .... CRÉDIBLE
Digne de considération .... INTÉRESSANT,
.... RESPECTABLE
Digne d'envie .... ENVIABLE
Digne de pardon .... RÉMISSIBLE
Digne d'être aimé .... ADORABLE

Digne de vénération .... VÉNÉRABLE
Digne d'un prince .... PRINCIER
Digne du personnage de tyran, le père Ubu ....
.... UBUESQUE
Dignité de bâtonnier .... BÂTONNAT
Dignité de cardinal .... CARDINALAT
Dignité de grand d'Espagne ...... GRANDESSE
Dignité de pape .... PONTIFICAT
Dignité de prince .... PRINCIPAT
Dignité d'évêque .... ÉPISCOPAT
Dignité et fonctions du prêtre ...... SACERDOCE
Dilatation des pupilles .... MYDRIASE
Dimension d'un corps .... MENSURATIONS
Dimension d'une aile .... ENVERGURE
Dimension du tour de cou .... ENCOLURE
Diminuer d'ampleur .... RÉTRÉCIER
Diminuer de volume (s') .... ATROPHIER
Diminuer l'activité de .... DÉPRIMER
Diminuer la fréquence .... RARÉFIER
Diminuer l'ampleur .... RÉTRÉCIR
Diminuer la valeur de .. ABAISSER, DÉPRÉCIER,
.... DÉVALUER
Diminuer la vitesse .... RALENTIR
Diminuer le diamètre d'un fil ...... TRÉFILER
Diminuer le mérite de .... RAPETISSER
Diminuer l'excès de quelque chose ... TEMPÉRER
Diminuer l'importance de .... ABAISSER,
.... AMOINDRIR
Diminuer l'intensité .... ATTÉNUER
Diminuer par un défaut .... ENTACHER
Diminuer progressivement .... DÉCROÎTRE
Diminutif de seul .... SEULETTE
Diminution de l'acuité visuelle ..... AMBLYOPIE
Diminution de la douleur ...... SOULAGEMENT
Diminution de l'appétit .... DYSOREXIE
Diminution de la tonicité musculaire .. HYPOTONIE
Diminution de l'irrigation sanguine ... ISCHÉMIE
Diminution des forces .... COLLAPSUS
Diminution des prix .... DÉFLATION
Diminution de tension .... RELÂCHEMENT
Diminution de volume d'une tumeur ......
.... DÉTUMESCENCE
Diminution de volume d'un organe ... ATROPHIE
Diminution du désir sexuel ..... ANAPHRODISIE
Diminution d'une douleur ..... SOULAGEMENT
Diminution du pouvoir d'accommodation du cristal-
lin .... PRESBYTIE
Diminution du taux de glucose .. HYPOGLYCÉMIE
Dindes, canards, poulets ... . VOLAILLE
Dioxyde de sodium .... OXYLITHE
Diplomate américain .... ALBRIGHT
Diplôme accordé sans examen .. HONORISCAUSA
Diplôme universitaire ...... BACCALAURÉAT,
.... DOCTORAT
Dire à haute voix .... ORALISER, PRONONCER
Dire à la légère des choses mensongères ....
.... RACONTER
Dire à la suite .... ÉNUMÉRER
Dire avec mélodie .... PSALMODIER
Direct et instantané .... IMMÉDIAT
Direction que prend une action ... ORIENTATION
Direction verticale .... PROFONDEUR

Dire de façon plus précise .... PRÉCISER
Dire des bêtises .... DÉCONNER
Dire du mal .... CALOMNIER
Dire n'importe quoi .... DÉBLOQUER
Dire nom .... INTITULER
Dire officiellement .... DÉCRÉTER
Dire sans vraiment dire .... INSINUER
Dirige le pays .... GOUVERNEMENT
Diriger avec autorité .... RÉGENTER
Diriger dans une certaine direction ... ORIENTER
Diriger de manière trop autoritaire ....
.... RÉGENTER
Diriger la rencontre .... ARBITRER
Diriger les débats .... PRÉSIDER
Diriger par les employés .... AUTOGÉRER
Diriger politiquement .... GOUVERNER
Diriger une assemblée .... PRÉSIDER
Diriger vers un autre but .... DÉTOURNER
Diriger vers un lieu .... ACHEMINER
Dirigé vers la gauche .... SÉNESTRE
Disciple de Freud .... PSYCHANALYSTE
Disciple de Platon .... ARISTOTE
Disciple secret de Jésus .... NICODÈME
Discipline consistant à gravir des parois abruptes ..
.... ESCALADE
Discipline de Jung .... PSYCHIATRIE
Discipline équestre .... DRESSAGE
Discipline étudiant les instruments de musique ....
.... ORGANOLOGIE
Discipline médicale .... CHIRURGIE
Discipline médicale étudiant le cancer ....
.... CANCÉROLOGIE
Discipline médicale qui se consacre aux maladies des
personnes âgées .... GÉRIATRIE
Discipline médicale traitant des accouchements ...
.... OBSTÉTRIQUE
Discours accusatoire .... RÉQUISITOIRE
Discours assez court de caractère officiel ....
.... ALLOCUTION
Discours de politicien .... BLABLABLA
Discours de quelqu'un se parlant à lui-même ......
.... MONOLOGUE, SOLILOQUE
Discours devant le tribunal .... PLAIDOYER
Discours difficile à comprendre .... GALIMATIAS
Discours embrouillé et confus ..... GALIMATIAS
Discours ennuyeux .... HARANGUE,
.... PRÊCHIPRÊCHA
Discours habile et trompeur .... BONIMENT
Discours intelligible .... AMPHIGOURI
Discours pédant .... DISSERTATION
Discours pompeux .... HARANGUE
Discours répété sans cesse .... ANTIENNE
Discussion en vue d'un accord ... NÉGOCIATION
Discussion orale d'une affaire ... DÉLIBÉRATION
Discussion violente .... EMPOIGNADE
Discuter en vue d'un accommodement ....
.... PARLEMENTER
Discuter en vue d'un accord .... NÉGOCIER
Discuter longuement .... PALABRER
Discuter pour acheter à meilleur prix ....
.... MARCHANDER
Disjoindre les parties d'un tout ..... DISLOQUER

Disparaît en douceur .... ÉVANESCENT
Disparaître brusquement (s') .... ÉVAPORER
Disparaître brusquement (se) .... VOLATILISER
Disparaître totalement .... ÉRADIQUER
Disparition de la sensibilité à la douleur ....
.... ANALGÉSIE
Disparition d'un mal .... GUÉRISON
Dispenser d'une charge .... EXONÉRER
Dispenser d'une obligation .... EXEMPTER
Disperser en tous sens .... ÉMIETTER
Disperser et projeter en fines gouttelettes ....
.... VAPORISER
Disperser une troupe .... DÉBANDER
Dispersion d'un peuple à travers le monde ....
.... DIASPORA
Disposer autour de .... ENTOURER
Disposer de .... POSSÉDER
Disposer en strates .... STRATIFIER
Disposer harmonieusement .... ARRANGER
Disposer par couches superposées ... STRATIFIER
Disposer un à un, en spirale, le long d'une tige ....
.... ALTERNER
Dispositif bloquant le fonctionnement ....
.... VERROUILLAGE
Dispositif contraceptif .... STÉRILET
Dispositif d'accrochage de véhicules ... ATTELAGE
Dispositif d'amorçage .... DÉTONATEUR
Dispositif d'éclairage .... LAMPADAIRE
Dispositif de mise en marché ..... DÉMARREUR
Dispositif de protection .... BLINDAGE
Dispositif de soutien .... BÉQUILLE
Dispositif destiné à économiser .. ÉCONOMISEUR
Dispositif de transport par cabine suspendue ......
.... TÉLÉPHÉRIQUE
Dispositif diminuant la violence d'un choc ....
.... AMORTISSEUR
Dispositif flottant à la surface d'un liquide ....
.... FLOTTEUR
Dispositif intra-utérin .... STÉRILET
Dispositif muni de griffes accrochant une assiette au
mur .... ACCROCHEPLAT
Dispositif permettant la ventilation d'une pièce ....
.... AÉRATEUR
Dispositif provoquant l'éclatement d'un explosif ...
.... AMORÇAGE
Dispositif qui permet d'assourdir le son ....
.... SOURDINE
Dispositif qui sert à la mise en marche d'un moteur
.... DÉMARREUR
Dispositif qu'on utilise pour le dégivrage ....
.... DÉGIVREUR
Disposition à donner largement .... LIBÉRALITÉ
Disposition à entreprendre sans réflexion ....
.... TÉMÉRITÉ
Disposition à faire quelque chose ..... APTITUDE
Disposition à la bonté .... GÉNÉROSITÉ
Disposition à la générosité .... ALTRUISME
Disposition à obéir .... SOUMISSION
Disposition à oser .... TÉMÉRITÉ
Disposition à parler beaucoup ..... LOQUACITÉ
Disposition à se battre .... COMBATIVITÉ
Disposition à se troubler .... ÉMOTIVITÉ

Disposition à se vexer . . . . SUSCEPTIBILITÉ
Disposition à voir la vie telle qu'elle est . . . .
. . . . RÉALISME
Disposition de deux roues qui s'engrènent . . . .
. . . . ENGRENURE
Disposition des caractéristiques du milieu naturel . .
. . . . ZONALITÉ
Disposition des nervures . . . . NERVATION
Disposition des ovules . . . . PLACENTATION
Disposition des pièces florales . . PRÉFLORAISON
Disposition d'un organisme peu résistant . . . .
. . . . FATIGABILITÉ
Disposition en rameaux . . . . RAMESCENCE
Disposition naturelle pour quelque chose . . . .
. . . . INSTINCT
Disque mis sur la glace . . . . RONDELLE
Dissection d'un cadavre . . . . AUTOPSIE
Dissension causée par la divergence d'opinion . . . .
. . . . DIVISION
Dissiper les craintes de . . . . RASSURER
Dissoudre du gaz carbonique . . . . GAZÉFIER
Dissoudre un contrat . . . . RÉSILIER
Distance angulaire à l'équateur . . . . . . LATITUDE
Distance entre les extrémités des ailes d'un oiseau
. . . . ENVERGURE
Distancer les autres . . . . DEVANCER
Distension d'un muscle . . . . CLAQUAGE
Distension du ventre par des gaz . . . .
. . . . BALLONNEMENT
Distillerie d'eau-de-vie . . . . BRÛLERIE
Distinction accordée à ceux qui étaient proches d'un
prix . . . . ACCESSIT
Distinction dans les manières . . . . ÉLÉGANCE
Distinguer des autres . . . . SINGULARISER
Distinguer parmi d'autres . . . . REMARQUER
Distractions romaines (MH) . . . . . . ATELLANES
Distribuées pour faire face aux besoins (PD) . . . . . .
. . . . ALLOCATIONS
Distribuées à Turin en 2006 . . . . MÉDAILLES
Distribuer d'après certaines règles . . . . RÉPARTIR
Distribution de quantités mesurées . . . .
. . . . RATIONNEMENT
Distribution par classes . . . . . CLASSIFICATION
Distributrice de billets (MH) . . . . CAISSIÈRE
Divagation de l'esprit . . . . VAGABONDAGE
Divertissement entre deux actes d'une représentation
. . . . .INTERMÈDE
Divination par les cartes . . . . CARTOMANCIE
Divination par les songes . . . . ONIROMANCIE
Divination par le vol des oiseaux . . . .
. . . . ORNITHOMANCIE
Divinités féminines de la mythologie germanique . .
. . . . VALHIRIES
Divisé en petits grains . . . . GRANULEUX
Diviser en morceaux . . . . MORCELER
Diviser en parts . . . . PARTAGER
Diviser grossièrement après rouissage . . SÉRANCER
Diviser un écu en quatre parties . . . . ÉCARTELER
Division administrative . . . . QUARTIER
Division administrative du Québec . . . .
. . . . CANTONSDELEST
Division à l'intérieur d'un objet . . COMPARTIMENT

Division dans une assemblée . . . . SCISSION
Division de la France . . . . DÉPARTEMENT
Division d'une année . . . . SEMESTRE
Division d'un écrit . . . . PARAGRAPHE
Division d'un écu . . . . PARTITION
Division d'un livre . . . . CHAPITRE
Division d'un tronc en branches . . . .
. . . . EMBRANCHEMENT
Division d'un végétal arborescent . . . .
. . . . RAMIFICATION
Division territoriale d'un État . . . . PROVINCE
Divulguer un secret . . . . ÉBRUITER
Dix dizaines . . . . CENTAINE
Dixième partie du mètre . . . . DÉCIMÈTRE
Dix siècles . . . . MILLÉNAIRE
Docker arrimant les marchandises . . . ARRIMEUR
Doctrine d'après laquelle rien n'existe d'absolu . . .
. . . . NIHILISME
Doctrine de Bergson . . . . BERGSONISME
Doctrine de Saint Augustin . . . . AUGUSTINISME
Doctrine du salut par Jésus-Christ . . ÉVANGÉLISME
Doctrine empiriste . . . . PHYSICALISME
Doctrine médicale ancienne . . . . . HUMANISME
Doctrine mystique . . . . QUIÉTISME
Doctrine philosophique . . . . AMORALISME
Doctrine préconisant l'amélioration des droits des
femmes . . . . FÉMINISME
Doctrine qui prohibait la vénération des images sain-
tes . . . . ICONOCLASME
Doctrine qui se réclame de la tradition . . . .
. . . . NATIONALISME
Doctrine visant à légitimer l'occupation d'un terri-
toire . . . . COLONIALISME
Document authentique . . . . ORIGINAL
Document relatif aux notes des élèves . . . .
. . . . BULLETIN
Doit avoir du mal à marcher . . . . UNIJAMBISTE
Doit être rythmée . . . . PULSATION
Doit normalement être en vacances . . ENSEIGNANT
Doit savoir compter . . . . TRÉSORIER
Doit savoir écrire . . . . SECRÉTAIRE
Doit souvent tomber en panne . . . . . . TEUFTEUF
Doit tout régler après le départ . . . . EXÉCUTRICE
Doit tout sauver (PD) . . . . RÉDEMPTEUR
Doivent toujours être meilleurs . . . RENDEMENTS
Domaine de compétence . . . . REGISTRE
Domination des hommes sur les femmes . . . .
. . . . PHALLOCRATIE
Domination de soi . . . . MAÎTRISE
Domination souveraine d'une nation . . . .
. . . . HÉGÉMONIE
Dominer par une puissance occulte . . . POSSÉDER
Dommage causé aux biens d'autrui . . . .
. . . . DÉPRÉDATION
Don à un dieu . . . . OFFRANDE
Donc pas féminin . . . . MASCULIN
Donc pas local . . . . NATIONAL
Donc pas pire . . . . MEILLEUR
Donc, une future mère . . . . ENCEINTE
Don de riche . . . . LARGESSE
Don fait à quelqu'un en reconnaissance . . . .
. . . . RÉCOMPENSE

Don fait à une divinité . . . . OFFRANDE
Don généreux . . . . LARGESSE
Don Juan . . . . SÉDUCTEUR
Donne à boire aux pigeons . . . . . . ENTRAÎNEUSE
Donne de jolies formes au modèle . . ROTONDITÉ
Donne de l'ampleur à une robe . . . . . CRINOLINE
Donne de petits fruits . . . . GROSEILLIER
Donne des coups de râteau . . . . CROUPIER
Donne des fruits . . . . CERISIER
Donne des gros bras . . . . GONFLETTE
Donne des idées d'évasion . . . . RÉCLUSION
Donne des petits fruits . . . . FRAMBOISIER,
. . . . GROSEILLIER
Donne des taches . . . . ROUGEOLE
Donne du goût . . . . ÉDULCORANT
Donne du goût à la bière . . . . LUPULINE
Donne du jus . . . . PRESSECITRON
Donne du relief à l'art . . . . RONDEBOSSE
Donne la fièvre . . . . ÉRÉSIPÈLE
Donne la peau blanche . . . . LEUCODERMIE
Donne la température . . . . TEHRMOMÈTRE
Donne la valeur des choses . . . APPRÉCIATION
Donnent sur le Pacifique et l'Atlantique . . .
. . . . ÉTATSUNIS
Donner à profusion . . . . PRODIGUER
Donner à quelqu'un le pouvoir d'agir en son nom
. . . . MANDATER
Donner à rente . . . . ARRENTER
Donner aux oiseaux la becquée . . . . EMBECQUER
Donner à voir . . . . ÉTALAGER
Donner beaucoup . . . . ABREUVER
Donner comme produit . . . . RAPPORTER
Donner cours au sentiment . . . . ÉPANCHER
Donner davantage de hauteur . . . . . . SURÉLEVER
Donner de la dignité . . . . ENNOBLIR
Donner de l'ampleur à une jupe . . . . JUPONNER
Donner de l'assurance . . . . ENHARDIR
Donner de la vigueur . . . . . RAJEUNIR, VIVIFIER
Donner de la voix . . . . BRAILLER
Donner de petits baisers . . . . BAISOTER
Donner des coups . . . DÉROUILLER, FOUETTER
Donner des coups de fouets . . . . FLAGELLER,
. . . . STIMULER
Donner des détails . . . . ÉNUMÉRER
Donner des explications sans fin . . . . ÉPILOGUER
Donner des manières masculines . . MASCULINISER
Donner des noms d'oiseaux (MH) . . INVECTIVER
Donner des preuves . . . . TÉMOIGNER
Donner des sueurs froides . . . . EFFRAYER
Donner du boulot à des gens sur un plateau (MF)
. . . . RÉALISER
Donner du lait . . . . ALLAITER
Donner du poids à ses propos . . . . ARGUMENTER
Donner du prestige à . . . . AURÉOLER
Donner du travail . . . . EMBAUCHER
Donner en vertu de l'autorité qu'on a . . CONFÉRER
Donner la couleur, l'éclat de l'argent . ARGENTER
Donner la forme d'un œuf . . . . OVALISER
Donner la forme d'un roman . . . . ROMANCER
Donner l'air . . . . ENTONNER
Donner la nausée à . . . . ÉCŒURER
Donner la plus haute valeur . . . . MAXIMALISER

Donner la tonsure . . . . TONSURER
Donner la vie . . . . PROCRÉER
Donner la vigueur . . . . RAJEUNIR
Donner le caractère américain . . AMÉRICANISER
Donner le caractère d'un roman . . . . ROMANCER
Donner le caractère latin . . . . LATINISER
Donner le caractère slave à . . . . SLAVISER
Donner le fouet . . . . FOUETTER
Donner le O.K. . . . . ENTÉRINER
Donner le sein . . . . ALLAITER
Donner les moyens de . . . . OUTILLER
Donner libre cours à un sentiment (s') . . ÉPANCHER
Donner mauvaise conscience . . . . CULPABILISER
Donner son accord . . . . ACCEPTER
Donner son approbation . . . . APPROUVER
Donner un air de nouveauté . . . . RAJEUNIR
Donner un aspect laiteux, opalin . . . . . . OPALISER
Donner un caractère allemand . . . . GERMANISER
Donner un caractère arabe à . . . . ARABISER
Donner un caractère érotique . . . . ÉROTISER
Donner un caractère féminin . . . . . . FÉMINISER
Donner un caractère italien . . . . ITALIANISER
Donner un caractère parfait . . . . IDÉALISER
Donner un caractère plus moderne . . MODERNISER
Donner un commandement . . . . ORDONNER
Donner un coup de fil . . . . TÉLÉPHONER
Donner un coup de fouet . . . . STIMULER
Donner un coup de main . . ASSISTER, SECONDER
Donner une chose pour une autre . . . . ÉCHANGER
Donner un éclat à . . . . ILLUMINER
Donner un éclat métallique . . . . MÉTALLISER
Donner une énergie soudaine . . . . . GALVANISER
Donner une forme courbe à . . . . ARRONDIR
Donner une forme grecque . . . . GRÉCISER
Donner une forme ronde . . . . ARRONDIR
Donner une image fausse . . . . DÉFIGURER
Donner une impression de vérité . . SONNERJUSTE
Donner une information privilégiée (MF) . . . .
. . . . TUYAUTER
Donner une nouvelle dimension à quelque chose . . .
. . . . RÉINVENTER
Donner une nouvelle forme . . . . REMODELER
Donner une texture particulière . . . . . TEXTURER
Donner un nom à . . . . . BAPTISER, DÉNOMMER
Donner un nouveau labour à la vigne . . RETERCER
Donner un nouvel essor . . . . RELANCER
Donner un préavis . . . . PRÉAVISER
Donner un prénom . . . . PRÉNOMMER
Donner un profil grec . . . . GRÉCISER
Donner un rendez-vous . . . . RANCARDER
Donner un rythme régulier . . . . CADENCER
Donner un salaire . . . . SALARIER
Donner un sentiment de sécurité . . . . SÉCURISER
Donner un tour grave à . . . . DRAMATISER
Donner un vif éclat . . . . ILLUMINER
Donner un warrant en garantie . . . . WARRANTER
Donne sa mesure au degré près . . . PÈSEALCOOL
Donnés avant de faire le plein (PD) . . . .
. . . . BLANCSSEINGS
Donne sûrement satisfaction (MH) . . SUPPLÉMENT
Donne un bon coup de main . . . . ENTREMISE
Donne une bonne assise au pouvoir . . LÉGITIMITÉ

Donne une orientation . . . . TENDANCIEL
Donneur de leçons . . . . MORALISTE
Dons généreux . . . . LARGESSES
Dont l'accès est impossible . . . . . INACCESSIBLE
Dont la couleur varie selon la lumière . . . .
. . . . CHANGEANT
Dont l'activité est très diminuée . . LÉTHARGIQUE
Dont l'acuité visuelle est diminuée . . AMBLYOPE
Dont la magnificence comporte une grande dépense
. . . . SOMPTUEUX
Dont la maille est un parallélépipède . . . .
. . . . TRICLINIQUE
Dont la marque ne peut disparaître . . INDÉLÉBILE
Dont l'autorité est absolue . . . . OMNIPOTENT
Dont la valeur correspond au seuil . . . LIMINAIRE
Dont le comportement est vif et pétulant . . . .
. . . . FRINGANT
Dont le contact provoque une démangeaison . . . . . .
. . . . URTICANT
Dont le destin est fixé . . . . PRÉDESTINÉ
Dont le pied n'a qu'un doigt qui se termine par un
sabot . . . . SOLIPÈDE
Dont le principe de fonctionnement est basé sur
l'inertie . . . . INERTIEL
Dont les angles sont égaux . . . . ÉQUIANGLE
Dont les cheveux sont en désordre . . ÉBOURIFFÉ,
. . . . ÉCHEVELÉ
Dont les convictions sont traditionnelles . . . .
. . . . BIENPENSANT
Dont les dimensions sont égales . . ISOMÉTRIQUE
Dont les éléments s'emboîtent les uns dans les autres
. . . . TÉLESCOPIQUE
Dont le sens se laisse saisir . . . . . TRANSPARENT
Dont les facettes sont semblables . . ISOÉDRIQUE
Dont les fleurs ont une corolle tubuleuse . . . .
. . . . TUBULIFLORE
Dont les propriétés ne dépendent pas de la direction
. . . . ISOTROPE
Dont les vêtements sont en lambeaux . . . .
. . . . DÉPENAILLÉ
Dont l'importance peut difficilement être évaluée . .
. . . . IMPONDÉRABLE
Dont l'objet est de faire du bien . . BIENFAISANCE
Dont on a besoin . . . . NÉCESSAIRE
Dont on a enlevé les entrailles . . . . ÉVISCÉRÉ
Dont on extrait l'huile . . . . OLÉIFÈRE
Dont on n'a pas démontré la fausseté . . IRRÉFUTÉ
Dont on n'a pas tiré de profit . . . INEXPLOITÉ
Dont on ne peut apaiser la violence . . IMPLACABLE
Dont on ne peut se passer . . . . ESSENTIEL,
. . . . INDISPENSABLE, NÉCESSAIRE
Dont on ne peut se servir . . . . . . INUTILISABLE
Dont on ne peut se servir sans le détruire . . . .
. . . . CONSOMPTIBLE
Dont on ne s'est pas servi . . . . INUTILISÉ
Dont on ne tient pas compte . . . . INÉCOUTÉ
Dont on peut se servir . . . . UTILISABLE
Dont on peut voir les possibilités . . . . TESTABLE
Dont on pourrait tirer un plus grand profit . . . .
. . . . SOUSEXPLOITÉ
Dont on s'est servi une autre fois . . . . RÉUTILISÉ
D'ores et déjà . . . . DÈSMAINTENANT

Dorloter maternellement des bébés . . POUPONNER
Dorloter ses enfants . . . . CHOUCHOUTER
Dormir légèrement, à demi . . . . SOMNOLER
Dormir l'hiver . . . . HIBERNER
Dosage du chlore . . . . CHLOROMÉTRIE
Dose de médicament . . . . POSOLOGIE
Dose excessive . . . . OVERDOSE
Doter de moyens de transport automobiles . . . .
. . . . MOTORISER
Doter d'une structure . . . . STRUCTURER
Double rang de tuiles pour le toit . . . .
. . . . BATTELLEMENT
Doubler de ouatine . . . . OUATINER
Doubler une étoffe . . . . MATELASSER
Double sens d'une phrase . . . AMPHIBOLOGIE
Douce oisiveté . . . . FARNIENTE
Douceur climatique . . . . CLÉMENCE
Doué de fluorescence . . . . FLUORESCENT
Doué de la faculté de deviner . . . . INTUITIF
Doué de phosphorescence . . PHOSPHORESCENT
Doué de radioactivité . . . . RADIOACTIF
Doué de raison . . . . RAISONNABLE
Doué des propriétés de l'aimant . . MAGNÉTIQUE
Doué d'une action néfaste . . . . MALÉFIQUE
Douleur à l'estomac . . . . GASTRALGIE
Douleur articulaire . . . . ARTHRALGIE
Douleur au foie . . . . HÉPATALGIE
Douleur de l'anus . . . . PROCTALGIE
Douleur des intestins . . . . ENTÉRALGIE
Douleur feinte . . . . PLEURNICHERIE
Douleur morale . . . . DÉCHIREMENT
Douleur musculaire . . . . COURBATURE
Douleur osseuse . . . . OSTÉALGIE
Douleur physique . . . . ONTALGIE
Douleur profonde . . . . AFFLICTION
Douleur thoracique . . . . PLEURODYNIE
Douleur vive . . . . ÉLANCEMENT, NÉVRALGIE
Douteux homme d'affaires (PD) . . . . . AIGREFIN
Doux à l'oreille . . . . HARMONIEUX
Doux au toucher . . . . VELOUTEUX
Doux et agréable . . . . MOELLEUX
Doux et faible . . . . DÉBONNAIRE
Douze fois par an, jamais plus . . . . MENSUALISÉ
Douzième mois de l'année . . . . DÉCEMBRE
Dramatiquement mis au courant (PD) . . . .
. . . . ÉLECTROCUTÉ
Dramaturge né à Saint-Hilaire . . . . . LORANGER
Drame d'Alfred de Musset . . . . . LORENZACCIO
Drame lyrique espagnol . . . . ZARZUELA
Drame populaire . . . . MÉLODRAME
Drapeau canadien . . . . UNIFOLIÉ
Drapeau du Québec . . . . FLEURDELISÉ
Drapeau du Royaume-Uni . . . . UNIONJACK
Dressage des oiseaux de proie . . . . . AFFAITAGE
Dresser le poil . . . . HÉRISSER
Droit de bénéficier d'une dérogation à la loi . . . . .
. . . . IMMUNITÉ
Droit de passer le premier . . . . PRIORITÉ
Droit de retour . . . . RÉVERSION
Droite coupant une courbe . . . . TRANSVERSALE
Droit que certains n'ont pas encore acquis (PD) . . .
. . . . LOGEMENT

Droit réel de jouissance .... USUFRUIT
Droits de scolarité .... MINERVAL
Drôle de réponse pour ne pas répondre (PD) ......
.... PIROUETTE
Drôlement bizarre .... INÉNARRABLE
Dû à des micro-organismes .... SEPTIQUE
Dû au hasard .... ACCIDENTEL
Dû au paludisme .... PALUDÉEN
Du bois et des clous .... GIROFLIER
Du Canada .... CANADIEN
Du centre .... CENTRISTE
Du cœur à l'étalage (PD) .... TRIPERIE
Du Dahomey .... DAHOMÉEN
Du diaphragme .... PHRÉNIQUE
Du dimanche .... AMATEURS
Du dirigisme .... DIRIGISTE
Du firmament .... CÉLESTE
Du fond du cœur .... CORDIALEMENT
Du Groenland .... GROENLANDAIS
Du gros rouge qui tache (MH) .... SAIGNEMENT
Du Levant .... LEVANTIN
Du liquide avec la poudre (PD) ....
.... NARCODOLLARS
Du Maghreb .... ALGÉRIEN
Du Maroc .... MAROCAIN
Du midi de la France .... MÉRIDIONAL
D'un archipel du Pacifique .... HAWAIIEN
D'un autre âge .... INACTUEL
D'un bleu intense .... OUTREMER
D'un blond fade .... BLONDASSE
D'un brun-roux assez clair ..... FEUILLEMORTE
D'un caractère agressif et mordant .... VIRULENT
D'un chérif .... CHÉRIFIEN
D'un comique extraordinaire .... INÉNARRABLE
D'un commun accord .... UNANIMEMENT
D'une autre façon .... AUTREMENT,
.... DIFFÉREMMENT
D'une belle couleur vert-de-gris .... ÉRUGINEUX
D'une blancheur éclatante .... VIRGINAL
D'une capitale d'Europe .... VIENNOIS
D'une concision brutale .... LAPIDAIRE
D'une consistance moelleuse .... ONCTUEUX
D'une couleur brun foncé ..... TÊTEDEMAURE
D'une couleur brun jaune clair .... ISABELLE
D'une couleur fade .... DOUCEÂTRE
D'une couleur jaune vif .... JONQUILLE
D'une couleur pourpre .... PURPURIN
D'une couleur rouge bordeaux ..... AMARANTE
D'une couleur rouge vif .... VERMILLON
D'une douceur hypocrite .... MIELLEUX
D'une durée de dix ans .... DÉCENNAL
D'une égale quantité de chacun des composants ...
.... MOITIÉMOITIÉ
D'une époque où l'union se préparait ....
.... ACCORDAILLES
D'une excessive rigueur .... DRACONIEN
D'une extrême maigreur .... SQUELETTIQUE
D'une extrême violence .... FÉROCEMENT
D'une façon différente .... AUTREMENT
D'une façon indigne .... HONTEUSEMENT
D'une façon méchante .... MÉCHAMMENT
D'une façon précise .... SÉRIEUSEMENT

D'une façon rêvée .... IDÉALEMENT
D'une façon sérieuse .... SÉRIEUSEMENT
D'une gaieté un peu osée .... GAILLARD
D'une grande force .... HERCULÉEN
D'une grande portée .... PUISSANT
D'une grande simplicité .... LINÉAIRE
D'une grande valeur .... PRÉCIEUX
D'une gravité affectée .... SENTENCIEUX
D'une hardiesse inconsidérée ...... TÉMÉRAIRE
D'une importance dont on doit tenir compte ...
.... RESPECTABLE
D'une liberté choquante .... DÉBRAILLÉ
D'une locution signifiant qu'il est permis de .....
.... LOISIBLE
D'une manière agile ... AGILEMENT, LESTEMENT
D'une manière assez banale .... TRIVIALEMENT
D'une manière brutale .... FAROUCHEMENT
D'une manière claire .... NETTEMENT
D'une manière démesurée .... DÉMESURÉMENT
D'une manière désœuvrée .... OISIVEMENT
D'une manière directe .... ABRUPTEMENT
D'une manière dramatique ... TRAGIQUEMENT
D'une manière dure .... DUREMENT
D'une manière épouvantable .. HORRIBLEMENT
D'une manière exacte .... JUSTEMENT
D'une manière excitée .... NERVEUSEMENT
D'une manière ferme .... FERMEMENT
D'une manière harmonieuse ... MUSICALEMENT
D'une manière illicite .... ILLÉGALEMENT
D'une manière luxurieuse .... LUBRIQUEMENT
D'une manière pénible .... DUREMENT
D'une manière quelconque .... MÉDIOCREMENT
D'une manière qui exprime un refus ....
.... NÉGATIVEMENT
D'une manière sobre .... SOBREMENT
D'une manière stupide .... BÊTEMENT
D'une manière traditionnelle ... RITUELLEMENT
D'un emploi très étendu .... PASSEPARTOUT
Du Népal .... NÉPALAIS
D'une partie de l'Asie .... SIBÉRIEN
D'une partie du monde .. EUROPÉEN, OCÉANIEN
D'une partie située derrière le chœur d'une église
.... ABSIDIALE
D'une planète située entre Mercure et la Terre ...
.... VÉNISIEN
D'une poche formée par dilatation de la paroi d'un
artère .... ANÉVRISMAL
D'une politesse excessive ...... CÉRÉMONIEUX
D'une politesse raffinée .... COURTOIS
D'une région du nord d'Israël .... GALILÉEN
D'une rigueur excessive .... DRACONIEN
D'une subtilité extrême .... SOPHISTIQUÉ
D'un État africain .... NIGÉRIEN, TUNISIEN
D'un État d'Afrique occidentale ...... IVOIRIEN
D'un État d'Amérique centrale .. NICARAGUAYEN
D'un État d'Amérique du Sud ... VÉNÉZUÉLIEN
D'un État d'Asie .... YÉMÉNITE
D'un État de l'Europe du Nord ..... NORVÉGIEN
D'un État de l'Europe orientale ...... ROUMAINE
D'une température désagréable .... TIÉDASSE
D'une tiédeur désagréable .... TIÉDASSE
D'une trop grande banalité .... STÉRÉOTYPÉ

D'une ville de Belgique . . . . LIÉGEOIS
D'une ville de France . . . . ARLÉSIEN
D'une vivacité extrême . . . . ENDIABLÉ
D'un goût à la fois acide et sucré . . . AIGREDOUX
D'un jaune terne . . . . JAUNÂTRE
D'un mouvement modéré . . . . MODERATO
D'un palais . . . . PALATIAL
Du pain croustillant . . . . BISCOTTE
Du papier et des crayons . . . . ÉCRITOIRE
D'un pays d'Asie, sur la Méditerranée . . LIBANAIS
D'un pays du Maghreb . . ALGÉRIEN, TUNISIEN
D'un point de vue anatomique . . . .
. . . . ANATOMIQUEMENT
D'un rien il en fera une histoire (PD) . . . .
. . . . DRAMATURGE
D'un rose vif . . . . INCARNAT
D'un rouge vif . . . . VERMEILLE
D'un rouge vif éclatant . . . . RUTILANT
D'un ton doctoral . . . . EXCATHEDRA
D'un ton très vif . . . . ÉTINCELANT
D'un vaisseau sanguin partant du cœur . . ARTÉRIEL
D'un vert lumineux . . . . ÉMERAUDE
Du pain, de la viande, des légumes, etc. . . . .
. . . . SOUSMARIN
Du Pakistan . . . . PAKISTANAIS
Du papier . . . . PAPETIER
Du papier et des crayons . . . . ÉCRITOIRE
Du père . . . . PATERNEL
Du petit côté de la lorgnette . . . . OCULAIRE
Du pharynx . . . . PHARYNGIEN
Du plus petit au plus grand . . . . . . HIÉRARCHIE
Du Poitou . . . . POITEVIN
Du pôle Nord . . . . ARCTIQUE
Du Portugal . . . . IBÉRIQUE, LUSITANIEN
Du printemps . . . . PRINTANIER
Dure dix ans . . . . TRENTAINE
Durée des études . . . . SCOLARITÉ
Durée de temps . . . . LONGÉVITÉ
Durée de vingt-quatre heures . . . . NYCTHÉMÈRE
Durée du jour . . . . PHOTOPÉRIODE
Durée du mandat du président, en France . . . .
. . . . SEPTENNAT
Durée indéfinie, qui n'a ni commencement ni fin . .
. . . . ÉTERNITÉ
Durée très longue . . . . PERPÉTUITÉ
Durer éternellement . . . . PERDURER
Dure trois mois . . . . TRIMESTRE
Du rouge en campagne (PD) . . . . . COQUELICOT
Du Sénégal . . . . SÉNÉGALAIS
Du sinciput . . . . : . . . . SINCIPITAL
Du soir . . . . VESPÉRAL
Du son qui n'est pas pour les ânes (MH) . . . .
. . . . PHONÉTIQUE
Du Tibet . . . . TIBÉTAIN
Du tonnerre . . . . TERRIBLE
Du veau . . . . CUISSEAU
Du 23 octobre au 22 novembre . . . . . . SCORPION
Dynastie alide du Maroc . . . . EDRISITES
Dynastie fondée par Pépin le Bref . . . .
. . . . CAROLINGIENS
Eau de Javel . . . . DÉSINFECTANTE
Eau-de-vie d'Amérique du Sud . . AGUARDIENTE

Eau-de-vie de cidre . . . . CALVADOS
Eau-de-vie de mauvaise qualité . . TORDBOYAUX
Eau-de-vie de pommes . . . . ·. . . . . . CALVADOS
Eau-de-vie de vin . . . . ARMAGNAC
Eau-de-vie très forte . . . . CASSEPATTES
Eau distillée . . . . HYDROLAT
Eau qui coule . . . . GLOUGLOU
Eau savonneuse . . . . SAVONNÉE
Ébarber une pièce de métal . . . . ÉBAVURER
Ébats sexuels à plus de deux personnes . . . .
. . . . PARTOUZE
Ébauche de quelque chose . . . . . RUDIMENT
Ébène brun sombre . . . . MACASSAR
Ébéniste français . . . . RIESENER
Éblouissant, mais trompeur . . . . ; TAPEÀLŒIL
Ébranle cœurs et corps des plus durs (PD) . . . .
. . . . SENSUALITÉ
Écart brusque fait par un véhicule . . . EMBARDÉE
Écartement des organes . . . . APERTURE
Écarter par des pratiques magiques . . . CONJURER
Écarter un adversaire, au rugby . . . . . RAFFUTER
Ecclésiastique inspecteur d'écoles . . . ÉCOLÂTRE
Échancrure dans un contour . . . . . DÉCOUPURE
Échange belliqueux . . . . ESCARMOUCHE
Échange de coups de canon . . . . . . CANONNADE
Échange de lettres . . . . ANAGRAMME,
. . . . CORRESPONDANCE
Échange de propos . . . DIALOGUE, DISCUSSION
Échange de propos tendres . . ./ . . . ROUCOULADE
Échanger des idées . . . . DISCUTER
Échange réciproque et simultané . . CHASSÉCROISÉ
Échanger ses services contre de l'argent . . . .
. . . . MONNAYER
Échange verbal . . . . ENTRETIEN
Écharpe courte et étroite . . . . CACHECOL
Écharpe de dentelle portée sur la tête par les femmes
. . . . MANTILLE
Échassier à long bec . . . . AVOCETTE
Échassier de France . . . . GLARÉOLE
Échassier de Madagascar . . . . OMBRETTE
Échauffent les sens . . . . CAPITEUX
Échec d'une entreprise . . . . FAILLITE
Échec total . . BANQUEROUTE, DÉCONFITURE
Échelle à un seul montant . . . . ÉCHELIER
Échelle de gymnastique . . . . ESPALIER
Échelle modale, en musique . . . . MODALITÉ
Échelle qui mesure la force du vent . . BEAUFORT
Échinoderme des fonds marins . . . . HOLOTHURIE
Échinoderme prédateur et mobile . . . . . ASTÉRIDE
Éclaircir la couleur de . . . . DÉCOLORER
Éclair, elle glisse (MH) . . . . FERMETURE
Éclairer d'une lumière vive . . . . ILLUMINER
Éclair sans tonnerre . . . . FULGURATION
Éclat d'une pierre . . . . ÉCORNURE
Éclate d'un coup . . . . TONNERRE
Éclatent au printemps . . . . BOURGEONS
Éclater en menaces . . . . FULMINER
Éclater, en parlant d'une pierre . . . . . ÉPAUFRER
Éclater en produisant des bruits secs . . . PÉTILLER
Éclat lumineux . . . . LUISANCE
Éclat trompeur . . . . CLINQUANT
École des tout-petits . . . . MATERNELLE

École qui forme des musiciens . . CONSERVATOIRE
Écolo qui vote pour le parti rouge (MH) . . . .
. . . . DALTONIEN
Économie de bouts de chandelle (MF) . . LÉSINERIE
Économiste allemand . . . . KARLMARX
Économiste américain . . . . GALBRAITH
Écorche les feuilles sensibles (PD) . . BARBARISME
Écorche les oreilles . . . . CACOPHONIE
Écorcher la peau . . . . EXCORIER
Écorchure légère . . . . ÉRAFLURE
Écorchure superficielle . . . . ÉGRATIGNURE
Écoulement blanchâtre . . . . LEUCORRHÉE
Écoulement de larmes . . . . LARMOIEMENT
Écoulement de sang . . . . HÉMORRAGIE
Écoulement de sang par l'oreille . . . . OTORRAGIE
Écoulement des eaux . . . . RUISSELLEMENT
Écoulement lent d'un liquide . . . . . SUINTEMENT
Écoulement par l'oreille . . . . OTORRHÉE
Écourte la liste . . . . ETCETERA
Écouter à l'intérieur (PD) . . . . AUSCULTER
Écouter de nouveau . . . . RÉÉCOUTER
Écouter la vie intérieure d'une personne (MF) . . . . .
. . . . AUSCULTER
Écouter son cœur . . . . AUSCULTER
Écoute tout mais reste dans l'ombre (PD) . . . .
. . . . CONFESSEUR
Écran de télévision . . . . TÉLÉCRAN
Écraser avec un pilon . . . . PILONNER
Écraser et frotter . . . . TRITURER
Écraser le champion . . . . ACCÉLÉRER
Écraser salement . . . . ÉCARBOUILLER
Écraser sous la tyrannie . . . . OPPRIMER
Écraser sous les bombes . . . . PILONNER
Écraser un adversaire . . . . LESSIVER
Écraser un citron . . . . EMBOUTIR
Écrire rapidement . . . . BROUILLONNER
Écrire très mal . . . . GRIFFONNER
Écrire un texte de présentation . . . . . . PRÉFACER
Écrit à la louange de quelqu'un . . PANÉGYRIQUE
Écrit attestant la réception d'objets . . RÉCIPISSÉ
Écrit de l'évêque . . . . MANDEMENT
Écrit des textes destinés à être mis en musique . . . .
. . . . PAROLIER
Écrit embrouillé . . . . GALIMATIAS
Écrit en trois langues . . . . TRILINGUE
Écrit noir sur blanc (MH) . . . . PESSIMISTE
Écrit satirique . . . . PAMPHLET
Écrit servant à exprimer une plainte . . . PÉTITION
Écrit tenu pour sans valeur . . . . PAPERASSE
Écriture illisible . . . . GRIBOUILLAGE,
. . . . GRIBOUILLIS
Écriture syllabique japonaise . . . . . . HIRAGANA
Écriture musicale contemporaine . . . ATONALITÉ
Écrit verticalement (MH) . . . . KAKEMONO
Écrit visant la défense d'une personne . . APOLOGIE
Écrivain américain . . . . JACKKEROUAC,
. . . . NORMANMAILER
Écrivain auteur de vies des saints . . . .
. . . . HAGIOGRAPHE
Écrivain canadien . . . . LEONARDCOHEN
Écrivain danois célèbre pour ses contes . . . .
. . . . ANDERSEN

Écrivaine québécoise . . . . ANNEHÉBERT
Écrivain et éditeur . . . . BEAULIEU
Écrivain excellant dans le genre de la lettre . . . .
. . . . ÉPISTOLIER
Écrivain finlandais . . . . TOPELIUS
Écrivain français . . . . MARCELPAGNOL,
. . . . PERRAULT, SAINTEXUPÉRY,
. . . . VICTORHUGO, VOLTAIRE
Écrivain français mort en 1553 . . . . . . RABELAIS
Écrivain italien . . . . CASANOVA
Écrivain né à Laval . . . . ALFREDJARRY
Écrivain néerlandais . . . . SLAUERHOFF
Écrivain québécois . . . DUCHARME, NELLIGAN,
. . . . TREMBLAY
Écrivain qui a donné son nom à une station de métro
. . . . CRÉMAZIE
Écrivain qui aime railler . . . . IRONISTE
Écrivain qui excelle dans le genre de la lettre . . . . .
. . . . ÉPISTOLIER
Écrivain railleur . . . . IRONISTE
Écrivain russe . . . . . DOSTOÏEVSKI, TCHEKHOV
Écureuil de Russie . . . . PETITGRIS
Écureuil volant . . . . POLATOUCHE
Écusson à la porte des officiers ministériels . . . . . .
. . . . PANONCEAU
Écuyer de Don Quichotte . . . . . . SANCHOPANCA
Édifice américain . . . . PENTAGONE
Édifice construit par le facteur Cheval . . . .
. . . . PALAISIDÉAL
Édifice où est célébré le culte israélite . . . .
. . . . SYNAGOGUE
Édifice religieux . . . . CHAPELLE, SANCTUAIRE
Édité en 1961 et abattu en 1989 . . MURDEBERLIN
Éditer de nouveau . . . . RÉÉDITER
Éditer un ouvrage en collaboration . . . COÉDITER
Effacement d'une faute . . . . ABSOLUTION
Effacer progressivement, par le temps qui passe . . .
. . . . OBLITÉRER
Effectuer la postsynchronisation . . . .
. . . . POSTSYNCHRONISER
Effectuer le recyclage . . . . RECYCLER
Effectuer une opération de sélection . . SÉLECTER
Effectuer un laitonnage . . . . LAITONNER
Effectuer un lancer frapper (MF) . . . DÉGAINNER
Effectuer un parcours à skis . . . . SLALOMER
Effet brusque d'une émotion . . . . SAISISSEMENT
Effet de l'alcool . . . . CIRRHOSE
Effet de la rouille sur les plantes . . . . ROUILLURE
Effet rétroactif . . . . RÉTROACTION
Efficace et rapide . . . . DILIGENT
Efficace mais douteux pour faire le plein à chaque
jour (PD) . . . . CLIENTÉLISME
Effleurer agréablement . . . . CARESSER
Effronterie cynique . . . . IMPUDENCE
Égaler son propre record (MF) . . . . . . RÉÉDITER
Égalité d'âme . . . . SÉRÉNITÉ
Égalité qui n'est vérifiée que pour certaines valeurs
. . . . ÉQUATION
Égalité vérifiée . . . . IDENTITÉ
Église d'une abbaye . . . . ABBATIALE
Égrener les jours . . . . VIEILLIR
Égyptologue français . . . . MARIETTE

Einstein a étudié sa théorie .... RELATIVITÉ
Élaboration du miel par les abeilles ....
.... MELLIFICATION
Élaborer péniblement .... ACCOUCHER
Électrocuter ou pendre .... EXÉCUTER
Électuaire vendu à Orvieto .... ORVIÉTAN
Élément à considérer dans l'évaluation d'une situation .... PARAMÈTRE
Élément artificiel .... EINSTEINIUM
Élément chimique de numéro atomique 97 ....
.... BERKÉLIUM
Élément chimique de numéro atomique 98 ....
.... CALIFORNIUM
Élément chimique de numéro atomique 99 ....
.... EINSTEINIUM
Élément de base d'une mosaïque ..... TESSELLE
Élément de construction servant à étayer ....
.... ÉTRÉSILLON
Élément de l'œil .... CRISTALLIN
Élément de pont mobile .... PONTLEVIS
Élément des fibres musculaires ...... FIBRILLE
Élément du harnais .... MUSEROLLE
Élément d'une colonne .... VERTÈBRE
Élément d'un mélange .... INGRÉDIENT
Élément d'un récepteur téléphonique .. ÉCOUTEUR
Élément encore grossier .... RUDIMENT
Élément fossile .... MAMMOUTH
Élément grammatical .... DÉSINENCE
Élément majeur du plancton marin ... DIATOMÉE
Élément qui agrémente un ensemble .. ORNEMENT
Élément qui s'ajoute à une toilette ... ACCESSOIRE
Élément résultant de la décomposition syntaxique de la phrase .... CONSTITUANT
Éléments intéressants d'un spectacle ....
.... ATTRACTION
Élevage des animaux aquatiques ....
.... AQUACULTURE, AQUICULTURE
Élevage des oiseaux .... AVICULTURE
Élevage des vers à soie .... SÉRICICULTURE
Élevage de taureaux de combat .... GANADERIA
Élevage de truites .... TRUTTICULTURE
Élevage du saumon .... SALMONICULTURE
Élévation au-dessus du sol .... ALTITUDE
Élévation de l'âme .... ANAGOGIE
Élévation de la température du corps ....
.... HYPOTHERMIE
Élévation de terrain .... ÉMINENCE
Élévation naturelle du sol .... MONTAGNE
Élévation verticale d'un lieu .... ALTITUDE
Élève de Platon .... ARISTOTE
Élève d'une école normale .... NORMALIEN
Élève qui doit revenir à l'école avec ses parents (MF)
.... SUSPENDU
Élever à un rang supérieur ...... PROMOUVOIR
Élimination d'ammoniaque ...... AMMONIURIE
Élimination de l'humidité ...... DESSICCATION
Élimination de substances toxiques ....
.... DÉTOXICATION
Éliminer l'air d'une substance .... DÉSAÉRER
Éliminer ou seulement décourager ... REFROIDIR
Éliminer quelqu'un .... LIQUIDER
Éliminer tout élément impur ...... ASEPTISER

Élire à une très forte majorité ..... PLÉBISCITER
Élire de nouveau .... RENOMMER
Elle a beaucoup d'influence (MH) .. ATMOSPHÈRE
Elle a bien des choses à découvrir .. ÉTRANGÈRE
Elle accélère le rythme cardiaque .. ADRÉNALINE
Elle a de la gomme .... ÉPINETTE
Elle a de longues vacances .... ÉCOLIÈRE
Elle a des comptes à rendre ...... TRÉSORIÈRE
Elle a des dons .... TALENTUEUSE
Elle a des trucs .... MAGICIENNE
Elle a deux branches .... PINCETTE
Elle a écrit « Bonheur d'occasion » ....
.... GABRIELLEROY
Elle a écrit « les Hauts de Hurlevent » ....
.... EMILYBRONTE
Elle a écrit « Orgueil et préjugés » ....
.... JANEAUSTEN
Elle a espionné pour l'Allemagne .... MATAHARI
Elle a été élue .... MAIRESSE
Elle aide le dentiste à gagner sa vie (MF) ....
.... FRIANDISE
Elle aime les eaux douces .... SAGITTAIRE
Elle aime l'ordre .... URSULINE
Elle aime rester à la maison ... PANTOUFLARDE
Elle a interprété « Sissi » .... SCHNEIDER
Elle a joué dans « La Nuit de l'iguane » ....
.... AVAGARDNER
Elle a joué dans « Les Passagers de la nuit » ....
.... LAURENBACALL
Elle a la foi .... CHRÉTIENNE
Elle a le bras long .... INFLUENTE
Elle a le goût du risque .... AVENTURIÈRE
Elle a le nez au vent (MH) .... ÉOLIENNE
Elle a le teint brun, le teint foncé .... NOIRAUDE
Elle a les michos bien rondes (MH) ....
.... BOULANGÈRE
Elle a perdu ses parents .... ORPHELINE
Elle a pignons sur roue (MH) ..... BICYCLETTE
Elle a plaqué Peter et Stephen pour Paul (MH) ....
.... STRONACH
Elle appartient à une nation ...... NATIONALE
Elle a presque la tête dans les nuages (MF) ....
.... TIBÉTAINE
Elle a quatre paires de pattes .... ARAIGNÉE
Elle a raconté des histoires au roi des Perses ......
.... SCHÉHÉRAZADE
Elle a raconté les aventures d'Aladin et d'Ali Baba
.... SCHÉHÉRAZADE
Elle a révolutionné la mode féminine ....
.... COCOCHANEL
Elle a ses petits secrets .... CACHOTIÈRE
Elle a soif de savoir .... CURIEUSE
Elle a soin du ménage .... MÉNAGÈRE
Elle a sûrement de la barbe ...... FEMMELETTE
Elle a tendance à faire jaunir .... NICOTINE
Elle a tout à apprendre .... IGNORANTE
Elle attend le prince charmant (MH) .. MIDINETTE
Elle augmente la pression artérielle .. ADRÉNALINE
Elle a un chapeau pointu .... SORCIÈRE
Elle a une voix désagréable .... CRÉCELLE
Elle a un pelage jaune .... TIGRESSE
Elle a un poil dans la main (MH) .. PARESSEUSE

Elle aurait besoin de se décontracter . . ANXIEUSE
Elle aurait pu mourir . . . . SURVIVANTE
Elle avait un trône . . . . NÉFERTITI
Elle a vendu plus de 100 000 exemplaires de «Au nom du père et du fils» . . . . OUELLETTE
Elle bouquine . . . . LECTRICE
Elle calme . . . . VERVEINE
Elle change la face du monde (MF) . . MOUSTACHE
Elle cherche à aguicher les hommes (MH) . . . .
. . . . ALLUMEUSE
Elle coasse . . . . GRENOUILLE
Elle communique avec l'Atlantique par le détroit de Gibraltar . . . . MÉDITERRANÉE
Elle continue une tradition . . . . HÉRITIÈRE
Elle croit aux extra-terrestres . . . . . . RAÉLIENNE
Elle couvre le pied et le bas de la jambe . . . .
. . . . CHAUSSETTE
Elle cultive l'olivier . . . . OLÉICULTURE
Elle danse . . . . BALLERINE, VALSEUSE
Elle décape . . . . SABLEUSE
Elle demande la charité . . . . MENDIANTE
Elle dépend du vent . . . . ÉOLIENNE
Elle disparaît dans l'alcool (MF) . . . . . . TIMIDITÉ
Elle disparaît quand on passe à l'action . . . .
. . . . NERVOSITÉ
Elle doit bien connaître les arbres . . FORESTIÈRE
Elle donne du sucre . . . . BETTERAVE
Elle écrit . . . . POÉTESSE
Elle élève des animaux . . . . ÉLEVEUSE
Elle empêche de bien sentir . . . . SINUSITE
Elle en fait trembler plus d'un (MH) . . AUTORITÉ
Elle enseigne aux petits . . . . INSTITUTRICE
Elle est accompagnée de coliques et de diarrhée . . .
. . . . ENTÉRITE
Elle est à côté de la plaque (MH) . . . . GINGIVITE
Elle est administrée par un maire . . MUCICIPALITÉ
Elle est atteinte d'une maladie mortelle . . . .
. . . . SÉROPOSITIVE
Elle est au bout . . . . DERNIÈRE
Elle est bien en selle . . . . ÉTRIVIÈRE
Elle est chargée de surprendre des secrets . . . .
. . . . ESPIONNE
Elle est dans le cou . . . . POMMEDADAM
Elle est dans le secret . . . . CONFIDENTE
Elle est dans le vent . . . . ÉOLIENNE
Elle est derrière les décors . . . . COULISSE
Elle est difficile à arrêter quand elle est en pleine course (MF) . . . . MAGASINEUSE
Elle est digne d'un don . . . . GUIGNOLÉE
Elle est du sud ou du nord . . . . CORÉENNE
Elle est effrontée (MH) . . . . VAURIENNE
Elle est employée pour le traitement du diabète . . . .
. . . . INSULINE
Elle est encore au primaire . . . . ÉCOLIÈRE
Elle est encore en vigueur dans certains États des États-Unis . . . . ÉLECTROCUTION
Elle est en dents de scie (MH) . . . . . CRÉNELURE
Elle est entourée d'érables . . . . CABANEÀSUCRE
Elle est en vacances . . . . ÉCOLIÈRE
Elle est examinée de près à la radio (MF) . . . .
. . . . OSSATURE
Elle est exploitée par l'acériculteur . . ÉRABLIÈRE

Elle est hors de la vue du public . . . . . . COULISSE
Elle est l'auteur du «Deuxième Sexe» . . . .
. . . . DEBEAUVOIR
Elle est le symbole de la fidélité conjugale . . . .
. . . . PÉNÉLOPE
Elle est loin du compte . . . . ACALCULIE
Elle est lue . . . . CARTEDUCIEL
Elle est mal peignée . . . . TIGNASSE
Elle est pleine de notes . . . . PARTITION
Elle est pleine de trous . . . . PASSOIRE
Elle est plus petite qu'un corbeau . . . CORNEILLE
Elle est réputée pour être mentale . . ALIÉNATION
Elle est sans pitié . . . . PEAUDEVACHE
Elle est sous le foie . . . . VÉSICULE
Elle est souvent au bout du fil (MF) . . . ARAIGNÉE
Elle est souvent ronde . . . . ASSIETTE
Elle est taciturne . . . . SILENCIEUSE
Elle est touchée par les veufs . . . . . . ASSURANCE
Elle est toujours prête à informer la police . . . .
. . . . EMPREINTE
Elle est très évidente . . . . LAPALISSADE
Elle est très protectrice avec ses enfants . . . .
. . . . MÈREPOULE
Elle est très sensible . . . . ÉMULSION
Elle est une figure de la lutte contre la ségrégation raciale . . . . ROSAPARKS
Elle est vite sur ses patins si les chevaux courent . . .
. . . . CARRIOLE
Elle est vraiment mise en évidence (MH) . . . .
. . . . LAPALISSADE
Elle est vraiment superficielle . . . . . . ÉRAILLURE
Elle était situéc coin Ontario et boulevard Saint-Laurent . . . . GALERIECLARK
Elle était sur un testament . . . . HÉRITIÈRE
Elle exagère et c'est très bien . . . . . CARICATURE
Elle excelle dans les pointes de vitesse . . . .
. . . . SPRINTEUSE
Elle exerce un métier . . . . ARTISANE
Elle fait couler beaucoup d'encre (MF) . . . .
. . . . IMPRIMANTE
Elle fait de l'exercice . . . . SPORTIVE
Elle fait des économies . . . . ÉPARGNANTE
Elle fait des manières . . . . PIMBÊCHE
Elle fait des travaux domestiques . . . . . SERVANTE
Elle fait du commerce en gros . . . . NÉGOCIANTE
Elle fait le guet . . . . SENTINELLE
Elle fait le larron . . . . OCCASION
Elle fait mâle (PD) . . . . TESTOSTÉRONE
Elle fait perdre le sens de la réalité (MF) . . . .
. . . . GRISERIE
Elle fait relâcher les gens qui tombent sous sa main (MF) . . . . MASSEÙSE
Elle fait rire . . . . FARCEUSE
Elle fait tourner la tête . . . . EAUDEVIE
Elle fait un travail pénible et mal rétribué . . . .
. . . . BESOGNEUSE
Elle finit en mégot . . . . CIGARETTE
Elle finit le dos au mur . . . . PEINTURE
Elle finit par lasser . . . . ANTIENNE
Elle fixe les traits du cheval aux brancarts . . . .
. . . . ATTELLOIRE
Elle fleurit au printemps . . . . PRIMEVÈRE

Elle fond en larmes dès qu'elle a le feu (MF) . . . . .
. . . . CHANDELLE
Elle forme un creux à la jonction du bras et du thorax
. . . . AISSELLE
Elle fournit une racine amère . . . . GENTIANE
Elle fréquente les petites classes . . . . . ÉCOLIÈRE
Elle fut détruite par une bombe atomique . . . .
. . . . NAGASAKI
Elle fut la favorite de Louis XIV . . . MONTESPAN
Elle garde du ressentiment . . . . . . RANCUNIÈRE
Elle garde le silence . . . . SILENCIEUSE
Elle gémit . . . . TOURTERELLE
Elle grimpe sur les troncs . . . . SITTELLE
Elle grisolle . . . . ALOUETTE
Elle habite à la campagne . . . . PAYSANNE
Elle habite à Saint-Étienne . . . . . STÉPHANOISE
Elle habite Casablanca . . . . MAROCAINE
Elle habite la Haute-Normandie . . . ROUENNAISE
Elle habite peut-être Abidjan . . . . . IVOIRIENNE
Elle habite peut-être Canberra ou Melbourne
. . . . AUSTRALIENNE
Elle habite peut-être Téhéran . . . . . IRANIENNE
Elle habite peut-être Tripoli . . . LIBYENNE
Elle habite près de Montréal . . . BANLIEUSARDE
Elle habite une île grecque . . . . ICARIENNE
Elle habite un État américain . . . . . HAWAÏENNE
Elle habite un vieux continent . . . EUROPÉENNE
Elle hue . . . . CHOUETTE
Elle incite les proches à lui trouver un asile . . . . . .
. . . . SÉNILITÉ
Elle interprète «Sophie» dans le «Choix de Sophie»
. . . . MERYLSTREEP
Elle jouit de la vie . . . . RETRAITÉE
Elle lavait le linge à la main . . . . . . LAVANDIÈRE
Elle mange avec voracité . . . . GLOUTONNE
Elle manie les aiguilles . . . . ACUPUNCTRICE
Elle met tout le monde dans le même panier (MF)
. . . . GÉNÉRALITÉ
Elle meurt à l'automne . . . . VÉGÉTATION
Elle monte au nez . . . . MOUTARDE
Elle n'a pas une minute à perdre (MF) . . . .
. . . . TROTTEUSE
Elle ne dit pas la vérité . . . . MENTEUSE
Elle ne fait pas le printemps . . . . . . HIRONDELLE
Elle ne fera jamais le bon poids . . DEMIPORTION
Elle ne mange aucune viande . . . VÉGÉTARIENNE
Elle ne peut être lue que par le pharmacien . . . . . .
. . . . PRESCRIPTION
Elle ne peut tout saisir (MH) . . . . ARRIÉRÉE
Elle ne se fait pas d'amis chez les humoristes . . . . .
. . . . BOMBARDIER
Elle n'est pas de bonne humeur . . ACRIMONIEUSE
Elle n'est pas de ce monde . . . . . . PERFECTION
Elle n'est pas née ici . . . . ÉTRANGÈRE
Elle n'est pas sortie de l'auberge (MF) . . JEUNESSE
Elle ne tient souvent qu'à quelques détails (MH) . . .
. . . . PRÉCISION
Elle ne travaille plus . . . RENTIÈRE, RETRAITÉE
Elle ne vole pas, mais il court vite . . . AUTRUCHE
Elle ne vous entraînera pas très haut . . . .
. . . . MEZZOSOPRANO
Elle ne vous fera pas de cadeaux . . AVARICIEUSE

Elle ne vous laissera jamais tranquille (PD) . . . .
. . . . DÉMANGEAISON
Elle ne vous laissera pas tranquille . . IRRITATION
Elle n'habite pas en ville . . . . . BANLIEUSARDE
Elle nourrit des animaux . . . . ÉLEVEUSE
Elle nous fait revenir à nos moutons (MF) . . . .
. . . . INSOMNIE
Elle nous fait swinger notre compagnie (MF) . . . . .
. . . . FAILLITE
Elle nous permet d'avancer dans la vie (MF) . . . . .
. . . . TROTTINETTE
Elle nous suit partout . . . . OBSESSION
Elle oblige le cheval à voir devant lui . . ŒILLÈRE
Elle ouvre la fenêtre sur l'amour (MF) . . . .
. . . . SÉRÉNADE
Elle panse . . . . PALEFRENIÈRE
Elle parle anglais . . . . AUSTRALIENNE
Elle parle espagnol . . . . MEXICAINE
Elle parle le grec . . . . CRÉTOISE
Elle parle sans doute le mandarin . . . CHINOISE
Elle parle une langue balte . . . . . LITUANIENNE
Elle passe sur l'épaule . . . . BRETELLE
Elle permet de faire une brune d'une blonde . . . . . .
. . . . TEINTURE
Elle permet de souffler . . . . CORNEMUSE
Elle peut être en fusil (MF) . . . . . . CARTOUCHE
Elle peut être identifiée par un test d'ADN . . . .
. . . . PATERNITÉ
Elle peut faire des toiles . . . . ARANÉIDE
Elle peut habiter Belfast . . . . IRLANDAISE
Elle peut habiter Budapest . . . . . . HONGROISE
Elle peut mener à une séparation (MF) . . . .
. . . . AVENTURE
Elle peut s'envoler en fumée (MF) . . CARTOUCHE
Elle place les spectateurs . . . . OUVREUSE
Elle pose des questions . . . . SONDEUSE
Elle poussa Louis XVI à résister à la Révolution . . .
. . . . MARIEANTOINETTE
Elle prêche l'amour . . . . RELIGION
Elle prend des notes . . . . SECRÉTAIRE
Elle prend moins de place (MH) . . ABRÉVIATION
Elle prend ses vacances en août . . . . AOÛTIENNE
Elle prête de l'argent . . . . USURIÈRE
Elle prie . . . . URSULINE
Elle prie avant le repas, mais à la fin du repas, on ne
se fait pas prier pour la savourer (MF) . . . .
. . . . RELIGIEUSE
Elle produit de l'électricité . . . . ÉOLIENNE
Elle produit le fruit de la passion . . . PASSIFLORE
Elle protège le corps de la tortue . . . . CARAPACE
Elle protège l'œil . . . . PAUPIÈRE
Elle provient du Mexique . . . . TORTILLA
Elle publie des livres . . . . ÉDITRICE
Elle raconte des bobards . . . . MENTEUSE
Elle ramasse de vieux objets . . . CHIFFONNEUSE
Elle recherche l'aventure . . . . AVENTURIÈRE
Elle recouvre le corps de la tortue . . . . CARAPACE
Elle refuse de voir les dangers . . . . . AUTRUCHE
Elle rejoint le Saint-Laurent à Lévis . . . .
. . . . CHAUDIÈRE
Elle renaît au printemps . . . . VÉGÉTATION
Elle rend un culte à la divinité . . . . ADORATRICE

Elle répète tout . . . . RAPPORTEUSE
Elle révèle la vie intérieure de chacun . . IMAGERIE
Elle révèle les cailloux (MF) . . . . ALOPÉCIE
Elle revient sans cesse (MF) . . . . . . OBSESSION
Elle s'affole pour peu de choses . . . PANIQUARDE
Elle s'appelait Byzance . . . . ISTANBUL
Elles donnent un joli coup de main à leur vie de couple (MF) . . . . CARESSES
Elle se cherche du travail . . . . CHÔMEUSE
Elle seconde . . . . ADJOINTE
Elle se cuit à l'envers . . . . TARTETATIN
Elle se donne entre intimes . . . . ÉTREINTE
Elle se fait discrète . . . . ESPIONNE
Elle se fait exploiter . . . . CARRIÈRE
Elle se fait rarement attendre . . . . RÉACTION
Elles empruntent souvent le corridor (MF) . . . .
. . . . URGENCES
Elle s'endette en apprenant . . . . ÉTUDIANTE
Elle sépare les adultes des enfants . . GÉNÉRATION
Elle se résume à quelques lignes (MF) . . ÉPITAPHE
Elle serre la gorge (MF) . . . . ANGOISSE
Elle s'est déjà appelée Byzance . . . . . . ISTANBUL
Elles font corps (MH) . . . . . . SIAMOISES
Elles mettent de la vie sur terre . . . . . SEMEUSES
Elles ne sont pas dans la lune (MH) . . TERRIENNES
Elles ne sont pas là pour trancher (MH) . . . .
. . . . MOLAIRES
Elle s'occupe de la clientèle . . . . SERVEUSE
Elle s'occupe de la maison . . . . MÉNAGÈRE
Elle soigne les chevaux . . . . PALEFRENIÈRE
Elle soigne les pieds . . . . PÉDICURE
Elle soigne sans être médecin . . . REBOUTEUSE
Elles ont des allures louches (MH) . . . RÔDEUSES
Elles ont parfois un surplus de livres . . ÉTAGÈRES
Elles passent pendant que vous lisez ceci . . . .
. . . . SECONDES
Elles prendront fin en janvier . . . . . . VACANCES
Elles prennent tout à la blague . . . . . FARCEUSES
Elles protègent les yeux . . . . PAUPIÈRES
Elles savent jouer . . . . ACTRICES
Elles savent racoler les clients (MH) . . . .
. . . . RISTOURNES
Elles se font tondre . . . . PELOUSES
Elles sèment la vie . . . . SEMEUSES
Elles se ressemblent comme des jumelles (MF) . . . .
. . . . GOUTTESDEAU
Elles sifflent de temps à autre . . . OREILLES
Elles sont crues et salées . . . . OBSCÉNITÉS
Elles sont là, à tout bout de champ (MH) . . . .
. . . . LISIÈRES
Elles sont les premières à sortir . . . . PERCENEIGE
Elles sont moins élevées que les Alpes . . CARPATES
Elles sont sous de gros ballons . . . . . . NACELLES
Elles sont sous les épaules . . . . AISSELLES
Elles sont toujours loin de tout (MH) . . JUMELLES
Elles sont tracées par des roues . . . . . ORNIÈRES
Elles sont utilisées en médecine . . . . . ÉSERINES
Elles tiennent un parapluie . . . . BALEINES
Elle stimule les gens qui aiment la campagne (MF)
. . . . ÉLECTION
Elle survient entre la couchette et la couchette (MF)
. . . . GROSSESSE

Elle tape vite . . . . SECRÉTAIRE
Elle tient le premier rôle dans un opéra . . . .
. . . . PRIMADONNA
Elle tient les cordons de la bourse . . TRÉSORIÈRE
Elle tombe dans l'excès (MH) . . . . . SATURATION
Elle tombe sur les nerfs, du ciel ou sur le petit cochon
(MF) . . . . DÉPRESSION
Elle tourne tout en ridicule . . . . RAILLEUSE
Elle traîne en longueurs (MH) . . . . . . NATATION
Elle travaille autour de la maison . . . JARDINIÈRE
Elle travaille contre une rémunération . . SALARIÉE
Elle travaille dans un restaurant . . . . . . SERVEUSE
Elle travaille pour quelqu'un . . . . SALARIÉE
Elle trompe . . . . ILLUSION
Elle va à l'université . . . . ÉTUDIANTE
Elle va aux urnes . . . . ÉLECTRICE
Elle vend de la nourriture . . . . ÉPICIÈRE
Elle veut tout savoir . . . . CURIEUSE
Elle vient de sortir . . . . NOUVEAUTÉ
Elle vit dans les étangs . . . . GRENOUILLE
Elle vit en Italie . . . . ITALIENNE
Elle vit en plein air . . . . CAMPEUSE
Elle vit fixée aux rochers . . . . ANÉMONEDEMER
Elle vit le plus souvent à l'hôtel (MH) . . . MAIRESSE
Elle vit peut-être à Bangkok . . . . THAÏLANDAISE
Elle vit peut-être à Damas . . . . SYRIENNE
Elle vole sur un balai . . . . SORCIÈRE
Elle voulait aller voter . . . . SUFFRAGETTE
Elle vous révélera lorsque vous écrirez (MF) . . . . .
. . . . GRAPHOLOGIE
Éloge d'une personne . . . . APOLOGIE
Éloge enthousiaste . . . . DITHYRAMBE
Éloignement de tout excès . . . . MODÉRATION
Éloigner du droit chemin . . . . : . . . DÉPRAVER
Élues par leurs camarades . . . . DÉLÉGUÉES
Emballage en carton pour confiseries . . BALLOTIN
Emballage pour liquides . . . . BERLINGOT
Emballer de nouveau . . . . REMBALLER
Emballés avant Noël (MH) . . . . COMMERÇANTS
Embarcation qui sert à la pêche à la baleine . . . . . .
. . . . BALEINIÈRE
Embarcation utilisée pour la pêche . . . CHALOUPE
Embarquait dans des aventures pas drôles (PD) . . . .
. . . . ENRÔLEUR
Embellir un présent . . . . ENVELOPPER
Embellit les mots et les phrases . . . . MÉTAPHORE
Emblème aviaire des États-Unis . . . . PYGARGUE
Emblème de l'Allemagne hitlérienne . . . .
. . . . CROIXGAMMÉE
Embouchure d'un fleuve sur une mer ouverte . . . . .
. . . . ESTUAIRE
Embranchement d'animaux invertébrés . . . .
. . . . ARTHROPODE
Embranchement d'animaux marins . . . .
. . . . BRACHIOPODE, ÉCHINODERME
Embranchement de protozoaires . . . . . FLAGELLÉ,
. . . . RHIZOPODE, SPOROZOAIRE
Embranchement de vers annelés . . . ANNÉLIDE
Embryon d'une plante . . . . PLANTULE
Émettre des crépitements . . . . CRACHOTER
Émettre des signaux sonores, en parlant du grillon
. . . . STRIDULER

Émettre en rayonnant .... IRRADIER
Émettre un bruit sourd et régulier .. RONRONNER
Émettre un crépitement .... CRACHOUILLER
Émeute populaire .... SÉDITION
Éminence à l'os temporal .... MASTOÏDE
Émission de gaz .... ÉRUCTATION
Émission de lumière ..... PHOSPHORESCENCE
Émission de rayons .... RADIATION
Émission de sang .... HÉMATURIE
Émission de spores .... SPORULATION
Émission de télévision .... STARACADÉMIE
Émission gazeuse d'un volcan ..... FUMEROLLE
Émission involontaire d'urine ...... ÉNURÉSIE
Émission qui roule à fonds (MF) .... TÉLÉTHON
Émission télévisée fractionnée en épisodes ....
.... FEUILLETON
Empêche d'aller où l'on veut ... INTERNEMENT
Empêche de dormir (MH) .... TINTOUIN
Empêche de passer sous l'échelle ....
.... SUPERSTITION
Empêche de prendre le large ...... AMARRAGE
Empêche de s'amuser .... TROUBLEFÊTE
Empêche de s'endormir (MH) .... HOURVARI
Empêche de se réjouir .... TRISTESSE
Empêche d'hennir .... MUSEROLLE
Empêche la vedette de s'exprimer (MH) ....
.... AMARRAGE
Empêche le cheval de voir de côté ..... ŒILLÈRE
Empêche le froid de pénétrer ... CALFEUTRAGE
Empêchent de bien voir .... ŒILLÈRES
Empêchent de croiser les bras .... MENOTTES
Empêchent d'être poli (MH) .... ASPÉRITÉS
Empêcher d'avancer .... MAINTENIR
Empêcher d'agir .... NEUTRALISER
Empêcher de participer aux séries .... ÉLIMINER
Empêcher d'évoluer .... SCLÉROSER
Empêcher d'exister .... ÉTRANGLER
Empêcher la propagation de .... ÉTOUFFER
Empêcher le mouvement .... IMMOBILISER
Empêcher quelqu'un de tomber ..... SOUTENIR
Empêcher un sentiment de se développer ....
.... RÉPRIMER
Empêcheur de tourner en rond (MH) ....
.... TROUBLEFÊTE
Empereur des Français .... NAPOLÉON
Empereur d'Éthiopie .... SÉLASSIÉ
Empereur du Japon .... HIROHITO
Empereur français .... BONAPARTE
Empereur romain .. CALIGULA, MARCAURÈLE
Emphatique et creux .... RONFLANT
Empiéter l'un sur l'autre (se) .... CHEVAUCHER
Empiler de nouveau .... REMPILER
Émission du sperme .... ÉJACULATION
Emphatique et creux .... RONFLANT
Emplacement d'un camp ..... CAMPEMENT
Emplacement sur le trottoir .... TERRASSE
Emplâtre à base de résine ...... DIACHYLON
Emplir de grain .... ENGRENER
Emploi abusif et désordonné ..... GASPILLAGE
Emploi d'agents thérapeutiques ... MÉDICATION
Emploi que l'on ne veut pas perdre, qui procure un
revenu important .... SINÉCURE

Emploi rémunéré et stable .... SITUATION
Emploi successif de procédés .... ROTATION
Employé de bureau .... GRATTEPAPIER,
.... RONDDECUIR
Employé des chemins de fer ...... CHEMINOT
Employé des pompes funèbres ... CROQUEMORT
Employée dans un établissement commercial ....
.... CAISSIÈRE
Employée de magasin .... CAISSIÈRE
Employée de maison .... BONNICHE
Empoisonne l'existence (PD) ..... VÉNÉNEUX
Emportement extrême ..... DÉCHAÎNEMENT
Empreint d'héroïsme .... HÉROÏQUE
Empressé à l'excès .... OBSÉQUIEUX
Emprunter encore plus .... REMPRUNTER
Emprunt fait au français par une autre langue .....
.... GALLICISME
En Afrique du Sud, régime de ségrégation ....
.... APARTHEID
En alpinisme, lâcher prise et tomber ... DÉVISSER
En Amérique du Sud .... ARGENTINE
En Amérique latine, grande propriété foncière ......
.... HACIENDA
En a plein les mains (PD) .... PÉTRISSEUR
En apparence .... CENSÉMENT
En arrière .... VERSLEPASSÉ
En arriver aux invectives .... INSULTER
En avant .... VERSLAVENIR
En bave, surtout à la fin (PD) .... ESCARGOT
En Belgique, gentille .... AMITIEUSE
En boucher un coin à quelqu'un (MF) ....
.... DÉSARMER
En boxe, coup de poing .... UPPERCUT
En cachette, discrètement ..... ENCATIMINI
En cachette (en) .... TAPINOIS
Encaisse les coups les plus durs sans broncher (PD)
.... PUNCHINGBALL
Encadrement du foyer .... CHEMINÉE
Encadrement d'une porte .... CHAMBRANLE
Encaisse brutalement .... RACKETTEUR
En cas de crise de nerfs (MF) ....
.... NEUROCHIRURGIE
En catimini .... DISCRÈTEMENT
En ce moment .... ACTUELLEMENT
Encercler une forteresse .... ASSIÉGER
Encercler une roue d'une bande de fer ....
.... EMBATTRE
Enchaînement anormalement rapide des idées .....
.... ITACHYPSYCHIE
Enchaînement de faits dans un roman .. INTRIGUE
Enchaîner sans fin .... ENTASSER
Enclin à la médisance, à la raillerie ... SATIRIQUE
Encombre, mais est bien utile (MH) ... ATTIRAIL
Encombrement excessif .... ENGORGEMENT
Encombrement maximal .... SATURATION
En connaissance de cause ..... PERTINEMMENT
Encore dans les bras de Morphée .. ENSOMMEILLÉ
Encore meilleur quand il est relevé à la moutarde ..
.... CATAPLASME
Encore mieux que mieux (PD) .. SURPASSEMENT
Encore sur son appétit (MF) .... INAPAISÉ
En courant .... LÂCHEMENT

Encrasser de tarte . . . . ENTARTER
En danse flamenca, martèlement rythmé du pied . . .
. . . . ZAPATEADO
En dehors . . . . ÀLEXTÉRIEUR
En dehors des limites du bon sens . . . .
. . . . EXTRAVAGANT
En demi-cercle (en) . . . . DEMILUNE
En dépensant beaucoup . . . . ÀGRANDFRAIS
En dépit de . . . . NONOBSTANT
En détachant nettement les notes . . . . . STACCATO
En deux lettres dans la lettre . . . POSTSCRIPTUM
Endommager gravement . . . . DÉLABRER
Endommager le bord de . . . . ÉGUEULER
Endommager un fruit . . . . MEURTRIR
En donner à quelqu'un, c'est loin d'être généreux
(MF) . . . . URTICAIRE
Endosser de nouveau . . . . RENDOSSER
En droit, déclarer nul . . . . INFIRMER
Endroit dégarni d'arbres . . . . CLAIRIÈRE
Endroit de la rivière où l'on peut se baigner . . . . .
. . . . BAIGNADE
Endroit de l'église où est le maître-autel . . . .
. . . . SANCTUAIRE
Endroit désert où on peut se faire attaquer . . . .
. . . . COUPEGORGE
Endroit en désordre . . . . CAPHARNAÜM
Endroit mangé d'un pain . . . . MANGEURE
Endroit où l'on étend les fils et les tissus . . . .
. . . . ÉTENDAGE
Endroit où l'on peut manger . . . . CAFÉTÉRIA
Endroit où l'on rouit le chanvre . . . . . ROUISSOIR
Endroit où nichent les hérons . . . . HÉRONNIÈRE
Endroit où règnent des tensions . . . . POUDRIÈRE
Endroit où se compte quelque chose de secret . . . . .
. . . . OFFICINE
Endroit où se rencontrent des idées différentes . . . .
. . . . MELTINGPOT
Endroit où se rencontrent deux pièces . . . .
. . . . ENTABLURE
Endroit où une route se divise en deux . . . .
. . . . BIFURCATION
Endroit planté de noyers . . . . NOISERAIE
Endroit très branché de la Main . . BUONANOTTE
Enduire d'amidon . . . . AMIDONNER
Enduire de colle . . . . ENCOLLER
Enduire de glycérine . . . . GLYCÉRINER
Enduire de gomme . . . . ENGOMMER
Enduire de paraffine . . . . PARAFFINER
Enduire de pommade . . . . POMMADER
Enduire de vaseline . . . . VASELINER
Enduire d'une préparation pharmaceutique . . . .
. . . . BADIGEONNER
Enduire d'un corps gras . . . . GRAISSER
Enduit de gélatine . . . . GÉLATINÉ
Endurer avec patience . . . . SUPPORTER
En employant la force . . . . MANUMILITARI
En enlève une couche . . . . SABLEUSE
En . . . : en venir aux mains . . . . DÉCOUDRE
Énergie inépuisable . . . . ÉOLIENNE
Énerve le bétail . . . . ÉRISTALE
En essayant de rester discret . . . . ÀLASAUVETTE
En Estrie . . . . SHERBROOKE

En état de guerre . . . . BELLIGÉRANT
En face . . . . CICONTRE
En face de Trois-Rivières . . . . . LESESCOUMINS
En faire, c'est voyager gratuitement . . AUTOSTOP
En fait . . . . PRATIQUEMENT
Enfant de chœur . . . . CLERGEON
Enfant d'un père blanc et d'une mère mulâtresse . . .
. . . . QUARTERON
Enfant en bas âge . . . . NOURRISSON
Enfant farouche . . . . SAUVAGEON
Enfant gracieux . . . . CHÉRUBIN
Enfant insupportable . . . . GARNEMENT
Enfant lourd et embarrassé . . . . PATAPOUF
Enfant noir . . . . NÉGRILLON
Enfant non prévu . . . . ACCIDENT
Enfant par rapport aux grands-parents . . PETITFILS
Enfant qui a perdu ses parents . . . . . . ORPHELIN
Enfant refusant de devenir adulte . . . . . PETERPAN
Enfant roi (PD) . . . . LIONCEAU
Enfant turbulent et peu soigneux . . . . . . BRISEFER
Enfarinée avant de passer au feu . . . . . MEUNIÈRE
Enfermer dans un asile . . . . INTERNER
Enfermer dans un cloître . . . . CLAUSTRER
Enfermer étroitement . . . . CLAQUEMURER
Enfiler neuf . . . . ÉTRENNER
Enflé par endroits . . . . BOURSOUFLÉ
Enfoncer le clou (MH) . . . . INSISTER
Enfoncer plus avant . . . . RENFONCER
Enfoncer une lame . . . . POIGNARDER
En forme . . . . SURLEPITON
En forme de crochet . . . . UNCIFORME
En forme de croix . . . . CRUCIFORME
En forme de demi-cercle . . . . . ENFERÀCHEVAL
En forme de flèche . . . . SAGITTAL
En forme de phallus . . . . PHALLOÏDE
En forme de poire . . . . PIRIFORME
En forme de pyramide . . . . PYRAMIDAL
En forme de table . . . . TABULAIRE
En forme d'ombrelle . . . . OMBELLIFORME
En France, centre d'une division administrative . . . .
. . . . CHEFLIEU
En France, c'est un palet . . . . RONDELLE
En France, durée du mandat du président . . . .
. . . . SEPTENNAT
En France, régiment . . . . DEMIBRIGADE
Enfreint les lois . . . . CRIMINEL
Engage les différentes parties . . MULTILATÉRAL
Engagement à s'associer à une entreprise . . . .
. . . . SOUSCRIPTION
Engagement en affaires . . . . SOUMISSION
Engagement sans alliance . . . . . . CONCUBINAGE
Engager dans des dettes (s') . . . . ENDETTER
Engager dans une affaire fâcheuse . . . IMPLIQUER
Engager dans une coalition . . . . COALISER
Engager dans une situation difficile . . . .
. . . . EMBOURBER
Engager dans une situation sans issue . . EMPÊTRER
Engager dans une voie . . . . ORIENTER
Engager dans un support . . . . EMMANCHER
Engager de façon malheureuse . . . . . . EMPÊTRER
Engager du personnel . . . . RECRUTER
En général . . . . GÉNÉRALEMENT

En général, on y va habillé en noir . . . .
. . . . ENTERREMENTS
Engin de combat . . . . LANCEFLAMMES
Engin de locomotion . . . . BICYCLETTE
Engin de navigation . . . . BÂTIMENT
Engin de plongée à grande profondeur . . . .
. . . . BATHYSCAPHE
Engin de terrassement . . . . DÉCAPEUSE,
. . . . NIVELEUSE
Engin de travaux publics . . . . TUNNELIER
Engin pour transporter verticalement . . . .
. . . . ÉLÉVATEUR
Engin sous-marin . . . . TORPILLE
Englobe Israël, la Cisjordanie et la bande de Gaza
. . . . PALESTINE
Engorgement d'un conduit . . . . . . OBSTRUCTION
Engrais azoté . . . . CYANAMIDE
Engraissement du bétail . . . . EMBOUCHE
En Grande-Bretagne, officier de police . . . .
. . . . CONSTABLE
En grand nombre . . . . MASSIVEMENT
En harmonie . . . . COORDONNÉ
En haut . . . . AUDESSUS
En haut de la page . . . . CIDESSUS
En hiver, elles s'envolent en fumée . . . .
. . . . CORDESDEBOIS
En insistant vivement . . . . ÀGRANDCRIS
En Israël, exploitation agricole collective . . . .
. . . . KIBBOUTZ
En Italie, petit restaurant . . . . TRATTORIA
Enjôler par des paroles insidieuses . . . .
. . . . EMBOBELINER
Enjoliver de petites scènes . . . . HISTORIEN
Enlacer l'un dans l'autre . . . . ENTRELACER
En le sachant . . . . CONSCIEMMENT
Enlève beaucoup de latitude . . . . ALIÉNANT
Enlève la visibilité . . . . BROUILLARD
Enlèvement au bloc (PD) . . . . ABLATION
Enlèvement miraculeux de la Sainte Vierge . . . .
. . . . ASSOMPTION
Enlever à quelqu'un toute initiative . . . .
. . . . ROBOTISER
Enlever de manière violente . . . . EMPORTER
Enlever des bourgeons . . . . ÉBORGNER
Enlever des broussailles . . . . ESSARTER
Enlever des cailloux . . . . ÉPIERRER
Enlever des graines . . . . ÉPÉPINER
Enlever des impuretés . . . . ASEPTISER
Enlever des plis . . . . REPASSER
Enlever de terre . . . . ARRACHER
Enlever d'un nid . . . . DÉNICHER
Enlever la charge de . . . . DÉLESTER
Enlever la courroie . . . . DÉBRIDER
Enlever la culasse d'une arme à feu . . . .
. . . . DÉCULASSER
Enlever la fatigue physique . . . . DÉLASSER
Enlever la laine des peaux de moutons . . DÉLAINER
Enlever la peau d'un fruit . . . . ÉPLUCHER
Enlever la poussière . . . . DÉPOUSSIÉRER
Enlever la pulpe de . . . . DÉPULPER
Enlever la vie . . . . ASSASSINER
Enlever l'eau . . . . ÉGOUTTER

Enlever le boisage . . . . DÉBOISER
Enlever le gazon . . . . DÉGAZONNER
Enlever le germe de . . . . DÉGERMER
Enlever le globe oculaire . . . . ÉNUCLÉER
Enlever le goût de fruit . . . . DÉFRUITER
Enlever le miel de la cire . . . . DÉMIELLER
Enlever le morfil . . . . ÉMORFILER
Enlever le noyau d'un fruit . . . . . ÉNUCLÉER
Enlever l'envie de se battre . . . . . . DÉMOBILISER
Enlever le pédoncule d'un fruit . . . . . . ÉQUEUTER
Enlever les broussailles . . . . ESSARTER
Enlever les cadres . . . . DÉCADRER
Enlever les cailloux . . . . ÉPIERRER
Enlever les différences . . . . ÉGALISER
Enlever les entrailles . . . . ÉVISCÉRER
Enlever les ferrures . . . . DÉFERRER
Enlever les feuilles . . . . DÉFEUILLER
Enlever les noyaux . . . . DÉNOYAUTER
Enlever les parties non comestibles . . . ÉPLUCHER
Enlever les pépins de . . . . ÉPÉPINER
Enlever les souillures . . . . DÉTERGER
Enlever le tartre de . . . . DÉTARTRER
Enlever le tissu vital . . . . DÉVITALISER
Enlever l'odeur . . . . DÉSODORISER
Enlever par résection . . . . RESÉQUER
Enlever son arme à quelqu'un . . . . . . DÉSARMER
Enlever une bande . . . . DÉBANDER
Enlever une partie des plants . . . . DÉMARIER
Enlever un ou des atomes d'hydrogène . . . .
. . . . DÉSHYDROGÉNER
En maudit . . . . SALEMENT
En mauvais état . . . . RATATINÉ
En marchant sur des œufs (MF) . . . . . FINEMENT
En même temps . . . . CONCURREMMENT,
. . . . ENSEMBLE
En mettre de côté . . . . THÉSAURISER
En mettre plein la vue . . FASCINER, ILLUMINER
En mettre plus que le client en demande (MF) . . . . .
. . . . EXAGÉRER
En 1967, il a prononcé son « Vive le Québec libre »
. . . . DEGAULLE
En moins de deux (MH) . . . . DAREDARE
Ennemi du pouvoir . . . . AGITATEUR
Ennui causé à quelqu'un . . . . . . TRACASSERIE
Ennuyer fortement . . . . ASSOMMER
Ennuyer ... parfois jusqu'à mourir (PD) . . . .
. . . . EMPOISONNER
Énoncer des affirmations de manière tranchante . . .
. . . . DOGMATISER
Énoncer les parties d'un tout . . . . . . ÉNUMÉRER
Énoncer nettement . . . . ARTICULER
Énoncer une clause dans un contrat . . . STIPULER
Énoncé synonyme d'un autre énoncé . . . .
. . . . PARAPHRASE
Énorme poisson . . . . ESTURGEON
Énorme reptile fossile . . . . DINOSAURE
Énorme vague . . . . RAZDEMARÉE
En outre . . . . DAUTREPART
En outre (par...) . . . . AILLEURS
En paix . . . . SEREINEMENT
En parlant de la robe du cheval, jaune mêlé de noir
. . . . LOUVETTE

En parlant du cheval, faire de la tête un mouvement .... ENCENSER
En parlant d'une auto, heurter des obstacles .... CARAMBOLER
En paroles .... ORALEMENT
En particulier .... SEULÀSEUL
En passant d'un côté à l'autre .. DEPARTENPART
En perdre un peu .... RÉTRÉCIR
En petit bonhomme .... ACCROUPI
En peu de mots .... BRIÈVEMENT
En pleine possession de ses moyens .... LUCIDEMENT
En pleines formes .... CORPULENT
En plein le genre qu'on ne peut pas sentir .... MOUFETTE
En pratique .... CONCRÈTEMENT
En prend plein les mirettes (PD) ... ÉMERVEILLÉ
En prend pour sept jours ...... SEMAINIER
En prendrez-vous le premier de l'an ? .... RÉSOLUTIONS
En proie à une vive émotion ...... PANTELANT
Enquête arbitraire et vexatoire ..... INQUISITION
Enraciner par le temps (s') .... INVÉTÉRER
En renfort (à la...) .... RESCOUSSE
En retard sur son époque ..... ANACHRONIQUE
Enrichir un texte .... ÉMAILLER
Enrouler sur des bobines de fil ..... RENVIDER
En rupture avec le Vatican .... ANGLICAN
En Russie, tumulus qui abrite des sépultures .... KOURGANE
En saillie sur le coude .... OLÉCRANE
En secret .... SECRÈTEMENT
Enseigne de guerre .... ÉTENDARD
Enseignement de Jésus-Christ ...... ÉVANGILE
Enseignement de la doctrine chrétienne .... CATÉCHISME
Ensemble d'acheteurs .... CLIENTÈLE
Ensemble d'actes de violence ..... TERRORISME
Ensemble d'animaux attelés .... ATTELAGE
Ensemble de bractées .... INVOLUCRE
Ensemble de bruits discordants ... CACOPHONIE
Ensemble de ceux allant aux urnes .. ÉLECTORAT
Ensemble de ceux qui écrivent dans un journal .... RÉDACTION
Ensemble de choses disposées les unes à la suite des autres .... ENFILADE
Ensemble de constructions rudimentaires .... BARAQUEMENT
Ensemble de dieux .... PANTHÉON
Ensemble de disciplines sportives .. ATHLÉTISME
Ensemble de doctrines .... IDÉOLOGIE
Ensemble de documents enregistrant le découpage d'un territoire .... CADASTRE
Ensemble de feuilles de papier détachable .... BLOCNOTES
Ensemble de fibres .... LIGAMENT
Ensemble de fleurs .... COURONNE
Ensemble de fripouilles .... RACAILLE
Ensemble de haubans .... HAUBANAGE
Ensemble de lecteurs .... LECTORAT
Ensemble d'éléments juxtaposés ... MOSAÏQUE
Ensemble d'éléments liés entre eux de façon complexe

.... ÉCHEVEAU
Ensemble de l'illustration d'un livre .... ICONOGRAPHIE
Ensemble de manœuvres peu honnêtes .... GRENOUILLAGE
Ensemble de marches .... ESCALIER
Ensemble de mouvements .... GESTUELLE
Ensemble de mouvements artistiques .... ROMANTISME
Ensemble de moyens d'action .... PANOPLIE
Ensemble de musiciens .... ORCHESTRE
Ensemble de notes .... APPENDICE
Ensemble d'entrées d'un dictionnaire .... NOMENCLATURE
Ensemble de personnes de même nature .... CATÉGORIE
Ensemble de personnes exerçant une influence sur le gouvernement .... CAMARILLA
Ensemble de personnes gravitant autour de quel-qu'un .... ENTOURAGE
Ensemble de personnes qui se sont illustrées .... PANTHÉON
Ensemble de petits navires .... FLOTTILLE
Ensemble de peuples vivant dans le monde entier .. .. TSIGANES
Ensemble de poils .... MOUSTACHE
Ensemble de programmes informatiques .... LOGICIEL
Ensemble de rayons lumineux ... FAISCEAU
Ensemble de réactions chimiques .... CHIMISME
Ensemble des accessoires de pont .... ACCASTILLAGE
Ensemble des acquisitions d'une société .... CIVILISATION
Ensemble des activités reliées aux voyages .... TOURISME
Ensemble de salariés .... MAINDŒUVRE
Ensemble des appareils de gymnastique .... APPARAUX
Ensemble des armes .... ARMEMENT
Ensemble des bâtiments d'un aéroport .... AÉROGARE
Ensemble des bouches à feu ..... ARTILLERIE
Ensemble des bourgeons .... GEMMATION
Ensemble des branches d'un arbre .. BRANCHAGE
Ensemble des caractères d'un pays .. GÉOGRAPHIE
Ensemble des caractères propres à la femme .... FÉMINITÉ
Ensemble des cépages .... ENCÉPAGEMENT
Ensemble des cheveux .... CHEVELURE
Ensemble des clefs .... TROUSSEAU
Ensemble des clients .... CLIENTÈLE
Ensemble des collaborateurs d'un chef .... ÉTATMAJOR
Ensemble des condamnés d'un bagne .. CHIOURME
Ensemble des crins du cou du lion .... CRINIÈRE
Ensemble des disciplines étudiant le système ner-veux .... NEUROSCIENCES
Ensemble des écosystèmes ..... BIOSPHÈRE
Ensemble des effets de commerce .... PORTEFEUILLE
Ensemble des électeurs .... ÉLECTORAT

Ensemble des enveloppes florales ... PÉRIANTHE
Ensemble des étamines d'une fleur .. ANDROCÉE
Ensemble des êtres en suspension dans la mer ....
.... PLANCTON
Ensemble des événements récents ... ACTUALITÉ
Ensemble des expressions propres à un milieu .....
.... PHRASÉOLOGIE
Ensemble des faits criminels ..... CRIMINALITÉ
Ensemble des filets d'une vis .... FILETAGE
Ensemble des fonctions apportant les éléments nécessaires aux cellules .... NUTRITION
Ensemble des forces naturelles ...... ÉLÉMENTS
Ensemble des gros viscères d'un animal ....
.... FRESSURE
Ensemble des humains .... HUMANITÉ
Ensemble des images d'un rêve ... ONIRISME
Ensemble des instruments à percussion .. BATTERIE
Ensemble des larves nageuses de moules ....
.... NAISSAIN
Ensemble des légendes propres à un peuple ....
.... MYTHOLOGIE
Ensemble des litiges devant tribunal ....
.... CONTENTIEUX
Ensemble des localités autour d'une ville ....
.... BANLIEUE
Ensemble des lumières éclairant un spectacle .....
.... ÉCLAIRAGE
Ensemble des membres du corps humain ....
.... MAMBRURE
Ensemble des mers boréales .... ARCTIQUE
Ensemble des motifs expliquant un acte ....
.... MOTIVATION
Ensemble des mots d'une langue .. VOCABULAIRE
Ensemble des moyens pour le fonctionnement d'une activité .... MÉCANIQUE
Ensemble des mythes .... MYTHOLOGIE
Ensemble des normes juridiques d'un pays ....
.... LÉGISLATIONS
Ensemble des objets assortis .... GARNITURE
Ensemble des objets en osier, en rotin .. VANNERIE
Ensemble des œuvres d'un chanteur .. RÉPERTOIRE
Ensemble des œuvres littéraires .. LITTÉRATURE
Ensemble des oiseaux à l'odeur et au goût sauvagins
.... SAUVAGINE
Ensemble des oiseaux de la basse-cour .. VOLAILLE
Ensemble de sons discordants .... CACAPHONIE
Ensemble des os .... OSSATURE
Ensemble des os du squelette de la paume ....
.... MÉTACARPE
Ensemble des outils .... OUTILLAGE
Ensemble des parents .... PARENTÈLE
Ensemble des pays chrétiens ...... CHRÉTIENTÉ
Ensemble des pays riverains de la Méditerranée ...
.... PROCHEORIENT
Ensemble des personnes qui écoutent un discours ..
.... AUDITOIRE
Ensemble des personnes qui exercent la même profession .... CORPORATION
Ensemble des personnes qui occupent des fonctions supérieures .... HIÉRARCHIE
Ensemble des personnes qui vivent dans une même maison .... MAISONNÉE

Ensemble des peuples païens .... GENTILITÉ
Ensemble des phénomènes du rêve ... ONIRISME
Ensemble des pièces servant à consolider une forme
.... GARNITURE
Ensemble des pieds d'un meuble .... PIÉTEMENT
Ensemble des plantes poussant dans une région ....
.... VÉGÉTATION
Ensemble des plombs d'un vitrail ... PLOMBURE
Ensemble des poils du cou du lion .... CRINIÈRE
Ensemble des prescriptions alimentaires juives ....
.... KASHROUT
Ensemble des prières récitées .... CHAPELET
Ensemble des processus de formation des chaînes de montagnes .... OROGENÈSE
Ensemble des pulsions de mort ...... THANATOS
Ensemble des rameurs d'une galère .. CHIOURME
Ensemble des réactions biochimiques ....
.... MÉTABOLISME
Ensemble des réactions de dégradation biochimique
.... CATABOLISME
Ensemble des règles concernant les actes du culte ..
.... LITURGIE
Ensemble des règles du savoir-vivre .. POLITESSE
Ensemble des réserves d'un ovule .... VITELLUS
Ensemble des salariés .... MAINDŒUVRE,
.... SALARIAT
Ensemble des sépales .... ACÉTABULE
Ensemble des sillons d'une surface ... STRIATION
Ensemble des soins de propreté ...... TOILETTE
Ensemble des sports pratiqués à cheval .. HIPPISME
Ensemble des sports pratiqués sur l'eau ....
.... NAUTISME
Ensemble des superstructures du navire ....
.... ACCASTILLAGE
Ensemble des tâches relatives à l'organisation .....
.... SECRÉTARIAT
Ensemble des termes techniques d'une science ....
.... NOMENCLATURE
Ensemble des théories psychanalytiques ....
.... FREUDISME
Ensemble des traditions d'un pays ... FOLKLORE
Ensemble des traits du visage .... PHYSIONOMIE
Ensemble des traverses d'une voie ferrée ....
.... TRAVELAGE
Ensemble des tubes .... TUBULURE
Ensemble des vêtements et accessoires ....
.... TOILETTE
Ensemble des voyelles d'une langue .. VOCALISME
Ensemble de termes particuliers à une science .....
.... TERMINOLOGIE
Ensemble de tout ce qui concerne les stations climatiques .... CLIMATISME
Ensemble de troubles liés à l'arrêt d'une drogue ...
.... ÉTATDEMANQUE
Ensemble de troupes .... GARNISON
Ensemble de vêtements .... HABILLEMENT
Ensemble d'images de même origine .. IMAGERIE
Ensemble d'instruments à percussion .. BATTERIE
Ensemble d'objets divers .... ATTIRAIL
Ensemble d'objets hétéroclites .... BASTRINGUE
Ensemble d'opérations .... TRAITEMENT
Ensemble d'opérations magiques .. SORCELLERIE

Ensemble d'ornements voyants . . CHAMARRURE
Ensemble du matériel . . . . ÉQUIPEMENT
Ensemble formé par le maire et ses adjoints
. . . . MUNICIPALITÉ
Ensemble formé par les pays en développement
. . . . TIERSMONDE
Ensemble harmonieux de choses . . . . HARMONIE
Ensemencer encore, de nouveau . . . . . RESSEMER
Ensemencer une terre en blé . . . . EMBLAVER
En sortir du poisson est sans mérite (MH) . . . .
. . . . AQUARIUM
En tabarnouche . . . . DRÔLEMENT
Entaché de fraude . . . . FRAUDULEUX
Entaille faite avec un instrument tranchant . . . .
. . . . INCISION
Entailler de crans, de découpures . . . . CRÉNELER
Entaille superficielle . . . . ÉRAFLURE
Entaille sur le visage . . . . ESTAFILADE
Entamer le bord de . . . . ÉBRÉCHER
Entasser de nouveau . . . . REMPILER
En tenant un pied en l'air et en sautant sur l'autre . .
. . . . ÀCLOCHEPIED
Entente entre des personnes pour en tromper d'autres
. . . . COMPÉRAGE
Entente secrète en vue de tromper . . COLLUSION
Enterré pour avoir la paix . . . . TOMAHAWK
En tête . . . . MÉMORISÉ
En tête à tête . . . . SEULÀSEUL
Enthousiasme excessif . . . . EMBALLEMENT,
. . . . FANATISME
Enthousiasme subit pour quelque chose . . . .
. . . . COUPDECŒUR
Entièrement automatisé . . . . PRESSEBOUTON
Entièrement couvrir . . . . RECOUVRIR
Entoure le chef . . . . ÉTATMAJOR
Entourer complètement d'un tissu, d'un papier . . . .
. . . . ENVELOPPER
Entourer de manière à surveiller . . . . ENCADRER
Entourer de murs . . . . CLOÎTRER
Entourer de près . . . . ENSERRER
Entourer de soins attentifs . . . . DORLOTER
Entourer de soins excessifs . . . . MATERNER
Entourer de tendresse . . . . DORLOTER
Entourer d'un cadre, d'une bordure . . ENCADRER
Entourer d'un cercle . . . . ENCERCLER
Entourer d'une clôture . . . . CLÔTURER
Entourer d'une élingue . . . . ÉLINGUER
Entourer en serrant étroitement . . . . . . ENSERRER
Entourer étroitement . . . . ENCERCLER
Entourer un cordage avec des brins . . . .
. . . . CONGRÉER
Entourer un fardeau . . . . ÉLINGUER
En toute bonne foi . . . . SINCÈREMENT
En toute hâte . . . . DAREDARE
En toute simplicité . . . . PUREMENT
En traînant la jambe . . . . CLOPINCLOPANT
Entraîner à la révolte . . . . SOULEVER
Entraîner à une vie dissolue . . . . DÉBAUCHER
Entraîner dans des sens différents . . . . TIRAILLER
Entre autres . . . . . NOTAMMENT, PAREXEMPLE
Entre bleu et à point . . . . SAIGNANT
Entre chien et loup . . . . CRÉPUSCULE

Entre dans le vif du sujet (MH) . . . . . . BISTOURI
Entre deux lunes . . . . LUNAISON
Entrée des gaz dans le cylindre d'un moteur . . . . . .
. . . . ADMISSION
Entrée jugée importune . . . . INCURSION
Entrée qui étonne (MH) . . . . IRRUPTION
Entrée soudaine et massive . . . . INVASION
Entrée soudaine et violente . . . . IRRUPTION
Entre la chenille et le papillon . . . . CHRYSALIDE
Entre la cheville et la base des os métatarsiens . . . .
. . . . COUDEPIED
Entre la fin de la grossesse et les premiers jours de
vie . . . . PÉRINATALITÉ
Entre l'antiquité et l'époque moderne . . . .
. . . . MOYENÂGE
Entre la troposphère et la mésosphère . . . .
. . . . STRATOSPHÈRE
Entre le cou et l'abdomen . . . . POITRINE
Entre le départ et l'arrivée . . . . ÀMICOURSE
Entre le lac Supérieur et le lac Michigan . . . .
. . . . WISCONSIN
Entre le lieutenant et le commandant . . . .
. . . . CAPITAINE
Entre le Mississipi et le lac Michigan . . . ILLINOIS
Entre le pied et la jambe . . . . CHEVILLE
Entre les éléments d'un mot composé . . . .
. . . . TRAITDUNION
Entre l'Espagne et le Maroc . . . . GIBRALTAR
Entre l'étrier et la selle . . . . ÉTRIVIÈRE
Entre mer et terre . . . . LITTORAL
Entremets froid . . . . . BAVAROIS, MONTBLANC
Entremets froid à base de lait d'amandes . . . .
. . . . BLANCMANGER
Entremets italien . . . . TIRAMISU
Entre par une oreille mais ne sort pas par l'autre (MH)
. . . . OTOSCOPE
Entreprendre quelque chose en risquant d'échouer
. . . . HASARDER
Entreprendre une action en justice . . . INTENTER
Entreprise d'extermination des Juifs . . GÉNOCIDE
Entreprise hasardeuse . . . . AVENTURE
Entreprise où l'on relève un défi . . . CHALLENGE
Entreprise qui ne mène à rien . . . . CULDESAC
Entreprise qui va de pis en pis (MF) . . . LAITERIE
Entreprise très fragile . . . . VERRERIE
Entrer dans . . . . PÉNÉTRER
Entrer en rapport avec quelqu'un . . . ATTEINDRE,
. . . . CONTACTER
Entre Rivière-du-Loup et Matane . . . . RIMOUSKI
Entretenir des relations épistolaires . . . .
. . . . CORRESPONDRE
Entretien accordée par une personne . . AUDIENCE
Entretien entre deux ou plusieurs personnes . . . . . .
. . . . COLLOQUE
Entretien particulier . . . . TÊTEÀTÊTE
Entretien secret . . . . CONCILIABULE
Entrouvrir légèrement . . . . ENTREBAILLER
En un autre lieu . . . . AILLEURS
En utilisant la force . . . . MANUMILITARI
En utilisant trop de mots . . . . . VERBEUSEMENT
Envahir un lieu . . . . COLONISER
En vain . . . . VAINEMENT

Enveloppe calcaire de l'œuf d'un oiseau ....
.... COQUILLE
Enveloppe du cœur .... PÉRICARDE
Enveloppe d'une graine .... TÉGUMENT
Enveloppe garnie de paille .... PAILLASSE
Envelopper dans des vêtements chauds ....
.... EMMITOUFLER
Envelopper de paille .... EMPAILLER
Envelopper douillèttement ...... EMMITOUFLER
Envelopper un bébé dans un lange ....
.... EMMAILLOTER
Envelopper un corps dans un linceul .. ENSEVELIR
En venir aux coups (se) .... BASTONNER
En vérité .... RÉELLEMENT
Envie de prendre un coup pour se faire du bien ...
.... MASOCHISME
Envie de vomir .... HAUTLECŒUR
Environnementaliste québécois .... DANSEREAU
Environ 70 000 personnes y périrent .. NAGASAKI
Environ six .... DEMIDOUZAINE
Envoie en pension .... INVALIDITÉ
Envoyé d'un État .... AMBASSADEUR
Envoyer à destination .... EXPÉDIER
Envoyer ailleurs .... DÉPLACER
Envoyer au diable .... RABROUER
Envoyer au loin .... ÉLOIGNER
Envoyer comme représentant .... DÉLÉGUER
Envoyer des gouttelettes de salive ....
.... POSTILLONNER
Envoyer en toute hâte .... DÉPÊCHER
Envoyer paître .... RABROUER
Envoyer promener .... ÉCONDUIRE
Envoyer quelqu'un pour faire quelque chose ......
.... DÉTACHER
Envoyer une lettre en retour d'une autre ....
.... RÉPONDRE
En vrac .... PÊLEMÊLE
Enzyme catalysant l'hydrolyse d'une liaison ester ..
.... ESTÉRASE
Enzyme de la salive .... PTYALINE
Enzyme des amandes .... ÉMULSINE
Enzyme du suc intestinal .... ÉREPSINE
Épaississement de l'épiderme ...... CALLOSITÉ
Épanchement de gaz dans le péritoine ....
.... PNEUMOPÉRITOINE
Épanchement de gaz dans une cavité pleurale .....
.... PNEUMOTHORAX
Épanchement de liquide dans une articulation .....
.... HYDARTHROSE
Épanchement de sang .... ECCHYMOSE,
.... HÉMATHROSE, HÉMATOME
Épanouissement des fleurs .... FLORAISON
Épargne excessive .... LÉSINERIE
Épargne rigoureuse .... PARCIMONIE
Épaule de mouton .... ÉCLANCHE
Épervière d'Europe .... PILOSELLE
Épicéa d'Amérique du Nord .... SAPINETTE
Épidémie s'étendant sur un ou plusieurs continents
.... PANDÉMIE
Épine de végétaux .... AIGUILLON
Éponge d'eau douce .... SPONGILLE
Épopée populaire de Victor Hugo .. MISÉRABLES

Époque de l'année où le soleil coupe l'équateur ...
.... ÉQUINOXE
Époque de la récolte du raisin ..... VENDANGES
Époque où le cerf peut être chassé ... CERVAISON
Époque où l'on sème .... SEMAILLES
Époque où poussent les feuilles ... FRONDAISON
Époque où une brebis met bas ... AGNELAGE
Épouse d'Aménophis IV .... NÉFERTITI
Épouse d'un pair .... PAIRESSE
Épouser une personne de classe inférieure ....
.... MÉSALLIER
Époux de Néfertiti .... AMÉNOPHIS
Épreuve d'athlétisme .... DÉCATHLON
Épreuve de force .... BRASDEFER
Épreuve de sélection .... CRITÉRIUM
Épreuve de ski .... DESCENTE
Épreuve de ski nordique .... BIATHLON
Épreuve douloureuse .... CALVAIRE
Épreuve motocycliste .... MOTOCROSS
Épreuve olympique .... MARATHON
Épreuve pour les croyants .... TRIBULATION
Épreuve sportive ... CHALLENGE, CRITÉRIUM,
.... ÉLIMINATOIRE
Éprouver de la compassion pour quelqu'un ....
.... PLAINDRE
Éprouver douloureusement .... SOUFFRIR
Éprouver du repentir .... REGRETTER
Éprouver une grande crainte .... TREMBLER
Éprouver une secousse physique ... TRESSAILLIR
Éprouver une sensation, vivement ... RESSENTIR
Épuiser les forces de .... EXTÉNUER
Équilibre moléculaire .... ISOTONIE
Équilibrer quelque chose par quelque chose d'autre
.... PONDÉRER
Équipe de quatre joueurs à la pétanque ....
.... QUADRETTE
Équipement d'entretien (MH) ...... TÉLÉPHONE
Équipement d'un vaisseau ...... ARMEMENT
Équipement d'un véhicule automobile ....
.... MOTORISATION
Équipe ne gagnant pas la coupe Stanley ....
.... ÉLIMINÉE
Équiper au-delà de ses besoins .... SURÉQUIPER
Équiper de pneus .... CHAUSSER
Équiper en machines un atelier ...... OUTILLER
Équivalence de la valeur énergétique des aliments
.... ISODYNAMIE
Érection douloureuse .... PRIAPISME
Ère géologique .... TERTIAIRE
Ergoter sur des riens .... PINAILLER
Érigé en système .... SYSTÉMATIQUE
Érosion due au vent chargé de sable .. CORRASION
Errer çà et là .... VAGABONDER
Errer paresseusement .... TRAÎNAILLER,
.... TRAÎNASSER
Erreur dans la distribution des cartes ....
.... MALDONNE
Erreur de jugement .... ABERRATION
Erreur de l'esprit .... ILLUSION
Erreur qui prend une chose pour une autre ......
.... QUIPROQUO
Éruption cutanée .... EXANTHÈME

Éruption cutanée passagère .... URTICAIRE
Éruption rouge .... ÉNANTHÈME
Escabeau à deux ou trois marches .. MARCHEPIED
Escalier de faible hauteur .... TULISSAGE
Escalier des soupirs à Rome .... GÉMONIES
Escalier mécanique .... ESCALATOR
Escamoter un objet dans la paume de la main .....
.... EMPALMER
Esclave au service du temple ...... HIÉRODULE
Esclave noir .... NÉGRESSE
Escroquerie consistant à revendre une marchandise
non toute payée .... CARAMBOUILLE
Escroquer quelqu'un .... TRUANDER
Espace clos .... ENCEINTE
Espace de six mois .... SEMESTRE
Espace de temps entre deux lunes .... LUNAISON
Espace de temps séparant deux époques .....
.... INTERVALLE
Espace de terre .... PLATEBANDE
Espace de trois mois .... TRIMESTRE
Espace entre deux lignes .... INTERLIGNE
Espace entre deux nœuds .... ENTRENŒUD
Espace entre deux voies de chemin de fer ....
.... ENTREVOIE
Espace inviolable .... SANCTUAIRE
Espace libre .... DÉGAGEMENT
Espace recouvert par les arbres d'une forêt .....
.... SOUSBOIS
Espagnole célibataire .... SENORITA
Espèce de gougoune .... BABOUCHE
Espèce de petit pigeon .... TOURTERELLE
Espèce de sagouin .... OUISTITI
Espèce de saule .... PLEUREUR
Espèce sonnante et trébuchante .... NUMÉRAIRE
Espérance trompée .... MÉCOMPTE
Espère mieux mais n'a pas confiance .. PESSIMISTE
Espoir d'accord .... DIALOGUE
Esprit d'imitation .... MOUTONNERIE
Esprit follet .... FARFADET
Esprit monastique .... MOINERIE
Esprit qui revient sur terre .... REVENANT
Esprit taquin et malicieux .... FARFADET
Essaie de comprendre pourquoi on passe à l'acte ..
.... CRIMINOLOGUE
Essaie de vous entraîner de son côté ....
.... TENDANCIEUX
Essai effectué pour étudier un phénomène ....
.... EXPÉRIENCE
Essayer d'acheter à rabais .... MARCHANDER
Essayer de faire parler par la méthode forte .....
.... TORTURER
Essayer de nouveau .... RETENTER
Essayer de prévoir l'évolution d'une situation .....
.... SUPPUTER
Essayer de trouver des indices ...... ENQUÊTER
Essayer de trouver sans voir ...... TÂTONNER
Essayer d'évaluer .... SOUPESER
Essence de l'homme .... HUMANITÉ
Essence qu'on utilise pour dissoudre les corps gras
.... TÉRÉBENTHINE
Essentiel pour la visite (MH) .... FURETEUR
Essuyer les plâtres .... ÉTRENNER

Est attendu par les tout-petits ...... PÈRENOËL
Est au bout du fil .... AIGUILLE
Est au nombre des chanceuses ...... RESCAPÉE
Est caractérisée par une humeur entre tristesse et
excitation .... DYSPHORIE
Est caractérisé par une économie extrême .....
.... MINIMALISME
Est célébrée le premier novembre ... TOUSSAINT
Est cultivé pour ses fleurs ornementales ....
.... RHODODENDRON
Est destiné à faire rire .... PLAISANTERIE
Est destiné à la filtration des liquides ....
.... PAPIERFILTRE
Est destiné au transport des liquides ....
.... WAGONCITERNE
Est destinée à attirer le plus de public possible ....
.... BANDEANNONCE
Est doté de deux paires d'ailes égales .. ISOPTÈRE
Est encore au nid .... OISILLON
Est en pleine explosion (PD) .... FURIBARD
Ester de l'acide carbonique .... CARBONATE
Ester de la glycérine .... GLYCÉRIDE
Ester nitrique de la cellulose .. NITROCELLULOSE
Ester nitrique de la glycérine .. NITROGLYCÉRINE
Est essentiel au globe-trotter ...... PASSEPORT
Est grêle ou gros .... INTESTIN
Estimer au-dessus de sa valeur .... SURFAIRE
Estimer davantage .... PRÉFÉRER
Estimer indigne d'intérêt .... MÉPRISER
Estimer tel par supposition .... PRÉSUMER
Estimer un poids avec la main ...... SOUPESER
Est indispensable à l'organisme ..... NUTRITION
Est inscrit au menu d'un restaurant .. PLATDUJOUR
Est mi-homme, mi-cheval .... CENTAURE
Est obtenu par gavage des palmipèdes .. FOIEGRAS
Estompe faite de papier enroulé ..... TORTILLON
Est passé de l'argentique au numérique ....
.... OBTURATEUR
Est préparé avec le chanvre indien .. HASCHICH
Est prêt à suivre Émile et Jean-Jacques .....
.... ROUSSEAUISTE
Est prompt à frapper .... ALAMAINLESTE
Est provoquée par le froid .... ENGELURE
Estrade pour les exécutions .... ÉCHAFAUD
Est rarement joué par un inconnu ... RÔLETITRE
Est réservé aux piétons .... TROTTOIR
Est responsable de la coloration des plantes ....
.... CHLOROPHYLLE
Est riche en amidon .... FÉCULENT
Est sans intérêt (MH) .... TIRELIRE
Est situé au-dessous de l'estomac .... PANCRÉAS
Est souvent situé en périphérie des villes .....
.... AÉROPORT
Est toujours le mouchoir à la main ....
.... PLEURNICHARD
Est très attachée à sa sœur .... SIAMOISE
Est très compétent .... AÉROPAGE
Est utile après un shampooing .. SÈCHECHEVEUX
Est utilisée dans l'alimentation du bétail .....
.... FÉVEROLE
Est utilisée en confiserie .... RÉGLISSE
Est utilisé par le coiffeur ..... SÈCHECHEVEUX

Étable à bœufs .... BOUVERIE
Établir de façon précise .... DÉTERMINER
Établir des lois .... LÉGIFÉRER
Établir les bases .... INSTAURER
Établir les procédures .... RÉGLEMENTER
Établir par un accord .... CONVENIR
Établir quelque chose de façon durable
.... IMPLANTER
Établir quelque chose de nouveau .... INSTITUER
Établir une comparaison .... ASSIMILER
Établir une liaison électrique ...... CONNECTER
Établir un ordre de dépendance .. SUBORDONNER
Établir un rapport entre les choses .. RATTACHER
Établissement au bord de la mer ..... MOULIÈRE
Établissement commercial .... SUCCURSALE
Établissement de cure .... SANATORIUM
Établissement d'enseignement ...... INSTITUT
Établissement d'enseignement supérieur ......
.... UNIVERSITÉ
Établissement de recherche scientifique .. INSTITUT
Établissement de soins privé .... CLINIQUE
Établissement destiné aux observations astronomiques
.... OBSERVATOIRE
Établissement où les élèves sont en pension ......
.... INTERNAT
Établissement où l'on tanne des peaux .. TANNERIE
Établissement où l'on vend de la crème
.... CRÈMERIE
Établissement public où l'on mange ......
.... RESTAURANT
Établit une chronologie .... DATATION
Étaient sous le général Grant .... NORDISTES
Était aimée de Quasimodo .... ESMÉRALDA
Étage bas de plafond .... ENTRESOL
Étagère de salle à manger .... ARCHELLE
Étalage de manières insolentes ...... ESBROUFE
Étalage de marchandises .... ÉVENTAIRE
Étaler des marchandises .... DÉBALLER
Étaler sous les yeux .... DÉROULER
Étaler sur une tranche .... TARTINER
Étalon auquel on rapporte un échantillon ....
.... STANDARD
Étape dans les études .... BACCALAURÉAT
État actuel des choses .... STATUQUO
État affectif complexe .... SENTIMENT
État affectif pénible .... TRISTESSE
État conforme au droit .... LÉGALITÉ
État d'abattement .... PROSTRATION
État d'abattement et de tristesse .. NEURASTHÉNIE
État d'abondance .... PROSPÉRITÉ
État d'Afrique .... MAURITANIE
État d'Afrique occidentale ...... CÔTEDIVOIRE,
.... SIERRALEONE
État d'Afrique, sur l'océan Indien ......
.... MOZAMBIQUE
État d'agitation avec cris ...... CRISEDENERFS
État d'Amérique centrale ...... COSTARICA,
.... GUATEMALA, HONDURAS, SALVADOR
État d'Amérique du Sud ...... COLOMBIE,
.... ÉQUATEUR, PARAGUAY
État dans lequel la sensibilité et les mouvements
volontaires sont suspendus .... CATALEPSIE

État dans lequel une chose subsiste ....
.... CONSERVATION
État d'Asie ...... AZERBAIDJAN, SINGAPOUR
État d'Asie centrale .... AFGHANISTAN,
.... OUZBEKISTAN, TURKMENISTAN
État d'Asie du Sud-Est ...... PHILIPPINES
État d'Asie, sur le golfe du Bengale ......
.... BANGLADESH
État de belligérant .... BELLIGÉRENCE
État de calme .... SÉRÉNITÉ
État de celui qui aspire à une fonction ....
.... CANDIDATURE
État de celui qui est détaché .... DÉTACHEMENT
État de celui qui manque de certaines choses ......
.... INDIGENCE
État de ce qui a peu d'éclat .... TERNISSURE
État de ce qui atteint sa limite .. PLAFONNEMENT
État de ce qui contient du pus ...... PURULENCE
État de ce qui décrit des sinuosités ....
.... SERPENTEMENT
État de ce qui dégénère .... DÉGÉNÉRATION
État de ce qui dure un an .... ANNALITÉ
État de ce qui est algide .... ALGIDITÉ
État de ce qui est blafard .... LIVIDITÉ
État de ce qui est chargé d'eau ...... HUMIDITÉ
État de ce qui est chronique ...... CHRONICITÉ
État de ce qui est complet .... INTÉGRALITÉ
État de ce qui est compliqué .. BROUILLEMENT
État de ce qui est coulant .... FLUIDITÉ
État de ce qui est disponible .... DISPONIBILITÉ
État de ce qui est écrasé .... ÉPATEMENT
État de ce qui est entremêlé .. ENTREMÊLEMENT
État de ce qui est incliné .... INCLINAISON
État de ce qui est mordant .... ACERBITÉ
État de ce qui est noir .... NOIRCEUR
État de ce qui est poreux .... POROSITÉ
État de ce qui est prospère ...... PROSPÉRITÉ
État de ce qui est purulent ...... PURULENCE
État de ce qui est putride .... PUTRIDITÉ
État de ce qui est rénitent ...... RÉNITENCE
État de ce qui est sec .... SÉCHERESSE
État de ce qui est stérile .... STÉRILITÉ
État de ce qui est terni .... TERNISSURE
État de ce qui est tiqueté .... TIQUETURE
État de ce qui est translucide .. TRANSLUCIDITÉ
État de ce qui est vénal .... VÉNALITÉ
État de ce qui ne peut être amélioré .. PERFECTION
État de ce qui n'est pas nouveau ... ANCIENNETÉ
État de ce qui reste au même point ...... STATISME
État de ce qui serpente .... SERPENTEMENT
État de ce qui se suffit à soi-même .... AUTARCIE
État de ce qui vieillit .... VIEILLISSEMENT
État de confusion générale, de désordre ....
.... ANARCHIE
État de dépendance totale .... SERVITUDE
État de deux choses pareilles ..... CONFORMITÉ
État de fatigue .... ASTHÉNIE
État de fatigue extrême .... ÉPUISEMENT
État de grande affliction .... NAVREMENT
État de l'esprit transporté de joie .. RAVISSEMENT
État de l'Europe balkanique .... MACÉDOINE
État de malaise .... DYSPHORIE

État d'enfants jumeaux . . . . GÉMELLITÉ
État de parasite . . . . PARASITISME
État de putréfaction . . . . PUTRIDITÉ
État de quelqu'un dépérissant . . DÉPÉRISSEMENT
État de quelqu'un qui n'est pas connu
. . . . ANONYMAT
État de quelqu'un qui vit solitaire . . . RÉCLUSION
État d'équilibre de l'écorce terrestre . . ISOSTASIE
État de ruine . . . . DÉLABREMENT
État des Antilles . . . . JAMAÏQUE
État des cheveux crêpelés . . . . CRÊPELURE
État des corps en combustion . . . . IGNITION
État de servilité et d'ignorance . . . . . . ILOTISME
État des États-Unis . . ARKANSAS, CALIFORNIE,
. . . . CAROLINEDUNORD, CAROLINEDUSUD,
. . . . COLORADO, CONNECTICUT,
. . . . DAKOTADUNORD, DAKOTADUSUD,
. . . . DELAWARE, ILLINOIS, KENTUCKY,
LOUISIANE, MARYLAND, MASSACHUSETTS,
. . . . . MICHIGAN, MINNESOTA, MISSISSIPI,
NEBRASKA, NEWHAMPSHIRE, NEWJERSEY,
. . . . NOUVEAUMEXIQUE, OKLAHOMA,
. . . . PENNSYLVANIE, RHODEISLAND,
. . . . TENNESSEE, VIRGINIE,
. . . . VIRGINIEOCCIDENTALE, WASHINGTON,
. . . . WISCONSIN
État de sommeil léger . . . . SOMNOLENCE
État des Petites Antilles . . . . DOMINIQUE,
. . . . SAINTELUCIE
État d'esprit . . . . MENTALITÉ
État d'esprit confiant . . . . SÉCURITÉ
État d'esprit de l'arriviste, d'un ambitieux . . . .
. . . . ARRIVISME
État d'esprit de quelqu'un sur ses gardes . . . .
. . . . MÉFIANCE
État de tranquillité . . . . SÉRÉNITÉ
État de très grande indigence . . . . . . PAUPÉRISME
État de très grande peine . . . . NAVREMENT
État de trouble . . . . AGITATION, ANARCHIE
État d'Europe . . . . ALLEMAGNE, AUTRICHE,
. . . . BULGARIE, GRANDEBRETAGNE,
. . . . LETTONIE, PORTUGAL
État d'Europe balkanique . . . . MACÉDOINE
État d'Europe du Nord . . . . DANEMARK
État d'Europe occidentale . . . . . LUXEMBOURG
État d'Europe orientale . . LETTONIE, ROUMANIE
État d'Europe, sur l'Atlantique . . . . . PORTUGAL
État d'exaltation violente . . . . FRÉNÉSIE
État d'extrême faiblesse . . . . DÉBILITÉ
État d'inertie . . . . HIBERNATION
État d'inquiétude, d'irritabilité . . . . . NERVOSITÉ
État dû à l'usage d'une drogue . . . .
. . . . ACCOUTUMANCES
État d'un arbre dépouillé de son écorce . . . .
. . . . DÉNUDATION
État d'un aveugle . . . . POINTDEVUE
État d'un corps en combustion . . . . IGNITION
État d'un corps en décomposition . . POURRITURE
État d'une céréale échaudée . . . . ÉCHAUDEMENT
État d'une chose ayant toutes ses parties . . . .
. . . . INTÉGRITÉ
État d'une chose qui finit . . . . . . TERMINAISON

État d'une chose tenant à une autre . . ADHÉRENCE
État d'une faculté pas encore pleinement développée
. . . . IMMATURITÉ
État d'une femme enceinte . . . . GROSSESSE
État d'une fille pubère . . . . NUBILITÉ
État d'un endroit recouvert de neige . . . .
. . . . ENNEIGEMENT
État d'une personne abasourdie . . . HÉBÉTEMENT
État d'une personne anonyme . . . . . . ANONYMAT
État d'une personne arriérée . . . . . ARRIÉRATION
État d'une personne excitée . . . . . . ÉNERVEMENT
État d'une personne oisive . . . . OISIVETÉ
État d'une personne qui est irrésolue . . . .
. . . . IRRÉSOLUTION
État d'une personne qui n'a plus faim . . . .
. . . . RASSASIEMENT
État d'une personne qui ne fait rien . . . OISIVETÉ
État d'une personne qui ne peut pas encore voter . .
. . . . MINORITÉ
État d'une personne seule . . . . SOLITUDE
État d'une personne vierge . . . . VIRGINITÉ
État d'une solution hypotonique . . . . HYPOTONIE
État d'une substance féculente . . . . . FÉCULENCE
État d'une surface inégale . . . . ASPÉRITÉ
État d'une surface velue . . . . VILLOSITÉ
État d'une tête chauve . . . . CALVITIE
État d'un fruit prêt à être mangé . . . . . MATURITÉ
État d'un groupe restant dans une région . . . .
. . . . SÉDENTAIRE
État d'un liquide . . . . SURCHAUFFE
État d'un liquide déposant des sédiments . . . .
. . . . FÉCULENCE
État d'un liquide trouble . . . . TURBIDITÉ
État du sourd muet . . . . SURDIMUTITÉ
État fédéral d'Asie . . . . . . MALAISIE, PAKISTAN
État fédéral d'Europe . . . . BELGIQUE
État insulaire d'Afrique . . . . SEYCHELLES
État insulaire de l'Australie . . . . TASMANIE
État insulaire du Pacifique . . . . INDONÉSIE
État léthargique . . . . HIBERNATION
État maladif dû à des troubles métaboliques . . . . . .
. . . . DYSCRASIE
État mental pathologique . . . . DÉPRESSION
État mental ressemblant à un mauvais rêve . . . .
. . . . ONIRISME
État occupant le sud de l'Afrique . . . .
. . . . AFRIQUEDUSUD
État présenté par un gène dominant . . DOMINANCE
État psychologique . . . . SENSATION
État résultant d'une fatigue excessive . . . .
. . . . SURMENAGE
État souverain . . . . PUISSANCE
États-unien . . . . NEWYORKAIS
État sur la Baltique . . . . LETTONIE
Et aussi . . . . AINSIQUE
Étayer avec des béquilles . . . . BÉQUILLER
Et commercial . . . . ESPERLUETTE
Été au spectacle avec François . . . . . CLAUDETTE
Été comme hiver elle n'arrange pas les relations (PD)
. . . . FROIDEUR
Éteindre de nouveau . . . . REFERMER
Éteint depuis longtemps . . . . MAMMOUTH

Étendard d'un groupe . . . . BANNIÈRE
Étendre en longueur . . . . ALLONGER
Étendre grossièrement une couleur . . . . BARBOUILLER
Étendue de la voix . . . . REGISTRE
Étendue des pays le long des côtes . . . LITTORAL
Étendue de terrain couverte de marais . . . . MARÉCAGE
Étendue très vaste . . . . IMMENSITÉ
Et le reste, et les autres . . . . ETCETERA
Étoffe de coton et de soie . . . . SATINETTE
Étoffe en poil de chèvre . . . . CACHEMIRE
Étoffe épaisse . . . . MOLLETON
Étoffe légère . . . . PLUMETIS
Étoffe tissée artisanalement . . . . . . CATALOGNE
Étoile-d'argent . . . . EDELWEISS
Étoile de mer . . . . ÉCHINODERME
Étoile qui explose et très lumineuse . . SUPERNOVA
Étoile variable en éclat . . . . CÉPHÉIDE
Étonnement extrême . . . . ÉBAHISSEMENT
Étonnement profond . . . . STUPÉFACTION
Étonner vivement . . . . ÉBERLUER
Étouffer un feu . . . . ÉTEINDRE
Étourdir par un coup . . . . ESTOURBIR
Étourdir par un coup sur la tête . . . . . ASSOMMER
Étourdir par grand bruit . . . . ABASOURDIR
Étranger qui étale sa richesse, qui intrigue . . . . RASTAQUOUÈRE
Être à côté de . . . . VOISINER
Être affecté par quelque chose . . . RESSENTIR
Être agité de frémissements . . . . PALPITER
Être agité de mouvements saccadés . . TREMBLER
Être agité de petites secousses rapides . . . TRÉPIDER
Être agité de secousses . . . . TRESSAUTER
Être agité d'un tremblement . . . . TRÉMULER
Être agité d'un tremblement saccadé . . TRÉPIDER
Être agité sous l'effet de la chaleur . . . . BOUILLIR
Être à l'agonie . . . . AGONISER
Être à la limite de . . . . CONFINER
Être à la maison, en parlant du lion . . REPAIRER
Être à la recherche de la vérité . . . . . . ENQUÊTER
Être à la tête de . . . . CHAPEAUTER
Être à moitié endormi . . . . SOMNOLER
Être amoureux . . . . SOUPIRER
Être animé d'un mouvement de va-et-vient . . . . OSCILLER
Être arrêté par une difficulté . . . . ACHOPPER, ... TRÉBUCHER
Être attentif . . . . ENTOURER, OUVRIRLŒIL
Être attentif à l'égard de quelqu'un . . ENTOURER
Être bien en chaire (MH) . . . . PROFESSEUR
Être bien informé . . . . ENSAVOIRLONG
Être candidat à une fonction . . . . POSTULER
Être conscient . . . . RESSENTIR
Être contigu . . . . AVOISINER
Être couvert d'un liquide . . . . RUISSELER
Être dans la lune . . . . RÊVASSER
Être dans le champ (MH) . . . . ESSARTER
Être dans les jambes . . . . EMPÊTRER
Être dans un état d'agitation . . . . . . FERMENTER
Être déçu . . . . DÉCHANTER
Être dépassé . . . . RETARDER

Être désagréable à . . . . DÉPLAÎRE
Être emporté par un tournoiement rapide . . . . TOURBILLONNER
Être en accord de sentiments . . . . . COMMUNIER
Être en ébullition . . . . BOUILLIR
Être en état de somnolence . . . . SOMNOLER
Être en fermentation . . . . FERMENTER
Être évident . . . . ALLERDESOI
Être fabuleux au corps de cheval . . . . CENTAURE
Être habité par l'amour ou la haine . . RESSENTIR
Être humain . . . . INDIVIDU
Être imaginaire . . . . SÉLÉNITE
Être imposé à quelqu'un . . . . INCOMBER
Être jaloux de . . . . JALOUSER
Être la cause de . . . . PROVOQUER
Être la conséquence de . . . . RÉSULTER
Être la propriété de quelqu'un . . APPARTENIR
Être l'effet de . . . . RÉSULTER
Être le plus important . . . . PRÉDOMINER
Être le premier à subir un inconvénient . . . . ÉTRENNER
Être le signe de . . . . ANNONCER
Être le symbole de quelque chose . . REPRÉSENTER
Être le témoin de . . . . ASSISTER
Être mécontent de ce qu'on a fait . . . REGRETTER
Être muni d'un équipement encombrant . . . . HARNACHER
Être placé à côté . . . . VOISINER
Être plein de fougue . . . . BOUILLIR
Être près de sa fin, près de la mort . . AGONISER
Être présent à . . . . ASSISTER
Être presque rendu au bout . . . . AGONISER
Être prêt . . . . ATTENDRE
Être prévenant à l'égard de . . . . ENTOURER
Être pris de peur . . . . PANIQUER
Être proche de . . . . AVOISINER
Être produit par une cause . . . . RÉSULTER
Être publié . . . . PARAÎTRE
Être qui a été tiré du néant . . . . . . CRÉATURE
Être qui a une colonne . . . . VERTÉBRÉ
Être répandu çà et là . . . . PARSEMER
Être saisi d'un frémissement . . . . . FRISSONNER
Être secoué de petites secousses . . . . . TRÉPIDER
Être secoué par le hoquet . . . . HOQUETER
Être séduit comme par magie . . . . . ENVOÛTER
Être situé avant . . . . PRÉCÉDER
Être soumis à la condition de . . . . . . DÉPENDRE
Être sous l'autorité de quelqu'un . . . . DÉPENDRE
Être souvent en contact avec . . . . . . COUDOYER
Être stupéfait . . . . HALLUCINER
Être supérieur en son genre . . . . EXCELLER
Être sur le point de partir . . . . AGONISER
Être suspendu . . . . PENDILLER
Être tout près de la fin . . . . AGONISER
Être très bon . . . . EXCELLER
Être unicellulaire . . . . BACTÉRIE
Être utile . . . . PROFITER
Être vaincu . . . . SUCCOMBER
Être vivant . . . . ORGANISME, RESPIRER
Être vivant unicellulaire . . . . PROTOZOAIRE
Étroitement limiter . . . . RESSERRER
. . . et simplement . . . . PUREMENT

Étude biologique des selles . . . . COPROLOGIE
Étude concernant la religion . . . . . . THÉOLOGIE
Étude de la dimension sociale de l'homme . . . .
. . . . ANTHROPOLOGIE
Étude de la finalité . . . . TÉLÉOLOGIE
Étude de la forme de la Terre . . . . GÉODÉSIE
Étude de la guerre . . . . POLÉMOLOGIE
Étude de la Lune . . . . SÉLÉNOLOGIE
Étude de la mort . . . . THANATOLOGIE
Étude de la répartition des animaux sur la Terre . . .
. . . . ZOOGÉOGRAPHIE
Étude de la sexualité . . . . SEXOLOGIE
Étude de la structure des êtres . . MORPHOLOGIE
Étude de la structure des métaux . . . .
. . . . MÉTALLOGRAPHIE
Étude de la vieillesse . . . . GÉRONTOLOGIE
Étude de l'Égypte ancienne . . . . . ÉGYPTOLOGIE
Étude de l'oreille . . . . OTOLOGIE
Étude des conditions d'équilibre des liquides . . . . . .
. . . . HYDROSTATIQUE
Etude des cryptogames . . . . CRYPTOGAMIE
Étude des drapeaux . . . . VEXILLOLOGIE
Étude des maladies de l'appareil génito-urinaire . . .
. . . . UROLOGIE
Étude des maladies des plantes . . . .
. . . . PHYTOPATHOLOGIE
Étude des maladies des voies urinaires . . . .
. . . . UROLOGIE
Étude des mollusques . . . . .MALACOLOGIE
Étude des mousses . . . . BRYOLOGIE
Étude des mouvements du cœur . . . .
. . . . CARDIOGRAPHIE
Étude des muscles . . . . MYOLOGIE
Étude des mythes . . . . MYTHOLOGIE
Étude des organismes parasites . . . PARASITOLOGIE
Étude des ovnis . . . . UFOLOGIE
Étude des pavillons . . . . VEXILLOLOGIE
Étude des phénomènes paranormaux . . . .
. . . . PARAPSYCHOLOGIE
Étude des pollens . . . . PALYNOLOGIE
Étude des relations entre les êtres vivants et leur
milieu . . . . ÉCOLOGIE
Étude des reptiles . . . . ERPÉTOLOGIE,
. . . . HERPÉTOLOGIE
Étude des rêves . . . . ONIROLOGIE
Étude des selles . . . . COPROLOGIE
Étude des sérums . . . . SÉROLOGIE
Étude des sols . . . . PÉDOLOGIE
Étude des sons . . . . PHONÉTIQUE
Étude des symptômes des maladies . . . .
. . . . SYMPTOMATOLOGIE
Étude des types de caractères . . . .
. . . . CARACTÉROLOGIE
Étude détaillée sur un point d'histoire . . . .
. . . . MONOGRAPHIE
Étude du dosage des médicaments . . POSOLOGIE
Étude du foie . . . . HÉPATOLOGIE
Étude du larynx . . . . LARYNGOLOGIE
Étude d'une langue . . . . PHILOLOGIE
Étude d'un projet industriel . . . . INGÉNIERIE
Étude du pied . . . . PODOLOGIE
Étude du vieillissement . . . . GÉRONTOLOGIE

Étude en administration des médicaments . . . .
. . . . POSOLOGIE
Étude médicolégale concernant la mort . . . .
. . . . THANATOLOGIE
Étude méthodique du langage . . . . SÉMANTIQUE
Étude scientifique de l'amour physique . . . .
. . . . ÉROTOLOGIE
Étude scientifique des champignons . . MYCOLOGIE
Étude scientifique des insectes . . ENTOMOLOGIE
Étude scientifique des poissons . . . ICHTYOLOGIE
Études scolaires . . . . SCOLARITÉ
Étude théorique des sociétés . . . . . ETHNOLOGIE
Étudiant en médecine . . . . RÉSIDENT
Étudie le globe . . . . GÉOLOGUE
Étudie le langage . . . . LINGUISTE
Étudier à fond . . . . APPROFONDIR
Étudier avec application . . . . POTASSER
Étui allongé . . . . FOURREAU
Étui plat . . . . POCHETTE
Européen de Boston . . . . IRLANDAIS
Évacuation progressive . . . . DRAINAGE
Évacuer brutalement . . . . ÉTERNUER
Évacuer l'eau . . . . ASSÉCHER
Évaluer de nouveau . . . . RÉÉVALUER
Évasement à l'orifice d'un trou . . . . . FRAISURE
Éveil d'un souvenir . . . . REMÉMORATION
Événement arrivant à point nommé . . . .
. . . . PROVIDENCE
Événement désagréable . . . . MÉSAVENTURE
Événement fâcheux . . . . . ACCIDENT, INCIDENT
Événement final . . . . DÉNOUEMENT
Événement grave et comique . . . TRAGICOMÉDIE
Événement imprévu . . . . ACCIDENT
Événement inattendu . . . . SURPRISE
Événement malheureux affectant la vie . . . .
. . . . VICISSITUDE
Événement qui déclenche une action . . . .
. . . . DÉTONATEUR
Événements qui appartiennent à la vie quotidienne
. . . . FAITSDIVERS
Événement survenant au cours de l'action . . . .
. . . . INCIDENT
Événement terrible . . . . TRAGÉDIE
Évite aux câbles de traîner . . . . ENROULEUSE
Évite d'aller trop loin . . . . LIMITATION
Évite d'avoir à attendre (MH) . . . . . . STÉRILET
Évite d'avoir à donner un coup de torchon (MH) . . .
. . . . ÉGOUTTOIR
Évite l'aggravation de la situation . . . .
. . . . PACIFICATEUR
Évite les bousculades à l'entrée (PD) . . . .
. . . . TOURNIQUET
Évite les débordements de tous côtés (PD) . . . .
. . . . MODÉRATEUR
Évite les dégâts en façade (PD) . . PROTÈGEDENTS
Évite les longueurs . . . . TRONCATION
Évite les refroidissements en salle . . CHAUFFEPLAT
Évite les suites (PD) . . . . SPERMICIDE
Éviter adroitement . . . . ESQUIVER
Éviter ce qui est difficile . . . . ESCAMOTER
Éviter de l'avoir dans son entourage . . . .
. . . . PORTEMALHEUR

Évocation de l'amour physique ...... ÉROTISME
Évoluer autour de .... GRAVITER
Evoluer librement avec vivacité .... CARACOLER
Évolution de l'organisme .... MATURATION
Évolution des formes du relief terrestre ....
.... MORPHOGENÈSE
Évoque de longs bavardages ..... PATATIPATATA
Évoque le bruit d'une chute ...... BADABOUM
Évoque le chat .... RONRONNEMENT
Évoque le paradis perdu .... ÉDÉNIQUE
Évoquer une idée .... SUGGÉRER
Évoque une belle tenue .... TRENTEETUN
Évoque une truite .... ARCENCIEL
Exactitude dans l'action .... PRÉCISION
Exagération des besoins sexuels féminins ....
.... NYMPHOMANIE
Exagération des règles .... MÉNORRAGIE
Exagérément embrouiller ...... TARABISCOTER
Exaltation joyeuse .... ENTHOUSIASME
Exaltation voluptueuse .... ENIVREMENT
Exalter la grandeur .... MAGNIFIER
Examen attentif ...... AUTOPSIE, INSPECTION
Examen de la vessie .... CYSTOSCOPIE
Examen des fosses nasales ...... RHINOSCOPIE
Examen d'un cadavre .... AUTOPSIE
Examen d'une affaire .... DÉLIBÉRATION
Examen du rectum .... RECTOSCOPIE
Examen en profondeur .... INSPECTION
Examiner attentivement .... AUSCULTER,
.... ÉPLUCHER, OBSERVER
Examiner attentivement un texte ... DÉPOUILLER
Examiner de façon superficielle ..... SURVOLER
Examiner de nouveau .... RÉÉVALUER
Examiner d'un point de vue différent .. REPENSER
Examiner les aspects d'une question .. EXPLORER
Examiner les images d'un film ...... VISIONNER
Examiner l'état sanitaire d'un navire ....
.... ARRAISONNER
Examiner plus à fond .... REPENSER
Examiner rapidement .... PARCOURIR
Examiner soigneusement .... DÉLIBÉRER
Examiner superficiellement .... EFFLEURER
Examiner très rapidement .... SURVOLER
Examine son travail sous toutes les coutures (MH)
.... TAILLEUR
Excavation longitudinale .... TRANCHÉE
Excavation où sont réunis des ossements ....
.... CATACOMBE
Excéder de fatigue ..... ÉREINTER, SURMENER
Excellente source de vitamine C ....
.... ORANGERAIE
Excellent instrumentaliste .... VIRTUOSE
Excès d'activité du cœur .... ÉRÉTHISME
Excès de charge .... SURCHARGE
Excès de graisse aux cuisses ....
.... CULOTTEDECHEVAL
Excès de maturité d'un fruit ... BLETTISSEMENT
Excès de politesse .... CÉRÉMONIE
Excès de table .... RIPAILLE
Excès d'un produit .... OVERDOSE
Excision du prépuce .... CIRCONCISION
Excitant du système nerveux végétatif .. NICOTINE

Excitation buccale des organes génitaux féminins ..
.... CUNNILINGUS
Excitation intense .... HYSTÉRIE
Excité jusqu'au délire .... HYSTÉRIQUE
Exciter agréablement .... TITILLER
Exciter la colère de .... INDIGNER
Exciter la curiosité de .... INTRIGUER
Exciter la pitié .... APITOYER
Exciter le désir érotique .... PROVOQUER
Exciter un sentiment .... ÉVEILLER
Exclamation d'allégresse .... ALLELUIA
Exclamation gourmande .... MIAMMIAM
Exclamation moqueuse .... TURLUTUTU
Exclure d'une épreuve sportive .. DISQUALIFIER
Exclure du nombre de .... EXCEPTER
Excommunication majeure .... ANATHÈME
Excrément fossile .... COPROLITHE
Excrétion du lait .... LACTATION
Excroissance charnue ornant la tête du dindon ..
.... CARONCULE
Excroissance naturelle de la surface de l'os ....
.... APOPHYSE
Excroissance naturelle de l'omoplate ....
.... ACROMION
Excursion touristique .... SAFARIPHOTO
Exécuter à coups de fusil .... FUSILLER
Exécuter avec des aiguilles .... TRICOTER
Exécuter des travaux manuels ...... BRICOLER
Exécuter ou faire une très mauvaise exécution (PD)
.... MASSACRER
Exécuter rapidement et sans soin .. TORCHONNER
Exécuter salement .... COCHONNER
Exécuter un condamné .... FUSILLER
Exécuter un condamné à mort .. ÉLECTROCUTER
Exécuter un travail avec soin .... FIGNOLER
Exécuteur de hautes œuvres .... BOURREAU
Exécution d'un coupable .... AUTODAFÉ
Exemple représentatif .... ÉCHANTILLON
Exercé par un collège .... COLLÉGIAL
Exercer un attrait irrésistible .... ENVOÛTER
Exercer un puissant ascendant ..... SUBJUGUER
Exercice à la barre .... PLAIDOIRIE
Exercice d'acrobate .... ACROBATIE
Exercice d'une action en justice .... POURSUITE
Exercice écrit .... DISSERTATION
Exercice musculaire .... ÉTIREMENT
Exercice scolaire .... RÉCITATION
Exercices pour ceux qui ont du ventre ....
.... ABDOMINAUX
Exige de la patience .... DRESSAGE
Exigence impérative .... ULTIMATUM
Exigence inutile et compliquée .... CHINOISERIE
Exister en même temps .... COEXISTER
Expectoration abondante de crachats ....
.... BRONCHORRÉE
Expédient pour écarter un obstacle .... PALLIATIF
Expédier dans les fosses (PD) ...... NÉBULISER
Expédier rapidement .... TROUSSER
Expédition militaire dans un dessein religieux .....
.... CROISADE
Expédition où l'on mitraille des animaux sans les
blesser .... SAFARIPHOTO

Expert chargé d'évaluer la valeur des marchandises . . . . SAPITEUR
Experte en pétards à la farine (MH) . . BOBINETTE
Expliquer beaucoup de fois . . . . RESSASSER
Expliquer ce qui est complexe . . . . . . ÉLUCIDER
Expliquer dans les moindres détails . . DÉTAILLER
Exploitation agricole . . . . PLANTATION
Exploitation agricole collective, en Israël . . . . KIBBOUTZ
Exploitation artisanale d'alluvions aurifères . . . . ORPAILLAGE
Exploitation de serres . . . . SERRISTE
Exploiter une colonie . . . . COLONISER
Explorateur allemand . . . . NACHTIGAL
Explorateur de cavernes . . . . SPÉLÉOLOGUE
Explorateur norvégien . . . . AMUNDSEN
Explorer les bruits de l'organisme . . AUSCULTER
Exploser sous l'eau . . . . TORPILLER
Explosif à base d'acide picrique . . . . . . MÉLINITE
Explosif à base de chlorate de potassium . . . . CHEDDITE
Explosion de rire . . . . HILARITÉ
Exposé chronologique des faits . . . . HISTORIQUE
Exposé d'ensemble . . . . SYNTHÈSE
Exposer à certaines radiations, à la radioactivité . . . . IRRADIER
Exposer à feu vif . . . . RISSOTER
Exposer quelque chose à un risque . . HASARDER
Exposition horticole . . . . FLORALIES
Expression abrégée . . . . RACCOURCI
Expression d'une idée par une figure . . . . ALLÉGORIE
Expression particulière à une langue . . IDIOTISME
Expression spirituelle . . . . . . TRAITDESPRIT
Expression vulgaire . . . . TRIVIALITÉ
Exprimé de façon incompréhensible . . . . JARGONNEUX
Exprime la douleur . . . . GÉMISSEMENT
Exprime la satisfaction . . . . CHOUETTE
Exprime le bruit d'une chose qui tombe . . . . PATATRAS
Exprimer clairement . . . . DÉCLARER
Exprimer de façon transposée . . . . TRADUIRE
Exprimer de manière précise . . . . . . SPÉCIFIER
Exprimer par un symbole . . . . SYMBOLISER
Exprimer sa colère . . . . MARONNER
Exprimer sa gratitude . . . . REMERCIER
Exprimer son mécontentement . . . MARONNER
Exprimer sous forme numérique . . . . NUMÉRISER
Exprimer un bruit de chute . . . . PATATRAS
Exprime ses regrets . . . . REPENTANT
Exprime un clapotement . . . . FLICFLAC
Exprime un rang . . . . TROISIÈME
Exprime un roulement . . . . RATAPLAN
Expulser brusquement, bruyamment de l'air . . . . ÉTERNUER
Expulser des matières fécales . . . . DÉFÉQUER
Expulsion des matières fécales . . . . DÉFÉCATION
Expulsion d'un fœtus humain . . . . AVORTEMENT
Extension d'un ulcère . . . . PHAGÉDÉNISME
Extension progressive . . . . EMPIÉTEMENT
Extermination d'un groupe humain . . . GÉNOCIDE

Extirpation d'un organe . . . . ÉNUCLÉATION
Extirper un organe . . . . ÉNUCLÉER
Extraction des parfums des fleurs . . ENFLEURAGE
Extraction d'une dent . . . . AVULSION
Extraire des morceaux de divers auteurs . . . . COMPILER
Extraire un fragment . . . . PRÉLEVER
Extrait de l'ergot de seigle . . . . ERGOTINE
Extrait de naissance (MH) . . . . MÉCONIUM
Extraite de la garance . . . . ALIZARINE
Extrêmement agréable . . . . DÉLICIEUX
Extrêmement aimable, charmant . . . . ADORABLE
Extrêmement désagréable . . . . EXÉCRABLE
Extrêmement fatigant . . . . HARASSANT
Extrêmement grand . . . . COLOSSAL
Extrêmement heureux . . . . ENCHANTÉ
Extrêmement libre dans ses mœurs . . LICENCIEUX
Extrêmement maigre . . . . SQUELETTIQUE
Extrêmement petit . . . . INFINITÉSIMAL
Extrêmement rare . . . . RARISSIME
Extrêmement riche . . . . RICHISSIME
Extrême véhémence . . . . VIOLENCE
Extrémité d'un chromosome . . . . TÉLOMÈRE
Extrémité d'un os long . . . . ÉPIPHYSE
Extrémité du tube d'un microscope . . . ŒILLETON
Extrémité sud-ouest de l'Angleterre . . . . CORNOUAILLES
Fabricant de heaumes . . . . HEAUMIER
Fabricant de lunettes . . . . LUNETIER
Fabricant de parfums . . . . PARFUMEUR
Fabricant de produits distillés . . . DISTILLATEUR
Fabrication de la monnaie . . . . MONNAYAGE
Fabrication des bijoux . . . . BIJOUTERIE
Fabrication des câbles . . . . CÂBLERIE
Fabrication des selles . . . . SELLERIE
Fabrication des vitres . . . . VITRERIE
Fabrication de toiles . . . . TOILERIE
Fabrication d'objets gainés . . . . GAINERIE
Fabrication du drap . . . . DRAPERIE
Fabrication du pain . . . . BOULANGERIE
Fabrique de gros ouvrages de fer . . FERRONNERIE
Fabrique de sabots . . . . SABOTERIE
Fabrique des clefs . . . . SERRURIER
Fabrique de toiles . . . . TOILERIE
Fabrique de tulle . . . . TULLERIE
Fabriquer un noyau . . . . NOYAUTER
Face antérieure du thorax . . . . POITRINE
Facile et écœurant . . . . SIRUPEUX
Facilement irritable . . . . ATRABILIARE
Facilement tordu (MF) . . . . RICANEUR
Facilité à pardonner les fautes . . . . INDULGENCE
Facilité à parler . . . . ÉLOQUENCE
Facilité à se mouvoir . . . . MOBILITÉ
Facilité d'emploi d'un système informatique . . . . CONVIVIALITÉ
Facilite la sortie des belles prises (PD) . . . . ÉPUISETTE
Facilite l'avancement des affaires . . NÉGOCIATION
Facilite le retour au calme . . . . . . DÉCRISPATION
Facilite les rencontres . . . . ENTREMETTANT
Facilite l'évasion . . . . IMAGINAIRE
Facilite l'observation . . . . TÉLESCOPE

Facilitent le laçage (PD) .... ŒILLETS
Facilite un bon fonctionnement ...... LUCIDITÉ
Façon d'agir .... TRAITEMENT
Façon de bien finir l'année .... GUEULETON
Façon de dévoiler son anatomie (MH)
.... DISCRÉTION
Façon de faire la sole, de la préparer .. MEUNIÈRE
Façon d'éliminer de l'eau .... ESSORAGE
Façon de manger du jambon avec des baguettes (MH)
.... SANDWICH
Façon de nommer .... APPELLATION
Façon d'entrer .... INSERTION
Façon de parler .... LANGUEDEBOIS
Façon de parler remarquablement brève ....
.... LACONISME
Façon de passer qui nous met dans le décor (MH) ..
.... INAPERÇU
Façon de peindre par taches .... TACHISME
Façon de penser .... POINTDEVUE
Façon de se jeter à l'eau .... TREMPLIN
Façon de s'en sortir .... ÉCHAPPATOIRE
Façon de sortir discrètement .... INCOGNITO
Façon de stériliser .... VASECTOMIE
Façon dont doit être effectué quelque chose ....
.... MODALITÉ
Façonné avec simplicité .... RUSTIQUE
Façonner au moyen du marteau ..... MARTELER
Façonner aux mœurs européennes ....
.... EUROPÉANISER
Façonner en taillant une matière dure ....
.... SCULPTER
Façons trop libres .... FAMILIARITÉS
Facteur constituant un danger pour la santé, une gêne
.... NUISANCE
Faculté de comprendre .... ENTENDEMENT,
.... INTELLIGENCE, PÉNÉTRATION
Faculté de connaître .... CONNAISSANCE
Faculté de créer .... IMAGINATION
Faculté de juger .... DISCERNEMENT
Faculté de saisir par la pensée ... INTELLIGENCE
Faculté de se mettre à la place d'autrui, de s'identi-
fier à quelqu'un .... EMPATHIE
Faculté d'être présent en plusieurs lieux à la fois ...
.... UBIQUITÉ
Faculté de deviner, de prévoir .... INTUITION
Faculté de voir la nuit .... NYCTALOPIE
Faculté d'inventer .... IMAGINATION
Faculté motrice .... MOTRICITÉ
Faim sans fin .... BOULIMIE
Faim subite et pressante .... FRINGALE
Faire abandonner le rêve de quelqu'un ....
.... RÉVEILLER
Faire absorber un médicament ... ADMINISTRER
Faire adhérer à un mode de vie européen ....
.... EUROPÉANISER
Faire admettre comme excusable, comme juste ....
.... LÉGITIMER
Faire administrer par l'État .... ÉTATISER
Faire aller et venir quelque chose .... PROMENER
Faire aller vers le fond .... ENFONCER
Faire antichambre .... ATTENDRE
Faire appel .... RECOURIR

Faire appel à l'action d'un groupe ... MOBILISER
Faire appel à la justice .... INTENTER
Faire appel à l'étranger .... EXPORTER
Faire appel à quelqu'un .... SOLLICITER
Faire arriver plus tard .... RETARDER
Faire atchoum .... ÉTERNUER
Faire barrage .... OBSTRUER
Faire beaucoup de bruit .... RÉSONNER
Faire beaucoup de gestes .... GESTICULER
Faire bien plus qu'aimer un peu .... IDOLÂTRER
Faire boire abondamment .... ABREUVER
Faire bombance .... FESTOYER, RIPAILLER
Faire bonne chère .... BANQUETER
Faire bonne chère (se) .... GOBERGER
Faire bouillir du lait .... UPÉRISER
Faire briller en frottant .... ASTIQUER
Faire ça plus bref .... ÉCOURTER
Faire céder par un choc, par une pression .....
.... ENFONCER
Faire ce qu'il faut pour nous casser les pieds (MH)
.... RESSASSER
Faire ce qu'il faut pour réaliser quelque chose .....
.... PRÉPARER
Faire cesser de brûler, d'éclairer, de fonctionner ...
.... ÉTEINDRE
Faire cesser un sentiment violent .... DÉSARMER
Faire changer de route .... DÉROUTER
Faire circuler .... ÉBRUITER
Faire coin-coin .... NASILLER
Faire comme celui qui n'a pas le feu au derrière (MH)
.... LAMBINER
Faire comme du champagne .... PÉTILLER
Faire comme George W. Bush ...... PRÉSIDER
Faire comme la marmotte .... HIBERNER
Faire comme les canards .... NASILLER
Faire comme un chameau .... BLATÉRER
Faire comme un chat heureux ..... RONRONNER
Faire comprendre quelque chose sans le dire ....
.... SOUSENTENDRE
Faire concurrence à .... CONCURRENCER
Faire connaître .... VULGARISER
Faire connaître d'une façon expresse ....
.... SIGNIFIER
Faire connaître d'une façon solennelle ....
.... DÉCLARER
Faire connaître par ses paroles ..... TÉMOIGNER
Faire converger en un point .... FOCALISER
Faire correspondre à un signe d'écriture un signe
d'une autre écriture .... TRANSLITTÉRER
Faire couler .... ÉPANCHER
Faire couler de l'eau sur une plaie .... IRRIGUER
Faire couler d'un lieu dans un autre ....
.... DÉVERSER
Faire couler le sang ...... ENSANGLANTER
Faire couler un navire .... SABORDER
Faire cuire .... FRICASSER
Faire cuire en gratin .... GRATINER
Faire dégénérer .... ABÂTARDIR
Faire dégénérer une situation .... ENVENIMER
Faire de la pâtisserie .... PÂTISSER
Faire de la varappe .... VARAPPER
Faire de l'escalade de parois rocheuses .. VARAPPER

Faire de l'ironie . . . . IRONISER
Faire de longs commentaires . . . . . . ÉPILOGUER
Faire de longs développements . . . . . . TARTINER
Faire démarrer . . . . ENCLENCHER
Faire d'ennuyeux discours . . . . . . HARANGUER
Faire de nouveau . . . . RÉITÉRER
Faire de nouveau une opération . . . . . . RÉOPÉRER
Faire de nouveau un tas . . . . REMPILER
Faire de petites boucles . . . . FRISOTTER
Faire des bavardages calomnieux . . . . CANCANER
Faire des bouquets . . . . ENGERBER
Faire des bulles . . . . PÉTILLER
Faire descendre . . . . ABAISSER
Faire des commentaires . . . . COMMENTER
Faire des commérages . . . . CANCANER
Faire des concessions . . . . TRANSIGER
Faire des contorsions du visage . . . . . GRIMACER
Faire des coupures . . . . CENSURER
Faire des courses . . . . MAGASINER
Faire des craques . . . . IRONISER
Faire des creux . . . . RAINURER
Faire des découpures . . . . DENTELER
Faire des déductions . . . . RAISONNER
Faire des détonations . . . . PÉTARADER
Faire des difficultés pour peu de chose . . . .
. . . . CHIPOTER
Faire des économies . . . . ÉPARGNER
Faire des efforts (s') . . . . ÉVERTUER
Faire des enquêtes . . . . ENQUÊTER
Faire des entailles . . . . ENTAILLER
Faire des entailles en forme de dents . . . .
. . . . DENTELER
Faire des étincelles . . . . RESPLENDIR
Faire des faux plis . . . . GODAILLER
Faire des flic flac . . . . BARBOTER
Faire des grimaces . . . . GRIMACER
Faire des hauts et des bas . . . . TRICOTER
Faire des imitations . . . . PASTICHER
Faire des incisions . . . . SCARIFIER
Faire des laïus . . . . LAÏUSSER
Faire des lignes à la craie . . . . TRINGLER
Faire des lignes parallèles . . . . RATISSER
Faire des mailles . . . . TRICOTER
Faire des manières pour séduire . . . . . MINAUDER
Faire des mouvements avec les bras . . . .
. . . . GESTICULER
Faire des opérations boursières, financières . . . .
. . . . SPÉCULER
Faire des opérations illégales . . . . . . TRAFIQUER
Faire des opérations malhonnêtes . . . . . TRIPOTER
Faire des petites boucles . . . . FRISOTTER
Faire des petites réparations . . . . BRICOLER
Faire des petits (MH) . . . . ÉMIETTER
Faire des petits chats . . . . CHATONNER
Faire des piles . . . . ENTASSER
Faire des rebonds . . . . RICOCHER
Faire des recherches . . . . ENQUÊTER
Faire des réductions . . . . ÉCOURTER
Faire des remontrances à . . . . SERMONNER
Faire des reprises dans une étoffe . . . . . REPRISER
Faire des reproches . . . ATTRAPER, QUERELLER
Faire des singeries . . . . GRIMACER

Faire des sottises . . . . DÉCONNER
Faire dévier un rayon lumineux . . . . RÉFRACTER
Faire de vifs reproches à quelqu'un . . . .
. . . . ENGUIRLANDER, HOUSPILLER
Faire disparaître . . . . . ÉLIMINER, ÉRADIQUER,
. . . NÉANTISER, SUPPRIMER, VOLATILISER
Faire disparaître en neutralisant . . . . . ABSORBER
Faire disparaître peu à peu . . . . RÉSORBER
Faire disparaître quelque chose . . . . ESCAMOTER
Faire disparaître un mal totalement . . ÉRADIQUER
Faire dormir . . . . ENDORMIR
Faire douter . . . . ÉBRANLER
Faire du baratin . . . . BARATINER
Faire du bruit . . . . RETENTIR
Faire du bruit avec son nez et sa bouche . . . .
. . . . ÉTERNUER
Faire du bruit en reniflant . . . . RENÂCLER
Faire du commerce . . . . NÉGOCIER
Faire du démolissage . . . . ÉREINTER
Faire du ménage . . . . ÉPOUSSETER
Faire durer . . . . ENTRETENIR
Faire durer longtemps . . . . ÉTERNISER
Faire du surplace . . . . PIÉTINER
Faire du tapage . . . . CHAHUTER
Faire du verglas . . . . VERGLACER
Faire échouer par de secrètes manœuvres . . . .
. . . . TORPILLER
Faire en risquant d'échouer . . . . HASARDER
Faire en sorte que quelque chose n'arrive pas . . . . . .
. . . . EMPÊCHER
Faire entendre des bruits anormaux, en parlant d'une
voiture . . . . TOUSSOTER
Faire entendre des bruits exprimant l'amour . . . . . .
. . . . SOUPIRER
Faire entendre des bruits secs . . . . CRÉPITER
Faire entendre des petits crépitements . . . .
. . . . GRÉSILLER
Faire entendre des vaguelettes . . . . CLAPOTER
Faire entendre d'une manière détournée . . . .
. . . . INSINUER
Faire entendre l'octave d'un son . . . . . OCTAVIER
Faire entendre un bruit de contentement . . . .
. . . . RONRONNER
Faire entendre un bruit sourd . . . . BOURDONNER
Faire entendre un cliquetis . . . . CLIQUETER
Faire entendre une pétarade . . . . PÉTARADER
Faire entendre une succession de bruits secs . . . . . .
. . . . CRÉPITER
Faire entendre une suite de sons . . . . . ÉGRAINER
Faire entendre un murmure confus . . . . BRUISSER
Faire entendre un sifflement sourd . . . CHUINTER
Faire entrer dans un ensemble plus vaste . . . .
. . . . INTÉGRER
Faire entrer dans un parti . . . . AFFILIER
Faire entrer dans un pays des marchandises . . . .
. . . . IMPORTER
Faire entrer dans un royaume . . . . BAPTISER
Faire entrer des éléments clandestins dans un groupe
. . . . INFILTRER
Faire entrer durablement dans l'esprit . . . .
. . . . INCULQUER
Faire entrer en force . . . . ENDOCTRINER

Faire entrer les dents d'une pièce dans une autre ... . ENGRENER
Faire entrer quelqu'un .... INTRODUIRE
Faire envie en flattant le goût ...... ALLÉCHER
Faire espérer .... PROMETTRE
Faire exprès pour être dans le trouble .... CHERCHER
Faire face à la dispersion .... CANALISER
Faire flic flac .... CLAPOTER
Faire fonctionner .... ACTIONNER, DÉMARRER
Faire fonctionner un avertisseur sonore .... KLAXONNER
Faire front .... RÉSISTER
Faire front commun .... SOLIDARISER
Faire gérer par le gouvernement ..... ÉTATISER
Faire grimper les prix .... ENCHÉRIR
Faire hommage d'un livre .... DÉDICACER
Faire honte .... REPROCHER
Faire implosion .... IMPLOSER
Faire jardin net .... ARRACHER
Faire joindre par recouvrement de planchers .... ENCHEVAUCHER
Faire la cour à une femme .... COURTISER
Faire la fête .... BAMBOCHER
Faire la lumière .... ÉCLAIRER, ÉLUCIDER
Faire la moisson .... MOISSONNER
Faire laper le chien .... ABREUVER
Faire la popote .... CUISINER
Faire la queue .... ATTENDRE
Faire la somme de .... TOTALISER
Faire la vendange .... VENDANGER
Faire le chameau .... BLATÉRER
Faire le dénombrement de la population .... RECENSER
Faire le détail .... ÉNUMÉRER
Faire le difficile pour manger .... CHIPOTER
Faire le félin .... RONRONNER
Faire le guide .... ORIENTER
Faire le ménage .... ÉPOUSSETER
Faire le ménage dans le texte (PD) .... ÉPURGER
Faire le pied de grue .... ATTENDRE
Faire le point pour ne plus être en arrière .... ÉGALISER
Faire le poireau .... POIREAUTER
Faire le portrait .... PORTRAITURER
Faire le recensement de .... RECENSER
Faire le récit de .... RACONTER
Faire le siège de .... ASSIÉGER
Faire le silence sur quelque chose ... BLACKOUT
Faire le tour de ... CONTOURNER, ENCLAVER, ... INSPECTER
Faire le tour de près .... ENSERRER
Faire le tour du propriétaire .... CEINTURER
Faire l'inventaire .... ÉNUMÉRER
Faire l'oie .... CACARDER
Faire maigrir .... EFFLANQUER
Faire manger .... RESTAURER
Faire marcher ..... MYSTIFIER, TAQUINER, ... UTILISER
Faire mijoter un aliment .... MITONNER
Faire monter .... SOULEVER
Faire mourir en rendant la respiration impossible ..

.... ÉTOUFFER
Faire mourir par asphyxie .... ÉTOUFFER
Faire mourir par occlusion des voies respiratoires .. .. ÉTRANGLER
Faire naître .... SUSCITER
Faire naître l'enthousiasme .... INSPIRER
Faire naufrage .... NAUFRAGER
Faire noter le dépôt de ...... ENREGISTRER
Faire obstacle à .... CONTRECARRER, ... EMPÊCHER, ENDIGUER
Faire osciller .... ÉBRANLER
Faire oublier les problèmes .... DIVERTIR
Faire ouvrir une fleur .... ÉPANOUIR
Faire parade de .... AFFICHER
Faire paraître .... IMPRIMER
Faire paraître étroit .... ÉTRIQUER
Faire part de .... NOTIFIER
Faire part de sa seconde impression (MF) .... RÉÉDITER
Faire partie de .... APPARTENIR
Faire partir en groupe .... ESSAIMER
Faire parvenir .... ADRESSER
Faire passer de la bouche à l'estomac .. DÉGLUTIR
Faire passer de l'état solide à l'état gazeux .... SUBLIMER
Faire passer d'un lieu à un autre .... TRANSPLANTER
Faire passer d'un lieu dans un autre .... TRANSFÉRER
Faire passer du projet à la réalisation .... CONCRÉTISER
Faire passer en transit .... TRANSITER
Faire passer la voilure d'un bord à l'autre .... EMPANNER
Faire passer le message .... ORDONNER
Faire passer l'ivresse de .... DÉGRISER
Faire passer un texte d'une langue à une autre .... TRADUIRE
Faire payer trop cher à quelqu'un ..... ÉTRILLER
Faire payer une taxe supplémentaire .. SURTAXER
Faire payer un prix excessif ...... RANÇONNER
Faire pénétrer .... ABSORBER
Faire pénétrer de nouveau ...... RÉINTRODUIRE
Faire pénétrer l'air dans la poitrine .... INSPIRER
Faire pénétrer lentement .... INSTILLER
Faire pénétrer profondément .... ENFONCER
Faire pénétrer une odeur dans un corps .... IMPRÉGNER
Faire perdre la couleur de .. DÉTEINDRE
Faire perdre la virginité .... DÉNIAISER
Faire perdre l'usage des sens .... ÉTOURDIR
Faire perdre sa route .... DÉROUTER
Faire perdre une place .... DÉGOMMER
Faire périr .... DÉTRUIRE
Faire peur .... EFFAROUCHER
Faire plusieurs avec un .... ÉMIETTER
Faire plusieurs feintes .... TRICOTER
Faire presque disparaître .... INCINÉRER
Faire prêter serment .... ASSERMENTER
Faire promptement quelque chose ..... EXPÉDIER
Faire quelque chose en risquant d'échouer .... HASARDER

Faire rapidement . . . . TROUSSER
Faire réapparaître . . . . RESSUSCITER
Faire recouvrir l'estime . . . . RÉHABILITER
Faire reculer . . . . REFOULER, REPOUSSER
Faire reluire . . . . ENCAUSTIQUER
Faire reluire en frottant . . . . ASTIQUER
Faire remarquer . . . . SIGNALER
Faire remonter sur la table . . . . RÉOPÉRER
Faire reprendre une habitude . . . . . RÉHABITUER
Faire ressortir . . . . . . ACCENTUER, SOULIGNER
Faire revenir . . . . RISSOLER
Faire revenir à la mémoire . . . . RAPPELER
Faire revenir dans son pays . . . . RAPATRIER
Faire revenir une personne absente . . . RAPPELER
Faire revivre . . . . . . RÉANIMER, RESSUSCITER
Faire ricochet . . . . RICOCHER
Faire saillie au-dessus de quelque chose . . . .
. . . . SURPLOMBER
Faire sans importance . . . . BROUTILLER
Faire sauter . . . . ARRACHER
Faire sauter à la dynamite, à l'aide d'un explosif . . .
. . . . DYNAMITER
Faire savoir . . . . ANNONCER
Faire savoir avec bruit . . . . CARILLONNER
Faire savoir expressément . . . . STIPULER
Faire sécher . . . . RESSUYER
Faire sécher de la viande fumée . . . . . BOUCANER
Faire s'écouler de l'eau . . . . ÉGOUTTER
Faire secrètement . . . . FRICOTER
Faire semblant . . . . AFFECTER
Faire se succéder régulièrement . . . . . . ALTERNER
Faire son chien de poche (MF) . . . . . . TALONNER
Faire son entrée . . . . PÉNÉTRER
Faire son entrée en janvier . . . . DÉNEIGER
Faire sortir . . . . EXTRAIRE
Faire sortir de l'air . . . . ÉTERNUER
Faire sortir une bête de son gîte . . . . FORLANCER
Faire sortir un liquide par pression . . . EXPRIMER
Faire sortir un pneu de sa jante . . . . . . DÉJANTER
Faire souffrir . . . . CRUCIFIER, ÉPROUVER,
. . . . LANCINER, TENAILLER
Faire souffrir physiquement . . . . TORTURER
Faire subir . . . . INFLIGER
Faire subir des violences à . . . . MOLESTER
Faire subir une opération . . . . SOUMETTRE
Faire suer ses proches (MF) . . . . DÉPLAIRE
Faire supporter une chose pénible . . . . ACCABLER
Faire tache après nettoyage . . . . AURÉOLER
Faire tchin-tchin . . . . TRINQUER
Faire tenir au moyen d'un lien . . . . . . ATTACHER
Faire tomber . . . . CULBUTER, RENVERSER
Faire tomber en bas . . . . PRÉCIPITER
Faire tourner en rond . . . . ATTRAPER
Faire tourner la tête . . . . ÉTOURDIR
Faire tourner un moteur à un régime excessif . . . . .
. . . . EMBALLER
Faire tout disparaître . . . . EXTERMINER
Faire toute la lumière . . . . ÉLUCIDER
Faire traîner en longueur . . . . ÉTERNISER
Faire trembler . . . . ÉBRANLER
Faire tremper . . . . DESSALER
Faire très peur . . . . TERRORISER

Faire un accroc . . . . DÉCHIRER
Faire un bel œil noir . . . . TUMÉFIER
Faire un bon repas . . . . GUEULETONNER
Faire un boulot d'amateur . . . . BRICOLER
Faire un changement d'huile . . . . VIDANGER
Faire un court voyage . . . . EXCURSIONNER
Faire un discours ennuyeux . . . . LAÏUSSER
Faire une ablation . . . . RESÉQUER
Faire une addition . . . . CALCULER
Faire une autopsie . . . . AUTOPSIER
Faire une caricature . . . . DESSINER
Faire un éclat . . . . ÉTINCELER
Faire une croix . . . . RENONCER
Faire une croix là-dessus (MF) . . . . . . ENTERRER
Faire une déposition en justice . . . . . TÉMOIGNER
Faire une descente à skis . . . . SLALOMER
Faire une distribution . . . . RÉPARTIR
Faire une division . . . . CALCULER
Faire une enquête . . . . ENQUÊTER
Faire une hypothèse . . . . SUPPOSER
Faire une maison avec du carton . . . . BRICOLER
Faire une montagne . . . . ENTASSER
Faire une observation pour corriger . . . .
. . . . REPRENDRE
Faire une rechute . . . . RECHUTER
Faire une réprimande . . . . ADMONESTER,
. . . . SEMONCER
Faire une revue détaillée . . . . INVENTORIER
Faire une ronde de surveillance . . . PATROUILLER
Faire une scène . . . . AUDITIONNER
Faire une seconde chute . . . . RECHUTER,
. . . . RETOMBER
Faire une seconde coupe . . . . RECOUPER
Faire une soustraction . . . . CALCULER,
. . . . DÉTOURNER
Faire une sternutation . . . . ÉTERNUER
Faire une surcharge sur un timbre . . . .
. . . . SURCHARGER
Faire une tentative criminelle . . . . ATTENTER
Faire un éternuement . . . . ÉTERNUER
Faire une trépanation . . . . TRÉPANER
Faire un faux pas . . . . BRONCHER, TRÉBUCHER
Faire un faux pli . . . . GRIMACER
Faire un gros câlin . . . . ÉTREINDRE
Faire un long discours . . . . LAÏUSSER
Faire un mouvement brusque . . . . . . SURSAUTER
Faire un parcours . . . . JALONNER
Faire un rebond . . . . RICOCHER
Faire un récit . . . . RACONTER
Faire un trou . . . . PERFORER
Faire usage de quelque chose . . . . EMPLOYER
Faire usage d'une chose pour la première fois . . . .
. . . . ÉTRENNER
Faire valoir . . . . REHAUSSER
Faire venir auprès de soi . . . . CONVOQUER
Faire venir dans le même lieu . . . . RASSEMBLER
Faire vivre dans la peur . . . . TERRORISER
Faire voir des étoiles . . . . ÉTOURDIR
Faisait partie de la cour du roi . . . . . COURTISAN
Faisceau fibreux . . . . LIGAMENT
Faiseur de difficulté (PD) . . . . TRACASSIER
Faiseur d'histoires . . . . SCÉNARISTE

Fait antérieur ..... ANTÉCÉDENT, PRÉCÉDENT
Fait après coup .... PASTICHE
Fait à titre gracieux .... BÉNÉVOLE
Fait beaucoup de bruit .... DÉTONATEUR
Fait beaucoup de bruit, souvent pour rien (PD) ....
.... VOCIFÉRATEUR
Fait chanter les sirènes (MH) ...... PYROMANE
Fait courir les pompiers .... INCENDIE
Fait dans la douceur et la délicatesse .. EFFÉMINÉ
Fait date .... MILLÉSIME
Fait de belles bobines .... ENROULEUSE
Fait de commettre un acte criminel ....
.... PERPÉTRATION
Fait de comparaître en justice ... COMPARUTION
Fait de consentir à quelque chose ... AGRÉMENT
Fait de croître en force ...... REDOUBLEMENT
Fait de devenir bleu .... BLEUISSEMENT
Fait de donner une apparence animale ....
.... ZOOMORPHISME
Fait de fat (MH) .... PRÉTENTION
Fait de garder le lit .... ALITEMENT
Fait de gicler .... GICLEMENT
Fait de grosses balles à la campagne ....
.... ENRUBANNAGE
Fait de grosses réductions à la demande ....
.... DÉCHIQUETEUR
Fait de l'air .... AÉRATEUR
Fait de lancer un canot à la mer .... SAUVETAGE
Fait de langue propre au français du Québec ......
.... QUÉBÉCISME
Fait d'éléments disparates .... HÉTÉROCLITE
Fait de lignes régulières .... LINÉAIRE
Fait de manquer de courage ... DÉGONFLEMENT
Fait de manquer deux services, au tennis ....
.... DOUBLEFAUTRE
Fait de marcher en se dandinant ....
.... DÉHANCHEMENT
Fait de mettre à part .... SÉPARATION
Fait de mettre le feu au feu ..... INCINÉRATION
Fait de naître en sortant de l'œuf ..... ÉCLOSION
Fait de ne pas risquer d'être sanctionné .. IMPUNITÉ
Fait de ne pas voter .... ABSTENTION
Fait de passer d'un sujet à l'autre ... COQÀLÂNE
Fait de posséder un bien .... POSSESSION
Fait de prendre sa vie sexuelle en main ....
.... MASTURBATION
Fait de prévoir les résultats des courses (MF) ....
.... LÈCHEVITRINE
Fait de quitter le sol .... DÉCOLLAGE
Fait de réapparaître .... RÉSURGENCE
Fait de refuser un juré .... RÉCUSATION
Fait de rendre amer .... AIGRISSEMENT
Fait de rêvasser .... RÊVASSERIE
Fait de rompre un lien .... SÉPARATION
Fait de s'attarder sur .... INSERTION
Fait des bancs .... CLUPÉIDÉ
Fait des bonds prodigieux .... SAUTERELLE
Fait des bulles .... BÉDÉISTE
Fait des choses extraordinaires ...... MAGICIEN
Fait des couches impeccables ... DRAPHOUSSE
Fait des difficultés pour des riens ... CHIPOTEUR
Fait de s'ébrouer .... ÉBROUEMENT

Fait de s'écarter de ce qui est normal .. DÉRAPAGE
Fait des économies d'énergie (MH) .. PARESSEUX
Fait de se débarrasser des marchandises ....
.... LIQUIDATION
Fait de se manifester .... APPARITION
Fait de se montrer dominateur ... POSSESSIVITÉ
Fait de se persuader de quelque chose ....
.... AUTOSUGGESTION
Fait de se réchauffer avec du bois et des caresses
(MF) .... BIENÉNERGIE
Fait des essais au sol .... RUGBYMAN
Fait de se trouver présent .... PRÉSENCE
Fait de s'exposer au soleil .... BRONZAGE
Fait des grimaces en lisant (MH) ..... PRESBYTE
Fait de s'introduire sans en avoir le droit ....
.... INTRUSION
Fait des longueurs (PD) .... TRÉFILEUR
Fait des miracles .... THAUMATURGE
Fait de s'opposer .... AFFRONTEMENT
Fait de sortir d'un milieu liquide ..... ÉMERSION
Fait des propositions .... CONSEILLER
Fait des saisies .... HUISSIER
Fait des signes de croix .... ÉLECTEUR
Fait des taches .... ÉCLABOUSSEMENT
Fait des toiles .... ARANÉIDE
Fait de transformer en acide .... ACIDIFICATION
Fait d'être absent .... ABSENTÉISME
Fait d'être bombé .... BOMBEMENT
Fait d'être convaincu de quelque chose ....
.... CONVICTION
Fait d'être dans la merde jusqu'au cou (MF) ......
.... DÉTRESSE
Fait d'être juif .... JUDAÏCITÉ
Fait d'être périmé .... OBSOLESCENCE
Fait d'être publié .... PARUTION
Fait d'être quelque part .... PRÉSENCE
Fait d'être recalé à un examen ...... RECALAGE
Fait de venir le premier .... PRIORITÉ
Fait de vilaines taches .... NOIRCISSURE
Fait disparaître les défauts de la peau ....
.... EFFLEUREMENT
Fait disparaître les têtes .... CHASSECLOU
Fait d'obtenir .... OBTENTION
Fait dormir profondément ..... ANESTHÉSIANT
Fait d'où découle une conséquence ... PRÉMISSE
Fait du porte à porte en plein hiver (MH) ....
.... SLALOMEUR
Fait du propre .... NETTOIEMENT
Fait d'user par frottement .... ABRASION
Fait entendre des bruits de succion ....
.... ALLAITEMENT
Fait feu .... REVOLVER
Fait grand bruit et grands dégâts ....
.... DÉFLAGRATION
Fait gratter ...... URTICAIRE, URTICANT
Fait grimper la tension .... ÉROTISATION
Fait grimper les meilleurs (PD) .. MÉRITOCRATIE
Fait immoral .... SCANDALE
Fait important .... ÉVÉNEMENT
Fait jouer les gens .... CINÉASTE
Fait la conversation .... DIALOGUISTE
Fait la courge .... POTIMARRON

Fait la différence . . . . CARACTÈRE
Fait la leçon . . . . MONITEUR
Fait la manche . . . . MENDIANT
Fait la pluie, mais pas le beau temps (MH) . . . .
. . . . BRUITEUR
Fait le ménage dans l'aquarium . . . . . LORICAIRE
Fait le tour assez rapidement . . . . TROTTEUSE
Fait le tour du propriétaire (MH) . . . . . CEINTURE
Fait lever la poussière . . . . REMUEMÉNAGE
Fait mal . . . . OSTÉALGIE
Fait mal au corps . . . . MEURTRISSURE
Fait mâle . . . . TESTOSTÉRONE
Fait marquant . . . . ÉVÉNEMENT
Fait monter la pression . . . . STRESSANT
Fait monter la tension . . . . EXASPÉRATION
Fait montre de son talent . . . . HORLOGER
Fait négliger le réel . . . . IDÉALISME
Fait observable . . . . PHÉNOMÈNE
Fait par autorité de justice . . . . JUDICIAIRE
Fait parfois dire des choses regrettables . . . .
. . . . ÉNERVEMENT
Fait partie de la famille . . . . ARRIÈRENEVEU,
. . . . BELLEMÈRE
Fait partie de la famille des renonculacées . . . .
. . . . ELLÉBORE
Fait partie de la légion étrangère (MH) . . TOURISTE
Fait partie de la literie . . . . OREILLER
Fait partie de la selle . . . . ÉTRIVIÈRE
Fait partie d'une brigade . . . . RÔTISSEUR
Fait partie d'une formation en mission de surveil-
lance . . . . PATROUILLEUR
Fait passer le plaisir au-dessus de tout . . . .
. . . . HÉDONISTE
Fait passer les chiffres avant les lettres . . . .
. . . . STATISTICIEN
Fait passer les messages . . . . ÉMETTEUR
Fait passer les ordres . . . . TRANSMETTEUR
Fait perdre un temps précieux . . . . . STAGNATION
Fait peur à ceux qui volent . . . . . . ÉPOUVANTAIL
Fait peut-être partie d'un groupe . . . . . MUSICIEN
Fait peut-être une croix sur son avenir . . . .
. . . . ÉLECTORAT
Fait plaisir à voir . . . . RAVISSANT, SÉMILLANT
Fait plusieurs fois . . . . ITÉRATIF
Fait pour rester là (MH) . . . . DÉLÉBILE
Fait, pour un enfant, de recevoir l'existence . . . . . .
. . . . CONCEPTION
Fait pousser à l'abri des intempéries . . . SERRISTE
Fait preuve de créativité . . . . NOVATEUR
Fait prévaloir le bien général . . . . . . SOCIALISME
Fait qui heurte la morale . . . . SCANDALE
Fait qui peut se réaliser . . . . ÉVENTUALITÉ
Fait qui présage un événement . . . . . . PRODROME
Fait régulièrement un tour au parc (PD) . . . .
. . . . HUÎTRIER
Fait révoltant . . . . SCANDALE
Fait ronron (MH) . . . . ROUTINIER
Fait roter . . . . AÉROPHAGIE
Fait saillie au coude . . . . OLÉCRANE
Fait sans importance . . . . BROUTILLE
Fait sans obligation . . . . BÉNÉVOLE
Fait sauter les repas (MH) . . . . ANOREXIE

Fait sécher plus vite . . . . SICCATIF
Fait ses trous à la force du poignet . . VILEBREQUIN
Fait singulier . . . . ANECDOTE
Fait sortir le cric . . . . CREVAISON
Fait souvent les frais de la scène . . . . . VAISSELLE
Fait souvent partie des vacances . . . . . AÉROPORT
Fait sur-le-champ . . . . IMPROMPTU
Fait taire les canons . . . . CESSEZLEFEU
Fait tic-tac mais n'indique pas l'heure (MH) . . . . . .
. . . . MÉTRONOME
Fait tourbillonner les feuilles (MH) . . ESSOREUSE
Fait tourner bien des têtes (MH) . . . SOMMELIER
Fait tout pour être suivie (PD) . . . . . TENTATRICE
Fait tout pour rester dedans (PD) . . . OPPOSITION
Fait travailler les déménageurs . . . . ÉBÉNISTE
Fait travailler les dentistes . . . . CONFISEUR
Fait un avec trois . . . . TRESSAGE
Fait un choix . . . . ÉLECTEUR
Fait vivre le monde . . . . ESPÉRANCE
Fait voir rouge . . . . ÉRÉSIPÈLE
Falsifier une substance . . . . FRELATER
Fameuse au Lac-Saint-Jean . . . . TOURTIÈRE
Fameuse pour faire courir les canards . . . .
. . . . MAUVAISELANGUE
Familiarités déplacées . . . . PRIVAUTÉ
Famille d'algues brunes . . . . FUCACÉES
Famille d'artistes de cirque . . . . BOUGLIONE
Famille d'une plante fournissant des fibres textiles
. . . . LINACÉES
Famille nombreuse . . . . QUADRUPLÉS
Fane de plantes effanées . . . . EFFANURE
Fatigue extrême . . . . HARASSEMENT
Fatiguer à l'excès . . . . SURMENER
Fatiguer à l'extrême . . . HARASSER, SURMENER
Fatigue soudaine . . . . COUPDEPOMPE
Faucon à longue queue . . . . CRÉCERELLE
Faucon de petite taille . . . . HOBEREAU
Faucon très vif . . . . ÉMERILLON
Faune femelle . . . . FAUNESSE
Fausse accusation qui blesse la réputation . . . .
. . . . CALOMNIE
Fausse alerte, fausse joie du cœur . . AMOURETTE
Fausse oronge . . . . TUEMOUCHES
Fausse teigne . . . . GALLÉRIE
Faute commise sans intention de nuire . . . .
. . . . QUASIDÉLIT
Faute consistant à employer un mot déformé . . . . . .
. . . . BARBARISME
Faute d'accord . . . . MÉSENTENTE
Faute de chronologie . . . . PARACHRONISME
Faute de grammaire . . . . INCORRECTION
Faute de langage grossière . . . . PATAQUÈS
Faute légère, sans gravité . . . . PECCADILLE
Faute typographique . . . . COQUILLE
Fauteuil ou écrivain . . . . VOLTAIRE
Fauteur de troubles . . . . TRUBLION
Faux brave . . . . MATAMORE
Faux fruit des rosiers . . . . GRATTECUL
Faux fuyant . . . . . . ÉCHAPPATOIRE, PRÉTEXTE
Faux-fuyants . . . . ATERMOIEMENTS
Faux jeton . . . . HYPOCRITE
Faux pistachier . . . . STAPHYLIER

Faveur accordée contre l'usage .... PASSEDROIT
Faveur populaire .... POPULARITÉ
Favorable aux Allemands ..... GERMANOPHILE
Favorise le gratin .... ÉLITISME
Favorisé par la chance .... CHANCEUX
Favoriser le développement de quelqu'un ....
.... PROTÉGER
Féconder artificiellement .... INSÉMINER
Fécondité jugée excessive .... LAPINISME
Fécule comestible .... ARROWROOT
Fée bretonne .... KORRIGANE
Fée du Moyen Âge condamnée à se transformer en
serpent .... MÉLUSINE
Feindre, faire.............. SEMBLANT
Féliciter chaleureusement ...... CONGRATULER
Félin carnivore .... PANTHÈRE
Félix Leclerc .... CHANTEUR
Femelle du buffle ... BUFFLESSE, BUFFLONNE
Femelle du chevreuil .... CHEVRETTE
Femelle du lévrier .... LEVRETTE
Femelle du pigeon .... PIGEONNE
Féminisé avec un œuf (PD) .. CROQUEMADAME
Femme agressive d'une extrême jalousie ....
.... TIGRESSE
Femme aimée .... DULCINÉE
Femme atteinte de nymphomanie ....
.... NYMPHOMANE
Femme au foyer .... JEANNEDARC
Femme ayant des manières affectées .. MIJAURÉE
Femme bien conservée .... RÉSERVÉE
Femme consacrée au culte .... PRÊTRESSE
Femme d'action .... LUTTEUSE
Femme de chambre .. CAMÉRISTE, SOUBRETTE
Femme de couleur .... TEINTURIÈRE
Femme de l'empereur Claude ...... AGRIPPINE,
.... MESSALINE
Femme de lettres canadienne .... LAURECONAN
Femme de lettres québécoise .... GUÈVREMONT
Femme de lettres qui portait un nom d'homme ....
.... AUROREDUPIN
Femme de mauvaise vie ...... GOURGANDINE
Femme de mœurs très légères ...... DRÔLESSE
Femme dont le mari est infidèle ..... CORNETTE
Femme du maire .... MAIRESSE
Femme du maître .... NOTAIRESSE
Femme d'un empereur .... IMPÉRATRICE
Femme d'un harem .... ODALISQUE
Femme d'un maréchal .... MARÉCHALE
Femme d'un noble .... MARQUISE
Femme d'un vicomte .... VICOMTESSE
Femme en détresse .... ESSEULÉE
Femme fatale .... DIETRICH
Femme jalouse .... TIGRESSE
Femme laide et antipathique ..... GROGNASSE
Femme malpropre .... SOUILLON
Femme méchante .... DIABLESSE
Femme noble .... COMTESSE
Femme pas très jolie .... LAIDERON
Femme payée pour pleurer les morts ....
.... PLEUREUSE
Femme politique américaine .... ALBRIGHT
Femme politique indienne ..... INDIRAGHANDI

Femme près d'un enfant au baptême .. MARRAINE
Femme prétentieuse qui fait des manières ....
.... PIMBÊCHE, ROMBIÈRE
Femme querelleuse et grossière .... HARENGÈRE
Femme qui accouche .... PARTURIENTE
Femme qui a des manières affectées .. MIJAURÉE
Femme qui allaite un enfant .... NOURRICE
Femme qui a soin d'une maison .. MÉNAGÈRE
Femme qui a son avenir devant elle (MF) ....
.... ENCEINTE
Femme qui a trop joué .... ENDETTÉE
Femme qui dirige un hôtel ...... TENANCIÈRE
Femme qui essuya le visage de Jésus ....
.... VÉRONIQUE
Femme qui est en ménage .... MÉNAGÈRE
Femme qui lavait le linge à la main .. LAVANDIÈRE
Femme qui lit .... LECTRICE
Femme qui n'entend pas à rire .... SÉRIEUSE
Femme qui n'est plus soumise aux règles ....
.... ENCEINTE
Femme qui passe souvent l'éponge .. ENDURANTE
Femme qui possédait un comté ...... COMTESSE
Femme qui se prostitue .... PROSTITUÉE
Femme qui se tient au coin du feu .. CENDRILLON
Femme qui vit de revenus non professionnels .....
.... RENTIÈRE
Femme sans enfant .... NULLIPARE
Femme soumise à des règles strictes .. RÉGULIÈRE
Femme sur le trottoir .... PIÉTONNE
Femme très jalouse .... TIGRESSE
Femme un peu ridicule et prétentieuse ....
.... ROMBIÈRE
Fendre largement .... ÉVENTRER
Fenêtre en comble .... TABATIÈRE
Fente dans le sol .... GÉLIVURE
Fente d'un glacier .... CREVASSE
Fera de vous un homme .... ANDROGÈNE
Ferme et un peu élastique .... RÉNITENT
Fermer à l'intérieur .... MURASSER
Fermer de nouveau .... REBOUCHER
Fermer et ouvrir les yeux .... CLIGNOTER
Fermer solidement .... BARRICADER
Fermer un appareil .... ÉTEINDRE
Fermer une enveloppe .... CACHETER
Fermer une plaie .... CICATRISER
Fermeture complète d'un orifice .... OCCLUSION
Ferrure permettant le pivotement d'une porte ......
.... PAUMELLE
Fesses d'une personne .... CROUPION
Fête chrétienne .... PENTECÔTE
Fête d'automne célébrée la veille de la Toussaint ..
.... HALLOWEEN
Fête de bienfaisance .... KERMESSE
Fête de Québec .... CARNAVAL
Fête des États-Unis à la fin de novembre ....
.... THANKSGIVING
Fête des Rois .... ÉPIPHANIE
Fête du premier novembre .... TOUSSAINT
Fête en l'honneur des morts ...... PARENTALIES
Fête en plein air .... KERMESSE
Fête estivale .... ÉPLUCHETTE
Fête juive .... HANOUKKA, YOMKIPPOUR

Fête juive de la Pentecôte . . . . SHABOUOT
Fêter un événement . . . . CÉLÉBRER
Fêtes annuelles en l'honneur des morts . . FÉRALIES
Feu clignotant sur le toit d'un véhicule . . . .
. . . . GYROPHARE
Feu de direction . . . . CLIGNOTANT
Feuille des conifères . . . . AIGUILLE
Feuillet embryonnaire interne . . . . . ENDODERME
Feuillet entre l'endoblaste et l'ectoblaste . . . .
. . . . MÉSODERME
Feuillet externe de l'embryon . . . . . ECTODERME
Feuilleton télévisé . . . . TÉLÉROMAN
Feutrage des cheveux . . . . TRICHOME
Feux de position . . . . VEILLEUSES
Fève à petit grain pour le bétail . . . . . FÉVEROLE
Fibre d'un palmier d'Amérique du Sud . . PIASSAVA
Fibre synthétique de polyester . . . . . . TÉRYLÈNE
Fiche personnelle . . . . SIGNALÉTIQUE
Fidélité à une autorité spirituelle . . . . OBÉDIENCE
Fiente des sangliers . . . . LAISSÉES
Figuration graphique de sons musicaux . . . .
. . . . TABLATURE
Figure de style . . ANTONOMASE, PARONOMASE
Figure de voltige aérienne . . . . CHANDELLE,
. . . . IMMELMANN
Figure fermée limitée par des segments de droite . .
. . . . POLYGONE
Figure géométrique . . . . RECTANGLE
Figure géométrique à trois côtés . . . . . TRIANGLE
Figure grotesque . . . . MARMOUSET
Figure peinte d'après un modèle vivant et nu . . . . . .
. . . . ACADÉMIE
Figure rayonnante . . . . LUMINEUSE
Figurine utilisée pour décorer les jardins . . . .
. . . . NAINDEJARDIN
Filament de poissons . . . . BARBILLON
Fil conducteur enroulé en hélice sur un cylindre . . .
. . . . SOLÉNOÏDE
Fil de métal . . . . CANNETILLE
File, épingle et agrafe (MH) . . . . POLICIER
Filer le parfait amour . . . . ROUCOULER
Filet de pêche . . . . CARRELET
Filet en forme de balance . . . . LANGOUSTIER
Filet pour pêcher la crevette . . . . HAVENEAU
Fil irrégulier . . . . FILOSELLE
Fille de Joram . . . . JOSABETH
Fille d'un souverain . . . . PRINCESSE
Fille fréquentant l'université . . . . . . ÉTUDIANTE
Film à suspense . . . . THRILLER
Film de moins de 20 minutes . . COURTMÉTRAGE
Film qui montre des situations réelles . . . .
. . . . DOCUMENTAIRE
Fils de Dieu . . . . JÉSUSCHRIST
Fils de Jacob . . . . BENJAMIN, NEPHTALIE
Fils de Poséidon . . . . BELLÉROPHON
Fils d'Ulysse et de Pénélope . . . . TÉLÉMAQUE
Fils du tsar . . . . TSARÉVITCH
Fin attendue . . . . VICTOIRE
Fin dans les études . . . . BACCALAURÉAT
Fin de l'automne . . . . ARRIÈRESAISON
Fin de verbe . . . . TERMINAISON
Fin d'un bail . . . . EXPIRATION

Fin d'une histoire . . . . ÉPILOGUE
Fin d'un tourment . . . . DÉLIVRANCE
Fine guirlande dans l'arbre de Noël . . . .
. . . . CHEVEUDANGE
Fine ligne rouge . . . . ÉRAFLURE
Finement disperser (PD) . . . . NÉBULISER
Fine pour les belles . . . . LINGERIE
Fine saucisse de porc . . . . CHIPOLATA
Finesse de la pensée . . . . SUBTILITÉ
Finesse d'esprit . . . . SAGACITÉ
Finesse mêlée de ruse . . . . FINASSERIE
Finira à la poubelle . . . . ÉPLUCHURE
Finir avec soin . . . . TERMINER
Finir en vitesse . . . . SPRINTER
Finir sa soupe en y versant du vin . . FAIRECHABROL
Finissent à la casse (MH) . . . . NOISETTES
Finissent souvent par perdre du temps . . . .
. . . . PENDULES
Finit toujours par en venir aux mains (MH) . . . . . .
. . . . MANUCURE
Fixation d'eau . . . . HYDRATATION
Fixation de sarments à des piquets . . . ACCOLAGE
Fixation solide (PD) . . . . ENTÊTEMENT
Fixer à l'aide d'une clavette . . . . CLAVETER
Fixer à quelque chose . . . . ATTACHER
Fixer à nouveau . . . . RECLOUER
Fixer avec des punaises . . . . PUNAISER
Fixer dans quelque chose . . . . IMPLANTER
Fixer dans un lieu . . . . SÉDENTARISER
Fixer dans le marbre . . . . STATUFIER
Fixer dans la mémoire, dans sa tête . . MÉMORISER
Fixer dans un support . . . . EMMANCHER
Fixer d'avance . . . . PRÉFIXER
Fixer l'emploi de . . . . DESTINER
Fixer par adsorption . . . . ADSORBER
Fixer par des goujons . . . . GOUJONNER
Fixer profondément . . . . ENRACINER
Fixer sur carton . . . . ENCARTER
Fixer une chose de façon stable . . . . ASSUJETTIR
Fixer une plante à une perche . . . . . TUTEURER
Flanc-mou . . . . NONCHALANT
Flatte les oreilles . . . . EUPHONIE
Flatte par intérêt . . . . COURTISAN
Flatter avec excès . . . . ENCENSER
Flatter bassement . . . . FLAGORNER
Flatterie excessive . . . . ADULATION
Flatterie intéressée . . . . FLAGORNERIE
Fleur à cinq pétales . . . . ÉGLANTINE
Fleur alpine . . . . EDELWEISS
Fleur décorative . . . . ORCHIDÉE
Fleur de la Passion . . . . PASIFLORE
Fleur de l'églantier . . . . ÉGLANTINE
Fleur des plates-bandes . . . . BELLEDENUIT
Fleur verte dans les champs . . . . EUPHORBE
Fleuve de Russie qui se jette dans la mer de Kara
. . . . IENISSEÏ
Fleuve des États-Unis . . COLORADO, MISSISSIPI,
. . . . MISSOURI
Fleuve de Sibérie occidentale . . . . IENISSEÏ
Fleuve du Canada . . . . CHURCHILL
Fleuve du Québec . . . . SAINTLAURENT
Fleuve du Venezuela . . . . ORÉNOQUE

Fleuve qui se jette dans la baie d'Hudson ....
.... CHURCHILL
Fleuve qui sert de frontière entre les USA et le Mexique .... RIOBRAVO
Fleuve qui traverse la Syrie .... EUPHRATE
Fleuve se jetant dans la mer Morte ... JOURDAIN
Flic flac .... CLAPOTEMENT
Flot d'un liquide .... BOUILLON
Flotter au gré du vent .... VOLTIGER
Fluide chargé d'évacuer la chaleur ....
.... CALOPORTEUR
Fluide imaginé pour expliquer la combustion .....
.... PHLOGISTIQUE
Fluorure d'aluminium et de sodium .. CRYOLITHE
Fluorure de calcium .... FLUORINE, FLUORITE
Flûte à bec .... FLAGEOLET
Flûte ou chevrier .... FLAGEOLET
Folie des grandeurs ...... MÉGALOMANIE
Folie passagère .... ÉGAREMENT
Folle-blanche .... GROSPLANT
Folle du logis .... IMAGINATION
Fonction d'échevin .... ÉCHEVINAGE
Fonction de la mémoire .... ÉVOCATION
Fonction de lecteur .... LECTORAT
Fonction de ministre .... PORTEFEUILLE
Fonction de notaire .... NOTARIAT
Fonction de rabbin .... RABBINAT
Fonction dévolue au mari d'une tutrice ....
.... COTUTELLE
Fonction du directeur d'une université ....
.... RECTORAT
Fonction d'un prêtre .... VICARIAT
Fonctionnaire du Trésor .... PERCEPTEUR
Fonctionne à plein régime avant Pâques ....
.... CHOCOLATERIE
Fonctionnement défectueux ..... CAFOUILLAGE
Fonction par laquelle on se reproduit ....
.... GÉNÉRATION
Fonction permettant à l'odorat de s'exercer ......
.... OLFACTION
Fonction permettant à l'ouïe de s'exercer ......
.... AUDITION
Fonction qui exige beaucoup de dévouement .....
.... SACERDOCE
Fonctions de nonce .... NONCIATURE
Fonction sous la dépendance d'un curé .. VICARIAT
Fonction vitale .... NUTRITION
Fondateur de la ville de Québec .... CHAMPLAIN
Fondateur de Montréal .... MAISONNEUVE
Fondateur du royaume d'Israël ...... JÉROBOAM
Fondateur du scoutisme .... BADENPOWELL
Fond dans la bouche .... PASTILLE
Fondé sur l'action, sur l'étude des faits ....
.... PRAGMATIQUE
Fondé sur un long usage ... TRADITIONNEL
Font agir sans y penser .... HABITUDES
Font des prises de sang (MH) ... MARINGOUINS
Font parler les chiffres avec méthode ....
.... STATISTIQUES
Font partie du décor .... FIGURANTS
Font partie du régime alimentaire des oiseaux .....
.... INSECTES

Font une drôle de tête (MH) .... ANTENNES
Font vivre les avocats .... HONORAIRES
Force d'attraction .... PESANTEUR
Force de persuasion .... MATRAQUAGE
Force obscure poussant à prendre une certaine orientation .... TROPISME
Force qui pousse à agir .... IMPULSION
Forcer la vérité .... RAJOUTER
Forcer un tir de barrage (MF) .... ÉGALISER
Force tranquille .... PERSUASION
Forêt noire .... PÂTISSERIE
Formation de calculs .... LITHIASE
Formation de pigments .... PIGMENTATION
Formation des cellules du sang .. HÉMATOPOÏÈSE
Formation des chaînes de montagnes ....
.... OROGENÈSE
Formation des dents .... DENTITION
Formation de sel .... SALIFICATION
Formation des fruits .... FRUCTIFICATION
Formation des gamètes femelles ... OVOGENÈSE
Formation des grains .... GRENAISON
Formation des idées .... IDÉATION
Formation de sillons .... RAVINEMENT
Formation des spermatozoïdes ....
.... SPERMATOGENÈSE
Formation du fruit .... NOURAISON
Formation du lait .... LACTATION
Formation d'un animal ...... EMBRYOGENÈSE
Formation d'un tissu nouveau ..... NÉOPLASIE
Formation d'un ulcère .... ULCÉRATION
Formation militaire .... COMMANDO,
.... DÉTACHEMENT, PATROUILLE
Formation végétale secondaire ..... GARRIGUE
Formé de coraux .... CORALLIEN
Forme de gouvernement .... DESPOTISME
Forme de la Lune .... CROISSANT
Forme de l'hindouisme .... TANTRISME
Formé de lignes courbes .... CURVILIGNE
Forme d'énergie .... ÉLECTRICITÉ
Formé de phonolite .... PHONOLITIQUE
Formé de plusieurs segments .... SEGMENTAIRE
Forme de schizophrénie .... HÉBÉPHRÉNIE
Formé de talc .... TALQUEUX
Forme de tournoi au Scrabble ..... DUPLICATE
Forme dialectale du chinois ...... MANDARIN
Forme du bouddhisme .... LAMAÏSME
Forme d'un arbre fruitier .... PALMETTE
Forme échancrée de la Lune ... CROISSANT
Forme extérieure du corps humain ... ANATOMIE
Forme extérieure du culte ...... CÉRÉMONIE
Forme générale .... SILHOUETTE
Forme la jeunesse .... TOURISME
Forme la plus longue de couper court (MH) ......
.... ETCETERA
Forme la saillie du coude ...... OLÉCRANE
Forme le rebord du puits ...... MARGELLE
Former de nouveau .... REFORMER
Former des mailles .... TRICOTER
Former des spores .... SPORULER
Former le dernier élément de .... TERMINER
Former un complot .... COMPLOTER
Former une syncope .... SYNCOPER

Former un jarret .... JARRETER
Former un tout de plusieurs éléments .. COMPOSER
Forme une protection .... GARDEFOU
Forme verbale avec une terminaison en «ant» ....
.... GÉRONDIF
Formule de courtoisie .... BIENVENUE
Formule de politesse .... AUREVOIR
Formule imprimée ou manuscrite ... DÉDICACE
Formule magique .... ABRACADABRA,
.... INCANTATION
Formule qui permet de trouver un mot ....
.... DÉFINITION
Formuler par écrit .... LIBELLER
Forte augmentation de la natalité ... BABYBOOM
Fortement accroché .... AMOUREUX
Fortement attaché .... ADHÉRENT
Fortement marquer .... ACCENTUER
Forteresse construite à Paris .... BASTILLE
Fosse couverte d'une trappe .... OUBLIETTE
Fouet formé de lanières de cuir ...... MARTINET
Fouetter le sang .... STIMULER
Fougère à feuilles indivises .... SCOLOPENDRE
Fougère à feuilles lobées .... POLYPODE
Fougère à pétioles fins .... CAPILLAIRE
Fougère commune sur les rochers .... CÉTÉRACH
Fougère des terrains houillers ...... PÉCOPTÉRIS
Fougère d'origine tropicale .... ADIANTUM
Fougère qui croît dans les éboulis calcaires ....
.... LANGUEDECERF
Fouiller dans la boîte du chef (PD) ... TRÉPANER
Fouiller la terre, en parlant du sanglier ....
.... VERMILLER
Fouiller méthodiquement une zone .... RATISSER
Fouille sommaire .... PALPATION
Fouir la terre, en parlant du blaireau ....
: .... VERMILLONNER
Fouler des pieds .... PIÉTINER
Four de verrier .... ÉTENDERIE
Fournir à quelqu'un ce qui lui est nécessaire ......
.... POURVOIR
Fournir des capitaux à .... FINANCER
Fournir des explications .... ÉCLAIRER
Fournir en vêtements .... HABILLER
Fournir massivement des capitaux ... INJECTER
Fournisseur de baguettes, de fruits ... NOISETIER
Fournisseuse pour artistes .... ŒILLETTE
Fournit de la copie (PD) .... IMITATEUR
Fournit de quoi faire du papier ...... SESBANIE
Fournit des gens bien formés .... PÉPINIÈRE
Fournit du rouge .... ORCANETTE
Fourre son nez partout (MH) .... FURETEUR
Fourrure de jeune agneau d'Asie ... ASTRAKAN
Fourrure de la martre ... KOLINSLKI, ZIBELINE
Fouter le feu au feu ((MH) .... INCINÉRER
Foyer d'un four de céramiste ...... ALANDIER
Fracture de la voûte du crâne ..... EMBARRURE
Fragmentation d'un ensemble en divers groupes ...
.... ÉCLATEMENT
Fragment chanté dans un opéra ...... RÉCITATIF
Fragment de betterave à sucre ...... COSSETTE
Fragment d'un tissu nécrosé ...... SPHACÈLE
Fragment de corps céleste ..... MÉTÉORITE

Fraîchement sorti (MH) .... NOUVEAUNÉ
Fraise dentaire .... ROULETTE
Fraise d'une variété précoce ...... GARIGUETTE
Frais et léger, en parlant du vin .... GOULEYANT
Français d'Algérie, d'origine européenne installé en
Afrique du Nord .... PIEDNOIR
Français du nord .... ALSACIEN
Française née aux États-Unis qui est venue chanter à
Montréal .... DOMBASLE
Français rudimentaire .... PETITNÈGRE
Franchir en passant par-dessus ..... ESCALADER
Franchir un obstacle .... ENJAMBER
Frappe dans les voies étroites (PD) .. ALIGNEMENT
Frapper à coups de marteau .... MARTELER
Frapper avec les pieds .... PIÉTINER
Frapper avec un poignard .... POIGNARDER
Frapper de commotion ...... COMMOTIONNER
Frapper d'épouvante .... TERRORISER
Frapper des pieds .... TRÉPIGNER
Frapper d'estoc .... ESTOQUER
Frapper de stupeur .... PÉTRIFIER
Frapper de terreur .... TERRIFIER
Frapper d'impuissance .... PARALYSER
Frapper d'un coup qui étourdit ..... ASSOMMER
Frapper d'une peine .... INFLIGER
Frapper d'une pénalisation, d'une sanction ....
.... : ... PÉNALISER
Frapper fort .... MARTELER
Frapper par un malheur .... ÉPROUVER
Frapper plus ou moins durement .... PÉNALISER
Frapper vivement des pieds ...... TRÉPIGNER
Frasque sans gravité .... FREDAINE
Frédéric Chopin .... PIANISTE
Freine la descente .... PARACHUTE
Freiner le développement de .... SCLÉROSER
Frémissement doux .... FRISELIS
Fréquentation peu recommandable ....
.... ACCOINTANCE
Fréquenté par les citoyens du monde ....
.... COSMOPOLITE
Fréquenter de façon constante ...... COUDOYER
Friandise à base de sucre .... SUCRERIE
Friandise molle et sucrée .... GUIMAUVE
Friandise très délicate .... CHATTERIE
Fricassée de lapin au vin .... GIBELOTTE
Frictionner avec une eau de toilette, avec une lotion
.... LOTIONNER
Froid de canard .... SIBÉRIEN
Froid tirant sur le chaud .... TIÉDASSE
Froisser une étoffe .... CHIFFONNER
Fromage à croûte moisie ...... COULOMMIERS
Fromage à forte teneur en matière grasse ....
.... DOUBLECRÈME
Fromage au lait de vache ...... NEUFCHÂTEL,
... REBLOCHON, SAINTPAULIN, SASSENAGE
Fromage à pâte molle .... CAMEMBERT,
.... CANCOILLOTTE, COULOMMIERS
.... MAROILLES
Fromage à trous .... EMMENTHAL
Fromage bleu d'Auvergne .... ROQUEFORT
Fromage cylindrique à moisissures ....
.... SEPTMONCEL

Fromage de Bourgogne . . . . ÉPOISSES
Fromage de chèvre . . . . CHABICHOU
Fromage de Hollande . . . . TÊTEDEMAURE
Fromage de Lombardie . . . . MASCARPONE
Fromage en forme de petit cylindre . . PETITSUISSE
Fromage fabriqué en Savoie . . . . BEAUFORT,
. . . . REBLOCHON
Fromage fabriqué en Suisse, fait avec du lait de vache
. . . . VACHERIN
Fromage frais italien . . . . MASCARPONE
Fromage italien . . . GORGONZOLA, PARMESAN
Fromage italien à pâte molle . . . . . MOZZARELLE
Fromage originaire de Normandie . . CAMEMBERT
Fromage parsemé de trous . . . . EMMENTAL
Fromage (saint…) . . . . NECTAIRE
Fromage suisse . . . . RACLETTE
Fromage très crémeux . . . . MASCARPONE
Fromage voisin de l'édam . . . . MIMOLETTE
Fromage voisin du gruyère . . . . BEAUFORT
Frottement sur le corps . . . . FRICTION
Frotter la robe d'un cheval . . . . ÉTRILLER
Fruit au goût acidulé . . . . PAMPLEMOUSSE
Fruit composé de plusieurs akènes . . POLYAKÈNE
Fruit de l'anacardier . . . . ANACARDE
Fruit de la Passion . . . . MARACUDJA
Fruit de l'arachide . . . . CACAHUÈTE
Fruit des cucurbitacées . . . . PÉPONIDE
Fruit du bergamotier . . . . BERGAMOTE
Fruit du calebassier . . . . CALEBASSE
Fruit du châtaignier . . . . CHÂTAIGNE
Fruit du cornouiller . . . . CORNOUILLE
Fruit du corossolier . . . . COROSSOL
Fruit du framboisier . . . . FRAMBOISE
Fruit du frangipanier . . . . FRANGIPANE
Fruit du groseillier . . . . GROSEILLE
Fruit du mancenillier . . . . MANCENILLE
Fruit du mandarinier . . . . MANDARINE
Fruit du mangoustanier . . . . MANGOUSTAN
Fruit du noisetier . . . . NOISETTE
Fruit du pamplemoussier . . . . . PAMPLEMOUSSE
Fruit du pistachier . . . . PISTACHE
Fruit du prunellier . . . . PRUNELLE
Fruit en cône du houblon . . . . STROBILE
Fruit juteux . . . . TANGERINE
Fruit sec . . . . CARYOPSE, FOLLICULE
Fruit très énergétique . . . . NOISETTE
Fruit utilisé pour fabriquer les eaux de Cologne . . .
. . . . BERGAMOTE
Fruit volumineux . . . . CITROUILLE
Frustré en quelque sorte . . . . INASSOUVI
Frustrer d'avantages . . . . DÉSHÉRITER
Fuir en désordre . . . . DÉROUTER
Fuite dangereuse au pavillon (PD) . . OTORRAGIE
Fuite désordonnée due à une panique . . . .
. . . . SAUVEQUIPEUT
Fumer de la viande . . . . BOUCANER
Fusil court . . . . TROMBLON
Fusil d'assaut soviétique . . . . KALACHNIKOV
Fusil de chasse . . . . CARABINE
Fusion de deux gamètes . . . . HÉTÉROGAMIE
Fusion d'entreprises . . . . INTÉGRATION
Fut le siège du procès contre les criminels de guerre

nazis . . . . NUREMBERG
Fut pape malgré lui . . . . CÉLESTIN
Fut prise à Paris en 1789 . . . . BASTILLE
Fut un enfant prodige . . . . BEETHOVEN
Futur chaud lapin . . . . LAPEREAU
Gabriel en était . . . . ARCHANGE
Gâche le plaisir à table (MH) . . . . AGUEUSIE
Gagner contre le champion . . . . DÉTRÔNER
Gagner de vitesse . . . . DEVANCER
Gagner du terrain . . . . PROGRESSER
Gagner la confiance . . . . AMADOUER
Gagner le cœur d'une femme . . . . . . CONQUÉRIR
Gagner sa vie en faisant de petits travaux . . . .
. . . . BRICOLER
Gaieté subite . . . . HILARITÉ
Gaillet dont la tige a des crochets . . . GRATERON,
. . . . GRATTERON
Gai luron . . . . BOUTEENTRAIN
Gale légère . . . . GRATTELLE
Galerie construite par un être qui ne voit pas grand-
chose (MF) . . . . TAUPINIÈRE
Galerie de figures de cire, à Paris . . . .
. . . . MUSÉEGREVIN
Galerie qui s'enfonce sous terre . . . SOUTERRAIN
Galerie supérieure d'un théâtre . . . . POULAILLER
Galette de froment . . . . FOUGASSE
Galette mexicaine . . . . TORTILLA
Galette très fine . . . . BRICELET
Gallinacé à plumage roux . . . . GÉLINOTTE
Gamète femelle . . . . OOSPHÈRE
Gamète mâle . . . . ANTHÉROZOÏDE
Gamète mâle de l'homme . . . SPERMATOZOÏDE
Gamin de Paris . . . . GARROCHE
Garantir par une réassurance . . . . . . RÉASSURER
Garantit la liberté individuelle . . HABEASCORPUS
Garde-corps . . . . RAMBARDE
Garde-fou . . . . BARRIÈRE
Garde-manger portatif . . . . GLACIÈRE
Gardent le pare-brise propre . . . ESSUIEGLACES
Gardé pour éviter de se faire remarquer (PD) . . . . .
. . . . INCOGNITO
Garder en bonne santé . . . . CONSERVER
Garder enfoui . . . . ENSEVELIR
Garder en vue . . . . RÉSERVER
Garder la tête froide . . . . RAISONNER
Garder pour un autre usage . . . . RÉSERVER
Gardien allemand . . . . DOBERMAN
Gardien de la paix . . . . POLICIER
Gardien ou empereur . . . . THÉODORE
Gare urbaine . . . . TERMINAL
Garni de pointes de diamant . . . . DIAMANTÉ
Garnir de clayonnages . . . . CLAYONNER
Garnir de créneaux . . . . CRÉNELER
Garnir de meringue . . . . MERINGUER
Garnir de nouveau . . . . REGARNIR
Garnir de nouveaux meubles . . . . . . REMEUBLER
Garnir de plumes . . . . EMPLUMER
Garnir de pointes . . . . HÉRISSER
Garnir de sillons . . . . CANNELER
Garnir de toile . . . . ENTOILER
Garnir de treillis . . . . TREILLISER
Garnir d'objets dangereux . . . . HÉRISSER

Garnir d'une empenne .... EMPENNER
Garnir d'un grillage .... GRILLAGER
Garnir d'un revêtement protecteur .. ENCHEMISER
Garnit les chemins de campagne (PD) ....
.... VERGERETTE
Garnit les rayons vides .... RASSORTIMENT
Garniture composée d'un mélange de légumes ....
.... JARDINIÈRE
Garniture culinaire .... FINANCIÈRE
Gâteau à base de génoise au chocolat ....
.... FORÊTNOIRE
Gâteau aux cerises .... CLAFOUTIS
Gâteau de pâte feuilletée .... MILLEFEUILLE
Gâteau feuilleté long et mince ..... ALLUMETTE
Gâteau garni de crème Chantilly .. SAINTHONORÉ
Gâteau imbibé d'alcool .... BABAAURHUM
Gâteau italien .... PANETTONE
Gâteau méringué .... VACHERIN
Gâte-sauce .... MARMITON
Gaucherie due au manque d'expérience ....
.... INEXPÉRIENCE
Gaz incolore très toxique ...... CYANOGÈNE
Gazouille sur un fil .... HIRONDELLE
Gaz s'exhalant d'un corps ..... EXHALAISON
Géant ailé .... DINORNIS
Geindre, en parlant d'un enfant ...... CHOUINER
Gendarme italien .... CARABINIER
Généalogie d'un animal de race ...... PEDIGREE
Gène qui ne paraît pas toujours .... RÉCESSIF
Généralement elle est ronde .... ASSIETTE
Généralement plus en vue .... SURÉLEVÉ
Général en chef .... STRATÈGE
Général français ..... DEGAULLE, LAFAYETTE
Général romain d'origine vandale ..... STILICON
Généreuse récolte hivernale .... GUIGNOLÉE
Gêner les mouvements .... ENTRAVER
Générosité très souvent oubliée .... BIENFAIT
Genre de batraciens urodèles .... SALAMANDRE
Genre de brachiopodes marins ....
.... RHYNCHONELLE
Genre de spectacle de variétés ..... MUSICHALL
Genre de virus dont font partie les VIH ....
.... LENTIVIRUS
Genre humain .... HUMANITÉ
Genre littéraire du Moyen Âge .... FATRASIE
Genre littéraire japonais ...... MONOGATARI
Genre musical .... OPÉRETTE
Gentilhomme campagnard .... HOBEREAU
Gentilhomme de la maison du roi ....
.... MOUSQUETAIRE
Gentille dans une chanson .... ALOUETTE
Gentille, en Belgique .... AMITIEUSE
Gentiment déraisonnable .... FOLLETTE
Gentleman cambrioleur .... ARSÈNELUPIN
Géomètre topographe .... ARPENTEUR
Gerçure de la peau .... CREVASSE
Geste accompli sans réfléchir ... AUTOMATISME
Geste de mépris .... BRASDHONNEUR
Geste de moquerie .... PIEDDENEZ
Geste de respect .... BAISEMAIN
Geste pieux .... SIGNEDECROIX
Geste très félin .... ÉTIREMENT

Gestion où les dépenses sont inférieures aux recettes
.... ÉPARGNER
Gibier à plumes .... GÉLINOTTE
Gibier d'eau .... SARCELLE
Gilet croisé sur la poitrine .... CACHECŒUR
Glacis d'érosion .... PÉDIMENT
Gladiateur qui combattait les bêtes .. BELLUAIRE,
.... BESTIAIRE
Gladiateur romain .... RÉTIAIRE
Glande abdominale .... PANCRÉAS
Glande endocrine .... HYPOPHYSE,
.... PARATHYROÏDE
Glande endocrine située devant la trachée ....
.... THYROÏDE
Glande génitale .... TESTICULE
Glande hormonale .... ÉPIPHYSE
Glande qui produit un liquide sucré ... NECTAIRE
Glande salivaire .... PAROTIDE
Glenn Gould .... PIANISTE
Glisser dans les feuilles .... INSINUER
Glisse grâce à ses bras .... PAGAYEUR
Glisse sur la glace .... PATINEUR
Glisse sur une table (MH) .... FERÀREPASSER
Gloire immortelle .... ÉTERNITÉ
Glucide complexe .... GLYCOGÈNE
Glucide du groupe des osides .... SACCHAROSE
Gomme-résine jaune .... GOMMEGUTTE
Gonflement d'un tissu sous-cutané .. EMPHYSÈME
Gonfler après coup .... TUMÉFIER
Gorges du Colorado .... GRANDCANYON
Gourmandise d'hier .... CROQUIGNOLET
Goût bizarre .... FANTAISIE
Goût des réunions joyeuses ..... CONVIVIALITÉ
Goûter avec plaisir, lentement ..... SAVOURER
Goûter un aliment .... DÉGUSTER
Goût pour le mal .... PERVERSITÉ
Goût que laisse à la bouche un mets ....
.... ARRIÈREGOÛT
Gouttes et grêlons .... GIBOULÉE
Goût vif et soudain .... ENGOUEMENT
Gouvernement absolu, autoritaire et oppressif .....
.... TYRANNIE
Gouvernement exercé par les vieillards ....
.... GÉRONTOCRATIE
Gouvernement exercé par des nobles ....
.... ARISTOCRATIE
Gouvernement du souverain pontife .. SAINTSIEGE
Gouverneur de la Nouvelle-France .. FRONTENAC
Gouverneur général du Canada ...... ABERDEEN
Grâce à eux, on peut dormir tranquille (MH) ......
.... SILENCES
Grâce affectée .... MIGNARDISE
Grâce à l'UE, il peut travailler dans divers pays ....
.... EUROPÉEN
Grâce à lui, il y aura une suite (PD) .. REPÊCHAGE
Grâce à lui, on voit mieux les étoiles (MH) ....
.... ÉCLAIRAGISTE
Grâce au ciel .... HEUREUSEMENT
Grâce puérile .... MIÈVRERIE
Graduer un instrument .... ÉTALONNER
Grain calcaire de la grosseur d'un poix .. PISOLITE
Grain de beauté .... LENTIGINE

Grain de sable . . . . PÉRIPÉTIE
Graine à odeur d'ambre et de musc . . AMBRETTE
Graine de l'amome . . . . MANIGUETTE
Graine de l'arachide . . . . CACAHUÈTE
Graine dont on extrait de l'huile . . CACAHOUÈTE
Graine d'une espèce d'hibiscus . . . . . AMBRETTE
Graine riche en protéines . . . . LENTILLE
Graine verte comestible . . . . PISTACHE
Graisse de porc . . . . SAINDOUX
Graisse jaune ambrée . . . . LANOLINE
Graisse minérale . . . . VASELINE
Graisse noircie . . . . CAMBOUIS
Graminée à grains décoratifs . . . . . LARMEDEJOB
Graminée épineuse . . . . CRAMCRAM
Grand amas d'objets . . . . MONTAGNE
Grand arbre des régions tropicales . . . FROMAGER
Grand bâtiment . . . . IMMEUBLE
Grand bonheur intérieur . . . . FÉLICITÉ
Grand bouleversement . . . . CATACLYSME
Grand bruit discordant . . . . TINTAMARRE
Grand calme . . . . QUIÉTUDE
Grand canot . . . . CHALOUPE
Grand cerf fossile . . . . MÉGACÉROS
Grand chagrin . . . . AFFLICTION
Grand cheval de trait . . . . PERCHERON
Grand cimetière . . . . NÉCROPOLE
Grand consommateur . . . . MATÉRIALISTE
Grand conquérant de l'Antiquité . . ALEXANDREIII
Grand coup de blues (PD) . . . . . NEURASTHÉNIE
Grand courage . . . . HÉROÏSME
Grand couteau de cuisine . . . . COUTELAS
Grand coutelas . . . . MACHETTE
Grand demi-cercle de la surface terrestre . . . .
. . . . MÉRIDIEN
Grand désordre . . . . FOUILLIS, PAGAILLE,
. . . . TOHUBOHU
Grande abondance de biens . . . . OPULENCE
Grande affliction . . . . DÉSESPOIR
Grande artère de Londres . . . . PICCADILLY
Grande artère de New York . . . BROADWAY
Grande aubépine . . . . AZEROLIER
Grande avenue de Paris . . . . . . CHAMPSÉLYSÉES
Grande chaleur . . . . CANICULE
Grand échec . . . . DÉSASTRE
Grande cigogne . . . . MARABOUT
Grande consommatrice d'épis . . . . . . MAÏSERIE
Grande cuillère plate percée de trous . . ÉCUMOIRE
Grande découverte sur la couverture . . TOPMODEL
Grande école philosophique . . . . IONIENNE
Grande habileté . . . . VIRTUOSITÉ
Grande habileté manuelle . . . TOURDEMAIN
Grand éléphant fossile . . . . MAMMOUTH
Grande méduse des mers . . . . PHYSALIE
Grande place de l'ouest de Paris . . . .
. . . . CHARLESDEGAULLE
Grande place publique de Pékin . . . TIANANMEN
Grande plante à fleurs pourpres . . . . . . SARRETTE
Grande plante du bord des étangs . . QUENOUILLE
Grande précision . . . . MÉTICULOSITÉ
Grande propriété foncière, en Amérique latine . . . .
. . . . HACIENDA
Grande quantité . . . . PELLETÉE, TRIPOTÉE

Grande quantité de choses . . . . RIBAMBELLE
Grande richesse . . . . OPULENCE
Grande salle de cours . . . . AMPHITHÉÂTRE
Grandes eaux (PD) . . . . SUDATION
Grande souffrance morale . . . . . . DÉCHIREMENT
Grande station touristique mexicaine . . ACAPULCO
Grande surface vitrée . . . . VERRIÈRE
Grande surprise . . . . STUPÉFACTION
Grandeur d'âme . . . ÉLÉVATION, GÉNÉROSITÉ,
. . . . MAGNANIMITÉ
Grandeur mesurable . . . . DIMENSION
Grandeur physique . . . . TEMPÉRATURE
Grandeur thermodynamique . . . . ENTHALPIE
Grande vitesse . . . . VÉLOCITÉ
Grande voiture . . . . ROULOTTE
Grand feu . . . . INCENDIE
Grand fleuve . . . . SAINTLAURENT
Grand four . . . . FOURNAISE
Grand fourmilier . . . . TAMANOIR
Grand fournisseur de noix . . . . PACANIER
Grand héron blanc . . . . AIGRETTE
Grand incendie . . . . EMBRASEMENT
Grandiose et terrifiant . . . . DANTESQUE
Grand lac des Andes . . . . TITICACA
Grand malheur . . . . DÉSASTRE
Grand mammifère . . . . RHINOCÉROS
Grand mammifère cétacé . . . . CACHALOT
Grand-mère . . . . BONNEMAMAN
Grand mouvement . . . . MAELSTRÖM
Grand navire . . . . PAQUEBOT
Grand navire de guerre . . . . CUIRASSÉ
Grand nombre d'enfants . . . . RIBAMBELLE
Grand nombre de personnes . . . . RÉGIMENT
Grand oiseau . . . . MARABOUT
Grand oiseau palmipède planeur . . . . . ALBATROS
Grand oiseau rapace . . . . SERPENTAIRE
Grand parc de New York . . . . CENTRALPARK
Grand peintre néerlandais . . . . REMBRANDT
Grand perdant, à Waterloo . . . . NAPOLÉON
Grand phoque carnassier . . . . . LÉOPARDDEMER
Grand photographe . . . . TOURISTE
Grand poète de la Roumanie . . . . EMINESCU
Grand rassemblement . . . . TOTALISATION
Grand renom . . . . CÉLÉBRITÉ
Grand reptile . . . . ALLIGATOR
Grand reptile à fortes mâchoires . . . . CROCODILE
Grand reptile aquatique . . . . CROCODILIEN
Grand reptile volant . . . . PTÉRANODON
Grand roi en Inde . . . . MAHARAJA
Grand sac de paille qui sert de matelas . . . .
. . . . PAILLASSE
Grand serpent . . . . ANACONDA
Grand singe . . . . ORANGOUTAN
Grand succès de librairie . . . . BESTSELLER
Grand terrier anglais . . . . AIREDALE
Grand travail de mise aux points (PD) . . . .
. . . . TAPISSERIE
Grand tumulte . . . . HOURVARI
Grand voyageur . . . . GLOBETROTTER
Graphique représentant la structure de l'organisation
. . . . ORGANIGRAMME
Graphique rond divisé en secteurs . . CAMEMBERT

Graphite naturel . . . . PLOMBAGINE
Grappe d'œufs de seiche . . . . RAISINDEMER
Gratte-ciel . . . . TOURDEVILLE
Gratte-papier . . RONDDECUIR, SCRIBOUILLARD
Gratte-pieds . . . . GRATTOIR
Gratter en février . . . . DÉNEIGER
Gratter la vieille (PD) . . . . ÉCAILLER
Gratter un textile . . . . ÉMÉRISER
Gratte sur tout . . . . LÉSINEUR
Grave infidélité . . . . TRAHISON
Grave maladie du nourrisson . . . . ATHREPSIE
Grave maladie du sang . . . . LEUCÉMIE
Grave quand elle mord . . . . EAUFORTE
Graver dans le cœur . . . . ENRACINER
Graver sur le métal . . . . , . . . INSCRIRE
Graveur espagnol . . . . PABLOPICASSO,
. . . . SALVADORDALI
Graveur français . . . . MARCCHAGALL
Graveur italien . . . . PIRANESE
Graveur néerlandais . . . . REMBRANDT
Gravité affectée . . . . SOLENNITÉ
Gravure sur le fer ou l'acier . . . SIDÉROGRAPHIE
Greffe de la cornée . . . . KÉRATOPLASTIE
Greffer de nouveau . . . . REGREFFER
Grêle comme un fil . . . . FILIFORME
Grenouille caméléon . . . . RAINETTE
Grenouille géante d'Amérique . . . . OUAOUARON
Grès de la soie . . . . SÉRICINE
Grève de courte durée . . . . DÉBRAYAGE
Grillage en bois, dans les maisons arabes . . . .
. . . . MOUCHARABIEH
Grimace comique . . . . PITRERIE, SINGERIE
Grimpe sur les troncs . . . . SITTELLE
Grincement aigu . . . . CRISSEMENT
Grise foncée . . . . ARDOISÉE
Gris foncé . . . . ANTHRACITE, NOIRÂTRE
Grivois et amusant . . . . CROUSTILLANT
Grogner continuellement . . . . GROGNASSER
Grondement qui éclate d'un coup . . . . TONNERRE
Gros ballon . . . . ZIPPELIN
Gros cabre à large carapace . . . . TOURTEAU
Gros cochon des savanes . . . . PHACOCHÈRE
Gros cordage pour amarrer les navires . . AUSSIÈRE
Gros fruit . . . . . . COROSSOL, PAMPLEMOUSSE
Gros herbivore . . . . ÉLÉPHANT
Gros lézard venimeux . . . . HÉLODERME
Gros maillet à une tête . . . . MAILLOCHE
Gros mammifère . . . . ÉLÉPHANT
Gros mammifère disparu . . . . MAMMOUTH
Gros mangeur . . . . GARGANTUA
Gros mollusque . . . . BÉNITIER
Gros ongulé . . . HIPPOPOTAME, PACHYDERME
Gros pain de forme ronde . . . . TOURTEAU
Gros pinceau . . . . , ... BLAIREAU
Gros plant . . . . FOLLEBLANCHE
Gros porteur . . . . JUMBOJET
Gros porteur (PD) . . . . DÉMÉNAGEUR
Gros problème dès le départ (PD) . . . .
. . . . MALFORMATION
Gros rongeur . . . . PORCÉPIC
Gros saucisson d'Italie . . . . MORTADELLE
Grosse araignée . . . . TARENTULE

Grosse baie charnue . . . . AUBERGINE
Grosse baisse de régime . . . . EXTÉNUATION,
. . . . NEURASTHÉNIE
Grosse bouteille . . . DAMEJEANNE, JÉROBOAM
Grosse bouteille de champagne . . . . . RÉHOBOAM
Grosse caisse (MH) . . . . LIMOUSINE
Grosse cerise . . . . REVERCHON
Grosse chaussure de marche . . . . GODILLOT
Grosse fatigue . . . . ÉREINTEMENT
Grosse grenouille . . . . OUAOUARON
Grosse mouche . . . . ÉRISTALE
Grosse perte de sang . . . . HÉMORRAGIE
Grosse pipe . . . . BOUFFARDE
Grosse prune . . . . QUETSCHE
Grossesse imprévue . . . . ACCIDENT
Grosse surprise . . . . STUPÉFACTION
Grosse vis à bois . . . . TIREFOND
Grossir anormalement (se) . . . . TUMÉFIER
Grossir de nouveau . . . . REGROSSIR
Grossir parce qu'on se prend le beigne (MF) . . . . . .
. . . . BEDONNER
Grosso modo . . . . ÀPEUPRÈS
Groupe composé de plusieurs personnes . . . .
. . . . BATAILLON
Groupe d'avions . . . . ESCADRILLE
Groupe de cent unités . . . . CENTAINE
Groupe de combat . . . . COMMANDO
Groupe de langues de la famille chamito-sémitique
. . . . TCHADIEN
Groupe de langues indo-européennes . . CELTIQUE
Groupe de mendiants . . . . GUEUSAILLE
Groupe de mots . . . . PALINDROME
Groupe de mots servant à nier . . . . . . NÉGATION
Groupe de musiciens . . . . ENSEMBLE
Groupe de personnes . . . . MINORITÉ
Groupe de personnes qu'on méprise . . ENGEANCE
Groupe de petits navires . . . . FLOTTILLE
Groupe d'étoiles . . . . CONSTELLATION
Groupe d'îles . . . . ARCHIPEL
Groupe d'îles au sud de l'Amérique méridionale . . .
. . . . TERREDEFEU
Groupe d'instrumentistes . . . . ORCHESTRE
Groupe formé d'animaux ruminants . . TROUPEAU
Groupe mandaté . . . . DÉLÉGATION
Groupement d'entreprises . . . . CONSORTIUM
Groupement humain . . . . PEUPLADE
Groupe où les gens se connaissent de vues (MF) . . .
. . . . CINÉCLUB
Groupe politique . . . . PHALANGE
Guêpe solitaire . . . . AMMOPHILE
Guérison incertaine . . . . RÉMISSION
Guerre américaine . . . . SÉCESSION
Guerre de harcèlement . . . . GUÉRILLA
Guerre sainte . . . . CROISADE
Guerrier japonais, nippon . . . . SAMOURAÏ
Guet-apens . . . . EMBUSCADE
Guidage d'un engin mobile . . . . RADIOGUIDAGE
Guide qui n'est jamais loin (MH) . . VADEMECUM
Guirlande d'arbre de Noël . . . . . CHEVEUDANGE
Guirlande lumineuse décorant une tête . . . .
. . . . GIRANDOLE
Gymnastique chinoise . . . . TAICHICHUAN

Habile et actif .... DÉGOURDI
Habilement hypocrite .... CAUTELEUX
Habileté à se faire valoir .... ENTREGENT
Habileté de la main .... DEXTÉRITÉ
Habillage du mécanisme d'une voiture ....
.... CARROSSERIE
Habillée comme une princesse ..... MAHARANI
Habillement bizarre .... ACCOUTREMENT
Habiller d'une manière ridicule (s') .. ACCOUTRER
Habiller quelqu'un .... FRINGUER
Habiller quelqu'un pour le rendre méconnaissable
.... DÉGUISER
Habitant d'Amérique du Sud .... PÉRUVIEN
Habitant de Madagascar .... MALGACHE
Habitant de Saint-Étienne .... STÉPHANOIS
Habitant des terres arctiques .... ESQUIMAU
Habitant de Vienne .... VIENNOIS
Habitant du désert .... SAHARIEN
Habitant d'un des cinq continents .... EUROPÉEN
Habitant d'une île de l'Atlantique Nord
.... ISLANDAIS
Habitation du curé .... PRESBYTÈRE
Habitent sur des îles .... ANTILLAIS
Habité par des citoyens du monde entier
.... COSMOPOLITE
Habite peut-être à Paris ? (MH) ...... ONTARIEN
Habite peut-être Buenos Aires .... ARGENTIN
Habite peut-être Sacramento ..... CALIFORNIEN
Habite près de l'eau .... RIVERAIN
Habiter avec d'autres sous le même toit ....
.... COHABITER
Habite une île du Pacifique .... TAHITIEN
Habit militaire .... UNIFORME
Habitude de flâner .... FLÂNERIE
Habitude de pleurnicher ...... PLEURNICHERIE
Habitude de se ronger les ongles ....
.... ONYCHOPHAGIE
Habitude néfaste .... ERREMENT
Habitude qui met hors de soi ...... IVROGNERIE
Habitudes verbales d'un individu .... IDIOLECTE
Habituée de faire les cent pas .... DANSEUSE
Habituer à la mer .... AMARINER
Habituer aux choses pénibles .... AGUERRIR
Hache de charpentier .... HERMINETTE
Hache de guerre des Indiens .... TOMAHAWK
Hachis de champignons, d'oignons et d'échalotes
.... DUXELLES
Haine envers les hommes .... MISANDRIE
Hallucination visuelle qui s'apparente au rêve .....
.... ONIRISME
Harceler quelqu'un .... PERSÉCUTER
Hardi à l'excès .... TÉMÉRAIRE
Hardi en matière de séduction auprès des femmes
.... ENTREPRENANT
Hardiesse imprudente, présomptueuse .. TÉMÉRITÉ
Hardi jusqu'à l'imprudence .... TÉMÉRAIRE
Harem à la fois volatile et ferme (MF) ....
.... POULAILLER
Hareng cru mariné .... ROLLMOPS
Hargneux et tenace .... TEIGNEUX
Haricot sec .... FLAGEOLET
Harmonie logique .... COHÉRENCE

Hausse de la plus-value d'un produit ....
.... VALORISATION
Haut de côtelettes d'agneau .... ÉPIGRAMME
Haut en couleur .... TRUCULENT
Haut fonctionnaire .... MANDARIN
Haut lieu de la finance .... WALLSTREET
Haut lieu touristique canadien .. NIAGARAFALLS
Haut magistrat, dans la cité grecque .. ARCHONTE
Hèle la Faucheuse (MH) .... EUTHANASIE
Hématozoaire responsable du paludisme ....
.... PLASMODIUM
Herbe aux fleurs jaunes ou blanches ....
.... RENONCULE
Herbe aux poux .... STAPHISAIGRE
Herbe nuisible .... CHIENDENT
Herbe vivace .... AGROSTIS, NARCISSE
Hercule Poirot ou Sherlock Holmes .. DÉTECTIVE
Hergé l'a popularisé (MH) .... ECTOPLASME
Héroïne de l'Iliade .... ANDROMAQUE
Héroïne française .... JEANNEDARC
Héros de bande dessinée .... SUPERMAN
Héros de Cervantès .... DONQUICHOTTE
Héros de cinéma .... JAMESBOND
Héros de Frédéric Dard .... SANANTONIO
Héros des romans de Maurice Leblanc ....
.... ARSÈNELUPIN
Héros des romans de Rowling ... HARRYPOTTER
Héros des romans d'espionnage .... JAMESBOND
Héros du Cid .... RODRIGUE
Héros d'un roman de Mary Shelley ....
.... FRANKENSTEIN
Héros légendaire saxon .... ROBINDESBOIS
Héros qui conquirent la Toison d'or ....
.... ARGONAUTES
Heureux événement .... NAISSANCE
Heureux rapprochement dans les transports ....
.... FERROUTAGE
Heurter avec violence .... TÉLESCOPER
Heurter des obstacles, en parlant d'une auto ......
.... CARAMBOLER
Heurter en renversant .... BOUSCULER
Heurter les pieux (MF) .... BLASPHÉMER
Heurter par manque de tact .... FROISSER
Heurter violemment .... EMBOUTIR
Hibou aux aigrettes marquées ..... GRANDDUC
Hirondelle des marais .... GLARÉOLE
Hissé en baissant les bras ..... DRAPEAUBLANC
Hisser une voile .... ÉTARQUER
Histoire à suivre .... TÉLÉROMAN
Histoire d'une vie .... BIOGRAPHIE
Histoire illustrée .... ANECDOTE
Histoire inventée .... GALÉJADE
Histoire pleine de rebondissements .. FEUILLETON
Historien grec .... HÉRODOTE
Historien latin .... TITELIVE
Hominien fossile de type primitif ....
.... ANTHROPOPITHÈQUE
Homme âgé .... VIEILLARD
Homme amoureux de son image ..... NARCISSE
Homme bien élevé et distingué .... GENTLEMAN
Homme capable de convaincre sa conjointe ....
.... DIPLOMATE

Homme d'action (MH) .... TERRORISTE
Homme d'affaires .. BUSINESSMAN, DUELLISTE
Homme d'apparence chétive .... FRELUQUET
Homme de chambre (PD) .... SÉNATEUR
Homme de classe (MF) .... ENSEIGNANT
Homme de couleurs italien (PD) .... PARMESAN
Homme de cour .... COURTISAN
Homme de Cro-Magnon .... HOMOSAPIENS
Homme de grande taille .... ESCOGRIFFE
Homme déguisé en femme .... TRAVESTI
Homme de lettres (MH) .... SCRABBLEUR
Homme de loi .... MAGISTRAT
Homme de nulle part (PD) .... APATRIDE
Homme de paille (MH) .... PRÊTENOM
Homme de parole (MH) .... ILLETTRÉ
Homme de peines .... GARDIENDEPRISON
Homme de pouvoir .... MINISTRE
Homme de sac et de corde (MH) ..... SCÉLÉRAT
Homme des cavernes .... SPÉLÉOLOGUE
Homme des fonds (PD) .... APNÉISTE
Homme d'État français .... RICHELIEU
Homme d'État sans scrupules ..... MACHIAVEL
Homme d'État canadien .... LAPOINTE,
.... SAINTLAURENT
Homme de terrain et de culture ..... AGRONOME
Homme de théâtre .... ACCESSOIRISTE
Homme de théâtre russe .... TCHEKHOV
Homme de visions (MF) .... LUNETIER
Homme doté de pouvoirs extraordinaires ....
.... SUPERMAN
Homme du bas peuple à Naples .... LAZZARONE
Homme d'une beauté fade .... BELLÂTRE
Homme d'un équipage .... TRIBORDAIS
Homme du peuple .... PLÉBÉIEN
Homme en sabots .... CENTAURE
Homme fort .... HALTÉROPHILE
Homme fort chez San-Antonio ...... BÉRURIER
Homme-grenouille .... PLONGEUR
Homme gros et gras .... PATAPOUF
Homme ignorant et insignifiant ... FOUTRIQUET
Homme imbu de sa personne .... BELLÂTRE
Homme lourd et embarrassé .... PATAPOUF
Homme malappris .... OSTROGOTH
Homme paisible et casanier .... PANTOUFLARD
Homme politique .... SÉNATEUR
Homme politique allemand .... KARLMARX
Homme politique américain ...... JOHNADAMS
Homme politique français .... DEGAULLE,
.... POLIGNAC, ROBESPIERRE
Homme politique québécois .... LÉVESQUE
Homme politique russe .... GORBATCHEV
Homme politique soviétique ...... KOSSYGUINE
Homme qui a des problèmes avec les jeunes ....
.... PÉDÉRASTE
Homme qui aimait se battre à l'épée .. BRETTEUR
Homme qui aime traiter son prochain aux petits
oignons (MF) .... CANNIBALE
Homme qui bande régulièrement pendant le travail
(MF) .... INFIRMIER
Homme qui cultive le jardin .... JARDINIER
Homme qui est l'artisan de sa réussite ....
.... SELFMADEMAN

Homme qui garde son calme où les autres s'excitent
(MF) .... GYNÉCOLOGUE
Homme qui ignore la politesse ...... OSTROGOT
Homme qui ne s'étire pas souvent en longueur (MF)
.... IMPUISSANT
Homme qui participe au trousseau (MH) ....
.... SERRURIER
Homme qui se prend le beigne trop souvent (MF) ..
.... BEDONNANT
Homme qui use de son pouvoir despotiquement ...
.... POTENTAT
Homme qui vaut cher .... BIENAIMÉ
Homme très avare .... HARPAGON
Homosexualité masculine .... URANISME
Honnêteté totale .... INTÉGRITÉ
Honneur extraordinaire .... APOTHÉOSE
Honorer d'hommages excessifs ..... ENCENSER
Honorer d'une déférence profonde .. RESPECTER
Honorer d'une médaille .... MÉDAILLER
Hôpital parisien .... SALPÊTRIÈRE
Hôpital pour lépreux .... LADRERIE
Horloge à eau .... CLEPSYDRE
Hormone dérivée des stérols .... STÉROÏDE
Hormone féminine .... ŒSTROGÈNE
Hormone mâle, masculine ..... TESTOSTÉRONE
Hormone sécrétée par la muqueuse de l'intestin ...
.... SÉCRÉTINE
Hormone sécrétée par les cellules du pancréas .....
.... INSULINE
Hormone végétale .... PHYTHORMONE
Hors d'atteinte .... INACCESSIBLE
Hors de prix ...... INABORDABLE, TRÈSCHER
Hors de saison .... MALÀPROPOS
Hors d'haleine .... ESSOUFLÉ, HALETANT
Hors-d'œuvre à la russe .... ZAKOUSKI
Hors du commun .... ÉNORMITÉ
Hors d'usage .... OBSOLÈTE
Hors paire .... TROISIÈME
Hostile aux traditions .... ICONOCLASTE
Hostilité à l'égard des étrangers ... XÉNOPHOBIE
Hostilité instinctive ... ALLERGIE, ANTIPATHIE
Hôtel parisien abritant les services du Premier minis-
tre .... MATIGNON
Housse d'ornement pour chevaux .. CAPARAÇON
Howard Hughes en était un .... AVIATEUR
Huile de coco parfumée .... MACASSAR
Huit bouteilles de champagne ... MATHUSALEM
Humain très bête .... DÉNATURÉ
Humecter doucement, légèrement .... BASSINER
Humeur inquiète .... TRACASSIN
Humeur joviale .... JOVIALITÉ
Humoriste québécois .... DESCHAMPS
Hurler de plaisir .... ÉJACULER
Hutte des pays chauds .... PAILLOTE
Hydrocarbonate de cuivre .... VERTDEGRIS
Hydrocarbure aromatique .... NAPHTALÈNE
Hydrocarbure de fer .... LIMONITE
Hydrocarbure gazeux .. ACÉTYLÈNE, ÉTHYLÈNE
Hymne national français .... MARSEILLAISE
Hypertrophie des os de la face .. ACROMÉGALIE
Idéal pour ceux qui aiment les moineaux (MF) ....
.... BADMINTON

Idéal pour enrayer les virus (MF) .... COUPEFEU
Idéal pour renvoyer la balle à l'autre (MF) ....
.... VICEVERSA
Idée fixe .... MONOMANIE, OBSESSION
Idée qui fait la lumière .... ILLUMINATION
Idée qui revient sans cesse .... LEITMOTIV
Idée qui vous permet d'y voir plus clair ....
.... LUMINEUSE
Idée remarquable .... TRAITDEGÉNIE
Idée soudaine .... INSPIRATION
Identification d'une maladie ...... DIAGNOSTIC
Identifier la nature d'une difficulté ....
.... DIAGNOSTIQUER
Idéologie tenant à la supériorité de l'homme sur la
femme .... MACHISME
Idiotisme propre à l'espagnol ..... HISPANISME
Il a affronté les lilliputiens .... GULLIVER
Il abandonne une cause .... DÉSERTEUR
Il a besoin de vent .... CERFVOLANT
Il accompagna La Fayette en Amérique ....
.... NOAILLES
Il accompagne quelqu'un .... COMPAGNON
Il a chanté « Avec le temps » .... LÉOFERRÉ
Il a chanté avec l'orchestre métropolitain ....
.... AZNAVOUR
Il a chanté le « P'tit Bonheur » .. FÉLIXLECLERC
Il a chanté le « Plat pays » .... JACQUESBREL
Il a combattu la monarchie ...... RÉPUBLICAIN
Il a commencé comme cracheur de feu ....
.... LALIBERTÉ
Il a composé « Casse-Noisette » .. TCHAÏKOVSKI
Il a crié « Eurêka » .... ARCHIMÈDE
Il a de belles ailes colorées .... PAPILLON
Il a de drôles de manières .... OSTROGOT
Il a de l'argent .... NUMISMATE
Il a des dons exceptionnels .... SURHOMME
Il a des idées fixes .... OBSESSIONNEL
Il a des manières attribuées aux femmes ....
.... EFFÉMINÉ
Il a des problèmes de vision .... DALTONIEN
Il adore la Saint-Valentin (MH) .. RESTAURATEUR
Il adore Noël .... COMMERÇANT
Il a du cœur à l'ouvrage (MH) ....
.... CHÂTEAUDECARTES
Il a du nez .... INTUITIF
Il a du succès .... BESTSELLER
Il a du volume .... LIBRAIRE
Il a écrit « Andromaque » .... EURIPIDE
Il a écrit « Du contrat social » ...... ROUSSEAU
Il a écrit « La Peste » .... ALBERTCAMUS
Il a écrit le « Chant de Noël » ....
.... CHARLESDICKENS
Il a écrit le « Cid » .... CORNEILLE
Il a écrit le « Docteur Jivago » ... PASTERNAK
Il a écrit « Le jeu de l'amour et du hasard » .....
.... MARIVAUX
Il a écrit les « Enfants terribles » .. JEANCOCTEAU
Il a écrit les « Feuilles d'automne » .. VICTORHUGO
Il a écrit les « Phéniciennes » .... EURIPIDE
Il a écrit « Les poètes maudits » .... VERLAINE
Il a écrit les « Raisins de la colère » ... STEINBECK
Il a écrit « Madame Bovary » .... FLAUBERT

Il a écrit « Sac d'os » .... STEPHENKING
Il a écrit « Tendre est la nuit » ..... FITZGERALD
Il a entre 14 et 20 ans .... ADOLESCENT
Il a été amputé .... UNIJAMBISTE
Il a été assassiné en 1965 ... MALCOLMX
Il a été bien éduqué .... GENTLEMAN
Il a été empereur des Français ..... BONAPARTE
Il a été « James Bond 007 » ..... SEANCONNERY
Il été la Bête dans la « Belle et la Bête » ....
.... JEANMARAIS
Il été retenu prisonnier à Sainte-Hélène ....
.... BONAPARTE
Il a été très chanceux .... MIRACULÉ
Il a étudié la surface du globe (MH) .. OCULISTE
Il a eu du mal à s'habiller .... DAGOBERT
Il a eu son voyage après un vol ... PASSAGER
Il a fait naufrage .... ROBINSON
Il affecte de la bravoure .... FANFARON
Il a fondé plusieurs foyers au cours de sa vie (MF)
.... LUNETIER
Il a gagné la guerre de Sécession ... NORDISTE
Il agit d'une façon bizarre ...... HURLUBERLU
Il aide .... BIENFAITEUR
Il aide à remonter la côte .... TÉLÉSIÈGE
Il aimait faire des jeux de mots ....
.... RAYMONDDEVOS
Il aime à se donner en spectacle ..... COMÉDIEN
Il aime bien discuter .... ERGOTEUR
Il aime brouter .... HERBIVORE
Il aime d'autres hommes (MH) .... CANNIBALE
Il aime faire la grasse matinée ..... LÈVETARD
Il aime fouiller .... ARCHÉOLOGUE
Il aime les plantes .... BOTANISTE
Il aime railler .... IRONISTE
Il aime s'amuser .... RICANEUR
Il aime se battre .... BAGARREUR
Il aime se regarder .... NARCISSE
Il aime son prochain (MH) .... CANNIBALE
Il aime souffrir .... MASOCHISTE
Il aime tout .... OMNIVORE
Il a intérêt à s'ouvrir .... PARACHUTE
Il a joué dans « À bout de souffle » .. BELMONDO
Il a joué dans le « Quai des Brumes » . JEANGABIN
Il a joué dans « Le train sifflera trois fois » .....
.... GARYCOOPER
Il a joué dans « Scarface » .... ALPACINO
Il a joué dans « Un tramway nommé Désir » ....
.... MARLONBRANDO
Il a la charge des collections d'un musée ....
.... CONSERVATEUR
Il a la langue longue .... CAMÉLÉON
Il a l'art de parler comme si sa voix venait du ventre
.... VENTRILOQUE
Il a le crâne rasé .... SKINHEAD
Il a le feu au derrière (MH) ..... CORBILLARD
Il a le goût du risque .... AVENTURIER
Il a les dents longues (MH) .... ARRIVISTE
Il a les sourcils broussailleux ...... SCHNAUZER
Il a l'habitude de cogner avant d'ouvrir (MF) .....
.... ÉVENTREUR
Il a lieu dans le corps de la femme .. AVORTEMENT
Il allume les feux .... PYROMANE

Il a l'oreille basse .... ÉPAGNEUL
Il a mené une action clandestine ..... RÉSISTANT
Il a mis sa culotte à l'envers .... DAGOBERT
Il a passé le cap de la soixantaine .. SEXAGÉNAIRE
Il a peint les fresques de la chapelle Sixtine ....
.... MICHELANGE
Il a perdu la mémoire .... AMNÉSIQUE
Il a perdu son père et sa mère .... ORPHELIN
Il a peu d'expérience .... NÉOPHYTE
Il a plus de 50 ans .... BABYBOOMER
Il a plus d'un tour dans son sac ..... ROUBLARD
Il apporte son soutien à quelqu'un .. BIENFAITEUR
Il a presque 100 ans .... NONAGÉNAIRE
Il a proclamé la République populaire de Chine ...
.... MAOTSETOUNG
Il a quatre pattes .... QUADRUPÈDE
Il a réalisé « le Diable boiteux » .. SACHAGUITRY
Il a réalisé « l'Enfant sauvage » .... TRUFFAUT
Il a réalisé les « Ordres » ... MICHELBRAULT
Il a reçu une formation scientifique et technique ...
.... INGÉNIEUR
Il a remporté le Jutra du meilleur scénario ....
.... PELLETIER
Il a renoncé à la couronne d'Angleterre ....
.... DUCDEWINDSOR
Il arrive après le dalaï-lama .... PANCHENLAMA
Il a six côtés .... HEXAGONE
Il a son avenir dans sa poche (MF) .. KANGOUROU
Il assista Champlain mourant .... LALEMANT
Il assure la direction spirituelle ...... AUMÔNIER
Il a tendance à agacer le monde ..... SNOBINARD
Il a toujours confiance .... OPTIMISTE
Il a tourné le « Bal des vampires » .... POLANSKI
Il a tourné le Cuirassé Potemkine ... EISENSTEIN
Il a tourné « Mort à Venise » .... VISCONTI
Il a trois coques parallèles .... TRIMARAN
Il attrape des oiseaux .... OISELEUR
Il a tué ses épouses, sauf la dernière ....
.... BARBEBLEUE
Il a un choix à faire .... ÉLECTEUR
Il a un corps de cheval et un buste d'homme ....
.... CENTAURE
Il a une coquille .... ESCARGOT
Il a une grande faculté d'adaptation .. ÉLASTIQUE
Il a une lame tranchante .... TAILLECRAYON
Il a une mémoire vive .... ORDINATEUR
Il a une propension pathologique au vol ....
.... CLEPTOMANE
Il a une queue touffue .... ÉCUREUIL
Il a une trompe .... ÉLÉPHANTEAU
Il a une victime .... AGRESSEUR
Il a un grand cœur .... PHILANTHROPE
Il a un poil dans la main ...., FAINÉANT,
..... GLANDEUR, PARESSEUX, TIREAUCUL
Il a un uniforme .... POLICIER
Il aurait vécu 969 ans .... MATHUSALEM
Il a vaincu Napoléon ..... WELLINGTON
Il avale les kilomètres (MF) .... ODOMÈTRE
Il avance très lentement .... ESCARGOT
Il a vingt faces .... ICOSAÈDRE
Il a vu plus d'une fracture ..... ORTHOPÉDISTE
Il a zigouillé quelqu'un .... ASSASSIN

Il barrit .... ÉLÉPHANT, RHINOCÉROS
Il bouffe un peu n'importe quoi ..... OMNIVORE
Il casse tout .... BRISEFER
Il chante .... ROSSIGNOL
Il chante en groupe .... CHORISTE
Il chauffe sans permis (MF) ..... CALORIFÈRE
Il cherche à améliorer le sort de ses semblables ....
.... PHILANTHROPE
Il cherche à déstabiliser le pouvoir .. TERRORISTE
Il commente souvent aux chiens écrasés (MH) ....
.... JOURNALISTE
Il comprend l'écossais .... GAÉLIQUE
Il compte pendant que vous faites les cent pas (MF)
.... ODOMÈTRE
Il conçoit des formes nouvelles .... STYLISTE
Il conduit une charrette .... CHARRETIER
Il confesse ses péchés .... PÉNITENT
Il connaît bien les médailles ..... NUMISMATE
Il connaît les dessous inhérents à son métier (MF)
.... GYNÉCLOLGUE, UROLOGUE
Il connaît les eaux marines ... OCÉANOGRAPHE
Il coud .... COUTURIER
Il coule .... RUISSELET
Il court le 100 mètres .... SPRINTER
Il creuse des puits .... PUISATIER
Il critique méchamment .... ÉREINTEUR
Il cultive la terre .... AGRICULTEUR
Il cultive les arbres qui produisent des fruits à pépins
.... POMICULTEUR
Il cultive une pépinière .... PÉPINIÉRISTE
Il débarrasse des corps étrangers ... NETTOYEUR
Il déchiffra les hiéroglyphcs égyptiens ...
.... CHAMPOLLION
Il découvrit la route des Indes .. VASCODEGAMA
Il demande la charité .... MENDIANT
Il dénombre la population .... RECENSEUR
Il déroba aux dieux le feu sacré ... PROMÉTHÉE
Il dessine sur la peau .... TATOUEUR
Il distribue des cadeaux aux enfants ....
.... SAINTNICOLAS
Il doit aimer les animaux .... VÉTÉRINAIRE
Il doit faire un choix .... ÉLECTEUR
Il doit ouvrir l'œil ..... GUETTEUR, VEILLEUR
Il donne .... MOUCHARD
Il donne un coup de main .... AUXILIAIRE
Il donne des fruits .... CERISIER
Il dresse des animaux, des fauves ... DOMPTEUR
Île au centre de New York .... MANHATTAN
Île canadienne de la Colombie-Britannique ....
.... VANCOUVER
Il écrit dans un journal .... ÉCHOTIER
Il écrit des lettres .... ÉPISTOLIER
Il écrit des livres .... ÉCRIVAIN
Île découverte par Christophe Colomb en 1502 ....
.... MARTINIQUE
Île de la Grèce .... SALAMINE
Île de la Polynésie française .... BORABORA
Île de la Seine, à Paris .... ÎLEDELACITÉ
Île de l'Atlantique .... NOIRMOUTIER
Île de Nouvelle-Écosse .... CAPBRETON
Île des Antilles françaises ..... MARIEGALANTE
Île d'Espagne .... MAJORQUE

Île des Petites Antilles britanniques . . . ANGUILLA
Île du Massachusetts . . . . NANTUCKET
Île du Québec . . . . ANTICOSTI, BONAVENTURE
Île fabuleuse, jadis engloutie . . . . ATLANTIDE
Île française de l'Atlantique . . . . OUESSANT
Il égalise . . . . NIVELEUR
Île italienne . . . . SARDAIGNE
Il élève des poissons . . . . PISCICULTEUR
Il en est à ses débuts . . . . NOUVEAUNÉ
Il en faut deux pour l'hiver . . . . MITAINES
Il en faut pour atteindre son but . . . . . STRATÉGIE
Il entend le chant des sirènes à son travail . . . .
. . . . AMBULANCIER
Il entend très mal . . . . SOURDINGUE
Il entoure le personnel . . . . ENCADREMENT
Il en veut plus . . . . EXIGEANT
Il en voudrait encore . . . . INASSOUVI
Il essayait de transformer le plomb en or . . . .
. . . . ALCHIMISTE
Il est adroit des deux mains . . . . . AMBIDEXTRE
Il est assez embarrassant . . . . ATTIRAIL
Il est attaché à la sécurité de quelqu'un
. . . . GARDEDUCORPS
Il est atteint d'une maladie mortelle . . SÉROPOSITIF
Il est au bord de la tombe (MH) . . . . FOSSOYEUR
Il est au centre de bien des chicanes . . MÉDIATEUR
Il est artificiellement obtenu à partir de l'einsteinium
. . . . MENDÉLÉVIUM
Il est aux petits soins avec nous (MH) . . PATRICIEN
Il est bizarre . . . . OUISTITI
Il est censé porter bonheur . . . . TALISMAN
Il est censé porter chance . . . . FERÀCHEVAL
Il est chaleureux (MH) . . . . RADIATEUR
Il est chargé de laver la vaisselle . . . . PLONGEUR
Il est chargé d'examiner les plaintes des citoyens . .
. . . . OMBUDSMAN
Il est chargé d'organiser des activités . . . .
. . . . ANIMATEUR
Il est chargé d'une commission . . . . . MESSAGER
Il est chargé du service des vins . . . . SOMMELIER
Il est chargé du spirituel . . . . AUMÔNIER
Il est collant (MH) . . . . CASSEPIEDS
Il est composé de plusieurs marches . . . ESCALIER
Il est constamment sur la glace (MF) . . . .
. . . . TRICOLORE
Il est constamment sur la touche (MF) . . PIANISTE
Il est dans la lune . . . . RÊVASSEUR
Il est difficile de s'en remettre . . . . . . DÉSASTRE
Il est dû à un excès de graisse . . . EMPÂTEMENT
Il est en vacances . . . . TOURISTE
Il est disparu récemment . . . . SALVADOR
Il est en forme de T (MF) . . . . TEESHIRT
Il est en position de force . . . . STRAPONTIN
Il est entouré d'individus voleurs (MF) . . . .
. . . . AVICULTEUR
Il est entre les futurs ex-conjoints . . . MÉDIATEUR
Il est étroit d'esprit . . . . SECTAIRE
Il est fêté le 14 février . . . . VALENTIN
Il est gris, rouge ou noir . . . . ÉCUREUIL
Il est impossible de le mettre à la porte de chez lui
(MF) . . . . SANSABRI
Il est indiscret . . . . FOUINEUR

Il est inébranlable . . . . STOÏCIEN
Il est inexpérimenté . . . . APPRENTI
Il est insignifiant (MH) . . . . ECTOPLASME
Il est l'auteur de «Moby Dick» . . . . . . MELVILLE
Il est lent . . . . ESCARGOT
Il est le plus gros des animaux terrestres . . . .
. . . . ÉLÉPHANT
Il est mastoc . . . . ÉLÉPHANT
Il est meilleur pour parler que pour agir . . . .
. . . . MATAMORE
Il est mieux d'en prendre avec modération . . . .
. . . . EAUDEVIE
Il est moins dangereux de le faire avec des mots
qu'avec sa voiture (MF) . . . . FACEÀFACE
Il est mort depuis longtemps . . . . TRISAÏEUL
Il est né après la seconde guerre mondiale . . . .
. . . . BABYBOOMER
Il est paresseux . . . TIREAUCUL, TIREAUFLANC
Il est payé pour tuer . . . . BOURREAU
Il est pendu . . . . VÊTEMENT
Il est pessimiste . . . . DÉPRESSIF
Il est peu émotif . . . . FLEGMATIQUE
Il est peut-être gondolier . . . . VÉNITIEN
Il est peut-être traducteur . . . . BILINGUE
Il est plus petit qu'un moineau . . . . ROITELET
Il est radieux quand il a plu (MF) . . SÉDUCTEUR
Il est rapide . . . . SPRINTER
Il est recherché par la police . . . . ASSASSIN
Il est régulièrement sur la glace à Ottawa (MF) . . . .
. . . . SÉNATEUR
Il est séparé en plein milieu . . . . POSTÉRIEUR
Il est servile . . . . PAILLASSON
Il est situé entre le rez-de-chaussée et le premier étage
. . . . ENTRESOL
Il est souvent amoureux . . . . TÊTEÀTÊTE
Il est souvent en cage . . . . DRESSEUR
Il est spécialisé dans les troubles de vision . . . .
. . . . OCULISTE
Il est sur la corde raide . . . . FILDEFERISTE
Il est systématiquement hostile à tout . . ANTITOUT
Il est tombé aux mains de l'ennemi . . PRISONNIER
Il est toujours en train de contester . . . ERGOTEUR
Il est toujours payé comptant et en dessous de la table
. . . . POTDEVIN
Il est tout à fait normal de l'exploiter . . GISEMENT
Il est tout noir . . . . PESSIMISTE
Il est très dangereux . . . . ÉCRASEUR
Il est très utile après les repas . . LAVEVAISSELLE
Il est trop tard pour miser (MH) . . RIENNEVAPLUS
Il est versé aux avocats . . . . HONORAIRE
Il est volubile . . . . LISERON
Il est vraiment minuscule . . . . LILLIPUTIEN
Il était à Marignan en 1515 . . . . TRIVULCE
Il étudie et connaît les armoiries . . . HÉRALDISTE
Il étudie les astres . . . . ASTRONOME
Il examinait les entrailles des victimes . . ARUSPICE
Il excite . . . . STIMULANT
Il exploite des navires . . . . ARMATEUR
Il exprime son choix lors d'un suffrage . . . .
. . . . ÉLECTEUR
Il fabrique des armoires . . . . ARMORISTE
Il fabrique des poteries . . . . CÉRAMISTE

Il fait aiguiser ses lames .... PATINEUR
Il fait chanter les gens .... INITIATEUR
Il fait de la bière .... BRASSEUR
Il fait de l'air .... ÉVENTAIL
Il fait des étoffes .... TISSERAND
Il fait des meubles .... ÉBÉNISTE
Il fait des plombages .... DENTISTE
Il fait des saisies .... HUISSIER
Il fait des tissus .... TISSERAND
Il fait des tours d'adresse ..... SALTIMBANQUE
Il fait des tours de passe-passe ...... MAGICIEN
Il fait faire du sport aux autres .... ENTRAÎNEUR
Il fait la manche (MH) .... MENDIANT
Il fait la une des journaux .... ÉVÉNEMENT
Il fait le joli auprès des dames ... GODELUREAU
Il fait l'ossature d'un bâtiment ... CHARPENTIER
Il fait perdre la tête .... ENIVREMENT
Il fait régulièrement ses joints .... PLÂTRIER
Il fait serrer les fesses au petit .. THERMOMÈTRE
Il fait un drôle de métier (MH) ... HUMORISTE
Il faut absolument casser ce qu'il vous donne .....
.... AVELINIER
Il faut craindre sa rupture .... ANÉVRISME
Il faut en avoir suffisamment .... INTELLIGENCE
Il faut être fort pour surmonter ce moment (MF) ...
.... FAIBLESSE
Il faut la suivre .... POSOLOGIE
Il faut le connaître de A à Z .... ALPHABET
Il faut se méfier d'elles .... PROPOSITIONS
Il faut s'en méfier .... SCÉLÉRAT
Il faut se serrer la ceinture pour en bénéficier (MF)
.... SÉCURITÉ
Il faut y mettre la pédale douce .. ACCÉLÉRATEUR
Il favorise les meilleurs aux dépens de la masse ...
.... ÉLITISTE
Il fit adopter l'Acte de Québec ...... CARLETON
Il fixe le chargement du navire ...... ARRIMEUR
Il flatte les masses .... DÉMAGOGUE
Il fleurit en automne .... CHRYSANTHÈME
Il fomente un soulèvement .... ÉMEUTIER
Il fonda un hôpital au Gabon ..... SCHWEITZER
Il force les gens à se prendre le beigne (MF) .....
.... MALDEVENTRE
Il fume .... OPIOMANE
Il fut changé en cerf par Artémis .... MAHARAJA
Il fut décapité sur l'ordre d'Hérode ....
.... JEANBAPTISTE
Il fut découvert en 982 par Erik le Rouge ....
.... GROENLAND
Il fut l'adversaire des colons américains ....
.... SITTINGBULL
Il fut le compagnon de Rimbaud ..... VERLAINE
Il fut le premier à déchiffrer les hiéroglyphes égyp-
tiens .... CHAMPOLLION
Il fut l'un des artisans de l'indépendance des États-
Unis .... VERGENNES
Il fut l'un des créateurs du style be-bop ....
.... GILLESPIE
Il fut Premier ministre du Québec ... DUPLESSIS,
.... TASCHEREAU
Il fut président des États-Unis ..... CLEVELAND
Il fut séduit par sa propre image ...... NARCISSE

Il fut une des vedettes du cinéma français ....
.... JEANMARAIS
Il gagne sa vie avec les animaux ..... DRESSEUR
Il gagne sa vie en faisant rire les gens ....
.... HUMORISTE
Il garde des objets volés .... RECELEUR
Il génère souvent de bonnes actions .. LOUVETEAU
Il habite Bagdad .... IRAQUIEN
Il habite Belfast .... IRLANDAIS
Il habite Budapest .... HONGROIS
Il habite Casablanca .... MAROCAIN
Il habite en Afrique .... TUNISIEN
Il habite l'État le plus peuplé des États-Unis ......
.... CALIFORNIEN
Il habite peut-être Calgary .... ALBERTAIN
Il habite peut-être Colmar .... ALSACIEN
Il habite peut-être Katmandou ...... NÉPALAIS
Il habite peut-être Lhassa .... TIBÉTAIN
Il habite peut-être Oslo .... NORVÉGIEN
Il habite peut-être Strasbourg .... ALSACIEN
Il habite peut-être Tokyo .... JAPONAIS
Il habite près de la ville ...... BANLIEUSARD
Il habite une province canadienne .... ONTARIEN
Il habite un État d'Afrique occidentale .. IVOIRIEN
Il habite un État de l'Atlantique Nord ... ISLANDAIS
Il habite un État d'Océanie .... AUSRALIEN
Il habite un pays d'Europe .... ESPAGNOL
Il habite un pays du Maghreb .... ALGÉRIEN
Il hésite .... IRRÉSOLU
Il ignore les bienséances .... OSTROGOT
Il incite les gens à chercher le plaisir .. ÉROTISME
Il indique qu'on veut parlementer ....
.... DRAPEAUBLANC
Il intervient dans des affaires galantes ....
.... ENTREMETTEUR
Il ironise la réalité .... CARICATURISTE
Il jouait de la musique pour faire danser ....
.... MÉNÉTRIER
Il joue à la vache .... VOLTIGEUR
Il joue des scènes dangereuses ..... CASCADEUR
Il joue sur la glace .... HOCKEYEUR
Il joue sur un clavier .... ORGANISTE
Il joue un rôle .... PROTAGONISTE
Il jure qu'il va régler son problème demain ....
.... PROCRASTINATEUR
Il l'a échappé belle .... SURVIVANT
Il lit dans les lignes de la main .. CHIROMANCIEN
Il loue des costumes de théâtre ..... COSTUMIER
Illuminer de bonheur .... ENSOLEILLER
Illuminer de lueurs rouges .... EMBRASER
Il lutte pour une idée .... MILITANT
Il maintient la personne en place ... SERRETÊTE
Il manipule de l'argent .... CAISSIER
Il manque d'expérience .... APPRENTI
Il marche sur la corde raide ...... FUNAMBULE
Il mesurait plus de 25 mètres ..... DIPLODOCUS
Il met au point des calibres de fabrication ....
.... OUTILLEUR
Il met fin à nos rêves .... RADIORÉVEIL
Il met la main à la pâte .... BOULANGER
Il met les vitrines en valeur ...... ÉTALAGISTE
Il met une griffe à un vêtement ...... GRIFFEUR

Il montre à un animal à obéir .... DRESSEUR
Il n'aime pas sortir .... CASANIER
Il n'aime pas travailler .... PARESSEUX
Il n'a pas conscience de ses actes ....
.... SOMNAMBULE
Il n'a pas d'argent .... SANSLESOU
Il n'a pas de cerveau .... ANENCÉPHALE
Il n'a pas de religion .... MÉCRÉANT
Il n'a pas d'expérience .... BLANCBEC
Il n'a pas peur du danger .... CASSECOU
Il n'a rien fait .... INNOCENT
Il n'arrête pas de se plaindre ... PLEURNICHARD
Il n'arrive pas à son but s'il n'est pas assez fin (MF)
.... STRATÈGE
Il navigue .... INTERNAUTE
Il ne chante pas seul .... CHORISTE
Il ne cherche que la réussite ...... CARRIÉRISTE
Il ne chipote pas (MH) .... GARGANTUA
Il ne faut pas en abuser .... APÉRITIF
Il ne faut pas le laisser au soleil ..... BEURRIER
Il ne gaspille pas son argent .... HARPAGON
Il n'élève pas nécessairement ses enfants (MF) ....
.... GÉNITEUR
Il ne paie pas de loyer .... SANSABRI
Il ne parle jamais du quotidien ... ILLETTRÉ
Il ne parle ni n'entend .... SOURDMUET
Il ne pense qu'à ça (MH) .... ÉROTOMANE
Il ne peut s'empêcher de voler ... CLEPTOMANE
Il ne peut vivre sans prostituées ... SOUTENEUR
Il ne quitte jamais les gens qui veulent garder leur
ligne (MF) .... PORTABLE
Il ne quitte pas le lit .... GRABATAIRE
Il ne respecte pas les règles du jeu .... TRICHEUR
Il ne sait pas écrire .... ILLETTRÉ
Il ne se déplace pas facilement ...... IMPOTENT
Il ne se lève pas tous les matins ... GRABATAIRE
Il ne s'en fait pas trop ...... INSOUCIANT
Il ne s'en tient qu'à vous (MH) .. VOUVOIEMENT
Il ne sort jamais seul (MF) ... SPERMATOZOÏDE
Il n'est pas ambidextre .... DROITIER
Il n'est pas ce qu'il définit (MF) ... ANGLICISME
Il n'est pas chez lui .... TOURISTE
Il n'est pas d'ordre .... BROUILLON
Il n'est pas favori .... OUTSIDER
Il n'est pas honnête .... TRICHEUR
Il n'est pas matinal .... LÈVETARD
Il n'est pas payé .... BÉNÉVOLE
Il ne travaille pas .... GRÉVISTE
Il ne veut rien faire .... FAINÉANT
Il ne vient pas de loin (MH) ...... ABORIGÈNE
Il ne vous arrive pas à la cheville (MH) ....
.... CORSAIRE
Il ne vous laissera pas un poil de mouillé (PD) ....
.... SÈCHECHEVEUX
Il nous connaît de la tête aux pieds ....
.... GÉNÉRALISTE
Il nous fait entendre des voix .... IMITATEUR
Il nous fait mieux voir .... LUNETIER
Il nous laisse le choix .... SÉLECTEUR
Il nous tourne autour .... SATELLITE
Il nous visite surtout la nuit ... CAMBRIOLEUR
Il n'use pas ses semelles (MH) ..... VANUPIEDS

Il n'y a pas que sa vue qui est imprenable, bien que...
(MH) .... FORTERESSE
Il n'y a que les bons pêcheurs qui s'en servent ....
.... ÉCAILLEUR
Il n'y a que lui à apporter en voyage ....
.... NÉCESSAIRE
Il n'y a que lui qui compte .... RÉSULTAT
Il n'y en a plus dans les restaurants .. CENDRIERS
Il offre le gîte et le couvert .... AUBERGISTE
Il organisa la première traversée de l'Afrique en auto-
mobile .... ANDRÉCITROËN
Îlot italien .... MONTECRISTO
Il paie en pesos .... MEXICAIN
Il paraît qu'il attire les femmes ...... UNIFORME
Il parcourt le monde .... GLOBETROTTER
Il parle allemand .... AUTRICHIEN
Il parle anglais ..... AMÉRICAIN, AUSTRALIEN
Il parle arabe ...... ALGÉRIEN, ÉGYPTIEN,
.... LIBANAIS
Il parle d'une façon bizarre ...... HURLUBERLU
Il parle en public .... CONFÉRENCIER
Il parle espagnol .... BOLIVIEN
Il parle fort .... GUEULARD
Il parle français .... NIGÉRIEN
Il parle l'hébreu .... ISRAÉLIEN
Il partage symétriquement le cercle .. DIAMÈTRE
Il passe ses journées à regarder des films (MF) ....
.... RADIOLOGUE
Il passe sous les ponts .... BATEAUMOUCHE
Il permet de rester à la surface de l'eau ....
.... FLOTTEUR
Il peut être considéré comme le fondateur de la lin-
guistique structurale .... SAUSSURE
Il peut travailler dans divers pays, grâce à l'UE ....
.... EUROPÉEN
Il peut vivre cent ans .... ÉLÉPHANT
Il peut voler .... PINGOUIN
Il peut voter .... ÉLECTEUR
Il pique les patients .... ACUPONCTEUR
Il pique sans arrêt .... CLEPTOMANE
Il porte bonheur .... TALISMAN
Il pourvoit une armée de vivres .. RAVITAILLEUR
Il pratique la divination par les rêves ....
.... ONICROMANCIEN
Il pratique la science de l'agriculture ....
.... AGRONOME
Il pratique l'ironie à froid (MH) ....
.... PINCESANSRIRE
Il pratique une médecine douce ..... ÉTIOPATHE
Il pratique un métier dangereux ... CASCADEUR
Il pratique un sport de combat, un art martial .....
.... KARATÉKA
Il préfère le cinéma à la bibliothèque (MH) ....
.... DYSLEXIQUE
Il prend des oiseaux au filet .... OISELEUR
Il prend la vie du bon côté .... PHILOSOPHE
Il prend peut-être du Viagra .... IMPUISSANT
Il prépare des pièces de prothèse oculaire ....
.... OCULARISTE
Il prépare des plats .... TRAITEUR
Il prétend faire des miracles .. THAUMATURGE
Il prétend prédire l'avenir ...... VATICINATEUR

Il prononce des sermons . . . . PRÉDICATEUR
Il protégeait le cirque du soleil . . . . . . VÉLARIUM
Il protège les yeux de l'éblouissement . . ABATJOUR
Il protège des effets de la foudre . . . .
. . . . PARATONNERRE
Il rabâche . . . . RADOTTEUR
Il raconte des choses . . . . NARRATEUR
Il raconte des histoires imaginaires . . FABULATEUR
Il raconte n'importe quoi . . . . BARATINEUR
Il raille . . . . IRONISTE
Il réchauffe le cœur de bien des Québécois (MF) . . .
. . . . TRICOLORE
Il recherche le plaisir . . . . HÉDONISTE
Il reçoit la médaille de bronze . . . . . . TROISIÈME
Il reçoit un salaire . . . . TRAVAILLEUR
Il refuse les opinions des autres . . . . . . SECTAIRE
Il regarde en arrière (MH) . . . . HISTORIEN
Il règle sa conduite selon les circonstances . . . . . .
. . . . OPPORTUNISTE
Il rejette l'autorité du pape . . . . PROTESTANT
Il relie deux pays . . . . EUROTUNNEL
Il remet en état les œuvres d'art . . RESTAURATEUR
Il remet les pendules à l'heure . . . . . . HORLOGER
Il rend un culte à un dieu . . . . ADORATEUR
Il répare des voitures . . . . GARAGISTE
Il ressemble beaucoup à elle . . . . TRAVESTI
Il reste à l'école . . . . PENSIONNAIRE
Il retrouve le jour sa forme humaine . . . .
. . . . LOUPGAROU
Il roucoule . . . . COLOMBIN
Il roule en faisant beaucoup de bruit (MF) . . . .
. . . . TONNERRE
Il s'admire . . . . NARCISSE
Il s'aime beaucoup . . . . ÉGOTISTE
Il sait ce que vous avez derrière la tête (MF) . . . . . .
. . . . COIFFEUR
Il sait l'art de la musique . . . . MUSICIEN
Il sait se passer des autres . . . . . . DÉBROUILLARD
Il s'amuse avec sa souris (MF) . . . . INTERNAUTE
Il s'avance dans les fonds pour être vu en surface
(MF) . . . . COMMANDITAIRE
Il se confesse . . . . PÉNITENT
Il se déplace pour travailler . . . . ITINÉRANT
Il se déroule lors d'une fête . . . . SERPENTIN
Il se disperse en toutes sortes d'activités . . . .
. . . . TOUCHEÀTOUT
Il se distingue par son excentricité et il se fait remar-
quer . . . . OLIBRIUS
Il se fait sonner les cloches plusieurs fois par jour
(MF) . . . . COLPORTEUR
Il se fait toujours attendre . . . . TRAÎNARD
Il se jette dans l'Atlantique . . . . SAINTLAURENT
Il se lève tôt et ne sent pas très bon . . CHASSEUR
Il s'emplit de sloche l'hiver . . . . PAREBOUE
Il s'ennuie . . . . NOSTALGIQUE
Il s'en permet beaucoup . . . . SANSGÊNE
Il sépare des phrases . . . . POINTVIRGULE
Il se remet . . . . CONVALESCENT
Il se retrouve dans un sac vert . . . . DÉTRITUS
Il sert à éclairer les rues . . . . LAMPADAIRE
Il sert à ralentir la chute de quelqu'un . . . .
. . . . PARACHUTE

Il sert de frontière entre le Mexique et les États-Unis
. . . . RIOGRANDE
Il sert d'intermédiaire dans les opérations commer-
ciales . . . . COURTIER
Il se sert des autres . . . . PROFITEUR
Il se souviendra toujours du 5 octobre 1970 . . . . . .
. . . . JAMESCROSS
Il s'est battu pour qu'on puisse s'exprimer en fran-
çais . . . . PATRIOTE
Il s'est déroulé sous la pluie . . . . MARATHON
Ils eurent pour chefs Danton, Marat et Robespierre
. . . . MONTAGNARDS
Ils forment la majorité du peuple juif . . . .
. . . . SÉFARADES
Ils nous bernent, mais personne ne s'en plaint (MH)
. . . . TRUCAGES
Ils nous défendent vivement . . . . ANTICORPS
Ils nous font sourire . . . . ZYGOMATIQUES
Il s'occupe de machines . . . . MÉCANICIEN
Il s'occupe des costumes . . . . COSTUMIER
Il s'occupe des fonds . . . . TRÉSORIER
Il soigne les affections cutanées . . . .
. . . . DERMATOLOGUE
Il soigne les chevaux . . . . PALEFRENIER
Il soigne les os . . . . OSTÉOPATHE
Il soigne les personnes âgées . . . . GÉRIATRE
Il soigne souvent son cor (MF) . . . . . . CORNISTE
Ils ont été déportés en 1755 . . . . ACADIENS
Ils ont trouvé leur chemin grâce à une étoile . . . . .
. . . . ROISMAGES
Il s'oppose au morphème . . . . SÉMANTÈME
Il sort d'un tube . . . . DENTIFRICE
Il souffre d'un trouble visuel . . . . AMÉTROPE
Ils se sont aimés jusque dans la mort . . . .
. . . . ROMÉOJULIETTE
Ils sont divisés en plus d'un million d'espèces . . . . .
. . . . INSECTES
Il suit bien la route . . . . ACCOTEMENT
Il suit la mode . . . . SNOBINARD
Il suit son cours . . . . . . COLLÉGIEN, ÉTUDIANT
Il surveille . . . . GUETTEUR
Ils viennent avec le conjoint . . . BEAUXPARENTS
Il s'y connaît en douilles . . . . ÉLECTRICIEN
Il tient le rôle principal dans « Vol au-dessus d'un nid
de coucou» . . . . NICHOLSON
Il tombe de haut . . . . PARACHUTISTE
Il tourne . . . . CINÉASTE, RÉALISATEUR
Il traîne une coquille ou la brise pour se nourrir . . .
. . . . PETITGRIS
Il traque les vedettes . . . . PAPARAZZI
Il travaille accroupi . . . . RECEVEUR
Il travaille avec des données numériques . . . .
. . . . STATISTICIEN
Il travaille avec vous . . . . COLLÈGUE
Il travaille à Venise . . . . GONDOLIER
Il travaille dans les champs . . . . LABOUREUR
Il travaille dans un laboratoire . . . . CHIMISTE
Il travaille le bois . . CHARPENTIER, ÉBÉNISTE,
. . . . MENUISIER
Il travaille le diamant . . . . DIAMANTAIRE
Il travaille le métal au marteau . . EMBOUTISSEUR
Il travaille seul . . . . FRANCTIREUR

Il travaille sur un plateau .... PERCHISTE
Il travaille uniquement à l'aide de signes ....
.... ASTROLOGUE
Il trotte dans la tête des enfants (MF) ....
.... CARROUSEL
Il tue .... ÉGORGEUR
Il utilise la langue de bois .... POLITICIEN
Il utilise la raillerie .... IRONISTE
Il va à l'université .... ÉTUDIANT
Il va aux urnes .... ÉLECTEUR
Il va droit au cœur de bien des gens (MF) ....
.... STIMULATEUR
Il va d'un coup de foudre à l'autre (MF) ....
.... PARATONNERRE
Il valait deux as et demi .... SESTERCE
Il va sans dire .... CELAVADESOI
Il veille au bon déroulement du dépouillement du
scrutin .... SCRUTATEUR
Il vend de la bière .... TAVERNIER
Il vend des bouquins .... LIBRAIRE
Il vend des carabines, des revolvers .. ARMURIER
Il vend des couteaux .... COUTELIER
Il vend des objets d'occasion .... BROCANTEUR
Il vend des outils .... QUINCAILLIER
Il vend des ouvrages imprimés ...... LIBRAIRE
Il vend sa force de travail (MH) .... PROLÉTAIRE
Il veut absolument réussir .... CARRIÉRISTE
Il vient de sortir son deuxième album .. CORNEILLE
Il vise constamment de grosses cibles (MF) ....
.... HARPONNEUR
Il visite .... TOURISTE
Il vit à Antananarivo .... MALGACHE
Il vit dans la farine .... TÉNÉBRION
Il vit dans l'Himalaya .... NÉPALAIS
Il vit de la terre .... AGRICULTEUR
Il vit de procédés indélicats .... AIGREFIN
Il vit de proies animales .... PRÉDATEUR
Il vit entouré de cailloux (MF) .... PERRUQUIER
Il vit peut-être à Sacramento ..... CALIFORNIEN
Il vit sans filet (MF) .... VÉGÉTARIEN
Il vit sur des réserves .... AMÉRINDIEN
Il voit la vie du bon côté, en rose ... OPTIMISTE
Il voit bien des bateaux passer .... ÉCLUSIER
Il vole .... AVIATEUR, HÉLICOPTÈRE,
.... PAPILLON, PICKPOCKET
Il vous échange des prières contre des péchés .....
.... AUMÔNIER
Il vous en met plein la vue (PD) ... ÉTALAGISTE
Il vous prend par le cou .... ÉGORGEUR
Il vous transporte rapidement s'il est magique ou
écrasé (MF) .... CHAMPIGNON
Il voyage à bon compte ...... AUTOSTOPPEUR
Il voyage à travers le monde ... GLOBETROTTER
Il y a deux jours .... AVANTHIER
Il y a encore de la place après lui ....
.... AVANTDERNIER
Il y a longtemps qu'ils ne chantent plus (PD) .....
.... LENDEMAINS
Il y a peu de temps .... RÉCEMMENT
Il y en a beaucoup au Maroc .... BERBÈRES
Il y en a dans le jaune d'œuf, dans le soja .....
.... LÉCITHINE

Il y en a dans tous les bistrots ...... CAFETIÈRE
Il y en a eu plus d'une pendant la Grande Terreur
.... EXÉCUTION
Il y en a eu une entre l'Allemagne, l'Autriche et l'Ita-
lie .... ALLIANCE
Il y en a plus d'un à Manhattan ... GRATTECIEL
Il y en a plus d'un à Montréal ... NIDDEPOULE
Il y en a plus d'un l'été, au Québec .... FESTIVAL
Il y en a plusieurs sur une voiture .. RÉTROVISEUR
Il y en a un qui est intellectuel ...... QUOTIENT
Il y fait très froid .. ARCTIQUE, CONGÉLATEUR
Image déformée d'un objet .... ANAMORPHOSE
Image destinée à être découpée .... DÉCOUPAGE
Images de rêve .... ONIRISME
Imaginer comme possible .... ENVISAGER
Imaginer la perfection .... IDÉALISER
Imaginer par avance .... PRÉCONCEVOIR
Imbiber d'eau .... MOUILLER
Imbiber d'un liquide .... DÉTREMPER
Imitation du cri du canard .... COINCOIN
Imitation fidèle .... REPRODUCTION
Imite le bruit d'une chute .... BADABOUM
Imite le roulement du tambour ... RANTANPLAN,
.... RATAPLAN
Imite les premiers sons du bébé ..... AREUAREU
Imiter frauduleusement ...... CONTREFAIRE
Imiter la corneille .... CRAILLER
Imiter le style d'un artiste .... PASTICHER
Immobiliser sur la plage .... ENSABLER
Immortelle des neiges .... EDELWEISS
Immuniser contre un poison par accoutumance ....
.... MITHRIDATISER
Immunité diplomatique .... PRIVILÈGE
Impératrice de Russie .... CATHERINE
Impératrice d'Orient .... PULCHÉRIE
Imperceptible par les sens ... INCORPOREL
Implantation d'un œuf .... NIDATION
Importants avant l'exercice .... ÉTIREMENTS
Importuner par le bruit .... ÉTOURDIR
Importuner par ses paroles .... TARABUSTER
Importuner quelqu'un par ses propos .. BASSINER
Importuner vivement ...... EMPOISONNER
Imposer des idées .... ENDOCTRINER
Imposer quelque chose de pénible ... ACCABLER
Imposer sa présence (s') .... INCRUSTER
Imposition déterminée par cédules .. CÉDULAIRE
Impossibilité à s'endormir .... INSOMNIE
Impossibilité de reconnaître la forme d'un objet ...
.... ASTÉRÉOGNOSIE
Impossible à apprécier .... INCALCULABLE
Impossible à comprendre .... INSONDABLE
Impossible à déceler .... INDÉTECTABLE
Impossible à expliquer .... SURNATUREL
Impossible à prévoir .... IMPONDÉRABLE
Impossible à rapporter à un ensemble connu ......
.... INCLASSABLE
Impossible à réprimer .... INCOERCIBLE
Impossible à vivre .... INVIVABLE
Impossible de lui parler pendant qu'il travaille (MF)
.... DENTISTE
Imprécation sacrilège .... JUREMENT
Imprégner d'une bonne odeur .... PARFUMER

Impression subite causée par le froid· SAISISSEMENT
Imprimer au corps un balancement . . DODELINER
Impulsion pathologique poussant à voler · CLEPTOMANIE
Imputer à quelqu'un le mérite d'une action · CRÉDITER
Inaptitude à jouir d'un droit · · · · · · · INCAPACITÉ
Inattendu et un peu ridicule · · · · · · · · SAUGRENU
Incapable d'agir · · · · · · · · · · · · · · · · · PARALYSÉ
Incapable d'attendre plus longtemps . . IMPATIENT
Incapable d'avancer · · · · · · · · · · · · · SCLÉROSÉ
Incapable de l'ouvrir en douceur (PD) · VOCIFÉRATEUR
Incapacité à attendre · · · · · · · · · · · · IMPATIENCE
Incapacité à évoluer · · · · · · · · · · · · · SCLÉROSE
Incapacité à supporter quelqu'un · · · · · ALLERGIE
Incapacité d'articuler les mots · · · · · ANARTHRIE
Incapacité de réaliser une action · APRAGMATISME
Incarner de nouveau · · · · · · · · · · · RÉINCARNER
Inciser légèrement · · · · · · · · · · · · · · SCARIFIER
Incisif dans la moquerie · · · · · · · · · · CAUSTIQUE
Incision de la cornée · · · · · · · · · KÉRATOTOMIE
Incision de la vulve · · · · · · · · · · ÉPISIOTOMIE
Incision d'une veine · · · · · · · · · PHLÉBOTOMIE
Incite à remettre ça · · · · · · · · · · · · REVENEZY
Inciter à agir · · · · · · · · · · · · · · · · ENCOURAGER
Inciter à faire de faux témoignages . . SUBORNER
Inciter à laisser son emploi · · · · · · · DÉBAUCHER
Inclinaison d'un avion · · · · · · · · · · · · · ASSIETTE
Inclinaison d'une ligne · · · · · · · · · · · OBLIQUITÉ
Inclure quelque chose par nature . . . COMPORTER
Inconstance amoureuse · · · · · · · · · · · LÉGÈRETÉ
Incorporer de nouveau · · · · · · · · RÉINCORPORER
Incruster des fils d'or · · · · · · · · · DAMASQUINER
Incurvation latérale de la colonne vertébrale · SCOLIOSE
Indication donnée par l'autorité · · · · · DIRECTIVE
Indication rappelant une tâche à accomplir · PENSEBÊTE
Indice boursier · · · · · · · · · · · · · · · · DOWJONES
Indique la direction · · · · · · · · · · · · CLIGNOTANT
Indique la direction du vent · · · · · · · GIROUETTE
Indique la manière d'être · · · · · · · QUALIFICATIF
Indique la position dans un ensemble ordonné · HUITIÈME
Indique la répétition · · · · · · · · · · · · REBELOTE
Indiquent le chemin · · · · · · · · · · · · · ORNIÈRES
Indiquer de nouveau · · · · · · · · · · · REMONTRER
Indiquer précisément · · · · · · · · · · · · DÉSIGNER
Indique une capitulation · · · · · DRAPEAUBLANC
Indique une moquerie · · · · · · · · · TURLUTUTU
Indique une place déterminée · NEUVIÈMEMENT
Indique un haut degré · · · · · · · · · · DIABLEMENT
Indiqué un rang · · · · · · · · · · · · · · TREIZIÈME
Indique un refus · · · · · · · · · · · · · · TURLUTUTU
Indispensable à l'armée · · · · · · · · · · MUNITION
Indispensable à l'arpenteur · · · · · · GONIOMÈTRE
Indispensable pour garnir le plateau (PD) · OUVREHUITRES

Indispensable pour que quelque chose se fasse · SINEQUANON
Indispensable pour une bonne descente (PD) · MASTICATION
Individu bleu · · · · · · · · · · · · · · · SCHTROUMPF
Individu célèbre · · · · · JÉSUSCHRIST, JOSBLEAU
Individu conformiste et borné · · · · · · BLAIREAU
Individu méprisable · · · · · · · · · · PEIGNECUL
Individu original · · · · · · · · · · · · · PHÉNOMÈNE
Individu que l'on croyait dans la Lune . . SÉLÉNITE
Individu que l'on n'a pas vu depuis longtemps · REVENANT
Individu qui marche sur des œufs de peur de se jeter à l'eau (MF) · · · · · · · · · · · · · POULEMOUILLÉE
Individu qui n'éprouve d'affinité sexuelle que pour les personnes du même sexe · · · · HOMOSEXUEL
Individu qui, plus sa conjointe vieillit, plus il s'intéresse à elle (MF) · · · · · · · · · · · ARCHÉOLOGUE
Individu qui prend parti · · · · · · · · · · ÉLECTEUR
Individu qui vit de la prostitution . . . SOUTENEUR
Individu sans consistance · · · · · · · · FANTOCHE
Individu sans scrupule · · · · · · · · · · · SALOPARD
Individu surveillant les gens qui tournent · RÉGISSEUR
Indulgence excessive · · · · · · · · · COMPLAISANCE
Induration pathologique d'un tissu · · · · SCLÉROSE
Industrie de la céramique · · · · · · · FAÏENCERIE
Industrie du glucose · · · · · · · · · · GLUCOSERIE
Industrie du tannage · · · · · · · · · · · TANNERIE
Industriel de la biscuiterie · · · · · · · BISCUITIER
Industriel de l'amidonnerie · · · · · · AMIDONNIER
Industrie où tous les employés prennent du galon (MF) · RUBANERIE
Industrie qui a toujours été fragile (MH) · VERRERIE
Industrie qui produit les eaux-de-vie . . DISTILLERIE
Industrie qui survit par la peau des fesses (MF) · PORNOGRAPHIE
Inégalité d'une surface · · · · · · · · · · · ASPÉRITÉ
Infecter d'une mauvaise odeur · · · · · EMPESTER, EMPUANTIR
Infection aiguë de la peau · · · · · ÉRÉSIPÈLE, ÉRYSIPÈLE
Infection aiguë du doigt · · · · · · · · · FURONCLE
Infection bactérienne · · · · · · · · · · · IMPÉTIGO
Infection contagieuse · · · · · · · · · · OREILLONS
Infection due à une bactérie du genre chlamydia · ORNITHOSE
Infection d'un os · · · · · · · · · OSTÉOMYÉLITE
Infection générale grave · · · · · · · SEPTICÉMIE
Infection pulmonaire · · · · · · · · · · PNEUMONIE
Infidèle en amour · · · · · · · · · · · · INCONSTANT
Infidélité conjugale · · · · · · · · · · · · ADULTÈRE
Infirmité physique ou morale · · · · · · HANDICAP
Inflammation autour des articulations · PÉRIARTHRITE
Inflammation de la commissure des lèvres · PERLÈCHE
Inflammation de la cornée · · · · · · · · KÉRATITE
Inflammation de la langue · · · · · · · · GLOSSITE
Inflammation de la moelle épinière · POLIOMYÉLITE

Inflammation de la muqueuse de l'estomac . . . . GASTRITE
Inflammation de la muqueuse du vagin . . . . VAGINITE
Inflammation de la parotide . . . . PAROTIDITE
Inflammation de la peau . . . . FRAYEMENT
Inflammation de l'appendice . . . . . APPENDICITE
Inflammation de la rétine . . . . RÉTINITE
Inflammation de la trachée . . . . TRACHÉITE
Inflammation de la vésicule biliaire . . . . CHOLÉCYSTITE
Inflammation de l'endocarde . . . . ENDOCARDITE
Inflammation de l'endomètre . . . ENDOMÉTRITE
Inflammation de l'intestin grêle . . . . . . ENTÉRITE, ... , ENTÉROCOLITE
Inflammation de l'œil . . . . OPHTALMIE
Inflammation de l'œsophage . . . . . ŒSOPHAGITE
Inflammation de l'uretère . . . . URÉTÉRITE
Inflammation de l'urètre . . . . URÉTRITE
Inflammation des alvéoles pulmonaires . . . . ALVÉOLITE
Inflammation des amygdales . . . . . AMYGDALITE
Inflammation des gencives . . . . GINGIVITE
Inflammation des lèvres . . . . CHÉILITE
Inflammation des muqueuses buccales . . . . STOMATITE
Inflammation des paupières . . . . BLÉPHARITE
Inflammation des sinus osseux . . . . SINUSITE
Inflammation des vaisseaux capillaires . . . . CAPILLARITE
Inflammation du caecum . . . . TYPHLITE
Inflammation du disque entre les vertèbres . . . . SPONDYLARTHRITE
Inflammation du foie . . . . HÉPATITE
Inflammation du gland de la verge . . . BALANITE
Inflammation du larynx . . . . LARYNGITE
Inflammation du mélange gazeux . . . ALLUMAGE
Inflammation d'une articulation . . . . . . ARTHRITE
Inflammation d'une membrane synoviale . . . . SYNOVITE
Inflammation d'une partie du cerveau . . . . MÉNINGITE
Inflammation d'une trompe utérine . . SALPINGITE
Inflammation du pancréas . . . . PANCRÉATITE
Inflammation du péricarde . . . . PÉRICARDITE
Inflammation du périoste . . . . PÉRIOSTITE
Inflammation du péritoine . . . . PÉRITONITE
Inflammation du pharynx . . . . PHARYNGITE
Inflammation du tissu sous-cutané . . . CELLULITE
Inflammation légère . . . . IRRITATION
Inflammation pouvant donner un mal à la tête . . . . SINUSITE
Infliger toute une correction . . . . TABASSER
Infliger un châtiment corporel . . . . CORRIGER
Inflorescence des composées . . . . CAPITULE
Influence abusive de l'administration . . . . BUREAUCRATIE
Influence conférée par un rang élevé dans la société . . . . IMPORTANCE
Influence exercée sur quelqu'un . . . . . PRESSION, ... PUISSANCE
Influence la température (MH) . . . . ASPIRINE

Influencer en faisant perdre son sens critique . . . . INTOXIQUER
Influencer habilement . . . . MANIPULER
Influencer profondément . . . . IMPRÉGNER
Information à vérifier avant publication (PD) . . . . INDISCRÉTION
Informer par avance . . . . PRÉVENIR
Ingérer une boisson, un médicament . . ABSORBER
Ingrid Bergman l'était . . . . SUÉDOISE
Initier à la religion chrétienne . . . . . CATÉCHISER
Injecter de la créosote . . . . CRÉOSOTER
Injection de sang dans une veine . . TRANSFUSION
Injection d'un liquide dans le gros intestin . . . . LAVEMENT
Injection par le bras . . . . LAVEMENT
Injustice grave . . . . INIQUITÉ
In petto . . . . ENSECRET
Inquiétude de conscience . . . . SCRUPULE
Inquiétude permanente qui concerne la santé . . . . HYPOCONDRIE
Inquiétude profonde . . . . ANGOISSE
Inscription apposée sur un livre . . . . . . EXLIBRIS
Inscription en grosses lettres . . . . ÉCRITEAU
Inscription gravée sur un édifice . . . . ÉPIGRAPHE
Inscription gravée sur un tombeau . . . . ÉPITAPHE
Inscrire au cadastre . . . . CADASTRER
Inscrire comme dépenses et recettes . . BUDGÉTER
Inscrire de nouveau . . . . RÉINSCRIRE
Inscrire des noms dans un certain ordre . . . . CATALOGUER
Inscrire une somme au crédit de . . . . . CRÉDITER
Insecte à élytres . . . . DORYPHORE
Insecte à longues pattes . . . . HYDROMÈTRE
Insecte aplati . . . . CANCRELAT
Insecte appelé bête à bon Dieu . . . . COCCINELLE
Insecte à quatre ailes . . . . PAPILLON
Insecte à quatre ailes transparentes . . LIBELLULE
Insecte au vol lourd attiré par la lumière . . . . HANNETON
Insecte aux grandes ailes colorées . . . PAPILLON
Insecte avec de longues antennes . . SAUTERELLE
Insecte bleu et jaune . . . . CRIOCÈRE
Insecte broyeur . . . . ORTHOPTÈRE
Insecte coléoptère . . BUPRESTE, CANTHARIDE, . . . CAPRICORNE, CHARANÇON, CICINDÈLE, ... DERMESTE, NÉCROBIE, SCARABÉE, ... VRILLETTE
Insecte des eaux stagnantes . . . . NOTONECTE
Insecte diptère . . . MOUSTIQUE, PHLÉBOTOME
Insecte dont la larve est parasite des chenilles . . . . ICHNEUMON
Insecte dont la larve s'appelle porte-faix . . . . PHRYGANE
Insecte doté de longues antennes . . LONGICORNE
Insecte du genre necrophorus . . . . NÉCROPHORE
Insecte du groupe des bousiers . . . . . GÉOTRUPE
Insecte fouisseur . . . . COURTILIÈRE
Insecte hémiptère . . . . COCHENILLE
Insecte hyménoptère . . . . ACULÉATE
Insecte nuisible . . . . HANNETON
Insecte orthoptère . . . . COURTILIÈRE
Insecte piqueur . . . . MARINGOUIN

Insecte prédateur . . . . HYDROMÈTRE
Insecte qui creuse son nid dans le bois . . . .
. . . . XYLOCOPE
Insecte qui ressemble à une libellule . . . .
. . . . FOURMILION
Insecte qui se nourrit de viande séchée . . . .
. . . . DERMESTE
Insecte sauteur . . . . . . ACRIDIDE, SAUTERELLE
Insecte stérile assurant la nutrition . . . OUVRIÈRE
Insecte tel le hanneton . . . . COLÉOPTÈRE
Insecte végétarien doté de deux paires d'ailes . . . . .
. . . . ISOPTÈRE
Insecte vivant dans la farine . . . . TÉNÉBRION
Insecte voisin du hanneton . . . . SCARABÉE
Insérer dans une cavité . . . . ENCASTRER
Insérer de nouveau . . . . RÉINSÉRER
Insérer un élément mâle dans un connecteur . . . . . .
. . . . ENFICHER
Insérer un encart . . . . ENCARTER
Insigne des services de santé . . . . . CROIXROUGE
Insigne d'officier . . . . ESPONTON
Insister pour obtenir quelque chose . . . BRINGUER
Inspiration artistique ou littéraire . . IMAGINATION
Inspirer de la crainte à . . . . INTIMIDER
Inspirer de la répugnance à . . . . DÉGOÛTER,
. . . . ÉCŒURER
Inspirer une vive admiration . . . . . ÉMERVEILLER
Inspirer un sentiment . . . . INSUFFLER
Installation de signaux sur la route . . . .
. . . . SIGNALISATION
Installation pour la torréfaction du café . . . .
. . . . BRÛLERIE
Installation provisoire . . . . CAMPEMENT
Installer des troupes . . . . CANTONNER
Installer quelqu'un à un poste de responsabilité . . . .
. . . . PROPULSER
Instinct grégaire . . . . GRÉGARISME
Institution qui assure les battues de destruction des
nuisibles . . . . LOUVETERIE
Instruction religieuse . . . . CATÉCHÈSE
Instrument à caisse triangulaire . . . . BALALAÏKA
Instrument à deux lunettes . . . . JUMELLES
Instrument agricole . . . . SCARIFICATEUR
Instrument à percussion . . . . TAMBOURIN,
. . . . TRIANGLE, XYLOPHONE
Instrument à vent . . CLARINETTE, TROMBONE,
. . . . TROMPETTE
Instrument à vent en bois . . . . BOMBARDE
Instrument à vent et à corde . . . . . . CERFVOLANT
Instrument champêtre à vent . . . . . . CORNEMUSE
Instrument chirurgical . . . BISTOURI, ÉCARTEUR
Instrument coupant . . . . OUVREBOÎTES
Instrument de coiffeur . . . . FERÀFRISER
Instrument de jaugeage des liquides . . RHÉOMÈTRE
Instrument de menuiserie . . . . TRUSQUIN
Instrument de mesure . . . . FOCOMÈTRE
Instrument de mesure de l'humidité de l'air . . . .
. . . . HYGROMÈTRE
Instrument de mesure des déformations . . . .
. . . . EXTENSOMÈTRE
Instrument de mesure électrique . . . WATTMÈTRE
Instrument de musique . . . . CLARINETTE,

. . . . CLAVECIN, HARMONICA, MANDOLINE,
. . . . . . MIRLITON, TROMPETTE, TRIANGLE,
. . . . VIOLONCELLE
Instrument de musique à vent . . . . . CORNEMUSE,
. . . . HAUTBOIS, SAXOPHONE
Instrument de musique d'origine brésilienne . . . . . .
. . . . BÉRIMBAU
Instrument de musique électronique . . . .
. . . . ONDESMARTENOT
Instrument de musique en forme de tube . . . .
. . . . MIRLITON
Instrument de musique grec . . . . BOUZOUKI
Instrument de musique portatif . . . . ACCORDÉON
Instrument de musique russe . . . . . . BALALAÏKA
Instrument de percussion . . . . . . CASTAGNETTES
Instrument de sommelier . . . . . . TIREBOUCHONS
Instrument déterminant la densité d'un liquide . . . .
. . . . ARÉOMÈTRE
Instrument de topographie . . . . THÉODOLITE
Instrument d'observation astronomique . . . .
. . . . TÉLESCOPE
Instrument d'optique . . ÉPISCOPE, MICROSCOPE
Instrument en acier dur . . . . EMPORTEPIÈCE
Instrument formé de deux planchettes . . . .
. . . . CLAQUETTE
Instrumentiste jouant de la harpe . . . HARPISTE
Instrumentiste jouant de la viole . . . . . . VIOLISTE
Instrument liturgique . . . . GOUPILLON
Instrument médical . . . . OTOSCOPE
Instrument muni d'une aiguille . . . . . . SERINGUE
Instrument pour assouplir les peaux . . . PALISSON
Instrument pour découper les tissus . . MICROTOME
Instrument pour épierrer . . . . ÉPIERREUSE
Instrument pour mesurer la concentration des jus sucrés
. . . . SACCHARIMÈTRE
Instrument qui mesure la pression atmosphérique . .
. . . . BAROMÈTRE
Instrument qui mesure la pression d'un fluide . . . . .
. . . . MANOMÈTRE
Instrument qui mesure la température . . . .
. . . . THERMOMÈTRE
Instrument qui mesure les angles . . GONIOMÈTRE
Instrument qui mesure les oscillations des artères . .
. . . . OSCILLOMÈTRE
Instrument qui mesure les surfaces planes . . . .
. . . . PLANIMÈTRE
Instrument qui mesure l'intensité acoustique . . . . . .
. . . . SONOMÈTRE
Instrument qui mesure un trajet . . . . . ODOMÈTRE
Instrument qui sert à élargir les cavités du corps . . .
. . . . SPÉCULUM
Instrument qui sert à observer une étoile . . . .
. . . . ASTROLABE
Instrument qui sert à souffler de l'air . . SOUFFLET
Instrument qui sert à tracer des lignes . . TRUSQUIN
Instrument servant à écrire . . . . PORTEMINE
Instrument servant à faire des injections . . . .
. . . . SERINGUE
Instrument sur lequel on enroule des fils . . . .
. . . . DÉVIDOIR
Instrument typique de la danse flamenca . . . .
. . . . CASTAGNETTES

Insuffisamment précis . . . . GROSSIER
Insuffisance de qualité . . . . MÉDIOCRITÉ
Insuffisance de sécrétion d'hormones . . . .
. . . . HYPOTHYROÏDIE
Insuffisance du développement intellectuel
. . . . DÉFICIENCE
Insuffisance mentale globale . . . . OLIGOPHRÉNIE
Intégrer une boisson . . . . ABSORBER
Intensité de la vie . . . . VITALITÉ
Intention fugitive non suivie d'acte . . . . VELLÉITÉ
Intention que l'on cache . . . . . . ARRIÈREPENSÉE
Interdiction de sortir de chez soi . . . COUVREFEU
Interdiction légale . . . . PROHIBITION
Interdire l'accès . . . . CONDAMNER
Interdire légalement . . . . PROHIBER
Interdire toute activité militaire . . DÉMILITARISER
Interdire une publication . . . . CENSURER
Interdit de circulation (PD) . . . . . CONFIDENTIEL
Interdit par la loi . . . . ILLICITE
Interjection engageant à la modération
. . . . DOUCEMENT
Interjection exprimant la satisfaction . . CHOUETTE
Interjection familière . . . . SAPRISTI
Intermédiaire entre les hommes et les dieux . . . .
. . . . KATCHINA
Interprétation des Écritures . . . . ANAGOGIE
Interprétation erronée d'un texte . . CONTRESENS
Interpréter des armoiries . . . . BLASONNER
Interpréter une pièce musicale . . . . . . EXÉCUTER
Interpréter un personnage . . . . INCARNER
Interroger habilement, longuement, avec insistance
. . . . CUISINER
Interrompre pour quelque temps . . . . SUSPENDRE
Interruption de courant . . . . COURTCIRCUIT
Interruption de la douleur . . . . . INTERMISSION
Interruption de l'irrigation sanguine . . . ISCHÉMIE
Interruption d'une phrase par un silence . . . .
. . . . APOSIOPÈSE
Intervalle de temps . . . . GÉNÉRATION
Intervalle entre les actes d'une pièce de théâtre . . .
. . . . ENTRACTE
Intervalle qui sépare deux points . . . . . DISTANCE
Intervenir pour régler un différend (s') . . . .
. . . . INTERPOSER
Intervention chirurgicale . . . . OPÉRATION
Intervention contradictoire . . . . . INTERFÉRENCE
Intime et inconscient . . . . VISCÉRAL
Intoxication par le mercure . . . . HYDRARGIE,
. . . . HYDRARGYRISME
Intoxication par le plomb . . . . SATURNISME
Intoxication par le sel d'argent . . . . . ARGYRISME
Intoxication par l'esprit de seigle . . . ERGOTISME
Intoxication par le tabac . . . . TABAGISME
Introduction dans le corps d'un micro-organisme . .
. . . . INOCULATION
Introduire avec discrétion . . . . INFILTRER
Introduire dans son pays . . . . IMPORTER
Introduire dans un support . . . . ENFICHER
Introduire des micro-organismes . . ENSEMENCER
Introduire l'emploi de machines . . . . MÉCANISER
Introduire une chose nouvelle . . . . . . INAUGURER
Introduire une explication . . . . CESTÀDIRE

Introduire un élément aléatoire . . . RANDOMISER
Intuition qui fait deviner . . . . INSTINCT
Intuition qu'un événement va se produire . . . .
. . . . PRÉMONITION
Inutile et gênant . . . . PARASITE
Inventée par Nobel . . . . DYNAMITE
Inventé par Neper . . . . NÉPÉRIEN
Inventeur de la motoneige . . . . BOMBARDIER
Inventeur de l'imprimerie . . . . GUTENBERG
Inventeur du frein à air comprimé . . . .
. . . . WESTINGHOUSE
Inventeur du parachute . . . . BLANCHARD
Inventeur du paratonnerre . . . . FRANKLIN
Inventeur du premier sous-marin de combat . . . .
. . . . BUSHNELL
Inventeur du stéthoscope . . . . RENÉLAENNEC
Inventeur français . . DAGUERRE, LOUISBRAILLE
Inventeur québécois né à Valcourt . . BOMBARDIER
Invention de Benjamin Franklin
. . . . PARATONNERRE
Invention plus ou moins mensongère . . . .
. . . . AFFABULATION
Invention servant à se protéger . . . . . . MENTERIE
Inverse du sinus d'un angle . . . . COSÉCANTE
Invertébré marin . . BRACHIOPODE, HYDRAIRE
Invertébré marin diploblastique . . . . . CTÉNAIRE
Invitation à un mariage . . . . FAIREPART
Invitation impérative . . . . SOMMATION
Invité à la fête . . . . FEUDARTIFICE
Invité qui ravit tous ses hôtes (MF) . . . .
. . . . CLEPTOMANE
Inviter chez soi . . . . RECEVOIR
Invocation au Saint-Esprit . . . . ÉPICLÈSE
Ipso facto . . . . AUTOMATIQUEMENT
Iris était celle des dieux . . . . MESSAGÈRE
Ironie mordante . . . . SARCASME
Irrégularité de la démarche du cheval . . BOITERIE
Irrégularité par rapport à la norme . . . ANOMALIE
Irrésistible dégoût . . . . ABOMINATION
Isolement imposé . . . . QUARANTAINE
Isoler des autres . . . . ESSEULER
Isomère non linéaire d'un hydrocarbure . . . .
. . . . ISOCTANE
Isotope lourd de l'hydrogène . . . . . . DEUTÉRIUM
Isotope radioactif . . . . RADIOCOBALT
Israéliens et Palestiniens s'y affrontent . . . .
. . . . CISJORDANIE
Issue heureuse . . . . RÉUSSITE
Jacinthe des bois . . . . ENDYMION
Jacques-Yves Costeau en était un . . . .
. . . . OCÉANOGRAPHE
Jalon équipé de voyants . . . . JALONMIRE
Jamais à l'aise dans ses entreprises (PD) . . . .
. . . . TRAQUEUSE
Jamais puni . . . . OBÉISSANT
Jardin d'une agglomération . . . . ESPACEVERT
Jardin près de Jérusalem . . . . GETHSÉMANI
Jardin secret . . . . INTIMITÉ
Jargon incompréhensible . . . . BABÉLISME
Jaune doré . . . . FLAVESCENT
Jaune mêlé de noir, en parlant de la robe du cheval
. . . . LOUVETTE

Je dois vous parler de la pluie et du beau temps (MF) .... ARCENCIEL
Jésus-Christ .... LEMESSIE
Jésus y est né .... BETHLÉEM
Jetée à claire-voie .... ESTACADE
Jeter à terre .... ATTERRER
Jeter à terre avec violence .... TERRASSER
Jeter au loin .... BALANCER
Jeter aux oubliettes (MH) .... ENTERRER
Jeter ça et là .... DISPERSER
Jeter dans l'abattement .... CATASTROPHER
Jeter dans la consternation .... CONSTERNER
Jeter dans la stupéfaction .... ATTERRER
Jeter de la poudre aux yeux .... ÉBERLUER
Jeter de l'huile sur le feu .... ENVENIMER
Jeter l'ancre .... MOUILLER
Jeter l'argent par les fenêtres .... GASPILLER
Jeter la semence .... ENSEMENCER
Jeter un coup d'œil ... EXAMINER, REGARDER
Jeter un froid (MH) .... RÉFRIGÉRER
Jeu d'adresse .... OSSELETS
Jeu dans lequel un joueur cache un objet ....
.... CACHETAMPON
Jeu d'argent .... BONNETEAU
Jeu de balle .... BASEBALL
Jeu de ballon .... WATERPOLO
Jeu de boules .... PÉTANQUE
Jeu de cartes .... BATAILLE, BLACKJACK,
.... CRAPETTE, PATIENCE,
.... RÉUSSITE, REVERSIS
Jeu de casino .... ROULETTE
Jeu de dés .... ZANZIBAR
Jeu de hasard .... PILEOUFACE
Jeu de lettres ... ANACROISÉS, MOTSCROISÉS,
.... SCRABBLE
Jeu de mains, jeu d'ovins (MH) .. SAUTEMOUTON
Jeu de mots .... CALEMBOUR
Jeu d'enfants .... CACHECACHE,
.... COLINMAILLARD
Jeu de patience .... CASSETÊTE, SOLITAIRE
Jeu d'équipe .... DÉFENSIF
Jeu de société .... BACKGAMMON
Jeu d'esprit .... PASSETEMPS
Jeu de timbres .... GLOCKENSPIEL
Jeu d'orgue .... BOMBARDE
Jeu national des américains .... BASEBALL
Jeune actrice .... STARLETTE
Jeune aide de cuisine .... MARMITON
Jeune américain .... TEENAGER
Jeune apprenti sorcier .... HARRYPOTTER
Jeune arbre qui a poussé sans avoir été cultivé ...
.... SAUVAGEON
Jeune bovin .... BOUVILLON, TAURILLON
Jeune buffle .... BUFFLETIN
Jeune chèvre .... CHEVRETTE
Jeune couturière .... COUSETTE
Jeune éléphant .... ÉLÉPHANTEAU
Jeune enfant très espiègle .... DIABLOTIN
Jeune faisan .... FAISANDEAU
Jeune faucon .... FAUCONNEAU
Jeune félidé, jeune félin .... LIONCEAU
Jeune femme laide .... LAIDERON

Jeune femme s'occupant des travaux ménagers ....
.... CENDRILLON
Jeune fille .... ADOLESCENTE, JOUVENCELLE
Jeune fille à l'allure masculine ..... GARÇONNE
Jeune fille candide .... OIEBLANCHE
Jeune fille consacrée au culte d'une divinité .....
.... PRÊTRESSE
Jeune fille coquette de condition modeste ....
.... GRISETTE
Jeune fille laide, moche .... LAIDERON
Jeune fille prétentieuse .... DONZELLE
Jeune fille qui choisissait un Valentin .. VALENTINE
Jeune fille qui fait son entrée dans le monde ......
.... DÉBUTANTE
Jeune fille sentimentale .... MIDINETTE
Jeune fille vive et turbulente .... DIABLESSE
Jeune homme frivole .... FRELUQUET
Jeune homme qui courtise les femmes ....
.... GODELUREAU
Jeune homme sans expérience ..... BLANCBEC
Jeune lapin .... LAPEREAU
Jeune loup .... LOUVETEAU
Jeune mammifère carnivore .... RENARDEAU
Jeune oiseau .... OISILLON
Jeune oiseau échassier .... HÉRONNEAU
Jeune outarde .... OUTARDEAU
Jeune ouvrière de la mode .... MIDINETTE
Jeune paon .... PAONNEAU
Jeune perdreau .... POUILLARD
Jeune pintade .... PINTADEAU
Jeune porc .... NOURRAIN
Jeune poule .... POULARDE, POULETTE
Jeune ramier .... RAMEREAU
Jeune religieuse .... NONNETTE
Jeune sanglier .... MARCASSIN
Jeune saumon .... SAUMONEAU
Jeune serpent .... SERPENTEAU
Jeunes gens qui s'aiment .... TOURTEREAUX
Jeune taureau .... TAURILLON
Jeune tourterelle encore au nid ... TOURTEREAU
Jeune turbot .... TURBOTIN
Jeune vache .... VACHETTE
Jeune vieillard .... ROUSSEAU
Jeune vipère .... VIPEREAU
Jeune voyou qui exerce la violence .. HOOLIGAN
Jeu qui se joue avec des dames et des dés ....
.... TRICTRAC
Joie collective .... RÉJOUISSANCE
Joie intense .... JUBILATION
Joie vive .... ALLÉGRESSE
Joindre bout à bout .... ABOUCHER, AJOINTER
Joindre en collant .... AGGLUTINER
Jolie fleur .... ORCHIDÉE
Jolie fleur qu'on effeuille .... MARGUERITE
Joliment rebondi .... GÉNÉREUX
Jonction entre deux os .... ARTICULATION
Joue avec le feu (MH) .... TISONNIER
Joue avec un ballon ovale ...... DEMIDÉMÊLÉE
Joue de la musique .... HARPISTE
Jouer du piano maladroitement ..... PIANOTER
Jouer la défense à outrance .... BÉTONNER
Jouer médiocrement du violon ...... VIOLONER

Jouer plus fort que l'on parle .... ENTERRER
Jouer un rôle .... INTERPRÉTER
Jouer un rôle dans un film .... INCARNER
Jouet d'enfant .... CHEVALDEBOIS,
.... TROTTINETTE
Jouet en peluche .... NOUNOURS
Jouet léger à armature .... CERFVOLANT
Joueur de base-ball .... RELEVEUR
Joueur de quilles .... QUILLEUR
Joueur de rugby australien .... WALLABIE
Joueur de tennis .... TENNISMAN
Joueur de tennis sur table .... PONGISTE
Joueur de volley-ball .... VOLLEYEUR
Joueur important d'une équipe .. GARDIENDEBUT
Jouissance d'une chose .... POSSESSION
Jour de repos, du Seigneur .... DIMANCHE
Jour du milieu de la semaine .... MERCREDI
Journal dont le format est la moitié du format habituel .... TABLOÏDE
Journal que l'on regarde sans tourner les pages (MF)
.... TÉLÉVISÉ
Journal qui paraît chaque jour ..... QUOTIDIEN
Journées de la révolution de 1830 mettant fin au règne de Charles X .... GLORIEUSES
Jour où l'on fait une croix sur la politique ....
.... ÉLECTION
Jour où l'on travaille .... OUVRABLE
Jour qui suit immédiatement ...... LENDEMAIN
Jour qui suit le lendemain .... SURLENDEMAIN
Joyeux drille .... BOUTEENTRAIN
Joyeux Noël, quelque part ..... FELIXNAVIDAD
Juge français .... ASSESSEUR
Jugement favorable .... APPROBATION
Jugement intellectuel ou moral .. APPRÉCIATION
Jugement rendu par un juge .... SENTENCE
Juger à pleines mains .... SOUPESER
Juger de façon défavorable .... CRITICAILLER
Juger meilleur .... PRÉFÉRER
Juger probable .... SUPPOSER
Juger quelqu'un indigne d'attention ... MÉPRISER
Juger sur le terrain .... ARBITRER
Juif d'Espagne .... SÉFARADE
Juif pharisien .... NICODÈME
Julie Payette la connaît bien ...... APESANTEUR
Jupon masculin grec .... FUSTANELLE
Juridiction de plusieurs magistrats .... TRIBUNAL
Juron ancien .... JARNICOTON
Juron exprimant la fureur .... TONNERRE
Juron familier .... SAPRISTI
Jus de viande .... BOUILLON
Juste avant la première .... GÉNÉRALE
Juste un peu .... LÉGÈREMENT
Katrina en a causé un en Nouvelle-Orléans
.... DÉSASTRE
L'abeille en est un .... ACULÉATE
La bonne est importante pour la santé ....
.... NUTRITION
Labourer superficiellement une terre .. ÉCROÛTER
La bruyère en est une .... ÉRICACÉE
Lac africain .... VICTORIA
L'acajou en est une .... MÉLIACÉE
Lac à la frontière du Québec et des États-Unis ....

.... CHAMPLAIN
La canne à sucre en est une .... GRAMINÉE
L'accusé y était assis .... SELLETTE
Lac des Laurentides .... NOMININGUE
Lac d'Italie .... TRASIMÈNE
Lac d'Ontario .... SUPÉRIEUR
Lac du Québec .... SAINTJEAN
Lâché à l'apéritif .... TCHINTCHIN
Lâcher prise et tomber, en alpinisme .. DÉVISSER
Lâchez-moi .... BASLESPATTES
La chouette, par exemple .... STRIGIDE
La classe noble .... ARISTOCRATIE
La coccinelle en est un .... COLÉOPTÈRE
La crevette en est un .... INVERTÉBRÉ
Là-dedans .... DANSCELIEU
La déesse aux cent bouches ... RENOMMÉE
La dernière chose qu'on ajoute ...... ETCETERA
Là-dessus .... ÀCESUJET
La devise de cet ordre était «Honni soit qui mal y pense» .... JARRETIÈRE
La dinde et l'ivrogne le font souvent ....
.... GLOUGLOU
La famille du jasmin .... OLÉACÉES
La farine en est un .... ÉPAISSISANT
La fée des mains (MH) .... MASSEUSE
La fée s'en sert .... BAGUETTE
La femelle peut transmettre le paludisme ....
.... ANOPHÈLE
La femme qui y vit a la vie facile ...... AISANCE
La fête de Noël .... NATIVITÉ
La fin des affaires .... DÉNOUEMENT
La fin des champignons (PD) .... FONGICIDE
La fin d'un voyage .... NAUFRAGE
La fleur de l'âge .... JEUNESSE
La fourmi de La Fontaine ne l'était pas ....
.... PRÊTEUSE
La fourmi en est un .... ACULÉATE
L'âge mûr .... MATURITÉ
L'agent sans secret en était un (MF) .. ÉCUREUIL
La girafe en est un .... RUMINANT
L'agneau en a plus d'une .... CÔTELETTE
La grande empêche les petits (MF) .. OPÉRATION
La grosse manque de finesse (MH) .. ARTILLERIE
La Guadeloupe et la Martinique ...... ANTILLES
La guerre .... CASSEPIPE
Laine des moutons d'Écosse .... CHEVIOTTE
Laine soyeuse et frisée .... AGNELINE
Laissé avant de partir .... TESTAMENT
Laisse beaucoup de temps libre ...... RETRAITE
Laisse froid .... GNANGNAN
Laisse la trace du temps .... HORODATEUR
Laisse place au doute .... INCERTITUDE
Laisser aller ... ABANDONNER, NÉGLIGENCE,
.... OISIVETÉ, PROMENER
Laisser apparaître .... DÉVOILER
Laisser couler goutte à goutte ...... DISTILLER
Laisser couler lentement .... SECRÉTER
Laisser de côté .... NÉGLIGER
Laisser des traces .... IMPRIMER
Laisser échapper un petit air ...... SIFFLOTER
Laisser écouler du pus .... SUPPURER
Laisser entrer, laisser passer .... ADMETTRE

Laisser-faire .... NONINTERVENTION
Laisser la vie sauve .... ÉPARGNER
Laisser perplexe .... INTRIGUER
Laisser présager .... ANNONCER
Laisser sans soin .... NÉGLIGER
Laisser se déchaîner sa colère .... EXPLOSER
Laisser sortir .... DÉVERSER
Laisser tomber .... RENONCER
Laisser tomber en dispersant .... RÉPANDRE
Laisser tomber par mégarde .... ÉCHAPPER
Laisser tout tomber .... DÉSERTER
Laisser une trace .... IMPRIMER
Laisse une bonne place à l'interprétation ....
.... ÉQUIVOQUE
Laissez-passer .... SAUFCONDUIT
Lait fermenté .... YOGHOURT
La jeunesse .... VINGTAINE
La Joconde .... MONALISA
La langue française .... FRANÇAIS
La ligne droite lui est interdite .... SLALOMEUR
La loi, en principe, ne l'est pas .. RÉTROACTIVE
La maîtresse a un faible pour lui .... CHOUCHOU
Lame de fer nettoyant les semelles .. DÉCROTTOIR
Lame de métal .... INTERLIGNE
Lame effilée qui s'adapte au bout du fusil ....
.... BAÏONNETTE
Lamentation persistante .... JÉRÉMIADE
La mère de l'invention .... NÉCESSITÉ
La mère de tous les vices .... OISIVETÉ
Lame vibrante .... LANGUETTE
La moitié de l'année .... SEMESTRE
La morphine en est un .... ALCALOÏDE
La Mort .... FAUCHEUSE
La mort a changé quelque chose dans sa vie .....
.... HÉRITIER
L'amour physique .... BAGATELLE
Lampe à incandescence .... HALOGÈNE
Lampe qui diffuse une faible lumière, qui éclaire fai-
blement .... LUMIGNON
La myrtille en est une .... ÉRICACÉE
La Nature en connaît plus d'une .. PERTURBATION
La Nature en offre tout un .... SPECTACLE
Lance des carreaux .... ARBALÈTE
Lancée ou jetée tendrement (PD) ...... ŒILLADE
Lancer avec force .... PROJETER
Lancer avec une catapulte .... CATAPULTER
Lancer de nouveau .... RELANCER
Lancer des flèches .... IRONISER
Lancer du vitriol sur quelqu'un ..... VITRIOLER
Lancer un projectile .... DÉCOCHER
Lancette servant à la vaccination ....
.... VACCINOSTYLE
La nécessité y pousse .... INVENTION
L'âne en est un .... SOLIPÈDE
Langage de programmation ...... JAVASCRIPT
Langage incompréhensible, inintelligible .....
.... CHARABIA
Langage raffiné et précieux ..... MARIVAUDAGE
Langoureusement épris .... ENAMOURÉ
Langue auxiliaire internationale .... ESPÉRANTO
Langue celtique .... IRLANDAIS
Langue chinoise .... MANDARIN

Langue-de-serpent .... OPHIOGLOSSE
Langue dravidienne .. MALAYALAM, TÉLOUGOU
Langue du groupe indonésien .... JAVANAIS,
.... MALGACHE
Langue finno-ougrienne .... ESTONIEN
Langue germanique .... NÉERLANDAIS
Langue indo-aryenne .... NÉPALAIS
Langue indo-européenne .... ARMÉNIEN
Langue indo-européenne du groupe germanique ...
.... ALLEMAND
Langue indo-européenne parlée en Albanie ....
.... ALBANAIS
Langue néerlandaise .... AFRIKAANS
Langue nordique ..... ISLANDAIS, NORVÉGIEN
Langue ougrienne .... HONGROIS
Langue parlée à Madagascar .... MALGACHE
Langue parlée en Amérique latine .... ESPAGNOL
Langue parlée en Inde .... HINDOUSTANI
Langue polynésienne .... TAHITIEN
Langue romane .... FRANÇAIS, GALICIEN
Langue romane parlée au Portugal .. PORTUGAIS
Langue scandinave .... ISLANDAIS
Langue slave .... UKRAINIEN
Langue slave occidentale .... SLOVAQUE
La norvégienne n'a pas besoin d'être battue (PD) ..
.... OMELETTE
Là où l'on ne voit pas .... ANGLEMORT
La part du lion .... ANTILOPE
La personne qui en est habitée ne donne rien ......
.... LÉSINERIE
La personne qui en est victime a l'air mal pris .....
.... SUFFOCATION
La personne qui y croit n'est pas dans son assiette
.... UFOLOGIE
La peur de tout attraper (PD) .... NOSOPHOBIE
Lapis-lazuli .... OUTREMER
La plupart des gens n'en font qu'à leur tête (MF) ..
.... SHAMPOOING
La plupart du temps .... NORMALEMENT
La plus belle mort qu'on puisse imaginer (MF) ....
.... ÉPECTASE
La plus grande des îles françaises de l'Atlantique ..
.... BELLEÎLE
La plus grande partie (MH) ...... ESSENTIEL
La plus grande ville de l'État d'Hawaii ....
.... HONOLULU
La plus grande ville des Antilles ..... LAHAVANE
La plus haute chaîne de montagnes .. HIMALAYA
La plus vieille salle de spectacle au Canada ....
.... MONUMENTNATIONAL
La police l'écoute .... DÉLATEUR
La portugaise est bien plus facile à avaler (PD) ....
.... QUEUEDECHEVAL
La poulpe en est un .... OCTOPODE
La première du nom fut la protectrice de Christophe
Colomb .... ISABELLE
La prendre ça va, mais la tenir ? ... RÉSOLUTION
La Pucelle d'Orléans .... JEANNEDARC
Large extension .... LATITUDE
Large rue .... BOULEVARD
Large semelle pour marcher sur la neige ....
.... RAQUETTE

Largeur d'esprit . . . . TOLÉRANCE
Larguer d'un aéronef . . . . PARACHUTER
Larousse et Robert . . . . ÉDITEURS
L'art de la controverse . . . . ÉRISTIQUE
L'art d'enrichir le vocabulaire (PD) . . . NÉOLOGIE
L'art de passer la brosse dans le bon sens (PD) . . . .
. . . . HAGIOGRAPHIE
L'art de se servir de l'ombre et de la lumière (MH)
. . . . GNOMONIQUE
Larve de la lamproie . . . . AMMOCÈTE
Larve de l'anguille . . . . LEPTOCÉPHALE
Larve du papillon . . . . CHENILLE
Larve du ténia . . . . HYDATIDE
La sangsue en est une . . . . ANNÉLIDE
La Sécu met des conditions pour la rembourser . . . .
. . . . CONSULTATION
La série Catherine l'est, en France . . SOUSTITRÉE
La seule manière de prendre son courage . . . .
. . . . ÀDEUXMAINS
La souris a grignoté une partie de son travail (PD)
. . . . GRATTEPAPIER
La térébenthine en est une . . . . OLÉORÉSINE
La torpille en est un . . . . SÉLACIEN
Lato sensu . . . . AUSENSLARGE
La truffe en est une . . . . TUBÉRALE
La truite en est un . . . . SALMONIDÉ
La tulipe en est une . . . . LILIACÉE
Laurier de l'Asie orientale . . . . CAMPHRIER
L'auteur de la Nature . . . . CRÉATEUR
Lavage des cheveux . . . . SHAMPOOING
Lavée par le plongeur . . . . ASSIETTE
Laver avec un produit de nettoyage . . SAVONNER
Laver le visage . . . . DÉBARBOUILLER
Lave-vitres (MH) . . . . LORICAIRE
La vie future . . . . ÉTERNITÉ
La vieillesse en conserve beaucoup . . SOUVENIRS
La vie psychique . . . . PSYCHISME
La vigie s'y postait . . . . NIZDEPIE
L'avoine et l'orge en sont . . . . CÉRÉALES
Leader politique (MH) . . . . LOCOMOTIVE
L'eau l'est . . . . INCOLORE
Le barbier de Séville, Le mariage de Figaro, La mère
coupable (MF) . . . . TRILOGIE
Le béluga en est un . . . . ESTURGEON
Le boire et le manger . . . . NUTRITION
Le bon équilibre en toute circonstance (PD) . . . . . .
. . . . IMPARTIALITÉ
Le calme avant la tempête (MH) . . LUNEDEMIEL
Lèche-bottes . . . . FLATTEUR
Le chemin le plus court . . . . RACCOURCI
Le cheval de Don Quichotte . . . . . . ROSSINANTE
Le chien de prairie en est un . . . . SCIURIDÉ
Le cinéma . . . . SEPTIÈMEART
Le cœur, la rate, le foie et les poumons . . . .
. . . . FRESSURE
Le coin du feu . . . . CHEMINÉE
Le commun des mortels . . . . VULGUMPECUS
Le contraire de la brièveté . . . . VERBOSITÉ
Le contraire du pire . . . . MEILLEUR
L'Écosse en fait partie . . . . GRANDEBRETAGNE
Le crabe en est un . . . . EUCARIDE
Le criquet en est un . . . . ACRIDIEN

Le crocus en est une . . . . IRIDACÉE
Lecteur de cassettes portatif . . . . BALADEUR
Lecture amusante . . . . BÊTISIER
Le cygne en est un . . . . ANSÉRIFORME
Le Dalaï-lama en est un . . . . TIBÉTAIN
Le dernier vient de sortir . . . . CONTINENT
Le drapeau canadien . . . . UNIFOLIÉ
Le drapeau du Québec . . . . FLEURDELISÉ
Le Duce . . . . MUSSOLINI
Le fait d'arriver à . . . . ACCESSION
Le fait d'avoir des couilles . . . . TÉMÉRITÉ
Le fait d'avoir un certain appétit . . . . . . SALACITÉ
Le fait de donner naissance . . . ACCOUCHEMENT
Le fait de donner sa langue au chat (MF) . . . .
. . . . CLAVARDAGE
Le fait d'envoyer quelqu'un au ciel pour qu'on le
prie . . . . SANCTIFICATION
Le fait de raser la tête d'un joueur . . . INITIATION
Le fait de se montrer de nouveau . . RÉAPPARITION
Le fait de se tromper . . . . FOURVOIEMENT
Le fait d'être dans les nuages . . . . . RÊVASSERIE
Le fait d'être là . . . . PRÉSENCE
Le fait d'être manchot . . . . INAPTITUDE
Le fait de vendre quelqu'un . . . . TRAHISON
Le feuillage lui-même . . . . FRONDAISON
Le fin du fin . . . . NECPLUSULTRA
Légende amputée de deux membres . . THEBEATLES
Le génie militaire . . . . STRATÉGIE
Léger chatouillement . . . . GUILIGUILI
Léger creux du menton . . . . FOSSETTE
Légère caresse . . . . EFFLEUREMENT
Léger écart de conduite . . . . INCARTADE
Légèrement froid . . . . FRISQUET
Légèrement malade . . INDISPOSÉ, SOUFFRANT
Légèrement mouiller . . . . HUMECTER
Léger engagement d'une armée . . ESCARMOUCHE
Légère réprimande . . . . OBSERVATION
Légèreté d'enfant . . . . ENFANTILLAGE
Léger et flou . . . . VAPOREUX
Léger excédent pondéral . . EMBONPOINT
Léger mouvement dans un liquide . . . .
. . . . FRÉMISSEMENT
Léger mouvement de connivence (PD) . . CLINDŒIL
Léger repas . . . . COLLATION
Léger tremblement . . . . FRISSONNEMENT
Le glaïeul en est une . . . . IRIDACÉE
Le gris lui donne de l'influence (PD) . . ÉMINENCE
Le groseillier en fait partie . . . . RIBÉSIACÉE
Légume coupé en petits dés . . . . BRUNOISE
Légumes commercialisés avant la saison . . . .
. . . . PRIMEURS
Le homard en est un . . . . EUCARIDE
Le jardin des plantes . . . . PÉPINIÈRE
Le jasmin, le frêne et autres troènes . . OLÉACÉES
Le joueur de hockey la pousse avec un bâton . . . . . .
. . . . RONDELLE
Le jour du mois . . . . QUANTIÈME
Le Juif errant . . . . AHASVÉRUS
Le lamantin en est un . . . . SIRÉNIEN
Le lapin en est un . . . . LÉPORIDÉ
Le libertinage . . . . GAUDRIOLE
Le long de la rue . . . . TROTTOIR

Le mainate en est un .... STURNIDÉ
Le Manitoba en est une .... PROVINCE
Le matin, souvent, on en a ras le bol (MH) ....
.... CÉRÉALES
Le même ailleurs .... HOMOLOGUE
Le menuisier l'utilise à la planche .... TIRECLOU
Le Messie .... JÉSUSCHRIST
Le monde de l'inauthenticité, des apparences ....
.... PAILLETTES
Le Monde, mais pas le monde ..... QUOTIDIEN
Le mot qu'il faut dire pour que la réponse apparaisse
.... ABRACADABRA
Le mouvement dada .... DADAÏSME
L'emporter sur .... PRÉVALOIR
L'emporte sur les autres .... DOMINANT
Lendemain difficile .... GUEULEDEBOIS
Le nom de ce pays veut dire «Montagne du lion»
.... SIERRALEONE
L'ensemble des enfants .... PROGÉNITURE
Lenteur du rythme cardiaque .... BRADYCARDIE
Lentille d'eau .... LENTICULE
Lentille dont on coiffe un objectif ... BONNETTE
L'entrée des artistes .... VERNISSAGE
Le palmier en est une .... ARÉCACÉE
Le pape .... SAINTPÈRE
L'épeire en est une .... ARAIGNÉE
Le père écrit des chansons, le fils des romans .....
.... VIGNEAULT
Le petit coin .... TOILETTES
Le petit écran .... TÉLÉVISION
Le phoque en est un .... PINNIPÈDE
Le plaisir est son but .... HÉDONISTE
Le plein d'images de rêves .... ONIRISME
Le plus ancien .... PRIMORDIAL
Le plus grand des océans .... PACIFIQUE
Le plus grand et le plus grave des instruments à
archet .... CONTREBASE
Le plus grand médecin de l'Antiquité .HIPPOCRATE
.... HIPPOCRATE
Le plus haut degré .... PAROXYSNE
Le plus jeune d'une famille .... BENJAMIN
Le plus petit nombre .... MINORITÉ
Le plus petit organisme autonome .... BACTÉRIE
Le plus vieux métier du monde .. PROSTITUTION
Le plus vieux village du Québec ... TADOUSSAC
Le poids des ans .... SÉNESCENCE
Le poil le gêne .... TATOUEUR
Le poivron en est un .... ENTREMETS
Le porc l'est .... OMNIVORE
Le premier à passer à l'attaque ..... AGRESSEUR
Le premier degré du sacerdoce ...... PRÊTRISE
Le premier des grades universitaires ....
.... BACCALAURÉAT
Le premier parmi les protecteurs .... APÉRITEUR
Le principe du lasso .... NŒUDCOULANT
Le quart de Montréal (MH) .... CALVILLO
Le quatrième doigt de la main ..... ANNULAIRE
Le Québec en fait partie ...... FRANCOPHONIE
Le 15 août, elle fait la fête .... ACADIENNE
L'érable en est une .... ACÉRACÉE
Le rang du cinéma .... SEPTIÈME
Le requin en est un .... SÉLACIEN

Le reste est pareil .... ETCETERA
Le roi de l'arène .... TORÉADOR
Les algues en sont riches .... MUCILAGE
Les Américains sont les plus efficaces (PD) ....
.... COUPSDEPOING
Les amis de nos amis y sont nos amis ....
.... FACEBOOK
Les animaux y boivent .... ABREUVOIR
Le sapin en est un .... CONIFÈRE
Les arts travaillent sous lui .... ÉCLAIRAGE
Les aventures de Tintin en Extrême-Orient ....
.... LOTUSBLEU
Les aveugles y sont rois .... TÉNÈBRES
Les avions y décollent .... AÉROPORT
Les banques apprécient qui l'est ..... SOLVABLE
Les Beatles y ont commencé leur carrière ....
.... HAMBOURG
Les bêtes à cornes s'y épanouissent ....
.... ESCARGOTIÈRE
Les britanniques le servent à Noël ....
.... PLUMPUDDING
Les canards se régalent plus de la mauvaise que de la
bonne (MF) .... NOUVELLE
Les chauves en sont peut-être jaloux ... CRINIÈRE
Les cinquante belles de Doris .... NÉRÉIDES
Les cordages en font partie .... GRÉEMENT
Les derniers sont criminels .... OUTRAGES
Les dieux le sont tant qu'on y croit ... ÉTERNELS
Les dix commandements de Dieu .. DÉCALOGUE
Les doigts dans le nez .... AISÉMENT,
.... FACILEMENT
Les enfants aiment en recevoir ..... ÉTRENNES
Les enfants aiment son air .... CAMPAGNE
Les enfants par rapport aux parents ....
.... PROGÉNITURE
Le serpent en est un .... OPHIDIEN
Le seul maître à bord .... CAPITAINE
Les finnoises y vivent .... FINLANDE
Les Francophones y sont en Amérique du Nord ....
.... MINORITÉ
Les générations à venir .... POSTÉRITÉ
Les gens heureux le sont bien .... ENTOURÉS
Les golfeurs y inscrivent le nombre de coups joués
.... CARTEDEPOINTAGE
Les grands espaces lui font peur .. AGORAPHOBE
Le silence y est de rigueur ..... BIBLIOTHÈQUE
Lésion causée par le froid .... FROIDURE
Lésion inflammatoire provoquée par le froid ......
.... ENGELURE
Les jeunes gens .... JEUNESSE
Les jeunes l'utilisent à la planche ....
.... SKATEBOARD
Les joueurs recrues la subissent .... INITIATION
Les morts n'y sont pas toujours enterrés ....
.... CIMETIÈRE
Le soleil s'y couche .... OCCIDENT
Les Olympiques s'y déroulaient en 1992 ....
.... BARCELONE
Le sou est celui du dollar .... CENTIÈME
Les petites vont au théâtre (PD) ..... JUMELLES
Les plus fortes touchent en plein cœur ....
.... SENSATIONS

Les produits qu'on y vend ne tiennent qu'à un fil (MF) .... MERCERIE
Les règles à respecter .... CÉRÉMONIAL
Les reprises la font vivre plus longtemps ((MH) ... . CHAUSSETTE
Les réserves qu'il fait ne rapportent rien (PD) .... THÉSAURISEUR
Les sénateurs américains y siègent .... CAPITOLE
Les troupes internationales de l'ONU .... CASQUESBLEUS
Le tatou en est un .... ÉPERVIER
L'été, elle est moins chaude .... CHEMINÉE
Le téléphone et Internet l'ont mis au rancart .... TÉLÉGRAMME
Le temps de se reprendre .... HÉSITATION
Le titre de Franco .... CAUDILLO
Le toit du monde .... HIMALAYA
L'étourneau en est un .... STURNIDÉ
Le tournesol en est une espèce .... HÉLIANTHE
L'être humain en a 24 .... VERTÈBRES
L'être humain l'est, mais pas l'escargot (MF) .... UNISEXUÉ
L'étrier y est suspendu .... ÉTRIVIÈRE
Lettre annonçant un événement important .... FAIREPART
Lettré chinois .... CONFUCIUS
Lettre d'amour .... BILLETDOUX
Lettre ou signe .... CARACTÈRE
Lettre pastorale .... MANDEMENT
Leur air est bien connu (MH) ..... LAMPIONS
Leur devise : œil pour œil, dent pour dent .... VINDICATIFS
Levée d'un corps .... LÉVITATION
Lever à une faible hauteur .... SOULEVER
Lever avec la main pour en estimer le poids .... SOUPESER
Lever des troupes .... RECRUTER
Lever le pied .... RALENTIR
Lever trop le coude .... POCHTRONNER
Levier qui sert à arracher des clous .... PIEDDEBICHE
Levure qui produit la fermentation de jus sucrés ... . SACCHAROMYCES
Levure qui se développe à la surface des boissons .. .. MYCODERME
Lexique de philologie .... THÉSAURUS
Lexique d'une langue .... GLOSSAIRE
Lézard, caméléon, varan ...... LACERTILIEN
L'homard en est un .... EUCARIDE
L'homme voit la sienne dans sa soupe (MF) .... DULCINÉE
Liaison amoureuse .... AVENTURE
Liaison amoureuse passagère ...... INTRIGUE
Liaison d'affaires .... RELATION
Libérer par une quittance ..... QUITTANCER
Liberté de langage .... FRANCPARLER
Libre expression .... NONFIGURATIF
Lichen crustacé .... LÉCANORE
Lichen qui forme une plaque sur les pierres .... PARMÉLIE
Lié d'une manière intime .... INHÉRENT
Lien existant entre des choses ...... RELATION

Lien juridique .... ALLIANCE
Lien qui unit à son père ou à sa mère .. FILIATION
Lier avec du ciment .... CIMENTER
Lier les mains .... MENOTTER
Lieu aménagé pour patiner .... PATINOIRE
Lieu aménagé pour se promener .. PROMENADE
Lieu commun .... BANALITÉ, GÉNÉRALITÉ, ... PLATITUDE
Lieu d'arrivée .... POINTDECHUTE
Lieu de départ et d'arrivée ...... AÉROGARE, ... HÉLIPORT
Lieu de dépôt des animaux ...... FOURRIÈRE
Lieu de divertissement .... DISCOTHÈQUE
Lieu de naissance de Jésus ...... BETHLÉEM
Lieu d'entraînement .... PALESTRE
Lieu d'entreposage .... DÉBARRAS
Lieu de pèlerinage .... ORATOIRE
Lieu de plaisir populaire .... GINGUETTE
Lieu de prière ...... ORATOIRE, SYNAGOGUE
Lieu de rencontre .. INTERSECTION, JONCTION
Lieu de rencontre au bois de Boulogne .... ROLANDGARROS
Lieu de retraite .... THÉBAÏDE
Lieu déterminé .... LOCALITÉ
Lieu de vacances .... VILLÉGIATURE
Lieu d'habitation ..... DOMICILE, RÉSIDENCE
Lieu d'où l'on tire le sablon ..... SABLONNIÈRE
Lieu d'une ruée vers l'or .... KLONDIKE
Lieu éloigné .... LOINTAIN
Lieu extrêmement chaud .... FOURNAISE
Lieu fortifié .... FORTERESSE
Lieu inculte et humide .... MARÉCAGE
Lieu isolé et désert .... THÉBAÏDE
Lieu occupé par quelque chose .. EMPLACEMENT
Lieu où l'on abat des animaux ..... BOUCHERIE
Lieu où l'on abrite des brebis .... BERGERIE
Lieu où l'on campe .... CAMPEMENT
Lieu où l'on conserve les fruits ...... FRUITERIE
Lieu où l'on cultive des plants de jeunes arbres .... PÉPINIÈRE
Lieu où l'on élève les escargots .. ESCARGOTIÈRE
Lieu où l'on élève les faisans ..... FAISANDERIE
Lieu où l'on entretient des animaux .. MÉNAGERIE
Lieu où l'on fabrique le cidre ...... CIDRERIE
Lieu où l'on inhume un corps ...... CIMETIÈRE, ... SÉPULTURE
Lieu où l'on recueille le sel ...... SALINAGE
Lieu où l'on regroupe les restes des morts .... CIMETIÈRE
Lieu où l'on remise les objets encombrants .... DÉBARRAS
Lieu où l'on tire le nitre .... NITRIÈRE
Lieu où l'on vend des marchandises .. BOUTIQUE
Lieu où on fait brouter le bétail ...... PÂTURAGE
Lieu où on mène boire les bestiaux .. ABREUVOIR
Lieu où on met les ordures .... DÉPOTOIR
Lieu où on range le linge .... LINGERIE
Lieu où on trouve une source ...... POINTDEAU
Lieu où règnent la confusion et le désordre .... PÉTAUDIÈRE
Lieu où se croisent des routes ...... CARREFOUR
Lieu où se rend la justice .... TRIBUNAL

Lieu où se traite le lait .... LAITERIE
Lieu où sont tués les animaux de boucherie ....
.... ABATTOIR
Lieu où vivent beaucoup de crapauds ....
.... CRAPAUDIÈRE
Lieu planté d'amandes .... AMANDAIE
Lieu planté de cerisiers .... CERISAIE
Lieu planté de coudriers .... COUDREAIE
Lieu planté de fougères .... FOUGERAIE
Lieu planté de palmiers .... PALMERAIE
Lieu planté de pommiers .... POMMMERAIE
Lieu planté d'érables .... ÉRABLIÈRE
Lieu planté de rouvres .... ROUVRAIE
Lieu planté de trembles .... TREMBLAIE
Lieu planté d'oliviers .... OLIVERAIE
Lieu plat du jardin .... TERRASSE
Lieu plein d'agitation et de bruit ....
.... PANDÉMONIUM
Lieu propice à l'éclatement d'un conflit ....
.... POINTCHAUD
Lieu propre à se cacher .... CACHETTE
Lieu saint .... SANCTUAIRE
Lieu solitaire .... ERMITAGE, SOLITUDE
Lieu très boueux .... BOURBIER
Lieu très chaud .... FOURNAISE
Lieu très profond et escarpé .... PRÉCIPICE
Lieux d'aisances latrines .... GOGUENOTS
Lieux qui sont alentour .... ENVIRONS
Lifting gouvernemental .... REMANIEMENT
Ligne décrite des projectiles ..... TRAJECTOIRE
Ligne droite qui partage un cercle .... DIAMÈTRE
Ligne entre deux points de la surface de la Terre ..
.... ORTHODROMIE
Lignification des rameaux .... AOÛTEMENT
L'île de Pâques s'y trouve .... POLYNÉSIE
Limite d'un territoire .... FRONTIÈRE
Limiter dans sa consommation ..... RATIONNER
Limiter la distribution de ...... CONTINGENTER
Limiter la portion .... RATIONNER
Limiter la propagation de ...... CIRCONSCRIRE
Limiter les mouvements .... MENOTTER
Limite trop souvent franchie ... INCOMPÉTENCE
L'important est de l'être par à rapport à soi ......
.... AMÉLIORÉ
Linaire aux feuilles rondes .... CYMBALAIRE
Lindbergh en était un .... AVIATEUR
L'indri en est un .... LÉMURIEN
Linge de corps .... LINGERIE
Linge de table .... NAPPERON
Linge mouillé pour repasser à la vapeur ....
.... PATTEMOUILLE
Linge qu'on donne à une fille qui se marie ....
.... TROUSSEAU
Linguiste venu de Suisse .... SAUSSURE
L'instant présent .... IMMÉDIATEMENT
Lipide phosphoré .... LÉCITHINE
Liqueur à base d'alcool .... SPIRITUEUX
Liqueur alcoolique toxique .... ABSINTHE
Liqueur aromatique .... CHARTREUSE
Liqueur aux plantes .... BÉNÉDICTINE
Liqueur préparée avec des grains d'anis ....
.... ANISETTE

Liqueur préparée avec des guignes .. GUIGNOLET
Liqueur tirée de la marasque ...... MARASQUIN
Liquidation de soldes .... BRADERIE
Liquide colorant, coloré .... TEINTURE
Liquide coulant en abondance ...... RUISSEAU
Liquide incolore à odeur éthérée ....
.... CHLOROFORME
Liquide incolore utilisé pour la désinfection ......
.... CRÉOSOTE
Liquide jaunâtre .... COLOSTRUM
Liquide obtenu par distillation de l'alcool ....
.... ALCOOLAT
Liquide pétrolier .... KÉROSÈNE
Liquide provenant d'un objet qui s'égoutte ....
.... ÉGOUTTURE
Liquide sous la table (MF) .... POTDEVIN
Liquide voisin du sérum sanguin ...... SÉROSITÉ
Liquide volatil suffocant ....•...... ACROLÉINE
Lire un livre .... BOUQUINER
Lire un roman en est une .... DISTRACTION
Lis des pauvres .... MARTAGON
Liseron des champs .... BELLEDEJOUR
Liste de chansons classées selon leur succès ......
.... PALMARÈS
Liste de gagnants, des lauréats ...... PALMARÈS
Liste de noms .... ANNUAIRE
Liste des lettres .... ALPHABET
Liste des pièces constituant le fond d'un théâtre ...
.... RÉPERTOIRE
Liste des victimes d'une catastrophe ....
.... NÉCROLOGIE
Liste énumérative .... CATALOGUE
Lithiase urinaire .... GRAVELLE
Livraison par la voie des airs ... PARACHUTAGE
Livre à gros tirage .... BESTSELLER
Livre considéré comme un modèle ... BRÉVIAIRE
Livre d'apprentissage .... ABÉCÉDAIRE
Livre de faible épaisseur .... PLAQUETTE
Livre de magie .... GRIMOIRE
Livre élémentaire .... SYLLABAIRE
Livre illustré pour apprendre la lecture ....
.... ABÉCÉDAIRE
Livre liturgique .... VESPÉRAL
Livre que l'on garde sur soi .... VADEMECUM
Livre qui contient les numéros de téléphone ......
.... ANNUAIRE
Livre qui vient de sortir .... NOUVEAUTÉ
Livrer au pillage .... SACCAGER
Livrer combat .... FERRAILLER
Livrer un criminel à un autre État .... EXTRADER
Livrer une autre impression .... RÉÉDITER
Lobe de l'oreille .... AURICULE
Lobe du placenta .... COTYLÉDON
Lobotomie cérébrale partielle ... LEUCOTOMIE
Local à gradins .... AMPHITHÉÂTRE
Local commercial .... BOUTIQUE
Local destiné à la lessive .... BUANDERIE
Locale ou régionale, mais jamais provinciale (MF)
.... ANESTHÉSIE
Local où l'on fait des recherches .. LABORATOIRE
Local où l'on fait le beurre .... LAITERIE
Local où sont préparées les tisanes ... TISANERIE

Local où sont soignés les malades . . INFIRMERIE
Locution fautive . . . . CACOLOGIE
Locution latine bien connue . . . . ETCETERA
Locution signifiant qu'un seul exemple ne permet pas de conclusion générale . . . .
UNEHIRONDELLENEFAITPASLEPRINTEMPS
L'œuf en a trois . . . . VOYELLES
Logement occupé occasionnellement . . . .
. . . . PIEDÀTERRE
Loger chez soi provisoirement . . . . . HÉBERGER
Logette rectangulaire sur une façade . . BRETÈCHE,
. . . . BRETESSE
Logiciel client pour afficher les pages Web . . . .
. . . . FURETEUR
Logiciel destiné à des jeux . . . . LUDICIEL
Loin de tout réalisme . . . . IDÉOLOGUE
Loin des extrêmes, d'être glacé . . . . . . TIÉDASSE
Loin du centre . . . . EXCENTRÉ
Loi qui fait disparaître le caractère d'infraction d'un fait . . . . AMNISTIE
Long coffre où l'on enferme un mort . . CERCUEIL
Longe de veau . . . . ROGNONNADE
Long fusil qui tire les canards . , . . CANARDIÈRE
Long tuyau servant à lancer des projectiles . . . .
. . . . SARBACANE
Longue durée de vie . . . . LONGÉVITÉ
Longue écharpe de dentelle . . . . MANTILLE
Longue écharpe de laine . . . . CACHENEZ
Longue promenade . . . . RANDONNÉE
Longue suite . . . . RIBAMBELLE
Longue suite de souffrances . . . . CALVAIRE
Longue suite ininterrompue . . . . KYRIELLE
L'on y fait des expériences . . . . . LABORATOIRE
L'opinion d'autrui . . . . QUENDIRATON
L'opposé de la légèreté . . . . LOURDEUR
L'opposé de la lourdeur . . . . LÉGÈRETÉ
Lorgner avec convoitise, avec curiosité . . . .
. . . . RELUQUER
Lorsque le vent se lève, la route l'est souvent . . . . .
. . . . ENNEIGÉE
Lorsque le vôtre est blessé, vous le prenez personnel
. . . . AMOURPROPRE
Lorsqu'elle est amoureuse, elle devient vite sexuelle
. . . . RELATION
Lorsqu'il se brise, un nid-de-poule apparaît . . . . . .
. . . . PAVEMENT
Lorsqu'on en fait un faux, on gaffe pour le vrai (MF)
. . . . MOUVEMENT
L'ortie ou une plante sans pétales . . . URTICACÉE
Lotte de mer . . . . BAUDROIE
Louer à ferme . . . . AFFERMER
Louis Hamelin . . . . ÉCRIVAIN
Louis XVI et sa famille y furent arrêtés . . . .
. . . . VARENNES
Louis XVI y termina sa vie . . . . . GUILLOTINE
Loup-garou . . . . LYCANTHROPE
Lourdeur d'esprit . . . . ÉPAISSEUR
Lourdement charger . . . . ENGRAISSER
Lourd pendentif . . . . PECTORAL
L'oursin en est . . . . ÉCHINODERME
Ludwig n'a pas pu aller plus loin (PD) . . . .
. . . . NEUVIÈMEMENT

Lueur atmosphérique . . . . CRÉPUSCULE
Lui à tout moment . . . . ÉGOTISTE
Lui proposer de nouvelles choses est peine perdue
. . . . ANTITOUT
Lumière des beaux soirs d'été . . . . PHOTOPHORE
Lumière faible, tamisée . . . . PÉNOMBRE
Lumière qui suit le soleil couchant : . CRÉPUSCULE
Lumière très atténuée . . . . DEMIJOUR
L'un des alcaloïdes de l'opium . . . . NARCOTINE
L'un des Émirats arabes unis . . . . . ABUDHABI
L'un des royaumes de la France mérovingienne . . . .
. . . . NEUSTRIE
L'une des femmes d'un polygame . . . . COÉPOUSE
L'une des méninges . . . . DUREMÈRE
Luth japonais . . . . SHAMISEN
Lutte d'influence . . . . MAGOUILLE
Lutter contre ce qui attire . . . . RÉSISTER
Lutter pour se dégager (se) . . . . DÉBATTRE
Lutteur japonais corpulent . . . . SUMOTORI
Luzerne sauvage . . . . LUPULINE
Macédoine de légumes . . . . SALADERUSSE
Mâcher une seconde fois . . . . REMÂCHER
Machination diabolique . . . . DIABLERIE
Machination perfide . . . . GUETAPENS
Machination secrète . . . . INTRIGUE
Machine à aléser . . . . ALÉSEUSE
Machine à couper le papier en feuilles . . MASSICOT
Machine à cribler . . . . CRIBLEUR
Machine à filer . . . . ARBALÈTE
Machine agricole . . ARRACHEUSE, POUDREUSE,
. . . . PLANTEUSE
Machine à plisser les étoffes . . . . PLISSEUSE
Machine à traire . . . . TRAYEUSE
Machine à tricoter . . . . TRICOTEUSE
Machine automatique du traitement de l'information
. . . . ORDINATEUR
Machine de guerre . . . . CATAPULTE
Machine électronique . . . . ORDINATEUR
Machine-outil . . . . ALÉSEUSE
Machine-outil pour perforer . . . POINÇONNEUSE
Machine pour broyer les plantes textiles . . . .
. . . . TEILLEUSE
Machine pour charger le minerai . . . CHARGEUSE
Machine pour éliminer les fanes de pommes de terre
. . . . EFFANEUSE
Machine pour laminer . . . . LAMINOIR
Machine pour le textile . . . . OURDISSOIR
Machine qui dresse mécaniquement les métaux . . . .
. . . . PLANEUSE
Machine qui sert à l'épandage . . . . . POUDREUSE
Machine servant à détacher les grains des épis . . . . .
. . . . ÉGRENEUSE
Machine servant à extraire le liquide des raisins . . . .
. . . . PRESSOIR
Machine servant à séparer la crème du lait . . . .
. . . . ÉCRÉMEUSE
Machine servant à tondre . . . . TONDEUSE
Machine utilisée en confiserie . . . . . ENROBEUSE
Machine utilisée pour épandre des engrais . . . .
. . . . ÉPANDEUR
Madrépore des mers chaudes . . . . . MÉANDRINE
Magasin d'alimentation . . . . ÉPICERIE

Magasin de fruits . . . . FRUITERIE
Magasin de prêt-à-porter . . . . BOUTIQUE
Magasin du libraire . . . . LIBRAIRIE
Magasin d'un revolver . . . . BARILLET
Magazine pour hommes . . . . ÉROTIQUE
Magistrat gardien des lois . . . . . . THESMOTHÈTE
Magistrat grec . . . . ARCHONTE
Magistrat romain . . . . TRIUMVIR
Maillot de corps . . . . CAMISOLE
Maillot en coton à manches courtes . . . TEESHIRT
Maintenant, il faut la tenir . . . . PROMESSE
Maintenant, il permet d'écrire . . . . . . TÉLÉPHONE
Maintenant, on le retrouve de plus en plus dans la rue
. . . . TÉLÉPHONE
Maintenir à une température agréable . . . .
. . . . CLIMATISER
Maintenir avec une attelle . . . . ÉCLISSER
Maintenir chez un adulte une mentalité infantile . . .
. . . . INFANTILISER
Maintenir illégalement enfermé . . . SÉQUESTRER
Maintenir quelqu'un debout . . . . SOUTENIR
Maintes fois reprendre . . . . RÉITÉRER
Maintien fier et élégant . . . . PRESTANCE
Maintiennent les pieds des cyclistes . . CALEPIEDS
Maintient l'écart . . . . ENTRETOISE
Maintient l'os . . . . LIGAMENT
Maison ambulante . . . . ROULOTTE
Maison annexe d'un couvent . . . . . SCOLASTICAT
Maison à toit de chaume . . . . CHAUMIÈRE
Maison de campagne . . . . BASTIDON
Maison de campagne retirée . . . . ERMITAGE
Maison d'éducation . . . . PENSIONNAT
Maison de petite ou de moyenne dimension . . . .
. . . . PAVILLON
Maison de plain-pied . . . . BUNGALOW
Maison habitée par des moines . . . . MONASTÈRE
Maître-chien . . . . DRESSEUR
Maîtres et esclaves y faisaient la fête . . . .
. . . . SATURNALES
Malade atteint de schizophrénie . . SCHIZOPHRÈNE
Malade mental . . . . PSYCHOPATHE
Maladie caractérisée par des convulsions . . . .
. . . . ÉPILEPSIE
Maladie caractérisée par des furoncles . . . .
. . . . FURONCULOSE
Maladie caractérisée par des toux violentes . . . .
. . . . COQUELUCHE
Maladie caractérisée par le refus de s'alimenter . . . .
. . . . ANOREXIE
Maladie congénitale . . . . MONGOLISME
Maladie contagieuse . . . . DYSENTERIE,
. . . . OREILLONS, SCARLATINE
Maladie contagieuse des animaux . . ÉPIZOOOTIE
Maladie contagieuse fréquente chez les enfants . . . .
. . . . ROUGEOLE
Maladie de la peau . . DERMATOSE, ÉRÉSIPÈLE,
. . . . IMPÉTIGO
Maladie de la pomme de terre . . . . DARTROSE
. . . . FRISOLÉE
Maladie de l'enfant . . . . RACHITISME
Maladie de l'œil . . . . GLAUCOME
Maladie des abeilles . . . . NOSÉMOSE

Maladie des arbres . . . . FUMAGINE
Maladie des arbres fruitiers . . . . TAVELURE
Maladie des artères . . . . ARTÉRITE
Maladie des mineurs . . . . ANTHRACOSE
Maladie des moutons . . . . TREMBLANTE
Maladie des oiseaux . . . . ORNITHROSE
Maladie des perroquets . . . . PSITTACOSE
Maladie des poumons . . . . ASBESTOSE
Maladie des vers à soie . . . . FLACHERIE,
. . . . GRASSERIE
Maladie du bœuf . . . . LADRERIE
Maladie due au bacille de Koch . . TUBERCULOSE
Maladie due à une carence en vitamine B1 . . . .
. . . . BÉRIBÉRI
Maladie du foie . . . . CIRRHOSE
Maladie du lièvre . . . . TULARÉMIE
Maladie du porc . . . . LADRERIE
Maladie du rein . . . NÉPHRITE, NÉPHROPATHIE
Maladie du sang . . . . HÉMOPATHIE, LEUCÉMIE
Maladie infectieuse . . LISTÉRIOSE, ROUGEOLE,
. . . . VARICELLE
Maladie infectieuse bactérienne . . . DIPHTÉRIE
Maladie infectieuse commune à l'homme et à l'ani-
mal . . . . BRUCELLOSE
Maladie infectieuse des volailles . . . PULLOROSE
Maladie parasitaire . . . . HELMINTHIASE
Maladie parasitaire des régions chaudes . . . .
. . . . PALUDISME
Maladie psychiatrique . . . . PARANOÏA
Maladie rhumatismale . . ARTHRITE, ARTHROSE
Maladie vénérienne . . . . BLENNORRAGIE
Maladie psychique . . . ANGOISSE, OPPRESSION
Malaise angoissant . . . . OPPRESSION
Malaise psychique . . . . ANGOISSE
Mal à propos . . . . HORSDESAISON
Malayo-polynésien . . . . AUSTRONÉSIEN
Mal coter . . . . SOUSESTIMER
Mal de dents . . . . ODONTALGIE
Mal de mer . . . . NAUPATHIE
Mal de tête . . . . CÉPHALÉE, MIGRAINE
Mal du pays . . . . NOSTALGIE
Mâle de plusieurs oiseaux de proie . . TIERCELET
Malédiction proférée contre quelqu'un . . . .
. . . . IMPRÉCATION
Maléfice de sorcier . . . . SORTILÈGE
Mal engager . . . . EMPÊTRER
Mal engueulé . . . . MALAPPRIS
Mal entendu . . . . QUIPROQUO
Malformation congénitale de la lèvre supérieure . . .
. . . . BECDELIÈVRE
Malformation crânienne . . . . ACROCÉPHALIE
Malformation grave . . . . MONSTRUOSITÉ
Malgré cela . . . . NÉANMOINS
Malgré soi . . . . ÀCONTRECŒUR
Malgré tout . . . . QUANDMÊME
Malheur public . . . . CALAMITÉ
Malice d'enfant . . . . ESPIÈGLERIE
Malmener fortement . . ÉTRILLER, MALTRAITER,
. . . . MOLESTER
Mal suivi d'une lettre (MH) . . . . HÉPATITE
Mal tourné . . . . DÉGÉNÉRÉ
Mal vêtu . . . . INDÉCENT

Mal vu . . . . IMPOPULAIRE
Mammifère à queue préhensible . . . . . KINKAJOU
Mammifère au dos recouvert de piquants . . . .
. . . . HÉRISSON
Mammifère aux mouvements lents . . PARESSEUX
Mammifère carnassier . . . . COUGOUAR,
. . . . MOUFETTE
Mammifère carnivore . . . . MANGOUSTE,
. . . . PANTHÈRE
Mammifère carnivore de Sibérie . . . . . . ZIBELINE
Mammifère cétacé . . MARSOUIN, MÉGAPTÈRE
Mammifère des fleuves africains . . HIPPOPOTAME
Mammifère des savanes africaines . . . ORYCTÉROPE
Mammifère fossile . . . . GLYPTODON,
. . . . MASTODONTE
Mammifère herbivore aquatique . . . . LAMANTIN
Mammifère marin . . . . ÉPAULARD
Mammifère marsupial . . . . KANGOUROU,
. . . . PHALANGER
Mammifère nageur . . . . SIRÉNIEN
Mammifère ongulé de grande taille . . ÉLÉPHANT,
. . . . PACHYDERME
Mammifère primate . . . . HOMINIDÉ
Mammifère qui se nourrit d'insectes . . . .
. . . . FOURMILIER, MUSARAIGNE,
. . . . PANGOLIN, TAMANOIR
Mammifère rongeur . . . . COCHONDINDE,
. . . . GERBOISE, RAGONDIN, SCIURIDÉ
Mammifère rongeur arboricole . . . . . . ÉCUREUIL
Mammifère rongeur hibernant . . . . . . MARMOTTE
Mammifère ruminant . . ANTILOPE, CHEVREUIL
Mammifère voisin du chameau . . . DROMADAIRE
Mammifère voisin du sanglier . . . . PHACOCHÈRE
Mammifère volant . . . . CHAUVESOURIS
Manchot ou fou . . . . HANDICAPÉ
Mandarine à peau fine . . . . CLÉMENTINE
Mandat de sept ans . . . . SEPTENNAT
Manège de chevaux de bois . . . . CARROUSEL
Mange du lapin, mais seulement à Pâques (MH) . . .
. . . . VÉGÉTARIEN
Manger avec grand plaisir . . . . DÉGUSTER
Manger beaucoup (se) . . . . GOINFRER
Manger de nouveau . . . . REMANGER
Manger du bout des dents, des doigts . . CHIPOTER,
. . . : . . . . GRIGNOTER
Manger sans appétit . . . . MANGEOTTER,
. . . . PIGNOCHER
Manger sur le pouce . . . . SAUCISSONNER
Mangouste ou insecte . . . . ICHNEUMON
Manie de grincer des dents . . . . . BRUXOMANIE
Manie d'ergoter . . . . ERGOTAGE
Manie le fleuret . . . . ESCRIMEUR
Manière affectée . . . . SIMAGRÉE, SINGERIE
Manière d'agir . . . . CONDUITE
Manière d'agir blâmable, habituelle . . ERREMENTS
Manière d'agir d'un tartufe . . . . TARTUFERIE
Manière d'agir insensée . . . . ERREMENT
Manière d'agir prudente . . . . PRÉCAUTION
Manière d'agir surannée . . . . . . ANACHRONISME
Manière d'attacher des animaux . . . . ATTELAGE
Manière de chanter les psaumes . . . . PSALMODIE
Manière d'écrire . . . . ÉCRITURE

Manière d'écrire un texte . . . . RÉDACTION
Manière de draper . . . . DRAPEMENT
Manière de faire connaître quelque chose . . . .
. . . . PRÉSENTATION
Manière de former un tout . . . . . COMPOSITION
Manière de parler d'une personne . . . . IDIOLECTE
Manière de parler embrouillée . . BARAGOUINAGE
Manière de penser . . . DÉMARCHE, SENTIMENT
Manière de procéder . . . . MÉTHODOLOGIE,
. . . . PROCÉDURE
Manière de procéder juridiquement . . . .
. . . . PROCÉDURE
Manière de progresser . . . . ACHEMINEMENT
Manière de répandre la lumière . . . . . ÉCLAIRAGE
Manière de se comporter . . . . HABITUDE
Manière de s'exprimer en peu de mots . . . .
. . . . LACONISME
Manière de tailler les légumes . . . . . . JULIENNE
Manière de tenir le corps . . . . ATTITUDE
Manière d'être assis à cheval . . . . ASSIETTE
Manière d'être trop libre . . . . . DÉSINVOLTURE
Manière dont on s'exprime . . . . ÉLOCUTION
Manière d'utiliser . . . . UTILISATION
Manière effrontée, irrespectueuse de parler, d'agir
. . . . IMPERTINENCE
Manière familière de se comporter . . FAMILIARITÉ
Manière fruste de se conduire . . . . . . RUSTICITÉ
Manier en tordant dans tous les sens . . TRITURER
Manière rigide de s'exprimer en politique . . . .
. . . . LANGUEDEBOIS
Manières du dandy . . . . DANDYSME
Manière trop libre . . . . FAMILIARITÉ
Manier sans ménagement . . . . TRITURER
Manifestation bruyante . . . . TONNERRE
Manifestation d'un être . . . . APPARITION
Manifestation émotive soudaine . . CRISEDENERFS
Manifestation extérieure de sentiments . . ATTITUDE
Manifestation subite d'amour . . . COUPDEFOUDRE
Manifestation vive de sentiments . . . . . EFFUSION
Manifester bruyamment . . . . CONSPUER
Manifester bruyamment son mécontentement . . . . .
. . . . TEMPÊTER
Manifester des symptômes du rhume . . ÉTERNUER
Manifester en paroles son mécontentement . . . . . .
. . . . ROUSPÉTER
Manifester l'expression du bonheur . . RAYONNER
Manifester par son comportement . . . .
. . . . EXTÉRIORISER
Manifester sa bonne humeur . . . . GAMBADER
Manifester sa colère . . . . TEMPÊTER
Manifester sa joie . . . . PAVOISER
Manifester sa mauvaise humeur . . RONCHONNER
Manifester sa pensée . . . . EXPRIMER
Manifester ses idées . . . . EXTÉRIORISER
Manifester son admiration (s') . . . . . . EXTASIER
Manifester son impatience . . . . TRÉPIGNER
Manifester son mécontentement . . . . MAUGRÉER,
. . . . TEMPÊTER
Manifeste souvent sans passer à l'action . . . .
. . . . ROUSPÉTEUR
Manigancer secrètement . . . . FRICOTER
Manipulateur de tubes . . . . LABORANTIN
Manipuler avec insistance . . . . . TRIPATOUILLER

Mannequin grossier . . . . ÉPOUVANTAIL
Mannequin vedette . . . . TOPMODEL
Manœuvre déloyale . . . . CROCENJAMBE
Manœuvre hypocrite . . . . ENTOURLOUPE
Manœuvrer quelqu'un pour obtenir quelque chose
. . . . CIRCONVENIR
Manœuvre secrète . . . . MANIGANCE
Manque d'activité . . . . SOMNOLENCE
Manque d'ampleur . . . . MAIGREUR
Manque d'ardeur . . . . NONCHALANCE
Manque d'argent . . . . PAUVRETÉ
Manque d'assurance . . . . TIMIDITÉ
Manque d'attention . . . . DISTRACTION,
. . . . NÉGLIGENCE, NÉGLIGENT
Manque d'attraction . . . . RÉPULSIF
Manque de capacité . . . . IMPÉRITIE
Manque de civilisation . . . . BARBARIE
Manque de clarté . . CONFUSION, NÉBULOSITÉ,
. . . . OBSCURITÉ
Manque d'éclat . . . . GRISAILLE
Manque de concentration . . . . DISPERSION
Manque de constance . . . . INÉGALITÉ
Manque de déférence . . . . IRRESPECT
Manque de finesse . . . . LOURDEUR
Manque de force . . . . ASTHÉNIE
Manque de franchise . . . . FAUSSETÉ
Manque d'égalité . . . . DISPARITÉ
Manque de grâce . . . . DISGRÂCE
Manque de jugement . . . . ÉCERVELÉ
Manque de largeur d'esprit . . . . ÉTROITESSE
Manque d'élévation morale . . . . BASSESSE
Manque de modestie . . . . IMMODESTIE
Manque d'énergie . . . . . . ASTHÉNIE, VEULERIE
Manque d'entraînement . . . . INEXERCÉ
Manque de probité . . . . IMPROBITÉ
Manque de pudeur . . IMMODESTIE, IMPUDEUR
Manque de reconnaissance . . . . . . INGRATITUDE
Manque de respect . . . . INSOLENT
Manque de rigueur dans ses mesures (PD) . . . .
. . . . PIFOMÈTRE
Manque de robustesse . . . . FRAGILITÉ
Manque de savoir . . . . IGNORANCE
Manque de sérieux . . . . LÉGÈRETÉ
Manque de sobriété dans le manger ou le boire . . . .
. . . . INTEMPÉRANCE
Manque de succès . . . . INSUCCÈS
Manque de tout . . . . NÉCESSITEUX
Manque de vivacité . . . . NONCHALANCE
Manque d'habileté . . . . INEXPÉRIENCE
Manque d'instruction . . . . IGNORANCE
Manque d'originalité . . . . STÉRÉOTYPE
Manquement à une promesse . . . . TRAHISON
Manque nettement de souplesse (MH) . . PURITAIN
Manque parfois volontaire . . . . OMISSION
Manque totalement d'intérêt (PD) . . RÉBARBATIF
Manteau ample et long . . . . . . HOUPPELANDE
Manteau en tissu imperméable . . IMPERMÉABLE
Manteau imperméable . . . . GABARDINE
Manteau sans manches . . . . PÈLERINE
Manufacture française de tapisserie . . . GOBELINS
Manuscrit sur parchemin . . . . PALIMPSESTE
Maquillage pour les yeux . . . . EYELINER

Marbre de plusieurs couleurs . . . . . BROCATELLE
Marcel Duchamp en était un . . . . DADAÏSTE
Marcel et ses semblables . . . . DÉBARDEURS
Marchand d'articles de marine . . . SHIPCHANDLER
Marchand de chevaux . . . . MAQUIGNON
Marchand de livres . . . . LIBRAIRE
Marchand de lunettes . . . . LUNETIER
Marchande de laine . . . . LAINIÈRE
Marchand en gros . . . . GROSSISTE
Marchandise de peu de valeur . . . . PACOTILLE
Marchandise de qualité inférieure . . CAMELOTE
Marchandises du vitrier . . . . VITRERIE
Marché aux herbes . . . . HERBERIE
Marché aux puces . . . . BRADERIE
Marche comme un bébé (MH) . . . QUADRUPÈDE
Marché de quelques vendeurs . . . . . . OLIGOPOLE
Marche en arrière d'une armée . . . . RETRAITE
Marche en avant . . . . PROGRESSION
Marcher à petits pas . . . . TROTTINER
Marcher avec peine . . . . CLOPINER
Marcher dans une eau bourbeuse . . . . . PATAUGER
Marcher devant . . . . PRÉCÉDER
Marcher en boitant un peu, en traînant du pied . . . .
. . . . CLOPINER
Marcher sans but . . . . DÉAMBULER,
. . . . VAGABONDER
Marcher vite . . . . TROTTINER
Marche souvent sur la pointe des pieds . . PÉDALIER
Marche sur un fil . . . . ÉCUREUIL
Marécage acide où se trouve la tourbe . . . .
. . . . TOURBIÈRE
Maréchal allemand . . . . HINDENBURG
Maréchal de France . . . . SEBASTIANI
Maréchal-ferrant . . . . FORGERON
Maréchal roumain . . . . ANTONESCU
Mare établie pour des canards . . . . CANARDIÈRE
Marguerite blanche . . . . PÂQUERETTE
Marie-jeanne . . . . MARIHUANA
Marmite maghrébine . . . . COUSCOUSSIER
Marmiton qui tourne une broche . . . .
. . . . TOURNEBROCHE
Marmonner des injures . . . . MAUGRÉER
Marquage avec des lettres . . . . LETTRAGE
Marquage des arbres à abattre . . . . CEINTURAGE
Marque américaine d'auto . . . . CHEVROLET,
. . . . CHRYSLER
Marque anglaise d'auto . . . . ROLLSROYCE
Marque de civilité . . . . CÉRÉMONIE
Marque d'éducation . . . . URBANITÉ
Marque de graisse . . . . BOURRELET
Marque destinée à rappeler ce que l'on veut faire . .
. . . . PENSEBÊTE
Marque d'excentricité . . . . ORIGINALITÉ
Marque d'honneur . . . . DISTINCTION
Marque distinctive d'un commerce . . ENSEIGNE
Marque durable . . . . EMPREINTE
Marque durable que laisse une plaie . . STIGMATE
Marque honteuse . . . . STIGMATE
Marque italienne d'auto . . . . LAMBORGHINI
Marque la fin d'un délai . . . . ÉCHÉANCE
Marque laissée par les doigts des criminels . . . .
. . . . EMPREINTE

Marque laissée par une plaie .... CICATRICE
Marque la supériorité .... MAGISTRAL
Marque le dédain, le doute .... TARATATA
Marque l'étonnement .... ÇAPAREXEMPLE
Marque l'exception .... POURUNEFOIS
Marque l'incrédulité .... TARATATA
Marque obtenue par pression ...... EMPREINTE
Marqué par la licence des mœurs ..... LIBERTIN
Marque rappelant ce qu'on a projeté .. PENSEBÊTE
Marquer après coup .... TUMÉFIER
Marquer de bandes de couleurs vives .. BARIOLER
Marquer de bigarrures .... BIGARRER
Marquer de hachures .... HACHURER
Marquer de la variole .... VARIOLER
Marquer de petites raies .... VERGETER
Marquer de points rapprochés .... GRENELER
Marquer de sa griffe .... PARAPHER
Marquer de taches .... TACHETER
Marquer d'un numéro .... NUMÉROTER
Marquer d'un paraphe .... PARAPHER
Marquer d'un tampon .... TAMPONNER
Marquer le début de .... INAUGURER
Marquer par une cérémonie .... CÉLÉBRER
Marquer un but rendant le score égal .. ÉGALISER
Marquer un timbre .... OBLITÉRER
Marque un renchérissement ...... VRAIMENT
Marsupial d'Australie .... KANGOUROU
Marteau de porte .... HEURTOIR
Marteau et enclume .... OSSELETS
Marteau-pilon, par exemple .... MACHINEOUTIL
Martèlement du pied, en danse flamenca
.... ZAPATEADO
Martèlement rythmé des talons en danse flamenca
.... TACONEOS
Martre du Japon .... ZIBELINE
Marilyn ou Virginie .... TÉLÉROMAN
Mascotte des Nordiques .... BADABOUM
Masque de carnaval .... CHIENLIT
Masque qui filtre l'air .... RESPIRATEUR
Masque sculpté .... MASCARON
Masse de lait caillé .... CAILLEBOTTE
Masse de neige .... AVALANCHE
Masse de sucre en cône .... PAINDESUCRE
Masse gélatineuse qu'est le corps de la méduse ....
.... OMBRELLE
Masse minérale importante .... GISEMENT
Masse valant 100 g. .... HECTOGRAMME
Massif de l'Écosse .... GRAMPIANS
Massif de l'est de l'Amérique du Nord ....
.... APPALACHES
Massif des Alpes .... SAINTGOTHARD
Massif des Pyrénées françaises .... NÉOUVIELLE
Massif du Québec en Gaspésie ..... CHICCHOCS
Massif situé entre la Syrie et le Liban
.... ANTILIBAN
Massif volcanique de Tanzanie .. KILMANDJARO
M'as-tu-vu .... PRÉTENTIEUX
Mata Hari en était une .... ESPIONNE
Matérialiser un parcours sur un terrain ....
.... JALONNER
Matériau enrobé de goudron .... TARMACADAM
Matériel dangereux .... ARMEMENT

Matériel de base .... MATÉRIAU
Matériel de guerre .... ARTILLERIE
Matériel et peu poétique .... TERREÀTERRE
Mathématicien spécialiste du calcul des probabilités
.... PROBABILISTE
Matière colorante ... INDOPHÉNOL, PEINTURE
Matière colorante rouge .... ALIZARINE,
.... RHODAMINE
Matière d'enseignement .... DISCIPLINE
Matière dont la combustion produit de la chaleur ..
.... COMBUSTIBLE
Matière formée par des parcelles de métal ....
.... LIMAILLE
Matière grasse .... MARGARINE
Matière plastique .... GALALITHE
Matière translucide imperméable .. PORCELAINE
Matthieu, Marc, Luc et Jean .... ÉVANGÉLISTES
Maturation de certains produits ..... MÛRISSAGE,
.... MÛRISSEMENT
Maturation des fruits .. AOÛTEMENT, VÉRAISON
Mausolée d'Inde .... TADJMAHALL
Mauvais accueil .... REBUFFADE
Mauvais caractère laissant une mauvaise impression
(MF) .... COQUILLE
Mauvais cheval ..... CANASSON, HARIDELLE,
.... ROSSINANTE
Mauvais cuisinier .... GÂTESAUCE
Mauvaise condition pour une bonne production ....
.... SOUSEFFECTIF
Mauvaise conduite .... INCONDUITE
Mauvaise entente .... MÉSENTENTE
Mauvaise et vanillée en hiver (PD) ... HÉLIOTROPE
Mauvaise habitude .... ERREMENT
Mauvaise humeur ..... ACRIMONIE, BOUDERIE
Mauvaise langue .... MÉDISANT
Mauvaise nourriture .. MALBOUFFE, PROGICIEL
Mauvaise opinion .... MÉSESTIME
Mauvaises intentions .... SCÉLÉRATESSE
Mauvais fonctionnement d'un système ... GRIPPAGE
Mauvais peintre .... BADIGEONNEUR,
.... BARBOUILLEUR
Mauvais rêve .... CAUCHEMAR
Mauvais sort .... MALÉFICE
Mauvais souvenir .... CICATRICE
Mauvais sujet .... SACRIPANT
Mauvais tour .... ENTOURLOUPE
Mauvais traitement .... RUDOIEMENT
Mauvais traitement corporel .... SUPPLICE
Mauvais (trois mots) .... ÀLAMANQUE
Mauvais vin .... PIQUETTE
Mauvais violon .... CRINCRIN
Maxillaire inférieur .... MANDIBULE
Mayonnaise de fines herbes et moutarde
.... REMOULADE
Mécanisme servant à éjecter .... ÉJECTEUR
Méchanceté extrême .... NOIRCEUR
Mèche de cheveux aplatie .... ACCROCHECŒUR
Médecine de la vieillesse .... GÉRIATRIE
Médecin généraliste .... PRATICIEN
Médecin pour hommes .... UROLOGUE
Médecin qui n'interroge pas ses patients (MH) ....
.... VÉTÉRINAIRE

Médecin qui pratique l'anesthésie . . . .
. . . . ANESTHÉSISTE
Médecin qui traite les maladies . . PATHOLOGISTE
Médecin qui traite par l'examen des malades . . . . . .
. . . . CLINICIEN
Médecin spécialiste . . . . CANCÉROLOGUE,
. . . . GÉRIATRE, OBSTÉTRICIEN
. . . . STOMATOLOGISTE, URGENTISTE
Médecin spécialiste des maladies du cœur . . . .
. . . . CARDIOLOGUE
Médecin spécialiste des maladies infantiles . . . .
. . . . PÉDIATRE
Médecin spécialiste des maladies mentales . . . .
. . . . PSYCHIATRE
Médecin spécialiste des troubles de vision . . . .
. . . . OCULISTE
Médicament agissant contre une substance toxique . . .
. . . . ANTIDOTE
Médicament analgésique . . . . ASPIRINE
Médicament antibiotique . . . . PÉNICILLINE
Médicament contre les blessures . . VULNÉRAIRE
Médicament contre une substance toxique . . . .
. . . . CONTREPOISON
Médicament liquide servant à se rincer la gorge . . .
. . . . GARGARISME
Médicament onctueux . . . . LINIMENT
Médicament stimulant l'activité . . MANDROLONE
Méduse des mers tropicales . . . . . . RHIZOSTOME
Meilleur qu'avant . . . . AMÉLIORÉ
Mélancolie douce . . . . LANGUEUR
Mélange confus . . . MÉLIMÉLO, SALMIGONDIS
Mélange dans lequel on fait macérer la viande . . . .
. . . . MARINADE
Mélange d'eau-de-vie et de cassis . . MÉLÉCASSE
Mélange de boissons alcooliques . . . . . COCKTAIL
Mélange de choses différentes . . . . AMALGAME
Mélange de ciment et d'eau . . . . BARBOTINE
Mélange de deux races d'animaux . . CROISEMENT
Mélange de fruits ou de légumes . . . MACÉDOINE
Mélange de pastis et de sirop de menthe . . . .
. . . . PERROQUET
Mélange de peroxydes de sodium et de potassium . .
. . . . OXYLITHE
Mélange de raisins secs et de mélasse . . . .
. . . . FARLOUCHE
Mélange de refrains de chansons . . . . POTPOURRI
Mélange liquide aromatique . . . . MARINADE
Mélanger avec un coupage . . . . RECOUPER
Mélanger des éléments disparates . . AMALGAMER
Mélanger un carburant à l'air . . . . . . CARBURER
Melchior, Gaspard et Balthazar . . . . . ROISMAGES
Mêlé de sang . . . . SANGUINOLENT
Mêler de salpêtre . . . . SALPÊTRER
Mêler les cheveux de quelqu'un . . . . . DÉCOIFFER
Melon à peau lisse . . . . CANTALOUP
Membrane de tissu conjonctif entourant les os . . . . .
. . . . PÉRIOSTE
Membrane enveloppant les muscles . . . .
. . . . APONÉVROSE
Membrane mince . . . . PELLICULE
Membrane qui tapisse les cavités d'un organisme . .
. . . . MUQUEUSE

Membrane séreuse de l'abdomen . . . . PÉRITOINE
Membrane tapissant la cavité du cœur . . . .
. . . . ENDOCARDE
Membre actif . . . . MILITANT
Membre de l'Académie française . . . . IMMORTEL
Membre de la caste sacerdotale hindoue . . . .
. . . . BRAHMANE
Membre de la classe des nobles . . ARISTOCRATIE
Membre de la congrégation bénédictine de Saint-
Maur . . . . MAURISTE
Membre de la famille . . . . PETITENIÈCE
Membre du conseil de fabrique d'une paroisse . . . .
. . . . MARGUILLIER
Membre d'un congrès . . . . CONGRESSISTE
Membre d'une assemblée . . . . SÉNATEUR
Membre d'une bande de malfaiteurs . . GANGSTER
Membre d'une confrérie mystique . . . . DERVICHE
Membre d'une congrégation catholique . . SALÉSIEN
Membre d'une équipe sportive . . . . . ÉQUIPIER
Membre d'une organisation clandestine . . . .
. . . . RÉSISTANT
Membre d'une organisation criminelle . . . .
. . . . MAFFIOSO
Membre d'une secte juive . . . . SADUCÉEN
Membre d'une secte religieuse . . . ANABAPTISTE
Membre d'une tribu amérindienne . . . . IROQUOIS
Membre d'un mouvement religieux . . ADVENTISTE
Membre d'un ordre religieux . . . . . . ORATORIEN
Membre du Parti national-socialiste allemand . . . . .
. . . . CHEMISEBRUNE
Membre du sénat . . . . SÉNATEUR
Membre élu du bureau d'une assemblée parlemen-
taire . . . . QUESTEUR
Membre qui permet la nage . . . . NAGEOIRE
Même au présent, ce n'est pas certain (PD) . . . .
. . . . CONDITIONNEL
Même décollées, elles tiennent bien . . . OREILLES
Même dit comme cela, il ne comprend pas mieux . .
. . . . MALENTENDANT
Même le cochon a le sien (MH) . . . . . . FESTIVAL
Même le français pour lui, c'est du chinois . . . .
. . . . ILLETTRÉ
Même le plus petit pose des problèmes . . . .
. . . . INCONVÉNIENT
Même les plus belles sont vilaines . . ROTURIÈRES
Même s'il n'est pas du coin, il est fréquenté dans le
quartier . . . . DÉPANNEUR
Ménager les apparences (MH) . . . . . RAPETISSER
Mener à son achèvement . . . . PARACHEVER
Mener à son terme . . . . TERMINER
Mener d'un lieu à un autre . . . . CONDUIRE
Mener une vie faite de parties de plaisir . . . .
. . . . BAMBOCHER
Mensonge imaginé . . . . INVENTION
Mentalement sain . . . . ÉQUILIBRÉ
Mention en marge d'un acte . . . . APOSTILLE
Mentionné plus haut . . . . SUSMENTIONNÉ
Menue braise . . . . BRAISETTE
Menue monnaie . . . . PIÉCETTE
Menue monnaie de métal . . . . MITRAILLE
Menue pâtisserie de la taille d'une bouchée . . . . . .
. . . . PETITFOUR

Menuisier fabriquant des meubles de luxe ....
.... ÉBÉNISTE
Menu morceau de bois sec .... BÛCHETTE
Menus poissons blancs .... BLANCHAILLE
Mépris qui incite à rire .... DÉRISION
Mer bordant un continent .... BORDIÈRE
Mer bordière de l'Atlantique .. MÉDITERRANÉE
Merci d'avoir eu celle d'attendre (MF) .. PATIENCE
Merci de faire ce jeu durant la vôtre (MF) ....
.... EXISTENCE
Mercuriale annuelle .... FOIROLLE
Mère des Muses .... MNÉMOSYNE
Mère de Télémaque .... PÉNÉLOPE
Mère du Minotaure .... PASIPHAE
Mère patrie .... MÉTROPOLE
Merle femelle .... MERLETTE
Mermoz l'était .... AVIATEUR
Mésange à longue queue .... MEUNIÈRE
Mésange à tête noire .... CHARBONNIÈRE,
.... NONNETTE
Mesdames de la Révolution (PD) .. CITOYENNES
Message d'un autre temps ...... TÉLÉGRAMME
Message silencieux (MF) .... ŒILLADE
Mesure de distance .... SUPERFICIE
Mesure de la concentration d'un acide ....
.... ACIDIMÉTRIE
Mesure de la vitesse d'écoulement de fluides .....
.... VÉLOCIMÉTRIE
Mesure de longueur de 120 brasses .. ENCABLURE
Mesure de longueur valant dix mètres ....
.... DÉCAMÈTRE
Mesure de rationnement .... RESTRICTION
Mesure des dimensions du corps humain ....
.... BIOMÉTRIE
Mesure des phénomènes psychiques ....
.... PSYCHOMÉTRIE
Mesure insuffisante .... DEMIMESURE
Mesure les déplacements .... ODOMÈTRE
Mesure répressive .... SANCTION
Mesurer une durée .... CHRONOMÉTRER
Mesurer une terre .... ARPENTER
Met à l'abri .. IMMUNISATION, ISOLEMENT
Met à l'abri les plus dangereux .... INERTAGE
Métal alcalin .... POTASSIUM
Métal blanc .... THALLIUM
Métal blanc brillant .... ALUMINIUM
Métal blanc gris .... SAMARIUM
Métal du groupe des lanthanides ..... EUROPIUM
Métal du groupe des terres rares .... EUROPIUM,
.... YTTERBIUM
Métal grisâtre .... MANGANÈSE
Métal jaune .... STRONTIUM
Métal radioactif ..... ACTINIUM, NEPTUNIUM,
.... POLONIUM
Métal solide .... MAGNÉSIUM
Métamorphose en animal ..... ZOOMORPHISME
Met bas, en parlant de la hase ...... LEVRETTE
Met dédaigneusement fin à la conversation ....
.... TARATATA
Met des bâtons dans les roues ...... SABOTEUR
Met en place une meilleure couverture ....
.... RÉASSUREUR

Météorisme pour le médecin .. BALLONNEMENT
Met fin à la souffrance .... EUTHANASIE
Méthode de conservation des produits agricoles ...
.... ENSILAGE
Méthode qui ne repose que sur l'expérience ......
.... EMPIRISME
Méthode thérapeutique .... CHIROPRACTIE
Méthode topographique .... POLYGONATION
Méthodique et rationnel .... CARTÉSIEN
Métier de l'écrivain .... LITTÉRATURE
Métier qui vous oblige à filer doux ... ESPIONNAGE
Métis canadien pendu en 1885 ...... LOUISRIEL
Met la main à la pâte .... PÉTRISSEUR
Met la tôle en forme .... EMBOUTISSAGE
Met le chef nu .... ALOPÉCIE
Met le feu dans la cage (PD) ...... PNEUMONIE
Met le marin à l'abri .... COUPEVENT
Met le monde à ses pieds (PD) .... DRESSEUSE
Met le poulet au parfum .... ESTRAGON
Met les meilleures aux bonnes places ....
.... MÉRITOCRATIE
Met les mots en bonne place .... DIALECTICIEN
Met les neurones en ébullition (PD) .. COGITATION
Mets accommodé avec beaucoup d'oignons ....
.... OIGNONADE
Mets composé de testicules de bélier .. ANIMELLES
Mets constitué de deux tranches de pain garni d'aliments froids .... SANDWICH
Mets d'origine valaisanne .... RACLETTE
Mets exquis .... MORCEAUDEROI
Met son nez partout .... FOUINEUR
Mets typique d'une région .... SPÉCIALITÉ
Mettent le chef en beauté .... FRISETTES
Mettent les étangs en beauté ...... NÉNUPHARS
Mettent les belles Andalouses en transe (PD) ......
.... CASTAGNETTES
Met tout en ordre .... NUMÉROTEUR
Mettre à angle droit .... ÉQUERRER
Mettre à contribution .... UTILISER
Mettre à exécution .... EFFECTUER
Mettre à l'abri .... PLANQUER
Mettre à l'abri des dangers .... PRÉSERVER,
.... PROTÉGER
Mettre à l'abri d'un mal .... IMMUNISER
Mettre à l'écart .. MARGINALISER, RELÉGUER
Mettre à l'envers .... RENVERSER
Mettre à l'épreuve .... ÉPROUVER
Mettre à mal .... ÉREINTER
Mettre à mort un condamné .... EXÉCUTER
Mettre à niveau .... ÉGALISER
Mettre à nu (PD) .... EFFEUILLER
Mettre à part .... RÉSERVER
Mettre à sac .... SACCAGER
Mettre à sec .... ASSÉCHER
Mettre au calibre .... CALIBRER
Mettre au courant .... BRANCHER, INFORMER,
.... INSTRUIRE, RENSEIGNER
Mettre au courant de quelque chose ... PRÉVENIR
Mettre au fait .... INFORMER
Mettre au grand jour .... DIVULGUER
Mettre au même diapason .... ACCORDER
Mettre au monde .... ENFANTER

Mettre à un niveau plus bas .... ABAISSER
Mettre au nombre des saints .... CANONISER
Mettre au parfum .... INFORMER
Mettre au paroxysme de l'excitation .. SURVOLTER
Mettre au point ..... ÉTALONNER, FINALISER,
.... PEAUFINER, TRIANGULER
Mettre au propre ...... DÉTERGER, RECOPIER
Mettre au rang des bienheureux ...... BÉATIFIER
Mettre aux quatre vents .... ÉCARTELER
Mettre à vif .... ÉCORCHER
Mettre bas, en parlant de la chèvre ... BIQUETER,
.... CHEVRETER
Mettre bas, en parlant de la femelle du lièvre ......
.... LEVRETTER
Mettre bas, en parlant de la jument ... POULINER
Mettre bas, en parlant de la truie ... COCHONNER
Mettre beaucoup de ténacité (s') .... ACHARNER
Mettre d'accord .... CONCILIER
Mettre dans la voie du salut .... SANCTIFIER
Mettre dans sa poche .... EMPOCHER
Mettre dans une autre langue .... TRADUIRE
Mettre dans un emballage .... EMBALLER
Mettre dans une situation compliquée .. EMPÊTRER
Mettre d'aplomb .... APLOMBER
Mettre de côté .... ÉPARGNER, RÉSERVER
Mettre dehors .... CONGÉDIER, RÉPUDIER
Mettre de la confiture sur du pain ..... TARTINER
Mettre de l'argent de côté .... ÉCONOMISER,
.... THÉSAURISER
Mettre de l'eau dans son vin .... BAPTISER
Mettre de nouveau ... RÉINSÉRER, REMETTRE
Mettre de nouveau de la couleur .... REPEINDRE
Mettre de nouveau en terre .... RESSEMER
Mettre de nouveau en vente .... RÉÉDITER
Mettre des bâtons dans les roues .... EMPÊCHER,
.... ENTRAVER, RALENTIR
Mettre des graines en terre ...... ENSEMENCER
Mettre des ingrédients ensemble .... MÉLANGER
Mettre des mots en bouche (MF) ... VERBALISER
Mettre des obstacles à .... ENTRAVER
Mettre dramatiquement au courant (PD) ....
.... ÉLECTROCUTER
Mettre du baume sur des angoisses ... RASSURER
Mettre du beurre .... TARTINER
Mettre du foin sous un abri ...... ENGRANGER
Mettre du neuf .... ÉTRENNER
Mettre du papier autour de .... EMBALLER
Mettre du piquant .... PIMENTER
Mettre du rouge, du bleu, du jaune ... COLORIER
Mettre en avant comme excuse ..... ALLÉGUER
Mettre en boule .... HÉRISSER
Mettre en communication .... BRANCHER
Mettre en conformité .... NORMALISER
Mettre en corrélation .... CORRÉLER
Mettre en défaut .... DÉPISTER
Mettre en désordre .... MÉLANGER
Mettre en entrepôt .... ENTREPOSER
Mettre en étalage .... ÉTALAGER
Mettre en faisceau .... TROUSSER
Mettre enfin ses culottes une première fois ......
.... ÉTRENNER
Mettre en garde .... PRÉMUNIR

Mettre en gerbes .... ENGERBER
Mettre en grumeaux .... GRUMELER
Mettre en harmonie .... ACCORDER,
.... HARMONISER
Mettre en herbe .... ENHERBER
Mettre en javelles le blé .... ENJAVELER
Mettre en liaison avec l'arbre moteur .. EMBRAYER
Mettre en marche un appareil ...... BRANCHER
Mettre en mauvaise posture (PD) .... PÉNALISER
Mettre en mauvais état .... DÉTÉRIORER
Mettre en mille morceaux (MH) ..... ÉMIETTER
Mettre en mouvement .... ACTIONNER
Mettre en orbite .... ÉLOIGNER
Mettre en ordre .... ARRANGER, DISPOSER
Mettre en paquets .... ENLIASSER
Mettre en pièces .. DÉCHIQUETER, DÉCHIRER,
.... DÉMANTIBULER, ÉMIETTER
Mettre en pile .... ENTASSER
Mettre en place .... APPRÊTER, INSTALLER
Mettre en place un enrochement .... ENROCHER
Mettre en place solidement .... CIMENTER
Mettre en plus .... RAJOUTER
Mettre en pratique pour la première fois ....
.... INAUGURER
Mettre en présence .... CONFRONTER
Mettre en prison .... ENFERMER
Mettre en question .... DISCUTER
Mettre en rapport des personnes .... ABOUCHER
Mettre en relation .... ASSOCIER
Mettre en réserve .. EMMAGASINER, ÉPARGNER
Mettre en sac .... ENSACHER
Mettre en scène avec beaucoup d'effets ....
.... THÉÂTRALISER
Mettre ensemble ..... ASSOCIER, REGROUPER
Mettre ensemble pour former un tout .. MÉLANGER
Mettre en tas .... ENTASSER
Mettre en terre .... ENTERRER, REPIQUER
Mettre en torsade .... TORSADER
Mettre en train .... DÉMARRER
Mettre en valeur un mot .... SURLIGNER
Mettre fin à .... CLÔTURER
Mettre fin à la souffrance ...... EUTHANASIER
Mettre fin à la supériorité de ...... DÉTRÔNER
Mettre fin à son entreprise .... SABORDER
Mettre fin à un contrat, à une convention ....
.... RÉSILIER
Mettre fin à une union .... DIVORCER
Mettre hors des gonds .... EXASPÉRER
Mettre hors d'haleine .... ESSOUFFLER
Mettre hors d'usage .... RÉFORMER
Mettre l'accent sur .... INSISTER
Mettre le feu .... EMBRASER, INCENDIER
Mettre le harnais à .... HARNACHER
Mettre l'épaule à la roue (MF) .... COOPÉRER
Mettre les cheveux en désordre .... ÉBOURIFFER
Mettre les forces à mal .... EXTÉNUER
Mettre les points sur les i .... INSISTER
Mettre l'esprit à l'envers ..... TOURNEBOULER
Mettre pour la première fois .... ÉTRENNER
Mettre près .... APPROCHER
Mettre 80 pour 78 .... ARRONDIR
Mettre quelque chose à l'envers .... RETOURNER

Mettre sens dessus dessous ...... BOUSCULER, CHAMBOULER
Mettre ses mains à nu .... DÉGANTER
Mettre ses sentiments de côté ..... RAISONNER
Mettre sous contrôle collectif .... ÉTATISER
Mettre sous la dépendance de .... INFÉODER
Mettre sous tension .... ÉLECTRISER
Mettre sur la voie .... ORIENTER
Mettre sur les tablettes .... ÉTALAGER
Mettre sur une mauvaise piste ..... DÉROUTER
Mettre tous les gens dans le même panier (MF) .... GÉNÉRALISER
Mettre tout dans le même coin ...... ENTASSER
Mettre un bracelet .... MENOTTER
Mettre un brouillon au propre .... RECOPIER
Mettre un chiffre, un numéro d'ordre ..... NUMÉROTER
Mettre un couvercle .... CAPSULER
Mettre une affaire en état d'être jugée ..... INSTRUIRE
Mettre une chose autour d'une autre .. ENROULER
Mettre un enfant au monde ...... ACCOUCHER
Mettre un frein à .... REFRÉNER
Mettre un vêtement sur soi .... ENDOSSER
Met Zidane à l'abri des coups bas (PD) .... PROTÈGETIBIA
Meuble à compartiments .... CLASSEUR
Meuble pour écrire .... SECRÉTAIRE
Meuble sans dossier ni bras ..... TABOURET
Meuble sur lequel on place l'hostie consacrée ..... REPOSOIR
Meuble sur lequel sont posés les plats à servir ..... DESSERTE
Meurtre d'un frère .... FRATRICIDE
Meurtre d'un roi .... RÉGICIDE
Meurtre du père .... PARRICIDE
Meurtrier de six de ses épouses ... BARBEBLEUE
Meurtrissure de la peau .... CONTUSION
Mexicain ou Bolivien .... HISPANOPHONE
Michel Brault en est un .... CINÉASTE
Mi cheval, mi poisson .... HIPPOCAMPE
Mieux placé pour voir plus bas (MH) .. ACCROUPI
Mièvre et sans intérêt .... GNANGNAN
Migration des saumons .... MONTAISON
Milieu étroit et fermé .... LANDENEAU
Militaire chargé de transmettre les dépêches ..... ESTAFETTE
Militaire de l'infanterie .... FANTASSIN
Militaire qui quitte son poste ...... DÉSERTEUR
Militaire servant dans l'artillerie .... ARTILLEUR
Militaire spécialisé dans l'emploi des moyens de combat ..... TACTICIEN
Militaire spécialisé dans le service des canons ..... CANONNIER
Militaire spécialisé dans l'usage des missiles ..... MISSILIER
Mille huit cents secondes .... DEMIHEURE
Mille millions .... MILLIARD
Mille-pattes .... MYRIAPODE, SCOLOPENDRE
Mille-pattes carnivore ... GÉOPHILE, LITHOBIE
Minauderie ridicule .... SIMAGRÉE
Mince comme un fil .... FILIFORME

Mince couverture de cire obturant les cellules des abeilles .... OPERCULE
Mince feuille d'un matériau souple .. PELLICULE
Mince tranche de canard .... AIGUILLETTE
Minéral d'un beau vert d'émeraude ..... SMARAGDITE
Minéral d'uranium .... PECHBLENDE
Minéral vert olive .... ACTINOTE
Ministère important .... ÉDUCATION
Ministre du culte .... CLERGYMAN
Minus habens .... BONÀRIEN
Miraculeusement, il vit ...... TROMPELAMORT
Mise à feu pour une belle récolte .... ÉCOBUAGE
Mise à l'eau .... BAIGNADE
Mise à l'épreuve .... PROBATION
Mise à mort .... EXÉCUTION
Mise à nu chirurgicale .... AVIVEMENT
Mise au monde .... NAISSANCE
Mise au niveau .... ARASEMENT
Mise au point .... RÉPÉTITION
Mise bas des animaux .... PARTURITION
Mise bas, chez la brebis .... AGNELAGE
Mise en circulation de monnaies ..... ÉMISSION
Mise en commun de plusieurs actions .. SYNERGIE
Mise en forme (PD) .... EMBOUTISSAGE
Mise en garde .... AVERTISSEMENT
Mise en liberté .... LIBÉRATION
Mise en place dans la boîte ... LATÉRALISATION
Mise en place de petites haies .... ENCABANAGE
Mise en place des ouvertures ... FENESTRATION
Mise en place des sommets ...... OROGRAPHIE
Mise en réseaux .... TRESSAGE
Mise en réserve .... EMMAGASINAGE
Mise en sac .... ENSACHAGE
Mise en scène trompeuse .... MASCARADE
Mise hors de combat .... KNOCKOUT
Misère d'hier, pauvreté d'aujourd'hui (PD) ..... MISTOUFLE
Mission de recherche .... EXPÉDITION
Mission de surveillance .... PATROUILLE
Mis sur orbite .... SATELLITE
Mit au point le procédé d'imprimerie ..... GUTENBERG
Mobiliser pour une nouvelle action .. RAMEUTER
Mode de digestion .... RUMINATION
Mode de division des êtres cellulaires ..... SCISSIPARITÉ
Mode de division de tiges .... DICHOTOMIE
Mode de groupement des fleurs sur une plante .... INFLORESCENCE
Mode de locomotion .... AVIATION
Mode de locomotion animale ...... REPTATION
Mode de recherche empirique .. TÂTONNEMENT
Mode de reproduction asexuée par division ..... SCISSIPARITÉ
Mode de résolution des conflits .. CONCILIATION
Mode de suicide japonais .... HARAKIRI
Mode de traitement des informations à distance ... TÉLÉGESTION
Mode d'orientation de la chauve-souris, des dauphins .... ÉCHOLOCATION
Modèle d'une catégorie .... SPÉCIMEN

Modèle linguistique . . . . PARADIGME
Modèle réduit . . . . MAQUETTE
Modération dans le boire . . . . TEMPÉRANCE
Modérer ses propos . . . . BÉMOLISER
Modification à un projet de loi . . AMENDEMENT
Modification à un testament . . . . CODICILLE
Modification de la courbure de la cornée
. . . . KÉRATOCÔNE
Modifier de quelques degrés . . . . ATTIÉDIR
Modifier en vue de tromper . . . . FALSIFIER
Modifier la composition par un nouveau travail . . . .
. . . . REMANIER
Modifier la direction de . . . . DÉTOURNER
Modifier l'ordre habituel . . . . INTERVERTIR
Modifier par transport . . . . COMMUTER
Modifier pour rendre plus pratique . . AMÉNAGER
Modulation d'un son . . . . VIBRATION
Moine irlandais . . . . COLOMBAN
Moine qui vit en communauté . . . . CÉNOBITE
Moins corsé . . . . ÉDULCORÉ
Moins haut . . . . SURBAISSÉ
Mois de l'année . . . . . DÉCEMBRE, SEPTEMBRE
Mois des morts . . . . NOVEMBRE
Mois lunaire . . . . LUNAISON
Moitié d'abricot dénoyauté . . . . OREILLON
Moitié de l'année . . . . SEMESTRE
Moitié moitié . . . . ÀPARTSÉGALES
Mollusque à aspect de limace . . . . . TESTACELLE
Mollusque bivalve . . ANODONTE, LITHODOME
Mollusque comestible . . PALOURDE, PÉTONCLE
Mollusque de la classe des céphalopodes . . . .
. . . . ARGONAUTE
Mollusque des mers chaudes . . . . TRIDACNE
Mollusque dont la coquille a la forme d'un cœur . . .
. . . . ISOCARDE
Mollusque fossile . . . . AMMONITE
Mollusque gastéropode . . . . LITTORINE,
OREILLEDEMER, PLANORBE, PORCELAINE
Mollusque gastéropode comestible . . BIGORNEAU
Mollusque gastéropode marin . . . . . . PTÉROPODE
Mollusque gastropode pulmoné . . . . . ESCARGOT
Mollusque lamellibranche . . . . BÉNITIER
Mollusque marin . . CÉPHALOPODE, OSCABRION
Mollusque pourvu d'une coquille . . COQUILLAGE
Mollusque qui vit dans le sable . . . . TURRITELLE
Mollusque rampant . . . . GASTÉROPODE
Mollusque vivipare . . . . PALUDINE
Mollusque voisin des calmars . . . . . . BÉLEMNITE
Moment du jour . . . . BRUNANTE, CRÉPUSCULE
Moment où l'on découple les chiens . . . .
. . . . LAISSERCOURRE
Monarque absolu . . . . AUTOCRATE
Monde en réduction . . . . MICROCOSME
Mon groupe de musique préféré . . . HARMONIUM
Monnaie anglaise . . . . STERLING
Monnaie anglaise d'argent . . . . ESTERLIN
Monnaie antique des Romains . . . . SESTERCE
Monnayer une valeur . . . . NÉGOCIER
Monomanie incendiaire . . . . PYROMANIE
Monopoliser indûment (MH) . . . . SQUATTER
Monstre aquatique . . . . LÉVIATHAN
Monstre fabuleux . . . . CENTAURE

Monstre légendaire . . . . TARASQUE
Montagne de Syrie . . . . ANSARIYYA
Montagne du Québec . . . . SAINTEANNE
Montant à recevoir . . . . ARRÉRAGE
Montant entre des travées . . . . PILASTRE
Monté pour descendre (MH) . . . . . . GUETAPENS
Monter de nouveau . . . . REMONTER
Monter devant le public . . . . REPRÉSENTER
Monte son pantalon (MH) . . . . APIÉCEUR
Monticule de terre . . . . TAUPINIÈRE
Montre de précision . . . . CHRONOMÈTRE
Montrée en spectacle . . . . MARIONNETTE
Montre le plafond . . . . ALTIMÈTRE
Montrent le chemin . . . . ORNIÈRES
Montrer avec ostentation . . . . AFFICHER
Montrer de l'ardeur (s') . . . . EMPRESSER
Montrer du doigt . . . . DÉSIGNER
Montrer la direction à prendre . . . . . . ORIENTER
Montrer la porte . . . . REMERCIER
Montrer quelque chose de façon précise . . . .
. . . . INDIQUER
Montrer son bien-être . . . . RONRONNER
Montrer son opinion avec ostentation . . AFFICHER
Montrer une indiscutable supériorité . . . .
. . . . SURCLASSER
Montrer un esprit d'organisation . . RÉAMÉNAGER
Monture et bête de somme . . . . . . DROMADAIRE
Monument commémoratif . . . . MÉMORIAL
Monument consacré à la mémoire de grands hommes
. . . . PANTHÉON
Monument égyptien . . . . PYRAMIDE
Monument en forme de tombeau . . . CÉNOTAPHE
Monument funéraire somptueux . . . . . MAUSOLÉE
Monument mégalithique . . . . CROMLECH
Monument métallique érigé à Paris . . TOUREIFFEL
Moquerie méprisante . . . . DÉRISION
Moqueur et méchant . . . . SARCASTIQUE
Morceau de bœuf constitué par les muscles de l'épaule
. . . . MACREUSE
Morceau de branche sèche . . . . BRINDILLE
Morceau découpé . . . . DÉCOUPURE
Morceau délicat d'une volaille . . . SOTLYLAISSE
Morceau de moelle épinière d'animaux . . . .
. . . . AMOURETTES
Morceau de papier qui aide à friser les cheveux . . . .
. . . . PAPILLOTE
Morceau d'extrafort cousu au bas d'un pantalon . . .
. . . . TALONNETTE
Morceau du bœuf . . . . . FLANCHET, SURLONGE
Morceau d'une chose cassée . . . . FRAGMENT
Morceau qui ouvre une partition . . . . . PROLOGUE
Morceau retranché d'une chose . . . . . . RETAILLE
Morceaux de gras qu'on fait frire . . . . GREUBONS
Mordre légèrement . . . . MORDILLER
Morelle noire à baies toxiques . . . . . TUECHIEN
Mortification que l'on s'impose . . . . . PÉNITENCE
Morue fraîche . . . . CABILLAUD
Morue ou maquereau . . . . TÉLÉOSTÉEN
Morue séchée à l'air . . . . STOCKFISH
Morue séchée et non salée . . . . MERLUCHE
Mot de magicien . . . . ABRACADABRA
Mot de remplissage . . . . CHEVILLE

Mot de trois lettres . . . . TRIGRAMME
Mot de ventre . . . . BORBORYGME
Mot d'ordre . . . . CONSIGNE
Mot employé pour qualifier quelqu'un . . ÉPITHÈTE
Moteur actionné par le vent . . . . ÉOLIENNE
Moteur d'avion . . . . RÉACTEUR
Mot formé des lettres d'un autre mot . . . . .
. . . . ANAGRAMME
Motif décoratif de forme ronde . . . . PASTILLE
Motif décoratif de sarcophage . . . . STRIGILLE
Motif d'une décision . . . . CONSIDÉRANT
Motif mélodique répété avec obstination . . . .
. . . . OSTINATO
Motif se détachant en relief . . . . APPLIQUÉ
Mot nouveau . . . . NÉOLOGISME
Mot pour mot . . . . VERBATIM
Mot qualifiant un substantif . . . . ADJECTIF
Mot qui exprime une émotion . . . INTERJECTION
Mot qui ne se dit pas partout . . . RÉGIONALISME
Mot servant à nier . . . . NÉGATION
Mouche aptère parasite des moutons . . . .
. . . . MÉLOPHAGE
Mouche d'étable à abdomen jaune et noir . . . . .
. . . . ÉRISTALE
Mouche du vinaigre . . . . DROSOPHILE
Mouche imitant le bourdon . . . . VOLUCELLE
Mouche robuste . . . . STRATIOME
Mouche velue . . . . HYPODERME
Mouche vivipare . . . . GLOSSINE
Mouiller légèrement . . . ASPERGER, HUMECTER
Moule dans lequel on coule le métal . . . .
. . . . LINGOTIÈRE
Montait la jupe . . . . APIÉCEUSE
Mourir doucement (s') . . . . ÉTEINDRE
Mousse des bois . . . . POLYTRIC
Mousse des sols acides . . . . SPHAIGNE
Mousseline de coton transparente . . . TARLATANE
Mousser légèrement . . . . PÉTILLER
Moustache de chat . . . . VIBRISSE
Moustique des pays chauds . . . . STÉGOMYIE
Moustique qui transmet le paludisme . . ANOPHÈLE
Moût de raisin . . . . MISTELLE
Mouton à cinq pattes . . . . MERLEBLANC
Mouton de moins de deux ans . . . . . VASSIVEAU
Mouvement acrobatique . . . . CONTORSION
Mouvement alternatif rapide . . . . . BATTEMENT
Mouvement artistique novateur . . . AVANTGARDE
Mouvement cinématographique . . NÉORÉALISME
Mouvement circulaire . . . . GIRATION
Mouvement convulsif . . . . SOUBRESAUT
Mouvement de ce qui palpite . . . . . PALPITATION
Mouvement de ce qui pivote autour d'un axe . . . . . .
. . . . ROTATION
Mouvement de ce qui se développe . . EXPANSION
Mouvement de gymnastique . . . . TRACTION
Mouvement de revendication . . . IRRÉDENTISME
Mouvement de révolte . . . . SOULÈVEMENT
Mouvement de surprise . . . . HAUTLECORPS
Mouvement d'hésitation . . . . FLOTTEMENT
Mouvement dont l'objet est la constitution d'un État juif . . . . SIONISME
Mouvement d'oscillation . . . . VIBRATION

Mouvement d'un fluide qui s'écoule . . . .
. . . . ÉCOULEMENT
Mouvement écologiste . . . . GREENPEACE
Mouvement en avant . . . . OFFENSIVE
Mouvement en cours, hésitation en l'air (PD) . . . . .
. . . . FLOTTEMENT
Mouvement giratoire . . . . GIRATION
Mouvement imperceptible à l'œil exécuté par une tige . . . . NUTATION
Mouvement impétueux . . . . MAELSTRÖM
Mouvement incessant des particules . . BROWNIEN
Mouvement inconscient de friction des dents . . . . . .
. . . . BRUXOMANIE
Mouvement léger d'un fluide . . . . . ONDULATION
Mouvement mélodique de la parole . . INTONATION
Mouvement orbital d'un corps céleste . . . .
. . . . RÉVOLUTION
Mouvement pacifiste . . . . GREENPEACE
Mouvement par lequel un membre s'écarte sur le côté
. . . . ABDUCTION
Mouvement politique . . . . SÉPARATISME
Mouvement que l'on ne voit pas toujours venir . . . .
. . . . GLISSEMENT
Mouvement qui donne au corps une étrange posture
. . . . CONTORSION
Mouvement qui tourne en rond . . . . . ROTATION
Mouvement vers un idéal . . . . ASPIRATION
Mouvement violent et passionné . . . VÉHÉMENCE
Mouvement visant à créer un État juif . . SIONISME
Mouvoir par un élan créateur . . . . INSPIRER
Moyen adroit pour se tirer d'embarras . . . .
. . . . ÉCHAPPATOIRE
Moyen de contraception (MH) . . . . . . MIGRAINE
Moyen de pression . . . . CHANTAGE
Moyen de protection . . . . BOUCLIER
Moyen de se débarrasser de quelque chose . . . .
. . . . EXUTOIRE
Moyen de séduire . . . . SÉDUCTION
Moyen détourné d'éluder une question . . . .
. . . . FAUXFUYANT
Moyen de transport . . . . CHEMINDEFER,
. . . . TÉLÉPHÉRIQUE
Moyen de transport (MH) . . . . NEZROUGE
Moyens d'existence de quelqu'un . . RESSOURCES
Mucosité retirée du nez . . . . MOUCHURE
Multiplication des colonies d'abeilles . . . .
. . . . ESSAIMAGE
Multiplication des végétaux par bouture . . . .
. . . . BOUTURAGE
Multiplier par boutures . . . . BOUTURER
Multiplier par cinq . . . . QUINTUPLER
Multiplier par dix . . . . DÉCUPLER
Multiplier par huit . . . . OCTUPLER
Multiplier par neuf . . . . NONUPLER
Multitude de gens qui s'agitent . . . FOURMILIÈRE
Municipalité de Gaspésie . . . . NOUVELLE
Muni de deux moteurs . . . . BIMOTEUR
Munir de coulisses . . . . COULISSER
Munir de créneaux . . . . CRÉNELER
Munir d'instruments, d'outils . . . . OUTILLER
Munir d'un équipement encombrant . . . .
. . . . HARNACHER

Munir d'un tuteur .... TUTEURER
Munition d'une arme .... CARTOUCHE
Muqueuse qui tapisse la cavité utérine ....
.... ENDOMÈTRE
Mur à mur (MF) .... ENTIÈREMENT
Mur de façade non fixé au plancher ....
.... MURRIDEAU
Mur de soutènement .... ÉPAULEMENT
Mûrement réfléchir .... DÉLIBÉRER
Murmurer confusément .... MARMOTTER
Murmurer doucement .... SUSURRER
Murmurer entre ses dents ...... BOUGONNER,
.... MARMONNER
Muscle annulaire qui resserre un orifice ....
.... SPHINCTER
Muscle de la joue .... BUCCINATEUR
Muscle de la mâchoire .... MASSÉTER
Muscle de l'épaule, du haut du corps .. DELTOÏDE
Muscle permettant la rotation d'un membre ......
.... ROTATEUR
Muscle que la femme développe ..... ÉRECTEUR
Muscle qui sépare le thorax de l'abdomen ......
.... DIAPHRAGME
Musculation culturiste .... GONFLETTE
Muse de la Danse .... TERPSICHORE
Muse de la Poésie .... CALLIOPE
Muse de la Tragédie .... MELPOMÈNE
Musée commémoratif .... MÉMORIAL
Musée de peinture .... PINACOTHÈQUE
Musée historique de Paris ...... CARNAVALET
Music-hall .... CAFÉCONCERT
Musicien ambulant du Mexique ..... MARIACHI
Musicien du Moyen Âge .... MÉNESTREL
Musicien français .... SAINTSAENS
Musicien qui compose de la musique ....
.... COMPOSITEUR
Musicien qui joue des timbales ..... TIMBALIER
Musicien qui joue d'un instrument ....
.... INSTRUMENTISTE
Musicien qui joue en duo .... DUETTISTE
Musique de danse brésilienne ..... BOSSANOVA
Musique et refrain de chanson populaire ....
.... FLONFLON
Musique populaire andalouse .... FLAMENCO
Musique relative à une série .... SÉRIELLE
Musulman, au Moyen Âge .... SARRASIN
Mutilation d'une partie du corps .... AUTOTOMIE
Mycose due à un champignon ....
.... SPOROTRICHOSE
Nacre fournie par le burgau ...... BURGAUDINE
N'admet aucun retard .... ULTIMATUM
N'aime pas les femmes .... MISOGYNE
N'aime pas tellement les référendums ....
.... DICTATEUR
N'aime pas trop sortir .... CASANIER
Nain des légendes bretonnes ...... KORRIGAN
Naissance de Jésus .... NATIVITÉ
N'a jamais fini la guerre (PD) ... REVANCHARD
N'allez pas chez le boucher pour en faire tout un plat
(PD) .... FOIESDEBŒUF
N'a même pas l'occasion de reprendre haleine (MH)
.... PARESSEUX

N'a pas besoin de casse-noix .... ÉCUREUIL
N'a pas besoin d'écouter aux portes (PD) ......
.... CONFESSEUR
N'a pas besoin d'un bras droit .... UNIJAMBISTE
N'a pas d'épine .... INVERTÉBRÉ
N'a pas d'équipe derrière lui ...... INDIVIDUEL
N'a pas de suite dans ses idées .... GIROUETTE
N'a pas encore eu d'enfant .... NULLIPARE
N'a pas encore sa place dans le dictionnaire ....
.... NÉOLOGISME
N'a pas fini de régler ses comptes (PD) ....
.... RANCUNIER
N'a pas la conscience très claire ..... OBNUBILÉ
N'a pas le mal de mer .... ALEPIEDMARIN
N'a pas le pouvoir .... MINORITAIRE
N'a pas l'habitude de lâcher prise .... LUTTEUSE
N'a pas lu de livres .... ILLETTRÉ
N'a pas piqué, mais se fera sûrement pincer (MH) .
.... RECELEUR
N'a pas retenu votre attention ..... INAPERÇU
N'a pas retrouvé toute sa sérénité ..... INAPAISÉ
N'a pas souvent envie de bouger ... SÉDENTAIRE
N'a pas tout étudié .... SPÉCIALISTE
N'a pas un mois pour agir .... URGENTOLOGUE
N'a plus vingt ans .... NONAGÉNAIRE
Napoléon en était un .... EMPEREUR
Napoléon y est mort .... SAINTEHÉLÈNE
Napoléon y fut vainqueur .... AUSTERLITZ
N'apporte rien de plus dans le débat (MH) ....
.... TAUTOLOGIE
N'a qu'à apprendre à se taire .... RÔLEMUET
Narcisse à feuilles cylindriques ..... JONQUILLE
N'a rien à craindre des coups ...... ANTICHOC
N'arrête pas de dire les mêmes choses ....
.... RABÂCHEUR
N'arrive en réalité qu'à la fin du discours ....
.... PÉRORAISON
N'a sûrement pas fêté avec ses parents (MH) .....
.... CENTENAIRE
Naturelle chez Darwin .... SÉLECTION
Navigateur britannique .... JAMESCOOK,
.... VANCOUVER
Navigateur portugais .... VASCODEGAMA
Navigateur très à la page (MF) .... INTERNAUTE
Navigation marchande le long des côtes ....
.... CABOTAGE
Navigue à Paris .... BATEAUMOUCHE
Naviguer contre le vent .... LOUVOYER
Navire à voiles .... GALÉASSE
Navire chargé du ravitaillement .. RAVITAILLEUR
Navire citerne .... PÉTROLIER
Navire côtier .... CABOTEUR
Navire de guerre ...... CORVETTE, CROISEUR,
.... CUIRASSÉ, TORPILLEUR
Navire rapide ...... CARAVELLE, CORSAIRE
Navire spécialisé .... BUTANIER
Navire transportant des gens .... FERRYBOAT
Navire transportant des produits en vrac ....
.... VRAQUIER
N'a vraiment aucune importance (PD) ....
.... PECCADILLE
N'a vraiment pas belle allure ...... INÉLÉGANT

Né avant terme . . . . PRÉMATURÉ
Nébuleuse spéculation . . . . IDÉOLOGIE
Nécessaire pour de bons résultats . . . . TENTATIVE
Nécessaire pour garder la plume sous la main . . . . .
. . . . ÉCRITOIRE
Nécessité absolue . . . . IMPÉRATIF
Ne chauffe vraiment presque plus . . . BRAISETTE
Ne cherche pas midi à quatorze heures (MH) . . . . .
. . . . HORLOGER
Ne cherchez plus : c'est ce que vous cherchez (MF)
. . . . SOLUTION
Ne circule plus . . . . SESTERCE
Ne comprend pas tout . . . . MALENTENDANT
Ne compte pas . . . . DÉPENSIER
Nec plus ultra . . . . PERFECTION
Ne créer rien de nouveau . . . . RESSASSER
Nécrose des tissus . . . . GANGRÈNE
Né dans le pays qu'il habite . . . . INDIGÈNE
Né de l'adultère . . . . ADULTÉRIN
Ne demande pas de mémoire à l'acteur (MH) . . . . .
. . . . RÔLEMUET
Ne dépasse pas les bornes . . . . RAISONNABLE
Ne devrait pas avoir trop de conséquences . . . . . .
. . . . VAGUELETTE
Ne devrait pas vous laisser de glace (PD) . . . .
. . . . ENVOÛTANT
Ne devrait pas vous laisser de marbre (PD) . . . .
. . . . ÉLECTRISANT
Ne doit pas laisser de traces . . . . ESSUIEVERRES
Ne doit pas manquer . . . . NÉCESSAIRE
Ne doit pas perdre le fil . . . . COUTURIÈRE
Ne doit pas trahir l'original (PD) . . ADAPTATION
Ne doit rien laisser passer . . . . RÉVISEUR
Ne dort pas que la nuit . . . . LÈVETARD
Ne facilite pas la digestion . . . . LOURDEUR
Ne facilite pas l'avancement (PD) . . PATAUGEUSE
Ne faire aucun cas de . . . . MÉPRISER
Ne faire aucun progrès . . . . PIÉTINER
Ne faire qu'un avec deux . . . . RECOLLER
Ne fait pas avancer les affaires (PD) . . FROIDEUR
Ne fait pas d'abus . . . . ABSTINENT
Ne fait pas grossir . . . . ANOREXIE
Ne fait pas le détail dans la découpe (PD) . . . .
. . . . ÉQUARRISSEUR
Ne fait pas le printemps . . . . HIRONDELLE
Ne fait pas long feu . . . . ALLUMETTE
Ne fait pas rire tout le monde (MH) . . . DÉRISION
Ne fait pas son difficile . . . . OMNIVORE
Ne fait pas vivre les restaurants (MH) . . ANOREXIE
Nef de l'église . . . . TRANSEPT
Ne fera pas avancer les affaires . . . . ABSTENTION
Ne fréquentent plus l'école depuis longtemps (MH)
. . . . ENCRIERS
Négligence dans les manières . . . LAISSERALLER
Négociation plus ou moins secrète . . TRACTATION
Né hors du mariage . . . . ILLÉGITIME
Neige fine et sèche . . . . POUDRERIE
Neiger de nouveau . . . . . ENNEIGER, RENEIGER
Ne laissent pas indifférents . . . . ATTRAITS
Ne laisse passer que l'air et la lumière . . . .
. . . . MOUSTIQUAIRE
Ne laisse rien passer . . . . RANCUNIER

Ne le gardez surtout pas près de vous (PD) . . . .
. . . . PORTEMALHEUR
Ne lève pas le coude . . . . ABSTINENT
N'élimine pas toute l'eau . . . . ESSORAGE
Ne manque pas de choses à ronger (MH) . . . .
. . . . OSSUAIRE
Ne manque pas d'idées . . . . NOVATEUR
Ne manque pas d'intérêt mais en fait de trop (PD)
. . . . EXUBÉRANT
Ne marche pas . . . . CULDEJATTE
Ne met pas d'eau dans son vin (MH) . . . .
. . . . ŒNOLOGUE
N'en avoir plus pour longtemps . . . . . AGONISER
N'en fera jamais trop . . . . PARESSEUX
Ne nous mène pas loin . . . . CULDESAC
Néo-Zélandais . . . . OCÉANIEN
Ne pas aimer du tout . . . . DÉTESTER
Ne pas aller droit au but, ne pas aller en ligne droite
. . . . SLALOMER
Ne pas aller voter . . . . SABSTENIR
Ne pas apprécier à sa juste valeur . . . MÉSESTIMER
Ne pas blâmer . . . . LOUANGER
Ne pas débiter . . . . CRÉDITER
Ne pas cacher sa joie . . . . PAVOISER
Ne pas casser les oreilles . . . . CHUCHOTER
Ne pas céder . . . . RÉSISTER
Ne pas comprendre dans un exemple . . EXCEPTER
Ne pas convenir . . . . MESSEOIR
Ne pas crier . . . . MURMURER, SUSURRER
Ne pas cultiver . . . . NÉGLIGER
Ne pas déclarer . . . . INAVOUER
Ne pas défendre . . . . PERMETTRE
Ne pas déranger . . . . RESPECTER
Ne pas développer . . . . ÉCOURTER
Ne pas dormir très profondément . . . SOMNOLER
Ne pas éparpiller . . . . ENTASSER
Ne pas estimer . . . . MÉPRISER
Ne pas être (s') . . . . ABSENTER
Ne pas être imperméable . . . . . . PRENDRELEAU
Ne pas faciliter la tâche . . . . AGGRAVER
Ne pas faiblir . . . . RÉSISTER
Ne pas faire finir . . . . ÉTERNISER
Ne pas faire preuve de retenue . . . . . ENCENSER
Ne pas flatter . . . . ÉREINTER
Ne pas fumer . . . . ÉTEINDRE
Ne pas gambader . . . . CLOPINER
Ne pas ignorer . . . . APPRENDRE
Ne pas indiquer la bonne heure . . . . . RETARDER
Ne pas inquiéter . . . . RASSURER
Ne pas lâcher (MH) . . . . PERSÉCUTER
Ne pas laisser traverser la lumière . . . . OPACIFIER
Ne pas louer (MH) . . . . ÉREINTER
Ne pas parler avec une voix claire . . . GRAILLER
Ne pas parler clairement . . . . BARAGOUINER
Ne pas parler fort . . . . SUSURRER
Ne pas passer à l'acte (se) . . . . . DÉBALLONNER
Ne pas persister . . . . FLANCHER
Ne pas pouvoir sentir . . . . ABOMINER
Ne pas pouvoir supporter quelqu'un . . DÉTESTER
Ne pas progresser . . . . PIÉTINER
Ne pas recommander . . . . DÉCONSEILLER
Ne pas renoncer . . . . PERSÉVÉRER

Ne pas rentrer coucher chez soi .... DÉCOUCHER
Ne pas répondre aux attentes .... DÉCEVOIR
Ne pas respecter .... ATTENTER
Ne pas rester au pied du mur .... VARAPPER
Ne pas rester immobile .... TRÉPIDER
Ne pas rester les bras croisés .... ASSISTER
Ne pas se contenter d'une fois ...... RÉITÉRER
Ne pas se développer .... RÉGRESSER
Ne pas se laisser faire .... RÉSISTER
Ne pas sentir la rose ..., COCOTTER, EMPESTER
Ne pas se soumettre .... RÉSISTER
Ne pas se traîner .... TROTTINER
Ne pas s'occuper de quelque chose ... NÉGLIGER
Ne pas succomber .... RÉSISTER
Ne pas suivre le droit chemin (MH) .. SERPENTER
Ne pas surprendre .... REBATTRE
Ne pas trop en faire pour ne pas trop s'en faire (PD)
.... TRAVAILLOTER
Ne pas troubler .... RESPECTER
Ne pas vociférer .... SUSURRER
Ne pas vouloir rien lâcher .... RÉSISTER
Ne penserait pas à mettre la charrue avant les bœufs
(MH) .... LABOUREUR
Ne perd pas ses feuilles qu'en automne (MH) .....
.... ÉPHÉMÉRIDE
Ne permet pas d'aller très haut ...... ESCABEAU
Ne permet pas de s'entendre .... CHARIVARI
Ne permet pas de s'y retrouver ...... IMPRÉCIS
Ne permet pas d'ouvrir la gueule ,.. MUSELIÈRE
Ne peut pas suivre .... INATTENTIF
Ne peut pas voir .... ABOMINER
Ne peut s'empêcher de piquer .... CLEPTOMANE
Ne peut se plaindre de ne pas avoir été gâté par la
nature (MH) .... SEXSYMBOL
Ne plus avoir aucune qualité ...... DÉGÉNÉRER
Ne plus avoir l'air (MF) .... ÉREINTER
Ne plus évoluer .... SCLÉROSER
Ne plus pouvoir se contenir .... EXPLOSER
Ne plus voir tout en noir .... ÉCLAIRER
Né pour être regardé .... SPECTACLE
Ne pourra pas aller plus loin ... DISQUALIFIÉ
Né pour rouler .... INSIDIEUX
Ne pouvoir souffrir .... DÉTESTER
Ne rate pas une bonne blague ...... FACÉTIEUX
Ne regarde pas à la dépense ... DILAPIDATEUR
Ne reste pas en place .... AMBULANT
Ne reste pas impeccable .... SALISSANT
Nerf crânien .... HYPOGLOSSE
Nerf qui innerve les muscles de la cuisse ....
.... SCIATIQUE
Ne rien faire .... FAINÉANTER, LÉZARDER,
.... PARÉSSER
Ne risque pas de déranger le sommeil ....
.... DÉCAFÉINÉ
Nerprun d'Europe .... ALATERNE
Nervure en architecture .... TIERCERON
Ne sait pas trop où il va .... VADROUILLEUR
Ne s'arrêtera pas en chemin (PD) .... OPINIÂTRE
Ne satisfait pas l'homme exigeant .... ÀPEUPRÈS
Ne se dit pas d'un visage pâle (MH) ... RUBICOND
Ne se fait pas entendre .... ULTRASON
Ne se fait pas sans bris .... OMELETTE

Ne se fait pas sans eau .... NATATION
Ne se fauche pas mais se fait du blé (MH) ....
.... RECELEUR
Ne se fera sûrement pas remarquer (PD) ....
.... ECTOPLASME
Ne se lamente jamais .... STOÏCIEN
Ne s'entend pas avec les nationalistes ....
.... FÉDÉRALISTE
Ne se plaint pas .... STOÏCIEN
Ne se prend pas en descendant ...... ALTITUDE
Ne se prononce pas facilement ...... IRRÉSOLU
Ne sert malheureusement pas ...... INEMPLOYÉ
Ne sert qu'à combler une place vide ....
.... BOUCHETROU
Ne se sent plus comme un jeune .... SÉNESCENT
Ne s'intéresse pas à toutes les pierres ....
.... GEMMOLOGUE
Ne se vérifie qu'après coup .... PRONOSTIC
Ne s'intéresse qu'aux meilleurs ...... ÉLITISTE
Ne s'isole pas dans son coin longtemps ....
.... ÉLECTEUR
N'essouffle pas .... LENTEMENT
N'est pas apprécié par une personne sur trois .....
.... ADULTÈRE
N'est pas clair et net .... ÀPEUPRÈS
N'est pas de la fête .... TRISTOUNET
N'est pas en âge de se reproduire .... IMMATURE
N'est pas fréquentable longtemps (PD) ....
.... ENNUYEUX
N'est pas parmi les favoris .... OUTSIDER
N'est pas porté sur la réflexion ..... ÉCERVELÉ
N'est pas toujours au bout du fil (MH) .. PORTABLE
N'est pas un homme d'action ..... VELLÉITAIRE
N'est pas vraiment sérieuse .... DRÔLERIE
N'est qu'une vue de l'esprit ...... SUPPOSITION
Ne supporte pas l'autre genre ...... MISOGYNE
N'était donc pas hors du coup ...... ESTOURBI
Ne traverse jamais la rue (MH) ...... TROTTOIR
Nettement exagéré .... USURAIRE
Nettoyer à l'aide d'une solution détersive ....
.... LESSIVER
Nettoyer avec la saie .... SAIETTER
Nettoyer avec un râteau .... RATISSER
Nettoyer comme un grain de raisin .... ÉPÉPINER
Neuf fois sur dix .... GÉNÉRALEMENT
Ne va pas souvent à la boucherie (MH) ....
.... VÉGÉTARIEN
Ne vaut rien .... CAMELOTE
Ne vit pas de sa plume .... ILLETTRÉ
Ne voit pas comme tout le monde ... DALTONIEN
Ne voit pas la vie en rose .... DÉPRESSIF,
.... PESSIMISTE
Ne vous engagera pas très loin (PD) ....
.... RÉFORMETTE
Ne voit pas plus loin que le bout de son nez ......
.... IMPRÉVOYANT
Ne vous lâche jamais .... PERSÉCUTEUR
Ne vous laissera pas intact .... TRAUMATISANT
Ne vous laissera pas tranquille .. DÉMANGEAISON,
.... EXASPÉRANT
Ne vous trompez pas sinon vous en serez victime
(MF) .... ADULTÈRE

New Yorkais . . . . AMÉRICAIN, ÉTATSUNIEN
N'exige pas de réponse . . . . . LETTREANONYME
N'habite sûrement pas en plein désert . . RIVERAIN
Ni bien ni mal . . . . COUCICOUÇA
Ni chaud ni froid . . . . TIÉDASSE
Ni cinéma ni trucages . . . . SINCÉRITÉS
Ni clamer ni chanter . . . . SOUPIRER
Ni couché ni assis ni debout . . . . . . AGENOUILLÉ
Nid de fourmis . . . . FOURMILLIÈRE
Nid de termites . . . . TERMITIÈRE
Ni gauche ni maladroit . . . . DÉGOURDI
Nigérien ? Camerounais ? . . . . AFRICAIN
Ni grande ni blonde ni rousse . . . . BRUNETTE
Ni hier ni aujourd'hui . . . . SURLENDEMAIN
Ni les mois ni les ans les arrêtent (PD) . . . .
. . . . SEMAINES
N'importe qui . . . . QUICONQUE,
. . . . TOUTUNCHACUN
N'inventer donc rien (MH) . . . . RESSASSER
Nitrate de potassium . . . . SALPÊTRE
Niveau de vie . . . . STANDING
Nobel de la paix . . . . ELBARADEI
Noble ayant reçu un domaine en fief . . STAROSTE
Noble inférieur au baron . . . . CHEVALIER
Noble, pour les vignerons bordelais (MH) . . . .
. . . . POURRITURE
Nocif et violent . . . . VIRULENT
Nœud marin . . . . DEMICLEF
Nœud marin en forme de bouton . . . CULDEPORC
N'offre rien à mâcher . . . . BOUILLIE
Noir et blanc souvent sur blanc (MH) . . PINGOUIN
Noix de cajou . . . . ANACARDE
Nombre approximatif de quinze . . . . QUINZAINE
Nombre considérable . . . . MULTIPLICITÉ
Nombre de fois . . . . FRÉQUENCE
Nombre d'environ trente . . . . TRENTAINE
Nombre indiquant la position d'un point sur un axe
. . . . ABSCISSE
Nombre pair . . . . QUATORZE
Nombre réel d'individus . . . . EFFECTIF
Nombre supérieur d'une fraction . . NUMÉRATEUR
Nombreux au Québec pendant l'été . . FESTIVALS
Nombreux dans un match de tennis . . . SERVICES
Nom de diverses variétés de pommes . . REINETTE
Nom de famille . . . . PATRONYME
Nom de lieu . . . . TOPONYME
Nom d'emprunt . . . . PSEUDONYME
Nom de plusieurs chanteurs québécois . . LAPOINTE
Nom de reines d'Angleterre . . . . CATHERINE
Nom de rois de Hongrie . . . . LADISLAS
Nom de sept reines d'Égypte . . . . . . CLÉOPÂTRE
Nom de trois pharaons . . . . SÉSOSTRIS
Nom de trois rois de Pologne . . . . . SIGISMOND
Nom donné à l'Asie Mineure . . . . ANATOLIE
Nom donné à l'Esprit-Saint . . . . PARACLET
Nom donné aux ombelles partielles . . OMBELLULE
Nom donné aux races antérieures à Adam . . . .
. . . . PRÉADAMITE
Nom du cheval d'Alexandre le Grand . . . .
. . . . BUCÉPHALE
Nom du jeu de société inventé par Mario Fortier . . .
. . . . ALPHABETOR

Nom d'un avion à réaction . . . . CARAVELLE
Nom d'une constellation . . . . SAGITTAIRE
Nom d'une rose . . . . TRÉMIÈRE
Nom d'un jardin public à Paris . . LUXEMBOURG
Nom d'un personnage interprété par Gilles Latulippe
. . . . SYMPHORIEN
Nom du promontoire à Québec . . . CAPDIAMANT
Nom et prénom . . . . IDENTITÉ
Nomination à un grade plus élevé . . PROMOTION
Nommé par le premier . . . . MINISTRE
Nommer à juste titre . . . . INTITULER
Nommer de nouveau . . . . RENOMMER
Nom par lequel on désigne le pape . . SAINTPÈRE
Non chrétien . . . . INFIDÈLE
Non conforme à l'usage commun . . IRRÉGULIER
Non conformiste . . . . MARGINAL
Non figuratif . . . . ABSTRAIT
Non-intervention . . . . LAISSERFAIRE
Non marié . . . . CÉLIBATAIRE
Non-métal solide . . . . SÉLÉNIUM
Non-sens . . . . ABSURDITÉ
Non-stop . . . . ININTERROMPU
Nord Africain . . . . MAGHRÉBIN
Normalement, on ne doit pas le perdre (MH) . . . . .
. . . . BOOMERANG
Norme de fabrication . . . . STANDARD
Norvégienne, c'est un dessert (MF) . . OMELETTE
Note diplomatique . . . . MÉMORANDUM
Note ornant une note réelle . . . . BRODERIE
Note précédant la première barre de mesure . . . . .
. . . . ANACROUSE
Noter ce qu'on ne veut pas oublier . . . . INSCRIRE
Notions élémentaires d'une science . . RUDIMENTS
Notre-Dame de Paris en est une . . CATHÉDRALE
Nourri et logé . . . . PENSIONNAIRE
Nourrir de grain . . . . AGRAINER
Nourrir de son lait . . . . ALLAITER
Nourrit la baleine . . . . PLANCTON
Nourriture à base de miel . . . . AMBROISIE
Nourriture abondante et de médiocre qualité . . . . .
. . . . MANGEAILLE
Nourriture infecte . . . . RAGOUGNASSE
Nous accueille les bras ouverts (MH) . . FAUTEUIL
Nous en fait voir de toutes les couleurs . . . .
. . . . KALÉIDOSCOPE
Nous fait brutalement passer du rêve à la réalité . . .
. . . . RÉVEILLEMATIN
Nous fait sentir qu'on a une tête sur les épaules (MH)
. . . . CÉPHALÉE
Nous mène en bateau . . . . CROISIÈRE
Nous met au courant (MH) . . . . . . GÉNÉRATRICE
Nous montre que, sans adresse, il n'y a pas de numéro
. . . . ACROBATE
Nous offre un fond délicieux . . . . ARTICHAUT
Nous ramène au point de départ . . ALLERRETOUR
Nous rend tous actionnaires . . . . ÉTATISATION
Nous vous en souhaitons une . . . . . BONNEANNÉE
Nouveau départ ou marche arrière . . . . RETRAITE
Nouveau mariage . . . . REMARIAGE
Nouveau tirage . . . . RÉÉDITION
Nouvel adepte . . . . NÉOPHYTE
Nouvel essor . . . . RÉSURRECTION

Nouvel examen .... RÉEXAMEN
Nouvelle lecture .... RELECTURE
Nouvelle parution .... RÉÉDITION
Nouvelle sortie dans les étoiles (PD) .. ÉMERSION
N'ouvrira pas de sitôt .... TERRASSE
Noyau atomique .... NUCLÉIDE
Noyau de l'atome du deutérium ..... DEUTÉRON
Nuage bas .... NIMBOSTRATUS
Nuage d'altitude moyenne ..... ALTOCUMULUS
Nuage de gaz et de poussières interstellaires ......
.... NÉBULEUSE
Nuire à la réputation de quelqu'un ....
.... COMPROMETTRE
Nuisible à la santé .... DÉLÉTÈRE
Nuisible moralement .... PERNICIEUX
Numéro d'inscription .... MATRICULE
Numéro du jour .... QUANTIÈME
Numéroter des pages .... CHIFFRER
Nymphe de la mer .... OCÉANIDE
N'y regarde pas de trop près .... PRESBYTE
N'y va pas de main morte (MH) ..... MASSEUSE
Obama y a fait sa première apparition publique ....
.... HONOLULU
Obéir au gouvernail .... GOUVERNER
Obéissaient au général Grant .... NORDISTES
Obéit au chef .... GÂTESAUCE
Objectif bien légitime .... BIENÊTRE
Objectif photographique ... GRANDANGLE
Objet acheté de seconde main .... OCCASION
Objet ancien .... VIEILLERIE
Objet auquel on attribue le pouvoir, considéré comme
porteur de chance .... PORTEBONHEUR
Objet de curiosité du Japon .... JAPONERIE
Objet de piété .... CHAPELET
Objet de piété de mauvais goût .. BONDIEUSERIE
Objet d'intérêt ou de curiosité ..... ATTRACTION
Objet en forme d'anneau ...... COLLERETTE
Objet en terre cuite .... CÉRAMIQUE
Objet porte-bonheur .... TALISMAN
Objet porté sur soi .... AMULETTE
Objet pratique à la cuisine, servant aux usages de la
vie courante .... USTENSILE
Objet qui est censé porter chance ....
.... PORTEBONHEUR
Objets en verre .... VERRERIE
Objet taillé .... DÉCOUPURE
Objet utilisé pour reproduire des sons ....
.... ISNTRUMENT
Obligation rigoureuse .... ASTREINTE
Oblige à casser .... OMELETTE
Oblige à recourir à la force .... EXERCISEUR
Oblige à revenir sur ses pas .... CULDESAC
Obliger à faire quelque chose ... CONTRAINDRE
Obliger quelqu'un à quitter son pays .. EXPATRIER
Obscurci par les nuages .... NÉBULEUX
Obscurité profonde .... TÉNÈBRES
Observation critique .... RÉFLEXION
Observation des règles .... OBÉISSANCE
Observation en bas de page ..... NOTABENE
Observation étroite de règles .... ACADÉMISME
Observe ceux qui volent ..... ORNITHOLOGUE
Observe les étoiles .... PAPARAZZI

Observer attentivement .... EXAMINER
Observer les règles d'une religion ... PRATIQUER
Obstacle fait de matériaux divers ... BARRICADE
Obstacle protégeant les cultures ..... BRISEVENT
Obstiné dans sa vocation .... ENCROÛTÉ
Obstruction de l'intestin .... ENGOUEMENT
Obtenir à titre de prêt .... EMPRUNTER
Obtenir par extrusion .... EXTRUDER
Obtenir par ruse .... SOUTIRER
Obtenir par une requête .... IMPÉTRER
Obtenir une chose sans rien débourser ....
.... RESQUILLER
Occasion favorable .... OPPORTUNITÉ
Occupant d'un vaisseau spatial chinois ....
.... TAIKONAUTE
Occuper après abordage .... AMARINER
Occuper de nouveau .... RÉOCCUPER
Occuper la première place .... PRÉSIDER
Occuper un logement sans droit ... SQUATTER
Océanographe français .... COUSTEAU
Octroyer une faveur .... GRATIFIER
Odeur de graisse brûlée .... GRAILLON
Odeur forte et nauséabonde ..... PUANTEUR
Odeur infecte .... PESTILENCE
Odeur particulièrement mauvaise .... INFECTION
Odeur qui se dégage de certains corps ....
.... ÉMANATION
Odeur qui s'exhale d'un corps .... EXHALAISON
Odeur suave .... FRAGRANCE
Œillet d'une variété parfumée ..... GRENADIN
Œillet vivace .... MIGNARDISE
Œil simple des larves d'insectes ..... STEMMATE
Œuvre de Ferron .... RHINOCÉROS
Œuvre de Michel Tremblay ... SAINTECARMEN
Œuvre instrumentale .... SONATINE
Œuvre lyrique en français ... OPÉRABOUFFE
Œuvre réduite .... STATUETTE
Œuvre sculptée .... SCULPTURE
Œuvres de Plotin .... ENNÉADES
Œuvre théâtrale .... OPÉRETTE
Offenbach y a célébré une messe ... ORATOIRE
Offenser par des paroles blessantes ... INSULTER
Offenser vivement .... OUTRAGER
Officiant d'une cérémonie religieuse ....
.... CÉLÉBRANT
Officier au-dessous du capitaine ... LIEUTENANT
Officier de la légion romaine ...... CENTURION
Officier de police, en Grande-Bretagne ....
.... CONSTABLE
Officier ministériel de la Justice ...... HUISSIER
Officier porte-drapeau .... ENSEIGNE
Officier royal .... SÉNÉCHAL
Offrande rituelle à la divinité ...... LIBATION,
.... SACRIFICE
Offre de l'acide .... RHUBARBE
Offrir à nouveau pour du liquide (MF) ....
.... REVENDRE
Offrir ce qu'on vient d'acheter ...... REVENDRE
Offrir un siège à quelqu'un (MF) ... ASSIÉGER
Oie sauvage .... BERNACHE
Oiseau à bec fin .... BECFIGUE
Oiseau à croupion blanc .... CULBLANC

Oiseau à gorge rose . . . . BOUVREUIL
Oiseau à la tête et au cou dénudés . . MARABOUT
Oiseau aquatique . . . . PALMIPÈDE
Oiseau au joli plumage . . . . GEAIBLEU
Oiseau d'Afrique . . . . OMBRETTE, TISSERIN
Oiseau de basse-cour . . . . VOLAILLE, VOLATILE
Oiseau de grande taille . . . . AUTRUCHE
Oiseau de l'Himalaya . . . . LOPHOPHORE
Oiseau de mer appelé mouette dérobeuse
. . . . STERCORAIRE
Oiseau des Alpes . . . . BARTAVELLE
Oiseau des régions arctiques . . . . PINGOUIN
Oiseau d'Eurasie . . . . ENGOULEVENT
Oiseau échassier . . . . . AVOCETTE, BÉCASSEAU,
. . . BÉCASSINE, BIHOREAU, COMBATTANT,
. . . . CHEVALIER, GAMBETTE, HUÎTRIER,
. . . ŒDICNÈME, OMBRETTE, REINECLAUDE,
. . . . TOURNEPIERRE
Oiseau en bois qui sert à attirer le gibier
. . . . APPELANT
Oiseau exotique . . . . PERRUCHE
Oiseau gallinacé . . . . . GÉLINOTTE, LAGOPÈDE,
. . . . LOPHOPHORE
Oiseau genre Sylvia . . . . FAUVETTE
Oiseau grimpeur . . . . CACATOÈS, PERROQUET,
. . . . SITTELLE
Oiseau omnivore . . . . GALLINACÉ
Oiseau palmipède . . . . ALBATROS, GUILLEMOT,
. . . MACAREUX, PINGOUIN, STERCORAIRE
Oiseau palmipède à long bec droit . . . PLONGEON
Oiseau palmipède côtier et plongeur . . CORMORAN
Oiseau passereau . . . . . ALOUETTE, CARDINAL,
. . . . CORNEILLE, ÉTOURNEAU, FARLOUSE,
. . . . . FAUVETTE, GRIMPEREAU, PASSERINE,
. . . . . . PIQUEBŒUF, ROITELET, ROSSIGNOL,
. . . . ROUGEGORGE, ROUGEQUEUE,
. . . . ROUSSEROLE, TISSERIN
Oiseau passereau à bec fin . . . . BECFIGUE
Oiseau passereau chanteur . . . . CHARDONNERET
Oiseau proche du héron . . . . BIHOREAU
Oiseau qui enterre des graines pour l'hiver
. . . . CASSENOIX
Oiseau rapace diurne . . . . CIRCAÈTE, ÉPERVIER
Oiseau rapace nocturne . . . . CHOUETTE
Oiseau terrestre d'Océanie . . . . MÉGAPODE
Oiseau voisin de la fauvette . . . . POUILLOT
Oiseau voisin du perroquet . . . . PERRUCHE
Oiseau voisin du pigeon . . . . TOURTERELLE
Oiseaux d'origines diverses installés au Québec
(MF) . . . . ALOUETTESDEMONTRÉAL
Olé olé . . . . ÉGRILLARD
Olive verte . . . . PICHOLINE
Olivier sauvage . . . . OLÉASTRE
Ombellifère à fleurs jaunes . . . . OPOPANAX
Ombellifère vénéneuse . . . . ŒNANTHE
Ombrer un dessin . . . . ESTOMPER
Omettre de faire . . . . NÉGLIGER
On a beau tirer dessus, c'est quand on l'écrase qu'elle
meurt (MH) . . . . CIGARETTE
On a peu de chances d'y croiser une connaissance
. . . . SENSUNIQUE
On apprend à en faire à l'école . . . . OPÉRATIONS

Onassis l'était . . . . ARMATEUR
On aura bientôt de leurs nouvelles . . . MESSAGÈRES
On avait ses pattes dans les jambes dans les années
70 (MF) . . . . ÉLÉPHANT
On célèbre sa résurrection à Pâques (MF) . . . . .
. . . . CHOCOLAT
On cherche à satisfaire le besoin qui l'est . . . . .
. . . . RESSENTI
On connaît bien ses saucisses . . . . TOULOUSE
On dirait qu'il n'a rien entre les deux oreilles . . . . .
. . . . ÉCERVELÉ
On dit . . . . RACONTAR
On dit de la nécessité qu'elle en est la mère . . . . . .
. . . . INDUSTRIE
On dit que ce n'est pas un mystère pour personne
sauf pour lui (MH) . . . . IMBÉCILE
On dit qu'elle est en liaison avec le diable . . . . . .
. . . . SORCIÈRE
On dit qu'elles se perdent . . . . . TRADITIONS
On dit qu'ils sont hypocrites . . . . JÉSUITES
On dit qu'il y en a deux, au Canada . . SOLITUDES
On en chante pendant le temps des Fêtes . . . .
. . . . CANTIQUES
On en consomme beaucoup à Pâques . . CHOCOLAT
On en fait de la bière . . . . ÉPINETTE
On en fait de la compote . . . . RHUBARBE
On en fait de la tisane . . . . VERVEINE
On en fait des barbelés . . . . FILDEFER
On en fait des boissons rafraîchissantes . RÉGLISSE
On en fait des feuilles . . . . PÂTEÀPAPIER
On en fait des prothèses . . . . SILICONE
On en fait des tablettes . . . . CHOCOLAT
On en fait du beurre . . . . ARACHIDES
On en fait du papier à cigarettes, du papier très mince
. . . . SESBANIE
On en fait le plein en s'amusant (MF) . ÉNERGIES
On en fait pour la forme . . . . EXERCICE
On en fait un tour sur la neige . . . . . . CARRIOLE
On en imprègne les tissus . . . . TEINTURE
On en prend des milliers chaque jour . . . .
. . . . RESPIRATION
On en reparlera l'hiver prochain . . . . PÈRENOËL
On en retrouve sur l'île de Pâques . . MÉGALITHE
On en rit lorsqu'il est derrière nous (MF) . . . .
. . . . INCIDENT
On en sort en revenant sur nos pas . . . CULDESAC
On entend dire qu'elles ont de l'avenir (MH) . . . . .
. . . . LIGNESDELAMAIN
On fait sa demande en la remplissant . . ADMISSION
On hérite de celle du pays où l'on naît . . . .
. . . . NATIONALITÉ
On la casse avec un petit instrument . . NOISETTE
On la commémore à Pâques . . . RÉSURRECTION
On la consulte pour arrondir ses fins de mois . . . . .
. . . . CIRCULAIRE
On la craque . . . . ALLUMETTE
On l'a dans le dos . . . . OMOPLATE
On la descend pour en faire un cadavre (MH) . . . . .
. . . . BOUTEILLE
On la dit gentille dans une chanson . . ALOUETTE
On la fait aux gens que l'on aime . . . . . ÉTREINTE
On la fait cuire à la poêle . . . . OMELETTE

On la fait cuire au barbecue . . . . . . BROCHETTE,
. . . . GRILLADE
On la fait en ayant un penchant vers quelqu'un (MF)
. . . . RÉVÉRENCE
On la fait pour se nourrir . . . . ÉPICERIE
On la fait quand ça va mal ou par reconnaissance
. . . . NEUVAINE
On la ferme en un clin d'œil . . . . PAUPIÈRE
On la frappe régulièrement dans le bois (MF) . . . .
. . . . NODOSITÉ
On la garde pour ce qu'il en sort (MH) . . . .
. . . . PONDEUSE
On l'agite pour produire de la fraîcheur . . . .
. . . . ÉVENTAIL
On l'ajoute au café l'été . . . . TERRASSE
On l'ajoute pour se tenir au courant (MF) . . . .
. . . . RALLONGE
On la met à la porte . . . . SONNETTE
On la met dans le bas . . . . TALONNETTE
On la met sur le feu . . . . CASSEROLE
On l'appelle « mal du pays » . . . . NOSTALGIE
On la pratique pour passer . . . . OUVERTURE
On la prend pour faire un grand pas dans la vie . . . .
. . . . ENJAMBÉE
On la prend quand on se retire de la vie active . . . . .
. . . . RETRAITE
On la provoque en travaillant fort . . . . SUDATION
On l'a récemment trouvée pendue dans une nouvelle
demeure . . . . CRÉMAILLÈRE
On la remplit petit à petit . . . . TIRELIRE
On la retrouve au rayon des vêtements féminins
. . . . LINGERIE
On la témoigne en écoutant . . . . . . OBÉISSANCE
On la tire en visant quelqu'un (MF) . . . .
. . . . RÉVÉRENCE
On la trouve parfois trop baveuse . . . . OMELETTE
On la voit accrochée à une porte de grange (MF) . .
. . . . BOUCLEDOREILLE
On la voit à tout bout de champ . . . . . . BARRIÈRE
On la voit quand on lève le bras . . . . . . AISSELLE
On le chasse dans les régions boisées d'Europe . . . .
. . . . SANGLIER
On le connaît pour la série des « Don Camillo » . . . .
. . . . FERNANDEL
On le conserve dans un bocal . . POISSONROUGE
On le consulte pour les numéros de téléphone . . . . .
. . . . ANNUAIRE
On le fait avant de sécher . . . . ESSORAGE
On le fait avant le décollage d'une fusée . . . .
. . . . COMPTEÀREBOURS
On le fait en cachette . . . . ESPIONNAGE
On le fait en sautant à la planche . . . PLONGEON
On le fera sûrement pendant le repas de Noël . . . . .
. . . . TRINQUER
On le fume . . . . CIGARILLO
On le garde à portée de la main . . . . . PORTECLÉS
On le grimpe un pied à la fois . . . . ESCABEAU
On le lance dans les mariages . . . . CONFETTI
On le mange avec du beurre et du sel . . . .
. . . . ÉPIDEMAÏS
On l'entend après une bonne chute . . . .
. . . . CHASSENEIGE

On l'entend même les oreilles bouchées . . . .
. . . . ACOUPHÈNE
On le parle à Reykjavik . . . . ISLANDAIS
On le parle au Brésil . . . . PORTUGAIS
On le place dans le champ . . . . . ÉPOUVANTAIL
On le pointe . . . . RESPONSABLE
On le prend après le repas . . LINGEÀVAISSELLE
On le quitte à tête reposée . . . . OREILLER
On le respecte . . . . ÉCHÉANCIER
On les ajuste devant les yeux . . . . . LENTILLES
On les appelle aussi amphibiens . . . BATRACIENS
On les couvre en préparant une défaite . . ARRIÈRES
On le sent quand il manque d'air . . . . RENFERMÉ
On le sert avec du beurre, de l'ail, du persil et de
l'échalote . . . . ESCARGOT
On le sert après le fromage . . . . ENTREMETS
On les lance sur les nouveaux mariés . . CONFETTIS
On les sert avec l'apéritif . . . . AMUSEGUEULES
On les sonde avec une lampe . . . . TÉNÈBRES
On les suit pour se perfectionner . . . . . . ATELIERS
On les tient à bout de bras . . . . BROUETTES
On les tourne aux toilettes . . . . ROBINETS
On leur fait entendre toutes sortes de choses . . . . . .
. . . . OREILLES
On l'évite à tout prix . . . . PESTIFÉRÉ
On le voit souvent dans un cadre (MF) . . . .
. . . . DOCTORAT
On le voit venir de loin quand on a des jumelles (MF)
. . . . ACCOUCHEMENT
On lui attribue l'invention de l'école . . . .
. . . . CHARLEMAGNE
On lui confie la clef mais il ne rentre jamais (MH)
. . . . PAILLASSON
On lui doit de l'argent . . . . CRÉANCIER
On lui doit « Gangs of New York » . . . . SCORSESE
On lui doit la « Chartreuse de Parme » . . STENDHAL
On lui doit la coupole de Saint-Pierre de Rome . . . .
. . . . MICHELANGE
On lui doit « Le déclin de l'empire américain » . . . .
. . . . DENYSARCAND
On lui doit le « Dernier tango à Paris » . . . .
. . . . BERTOLUCCI
On lui doit le « Rouge et le Noir » . . . STENDHAL
On lui doit le « Sacre du printemps » . . STRAVISNKI
On lui doit les aventures de « Tintin et Milou » . . . .
. . . . GEORGESRÉMI
On lui doit « Les sanglots longs des violons de
l'automne » . . . . VERLAINE
On lui doit notre code civil . . . . NAPOLÉON
On lui doit « Voyage au centre de la Terre » . . . . . .
. . . . JULESVERNE
On lui promet la Lune (MH) . . . . . ASTRONAUTE
On lui tend la main . . . . MANUCURE
On l'utilise avant de fumer . . . . COUPECIGARE
On l'utilise pour bénir . . . . ASPERSOIR
On l'utilise pour faire mouche . . . . TIREMOUCHE
On l'utilise pour savoir quoi porter . . . .
. . . . THERMOMÈTRE
On l'utilise pour s'élever pas à pas (MF) . . . .
. . . . ESCABEAU
On l'utilise souvent pour une manche . . RELEVEUR
On l'utilise sur une pente glissante . . TOBOGGAN

On marche souvent sans elles .... SEMELLES
On ne fait pas que tendre le majeur .. MANUCURE
On ne fait qu'y tourner en rond .... VÉLODROME
On ne l'allume plus où l'on veut .... CIGARETTE
On ne la sort que l'été .... TONDEUSE
On ne l'écrit pas souvent au complet .. ETCETERA
On n'en voit pas le bout (MH) .... ÉTERNITÉ
On ne peut la faire sans casser quelque chose .....
.... OMELETTE
On ne peut le contester .... ULTIMATUM
On ne peut l'entendre .... ULTRASON
On ne peut pas manger chez lui ..... TRAITEUR
On ne peut passer à côté .... NÉCESSITÉ
On ne sait pas trop par quel bout le prendre (MH)
.... AMBIVALENT
On ne se tue pas à le descendre (MF) .. ESCALIER
On nous en présente plusieurs l'été .. REPRISES
On nous la présente, on en parle, puis on l'oublie
.... NOUVELLE
On n'y parle pas de sports et de voitures ....
.... SOUPERDEFILLES
On n'y verse pas de la piquette ...... TASTEVIN
Onomatopée qui évoque le bruit de la chute ......
.... BADABOUM
Onomatopée qui imite le chant du coq ....
.... COCORICO
On parle souvent de son taux .... NATALITÉ
On peut compter sur lui .... ALTEREGO
On peut en rapporter une belle pêche (MH) ......
.... FRUITERIE
On peut l'être de la Nature .... AMOUREUX
On peut le voir sous son vrai visage ....
.... TOUTANKHAMON
On peut manger celle de l'agneau .... CERVELLE
On peut même y faire des mots croisés ....
.... INTERNET
On peut y acheter un fusil de chasse .. ARMURERIE
On peut y aller pour rechercher un compagnon ou
une compagne .... ANIMALERIE
On peut y mettre une fleur ..... BOUTONNIÈRE
On peut y naviguer .... INTERNET
On peut y verser de la meurette ...... SAUCIÈRE
On pousse son cri pour réunir les troupes ....
.... RALLIEMENT
On savoure celle de Vachon .... DEMILUNE
On se bat pour l'avoir .... CEINTURE
On se déchausse rendu chez lui ..... PÉDICURE
On se la rappelle après l'avoir oubliée (MF) ......
.... OMISSION
On s'en sert en cuisine .... GÉLATINE
On s'en sert pour aromatiser le gin .. GENIÈVRE
On s'en sert pour effrayer les oiseaux ....
.... ÉPOUVANTAIL
On s'en sert pour fabriquer des aspics ... GÉLATINE
On s'en sert pour faire des injections .. SERINGUE
On s'en sert pour illustrer .... EXEMPLES
On s'en sert pour jouer au tennis .... RAQUETTE
On s'en sert pour manger de la soupe .. CUILLÈRE
On s'en sert pour se faire de l'air ..... ÉVENTAIL
On s'en servait pour chauffer le lit .. BASSINOIRE
On se passerait volontiers de sa visite .. HUISSIER
On se recycle pour l'éviter ...... GASPILLAGE

On souhaite qu'elle se réalise ...... ESPÉRANCE
On s'y couche sur le ventre .... SKELETON
On s'y essuie les pieds .... PAILLASSON
On s'y fait des confidences .... OREILLER
On s'y fie totalement .... ALTEREGO
On s'y rend pour le bureau ou l'école .. PAPETERIE
On s'y retrouve tous à la fin de décembre ....
.... TEMPSDESFÊTES
On s'y retrouve, vous et moi (MF) ... DIMANCHE
On s'y voit à l'envers (MH) .... CUILLÈRE
Ont été déchiffrés par Champollion ....
.... HIÉROGLYPHES
Ont influencé les Beatles .... SCARABÉES
On tire dessus .... CIGARETTE
Ont plus d'une tête (MH) .... ÉLEVEURS
Ont vécu les Grands dérangements ... ACADIENS
On utilise ses racines comme purgatif ....
.... ELLÉBORE, HELLÉBORE
On va chez lui juste pour voir ...... OPTICIEN
On va manger chez lui avec plaisir ....
.... CORDONBLEU
On voit la police arriver .... GYROSCOPE
On voit rapidement dans quelle mesure il s'est trompé
(MH) .... TAILLEUR
On y additionne les sommes (MF) .... OREILLER
On y arrivera de plus en plus facilement ....
.... CENTENAIRE
On y boit comme des bêtes ...... ABREUVOIR
On y brasse des affaires .... BUSINESS
On y bronze .... SOLARIUM
On y chuchote .... COULISSES
On y coince une botte pour l'enlever ....
.... TIREBOTTES
On y conserve les cendres ..... COLUMBARIUM
On y cueille des baies .... BLEUETIÈRE
On y cultive la canne à sucre .. MARIEGALANTE
On y dépose des sous .... TIRELIRE
On y dort .... SLEEPING
On y dort et en même temps on y voyage ....
.... WAGONLIT
On y écrit en grosses lettres ...... ÉCRITEAU
On y élève des poissons .... ALEVINIER
On y élève la volaille .... BASSECOUR
On y enfile des morceaux de viande ....
.... BROCHETTE
On y enroule la ligne .... MOULINET
On y enseigne .... UNIVERSITÉ
On y entend bêler .... BERGERIE
On y fabrique une boisson alcoolisée .. CIDRERIE
On y fait brûler des parfums .... CASSOLETTE
On y fait de la fondue .... CAQUELON
On y fait des expériences, des recherches ....
.... LABORATOIRE
On y fait des vins muscats .... FRONTIGNAN
On y fait du beurre .... LAITERIE
On y fait du feu .... CHEMINÉE
On y fait du fromage .... LAITERIE
On y fait tremper des viandes ...... MARINADE
On y garde des petits animaux .... VIVARIUM
On y incinère les morts .... CRÉMATORIUM
On y mange .... RÉFECTOIRE
On y met de la paille .... RATELIER

On y met de l'argent, des pièces ...... TIRELIRE
On y met de l'eau .... ARROSOIR, BÉNITIER
On y met de l'huile .... FRITEUSE
On y met des cendres .... CENDRIER
On y met des fromages .... ASSIETTE
On y met des livres, secs ou mouillées (MF)
.... SERVIETTE
On y met des marchandises .... ENTREPÔT
On y met des ordures .... POUBELLE
On y met des vêtements propres ..... ÉTENDOIR
On y met du beurre .... BEURRIER
On y met du fromage .... OMELETTE
On y met du gras .... BEURRIER
On y met du liquide (MH) .... TIRELIRE
On y met le corps d'un mort .... CERCUEIL
On y met les cartouches .... BARILLET
On y met les restes des morts ...... CIMETIÈRE
On y met souvent de la salade ...... ESSOREUSE
On y mettait de quoi priser .... TABATIÈRE
On y met une lumière à l'abri du vent .. LANTERNE
On y met une matière grasse .... BEURRIER
On y monte parfois pour avoir un renseignement
(MH) .... PÈSEPERSONNE
On y monte pour s'envoyer en l'air (MF) ....
.... NACELLES
On y paie avec des roupies .... SRILANKA
On y parle d'avenir .... HOROSCOPE
On y parle tamoul .... SRILANKA
On y parle une langue balte .... LETTONIE
On y perd la tête .... OREILLER
On y place celui qu'on admire ..... PIÉDESTAL
On y plante des fleurs .... PLATEBANDE
On y pose la tête pour dormir .... OREILLER
On y pose un cigare .... CENDRIER
On y prend l'avion .... AÉROPORT
On y prend le soleil .... SOLARIUM
On y produit de la crème .... LAITERIE
On y range des notes .... SECRÉTAIRE
On y range la vaisselle .... CRÉDENCE
On y range les médicaments .... PHARMACIE
On y reçoit des lettres .... SCRABBLE
On y respire mieux lorsqu'elle est détendue ....
.... ATMOSPHÈRE
On y retrouve le château Ramezay ....
.... MONTRÉAL
On y saute .... TRAMPOLINE
On y sera dans quelques semaines .. RÉVEILLON
On y sert des boissons et des repas .. BRASSERIE
On y suspend des vêtements ...... GARDEROBE,
.... PENDERIE
On y tire le diable par la queue (MF) ....
.... TABLEDEBILLARD
On y tombe lorsqu'on est surpris .... DERRIÈRE
On y tourne les talons (MH) .... CHÉQUIER
On y traite les peaux .... TANNERIE
On y transforme des olives .... HUILERIE
On y transporte des fils, tout comme lui (MF) .....
.... KANGOUROU
On y transporte la terre .... BROUETTE
On y trouve beaucoup d'enfants .... GARDERIE
On y trouve des coquillages .... GISEMENT
On y trouve mâle et femelle (MH) ... RALLONGE

On y va pour rire (MF) .... ONEMANSHOW
On y vend de la bière .... BRASSERIE
On y vend des verres .... LUNETTERIE
On y vend du beurre, des fromages, du lait ....
.... CRÉMERIE
On y voit souvent Alexandre Despatie ... TREMPLIN
Opacité du cristallin .... CATARACTE
Opéra comique .... OPÉRETTE
Opéra de Georges Bizet .... ARLÉSIENNE
Opéra de Mozart .... NOCESDEFIGARO
Opéra de Rossini .... GUILLAUMETELL
Opération bancaire .... VIREMENT
Opération chirurgicale .... ANAPLASTIE,
.. AUTOPLASTIE, CÉSARIENNE, CURETAGE,
.... INTERVENTION, TRACHÉOTOMIE
Opération commerciale .... TRANSACTION
Opération consistant à inciser le larynx ....
.... LARYNGOTOMIE
Opération consistant à moderniser la taille d'un dia-
mant .... RETAILLE
Opération consistant à remodeler le nez ....
.... RHINOPLASTIE
Opération de montage des bielles d'un moteur ....
.... EMBIELLAGE
Opération de police .... ARRESTATION,
.... BOUCLAGE, DESCENTE, PERQUISITION
Opération en basse-cour .... CHAPONNAGE
Opération intellectuelle .... INFÉRENCE
Opération magique .... ENCHANTEMENT
Opération mathématique .. ADDITION, DIVISION,
.... MULTIPLICATION, SOUSTRACTION
Opération militaire .... DÉBARQUEMENT
Opération que l'on fait subir à une matière ....
.... TRAITEMENT
Opération médicale .... LIGATURE
Opération par laquelle on coupe le haut d'un arbre
.... ÉTÊTEMENT
Opération plus ou moins honnête .... TRIPOTAGE
Opérations magiques .... SORCELLERIE
Opération viticole .... CISELAGE
Opérer au cerveau .... TRÉPANER
Opérer la dialyse .... DIALYSER
Opérer la sécrétion .... SÉCRÉTER
Opérer la texturation de fils .... TEXTURER
Opérer le réescompte .... RÉESCOMPTER
Opérer le sulfatage de .... SULFATER
Opérer quelqu'un de manière brutale ....
.... CHARCUTER
Opinion dans le vent (MF) .... BANDEROLE
Opinion dépourvue d'originalité ... STÉRÉOTYPE
Opinion du plus grand nombre ..... VOXPOPULI
Opinion fondée sur une vraisemblance ....
.... PRÉSOMPTION
Opinion particulière .... POINTDEVUE
Opinion que l'on aimerait partager .. CONVICTION
Opposé à dextrorsum .... SENESTRORSUM
Opposé à l'influence du clergé .. ANTICLÉRICAL
Opposé à senestrorsum .... DEXTRORSUM
Opposer la force .... RÉSISTER
Opposition à toute innovation .... IMMOBILISME
Opposition d'opinions .... DISSENTIMENT
Opposition entre des personnes .. ANTAGONISME

Opposition entre deux choses . . . . . DICHOTOMIE
Opposition parfois stupide . . . . AFFRONTEMENT
Opprimer par des mesures cruelles . . . PERSÉCUTER
Opus Dei . . . . ŒUVREDEDIEU
Oraison mentale . . . . MÉDITATION
Orange amère . . . . BIGARADE
Orange bien estimée . . . . SANGUINE
Orchestrer de nouveau . . . . . . RÉORCHESTRER
Ordination chez les protestants . . CONSÉCRATION
Ordre d'arachnides . . . . ARANÉIDE
Ordre de chevalerie anglais . . . . JARRETIÈRE
Ordre de plantes monocotylédones herbacées . . . . .
. . . . SCITAMINALE
Ordre détaillé . . . . PRESCRIPTION
Ordre d'insectes . . . . COLÉOPTÈRE,
. . . . LÉPIDOPTÈRE, ORTHOPTÈRE
Ordre d'oiseaux palmipèdes . . . . . ANSÉRIFORME
Ordre n'admettant aucune contestation . . . .
. . . . ULTIMATUM
Ordure ménagère . . . . IMMONDICE
Oreille-de-mer . . . . HALIOTIDE
Oreille-de-souris . . . . MYOSOTIS
Oreillette chez le pâtissier (PD) . . . . . MERVEILLE
Organe avec une partie fertile et une partie stérile
. . . . SPORANGE
Organe creux qui a la forme d'un sac . . VÉSICULE
Organe de fixation . . . . VENTOUSE
Organe élu par le peuple . . . . ASSEMBLÉE
Organe en forme d'outre . . . . UTRICULE
Organe érectile de la vulve . . . . CLITORIS
Organe lymphoïde de la gorge . . . . AMYGDALE
Organe microscopique femelle . . . . ARCHÉGONE
Organe plat qui permet aux poissons de se déplacer
. . . . NAGEOIRE
Organe qui sert à éliminer les déchets organiques
. . . . ÉMONCTOIRE
Organe reproducteur en forme de coupe . . . .
. . . . APOTHÉCIE
Organe respiratoire d'animaux aquatiques
. . . . BRANCHIE
Organe végétal produisant un liquide sucré
. . . . NECTAIRE
Organisation fondée en 1863 . . . . . CROIXROUGE
Organisation islamique libanaise . . . HEZBOLLAH
Organisation pour s'y retrouver . . . .
. . . . NOMENCLATURE
Organisation sociale de type tribal . . TRIBALISME
Organise des activités . . . . ANIMATEUR
Organiser en colonie . . . . COLONISER
Organiser en donnant le maximum d'ampleur . . . .
. . . . ORCHESTRER
Organiser en syndicat . . . . SYNDIQUER
Organiser un complot . . . . CONSPIRER
Organisme qui émet des titres, met en circulation de
la monnaie . . . . ÉMETTEUR
Organiste français . . . . BOULANGER
Organite assurant la photosynthèse . . . .
. . . . CHLOROPLASTE
Organite cytoplasmique de la cellule . . . .
. . . . MITOCHONDRIE
Organite situé près du noyau d'une cellule . . . .
. . . . CENTROSOME

Orge d'hiver . . . . ESCOURGEON
Orgue de mer . . . . TUBIPORE
Orientation donnée à une action . . . . . DIRECTION
Orientation particulière de quelque chose . . . .
. . . . TENDANCE
Orienter dans une nouvelle direction . . . .
. . . . RÉORIENTER
Orienter vers une valeur . . . . SUBLIMER
Orifice dans le tégument de l'ovule des végétaux
. . . . MICROPYLE
Originaire d'Asie . . . . ORIENTAL
Originaire des pays de la Méditerranée orientale
. . . . LEVANTIN
Originaire du pays où il vit . . . . ABORIGÈNE
Original qui sert de modèle . . . . . . ARCHÉTYPE
Orné à l'excès . . . . TARABISCOTÉ
Orné de fleurons . . . . FLEURONNÉ
Orné de fleurs de lys . . . . FLEURDELISÉ
Ornement de clinquant pour arbre de Noël . . . .
. . . . SCINTILLANT
Ornement de la toilette féminine . . FANFRELUCHE
Ornement de tissu . . . . FROUFROU
Ornement d'un casque . . . . AIGRETTE
Ornement en forme de baguette . . . . RUDENTURE
Ornement qui enjolive . . . . ENJOLIVEMENT
Ornements surchargés d'un vêtement . . FALBALAS
Ornement suspendu au bracelet . . . PENDELOQUE
Orner çà et là . . . . ÉMAILLER
Orner de cannelures . . . . CANNELER
Orner de couleurs variées . . . . PANACHER
Orner de drapeaux . . . . PAVOISER
Orner de filets saillants . . . . NERVURER
Orner de lamelles de métal brillant . . PAILLETER
Orner de moulures . . . . MOULURER
Orner d'enluminures . . . . ENLUMINER
Orner de perles . . . . EMPERLER
Orner de petits plis . . . . NERVURER
Orner de plumes flottantes . . . . PANACHER
Orner de points de couleur vive . . . . . . ÉMAILLER
Orner de rayons . . . . RAYONNER
Orner de tapisserie . . . . TAPISSER
Orner d'un panache . . . . PANACHER
Orner un texte . . . . ILLUSTRER
Os antérieur de l'épaule . . . . CLAVICULE
Oscillation légère de la tête . . DODELINEMENT
Os d'animal de boucherie . . . . CÔTELETTE
Os de la face . . . . MÂCHOIRE
Os du crâne . . . . ETHMOÏDE, OCCIPITAL,
. . . . PARIÉTAL
Os du pied . . . . ASTRAGALE
Os du tarse . . . . . CALCANÉUM, CUNÉIFORME
Oser se mouiller en marchant vers la grève (MF) . . .
. . . . DÉBRAYER
Os plat, large et triangulaire . . . . OMOPLATE
Ôter d'un groupe . . . . ÉLIMINER
Ôter d'un tout . . . . RETRANCHER
Ôter la bâcle fermant une porte . . . . DÉBÂCLER
Ôter la boue . . . . DÉCROTTER
Ôter la bride à un animal . . . . DÉBRIDER
Ôter la crasse . . . . DÉCRASSER
Ôter la croûte . . . . ÉCROÛTER
Ôter la neige . . . . DÉNEIGER

Ôter la poussière . . . . ÉPOUSSETER
Ôter la queue . . . . ÉQUEUTER
Ôter l'eau . . . . ASSÉCHER
Ôter le fer d'un objet . . . . DÉFERRER
Ôter les graines d'un fruit . . . . ÉPÉPINER
Oublier avec le temps (s') . . . . ÉVANOUIR
Oublier ce qu'on nous avait enseigné
. . . . DÉSAPPRENDRE
Oublie tout . . . . ÉCERVELÉ
Oubli trop souvent volontaire . . . . OMISSION
Où il y a beaucoup de montagnes . . . .
. . . . : . . . MONTAGNEUX
Où il y a des risques, du danger . . . . . PÉRILLEUX
Où les voitures peuvent circuler . . CARROSSABLE
Où l'on a mis un jus . . . . CITRONNÉ
Où l'on est reçu avec plaisir . . . . . . HOSPITALIER
Où l'on ne peut passer . . . . IMPRATICABLE
Où l'on peut déraper . . . . GLISSANT
Où on peut en ramer un coup (MF) . . NAVIGABLE
Oursin en forme de cœur . . . . SPATANGUE
Outil à pointe recourbée et tranchante . . RAINETTE
Outil constitué d'une lame métallique . . FAUCILLE
Outil de barbier . . . . BLAIREAU
Outil de bûcheron . . . . TRONÇONNEUSE
Outil de jardinage . . . . . SARCLOIR, SÉCATEUR,
. . . . SERFOUETTE
Outil de tonnelier . . . . JABLIÈRE, JABOIRE
Outil de verrier . . . . GRUGEOIR
Outil d'orfèvre . . . . . . BRUNISSOIR, RÉSINGLE
Outil employé pour ébarber les métaux
. . . . ÉBARBOIR
Outil en forme de gros ciseaux . . . . . . SÉCATEUR
Outil pour gratter . . . . GRATTOIR
Outil qui sert à percer . . . . PERCEUSE
Outil servant à couper l'herbe . . . . FAUCILLE
Outil servant à emboutir le métal . . . .
. . . . EMBOUTISSEUSE
Outil servant à émonder les arbres . . ÉMONDOIR
Outil servant à faire des trous dans la terre . . . . .
. . . . PLANTOIR
Outil servant à prélever des échantillons du sous-sol
. . . . CAROTTIER
Outil servant à tourner des vis . . . . . TOURNEVIS
Outil tranchant recourbé à une extrémité . . . .
. . . . BECDECORBEAU
Où tout vraiment semble possible (MH) . . . .
. . . . ÉTATDEGRÂCE
Ouvert aux influences extérieures . . PERMÉABLE
Ouvert quant il y a du succès en salle . . . .
. . . . STRAPONTIN
Ouverture chirurgicale de l'abdomen . . . .
. . . . LAPAROTOMIE
Ouverture dans la paroi d'un organe . . . .
. . . . PERFORATION
Ouverture dans le pont d'un navire . . ÉCOUTILLE
Ouverture d'une femme face à son enfant . . . .
. . . . CÉSARIENNE
Ouverture d'un vêtement . . . . . . EMMANCHURE
Ouverture en parlant . . . . APERTURE
Ouverture pratiquée dans un mur . . EMBRASURE
Ouverture qui donne de l'air au sous-sol . . . .
. . . . SOUPIRAIL

Ouverture ronde . . . . ŒILDEBŒUF
Ouverture suicidaire . . . . HARAKIRI
Ouverture supérieure d'un haut-fourneau . . . .
. . . . GUEULARD
Ouverture verticale . . . . BRAGUETTE
Ouvrage composé d'extraits . . . . . COMPILATION
Ouvrage d'architecture . . . . MONUMENT
Ouvrage de maçonnerie . . . . CHEMINÉE,
. . . . ENTREVOUS
Ouvrage de menuisier . . . . MENUISERIE
Ouvrage de référence . . . . DICTIONNAIRE
Ouvrage de sculpture . . . . RONDEBOSSE
Ouvrage écrit par Adolf Hitler . . . . . MEINKAMPF
Ouvrage édité . . . . PUBLICATION
Ouvrage émaillé . . . . ÉMAILLURE
Ouvrage fortifié . . . . BLOCKHAUS
Ouvrage nouveau . . . . NOUVEAUTÉ
Ouvrage ornemental imitant les rochers . . . .
. . . . ROCAILLE
Ouvrage provisoire en charpente . . . .
. . . . ÉCHAFAUDAGE
Ouvrage qui traite de toutes les matières d'une science
. . . . ENCYCLOPÉDIE
Ouvre-boîte . . . . USTENSILE
Ouvre la loi . . . . INTITULÉ
Ouvre la route les jours de verglas . . . SABLEUSE
Ouvre le choix (PD) . . . . ÉVENTAIL
Ouvre les paupières . . . . RELEVEUR
Ouvre les vannes au passage . . . . ÉCLUSIER
Ouvre plusieurs serrures . . . . . PASSEPARTOUT
Ouvrier assurant le rouissage . . . . . . TEILLEUR
Ouvrier consciencieux . . . . TÂCHERON
Ouvrière qui exécute des apprêts . . APPRÊTEUSE
Ouvrier imprimeur qui impose la feuille . . . .
. . . . COMPOSEUR
Ouvrier mineur qui entretient le boisage des galeries
. . . . : . . . . RAUCHEUR
Ouvrier non spécialisé . . . . MANŒUVRE
Ouvrier professionnel pour les outils . . OUTILLEUR
Ouvrier procédant au débitage du bois . . . .
. . . . TRANCHEUR
Ouvrir avec force l'estomac . . . . ÉVENTRER
Ouvrir la boîte crânienne . . . . TRÉPANER
Ouvrir la terre avec une charrue . . . . LABOURER
Ouvrir les portes (PD) . . . . ÉMANCIPER
Ouvrir l'œil . . . . ÊTREATTENTIF
Ouvrir peut-être une bouteille de champagne (MH)
. . . . INAUGURER
Ouvrir sans clé (MH) . . . . CROCHETER
Ouvrir un chemin . . . . DÉNEIGER
Ouvrir une fenêtre . . . . DÉBÂCLER
Ouvrir une huître . . . . ÉCAILLER
Ouvrir un peu . . . . ENTROUVRIR
Ouvrir un pneu . . . . ÉVENTRER
Oxyde d'aluminium . . . . CORINDON
Oxyde d'aluminium et de magnésium . . SPINELLE
Oxyde d'antimoine . . . . VALENTINITE
Oxyde de cuivre . . . . TÉNORITE
Oxyde de fer . . . . MAGNÉTITE
Oxyde de plomb . . . . LITHARGE
Oxyde d'ytterbium . . . . YTTERBINE
Oxyde ferrique . . . . COLCOTAR

Oxyde le moins oxygéné .... PROTOXYDE
Oxyde naturel de cuivre .... TÉNORITE
Oxyde naturel de fer et de titane ..... ILMÉNITE
Oxyder au-delà de l'état normal d'oxydation ......
.... SUROXYDER
Paie avec des livres .... LIBANAIS
Pain de coucou .... ALLELUIA
Pain d'épice rond .... NONNETTE
Pain de sel .... SALIGNON
Pain séché au four .... CHAPELURE
Paire d'écouteurs .... OREILLES
Paire de verres .... LUNETTES
Paisse en campagne .... LIMOUSINE
Paix intérieure .... QUIÉTUDE
Palais de Paris .... TUILERIES
Palais de Washington où siège le Sénat ......
.... CAPITOLE
Paléontologie végétale ..... PALÉOBOTANIQUE
Palissade protégeant les cultures du vent ....
.... ABRIVENT
Pallier l'usure de la toile d'un tableau ....
.... RENTOILER
Palmarès sous la Coupole (PD) ..... HITPARADE
Palmier comme l'arec .... PALMISTE
Palmier des Mascareignes comme plante d'appar-
tement .... LATANIER
Palmier des régions tropicales .... COCOTIER
Palmier qui fournit le sagou .... SAGOUTIER
Panaris autour de l'ongle .... TOURNIOLE
Panier percé ...... DÉPENSIER, GASPILLEUR
Panique à bord .... AFFOLEMENT
Pansement adhésif .... SPARADRAP
Pantagruel est l'un de ses personnages .. RABELAIS
Pantalon de cheval .... JODHPURS
Pantalon moulant .... CORSAIRE
Pantoufle confortable .... CHARENTAISE
Pantoufle de cuir .... BABOUCHE
Papier administratif .... PAPERASSE
Papier enveloppant un bonbon ...... PAPILLOTE
Papier teint .... TAPISSERIE
Papier tortillé .... TORTILLON
Papillon appelé pyrale des pommes ....
.... CARPOCAPSE
Papillon cossus .... GÂTEBOIS
Papillon de mer .... GONNELLE
Papillon de nuit .... ACIDALIE, AGROTIDE,
.... COCHYLIS, GÉOMÈTRE,
.... NOCTUELLE, SATURNIE
Papillon du groupe des noctuelles .... LEUCANIE
Papillon du groupe des vanesses .. BELLEDAME
Papillon qui migre .... MONARQUE
Paquet de vêtements .... BALUCHON
Parachever avec un soin minutieux .. PEAUFINER
Parade ridicule .... MASCARADE
Paradis de deux êtres humains ..... TERRESTRE
Paraître de nouveau .... REPARAÎTRE
Paraître par contraste .... RESSORTIR
Paralysé d'une moitié du corps .. HÉMIPLÉGIQUE
Paralyser par le froid .... ENGOURDIR
Paralyser par l'émotion .... PÉTRIFIER
Paralysie des deux membres inférieurs ....
.... PARAPLÉGIE

Paralysie d'un seul membre ...... MONOPLÉGIE
Parasite et destructeur .... NUISIBLE
Parasite externe .... ECTOPARASITE
Parasite vivant à l'intérieur d'un organisme ......
.... ENDOPARASITE
Par bonheur .... HEUREUSEMENT
Parc à huîtres .... HUÎTRIÈRE
Parcelle de matière embrasée ..... FLAMMÈCHE
Parcelle d'or .... PAILLETTE
Parcelle incandescente .... ÉTINCELLE
Parcelles de métal détachées par frottement ....
.... LIMAILLE
Par chance .... HEUREUSEMENT
Par cinq .... QUINAIRE
Parc naturel de la Gaspésie .... FORILLON
Parc naturel du sud de la France .... CAMARGUE
Par cœur .... DEMÉMOIRE
Parcourir à grandes enjambées, à grands pas, sans
traîner .... ARPENTER
Parcourir de haut en bas .... DESCENDRE
Parcourir en observant .... EXPLORER
Parcourir ses derniers milles (MF) .... AGONISER
Parcourir un lieu .... SILLONNER
Parcourir un livre .... FEUILLETER
Parcours parfait .... SANSFAUTE
Parcouru de petites vallées .... VALLONNÉ
Pardon accordé par bonté ..... MISÉRICORDE
Pardon des péchés .... ABSOLUTION
Pardonner à quelqu'un .... ABSOUDRE
Pardon total d'une infraction .... AMNISTIE
Par endroits .... LOCALEMENT
Parent d'un aïeul .... BISAÏEUL
Parenté entre cousins .... COUSINAGE
Parentes collatérales .... COUSINES
Parent lointain .... BISAÏEUL
Parer avec soin .... POMPONNER
Par erreur .... FURTIVEMENT
Paresser au soleil .... LÉZARDER
Parfait accord de sentiments ..... COMMUNION
Parfaitement propre .... IMPECCABLE
Parfait en son genre .... ACCOMPLI
Parfois bien baveuse .... OMELETTE
Parfois drôle, souvent insupportable (PD) ....
.... PLAISANTIN
Parfois en colimaçon .... ESCALIER
Parfois nerveux, souvent discret ....
.... TOUSSOTEMENT
Parfum agréable .... FRAGRANCE
Parfument et adoucissent ..... SELSDEBAINS
Parfumer à la framboise .... FRAMBOISER
Parfumer au pralin .... PRALINER
Parfumer avec une substance aromatique ....
.... AROMATISER
Par hasard .. FORTUITEMENT, INCIDEMMENT
Par ici la monnaie .... CAISSIÈRE
Paris en est le chef-lieu .... ÎLEDEFRANCE
Par la vue .... VISUELLEMENT
Parle au nom d'un dieu .... PROPHÈTE
Parle beaucoup plus qu'il n'agit .... THÉORICIEN
Parlement norvégien .... STORTING
Parler abondamment .... TCHATCHER
Parler à propos de rien .... BABILLER

Parler avec colère . . . . VOCIFÉRER
Parler avec d'autres . . . . DISCUTER
Parler avec emphase . . DÉCLAMER, PONTIFIER
Parler avec violence contre quelqu'un . . . .
. . . . DÉBLATÉRER
Parler avec volubilité . . . . JACASSER
Parler à voix basse . . . . CHUCHOTER
Parler beaucoup . . . . BAVARDER
Parler beaucoup et à propos de rien . . . BABILLER
Parler comme le capitaine Bonhomme (MF) . . . . . .
. . . . EXAGÉRER
Parler dans une bibliothèque . . . . SUSURRER
Parler de choses et d'autres . . . . BAVARDER
Parler d'une façon, d'une manière peu intelligible . .
. . . . JARGONNER
Parler d'une manière inintelligible . . BAFOUILLER
Parler du nez . . . . NASILLER
Parler en criant . . . . VOCIFÉRER
Parler en se traînant les pieds (MF) . . . . PIÉTINER
Parler, parler, parler . . . . PALABRER
Parler patois . . . . PATOISER
Parler sans arrêt . . . . CAQUETER
Parler sur un sujet . . . . DISCOURIR
Parle tout bas (MH) . . . . DÉLATEUR
Parole aimable . . . . GENTILLESSE
Parole d'arbitre . . . . SENTENCE
Parole de fier-à-bras . . . . FANFARONNADE
Parole déraisonnable . . . . INSANITÉ
Parole destinée à aguicher . . . . AGACERIE
Parole drôle . . . . DRÔLERIE
Parole élogieuse . . . . COMPLIMENT
Parole extravagante . . . . ÉNORMITÉ
Parole flatteuse à une femme . . . . . GALANTERIE
Parole grossière . . . . GROSSIÈRETÉ
Parole hostile se retournant contre son auteur . . . . .
. . . . BOOMERANG
Parole idiote . . . . INSANITÉ, STUPIDITÉ
Parole impudente . . . . IMPUDENCE
Parole marquée d'insolence . . . . . IRRÉVÉRENCE
Parole méchante . . . . ROSSERIE
Parole mémorable . . . . APOPHTEGME
Parole obscène . . . . OBSCÉNITÉ
Parole qui outrage la religion . . . . . . BLASPHÈME
Paroles blessantes . . . . AMÉNITÉS
Paroles de croupier (MH) . . . . . . RIENNEVAPLUS
Paroles dites en colère . . . . VOCIFÉRATION
Paroles indistinctes . . . . BALBUTIEMENT,
. . . . BREDOUILLAGE
Paroles inutiles . . . . VERBIAGE
Parole sotte, stupide . . . . NIAISERIE
Parole violente et injurieuse . . . . INVECTIVE
Par opposition à orthèse . . . . PROTHÈSE
Par opposition à vocal . . . . INSTRUMENTAL
Par personne . . . . TÊTEDEPIPE
Parsemer de choses désagréables . . . . . HÉRISSER
Parsemer de petites taches . . . . TACHETER
Parsemer de raies . . . . VERGETER
Parsemer d'étoiles . . . . CONSTELLER
Parsemer d'ornements . . . . ÉMAILLER
Partage politique . . . . PARTITION
Partager avant d'être mise en carte . . TRIANGULER
Partager d'après certaines règles . . . . . RÉPARTIR

Part de bénéfice . . . . . DIVIDENDE, RISTOURNE
Part du pharynx . . . . ŒSOPHAGE
Partenaire de Ginger Rogers . . . . . FREDASTAIRE
Part en haut . . . . DESCENTE
Participe à des attentats . . . . TERRORISTE
Participe à une exposition . . . . OBTURATEUR
Participer à la hausse des prix . . . . ENCHÉRIR
Participer par un apport d'argent . . CONTRIBUER
Particularité qui accompagne un fait . . . .
. . . . CIRCONSTANCE
Particule fondamentale . . . . ÉLECTRON
Particulièrement agité . . . . TEMPÉTUEUX
Particulièrement doué . . . . TALENTUEUX
Particulièrement malmener . . . . MEURTRIR
Partie antérieure de la cheville . . . . . COUDEPIED
Partie antérieure de la tête du cheval . . . CHANFREIN
Partie aval du lit d'une rivière . . . . ESTUAIRE
Partie avant de la tige d'une chaussure . . . .
. . . . EMPEIGNE
Partie de la bride . . . . ŒILLÈRES
Partie de la biologie . . . . CYTOLOGIE
Partie de la faune constituée par les oiseaux . . . . . .
. . . . AVIFAUNE
Partie de la France . . . . CÉVENNES
Partie de la journée . . . APRÈSMIDI, AVANTMIDI
Partie de la main . . . . . JOINTURE, MÉTACARPE,
. . . . PHALANGE
Partie de la messe . . . . COMMUNION,
CONSÉCRATION, ÉLÉVATION, OFFERTOIRE
Partie de la microbiologie . . . . BACTÉRIOLOGIE,
. . . . VIROLOGIE
Partie de l'anatomie . . . . ANGIOLOGIE
Partie de la physique . . . . BAROMÉTRIE,
. . . . PHOTOMÉTRIE
Partie de la physique qui étudie les sons . . . .
. . . . ACOUSTIQUE
Partie de la plantule . . . . RADICULE
Partie de l'arboriculture . . . . POMOLOGIE
Partie de la rue . . . . TROTTOIR
Partie de l'Australie . . . . TASMANIE
Partie de la zoologie . . . . MAMMOLOGIE,
. . . . ORNITHOLOGIE
Partie de l'entablement . . . . ÉPISTYLE
Partie de l'optique . . . . CATOPTRIQUE
Partie de plaisir . . BAMBOCHE, RIBOULDINGUE
Partie des bains romains . . . . TEPIDARIUM
Partie de vélo . . . . PÉDALIER
Partie du bœuf . . . . ROMSTECK
Partie du clavecin . . . . SAUTEREAU
Partie du cœur . . . . ENDOCARDE
Partie du corps des poissons . . . . NAGEOIRE
Partie du corps d'un cheval . . . . ENCOLURE
Partie du corps humain . . AISSELLE, APPENDICE,
. . . . CARTILAGE, CERVELET, CLITORIS,
DIAPHRAGME, DUODÉNUM, ENTRECUISSE,
. . . . . . ÉPIDERME, HYPOCAMPE, PANCRÉAS,
. . . . . . PÉRITOINE, SQUELETTE, TESTICULE,
. . . . VERTÈBRE
Partie du culte . . . . LITURGIE
Partie du fruit . . . . PÉRICARPE
Partie du fuselage d'un avion . . . . . . CARLINGUE
Partie du harnais du cheval . . . . AVALOIRE,

. . . . COURROIE, CROUPIÈRE,
. . . . DOSSIÈRE, MUSEROLLE
Partie du jardin . . . . PARTERRE
Partie du membre supérieur . . . . . . AVANTBRAS
Partie du monde . . . . . CONTINENT, POLYNÉSIE
Partie du mouvement d'une horloge . . MINUTERIE
Partie d'un avion . . . . HABITACLE
Partie d'un couvent . . . . NOVICIAT
Partie d'un dialogue théâtral . . . . RÉPLIQUE
Partie d'un doigt . . . . PHALANGE
Partie d'une automobile . . . . PAREBRISE,
. . . . RADIATEUR
Partie d'une batterie . . . . FAITTOUT
Partie d'une clé . . . . PANNETON
Partie d'une construction . . . . PORTEÀFAUX
Partie d'une grappe de raisin . . . . GRAPILLON
Partie d'une horloge . . . . BALANCIER
Partie d'une page Web . . . . BANNIÈRE
Partie d'un étau . . . . MÂCHOIRE
Partie d'une ville . . . . QUARTIER
Partie d'un fruit endommagée . . MEURTRISSURE
Partie d'un hameçon . . . . ARDILLON
Partie d'un instrument à vent . . . . EMBOUCHURE
Partie d'un jardin . . . . PARTERRE
Partie d'un jugement . . . . DISPOSITIF
Partie d'un moteur . . CULBUTEUR, CYLINDRE,
. . . . VENTILATEUR
Partie d'un théâtre . . . . . . COULISSE, PARTERRE
Partie d'un tout . . . . FRACTION
Partie d'un véhicule . . . . ARRIÈRETRAIN
Partie du sabot du cheval . . . . COURONNE
Partie du squelette du pied . . . . MÉTATARSE
Partie du squelette de la main . . . . . MÉTACARPE
Partie du tube digestif . . . . ŒSOPHAGE
Partie du veau . . . . CUISSEAU
Partie écaillée d'une surface . . . . ÉCAILLURE
Partie enflée de quelque chose . . . .
. . . . BOURSOUFLURE
Partie enlevée en ébarbant . . . . ÉBARBURE
Partie entaillée au bord . . . . ÉCHANCRURE
Partie éraillée d'un vêtement . . . . ÉRAILLURE
Partie externe de la peau . . . . ÉPIDERME
Partie externe de l'oreille . . . . PAVILLON
Partie finale du mot . . . . TERMINAISON
Partie habitable de la surface terrestre . . . .
. . . . ÉCOUMÈNE, ŒKOUMÈNE
Partie haute d'une dentelle . . . . ENGRÊLURE
Partie imaginaire de l'impédance d'un dipôle . . . . .
. . . . RÉACTANCE
Partie inférieure de l'abdomen . . . HYPOGASTRE
Partie inférieure de la chaudière d'un alambic . . . . .
. . . . CUCURBITE
Partie inférieure du ventre . . . . BASVENTRE
Partie interne de la cellule . . . . CYTOPLASME
Partie la plus élevée des cités grecques . . . .
. . . . ACROPOLE
Partie la plus interne du fruit . . . . . . ENDOCARPE
Partie latérale de la région supérieure de l'abdomen
. . . . HYPOCONDRE
Partie minérale non vivante de la Terre . . . .
. . . . GÉOSPHÈRE
Partie moyenne d'un os long . . . . DIAPHYSE

Partie orientale de la Gaule . . . . HELVÉTIE
Partie orientale des Antilles . . . . ÎLEDUVENT
Partie orientale du littoral français . . CÔTEDAZUR
Partie postérieure . . . . DERRIÈRE
Partie postérieure du cheval . . . . . ARRIÈREMAIN
Partie profonde de la peau . . . . HYPODERME
Partie qui forme les bords d'une chose . . . .
. . . . POURTOUR
Partie renflée . . . . RENFLEMENT
Partie saillante couronnant un édifice . . CORNICHE
Parties du cops qui permettent de saisir (MH) . . . . .
. . . . OREILLES
Partie supérieure de l'abdomen . . . . . ÉPIGASTRE
Partie supérieure de la joue . . . . POMMETTE
Partie supérieure de la tête . . . . SINCIPUT
Partie supérieure d'une chaussée . . REVÊTEMENT
Partie supérieure du pharynx . . RHINOPHARYNX
Partie supérieure du quaternaire . . . . . HOLOCÈNE
Partie terminale d'un fleuve . . . . ESTUAIRE
Partie ventrale de la tortue . . . . PLASTRON
Partir à l'improviste devant le chasseur . . . .
. . . . DÉBOULER
Partir en fumée . . . . ÉVAPORER
Partir sans permission . . . . DÉSERTER
Partisan de Gomar . . . . GOMARISTE
Partisan de Grant pendant la guerre de Sécession . .
. . . . NORDISTE
Partisan de la liberté absolue . . . . . . LIBERTAIRE
Partisan de la Révolution . . . . PATRIOTE
Partisan de l'esclavage . . . . ESCLAVAGISTE
Partisan de l'hédonisme . . . . HÉDONISTE
Partisan de l'unanimisme . . . . UNANIMISTE
Partisan de Nestorius . . . . NESTORIEN
Partisan des États du nord . . . . NORDISTE
Partisan de Wagner . . . . WAGNÉRIEN
Partisan du castrisme . . . . CASTRISTE
Partisan du dirigisme . . . . DIRIGISTE
Partisan du finalisme . . . . FINALISTE
Partisan du gouvernement fédéral . . . . NORDISTE
Partisan d'une certaine égalité . . . . . . NIVELEUR
Partisan d'une forme de gouvernement autoritaire . .
. . . . BONAPARTISTE
Partisan d'une idéologie de violence . . SKINHEAD
Partisan du nihilisme . . . . NIHILISTE
Partisan d'un régime politique . . . ABSOLUTISTE
Partisan d'un système qui favorise les meilleurs élé-
ments . . . . ÉLITISTE
Partisan du partage des terres . . . . . . AGRARIEN
Partisan du quiétisme . . . . QUIÉTISTE
Partisan du régime (MH) . . . . DIÉTITICIEN
Partisan pour un État juif . . . . SIONISTE
Par tous les temps, ils sont aux champs . . . .
. . . . ÉPOUVANTAILS
Partout à l'école, à la police et même au travail (PD)
. . . . INSPECTEUR
Part proportionnelle d'une quantité . . . TANTIÈME
Parvenir à convaincre . . . . PERSUADER
Parvenir à deviner les idées . . . . PÉNÉTRER
Parvenir après un autre à un emploi . . SUCCÉDER
Pas accompli . . . . IRRÉALISTE
Pas à la porte . . . . LOINTAIN
Pas à nos pieds . . . . AILLEURS

Pas à pas . . . . LENTEMENT
Pas appliqué . . . . NÉGLIGENT
Pas assez nourri . . . . SOUSALIMENTÉ
Pas assez souvent, pas à toute heure . . RAREMENT
Pas aujourd'hui . . . . APRÈSDEMAIN
Pas au pifomètre (MH) . . . SCRUPULEUSEMENT
Pas barbare . . . . CIVILISÉ
Pas bariolé . . . . UNICOLORE
Pas bête . . . . INTELLIGENT
Pas borné . . . . TOLÉRANT
Pas calme . . . . INASSOUVI
Pas certain . . . . ALÉATOIRE
Pas chaud . . . . FRISQUET
Pas cher . . . . BONMARCHÉ
Pas clair . . . . INARTICULÉ
Pas comme d'habitude . . . . . . ANORMALEMENT,
. . . . CURIEUSEMENT
Pas compliqué . . . . ÉLÉMENTAIRE
Pas compris . . . . MALENTENDU
Pas constant . . . . VARIABLE
Pas continent . . . . ÉROTIQUE
Pas dans une semaine ou un mois . . AUJOURDHUI
Pas de danse . . . . ENTRECHAT, GLISSADE
Pas de quoi en faire une montagne (PD) . . . .
. . . . PROTUBÉRANCE
Pas d'ici . . . . EXOTIQUE
Pas différent . . . . IDENTIQUE
Pas discrètement . . . . BRUYAMMENT
Pas droit . . . . SCÉLÉRAT
Pas du tout . . . . NULLEMENT, PANTOUTE
Pas du tout à l'ouest . . . . ORIENTAL
Pas du tout stressant . . . . APAISANT
Pas éloigné . . . . RESSERRÉ
Pas en l'air . . . . TERRESTRE
Pas érudit . . . . IGNORANT
Pas expérimental . . . . THÉORIQUE
Pas facile . . . . ÉPROUVANT, LABORIEUX
Pas facile à faire pour les Chinois (MH) . . . .
. . . . RECENSER
Pas facile à suivre . . . . INCOHÉRENT
Pas facile d'y voir quelque chose . . . . TÉNÈBRES
Pas facilement . . . . PÉNIBLEMENT
Pas fait à la légère . . . . INTENSIF
Pas fixe . . . . OSCILLANT
Pas gravement . . . . LÉGÈREMENT
Pas gros . . . . MAIGRICHON
Pas habile . . . . INEXERCÉ
Pas honnête . . . . FRAUDULEUX
Pas ici . . . . AILLEURS
Pas individuel . . . . UNIVERSEL
Pas lâche . . . . VAILLANT
Pas le genre discret (MH) . . . . . . ÉNERGUMÈNE
Pas loin . . . . ALENTOUR
Pas loin de Baie-Saint-Paul . . . . ÉBOULEMENTS
Pas mauvais . . . . INDULGENT
Pas moyen . . . . RIENÀFAIRE
Pas normal . . . . IRRÉGULIER
Pas officiel . . . . INFORMEL
Pas pacifique . . . . BATAILLEUR
Pas pâle . . . . RUBICOND
Pas pire, mais ça pourrait être mieux (MF) . . . .
. . . . TIÈDEMENT

Pas placé au milieu . . . . EXCENTRÉ
Pas poli . . . . INCORRECT
Pas précisément . . . . VAGUEMENT
Pas prêt à avancer . . . . SCLÉROSÉ
Pas propice à la procréation . . . . ASPERMIE
Pas protocolaire . . . . INFORMEL
Pas qu'un peu . . . . ÉNORMÉMENT
Pas réfléchi . . . . TÉMÉRAIRE
Pas regardantes sur la provenance (PD) . . . .
. . . . RECELEUSES
Pas réjouissant . . . . DÉSOLANT
Pas relaxant, pas reposant . . . . STRESSANT
Pas reposant . . . . ÉPUISANT
Pas résolu . . . . IRRÉSOLU
Pas rêveur . . . . RÉALISTE
Pas roux . . . . BLONDINET
Pas sage . . . . TURBULENT
Passage aménagé à l'intérieur du navire . . . .
. . . . COURSIVE
Passage à niveaux (MH) . . . . ESCALIER
Passage au bloc (PD) . . . . INTERVENTION
Passage à vide . . . . DÉPRESSION
Passage cité d'un auteur . . . . CITATION
Passage de l'incroyance à la foi . . . CONVERSION
Passage d'un astre à son point le plus élevé . . . .
. . . . CULMINATION
Passage d'un corps à l'état de fossile . . . .
. . . . FOSSILISATION
Passage d'un liquide à l'état gazeux . . . .
. . . . ÉBULLITION
Passage en douceur d'un état à un autre . . . .
. . . . TRANSITION
Passage exécuté avec diminution de l'intensité des
sons . . . . SMORZANDO
Passage joué en détachant les notes . . . STACCATO
Passage obligé entre chaque génération (MH) . . . . .
. . . . GROSSESSE
Passage obligé pour être père (PD) . . ORDINATION
Passage progressif . . . . GLISSEMENT
Passage situé au-dessus d'une scène . . PASSERELLE
Pas satisfait . . . . MAUSSADE, MÉCONTENT
Pas scientifique . . . . EMPIRIQUE
Passe à Bergerac . . . . DORDOGNE
Passe à la télé . . . . ÉMISSION
Passé au réveil . . . . SAUTDELIT
Passé dans les habitudes, dans l'usage . . . .
. . . . TRADITIONNEL
Passe-droit . . . . PRIVILÈGE
Passe en coup de vent (MH) . . VÉLIPLANCHISTE
Passe facilement à l'attaque . . . ENTREPRENANT
Passent à table dans la bibliothèque (MH) . . . .
. . . . MATIÈRES
Passe par les fosses pour attaquer la face (PD) . . . . .
. . . . SINUSITE
Passe pour repasser . . . . REMOULEUR
Passera à l'attaque . . . . QUERELLEUR
Passer à l'attaque . . . . ATTENTER
Passer à tabac . . . . TABASSER
Passer à travers . . . . PÉNÉTRER
Passer au four . . . . GRATINER
Passer à un rang inférieur . . . . DÉCLASSER
Passer au peigne fin . . . . RATISSER

Passer au rouge . . . . RUBÉFIER
Passer au travers . . . . TRANSPERCER
Passer de main en main . . . . CIRCULER
Passer de mode . . . . VIEILLIR
Passer de nouveau . . . . REPASSER
Passer du français au russe . . . . TRADUIRE
Passer d'un corps à un autre . . . . TRANSMIGRER
Passer d'un côté à l'autre . . . . TRAVERSER
Passer d'un site à un autre . . . . NAVIGUER
Passereau à bec fin . . . . . BECFIGUE, FARLOUSE
Passereau au plumage rouge . . . . CARDINAL
Passereau chanteur . . . . CHARDONNERET
Passereau d'Afrique . . . . TISSERIN
Passereau des bois . . . . BOUVREUIL
Passereau grimpeur, grimpant sur les troncs . . . .
. . . . SITTELLE
Passereau insectivore . . . . ROITELET
Passereau qui se fait un nid suspendu . . TISSERIN
Passer en revue . . . . . DÉTAILLER, ÉNUMÉRER
Passer l'adversaire avec le ballon . . . . . DRIBBLER
Passer la main . . . . RENONCER
Passer la saison froide ailleurs, à l'abri . . . . , ...
. . . . HIVERNER
Passer la souffleuse . . . . DÉNEIGER
Passer le premier . . . . ÉTRENNER
Passer l'hiver à l'abri . . . . HIVERNER
Passer l'hiver sans sortir . . . . HIBERNER
Passer par . . . . TRAVERSER
Passer par-dessus . . ENJAMBER, TRANSGRESSER
Passer sa langue sur celle d'un autre (MH) . . . . . .
. . . . TRADUIRE
Passe sa langue sur ses lèvres (se) . . POURLÉCHER
Passer sous silence . . . . OCCULTER
Passer tout près . . . . EFFLEURER
Passer un bon savon . . . LESSIVER, MORIGÉNER
Passer une limite . . . . FRANCHIR
Passe ses journées au bout du fil . . TÉLÉPHONISTE
Passe sur l'épaule . . . . BRETELLE
Passe-temps . . . . . . AMUSEMENT, JEUDESPRIT,
. . . . OCCUPATION
Passiflore d'Australie . . . . GRENADILLE
Passion pour quelqu'un . . . . IDOLÂTRIE
Pas souvent . . . . RAREMENT
Pas stupide . . . . INTELLIGENT
Pas sûr . . . . ÉVENTUEL
Pas sur place . . . . AILLEURS
Pas syndiqué . . . . INORGANISÉ
Pasteur anglo-saxon . . . . CLERGYMAN
Pas timoré . . . . TÉMÉRAIRE
Pas toujours vieux . . . . GRANDPÈRE
Pas tous . . . . CERTAINS
Pas tous les jours . . . . RAREMENT
Pas tout vendu . . . . INÉPUISÉ
Pas très chaud . . . . FRISQUET
Pas très complexe . . . . RUDIMENTAIRE
Pas très correct . . . . INDÉCENT
Pas très harmonieux . . . . CACAPHONIQUE
Pas très important, mais attention aux conséquences
(PD) . . . . INCIDENT
Pas très loin du premier . . . . TROISIÈME
Pas très prudent . . . . TÉMÉRAIRE
Pas très rassurant . . . . FANTOMATIQUE

Pas trop . . . . SUFFISAMMENT
Pas trop cher . . . . ABORDABLE
Pas un chat . . . . PERSONNE
Pas utopique . . . . RÉALISTE
Pas vêtu . . . . NATURISTE
Pas vraiment vrai (MH) . . . . POTENTIEL
Pâte alimentaire . . CANNELLONI, TAGLIATELLE
Pâte alimentaire en forme de petit coude
. . . . COQUILLETTE
Pâte alimentaire en forme de tube . . MACARONI
Pâte à potage . . . . VERMICELLE
Pâté brioché et farci . . . . KOULIBIAC
Patente à gosses (MF) . . . . GRÉEMENT
Pâte très fine . . . . VERMICELLE
Pâte utilisée en céramique . . . . BARBOTINE
Patience à supporter la douleur morale . . . .
. . . . LONGANIMITÉ
Patient observateur . . . . SENTINELLE
Pâtisserie à la meringue . . . . VACHERIN
Pâtisserie de la taille d'une bouchée . . PETITFOUR
Pâtisserie délicate à base de blancs d'œufs . . . . . .
. . . . MERINGUE
Pâtisserie d'origine allemande . . . . FORÊTNOIRE
Pâtisserie en pâte à choux . . . . PARISBREST
Pâtisserie faite de pâte frite . . . . MERVEILLE
Pâtisserie feuilletée . . . . FEUILLANTINE
Pâtisserie légère . . . . MERINGUE
Pâtisserie traditionnellement servie en fin d'année
. . . . BÛCHEDENOËL
Patriarche porté sur la bouteille . . MATHUSALEM
Patrie de Charles de Beaumont . . . . . TONNERRE
Patrie de Gilles Vigneault . . . . . . NATASHQUAN
Patrie de Jean Lesage . . . . MONTRÉAL
Patrie de Mahomet . . . . LAMECQUE
Patrie de Mark Twain . . . . MISSOURI
Patrie de Pierre Bourgault . . . . EASTANGUS
Patriote genevois . . . . BONIVARD
Patriotisme agressif, exagéré . . . . CHAUVINISME
Patron de la Pologne . . . . SAINTCASIMIR
Patron des chasseurs . . . . SAINTHUBERT
Patron des gens de loi . . . . SAINTYVES
Patron des petits enfants . . . . SAINTNICOLAS
Patron des travailleurs . . . . SAINTJOSEPH
Patron des vignerons . . . . SAINTVINCENT
Patronne de Bruxelles . . . . SAINTEGUDULE
Patronne de Paris (Sainte...) . . . . . . GENEVIÈVE
Patronne des artilleurs, des pompiers, des sapeurs . .
. . . . SAINTEBARBE
Patron, sur une gabarre . . . . GABARRIER
Patte de cheveux . . . . ROUFLAQUETTE
Patte garnie de franges . . . . ÉPAULETTE
Patte-mâchoire des crustacés . . . . . MAXILLIPÈDE
Pauvre citadin . . . . CLOCHARD
Pauvre ou malade . . . . MALENPOINT
Pavage en cailloux . . . . RUDÉRATION
Paver avec des briques . . . . BRIQUETER
Pavillon à monter (PD) . . . . COULEURS
Pavillon au fond du parc . . . . GLORIETTE
Pavillon au sommet d'un édifice . . . . BELVÉDÈRE
Pavot cultivé pour ses graines . . . . ŒILLETTE
Payer encore pour la même chose . . . . RACHETER
Payer les dépenses de quelqu'un . . . . . DÉFRAYER

Payer pour le travail de quelqu'un ... RÉTRIBUER
Payer pour un service .... RÉMUNÉRER
Payer sa part .... PARTICIPER
Pays balte .... LITHUANIE
Pays-Bas .... HOLLANDE, NEDERLAND
Pays chimérique, pays de rêve .... ELDORADO
Pays d'Amérique du Sud .... ARGENTINE,
.... COLOMBIE, ÉQUATEUR,
.... PARAGUAY, VENEZUELA
Pays d'Asie ..... AFGHANISTAN, CAMBODGE,
.... PAKISTAN, THAÏLANDE
Pays d'Europe ...... ALLEMAGNE, AUTRICHE,
...... BELGIQUE, BULGARIE, DANEMARK,
.... FINLANDE, PORTUGAL, ROUMANIE
Pays dont le président est Barack Obama ....
.... ÉTATSUNIS
Pays imaginaire .... LILLIPUT
Pays plat et découvert ..... RASECAMPAGNE
Pays séparé de la Roumanie par la rivière Prout ...
.... MOLDAVIE
Pays sous-développé (MH) .... LILLIPUT
Peau d'animal .... FOURRURE
Peau de raie .... GALUCHAT
Peau du fruit .... ÉPICARPE
Peau enlevée à un animal .... DÉPOUILLE
Peau mince .... PELLICULE
Pêche à peau lisse .... NECTARINE
Pêche au hareng .... HARENGAISON
Pêcher de nouveau .... REPÊCHER
Pêcher qui produit des brugnons .. BRUGNONIER
Pêcheur de sardines .... SARDINIER
Pectoral du grand prêtre hébraïque ... RATIONAL
Pédalage en sens contraire ... RÉTROPÉDALAGE
Pédale de moto .... SÉLECTEUR
Pédaler dans la semoule .... PATAUGER
Pédale sans rouler (MH) .... PIANISTE
Peignoir en tissu éponge .... SORTIEDEBAIN
Peindre au Ripolin .... RIPOLINER
Peindre de couleurs vives .... BARIOLER
Peindre de nouveau .... REPEINDRE
Peindre grossièrement .... PEINTURLURER
Peindre sans soin .... BARBOUILLER
Peine capitale ..... FUSILLADE, GUILLOTINE,
.... PENDAISON
Peine douloureuse .... DÉSOLATION
Peine infligée pour une faute .... PUNITION
Peine profonde mêlée de dépit .... CRÈVECŒUR,
.... DÉSOLATION
Peine qui interdit à un citoyen de rester dans son pays
.... BANNISSEMENT
Peintre belge .... MAGRITTE
Peintre décoré à Rideau Hall .... LETENDRE
Peintre en miniature .... MINIATURISTE
Peintre espagnol .... PABLOPICASSO,
.... SALVADORDALI
Peintre français ...... DELACROIX, STEINLEN,
.... VLAMINCK
Peintre français d'origine russe .. MARCCHAGALL
Peintre italien ... BOTTICELLI, FRAANGELICO
Peintre italien de l'école de Paris .. MODIGLIANI
Peintre maître du surréalisme .... MAGRITTE
Peintre naïf .... ROUSSEAU

Peintre néerlandais .... REMBRANDT
Peintre québécois .... RIOPELLE
Peintre sans talent .... BARBOUILLEUR
Peinture délayée .... AQUARELLE
Peinture japonaise se déroulant verticalement .....
.... KAKEMONO
Pelisse russe en peau de mouton ..... TOULOUPE
Pelleter après la tempête .... DÉNEIGER
Pellicule de caoutchouc .... BAUDRUCHE
Pellicule détachée d'une surface .... ÉCAILLURE
Pellicule transparente .... CELLOPHANE
Penchant à faire le mal .... MÉCHANCETÉ
Penchant bon ou mauvais .... SENTIMENT
Penchant effréné pour la luxure ..... LUBRICITÉ
Penchant lascif pour les plaisirs de l'amour ....
.... LASCIVITÉ
Penchant pour un genre de vie ...... VOCATION
Pencherait plutôt à gauche ...... PROGRESSISTE
Penchera toujours à droite .... ITALIQUE
Pencher légèrement .... INCLINER
Pencher pour .... PRÉFÉRER
Pendant un long moment ... LONGTEMPS
Pendentif du pharaon .... PECTORAL
Pénétration belliqueuse d'un autre État .. INVASION
Pénétration d'esprit .... SAGACITÉ
Pénétration lente .... IMPRÉGNATION
Pénètre dans les chairs .... COUPERET
Pénétrer de part en part .... TRAVERSER
Péninsule québécoise .... GASPÉSIE
Pensée abstraite .... SPÉCULATION
Pensée chimérique .... ILLUSION
Pensée vague .... RÊVASSERIE, SONGERIE
Penser à l'avenir .... VATICINER
Penser vaguement .... RÊVASSER
Pente raide d'un obstacle ...... ESCARPEMENT
Perce-oreille .... FORFICULE
Perception de mauvaise odeur .... CACOSMIE
Perception désagréable des mouvements du cœur
.... PALPITATION
Perception de saveurs .... GUSTATION
Perception de sommes dues .. RECOUVREMENT
Perception visuelle des couleurs ....
.... CHROMATOPSIE
Percer à coups de corne .... ENCORNER
Percer de nouveau .... REPERCER
Percer de part en part .... TRANSPERCER
Percevoir de l'argent .... EMPOCHER
Percevoir par l'esprit, par l'ouïe ..... ENTENDRE
Perche goujonnière .... GRÉMILLE
Perd du temps au moment du choix ... HÉSITANT
Perdre beaucoup de salive (PD) ... DISCUTAILLER
Perdre de nouveau .... REPERDRE
Perdre de sa souplesse .... ROUILLER
Perdre de sa valeur .... DÉPRÉCIER
Perdre de ses forces .... DÉCLINER
Perdre de son actualité .... VIEILLIR
Perdre deux jours pour épargner quelques dollars (MF)
.... MAGASINER
Perdre du poids .... AMAIGRIR
Perdre l'équilibre .... BASCULER, CHANCELER
Perdre l'habitude de faire quelque chose ....
.... PERDRELAMAIN

Perdre momentanément ses forces . . . DÉFAILLIR
Perdre sa force (se) . . . . ROUILLER
Perdre sa vitalité . . . . VIEILLIR
Perdre ses cheveux (se) . . . . DÉPLUMER
Perdre ses forces . . . . DÉFLEURIR
Perdre ses illusions . . . . DÉCHANTER
Perdre son excitation (MF) . . . . RAMOLLIR
Perdre son temps . . . LAMBINER, LANTERNER,
. . . . MUSARDER
Perdre toute capacité de réagir . . . . . SCLÉROSER
Perdrix des montagnes . . . . BARTAVELLE
Perd ses feuilles avec le temps (PD) . . . .
. . . . ÉPHÉMÉRIDE
Perd son temps en le prenant . . . . FLÂNEUSE
Père des aïeuls . . . . BISAÏEUL
Père d'« Ivan le Terrible » . . . . EISENSTEIN
Perfectionner à l'extrême . . . . . . SOPHISTIQUER
Perfectionner une qualité . . . . CULTIVER
Période de dégel . . . . RASPOUTITSA
Période de divertissements . . . . CARNAVAL
Période de dix ans . . . . DÉCENNIE
Période de formation . . . . GROSSESSE
Période de l'allaitement . . . . LACTATION
Période de la vie . . . . ADOLESCENCE
Période de la vie de l'humanité . . . PRÉHISTOIRE
Période d'épreuve transitoire . . . . . . PURGATOIRE
Période de quinze jours . . . . QUINZAINE
Période de récolte . . . . OLIVAISON
Période de temps . . . . HUITAINE
Période de temps entre deux événements . . . .
. . . . INTERMÈDE
Période de très grande chaleur . . . . CANICULE
Période d'euphorie . . . . ÉTATDEGRÂCE
Période géologique . . . . GLACIATION
Période pour laquelle on travaille . . . .
. . . . FINDESEMAINE
Période suivant l'accouchement . . . POSTPARTUM
Périodique de petit format . . . . TABLOÏDE
Permanente très souple . . . . MINIVAGUE
Permet au lecteur de reprendre son souffle . . . .
. . . . POINTVIRGULE
Permet au peuple de s'exprimer . . RÉFÉRENDUM
Permet aux Anglais de nous comprendre . . . .
. . . . TRADUCTION
Permet aux écoliers de se délasser . . RÉCRÉATION
Permet d'accéder à un autre niveau . . . ESCALIER
Permet d'aller plus haut . . . . ESCALIER
Permet d'arrêter l'inventaire . . . . ETCETERA
Permet d'avoir bonne mine (MH) . . . .
. . . . TAILLECRAYON
Permet de boucler les affaires . . . TRANSACTION
Permet de comprendre ce qui se passe ailleurs . . . .
. . . . TRADUCTEUR
Permet de faire des injections . . . . SERINGUE
Permet de finir plus vite . . . . CÉLÉRITÉ
Permet de mieux voir . . . . ÉCLAIRAGE
Permet de modifier l'intensité du courant . . . .
. . . . RHÉOSTAT
Permet de naviguer . . . . FURETEUR
Permet de ne pas dépasser la dose . . MESURETTE
Permet de passer à table sans passer à la cuisine (PD)
. . . . TRAITEUR

Permet de prendre de la hauteur . . . . ÉLÉVATEUR,
. . . . MARCHEPIED
Permet de repartir d'un bon pied . . . .
. . . . RESSEMELAGE
Permet de reprendre de la hauteur . . . .
. . . . REHAUSSEMENT
Permet de rester chez soi . . . . LIVRAISON
Permet de rouler . . . . SESBANIA
Permet de savoir, en gros, de quoi il s'agit . . . .
. . . . MICROSCOPE
Permet de se soulager . . . . EXUTOIRE
Permet de situer . . . . DATATION
Permet de soulager une démangeaison . . . .
. . . . GRATTEDOS
Permet d'éviter l'affrontement (PD) . . . .
. . . . TRACTATION
Permet d'éviter les morsures . . . . . . MUSELIÈRE
Permet de voir loin . . . . BELVÉDÈRE
Permet de voir par-dessus un obstacle . . PÉRICOSPE
Permet d'examiner l'intérieur de l'oreille . . . .
. . . . OTOSCOPE
Permet la circulation des liquides . . . .
. . . . CAPSULECONGE
Permet l'articulation . . . . APERTURE
Permet le réglage de la température . . . MITIGEUR
Permet le retour au naturel . . . . DÉMAQUILLANT
Permet rarement de différencier le sexe . . . .
. . . . SILHOUETTE
Permettent d'avancer . . . . NAGEOIRES
Permettent de marcher sans user ses souliers (MH)
. . . . ÉCHASSES
Permettre à quelqu'un de libérer son agressivité (se)
. . . . DÉFOULER
Permet un bon appui . . . . ÉPAULEMENT
Permission d'imprimer . . . . IMPRIMATUR
Perruches vivant en couples permanents . . . .
. . . . INSÉPARABLES
Perroquet à huppe érectile . . . . CACATOÈS
Persévérer à demander une chose . . . . . INSISTER
Persifler et régner . . . . IRONISER
Persistance de caractères larvaires . . . . NÉOTÉNIE
Personnage ayant un pouvoir considérable . . . .
. . . . AYATOLLAH
Personnage comique bouffon . . . . ARLEQUIN
Personnage créé par Antonine Maillet . . SAGOUINE
Personnage créé par James Matthew Barrie . . . .
. . . . PETERPAN
Personnage d'Astérix . . . . LÉGIONNAIRE
Personnage de bande dessinée . . . . LITTLENEMO
Personnage de conte . . . . BLANCHENEIGE,
. . . . CENDRILLON
Personnage de dessin . . . . FÉLIXLECHAT
Personnage de la « commedia dell'arte » . . . .
. . . . ARLEQUIN
Personnage de Molière . . . . SGANARELLE
Personnage de « Notre-Dame de Paris » . . . .
. . . . ESMÉRALDA
Personnage de poltron vantard . . . . . . FALSTAFF
Personnage de savant fou . . . . . FRANKENSTEIN
Personnage des « Mille et une nuits » . . . .
. . . . SCHÉHÉRAZADE
Personnage des « Misérables » . . . . . . GAVROCHE

Personnage de Victor Hugo .... ESMÉRALDA
Personnage du «Misanthrope» ...... CÉLIMÈNE
Personnage d'un conte de Perrault .. BARBEBLEUE
Personnage d'un conte des frères Grimm ....
.... BLANCHENEIGE
Personnage fabuleux .... MÉLUSINE
Personnage généreux et idéaliste ....
.... DONQUICHOTTE
Personnage important .... PERSONNALITÉ,
.... PROTAGONISTE
Personnage important et influent .... MANDARIN
Personnage insignifiant .... ECTOPLASME
Personnage insignifiant et prétentieux ....
.... PALTOQUET
Personnage légendaire .... PÈRENOËL
Personnage légendaire du Moyen Âge .. MÉLUSINE
Personnage principal de l' «Avare» .. HARPAGON
Personnage principal d'un roman de Collodi ......
.... PINOCCHIO
Personnage puissant .... DICTATEUR
Personnage sans consistance ..... ECTOPLASME
Personnage vêtu de rouge .... CHAPERON
Personne à cheval .... CAVALIER
Personne âgée .... VIEILLARD
Personne aiguisant les couteaux .... REPASSEUR
Personne à la voix désagréable ...... CRÉCELLE
Personne à l'esprit vulgaire .... PHILISTIN
Personne antipathique .... TÊTEÀCLAQUES
Personne à marier .... CÉLIBATAIRE
Personne apathique .... EMPLÂTRE
Personne appartenant à une même profession ....
.... CONFRÈRE
Personne à qui l'on confie ses secrets ....
.... CONFIDENT
Personne à qui l'on se fie totalement .. ALTEREGO
Personne à qui l'on témoigne son amour en février
.... VALENTIN
Personne attachée au service d'une ambulance ....
.... AMBULANCIER
Personne atteint de pyromanie ...... PYROMANE
Personne audacieuse .... TÉMÉRAIRE
Personne autoritaire .... GENDARME
Personne avec qui l'on joue ..... PARTENAIRE
Personne ayant le droit de vote ..... ÉLECTEUR
Personne bavarde .... CONCIERGE, CRÉCELLE
Personne changeant souvent d'opinion ....
.... GIROUETTE
Personne chargée d'administrer les finances ......
.... TRÉSORIER
Personne chargée de former des professionnels ....
.... FORMATEUR
Personne chargée de l'orientation professionnelle ..
.... ORIENTEUR
Personne chargée d'enseigner .... MONITEUR
Personne chargée de prévenir les blancs de mémoire
.... SOUFFLEUR
Personne chargée des échos dans le journal ....
.... ÉCHOTIER
Personne chargée de transmettre une nouvelle .....
.... MESSAGER
Personne chargée d'examiner les candidats ....
.... EXAMINATEUR

Personne chargée du recensement .. RECENSEUR
Personne cherchant à améliorer le sort des autres ..
.... PHILANTHROPE
Personne cherchant à tirer un profit abusif .,......
.... PROFITEUR
Personne chétive .. DEMIPORTION, MAUVIETTE
Personne commise à l'assistance d'un incapable ...
.... CURATEUR
Personne composant des ouvrages littéraires ......
.... ÉCRIVAIN
Personne conçue comme porte-bonheur ....
.... MASCOTTE
Personne conformiste et sans idéal .. BOURGEOIS
Personne connue en raison de son rôle ....
.... PERSONNALITÉ
Personne contre laquelle on intente une action en jus-
tice .... DÉFENDEUR
Personne craintive .... TREMBLEUR
Personne cruelle .... BOURREAU
Personne cultivant des jardins ...... JARDINIER
Personne d'âge mûr .... CROULANT
Personne dénuée de réflexion ...... AUTOMATE
Personne détenant l'autorité administrative ....
.... COMMANDANT
Personne détenue avec une autre .... CODÉTENU
Personne dont la langue maternelle est étrangère ...
.... ALLOPHONE
Personne dont la profession est de faire de la musi-
que .... MUSICIEN
Personne dont la sévérité va jusqu'à la dureté .....
.... PEAUDEVACHE
Personne dont l'aspect est repoussant ....
.... ÉPOUVANTAIL
Personne dont le métier rapporte peu ....
.... GAGNEPETIT
Personne dont on parle tout le temps et qu'on ne voit
jamais (l') .... ARLÉSIENNE
Personne du même pays .... COMPATRIOTE
Personne d'un abord difficile .... HÉRISSON
Personne effectuant la composition de textes ......
.... CLAVISTE
Personne effectuant une attaque à main armée .....
.... BRAQUEUR
Personne employée aux ouvrages de terrassement ..
.... TERRASSIER
Personne en charge de la surveillance ....
.... SURVEILLANT
Personne en charge de la surveillance d'un feu ....
.... CHAUFFEUR
Personne en charge des liaisons par télex ....
.... TÉLEXISTE
Personne en charge des soins esthétiques ....
.... MANUCURE
Personne en faveur de qui on aliène une propriété ..
.... ALIÉNATAIRE
Personne énorme .... HIPPOPOTAME,
.... MASTODONTE
Personne en qui l'on ne peut placer sa confiance ...
.... PLAISANTIN, POLICHINELLE
Personne en vacances .... VACANCIER
Personne étourdie .... HURLUBERLU
Personne exaltée .... ÉNERGUMÈNE

Personne exerçant des fonctions en lieu du titulaire .... INTÉRIMAIRE
Personne extrêmement habile .... VIRTUOSE
Personne fabriquant des tissus ...... TISSERAND
Personne faisant des miracles .. THAUMATURGE
Personne faisant partie d'une équipe avec d'autres .... COÉQUIPIER
Personne faisant une répartition .. RÉPARTITEUR
Personne flattant bassement .... ADULATEUR
Personne fourbe .... TARTUFFE
Personne frivole .. AMUSETTE, MARIONNETTE
Personne grande et mince .... ÉCHALOTE
Personne habile .... ACROBATE, JONGLEUR
Personne hypocrite .... NITOUCHE
Personne impécunieuse .... SANSLESOU
Personne insouciante .... SANSSOUCI
Personne jouant de la trompette .. TROMPETTISTE
Personne jugée archaïque .... DINOSAURE
Personne lâche .... POULEMOUILLÉE
Personne maladroite .... ANDOUILLE
Personne malingre .... DEMIPORTION
Personne malpropre .... SALIGAUD, SOUILLON
Personne misérable .. POUILLEUX, VANUPIEDS
Personne miséreuse .... CRÈVELAFAIM
Personne montrant un zèle intempestif .. ZÉLATEUR
Personne négligente .... SANSSOIN
Personne noble .... SEIGNEUR
Personne obsédée sexuellement ... ÉROTOMANE
Personne participant à une émeute ... ÉMEUTIER
Personne pauvre .... MISÉREUX
Personne peu courageuse .... MAUVIETTE
Personne pratiquant la gymnastique .. GYMNASTE
Personne pratiquant l'art de jongler .. JONGLEUR
Personne pratiquant une activité ..... PATRICIEN
Personne préposée à la distribution de l'essence ... . POMPISTE
Personne préposée à la garde d'un immeuble .... CONCIERGE
Personne privée .... PARTICULIER
Personne privée de ses membres ...... ESTROPIÉ
Personne protégée par les consulats d'un pays ... . ASSORTISSANT
Personne que la Faucheuse ne semble pas pouvoir atteindre .... TROMPELAMORT
Personne que l'on a séduite .... CONQUÊTE
Personne que l'on exploite .... VACHEÀLAIT
Personne que l'on instruit en vue du baptême .... CATÉCHUMÈNE
Personne que l'on ne veut nommer .. TARTEMPION
Personne que rien n'arrête .... BULLDOZER
Personne qui abat .... ABATTEUR
Personne qui achète et revend .... BROCANTEUR
Personne qui a construit quelque chose .... FONDATEUR
Personne qui a émigré .... ÉMIGRANT
Personne qui agit de manière désintéressée .... PHILANTHROPE
Personne qui agit pour le compte d'un autre .... PRÊTENOM
Personne qui agit sans délicatesse .... SANSGÊNE
Personne qui aiguise les instruments tranchants .... ÉMOULEUR

Personne qui aime bien manger .. GASTRONOME
Personne qui aime discuter de bonne guerre (MF) .. .. MILITAIRE
Personne qui aime faire rire .... PLAISANTIN
Personne qui aime les potins .... PIPELETTE
Personne qui aime rechercher de vieux livres .... BOUQUINEUR
Personne qui, à la Bourse, spécule .... BAISSIÈRE
Personne qui a le don d'animer une fête .... BOUTEENTRAIN
Personne qui a le métier de déguster les boissons .. .. DÉGUSTATEUR
Personne qui a les moyens .... ARGENTÉE
Personne qui a le talent d'improviser .... IMPROVISATEUR
Personne qui alterne entre le travail et le non travail .... INTERMITTENT
Personne qui a l'usufruit d'un bien .... USUFRUITIÈRE
Personne qui annonce un événement futur .... PROPHÈTE
Personne qui apprend un métier ...... APPRENTI
Personne qui a quitté son lieu d'origine .... DÉRACINÉE
Personne qui arrive .... ARRIVANT
Personne qui bâille .... BÂILLEUR
Personne qui casse tout .... BRISEFER
Personne qui cause la ruine d'autrui .... NAUFRAGEUR
Personne qui cause la ruine de quelque chose .... FOSSOYEUR
Personne qui change souvent d'opinion .... GIROUETTE
Personne qui chante en duo .... DUETTISTE
Personne qui cherche à améliorer le sort des autres .... PHILANTHROPE
Personne qui cherche à s'imposer .... ESBROUFEUSE
Personne qui cherche à tirer un avantage .... PROFITEUR
Personne qui cherche à tromper .... FLIBUSTIER
Personne qui chipote .... CHIPOTEUR
Personne qui commence .... DÉBUTANT
Personne qui commet un meurtre ... MEURTRIER
Personne qui compose des symphonies .... SYMPHONISTE
Personne qui conduit des fouilles archéologiques .... FOUILLEUR
Personne qui conduit un navire ... NAUTONNIER
Personne qui confectionne des vêtements .... COUTURIÈRE
Personne qui confesse ses péchés .... PÉNITENT
Personne qui contrôle .... VÉRIFICATEUR
Personne qui crée .... CRÉATEUR
Personne qui crée des parfums .... PARFUMEUR
Personne qui critique violemment .. DÉTRACTEUR
Personne qui cultive la pépinière .. PÉPINIÉRISTE
Personne qui cultive la vigne .... VIGNERON
Personne qui cultive les champignons .... CHAMPIGNONNISTE
Personne qui détériore une machine .. SABOTEUR
Personne qui doit .... DÉBITEUR

Personne qui donne à bail . . . . BAILLEUR
Personne qui donne des leçons à des élèves . . . .
. . . . RÉPÉTITEUR
Personne qui donne la première impulsion à quelque chose . . . . PROMOTEUR
Personne qui donne son soutien . . . BIENFAITEUR
Personne qui dresse des animaux . . . . DRESSEUR
Personne qui dynamite . . . . DYNAMITEUR
Personne qui écoute un cours . . . . AUDITEUR
Personne qui écrit mal . . . . CACOGRAPHE
Personne qui effectue des recherches . . . .
. . . . RECHERCHISTE
Personne qui élabore des plans de jardins . . . .
. . . . PAYSAGISTE
Personne qui élague . . . . ÉLAGUEUR
Personne qui élève des coqs de combat . . . .
. . . . COQUELEUX
Personne qui émonde . . . . ÉMONDEUR
Personne qui en guide une autre . . . . . CICÉRONE
Personne qui épargne . . . . ÉPARGNANT
Personne qui est chargée d'une mission . . . .
. . . . COMMISSIONNAIRE
Personne qui est du même pays . . . CONCITOYEN
Personne qui est en vacances . . . . VACANCIER
Personne qui est l'objet des regards . . . .
. . . . POINTDEMIRE
Personne qui établit sa puissance en profitant de la faiblesse . . . . PRÉDATEUR
Personne qui étudie les plantes, les minéraux et les animaux . . . . NATURALISTE
Personne qui excelle . . . . VIRTUOSE
Personne qui exécute mal un ouvrage . . SABOTEUR
Personne qui exécute un travail ingrat . . . .
. . . . TÂCHERON
Personne qui exploite une érablière . . . . . .
. . . . ACÉRICULTEUR
Personne qui exploite un navire . . . . . ARMATEUR
Personne qui fabrique de la bière . . . . BRASSEUR
Personne qui fabrique de la toile . . . . . TOILIÈRE
Personne qui fabrique des bijoux . . . . . JOAILLIER
Personne qui fabrique des chapeaux . . CHAPELIER
Personne qui fabrique des gilets . . . . . . GILETIER
Personne qui fabrique des lunettes . . . . OPTICIEN
Personne qui fabrique des parfums . . PARFUMEUR
Personne qui fabrique des sabots . . . . . SABOTIER
Personne qui fabrique des tissus . . . . TISSERAND
Personne qui fait de mauvais vers . . RIMAILLEUR
Personne qui fait des corsets . . . . CORSETIER
Personne qui fait des louanges . . . . . LAUDATEUR
Personne qui fait des paquets . . . . . . PAQUETEUR
Personne qui fait des tours d'acrobatie . . . .
. . . . ACROBATE
Personne qui fait des tripotages . . . . . TRIPOTEUR
Personne qui fait du commerce . . . . MARCHAND
Personne qui fait du commerce en gros . . . .
. . . . NÉGOCIANT
Personne qui fait du maraudage . . . MARAUDEUR
Personne qui fait du tourisme . . . . TOURISTE
Personne qui fait le guet . . . . SENTINELLE
Personne qui fait rire . . . . FARCEUSE
Personne qui fait tout juste l'affaire . . . .
. . . . BOUCHETROU

Personne qui fait un échange avec une autre . . . . . .
. . . . COÉCHANGISTE
Personne qui fixe une taxe . . . . TAXATEUR
Personne qui flatte servilement . . . LÈCHEBOTTE
Personne qui fomente une émeute . . . . ÉMEUTIER
Personne qui habite dans une grotte . . . .
. . . . TROGLODYTE
Personne qui habite dans un lieu déterminé . . . .
. . . . RÉSIDENT
Personne qui hérite des biens . . . . HÉRITIER
Personne qui incite à la violence . . . .
. . . . PROVOCATEUR
Personne qui invente . . . . INVENTEUR
Personne qui joue à la hausse, à la Bourse . . . .
. . . . HAUSSIER
Personne qui joue un rôle principal dans une affaire
. . . . PROTAGONISTE
Personne qui laisse passer bien des choses . . . .
. . . . CLÉMENTE
Personne qui lance du vitriol sur quelqu'un . . . . . .
. . . . VITRIOLEUR
Personne qui lit à haute voix . . . . LECTRICE
Personne qui loue une maison . . . . . . LOCATAIRE
Personne qui maltraite quelqu'un . . . . BOURREAU
Personne qui méprise . . . . CONTEMPTEUR
Personne qui montre de l'ardeur à défendre une idée
. . . . ZÉLATEUR
Personne qui n'a ni domicile, ni profession . . . .
. . . . VAGABOND
Personne qui n'a pas d'argent . . . . . SANSLESOU
Personne qui n'a pas d'expérience . . . DÉBUTANT
Personne qui nasille . . . . NASILLEUR
Personne qui ne laisse rien passer . . . .
. . . . OPPORTUNISTE
Personne qui nettoie . . . . NETTOYEUR
Personne qui nivelle . . . . NIVELEUR
Personne qui obtient un prêt . . . . . EMPRUNTEUR
Personne qui occupe un emploi subalterne . . . .
. . . . SOUSFIFRE
Personne qui ouvre la voie . . . . PRÉCURSEUR
Personne qui pagaye . . . . PAGAYEUR
Personne qui parle au nom d'un groupe . . . .
. . . . PORTEPAROLE
Personne qui participe à une grève . . . . GRÉVISTE
Personne qui passe son temps à aller voir ailleurs (MF) . . . . INFIDÈLE
Personne qui passe une annonce . . . ANNONCEUR
Personne qui patine . . . . PATINEUR
Personne qui place des capitaux . . INVESTISSEUR
Personne qui plagie les œuvres des autres . . . .
. . . . PLAGIAIRE
Personne qui polémique . . . . POLÉMISTE
Personne qui pratique la chiropractie . . . .
. . . . CHIROPRACTEUR
Personne qui pratique la divination par les rêves . . .
. . . . ONIROMANCIEN
Personne qui pratique le canoë . . . . CANOÉISTE
Personne qui pratique le doute scientifique . . . . . .
. . . . SCEPTIQUE
Personne qui prépare l'agrégation . . . AGRÉGATIF
Personne qui préside . . . . PRÉSIDENT
Personne qui prétend à une fonction . . ASPIRANT

Personne qui procède à l'ajustage de pièces . . . .
. . . . AJUSTEUR
Personne qui professe le christianisme . . . .
. . . . CHRÉTIEN
Personne qui professe un rationalisme antireligieux
. . . . LIBREPENSEUR
Personne qui publie . . . . ÉDITRICE
Personne qui raccommode des vêtements . . . .
. . . . RAVAUDEUR
Personne qui ramasse . . . . RAMASSEUR
Personne qui ramasse les épis . . . . GLANEUSE
Personne qui ramasse les vieux objets . . . .
. . . . CHIFFONNIÈRE
Personne qui recèle . . . . RECELEUR
Personne qui recherche l'affrontement . . . .
. . . . VATENGUERRE
Personne qui recherche la réussite sociale . . . .
. . . . CARRIÉRISTE
Personne qui recherche les aventures . . . .
. . . . AVENTURIER
Personne qui répète . . . . RADOTEUR
Personne qui revendique un trône . . PRÉTENDANT
Personne qui revoit pour corriger . . . . . RÉVISEUR
Personne qui ronfle . . . . RONFLEUR
Personne qui s'abstient de manger . . . . JEÛNEUSE
Personne qui s'adonne à un art par plaisir . . . .
. . . . DILETTANTE
Personne qui sait réunir des gens pour une action
commune . . . . RASSEMBLEUSE
Personne qui se baigne . . . . BAIGNEUR
Personne qui se bat en duel . . . . DUELLISTE
Personne qui se déplace pour son plaisir . . . .
. . . . TOURISTE
Personne qui se distingue . . . . CHAMPION
Personne qui se donne en spectacle . . . HISTRION
Personne qui semble parler du ventre . . . .
. . . . VENTRILOQUE
Personne qui se porte caution . . . . . RÉPONDANT
Personne qui sert de lien entre deux autres . . . .
. . . . INTERMÉDIAIRE
Personne qui se sacrifie pour une cause . . . .
. . . . KAMIKAZE
Personne qui se spécialise dans le rentoilage . . . . .
. . . . RENTOILEUR
Personne qui se vante . . . . FANFARON
Personne qui s'exprime avec affectation . . . .
. . . . PHRASEUR
Personne qui simule une maladie . . SIMULATEUR
Personne qui s'occupe de ce qui ne la regarde pas . .
. . . . MÊLETOUT
Personne qui s'occupe d'un peu de tout . . . .
. . . . FACTOTUM
Personne qui soigne des malades . . THÉRAPEUTE
Personne qui soigne les chevaux . . PALEFRENIER
Personne qui sort avec quelqu'un . . . . CHAPERON
Personne qui suit des études . . . . ÉTUDIANT
Personne qui suit la doctrine d'un maître . . . .
. . . . DISCIPLE
Personne qui suborne un témoin . . SUBORNEUR
Personne qui surveille . . . . OBSERVATEUR,
. . . . SURVEILLANT
Personne qui suscite des querelles . . . BOUTEFEU

Personne qui tend à atténuer les conflits . . . .
. . . . MODÉRATEUR
Personne qui tente de diriger les autres . . . .
. . . . MANIPULATEUR
Personne qui tient les comptes . . . . . COMPTABLE
Personne qui tient une drogueuse . . . DROGUISTE
Personne qui tient une galerie d'art . . GALÉRISTE
Personne qui tient une gargote . . . . . GARGOTIER
Personne qui tient une papeterie . . . . . PAPETIER
Personne qui tient un hôtel . . . . HÔTELIER
Personne qui traite . . . . GUÉRISSEUR
Personne qui travaille à façon . . . . . FAÇONNIER
Personne qui travaille sur les parcs à huîtres . . . . . .
. . . . AMAREYEUR
Personne qui triche . . . . TRICHEUR
Personne qui trompe . . . . : IMPOSTEUR
Personne qui trouve . . . . TROUVEUSE
Personne qui use de basse flatterie . . . .
. . . . FLAGORNEUR
Personne qui va à la découverte . . EXPLORATEUR
Personne qui vend de la ferraille . . FERRAILLEUR
Personne qui vend du poisson . . . . POISONNIER
Personne qui veut réussir à tout prix . . ARRIVISTE
Personne qui vit aux dépens des autres . . . .
. . . . PARASITE
Personne qui vit de revenus non professionnels . . . .
. . . . RENTIÈRE
Personne qui vit sans travail ni domicile . . . .
. . . . CLOCHARD
Personne qui vole . . . . PARAPENTISTE
Personne qui voyage pour le plaisir . . . TOURISTE
Personne remarquable . . . . CHAMPIONNE
Personne revêche et irritable . . . . PORCÉPIC
Personne ridicule . . . . POLICHINELLE
Personne sale . . . . SALIGAUD
Personne sans argent . . . . SANSLESOU
Personne sans caractère . . . . BAUDRUCHE
Personne sans intelligence . . . . IMBÉCILE
Personne se livrant à un commerce honnête . . . .
. . . . TRAFIQUANT
Personne semblable à une autre . . . . CONGÉNÈRE
Personne servile . . . . . CARPETTE, PAILLASSON
Personne s'occupant des affaires publiques . . . .
. . . . POLITIQUE
Personne spécialisée dans les soins dentaires . . . . . .
. . . . DENTISTE
Personne substituée à une autre . . . . . SUBROGÉE
Personne téméraire qui se sacrifie pour une cause . . .
. . . . KAMIKAZE
Personne timide à l'excès . . . . TREMBLEUR
Personne très audacieuse . . . . RISQUETOUT
Personne très dépensière . . . . PANIERPERCÉ
Personne très laide . . . . REPOUSSOIR
Personne très riche . . . . CAPITALISTE
Personne très timide . . . . TREMBLEUR
Personne versatile . . . CAMÉLÉON, GIROUETTE
Personne voulant réussir à tout prix . . . .
. . . . ARRIVISTE
Personne vraiment innocente . . . . . . ACQUITTÉE
Perspective d'avenir . . . . DÉBOUCHÉ
Perte de connaissance . . . . . . ÉVANOUISSEMENT
Perte de connaissance brutale . . . . . . APOPLEXIE

Perte de la faveur . . . . DÉFAVEUR
Perte de l'appétit . . . . ANOREXIE
Perte de la raison . . . . ALIÉNATION
Perte de la sensibilité . . . . ANESTHÉSIE
Perte de l'intérêt . . . . DÉSAFFECTION
Perte de prestige . . . . DÉCADENCE
Perte de temps . . . . MUSARDERIE
Perte de vitesse . . . . TASSEMENT
Perte d'un bâtiment en mer . . . . NAUFRAGE
Perte d'un droit naturel . . . . ALIÉNATION
Perte d'un membre . . . . MUTILATION
Perte importante en vies humaines . . . .
. . . . HÉMORRAGIE
Perte qui laisse des traces . . . . NOCTURNE
Perturbation dans la réception des signaux radio-
électriques . . . . PARASITE
Perturbe les déplacements . . . . TRIBULATION
Pessimisme profond . . . . DÉFAITISME
Pessimisme systématique . . . . SINISTROSE
Petit acarien rouge . . . . TROMBIDION
Petit accordéon pour les orchestres de tango . . .
. . . . BANDONÉON
Petit ami . . . . BIENAIMÉ
Petit animal arthropode . . . . CLOPORTE
Petit appareil en verre . . . . TÉTERELLE
Petit appartement de célibataire . . GARÇONNIÈRE
Petit article dans le journal . . . . ENTREFILET
Petit balai . . . . BALAIETTE
Petit bassin . . . . BASSINET
Petit bassin pour les fidèles . . . . BÉNITIER
Petit bâtiment de la Méditerranée . . . . FELOUQUE
Petit bâton . . . . BAGUETTE
Petit battement pour appel (PD) . . . . . CLINDŒIL
Petit beignet . . . . PETDENONNE
Petit berger . . . . PASTOUREAU
Petit bijou attaché à une chaîne . . . . . BRELOQUE
Petit biscuit léger . . . . CROQUIGNOLE
Petit biscuit plat . . . . LANGUEDECHAT
Petit biscuit sec feuilleté . . . . GAUFRETTE
Petit bobo . . . . ÉRAFLURE
Petit bol d'eau qui n'est pas à boire . . . .
. . . . RINCEDOIGTS
Petit bonbon . . . . PASTILLE
Petit bout de chandelle . . . . LUMIGNON
Petit brochet . . . . BROCHETON
Petit bruit des oiseaux . . . . . . GAZOUILLEMENT
Petit cacatoès . . . . ROSALBIN
Petit café . . . . ESTAMINET
Petit café à clientèle populaire . . . . . . CABOULOT
Petit canal recevant les eaux de pluie . . . .
. . . . GOUTTIÈRE
Petit canapé . . . . CAUSEUSE
Petit canot de course . . . . ROUNDABOUT
Petit carré de tissu . . . . MOUCHOIR
Petit cerf d'Amérique du Sud . . . . . . CARIACOU
Petit chandelier . . . . BOUGEOIR
Petit chien à poil ras . . . . CHIHUAHUA
Petit chien de compagnie . . . . YORKSHIRE
Petit chien pékinois à poil long . . . .
. . . . KINGCHARLES
Petit cigare . . . . CIGARILLO, SENORITA
Petit clavecin . . . . ÉPINETTE

Petit clocher . . . . CLOCHETON
Petit clos . . . . CLOSERIE
Petit cochon . . . . COCHONNET
Petit coffre . . . . CAISSETTE
Petit coléoptère . . . . ATTAGÈNE
Petit concombre . . . . CORNICHON
Petit cours d'eau . . . . . . RUISSEAU, RUISSELET
Petit coussin . . . . COUSSINET
Petit couteau chirurgical . . . . BISTOURI
Petit crabe . . . . PINNOTHÈRE
Petit creux dans la joue . . . . FOSSETTE
Petit cri étouffé . . . . GLOUSSEMENT
Petit crustacé d'eau douce . . . . ÉCREVISSE
Petit crustacé marin . . . . CREVETTE
Petit de la baleine . . . . BALEINEAU
Petit de la bécasse . . . . BÉCASSEAU
Petit de la chèvre . . . . CHEVREAU
Petit de la cigogne . . . . CIGOGNEAU
Petit de la couleuvre . . . . COULEUVREAU
Petit de l'hirondelle . . . . HIRONDEAU
Petit démon . . . . ESPIÈGLE
Petit diable . . . . DIABLOTIN
Petit dindon . . . . DINDONNEAU
Petit doigt . . . . AURICULAIRE, ROUPILLON
Petit du canard . . . . CANARDEAU
Petit du corbeau . . . . CORBILLAT
Petit du lapin . . . . LAPEREAU
Petit du lion . . . . LIONCEAU
Petit d'une souris . . . . SOURICEAU
Petit d'une vipère . . . . VIPEREAU
Petit du phoque . . . . BLANCHON
Petit du renard . . . . RENARDEAU
Petit du sanglier . . . . MARCASSIN
Petite agrafe de fil de fer . . . . TROMBONE
Petite antilope d'Afrique . . . . STEINBOCK
Petite araignée . . . . . . THERIDION, THERIDIUM
Petite armoire sacrée . . . . TABERNACLE
Petite assiette . . . . SOUCOUPE
Petite baie peu profonde . . . . BARANCHOIS
Petite balance . . . . PÈSEPERSONNE
Petite banque d'enfant . . . . TIRELIRE
Petite bêche de jardinier . . . . HOULETTE
Petite bête . . . . BESTIOLE
Petite blessure de la peau . . . . ÉCORCHURE
Petite boîte métallique . . . . CANNETTE
Petite boîte pour le tabac . . . . TABATIÈRE
Petite boîte pour ranger les médicaments . . . .
. . . . PILULIER
Petite boucle de cheveux . . . . FRISETTE
Petite boule . . . . BOULETTE
Petite bouteille d'environ un tiers de litre . . . .
. . . . FILLETTE
Petite branche . . . . BRANCHETTE
Petite broche pour assembler . . . . . . GOUPILLE
Petite brosse . . . . BALAYETTE
Petite caisse . . . . CAISSETTE
Petite calotte de caoutchouc . . . . VENTOUSE
Petit écart sans gravité . . . . FREDAINE
Petite cascade . . . . CASCATELLE
Petite chambre . . . . CHAMBRETTE
Petite chanson . . . . CHANSONNETTE
Petite chapelle . . . . . . ABSIDIOLE, ORATOIRE

Petit échassier . . . . BÉCASSEAU
Petite chauve-souris . . . . PIPISTRELLE
Petite cheville . . . . CHEVILLETTE
Petite cheville métallique . . . . CLAVETTE
Petite chose sans valeur . . . . BRIMBORION,
. . . . BROUTILLE
Petite collision . . . . ACCROCHAGE
Petite conférence . . . . CAUSERIE
Petite construction de treillage . . . . . TONNELLE
Petite couleuvre inoffensive . . . . CORONELLE
Petite crêpe mexicaine . . . . TORTILLA
Petit écriteau . . . . ÉTIQUETTE
Petite dent . . . . QUENOTTE
Petite dépression du printemps (MH) . . . .
. . . . NIDDEPOULE
Petite dépression qui provoque une colère (MF) . . .
. . . . NIDDEPOULE
Petite difficulté . . . . ANICROCHE
Petite écaille . . . . SQUAMULE
Petite élévation du sol . . . . MONTICULE
Petite enveloppe . . . . POCHETTE
Petite épicerie . . . . DÉPANNEUR
Petite étiquette . . . . VIGNETTE
Petite étoile très dense . . . . . . NAINEBLANCHE
Petite faux . . . . FAUCILLE
Petite femme . . . . FEMMELETTE
Petite fille . . . . FILLETTE
Petite fleur . . . . FLEURETTE
Petite fougère des prairies . . . . OPHIOGLOSSE
Petite frise de boiserie . . . . FRISETTE
Petite goutte . . . . GOUTTELETTE
Petite grenouille arboricole . . . . RAINETTE
Petite habitation . . . . MAISONNETTE
Petite hache . . . . HACHETTE
Petite herbe . . . . SCLÉRANTHE
Petite incision chirurgicale . . . . . . BOUTONNIÈRE
Petite incision de la peau . . . . . . SCARIFICATION
Petite lamelle brillante . . . . PAILLETTE
Petite lame verte . . . . PROTHALLE
Petite lampe . . . . LAMPIOTE, LOUPIOTE
Petite lampe allumée la nuit . . . . VEILLEUSE
Petite lanterne . . . . LANTERNON
Petite maison de campagne . . . . BASTIDON
Petite malice . . . . ESPIÈGLERIE
Petite mesure avant un temps fort . . ANACROUSE
Petite mesure en règle . . . . MILLIMÈTRE
Petite meule . . . . MEULETTE
Petite musique de nuit (PD) . . . . . RONFLEMENT
Petite musique des troupeaux (PD) . . SONNAILLE
Petite musique facile . . . . MUSIQUETTE
Petit enfant . . . . BOUTDECHOU
Petit ennui . . . . ANICROCHE
Petite ode . . . . ODELETTE
Petite outarde à collier blanc . . . . . CANEPETIÈRE
Petite outre . . . . UTRICULE
Petit épargnant (MH) . . . . ÉCUREUIL
Petite pâtisserie . . . . MIGNARDISE, PETITFOUR,
. . . . TARTELETTE
Petite peau très mince . . . . CUTICULE
Petite pente raide . . . . RAIDILLON
Petite pièce de monnaie . . . . PIÉCETTE
Petite pièce de toile décorant un meuble . . . .
. . . . NAPPERON
Petite pièce en vers . . . . MADRIGAL
Petite pièce improvisée . . . . IMPROMPTU
Petite pince . . . . PINCETTE
Petite place d'une ville . . . . PLACETTE
Petite planche . . . . PLANCHETTE
Petite planche à repasser . . . . JEANNETTE
Petite planche étroite . . . . FRISETTE
Petite planche horizontale . . . . TABLETTE
Petite planète . . . . ASTÉROÏDE
Petite plante à fleurs blanches . . . . SPERGULE
Petite plante à fleurs jaunes . . . . RENONCULE
Petite plante très nuisible . . . . CHIENDENT
Petite plante vivace . . . . HYDROCOTYLE
Petite pompe portative . . . . SERINGUE
Petite prune . . . . PRUNELLE
Petite prune jaune . . . . MIRABELLE
Petite quantité . . . . CUILLÉRÉE
Petite quantité d'eau-de-vie . . . . RINCETTE
Petite quantité de beurre . . . . NOISETTE
Petite quantité de nourriture . . . . LICHETTE
Petite ramification . . . . BRANCHETTE
Petite réunion dansante . . . . SAUTERIE
Petite rousserole . . . . EFFARVATE
Petit escalier portatif . . . . ESCABEAU
Petites dépenses imprévues . . . . . FAUXFRAIS
Petite solive . . . . SOLIVEAU
Petite sonate . . . . SONATINE
Petite souris américaine . . . . . . MICKEYMOUSE
Petites pièces qu'on assemble . . . . . . TESSELLES
Petite table de toilette . . . . COIFFEUSE
Petite tache brunâtre de la peau . . . . . ÉPHÉLIDE
Petite tache jaunâtre de la peau . . . . XANTHOME
Petite tache rouge sur la peau . . . . PÉTÉCHIE
Petite tarte . . . . TARTELETTE
Petit et d'aspect mesquin . . . . RIQUIQUI
Petite tige d'acier . . . . AIGUILLE
Petite touffe de poils au menton . . BARBICHETTE
Petite tranche . . . . RONDELLE
Petite tranche de pain grillée . . . . . . BISCOTTE
Petite valise . . . . . . BAISEENVILLE, MALLETTE
Petite vallée sèche . . . . VALLEUSE
Petite vanne . . . . VANNELLE
Petite ville . . . . LOCALITÉ
Petite ville des Basses-Laurentides . . . LORRAINE
Petite voix intérieure . . . . INSTINCT
Petit fait curieux . . . . ANECDOTE
Petit faucon . . . . HOBEREAU
Petit faucon très vif . . . . ÉMÉRILLON
Petit félin . . . . LIONCEAU
Petit fruit . . . . CLÉMENTINE, GROSEILLE
Petit fût . . . . TONNELET
Petit garçon perdu dans la forêt . . . PETITPOUCET
Petit gâteau . . . . MADELEINE
Petit gâteau long et mince . . . . ALLUMETTE
Petit gâteau sec allongé . . . . . . LANGUEDECHAT
Petit gravier . . . . GRAVILLON
Petit groupe de personnes . . . . ESCOUADE
Petit groupe très fermé . . . . CHAPELLE
Petit haricot d'un goût fin . . . . FLAGEOLET
Petit héron . . . . HÉRONNEAU
Petit héron blanc . . . . GARDEBŒUF

Petit homme chétif . . . . GRINGALET
Petit homme insignifiant . . . . MIRMIDON,
. . . . MYRMIDON
Petit insecte diptère . . . . MOUCHERON
Petit instrument de chirurgie . . . . LANCETTE
Petit investisseur . . . . BOURSICOTEUR
Petit involucre . . . . INVOLUCELLE
Petit kyste inflammatoire . . . . CHALAZION
Petit jardin . . . . JARDINET
Petit linge de table . . . . NAPPERON
Petit livre . . . . OPUSCULE
Petit livre très mince . . . . PLAQUETTE
Petit mammifère . . . . . ÉCUREUIL, RENARDEAU
Petit mammifère à museau pointu . . MUSARAIGNE
Petit mammifère rongeur . . . . MARMOTTE
Petit marsupial . . . . WALLABIE
Petit meuble à tiroirs . . . . CHIFFONNIER
Petit modèle . . . . MAQUETTE
Petit mont . . . . MONTICULE
Petit morceau . . . . PARCELLE
Petit morceau de pain . . . . MOUILLETTE
Petit morceau de papier adhésif . . . . GOMMETTE
Petit morceau léger . . . . BAGATELLE
Petit mouchoir . . . . POCHETTE
Petit moyen de transport . . . . TRICYCLE
Petit nègre . . . . NÉGRILLON
Petit objet de peu de valeur . . . . . BRIMBORION
Petit objet sans grande valeur . . . . . COLIFICHET
Petit objet vendu aux touristes . . . . . SOUVENIR
Petit oiseau . . . . OISILLON, ROITELET
Petit oiseau de la savane africaine . . . . TISSERIN
Petit oiseau d'Eurasie . . . . MARTINPÊCHEUR
Petit oiseau grimpeur . . . . SITTELLE
Petit oiseau jaune . . . . CHARDONNERET
Petit oiseau rapace nocturne . . . . CHEVÊCHE
Petit ongulé . . . . PORCELET
Petit organe à l'arrière du cerveau . . . . CERVELET
Petit organe pluricellulaire . . . . PROPAGULE
Petit organite intracellulaire . . . . LYSOSOME
Petit os . . . . PHALANGE, SÉSAMOÏDE
Petit ouvrage . . . . OPUSCULE
Petit ouvrage fortifié . . . . CASEMATE
Petit pain d'épice rond . . . . NONNETTE
Petit panneau . . . . PANONCEAU
Petit papillon aux ailes grises ou jaunes . . . .
. . . . LEUCANIE
Petit papillon nocturne . . . . HYPONOMEUTE
Petit paquet d'effets . . . . BALUCHON
Petit parasol . . . . OMBRELLE
Petit passereau . . . . ROITELET
Petit pédoncule . . . . PÉDICELLE
Petit perroquet . . . . LORIQUET
Petit poème . . . . . . ÉPIGRAMME, ODELETTE
Petit poisson des chenaux . . . . POULAMON
Petit poisson d'ornement . . . . COMBATTANT
Petit poisson du Mexique . . . . PORTEÉPÉE
Petit poisson qui porte des épines dorsales . . . .
. . . . ÉPINOCHE
Petit pont . . . . PASSERELLE
Petit pressé . . . . , . . . PRÉMATURÉ
Petit rapace diurne . . . . ÉPERVIER
Petit récipient percé d'une fente . . . . . . TIRELIRE

Petit requin . . . . ROUSSETTE
Petit requin comestible . . . . ÉMISSOLE
Petit restaurant, en Italie . . . . TRATTORIA
Petit roi . . . . ROITELET
Petit rongeur . . . . CHAMPAGNOL, MARMOTTE
Petit rongeur des régions steppiques . . GERBILLE
Petit rongeur voisin du loir . . . . MUSCARDIN
Petit rotor d'un hélicoptère . . . . FENESTRON
Petit ruisseau . . . . RUISSELET
Petit sac à main . . . . RÉTICULE
Petit sac contenant ce qu'il faut pour passer la nuit
. . . . BAISEENVILLE
Petit sac membraneux dans l'oreille . . UTRICULE
Petits bonheurs (MH) . . . . AREUAREU
Petit secret que l'on tente de taire . . . CACHOTTERIE
Petit siège . . . . SELLETTE
Petit singe arboricole . . . . OUISTITI
Petit support pour œufs à la coque . . COQUETIER
Petit tableau . . . . TABLEAUTIN
Petit tapis . . . . CARPETTE
Petit texte illisible . . . . PRESCRIPTION
Petit tombereau . . . . BROUETTE
Petit tonneau . . . . BARILLET
Petit tyran . . . . TYRANNEAU
Petit vaisseau . . . . ARTÉRIOLE
Petit vampire . . . . MARINGOUIN
Petit vantail vitré . . . . VASISTAS
Petit végétal ligneux . . . . ARBRISSEAU
Petit véhicule de chemin de fer . . . . . . DRAISINE
Petit ver . . . . NÉMATODE, VERMISSEAU
Petit ver marin . . . . SPIRORBE
Petit verre . . . . LENTILLE
Petit verre de calvados au milieu du repas . . . .
. . . . TROUNORMAND
Petit verrou plat . . . . TARGETTE
Peu abondant . . . . SUCCINCT
Peu à peu . . . . LENTEMENT
Peu apprécié par le livreur d'œufs (PD) . . . .
. . . . NIDDEPOULE
Peu, ce n'est pas encourageant (MH) . . RELUISANT
Peu communicatif . . . . RENFERMÉ, TACITURNE
Peu compliqué . . . . ÉLÉMENTAIRE, ENFANTIN
Peu compréhensible par le commun des mortels . . .
. . . . ÉSOTÉRIQUE
Peu coûteux . . . . ÉCONOMIQUE
Peu de Français y vivent . . . . CÉVENNES
Peu de travail, mais beaucoup d'argent (MH) . . . . .
. . . . SINÉCURE
Peu fréquemment . . . . RAREMENT
Peu fréquent . . . . RARISSIME
Peu harmonieux . . . . STRIDENT
Peuple amérindien de la famille iroquoienne . . . . .
. . . . CHEROKEE
Peuple amérindien des États-Unis . . COMANCHE,
. . . . SHOSHONE
Peuple amérindien du Canada . . . . ALGONQUINS,
. . . . MONTAGNAIS
Peuple amérindien du sud-est des États-Unis . . . . .
. . . . SÉMINOLES
Peuple d'Afrique de petite taille . . . . BOCKIMAN
Peuple de montagnards albanais . . . . . . MIRDITES
Peuple déporté . . . . ACADIENS

Peuple d'Ouzbékistan . . . . MESKHETS
Peuple du Sénégal . . . . TOUCOULEUR
Peuplé insuffisamment . . . . SOUSPEUPLÉ
Peuplement d'érables . . . . ÉRABLIÈRE
Peupler de colons . . . . COLONISER
Peupler un étang d'alevins . . . . ALEVINER
Peu poétique . . . . TERREÀTERRE
Peu précis comme définition . . QUELQUECHOSE
Peur d'apiculteur . . . . GALLERIE
Peur de la foule . . . . AGORAPHOBIE
Peur de la maladie . . . . NOSOPHOBIE
Peu sociable . . . . FAROUCHE
Peu souvent . . . . RAREMENT
Peut avoir quelques belles pensées, mais pas forcé-
ment une très grande culture (MH) . . . JARDINIER
Peut chercher un emploi . . . . LICENCIÉ
Peut déboucher sur une embauche . . ENTRETIEN
Peut devenir une vraie information (PD)
. . . . INDISCRÉTION
Peut disparaître . . . . EFFAÇABLE
Peu tentante pour une caresse . . . . RUGOSITÉ
Peut être amoureux . . . . PENCHANT
Peut être baveuse . . . . OMELETTE
Peut être bonne sans être mondaine . . . RELATION
Peut être cursive . . . . ÉCRITURE
Peut être faite du précédent (MH) . . . . MÉDAILLE
Peut être générale ou légale . . . . MÉDECINE
Peut être lymphatique . . . . GANGLION
Peut être moulée . . . . ÉCRITURE
Peut être roulant . . . . ESCALIER
Peut être russe . . . . MONTAGNE
Peut être une grande interprète . . . EXÉCUTANTE
Peut être victime du l vertical (PD) . . . DÉSTABILISÉ
Peut facilement détruire une forêt . . . . . INCENDIE
Peut flamber grâce au feu (MH) . . . . . . HÉRITIER
Peut marquer le refus dc répondre . . . PARCEQUE
Peut nous sauver la vie . . . . ANTIDOTE
Peut qualifier une eau . . . . MINÉRALE
Peut qualifier une voix . . . . ANGÉLIQUE
Peut remplacer le chef . . . . LIEUTENANT
Peut s'attendre à être une femme battue
. . . . LUTTEUSE
Peut se dire d'un cheval . . . . ISABELLE
Peut se dire d'une pluie . . . . TORRENTIELLE
Peut se dire d'une station . . . . ORBITALE
Peut se dire d'une voix . . . . ÉRAILLÉE
Peut se dire d'un ovule . . . . ANATROPE
Peut se dire d'un parti politique . . . . . NATIONAL
Peut se dire d'un prêt . . . . USURAIRE
Peut se dire d'un témoin qui a vu . . . . OCULAIRE
Peut se faire avec des fruits . . . . EAUDEVIE
Peut se faire avec un simple trou . . . . . AÉRATION
Peut se prendre en volant . . . . ALTITUDE
Peut servir d'intermédiaire . . . . . . TRAITDUNION
Peut s'inscrire à l'ANPE . . . . LICENCIÉ
Peut transporter deux golfeurs . . . . . VOITURETTE
Peu valorisant . . . . TRIPETTE
Phare rotatif . . . . GYROPHARE
Phénomène d'orientation des cristaux . . ÉPITAXIE
Phénomène lumineux . . . . PHOSPHÈNE
Philosophe allemand . . . . KARLMARX
Philosophe chinois . . . . CONFUCIUS

Philosophe grec . . . . . . ARISTOTE, DÉMOCRITE
Philosophie de Kant . . . . KANTISME
Philosophie s'appuyant sur des dogmes . . . .
. . . . DOGMATISME
Phosphate d'aluminium et de cuivre . . TURQOISE
Phosphate de cérium et de lanthane . . MONAZITE
Phosphate d'uranium et de calcium . . . AUTUNITE
Photographe de presse . . . . PAPARAZZI
Photographe français . . . . CARTIERBRESSON
Photo instantanée . . . . POLAROID
Physicien allemand . . . . EINSTEIN
Physicien américain . . . . FRANKLIN,
. . . . OPPENHEIMER
Physicien anglais . . . . HEAVISIDE
Physiquement ingrat . . . . DISGRACIEUX
Pianiste américain . . . ELLINGTON, GERSHWIN,
. . . . RAYCHARLES
Pianiste canadien . . . . GLENNGOULD
Pianiste de jazz . . . . PETERSON
Pianiste hongrois . . . . BELABARTOK
Pic à plumage noir et blanc . . . . . . EPEICHETTE
Pièce à deux branches sur un navire . . VARANGUE
Pièce au jeu d'échecs . . . . CAVALIER
Pièce buccale des insectes . . . . MÂCHOIRE,
. . . . MANDIBULE
Pièce comptant une rainure . . . . COULISSE
Pièce cornée des mollusques . . . . OPERCULE
Pièce cylindrique . . . . TOURILLON
Pièce dans lequel se meut un piston . . CYLINDRE
Pièce d'armure . . . . PLASTRON
Pièce d'artifice . . . . SERPENTEAU
Pièce d'automobile . . . . ÉTRANGLEUR
Pièce de bœuf . . . . ENTRECÔTE
Pièce de bois . . . . CHEVILLE, ÉTRÉSILLON
Pièce de bois du mât d'un voilier . . . JOTTEREAU
Pièce de bois entre deux solives . . . . . CHEVÊTRE
Pièce de bois pour garnir un torchis . . PALANÇON
Pièce de charpente . . . . ARETIÈRE, LONGERON,
. . . . SOLIVEAU
Pièce de comble . . . . MANSARDE
Pièce de construction horizontale . . . . LONGRINE
Pièce de cuir d'une chaussure . . . . CONTREFORT
Pièce de fonte . . . . COUSSINET
Pièce de forme mince . . . . LANGUETTE
Pièce de gaze hydrophile . . . . COMPRESSE
Pièce de linge . . . . SERVIETTE
Pièce de lingerie . . . . SOUSVÊTEMENT
Pièce de lingerie féminine . . . . . SOUTIENGORGE
Pièce de literie . . . . OREILLER
Pièce de maçonnerie . . . . ÉCOINÇON
Pièce de métal précieux . . . . MÉDAILLE
Pièce de Molière . . . . AMPHITRYON
Pièce d'entrée . . . . VESTIBULE
Pièce de porc . . . . JAMBONNEAU
Pièce des thermes romains . . . . TEPIDARIUM
Pièce de théâtre . . . . . . PASTORALE, TRAGÉDIE
Pièce de vaisselle . . . . . . ASSIETTE, LÉGUMIER,
. . . . SOUPIÈRE
Pièce de vers . . . . . . ACROSTICHE, BOUTRIME,
. . . . PALINODIE
Pièce d'identité . . . . PASSEPORT
Pièce d'or française de 20 F . . . . NAPOLÉON

Pièce du harnais d'un cheval ..... RECULEMENT
Pièce du jeu d'échecs .... CAVALIER
Pièce d'une arme à feu, d'un revolver .. GÂCHETTE
Pièce d'une armure .... TASSETTE
Pièce d'un navire .... BASTINGAGE
Pièce honorable en forme d'équerre ....
.... ESQUARRE
Pièce instrumentale .... BARCAROLLE,
..... CONCERTO, NOCTURNE, RHAPSODIE
Pièce maîtresse .... LONGERON
Pièce mélancolique .... SARABANDE
Pièce métallique .... PERCUTEUR
Pièce musicale ...... BERCEUSE, IMPROMPTU,
.... OPÉRACOMIQUE
Pièce où les acteurs s'expriment par gestes ....
.... PANTOMINE
Pièce où l'on remise des objets encombrants .....
.... DÉBARRAS
Pièce paire chez les poissons .... OPERCULE
Pièce que l'on improvise .... IMPROMPTU
Pièce qui couvre un récipient ...... COUVERCLE
Pièce rigide qui joue le rôle d'entretoise ....
.... ÉTRÉSILLON
Pièces de théâtre bouffonnes, chez les Romains ....
.... ATELLANES
Pièce servant de couvercle .... OPERCULE
Pièce signée de l'autorité ecclésiastique ....
.... CELEBRET
Pièce située à l'entrée .... VESTIBULE
Pièce vocale .... ANTIENNE
Pièce vocale dans un opéra .... CAVATINE
Pied-à-terre .... GARÇONNIÈRE
Pied d'athlète .... DERMATOSE
Pied-de-loup .... LYCOPODE
Pied de vers .... ANAPESTE
Piédroits et linteau .... HUISSERIE
Piège pour prendre les souris ..... SOURICIÈRE
Piège tendu par la police ..... SOURICIÈRE
Pierre bleue................. OUTREMER
Pierre de lune .... ADULAIRE
Pierre des alchimistes .... PHILOSOPHALE
Pierre du Dakota (MF) .... CAPITALE
Pierre dure .... CAILLASSE
Pierre fine ..... AIGUEMARINE, AMÉTHYSTE,
.... AVENTURINE, CRYSOLITHE,
.... HYACINTHE, ŒILDECHAT
Pierre fine arrondie et polie .... CABOCHON
Pierre fine aux reflets chatoyants ... ŒILDETIGRE
Pierre fine gravée en creux .... INTAILLE
Pierre la plus précieuse d'une monarchie ....
.... ANGULAIRE
Pierre levée, généralement monolithe ....
.... OBÉLISQUE
Pierre précieuse verte .... ÉMERAUDE
Pierre Verville, par exemple .... IMITATEUR
Piètre avocat .... AVOCAILLON
Pigeonnier en forme de tour ...... COLOMBIER
Piger sans problèmes .... COMPRENDRE
Pigment de la bile .... BILIRUBINE
Pigment de la peau .... MÉLANINE
Pigment de l'urine .... UROBILINE
Pigment des plantes vertes .... CHLOROPHYLLE

Pigment des végétaux ...... XANTHROPHYLLE
Pigment orangé .... CAROTÈNE
Pigment protéique .... HÉMOGLOBINE
Pile atomique .... RÉACTEUR
Pilier carré .... PILASTRE
Pillage accompagné de destruction ....
.... DÉPRÉDATION
Pilote d'avion .... AVIATEUR
Pilote de montgolfière, d'un aérostat ....
.... AÉRONAUTE
Piloter à distance .... TÉLÉGUIDER
Piment rouge .... PILIPILI
Pince à trois mors des oursins ... PÉDICELLAIRE
Pinceau pour la barbe .... BLAIREAU
Pincement des cordes d'un instrument à archet ....
.... PIZZICATO
Pince très fine .... BRUCELLES
Pin maritime .... PINASTRE
Pinson d'Afrique .... GRENADIN
Pionnier de la chanson québécoise ....
.... FÉLIXLECLERC
Pipe à tuyau court .... BRÛLEGUEULE
Pipe orientale .... NARGHILÉ, NARGUILÉ
Pique-assiette ...... ÉCORNIFLEUR, PARASITE
Pique-fleur .... TISONNIER
Piquer avec le bec .... BECQUETER
Piquer avec l'éperon .... ÉPERONNER
Piquer de nouveau .... REPIQUER
Piqueur québécois .... MARINGOUIN
Pirate ou pantalon court .... CORSAIRE
Piscine pour petits .... PATAUGEUSE
Piste glissante .... TOBOGGAN
Pistolet automatique .... BROWNING
Pitié poussant à pardonner ..... MISÉRICORDE
Pitoune souvent poupoune (MF) ..... GUIDOUNE
Pittoresque, dépourvu de sérieux .. FOLKLORIQUE
Pivotement brusque d'un véhicule .. TÊTEÀQUEUE
Place circulaire d'où rayonnent plusieurs avenues ..
.... RONDPOINT
Place peu enviable (MH) .... SELLETTE
Placer à un poste .... CATAPULTER
Placer côte à côte .... JUXTAPOSER
Placer dans une position oblique ..... INCLINER
Placer des capitaux dans une entreprise .. INVESTIR
Placer des jalons pour construire .... BORNOYER
Placer devant .... ANTÉPOSER
Place recherchée .... SINÉCURE
Placer en orbite .... SATELLISER
Placer entre .... ENCLAVER
Placer les morceaux .... AMÉNAGER
Placer loin des extrêmes (MH) .... ATTIÉDIR
Placer loin du cœur .... DÉTESTER
Placer, mais sous le matelas (MH) .. THÉSAURISER
Plaider en faveur de quelqu'un ..... DÉFENDRE
Plaie de mystique .... STIGMATE
Plainte accompagnée de gémissements ....
.... LAMENTATION
Plainte continuelle .... LARMOIEMENT
Plaisanterie injurieuse, ironique ..... QUOLIBET
Plaisanterie un peu leste .... GAUDRIOLE
Plaisant et agréable .... SÉMILLANT
Plaisent aux enfants .... ÉTRENNES

Plaisir de manipuler les produits excrémentiels . . . . COPROPHILIE
Plaisir inattendu . . . . SURPRISE
Plaisir intense . . . . JOUISSANCE
Plaisir solitaire . . . . RÉUSSITE
Plaît aux clients . . . . RISTOURNE
Plaît aux suisses . . . . NOISETTE
Planche à repasser . . . . JEANNETTE
Planche de salut . . . . RESSOURCE
Planche pour les amoureux de la glisse . . . . AQUAPLANE
Planche pour mettre des livres . . . . . . TABLETTE
Plancher de charpente . . . . PLATELAGE
Planche sur laquelle on saute . . . . TREMPLIN
Planchette en forme de tuile . . . . TAVILLON
Planchette où l'on emboîte le talon . . TIREBOTTE
Plan défini par la verticale locale . . . . . MÉRIDIEN
Planeur ultraléger . . . . DELTAPLANE
Plan incliné mobile . . . . PASSERELLE
Plantation d'arbres d'essences variées . . . . ARBORETUM
Plantation d'arbres forestiers . . . . . . BOISEMENT
Plantation d'arbres fruitiers . . . . . . ORANGERAIE
Plantation de bananiers . . . . BANANERAIE
Plantation de cacaoyers . . . . CACAOTIÈRE
Plantation de caféiers . . . . CAFÉIÈRE
Plantation de poivriers . . . . POIVRIÈRE
Plante à chair jaune . . . . RUTABAGA
Plante à bulbe . . . . ENDYMION
Plante à feuilles charnues . . . . . . CRISTEMARINE
Plante à feuilles longues . . . . BANANIER
Plante à feuilles ovales . . . . PLANTAIN
Plante à feuilles très découpées . . . . ACHILLÉE, ... MILLEFEUILLE
Plante à feuilles velues . . . . CYNOGLOSSE
Plante à fleurs . . . . GÉRANIUM
Plante à fleurs blanches . . . . ASPHODÈLE
Plante à fleurs bleues . . . . AGERATUM, ... MYOSOTIS, OREILLEDESOURIS
Plante à fleurs en tubes . . . . CENTAURÉE
Plante à fleurs jaunes . . . . CAMÉLINE, ... CHÉLIDOINE, PISSENLIT
Plante à fleurs mauves . . . . VÉRONIQUE
Plante à fleurs persistantes . . . . . . IMMORTELLE
Plante à fleurs pourpres . . . . SERRATULE
Plante à fleurs roses . . . . CYCLAMEN
Plante à fleurs roses qu'on infuse . . . . . VERVEINE
Plante à fleurs spectaculaires . . . . . . ORCHIDÉE
Plante à fleurs verdâtres . . . . MERCURIALE
Plante à fleurs vertes . . . . EUPHORBE
Plante alpine . . . . CIBOULETTE
Plante annuelle . . . . . . FUMETERRE, LENTILLE, ... ROQUETTE
Plante annuelle aux tiges traînantes . . . . COURGETTE
Plante annuelle de grande taille . . . . TOURNESOL
Plante aromatique . . . . . . ABSINTHE, CERFEUIL, ... MARJOLAINE, SARIETTE, TANAISIE
Plante aromatique du genre du thym . . SERPOLET
Plante aquatique . . NÉNUPHAR, UTRICULAIRE, ... VICTORIA
Plante à rhizome aromatique . . . . . . GINGEMBRE

Plante avec de prétendues vertus magiques . . . . MANDRAGORE
Plante avec les plus grosses fleurs connues . . . . RAFFLÉSIE
Plante bisannuelle . . . . BETTERAVE
Plante bulbeuse . . . . AMARYLLIS, ASPHODÈLE, ... ORNITHOGALE
Plante bulbeuse d'Eurasie . . . . . . HÉMÉROCALLE
Plante carnivore . . . . NÉPENTHÈS
Plante comme le laurier . . . . LAURACÉE
Plante commune dans les chemins . . . . CAPSELLE
Plante cultivée dans les régions méditerranéennes . . . . ORCANETTE, PASTÈQUE
Plante cultivée pour sa graine . . . . LENTILLE
Plante cultivée pour sa racine charnue . . . . BETTERAVE
Plante cultivée pour ses fleurs . . . . . CLÉMATITE, ... DICENTRA
Plante cultivée pour ses fleurs à odeur suave . . . . TUBÉREUSE
Plante cultivée pour ses fleurs ornementales . . . . RUDBECKIE
Plante d'Afrique . . . . ASCLÉPIADE
Plante d'Amérique tropicale . . . MALPIGHIE
Plante d'appartement . . . . ASPIDISTRA, ... LANTANIER
Plante d'Asie . . . . CARDAMONE
Planté de-ci, de-là . . . . CLAIRSEMÉ
Plante de la famille des composées . . . ACHILLÉE, ... MARGUERITE, SOLIDAGO
Plante de la famille des graminacées . . GRAMINÉE
Plante de la famille des orchidacées . . ORCHIDÉE
Plante de la Nouvelle-Zélande . . . TÉTRAGONE
Plante des Antilles . . . . QUATREÉPICES
Plante des bois . . . . PARISETTE, PULMONAIRE, ... VIOLETTE
Plante des champs . . AMOURETTE, FUMETERRE
Plante des eaux douces . . . . SAGITTAIRE
Plante des jardins . . . . AGERATUM
Plante des lieux humides . . . . CONSOUDE, ... LYSIMAQUE, VALÉRIANE
Plante des marais . . . . LINAIGRETTE
Plante des montagnes . . . . SABOTDEVÉNUS
Plante des prairies . . . . RHINANTE
Plante des prés . . . . PERCENEIGE, PRIMEVÈRE
Plante des prés à fleurs jaunes . . . . AIGREMOINE
Plante des prés humides . . . . CARDAMINE, ... COLCHIQUE
Plante des prés montagneux . . . . BISTORTE, ... GENTIANE
Plante des régions méditerranéennes . . . . MANDRAGORE
Plante des rivages . . . . SALICORNE
Plante des sables . . . . PANICAUT
Plante des vallées . . . . DENTELAIRE
Plante dicotylédone . . CACTACÉE, CENTAURÉE
Plante dont le fruit est une gousse . . . . LÉGUMINEUSE
Plante dont les fleurs sont vermifuges . . TANAISIE
Plante d'origine américaine . . . . AGERATUM
Plante du bord des étangs . . . . QUENOUILLE
Plante du temps des fêtes . . . . POINSETTIA

Plante épiphyte . . . . TILLANDSIA
Plante fourragère . . . . CRÉTELLE
Plante gamopétale . . . . GLOBULAIRE
Plante gamopétale ligneuse . . . . ÉRICACÉE
Plante grasse . . . . ÉCHINOCACTUS
Plante grimpante . . . . ARISTOLOCHE,
. . . . . . BOUGAINVILLÉE, CHÈVREFEUILLE,
. . . . CLÉMATITE, CONCOMBRE
Plante herbacée . . . . . BELLADONE, CAPSELLE,
. . . CHÉNOPODE, COQUELICOT, ÉRIGÉRON,
. . . . . . GINGEMBRE, LENTILLE, MIRABILIS,
. . . . MOUTARDE, PARIÉTAIRE, PASSIFLORE,
. . . PERVENCHE, PISSENLIT, RUINEDEROME,
. . . . SALICAIRE, SAXIFRAGE,
. . . . SISYMBRE, XÉRANTHÈME
Plante herbacée à fleurs jaunes . . . . COTONNIER,
. . . . ÉPERVIÈRE, LAITERON
Plante herbacée à fleurs mauves . . . . VÉRONIQUE
Plante herbacée à fleurs roses . . . . . . GÉRANIUM,
. . . . VALÉRIANE
Plante herbacée annuelle . . . . CHICORÉE
Plante herbacée aromatique . . . . ANTHÉMIS
Plante herbacée aussi appelée chanvre d'eau
. . . . EUPATOIRE
Plante herbacée aux feuilles cendrées . . CINÉRAIRE
Plante herbacée de l'Europe . . . . GYSOPHILE
Plante herbacée des lieux humides . . . .
. . . . REINEDESPRÉS
Plante herbacée des prés . . . . AIGREMOINE
Plante herbacée odorante . . . . MATRICAIRE
Plante herbacée sauvage . . . . BALSAMINE
Plante herbacée velue . . . . BUGLOSSE
Plante herbacée vivace . . . . ALCHÉMILLE,
. . . . ELLÉBORE, PEUCÉDAN
Plante insectivore . . . . ROSSOLIS, SARRACENIA
Plante médicinale . . . . BOURRACHE
Plante monocotylédone . . . . GRAMINACÉE,
. . . . MASSETTE
Plante nuisible à la culture . . . . CHIENDENT
Plante odorante . . . . CAMOMILLE
Plante ombellifère . . ANGÉLIQUE, CORIANDRE
Plante originaire d'Amérique du Sud . . . .
. . . . POMMEDETERRE
Plante originaire d'Asie . . . . GINGEMBRE
Plante originaire de l'Inde . . . . BALISIER,
. . . . PATCHOULI
Plante originaire du Mexique . . . . . TUBÉREUSE
Plante ornementale . . . . CHRYSANTHÈME,
. . . . . . HIBISCUS, JULIENNE, PANDANUS,
. . . . PHORMION, PHYSALIS
Plante ornementale à fleurs jaunes . . GAILLARDIE
Plante ornementale à fleurs orangées . . CAPUCINE
Plante ornementale aux fleurs rouges . . AMARANTE
Plante ornementale des jardins . . . . . . AGERATUM
Plante potagère . . . . BETTERAVE, AUBERGINE,
. . . . CONCOMBRE, RAIPONCE,
. . . . RHUBARBE, SALSIFIS
Plante potagère aromatique . . . . ESTRAGON
Plante potagère vivace . . . . ARTICHAUT,
. . . . SCORSONÈRE
Plante poussant dans les montagnes d'Europe . . . . .
. . . . EDELWEISS

Plante qui a des vertus magiques . . MANDRAGORE
Plante qui fleurit vers Pâques . . . . ALLELUIA
Plante qui pousse dans l'eau . . . . . . NÉNUPHAR
Plante qui pousse près des étangs . . . . GLYCÉRIE
Plante rampante . . . . ECBALLIUM,
. . . . SÉLAGINELLE, TURQUETTE
Planter des arbres . . . . REBOISER
Planter encore . . . . RESSEMER
Plante sauvage . . . . . GÉRANIUM, LAMPOURDE
Plante servant de nourriture aux lapins . . . .
. . . . LAITERON
Plante telle que le caféier . . . . RUBIACÉE
Plante très toxique . . . . ŒNANTHE
Plante tropicale . . . . COLOCASE
Plante utilisée comme fourrage . . . FOURRAGÈRE
Plante utilisée en parfumerie . . . . OPOPANAX
Plante vénéneuse . . . . . STRAMOINE, TUECHIEN
Plante vivace . . ROSEDENOËL, SANGUINAIRE,
. . . . SANICULE, VALLISNÉRIE
Plante vivace à feuilles en éventail . . . ELLÉBORE
Plante vivace à fleurs roses . . . . . AGRIPAUME
Plante vivace aux pétioles comestibles . . . .
. . . . RHUBARBE
Plante vivace rampante . . . . TUSSILAGE
Plante vivace toxique . . . . POPULAGE
Plante vivant en parasite sur les lianes . . . .
. . . . RAFFLESIA
Plante voisine de l'asperge . . . . ASPARAGUS
Plante voisine de l'aster . . . REINEMARGUERITE
Plante voisine de l'oseille . . . . PATIENCE
Plante voisine du navet . . . . RUTABAGA
Plants de jeunes arbres . . . . PÉPINIÈRE
Plaque de verre . . . . PAREBRISE
Plaque rouge provoquée par le froid . . ENGELURE
Plat à base de brochettes de mouton . . . .
. . . . CHICHEKEBAB
Plat alsacien . . . . CHOUCROUTE
Plat aux œufs . . . . OMELETTE
Plat basque . . . . PIPERADE
Plat commun aux Balkans . . . . MOUSSAKA
Plat composé de petits mets variés . . . ZABOUSKI
Plat composé de tranches de filets de bœuf cru . . .
. . . . CARPACCIO
Plat d'Afrique du Nord . . . . COUSCOUS
Plat dans lequel on sert le beurre . . . . . BEURRIER
Plat de viande bouillie . . . . BLANQUETTE
Plat du Québec . . . . TOURTIÈRE
Plateau du sud-ouest de la France . . . . ENSÉRUNE
Plate mais un peu grasse . . . . CRÉPINETTE
Plat en forme de losange . . . . TURBOTIÈRE
Plat hongrois . . . . GOULACHE, GOULASCH
Plat italien . . . . OSSOBUCO
Plat préféré d'un héros (MH) . . . . ÉPINARDS
Plat sans viande . . . . LÉGUMIER
Plat savoyard . . . . TARTIFLETTE
Plat sucré servi après le fromage . . . ENTREMETS
Plein à ras bord . . . . RASSASIÉ
Plein d'acrimonie . . . . FIELLEUX
Plein d'aigreur . . . . ENVENIMÉ
Plein d'ardeur . . . . ENFLAMMÉ, JUVÉNILE
Plein d'attention . . . . PRÉVENANT
Plein de clients . . . . ACHALANDÉ

Plein de feu .... ENFLAMMÉ
Plein de marécages .... MARÉCAGEUX
Plein de petits cailloux .... ROCAILLEUX
Plein de prévenance .... EMPRESSÉ
Plein d'esprit d'invention .... INGÉNIEUX
Plein de tact .... DIPLOMATIQUE
Plein de violence .... VIRULENT
Plein de virulence .... ENVENIMÉ
Pleine d'insultes .... QUERELLE
Pleinement satisfait .... RASSASIÉ
Pleurer sans cesse .... PLEURNICHER
Pleurnicher, en parlant d'un enfant ... CHOUINER
Pleuvoir légèrement .... PLEUVASSER,
.... PLEUVINER, PLEUVOTER
Pli dont la convexité est tournée vers le haut ......
.... ANTICLINAL
Plier bagages .... DÉCAMPER
Plonger à nouveau (MF) .... RETREMPER
Plonger dans l'eau bouillante ...... ÉCHAUDER
Plonger dans le noir .... ÉTEINDRE
Plonger dans le sommeil .... ENDORMIR
Plonger dans les ténèbres .... ENTÉNÉBRER
Plonger dans l'oubli .... ENSEVELIR
Plonger dans un abattement total .... ANÉANTIR
Plonger dans une profonde tristesse .. CONTRISTER
Plonger dans un état de déchéance ... DÉGRADER
Plonger entièrement dans un liquide .. IMMERGER
Plongeur équipé pour respirer sous l'eau ....
.... SCAPHANDRIER
Pluie soudaine .... GIBOULÉE
Plume de contour des oiseaux .... TECTRICE
Plus clément .... MEILLEUR
Plus court .... DÉCAPITÉ
Plus difficile à gober qu'une belon (PD) ....
.... PIEDDECHEVAL
Plus d'un .... PLUSIEURS
Plus d'un adolescent ne sait pas qu'il existe (MF) ..
.... PANIERÀLINGESALE
Plus d'un a lieu le premier juillet ....
.... DÉMÉNAGEMENT
Plus d'un a pris le maquis .... RÉSISTANT
Plus d'un a un emploi partiel .... ÉTUDIANT
Plus d'un couple y met son union sur la glace (MF)
.... PATINAGEARTISTIQUE
Plus d'une personne en ressort gelée ....
.... CONCERTROCK
Plus d'un oiseau l'est .... GRANIVORE
Plus elle est forte, plus elle rend les hommes faibles
(MF) .... POITRINE
Plus elles sont serrées, plus on a de la misère à arri-
ver .... FINANCES
Plus enthousiaste .... DÉSABUSÉ
Plus facile à avaler .... ÉDULCORÉ
Plus facile à classer .... NUMÉROTÉ
Plus facile à tirer qu'à traverser (PD) . ÉPREUVES
Plus facile avec des pitons .... ESCALADE
Plus favorable .... MEILLEUR
Plus froid que chaud .... TIÉDASSE
Plus généreux .... MEILLEUR
Plus grande ville du Vermont ..... BURLINGTON
Plus haut .... AUDESSUS, CIDESSUS,
.... SURÉLEVÉ

Plus haut degré d'un phénomène, d'un sentiment ..
.... PAROXYSME
Plus haut qu'un pouf .... TABOURET
Plusieurs marches .... ESCALIER
Plusieurs personnes participent à sa course (MF) ...
.... ÉCHALOTE
Plus il approche du Québec, plus on sent un froid ..
.... SEPTEMBRE
Plus il est ordonné, plus les gens sont soignés .....
.... MÉDICAMENT
Plus il voit des étoiles, plus il est dans le champ (MF)
.... PAPARAZZI
Plus je suis grande, moins on me voit (MF) ....
.... OBSCURITÉ
Plus juteux que celui d'en dessous (PD) ....
.... ADJUDANTCHEF
Plus l'hiver passe, plus il a des feuilles (MF) ......
.... CARTABLE
Plus on est pressé, plus on les avale vite ....
.... KILOMÈTRES
Plus ou moins lourd à entendre .. RÉQUISITOIRE
Plus qu'évêque .... CARDINAL
Plus riche maintenant .... DÉSENDETTÉ
Plus très jeune .... SÉNESCENT
Plutôt comme un guépard .... LESTEMENT
Plutôt loin de la tête .... NEUVIÈME
Plutôt mal saper .... ENGONCER
Plutôt vrai que faux .... PORTABLE
Poche de l'estomac des ruminants ... CAILLETTE
Poêle à combustion lente ...... SALAMANDRE
Poêle très plate .... CRÊPIÈRE
Poêlon suisse .... CAQUELON
Poème chanté à caractère épique ... CANTILÈNE
Poème composé pour un mariage .. ÉPITHALAME
Poème galant .... BERGERIE
Poésie courtoise allemande ...... MINNESANG
Poète américain .... JACKKEROUAC
Poète comique grec .... MÉNANDRE
Poète français .... APOLLINAIRE, LAMARTINE,
.... VERLAINE
Poète français auteur de fables .... LAFONTAINE
Poète grec .... ANACRÉON
Poète lyrique ..... TROUBADOUR, TROUVÈRE
Poète mort à Montréal en 1941 ...... NELLIGAN
Poète né à Sainte-Agathe-des-Monts ....
.... GASTONMIRON
Poète né et mort à Paris .... BAUDELAIRE
Poète tragique grec .... EURIPIDE
Poids de dix grammes .... DÉCAGRAMME
Poids lourd .... ÉLÉPHANT
Poids qui sert à équilibrer un autre poids ....
.... CONTREPOIDS
Poids supplémentaire .... SURCHARGE
Poignée d'amour .... BOURRELET
Poil des narines .... VIBRISSE
Poil du tégument, chez les insectes ... SENSILLE
Poils au menton .... BARBICHE
Poil stérile chez les champignons ... PARAPHYSE
Poinçon pour écarter les torons ...... ÉPISSOIR
Point de broderie .... PLUMETIS
Point de croyance .... DOCTRINE
Point de l'orbite d'une planète ...... PÉRIHÉLIE

Point de suspension (PD) .... ÉTENDAGE
Point de vue .... PERSPECTIVE
Point d'interrogation .. ÉVIDENCE, RECTITUDE
Point dur au toucher .... RUGOSITÉ
Pointe à tracer .... TRACERET
Pointe métallique d'une boucle de ceinture ....
.... ARDILLON
Pointe rocheuse difficile à franchir .. GENDARME
Pointe vers l'infini .... TÉLESCOPE
Point marqué, au tennis, lorsque la marque est de 40
.... AVANTAGE
Point rêche au toucher .... RUGOSITÉ
Poire à chair fine et juteuse ..... BONCHRÉTIEN,
.... WILLIAMS
Poire à la peau rougeâtre .... ROUSSELET
Poire de couleur vert clair .... CONFÉRENCE
Poire d'hiver ...... CRASSANE, MUSCADELLE
Pois dont on mange la cosse ..... MANGETOUT
Poison américain (PD) .... MARYLAND
Poisson à bouche ventrale .... ESTURGEON
Poisson à chair estimée .... RASCASSE
Poisson à corps allongé, à chair grasse .. ANGUILLE
Poisson à corps haut .... SAINTPIERRE
Poisson à dos brun .... VANDOISE
Poisson à double respiration .... LÉPIDOSIRÈNE
Poisson agressif .... BARRACUDA
Poisson à squelette cartilagineux ..... SÉLACIEN
Poisson à tête épineuse ...... CRAPAUDDEMER,
.... RASCASSE
Poisson au corps hérissé d'épines ....
.... SCORPÉNIDÉ
Poisson aussi appelé meunier .... CHEVAINE,
.... CHEVESNE
Poisson avec du poison .... TÉTRODON
Poisson brillamment coloré ...... MACROPODE
Poisson comestible .... EMPEREUR
Poisson commun de l'Atlantique ..... BAUDROIE
Poisson d'aquarium .... LORICAIRE
Poisson d'avril .... PLAISANTERIE
Poisson d'eau douce .... CHEVENNE,
.... POISSONCHAT, POLYPTÈRE
Poisson de la famille des salmonidés .. CORÉGONE
Poisson de mer .... MAQUEREAU
Poisson dépourvu d'écailles .... MURÉNIDÉ
Poisson des côtes de la Manche ..... GONNELLE
Poisson des grands fonds marins ... EMPEREUR
Poisson des marais d'Afrique .... PROTOPTÈRE
Poisson des rivières et des lacs américains ....
.... LÉPISOSTÉE
Poisson dont les yeux voient sous l'eau ....
.... ANABLEPS
Poisson dont on mange les œufs ... ESTURGEON
Poisson du genre corégone .... BONDELLE
Poisson-globe .... TÉTRODON
Poisson marin .... MERLUCHE, SÉTACIEN,
.... SURMULET
Poisson marin à tête chevaline .... HIPPOCAMPE
Poisson marin au museau allongé .. SYNGNATHE
Poisson marin carnassier ..... BROCHETDEMER
Poisson marin plat .... CARRELET
Poisson marin vorace .... SPHYRÈNE
Poisson originaire de l'Amérique du Sud ....

.... LORICAIRE
Poisson originaire du Mexique .... XIPHOPHORE
Poisson osseux ...... ANGUILLE, ROTENGLE,
.... TÉLÉOSTÉEN, URANOSCOPE
Poisson qui a la faculté de se gonfler ....
.... POISSONGLOBE
Poisson ressemblant à un brochet .. MASKINONGÉ
Poisson sans écailles .... MURÉNIDÉ
Poisson séché .... STOCKFISH
Poisson voisin de la perche .... GRÉMILLE
Poisson voisin de la raie .... TORPILLE
Poisson voisin de la sardine ..... SARDINELLE
Poisson voisin du hareng .... HARENGUET
Poisson voisin du poisson-chat ..... LORICAIRE
Poisson voisin du thon .... PÉLAMIDE
Poisson vorace .... PIRANHAS
Poitrine humaine .... POITRAIL
Poivre concassé .... MIGNONNETTE
Poli à l'excès .... OBSÉQUIEUX
Policier truculent et burlesque ... SANANTONIO
Politesse à l'égard des femmes .... GALANTERIE
Politesse exagérée .... COURBETTE,
.... SALAMALECS
Politesse raffinée .... URBANITÉ
Politicien pressé (MH) ...... AVENTURISTE
Politique de consultation ...... CONCERTATION
Politique de délation aux États-Unis ....
.... MACCARTHYSME
Pollinisation des insectes ...... ENTOMOPHILIE
Pollinisation par le vent .... ANÉMOPHILIE
Polluée en ville .... LIMOUSINE
Polyèdre à cinq faces .... PENTAÈDRE
Polyèdre à dix faces .... DÉCAÈDRE
Polyèdre à douze faces .... DODÉCAÈDRE
Polyèdre à huit faces .... OCTAÈDRE
Polyèdre à quatre faces .... TÉTRAÈDRE
Polyèdre à vingt faces .... ICOSAÈDRE
Polygone à dix angles .... DÉCAGONE
Polygone à douze angles ...... DODÉCAGONE
Polygone à neuf angles .... ENNÉAGONE
Polygone à onze côtés .... HENDÉCAGONE
Polygone à six angles .... HEXAGONE
Polygone à trois côtés .... TRIANGLE
Polypier des mers chaudes .... TUBIPORE
Pomme à peau rouge et blanche ...... CALVILLE
Pomme d'arrosoir .... ASPERSOIR
Pomme de pin .... REINETTE
Pomme de terre rouge .... VITELOTTE
Pomme verte .... GRANNYSMITH
Pompe à chaleur .... THERMOPOMPE
Pompe centrifuge .... TURBOPOMPE
Pompons, rubans .... FANFRELUCHES
Ponction de la cavité pleurale .. THORACENTÈSE
Pond avec une plume .... ÉCRIVAIN
Pondre en gros .... ÉBAUCHER
Ponte ovarienne, ovulaire .... OVULATION
Pont pour piétons .... PASSERELLE
Populace méprisable .... RACAILLE
Porc sauvage .... BABIROUSSA,
.... POTAMOCHÈRE, SANGLIER
Pore traversant le liège d'une écorce ....
.... LENTICELLE

Port d'Écosse . . . . ABERDEEN
Port de Grande-Bretagne . . . . LIVERPOOL
Port de Russie . . . . MOURMANSK
Port d'Espagne . . . . BARCELONE
Port de Suède . . . . GÖTEBORG
Port de Turquie . . . . ISTANBUL
Port d'Irlande . . . . LONDONDERRY
Port d'Italie . . . . BRINDISI
Port du Japon . . . . NAGASAKI
Port du Mexique . . . . ACAPULCO
Port du Québec . . . . BAIECOMEAU
Port du Vietnam . . . . NHATRANG
Porte à battant . . . . PORTILLON
Porté à faire du bruit . . . . TURBULENT
Porté à la colère . . . . IRASCIBLE
Porté à la licence . . . . POLISSON
Porté à l'insubordination . . . . FRONDEUR
Porte atteinte . . . . DIFFAMANT
Porté au paradoxe . . . . PARADOXAL
Porte-bois . . . . PHRYGANE
Porte-bonheur . . . . AMULETTE, TALISMAN
Porte des fruits . . . . CERISIER
Porte des pinces . . . . ÉCREVISSE
Porte-documents . . ATTACHÉCASE, SERVIETTE
Porte-drapeau . . . . CHEFDEFILE
Porte d'un train, d'une voiture . . . . . . PORTIÈRE
Portée d'une truie . . . . COCHONNÉE
Porte en porte . . . . DEMAISONENMAISON
Portée par le prêtre . . . . CHASUBLE
Porte-épée . . . . XIPHOPHORE
Porte-étendard romain . . . . VEXILLAIRE
Porte mal son nom avec l'utilisation du PVC et du
cuivre (PD) . . . . PLOMBERIE
Porte-panier . . . . MOUCHARD
Porte-parole . . . . REPRÉSENTANT
Porté par un militaire . . . . UNIFORME
Porter à son paroxysme . . . . EXACERBER
Porter à son plus haut degré . . . . MAXIMISER
Porter assistance à . . . . SECOURIR
Porter atteinte à la réputation . . . . DIFFAMER,
. . . . DISCRÉDITER
Porter au scandale . . . . SCANDALISER
Porter aux nues . . . . ENCENSER
Porter des fardeaux sur les épaules . . . . COLTINER
Porter d'un lieu à un autre . . . . . . TRANSPORTER
Porter en triomphe . . . . OVATIONNER
Porter envie à . . . . JALOUSER
Porter la vue sur quelqu'un . . . . REGARDER
Porter l'estocade au taureau . . . . ESTOQUER
Porter plus bas . . . . DESCENDRE
Porter pour la première fois . . . . ÉTRENNER
Porter sur les hauteurs . . . . ENCENSER
Porter sur une liste . . . . INSCRIRE
Porter un métal à une température trop élevée . . . . .
. . . . SURCHAUFFER
Porte sûrement des gants au travail (MH) . . . .
. . . . ROSIÉRISTE
Porteur d'avenir (PD) . . . . GÉNITEUR
Porteur de brancard, de civière . . BRANCARDIER
Porteur d'un vingt et un en trop . . . MONGOLIEN
Portez-les sans risque de grippe aviaire (PD) . . . . . .
. . . . PIEDSDEPOULE

Portion de la jambe du porc . . . . . JAMBONNEAU
Portion de terre reliée au continent par un isthme . .
. . . . PRESQUÎLE
Portion de voûte . . . . VOUSSURE
Portion d'intérêt . . . . DIVIDENDE
Portion du tube digestif qui va de l'estomac au rec-
tum . . . . INTESTIN
Pose de danse sur une jambe . . . . . . ARABESQUE
Pose de gros problèmes à Bison futé (PD) . . . .
. . . . CHASSÉCROISÉ
Pose problème dans les déplacements . . . .
. . . . DÉHANCHEMENT
Poser des questions . . . . QUESTIONNER
Poser sa candidature . . . . POSTULER
Position anormale du cœur . . . . DEXTROCARDIE
Position dominante . . . . LEADERSHIP
Position d'un navire sur l'eau . . . . ASSIETTE
Position en vue (MH) . . . . PIÉDESTAL
Position politique . . . . UNIONISME
Position pour freiner ou descendre lentement . . . . .
. . . . CHASSENEIGE
Position réglementaire des militaires . . . .
. . . . GARDEÀVOUS
Posséder quelqu'un en le trompant . . EMPAUMER
Possession en commun . . . . COLLECTIVITÉ
Possibilité d'attribuer une responsabilité . . . .
. . . . IMPUTABILITÉ
Possibilité de se tromper . . . . FAILLIBILITÉ
Poste de signalisation . . . . SÉMAPHORE
Poste d'observation . . . . TADOUSSAC
Poste d'observation sur un mât . . . . . . NIDDEPIE
Potage clair . . . . BOUILLON
Potage espagnol à base de légumes crus . . . .
. . . . GASPACHO
Pot-au-feu russe . . . . BORCHTCH
Pot-de-vin . . . . BAKCHICH, DESSOUSDETABLE
Potentiel de clientèle . . . . GISEMENT
Poudre de toilette . . . . VELOUTINE
Poudre très fine . . . . POUSSIÈRE
Poule des bois . . . . GÉLINOTTE
Poule d'une race américaine . . . . . . WYANDOTTE
Poupée figurant un bébé . . . . BAIGNEUR
Pour ainsi dire . . . . PRATIQUEMENT
Pour aller au bout des mines (PD) . . . .
. . . . PORTECRAYONS
Pour amarrer le bâtiment . . . . ORGANEAU
Pour avertir . . . . SONNETTE
Pour bien des gens, elle se résume en un signe $ (MH)
. . . . RÉUSSITE
Pour bien des gens, il y a que lui qui compte (MF)
. . . . RÉSULTAT
Pour bien du monde, c'est une corvée du temps des
fêtes . . . . MAGASINAGE
Pour bien respirer . . . . AÉRATION
Pour celui qui manquerait de toupet (PD) . . . .
. . . . MOUMOUTE
Pourcentage qu'on laisse à un intermédiaire . . . . . .
. . . . COMMISSION
Pour ceux qui ont la mémoire courte (MH) . . . . . .
. . . . PENSEBÊTE
Pour conter fleurette . . . . PLAISANTERIES
Pour de beaux tailleurs . . . . PIEDDEPOULE

Pour des boissons à consommer sans modération .. .. TISANIÈRE
Pour dessiner à plume .... ENCREDECHINE
Pour déterminer les causes d'une mort .. AUTOPSIE
Pour donner le départ .... PISTOLET
Pour elle, il n'y a pas d'urgence ..... ÉRAFLURE
Pour elles, la distance n'a pas d'importance .... TÉLÉCOMS
Pour en griller une au volant .. ALLUMECIGARE
Pour en remettre plein les rayons .... RASSORTIMENT
Pour envoyer des signaux .... ÉMETTEUR
Pour étouffer .... ÉTEIGNOIR
Pour être sûr de ne rien manquer (PD) .... OBÉISSANT
Pour être sûr que ça ira .... RÉESSAYAGE
Pour exposer l'hostie sacrée .... OSTENSOIR
Pour exprimer une plainte .... PÉTITION
Pour extraire clous et chevilles .... REPOUSSOIR
Pour faire bon ménage dans les grains .... TARARAGE
Pour faire des économies de bouts de chandelles (PD) .... MOUCHETTE
Pour faire du café .... PERCOLATEUR
Pour faire routes et pare-brises .... GRAVILLONS
Pour faire trempette à.table .... MOUILLETTE
Pour filer en douce .... QUENOUILLE
Pour frapper une balle .... RAQUETTE
Pour fustiger .... MARTINET
Pour gagner plus, il doit en faire plus .... TRAVAILLEUR
Pour garder le contact .... OREILLETTES
Pour garder les distances .... ANTIBOIS
Pour glisser sur la neige .... TRAÎNEAU
Pour goûter le vin .... TASTEVIN
Pour injecter des liquides .... SERINGUE
Pour instruire .... ÉDUCATIF
Pour jeter un coup d'œil à l'oreille ... OTOSCOPE
Pour la faire cesser, il ne suffit pas de lui résister ... . TENTATION
Pour la pêche aux anguilles .... VERMILLE
Pour la relancer, il faut la pousser .... CONSOMMATION
Pour la revoir, il faut la soigner ..... CLIENTÈLE
Pour la soupe aux pois .... SOUPIÈRE
Pour lasser .... RÉPÉTITIVITÉ
Pour le faire durer, il ne faut pas vendre le punch (MF) .... SUSPENSE
Pour le moment .... ACTUELLEMENT
Pour le petit ou pour le faire (MF) .. COUCHETTE
Pour les amateurs de fumées parfumées .... NARGUILÉ
Pour les amateurs de rognons ...... TRIPERIE
Pour les amateurs de solitude ..... ÉRÉMITISME
Pour les distances .... KILOMÈTRES
Pour les fins et pour les fous ..... RICHEMENT
Pour les initiés .... ÉSOTÉRISME
Pour les ongles ou la couture ..... NÉCESSAIRE
Pour les poids .... KILOGRAMMES
Pour les poules, c'est l'enfer (MH) . RÔTISSERIE
Pour l'instant, tout va bien (MH) .. LUNEDEMIEL
Pour lui, la fin justifie les moyens .... ARRIVISTE

Pour lui, un tramway nommé désir, sera une réalité (MH) .... TREMBLAY
Pour maintenir en état .... ENTRETIEN
Pour mesurer la pression atmosphérique .... BAROMÈTRE
Pour mesurer la vitesse du vent .. ANÉMOMÈTRE
Pour mesurer les angles .... RAPPORTEUR
Pour mettre les anneaux .... TRIBOULET
Pour mieux voir .... LUNETTES
Pour monter ou descendre .... ASCENSEUR
Pour ne pas oublier ceux qui sont partis .... OBITUAIRE
Pour ne pas prendre froid .... OREILLETTES
Pour ne pas rester sur le bord de la route .... DÉPANNEUSE
Pour ne pas se laisser atteindre .... ÉVITEMENTS
Pour passer d'un niveau à l'autre ... ESCALIER
Pour prendre toute la famille .... GRANDANGLE
Pour prendre une douche sans se brûler .... MITIGEUR
Pour préparer de beaux fromages .... FAISSELLE
Pour préparer de gros dégâts .... POUDRIER
Pour que ça marche, il faut y croire .... PORTEBONHEUR
Pour que chacun soit à sa place .... ORGANIGRAMME
Pour que l'eau et le gaz arrivent à tous les étages .. .. RACCORDEMENT
Pour qu'elle prenne soin de vous, vous devez être patient (MF) .... GARDEMALADE
Pourquoi est-il capitonné? .... CERCEUIL
Pourra être suivi à distance .... TÉLÉGUIDÉ
Pourrait aussi jouer de la guitare ..... SITARISTE
Pourrait avoir sa place dans le buffet (MH) .... PISSALADIÈRE
Pour rejoindre Morphée rapidement (PD) .... BARBITURIQUE
Pour remuer les braises .... TISONNIER
Pour réparer des crevaisons .... RUSTINES
Pour rester dans l'ombre .... SOMBRERO
Pour retenir certains vêtements .... BRETELLES
Pour retirer la matière grasse du lait .. ÉCRÉMEUSE
Pourront donc resservir .... RAPIÉCÉS
Pour se calmer .... VERVEINE
Pour se faire comprendre .... RÉPÉTITIVITÉ
Pour se faire des idées en attendant .... AVANTPROJET
Pour se faire une bonne idée ...... ÉVALUATION
Pour se mettre au courant n'importe où (PD) .... PROLONGATEUR
Pour s'en affranchir, on utilise des timbres .... NICOTINE
Pour se protéger du froid .... COUVERTURE
Pour se refaire une beauté .... POUDRIER
Pour se retrouver dans l'histoire (MH) .... MARQUEPAGE
Pour se sucrer le bec .... MIGNARDISE
Poursuivre avec acharnement ... POURCHASSER
Pour suivre ceux qui suivent ..... RÉTROVISEUR
Poursuivre de près .... TALONNER
Pour suivre en toute discrétion (PD) ... ÉCOUTEUR
Pour s'y rendre, il faut voir clair ..... ÉVIDENCE

NOUVEAU DICTIONNAIRE DES MOTS CROISÉS • 391

Pour s'y retrouver dans les volumes (PD) ....
.... TOMAISON
Pour tailler les sabots .... RAINETTE
Pour toujours .... ÀTOUTJAMAIS
Pour tout saisir à tout moment .... BLOCSNOTES
Pour une bonne fixation .... SCELLEMENT
Pour une bonne mise en forme matinale ....
.... ÉTIREMENTS
Pour une union sans signature (PD) ....
.... MARITALEMENT
Pour vivre loin du monde .... ERMITAGE
Pour voir .... MIRETTES
Pour voir au-dessus d'un obstacle ... PÉRISCOPE
Pourvoir de créneaux .... CRÉNELER
Pourvoir de fenêtres .... FENÊTRER
Pourvoir d'énergie électrique ..... ÉLECTRIFIER
Pourvoir d'un brevet .... BREVETER
Pourvoir d'un diplôme .... DIPLÔMER
Pourvoir d'un titre .... ATTITRER
Pourvu d'albumen .... ALBUMINÉ
Pourvu de griffes .... ONGUICULÉ
Pour y passer, il faut avoir marqué l'histoire ......
.... POSTÉRITÉ
Pousse à bout .... EXASPÉRANT
Pousse à agir plus vite .... EXCITATION
Pousse à faire plus (PD) .... NATALISTE
Pousse à la consommation ...... ENTRAÎNEUSE
Pousse à la faute .... INADVERTANCE
Pousse à la réaction .... PROVOCATION
Pousse au grattage .... URTICANT
Pousse dans l'eau .... NÉNUPHAR
Pousse dans le jardin .... CIBOULETTE
Poussé jusqu'à une exaltation extrême ....
.... FRÉNÉTIQUE
Pousse le coq à manger avant de passer à table (PD)
.... CHAPONNAGE
Pousser à agir .... STIMULER
Pousser à bout ...... EXASPÉRER, STRESSER
Pousser à faire le mal .... PERVERTIR
Pousser à la baisse .... ATTÉNUER
Pousser à la consommation des sens ... ÉROTISER
Pousser à la révolte .... SOULEVER
Pousser à la surconsommation .... ENGRAISSER
Pousser au paroxysme .... EXACERBER
Pousser des drageons .... BOUTURER
Pousser des soupirs .... SOUPIRER
Pousser parfois à l'arrogance (PD) ....
.... PRÉTENTION
Pousser son cri, comme un canard .... NASILLER
Pousser son cri, en parlant de la caille ....
.... MARGOTER
Pousser son cri, en parlant de la chouette ....
.... CHUINTER
Pousser son cri, en parlant de la cigale ....
.... STRIDULER
Pousser son cri, en parlant de la cigogne ....
.... CLAQUETER
Pousser son cri, en parlant de la corneille ....
.... CRAILLER, GRAILLER
Pousser son cri, en parlant de la souris .. CHICOTER
Pousser son cri, en parlant de l'oie .. CACARDER,
.... CRIAILLER

Pousser son cri, en parlant du canard .. NASILLER
Pousser son cri, en parlant du chameau ....
.... BLATÉRER
Pousser son cri, en parlant du corbeau .. CROASSER
Pousser son cri, en parlant du dindon ....
.... GLOUGLOUTER
Pousser une inspiration .... SOUPIRER
Pousser vers le bas .... RABAISSER
Pousser vers le fond .... ENFONCER
Pousse sur la tête (MH) .... DEUXIÈME
Poutre fixée le long d'un mur ..... LAMBOURDE
Pouvoir absolu ... DICTATURE, OMNIPOTENCE
Pouvoir d'absorption .... ABSORPTIVITÉ
Pouvoir d'agir à son gré .... LATITUDE
Pouvoir de commander .... AUTORITÉ
Pouvoir de séduire .... SÉDUCTION
Pouvoir dominateur, prépondérant d'un groupe ....
.... HÉGÉMONIE
Pouvoir d'opérer des choix ..... LIBREARBITRE
Pouvoir d'un appareil administratif ....
.... BUREAUCRATIE
Pouvoir d'un thaumaturge .... THAUMATURGIE
Pouvoirs octroyés à quelqu'un ... ATTRIBUTIONS
Prairie où s'engraissent des animaux .. EMBOUCHE
Pratique de deux langues .... BILINGUISME
Pratique de la navigation de plaisance .. YACHTING
Pratique des usages du monde .... SAVOIRVIVRE
Pratique en cuisine .... USTENSILE
Pratique l'ouverture .... PASSEPARTOUT
Pratique l'ouverture sur la table ..... ÉCARTEUR
Pratique magique .... ENVOÛTEMENT
Pratique magique qui vise à nuire .... MALÉFICE
Pratiquement bon à jeter .... OBSOLÈTE
Pratique pour aller à l'étranger ...... PASSEPORT
Pratique pour trouver la bonne direction ....
.... ORIENTABLE
Pratiquer la circoncision .... CIRCONCIRE
Pratiquer l'arcure de la vigne .... ARÇONNER
Pratiquer la trépanation .... TRÉPANER
Pratiquer l'ouverture .... ÉVENTRER
Pratiquer une engravure .... ENGRAVER
Pratiquer une feuillure .... FEUILLER
Pratiquer une résection .... RÉSÉQUER
Pratiquer un trou dans .... PERFORER
Pratique un sport de combat .... KARATÉKA
Préalablement admis comme hypothèse ....
.... PRÉSUPPOSÉ
Précède la fleur .... BOURGEON
Précède la mort .... EXISTENCE
Précède la partie .... ÉCHAUFFEMENT
Précède la sortie .... TOILETTE
Précède l'examen .... RÉVISION
Précieuse copie .... SAUVEGARDE
Précipitation désordonnée ..... BOUSCULADE
Précipite le départ .... EUTHANASIE
Précipiter sous forme de flocons ..... FLOCULER
Précis et rigoureux .... MATHÉMATIQUE
Précurseurs de l'aviation (les) .. FRÈRESWRIGHT
Prédiction de l'avenir .... HOROSCOPE
Prédiction d'un événement futur ..... PROPHÉTIE
Prééminence de quelqu'un .... SUPRÉMATIE
Préfère la cave au grenier (MH) .... ŒNOLOGUE

Préfère la mer à la montagne .... POISSONNIÈRE
Préfère le vélo à l'auto .... ÉCOLOGISTE
Préférence complaisante .... TENDRESSE
Préférence injuste .... PARTIALITÉ
Préférence marquée pour quelque chose ......
.... PRÉDILECTION
Prélat français .... RICHELIEU
Prélèvement qui se fait avant l'accouchement ....
.... AMNIOCENTÈSE
Prélever des impôts à l'excès ...... PRESSURER
Premier anneau du thorax des insectes ....
.... PROTHORAX
Première coordonnée d'un point ...... ABSCISSE
Première épouse de Napoléon ...... JOSÉPHINE
Première femme titulaire d'une chaire à la Sorbonne
.... MARIECURIE
Première impression .... AVANTGOÛT
Première interprétation d'un rôle ..... CRÉATION
Première lettre d'un mot .... INITIALE
Première partie d'une œuvre .... PROLOGUE
Première pièce d'un appartement .... VESTIBULE
Première présentation d'une pièce .... PREMIÈRE
Premières manifestations .... PRÉMICES
Premières matières fécales du nouveau-né ....
.... MÉCONIUM
Première ville sainte de l'Islam .... LAMECQUE
Premier grade chez les officiers .. COMMANDANT
Premier grade dans certains ordres .. CHEVALIER
Premier homme à marcher sur la Lune ....
.... ARMSTRONG
Premier jour de l'année .... NOUVELAN
Premier jour du mois pour les Romains ....
.... CALENDES
Premier magistrat belge .... BOURGMESTRE
Premier ministre britannique .... DISRAELI
Premier ministre du Canada .... DIEFENBAKER,
.... MACDONALD, MULRONEY
Premier ministre du Québec ...... BARRETTE,
.... CHAPLEAU, DUPLESSIS
Premier ministre portugais .... SOCRATES
Premier sillon ouvert par la charrue .. ENRAYURE
Premiers signes .... PRÉMICES
Prémunir contre un mal .... VACCINER
Prend des risques .... ASSUREUR
Prend du poids (MH) .... HALTÉROPHILE,
.... PÈSEPERSONNE
Prend l'avion .... KÉROSÈNE
Prend l'eau ou protège le chef (PD) .. CANOTIER
Prend le pouls (MH) .... SONDEUSE
Prend le relais de Sécu .... MUTUELLE
Prend les airs et la mer .... NAVIGATEUR
Prend le vent en bordure de la mer (PD) ....
.... PLANCHISTE
Prend l'initiative au palais .... DEMANDERESSE
Prend lourdement les devants (PD) .. BEDONNANT
Prend même ses vacances à la maison .. CASANIER
Prend part à une manifestation ... MANIFESTANT
Prend place derrière les meubles .... TÉGÉNAIRE
Prend plaisir à couper les cheveux en quatre ....
.... ERGOTEUR
Prendre à la gorge (MF) .... ÉMOUVOIR
Prendre à la nature .... CUEILLIR

Prendre à témoin .... ATTESTER
Prendre au collet .... CAPTURER
Prendre au passage .... CUEILLIR
Prendre au piège ...... ATTRAPER, ENFERRER
Prendre avec soin en quittant un lieu .. EMPORTER
Prendre beaucoup de photos ...... MITRAILLER
Prendre ce qui est à terre .... RAMASSER
Prendre ce qui est offert .... ACCEPTER
Prendre conscience de la réalité d'un fait ....
.... RÉALISER
Prendre conseil de quelqu'un ...... CONSULTER
Prendre contact avec .... CONTACTER
Prendre contact avec le pont d'un bâtiment ....
.... APPONTER
Prendre contact avec le sol .... ATTERRIR
Prendre dans ses bras .... EMBRASSER,
.... ÉTREINDRE
Prendre de force .... ARRACHER
Prendre de l'âge .... VIEILLIR
Prendre de nouveau .... REPRENDRE
Prendre des airs importants ...... PONTIFIER
Prendre des coups .... ENCAISSER
Prendre des détours .... LOUVOYER
Prendre des manières affectées ..... MINAUDER
Prendre du mieux .... EMBELLIR
Prendre du poids .... ENGRAISSER
Prendre du ventre .... BEDONNER
Prendre en compte .. ENREGISTRER, RECENSER
Prendre en mains .... SOUPESER
Prendre en mains salement .... TRIPOTER
Prendre en note .... ENREGISTRER
Prendre en pitié .... PLAINDRE
Prendre en supplément .... RABIOTER
Prendre l'air .... RESPIRER
Prendre la place de .... SUCCÉDER
Prendre le repas du midi .... DÉJEUNER
Prendre les culottes baissées (MF) ... DÉSARMER
Prendre par-ci par-là .... GRAPILLER
Prendre part à .... PARTICIPER
Prendre part à un banquet .... BANQUETER
Prendre part à un festin .... FESTOYER
Prendre plaisir dans la descente .... SAVOURER
Prendre pour soi .... ACCAPARER
Prendre racine .... ATTENDRE
Prendre sa dose de neige (MF) ...... RENFILER
Prendre ses aises (se) .... GOBERGER
Prendre ses jambes à son cou ...... ACCOURIR
Prendre ses responsabilités .... ENDOSSER
Prendre soin de .... ENTOURER
Prendre soin du pelage du chat ..... TOILETTER
Prendre son temps .... LAMBINER
Prendre son temps pour faire quelque chose (s') ...
.... ATTARDER
Prendre une attitude fière ...... PLASTRONNER
Prendre une attitude satisfaite (se) ... PRÉLASSER
Prendre une autre direction .... BIFURQUER
Prendre une chose pour une autre .. CONFONDRE
Prendre une partie de la paie ...... PRÉLEVER
Prendre une seconde fois à voler ..... REPINCER
Prendre une teinte rougeâtre ...... ROUGEOYER
Prendre un numéro (MF) .... PATIENTER
Prendre un plaisir (se) .... DÉLECTER

Prendre un repas de fête . . . . . . RÉVEILLONNER
Prendre un repas en plein air . . . . . PIQUENIQUER
Prendre un supplément . . . . RABIOTER
Prendre vivement . . . . AGRIPPER
Prend sa source dans le lac Saint-Jean . . . .
. . . . SAGUENAY
Prend ses mesures en carats . . . GEMMOLOGISTE
Prend soin des enfants . . . . NOURRICE
Prend soin des petits . . . . ÉLEVEUSE
Prend un verre, comme à peu près tout le monde (MH)
. . . . DROITIER
Preneur d'un bail de longue durée . . EMPHYTÉOTE
Preneuse de son (MH) . . . . OREILLER
Prénom de Franco . . . . FRANCISCO
Prénom de plusieurs reines . . . . ÉLISABETH
Prénom d'un auteur américain . . . . . TENNESSEE
Prénom féminin . . ANTOINETTE, ARMANDINE,
. . . . CÉLESTINE, ÉLÉONORE, ISABELLE,
. . . . . LÉONTINE, LORRAINE, MARGUERITE,
. . . . MIREILLE, MURIELLE
Prénom féminin ou pâtisserie . . . . . . MADELEINE
Prénom masculin . . . . SÉBASTIEN
Prénom populaire en Russie . . . . VLADIMIR
Préoccuper vivement . . . . TARABISCOTER,
. . . . TARABUSTER
Préparatifs de guerre . . . . ARMEMENT
Préparation à base d'avocat . . . . . GUACAMOLE
Préparation à base de légumes et d'épices . . . .
. . . . MIREPOIX
Préparation au combat . . . . ENTRAÎNEMENT
Préparation culinaire . . . . CHIFFONNADE,
. . . . OMELETTE
Préparation de base à l'officine . . . . . VASELINE
Préparation de légumes . . . . JULIENNE
Préparation de morue à la provençale . . . .
. . . . BRANDADE
Préparation de poissons . . . . ESCABÈCHE
Préparation de pulpe de fruits . . . . MARMELADE
Préparation de viande entourée d'un boyau . . . . . .
. . . . SAUCISSE
Préparation de viande séchée . . . . . . PEMMICAN
Préparation dont sont enduits les papiers photogra-
phiques . . . . ÉMULSION
Préparation écologique du terrain . . . . ÉCOBUAGE
Préparation froide de petits poissons frits . . . .
. . . . ESCABÈCHE
Préparation huileuse pour un massage . . . .
. . . . EMBROCATION
Préparation médicinale . . . . CATAPLASME,
. . . . SUPPOSITOIRE
Préparation pour une bonne reproduction . . . .
. . . . NUMÉRISATION
Préparations de charcuterie . . . . RILLETTES
Préparation thérapeutique . . . . EMPLÂTRE
Prépare le bar pour les clients (MH) . . . .
. . . . POISSONNIÈRE
Préparer à la façon du damas . . . . . . DAMASSER
Préparer à la manière des pralines . . . . PRALINER
Préparer aux petits oignons . . . . MITONNER
Préparer avec soin . . . . PRÉMÉDITER
Préparer dans le secret . . . . FOMENTER
Préparer habilement . . . . CALCULER

Préparer la campagne dans les longueurs . . . .
. . . . RATISSER
Préparer le programme d'un examen . . BACHOTER
Préparer les groseilles . . . . ÉGRAPPER
Préparer les tomates . . . . ÉPÉPINER
Préparer le terrain pour la culture . . . . ESSARTER
Préparer longuement, par un long travail . . . .
. . . . ÉLABORER
Préparer minutieusement . . . . PEAUFINER
Préparer par chamoisage . . . . CHAMOISER
Préparer par des exercices . . . . ENTRAÎNER
Préparer secrètement . . . . COMPLOTER
Préparer un aliment . . . . CUISINER
Préparer un cheval de trait . . . . HANARCHER
Préparer une action en commun . . . CONCERTER
Préparer une peau . . . . CHAGRINER
Préparer une volaille pour la cuisson . . HABILLER
Prépare son avenir . . . . ÉTUDIANT
Prépare tout avant de partir . . . . TESTATEUR,
. . . . TESTATRICE
Prépondérance d'un État . . . . HÉGÉMONIE
Préposé au service des brancards . . . .
. . . . BRANCARDIER
Préposée à la caisse . . . . BAGUETTE
Prescription acquisitive . . . . USUCAPION
Prescription d'ordre moral . . . . IMPÉRATIF
Prescription d'un médecin . . . . . ORDONNANCE
Près des Éboulements . . . . ÎLEAUXCOUDRES
Près de ses sous . . . . REGARDANT
Présence continuelle, régulière . . . . . ASSIDUITÉ
Présence de glucose dans le sang GLYCOSURIE
Présence en tous lieux . . . . . . OMNIPRÉSENCE
Présentation d'un numéro spectaculaire . . . .
. . . . EXHIBITION
Présentation graphique d'un texte . . TYPOGRAPHIE
Présenté en espérant aller plus loin . . . .
. . . . AVANTPROJET
Présenter autrement . . . . TRADUIRE
Présenter de l'intérêt . . . . IMPORTER
Présenter de nouveau . . . . RESSORTIR
Présenter en déformant les faits . . . . . ROMANCER
Présenter le projet . . . . PRÉFIGURER
Présenter une ressemblance avec quelqu'un . . . .
. . . . RAPPELER
Préservatif pour la femme . . . . PESSAIRE
Président américain . . . . EISENHOWER,
. . . . ROOSEVELT
Président d'une loge maçonnique . . . VÉNÉRABLE
Président irakien . . . . TALABANI
Presque cent . . . . CENTENAIRE
Presque doré . . . . BLONDINET
Presque rien . . . . CLOPINETTES
Presque trop beau pour être vrai . . . . . INESPÉRÉ
Presse à forme imprimante cylindrique . . . ROTATIVE
Presse-purée . . . . USTENSILE
Presser vivement . . . . TALONNER
Prestation d'un serment . . . . . ASSERMENTATION
Prestation en argent . . . . ALLOCATION
Prestation parfaite . . . . SANSFAUTE
Prêt à exploser . . . . SUREXCITÉ
Prêt-à-porter . . . . CONFECTION
Prêt à tout pour arriver à ses fins . . . . INTRIGANT

Prêter attention à . . . . OBSERVER
Prêter l'oreille . . . . ENTENDRE
Prêter une main secourable . . . . ASSISTER
Prétexte mensonger . . . . FAUXSEMBLANT
Prêt pour le départ . . . . ENTRAÎNÉ
Prêtre attaché à un établissement . . . AUMÔNIER
Prêtre avec pouvoir d'absoudre des cas réservés . . .
. . . . PÉNITENCIER
Prêtre qui offrait les sacrifices . . SACRIFICATEUR
Preuve à l'appui . . . . ARGUMENT
Preuve de confiance en l'avenir (PD) . . . .
. . . . ESPÉRANCE
Preuve de fantaisie . . . . ORIGINALITÉ
Preuve de générosité . . . . LARGESSE
Prévenir le développement dangereux . . . .
. . . . DÉSAMORCER
Prévenir que l'on tourne à gauche . . . . SIGNALER
Prévient les infections . . . . ANTISEPSIE
Prévoir ce qui doit arriver . . . . PRÉSAGER
Prévu ou non, il arrive à la fin . . . DÉNOUEMENT
Prie pour gagner . . . . ÉLECTEUR
Prier avec insistance . . . . SOLLICITER
Prière à la Vierge . . . . AVEMARIA
Prière de la liturgie catholique . . . . . . CONFITEOR
Prière faite avec insistance . . . . . . SUPPLICATION
Prière pressante . . . . OBJURGATION
Prière qui se récite avant le repas . . . BÉNÉDICITÉ
Prière qui suit la consécration . . . . . . ANAMNÈSE
Prière très difficile à faire . . . . SUPPLICATION
Prima donna . . . . CANTATRICE
Primate des forêts tropicales . . . . OUISTITI
Prince de Galilée . . . . TANCRÈDE
Prince de la maison d'Autriche . . . . . . ARCHIDUC
Prince rendu beau par l'amour . . . .
. . . . RIQUETÀLAHOUPPE
Prince romain empoisonné par Néron . . . .
. . . . BRITANNICUS
Princesse de Belgique . . . . CHARLOTTE
Princesse indienne . . . . MAHARANI
Princesse juive aimée de Titus . . . . BÉRÉNICE
Principal aéroport de Londres . . . . . . HEATHROW
Principal acteur de la Déclaration d'indépendance
des États-Unis . . . . JEFFERSON
Principale région inondée en 1996 . . . SAGUENAY
Principale ville de Turquie . . . . ISTANBUL
Principe actif de la digitale . . . . DIGITALINE
Principe de droit . . . . BÉNÉFICEDUDOUTE
Principe fondamental de la sculpture archaïque . . . .
. . . . FRONTALITÉ
Principe odorant de la vanille . . . . VANILLINE
Priorité d'âge . . . . ANCIENNETÉ
Priorité selon l'étiquette . . . . PRÉSÉANCE
Prise de bec . . . . BOUCHEÀBOUCHE
Prise de bonnes mesures . . . . ÉVALUATION
Prise de contact avant de passer à la dépense (PD)
. . . . LÈCHEVITRINE
Prise illégale . . . . ENLÈVEMENT
Prison de verre (PD) . . . . AQUARIUM
Prison souterraine de l'ancienne Rome . . . .
. . . . ERGASTULE
Pris pour un sansonnet . . . . ÉTOURNEAU
Pris sur le vif . . . . INSTANTANÉ

Privation d'alcool ou de drogue . . . . SEVRAGE
Privation d'aliments, de nourriture . . . INANITION
Privation de liberté . . . . CAPTIVITÉ,
. . . . EMPRISONNEMENT, RÉCLUSION
Privation de sommeil . . . . INSOMNIE
Privé de réalité concrète . . . . ABSTRAIT
Prive d'un droit . . . . USURPATEUR
Priver d'ampleur . . . . ÉTRIQUER
Priver d'avantages . . . . DÉSHÉRITER
Priver d'eau . . . . DÉSHYDRATER
Priver de la queue . . . . COURTAUDER
Priver de la vue . . . . AVEUGLER
Priver d'éléments nutritifs . . . . CARENCER
Priver de liberté . . . . ENFERMER, INTERNER
Priver de lumière . . . . OBSCURCIR
Priver de l'usage d'un membre . . . ESTROPIER
Priver de sa vigueur . . . . ÉMASCULER
Priver de ses cornes . . . . DÉCORNER
Priver d'héritage . . . . DÉSHÉRITER
Priver d'originalité . . . . ASEPTISER
Priver quelqu'un d'un bien . . . . FRUSTRER
Privilège attaché à certaines fonctions . . . .
. . . . PRÉROGATIVE
Privilège exclusif . . . . MONOPOLE
Privilège qui décharge . . . . EXEMPTION
Prix d'un travail . . . . RÉMUNÉRATION
Prix littéraire recherché . . . . GONCOURT
Prix Nobel de physique . . . . EINSTEIN
Prix Nobel 1932 . . . . HEISENBERG
Prix que l'on reçoit avec peine (MF) . . . .
. . . . CONSOLATION
Problème de colonne . . . . SCOLIOSE
Problème de synthèse des couleurs . . DICHROMIE
Problème embarrassant . . . . PATATECHAUDE
Procédé d'enregistrement des images . . . .
. . . . MAGNÉTOSCOPE
Procédé d'impression . . . . HÉLIOGRAVURE,
. . . . PHOTOTYPE
Procédé habile et ingénieux . . . . ACROBATIE
Procédé habituel . . . . ERREMENT
Procéder à l'anodisation . . . . ANODISER
Procéder à l'appairage . . . . APPAIRER
Procéder à l'archivage . . . . ARCHIVER
Procéder au cylindrage . . . . CYLINDRER
Procéder à un nouveau tirage . . . . RÉÉDITER
Procéder au palissage de . . . . PALISSER
Procéder sans méthode . . . . TÂTONNER
Procédé thérapeutique . . . . AFFUSION
Processus de développement de la pensée . . . .
. . . . DIALECTIQUE
Processus de formation des reliefs de l'écorce ter-
restre . . . . OROGENÈSE
Processus démographique . . . . PEUPLEMENT
Proche de la ruine . . . . VERMOULU
Proche du pingouin . . . . GUILLEMOT
Proclamation d'un jugement de l'inquisition . . . . .
. . . . AUTODAFÉ
Proclamer avec éclat . . . . CLAIRONNER
Procurer ce qui est nécessaire . . . . . . SUBVENIR
Procurer un gain . . . . APPORTER
Producteur de blé . . . . CÉRÉALIER
Production de fissures . . . . FISSURATION

Production de l'imagination .... FANTASME
Production des fruits .... FRUCTIFICATION
Production des poissons par l'élevage ....
.... PISCICULTURE
Production d'œufs de vers à soie .... GRAINAGE
Production osseuse circonscrite dans la profondeur
de l'os .... ÉNOSTOSE
Production par une glande .... SÉCRÉTION
Produire de nouvelles bulles en bruissant ....
.... PÉTILLER
Produire des bénéfices .... FRUCTIFIER
Produire du pus .... SUPPURER
Produire la nécrose .... NÉCROSER
Produire la polymérisation ...... POLYMÉRISER
Produire la suppression du pouvoir d'une substance
.... INACTIVER
Produire l'hypertrophie ...... HYPERTROPHIER
Produire naturellement quelque chose .. SECRÉTER
Produire un contraste désagréable ... DÉTONNER
Produire un murmure, en parlant de l'eau ......
.... GAZOUILLER
Produire un son .... RÉSONNER
Produire un son avec la bouche ..... SIFFLOTER
Produire un son éclatant .... RETENTIR
Produit antimite à forte odeur ..... NAPHTALINE
Produit céramique .... PORCELAINE
Produit de charcuterie .... ANDOUILLE,
.... SALAISON, SAUCISSE
Produit de l'énergie propre .... ÉOLIENNE
Produit de nettoyage des dents .... DENTIFRICE
Produit de remplacement .... SUCCÉDANÉ
Produit dont l'usage est de plus en plus interdit ....
.... HERBICIDE
Produit d'une distillation .... DISTILLAT
Produit obtenu par macération des plantes ....
.... ALCOOLATURE
Produit qui masque .... PROPECIA
Produit une démangeaison .... URTICANT
Profanation des choses sacrées ..... SACRILÈGE
Proférer des injures .... VITUPÉRER
Professeur d'escrime .... MAÎTRE D'ARMES
Professeur qui a souvent remis les pendules à l'heure
(MF) .... TOURNESOL
Profession de ceux qui enseignent ....
.... ENSEIGNEMENT
Profession de médecin .... MÉDECINE
Profession de styliste .... STYLISME
Professionnel cultivant la terre ... CULTIVATEUR
Professionnel des fouilles (PD) .... PICKPOCKET
Professionnel qui opère en Bourse .... BOURSIER
Professionnel qui prépare des plats ... TRAITEUR
Professionnel qui transforme le lait ... FROMAGER
Profession qui présente des étapes .... CARRIÈRE
Profil des moulures d'une corniche ....
.... MODÉNATURE
Profiler en moulure .... MOULURER
Profite de la classe ouvrière (PD) . APICULTEUR
Profite de la faiblesse des autres .... PRÉDATEUR
Profite de la guerre .... ARMURIER
Profiter abusivement de quelqu'un ... EXPLOITER
Profit financier .... BÉNÉFICE
Profit stupéfiant illégal .... NARCODOLLAR

Profonde méchanceté .... NOIRCEUR
Profonds dès qu'ils deviennent amoureux ....
.... SENTIMENTS
Programme destiné à l'utilisateur .. APPLICATION
Programme informatique .... UTILITAIRE
Programme retransmis par la radio .... ÉMISSION
Progresser lentement .... CHEMINER
Progression lente d'un dépôt .. SÉDIMENTATION
Progression vers le haut .... ASCENSION
Proie facile pour un chat .... SOURICEAU
Projet de grande envergure ...... CHANTIER
Projeter en gouttelettes .... VAPORISER
Projet qui prend corps (MH) .... TATOUAGE
Prolifération dans le sang des globules blancs .....
.... LEUCÉMIE
Prolongateur électrique .... RALLONGE
Prolongée, est-elle vraiment nécessaire ? ....
.... GARANTIE
Prolongement des oreillettes du cœur ... AURICULE
Prolongement du cytoplasme de la cellule nerveuse
.... DENDRITE
Prolongement d'une plante .... APPENDICE
Prolongement osseux du crâne des ruminants .....
.... CORNILLON
Prolonger indéfiniment .... ÉTERNISER
Promenade sans but défini .... VADROUILLE
Prompt à se mettre en colère .... IRRITABLE
Promptitude dans une action .... CÉLÉRITÉ
Prononcée par un juge .... SENTENCE
Prononcer à haute voix, avec violence .. PROFÉRER
Prononcer à voix basse .... CHUCHOTER
Prononcer de façon confuse .... BREDOUILLER
Prononcer de la gorge certaines consonnes ....
.... GRASSEYER
Prononcer des mots distinctement ... ARTICULER
Prononcer du bout des lèvres ...... SUSURRER
Prononcer imparfaitement les mots .. BALBUTIER
Propagation subite .... ÉPIDÉMIE
Propension à boire .... DIPSOMANIE
Propension à la colère .... IRASCIBILITÉ
Propension au repliement sur soi ....
.... INTROVERSION
Propension aux ébats sexuels .... SALACITÉ
Prophète de mauvais augure .... CASSANDRE
Prophétie rabâchée .... VATICINATION
Propice aux confidences .... OREILLER
Propos de fier-à-bras .... GASCONNADE
Propos de greffier (PD) .... MIAULEMENT
Propos de polisson .... POLISSONNERIE
Propos de quelqu'un qui radote ..... RADOTAGE
Propos de vantard .... VANTARDISE
Propose aux plus offrants ...... ADJUDICATEUR
Propos en l'air .... INSANITÉ
Proposer au choix .... SOUMETTRE
Propose tout ce qu'il a ramassé ... BROCANTEUR
Propos évoquant une personne ...... ALLUSION
Propos frivole .... SORNETTE
Propos futile .... BALIVERNE
Propos hostile .... ESCARMOUCHE
Propos inconvenant .... MALPROPRETÉ
Propos insipide .... MIÈVRERIE
Proposition démontrable .... THÉORÈME

Proposition impérative . . . . ULTIMATUM
Proposition que l'on soutient comme vraie . . . .
. . . . ASSERTION
Proposition scientifique . . . . THÉORÈME
Proposition valide . . . . TAUTOLOGIE
Propos libre ou licencieux . . . . GAULOISERIE
Propos médisant . . . . BAVARDAGE
Propos pour plaire . . . . FRIVOLERIE
Propos que l'on répète . . . . RITOURNELLE
Propos qui ne sont pas sans fondement (MH) . . . . .
. . . . SCATOLOGIE
Propos sans intérêt . . . . BLABLABLA
Propos sans valeur . . . . FARIBOLE
Propos tendres . . . . ROUCOULEMENT
Propos vide de sens . . . . BILLEVESÉE
Propre à allumer la révolte . . . . INCENDIAIRE
Propre à apaiser la soif . . . . DÉSALTÉRANT
Propre à causer la fin . . . . MEURTRIER
Propre à convaincre . . . . CONVAINCANT
Propre à détruire les vers parasites . . VERMICIDE
Propre à enflammer les esprits . . . . INCENDIAIRE
Propre à exciter la moquerie . . . . RIDICULE
Propre à garantir d'un mal . . . . . PRÉSERVATEUR
Propre à intéresser vivement . . . . . PASSIONNANT
Propre à la banque . . . . BANCAIRE
Propre à la mère . . . . MATERNEL
Propre à la respiration . . . . RESPIRATOIRE
Propre à la rougeole . . . . MORBILLEUX
Propre à l'école . . . . SCOLAIRE
Propre à l'évêque . . . . ÉPISCOPAL
Propre à l'Islam . . . . MUSULMAN
Propre à préserver de la rouille . . . ANTIROUILLE
Propre à rassurer, à donner confiance . . . .
. . . . RASSURANT
Propre à une chose . . . . SPÉCIFIQUE
Propre à une langue romane . . . . FRANÇAIS
Propre à un vent descendant . . . . . CATABATIQUE
Propre au plus grand massif de l'Europe . . . .
. . . . ALPESTRE
Propre au tropique . . . . TROPICAL
Propre aux glaciers . . . . GLACIAIRE
Propre aux larves . . . . LARVAIRE
Propre aux marais . . . . PALUDÉEN
Propre aux sybarites . . . . SYBARITIQUE
Propriétaire de terres libres . . . . ALEUTIER
Propriétaire féodal . . . . SEIGNEUR
Propriété de ce qui est peu pesant . . . . LÉGÈRETÉ
Propriété de ce qui est polymorphe . . . .
. . . . POLYMORPHISME
Propriété de dispenser la lumière . . . . . IRISATION
Propriété de la lumière . . . . ÉCLAIRER
Propriété de réfléchir le son . . . . RÉSONANCE
Propriété des corps combustibles . . . .
. . . . COMBUSTIBILITÉ
Propriété des corps dimorphes . . . DIMORPHISME
Propriété des métaux . . . . DUCTILITÉ
Propriété des produits détergents . . DÉTERGENCE
Propriété de tout objet . . . . CHIRALITE
Propriété foncière exploitée selon un contrat . . . . .
. . . . MÉTAIRIE
Propulseur aérien . . . . RÉACTEUR
Protecteur du citoyen . . . . OMBUDSMAN

Protection anglaise (PD) . . . . TRENCHCOAT
Protection du saint . . . . PATRONAGE
Protège bêtes et plantes . . . . TÉGUMENT
Protège ceux qui protègent . . . . RÉASSUREUR
Protège de l'averse . . . . PARAPLUIE
Protège des regards . . . . PARAVENT
Protège du soleil . . . . OMBRELLE
Protège et évite la suite (PD) . . . . . PRÉSERVATIF
Protège et répare . . . . PANSEMENT
Protège le corps de la tortue . . . . CARAPACE
Protéger avant exploitation par un brevet . . . .
. . . . BREVETER
Protéger comme une cuirasse . . . . CUIRASSER
Protéger, en parlant d'un jeu . . . . BREVETER
Protéger par certaines précautions . . . . PRÉMUNIR
Protéine ayant l'aspect d'une gelée . . . GÉLATINE
Protéine du lait . . . . LACTALBUMINE
Protéine fibreuse . . . . SCLÉROPROTÉINE
Protestant de l'Irlande du Nord . . . ORANGISTE
Protestant qui nie la Sainte Trinité . . . . UNITAIRE
Protestation collective . . . . PÉTITION
Protester avec mauvaise humeur . . . . . RENAUDER
Prothèse dentaire . . . . RATELIER
Protide à grosses molécules . . . . PROTÉINE
Protiste marin . . . . PÉRIDINIEN
Protozoaire d'eau douce . . . . VORTICELLE
Protozoaire de grande taille . . . . PARAMÉCIE
Protozoaire flagellé . . . . TRICHOMONAS,
. . . . TRYPANOSOME
Protozoaire fossile . . . . NUMMULITE
Protozoaire luminescent . . . . NOCTILUQUE
Protozoaire parasite . . COCCIDIE, LEISHMANIE
Prouvé par témoins . . . . TESTIMONIAL
Prouver la culpabilité de . . . . ACCABLER
Prouver l'innocence de . . . . DISCULPER
Province de la Belgique méridionale . . HAINAULT
Province canadienne sur l'Atlantique . . . .
. . . . TERRENEUVE
Province des Pays-Bas . . . . LIMBOURG
Province du Canada dans les prairies . . . .
. . . . MANITOBA, SASKATCHEWAN
Provinces du Canada . . . .
. . . . COLOMBIE BRITANNIQUE,
. . . . ÎLE-DU-PRINCE-ÉDOUARD,
NOUVEAU-BRUNSWICK, NOUVELLE ÉCOSSE
Provision alimentaire . . . . VICTUAILLE
Provoque des remises en question . . DÉRANGEANT
Provoquer brusquement . . . . DÉCLENCHER
Provoquer chez quelqu'un du dégoût . . RÉVULSER
Provoquer des accidents . . . . TÉTANISER
Provoquer la colère . . . . SOULEVER
Provoquer la gangrène . . . . GANGRENER
Provoquer la pitié . . . . ÉMOUVOIR
Provoquer l'apparition de . . . . SUSCITER
Provoquer la sclérose . . . . SCLÉROSER
Provoquer le rire . . . . CHATOUILLER
Provoquer le sommeil . . . . ENDORMIR
Provoquer une contamination . . . . CONTAMINER
Provoquer une grande tension . . . . STRESSER
Provoquer une réaction . . . . ÉVEILLER
Provoquer une réaction par sa seule présence . . . . .
. . . . CATALYSER

Proximité dans l'espace . . . . VOISINAGE
Pruine recouvrant les fruits . . . EFFLORESCENCE
Prune de couleur dorée . . . . REINECLAUDE
Prune oblongue . . . . GUETSCHE
Publication périodique . . . . . . HEBDOMADAIRE,
. . . . MAGAZINE
Publication qui a pour base le calendrier . . . .
. . . . ALMANACH
Publié après le décès de l'auteur . . . . POSTHUME
Publier bruyamment . . . . TAMBOURINER
Publier de nouveau . . . . RÉÉDITER
Puceron blanchâtre . . . . ALEURODE
Puissance d'action . . . . DYNAMISME
Puissance légitime . . . . AUTORITÉ
Pull à grosses côtes (PD) . . . . . . CAMIONNEUR
Pull ou poney . . . . SHETLAND
Pulsion de mort . . . . THANATOS
Punaise d'Europe . . . . PENTATOME
Punch au rhum blanc . . . . DAIQUIRI
Punition corporelle . . . . SUPPLICE
Punition des crimes . . . . VINDICTE
Punit les coupables . . . . JUSTICIER
Pupille de l'œil . . . . PRUNELLE
Purification religieuse . . . . ABLUTION
Pyramide chez les Aztèques . . . . TÉOCALLI
Quadriller une surface . . . . CARRELER
Qualificatif donné à des personnages . . . .
. . . . SÉRÉNISSIME
Qualifie certaines inégalités . . . . SOCIALES
Qualifie le sang chassé par le ventricule gauche . . .
. . . . ARTÉRIEL
Qualifie un accent . . . . CIRCONFLEXE
Qualifie un acide . . . . NITRIQUE
Qualifie un appareil . . . . URINAIRE
Qualifie un continent . . . . AFRICAIN
Qualifie un courant artistique . . . . RÉALISTE
Qualifie un décolleté . . . . PLONGEANT
Qualifie une bonne vache . . . . LAITIÈRE
Qualifie une douleur . . . . TÉRÉBRANTE
Qualifie une gomme . . . . ADRAGANTE
Qualifie une maladie sans traitement . . ORPHELINE
Qualifie une pression . . . . ARTÉRIELLE
Qualifie une rose . . . . TRÉMIÈRE
Qualifie un péché . . . . ORIGINEL
Qualifie un tissu . . . . ÉCOSSAIS
Qualité acoustique d'un local . . . . SONORITÉ
Qualité de ce qui est capable de se redresser . . . . . .
. . . . ÉRECTILITÉ
Qualité de ce qui est élancé . . . . SVELTESSE
Qualité de ce qui est exempt de saleté . PROPRETÉ
Qualité de ce qui est fécond . . . . FÉCONDITÉ
Qualité de ce qui est spontané . . . . . FRAÎCHEUR
Qualité de ce qui n'est pas réel . . . . . IRRÉALITÉ
Qualité de ce qui peut être vu de tous . . . .
. . . . TRANSPARENCE
Qualité de ce qui peut se dissoudre . . SOLUBILITÉ
Qualité de ce qui rend un son agréable . . . .
. . . . SONORITÉ
Qualité de ce qui resserre et assèche les tissus . . . . .
. . . . ASTRINGENCE
Qualité de quelqu'un qui est persévérant . . . . . .
. . . . PERSÉVÉRANCE

Qualité de quelqu'un qui est ingénieux . . . .
. . . . INGÉNIOSITÉ
Qualité de quelqu'un qui est juste . . IMPARTIALITÉ
Qualité de quelqu'un qui est saint . . . . SAINTETÉ
Qualité des sons agréables à entendre . . EUPHONIE
Qualité d'étranger . . . . EXTRANÉITÉ
Qualité d'un acte juridique . . . . . . INEXISTENCE
Qualité d'une chose non nuisible . . . . INNOCUITÉ
Qualité d'une personne brave . . . . BRAVOURE
Qualité d'une personne s'imposant par son talent . .
. . . . PRÉSENCE
Qualité d'un liquide . . . . LACTESCENCE
Qualité d'un mécanisme . . . . . . AUTOMATICITÉ
Qualité d'un mets . . . . SUCCULENCE
Qualité, pour une viande . . . . TENDRETÉ
Quand elle dure, nos vacances tombent à l'eau (MF)
. . . . SÉCHERESSE
Quand elle est rapide, c'est de la malbouffe . . . .
. . . . RESTAURATION
Quand elles montent, les ténors ne suivent plus . . . .
. . . . HAUTESCONTRE
Quand il est arrosé, on rit . . . . ARROSEUR
Quand il va au stade, il y a du sport (MH) . . . .
. . . . HOULIGAN
Quand il voit rouge, il faut s'en méfier (MF) . . . . . .
. . . . DALTONIEN
Quand la planque devient un art . . CAMOUFLAGE
Quand le mauvais goût atteint le divin (PD) . . . . . .
. . . . BONDIEUSERIE
Quand les informations le sont, on est mal renseigné
. . . . ERRONÉES
Quand même . . . . MALGRÉTOUT
Quand on en est victime, il faut poursuivre . . . .
. . . . EXTORSION
Quand on l'a, on a des frissons . . CHAIRDEPOULE
Quand on la voit, on saute dessus . . . . OCCASION
Quand on le prend, il se débat . . . . TRICHEUR
Quand on le frappe, on parle tout seul . . . .
. . . . RÉPONDEUR
Quand on l'est, on est le préféré de tous . . . .
. . . . COQUELUCHE
Quand on l'ouvre, on voit . . . . PAUPIÈRE
Quand on y est, on est au comble du bonheur . . . . .
. . . . SEPTIÈMECIEL
Quantité approximative de vingt . . . . VINGTAINE
Quantité d'azote dans le sang . . . . AZOTÉMIE
Quantité de calcium dans le sang . . . . CALCÉMIE
Quantité dépassant un nombre fixe . . SURNOMBRE
Quantité mortelle d'une dose . . . . OVERDOSE
Quantité supérieure aux besoins . . . ABONDANCE
Quarante jours après Pâques . . . . ASCENSION
Quartier chaud de Montréal . . . . REDLIGHT
Quartier de l'est de Paris . . . . . MENILMONTANT
Quartier de Monaco . . . . MONTECARLO
Quartier de New York . . . . BROOKLYN
Quartier de Paris . . . . BELLEVILLE
Quartier de Rio de Janeiro . . . . . . COPACABANA
Quartier moins pollué . . . . PIÉTONNIER
Quartz aux jolis reflets . . . . ŒILDECHAT
Quartz hyalin . . . . RUBICELLE
Quatrième andouiller du cerf . . . . TROCHURE
Quatrième fille de Louis XV . . . . ADÉLAÏDE

Québécisme signifiant malappris .... MALENGUEULÉ
Que d'eau, que d'eau .... INONDATION
Quelle affaire .... OCCASION
Quelle ardeur .... FRÉNÉSIE
Quelle définition à la noix (MF) ..... ARACHIDE
Quelle famille québécoise .... LAVIGUEUR
Quel malheur .... CALAMITÉ
Que l'on a du mal à croire .... GAGUESQUE
Que l'on colore avec de l'éosine .. ÉOSINOPHILE
Que l'on connaît bien .... FAMILIER
Que l'on désire .... SOUHAITÉ
Que l'on goûte avec plaisir .... SAVOUREUX
Que l'on n'a pas encore rencontré .... ORIGINAL
Que l'on n'a pas mérité .... IMMÉRITÉ
Que l'on n'attendait pas .... INESPÉRÉ
Que l'on ne cache pas .... OSTENSIBLE
Que l'on n'entend pas .... SILENCIEUX
Que l'on ne peut comprendre .... INACCESSIBLE
Que l'on ne peut narrer, raconter ....
.... INRACONTABLE
Que l'on ne peut octroyer ..... INACCORDABLE
Que l'on ne peut pas contester .. INATTAQUABLE
Que l'on ne peut prendre en considération ....
.... IRRECEVABLE
Que l'on ne pourra donc pas dévorer (MH) ....
.... ILLISIBLE
Que l'on peut compter .... NOMBRABLE
Que l'on peut consommer ..... CONSOMMABLE
Que l'on peut glisser à l'intérieur ... INSÉRABLE
Que l'on peut joindre .... JOIGNABLE
Que l'on peut ne pas rencontrer ...... ÉVITABLE
Que l'on peut pas classer .... ATYPIQUE
Que l'on peut percevoir par le toucher .. TANGIBLE
Que l'on peut surmonter ..... SURMONTABLE
Que l'on pourra mettre de côté ..... SÉPARABLE
Que l'on pourra présenter pour choisir ....
.... PROPOSABLE
Que l'on vend .... MARCHANDISE
Quelque chose qui arrive au bon moment ....
.... BÉNÉDICTION
Quelques points de plus .... BONIFICATION
Querelle bruyante .... ESCLANDRE
Querelle de peu d'importance .... BISBILLE
Querelle peu sérieuse .... CHAMAILLE,
.... CHAMAILLERIE
Que rien ni personne ne surpasse .... MEILLEUR
Question amusante .... DEVINETTE
Question à résoudre .... PROBLÈME
Quête en faveur des démunis ...... GUIGNOLÉE
Queue d'une fleur .... PÉDONCULE
Que vous ne pourrez pas ne pas remarquer
.... INRATABLE
Que vous ne supportez pas bien longtemps ....
.... EXASPÉRANT
Qui a abandonné l'ordre ecclésiastique
.... DÉFROQUÉ
Qui a abdiqué .... ABDICATAIRE
Qui abaisse quelqu'un .... HUMILIANT
Qui abasourdit .... SIDÉRANT
Qui a beaucoup de vigueur .... PUISSANT
Qui a besoin d'air et d'eau .... AÉRONAVAL

Qui a besoin de se déplacer .... AMBULANT
Qui a bien compris .... AURICULAIRE
Qui abonde en poissons .... POISSONNEUX
Qui absorbe .... ABSORBANT
Qui accable .... ÉCRASANT, OPPRESSANT
Qui accélère .... ACCÉLÉRATEUR
Qui accompagne partout ... OMNIPRÉSENT
Qui accouche la première fois ...... PRIMIPARE
Qui accueille les étrangers .... HOSPITALIER
Qui accuse quelqu'un .... ACCUSATEUR
Qui a cent ans .... CENTENAIRE
Qui a ce qu'il désire .... SATISFAIT
Qui a cinq doigts .... PENTADACTYLE
Qui a cinq paires de pattes ...... DÉCAPODE
Qui a commis un assassinat .... ASSASSIN
Qui a commis un crime .... COUPABLE
Qui a de la bonté .... GÉNÉREUX
Qui a de la chance .... CHANCEUX
Qui a de la difficulté, de la peine à se déterminer ..
.... IRRÉSOLU
Qui a de la modération .... PONDÉRÉ
Qui a de la peine .... CHAGRINÉ
Qui a de la pénétration .... PERSPICACE
Qui a de l'ardeur au travail ...... VAILLANT
Qui a de la vigueur .... VIGOUREUX
Qui a de la vivacité d'esprit .... SPIRITUEL
Qui a de l'énergie .... ÉNERGIQUE
Qui a de l'expérience .... CHEVRONNÉ
Qui a de l'ordre .... ORDONNÉ
Qui a de petits nœuds .... NODULEUX
Qui a des aptitudes .... TALENTUEUX
Qui a des boutons .... BOUTONNEUX
Qui a des connaissances en tout .... UNIVERSEL
Qui a des écailles .... ÉCAILLEUX
Qui a des feuilles dures adaptées à la sécheresse ...
.... SCLÉROPHYLLE
Qui a des galons d'ancienneté ..... CHEVRONNÉ
Qui a des haut-le-cœur .... NAUSÉEUX
Qui a des idées sociales avancées ....
.... PROGRESSISTE
Qui a des intonations mélodieuses ... CHANTANT
Qui a des papilles .... PAPILLAIRE
Qui a des prétentions .... PRÉTENTIEUX
Qui a des reflets brillants .... CHATOYANT
Qui a des sentiments loyaux .... LOYALISTE
Qui a des styles différents ...... HÉTÉROCLITE
Qui a des tiges ligneuses ...... FRUTESCENT
Qui a des traits communs avec un autre ....
.... RESSEMBLANT
Qui a des valeurs conservatrices .... BOURGEOIS
Qui a des valvules .... VALVULAIRE
Qui a deux côtés .... BILATÉRAL
Qui a deux moteurs .... BIMOTEUR
Qui a deux pôles .... BIPOLAIRE
Qui a deux têtes .... BICÉPHALE
Qui a dix angles .... DÉCAGONAL
Qui a dix pattes .... DÉCAPODE
Qui adore les idoles .... IDOLÂTRE
Qui a douze côtés .... DODÉCAGONAL
Qui a du cœur au ventre ...... COURAGEUX
Qui a du dédain .... DÉDAIGNEUX
Qui a du duvet .... DUVETEUX

Qui a du mal à prendre parti . . . . IRRÉSOLU
Qui a du suc . . . . SUCCULENT
Qui a du ventre . . . . BEDONNANT
Qui a entre cinquante et cinquante-neuf ans . .
. . . . QUINQUAGÉNAIRE
Qui a entre soixante et soixante-neuf ans . . . .
. . . . SEXAGÉNAIRE
Qui a entre quatre-vingts et quatre-vingt neuf ans . .
. . . . OCTOGÉNAIRE
Qui affaiblit . . . . DÉBILITANT
Qui affecte la bravoure . . . . BRAVACHE
Qui affecte une rigidité de principes . . . PURITAIN
Qui affecte une sensibilité romanesque . . . .
. . . . SENTIMENTAL
Qui agace vivement . . . . CRISPANT
Qui agit avec application . . . . ATTENTIF
Qui agit avec méthode . . . . MÉTHODIQUE
Qui agit avec une vive ardeur . . . . . . ZÉLATEUR
Qui agit en dessous . . . . SOURNOIS
Qui agit par habitude . . . . ROUTINIER
Qui agit promptement . . . . EXPÉDITIF
Qui agit sans calcul . . . . SPONTANÉ
Qui agit sans se montrer . . . . SOURNOIS
Qui agit suivant ses impulsions . . . PRIMESAUTIER
Qui a huit tentacules . . . . OCTOPODE
Qui aide à la mémoire . . . . MNÉMONIQUE
Qui aime à donner . . . . GÉNÉREUX
Qui aime à jacasser . . . . JACASSEUR
Qui aime à rendre service . . . . SERVIABLE
Qui aime à se disputer . . . . QUERELLEUR
Qui aime avec excès . . . . IDOLÂTRE
Qui aime blaguer . . . . BLAGUEUR
Qui aime faire des secrets . . . . CACHOTTIER
Qui aime faire la fête . . . . BAMBOCHARD,
. . . . BAMBOCHEUR
Qui aime la chicane . . . . PROCÉDURIER
Qui aime la guerre, le combat . . . . . BELLIQUEUX
Qui aime la solitude . . . . MISANTHROPE
Qui aime l'aventure . . . . AVENTUREUX
Qui aime les étrangers . . . . XÉNOPHILE
Qui aime les jeux d'esprit . . . . SPIRITUEL
Qui aime les propos grivois . . . . ÉGRILLARD
Qui aime le travail intellectuel . . . . . . STUDIEUX
Qui aime manger des bonnes choses . . . .
. . . . GOURMAND
Qui aime sa patrie . . . . PATRIOTE
Qui aime se disputer . . . . CHAMAILLEUR
Qui aime se divertir la nuit . . . . . NOCTAMBULE
Qui a juré sur la bible . . . . ASSERMENTÉ
Qui a la consistance de l'huile . . . . . OLÉIFORME
Qui a la couleur de la rouille . . . . . . RUBIGINEUX
Qui a la couleur de la suie . . . . FULIGINEUX
Qui a la dureté d'un diamant . . . . . . DIAMANTIN
Qui a la faculté de brûler vivement . . . .
. . . . INFLAMMABLE
Qui a la faveur du plus grand nombre . . . .
. . . . POPULAIRE
Qui a la fièvre . . . . FIÉVREUX
Qui a la forme d'un anneau . . . . ANNULAIRE
Qui a la forme d'une ombelle . . OMBELLIFORME
Qui a la forme d'une plume . . . . . PENNIFORME
Qui a la forme d'une pointe de lance . . LANCÉOLÉ

Qui a la forme d'une sphère . . . . SPHÉRIQUE
Qui a la forme d'un losange . . . . . RHOMBIQUE
Qui a la forme d'un poisson . . . . ICHTYOÏDE
Qui a la forme d'un réseau . . . . . RÉTICULAIRE
Qui a la forme d'un serpent . . . . . ANGUIFORME
Qui a la forme d'un tube . . . . TUBULAIRE
Qui a la gueule fendue jusqu'aux oreilles . . . .
. . . . RIGOLEUR
Qui a la guigne . . . . GUIGNARD
Qui a l'air de bonne humeur . . . . SOURIANT
Qui a la légèreté d'une toile d'araignée . . . .
. . . . ARACHNÉENNE
Qui a la même inclinaison . . . . ISOCLINE
Qui a la même valeur . . . . ÉQUIVALENT
Qui a la mission de propager sa religion . . . .
. . . . MISSIONNAIRE
Qui a la nature de l'andésite . . . . ANDÉSITIQUE
Qui a la nature de l'ulcère . . . . ULCÉREUX
Qui a la nature du soufre . . . . SULFUREUX
Qui a la possibilité de se rétracter . . RÉTRACTILE
Qui a l'apparence de l'ivoire . . . . . . ÉBURNÉEN
Qui a l'apparence du choléra . . . . . CHOLÉRIQUE
Qui a l'apparence du métal . . . . . MÉTALLIQUE
Qui a l'apparence humaine . . . .
. . . . ANTHROPOMORPHE
Qui a la propriété d'attirer . . . . ATTRACTIF
Qui a la propriété de brûler . . . . COMBUSTIBLE
Qui a la propriété de dissoudre . . . DISSOLVANT
Qui a la puissance de féconder . . FÉCONDATEUR
Qui a la rougeole . . . . ROUGEOLEUX
Qui a l'aspect de la rouille . . . . . . ÉRUGINEUX
Qui a l'aspect du duvet . . . . TOMENTEUX
Qui a l'aspect d'une gelée . . . . GÉLATINEUX
Qui a la vertu d'endormir . . . . SOPORIFIQUE
Qui a la vivacité d'esprit . . . . SPIRITUEL
Qui a le bras long . . . . INFLUENT
Qui a le caractère de l'apologie . . APOLOGÉTIQUE
Qui a le caractère de l'humour . . HUMORISTIQUE
Qui a le caractère d'un fantôme . . . SPECTRAL
Qui a l'éclat du diamant . . . . ADAMANTIN
Qui a l'éducation comme but . . . . . . ÉDUCATIF
Qui a le mouvement pour origine . . . . CINÉTIQUE
Qui a le parfum de la framboise . . . FRAMBOISÉ
Qui a les dents longues . . . . AMBITIEUX
Qui a les deux pieds sur terre . . . . . . RÉALISTE
Qui a les jambes croches . . . . BANCROCHE
Qui a les oreilles longues et pendantes . . . .
. . . . OREILLARD
Qui a l'esprit pratique . . . . RÉALISTE
Qui a le ventre plein . . . . RASSASIÉ
Qui a le visage rouge . . . . ROUGEAUD
Qui a l'habitude de crier fort . . . . . . GUEULARD
Qui a l'habitude de rouspéter . . . . ROUSPÉTEUR
Qui a l'humeur changeante . . . . LUNATIQUE
Qui a lieu en ligne droite . . . . RECTILIGNE
Qui a lieu pendant la nuit . . . . NOCTURNE
Qui a lieu pendant l'hiver . . . . HIBERNAL
Qui a lieu une fois par semaine . . . .
. . . . HEBDOMADAIRE
Qui a l'intuition de l'avenir . . . . . VISIONNAIRE
Qui allume . . . . AGUICHANT
Qui a mal au cœur . . . . NAUSÉEUX

Qui amène à poser des questions .... NÉBULEUX
Qui amuse les élèves .... LUDOÉDUCATIF
Qui annonce .... ANNONCIATEUR
Qui annonce un événement ... AVANTCOUREUR
Qui a obtenu sa licence .... LICENCIÉ
Qui apaise la soif .... DÉSALTÉRANT
Qui apaise les troubles .... PACIFICATEUR
Qui a perdu les qualités de sa race ... ABÂTARDI,
.... DÉGÉNÉRÉ
Qui a perdu sa première destination ....
.... DÉSAFFECTÉ
Qui a peu de sang .... EXSANGUE
Qui a peur de la foule, des espaces découverts .....
.... AGORAPHOBE
Qui a peur des responsabilités .... PUSILLANIME
Qui a plu .... SÉDUISANT
Qui a plus d'importance ...... PRÉPONDÉRANT
Qui a plusieurs étamines .... POLYANDRE
Qui a pour base le nombre douze .. DUODÉCIMAL
Qui a pour base le nombre vingt .... VICÉSIMAL
Qui a pour but d'abroger .... ABROGATOIRE
Qui a pour but de prévenir .... PRÉVENTIF
Qui a pour objet d'instruire .... DIDACTIQUE
Qui appartient à la basilique .... BASILICAL
Qui appartient à l'abdomen ...... ABDOMINAL
Qui appartient à la bourgeoisie ..... BOURGEOIS
Qui appartient à la campagne .... CAMPAGNARD
Qui appartient à la chimie .... CHIMIQUE
Qui appartient à la chirurgie ..... CHIRURGICAL
Qui appartient à la gorge .... JUGULAIRE
Qui appartient à la jeunesse .... JUVÉNILE
Qui appartient à la même espèce ... CONGÉNÈRE
Qui appartient à la navigation ...... NAUTIQUE
Qui appartient à la science des astres ....
.... ASTRONOMIQUE
Qui appartient à la vie laïque .... SÉCULIER
Qui appartient à l'enfance .... ENFANTIN
Qui appartient à l'estomac .... GASTRIQUE
Qui appartient à l'invocation .... INVOCATOIRE
Qui appartient à l'Occident ...... OCCIDENTAL
Qui appartient à l'Orient .... ORIENTAL
Qui appartient au bord de la mer ..... LITTORAL
Qui appartient au cou .... JUGULAIRE
Qui appartient au fascisme .... FASCISTE
Qui appartient au gosier .... GUTTURAL
Qui appartient à une nation .... NATIONAL
Qui appartient à une république .. RÉPUBLICAIN
Qui appartient au thymus .... THYMIQUE
Qui apporte beaucoup de soin à ce qu'il fait ....
.... MÉTICULEUX
Qui apportera du bien-être ...... EUPHORISANT
Qui apprécie la musique .... MÉLOMANE
Qui approuve globalement les idées ....
.... SYMPATHISANT
Qui a précédé le déluge .... ANTÉDILUVIEN
Qui a quatre doigts .... TÉTRADACTYLE
Qui a quatre pattes .... TÉTRAPODE
Qui a quelque chose de chaste ...... VIRGINAL
Qui a quelque chose de neuf dans la figure (MF) ...
.... ENNÉAGONAL
Qui a radicalement changé de conduite ....
.... CONVERTI

Qui a rapport à Bacchus .... BACHIQUE
Qui a rapport à la Bible .... BIBLIQUE
Qui a rapport à la cellule .... CELLULAIRE
Qui a rapport à la conservation de la santé ....
.... SANITAIRE
Qui a rapport à la cuisine .... CULINAIRE
Qui a rapport à l'aisselle .... AXILIAIRE
Qui a rapport à la luette .... UVULAIRE
Qui a rapport à la menstruation .... MENSTRUEL
Qui a rapport à la moelle osseuse .. MÉDULLAIRE
Qui a rapport à la qualité .... QUALITATIF
Qui a rapport à la quantité ...... QUANTITATIF
Qui a rapport à l'argent .... PÉCUNIAIRE
Qui a rapport à l'atrabile ...... ATRABILAIRE
Qui a rapport à l'école .... SCOLAIRE
Qui a rapport à l'émotion ...... SENTIMENTAL
Qui a rapport à l'oreille .... AURICULAIRE
Qui a rapport à l'Orient .... ORIENTAL
Qui a rapport à l'unité .... UNITAIRE
Qui a rapport à l'urine .... URINAIRE
Qui a rapport au coma ...... COMATEUX
Qui a rapport au labourage .... ARATOIRE
Qui a rapport au marbre .... MARBRIER
Qui a rapport au mariage ..... MATRIMONIAL
Qui a rapport au pétrole .... PÉTROLIER
Qui a rapport au plomb .... SATURNIN
Qui a rapport au sang .... HÉMOPHILE
Qui a rapport au savon .... SAVONNIER
Qui a rapport aux articulations ... ARTICULAIRE
Qui a rapport aux chevaux ...... HIPPIQUE
Qui a rapport aux enzymes ..... ENZYMATIQUE
Qui a rapport aux étoiles .... STELLAIRE
Qui a rapport aux hernies .... HERNIAIRE
Qui a rapport aux lettres .... LITTÉRAIRE
Qui a rapport aux mâchoires ...... MAXILLAIRE
Qui a rapport aux molécules .... MOLÉCULAIRE
Qui a rapport aux monnaies ..... MONÉTAIRE
Qui a reçu le bronze .... TROISIÈME
Qui a reçu un nouveau mandat .... REMANDATÉ
Qui a remporté la victoire ..... VICTORIEUX
Qui arrive à l'heure .... PONCTUEL
Qui arrive à l'improviste, inopinément .. INESPÉRÉ
Qui arrive à point .... BIENVENU
Qui arrive après .... ULTÉRIEUR
Qui arrive à propos .... OPPORTUN
Qui arrive avant le temps .... PRÉMATURÉ
Qui arrive par hasard .... ACCIDENTEL
Qui arrive par occasion ...... OCCASIONNEL
Qui arrive par un heureux hasard .. PROVIDENTIEL
Qui arrive sans qu'on s'y attende ...... INESPÉRÉ
Qui a signé un acte .... SIGNATAIRE
Qui a six côtés .... HEXAGONAL
Qui a six pattes .... HEXAPODE
Qui aspire à .... DÉSIREUX
Qui assure l'entretien des animaux et des plantes ...
.... VÉGÉTATIF
Qui astreint à quelque chose de pénible ....
.... CONTRAIGNANT
Qui a subi des transformations ...... FERMENTÉ
Qui a subi l'amputation d'une jambe ....
.... UNIJAMBISTE
Qui a subi une impaludation .... IMPALUDÉ

Qui a su dégager de bons résultats .. RENTABILISÉ
Qui a trait à la digestion .... PEPTIQUE
Qui a trait à l'ataxie .... ATAXIQUE
Qui a trait à l'Éden .... ÉDÉNIQUE
Qui a trait à l'odorat .... OLFACTIF
Qui a trait au bouton .... BUBONIQUE
Qui a très froid .... FRIGORIFIÉ
Qui a trois angles aigus .... ACUTANGLE
Qui a trois côtés .... TRIANGULAIRE
Qui a trois dents .... TRIDENTÉ
Qui a trop d'éclat .... CLINQUANT
Qui attaque la santé .... DÉLÉTÈRE
Qui attaque le premier .... AGRESSEUR
Qui atteint un degré extrême .... EFFARANT
Qui attire l'attention par un grand luxe ....
.... TAPEÀLŒIL
Qui augmente l'ardeur .... STIMULANT
Qui augmente la viscosité ...... ÉPAISSISSANT
Qui a un air maussade .... RENFROGNÉ
Qui a un bec conique et court ..... CONIROSTRE
Qui a un caractère essentiel .... FONDAMENTAL
Qui a un caractère purement idéal .. PLATONIQUE
Qui a un caractère trop abstrait .. MÉTAPHYSIQUE
Qui a un double sens .... AMBIVALENT
Qui a une conscience politique .... POLITISÉ
Qui a une croissance rapide .... GALOPANT
Qui a une douceur fade .... DOUCEÂTRE
Qui a une expression joyeuse ...... SOURIANT
Qui a un effet positif .... BIENFAISANT
Qui a une grande valeur marchande ... PRÉCIEUX
Qui a une grosse tête .... MACROCÉPHALE
Qui a une mauvaise santé ...... SOUFFRETEUX
Qui a une moustache .... MOUSTACHU
Qui a une odeur de fruit acide ...... CITRONNÉ
Qui a une odeur répugnante ...... MÉPHITIQUE
Qui a une santé chancelante ... VALÉTUDINAIRE
Qui a une saveur agréable .... SAVOUREUX
Qui a un esprit combatif .... OFFENSIF
Qui a une trop haute opinion de lui ....
.... PRÉSOMPTEUX
Qui a une vision normale .... EMMÉTROPE
Qui a un gros ventre .... VENTRIPOTENT
Qui a un jugement perspicace ... CLAIRVOYANT
Qui a un léger mouvement sinueux .. ONDULANT
Qui a un ongle à chaque doigt ..... ONGUICULÉ
Qui a un pédicule .... PÉDICULÉ
Qui a un peu d'embonpoint .... RONDELET
Qui a un son clair .... ARGENTIN
Qui a valeur d'indice .... INDICIEL
Qui aveugle .... ÉBLOUISSANT
Qui banalise quelque chose .... DÉMYSTIFIANT
Qui bénéficie au maximum des progrès ....
.... ULTRAMODERNE
Qui bénéficie d'une bourse d'études .. BOURSIER
Qui bénit .... BÉNISSEUR
Qui blesse la pudeur .... IMPUDIQUE
Qui bourdonne .... BOURDONNANT
Qui braille .... BRAILLARD, BRAILLEUR
Qui branle dans le manche .... HÉSITANT
Qui brille .... SCINTILLANT
Qui brille d'un vif éclat .... CORUSCANT,
.... PÉTILLANT

Qui brille en réfléchissant la lumière .. RELUISANT
Qui brise de fatigue .... ÉREINTANT
Qui cache ce qu'il pense .... SOURNOIS
Qui cache quelque chose .... APPARENT
Qui captive .... ENVELOPPANT
Qui cause de la contrariété, de la peine ....
.... DÉSOBLIGEANT
Qui cause de l'émotion .... ÉMOUVANT
Qui cause de l'ennui, du dégoût .... FASTIDIEUX
Qui cause de l'horreur .... HORRIFIQUE
Qui cause des dommages .... NUISIBLE
Qui cause des nausées .... NAUSÉABOND,
.... NAUSÉEUX
Qui cause des pulsations .... PULSATIF
Qui cause la fièvre .... FIÉVREUX
Qui cause une démangeaison ..... PURIGINEUX,
.... URTICANT
Qui cause une désillusion .... DÉCEVANT
Qui cause une douleur .... DOULOUREUX
Qui cause une émotion violente .. FOUDROYANT
Qui cause une vive affliction ...... ÉPROUVANT
Qui change de l'ordinaire .... DÉPAYSANT
Qui cherche à attirer .... RACOLEUR
Qui cherche à attirer l'attention ...... TAPAGEUR
Qui cherche à détruire tout ce qui est attaché au passé
.... ICONOCLASTE
Qui cherche à en imposer ...... PRÉTENTIEUX
Qui cherche à évoquer la société de l'avenir ......
.... FUTURISTE
Qui cherche à nuire .... NUISIBLE
Qui cherche à plaire .... COMPLAISANT
Qui cherche à se marier .... ÉPOUSEUR
Qui cherche à tromper .... INSIDIEUX
Qui chiale .... GROGNEUR
Qui chipote .... CHIPOTEUR
Qui choque la réserve en matière sexuelle ....
.... INDÉCENT
Qui choque par son excès .... SCANDALEUX
Qui classifie .... CLASSIFICATEUR
Qui combat la fièvre .... FÉBRIFUGE
Qui combat les inflammations ....
.... ANTIPHLOGISTIQUE
Qui combat les maladies vénériennes ....
.... ANTIVÉNÉRIEN
Qui combat les poisons .... ANTIVÉNÉNEUX
Qui combat pour une idée .... MILITANT
Qui combine l'héliothérapie et le séjour au bord de la
mer .... HÉLIOMARIN
Qui commence à devenir acide ...... ACESCENT
Qui commence à être, à paraître, à se développer ..
.... NAISSANT
Qui commet de petits larcins ..... CHAPARDEUR
Qui commet des infractions ..... DÉLINQUANT
Qui comporte des lacunes .... LACUNEUX
Qui comporte des risques .... HASARDEUX
Qui comporte deux couleurs .... BICOLORE
Qui comporte une ascite .... ASCITIQUE
Qui comporte un sens défavorable .... PÉJORATIF
Qui compose des livres .... ÉCRIVAIN
Qui comprend des personnes de tous les pays ......
.... COSMOPOLITE
Qui concerne des gouttes salées .... LACRYMAL

Qui concerne et le corps et l'esprit . . . . PSYCHOSOMATIQUE
Qui concerne la bile . . . . BILIAIRE
Qui concerne la clavicule . . . . . . CLAVICULAIRE
Qui concerne la diète . . . . DIÉTÉTIQUE
Qui concerne la fabrication des poteries . . . . CÉRAMIQUE
Qui concerne la formation . . . . ÉDUCATIF
Qui concerne la France . . . . HEXAGONAL
Qui concerne l'agriculture . . . . ARATOIRE
Qui concerne la mère . . . . MATERNEL
Qui concerne l'anatomie . . . . ANATOMIQUE
Qui concerne la pêche . . . . HALIEUTIQUE
Qui concerne la pensée . . . . CÉRÉBRAL
Qui concerne la pierre . . . . LAPIDAIRE
Qui concerne l'art de parler en public . . . . ORATOIRE
Qui concerne la stratégie . . . . . STRATÉGIQUE
Qui concerne la Terre . . . . TELLURIEN
Qui concerne la vie matérielle . . . . . . TERRESTRE
Qui concerne le cerveau . . . . CÉRÉBRAL
Qui concerne le chanvre . . . . CHANVRIER
Qui concerne le corps . . . . SOMATIQUE
Qui concerne le cosmos . . . . UNIVERSEL
Qui concerne l'enseignement . . . . SCOLAIRE
Qui concerne le père . . . . PATERNEL
Qui concerne le peuple . . . . POPULAIRE
Qui concerne le poumon . . . . PULMONAIRE
Qui concerne les chemins . . . . ITINÉRAIRE
Qui concerne les deux sexes . . . . BISEXUEL
Qui concerne les éléments de même niveau . . . . HORIZONTAL
Qui concerne les excréments . . . . . . STERCORAL
Qui concerne les globules blancs . . . . LEUCOCYTAIRE
Qui concerne les nôtres . . . . FAMILIAL
Qui concerne les pays étrangers . . . . EXTÉRIEUR
Qui concerne les reins . . . . NÉPHRÉTIQUE
Qui concerne les sciences . . . . . . SCIENTIFIQUE
Qui concerne les sports pratiqués sur l'eau . . . . NAUTIQUE
Qui concerne les yeux . . . OPHTALMOLOGIQUE
Qui concerne l'État . . . . ÉTATIQUE
Qui concerne le territoire . . . . TERRITORIAL
Qui concerne le travail de la terre, du sol . . . . ARATOIRE
Qui concerne l'Islam . . . . MUSULMAN
Qui concerne trois langues . . . . TRILINGUE
Qui concerne une demande . . . . ROGATOIRE
Qui concerne une inauguration . . . . INAUGURAL
Qui concerne une nation . . . . NATIONAL
Qui concerne un ensemble de personnes . . . . COLLECTIF
Qui concerne une région . . . . RÉGIONAL
Qui concerne un viscère . . . . INTESTINAL
Qui conduit hors d'un organe . . . . EFFÉRENT
Qui confectionne les vêtements . . . . COUTURIER
Qui conserve le même sens . . . . UNIVOQUE
Qui console . . . . RÉCONFORTANT
Qui constitue le dernier élément, l'extrémité de quelque chose . . . . TERMINAL
Qui constitue une classification . . . . CLASSIFICATOIRE
Qui constitue une insulte, une offense . . . . INSULTANT
Qui constitue un empêchement absolu . . . . RÉDHIBITOIRE
Qui constitue une partie d'un tout . . . . FRAGMENTAIRE
Qui constitue un État fédéral . . . . . . FÉDÉRATIF
Qui constitue un obstacle radical . . RÉDHIBITOIRE
Qui constitue un résidu . . . . RÉSIDUEL
Qui contient de fausses accusations . . . . CALOMNIEUX
Qui contient de l'albumen . . . . ALBUMINÉ
Qui contient de la chaux . . . . CALCAIRE
Qui contient de la fécule . . . . FÉCULENT
Qui contient de l'alcool . . . . ALCOOLIQUE, ... SPIRITUEUX
Qui contient de l'amiante . . . . . . AMIANTIFÈRE
Qui contient de l'ammoniac . . . . . AMMONIACÉ
Qui contient de l'antimoine . . . . . . ANTIMONIÉ
Qui contient de la terre grasse . . . . . . GLAISEUX
Qui contient de la tourbe . . . . TOURBEUX
Qui contient de l'étain . . . . STANNIFÈRE
Qui contient de l'hydrocarbure . . . . CARBURANT
Qui contient de l'hydrogène . . . . . HYDROGÉNÉ
Qui contient de l'or . . . . AURIFÈRE
Qui contient de l'yttrium . . . . YTTRIFÈRE
Qui contient des éloges . . . . LAUDATIF
Qui contient des microbes . . . . PURULENT
Qui contient des obscénités . . . . ORDURIER
Qui contient des vitamines . . . . VITAMINÉ
Qui contient du bitume . . . . BITUMINEUX
Qui contient du charbon . . . . CARBONIFÈRE
Qui contient du chocolat . . . . CHOCOLATÉ
Qui contient du cuivre . . . . CUIVREUX, CUPRIFÈRE
Qui contient du diamant . . . . DIAMANTIFÈRE
Qui contient du fer . . . . FERRUGINEUX
Qui contient du goudron . . . . BITUMINEUX
Qui contient du granite . . . . GRANITEUX
Qui contient du graphite . . . . GRAPHITEUX
Qui contient du grisou . . . . GRISOUTEUX
Qui contient du lithium . . . . LITHINIFÈRE
Qui contient du menthol . . . . MENTHOLÉ
Qui contient du mercure . . . . MERCURIEL
Qui contient du nickel . . . . NICKELIFÈRE
Qui contient du phosphate . . . . PHOSPHATÉ
Qui contient du platine . . . . PLATINIFÈRE
Qui contient du plâtre . . . . PLÂTREUX
Qui contient du plomb . . . . PLOMBIFÈRE
Qui contient du poison . . . . VÉNÉNEUX
Qui contient du pus . . . . PURULENT
Qui contient du quartz . . . . QUARTZIFÈRE
Qui contient du sel . . . . SALIFÈRE
Qui contient du suc . . . . SACCHARIFÈRE
Qui contient du vitriol . . . . VITRIOLÉ
Qui contient les mêmes ions . . . . . . ISOÏONIQUE
Qui contraint . . . . COERCITIF
Qui convient mieux . . . . PRÉFÉRABLE
Qui coule à flots . . . . TORRENTIEL
Qui coupe bras et jambes . . . . RENVERSANT
Qui creuse des galeries . . . . TÉRÉBRANT

Qui crie fort . . . . GUEULARD
Qui cristallise en fines aiguilles . . . . ACICULAIRE
Qui critique vivement . . . . VITUPÉRATEUR
Qui croît dans les rochers . . . . RUPESTRE
Qui croît dans les ruisseaux . . . . RIVULAIRE
Qui croit en lieux humides . . . . ULIGINEUX
Qui croit en plusieurs dieux . . . . . . POLYTHÉISTE
Qui croît rapidement . . . . GALOPANT
Qui croque . . . . CROQUEUR
Qui croque sous la dent . . . . CROUSTILLANT
Qui débute . . . . DÉBUTANT
Qui décide de façon péremptoire . . . TRANCHANT
Qui décourage toute critique . . . . . . DÉSARMANT
Qui défend le pouvoir absolu du pape . . . .
. . . . ULTRAMONTAIN
Qui dégage une odeur infecte . . . . PESTILENTIEL
Qui dégage un parfum . . . . AROMATIQUE
Qui demande l'hiver avant Noël, en aura deux, par
exemple . . . . PROVERBE
Qui demeure ferme et constant . . PERSÉVÉRANT
Qui dénature . . . . ALTÉRANT
Qui dénote une extrême misère . . . . . POUILLEUX
Qui dépasse ce qu'on imaginait . . . . . . INESPÉRÉ
Qui dépasse la mesure . . . . EXAGÉRATEUR,
. . . . EXORBITANT
Qui dépasse les forces naturelles . . SURNATUREL
Qui dépasse les limites du raisonnable . . DÉLIRANT
Qui dépasse l'imagination . . . . IMPENSABLE
Qui dépasse tout ce qu'on peut imaginer . . . . . .
. . . . INIMAGINABLE
Qui dépasse toute mesure . . . . . . GIGANTESQUE
Qui dépend de la seule volonté, du caprice . . . .
. . . . ARBITRAIRE
Qui dépend des circonstances . . . . ÉVENTUEL
Qui dépend d'événements incertains . . . .
. . . . CONDITIONNEL
Qui dépend du hasard . . . . ALÉATOIRE
Qui déplaît . . . . DÉPLAISANT
Qui déplaît par sa conduite hors de propos . . . . . .
. . . . IMPORTUN
Qui dépose des sédiments . . . . FÉCULENT
Qui déprécie . . . . PÉJORATIF
Qui désapprouve . . . . IMPROBATEUR
Qui déshonore . . . . AVILISSANT
Qui désire avec ardeur . . . . AMBITIEUX
Qui désire se mettre en valeur . . . . PRÉTENTIEUX
Qui désodorise . . . . DÉSODORISANT
Qui désoriente en changeant les habitudes . . . . . .
. . . . DÉPAYSANT
Qui désoxyde . . . . DÉSOXYDANT
Qui déteste les allemands . . . . . . GERMANOPHOBE
Qui détruit les insectes . . . . INSECTICIDE
Qui détruit les mauvaises herbes . . . . HERBICIDE
Qui détruit l'ordre établi . . . . SUBVERSIF
Qui devient acide . . . . ACESCENT
Qui devient plus grand . . . . GROSSISSANT
Qui devient rouge . . ROUGISSANT, RUBESCENT
Qui diminue . . . . DÉCROISSANT
Qui diminue d'intensité . . . . RÉMITTENT
Qui diminue le sens d'un mot . . . . . . DIMINUTIF
Qui disparaît graduellement . . . . . ÉVANESCENT
Qui distille le miel . . . . MELLIFLU

Qui doit arriver . . . . INÉVITABLE
Qui doit être attribué à quelqu'un . . . IMPUTABLE
Qui doit être examiné d'abord . . . . . PRÉALABLE
Qui doit être prélevé . . . . IMPOSABLE
Qui doit rester intact . . . . INTANGIBLE
Qui donne beaucoup de fleurs . . . . . FLORIFÈRE
Qui donne confiance . . . . CRÉDIBLE
Qui donne dans l'exagération . . . . THÉÂTRAL
Qui donne des leçons d'éthique . . MORALISATEUR
Qui donne envie de danser . . . . . . ENTRAÎNANT
Qui donne lieu à une annulation juridique . . . .
. . . . RÉSCISOIRE
Qui donne lieu à un choix . . . . OPTIONNEL
Qui donne lieu à une évocation . . . . ÉVOCATOIRE
Qui donne prise à une attaque . . . . VULNÉRABLE
Qui donnera de beaux fils . . . . SÉRICIGÈNE
Qui donne sans compter . . . . PRODIGUE
Qui donne son aval . . . . AVALISEUR
Qui donne un bénéfice satisfaisant . . . RENTABLE
Qui donne une nuance de familiarité . . DIMINUTIF
Qui dure . . . . PERSISTANT
Qui dure indéfiniment . . . . PERPÉTUEL
Qui dure peu de temps . . . . ÉPHÉMÈRE
Qui dure sans discontinuer . . . . PERMANENT
Qui dure sept ans . . . . SEPTENNAL
Qui dure six mois . . . . SEMESTRIEL
Qui dure toujours . . . . INDÉFECTIBLE
Qui dure trente ans . . . . TRENTENAIRE,
. . . . TRICENNAL
Qui dure très longtemps . . . . IMPÉRISSABLE,
. . . . INTERMINABLE
Qui dure trois ans . . . . TRIENNAL
Qui dure trois mois . . . . TRIMESTRIEL
Qui dure vingt ans . . . . VICENNAL
Qui économise les mots . . . . LACONIQUE
Qui effraie . . . . ALARMANT
Qui égalise . . . . NIVELEUR
Qui émet la lumière . . . . LUMINEUX
Qui émeut vivement . . . . SAISISSANT
Qui encourt telle peine . . . . PASSIBLE
Qui en demande beaucoup . . . . EXIGEANT
Qui en dit long . . . . ÉLOQUENT
Qui en est encore à ses débuts . . . . BALBUTIANT
Qui engage deux parties . . . . BILATÉRAL
Qui engendre la chaleur . . . . THERMOGÈNE
Qui engendre la lumière . . . . PHOTOGÈNE
Qui enivre . . . . CAPITEUX, ENIVRANT
Qui ennuie . . . . REBUTANT
Qui ennuie énormément . . . . ENDORMANT
Qui ennuie par son insistance . . . . . . IMPORTANT
Qui enregistre . . . . ENREGISTREUR
Qui entraîne la décision . . . . DÉCISOIRE
Qui entraîne l'amnistie . . . . AMNISTIANT
Qui entre dans la composition de quelque chose . . .
. . . . CONSTITUANT
Qui éprouve de grandes difficultés à se mouvoir . . .
. . . . IMPOTENT
Qui éprouve de l'amour . . . . AMOUREUX
Qui éprouve un besoin de domination . . POSSESSIF
Qui épuise . . . . EXTÉNUANT
Qui erre çà et là . . . . VAGABOND
Qui est à craindre . . . . REDOUTABLE

Qui est actif la nuit . . . . NOCTURNE
Qui est admis par la loi . . . . LÉGITIME
Qui est agité de trépidations . . . . TRÉPIDANT
Qui est agité d'un tremblement . . . . FRÉMISSANT
Qui est aimable et gai . . . . SOURIANT
Qui est à l'état de gaz . . . . GAZÉIFORME
Qui est à l'état rudimentaire . . . EMBRYONNAIRE
Qui est à l'ouest . . . . OCCIDENTAL
Qui est amusant, grivois . . . . CROUSTILLANT
Qui est animé d'un zèle aveugle . . . . FANATIQUE
Qui est appuyé pour un effort de résistance . . . .
. . . . ARCBOUTÉ
Qui est atteint d'albuminurie . . ALBUMINURIQUE
Qui est atteint d'anomalies graves . . ASTHÉNIQUE
Qui est atteint d'un ulcère . . . . ULCÉREUX
Qui est attiré par l'ombre . . . . SCIAPHILE
Qui est au commencement . . . . DÉBUTANT
Qui est au-dessous de la moyenne . . . MÉDIOCRE
Qui est à une grande distance . . . . LOINTAIN
Qui est autour d'un pôle . . . . . CIRCUMPOLAIRE
Qui est aux deux . . . . BISEXUEL
Qui est avant par rapport au temps . . ANTÉRIEUR
Qui est capable de commettre des crimes . . . .
. . . . SCÉLÉRAT
Qui est causé par l'anémie . . . . ANÉMIQUE
Qui est célébré avec éclat . . . . SOLENNEL
Qui est composé de plusieurs parties . . MULTIPLE
Qui est conforme à la tradition . . . . . CLASSIQUE
Qui est confus . . . . VASOUILLARD
Qui est connu de tous . . . . PROVERBIAL
Qui est constitué par deux fils . . . . BIFILAIRE
Qui est couvert de couenne . . . . COUENNEUX
Qui est dans la lune . . . . LUNATIQUE
Qui est dans le coma . . . . COMATEUX
Qui est dans une situation douloureuse . . . .
. . . . MALHEUREUX
Qui est dans un état de demi-sommeil . . . .
. . . . SOMNOLENT
Qui est dans un état de succès . . . . PROSPÈRE
Qui est dans un état inflammatoire . . . ENFLAMMÉ
Qui est dehors . . . . EXTÉRIEUR
Qui est de la consistance du sirop . . . . SIRUPEUX
Qui est de la même époque, de notre temps . . . . . .
. . . . CONTEMPORAIN
Qui est de la nature de la cellulose . . . .
. . . . CELLULOSIQUE
Qui est de la nature de l'huile . . . . OLÉAGINEUX
Qui est de la nature du duvet . . . . DUVETEUX
Qui est de la nature du furoncle . . FURONCULEUX
Qui est de la nature du soufre . . . . . . SULFUREUX
Qui est de la nature du tubercule . . TUBERCULEUX
Qui est de mœurs très libres . . . . LIBERTIN
Qui est de nature à troubler l'ordre . . SUBVERSIF
Qui est dépourvu de tête . . . . ACÉPHALE
Qui est dérisoire . . . . RIDICULE
Qui est désagréable . . . . DÉPLAISANT
Qui est destiné à faciliter la découverte de la vérité
par le tribunal . . . . MÉDICOLÉGAL
Qui est destiné à remettre debout . . . . RELEVEUR
Qui est de très petite taille . . . . LILLIPUTIEN
Qui est d'humeur sombre . . . . TÉNÉBREUX
Qui est différent de l'usage . . . . INSOLITE

Qui est difficile à comprendre . . . . HERMÉTIQUE
Qui est divisé en lobules . . . . LOBULEUX
Qui est dû aux varices . . . . VARIQUEUX
Qui est du côté de la mère . . . . MATERNEL
Qui est du domaine du temps . . . . . . TEMPOREL
Qui est du même temps . . . . . . CONTEMPORAIN
Qui est d'un autre âge . . . . ANACHRONIQUE
Qui est d'une autre nation . . . . ÉTRANGER
Qui est d'une blancheur parfaite . . . . IMMACULÉ
Qui est d'une évidence indéniable . . . . FRAPPANT
Qui est d'une grande audace . . . . TÉMÉRAIRE
Qui est d'une humeur désagréable . . . MAUSSADE
Qui est d'un ennui mortel . . . . MORTIFÈRE
Qui est d'une vivacité pétillante . . . . SÉMILLANT
Qui est d'un grand volume . . . . . . VOLUMINEUX
Qui est d'un montant trop élevé . . . . PROHIBITIF
Qui est d'un rouge de chair . . . . INCARNAT
Qui est dur à la fatigue . . . . ENDURANT
Qui est émis au fond de la gorge . . . . GUTTURAL
Qui est employé contre la migraine . . . .
. . . . ANTIMIGRAINEUX
Qui est en exploitation . . . . OPÉRATIONNEL
Qui est en fonds . . . . ARGENTÉ
Qui est en forme de globe . . . . . . GLOBULAIRE
Qui est en forme de ver . . . . VERMIFORME
Qui est en plein épanouissement, en pleine prospérité
. . . . FLORISSANT
Qui est en proie à une vive inquiétude . . . .
. . . . PRÉOCCUPÉ
Qui est en quantité très suffisante . . . ABONDANT
Qui est enrhumé . . . . ENCHIFRENÉ
Qui est en surplus . . . . EXCÉDENTAIRE
Qui est en train de mûrir . . . . MÛRISSANT
Qui est en trop . . . . SUPERFLU
Qui est estimé . . . . APPRÉCIÉ
Qui est excessif . . . . DÉMESURÉ
Qui est extrêmement inquiétant . . . ANGOISSANT
Qui est extrêmement joli . . . . RAVISSANT
Qui est fertile en ressources . . . . INGÉNIEUX
Qui est fictif . . . . IMAGINAIRE
Qui est fondé en justice . . . . LÉGITIME
Qui est fondé sur la raison . . . . RATIONNEL
Qui est formé de lobules . . . . LOBULAIRE
Qui est habile . . . . INGÉNIEUX
Qui est hostile aux étrangers . . . . . . XÉNOPHOBE
Qui est hostile aux traditions . . . . ICONOCLASTE
Qui est incapable de modération . . . . . EXCESSIF
Qui est insignifiant . . . . RIDICULE
Qui est inspiré par le profit . . . . INTÉRESSÉ
Qui est intérieur à un être . . . . IMMANENT
Qui est la cause de . . . . GÉNÉRATEUR
Qui est l'objet d'un respect quasi religieux . . . .
. . . . SACROSAINT
Qui est mal disposé . . . . DÉFAVORABLE
Qui est mauvais à boire . . . . IMBUVABLE,
. . . . IMPOTABLE
Qui est miné par les larves d'insectes . . . .
. . . . VERMOULU
Qui est opposé au devant . . . . DERRIÈRE
Qui est partout . . . . OMNIPRÉSENT
Qui est payé pour accomplir une action . . . .
. . . . STIPENDIÉ

Qui est perpendiculaire à l'horizon ... VERTICAL
Qui est peu actif .... STAGNANT
Qui est plein de fougue .... VOLCANIQUE
Qui est plein d'esprit .... SPIRITUEL
Qui est porté à tout critiquer, à tout nier ....
.... NÉGATEUR
Qui est pourvu d'une tige .... CAULESCENT
Qui est près de la mer .... MARITIME
Qui est prêt à entrer en activité .. OPÉRATIONNEL
Qui est proche de la mort .... AGONISANT
Qui est produit par la flatulence .... FLATULENT
Qui est prononcé sans netteté ..... INARTICULÉ
Qui est propre à l'éléphant .... ÉLÉPHANTIN
Qui est propre à l'homme .... MASCULIN
Qui est propre au père .... PATERNEL
Qui est propre aux femmes en couches ....
.... PUERPÉRAL
Qui est rejeté par la société .... RÉPROUVÉ
Qui est rempli de grâce .... GRACIEUX
Qui est répété indéfiniment ..... SEMPITERNEL
Qui est revêtu d'écailles ...... SQUAMIFÈRE
Qui est rond .... ORBICULAIRE
Qui est sans cervelle .... ÉCERVELÉ
Qui est sans défaut .... IMPECCABLE
Qui est sans effet .. INOPÉRANT, RIENDUTOUT
Qui est sans énergie .... MOLASSON
Qui est sans forme .... ANÉMIQUE
Qui est sans jugement .... ÉCERVELÉ
Qui est sans liquide .... ANÉROÏDE
Qui est sans pitié .... SANSCŒUR
Qui est sans souillure morale ...... IMMACULÉ
Qui est semblable en ses parties ..... UNIFORME
Qui est seul .... ESSEULÉ, SOLITAIRE
Qui est si ancien qu'on ignore son origine ....
.... IMMÉMORIAL
Qui est soumis .... OBÉISSANT
Qui est sous l'empire d'un pouvoir magique ......
.... ENCHANTÉ
Qui est souvent malade .... ÉGROTANT
Qui est superflu dans un écrit ..... REDONDANT
Qui est supérieur .... MEILLEUR
Qui est sur le point de se produire .... IMMINENT
Qui est sur les limites .... LIMITROPHE
Qui est sur le sol .... TERRESTRE
Qui est susceptible de se modifier .... VARIABLE
Qui est systématiquement hostile à tout ....
.... ANTITOUT
Qui est toujours là .... OMNIPRÉSENT
Qui est toujours prêt à boire .... SOIFFARD
Qui est tout à fait déraisonnable ..... DÉMESURÉ
Qui est très agréable dans ses relations ....
.... CHARMANT
Qui est très connu .... ILLUSTRE
Qui est très dynamique .... INDUSTRIEUX
Qui est très étrange .... SURRÉALISTE
Qui est très instructif .... ÉDIFIANT
Qui est très rapide .... FULGURANT
Qui est trop extraordinaire .... MIROBOLANT
Qui est unique .... ORIGINAL
Qui est visible .... APPARENT
Qui étonne au plus haut point .... RENVERSANT
Qui étonne et réjouit par ses excès .. TRUCULENT

Qui étourdit .... ÉTOURDISSANT
Qui étourdit, en parlant d'une odeur .. ENTÊTANT
Quiétude absolue de l'âme .... ATARAXIE
Qui évolue par accès rapprochés .... RÉMITTENT
Qui évoque des objets réels .... DESCRIPTIF
Qui évoque l'apparence d'un cadavre ....
.... CADAVÉREUX
Qui évoque la vie de la campagne .. CHAMPÊTRE
Qui évoque le comportement d'un maître ....
.... MAGISTRAL
Qui évoque le paradis terrestre ..... ÉDÉNIQUE
Qui évoque le rêve .... ONIRIQUE
Qui évoque une ligne droite .... LINÉAIRE
Qui évoque un luxe tapageur .. HOLLYWOODIEN
Qui excède la mesure .... DÉMESURÉ
Qui excelle dans son genre ... TRANSCENDANT
Qui excite la gaieté .... DÉSOPILANT
Qui excite l'appétit .... APPÉTISSANT
Qui excite les désirs .... AFFRIOLANT,
.... APPÉTISSANT
Qui excite vivement l'émotion ... DRAMATIQUE
Qui exclut toute incertitude ... MATHÉMATIQUE
Qui exerce sur les tissus un resserrement ....
.... ASTRINGENT
Qui exerce un attrait .... ATTIRANT
Qui exerce une action pour retenir .. RETENTEUR
Qui exerce une action sur le passé ... RÉTROACTIF
Qui exerce un vif attrait .... FASCINANT
Qui exige beaucoup .... EXIGEANT
Qui existe depuis l'origine ..... PRIMORDIAL
Qui existe depuis plusieurs siècles .. SÉCULAIRE
Qui existe depuis trente ans .. TRENTENAIRE
Qui existe en grande quantité ...... ABONDANT
Qui existe en plusieurs exemplaires ... MULTIPLE
Qui existe en puissance, virtuellement ....
.... POTENTIEL
Qui exprime de manière manifeste une idée ....
.... SIGNIFICATIF
Qui exprime des grossièretés .... ORDURIER
Qui exprime la langueur .... LANGOUREUX
Qui exprime la satisfaction ...... SATISFAIT
Qui exprime une moquerie méchante ....
.... SARDONIQUE
Qui exprime une opinion catégoriquement ....
.... DOGMATIQUE
Qui fabrique du miel .... MELLIFIQUE
Qui fabrique du papier .... PAPETIER
Qui fabrique du vinaigre .... VINAIGRIER
Qui facilite la coagulation .... COAGULANT
Qui facilite la digestion .... DIGESTIF
Qui fait angle droit .... PERPENDICULAIRE
Qui fait attention aux petits détails .. MÉTICULEUX
Qui fait des bulles .... VÉSICANT
Qui fait donc chercher beaucoup .... RARISSIME
Qui fait du mal .... MALFAISANT
Qui fait du tort .... NUISIBLE
Qui fait entendre un bruit aigu .... STRIDULANT
Qui fait fuir les masos (MH) .... INDOLORE
Qui fait jongler les cruciverbistes (MF) ....
.... EMBÊTANT
Qui fait l'objet d'efforts .... INTENSIF
Qui fait mal .... ENDOLORI

Qui fait penser au diable .... DIABOLIQUE
Qui fait peur .... ÉPEURANT
Qui fait pitié .... LAMENTABLE
Qui fait plaisir .... INESPÉRÉ
Qui fait pleurer .... LACRYMOGÈNE
Qui fait plusieurs tours et détours .... TORTUEUX
Qui fait preuve d'altruisme .... GÉNÉREUX
Qui fait preuve d'astuce .... ROUBLARD
Qui fait preuve de fermeté .... CONSTANT
Qui fait preuve de noblesse de sentiments ....
.... GÉNÉREUX
Qui fait preuve de pessimisme ..... PESSIMISTE
Qui fait preuve de ruse .... ROUBLARD
Qui fait preuve de tact .... DIPLOMATE
Qui fait preuve d'initiative .... DÉGOURDI
Qui fait preuve d'intransigeance .... INTÉGRISTE
Qui fait preuve d'une indulgence excessive ....
.... COMPLAISANT
Qui fait rage .... DÉCHAÎNÉ
Qui fait rager .... ENRAGEANT
Qui fait rire .... IRRÉSISTIBLE
Qui fait rire de bon cœur .... DÉSOPILANT
Qui fait souffrir .... LANCINANT
Qui fait souffrir dans l'amour-propre .. BLESSANT
Qui fait tomber la fièvre .... FÉBRIFUGE
Qui fait un grand bruit, un bruit du tonnerre ......
.... TONITRUANT
Qui fait un ou plusieurs détours ...... INDIRECT
Qui fait uriner .... DIURÉTIQUE
Qui fait vomir .... ÉMÉTIQUE
Qui falsifie .... FALSIFICATEUR
Qui fatigue beaucoup .... ÉPUISANT
Qui flambe .... FLAMBANT
Qui forme .... FORMATEUR
Qui forme des projets non réalisables .. UTOPISTE
Qui forme un ensemble sans unité, sans harmonie ...
.... DISPARATE
Qui forme une série disparate ..... DÉPAREILLÉ
Qui forme une unité .... UNITAIRE
Qui forme un ou plusieurs tubercules .. TUBÉREUX
Qui fouette .... CINGLANT
Qui fournit la nourriture .... NOURRICIER
Qui frappe de saisissement ..... HALLUCINANT
Qui frappe des deux côtés .... AMBIDEXTRE
Qui frappe par son caractère inattendu ....
·................................. ÉTONNANT
Qui fraude .... FRAUDEUR
Qui freine l'activité de certains organes ....
.... FRÉNATEUR
Qui fréquente l'université .... ÉTUDIANT
Qui frustre .... FRUSTRANT
Qui fuit quand on l'approche ...... FAROUCHE
Qui fuit ses semblables .... MISANTHROPE
Qui gagne .... TRIOMPHANT
Qui galope .... GALOPEUR
Qui garde sa place .... INAMOVIBLE
Qui gazouille .... GAZOUILLANT
Qui gêne par sa présence .... IMPORTUN
Qui grimpe dans les rideaux .... IRASCIBLE
Qui guérit la névralgie .... ANTINÉVRALGIQUE
Qui habite dans le bois mort .... LIGNICOLE
Qui habite le long de la rivière .... RIVERAIN

Qui habite une galle végétale ...... GALLICOLE
Qui habite une île .... INSULAIRE
Qui hante .... OBSESSIONNEL
Qui heurte la sensibilité .... CHOQUANT
Qui ignore la bienséance .... OSTROGOT
Qui importune .... PERSÉCUTEUR
Qui impressionne par sa grandeur .... IMPOSANT
Qui incite à renvoyer .... NAUSÉEUX
Qui indigne .... RÉVOLTANT
Qui indique .... RÉVÉLATEUR
Qui induit en erreur .... TROMPEUR
Qui inquiète .... ALARMANT, ALARMISTE,
.... PRÉOCCUPANT
Qui inspire de la crainte .... INTIMIDANT
Qui inspire de la terreur .... TERRIBLE
Qui inspire du dégoût .... ÉCŒURANT,
.... REPOUSSANT
Qui inspire l'aversion .... ANTIPATHIQUE,
.... DÉGOÛTANT
Qui inspire le plaisir .... VOLUPTUEUX
Qui inspire l'horreur .... INFERNAL
Qui inspire une pitié méprisante ... PITOYABLE
Qui intéresse l'ensemble du pays .... NATIONAL
Qui jette dans l'abattement ..... CONSTERNANT
Qui joue le rôle du principal assureur ....
.... APÉRITEUR
Qui jouit de la tranquillité .... PAISIBLE
Qui jouit d'un grand bonheur ... BIENHEUREUX
Qui juge les choses sans nuances ... MANICHÉEN
Qui laisse passer la lumière .... DIAPHANE
Qui laisse présager .... ANNONCIATEUR
Qui laisse prévoir un danger .... MENAÇANT
Qui laisse voir de la mauvaise humeur ....
.... MAUSSADE
Qui lamine .... LAMINEUR
Qui lancine .... LANCINANT
Qui lasse par son rythme, son uniformité ....
.... MONOTONE
Qui légifère .... LÉGISLATEUR
Qui l'emporte sur les autres .... DOMINANT
Qui lésine .... LÉSINEUR
Qu'il faut souvent laver .... SALISSANT
Qui limite .... RESTRICTIF
Qui loue avec exagération .... FLATTEUR
Qu'il perde la mémoire est une bonne nouvelle (MH)
.... CRÉANCIER
Qui lutte pour une cause .... MILITANT
Qui mange de la chair humaine ....
.... ANTHROPOPHAGE
Qui mange de la terre .... GÉOPHAGE
Qui mange de la viande de cheval .. HIPPOPHAGE
Qui mange de tout .... OMNIVORE
Qui mange de la nonchalance .. LYMPHATIQUE
Qui manifeste de la prévenance .... ATTENTIF
Qui manifeste de la raison ..... INTELLIGENT
Qui manifeste de la réserve .... RÉTICENT
Qui manifeste de la spontanéité .. PRIMESAUTIER
Qui manifeste de l'indulgence ...... TOLÉRANT
Qui manifeste de l'obstruction ..... OPINIÂTRE
Qui manifeste des hésitations .... RÉTICENT
Qui manifeste des idées de grandeur ....
.... MÉGALOMANE

Qui manifeste des intentions criminelles ....
.... SCÉLÉRAT
Qui manifeste des sentiments .. DÉMONSTRATIF
Qui manifeste du courage .... COURAGEUX
Qui manifeste du dédain .... DÉDAIGNEUX
Qui manifeste du ressentiment ..... RANCUNIER
Qui manifeste un amour excessif ..... IDOLÂTRE
Qui manifeste un désir de paix ..... PACIFIQUE
Qui manifeste un désir de vengeance ....
.... VINDICATIF
Qui manifeste une curiosité mal placée ....
.... FURETEUR
Qui manifeste une grande exigence morale ....
.... SCRUPULEUX
Qui manifeste une humeur changeante ....
.... LUNATIQUE
Qui manifeste une propension à donner ....
.... GÉNÉREUX
Qui manifeste une violente colère .. FULMINANT
Qui manifeste un jugement rationnel .. JUDICIEUX
Qui manifeste un manque de respect .. INSOLENT
Qui manque à ses engagements ...... INFIDÈLE
Qui manque d'aisance .... EMPRUNTÉ
Qui manque d'ampleur .... RESTREINT
Qui manque d'ardeur .... NONCHALANT
Qui manque d'assiduité au travail .. ABSENTÉISTE
Qui manque d'attrait .... RÉBARBATIF
Qui manque d'authenticité .... ARTIFICIEL
Qui manque de bons sens .... DÉMENTIEL
Qui manque de capacité .... INCAPABLE,
.... MALHABILE
Qui manque d'éclat .... INCOLORE
Qui manque de cohérence ...... INCONSISTANT
Qui manque de considération .... CAVALIER
Qui manque de courage, de cran .. PUSILLANIME
Qui manque de définition .... INDÉFINI
Qui manque de force .... FAIBLARD
Qui manque de grâce .... DISGRACIEUX
Qui manque d'élégance .... INÉLÉGANT
Qui manque de liaison, de logique .. INCOHÉRENT
Qui manque de loyauté .... TORTUEUX
Qui manque de naturel .... ARTIFICIEL,
.... EMPRUNTÉ
Qui manque d'énergie .... MOLLASSE
Qui manque de netteté .... INDISTINCT
Qui manque de précision .... NÉBULEUX
Qui manque de pudeur .... IMMODESTE
Qui manque de réalisme .... IRRÉALISTE
Qui manque de résolution .... IRRÉSOLU
Qui manque de respect .... INSOLENT
Qui manque des choses essentielles à la vie .....
.... NÉCESSITEUX
Qui manque de sérieux .... SUPERFICIEL
Qui manque de solidité ...... INCONSISTANT,
.... INSTABLE
Qui manque de stabilité .... BRANLANT,
.... CHANCELANT, INSTABLE
Qui manque de variété .... MONOTONE
Qui manque d'harmonie .... DISCORDANT
Qui manque d'instruction .... IGNORANT
Qui marche moins bien (MH) ...... ENCRASSÉ
Qui marche sur des sabots ..... ONGULIGRADE

Qui marche sur la plante des pieds ....
.... PLANTIGRADE
Qui marche sur quatre pattes ..... QUADRUPÈDE
Qui marque la joie et la fierté .... TRIOMPHANT
Qui marque la mélancolie .... MÉLANCOLIQUE
Qui marque la mollesse .... INDOLENT
Qui marque le respect .... RÉVÉRENCIEUX
Qui marque une curiosité indiscrète ....
.... INQUISITEUR
Qui marque une intention secrète, un parti pris ....
.... TENDANCIEUX
Qui mène infailliblement à l'échec .. SUICIDAIRE
Qui mène une vie aventureuse .. BOURLINGUEUR
Qui mène une vie dissolue .... LIBERTIN
Qui mérite le dédain .... DÉDAIGNABLE
Qui mérite une réprobation .... DAMNABLE
Qui met bas pour la première fois .... PRIMIPARE
Qui miaule .... MIAULEUR
Qui migre .... MIGRATEUR
Qui modifie pour rendre adéquat .. RECTIFICATIF
Qui montre de l'application ...... SOIGNEUX
Qui n'a aucune religion .... MÉCRÉANT
Qui n'accepte aucun compromis .. INTRAITABLE
Qui n'agit pas avec promptitude ..... TRAÎNARD
Qui n'aime pas travailler .... PARESSEUX
Qui n'a jamais perdu .... INVAINCU
Qui n'a ni queue ni tête .... PÊLEMÊLE
Qui n'a pas besoin de travailler .... ENTRETENU
Qui n'a pas changé .... INALTÉRÉ
Qui n'a pas conscience .... INCONSCIENT
Qui n'a pas de bornes .... ILLIMITÉ
Qui n'a pas de chance .... INFORTUNÉ,
.... MALCHANCEUX
Qui n'a pas de consistance corporelle ....
.... IMMATÉRIEL
Qui n'a pas de goût exclusif ...... ÉCLECTIQUE
Qui n'a pas de nationalité .... APATRIDE
Qui n'a pas de prix .... INESTIMABLE
Qui n'a pas de sens .... ABERRANT
Qui n'a pas d'étendue .... INÉTENDU
Qui n'a pas de tête .... ÉCERVELÉ
Qui n'a pas de valeur en soi ...... SYMBOLIQUE
Qui n'a pas été satisfait .... INEXAUCÉ
Qui n'a pas la moindre tache ...... IMMACULÉ
Qui n'a pas lieu à midi .... NOCTURNE
Qui n'a pas reçu de solution .... IRRÉSOLU
Qui n'a pas sa raison d'être .... INJUSTIFIÉ
Qui n'a pas satisfait un désir .... INAPAISÉ
Qui n'a plus faim .... RASSASIÉ
Qui n'a plus qu'à attendre (MH) .... ENCEINTE
Qui n'a point de goût .... INSIPIDE
Qui n'appartient pas à un groupe, à une nation ...
.... ÉTRANGER
Qui n'apprécie donc pas .... GÉMISSANT
Qui n'approche que de loin la réalité ....
.... APPROXIMATIF
Qui n'a que des intentions fugitives ....
.... VELLÉITAIRE
Qui n'a qu'une étamine .... MONANDRE
Qui n'a qu'une feuille .... UNIFOLIÉ
Qui n'a qu'une jambe .... UNIJAMBISTE
Qui n'a qu'un pôle .... UNIPOLAIRE

Qui n'a qu'un sexe . . . . UNISEXUÉ
Qui n'a rien de stable . . . . PRÉCAIRE
Qui nasille . . . . NASILLARD
Qui n'atteint pas la perfection . . . . IMPARFAIT
Qui n'a vraiment pas chaud . . . . . FRIGORIFIQUE
Qui ne bouge pas . . . . IMMOBILE
Qui ne cause pas de douleur physique . . INDOLORE
Qui ne cesse pas . . . . PERMANENT
Qui ne cesse pas de parler . . INTARISSABLE
Qui ne change pas . . . . UNIFORME
Qui ne concerne pas tout le Québec . . MUNICIPAL
Qui ne contrôle pas ses mictions . . INCONTINENT
Qui ne coule pas . . . . STAGNANT
Qui ne dépend de personne . . . . AUTONOME
Qui ne dort plus . . . . RÉVEILLÉ
Qui ne dure donc pas toute l'année
. . . . SAISONNIER
Qui ne dure que peu de temps . . . . TEMPORAIRE
Qui ne dure que quelques années . . . . . TRIENNAL
Qui ne dure qu'un jour . . . . ÉPHÉMÈRE
Qui ne fait aucun mouvement . . . . IMMOBILE
Qui ne fait aucun progrès . . . . STAGNANT
Qui ne fait donc pas de bénévolat . . . RÉMUNÉRÉ
Qui ne fait grâce de rien . . . . IMPITOYABLE
Qui ne fait pas comme un cochon . . . . SOIGNEUX
Qui ne fait pas de mal à une mouche . . INOFFENSIF
Qui ne fait que passer . . PASSAGER, TANSITOIRE
Qui ne fait que se plaindre . . PLEURNICHARD
Qui ne fera pas de beaux bébés (MH)
. . . . TÉRATOGÈNE
Qui ne fleurit qu'aux deux ans . . . . . BISANNUEL
Qui ne forme pas un ensemble harmonieux . . . .
. . . . DISPARATE
Qui ne garde pas le souvenir de quelque chose . . . .
. . . . OUBLIEUX
Qui ne laisse pas indifférent . . . . . . AFFRIOLANT
Qui ne maîtrise ni la lecture ni l'écriture . . . .
. . . . ILLETTRÉ
Qui ne manifeste aucune émotion . . . IMPASSIBLE
Qui ne manque pas d'énergie . . . . . COURAGEUX
Qui ne mérite pas de pardon . . . . . IRRÉMISSIBLE
Qui n'en fait qu'à sa tête . . . . CABOCHARD
Qui n'engage qu'une partie . . . . UNILATÉRAL
Qui ne partira pas de sitôt . . . . INAMOVIBLE
Qui ne parvient pas à occuper les deux premières
places . . . . TROISIÈME
Qui ne passe pas inaperçu (MH) . . . . . RUTILANT
Qui ne pense pas trop au futur . . . IMPRÉVOYANT
Qui ne pense qu'à lui . . . . ÉGOCENTRIQUE
Qui ne pense qu'à une chose . . . . OBNUBILÉ
Qui ne pense qu'au plaisir . . . . ÉPICURIEN
Qui ne permet pas de distinguer nettement . . . . . .
. . . . TRANSLUCIDE
Qui ne peut cesser d'être . . INDÉFECTIBLE
Qui ne peut chavirer . . . . INCHAVIRABLE
Qui ne peut donc plus clamer son innocence (MH)
. . . . DÉNIAISÉ
Qui ne peut être altéré . . . . INALTÉRABLE
Qui ne peut être annulé . . . . . INABROGEABLE
Qui ne peut être apaisé . . . . IMPLACABLE
Qui ne peut être blessé . . . . . . INVULNÉRABLE
Qui ne peut être contenu . . . . EXPANSIF

Qui ne peut être délié . . . . INDISSOLUBLE
Qui ne peut être démontré . . . . . . IMPROUVABLE
Qui ne peut être dissous . . . . INSOLUBLE
Qui ne peut être échangé . . . INÉCHANGEABLE
Qui ne peut être effacé . . . . INDÉLÉBILE
Qui ne peut être empêché . . . . . INÉLUCTABLE
Qui ne peut être entravé . . . . IRRÉVERSIBLE
Qui ne peut être évité . . . . INCONTOURNABLE
Qui ne peut être guéri . . . . INCURABLE
Qui ne peut être imité . . . . INIMITABLE
Qui ne peut être perçu par l'ouïe . . . . INAUDIBLE
Qui ne peut être protégé . . . . INDÉFENDABLE
Qui ne peut être rassasié . . . . INSATIABLE
Qui ne peut être réparé, remis en état . . . .
. . . . IRRÉPARABLE
Qui ne peut être séparé . . . . INSÉPARABLE
Qui ne peut être surpassé, vaincu . . IMBATTABLE
Qui ne peut faire défaut . . . . INDÉFECTIBLE
Qui ne peut pas couler . . . . . . INSUBMERSIBLE
Qui ne peut pas être . . . . IMPOSSIBLE
Qui ne peut pas revenir en arrière . . . .
. . . . IRRÉVERSIBLE
Qui ne peut payer . . . . INSOLVABLE
Qui ne peut se contenir . . . . DÉBORDANT
Qui ne peut se détériorer . . . . INUSABLE
Qui ne peut se réaliser . . . . IRRÉALISABLE
Qui ne peut se renverser . . . . INCHAVIRABLE
Qui ne peut se tromper . . . . INFAILLIBLE
Qui ne peut subir de changement . . . . IMMUABLE
Qui ne porte que peu de fleurs . . . . PAUCIFLORE
Qui ne porte qu'une fleur . . . . UNIFLORE
Qui ne possède qu'un ovule . . . . UNIOVULÉ
Qui ne présente aucun danger . . . . . . INOFFENSIF
Qui ne reconnaît pas l'autorité du pape . . . .
. . . . SCHISMATIQUE
Qui ne réfléchit pas . . . . IRRÉFLÉCHI
Qui ne répond pas aux attentes . . . . . DÉCEVANT
Qui ne répond pas aux besoins . . . . INADAPTÉ
Qui ne ressemble à rien d'autre . . . . . . ORIGINAL
Qui ne risque pas de se soulever . . . . OBÉISSANT
Qui ne s'accorde pas . . . . DIVERGENT
Qui ne s'affecte de rien . . . . INSOUCIANT
Qui ne sait pas lire . . . . ILLETTRÉ
Qui ne sait pas se décider . . . . HÉSITANT
Qui ne s'appuie que sur l'expérience . . EMPIRIQUE
Qui ne saurait être terminé . . . . . INTERMINABLE
Qui ne se déplace pas . . . . SÉDENTAIRE
Qui ne se fait pas attendre . . . . INSTANTANÉ
Qui ne se laisse pas manier facilement . . . .
. . . . INTRAITABLE
Qui ne se manifeste pas . . . . SOUSJACENT
Qui ne se meut pas . . . . IMMOBILE
Qui ne se prête à aucune contestation . . . .
. . . . EXPLICITE
Qui ne s'épuise pas . . . . INTARISSABLE
Qui ne se raconte pas de blague (MF) . . RÉALISTE
Qui n'est pas achevé . . . . IMPARFAIT
Qui n'est pas à l'abri . . . . INABRITÉ
Qui n'est pas apparent . . . . INVISIBLE
Qui n'est pas à sa place habituelle, en parlant d'un
organe . . . . ECTOPIQUE
Qui n'est pas bon à manger . . . . IMMANGEABLE

Qui n'est pas buvable . . . . IMBUVABLE
Qui n'est pas catégorique . . . . INDÉTERMINÉ
Qui n'est pas conscient . . . . INCONSCIENT
Qui n'est pas constant en amour . . . . . INFIDÈLE
Qui n'est pas coupable . . . . INNOCENT
Qui n'est pas d'actualité . . . . INACTUEL
Qui n'est pas en ligne droite . . . . INDIRECT
Qui n'est pas entièrement vendu . . . . . INÉPUISÉ
Qui n'est pas exercé . . . . INEXERCÉ
Qui n'est pas fertile . . . . INFERTILE
Qui n'est pas fini . . . . INACHEVÉ
Qui n'est pas fondé . . FANTAISISTE, ILLÉGITIME
Qui n'est pas gêné pour agir . . . . . . DÉGOURDI
Qui n'est pas instruit . . . . IGNORANT
Qui n'est pas méthodique . . . . INORGANISÉ
Qui n'est pas nécessaire . . . . SUPERFLU
Qui n'est pas noble . . . . ROTURIER
Qui n'est pas permis . . . . INTERDIT
Qui n'est pas prêt d'en redemander . . . RASSASIÉ
Qui n'est pas produit par la nature . . ARTIFICIEL
Qui n'est pas protégé . . . . INABRITÉ
Qui n'est pas raisonné . . . . IRRAISONNÉ
Qui n'est pas régulier . . . . IRRÉGULIER
Qui n'est pas sédentaire . . . . ITINÉRANT
Qui n'est pas semblable . . . . DIFFÉRENT
Qui n'est pas sensé . . . . RIDICULE
Qui n'est pas sujet à la mort . . . . . . IMMORTEL
Qui n'est pas supportable . . . . INTENABLE
Qui n'est pas tranché . . . . IRRÉSOLU
Qui n'est pas uni . . . . BICOLORE
Qui n'est plus parlé . . . . ARCHAÏQUE
Qui n'est plus utilisé . . . . DÉSAFFECTÉ
Qui ne stresse pas . . . . REPOSANT
Qui ne surprend pas . . . . CLASSIQUE
Qui ne tient pas debout . . . . ABERRANT,
. . . . IRRÉALISTE
Qui ne tourne pas rond (MH) . . RECTANGULAIRE
Qui nettoie . . . . DÉTERSIF
Qui ne va pas au fond des choses . . SUPERFICIEL
Qui ne va pas droit au but . . . . DÉTOURNÉ
Qui ne varie pas . . . . UNIFORME
Qui ne vaut pas la peine qu'on en tienne compte . . .
. . . . NÉGLIGEABLE
Qui ne veut plus rien . . . . RASSASIÉ
Qui ne veut rien faire . . . . FAINÉANT
Qui ne voit pas la vie en rose . . . . . . DÉSESPÉRÉ
Qui ne vole pas . . . . TERRESTRE
Qui n'évoque pas la pudeur et la retenue . . . . .
. . . . ORGIAQUE
Qui ne vous cachera rien . . . . IMPUDIQUE
Qui ne vous lâchera pas facilement (PD) . . . . . .
. . . . OBSESSIONNEL
Qui ne vous laisse pas indifférent . . . SAISISSANT
Qui n'exerce un travail que pendant un certain temps
. . . . TEMPORAIRE
Qui n'existe que dans l'esprit . . . . . . IMAGINAIRE
Qui n'existe que dans l'imagination . . . .
. . . . UTOPIQUE
Qui n'obéit qu'aux caprices de son imagination . . .
. . . . FANTAISISTE
Qui nourrit beaucoup . . . . NOURRISSANT
Qui nous incite à se gratter . . . . URTICANT

Qui nuit . . . . NUISIBLE
Qui obéit . . . . OBÉISSANT
Qui obsède . . . . OBSÉDANT
Qui occupe complètement . . . . ACCAPARANT
Qui offre les attributs d'un panorama . . . .
. . . . PANORAMQIUE
Qui ont tous la même opinion . . . . . . UNANIMES
Qui oppose de la résistance . . . . RÉSISTANT
Qui oscille . . . . OSCILLANT
Qui ôte l'humidité . . . . DESSÉCHANT
Qui paraît à date fixe . . . . PÉRIODIQUE
Qui paraît tout les deux mois . . . . . . BIMESTRIEL
Qui paralyse . . . . PÉTRIFIANT
Qui pardonne facilement . . . . MAGNANIME
Qui parfume . . . . AROMATISANT
Qui parle anglais . . . . ANGLOPHONE
Qui parle avec abondance . . . . VOLUBILE
Qui parle deux langues . . . . BILINGUE
Qui parle d'une manière précipitée . . . .
. . . . BREDOUILLEUR
Qui parle du nez . . . . NASILLARD
Qui parle le joual . . . . ARGOTIER
Qui parle peu . . . . TACITURNE
Qui parle trois langues . . . . TRILINGUE
Qui participe à un crime . . . . COMPLICE
Qui passe au rouge . . . . ÉRUBESCENT
Qui passe en premier . . . . PRIORITAIRE
Qui passionne . . . . CAPTIVANT
Qui pêche du corail . . . . CORAILLEUR
Qui perce les oreilles . . . . STRIDENT
Qui perçoit toutes les nuances . . . . . PERSPICACE
Qui permet d'apprendre en s'amusant . . . .
. . . . LUDOÉDUCATIF
Qui permet de connaître . . . . COGNITIF
Qui permet de développer ses possibilités . . . . . .
. . . . ÉPANOUISSANT
Qui permet de faire vite . . . . EXPÉDITIF
Qui permet de mettre vite les doigts sur la toile (PD)
. . . . SICCATIF
Qui permet d'éprouver les qualités de quelque chose
. . . . EXPÉRIMENTAL
Qui permet de respirer plus lentement (MF) . . . . .
. . . . APAISANT
Qui permet de se détendre l'esprit . . DISTRAYANT
Qui peut arrêter une hémorragie . . HÉMOSTATIQUE
Qui peut arriver . . . . ÉVENTUEL
Qui peut chauffer une salle mais pas sa voiture (MF)
. . . . RÉCHAUFFE
Qui peut convertir en acide . . . . ACIDIFIANT
Qui peut en réveiller plus d'un . . . . . . STRIDENT
Qui peut être . . . . POSSIBLE
Qui peut être abrogé . . . . ABROGEABLE
Qui peut être absorbé . . . . ABSORBABLE
Qui peut être accentué . . . . ACCENTUABLE
Qui peut être accepté . . . . ACCEPTABLE
Qui peut être acclimaté . . . . ACCLIMATABLE
Qui peut être acheté . . . . ACHETABLE
Qui peut être admis . . . . RECEVABLE
Qui peut être aménagé . . . . AMÉNAGEABLE
Qui peut être annulé . . . . ABROGEABLE
Qui peut être appliqué à un sujet . . . PRÉDICABLE
Qui peut être attaqué . . . . ATTAQUABLE

Qui peut être attaqué avec succès .. VULNÉRABLE
Qui peut être bonifié par l'engrais ....
.... FERTILISABLE
Qui peut être canonisé .... CANONISABLE
Qui peut être capté par une chaîne .... TÉLÉVISÉ
Qui peut être combattu avec succès ....
.... VULNÉRABLE
Qui peut être commué .... COMMUABLE
Qui peut être considéré .... ENVISAGEABLE
Qui peut être contesté .... LITIGIEUX
Qui peut être déduit .... DÉDUCTIBLE
Qui peut être défendu .... PLAIDABLE
Qui peut être déplacé .... AMOVIBLE
Qui peut être digéré .... DIGESTIBLE
Qui peut être dissous .... DISSOLUBLE
Qui peut être échangé .... ÉCHANGEABLE
Qui peut être élu .... ÉLIGIBLE
Qui peut être élu de nouveau ..... RÉÉLIGIBLE
Qui peut être enduré .... SOUTENABLE
Qui peut être enlevé .... AMOVIBLE
Qui peut être facilement compris .. INTELLIGIBLE
Qui peut être fait .... POSSIBLE
Qui peut être isolé .... ISOLABLE
Qui peut être libéré .... LIBÉRABLE
Qui peut être mis en service .... OPÉRATIONNEL
Qui peut être liquidé .... LIQUIDABLE
Qui peut être magnétisé .... MAGNÉTISABLE
Qui peut être modifié pour rendre plus pratique ....
.... AMÉNAGEABLE
Qui peut être montré .... MONTRABLE
Qui peut être négligé ..... NÉGLIGEABLE
Qui peut être observé .... OBSERVABLE
Qui peut être oxydé .... OXYDABLE
Qui peut être pétri .... PÉTRISSABLE
Qui peut être opéré .... OPÉRABLE
Qui peut être pesé .... PONDÉRABLE
Qui peut être publié .... PUBLIABLE
Qui peut être réduit .... COERCIBLE
Qui peut être réfuté .... RÉFUTABLE
Qui peut être réintégré .... RÉINTÉGRABLE
Qui peut être remis à l'acheteur ..... LIVRABLE
Qui peut être renversé .... RENVERSABLE
Qui peut être répété de façon indéfinie .. RÉCURSIF
Qui peut être replié .... ESCAMOTABLE
Qui peut être représenté mentalement ....
.... IMAGINABLE
Qui peut être reproduit .... IMITABLE
Qui peut être séparé d'un ensemble .. AMOVIBLE
Qui peut être transformé .... TRANSFORMABLE
Qui peut être troqué .... ÉCHANGEABLE
Qui peut être utilisé .... UTILISABLE
Qui peut être utilisé contre .... OPPOSABLE
Qui peut être utilisé dans l'eau et sur terre ....
.... AMPHIBIE
Qui peut être vendu .... VENDABLE
Qui peut faire encourir la damnation .. DAMNABLE
Qui peut fermenter .... FERMENTABLE
Qui peut passer pour vrai .... PLAUSIBLE
Qui peut provoquer une maladie ... PATHOGÈNE
Qui peut se cicatriser .... CICATRISABLE
Qui peut se faire ..... POSSIBLE, RÉALISABLE
Qui peut s'effacer .... DÉLÉBILE

Qui peut se raidir .... ÉRECTILE
Qui peut servir à l'ornement ..... ORNEMENTAL
Qui peut se tromper .... FAILLIBLE
Qui peut vivre plusieurs années .... PÉRENNANT
Qui pilote l'avion .... AVIATEUR
Qui plaît .... ATTRAYANT, RAVISSANT
Qui pleurniche sans cesse .... GEIGNARD
Qui pleure souvent .... PLEURARD
Qui plonge dans la fureur, la stupeur .. EFFARANT
Qui pondère .... PONDÉRATEUR
Qui porte à la tête .... CAPITEUX
Qui porte à la vertu .... ÉDIFIANT
Qui porte atteinte .... ATTENTATOIRE
Qui porte atteinte à la réputation .. DIFFAMATOIRE
Qui porte attention .... ATTENTIF
Qui porte de la laine .... LANIFÈRE, LANIGÈRE
Qui porte de l'eau .... AQUIFÈRE
Qui porte des chatons .... AMENTIFÈRE
Qui porte des coraux .... CORALLIFÈRE
Qui porte des fleurs .... FLORIFÈRE
Qui porte des fruits .... FRUITIER
Qui porte des jumeaux .... GÉMELLIPARE
Qui porte des lunettes .... BINOCLARD
Qui porte des ombelles .... OMBELLIFÈRE
Qui porte des papilles .... PAPILLIFÈRE
Qui porte des poils .... PILIFÈRE
Qui porte sur un seul nom ...... UNINOMINAL
Qui porte une couche propre .... REPEINTE
Qui porte une croix .... CRUCIFÈRE
Qui porte un germe .... PROLIGÈNE
Qui porte un ongle .... UNGUIFÈRE
Qui possède des flexions .... FLEXIONNEL
Qui possède des qualités originales .. NOUVELLE
Qui possède deux doigts .... DIDACTYLE
Qui possède juridiquement .... TITULAIRE
Qui pourra être apprécié .... SENSIBLEMENT
Qui pousse .... INCITATIF
Qui pousse avec abondance .... LUXURIANT
Qui pousse dans les rochers .... RUPESTRE
Qui pousse des cris de fureur .... RUGISSANT
Qui pousse les choses à l'excès ... OUTRANCIER
Qui pousse trop loin la sévérité ..... RIGORISTE
Qui pratique la bisexualité .... BISEXUEL
Qui pratique l'escrime .... ESCRIMEUR
Qui précède dans le temps .... ANTÉRIEUR
Qui précède et prépare quelque chose ....
.... PRÉLIMINAIRE
Qui précède le mariage .... PRÉNUPTIAL
Qui précède un grand événement, la naissance ....
.... PRÉNATAL
Qui précise le sens d'un mot .... DÉTERMINANT
Qui prend à loyer .... LOCATAIRE
Qui prend difficilement parti .... IRRÉSOLU
Qui prend les propriétés alcalines ....
.... ALCALESCENT
Qui prend naissance à l'intérieur d'une structure ...
.... ENDOGÈNE
Qui prend part aux souffrances d'autrui ....
.... COMPATISSANT
Qui prend trop de place ...... EMBARRASSANT
Qui prend une teinte d'opale ...... OPALESCENT
Qui prépare .... PRÉPARATOIRE

Qui prépare les fourrures . . . . PELLETIER
Qui présente de la déficience . . . . . . DÉFICIENT
Qui présente de la sénescence . . . . . SÉNESCENT
Qui présente des courbes . . . . TOURNANT
Qui présente des défauts . . . . IMPARFAIT
Qui présente des dons de créateur . . INNOVATEUR
Qui présente des formes différentes . . . . .
. . . . HÉTÉROMORPHE
Qui présente des granulations . . . . GRANULEUX
Qui présente des inégalités . . . . ACCIDENTÉ
Qui présente des lacunes . . . . IMPARFAIT
Qui présente des scènes de caractère familier . . . . .
. . . . INTIMISTE
Qui présente des varices . . . . VARIQUEUX
Qui présente deux couleurs . . . . BICOLORE
Qui présente l'aspect d'un bloc homogène . . .
. . . . MONOLITHIQUE
Qui présente sous un aspect favorable . . .
. . . . MÉLIORATIF
Qui présente trois dents . . . . TRIDENTÉ
Qui présente trois nervures . . . . TRINERVÉ
Qui présente un certain embonpoint . . RONDELET
Qui présente une grande unité . . . . . . HOMOGÈNE
Qui présente un état d'équilibre indifférent . . . .
. . . . ASTATIQUE
Qui présente un tube . . . . FISTULAIRE
Qui prête attention . . . . ATTENTIF
Qui prive quelqu'un d'un droit . . . USURPATEUR
Qui procède par intuition . . . . INDUCTIF
Qui procède par sous-entendus . . . . . ELLIPTIQUE
Qui procure du plaisir . . . . AGRÉABLE
Qui procure un certain avantage . . . . PROFITABLE
Qui procure une satisfaction psychologique . . . .
. . . . GRATIFIANT
Qui procure un gain . . . . LUCRATIF
Qui procure un plaisir intense . . . . JOUISSIF
Qui prodigue des approbations . . . . . BÉNISSEUR
Qui produit de la chaleur . . . . THERMOGÈNE
Qui produit de la cire . . . . CÉRIFÈRE
Qui produit de la gomme . . . . GOMMIFÈRE
Qui produit de la résine . . . . RÉSINEUX
Qui produit de la soie . . . . SÉRICIGÈNE
Qui produit de l'écume . . . . SPUMESCENT
Qui produit de l'huile . . . . OLÉIFIANT
Qui produit des baies . . . . BACCIFÈRE
Qui produit des fruits . . . . FRUCTIFÈRE
Qui produit des malformations de l'embryon . . . . . .
. . . . TÉRATOGÈNE
Qui produit des signaux . . . . ÉMETTEUR
Qui produit du froid . . . . CRYOGÈNE
Qui produit du pus . . . . PURULENT
Qui produit l'effet attendu . . . . EFFICACE
Qui produit un bruit léger . . . . FROUFROUTANT
Qui produit une démangeaison . . . . . . URTICANT
Qui produit une impression de surprise . . . .
. . . . SENSATIONNEL
Qui produit un grand bruit . . . . FRACASSANT
Qui produit un liquide toxique . . . . . . VENIMEUX
Qui produit un sifflement . . . . SIBILANT
Qui produit un vaccin . . . . VACCINOGÈNE
Qui professe la foi en Jésus-Christ . . . . CHRÉTIEN
Qui professe la religion islamique . . MUSULMAN

Qui professe l'unanimisme . . . . . . UNANIMISTE
Qui profite . . . . PROSPÈRE
Qui prononce à voix basse . . . . . . CHUCHOTEUR
Qui protège les intérêts des propriétaires fonciers . . .
. . . . AGRARIEN
Qui provient de pays lointains . . . . . . EXOTIQUE
Qui provient d'une carence . . . . CARENTIEL
Qui provoque des nausées . . . . NAUSÉEUX
Qui provoque des perturbations psychiques . . . .
. . . . STRESSANT
Qui provoque des secousses . . . . CAHOTEUX
Qui provoque du désagrément . . . . DÉPLORABLE
Qui provoque l'aimantation . . . . . MAGNÉTISANT
Qui provoque la moquerie . . . . RIDICULE
Qui provoque la répulsion . . . . DÉGOÛTANT
Qui provoque la soif . . . . ALTÉRANT
Qui provoque le rire . . . . HILARANT
Qui provoque les maladies . . . . PATHOGÈNE
Qui provoque le sommeil . . . . DORMITIF
Qui provoque l'éternuement . . . STERNUTATOIRE
Qui provoque l'euthanasie . . . . EUTHANASIQUE
Qui provoque l'exaltation des sens . . . ENIVRANT
Qui provoque un choc moral . . . TRAUMATISANT
Qui provoque une joie intense . . . . JUBILATOIRE
Qui provoque une satisfaction . . . . . . GRATIFANT
Qui provoque une sensation de bien-être . . . .
. . . . EUPHORIANT
Qui provoque un grand enthousiasme . . . .
. . . . ÉLECTRISANT
Qui provoque un malaise moral . . . .
. . . . DÉRANGEANT
Qui provoque un stress . . . . STRESSANT
Qui que ce soit . . . . QUICONQUE
Qui rabaisse quelqu'un . . . . HUMILIANT
Qui raconte . . . . NARRATEUR
Qui raconte des boniments . . . . . . BARATINEUR
Qui raffole des cancans . . . . CANCANIER
Qui raille avec férocité . . . . GRINÇANT
Qui raisonne à priori . . . . APRIORISTE
Qui ramasse . . . . * . . . . RAMASSEUR
Qui ramène au point de départ . . . . . CIRCULAIRE
Qui ramollit . . . . RAMOLLISSANT
Qui rappelle le cadavre . . . . CADAVÉREUX
Qui rappelle le démon, l'enfer . . . . . SULFUREUX
Qui rappelle le miel . . . . MIELLEUX
Qui rappelle les caractéristiques morphologiques des
Noirs . . . . NÉGROÏDE
Qui rappelle le singe . . . . SIMIESQUE
Qui rappelle le souvenir de quelqu'un . . . . .
. . . . COMMÉMORATIF
Qui rappelle les vacances . . . . VACANCIER
Qui rappelle un événement arrivé à pareil jour . . . . .
. . . . ANNIVERSAIRE
Qui rapporte de l'argent . . . . LUCRATIF
Qui rassemble . . . . FÉDÉRATEUR
Qui réagit . . . . IRRITABLE
Qui réapparaît . . . . RÉCURRENT
Qui recherche les plaisirs sensuels . . . .
. . . . CONCUPISCENT
Qui recherche l'unité politique . . . . . . UNITAIRE
Qui recherche sans cesse les plaisirs érotiques . . . . .
. . . . LIBIDINEUX

Qui reçoit . . . . RÉCEPTEUR
Qui reçoit beaucoup de lumière . . . . ENSOLEILLÉ
Qui reçoit de l'argent pour étudier . . . . BOURSIER
Qui recoupe plusieurs disciplines . . TRANSVERSAL
Qui recourt à des manifestations secrètes . . . .
. . . . INTRIGANT
Qui redonne de la force . . . . RAVIGOTANT
Qui redonne du courage . . . . RÉCONFORTANT
Qui réfracte la lumière . . . . RÉFRINGENT
Qui refuse de se soumettre . . . . INSOUMIS,
. . . . RÉFRACTAIRE
Qui refuse la contrainte . . . . INDÉPENDANT
Qui rejette . . . . ÉLIMINATOIRE
Qui réjouit . . . . ÉRUBESCENT
Qui relâche les tissus . . . . ÉMOLLLIENT,
. . . . RAMOLLISSANT
Qui relève . . . . RELEVEUR
Qui relève de maladie . . . . CONVALESCENT
Qui relève du hasard . . . . ALÉATOIRE
Qui relève du pressentiment . . PRÉMONITOIRE
Qui relève du récit . . . . NARRATIF
Qui remonte très loin dans le temps . . ANCESTRAL
Qui remplace un autre organe . . . SUCCENTURIÉ
Qui remplit une charge à vie . . . . PERPÉTUEL
Qui rend esclave . . . . ALIÉNANT
Qui rend ininflammable . . . . IGNIFUGE
Qui rend la santé . . . . RÉPARATEUR
Qui rend plus grave . . . . AGGRAVANT
Qui rend sec . . . . DESSÉCHANT
Qui rend stupide . . . . ABRUTISSANT
Qui rend un culte . . . . IDOLÂTRE
Qui renferme de l'argent . . . . ARGENTIFÈRE
Qui renferme de l'or . . . . AURIFÈRE
Qui renferme de l'uranium . . . . URANIFÈRE
Qui renferme des cendres . . . . CINÉRAIRE
Qui renferme des fossiles . . . . FOSSILIFÈRE
Qui renferme du métal . . . . . . MÉTALLIFÈRE
Qui renferme du poison . . . . VÉNÉNEUX
Qui renferme du zinc . . . . ZINCIFÈRE
Qui renforce la notion exprimée . . . . . . INTENSIF
Qui répand une bonne odeur . . . . ODORIFÉRANT
Qui répète ce qu'il a vu . . . . RAPPORTEUR
Qui répète toujours la même chose . . RESSASSEUR
Qui réplique aux observations . . CONTESTATAIRE
Qui répond à une attente . . . . SATISFAISANT
Qui répond aux règles . . . . CONFORME
Qui repose seul sur l'activité du sujet . . SUBJECTIF
Qui repousse . . . . RÉPULSIF
Qui repousse tout ce qui est étranger . . . .
. . . . XÉNOPHOBE
Qui reprend de l'intensité . . . . . RECRUDESCENT
Qui représente la forme réelle des choses . . . .
. . . . FIGURATIF
Qui répugne . . . . REBUTANT
Qui réside . . . . RÉSIDENT
Qui résiste à de très hautes températures . . . .
. . . . RÉFRACTAIRE
Qui résiste à toute atteinte morale . . . .
. . . . INVULNÉRABLE
Qui résonne puissamment . . . . . . CLAIRONNANT
Qui ressemble à de l'écume . . . . . SPUMESCENT
Qui ressemble à l'anthracite . . . ANTHRACITEUX

Qui ressemble à la poudre . . . . POUDREUX
Qui ressemble à l'éléphant . . . . . . ÉLÉPHANTIN
Qui ressemble à un cristal . . . . . . CRISTALLOÏDE
Qui ressemble à une coquille . . . . . CONCHOÏDAL
Qui ressemble à un Noir . . . . NÉGROÏDE
Qui ressemble à un ulcère . . . . ULCÉROÏDE
Qui ressemble à un ver, à un lombric . . . .
. . . . VERMICULAIRE
Qui ressent une exaltation joyeuse . . . .
. . . . ENTHOUSIASTE
Qui ressent une grande fureur . . . . . . FURIBOND
Qui ressort . . . . ÉCLATANT
Qui résulte de la désagrégation d'une roche . . . . . .
. . . . DÉTRITIQUE
Qui résulte de l'illuviation . . . . ILLUVIAL
Qui résulte d'une prothèse . . . . PROSTHÉTIQUE
Qui retient l'attention . . . . ACCROCHEUR,
. . . . CAPTIVANT
Qui retient les substances grasses . . . . LIPOPHILE
Qui retient sa soif . . . . TEMPÉRANT
Qui réunit en collant . . . . AGGLUTINANT
Qui révèle une pensée sarcastique . . SARDONIQUE
Qui revient à quelqu'un . . . . AFFÉRENT
Qui revient constamment . . . . INSISTANT
Qui revient de temps en temps . . . . ÉPISODIQUE
Qui revient périodiquement . . . . CYCLIQUE
Qui revient quatre fois par année . . TRIMESTRIEL
Qui revient sur lui-même . . . . RÉGRESSIF
Qui revient tous les jours . . . . QUOTIDIEN
Qui revient tous les six mois . . . . . . SEMESTRIEL
Qui revient tous les trois mois . . . TRIMESTRIEL
Qui revigore, revigote . . . . TONIFIANT
Qui risque fort de vous exposer . . . . HASARDEUX
Qui ronchonne constamment . . . RONCHONNEUR
Qui ronge la pierre . . . . LITHOPHAGE
Qui ronge les chairs . . . . PHAGÉDÉNIQUE
Qui rougit . . . . ÉRUBESCENT
Qui rougit d'émotion . . . . ROUGISSANT
Qui rumine . . . . RUMINANT
Qui s'abstient d'alcool . . . . ABSTINENT
Qui s'accompagne d'un dégagement de chaleur . . .
. . . . EXOTHERMIQUE
Qui s'accomplit en même temps . . . . SIMULTANÉ
Qui s'administre lui-même . . . . AUTONOME
Qui s'adonne à la toxicomanie . . . TOXICOMANE
Qui s'affirme avec éclat . . . . CLAIRONNANT
Qui s'agite par des mouvements vifs . . . .
. . . . FRÉTILLANT
Qui s'aime plus que tout . . . . NARCISSIQUE
Qui sait l'art de la musique . . . . MUSICIEN
Qui sait quoi faire devant pareille situation . . . . . .
. . . . ACCOUTUMÉ
Qui sait raconter des boniments . . BARATINEUR
Qui sait se tirer d'affaire . . DÉBROUILLARD
Qui s'applique à tous les cas . . . . . UNIVERSEL
Qui s'arrange tout seul . . . . AUTONOME
Qui s'arrête et reprend par intervalles . . . .
. . . . INTERMITTENT
Qui s'attache au sens strict d'un texte . . LITTÉRAL
Qui s'attache aux petits détails . . MINUTIEUX
Qui s'attache avec intransigeance à son opinion . . .
. . . . DOCTRINAIRE

Qui saute aux yeux . . . . FRAPPANT
Qui sauve . . . . SALVATEUR
Qui se balance . . . . OSCILLANT
Qui s'écarte des règles, des normes, du bon sens . . .
. . . . ABERRANT
Qui se communique facilement . . . CONTAGIEUX
Qui se comporte en parasite . . . . . . PARASITAIRE
Qui se compose de petits grains . . . GRANULAIRE
Qui se consacre aux œuvres de bienfaisance . . . . . .
. . . . PATRONNESSE
Qui s'écoule d'une source . . . . EFFLUENT
Qui se cumule avec . . . . CUMULATIF
Qui se dégonfle aussitôt venu (MF) . . . ÉRECTILE
Qui se déplace . . . . ITINÉRANT
Qui se déplace selon les besoins d'une activité . . . .
. . . . AMBULANT
Qui se déplace sur le sol . . . . TERRESTRE
Qui se développe avec abondance . . LUXURIANT
Qui se développe dans la même direction . . . .
. . . . PARALLÈLE
Qui se développe dans toutes les directions . . . .
. . . . TENTACULAIRE
Qui se développe par degrés . . . . . . PROGRESSIF
Qui se digère très mal . . . . . . VÉNÉNEUX
Qui séduit . . . . FASCINANT
Qui se fâche aisément . . . . CHATOUILLEUX,
. . . . QUINTEUX
Qui se fait à pied . . . . PÉDESTRE
Qui se fait autour d'un pôle . . . CIRCUMPOLAIRE
Qui se fait à volume constant . . . . ISOCHORE
Qui se fait chaque jour . . . . JOURNALIER,
. . . . QUOTIDIEN
Qui se fait dans le secret . . . . CLANDESTIN
Qui se fait difficilement . . . . LABORIEUX
Qui se fait en arrière . . . . RÉTROGRADE
Qui se fait en cachette . . . . CLANDESTIN
Qui se fait en dernier recours . . . . . . DÉSESPÉRÉ
Qui se fait en ligne droite . . . . RECTILIGNE
Qui se fait en se déplaçant . . . . ITINÉRANT
Qui se fait sous le sceau du secret . . . .
. . . . CONFIDENTIEL
Qui se ferme soi-même . . . . AUTOCLAVE
Qui s'efforce de s'accommoder au goût . . . .
. . . . COMPLAISANT
Qui se gonfle . . . . TUMESCENT
Qui séjourne en un lieu l'hiver . . . . . HIVERNANT
Qui se laisse diriger . . . . MANIABLE
Qui se laisse façonner, influencer . . MALLÉABLE
Qui se laisse plus facilement regarder . . EMBELLIE
Qui se lamente à tout propos . . . . . GEIGNARD
Qui se livre à des commérages . . . . . CANCANIER
Qui se livre à des investigations . . . INQUISITEUR
Qui se livre à la débauche . . . . DÉBAUCHÉ
Qui se manifeste après coup . . . RÉTROSPECTIF
Qui se manifeste avec exaltation . . DÉBORDANT
Qui semble être contradictoire . . . . AMBIVALENT
Qui se mêle d'intrigues . . . . INTRIGANT
Qui se met facilement en colère . . . . . IRRITABLE
Qui se met vite en colère . . . . SOUPEAULAIT
Qui se meurt . . . . AGONISANT
Qui se montre exigeant . . . . POINTILLEUX
Qui se moque . . . . RAILLEUR

Qui s'empare de l'autorité . . . . . . USURPATEUR
Qui s'emporte facilement . . . . IRASCIBLE
Qui s'enflamme . . . . INFLAMMABLE
Qui s'enfle . . . . TUMESCENT
Qui s'ennuie . . . . DÉSŒUVRÉ
Qui se nourrit de bois . . . . XYLOPHAGE
Qui se nourrit de cadavres . . . NÉCROPHAGE
Qui se nourrit de chair . . . . CARNASSIER,
. . . . CARNIVORE
Qui se nourrit de graines . . . . GRANIVORE
Qui se nourrit de matières en décomposition . . . . . .
. . . . SAPROPHAGE
Qui se nourrit de matières végétales . . . .
. . . . PHYTOPHAGE
Qui se nourrit de poissons . . . . . . ICTHYOPHAGE
Qui se nourrit de vers . . . . VERMIVORE
Qui se nourrit d'excréments . . . . . . COPROPHAGE
Qui se nourrit d'herbe . . . . HERBIVORE
Qui se nourrit d'insectes . . . . . ENTOMOPHAGE,
. . . . INSECTIVORE
Qui s'enquiert de tout . . . . FURETEUR
Qui s'enroule vers la gauche . . . . SÉNESTRE
Qui s'entendent . . . . UNANIMES
Qui sent l'hérésie . . . . SULFUREUX
Qui s'entremet . . . . ENTREMETTEUR
Qui s'en va sur la « bum » (MF) . . . . . DÉCADENT
Qui se passe dans le coin . . . . RÉGIONAL
Qui se plie facilement . . . . FLEXIBLE
Qui se pose des questions . . . . INTRIGUÉ
Qui se présente sous diverses formes . . . .
. . . . POLYMORPHE
Qui se produit çà et là et de temps à autre . . . .
. . . . SPORADIQUE
Qui se produit de nombreuses fois . . . . MULTIPLE
Qui se produit mal à propos . . . . . . INTEMPESTIF
Qui se produit par hasard . . . . INCIDENT
Qui se produit souvent . . . . FRÉQUENT
Qui se propage en s'écartant d'un centre . . . .
. . . . IRRADIANT
Qui se propose un but intéressé . . . . UTILITAIRE
Qui sera . . . . ULTÉRIEUR
Qui se rapporte à ce dont il est question . . . .
. . . . PERTINENT
Qui se rapporte à la banque . . . . BANCAIRE
Qui se rapporte à la cochlée . . . . . . COCHLÉAIRE
Qui se rapporte à la correspondance . . . .
. . . . ÉPISTOLAIRE
Qui se rapporte à la menstruation . . MENSTRUEL
Qui se rapporte à la rétine . . . . RÉTINIEN
Qui se rapporte à la rubéole . . . . RUBÉOLEUX
Qui se rapporte à la vulve . . . . VULVAIRE
Qui se rapporte à l'eau . . . . . . HYDRAULIQUE
Qui se rapporte à l'empereur . . . . . . IMPÉRIAL
Qui se rapporte à l'essentiel . . . . FONDAMENTAL
Qui se rapporte à l'intestin et au rein . . . .
. . . . ENTÉRORÉNAL
Qui se rapporte à l'oreille . . . . AURICULAIRE
Qui se rapporte à Tarente . . . . TARENTIN
Qui se rapporte au chanvre . . . . CHANVRIER
Qui se rapporte au coton . . . . COTONNIER
Qui se rapporte au diabète . . . . . . DIABÉTIQUE
Qui se rapporte au matin . . . . MATUTINAL

Qui se rapporte à une élection ..... ÉLECTORAL
Qui se rapporte à une île .... INSULAIRE
Qui se rapporte à une névrose .... NÉVROTIQUE
Qui se rapporte à un monde fou (MF) .. ASILIAIRE
Qui se rapporte au noyau de l'atome .. NUCLÉAIRE
Qui se rapporte au pape .... PONTIFICAL
Qui se rapporte au passé .... RÉTROSPECTIF
Qui se rapporte au sacrum et à la colonne vertébrale
lombaire .... LOMBOSACRÉ
Qui se rapporte au tympan ...... TYMPANIQUE
Qui se rapporte aux hormones ..... HORMONAL
Qui se rapporte aux jumeaux ..... GÉMELLAIRE
Qui se rapporte aux lettres .... ÉPISTOLAIRE,
.... ÉPISTOLIER
Qui se rapporte aux lignes .... LINÉAIRE
Qui se rapporte aux planètes ...... PLANÉTAIRE
Qui se rapporte aux protéines .... PROTÉIQUE
Qui se rapporte au zona .... ZOSTÉRIEN
Qui se réfère à l'image .... ICONIQUE
Qui se repaît de chair crue .... CARNASSIER
Qui se répand sans arrêt .... RUISSELANT
Qui se répand sournoisement .... INSIDIEUX
Qui se reproduit à intervalles fixes ... PÉRIODIQUE
Qui se reproduit de façon monotone .. RÉPÉTITIF
Qui sert à comprimer .... COMPRESSIF
Qui sert à élever .... ÉLÉVATOIRE
Qui sert à excréter .... EXCRÉTOIRE
Qui sert à former les os .... OSTÉOGÈNE
Qui sert à l'ornement .... ORNEMENTAL
Qui sert à prouver .... JUSTIFICATIF
Qui sert à récapituler .... RÉCAPITULATIF
Qui sert à remplacer .... RECHANGE
Qui sert à teindre .... TINCTORIAL
Qui se salit aisément .... SALISSANT
Qui se sert des deux mains ..... AMBIDEXTRE
Qui se situe au centre .... CENTRISTE
Qui se termine en pointe .... ACICULAIRE
Qui se termine mal .... MALHEUREUX
Qui se tire aux cartes .... RÉTICENT
Qui se trame secrètement .... SOUTERRAIN
Qui se transmet par succession ... HÉRÉDITAIRE
Qui se trouve à une grande distance ... LOINTAIN
Qui se trouve entre les tropiques ....
.... INTERTROPICAL
Qui se trouve vers l'est .... ORIENTAL
Qui se vexe facilement .... CHATOUILLEUX,
.... SUSCEPTIBLE
Qui s'exprime avec emportement .... VÉHÉMENT
Qui s'exprime en peu de mots .. COMPENDIEUX,
.... LACONIQUE
Qui siffle .... SIFFLEUR
Qui s'impose de façon remarquable .. ÉCLATANT
Qui s'impose par son évidence, tout naturellement
.... INDISCUTABLE
Qui s'irrite aisément .... IRRITABLE
Qui s'occupe de planification .. PLANIFICATEUR
Qui s'occupe des détails .... TATILLON
Qui s'offense aisément .... SUSCEPTIBLE
Qui soigne .... TRAITANT
Qui soigne les mains .... MANUCURE
Qui sonne faux .... DISCORDANT
Qui s'oppose à .... NUISANCE

Qui s'oppose à injurier .... INVECTIVER
Qui s'oppose à tout ce qu'on propose .. ANTITOUT
Qui s'oppose aux idées reçues ... HÉTÉRODOXE
Qui s'organise autour d'un thème .. THÉMATIQUE
Qui sort du magasin .... FLAMBANTNEUF
Qui sort peu .... SÉDENTAIRE
Qui souffre de maux de cœur .... NAUSÉEUX
Qui souffre des nerfs .... NÉVROPATHE
Qui soumet à des contraintes .... ALIÉNANT,
.... ASTREIGNANT
Qui soutient une opinion contraire aux idées reçues
.... HÉRÉTIQUE
Qui s'ouvre vers l'extérieur de la fleur ....
.... EXTRORSE
Qui stérilise .... STÉRILISANT
Qui stimule .... EXALTANT
Qui stimule l'appétit .... APÉRITIF
Qui stimule l'intérêt ... CROUSTILLANT
Qui stimule l'organisme .... EXCITANT
Qui stresse .... STRESSANT
Qui subit une crise grave .... SINISTRÉ
Qui subit une grande douleur .... CRUCIFIÉ
Qui subsiste après la disparition de la cause .....
.... RÉMANENT
Qui succède à autre chose .... ULTÉRIEUR
Qui suit aveuglément l'exemple des autres ....
.... MOUTONNIER
Qui suit la direction du fil à plomb ... VERTICAL
Qui suit la doctrine de Zénon .... STOÏCIEN
Qui suit la doctrine du quiétisme ..... QUIÉTISTE
Qui suit le deuxième .... TROISIÈME
Qui suit une chose principale .... ACCESSOIRE
Qui suit un mot lettre à lettre, un texte à la lettre ...
.... LITTÉRAL
Qui supprime la lumière réfléchie .. ANTIREFLET
Qui surprend .... INATTENDU
Qui surprend et qui fait plaisir .... INESPÉRÉ
Qui survient à propos .... OPPORTUN
Qui survient au cours d'une affaire .... INCIDENT
Qui survit à d'autres .... SURVIVANT
Qui suscite des difficultés inutiles .. TRACASSIER
Qui suscite la dérision .... DÉRISOIRE
Qui suscite l'admiration .... MERVEILLE
Qui suscite le désir .... TROUBLANT
Qui suscite un vif intérêt .... PALPITANT
Qui suspend .... SUSPENSIF
Qui s'y connaît en quelque chose .. CONNAISSEUR
Qui s'y frotte s'y pique .... HÉRISSON
Qui témoigne de la déférence ... RESPECTUEUX
Qui témoigne de la politesse .... COURTOIS
Qui témoigne de l'appréhension ..... SOUCIEUX
Qui témoigne de la prétention ... ORGUEILLEUX
Qui témoigne d'une aisance matérielle ....
.... BOURGEOIS
Qui témoigne d'une bonne santé ... FLORISSANT
Qui témoigne d'une pruderie excessive ....
.... BÉGUEULE
Qui tend à idéaliser .... FLATTEUR
Qui tend à maintenir l'ordre social ....
.... CONSERVATEUR
Qui tend à porter atteinte à la réputation ....
.... DIFFAMATOIRE

Qui tend à retarder une décision ..... DILATOIRE
Qui tend à se développer dans toutes les directions
.... TENTACULAIRE
Qui tend à s'éloigner du centre .... CENTRIFUGE
Qui tend vers l'anarchie .... ANARCHISANT
Qui tend vers une couleur .... ROUGEÂTRE
Qui tient à la diastole .... DIASTOLIQUE
Qui tient bien debout .... COHÉRENT
Qui tient de l'abricot .... ABRICOTÉ
Qui tient de la féerie .... FÉERIQUE
Qui tient de la mélancolie ..... NOSTALGIQUE
Qui tient de l'animal .... ANIMALESQUE
Qui tient de l'effet comique .... GAGUESQUE
Qui tient de l'hérésie .... HÉRÉTIQUE
Qui tient des deux sexes .... ANDROGYNE
Qui tient du maître .... MAGISTRAL
Qui tient du roman .... ROMANESQUE
Qui tient encore debout .... IRRÉFUTÉ
Qui tient lieu de dîner .... DÎNATOIRE
Qui tient sous sa protection .... TUTÉLAIRE
Qui tient une taverne .... TAVERNIER
Qui tient une teinturerie .... TEINTURIER
Qui tire sur la fin (MF) .... DÉCADENT
Qui tire sur le bleu .... BLEUÂTRE
Qui tire sur le jaune .... JAUNÂTRE
Qui tire sur le noir .... NOIRÂTRE
Qui tire sur le roux .... ROUSSÂTRE
Qui tire sur le vert olive .... OLIVÂTRE
Qui tombe avec violence .... TORRENTIEL
Qui tombe goutte à goutte .... STILLATOIRE
Qui tombe le même jour .... OCCURRENT
Qui tombe vraiment bien du ciel ..... INESPÉRÉ
Qui tonifie .... VIVIFIANT
Qui touche la sensibilité .... ATTACHANT
Qui touche profondément .... PATHÉTIQUE
Qui tourmente .... PRÉOCCUPANT
Qui tourne sur lui-même .... PIVOTANT
Qui tousse .... TOUSSEUR
Qui tracasse .... TRACASSIER
Qui traite les fourrures .... PELLETIER
Qui transporte l'urine .... URINIFÈRE
Qui travaille à façon .... FAÇONNIER
Qui travaille beaucoup .... LABORIEUX
Qui travaille le corail .... CORAILLEUR
Qui tremble .... TREMBLANT
Qui trouble la raison .... AFFOLANT
Qui trouble le sommeil .... ÉNERVANT
Quitte l'étable en volant .... ÉRISTALE
Quitte l'étal pour nos assiettes ..... CÔTELETTE
Quitte rarement les limites du terrain .. TONDEUSE
Quitter la ruche .... ESSAIMER
Quitter le chemin principal .... OBLIQUER
Quitter le port .... APPAREILLER
Quitter le sol, en parlant d'un avion .. DÉCOLLER
Quitter les sentiers battus .... EXPLORER
Quitter l'état religieux .... DÉFROQUER
Quitter son poste, un lieu .... DÉSERTER
Qui tue les germes .... GERMICIDE
Qui tue les microbes .... MICROBICIDE
Qui tue les parasites .... PARASITICIDE
Qui tue son frère .... FRATRICIDE
Qui unifie .... UNIFICATEUR

Qui utilise des combines .... COMBINARD
Qui use de manœuvres .... MANŒUVRIER
Qui va accoucher de jumeaux .... GÉMELLIPARE
Qui vacille .... VACILLANT
Qui va croissant .... GRANDISSANT
Qui va du centre vers la périphérie ... EFFÉRENT
Qui va par bonds .... SALTATOIRE
Qui vaut la peine .... RENTABLE
Qui vaut sept fois .... SEPTUPLE
Qui vaut six fois .... SEXTUPLE
Qui va vers la ruine .... DÉCADENT
Qui vend des fleurs .... FLEURISTE
Qui vend des fourrures .... PELLETIER
Qui vend du vinaigre .... VINAIGRIER
Qui veut du bien .... BIENVEILLANT
Qui veut s'imposer .... CONQUÉRANT
Qui vient avant .... PRÉCURSEUR
Qui vient d'arriver .... NAISSANT
Qui vient de .... ORIGINAIRE
Qui vient de la tonture du drap ..... TONTISSE
Qui vient de l'étranger dans un autre pays
.... IMMIGRANT
Qui vient de naître .... NOUVEAUNÉ
Qui vient des profondeurs de l'être ... VISCÉRAL
Qui vient du nez .... NASILLARD
Qui vient mal à propos ..... MALENCONTREUX
Qui vise à développer la culture ..... CULTUREL
Qui vise à favoriser la natalité ...... NATALISTE
Qui vise à la désunion d'un parti .. FRACTIONNEL
Qui vise à opérer une sélection .... SÉLECTIF
Qui vise à tromper .... FALLACIEUX
Qui vise au scandale .... FRACASSANT
Qui vise le public le plus large ... COMMERCIAL
Qui vit dans des touffes d'arbrisseaux
.... BUISSONNIER
Qui vit dans la vase .... LIMICOLE
Qui vit dans le bois des arbres ...... LIGNICOLE
Qui vit dans le célibat .... CÉLIBATAIRE
Qui vit dans le monde .... SÉCULIER
Qui vit dans le sable .. AMMOPHILE, ARÉNICOLE
Qui vit dans les arbres .... ARBORICOLE
Qui vit dans les champs .... ARVICOLE
Qui vit dans les marais .... PALUSTRE
Qui vit dans les milieux souterrains
.... CAVERNICOLE
Qui vit dans les montagnes ...... MONTICOLE
Qui vit dans un lac, près d'un lac .... LACUSTRE
Qui vit dans un tube .... TUBICOLE
Qui vit de proies .... PRÉDATEUR
Qui vit d'intrigues .... AVENTURIER
Qui vit en eau douce .... DULCICOLE
Qui vit en marge des lois .... CLANDESTIN
Qui vit en symbiose .... SYMBIOTIQUE
Qui vit sur les excréments .... SCATOPHILE
Qui vit sur terre et dans l'eau ...... AMPHIBIE
Qui vitupère .... VITUPÉRATEUR
Qui vomit le feu .... IGNIVOME
Qui voue un culte aux idoles .... IDOLÂTRE
Qui vous aidera à mettre tout au propre ....
.... LESSIVIEL
Quoiqu'il arrive, il a des choses à dire ....
.... COMMENTATEUR

Qu'on a envie de manger .... APPÉTISSANT
Qu'on a fait passer de l'état liquide à l'état gazeux
.... VAPORISÉ
Qu'on apporte en naissant .... CONGÉNITAL
Qu'on la dise ou qu'on la fasse, elle n'est pas intelligente .... NIAISERIE
Qu'on n'accepte pas dans un milieu
.... INDÉSIRABLE
Qu'on n'attendait pas .. INATTENDU, INESPÉRÉ
Qu'on ne peut abîmer .... INUSABLE
Qu'on ne peut assez estimer ..... INESTIMABLE
Qu'on ne peut calmer .... INAPAISABLE
Qu'on ne peut comprimer .... INCOERCIBLE
Qu'on ne peut décrire .... INÉNARRABLE
Qu'on ne peut délimiter .... INDÉFINI
Qu'on ne peut déraciner ...... INDÉRACINABLE
Qu'on ne peut éduquer .... INÉDUCABLE
Qu'on ne peut enlever .... INEXTIRPABLE
Qu'on ne peut envisager .... IMPRÉVISIBLE
Qu'on ne peut exprimer .... INDICIBLE
Qu'on ne peut faire passer à l'état solide par le froid
.... INCONGELABLE
Qu'on ne peut franchir .... INFRANCHISSABLE
Qu'on ne peut lire .... ILLISIBLE
Qu'on ne peut maîtriser .... GALOPANT
Qu'on ne peut nier .... INDÉNIABLE
Qu'on ne peut prendre par la force ....
.... INEXPUGNABLE
Qu'on ne peut raconter .... INÉNARRABLE
Qu'on ne peut rapprocher ... IRRÉCONCILIABLE
Qu'on ne peut réprimer .... INCOERCIBLE
Qu'on ne peut séparer .... INSÉPARABLE
Qu'on ne peut supporter .... INSOUTENABLE,
.... INSUPPORTABLE
Qu'on ne peut vaincre .... INVINCIBLE
Qu'on ne peut voir .... INVISIBLE
Qu'on ne risque pas d'oublier .... RESSASSÉ
Qu'on n'espérait pas .... INESPÉRÉ
Qu'on peut abaisser .... ABAISSABLE
Qu'on peut corriger .... RÉPARABLE
Qu'on peut difficilement manquer .... RUTILANT
Qu'on peut enlever .... AMOVIBLE
Qu'on peut faire ou ne pas faire .... FACULTATIF
Qu'on peut interpréter librement .... ÉLASTIQUE
Qu'on peut manger .... MANGEABLE
Qu'on peut observer .... OBSERVABLE
Qu'on peut régler .... RÉGLABLE
Qu'on peut réparer .... RÉPARABLE
Qu'on peut respirer .... RESPIRABLE
Qu'on peut supporter .... TOLÉRABLE
Qu'on peut vacciner .... VACCINABLE
Qu'on retrouve partout .... OMNIPRÉSENT
Qu'on suppose devoir durer toujours .. IMMORTEL
Quote-part .... COTISATION
Quotidien britannique .... DAILYEXPRESS
Quotidien du Vatican .... OSSERVATORE
Quotidien yiddish fondé en 1907 ....
.... KENEDERODLER
Quotient de l'intensité lumineuse ... LUMINANCE
Quotient d'une force magnétomotrice ....
.... RÉLUCTANCE
Rabaisser quelqu'un .... HUMILIER

Rabat-joie ...... ÉTEIGNOIR, TROUBLEFÊTE
Raccommoder à l'aiguille .... RAVAUDER
Raccommoder des filets de pêche ... RAMANDER
Raccommoder grossièrement ..... RAPETASSER
Raccommoder tant bien que mal .. RABIBOCHER
Raccommoder un vêtement par des reprises ....
.... REPRISER
Raccommodeur de vieux souliers ...... SAVETIER
Raccordement entre une autoroute et une autre route
.... BRETELLE
Raccourcit l'arbre .... ÉTÊTEMENT
Race de chiens .... ÉPAGNEUL, LABRADOR
Race de poneys .... SHETLAND
Racine comestible .... BETTERAVE
Racine très petite .... RADICELLE
Racine utilisée en confiserie .... RÉGLISSE
Racine vomitive .... IPÉCACUANA
Racloir servant à nettoyer la peau ..... STRIGILE
Raconter ce que l'on a vu .... TÉMOIGNER
Raconter des boniments .... BARATINER
Raconte ses rêves .... UTOPISTE
Radiographie de l'utérus .... HYSTÉROGRAPHIE
Radiographie des vaisseaux .... ANGIOGRAPHIE
Radis sauvage .... RAVENELLE
Rafale de vents .... PÉTARADE
Raffermir dans une opinion .... CONFORTER
Ragoût de haricots blancs et de viande d'oie, de
canard .... CASSOULET
Ragoût de légumes .... RATATOUILLE
Ragoût de plusieurs viandes .... HOCHEPOT,
.... POTPOURRI, SALMIGONDIS
Ragoût de poissons .... MATELOTE
Ragoût de veau .... BLANQUETTE
Ragoût de viande blanche .... FRICASSÉE
Raie de mer .... PASTENAGUE
Raie pendant une grossesse .... VERGETURE
Raillerie insultante .... SARCASME
Raillerie malveillante .... QUOLIBET
Railler ironiquement .... SATIRISER
Railler quelqu'un .... BROCARDER
Rainure carrée ou arrondie .... TARABISCOT
Rainure sur le fût d'une colonne ... CANNELURE
Raisin blanc de table .... CHASSELAS
Raisin-de-renard .... PARISETTE
Raisin dont les grains sont en forme d'olive ....
.... OLIVETTE
Raisin d'ours .... BRISSEROLE
Raisin noir .... MORILLON
Raison allégué pour cacher le vrai motif d'une action
.... PRÉTEXTE
Raisonnement basé sur des idées à priori ....
.... APRIORISME
Raisonnement conçu pour induire en erreur ......
.... SOPHISME
Raisonnement faux fait de bonne foi ....
.... PARALOGISME
Raisonnement qui n'est correct qu'en apparence ...
.... SOPHISME
Raisonner abstraitement .... PHILOSOPHER
Raisonner d'une façon trop subtile .. RATIOCINER
Raison qui appuie une affirmation ... ARGUMENT
Ralentir un mouvement, un processus .. RETARDER

Ralentissement de l'économie ...... RÉCESSION
Ralentissement de rigueur ..... RELÂCHEMENT
Ralentissement qui affecte les gens de l'âge d'or ...
.... SÉNILITÉ
Ralentit la marche .... GRIMPETTE
Ramasse au passage tout ce qui traîne (PD) ....
.... CHAPARDEUR
Ramasse ceux qui ne finiront pas ....
.... VOITUREBALAI
Ramasser à l'aide d'un râteau .... RATISSER
Ramasser des fruits .... CUEILLIR
Ramasser des fruits çà et là .... GRAPILLER
Ramasser les minous .... ÉPOUSSETER
Ramasser tout au passage .... RÉCOLTER
Rameau du pommier .... BRINDILLE
Ramener à la conscience .... REMÉMORER,
.... RETRACER
Ramener à la normale .... ASSAINIR
Ramener à la règle .... CORRIGER
Ramener à la religion .... CONVERTIR
Ramener au droit .... REDRESSER
Ramener sur le tapis .... RESSASSER
Ramener sur terre .... DÉCEVOIR
Rameur d'une galère .... ESPALIER
Ramification des bronches .... BRONCHIOLE
Ramollir à la flamme .... REBRÛLER
Rampe métallique .... RAMBARDE
Rampe pour marcher .... PASSERELLE
Rangée d'arbres fruitiers .... ESPALIER
Ranger pour la postérité .... ARCHIVER
Ranger sous la puissance de quelqu'un ....
.... SOUMETTRE
Ranimer un sentiment .... RÉCHAUFFER
Rapetisser en déformant .... RATATINER
Rapide comme l'éclair .... FULGURANT
Rapide et efficace .... DILIGENT
Rappeler à l'ordre .... CHAPITRER
Rappeler au souvenir .... RETRACER
Rappeler par une cérémonie le souvenir de quelqu'un
.... COMMÉMORER
Rappeler tout bas un texte .... SOUFFLER
Rappel exagéré des souvenirs ... HYPERMNÉSIE
Rapport de ressemblance, de vraisemblance ....
.... ANALOGIE
Rapport des fréquences de deux sons ....
.... INTERVALLE
Rapport de sujétion .... DÉPENDANCE
Rapport du nombre de mariages à la population ...
.... NUPTIALITÉ
Rapporter ce que l'on sait .... TÉMOIGNER
Rapporter n'importe comment ...... DÉFORMER
Rapport exprimé en ohms .... IMPÉDANCE
Rapport fait sur un événement .. COMPTERENDU
Rapport périodique .... BULLETIN
Rapport qui existe entre deux grandeurs ....
.... RELATION
Rapports de l'homme avec le sacré .... RELIGION
Rapproche des êtres humains .... ÉTREINTE,
.... PARTOUSE
Rapprochement de deux mots en apparence contra-
dictoires .... ORYMORON
Rapprochement en plein ciel .... CONJONCTION

Rapprocher deux choses pour en établir les ressem-
blances .... COMPARER
Rapprocher en espérant que ça tiendra ....
.... RECOUDRE
Rascasse blanche .... URANOSCOPE
Ras-le-bol .... EXASPÉRATION
Rassemblement et mise en action ....
.... MOBILISATION
Rassemblement tumultueux ... ATTROUPEMENT
Rassembler des choses plus ou moins éparses .....
.... RAMASSER
Rassembler des recrues .... RECRUTER
Rassembler pour une nouvelle action .. RAMEUTER
Ratafia de roses .... ROSSOLIS
Ratifier pour être validé .... ENTÉRINER
Raton laveur .... CHATSAUVAGE
Rattacher à une société mère .... AFFILIER
Ravage des vampires .... VAMPIRISME
Ravager par des invasions brutales .... INFESTER
Ravi et autres « Pinceurs de cordes » (PD) .....
.... SITARISTES
Ravin entaillé sur les pentes d'un volcan ....
.... BARRANCO
Ravir par les numéros .... ÉMERVEILLER
Ravissement le plus complet .... SEPTIÈMECIEL
Rayer légèrement .... ÉRAILLER
Rayon des fruits .... FRUITERIE
Rayonner dans le corps .... INNERVER
Rayons utilisés en médecine ... ULTRAVIOLETS
Réaction d'orientation chez les animaux ....
.... TACTISME
Réaction organique de défense .. INFLAMMATION
Réadapter socialement un délinquant ....
.... RÉÉDUQUER
Réagir brusquement .... SURSAUTER
Réagir de façon normale .... RÉPONDRE
Réalisateur de « Kill Bill » .... TARANTINO
Réalisation concrète .... RÉSULTAT
Réaliser avec les moyens que l'on a .. IMPROVISER
Réaliser des tenons .... TENONNER
Réaliser l'innervation d'un organe .... INNERVER
Réaliser une arcure .... ARÇONNER
Réaliser une hybridation .... HYBRIDER
Réaliser une hydrolyse .... HYDROLYSER
Réaliser une transmission .... DUPLEXER
Réaliser un ouvrage .. EXÉCUTER, FABRIQUER
Réapparition de caractères ancestraux .. ATAVISME
Réapparition d'une maladie .... RÉCIDIVE
Réapprendre à se servir de son bras .. RÉÉDUQUER
Rebut de graine .... GRENAILLE
Rebut de la société .... RACAILLE
Récemment créé .... ULTRAMODERNE
Réception du son .... AUDITION
Réception mondaine .... COCKTAIL
Réception qui marque l'ouverture d'une exposition
d'art .... VERNISSAGE
Recevoir bien ou mal .... ENCAISSER
Recevoir chez soi .... HÉBERGER
Recevoir des malades .... CONSULTER
Recevoir l'eucharistie .... COMMUNIER
Recevoir un candidat .... REPÊCHER
Réchapper à une catastrophe .... SURVIVRE

Réchaud à l'avant d'un bateau de pêche .... PHARILLON
Recherche abstraite .... SPÉCULATION
Recherche biens et jouissances .. MATÉRIALISTE
Recherche d'affection au sein d'un organisme .... AUSCULTATION
Recherche des causes d'une maladie .. ÉTIOLOGIE
Recherchée au Salon du livre ...... SIGNATURE
Recherche incessante .... POURSUITE
Recherche le juste équilibre ...... GRABATAIRE
Recherche organisée .... DÉPISTAGE
Recherché par les collectionneurs de breloques .... PORTECLEFS
Rechercher des aventures amoureuses .... COURAILLER
Recherche sur le terrain .... REPÉRAGE
Recherche variée de l'excitation sexuelle .... ÉROTISME
Récipient à anse et à long bec verseur .... CHOCOLATIÈRE
Récipient à bec .... SAUCIÈRE
Récipient de cuisine .... SALADIER
Récipient de cuisson .... BAINMARIE
Récipient de fonte .... BRAISIÈRE
Récipient de laboratoire .... PISSETTE
Récipient destiné à contenir des liquides .... RÉSERVOIR
Récipient destiné aux liquides ...... BOUTEILLE
Récipient destiné aux ordures ...... POUBELLE
Récipient épais en faïence .... MAZAGRAN
Récipient métallique .... JERRICAN
Récipient pour égoutter le fromage ... FAISSELLE
Récipient pour faire bouillir l'eau .. BOUILLOIRE
Récipient pour la cuisson au four .... RAMEQUIN
Récipient pour l'arrosage .... ARROSOIR
Récipient pour l'eau bénite .... BÉNITIER
Récipient pour le beurre .... BEURRIER
Récipient pour servir la soupe ...... SOUPIÈRE
Récipient qui reçoit les cendres de tabac .... CENDRIER
Récit allégorique à valeur morale .... PARABOLE
Récit de Gogol .... TARASSBOULBA
Récit de la vie des saints ...... HAGIOGRAPHIE
Récit détaillé .... NARRATION
Récit d'un fait courant .... ANECDOTE
Réciter devant un public .... DÉCLAMER
Réciter d'une manière monotone .. PSALMODIER
Réciter son chapelet .... ÉGRAINER
Récit mensonger .... HISTOIRE
Récit plaisant .... HISTORIETTE
Récit poétique de Saint-Exupéry (le) .... PETITPRINCE
Récit très bref .... SYNOPSIS
Récit très long .... ROMANFLEUVE
Réclamer ce qui nous appartient .. REVENDIQUER
Reçoit beaucoup d'argent .... CAISSIÈRE
Reçoit beaucoup de demandes de visas (MH) ..... ELDORADO
Reçoit des gros jets .... AÉROPORT
Reçoit des jeunes qui ne savent pas quoi faire ... ORIENTEUR
Reçoit la visite des gros-becs .... CERISIER

Reçoit le câble .... CABESTAN
Reçoit moins de bouteilles qu'avant .. POUBELLE
Récolte automnale .... VENDANGE
Récolte des produits du jardin ..... CUEILLETTE
Récolter des fruits .... CUEILLIR
Récolter le raisin .... VENDANGER
Recommencer à être ce que l'on était .... REDEVENIR
Recommencer à exister .... RENAÎTRE
Recommencer un dessin .... RETRACER
Reconduire à son lieu de départ .... REMMENER
Reconduire quelqu'un qui s'en va .... RACCOMPAGNER
Réconforter quelqu'un .... CONSOLER
Reconnaissance de sa faute ..... RÉSIPISCENCE
Reconnaissance d'un objet .... PERCEPTION
Reconnaissance publique ...... CONSÉCRATION
Reconnaître comme vrai ...... AUTHENTIFIER
Reconstituer avec de l'or .... AURIFIER
Reconstituer des tissus organiques .. RÉGÉNÉRER
Reconstituer les mailles d'un tricot .. REMAILLER
Reconstitution artificielle de bruits ... BRUITAGE
Reconstitution d'un massif forestier .... REPEUPLEMENT
Reconstitution d'un organe détruit .... RÉGÉNÉATION
Recours à la violence .... RÉPRESSION
Recouvre et protège l'œil .... PAUPIÈRE
Recouvrement des impôts .... PERCEPTION
Recouvrer ce qu'on avait perdu ..... REGAGNER
Recouvrer sa santé .... RÉCUPÉRER
Recouvrer sa vigueur .... RENAÎTRE
Recouvrir d'aluminium .... ALUMINER
Recouvrir d'argent .... ARGENTER
Recouvrir d'eau .... SUBMERGER
Recouvrir de goudron .... GOUDRONNER
Recouvrir de gravier .... ENGRAVER
Recouvrir de matières organiques ... ENTARTRER
Recouvrir de neige .... ENNEIGER
Recouvrir de nouveau d'un métal précieux .... RÉARGENTER
Recouvrir de platine .... PLATINER
Recouvrir de soufre .... SULFURER
Recouvrir de taches .... BARIOLER
Recouvrir de tenture .... TAPISSER
Recouvrir de toile .... ENTOILER
Recouvrir de tuiles .... ENFAÎTER
Recouvrir de zinc .... GALVANISER
Recouvrir d'un cachet .... OBLITÉRER
Recouvrir d'une croûte .... ENCROÛTER
Recouvrir d'un métal brillant ...... NICKELER
Recouvrir d'un métal précieux ..... ARGENTER
Recouvrir une surface de papier teint .. TAPISSER
Recréer l'unité d'un groupe .... RÉUNIFIER
Récrimination envers quelqu'un .. VITUPÉRATION
Rectifier une erreur .... CORRIGER
Recueil composé d'articles d'études variées ...... MISCELLANÉES
Recueil de chants religieux ..... ANTIPHONAIRE
Recueil de Charles Dickens ... CONTESDENOËL
Recueil de Flaubert .... TROISCONTES
Recueil de moralité sur les animaux .. BESTIAIRE

Recueil de morceaux choisis ..... ANTHOLOGIE
Recueil de mots choisis .... ANALECTES
Recueil de poèmes choisis .... FLORILÈGE
Recueil de poèmes espagnols ..... ROMANCERO
Recueil de règles .... PROTOCOLE
Recueil d'erreurs comiques .... BÊTISIER
Recueil des psaumes de la Bible ...... PSAUTIER
Recueillir des extraits de livres ...... COLLIGER
Recueillir pour recycler .... RÉCUPÉRER
Recueillir une déposition .... ENTENDRE
Recul d'une arme à feu .... REPOUSSEMENT
Récupérer dangereusement .... RETRAITER
Rédacteur des échos dans un journal .. ÉCHOTIER
Redevenir jeune .... RAJEUNIR
Rédiger de nouveau .... RÉÉCRIRE
Rédiger un acte dans les formes ...... LIBELLER
Redingote à collet droit .... SOUTANELLE
Redonner à quelqu'un la vigueur .... REMONTER
Redonner de la gaieté .... REGAILLARDIR
Redonner de l'intensité .... RALLUMER
Redonner des forces .. RESTAURER, REVIGORER
Redonner du courage à quelqu'un ....
.... RÉCONFORTER
Redonner du lustre à la monture (PD) .. ÉTRILLER
Redonner une apparence de jeunesse ....
.... DÉPOUSSIÉRER
Redonne un peu d'équilibre ...... TALONNETTE
Redoubler d'efforts .... CRAVACHER
Redouter la venue de quelque chose de dangereux
.... APPRÉHENDER
Redresser ce qui a été corné .... DÉCORNER
Redresseur au labo .... IGNITRON
Redresseur de torts .... JUSTICIER
Réduction accordée à un client ..... RISTOURNE
Réduction consentie à un acheteur ... ESCOMPTE
Réduction de la vitesse .... DÉCÉLÉRATION
Réduction de personnel .... COMPRESSION
Réduction d'un compte .... DÉCOMPTE
Réduction en petits grains ...... GRANULATION
Réduire à des conditions de vie misérables ......
.... CLOCHARDISER
Réduire à néant ...... ANÉANTIR, ANNIHILER
Réduire à rien .... NÉANTISER
Réduire au minimum .... MINIMISER
Réduire à une condition inférieure .... ABAISSER
Réduire à un état de dépendance absolue ....
.... ASSERVIR
Réduire à un travail automatique .... ROBOTISER
Réduire dans le temps .... ÉCOURTER
Réduire de volume en compressant .. COMPACTER
Réduire en bouillie .... ÉCRABOUILLER
Réduire en caillots .... CAILLEBOTTER
Réduire en cendres .... ÉTEINDRE, INCINÉRER
Réduire en miettes, en petits fragments ....
.... ÉMIETTER
Réduire en petits grains .... GRANULER
Réduire en petits morceaux, en poussière ....
.... EFFRITER
Réduire en poudre .. BRÉSILLER, PULVÉRISER,
.... TRITURER
Réduire la taille .... RATATINER
Réduire l'autorité de .... RABAISSER

Réduire la valeur de quelque chose .. AMOINDRIR
Réduire la vitesse .... DÉCÉLÉRER
Réduire les proportions de .... DÉDRAMATISER
Réduire progressivement .... RÉSORBER
Réduire quelqu'un au silence ..... CONFONDRE
Réduit à l'essentiel .... ÉLÉMENTAIRE
Réduit sous l'escalier .... SOUPENTE
Réécriture du scénario d'un film ... NOVÉLISATION
Refaire ce qui était défait .... REFORMER
Refaire le plein .... REGARNIR
Refaire les fondations d'un mur .... REMPIÉRER
Réfléchir la lumière .... MIROITER
Réfléchir sur une question .... SPÉCULER
Réfléchit pendant que d'autres passent à l'action ...
.... THÉORICIEN
Réflexion critique .... REMARQUE
Refrain de chanson .... FLONFLON
Refrain populaire .... RENGAINE
Refroidissement de la peau avec sensation de froid
.... ALGIDITÉ
Refus accompagné de paroles dures .. REBUFFADE
Refus d'admettre la réalité .... ANGÉLISME
Refus d'admettre une chose sans examen critique ..
.... SCEPTICISME
Refus de reconnaissance .... DÉNÉGATION
Refus de s'alimenter .... ANOREXIE
Refus de soumission .... RÉSISTANCE
Refus des réalités charnelles .... ANGÉLISME
Refus de voter .... ABSTENTION
Refus d'obéissance .... RÉBELLION
Refuser à un examen .... DISQUALIFIER
Refuser d'abandonner (s') .... OBSTINER
Refuser de faire .... RENÂCLER
Refuser de reconnaître comme exact ....
.... CONTESTER
Refuser d'obéir .... REGIMBER
Refuser poliment .... DÉCLINER
Regagner son domicile .... RETOURNER
Regard de connivence .... ŒILLADE
Regarde passer la diligence (MH) .... FAINÉANT
Regarder avec curiosité .... RELUQUER
Regarder avec indiscrétion .... DÉVISAGER
Regarder avec soin, minutieusement .. EXAMINER
Regarder du coin de l'œil .... RELUQUER
Regarder d'un œil .... BORNOYER
Regarder longuement, avec admiration ....
.... CONTEMPLER
Regard portant malheur ...... MAUVAISŒIL
Regard rapide .... COUPDŒIL
Régente des Ostrogoths ...... AMALASONTE
Régime autocratique des tsars ...... TSARISME
Régime de gouvernement .... MONARCHIE
Régime de protection des incapables ....
.... CURATELLE
Régime de ségrégation en Afrique du Sud ....
.... APARTHEID
Régime économique d'un pays ...... AUTARCIE
Régime italien indigeste .... FASCISME
Régime de violence .... TERRORISME
Régime politique .... ABSOLUTISME
Région administrative du Québec ... OUTAOUAIS
Région d'Afrique .... RHODÉSIE

Région d'Allemagne .... RHÉNANIE
Région de France ... LORRAINE, NORMANDIE,
.... PÉRIGORD
Région de France connue pour ses chevaux ....
.... CAMARGUE
Région de France sur l'Atlantique ... BRETAGNE
Région de Grèce .... THESSALIE
Région de la Belgique .... WALLONIE
Région de la Pologne .... POMÉRANIE
Région de l'Écosse .... LOWLANDS
Région de l'encéphale .... HYPOTHALAMUS
Région de l'Espagne .... ANDALOUSIE,
.... CATALOGNE
Région de l'ouest de la Grande-Bretagne ....
.... PAYSDEGALLES
Région d'Europe orientale .... MOLDAVIE
Région d'Italie .... CAMPANIE
Région du Canada .... PRAIRIES
Région du corps des oiseaux .... CROUPION
Région du Massif central .... AUVERGNE
Région d'une radicelle .... NODOSITÉ
Région du Proche-Orient .... PALESTINE
Région du Québec .... LANAUDIÈRE,
.... LAURENTIDES, MONTÉRÉGIE
Région du sud de l'Italie .... BASILICATE
Région du sud-ouest du Bassin parisien ....
.... TOURAINE
Région du thorax .... MÉDIASTIN
Région géographique du sud de la France ....
.... LANGUEDOC
Région marécageuse de la Floride .. EVERGLADES
Région où se joignent les parties d'un organe ....
.... COMMISSURE
Registre des défunts .... OBITUAIRE
Registre des sons .... TESSITURE
Registre qui contient les noms des morts ....
.... NÉCROLOGIE
Règle élémentaire d'une science ...... PRINCIPE
Règle graduée en millimètres ...... DÉCIMÈTRE
Règlement de compte .... PAIEMENT
Régler la justesse d'un instrument de musique ...
.... ACCORDER
Régler le compte des gens .... RECENSER
Régler les paramètres d'un logiciel .. CONFIGURER
Règles de la vie en société ...... CONVENTIONS
Règles douloureuses .... DYSMÉNORRHÉE
Règle tout avant de partir .... TESTATEUR
Règne d'un empereur .... PRINCIPAT
Regret d'avoir offensé Dieu .... COMPONCTION,
.... REPENTIR
Regret mélancolique .... NOSTALGIE
Regretter vivement quelque chose ... DÉPLORER
Regroupement de baleines à bosses (MF) ....
.... BRASSIÈRE
Régulièrement au bout du sein de la mère qui allaite
.... CREVASSE
Rehausser un mets .... ASSAISONNER
Réincarnation d'un corps ..... MÉTEMPSYCOSE
Reine d'Angleterre .... ANNEBOLEYN,
.... ANNEDECLÈVES, ÉLISABETH,
.... ISABELLE, MATHILDE
Reine d'Assyrie .... SÉMIRAMIS

Reine d'Australie .... BRUNEHAUT
Reine de Castille .. JEANNELAFOLLE, ISABELLE
Reine de France .... ADÉLAÏDE
Reine d'Égypte ..... CLÉOPÂTRE, NÉFERTARI,
.... NÉFERTITI
Reine de Hollande (... de Beauharnais) ....
.... HORTENSE
Reine de Hongrie .... MARIETHÉRÈSE
Reine des Amazones .... PENTHÉSILÉE
Reine des Enfers .... PERSÉPHONE
Reine des Ostrogoths .... AMALASONTE
Reine des Pays-Bas .... WILBELMINE
Reine d'Halicarnasse .... ARTÉMISE
Réintroduire dans un groupe social .. RÉINSÉRER
Rejeter au complet .... ÉLIMINER
Rejeter à une position inférieure ..... RELÉGUER
Rejeter ce qu'on a pris .... RECRACHER,
.... RÉGURGITER
Rejeter d'un groupe .... ÉLIMINER
Rejeter un acte en le condamnant ... RÉPROUVER
Rejet par voie naturelle .... ÉVACUATION
Relâchement dans le comportement ....
.... LAISSERALLER
Relâchement d'un muscle ... DÉCONTRACTION
Relâcher ce qui est serré .... DESSERRER
Relâcher ce qui est tendu .... DÉTENDRE
Relais dans l'espace .... SATELLITE
Relatif à Bacchus .... BACHIQUE
Relatif à certaines montagnes .... OURALIEN
Relatif à certains canaux .... URÉTÉRAL
Relatif à des champignons .... TRUFFIER
Relatif à Dionysos .... DIONYSIAQUE
Relatif à la banque .... BANCAIRE
Relatif à l'abdomen .... ABDOMINAL
Relatif à la betterave .... BETTERAVIER
Relatif à la biologie .... BIOLOGIQUE
Relatif à la Bourse .... BOURSIER
Relatif à la charité .... CARITATIF
Relatif à la chaux .... CALCIQUE
Relatif à la circulation .... CIRCULATOIRE
Relatif à la civilisation .... CULTUREL
Relatif à la colonne vertébrale ..... RACHIDIEN
Relatif à la comptabilité ...... COMPTABLE
Relatif à la conservation de la santé publique .....
.... SANITAIRE
Relatif à la coqueluche ...... COQUELUCHEUX
Relatif à la cote d'écoute .... INDICIEL
Relatif à la cuisine .... CULINAIRE
Relatif à la culture de l'olivier .... OLÉICOLE
Relatif à la diarrhée .... DIARRHÉIQUE
Relatif à la dictature militaire ...... CÉSARIEN
Relatif à la diphtérie .... DIPHTÉRIQUE
Relatif à l'affectivité .... THYMIQUE
Relatif à la fièvre typhoïde ..... THYPHOÏDIQUE
Relatif à la fois à la Lune et au Soleil ....
.... LUNISOLAIRE
Relatif à la goutte .... GOUTTEUX
Relatif à la houille .... HOUILLER
Relatif à l'aine .... INGUINAL
Relatif à la larve .... LARVAIRE
Relatif à la libido .... LIBIDINAL
Relatif à l'allergie .... ALLERGIQUE

Relatif à la lymphe . . . . LYMPHATIQUE
Relatif à la magistrature municipale . . ÉDILITAIRE
Relatif à la migraine . . . . MIGRAINEUX
Relatif à la mise en œuvre des lois . . . . EXÉCUTIF
Relatif à l'ammoniac . . . . AMMONIACAL
Relatif à la moelle épinière, à la moelle osseuse . . .
. . . . MÉDULLAIRE
Relatif à la morphologie . . . . MORPHOLOGIQUE
Relatif à la motricité des yeux . . OCULOMOTEUR
Relatif à l'amour . . . . SENTIMENTAL
Relatif à la mycologie . . . . MYCOLOGIQUE
Relatif à la navigation . . . . MARITIME
Relatif à l'anémie . . . . ANÉMIQUE
Relatif à la neurasthénie . . . . NEURASTHÉNIQUE
Relatif à l'angine . . . . ANGINEUX
Relatif à la nutrition . . . . NUTRITIF
Relatif à l'aorte . . . . AORTIQUE
Relatif à la paie . . . . SALARIAL
Relatif à la paranoïa . . . . PARANOÏAQUE
Relatif à la peinture en tant qu'art . . . . PICTURAL
Relatif à la pétrochimie . . . . PÉTROCHIMQUE
Relatif à la pétrographie . . . . PÉTROGRAPHIQUE
Relatif à la pleurésie . . . . PLEURÉTIQUE
Relatif à l'aponévrose . . . . APONÉVROTIQUE
Relatif à l'apoplexie . . . . APOPLECTIQUE
Relatif à l'appendice . . . . APPENDICULAIRE
Relatif à l'appendice xiphoïde . . . . XIPHOÏDIEN
Relatif à la propagation de la foi
. . . . MISSIONNAIRE
Relatif à la prostate . . . . PROSTATIQUE
Relatif à la puberté . . . . PUBERTAIRE
Relatif à l'aquiculture . . . . AQUICOLE
Relatif à l'araignée . . . . ARACHNÉEN
Relatif à l'arbuste . . . . ARBUSTIF
Relatif à la religion . . . . SPIRITUEL
Relatif à l'aréole . . . . ARÉOLAIRE
Relatif à la reproduction . . . . GÉNÉRATIF
Relatif à la révolution . . . . . RÉVOLUTIONNAIRE
Relatif à l'argent . . . . FINANCIER
Relatif à la route d'un navire . . LOXODROMIQUE
Relatif à la santé . . . . SANITAIRE
Relatif à la science de la forme et des dimensions de
la Terre . . . . GÉODÉSIQUE
Relatif à la sculpture . . . . SCULPTURAL
Relatif à la sécrétion . . . . SÉCRÉTOIRE
Relatif à l'asepsie . . . . ASEPTIQUE
Relatif à la sexualité . . . . ÉROTIQUE
Relatif à la sylviculture . . . . SYLVICOLE
Relatif à la syphilis . . . . SYPHILITIQUE
Relatif à la télépathie . . . . TÉLÉPATHIQUE
Relatif à la Terre . . . . TERRESTRE
Relatif à l'attitude . . . . POSTURAL
Relatif à l'aviation . . . . AÉRONAUTIQUE
Relatif à la vie des bergers . . . . BUCOLIQUE
Relatif à l'eau . . . . HYDRIQUE
Relatif à l'école . . . . SCOLAIRE
Relatif à l'écologie . . . . ÉCOLOGIQUE
Relatif à l'écriture . . . . SCRIPTURAL
Relatif à l'édilité . . . . ÉDILITAIRE
Relatif à l'éducation . . . . ÉDUCATIF
Relatif à l'élevage des huîtres . . . OSTRÉICOLE
Relatif à l'embryon . . . . EMBRYONNAIRE

Relatif à l'emploi de paroles magiques . . . .
. . . . INCANTATOIRE
Relatif à l'encéphale . . . . ENCÉPHALIQUE
Relatif à l'épaule . . . . SCAPULAIRE
Relatif à l'épilepsie . . . . COMITIAL
Relatif à l'équinoxe . . . . ÉQUINOXIAL
Relatif à l'Espagne et au Portugal . . . . . IBÉRIQUE
Relatif à l'essence d'un être . . . . ESSENTIEL
Relatif à l'estomac . . . . VISCÉRAL
Relatif à l'État . . . . ÉTATIQUE
Relatif à l'étiquette . . . . PROTOCOLAIRE
Relatif à l'étude de la surface terrestre . . . .
. . . . GÉOGRAPHIQUE
Relatif à l'étude scientifique des organes . . . .
. . . . ANATOMIQUE
Relatif à l'euphorie . . . . EUPHORIQUE
Relatif à l'extraction de la tourbe . . . . TOURBIER
Relatif à l'hémoptysie . . . . HÉMOPTYSIQUE
Relatif à l'hémorragie . . . . HÉMORRAGIQUE
Relatif à l'hérésie chrétienne du IIe siècle . . . .
. . . . MONTANISTE
Relatif à l'hiver . . . . HIVERNAL
Relatif à l'horticulture . . . . HORTICOLE
Relatif à l'hydrologie . . . . HYDROLOGIQUE
Relatif à l'hygiène . . . . SANITAIRE
Relatif à l'image . . . . ICONIQUE
Relatif à l'intestin . . . . INTESTINAL
Relatif à l'obéissance à un supérieur . . . .
. . . . OBÉDIENTIEL
Relatif à l'odorat . . . . OLFACTIF
Relatif à l'œdème . . . . ŒDÉMATEUX
Relatif à l'œil . . . . . OCULAIRE, OPHTALMIQUE
Relatif à l'ombilic . . . . OMBILICAL
Relatif à l'orientation des idées politiques . . . .
. . . . GAUCHISSANT
Relatif à l'ovule . . . . OVULAIRE
Relatif à l'Univers . . . . COSMIQUE
Relatif à l'urine . . . . URINAIRE
Relatif à Molina . . . . MOLINISTE
Relatif à Napoléon . . . . IMPÉRIAL
Relatif au beurre . . . . BEURRIER
Relatif au blé . . . . FRUMENTAIRE
Relatif au bord de la mer . . . . BALNÉAIRE
Relatif au bras . . . . BRACHIAL
Relatif au calcium . . . . CALCIQUE
Relatif au canton . . . . CANTONAL
Relatif au caoutchouc . . . . . . CAOUTCHOUTIER
Relatif au castrisme . . . . CASTRISTE
Relatif au cervelet . . . . CÉRÉBELLEUX
Relatif au chérif . . . . CHÉRIFIEN
Relatif au choléra . . . . CHOLÉRIQUE
Relatif au clergé . . . . CLÉRICAL
Relatif au cœur . . . . CARDIAQUE
Relatif au cordon ombilical . . . . . FUNICULAIRE
Relatif au cortex . . . . CORTICAL
Relatif au croupion des oiseaux . . . . UROPYGIAL
Relatif au décès . . . . OBITUAIRE
Relatif au déplacement de population . . . .
. . . . MIGRATOIRE
Relatif au derme . . . . DERMIQUE
Relatif au dimanche . . . . DOMINICAL
Relatif au fromage . . . . FROMAGER

Relatif au furoncle . . . . FURONCULEUX
Relatif au gage . . . . PIGNORATIF
Relatif au gosier . . . . GUTTURAL
Relatif au goût . . . . GUSTATIF
Relatif au gouvernement d'un pays . . POLITIQUE
Relatif au jardin . . . . JARDINIER
Relatif au magma . . . . MAGMATIQUE
Relatif au maintien de l'union . . . . . UNIONISTE
Relatif au manichéisme . . . . MANICHÉEN
Relatif au miroir . . . . SPÉCULAIRE
Relatif au Moyen Âge . . . . MÉDIÉVAL
Relatif à un abbé . . . . ABBATIAL
Relatif à un collège . . . . COLLÉGIAL
Relatif à un continent . . . . EUROPÉEN
Relatif à un des sens . . . . GUSTATIF
Relatif à une carence . . . . CARENTIEL
Relatif à une caverne . . . . CAVITAIRE
Relatif à une chasse . . . . BALEINIER
Relatif à une consultation . . . . . . RÉFÉRENDAIRE
Relatif à une des parties du monde . . . OCÉANIEN
Relatif à une doctrine littéraire . . . . UNANIMISTE
Relatif à une dynastie des rois de France . . . .
. . . . CAPÉTIEN
Relatif à une île . . . . INSULAIRE
Relatif à une maladie infectieuse . . TYPHOÏDIQUE
Relatif à un endroit où on lâche son fou (MF) . . . . .
. . . . ASILIAIRE
Relatif à un énoncé . . . . ÉNONCIATIF
Relatif à une profession . . . . . . PROFESSIONNEL
Relatif à une saison . . . AUTOMNAL, HIVERNAL,
. . . . PRINTANIER
Relatif à une sphère . . . . SPHÉRIQUE
Relatif à un important mathématicien grec . . . .
. . . . EUCLIDIEN
Relatif à un liquide corporel . . . . URINAIRE
Relatif à un objet d'un ensemble . . . . . UNITAIRE
Relatif au nombril . . . . OMBILICAL
Relatif à un os . . . . ROTULIEN
Relatif au notaire . . . . NOTARIAL
Relatif au nouveau-né . . . . NÉONATAL
Relatif au noyau de l'atome . . . . NUCLÉAIRE
Relatif à un port . . . . PORTUAIRE
Relatif à un secteur . . . . SECTORIEL
Relatif à un segment . . . . SEGMENTAL
Relatif au pancréas . . . . PANCRÉATIQUE
Relatif au pape Grégoire Ier . . . . GRÉGORIEN
Relatif au pétrole . . . . PÉTROLIER
Relatif au photon . . . . PHOTONIQUE
Relatif au plomb . . . . SATURNIN
Relatif au Portugal et à l'Espagne . . . . IBÉRIQUE
Relatif au quiétisme . . . . QUIÉTISTE
Relatif au rachis . . . . RACHIDIEN
Relatif au rêve . . . . ONIRIQUE
Relatif au salaire . . . . SALARIAL
Relatif au sang . . . . HÉMATIQUE
Relatif au Talmud . . . . TALMUDIQUE
Relatif au temps . . . . TEMPOREL
Relatif au théâtre . . . . SCÉNIQUE
Relatif au traitement des maladies . . . .
. . . . THÉRAPEUTIQUE
Relatif au vol à voile . . . . LIBÉRISTE
Relatif aux accouchements . . . . . . OBSTÉTRICAL

Relatif aux anges . . . . SÉRAPHIQUE
Relatif aux avocats . . . . AVOCASSIER
Relatif aux bronches . . . . BRONCHIQUE
Relatif aux cavaliers . . . . ÉQUESTRE
Relatif aux céréales . . . . CÉRÉALIER
Relatif aux champs . . . . CHAMPÊTRE
Relatif aux chevaliers . . . . ÉQUESTRE
Relatif aux chevaux . . . . HIPPIQUE
Relatif aux cils . . . . CILIAIRE
Relatif aux couleurs . . . . CHROMATIQUE
Relatif aux Écritures . . . . SCRIPTURAIRE
Relatif aux élections . . . . ÉLECTORAL
Relatif aux étoiles . . . . STELLAIRE
Relatif aux fleuves . . . . FLUVIATILE
Relatif aux gencives . . . . GINGIVAL
Relatif aux glandes endocrines . . . ENDOCRINIEN
Relatif aux graines . . . . GRAINIER
Relatif aux huîtres . . . . HUÎTRIER
Relatif aux indigènes de l'Amérique . . . .
. . . . AMÉRINDIEN
Relatif aux larmes . . . . LACRYMAL
Relatif aux lignes . . . . LINÉAIRE
Relatif aux marais . . . . PALUDÉEN
Relatif aux monnaies . . . . NUMISMATIQUE
Relatif aux missions . . . . MISSIONNAIRE
Relatif aux nœuds . . . . NODULAIRE
Relatif aux nucléons . . . . NUCLÉONIQUE
Relatif aux palmiers . . . . PALMISTE
Relatif aux paupières . . . . PALPÉBRAL
Relatif aux peuples du Nord de l'Europe . . . .
. . . . NORDIQUE
Relatif aux pierres . . . . LAPIDAIRE
Relatif aux planètes . . . . PLANÉTAIRE
Relatif aux prêtres . . . . SACERDOTAL
Relatif aux pulsions . . . . PULSIONNEL
Relatif aux pustules . . . . PUSTULEUX
Relatif aux régimes politiques dictatoriaux . . . .
. . . . CÉSARIEN
Relatif aux seaux . . . . SIGILLAIRE
Relatif aux sens . . . . SENSORIEL
Relatif aux servantes . . . . ANCILLAIRE
Relatif aux sons du langage . . . . PHONIQUE
Relatif aux sibylles . . . . SYBILLIN
Relatif aux théories de Riemann . . . RIEMANNIEN
Relatif aux tombes . . . . FUNÉRAIRE
Relatif aux travaux de Galilée . . . . GALILÉEN
Relatif aux uretères . . . . URÉTÉRAL
Relatif aux valves . . . . VALVAIRE
Relatif aux varices . . . . VARIQUEUX
Relatif aux viscères . . . . VISCÉRAL
Relatif au zénith . . . . ZÉNITHAL
Relation de cause à effet . . . . CAUSALITÉ
Relation entre deux quantités . . . . ÉQUATION
Relation orale faisant jaser . . . . DIALOGUE
Relations entre copains . . . . COPINAGE
Relations étroites . . . . INTIMITÉ
Relation sexuelle à trois personnes . . . TRIOLISME
Relations sexuelles . . . . FORNICATION
Relèvement d'une monnaie . . . . RÉÉVALUATION
Relever en vue d'une synthèse . . . . . . COLLIGER
Relever le goût . . . . ASSAISONNER
Relever un vêtement . . . . TROUSSER

Relever vers le haut . . . . RETROUSSER
Relief à figures en forte saillie . . . . HAUTRELIEF
Relief d'un lieu . . . . TOPOGRAPHIE
Relief sur une pièce d'argenterie . . . BOSSELURE
Relie le chœur et la nef . . . . TRANSEPT
Religieuse de certaines communautés . . . .
. . . . CHANOINESSE
Religieuse de l'ordre de Sainte-Claire . . CLARISSE
Religieuse de l'ordre de Sainte-Ursule . . URSULINE
Religieuse de l'ordre du Carmel . . . . CARMÉLITE
Religieuse française qui fonda la première école à
Montréal . . . . BOURGEOIS
Religieux de certains ordres . . . . CHANOINE
Religieux de l'ordre de Saint-Dominique . . . .
. . . . DOMINICAIN
Religieux de l'ordre de Saint-François d'Assise . . .
. . . . FRANCISCAIN
Religieux franciscain réformé . . . . RÉCOLLET
Religieux ou profane . . . . ORATORIO
Religieux vivant en communauté . . . . . CÉNOBITE
Religion de l'Iran ancien . . . . MAZDÉISME
Religion des Juifs . . . . JUDAÏSME
Religion hindoue . . . . JAÏNISME
Religion officielle de l'Angleterre . . . .
. . . . ANGLICANISME
Religion qui reconnaît l'autorité du pape . . . .
. . . . CATHOLICISME
Relire les observations en une notion synthétique . . .
. . . . COLLIGER
Remanier en dénaturant . . . . CHARCUTER
Remarquable en son genre . . . . MERVEILLE
Remarque en bas de page . . . . NOTABENE
Remarque spirituelle . . . . TRAITDESPRIT
Remarque sur un texte . . . . COMMENTAIRE
Remboîter une articulation . . . . REMETTRE
Rembourrage protecteur . . . . CAPITONNAGE
Remède analgésique . . . . ASPIRINE
Remède contre la rage . . . . ANTIRABIQUE
Remède contre un mal moral . . . . ANTIDOTE
Remède de grand-mère . . . . ÉLECTUAIRE
Remédier à l'aberration chromatique d'un système
. . . . ACHROMATISER
Remédier au manque de quelque chose . . . .
. . . . SUPPLÉER
Remet chacun à sa place . . . . CLASSEMENT
Remet sur le droit chemin . . . . RÉDEMPTEUR
Remettre à la verticale . . . . REDRESSER
Remettre à plus tard . . ARRIÉRER, ATERMOYER
Remettre à sa place . . . . RABROUER,
. . . . REMBARRER, REPLACER
Remettre à un autre moment . . . . REPORTER
Remettre à une date ultérieure . . . . . . DIFFÉRER
Remettre à un temps ultérieur . . . . . . RETARDER
Remettre d'accord . . . . RÉCONCILIER
Remettre dans le fourreau . . . . RENGAINER
Remettre dans sa poche . . . . EMPOCHER
Remettre dans son état premier . . . RÉGÉNÉRER
Remettre dans un état d'allongement . . . RETENDRE
Remettre debout . . . . REDRESSER
Remettre des semences en terre . . . .
. . . . RÉENSEMENCER
Remettre en appétit . . . . RAVIGOTER

Remettre en bon état . . . . RACCOMMODER,
. . . . RESTAURER
Remettre en état . . . . RAVAUDER
Remettre en liberté . . . . DÉLIVRER, RELÂCHER
Remettre en meilleur état . . . . RAFRAÎCHIR
Remettre en mémoire . . . . REMÉMORER
Remettre en ordre . . . . DÉBROUILLER,
. . . . REDRESSER, RÉORDONNER
Remettre en place . . . RASSEOIR, RÉINSTALLER
Remettre en place après coup . . . . RÉHABILITER
Remettre en question . . . . INFIRMER
Remettre en route . . . . RELANCER
Remettre en son premier état . . . . RESTITUER
Remettre en vigueur . . . . RÉTABLIR
Remettre la chambre en état . . . . RUSTINER
Remettre les péchés . . . . ABSOUDRE
Remettre quelque chose dans la bonne direction . . .
. . . . REPLACER
Remettre solennellement . . . . DÉCERNER
Remettre sur le marché . . . . RÉÉDITER
Remettre sur pieds . . . . RESSUSCITER
Remettre un peu d'ordre . . . . RAJUSTER
Remis après l'épreuve . . . . SURVÊTEMENTS
Remise de peine . . . . AMNISTIE
Remise en état . . . . RESTITUTION
Remise en état de fonctionnement . . . RECHARGE
Remise matérielle d'un objet . . . . . . LIVRAISON
Rémission des péchés . . . . ABSOLUTION
Remontée mécanique . . . . TÉLÉSIÈGE
Remorque de camping . . . . CARAVANE
Remplaçant d'un auteur . . . . DOUBLURE
Remplacée par le DVD . . . . CASSETTE
Remplace la carte postale . . . . COURRIEL
Remplace le chef . . . . LIEUTENANT
Remplacement des pavés . . . . REPIQUAGE
Remplace un membre . . . . PROTHÈSE
Rempli de louanges . . . . ÉLOGIEUX
Rempli de moelle . . . . MÉDULLEUX
Rempli de traits (PD) . . . . CARQUOIS
Rempli de verrues . . . . VERRUQUEUX
Remplir de bonheur . . . . ENSOLEILLER
Remplir d'effroi . . . . HORRIFIER
Remplir de gêne . . . . INTIMIDER
Remplir de sable . . . . ENSABLER
Remplir de tristesse . . . . ENDEUILLER
Remplir d'une odeur agréable . . . . . EMBAUMER,
. . . . PARFUMER
Remplir d'une passion ardente . . . . . . EMBRASER
Remplir d'un sentiment . . . . PÉNÉTRER
Remplit les feuilles en vous coupant du monde (PD)
. . . . BALADEUR
Remplissent les feuilles . . . . ÉCOUTEURS
Remporter la victoire . . . . TRIOMPHER
Remue-ménage . . . . DÉRANGEMENT
Remuer à la pelle . . . . PELLETER
Remuer dans l'eau . . . . . BARBOTER, PATAUGER
Remuer en ondulant . . . . TORTILLER
Remuer les braises, les cendres . . . . . . TISONNER
Remuer vivement les jambes . . . . TRICOTER
Rémunération d'un fonctionnaire . . TRAITEMENT
Renaissance de ce qui était altéré . . . .
. . . . RÉGÉNÉRATION

Rencontre brutale de deux véhicules . . . .
. . . . TAMPONNEMENT
Rencontre concernée . . . . ENTREVUE
Rencontres aux sommets (PD) . . . . . . ARÊTIERS
Rend le mobile plus mobile (PD) . . ITINÉRANCE
Rend plus propre . . . . TOILETTE
Rendre acide . . . . ACIDULER
Rendre à la vie laïque . . . . SÉCULARISER
Rendre alcalin . . . . ALCALINISER
Rendre au même niveau . . . . ÉGALISER
Rendre borgne . . . . ÉBORGNER
Rendre calme . . . . PACIFIER
Rendre capable de réactions . . . . . SENSIBILISER
Rendre ce qui avait été perdu . . . . . . REDONNER
Rendre ce qu'il a reçu . . . . RÉTROCÉDER
Rendre certain . . . CONFIRMER, OFFICIALISER
Rendre cette définition plus intéressante (MF) . . . . .
. . . . PIMENTER
Rendre clair . . . . : . . . . ÉLUCIDER
Rendre cohérent . . . . HOMOGÉNÉISER
Rendre compréhensible . . ÉCLAIRCIR, ÉCLAIRER
Rendre conforme à la loi . . . . LÉGALISER,
. . . . RÉGULARISER
Rendre coriace . . . . RACORNIR
Rendre courbe . . . . . . INCURVER, RECOURBER
Rendre de niveau . . . . ÉGALISER
Rendre des connaissances accessibles au public . . .
. . . . VULGARISER
Rendre désert . . . . DÉSERTER
Rendre difficile à trouver . . . . RARÉFIER
Rendre douloureux . . . . ENDOLORIR
Rendre doux . . . . DULCIFIER
Rendre égal . . . . ÉGALISER
Rendre enceinte . . . . FÉCONDER
Rendre étanche la coque d'un navire . . CALFATER
Rendre évident . . . . MANIFESTER
Rendre exact en corrigeant . . . . RECTIFIER
Rendre excitant . . . . PIMENTER
Rendre familier . . . . HABITUER
Rendre fasciste . . . . FASCISER
Rendre ferme . . . . CONSOLIDER
Rendre fertile . . . . FÉCONDER
Rendre fiable . . . . CRÉDIBILISER
Rendre figé sous l'effet de l'étonnement . . . .
. . . . TÉTANISER
Rendre flexible . . . . ASSOUPLIR
Rendre frais . . . . RAFRAÎCHIR
Rendre furieux . . . . ENDIABLER
Rendre glissant . . . . LUBRIFIER
Rendre grâce . . . . REMERCIER
Rendre humide . . . . HUMECTER
Rendre impossible . . . . EMPÊCHER
Rendre impropre à fonctionner . . . .
. . . . DÉMANTIBULER
Rendre immortel . . . . IMMORTALISER
Rendre inapte à la génération . . . . . . STÉRILISER
Rendre indispensable . . . . NÉCESITER
Rendre insensible . . . . DESSÉCHER
Rendre italien . . . . ITALIANISER
Rendre juif . . . . JUDAÏSER
Rendre l'âme . . . . TRÉPASSER
Rendre languissant . . . . ALANGUIR

Rendre la pareille . . . . REVALOIR
Rendre la sérénité, le calme . . . . . RASSÉRÉNER
Rendre la voix rauque . . . . ÉRAILLER
Rendre légal . . . . LÉGALISER
Rendre légitime . . . . LÉGITIMER
Rendre les armes . . . . CAPITULER
Rendre les cheveux lisses . . . . DÉFRISER
Rendre libre . . . . DÉLIVRER, ÉMANCIPER
Rendre liquide . . . . LIQUÉFIER
Rendre maigre . . . . AMAIGRIR
Rendre mauvais . . . . CORROMPRE
Rendre meilleur . . . . . . AMÉLIORER, BONIFIER
Rendre méconnaissable . . . . DÉFIGURER
Rendre moelleux . . . . VELOUTER
Rendre moins agréable à regarder . . . . ENLAIDIR
Rendre moins aigu . . . . ÉMOUSSER
Rendre moins alerte . . . . ALOURDIR
Rendre moins bruyant . . . . ASSOURDIR
Rendre moins chaud . . . . ATTIÉDIR
Rendre moins compliqué . . . . AMPLIFIER
Rendre moins coupant . . . . ÉMOUSSER
Rendre moins courant, moins dense . . . RARÉFIER
Rendre moins difficile . . . . FACILITER
Rendre moins dur . . . . ATTENDRIR
Rendre moins fort . . . . AFFAIBLIR
Rendre moins froid . . . . ATTIÉDIR
Rendre moins grand . . . . DIMINUER
Rendre moins grave . . . . ATTÉNUER
Rendre moins intense . . . . RALENTIR
Rendre moins large . . . . RÉTRÉCIR
Rendre moins léger . . . . ALOURDIR
Rendre moins liquide . . . . ÉPAISSIR
Rendre moins monotone . . . . AGRÉMENTER
Rendre moins net . . . . ESTOMPER
Rendre moins niais . . . . DÉNIAISER
Rendre moins pointu . . . . ÉPOINTER
Rendre moins rapide . . . . RALENTIR
Rendre moins rigoureux . . . . ASSOUPLIR
Rendre moins salé . . . . DESSALER
Rendre moins sauvage . . . . APPRIVOISER
Rendre moins solide . . . . ÉBRANLER
Rendre moins sonore . . . . ASSOURDIR
Rendre moins tranchant, moins vif . . . ÉMOUSSER
Rendre mou . . . . ALANGUIR
Rendre nasal . . . . NASALISER
Rendre navigable . . . . CANALISER
Rendre nécessaire . . . . NÉCESSITER
Rendre net . . . . NETTOYER
Rendre neutre . . . . NEUTRALISER
Rendre ni chaud ni froid . . . . ATTIÉDIR
Rendre opaque . . . . OPACIFIER
Rendre ordinaire . . . . BANALISER
Rendre ovale . . . . OVALISER
Rendre païen . . . . PAGANISER
Rendre piquant . . . . PIMENTER
Rendre plus agréable, plus attrayant . . . .
. . . . AGRÉMENTER
Rendre plus aisé . . . . ENRICHIR
Rendre plus beau . . . . EMBELLIR
Rendre plus compact . . . . COMPACTER
Rendre plus conciliant . . . . AMADOUER,
. . . . RADOUCIR

Rendre plus consistant . . . . ÉPAISSIR
Rendre plus coûteux . . . . RENCHÉRIR
Rendre plus dangereux, plus difficile à supporter . .
. . . . AGGRAVER
Rendre plus doux . . . . AMADOUER, RADOUCIR
Rendre plus efficace et moins coûteux . . . .
. . . . RATIONALISER
Rendre plus épais . . . . ÉPAISSIR
Rendre plus étroit . . . . RÉTRÉCIR
Rendre plus exact . . . . PRÉCISER
Rendre plus fin . . . . AIGUISER
Rendre plus fort . . . . RENFORCER
Rendre plus grand . . . . ACCROÎTRE, AGRANDIR
Rendre plus grave . . . . AGGRAVER
Rendre plus humain . . . . HUMANISER
Rendre plus important . . . . AGRANDIR
Rendre plus intense . . . . ACCENTUER
Rendre plus large . . . . RÉLARGIR
Rendre plus lent . . . . RALENTIR
Rendre plus long . . . . ALLONGER
Rendre plus lourd . . . . ALOURDIR
Rendre plus malléable . . . . ASSOUPLIR
Rendre plus meuble . . . . AMEUBLIR
Rendre plus mince . . . . AMENUISER
Rendre plus pénible . . . . AGGRAVER
Rendre plus petit . . . AMENUISER, RAPETISSER
Rendre plus profond . . . . APPROFONDIR
Rendre plus rapide . . . . ACCÉLÉRER
Rendre plus silencieux . . . . INSONORISER
Rendre plus solide . . . . FORTIFIER
Rendre plus spacieux . . . . AGRANDIR
Rendre plus subtil . . . . RAFFINER
Rendre plus tendre . . . ATTENDRIR, MORTIFIER
Rendre possible . . . . . . PERMETTRE, PRÉPARER
Rendre propre . . . . NETTOYER
Rendre public . . . . . . ANNONCER, DIVULGUER,
. . . . ÉBRUITER
Rendre quelqu'un réceptif à . . . . . . SENSIBILISER
Rendre radieux . . . . ENSOLEILLER
Rendre rare . . . . RARÉFIER
Rendre rauque . . . . ÉRAILLER
Rendre réel . . . . RÉALISER
Rendre rond . . . . ARRONDIR
Rendre russe . . . . RUSSIFIER
Rendre sa confiance à quelqu'un . . . . RASSURER
Rendre sain . . . . ASSAINIR
Rendre saint . . . . SANCTIFIER
Rendre semblable . . . . ASSIMILER
Rendre semblable à une femme . . . . . EFFÉMINER
Rendre semblable en quantité, en valeur . . . .
. . . . ÉGALISER
Rendre slave . . . . SLAVISER
Rendre solide . . . . . . BÉTONNER, CONSOLIDER
Rendre stupide . . . . ABÂTARDIR
Rendre tiède . . . . ATTIÉDIR
Rendre titulaire . . . . TITULARISER
Rendre tranchant . . . . AIGUISER
Rendre triste . . . . ATTRISTER, CHAGRINER
Rendre trop étroit . . . . ÉTRIQUER
Rendre trouble . . . . BROUILLER
Rendre un corps capable d'attirer le fer . . . .
. . . . AIMANTER

Rendre une force naturelle utilisable par l'homme
. . . . DOMESTIQUER
Rendre uni . . . . ÉGALISER
Rendre uniforme . . . . UNIFORMISER
Rendre universel . . . . GÉNÉRALISER,
. . . . UNIVERSALISER
Rendre un peu comme un œuf . . . . OVALISER
Rendre un peu malade . . . . INDISPOSER
Rendre un peu plus supportable . . . . HUMANISER
Rendre valable . . . . ENTÉRINER
Rendre vigoureux . . . . FORTIFIER
Rendre violacé . . . . VIOLACER
Rendre volatil . . . . VOLATILISER
Rendre volcanique . . . . VOLCANISER
Rend songeur . . . . PRÉOCCUPATION
Rendu lumineux par une chaleur intense . . . .
. . . . INCANDESCENT
Renflement des os . . . . TUBÉROSITÉ
Renflement féculent . . . . TUBERCULE
Renflouer un navire . . . . AFFLOUER
Renforce les coutures . . . . TRÉPOINTE
Renforcer des relations . . . . RESSERRER
Renforcer une toile . . . . ENTOILER
Renifler bruyamment . . . . RENÂCLER
Renoncer à punir une faute, à se venger . . . .
. . . . PARDONNER
Renoncer à ses pouvoirs . . . . . . PASSERLAMAIN
Renoncer à un droit (se) . . . . DÉSISTER
Renoncer à une charge . . . . RÉSIGNER
Renoncer à un pouvoir . . . . ABDIQUER
Renoncer par lâcheté (se) . . . . DÉCULOTTER
Renonce volontairement à quelque chose . . . .
. . . . SACRIFICE
Renonciation à ses droits d'auteur (MF) . . . .
. . . . VASECTOMIE
Renoncule à fleurs jaunes . . . . BOUTONDOR
Renouveler l'air de . . . . VENTILER
Renouveler un abonnement . . . . . . RÉABONNER
Rénover la bande d'un pneu . . . . RECHAPER
Renseignement sur la santé d'une personne . . . .
. . . . NOUVELLES
Renseigner secrètement . . . . RANCARDER,
. . . . TUYAUTER
Rentabilise le travail . . . . ERGONOMIE
Rentabilité d'une somme placée . . . RENDEMENT
Rentre dedans . . . . EMMÉNAGEMENT
Rentrer dans . . . . PERCUTER
Rentrer dans le bois . . . . RENBUCHER
Rentrer en possession . . . . RECOUVRER
Renversement de l'ordre habituel . . . .
. . . . INTERVERSION
Renversement du bord des paupières . . . .
. . . . ECTROPION, ENTROPION
Renversement du pourtour d'un orifice . . . .
. . . . ÉVERSION
Renverser la direction . . . . INVERSER
Renverser par terre . . . . RÉPANDRE
Renverser quelqu'un . . . . TERRASSER
Renvoi à une date ultérieure . . . . AJOURNEMENT
Renvoie à la correspondance . . . . . ÉPISTOLAIRE
Renvoie à nos problèmes quotidiens . . . .
. . . . EXISTENTIEL

Renvoie vers l'enfermement . . . . ASILAIRE
Renvoie vers nos complexes . . . . ŒDIPIEN
Renvoyer à l'expéditeur . . . . RETOURNER
Renvoyer à une autre date, un autre jour . . . .
. . . . AJOURNER
Renvoyer à une date ultérieure . . . . . . PROROGER
Renvoyer au pays de Morphée . . . . . RENDORMIR
Renvoyer dans sa patrie . . . . RAPATRIER
Renvoyer la balle à quelqu'un . . . . . . RELANCER
Renvoyer la lumière . . . . REFLÉTER
Renvoyer sa femme par décision du mari . . . .
. . . . RÉPUDIER
Renvoyer un employé . . . . RETRAITER
Renvoyer un son . . . RÉPERCUTER, RÉSONNER
Renvoyer un son éclatant . . . . RETENTIR
Répandre abondamment . . . . DÉVERSER
Répandre à grand bruit . . . . TROMPETER
Répandre à l'étranger . . . . EXPORTER
Répandre au hasard . . . . DISPERSER
Répandre ça et là . . . . PARSEMER
Répandre de la lumière . . . . ÉCLAIRER
Répandre un liquide . . ÉPANCHER, RENVERSER
Réparation d'un tissu . . . . CICATRISATION
Réparation provisoire . . . . BRICOLAGE
Réparer d'une façon provisoire . . . RABIBOCHER
Réparer rapidement . . . . RAFISTOLER
Réparer ses fautes (se) . . . . RACHETER
Réparer sommairement, tant bien que mal . . . .
. . . . BRICOLER, PATENTER
Réparer une tapisserie . . . . RENTRAYER
Réparer un filet . . . . RAMENDER
Réparer un navire . . . . RADOUBER
Repartir comme avant (PD) . . . . RAJEUNIR
Repartir pour une nouvelle aventure . . RÉENGAGER
Repartir sur de nouvelles bases . . RÉAMÉNAGER,
. . . . RESSOURCER
Répartition des rôles . . . . DISTRIBUTION
Repas du 31 décembre . . . . RÉVEILLON
Repas excellent et abondant . . . . GUEULETON
Repas léger . . . . . CASSECROÛTE, COLLATION
Repasse à la maison . . . . REMOULEUR
Repasser ailleurs . . . . REVERSER
Repasser un fil dans le chas d'une aiguille . . . .
. . . . RENFILER
Répercussion le plus souvent fâcheuse . . . .
. . . . ONDEDECHOC
Répertoire de termes normalisés . . . . THÉSAURUS
Répète ce qu'il ne devrait pas répéter . . . .
. . . . RAPPORTEUR
Répété indéfiniment, au point de fatiguer . . . .
. . . . SEMPITERNEL
Répété plusieurs fois . . . . ITÉRATIF
Répéter sans cesse . . . . RESSASSER
Répétition de mots au sens identique . . . .
. . . . PLÉONASME
Répétition des mêmes sonorités . . ALLITÉRATION
Répétition du même comportement . . RÉÉDITION
Répétition d'une même idée . . . . . . TAUTOLOGIE
Répétition d'un même son . . . . ASONANCE
Répétition fréquente d'un message . . . .
. . . . MATRAQUAGE
Répétitions lassantes . . . . RABÂCHAGE

Répétitions souvent inutiles . . . . ITÉRATION
Replacer verticalement . . . . REDRESSER
Repli cutané de l'angle interne de l'œil . . . .
. . . . ÉPICANTHUS
Repli de la peau . . . . BARBILLON
Repli d'une armée . . . . RETRAITE
Repli du péritoine . . . . ÉPIPLOON
Replier et coller en cordonnerie . . . . REMPLIER
Replier vers le haut . . . . RETROUSSER
Réplique d'une personne . . . . PORTRAIT
Répliquer promptement . . . . RÉPARTIR
Reploiement d'un organe sur lui-même . . . .
. . . . INVAGINATION
Répondre à un appel . . . . SECOURIR
Répondre en opposant une objection (s') . . . .
. . . . OBJECTER
Répondre vivement . . . . RÉPLIQUER,
. . . . RÉTORQUER, RIPOSTER
Réponse à un problème . . . . SOLUTION
Réponse à un stimulus . . . . RÉACTION
Réponse du plus fort . . . . RÉPRESSION
Réponse spirituelle . . . . MOTDESPRIT
Réponse vive . . . . RÉPARTIE
Reporter à plus tard . . . . REMETTRE, SURSEOIR
Reporter à une date ultérieure . . . . . . PROROGER
Repos bien mérité . . . . RETRAITE
Reposer sur . . . . INCOMBER
Repoussent dans les feuilles . . . . MARRONNIERS
Reprendre après interruption . . . . CONTINUER
Reprendre contact avec (se) . . . . . . RETREMPER
Reprendre des forces . . . . RENAÎTRE
Reprendre du poids . . . . REGROSSIR
Reprendre en considération . . . . RÉÉTUDIER
Reprendre en mains . . . . RETRAVAILLER
Reprendre la pièce . . . . REMONTER
Reprendre l'examen d'une question . . . .
. . . . RECONSIDÉRER, REPENSER
Reprendre possession . . . . RESSAISIR
Reprendre ses esprits (se) . . . . RASSEOIR
Reprend tout dans le détail . . . . . . RETOUCHEUR
Représentant du pape . . . . INTERNONCE
Représentant élu, dans la Russie tsariste . . . .
. . . . STAROSTE
Représentation de choses obscènes . . . .
. . . . PORNOGRAPHIE
Représentation de formes animales . . . .
. . . . ZOOMORPHISME
Représentation de l'importance d'un séisme . . . . . .
. . . . MAGNITUDE
Représentation d'un bâtiment . . . . . . MAQUETTE
Représentation d'un visage . . . . PORTRAIT
Représentation graphique . . . . DIAGRAMME,
. . . . ORGANIGRAMME
Représentation imaginaire . . . . FANTASME
Représentation permanente d'un État . . . .
. . . . AMBASSADE
Représentation théâtrale . . . . SPECTACLE
Représenter de façon inexacte . . . . . . DÉFORMER
Représenter en détail . . . . REPEINDRE
Représenter sous forme simplifiée . . . . STYLISER
Représenter une image à l'aide d'un crayon . . . .
. . . . DESSINER

Réprimande faite de manière bienveillante ....
.... GRONDERIE
Réprimander durement .... ENGUEULER
Réprimander sévèrement .... ADMONESTER,
.... CHAPITRER, GOURMANDER
Réprimander vertement .... SAVONNER
Repris maintes fois .... ITÉRATIF
Reproche adressé à quelqu'un .... RÉPRIMANDE
Reproduction à partir d'un ovule ....
.... PARTHÉNOGENÈSE
Reproduction asexuée .... SCHIZOGAMIE
Reproduction de deux êtres de races différentes ....
.... CROISEMENT
Reproduction des gestes d'autrui ... MIMÉTISME
Reproduction exacte d'un écrit ...... FACSIMILÉ
Reproduction frauduleuse ...... CONTREFAÇON
Reproduction par spores .... SPORULATION
Reproduction sexuée sans fécondation ... APOXIMIE
Reproduire de façon transposée ...... TRADUIRE
Reproduire inexactement .... DÉFORMER
Reproduire par boutures .... BOUTURER
Reproduire un dessin fait au stencil .. RONÉOTER
Reptile appelé tortue .... CHÉLONIEN
Reptile de l'ordre des crocodiliens .. CROCODILE
Reptile dépourvu de membres .... OPHIDIEN
Reptile dinosaurien .... DIPLODOCUS,
.... IGUANODON, TRICÉRATOPS
Reptile fossile .... DINOSAURE
Reptile fossile du crétacé ...... ALTANTOSAURE
Reptile fossile du groupe des dinosauriens ......
.... BRONTOSAURE
Reptile qui montrait les dents en plein vol ....
.... PTÉRODACTYLE
République de l'Amérique du Sud .. ARGENTINE,
.... COLOMBIE, ÉQUATEUR,
.... PARAGUAY, VENEZUELA
République de Russie .... TARTASTAN
République de Russie devenue Sakha .. IAKOUTIE
République fondée à Naples par les Français .....
.... PARTHÉNOPÉENNE
République française .... MARIANNE
Répugnance extrême .... AVERSION
Réputation qui s'étend au loin ...... CÉLÉBRITÉ
Requête écrite .... PÉTITION
Requin de la Méditerranée .... SQUATINE
Requin du Groenland .... LAIMARGUE
Réseau de conduites .... CANALISATION
Réseau informatique .... INTERNET
Réseau informatique interne à une entreprise ......
.... INTRANET
Réseau social .... FACEBOOK
Réseau téléphonique .... TÉLÉPHONE
Résection d'un os .... OSTÉOTOMIE
Réservé aux proches .... TUTOIEMENT
Réserve d'énergie des muscles .... CRÉATINE
Réservée à ceux qui sont a pied ...... PIÉTONNE
Réserve pour la subsistance .... PROVISION
Réserver exclusivement .... ATTITRER
Réservoir de carburant de secours .... NOURRICE
Réservoir de platitudes (PD) .... SOTTISIER
Réservoir où l'on filtre l'eau .... PURGEOIR
Résidence des rois maures .... ALHAMBRA

Résidence d'un curé .... PRESBYTÈRE
Résidence d'un vicaire .... VICARIAT
Résidu de combustible .... ESCARBILLE
Résidu de graines, de fruits oléagineux ....
.... TOURTEAU
Résidu de la combustion des gaz .... CALAMINE
Résidu de la digestion .... EXCRÉMENT
Résidu de la mouture du gruau ...... FLEURAGE
Résidu des grains passés au crible ... CRIBLURE
Résidu liquide de la fabrication du beurre ....
.... BABEURRE
Résine d'odeur fétide .... ASSAFOETIDA
Résine du chanvre indien psychotrope .. HACHISCH
Résine jaune .... ARCANSON
Résine rouge provenant du fruit du rotang ....
.... SANGDEDRAGON
Résine semi-liquide .... TÉRÉBENTHINE
Résine synthétique .... BAKÉLITE, MÉLAMINE,
.... PLEXIGLAS
Résistance aux chocs d'un matériau .. RÉSILIENCE
Résistance d'un circuit magnétique .. RELUCTANCE
Résistance d'un liquide .... VISCOSITÉ
Résistance d'un métal .... TENACITÉ
Résistance variable modifiant le courant ....
.... RHÉOSTAT
Résolu à aller jusqu'au bout ...... OPINIÂTRE
Résonner comme une chose vide ....
.... SONNERCREUX
Résoudre rapidement .... TRANCHER
Résout des problèmes enfantins ...... PÉDIATRE
Respect pour quelqu'un .... DÉFÉRENCE,
.... VÉNÉRATION
Respect profond .... RÉVÉRENCE
Respect strict des règles .... RITUALISME
Respiration forte et saccadée ..... HALÈTEMENT
Respiration oppressée .... ANHÉLATION
Respirer avec peine .... PANTELER
Respirer du poivre .... ÉTERNUER
Respirer tristement .... SOUPIRER
Responsable de la sécrétion du suc digestif ....
.... PANCRÉAS
Responsable des attentats du 11 septembre 2001 ...
.... ALQUAIDA
Responsable d'une équipe sportive .. ENTRAÎNEUR
Responsables d'une nette amélioration ....
.... LUNETTES
Ressasser des sentiments d'amertume ....
.... REMÂCHER
Ressemblance plus ou moins parfaite ....
.... SIMILITUDE
Ressemble à des radis .... RAVENELLE
Ressemble à la limace .... TESTACELLE
Ressemble au boa .... ANACONDA
Ressemble un peu à une urne .... TIRELIRE
Ressentiment mêlé de tristesse ..... AMERTUME
Ressentiment tenace .... RANCŒUR
Ressentir le froid .... TRÉMULER
Ressortir une nouvelle fois .... RÉITÉRER
Restaurant de quartier .... BOUIBOUI
Restauration chirurgicale ...... OSTÉOPLASTIE
Reste en dehors .... EXTÉRIEUR
Reste en dehors des groupes ..... NONINSCRIT

Reste loin de la tête . . . . TRAÎNARD
Rester absent une nuit . . . . DÉCOUCHER
Rester à la même place . . . . STATIONNER
Rester à la surface . . . . SURNAGER
Rester chez soi (s') . . . . ENCABANER
Rester en un lieu . . . . DEMEURER
Rester les bras croisés sans rien faire . . ATTENDRE
Rester longtemps (s') . . . . ATTARDER
Rester malgré tout . . . . PERSISTER
Rester où on était (MH) . . . . DOUBLER
Rester sur le cœur pendant un certain temps (MH)
. . . . AUSCULTER
Restes des morts . . . . OSSEMENTS
Reste souvent à la maison . . . . ABSENTÉISTE
Résultat de soustraction . . . . DIFFÉRENCE
Résultat d'une division . . . . QUOTIENT
Résultat favorable . . . . RÉUSSITE
Résultat optimal . . . . PERFORMANCE
Résume de longs bavardages . . . . PATATIPATATA
Résumé d'un texte . . . . SYNTHÈSE
Rétablir à la bonne place . . . . REMETTRE
Rétablir dans sa forme primitive . . . .
. . . . RECONSTITUER
Rétablir des relations amicales . . . RÉCONCILIER
Rétablir la paix . . . . PACIFIER
Rétablir sa situation financière (se) . . REMPLUMER
Rétablir une fonction vitale . . . . RÉANIMER
Retard dans l'évolution d'un phénomène physique
. . . . HYSTÉRÉSIS
Retard du langage chez l'enfant . . . . . DYSPHASIE
Retenir avec une digue . . . . ENDIGUER
Retenir dans des bornes . . . . CONTENIR
Retenir l'attention de . . CAPTIVER, INTÉRESSER
Retenir par des obligations . . . . EMPÊCHER
Retenir une chambre dans un hôtel . . . RÉSERVER
Retentissant comme le tonnerre . . . TONITRUANT
Retenue judicieuse . . . . DISCRÉTION
Retenue salariale . . . . PRÉCOMPTE
Retiennent l'attention des auditeurs . . ÉMISSIONS
Retiennent sur les bords . . . . RIDELLES
Retirer de ce qui enveloppe . . DÉSENVELOPPER
Retirer de l'eau ce qui y était tombé . . REPÊCHER
Retirer d'un corps . . . . EXTRAIRE
Retirer d'une broche . . . . DÉBROCHER
Retirer la bonde d'un tonneau . . . . . . DÉBONDER
Retirer la queue d'un fruit . . . . ÉQUEUTER
Retirer les bottes à quelqu'un . . . . DÉBOTTER
Retirer provisoirement un objet . . . CONFIGURER
Retirer sa candidature (se) . . . . DÉSISTER
Retirer temporairement ses fonctions . . . .
. . . . SUSPENDRE
Retomber dans la même erreur . . . . . . RÉCIDIVER
Retomber dans le même vice . . . . RECHUTER
Retomber en enfance . . . . RÉGRESSER
Retomber sur quelqu'un . . . . INCOMBER
Retoucheur de cliché . . . . SIMILISTE
Retour à la santé . . . . MIEUXÊTRE
Retour à la vie . . . . PALINGÉNÉSIE
Retour assez surprenant . . . . RÉAPPARITION
Retour au naturel . . . . DÉMAQUILLAGE
Retour de la mort à la vie . . . . . RÉSURRECTION
Retour du même mot . . . . RÉPÉTITION

Retour du passé . . . . REMÉMORATION
Retour du printemps . . . . RENOUVEAU
Retour en force . . . . REVANCHE
Retournement complet . . . . RENVERSEMENT
Retourne où il est . . . . LABOUREUR
Retourner à la presse . . . . RÉÉDITER
Retourner la terre . . . . LABOURER
Retourner sens dessus dessous . . . . CHAVIRER
Retourner sur soi . . . . ENROULER
Retourner vers quelqu'un . . . . RETROUVER
Retour qui peut être brutal (PD) . . RÉPERCUSSION
Retranchement de lettres dans les mots
. . . . ABRÉVIATION
Retrancher d'un écrit . . . . EXPURGER
Retrancher du prix de quelque chose . . RABATTRE
Retrancher une partie importante . . . . TRONQUER
Retransmettre au petit écran . . . . TÉLÉVISER
Retransmettre sur les ondes . . . RADIODIFFUSER
Rétribuer par un salaire . . . . SALARIER
Rétribuer pour un travail . . . . RÉMUNÉRER
Rétribution versée . . . . HONORAIRES
Retrouver en suivant sa trace . . . . DÉPISTER
Réunion d'animaux . . . . TROUPEAU
Réunion de bateaux . . . . FLOTTILLE
Réunion de choses de peu de valeur . . RAMASSIS
Réunion de cloches . . . . CARILLON
Réunion de deux cordages . . . . ÉPISSURE
Réunion de gens . . . . ASSEMBLÉE
Réunion de gens à cheval . . . . CAVALCADE
Réunion de gens savants . . . . AÉROPAGE
Réunion de musiciens de jazz . . . . . JAMSESSION
Réunion de personnes . . . . GROUPEMENT
Réunion de personnes sur la place publique . . . .
. . . . ATTROUPEMENT
Réunion de trois cartes de même valeur . . . .
. . . . LAPEREAU
Réunion de trois pieds métriques . . . . . . TRIPODIE
Réunion d'objets choisis pour leur beauté . . . .
. . . . COLLECTION
Réunion d'objets liés ensemble . . . . FAISCEAU
Réunion internationale de scouts . . . . JAMBOREE
Réunion mondaine . . . . RÉCEPTION
Réunir bout à bout . . . . RABOUTER
Réunir deux conduits . . . . . . ANASTOMOSER
Réunir en grande quantité . . . . ENTASSER
Réunir en recueil . . . . COLLIGER
Réunir en syndicat . . . . SYNDIQUER
Réunir en un tout . . . . ENGLOBER
Réunir et tordre des fils textiles . . . . . MOULINER
Réussir à rencontrer . . . . ATTENDRE
Réussite ou échec à un examen . . . . . . RÉSULTAT
Réussite remarquable . . . . PERFORMANCE
Réutilisation des déchets . . . . RECYCLAGE
Rêve de bien des femmes (MF) . . . . . SÉRÉNADE
Rêve de se faire assaillir (MH) . . . . . STARLETTE
Réveille les campeurs . . . . TONNERRE
Réveille les sens . . . . ÉROTISME
Révélation d'un secret . . . . INDISCRÉTION
Révéler ce qui était secret . . . . DÉVOILER
Révéler par indiscrétion . . . . MOUCHARDER
Revenir à la base . . . . REDESCENDRE
Revenir à la normale . . . . ASSAINIR

Revenir à la vie ...... RÉANIMER, RENAÎTRE, ... RESSUSCITER
Revenir à une meilleure santé (se) ... REMETTRE
Revenir dans un lieu .... RÉINTÉGRER
Revenir de loin, d'un autre monde .. RESSUSCITER
Revenir en piste .... RETRACER
Revenir sur .... REMÂCHER, RESSASSER
Revenir vers .... REPASSER
Revenir vers un lieu .... REGAGNER
Rêve pénible .... CAUCHEMAR
Révérence exagérée, obséquieuse ... COURBETTE
Rêver éveillé .... SOUHAITER
Revers de certains vêtements ...... PAREMENT
Revers de la main .... ARRIÈREMAIN
Revêtement de la chaussée .... ASPHALTE
Revêtement de menuiserie .... BOISERIE
Revêtement des couleurs de l'arc-en-ciel .... IRISATION
Revêtement de sol .... LINOLÉUM
Revêtir de gazon .... GAZONNER
Revêtir de maçonnerie .... MAÇONNER
Revêtir de vêtements .... HABILLER
Revêtir d'un caractère païen .... PAGANISER
Revêtir d'un caractère viril .... VIRILISER
Revêtir d'une cuirasse .... CUIRASSER
Revêtir un déguisement (se) .... DÉGUISER
Revient et revient encore .... LEITMOTIV
Revient souvent sur le tapis (MH) .. ASPIRATEUR
Réviser pour rendre correct .... CORRIGER
Revivre sous une nouvelle forme (se) .... RÉINCARNER
Revoir à la hausse .... REVALORISER
Revoir pour rendre correct .... CORRIGER
Révoltant, c'est aussi extraordinaire chez nous (MH) .... ÉCŒURANT
Rez-de-chaussée d'une salle de théâtre .. PARTERRE
Rhéto-roman .... RHÉTIQUE
Rhinite chronique .... RHUMEDESFOINS
Rhododendron et azalée .... ÉRICACÉE
Riche en voyelles .... OUAOUARON
Richesses dont on peut disposer ... RESSOURCES
Richier, Claudel ou autre femme au ciseau .... SCULPTRICE
Rideau court .... BRISEBISE
Ridiculement dépassé .... VIEILLOT
Ridiculiser par des propos ironiques .. PERSIFLER
Rien de certain .... ALÉATOIRE
Rien de plus .... SEULEMENT
Rien de précis .... ÀPEUPRÈS
Rien ne lui résiste .... BRISEFER
Rigorisme de comportement, de mœurs .... AUSTÉRITÉ
Rigueur du climat .... INCLÉMENCE
Rime pauvre .... ASSONANCE
Riposte à un acte hostile ...... REPRÉSAILLES
Rire bruyamment (s') .... ESCLAFFER
Rire en poussant de petits cris ...... GLOUSSER
Risque d'attraper un coup de chaud en travaillant (PD) .... THERMICIEN
Risque de créer une certaine émotion .. PALPITANT
Risque de faire perdre un peu de temps .... FLOTTEMENT

Risque de mal se terminer .... DÉRAPAGE
Risque d'endormir le monde ...... ENNUYEUX
Risque de ne pas pouvoir aller plus loin .... DÉCOURAGÉ
Risque de nous donner des complexes (PD) .... CASTRATEUR
Risque d'entraîner la mort .... LÉTALITÉ
Risque de passer au rouge avec ce qui se passe sur terre (PD) .... ÉCOLOGISTE
Risque de rendre la vie bien triste .. UNIFORMISÉ
Risque de vous assoupir .... LÉNIFIANT
Risque de vous laisser pantois .. ÉTOURDISSANT
Risquent de changer bien des choses .... CONTINGENCES
Risquer d'abattre les plus solides .. DÉCOURAGER
Rissoler dans du sucre .... PRALINER
Rivale d'Athènes et de Sparte .... CORINTHE
Rivière de Gaspésie .... NOUVELLE
Rivière des États-Unis .... MISSOURI, ... MISSISSIPPI, TENNESSEE
Rivière du Canada .. ASSINIBOINE, KLONDIKE
Rivière du Québec .... CHAUDIÈRE, ... LASSOMPTION, MANICOUAGAN, ... MASKINONGÉ, MISTASSINI, OUTAOUAIS, ... OUTARDES, SAGUENAY, SAINTLAURENT
Rivière du Québec prenant sa source dans le lac Champlain .... RICHELIEU
Rivière du sud-ouest de la France ... DORDOGNE
Rixe entre plusieurs personnes .. ÉCHAUFFOURÉE
Robe ajustée de forme étroite ...... FOURREAU
Robe longue à capuchon .... DJELLABA
Robinet mélangeur .... MITIGEUR
Robinson Crusoé est né de son imagination .... DANIELDEFOE
Robot d'apparence humaine .... ANDROÏDE, ... HUMANOÏDE
Roc est celle de cor .... ANAGRAMME
Roche constituée de coquilles ..... COQUILLIER
Roche constituée de talc .... STÉATITE
Roche éruptive .... ANDÉSITE, MICROGRENU, ... TRACHYTE
Roche sédimentaire .. CALCAIRE, PHOSPHORITE
Roche sédimentaire calcaire ..... LUMACHELLE
Roche siliceuse compacte .... QUARTZITE
Roche vert sombre .... SERPENTINE
Roche voisine de l'ardoise .... PHYLLADE
Roche volcanique .... ANDÉSITE
Roger Federer en est un .... TENNISMAN
Rogner les ailes d'un oiseau ...... ÉJOINTER
Roi d'Angleterre .... JEANSANSTERRE
Roi d'Assyrie .... ASSOURBANIPAL
Roi d'Égypte ...... AMENOPHIS, NÉPHÉRITÈS
Roi de Jordanie .... ABDALLAH
Roi de Judée .... ARISTOBULE
Roi des Francs .... DAGOBERT
Roi des Ostrogoths .... ATHALARIC
Roi d'Espagne .... JUANCARLOS
Roi de Sparte .... LÉONIDAS
Roi d'un petit pays, d'un très petit État .... ROITELET
Rôle joué par un acteur .... PERSONNAGE
Romain Gary .... ÉMILEAJAR

Romancier américain . . . . FAULKNER,
. . . . FITZGERALD, HEMINGWAY,
. . . . JACKKEROUAC, STEINBECK
Romancière née au Manitoba . . GABRIELLEROY
Romancière québécoise . . . . GUÈVREMONT
Romancier français . . . . FLAUBERT,
. . . . LOUISHÉMON, ROUSSEAU
Romancier québécois . . . . BEAUCHEMIN
Roman de Camus . . . . ÉTRANGER
Roman de Charles Dickens . . . . . . OLIVERTWIST
Roman de Gustave Flaubert . . . MADAMEBOVARY
Roman de Herman Melville . . . . MOBYDICK
Roman de l'abbé Prévost . . . . MANONLESCAUT
Roman de Rabelais . . . . PANTAGRUEL
Roman de Tolstoï . . . . ANNAKARENINE
Roman de Victor Hugo . . . . MISÉRABLES
Roman de Zola . . . . GERMINAL
Roman policier procurant de fortes sensations . . . . .
. . . . THRILLER
Roman qui finit mal . . . . TRAGÉDIE
Roman qui paraît en épisodes . . . .
. . . . ROMANFEUILLETON
Roman tiré d'un film . . . . CINÉROMAN
Rompre les reins . . . . ÉREINTER
Rompre un mariage . . . . DIVORCER
Rond-de-cuir . . . . GRATTEPAPIER,
. . . . SCRIBOUILLARD
Rond de jambe . . . . SALAMALEC
Ronde de surveillance . . . . PATROUILLE
Ronflement du cheval . . . . ÉBROUEMENT
Rongeur arboricole . . . . ÉCUREUIL
Rongeur au pelage fourni . . . . MARMOTTE
Rongeur de l'Amérique du Sud . . . . CHINCHILLA
Rongeur des steppes d'Asie . . . . GERBILLE
Rongeur qui bondit . . . . GERBOISE
Rongeur qui plane . . . . ANOMALURE
Rongeur voisin du chinchilla . . . . VISCACHE
Rose de Noël . . . . ELLÉBORE
Rose trémière . . . . PRIMEROSE
Rose vif . . . . INCARNAT
Rosier sauvage . . . . ÉGLANTIER
Rotation complète . . . . RÉVOLUTION
Rôtir une viande à l'excès . . . . CARBONISER
Roue des chenilles de tracteurs . . . . . BARBOTIN
Rouer de coups . . ÉREINTER, PASSERÀTABAC,
. . . . TABASSER
Rouge bordeaux . . . . AMARANTE
Rouge carmin foncé . . . . CRAMOISI
Rouge, en parlant du visage . . . . RUBICOND
Rouge-gorge . . . . RUBIETTE
Rouge vif . . . . ÉCARLATE
Rouge vif tirant sur l'orangé . . . . . . VERMILLON
Rouge violacé . . . . BORDEAUX, LIEDEVIN
Roule à gauche chez Elizabeth (PD) . . . .
. . . . TRAVAILLISTE
Rouleau de viande hachée . . . . QUENELLE
Rouleau mobile sur un pivot . . . . . . TOURNIQUET
Roule dans certains vieux films . . . . . . TRACTION
Roulement sur la peau (PD) . . . . RANTANPLAN
Rouler comme une boule . . . . DÉBOULER
Rouler en torsade . . . . TORSADER
Rouler les yeux . . . . RIBOULER

Rouler sur une route du Québec (MF) . . . .
. . . . TRESSAUTER
Rouler une chose autour d'une autre . . ENROULER
Route à deux chaussées séparées . . . AUTOROUTE
Route à suivre dans un voyage . . . . . ITINÉRAIRE
Royaume de Chilpéric Ier . . . . NEUSTRIE
Rue de Manhattan . . . . WALLSTREET
Rue de Montréal . . . . PAPINEAU
Ruinait le bâtiment . . . . NAUFRAGEUR
Ruine complète . . . . NAUFRAGE
Ruine-de-Rome . . . . CYMBALAIRE
Ruminant sauvage . . . . ANTILOPE, CHEVREUIL
Ruminant sans bois . . . . CHEVROTAIN
Rupture collective . . . . SÉCESSION
Rupture dans la construction de la phrase . . . .
. . . . ANACOLUTHE
Rupture des tissus . . . . DIVULSION
Rupture d'un contrat de travail . . LICENCIEMENT
Rupture d'un engagement . . . . . DÉNONCIATION
Rupture violente d'un os . . . . FRACTURE
Ruse bien combinée . . . . STRATAGÈME
Ruse odieuse faite pour tromper . . . . FOURBERIE
Russe en fusil (MF) . . . . ROULETTE
Rythme espagnol . . . . TACONEOS
Sa baguette semble magique . . . . SOURCIER
S'abaisser volontairement (s') . . . . HUMILIER
S'abandonner à la rêverie . . . . RÊVASSER
S'abandonner à ses fantasmes . . . . . . FANTASMER
Sa bouche est grande ouverte (MH) . . . AÉRATION
Sa branche inférieure est plus longue que les autres
. . . . CROIXLATINE
Sabre court et large . . . . COUTELAS
Sabre oriental . . . . CIMETERRE
Sa capitale est Addis-Abeba . . . . ÉTHIOPIE
Sa capitale est Amman . . . . JORDANIE
Sa capitale est Barcelone . . . . CATALOGNE
Sa capitale est Baton Rouge . . . . . . LOUISIANE
Sa capitale est Caracas . . . . VENEZUELA
Sa capitale est Colombo . . . . SRILANKA
Sa capitale est Concord . . . . . . NEWHAMPSHIRE
Sa capitale est Kaboul . . . . AFGHANISTAN
Sa capitale est Little Rock . . . . ARKANSAS
Sa capitale est Managua . . . . NICARAGUA
Sa capitale est Naples . . . . CAMPANIE
Sa capitale est Nashville . . . . TENNESSEE
Sa capitale est Podgorica . . . . MONTÉNÉGRO
Sa capitale est Quito . . . . ÉQUATEUR
Sa capitale est Riyad . . . . ARABIESAOUDITE
Sa capitale est Winnipeg . . . . MANITOBA
Sa capitale est Yaoundé . . . . CAMEROUN
Saccade répétée à un rythme rapide . . VIBRATION
S'accroche à tout . . . . . ERGOTEUR, TEIGNEUX
Sac de chasse, de chasseurs . . . . . CARNASSIÈRE,
. . . . GIBECIÈRE
Sac de couchage à capuchon . . . . . SARCOPHAGE
Sac de voyage . . . . FOURRETOUT
S'acharner sur quelqu'un . . . . PERSÉCUTER
Sa chenille est dommageable pour les arbres . . . . . .
. . . . TORDEUSE
Sac membraneux . . . . VÉSICULE
Sac porté derrière le dos . . . . HAVRESAC
Sac qui produit des spores . . . . SPORANGE

Sa crème est son féminin (MH) ...... PÂTISSIER
Sacrement des malades .... EXTRÊMEONCTION
Sacrifice de soi au bénéfice d'autrui ....
.... ABNÉGATION
Sacrifice honorant les dieux .... LIBATION
Sa destruction provoqua l'intervention des États-Unis
.... PEARLHARBOR
S'adonner au jardin .... JARDINER
S'adresse à l'homme de la rue ...... RACOLAGE
S'adresser à la deuxième personne du pluriel ......
.... VOUSSOYER, VOUVOYER
S'adresser à quelqu'un pour de l'aide .. RECOURIR
S'adresser brusquement à quelqu'un ....
.... APOSTROPHER
Sa farine sert à préparer les sinapismes ....
.... MOUTARDE
Sa feuille fournit une fibre textile .. SANSEVIÈRE
S'affaiblir .... DÉCLINER
S'affaiblir (s') .... ATROPHIER
Sa fin semble sa fin (MF) .... ÉTERNITÉ
S'agiter dans l'eau ..... BARBOTER, PATAUGER
S'agiter par mouvements brefs, sous l'effet d'un sentiment .... FRÉTILLER
S'agiter sur le coup .... TRESSAUTER
Sa graine fournit de l'huile .... ARACHIDE
Saignement de l'oreille .... OTORRHAGIE
Saignement de nez .... ÉPISTAXIS
Saillie au cou des hommes .. POMMMEDADAM
Saillie dans la paume de la main .. HYPOTHÉNAR
Saillie du coude .... OLÉCRANE
Saillie du duodénum .... CARONCULE
Saillie osseuse de la cheville ...... MALLÉOLE
Saint-Exupéry en était un .... AVIATEUR
Saint personnage dans les pays musulmans ....
.... MARABOUT
Saisir avec les doigts .... AGRIPPER
Saisir brutalement .... HARPONNER
Saisir de nouveau quelqu'un ...... RATTRAPER
Saisir en serrant avec la main ...... EMPOIGNER
Saisir les insectes à la surface de l'eau ....
.... MOUCHERONNER
Saisir par les menottes .... MENOTTER
Saisir par les sens .... PERCEVOIR
Saisir quelque chose qui bouge ...... ATTRAPER
Saisir vivement .... AGRIPPER
Saisit tout au passage .... PROFITEUR
Saison de la chasse du sanglier .. PORCHAISON
Saison de la ponte des oiseaux ..... PONDAISON
Saison de pêche du maquereau .. MAQUERAISON
Saison des foins .... FENAISON
Sait plaquer .... ÉBÉNISTE
Sait pourquoi les gens tremblent mais il n'y peut rien
(MH) .... SISMOLOGUE
Sait tirer parti des circonstances .. OPPORTUNISTE
Sait toucher la corde sensible ...... GUITARISTE
S'ajouter les uns aux autres (s') ... ACCUMULER
Salaire aux personnes exerçant une profession libérale .... HONORAIRES
Salaire d'un fonctionnaire ...... TRAITEMENT
Salaire d'un officier ministériel ... ÉMOLUMENT
Salaire d'un travail .... RÉMUNÉRATION,
.... RÉTRIBUTION

Salaire mensuel .... MENSUALITÉ
Sa lame est large et tranchante ...... COUTELAS
Sa larve creuse des galeries dans le bois ....
.... VRILLETTE
Salement charger .... INFESTER
Sa ligne est mince .... SILHOUETTE
Salir de noir .... MÂCHURER
Salir grossièrement ...... BARBOUILLER
Salit tout ce qu'elle atteint .... ÉCLABOUSSURE
Salle à manger .... RÉFECTOIRE, TRICLINIUM
Salle d'attente .... ANTICHAMBRE
Salle en demi-cercle .... HÉMICYCLE
Salle où il peut y avoir des cendres, où l'on ne fume
pas .... MORTUAIRE
Salle où se réunissent les proches d'un défunt .....
.... FUNÉRARIUM
Salle pour l'audition des œuvres musicales ....
.... AUDITORIUM
Salsifis noir .... SCORSONÈRE
Saluer par des cris d'enthousiasme .. ACCCLAMER
Salutations excessives ...... SALAMALECS
Salut cérémonieux .... RÉVÉRENCE
Salut solennel .... SALUTATION
Sa maison n'a pas d'étoiles (PD) .... TAULIÈRE
Sa monnaie est le lats .... LETTONIE
S'amuser à des choses futiles ...... BATIFOLER
S'amuser à des riens .... MUSARDER
S'amuser à des vétilles .... VÉTILLER
Sandale à lanières croisées ...... SPARTIATE
Sang-froid .... MAÎTRISE
Sanglant dans notre hymne ...... ÉTENDARD
Sangle sous le ventre de l'animal ... VENTRIÈRE
Sanglier de quatre ans .... QUARTANIER
Sans-abri .... ITINÉRANT
Sans accompagnement instrumental .. ACAPPELLA
Sans appel .... IRRÉVOCABLE
Sans appuyer .... DÉLICATEMENT
Sans ardeur .... TIÈDEMENT
Sans arrêt .... CONSTAMMENT
Sans attendre .... AUSSITÔT
Sans aucun calcul .... SPONTANÉMENT
Sans aucun doute .. ÉVIDEMMENT, SÛREMENT
Sans aucune retenue .... IMPRUDEMMENT
Sans aucun excès .... PEINARDEMENT
Sans aucun scrupule .... FROIDEMENT
Sans avoir envie .... ÀRECULONS
Sans beaucoup d'intérêt .... INSIGNIFIANT
Sans blagues .... SÉRIEUSEMENT
Sans bornes ...... ILLIMITÉ, INFINIMENT
Sans bruit .... INAUDIBLE
Sans brusquerie .... LESTEMENT
Sans cesse ...... ASSIDÛMENT, TOUJOURS
Sans chaleur ni sympathie .... INAMICAL
Sans clarté .... ÉVASIVEMENT
Sans cœur .... INSENSIBLE
Sans connaissances .... IGNORANT
Sans consistance corporelle ...... IMMATÉRIEL
Sans contrainte .... LIBREMENT
Sans couleur .... INCOLORE
Sans courage .... LÂCHEMENT
Sans crainte ni angoisse .... DÉCONTRACTÉ
Sanscrit moderne .... DEVANAGARI

Sans défaut . . IMPECCABLE, IRRÉPROCHABLE
Sans délai . . . . SURLECHAMP
Sans délicatesse . . . . GROSSIER
Sans dépense supplémentaire . . . . TOUTCOMPRIS
Sans détour . . . . CARRÉMENT, DIRECTEMENT
Sans difficulté . . . AISÉMENT, SANSENCOMBRE
Sans discernement . . . . AVEUGLÉMENT
Sans donner de précisions . . . . VAGUEMENT
Sans doute . . . . PROBABLEMENT
Sans effet . . . . PLATONIQUE
Sans effort . . . . AISÉMENT
Sans égard à . . . . NONOBSTANT
Sans élégance . . . . INÉLÉGAMMENT
Sans elle, on n'aurait que la peau . . . . OSSATURE
Sans encombre . . . . SANSDIFFICULTÉ
Sans énergie . . . . MOLLASSON
Sans enfreindre la loi . . . . LÉGALEMENT
Sans enthousiasme . . . . TRISTOUNET
Sans entrer dans le détail . . . . . . GROSSOMODO
Sans être payé . . . . BÉNÉVOLEMENT
Sans expérience . . . . INEXERCÉ
Sans fondement . . . . CHIMÉRIQUE, ILLUSOIRE
Sans force . . . . ANÉMIQUE, RAPLAPLA
Sans gêne . . . . CAVALIER, DÉSINVOLTURE
Sans goût . . . . INSIPIDE
Sans hardiesse ni originalité . . . . SAGEMENT
Sans harmonie . . . . RABOTEUX
Sans hésitation . . . . RÉSOLUMENT
Sans imprévu . . . . MONOTONE
Sans indulgence . . . . IMPITOYABLE
Sans intérêt . . . . . . GNANGNAN, QUELCONQUE
Sans interruption . . . . ÀJETCONTINU
Sans intervalle . . . . IMMÉDIAT
Sans issue . . . . CULDESAC
Sans joie . . . . AMÈREMENT
Sans jugement . . . . ÉCERVELÉ
Sans l'aide d'un appareil . . . . MANUELLEMENT
Sans limite . . . . ILLIMITÉ
Sans manières . . . . INDÉLICAT
Sans mesures ni retenues . . . . ILLIMITÉ
Sans motif apparent . . . . GRATUITEMENT
Sans moyens . . . . DÉCONTENANCÉ
Sans nationalité légale . . . . APATRIDE
Sans originalité . . . . . . ASEPTISÉ, STÉRÉOTYPÉ
Sans parler . . . . BOUCHECOUSUE
Sans paroles . . . . SILENCIEUX
Sans parti pris . . . . DÉPOLITISÉ
Sans passion . . . . TIÈDEMENT
Sans payer . . . . GRATUITEMENT
Sans peine . . . . AISÉMENT
Sans perdre son temps . . . . . . SPONTANÉMENT
Sans père ni mère . . . . ORPHELIN
Sans personne à qui parler . . . . SEULETTE
Sans peur mais pas sans reproches (PD) . . . .
. . . . DESPERADO
Sans pitié . . . . DUREMENT, INHUMAIN
Sans plaisanterie . . . . SÉRIEUSEMENT
Sans précipitation . . . . GENTIMENT
Sans prendre son temps . . . . ÀLAVAVITE
Sans préparation . . . . AUPIEDLEVÉ
Sans problème pour les déplacements . . . .
. . . . PRATICABLE

Sans pudeur . . . . DÉVERGONDÉ
Sans quoi . . . . AUTREMENT
Sans ramer . . . . AISÉMENT
Sans rapidité . . . . LENTEMENT
Sans rapport avec la réalité . . . . DÉLIRANT
Sans réalité . . . . IMAGINAIRE
Sans relâche . . . . ASSIDÛMENT
Sans réserve . . . . CORPSETÂME, PLEINEMENT,
. . . . TOUTENTIER
Sans ressort . . . . ANÉMIQUE
Sans ressource . . . . MISÉREUX
Sans résultat . . . . INFRUCTUEUX
Sans rien de plus . . . . SEULEMENT
Sans rien dissimuler . . . . AUGRANDJOUR
Sans savoir . . . . IGNORANT
Sans se faire connaître . . . . INCOGNITO
Sans se hâter . . . . LENTEMENT
Sans se ménager . . . . ÀCORPSPERDU
Sans se préoccuper du danger . . . TÊTEBAISSÉE
Sans se presser . . . . POSÉMENT
Sans s'occuper du lendemain . . . AUJOURLEJOUR
Sans soin . . . . NÉGLIGEMMENT
Sans souillure . . . . IMMACULÉ
Sans suc . . . . COTONNEUX
Sans surprises . . . . PRÉVISIBLE
Sans tendresse . . . . CRUELLEMENT
Sans tête . . . . ACÉPHALE
Sans traîner . . . . DAREDARE
Sans trop forcer . . . . LÉGÈREMENT
Sans trop réfléchir . . . . ÀBRÛLEPOURPOINT
Sans une tache . . . . IMMACULÉ
Sans valeur en soi . . . . SYMBOLIQUE
Sans vergogne . . . . EFFRONTÉMENT
Sans y penser . . . . SPONTANÉMENT
Sa peau est souple et légère . . . . ANTILOPE
Sapho en était une . . . . POÉTESSE
Sa pièce est unique . . . . IDENTITÉ
Sa place est au salon . . . . STATUETTE
Sa position l'oblige à s'incliner . . . SUBALTERNE
Sa poussée donne de l'énergie . . . ADRÉNALINE
S'appliquer avec de grands efforts (s') . . ESCRIMER
S'apprend à l'école . . . . ÉCRITURE
S'appuient sur des béquilles . . . . AISSELLES
Sa principale ville est Sept-Îles . . . . . CÔTENORD
Sa racine se mange en salade . . . . RAIPONCE
Sa résistance nous plonge dans le noir (MF) . . . . . .
. . . . RHÉOSTAT
S'arrange pour améliorer la situation . . . .
. . . . MAQUILLEUR
S'arrange pour avoir le dessus . . . . DOMINATEUR
S'arrange pour cacher son jeu . . . . . . TRICHEUR
S'arrange pour éviter les longs discours (PD) . . . . . .
. . . . DESSINATRICE
S'arrange pour nous en mettre plein la vue (PD) . . .
. . . . ÉTALAGISTE
S'arranger pour ne rien perdre (PD) . . RETRAITER
S'arranger pour qu'une chose soit prête . . . .
. . . . PRÉPARER
S'arrête à la moindre accalmie . . . . ÉOLIENNE
S'arrêtent bien avant les fiançailles (MH) . . . .
. . . . AMOURETTES
S'arrêter brusquement . . . . TOURNERCOURT

S'arroger des droits . . . . EMPIÉTER
Sa saison bat son plein . . . . ACÉRICULTEUR
S'assurer le concours de quelqu'un à prix d'argent
. . . . SOUDOYER
S'assurer que quelque chose est exact . . VÉRIFIER
Satire violente . . . . CATILINAIRE
Satisfaire pleinement . . . . RASSASIER
Satisfaire ses besoins (s') . . . . ÉPANCHER
Satisfaire un besoin . . . . ASSOUVIR
Sa trompe est un canal de communication, n'est pas
très longue . . . . EUSTACHE
S'attache aux courants, à l'optique et aux torts . . . .
. . . . REDRESSEUR
S'attaque aux serrures quand il n'est pas porteur (PD)
. . . . CROCHETEUR
Sauce à base de tomates et de viande hachée . . . . . .
. . . . BOLOGNAISE
Sauce au vin rouge . . . . MEURETTE
Sauce blanche à base de lait . . . . BÉCHAMEL
Sauce faite avec du vinaigre, de l'huile et du sel . . .
. . . . VINAIGRETTE
Sauce froide . . . . MAYONNAISE
Sauce piquante . . . . SAUPIQUET
Sauce relevée à l'échalote . . . . RAVIGOTE
Saucisse assaisonnée . . . . SAUCISSON
Saucisse plate entourée de crépine . . CRÉPINETTE
Saucisse sèche et plate . . . . GENDARME
Saucisse suisse . . . . WIENERLI
Saucisson cuit . . . . CERVELAS
Saucisson d'Italie . . . . MORTADELLE
Sauf-conduit . . . . LAISSERPASSER
Saule qui pousse au bord des marais . . MARSAULT
Saupoudrer de farine . . . . ENFARINER
Saura se faire discret (PD) . . . . . . ENCASTRABLE
Saut brusque . . . . SOUBRESAUT
Saut de cheval . . . . CROUPADE
Sauter au cou de quelqu'un . . . . ÉTRANGLER
Sauter de nouveau . . . . RESSAUTER
Sauter dessus, c'est saisir la balle au bond (MH) . . .
. . . . OCCASION
Sauteur à la perche . . . . PERCHISTE
Saut léger . . . . CABRIOLE
Saut vertical . . . . ENTRECHAT
Sauvé comme par miracle . . . . TROMPELAMORT
Sauvé in extremis . . . . MIRACULÉ
Sauve qui peut . . . . DÉBANDADE
Sauver de difficultés financières . . . . RENFLOUER
Sauver d'un danger . . . . PRÉSERVER
S'avancer dans . . . . PÉNÉTRER
Savant le nez en l'air (MH) . . . . ASTRONOME
Savant spécialiste de la Chine . . . . . . SINOLOGUE
Sa vie est très pénible . . . . GALÉRIEN
Savoir approfondi . . . . ÉRUDITION
Savoir vieillir . . . . SÉRÉNITÉ
Savoir-vivre . . . . ÉDUCATION
Sa voix est aiguë et criarde . . . . CRÉCELLE
Sa voix est grave . . . . POITRINE
Savon liquide pour la tête . . . . SHAMPOOING
Scala-santa . . . . ESCALIER
Scandale de conduite . . . . LÉGÈRETÉ
Sceller avec de la cire . . . . CACHETER
Scène d'un film . . . . SÉQUENCE

Scène tapageuse improvisée devant public . . . .
. . . . ESCLANDRE
Sceptique grec . . . . ZÉTÉTIQUE
Scie à lame étroite . . . . SAUTEUSE
Science de la fabrication des vins . . . . ŒNOLOGIE
Science de la fixation des dates . . CHRONOLOGIE
Science de la forme de la Terre, de ses dimensions
. . . . GÉODÉSIE
Science de la navigation aérienne . . . .
. . . . AÉRONAUTIQUE
Science de l'anesthésie . . . . ANESTHÉSIOLOGIE
Science de la vie . . . . BIOLOGIE
Science de l'éducation des enfants . . PÉDAGOGIE
Science de l'élevage des pigeons voyageurs . . . .
. . . . COLOMBOPHILIE
Science de l'environnement . . . . ÉCOLOGIE
Science de l'être en tant qu'être . . MÉTAPHYSIQUE
Science des écritures anciennes . . PALÉOGRAPHIE
Science des idées . . . . IDÉOLOGIE
Science des matériaux du globe terrestre . . . .
. . . . GÉOLOGIE
Science des médailles . . . . NUMISMATIQUE
Science des mœurs . . . . ÉTHOLOGIE
Science des nerfs . . . . NEUROLOGIE
Science des nombres . . . . ARITHMÉTIQUE
Science des rêves . . . . ONIROLOGIE
Science des roches . . . . PÉTROGRAPHIE
Science des symptômes des maladies . . . .
. . . . PATHOLOGIE
Science des tremblements de terre . . SISMOLOGIE
Science des végétaux . . . . BOTANIQUE
Science du déplacement des navires . . NAVIGATION
Science du dressage des chevaux . . . .
. . . . HIPPOTECHNIE
Science mathématique . . . . GÉOMÉTRIE
Science occulte . . . . ALCHIMIE
Science qui aide les gens à mieux arriver en ville
(MF) . . . . URBANISME
Science qui a pour objet la conservation de la santé
. . . . MÉDECINE
Science qui a pour objet l'étude des minéraux . . . . .
. . . . MINÉRALOGIE
Science qui décrit les climats . . . CLIMATOLOGIE
Science qui éprouve plusieurs gènes . . . EUGÉNIQUE
Science qui étudie la physique de la haute atmosphère
. . . . AÉRONOMIE
Science qui étudie la structure du sang . . . .
. . . . HÉMATOLOGIE
Science qui étudie le milieu naturel des êtres vivants
. . . . ÉCOLOGIE
Science qui étudie le mouvement des projectiles . . .
. . . . BALISTIQUE
Science qui étudie le passé de l'humanité . . . .
. . . . HISTOIRE
Science qui étudie les sols . . . . PÉDOLOGIE
Science qui étudie les symboles . . SYMBOLIQUE
Science qui traite des substances toxiques . . . .
. . . . TOXICOLOGIE
Scier du bois en long . . . . REFENDRE
Scintillement fatiguant la vue . . PAPILLOTEMENT
Scoop qu'il faudrait vérifier (PD) . . PRÉDICTION
Scléroprotéine imperméable à l'eau . . . KÉRATINE

Scories qui résultent de la combustion du charbon
.... MÂCHEFER
Sculpteur de statues .... STATUAIRE
Sculpteur espagnol .... PABLOPICASSO
Sculpteur italien .... MICHELANGE
Sculpture qui adhère à un fond ...... BASRELIEF
Séance d'essai donnée par un acteur .. AUDITION
Séance pour interroger les parties .... AUDIENCE
Se balancer doucement .... DODELINER
Se balancer gauchement (se) .... DANDINER
Se bande à la main ou par un mécanisme ....
.... ARBALÈTE
Sa bat sans se battre .... NONVIOLENT
Se battre à l'épée .. BRETAILLER, FERRAILLER
Se battre contre .... COMBATTRE
S'ébattre gaiement .... FOLÂTRER
Se boit à la fin du repas .... POUSSECAFÉ
Se boit après le repas .... DIGESTIF
Se boit avant le repas .... APÉRITIF
Se bomber à cause de l'humidité .... GONDOLER
Se bourrer de nourriture (s') .... EMPIFFRER
Se briser en roulant, en parlant d'une vague ....
.... DÉFERLER
S'écarte du sujet .... DIGRESSION
S'écarter du ton .... DÉTONNER
Se casser le nez ...... TROUVERPORTECLOSE
Sec et fruité .... RIESLING
Se changer les idées (se) .... DÉTENDRE
Sèche les frisées .... ESSOREUSE
Se complaire dans une activité routinière ....
.... RONRONNER
Se comporter à la mer .... NAVIGUER
Seconde épouse de Louis XIV .... MAINTENON
Seconde floraison .... ARRIÈREFLEUR
Seconder un chirurgien .... ASSISTER
Se conduire en cabotin .... CABOTINER
Se construit de toutes pièces (MH) .. CASSETÊTE
Se conter des histoires .... IDÉALISER
Secouer de droite à gauche .... BRIMBALER,
.... BRINGUEBALER
Se courber, pour une pièce de métal (s') ....
.... ENVOILER
Secouriste sur quatre pattes (MH) ....
.... SAINTBERNARD
Secours divin .... PROVIDENCE
Secousse violente .... COMMOTION
Se couvrir de rouille .... ROUILLER
Se couvrir d'un duvet (se) .... COTONNER
Se couvrir d'une croûte dorée à la cuisson ....
.... GRATINER
Secret de peu d'importance ..... CACHOTTERIE
Sécrétion de la salive .... SALIVATION
Sécrétion du lait .... LACTATION
Sécrétion exagérée de sébum ...... SÉBORRHÉE
Sécrétion excessive de salive ...... SIALORRHÉE
S'écrit après la signature .... POSTSCRIPTUM
Section chirurgicale d'une artère ....
.... ARTÉROTOMIE
Section chirurgicale du nerf vague .. VAGOTOMIE
Section chirurgicale d'un nerf ... NÉVROTOMIE
Section chirurgicale d'un os ....·. OSTÉOTOMIE
Section chirurgicale d'un tendon ... TÉNOTOMIE

Se succéder .... ALTERNER
Se danse à Paris .... FRENCHCANCAN
Se débattre .... RÉSISTER
Se débrouille pour faire circuler l'information .....
.... DIVULGATEUR
Se débrouille pour manger chez le voisin (PD) ....
.... STERCORAIRE
Se débrouille pour mettre le feu (PD) ....
.... PROVOCATEUR
Se débrouille pour vous en mettre plein la vue (PD)
.... ÉTALAGISTE
Se débrouillera pour prendre les devants ....
.... RESQUILLEUR
Se débrouillera pour que ça fonctionne ....
.... BIDOUILLEUR
Se décarcasse pour placer ses carcasses (PD) ......
.... CHEVILLARD
Se décourager .... DÉCROCHER
Se découvrir un goût irréfléchi (s') ... ENTICHER
Se défaire de quelque chose .... SACRIFIER
Se délecter avec suffisance (se) ... GARGARISER
Se délecter de .... SAVOURER
Se déplacer dans les vaisseaux .... CIRCULER
Se déplacer dans un sens et dans l'autre ....
.... OSCILLER
Se déplacer en terrain difficile .... CRAPAHUTER
Se déployer avec force .... DÉFERLER
Se déroule à l'hôtel .... TAPISROUGE
Se dérouler avec impétuosité ...... DÉFERLER
Se désaltérer (se) .... RAFRAÎCHIR
Se désister du droit qu'on a .... RENONCER
Se détache du cuir chevelu .... PELLICULE
Se détacher en plaques (s') .... ÉCAILLER
Se détacher sur un fond .... RESSORTIR
Se détendre après l'anxiété .... DÉCOMPRESSER
Se diffuser .... IRRADIER
Se diffuser par rayonnement .... RAYONNER
Se disperser (s') .... ÉGAILLER
Se disperser pour fonder une nouvelle colonie .....
.... ESSAIMER
Se dit avant de boire .... TCHINTCHIN
Se dit de ce qui ne modifie que les apparences ....
.... COSMÉTIQUE
Se dit de ce qui se fait de façon invariable ....
.... SYSTÉMATIQUE
Se dit de ce qui se veut moderne .. MODERNISTE
Se dit de certaines attaques .... AÉRIENNES
Se dit de certains becs .... VERSEURS
Se dit de chant de l'Église latine ... GRÉGORIEN
Se dit de deux mots ayant un sens analogue ....
.... SYNONYME
Se dit de la nageoire de poissons ....
.... HÉTÉROCERQUE, PECTORALE
Se dit de la poésie exprimant des sentiments secrets
.... INTIMISTE
Se dit de l'instinct poussant à former des groupes ...
.... GRÉGAIRE
Se dit de l'odeur de certains oiseaux .. SAUVAGIN
Se dit de mots presque homonymes .. PARONYME
Se dit de personnes dominant leurs réactions ......
.... FLEGMATIQUES
Se dit de quelqu'un atteint du goitre .. GOITREUX

Se dit de quelqu'un dont la peau est noire .... MÉLANODERME

Se dit de quelqu'un privé d'un membre .... ESTROPIÉ

Se dit de quelqu'un qui est vite ému ... SENSIBLE

Se dit de quelqu'un qui fatigue avec ses discours interminables .... SOULANTE

Se dit de quelqu'un qui habite dans un lieu .... RÉSIDANT

Se dit de quelqu'un qui se met en colère .... SOUPEAULAIT

Se dit des animaux avec vertèbres .... VERTÉBRÉ

Se dit des composés de l'étain ...... STANNIQUE

Se dit des eaux minérales chaudes .... THERMALES

Se dit des pâtes .... ALIMENTAIRES

Se dit de volumes de carène égaux .. ISOCARÈNE

Se dit d'infection contractée à l'hôpital .... NOSOCOMIALE

Se dit d'objets s'emboîtant les uns dans les autres .. GIGOGNES

Se dit du lait naturel .... MATERNEL

Se dit du mode de division d'êtres unicellulaires ... SCISSIPARE

Se dit du mode de résidence d'un couple .... MATRILOCAL

Se dit d'un accent .... CIRCONFLEXE

Se dit d'un acide .... SÉLÉNIEUX

Se dit d'un acide contenu dans les graisses animales .... STÉARIQUE

Se dit d'un acte préparé avec soin ... PRÉMÉDITÉ

Se dit d'un agent empêchant l'infection .... ANTISEPTIQUE

Se dit d'un air grave .... SOLENNEL

Se dit d'un aliment .... CÉTOGÈNE

Se dit d'un amour partagé .... RÉCIPROQUE

Se dit d'un amour sans relations sexuelles .... PLATONIQUE

Se dit d'un animal à la peau épaisse .... PACHYDERME

Se dit d'un animal à la température constante ..... HOMÉOTHERME

Se dit d'un animal dont les petits naissent développés ... VIVIPARE

Se dit d'un animal évitant la lumière .... LUCIFUGE

Se dit d'un animal mort .... EMPAILLÉ

Se dit d'un animal qui se reproduit par œufs .... OVOVIPARE

Se dit d'un animal sans squelette .. INVERTÉBRÉ

Se dit d'un animal se nourrissant d'herbes .... HERBIVORE

Se dit d'un animal vivant dans des zones enneigées .... NIVICOLE

Se dit d'un appareil comprenant la vessie et les reins .... URINAIRE

Se dit d'un arbre .... FRUITIER

Se dit d'un arbre de haute tige ... MARMENTEAU

Se dit d'un astringent puissant ..... STYPTIQUE

Se dit d'un avion qui a trois moteurs .... TRIMOTEUR

Se dit d'un baromètre .... ANÉROÏDE

Se dit d'un barrage .... FILTRANT

Se dit d'un bonheur sans lendemain .. ÉPHÉMÈRE

Se dit d'un bouc .... ÉMISSAIRE

Se dit d'un canal conduisant le lait ... LACTIFÈRE

Sc dit d'un caractère .... ITALIQUE

Se dit d'un carpelle à un seul ovule .. UNIOVULÉ

Se dit d'un champignon que l'on peut manger ..... COMESTIBLE

Se dit d'un chant rituel .... GRÉGORIEN

Se dit d'un chemin étroit .... MULETIER

Se dit d'un cheval .... ISABELLE

Se dit d'un chocolat .... LIÉGEOIS

Se dit d'un climat .... ÉQUATORIAL

Se dit d'un couple résidant chez le mari .... VIRILOCAL

Se dit d'un cours d'eau .... RÉSURGENT

Se dit d'un cours d'eau alimenté par les pluies et les neiges .... NIVOPLUVIAL

Se dit d'un cours d'eau se jetant dans un autre .... AFFLUENT

Se dit d'un dépôt marin .... NÉRITIQUE

Se dit d'un dialecte parlé en Suisse .... ALÉMANIQUE

Se dit d'un discours .... INAUDIBLE

Se dit d'un dispositif .... ACCÉLÉRATEUR

Se dit d'une année .... BISSEXTILE

Se dit d'une boisson alcoolisée .... LIQUOREUSE

Se dit d'une boîte osseuse .... CRÂNIENNE

Se dit d'une bouche rafraîchissante ... AÉRATION

Se dit d'une cavité où s'emboîte un os .. GLÉNOÏDE

Se dit d'une cellule .. HAPLOÏDE, POLYPLOÏDE

Se dit d'une certaine mémoire .... VISUELLE

Se dit d'une chaleur très forte ...... TROPICALE

Se dit d'une chose dont on ne parle plus .... ENTERRÉE

Se dit d'un éclairage .... ZÉNITHAL

Se dit d'une constitution mentale .... SCHIZOÏDE

Se dit d'une courbe joignant les points de la Terre .. ISOHYÈTE

Se dit d'une cousine .... GERMAINE

Se dit d'une crème obtenue par écrémage du lait ... FLEURETTE

Se dit d'une cuisine simple .... BOURGEOISE

Se dit d'une école de peinture allemande .... NAZARÉENNE

Se dit d'une équipe de sport .... ÉLIMINÉE

Se dit d'une espèce animale ... MYRMÉCOPHILE

Se dit d'une face rouge et gonflée .. VULTUEUSE

Se dit d'une famille de langues ... OURALIENNE

Se dit d'une femme aux fesses plantureuses .... CALLIPYGE

Se dit d'une femme d'allure masculine .... HOMMASSE

Se dit d'une femme pudique ...... VERTUEUSE

Se dit d'une femme qui a des poils superflus .... MOUSTACHUE

Se dit d'une femme qui attend un bébé .. ENCEINTE

Se dit d'une femme qui n'a jamais accouché .... NULLIPARE

Se dit d'une femme qui scandalise .. INDÉCENTE

Se dit d'une fête qui tombe le même jour qu'une autre .... OCCURENTE

Se dit d'une fièvre des vaches . . . . . . VITULAIRE
Se dit d'une fleur . . . . HYPOGYNE
Se dit d'une fleur à pétales séparées . . . .
. . . . DIALYPÉTALE
Se dit d'une forme d'art . . . . GOTHIQUE
Se dit d'une forme qui fait défaut . . . DÉFECTIVE
Se dit d'une glande . . . EXOCRINE, SURRÉNALE
Se dit d'une huile de graissage . . . MULTIGRADE
Se dit d'une infection . . . . NOSOCOMIALE
Se dit d'une journée sans soleil . . . . . NUAGEUSE
Se dit d'une langue . . . . VERNACULAIRE
Se dit d'une maladie sans cause connue . . . .
. . . . IDIOPATHIQUE
Se dit d'une maladie trop peu fréquente . . . .
. . . . ORPHELINE
Se dit d'une mer agitée . . . . HOULEUSE
Se dit d'une mère . . . . ADOPTIVE
Se dit d'une musique au rythme marqué . . . .
. . . . SYNCOPÉE
Se dit d'un enfant né trop tôt . . . . . . PRÉMATURÉ
Se dit d'une odeur écœurante . . . NAUSÉABONDE
Se dit d'une parole qui donne envie de se coller (MF)
. . . . MIELLEUSE
Se dit d'une partie florale . . . . ACCRESCENT
Se dit d'une peau ridée . . . . PARCHEMINÉE
Se dit d'une personne appartenant à une autre nation
. . . . ÉTRANGÈRE
Se dit d'une personne avec des vêtements en désor-
dre . . . . DÉBRAILLÉ
Se dit d'une personne casanière . . PANTOUFLARD
Se dit d'une personne dominant ses réactions . . . . .
. . . . FLEGMATIQUE
Se dit d'une personne donnant une impression de
force . . . . STHÉNIQUE
Se dit d'une personne en conflit avec son entourage
. . . . CARACTÉRIEL
Se dit d'une personne paresseuse . . . FLEMMARD
Se dit d'une personne qui ennuie . . . . SOÛLANTE
Se dit d'une plante . . . . OLÉAGINEUSE,
. . . . POLYGAME
Se dit d'une plante à utilisation culinaire . . . .
. . . . POTAGÈRE
Se dit d'une plante qui porte un duvet . . . .
. . . . LANIGÈRE
Se dit d'une plante vivant sur les rochers . . . .
. . . . SAXICOLE
Se dit d'une plante vivant sur les sols salés . . . .
. . . . HALOPHILE
Se dit d'une politique . . . . MONÉTAIRE
Se dit d'une population . . . . ALLOGÈNE
Se dit d'une proposition à la fois vraie et fausse . . .
. . . . PARADOXE
Se dit d'une relation . . . . FUSIONNELLE
Se dit d'une rose . . . . TRÉMIÈRE
Se dit d'une route inégale . . . . CAHOTEUSE
Se dit d'une sauce vinaigrette . . . . GRIBICHE
Se dit d'une solution au pH supérieur à 7 . . . .
. . . . ALCALINE
Se dit d'une somme d'argent . . . . . RONDELETTE
Se dit d'une statue sans tête . . . . ACÉPHALE
Se dit d'une substance favorisant la sécrétion du lait
. . . . GALACTOGÈNE

Se dit d'une tige . . . . MÉDULLEUSE
Se dit d'une très belle vue . . . . . . IMPRENABLE
Se dit d'une vache . . . . LAITIÈRE
Se dit d'une viande . . . . PERSILLÉE
Se dit d'une voiture . . . . COMPACTE
Se dit d'une voix éclatante . . . . TONNANTE
Se dit d'une voix rauque . . . . ÉRAILLÉE,
. . . . ROCAILLEUSE
Se dit d'une voix sourde, caverneuse . . . .
. . . . SÉPULCRALE
Se dit d'un fourgon transportant les prisonniers . . . .
. . . . CELLULAIRE
Se dit d'un fromage . . . . PERSILLÉ
Se dit d'un gène . . . . RÉCESSIF
Se dit d'un geste . . . . MACHINAL
Se dit d'un grade universitaire . . HONORISCAUSA
Se dit d'un groupe de langues nilo-sahariennes . . . .
. . . . NILOTIQUE
Se dit d'un homme simple . . . . PRIMITIF
Se dit d'un insecte allant de fleur en fleur . . . .
. . . . BUTINEUR
Se dit d'un insecte avec de longues antennes . . . . . .
. . . . LONGICORNE
Se dit d'un insecte produisant de la soie . . . .
. . . . SÉRICIGÈNE
Se dit d'un insecte s'attaquant au bois . . . .
. . . . XYLOPHAGE
Se dit d'un insecte se nourrissant de sang . . . .
. . . . HÉMATOPHAGE
Se dit d'un insecte subissant une métamorphose . . .
. . . . MÉTABOLE
Se dit d'un ion . . . . AMPHOTÈRE
Se dit d'un jour consacré au travail . . OUVRABLE
Se dit d'un lieu de séjour . . . . BALNÉAIRE
Se dit d'un livre . . . . INCUNABLE
Se dit d'un matériau enduit . . . . . PRÉENCOLÉ
Se dit d'un médicament hémostatique . . . .
. . . . ANTIASTHMATIQUE
Se dit d'un mets chinois . . . . ORIENTAL
Se dit d'un milieu difficile à supporter . . . .
. . . . IRRESPIRABLE
Se dit d'un mouvement artistique . . . .
. . . . UNDERGROUND
Se dit d'un mouvement circulaire . . . . GIRATOIRE
Se dit d'un mouvement saccadé . . . . TRÉPIDANT
Se dit d'un muscle abducteur . . . . FLÉCHISSEUR,
. . . . PEAUCIER, SOLÉAIRE
Se dit d'un muscle masticateur . . . . . MASSÉTER
Se dit d'un nerf crânien . . PNEUMOGASTRIQUE
Se dit d'un objet qui meurtrit sans couper . . . .
. . . . CONTONDANT
Se dit d'un oiseau ayant l'habitude de percher . . . . .
. . . . PERCHEUR
Se dit d'un oiseau vivant dans une région . . . .
. . . . INDIGÈNE
Se dit d'un ordinateur . . . . PORTABLE
Se dit d'un organe qui supplée à l'insuffisance d'un
autre . . . . VICARIANT
Se dit d'un organe se flétrissant . . MARCESCENT
Se dit d'un organe servant à la nage . . . NATATOIRE
Se dit d'un organisme adapté aux climats arides . . .
. . . . XÉROPHILE

Se dit d'un organisme ne pouvant vivre dans les lieux humides . . . . HYGROPHOBE
Se dit d'un organisme qui se développe à partir d'éléments minéraux . . . . AUTOTROPHE
Se dit d'un os du carpe . . . . PISIFORME
Se dit d'un os du métatarse . . . . MÉTARSIEN
Se dit d'un ouvrage antérieur à 1500 . . . . INCUNABLE
Se dit d'un ovin en sa deuxième année . . . . ANTENAIS
Se dit d'un pays en développement . . ÉMERGENT
Se dit d'un point sensible . . . . . . NÉVRALGIQUE
Se dit d'un produit qui sert à décaper . . DÉCAPANT
Se dit d'un produit qui tue les rats . . . . RATICIDE
Se dit d'un propos grossier . . . . ORDURIER
Se dit d'un quadrupède . . . . LAMPASSÉ
Se dit d'un rouleau chinois . . . . PRINTANIER
Se dit d'un signe . . . . PRÉMONITOIRE
Se dit d'un soleil de plomb . . . . ÉCRASANT
Se dit d'un sol improductif . . . . INFERTILE
Se dit d'un sphincter . . . . CONTINENT
Se dit d'un tableau . . . . ABSTRAIT
Se dit d'un temps humide . . . . PLUVIEUX
Se dit d'un testament . . . . OLOGRAPHE
Se dit d'un tissu protégeant les lainages . . . . ANTIMITE
Se dit d'un tissu qui contient de la kératine . . . . KÉRATINISÉ
Se dit d'un tissu rayé à carreaux . . . . . . ÉCOSSAIS
Se dit d'un traitement . . . . PALLIATIF
Se dit d'un travail monotone . . . . . . FASTIDIEUX
Se dit d'un triangle . . . . ACUTANGLE
Se dit d'un vaisseau transportant le chyle . . . . CHYLIFÈRE
Se dit d'un végétal . . . . MUCILAGINEUX
Se dit d'un végétal qui croît sur une autre . . . . AÉRICOLE
Se dit d'un vert clair . . . . PISTACHE
Se dit d'un vêtement . . . . RÉVERSIBLE
Se dit d'un vin acide, d'un vin très jeune . . . . VERDELET
Se dit d'un vol . . . . QUALIFIÉ
Se dit d'un vote qui porte sur un seul candidat . . . . UNINOMINAL
Se dit du registre des décès . . . . MORTUAIRE
Se dit du ton grave de quelqu'un . . . . DOCTORAL
Se dit, en mécanique, d'un mouvement de rotation . . . . GIRATOIRE
Se dit en prenant un verre . . . . . TCHINTCHIN
Se dit souvent la bouche pleine . . . . . MIAMMIAM
Se diviser . . . . RAMIFIER
Se donne avec un signe de croix . . BÉNÉDICTION
Se donner du mal (se) . . . . DÉCRASSER
Se donner en spectacle . . . . DÉCLAMER
Se donner la mort (se) . . . . SUICIDER
Séducteur fanfaron et hâbleur . . COQDEVILLAGE
Séducteur pervers . . . . LOVELACE
Séduire par des paroles trompeuses . . . . ENTORTILLER
Séduire pour tromper . . . . EMBOBINER
Se faire des idées . . . . RAISONNER
Se faire éclatant . . . . AVEUGLER

Se faire la tête en bas . . . . CULBUTER
Se faire lumière . . . . IRRADIER
Se faire passer un sapin . . . . . SEFAIREROULER
Se faire pour s'amuser . . . . BRINGUER
Se faire remarquer . . . . CABOTINER
Se fait au salon (MH) . . . . PERMANENTE
Se fait avec des cerises . . . . CLAFOUTIS
Se fait avec des œufs . . . . OMELETTE
Se fait avec du reblochon . . . . TARTINETTE
Se fait avec du tac au tac . . . . RIPOSTER
Se fait bronzer sur la plage . . . . MAÎTRENAGEUR
Se fait dans une cabine . . . . ESSAYAGE
Se fait en mangeant beaucoup . . . . RIPAILLE
Se fait entendre bruyamment . . . . . TONITRUANT
Se fait entendre pendant le tournage . . BRUITEUR
Se fait en votant . . . . ÉLECTION
Se fait généralement le matin . . . . TOILETTE
Se fait les dents sur les mamelons (MH) . . . . ALPINISTE
Se fait mouiller quand il pleut . . . . . . PARAPLUIE
Se fait plus souvent par le bas que par le haut . . . . NIVELLEMENT
Se fait sans réfléchir . . . . AUTOMATISME
Se fait sur la piste . . . . ATTERRISSAGE
Se fait voir dehors . . . . EXTÉRIORISÉ
Se fatiguent avec le temps qui passe (PD) . . . . NEURONES
Se fatiguer à force de crier (s') . . ÉPOUMONNER
Se fatiguer la voix en criant (s') . . . . . ÉGOSILLER
Se fendre en deux . . . . FOURCHER
Se fête une fois l'an . . . . ANNIVERSAIRE
S'effondrer (s') . . . . ÉCROULER
S'efforcer de (s') . . . . ÉVERTUER
S'efforcer de trouver . . . . CHERCHER
Se font avec du porc . . . . RILLETTES
Se font des bons plans . . . . GÉOMÈTRES
Se font en automne . . . . VENDANGES
Se font servir au bar . . . . BOISSONS
Se font sonner les cloches . . . . CARILLONS
Se fout de l'hiver (MH) . . . . SERRISTE
Se fume . . . . HASCHISCH
Se garnir de feuilles . . . . FEUILLER
Segment d'un arthropode . . . . MÉTAMÈRE
Se gonfler d'orgueil (se) . . . . RENGORGER
Ségrégation raciale . . . . APARTHEID
Seigneur féodal . . . . BANNERET
Sein d'une femme . . . . ROTOPLOT
Seins de femme . . . . POITRINE
Se joue avec des baguettes . . . . BATTERIE
Se joue avec un ballon . . . . HANDBALL
Se joue avec une petite balle . . . . . . PINGPONG
Se joue avec un volant . . . . BADMINTON
Se jouent de façon accessoire . . . . . . UTILITÉS
Séjour à la campagne . . . . VILLÉGIATURE
Séjour plein de charme . . . . RÉSIDENCE
Séjour prolongé à l'écart du monde . . . . CLAUSTRATION
Sel à base de potassium . . . . BICHROMATE
Se la couler douce au soleil (MH) . . . LÉZARDER
Se laisser aller à des fantasmes . . . . FANTASMER
Se laisser aller à la colère (s') . . . . . . EMPORTER
Se laisser aller à la rêverie . . . . RÊVASSER

Se laisser aller à l'oisiveté . . . . PARESSER
Se lamenter à tout propos . . . . . . RONCHONNER
Se lamenter d'un ton larmoyant . . PLEURNICHER
Se lancer dans une nouvelle ouverture . . RÉOPÉRER
Sel de l'acide arsénieux . . . . ARSÉNITE
Sel de l'acide benzoïque . . . . BENZOATE
Sel de l'acide butyrique . . . . BUTYRATE
Sel de l'acide carbonique . . . . CARBONATE
Sel de l'acide chromique . . . . CHROMATE
Sel de l'acide phosphoreux . . . . PHOSPHITE
Sel de l'acide sélénique . . . . SÉLÉNIATE
Sel de l'acide stéarique . . . . STÉARATE
Sel de l'acide tartrique . . . . TARTRATE
Sel de sodium . . . . BICARBONATE
Sel d'espsom . . . . EPSOMITE
Sélection de choses remarquables . . FLORILÈGE
S'élève dans l'air poussé par le vent
. . . . CERFVOLANT
S'élever en fine poussière . . . . . . POUDROYER
S'élever publiquement contre . . . . . . DÉNONCER
S'élever sur l'eau sous l'effet de la vitesse . . . .
. . . . DÉJAUGER
Se lève sûrement tard . . . . NOCTAMBULE
Se lève tôt pour gagner sa croûte (MH) . . . .
. . . . BOULANGER
Se lier d'amitié avec quelqu'un (s') . . ACCOINTER
Se lit au début . . . . INTRODUCTION
Se lit de gauche à droite ou de droite à gauche
. . . . PALINDROME
Se lit rapidement . . . . ENTREFILET
Se livrer à des actions peu honnêtes . . . .
. . . . GRENOUILLER
Se livrer à un badinage galant . . . . MARIVAUDER
Se livrer à une activité . . . . PRATIQUER
Selle liquide . . . . DIARRHÉE
S'éloigner momentanément (s') . . . . . ABSENTER
Se mange . . . . ASSIETTÉE
Se mange en salade . . . . CHICORÉE
Se mangent surtout le matin . . . . CÉRÉALES
Se manifester . . . . PARAÎTRE
Se manifester avec exubérance . . . . . DÉBORDER
Se manifester des sentiments de sympathie . . . .
. . . . FRATERNISER
Se marier . . . . CONVOLER
Se marier de nouveau (se) . . . . REMARIER
S'embrouiller dans des difficultés . . . . PATAUGER
Sème discorde et désordre . . . . . . PETURBATION
Semée par l'homme, récoltée par la femme (MF) . . .
. . . . MATERNITÉ
Sème la mort dans le placard (PD) . . . . ANTIMITE
Sème la violence . . . . TERRORISTE
Sème le vent . . . . ADJUDICATEUR
Semer de nouveau . . . . RESSEMER
Semer une terre déjà ensemencée . . . . SURSEMER
Se met sur une plaie . . . . SPARADRAP
Se mettent à quatre pattes (MH) . . FERSÀCHEVAL
Se mettre à l'abri pour un temps . . . . . HIVERNER
Se mettre à ramper . . . . CRAINDRE
Se mettre d'accord (s') . . . . ENTENDRE
Se mettre en rapport avec (s') . . . . . . ABOUCHER
Semeur de vents et de tempêtes . . PROVOCATEUR
Semis de taches de couleur . . . . PANACHURE

Se montrer récalcitrant . . . . REGIMBER
Se montrer trop minutieux . . . . . . TÂTILLONNER
Se moquer . . IRONISER, MÉPRISER, SATIRISER
Se mordre les doigts . . . . REGRETTER
Se mouvoir en circuit fermé . . . . CIRCULER
S'emparer par la force . . . . CAPTURER
S'empêcher de faire une chose (s') . . . ABSTENIR
S'empêtrer dans des difficultés (s') . . . ENFARGER
S'empêtrer dans une affaire difficile (s') . . . .
. . . . EMBOURBER
S'emploie pour appeler l'acquiescement . . . .
. . . . NESTCEPAS
S'emporte facilement . . . . COLÉREUX
Se multiplier en abondance . . . . . . PROLIFÉRER
S'en aller . . . . FOUTRELECAMP
Séneçon au feuillage cendré . . . . CINÉRAIRE
Séné d'Europe . . . . BAGUENAUDIER
S'engager à faire . . . . ENTREPRENDRE
S'engager à faire quelque chose . . . PROMETTRE
S'engager moralement . . . . CONTRACTER
S'enlever la vie l'un l'autre (s') . . . . ENTRETUER
S'en mettre plein la gueule . . . . FESTOYER
S'ennuyer à attendre (se) . . . . MORFONDRE
Se nourrir (se) . . . . SUSTENTER
S'en prendre plus qu'à un siège . . . . . . ASSIÉGER
Sensation cutanée . . . . DÉMANGEAISON
Sensation de diminution de la mobilité . . . .
. . . . ENGOURDISSEMENT
Sensation de fatigue . . . . LASSITUDE
Sensation de picotement . . . . FOURMILLEMENT
Sensation de piqûre légère . . . . PICOTEMENT
Sensation désagréable . . . . AGACEMENT
Sensation intense de bien-être . . . . . . EUPHORIE
Sensation morbide . . . . HALLUCINATION
Sens critique . . . . DISCERNEMENT
Sens du bien et du mal . . . . CONSCIENCE
Sensibilité à la douleur . . . . NOCICEPTION
Sensibilité excessive . . . . . . HYPERSENSIBILITÉ
Sensibilité excessive au son . . . . HYPERACOUSIE
Sensibilité outrée . . . . SENSIBLERIE
Sensible à . . . . RÉCEPTIF
Sensible à la lumière . . . . PHOTOSENSIBLE
Sensible à la marée . . . . ESTUAIRE
Sensible aux souffrances d'autrui . . . .
. . . . COMPATISSANT
Sens inverse . . . . CONTRESENS
Sentimental et romanesque . . . . . . FLEURBLEUE
Sentiment d'abandon . . . . DÉTRESSE
Sentiment d'affection . . . . ATTACHEMENT
Sentiment d'amitié . . . . TENDRESSE
Sentiment d'appartenance . . . . SOLIDARITÉ
Sentiment de bien être . . . . EUPHORIE,
. . . . SATISFACTION
Sentiment de bienveillance . . . . HUMANITÉ
Sentiment de colère . . . . INDIGNATION
Sentiment de contentement . . . . PLÉNITUDE
Sentiment de dégoût . . . . HAUTLECŒUR
Sentiment de mépris . . . . INDIGNATION
Sentiment de sa propre valeur . . . AMOURPROPRE
Sentiment d'être en mauvaise santé . . . DYSPHORIE
Sentiment de tristesse . . . . VAGUEÀLÂME
Sentiment d'impatience . . . . AGACEMENT

Sentiment d'inimitié, d'opposition ... HOSTILITÉ
Sentiment d'insatisfaction ...... FRUSTRATION
Sentiment qui porte à surpasser quelqu'un ....
.... ÉMULATION
Sentiment qui pousse à s'entraider .. SOLIDARITÉ
Sentir bon .... EMBAUMER
S'envelopper dans (s') .... ENROULER
Séparation brutale .... ARRACHEMENT
Séparation de deux étages d'une maison ....
.... PLANCHER
Séparation des personnes d'origines différentes ....
.... SÉGRÉGATION
Séparation entre deux choses ... DÉMARCATION
Sépare le chœur de la nef .... TRANSEPT
Sépare le thorax de l'abdomen ... DIAPHRAGME
Sépare l'Europe de l'Amérique .... ATLANTIQUE
Séparer deux pièces jointes .... DÉBRASER
Séparer en coupant nettement ...... TRANCHER
Séparer en parties distinctes ...... PARTAGER
Séparer en plusieurs branches (se) .... RAMIFIER
Séparer le grain de son épi ...... DÉPIQUER
Séparer le petit-lait du caillé .... ÉGOUTTER
Séparer les éléments de .... DÉSOSSER
Séparer les fibres de .... DÉFIBRER
Séparer les parties d'un tout ...... DISLOQUER
Séparer par des parois légères .... CLOISONNER
Séparer par lames superficielles ...... EXFOLIER
Séparer un objet d'un autre objet .. DÉBOÎTER
Se parler à soi-même .... MONOLOGUER,
.... SOLILOQUER
Se partager en plusieurs branches (se) .. RAMIFIER
Se passe au plafond .... TÊTEDELOUP
Se penche sur les descendeurs .. CRIMINOLOGUE
Se penche sur son passé .... NOSTALGIQUE
Se place au bout du sein .... TÉTERELLE
Se place quand même bien dans un CV .. MAÎTRISE
Se plaindre de son sort (se) .... LAMENTER
Se plaindre entre les dents ...... GROMMELER
Se plaint sans cesse .... GNANGNAN
Se pointe en cas de danger .... ADRÉNALINE
Se porte au bras .... BRASSARD
Se porter garant de quelqu'un ...... PARRAINER
Se poser .... ATTERRIR
Se prélasser au soleil .... LÉZARDER
Se prend avant le repas .... APÉRITIF
Se prendre à l'hameçon (s') .... ENFERRER
Se prendre le moine (MF) .... PARESSER
Se prendre pour un ramier .... ROUCOULER
Se prennent le premier de l'An ... RÉSOLUTIONS
Se prépare avec du rhum blanc ...... DAIQUIRI
Se préparer à quitter le mouillage .. APPAREILLER
Se préparer soudainement .... FERMENTER
Se présenter à la vue .. APPARAÎTRE, PARAÎTRE
Se produire en même temps .... COINCIDER
Se produit en même temps ..... CONCOMITANT
Se promener çà et là .... DÉAMBULER
Se promener sans but .... BAGUENAUDER,
.... VADROUILLER
Se prononcer en faveur de quelqu'un ....
.... CONSENTIR
Se propager en rayonnant, en s'écartant d'un centre
.... IRRADIER

Septième mois du calendrier républicain ....
.... GERMINAL
Serait moins dangereux pour les bronches ....
.... DÉCOTINISÉ
Se rappeler (se) ...... REMÉMORER
Se rapporte à un empereur .... IMPÉRIAL
Se rapprocher du sol .... DESCENDRE
Se regarde .... SPECTACLE
Se regarde avec plaisir .... NARCISSE
Se rejoindre, en parlant de deux cours d'eau ......
.... CONFLUER
Se remplacer .... ALTERNER
Se remplit plus vite qu'elle ne se vide (MH) ......
.... ASSIETTE
Se rendre coupable d'un acte répréhensible ....
.... COMMETTRE
Se rengager dans une voie .... RENFILER
Se répand comme la peste .... ÉPIDÉMIE
Se répandre avec impétuosité .... DÉFERLER
Se répandre par-dessus bord .... DÉBORDER
Se répandre quelque part ...... ESSAIMER
Se repasser la corde au cou (se) ..... REMARIER
Se repentir .... REGRETTER
Se répercuter .... RETENTIR
Se représenter mentalement .... IMAGINER
Se reproduire par spores .... SPORULER
Se retirer définitivement .... ABANDONNER
Se retirer précipitamment .... DÉCAMPER
Se retrousser .... REBIQUER
Se retrouve avec une belle part de l'héritage ......
.... RÉSERVATAIRE
Se retrouve chez la mémère (PD) .. GÉMINATION
Se retrouve dans le plus grand besoin ....
.... NÉCESSITEUX
Se rider .... RATATINER
Se ridiculiser .... PERDRELAFACE
Série de choses formant un ensemble ....
.... ASSORTIMENT
Série de cloches .... CARILLON
Série de messes .... TRENTAIN
Série de mesures .... OPÉRATION
Série de prières .... NEUVAINE
Série de transformations .... ÉVOLUTION
Série de trois œuvres .... TRILOGIE
Serpe à deux tranchants .... FAUCHARD
Serpent d'Amérique du Sud .... ANACONDA
Serpent du genre couleuvre ...... CORONELLE
Serpent inoffensif .... COULEUVRE
Serpent qui étouffe ses proies .. CONSTRICTEUR
Serpent venimeux .. MOCASSIN, PÉLAMIDE
Serpent voisin du crotale ... TRIGONOCÉPHALE
Serpe pour ébrancher .... ÉBRANCHOIR
Serpe pour élaguer .... ÉLAGUEUR
Serpe pour tailler .... FAUCHETTE
Serre la taille .... GUÊPIÈRE
Serre pour les orangers .... ORANGERAIE
Serrer avec une ligature .... LIGATURER
Serrer dans ses bras .. EMBRASSER, ÉTREINDRE
Serrer dans un lieu étroit .... ENTASSER
Serrer dans un petit espace ...... ENCAQUER
Serrer de manière à faire saillir des bourrelets .....
.... BOUDINER

Serrer de près .... TALONNER
Serrer encore plus .... RESSERRER
Serrer étroitement .... ENSERRER
Serrer fortement .... SQUEEZER
Sert à activer le feu .... TISONNIER
Sert à allonger (MH) .... UPPERCUT
Sert à ausculter .... STÉTHOSCOPE
Sert à avancer dans l'eau .... NAGEOIRE
Sert à couper le gazon .... TONDEUSE
Sert à couper le papier .... COUPEPAPIER
Sert à couper les métaux .... CISAILLE
Sert à diriger un navire .... GOUVERNAIL
Sert à donner des coups .... MATRAQUE
Sert à éclairer .... CHANDELLE
Sert à embellir .... ORNEMENT
Sert à endormir les enfants .... BERCEUSE
Sert à envoyer des signaux .... ÉMETTEUR
Sert à examiner le conduit auditif .... OTOSCOPE
Sert à exposer l'hostie sacrée .... OSTENSOIR
Sert à faire avancer le navire .... GRÉEMENT
Sert à faire des trous .... PERCEUSE
Sert à faire patienter .... INTERLUDE
Sert à la confection de baumes ...... OPOPANAX
Sert à l'entraînement des boxeurs ....
.... PUNCHINGBAG
Sert à l'hygiène buccale ...... BROSSEÀDENTS
Sert à maintenir la température constante ....
.... THERMOSTAT
Sert à manœuvrer les voiles .... GRÉEEMENT
Sert à marquer la mesure .... MÉTRONOME
Sert à mesurer la latitude .... PARALLÈLE
Sert à mesurer le trajet .... ODOMÈTRE
Sert à naviguer .... GRÉEMENT
Sert à nettoyer les cheminées .... HÉRISSON
Sert à polir le métal .... BRUNISSOIR
Sert à polir les roches .... POLISSEUSE
Sert à porter une sculpture .... SELLETTE
Sert à protéger .... REVÊTEMENT
Sert à qualifier .... ÉPITHÈTE
Sert à saupoudrer .... SAUPOUDREUSE
Sert à sauver les apparences ...... REPLÂTRAGE
Sert à se protéger de la pluie .... PARAPLUIE
Sert à serrer .... CLEFANGLAISE
Sert à sortir les poissons de l'eau .... ÉPUISETTE
Sert à stimuler le cheval .... CRAVACHE
Sert à transporter les morts .... CORBILLARD
Sert à transvaser des liquides ...... ENTONNOIR
Sert au jardinier .... BROUETTE
Sert au maquillage des yeux .... EYELINER
Sert au transport de personnes .. POUSSEPOUSSE
Sert au transport de petites charges ... BROUETTE
Sert au transport du pétrole .... PIPELINE
Sert aux usages de la vie courante ... USTENSILE
Sert de châtiment .... PUNITION
Sert de fondement .... ÉVANGILE
Sert de guide .... CICÉRONE
Sert de nourriture aux oiseaux ...... CHÈNEVIS
Sert pour monter ou descendre .... ASCENSEUR,
.... ESCALIER
Servent à calmer l'appétit ...... HORSDŒUVRE
Servent à peler .... ÉCONOMES
Servent à soutenir une table .... TRÉTEAUX

Service à café pour deux ...... TÊTEÀTÊTE
Service de couverts de table dans leur coffret .....
.... MÉNAGÈRE
Service de veille .... SURVEILLANCE
Service d'hôpital .... MATERNITÉ
Service que le client assure .... LIBRESERVICE
Service responsable de la gestion financière .....
.... ÉCONOMAT
Servir à boire à un mineur (MF) ...... ALLAITER
Servir d'aide .... SECONDER
Servir de confirmation à .... CORROBORER
Servir de guide .... CORNAQUER
Servir de lien .... RACCORDER
Ses actes ne suivent pas toujours ses pensées .....
.... IDÉOLOGUE
Ses baies sont rouges .... ÉPINEVINETTE
Ses baies sont toxiques .... TUECHIEN
Ses besoins sont urgents ...... NÉCESSITEUX
Ses cendres sont au Panthéon ..... MARIECURIE
Ses cendres sont aux Invalides ...... NAPOLÉON
Ses clients ne sont pas toujours satisfaits ....
.... AIRCANADA
Ses côtés sont neuf .... ENNÉAGONE
Ses deux membres inférieurs sont paralysés ....
.... PARAPLÉGIQUE
Ses élans donnent du panache à la vie de couple (MF)
.... TENDRESSE
Ses élèves ne parlent pas (MH) ...... DRESSEUR
Ses employés en patinent un coup ... TRICOLORE
Se sentir à l'aise .... RESPIRER
Se sert de pinces .... ÉCREVISSE
Se sert d'une fraise .... DENTISTE
Se servent après le fromage .... DESSERTS
Se servir de .... UTILISER
Se servir d'aiguilles .... TRICOTER
Se servir de confirmation à ..... CORROBORER
Se servir de nouveau de .... RÉUTILISER
Se servir de quelque chose .... RECOURIR
Se servir de sa tête ... RAISONNER, RÉFLÉCHIR
Se servir d'un couteau économe ...... ÉPLUCHER
Se servir d'un fer .... REPASSER
Se servir d'un fusil .... AIGUISER
Ses feuilles flottent .... NÉNUPHAR
Ses feuilles ont une saveur piquante .. ROQUETTE
Ses feuilles se mangent en salade .... RAIPONCE
Ses feuilles sont rondes .... CAPUCINE
Ses feuilles sont très odorantes .... EUCALYPTUS
Ses feuilles sont utilisées comme condiment ......
.... CERFEUIL, LAURIERSAUCE
Ses fleurs ressemblent à des pâquerettes ....
.... ÉRIGÉRON
Ses fleurs sont belles, sont ornementales ....
.... GÉRANIUM
Ses fleurs sont groupées en longues grappes ......
.... AMARANTE
Ses fleurs sont jaunes .... ÉPINEVINETTE
Ses fleurs sont très odorantes .... MAGNOLIA
Ses fruits n'ont pas de jus .... NOISETIER
Ses fruits s'enfoncent dans la vase .. PALÉTUVIER
Ses fruits servent à fabriquer le gin ... GENIÈVRE
Ses fruits sont aromatiques ..... BERGAMOTIER
Ses fruits sont très durs .... COCOTIER

Ses graines fournissent de l'huile . . . TOURNESOL
Ses grandes fleurs s'ouvrent la nuit . . . MIRABILIS
Ses habitants logent au sous-sol (MH) . . . .
. . . . CIMETIÈRE
Ses habitants sont les Mariverains . . SAINTEMARIE
Ses îles sont loin des Antilles . . . . . . MADELEINE
Ses jours ne sont pas comptés (MH) . . DENTELLE
Ses livres font saliver . . . . DISTASIO
Ses mains nous en mettent plein les yeux . . . . . .
. . . . MAGICIEN
Ses maisons sont heureusement fermées . . . .
. . . . REDRESSEMENT
Ses moyens risquent de vous faire perdre les vôtres
(PD) . . . . SÉDUCTRICE
Se sont sûrement arrêtés en chemin (MH) . . . .
. . . . ARRIÉRÉS
Se sort bien de toutes les affaires . . . .
. . . . DÉBROUILLARD
Se soucier (s') . . . . INQUIÉTER
Se soulèvent plus à plusieurs . . . . . . ÉMEUTIERS
Se soulever contre une autorité (se) . . . RÉVOLTER
Se soumettre à un ordre . . . . OBTEMPÉRER
Ses parents sont morts . . . . CENTENAIRE
Ses projets prennent forme tranquillement . . . .
. . . . SCULPTEUR
Ses prophéties sont très connues . . . .
. . . . NOSTRADAMUS
Ses propositions ne sont jamais honnêtes . . . .
. . . . FAUSSAIRE
Ses racines facilitaient le transit . . . . . ELLÉBORE
Ses réductions sont efficaces . . . . . . REBOUTEUR,
. . . . REBOUTEUX
Ses réflexions finissent par faire de gros volumes . .
. . . . ESSAYISTE
Ses reliques sont vénérées à Compostelle . . . .
. . . . SAINTJACQUES
Ses revues ont été présentées au «Monument National»
. . . . GRATIENGÉLINAS
Ses sept étoiles sont très brillantes . . . .
. . . . GRANDEOURSE
Ses toiles sont de grands formats (PD) . . CINÉASTE
S'est servi de son sport comme tremplin (MH) . . . .
. . . . DESPATIE
Se succéder . . . . ALTERNER
Ses voyages sont célèbres . . . . GULLIVER
Ses yeux lui permettent de voir sous l'eau . . . .
. . . . ANABLEPS
Se tache au repas . . . . SERVIETTE
Se tartine à Nice . . . . TAPENADE
S'étend rapidement . . . . ÉPIDÉMIE
S'étend sur les murs . . . . BADIGEON
Se tortiller (se) . . . . TRÉMOUSSER
Se traduit par l'incapacité de réaliser une action . . .
. . . . APRAGMATISME
Se transformer en caillot . . . . COAGULER
Se transformer en caramel . . . . . . CARAMÉLISER
Se transformer en os . . . . OSSIFIER
Se transformer en vapeur (s') . . . . ÉVAPORER
Se trouver près de . . . . VOISINER
Seul à la fête, il passe inaperçu (MH) . . CONFETTI
Seul à seul . . ENPARTICULIER, ENTÊTEÀTÊTE
Seule dans les eaux (MH) . . . . CONSONNE

Seule la célébrité le signe . . . . . . AUTOGRAPHE
Sévère avertissement . . . . REMONTRANCE
Se vide à table . . . . ASSIETTE
S'expliquer de long en large . . . . DISSERTER
S'exposer à un risque (s') . . . . HASARDER
S'exprime à coup de bombes (PD) . GRAFFITEUR
S'exprime dans les grandes largesses . . . .
. . . . LIBÉRALITÉ
S'exprimer avec emphase . . . . DÉCLAMER
S'exprimer d'une façon incohérente . . . .
. . . . BAFOUILLER
S'exprimer d'une façon puérile . . . . BÊTIFIER
S'exprimer d'une voix très forte . . . . TONITRUER
S'exprime sans parler et pourtant il a de la voix (MH)
. . . . ÉLECTEUR
Sexuelle, on l'a malgré nous . . . . . ORIENTATION
Shorts suisses . . . . CUISSETTES
Si clair qu'on ne voit plus rien (MF) . . . .
. . . . AVEUGLANT
Siège à dossier . . . . FAUTEUIL
Siégeait sur une colline . . . . ARÉOPAGE
Siège à piétement, sans bras ni dossier . . . .
. . . . TABOURET
Siège à plusieurs places . . . . BANQUETTE
Siège d'appoint fixe repliable . . . . . STRAPONTIN
Siège de bois . . . . ESCABEAU
Siège de jardin . . . . BALANCELLE
Siège de la police londonienne . . SCOTLANDYARD
Siège des facultés intellectuelles . . . . . CERVELLE
Siège du président, à l'Assemblée nationale française
. . . . PERCHOIR
Siège suspendu . . . . ESCARPOLETTE
Si elle fait de beaux pantalons, elle ne fait pas de
bonnes jambes . . . . FLANELLE
Si elle manque d'air, elle ne fonctionne plus . . . . . .
. . . . ÉOLIENNE
Siffler doucement, légèrement . . . . . . SIFFLOTER
Si fin qu'on ne le sent pas . . . . IMPALPABLE
Sigle prononcé comme un mot ordinaire . . . .
. . . . ACRONYME
Signal d'arrêt ferroviaire . . . . SÉMAPHORE
Signaler comme coupable à la justice . . DÉNONCER
Signal téléphonique . . . . TONALITÉ
Signature d'une personne célèbre . . AUTOGRAPHE
Signe astrologique, du zodiaque . . CAPRICORNE,
. . . . SAGITTAIRE, SCORPION
Signe de connivence . . . . CLINDŒIL
Signe de l'évolution . . . . APOSTROPHE
Signe de musique . . . . PIANISSIMO
Signe de ponctuation . . . . DEUXPOINTS,
. . . . POINTVIRGULE
Signe de ralliement . . . . ÉTENDARD
Signe des écritures égyptiennes . . HIÉROGLYPHE
Signe du Jour de l'An . . . . CAPRICORNE
Signe en forme d'étoile . . . . ASTÉRISQUE
Signé et daté maintes fois . . . . CHÉQUIER
Signe exécuté sur la peau . . . . TATOUAGE
Signe qui indique qu'on est en vie . . . . . VITALITÉ
Signe qui sert à isoler un mot . . . . . . GUILLEMET
Signer de ses initiales . . . . PARAPHER
Signe représentant le mot et . . . . . ESPERLUETTE
Signer une capitulation . . . . CAPITULER

Signes de mauvais temps . . . . . . NIMBOSTRATUS
S'il a de nombreuses connaissances, il n'est pas attachant (PD) . . . . INCOLLABLE
Silicate d'aluminium et de béryllium . . ÉMERAUDE
Silicate de fer, de magnésium et de calcium . . . .
. . . . PYROXÈNE
Silicate de fer et de magnésium . . . . AMPHIBOLE
Silicate de magnésium . . . . ACTINOTE
Silicate de magnésium et de fer . . . . SERPENTINE
Silicate naturel de roches volcaniques . . ZÉOLITHE
S'imaginer à tort (se) . . . . PERSUADER
Similitude des traits du visage . . RESSEMBLANCE
Similitude parfaite . . . . IDENTITÉ
Simple d'esprit . . . . IMBÉCILE, INNOCENT
Simple et bienveillant . . . . BONHOMME
Simple soldat . . . . GRIFFTON, GRIVETON,
. . . . TROUFION
Simplification excessive . . . . SIMPLISME
Simplification pour effet décoratif . . STYLISATION
Simplifier à l'excès . . . . SCHÉMATISER
Simultanéité de plusieurs faits . . CONCOMITANCE
Sincères en toutes circonstances . . . .
. . . . CONDOLÉANCES
S'informe avant d'aller aux courses (PD) . . . .
. . . . : . . CONSUMÉRISTE
Singe à queue d'Afrique . . . . . CERCOPITHÈQUE
Singe à queue touffue . . . . OUISTITI
Singe anthropoïde . . . . CHIMPANZÉ,
. . . . ORANGOUTAN
Singe d'Afrique tropicale . . . . MANDRILL
Singe voisin de l'homme . . . . ANTHROPOÏDE
Singulier ... mais au pluriel (MH) . . . ÉTRANGES
Sinistre fin espagnole . . . . GARROTAGE
S'inquiéter vivement . . . . ANGOISSER
S'installe auprès du feu (MH) . . . . EMBAUMEUR
S'installe au salon et attend . . . . TÉGÉNAIRE
S'installer correctement . . . . APLOMBER
S'installer dans un nouveau logement . . . .
. . . . EMMÉNAGER
S'intéresse à des choses qu'on lèche (MH) . . . .
. . . . PHILATÉLISE
S'intéresse à la Terre . . . . GÉODÉSIE
S'intéresse à l'origine des mots . . . .
. . . . ÉTYMOLOGISTE
S'intéresse à nos ébats amoureux . . ÉROTOLOGIE
S'intéresse aux âmes . . . . RECENSEUR
S'intéresse aux exportations de l'Afghanistan . . . . .
. . . . OPIOMANE
S'intéresse aux pattes de mouches (MH) . . . .
. . . . GRAPHOLOGUE
S'intéresse aux problèmes de fonds (PD) . . . .
. . . . OCÉANOLOGIE
S'interpose dans des affaires galantes . . . .
. . . . ENTREMETTEUR
S'introduire dans un lieu . . . . PÉNÉTRER
Sirop de couleur rouge . . . . GRENADINE
S'isoler volontairement (se) . . . . . . CALFEUTRER
Si ténu qu'on ne le sent pas au toucher . . . .
. : . . . . IMPALPABLE
Situation catastrophique . . . . PRÉCIPICE
Situation compliquée . . . . INTRIGUE
Situation conforme à la loi . . . . LÉGALITÉ

Situation confuse d'une grande complexité . . . .
. . . . EMBROUILLE, IMBROGLIO
Situation dans l'espace . . . . POSITION
Situation de quelqu'un qui est rassuré . . SÉCURITÉ
Situation de quelqu'un qui travaille gratuitement . . .
. . . . BÉNÉVOLAT
Situation de quelqu'un recherchant son confort * . . . .
. . . . COCOONING
Situation de vétéran . . . . VÉTÉRANCE
Situation de voisinage désagréable . . . .
. . . . PROMISCUITÉ
Situation dominante . . . . SUPÉRIORITÉ,
. . . . SUPRÉMATIE
Situation d'une personne qui est seule . . . .
. . . . SOLITUDE
Situation d'un homme marié à plusieurs femmes . . .
. . . . POLYGAMIE
Situation embrouillée . . . . IMBROGLIO
Situation envisagée par hypothèse . . . .
. . . . CASDEFIGURE
Situation favorable d'une personne . . PROSPÉRITÉ
Situation où il est 6 heures à Montréal et midi à Paris
. . . . DÉCALAGE
Situation sociale . . . . CONDITION
Situation tout à fait exceptionnelle . . . . JAMAISVU
Situé à la frontière . . . . LIMITROPHE
Situé à l'ouest . . . . OCCIDENTAL
Situé au-dessus du rein . . . . SURRÉNAL
Situé au sud . . . . MÉRIDIONAL
Situé aux abords immédiats d'une ville . . . .
. . . . PÉRIURBAIN
Situé dans le temps . . . . TEMPOREL
Situé d'un seul côté . . . . UNILATÉRAL
Situé en bas . . . . INFÉRIEUR
Situé entre les doigts . . . . INTERDIGITAL
Situé entre l'estomac et le jéjunum . . DUODÉNUM
Situé immédiatement avant le dernier . . . .
. . . . AVANTDERNIER
Situé loin du centre . . . . EXCENTRIQUE
Si vous la projetez sur un écran, bien des gens sortiront leur mouchoir (MF) . . . . POIVRIÈRE
Si vous me cherchez, vous allez me trouver (MH) . . .
. . . . RÉSOLUBLE
Si vous voulez du dessert, finissez-la . . ASSIETTE
Si vous vous trompez, votre réponse l'est . . . .
. . . . EFFAÇABLE
Six dizaines . . . . SOIXANTE
Sobre dans le boire et le manger . . . . ABSTINENT
Sobriété dans le boire et le manger . . . .
. . . . TEMPÉRANCE
Sobriquet donné au peuple anglais . . JOHNBULL
S'obtient après le barattage de la crème . . . .
. . . . BABEURRE
S'occupe à sa façon de la surpopulation (MH) . . . . .
. . . . ASSASSIN
S'occupe de la batterie et des timbales . . PLONGEUR
S'occupe des enfants . . . . PÉDIATRIE
S'occupe des petits détails . . . . MICROSCOPE
S'occupe du buffet . . . . ÉBÉNISTE
S'occuper avec tendresse d'un bébé . . POUPONNER
S'occuper de petits détails (MH) . . . . . ÉMIETTER,
. . . . MINIATURISER

Société d'artistes, de gens de lettres ....
.... ACADÉMIE
Société de secours .... CROIXROUGE
Société française d'édition .... HACHETTE
Société littéraire ou politique .... HÉTAIRIE
Société secrète des États-Unis ... KUKLUXKLAN
Socle au sommet d'un fronton .... ACROTÈRE
Socle d'une statue .... PIÉDESTAL
Soi-disant .... PRÉTENDUMENT
Soie entourant un cocon .... BOURRETTE
Soif de connaître .... CURIOSITÉ
Soigner par l'hypnotisme .... MAGNÉTISER
Soins esthétiques des mains .... MANUCURE
Soixante-dix .... SEPTANTE
Soldat chargé du service du canon .. CANONNIER
Soldat de cavalerie .. CUIRASSIER, ESTRADIOT
Soldat de la milice .... MILICIEN
Soldat de l'ancienne armée ottomane ....
.... BACHIBOUZOUK
Soldat de la vieille garde de Napoléon ....
.... GROGNARD
Soldat de l'infanterie légère dans l'armée italienne
.... BERSAGLIER
Soldat éclairant la marche de la troupe ....
.... ÉCLAIREUR
Soldat muni d'un fusil .... FUSILIER
Soldat nouvellement recruté .... CONSCRIT
Soldat qui assure la garde .... SENTINELLE
Soldat qui déserte .... TRANSFUGE
Soldat qui sert à prix d'argent .... MERCENAIRE
Solde positif .... EXCÉDENT
Solidarité entre femmes .... SORORITÉ
Solide à huit faces .... OCTAÈDRE
Solide à vingt faces .... ICOSAÈDRE
Solide ceinture d'un militaire ...... CEINTURON
Solide naturel homogène .... MATÉRIAUX
Solitude profonde .... THÉBAÏDE
Solliciter bassement, humblement .. QUÉMANDER
Solliciter de divers côtés .... TIRAILLER
Solliciter de nouveau .... RELANCER
Solliciter l'aide de quelqu'un .... INVOQUER
Solliciter une réponse .... DEMANDER
Solo de chat (MH) .... MIAULEMENT
Sol pavé .... PAVEMENT
Sol type des steppes .... TCHERNOZEM,
.... TCHERNOZION
Solution légèrement différente ...... VARIANTE
Sommation à paraître devant la justice .. CITATION
Somme d'argent .... CAGNOTTE
Somme d'argent donnée comme gratification .....
.... POURBOIRE
Somme d'argent en échange d'un travail ....
.... RÉTRIBUTION
Somme d'argent qu'on a dans une affaire ....
.... INTÉRÊTS
Somme due au propriétaire d'un brevet ....
.... REDEVANCE
Sommeil réparateur (MH) .... ANESTHÉSIE
Somme payée .... PAIEMENT
Somme payée à un armateur ...... SURESTARIE
Somme que l'on dépense avec anxiété (MF) ......
.... CAUCHEMAR

Sommet de la tête .... SINCIPUT
Sommet difficile à atteindre ..... CHEFDŒUVRE
Sommet du bois du cerf .... EMPAUMURE
Sommet le plus élevé des Alpes ... MONTBLANC
Somme versée à titre d'acompte ..... PROVISION
Somme versée chaque mois ..... MENSUALITÉ
Somnifère pour enfant (MH) .... HISTOIRE
Somptueux monument funéraire .... MAUSOLÉE
Son air permet à maman de souffler un peu (MF) ..
.... BERCEUSE
Son bec est recourbé vers le haut ..... AVOCETTE
Son bois est dur .... ÉBÉNACÉE
Son but est d'améliorer la race ..... EUGÉNISME
Son capitule a bon fond .... ARTICHAUT
Son chant est très agréable .... ROSSIGNOL
Son chef a manqué de voix (MF) ... OPPOSITION
Son clou nous rive au siège (MF) ... SPECTACLE
Son contenu coule jusqu'à des barils ... PIPELINE
Son contenu stimule .... CAFETIÈRE
Son costume de scène ne pèse pas lourd (MH) ....
.... EFFEUILLEUSE
Son courant est froid .... LABRADOR
Sondage par un ballon .... AÉROSONDAGE
Son de fréquence très élevée ...... ULTRASON
Son émis en sifflant .... SIFFLEMENT
Son émis par un téléphone .... TONALITÉ
Son émis par un tuyau d'orgue .... CORNEMENT
Son étreinte étouffe .... ANACONDA
Son étreinte n'est pas amoureuse (MH) ....
.... LUTTEUSE
Son fromage est connu .... CAMEMBERT
Son latex entre dans la fabrication de la gomme à
mâcher .... SAPOTIER
Son manque d'intérêt se voit après coup ....
.... NONÉVÉNEMENT
Son métier consiste à nettoyer les cheminées ......
.... RAMONEUR
Son métier est de faire rire ...... HUMORISTE
Son métier est de laver et de repasser le linge .....
.... BLANCHISSEUR
Son métier lui rapporte peu ...... GAGNEPETIT
Sonner comme une cloche .... TINTINNABULER
Sonner en montagne .... CLARINER
Sonnerie de cloches .... CARILLON
Sonnerie qui se fait à petits coups ... TINTEMENT
Son nez allonge quand il ment ... PINOCCHIO
Son nid est original, suspendu ...... TISSERIN
Son nid se sert .... SALANGANE
Son nom est au bas de l'acte .... SOUSSIGNÉ
Son nom est Tenzin Gyatso .... DALAÏLAMA
Son numéro ne tient qu'à un fil (MF) ....
.... FUNAMBULE
Son revers n'est pas rose (MH) ...... MÉDAILLÉ
Son rôle est effacé, n'est pas très important ....
.... FIGURANT
Sons de poupon .... AREUAREU
Son secret n'en est pas un ...... POLICHINELLE
Son taux n'est pas drôle .... MORTALITÉ
Sont dans les nuages et la pluire ..... DIÉRÈSES
Sont encore au nid .... OISILLONS
Son territoire est petit .... ROITELET
Sont généralement de beaux attributs .. EMBLÈMES

Sont nommés par le pape . . . . CARDINAUX
Sont ou se mettent à table . . . . DÎNEUSES
Sont parfois causés par le travail . . . . ACCIDENTS
Sont passées de l'église à la salle de bains . . . .
. . . . ABLUTIONS
Sont payés au créancier . . . . INTÉRÊTS
Sont sales et humides . . . . SENTINES
S'oppose à l'action . . . . VEULERIE
S'oppose à la douceur . . . . RUGOSITÉ
S'oppose à la fiction . . . . DOCUMENTAIRE
S'oppose à l'anxiété . . . . CONFIANCE
S'oppose à l'attaque . . . . .DÉFENSIVE
S'oppose à l'industrie . . . . ARTISANAT
S'oppose au capitalisme . . . . MARXISME,
. . . . SOCIALISME
S'oppose au désordre . . . . DISCIPLINE
S'oppose au gaspillage . . . . LÉSINERIE
S'oppose au libre-échange . . PROTECTIONNISME
S'oppose au protectionnisme . . . LIBREÉCHANGE
S'oppose au revers . . . . COUPDROIT
S'oppose aux démocrates . . . . . . RÉPUBLICAINS
S'opposer à quelqu'un . . . . . . CONTRECARRER
Soprano américaine et grecque . . . . . LACALLAS
Sorcellerie italienne . . . . JETTATURA
Sort de sa cuisine quand c'est prêt . . . . TRAITEUR
Sorte d'ébène . . . . MACASSAR
Sorte de bitume . . . . ASPHALTE
Sorte de boîte aux lettres . . . . . ENVELOPPE
Sorte de flûte . . . . MIRLITON
Sorte de grille de pierre . . . . CLAUSTRA
Sorte de gros ciseau . . . . CISAILLE
Sorte de mayonnaise . . . . RÉMOULADE
Sorte de masque (MH) . . . . PSEUDONYME
Sorte d'entretoise . . . . TRAVERSE
Sorte de petite orange . . . . MANDARINE
Sorte de pomme . . . . REINETTE
Sorte de ragoût du Midi de la France . . . .
. . . . RATATOUILLE
Sorte d'étendard . . . . BANDEROLE
Sorte de torche . . . . FLAMBEAU
Sorte de vis en métal . . . . TIREBOUCHON
Sorte d'illuminé . . . . TÉOSOPHE
Sorte d'oie sauvage . . . . BERNACHE
Sorte d'oreiller . . . . TRAVERSIN
Sort en salle . . . . SPECTATEUR
Sortent la tête de l'eau . . . . ICEBERGS
Sortes de cols bleus … mais très efficaces (MH) . . .
. . . . ABEILLES
Sort hostile . . . . MALÉDICTION
Sorti de l'usage . . . . OBSOLÈTE
Sortie-de-bain . . . . PEIGNOIR
Sortie de certains organes . . . . . . ÉVISCÉRATION
Sortie de route . . . . ÉGAREMENT
Sortie désagréable . . . . IRRUPTION
Sortie de sang . . . . HÉMORRAGIE
Sortie difficile à négocier (PD) . . . . ABDICATION
Sortie du droit chemin . . . . ADULTÈRE
Sortie du sac, elle trompe le monde (PD) . . . .
. . . . EMBROUILLE
Sortie inattendue . . . . RÉVÉLATION
Sortie vivante d'une catastrophe . . . . . RESCAPÉE
Sorti indemne d'un péril . . . . SAINETSAUF

Sortilège malfaisant . . . . MALÉFICE
Sortir avec difficulté (s') . . . . EXTIRPER
Sortir avec un tailleur pour la première fois . . . .
. . . . ÉTRENNER
Sortir de la jante . . . . DÉJANTER
Sortir de la terre . . . . DÉTERRER
Sortir de l'ensemble . . . . PRÉLEVER
Sortir de l'ombre . . . . ÉLUCIDER
Sortir de l'oubli . . . . DÉTERRER
Sortir de prison . . . . RELÂCHER
Sortir des boules à mites (MF) . . DÉTERRER
Sortir des fonds ou en apporter . . . RENFLOUER
Sortir de son lit . . . . DÉBORDER
Sortir du bois . . . . DÉBUCHER
Sortir du juchoir . . . . DÉJUCHER
Sortir du placard . . . . DÉTERRER
Sortir d'un lieu (s') . . . . ABSENTER
Sortir et étaler . . . . DÉBALLER
Sortir la nuit pour chasser . . . . HULOTTER
Sortir partiellement de l'eau . . . . DÉJAUGER
Sortir quelqu'un d'un lieu . . . . EXTIRPER
Sortir sur la table . . . . ÉNUCLÉER
Sortir tout . . . . DÉPLOYER
Sortir une nouvelle fois . . . . RESSORTIR
Sortir vainqueur . . . . TRIOMPHER
Sortir vivant d'un accident . . . . RESCAPER
Souci minutieux de la loi . . . . LÉGALISME
Souder de nouveau . . . . RESSOUDER
Soudure de deux organes . . . . ADHÉRENCE
Souffrance physique ou morale . . . . . TOURMENT
Souffrance réparant une faute . . . . . . EXPIATION
Souffre-douleur . . . . TÊTEDETURC
Souiller moralement . . . . ENTACHER
Soulage certains maux . . . . .ASPIRINE
Soulèvement populaire palestinien . . . . INTIFADA
Soulier bas . . . . RICHELIEU
Soulier fin . . . . ESCARPIN
Souligner avec force . . . . INSISTER
Souligner les mérites respectifs . . . . . COMPARER
Soumettre à des attaques incessantes . . HARCELER
Soumettre à la cémentation . . . . CÉMENTER
Soumettre à l'action de la force centrifuge . . . .
. . . . CENTRIFUGER
Soumettre à l'action du chloroforme . . . .
. . . . CHLOROFORMER
Soumettre à l'action du froid . . . . CONGELER
Soumettre à l'action d'un sortilège . . ENSORCELER
Soumettre à la surcompression . . SURCOMPRIMER
Soumettre à l'estérification . . . . ESTÉRIFIER
Soumettre au cadastre . . . . CADASTRER
Soumettre au compactage . . . . COMPACTER
Soumettre au marmitage . . . . MARMITER
Soumettre à un apprêt . . . . APPRÊTER
Soumettre à un bombardement intensif . . . .
. . . . PILONNER
Soumettre à un certain ordre . . . . HIÉRARCHISER
Soumettre à une discipline . . . . . RÉGLEMENTER
Soumettre à une influence magique . . . .
. . . . ENSORCELER
Soumettre à une lotion . . . . LOTIONNER
Soumettre à une ordonnance . . . . RÉGLEMENTER
Soumettre à une patente . . . . PATENTER

Soumettre à une température élevée .. CALCINER
Soumettre à un procédé de stérilisation .. UPÉRISER
Soumettre à un recyclage .... RECYCLER
Soumettre à un sortilège .... ENDIABLER
Soumettre au supplice .... TORTURER
Soumettre par leur percepteur, par Bercy ....
.... FISCALISER
Soumettre quelqu'un à un devoir strict ....
.... ASTREINDRE
Soumission à une autorité .... OBÉDIENCE
Soupape de chaudière à vapeur ..... RENIFLARD
Soupape de sûreté .... EXUTOIRE
Soupçonner d'un délit .... INCULPER
Soupe à l'oignon .... GRATINÉE
Soupe au lait .... IRASCIBLE, IRRITABLE,
.... SUSCEPTIBLE
Soupe milanaise .... MINESTRONE
Soupirail pour éclairer le sous-sol .... ABATJOUR
Souple et agile .... ÉLASTIQUE
Source d'eau vive .... FONTAINE
Source de frictions .... PROMISCUITÉ
Source d'énergie .... ÉOLIENNE
Sourde effervescence des esprits ....
.... FERMENTATION
Souris-araignée .... MUSARAIGNE
Sournois et rusé .... CHAFOUIN
Sous-classe d'arachnides .... ARANÉIDE
Sous-classe d'insectes .... PTÉRYGOTE
Sous-entendre .... INSINUER
Sous-entendu .... ALLUSION
Sous-estimer .... MINIMISER
Sous-estimer la valeur .... INFÉRIORISER
Sous évaluation d'une chose ...... MÉSESTIME
Sous-fifre .... SUBORDONNÉ
Sous la coquille .... ROUBIGNOLES
Sous la hotte .... VENDANGEUR
Sous la peau .... OSSATURE
Sous la table .... TRÉTEAUX
Sous la tasse .... SOUCOUPE
Sous la tête .... OREILLER
Sous le bras, l'épaule .... AISSELLE
Sous le foie .... VÉSICULE
Sous le premier étage .... ENTRESOL
Sous-officier .... ADJUDANT
Sous-ordre .... SUBALTERNE
Sous-sol .... ENSEVELI
Soustraction frauduleuse ..... DÉTOURNEMENT
Soustraire à l'autorité religieuse ..... LAÏCISER
Soustraire aux regards .... DISSIMULER
Soustraire frauduleusement .... DÉTOURNER
Sous-vêtements .... LINGEDECORPS
Soutenir contre des accusations ... DÉFENDRE
Soutenir dans les épreuves ..... SPONSORISER
Soutenir le contraire de ce que dit quelqu'un ......
.... CONTREDIRE
Soutenir par de nombreuses personnes (s') ....
.... ENTOURER
Soutenir quelqu'un .... PARRAINER
Soutien accordé par un personnage influent ....
.... PATRONAGE
Soutient la tête pendant la nuit ...'... OREILLER
Soutirer de l'argent .. ESCROQUER, ESTAMPER

Soutirer le babeurre .... DÉLAITER
Soutirer quelque chose .... CAROTTER
Souvenir d'une injure .... RESSENTIMENT
Souvent consulté .... CONNAISSEUR
Souvent due à une réaction allergique .. URTICAIRE
Souvent imprécise .... RÉMINISCENCE
Souvent malade .... ÉGROTANT
Souvent meurtrière .... GUÉRILLA
Souvent piraté .... LOGICIEL
Souvent pressé la nuit .... OREILLER
Souvent répéter .... REBATTRE
Souvent responsable quand il y a faute ....
.... INADVERTANCE
Souvent risqué .... ACROBATIQUE
Souvent trompé par les promesses ... ÉLECTEUR
Souvent utilisée en politique ... LANGUEDEBOIS
Souvent vus come des brutes paresseuses (MH) ...
.... COLSBLEUS
Souverain absolu d'un État .... POTENTAT
Souverain d'un empire .... EMPEREUR
Souverain du royaume d'Israël ...... JÉROBOAM
Souverain spirituel du Tibet .... DALAÏLAMA
S'ouvre les jours de succès .... STRAPONTIN
S'ouvre pour changer de tenue (MH) .. PENDERIE
S'ouvrir largement (s') .... ÉPANOUIR
Spécialisé en divisions précises ...... TRACERET
Spécialiste d'anatomie .... ANATOMISTE
Spécialiste de biologie .... BIOLOGISTE
Spécialiste de botanique .... BOTANISTE
Spécialiste de la brosse à reluire (PD) ....
.... THURIFÉRAIRE
Spécialiste de la chimie .... CHIMISTE
Spécialiste de l'acoustique ...... ACOUSTICIEN
Spécialiste de l'actuariat .... ACTUAIRE
Spécialiste de la cybernétique .. CYBERNÉTICIEN
Spécialiste dc la diététique ...... DIÉTÉTICIEN
Spécialiste de la distance (MF) ..... ODOMÈTRE
Spécialiste de la gymnastique ...... GYMNASTE
Spécialiste de la langue anglaise .. ANGLICISTE
Spécialiste de l'aménagement des villes ....
.... URBANISTE
Spécialiste de la mise en pages (MH) .. FURETEUR
Spécialiste de la navigation ...... NAVIGATEUR
Spécialiste de la ronde .... VEILLEUR
Spécialiste de la science de l'hérédité ....
.... GÉNÉTICIEN
Spécialiste de la Terre .... GÉOLOGUE
Spécialiste de la vente et de la réparation des cycles
.... VÉLOCISTE
Spécialiste de la versification ...... MÉTRICIEN
Spécialiste de la vue .... OCULISTE
Spécialiste de l'étude des eaux marines ....
.... OCÉANOGRAPHE
Spécialiste de l'étude des sols ..... PÉDOLOGUE
Spécialiste de l'exploration sous-marine ....
.... OCÉANAUTE
Spécialiste de l'hygiène .... HYGIÉNISTE
Spécialiste de l'informatique .... ANALYSTE
Spécialiste de l'uranographie ... URANOGRAPHE
Spécialiste d'embryologie .... EMBRYOLOGISTE
Spécialiste d'énergétique .... ÉNERGÉTICIEN
Spécialiste d'entomologie ... ENTOMOLOGISTE

Spécialiste de psychologie ..... PSYCHOLOGUE
Spécialiste des arts graphiques ...... GRAPHISTE
Spécialiste des eaux marines .. OCÉANOGRAPHE
Spécialiste de sexologie .... SEXOLOGUE
Spécialiste des faiseurs d'intrigues (PD)
.... GRENOUILLAGE
Spécialiste des finances .... FINANCIER
Spécialiste des fouilles (PD) ...... PICKPOCKET
Spécialiste des langues romanes .... ROMANISTE
Spécialiste des maladies infantiles .... PÉDIATRE
Spécialiste des monnaies .... NUMISMATE
Spécialiste des opérations financières .. ACTUAIRE
Spécialiste des oreilles qui n'a pas fait médecine (MH)
.... ACCORDEUR
Spécialiste des petits points ...... DENTELIÈRE
Spécialiste des rayons X ...... RADIOLOGISTE
Spécialiste des singes .... PRIMATOLOGUE
Spécialiste des techniques agricoles .. AGRONOME
Spécialiste des vins .... ŒNOLOGUE
Spécialiste du doublage et de la transposition (PD)
.... RENTOILEUSE
Spécialiste du droit canon .... CANONISTE
Spécialiste du Moyen Âge .... MÉDIÉVISTE
Spécialiste du sans maître ...... AUTODIDACTE
Spécialiste du traitement des aliénés .. ALIÉNISTE
Spécialiste du vieillissement .. GÉRONTOLOGUE
Spécialiste du vol stationnaire .. OISEAUMOUCHE
Spécialiste en charpente (MH) .. ORTHOPÉDISTE
Spécialiste en linguistique .... LINGUISTE
Spécialiste en mises à jour (MF) ... SAGEFEMME
Spécialiste en similigravure .... SIMILISTE
Spécialité des hommes... l'été .... HAMBURGER
Spécialité d'Offenbach .... OPÉRETTE
Spécialité espagnole .... GASPACHO
Spécialité hongroise .. GOULACHE, GOULASCH
Spécialité indienne .... TANDOORI
Spécialité italienne .... MINESTRONE,
.... OSSOBUCO, TIRAMISU
Spécialité médicale .... CHIRURGIE,
.... ENDOCRINOLOGIE, GYNÉCOLOGIE,
.... NEUROLOGIE, PHLÉBOLOGIE,
... STOMATOLOGIE, UROLOGIE, VIROLOGIE
Spécialité médicale étudiant le sang ....
.... HÉMATOLOGIE
Spécialité médicale traitant des maladies des articu-
lations .... RHUMATOLOGIE
Spécialité médicale traitant du cœur ....
.... CARDIOLOGIE
Spécialité médicale traitant du poumon ....
.... PNEUMOLOGIE
Spécialité provençale .... RATATOUILLE
Spectacle de cabaret .... FRENCHCANCAN
Spectacle pour adultes .... STRIPTEASE
Spectacle qui présente diverses attractions ....
.... VARIÉTÉS
Spectacle reposant entre les mains de qui le donne
(MF) .... OMBRESCHINOISES
Sporange produisant des zoospores ....
.... ZOOSPORANGE
Spore de dissémination .... URÉDOSPORE
Sport aérien .... PARACHUTISME
Sport américain .... BASEBALL

Sport apparenté au hockey sur glace .. RINGUETTE
Sport aquatique .... AQUAPLANE
Sport chevalin .... ÉQUITATION
Sport de balle .... RACKETBALL
Sport de combat .... TAEKWONDO
Sport dérivé du cricket .... BASEBALL
Sport d'hiver .... BOBSLEIGH
Sport d'hommes forts ...... HALTÉROPHILIE
Sportive connue .... PERSONNALITÉ
Sport nautique .... MOTONAUTISME
Sport pratiqué sur un court ...... BADMINTON
Sport qui consiste à escalader une montagne ......
.... ALPINISME
Squatte la maison (MH) .... CANCRELAT
Squelette d'un animal .... CARCASSE
Squelette d'un être vivant .... CHARPENTE
Stade de tennis à Paris .... ROLANDGARROS
Stade du cycle d'érosion .... PÉNÉPLAINE
Stade intermédiaire .... TRANSITION
Station balnéaire américaine ...... PALMBEACH
Station balnéaire du Calvados ...... RIVABELLA
Station de ski du Québec .... OWLSHEAD
Station de sports d'hiver des États-Unis ....
.... LAKEPLACID
Station d'hiver, mais pas de sports d'hiver ....
.... ACAPULCO
Statue féminine .... CARIATIDE, CARYATIDE
Statue représentant un personnage en deuil ....
.... PLEURANT
Stérilisation du lait .... UPÉRISATION
Stériliser du lait .... UPÉRISER
Stimulation des ventes .... PROMOTION
Stocker pour resservir un jour ..... MÉMORISER
Strip-tease .... EFFEUILLAGE
Strip-teaseuse .... EFFEUILLEUSE
Structure anormale circonscrite ...... NODOSITÉ
Structure du corps .... CHARPENTE
Structure qui relie deux organes .... PÉDONCULE
Stupéfait, relax et non-violent .... BABACOOL
Style de chant .... BELCANTO
Style de jazz .... BOOGIEWOOGIE
Subdivision administrative .... DISTRICT
Subdivision d'un texte .... PARAGRAPHE
Subir les inégalités de la route .... TRESSAUTER
Subir sans réagir .... ENCAISSER
Subir une défaite .... SUCCOMBER
Substance aminée toxique .... PTOMAÏNE
Substance colorante .... TEINTURE
Substance du cerveau .... CERVELLE
Substance élastique .... CAOUTCHOUC
Substance entraînant la production d'anticorps .....
.... ANTIGÈNE
Substance extraite de la fève tonka .. COUMARINE
Substance grasse .... MARGARINE
Substance indispensable à l'organisme ... VITAMINE
Substance insecticide .... ROTÉNONE
Substance jouant un rôle de neurotransmetteur ....
.... SÉROTONINE
Substance organique azotée .... ALBUMINOÏDE
Substance organique du groupe des glucides ....
.... CELLULOSE
Substance organique protéique ...... ALBUMINE

Substance pour guérir la maladie .. MÉDICAMENT
Substance produite par l'organisme .. ANTITOXINE
Substance propre à désinfecter .. DÉSINFECTANT
Substance propre à teindre .... TEINTURE
Substance protéique de réserve ...... ALEURONE
Substance protidique de certaines graines ....
.... LÉGUMINE
Substance psychotrope .... STUPÉFIANT
Substance qui détruit les champignons ....
.... FONGICIDE
Substance qui empêche la croissance des bactéries
.... ANTIBIOTIQUE
Substance qui endort .... SOMNIFÈRE
Substance qui immunise .... AUTOVACCIN
Substance qui passait pour causer la mélancolie ...
.... ATRABILE
Substance qui s'enflamme à l'air ... PYROPHORE
Substance qui sert à nettoyer ...... DÉTERGENT
Substance qui stimule l'activité cérébrale ....
.... AMPHÉTAMINE
Substance qui stimule les sécrétions .. HISTAMINE
Substance récoltée par les abeilles .... PROPOLIS
Substance remplaçant le sucre .... SACCHARINE
Substance utilisée dans la fabrication des bougies ..
.... PARAFFINE
Subterfuge grotesque et méprisable ....
.... PANTALONNADE
Succédané du sucre .... SACCHARINE
Succède à l'estomac .... DUODÉNUM
Succéder à quelqu'un .... REMPLACER
Succès brillant .... TRIOMPHE
Succès dans une compétition .... VICTOIRE
Succès de Bruno Pelletier .... MISERERE
Succès de librairie .... BESTSELLER
Succession de bruits secs .... CRÉPITEMENT
Succession de personnes dans un travail ....
.... ROULEMENT
Succession de souverains, de personnes célèbres ...
.... DYNASTIE
Succession rapide .... CARROUSEL
Succession répétée .... ALTERNANCE
Suc extrait de la coloquinte .... CHICOTIN
Sucre du glucose .... FRUCTOSE
Sucre fabriqué à l'aide de déchets de raffinerie ....
.... VERGEOISE
Sucrerie noire .... RÉGLISSE
Sucre roux .... CASSONADE
Sucre utilisé comme excipient ..... SACCHAROL
Sud-américain .... BOLIVIEN
Suffoqué d'émotion .... PANTELANT
Suintement morbide .... EXSUDATION
Suit de longues années de travail ..... RETRAITE
Suit des cours .... ÉTUDIANT
Suite complexe de transformations .... ALCHIMIE
Suite d'actes de dévotion, de prières .. NEUVAINE
Suite d'aventures .... TRIBULATIONS
Suite de bruits violents, de détonations, de pets,
d'explosions .... PÉTARADE
Suite de degrés pour monter ou descendre ......
.... ESCALIER
Suite de numéros de pages .... PAGINATION
Suite de paroles répétées à tout propos .. RENGAINE

Suite de personnes .... ÉQUIPAGE
Suite de pièces .... DIVERTIMENTO
Suite de plans .... SÉQUENCE
Suite de souverains .... DYNASTIE
Suite d'expulsions parfois brutales ....
.... STERNUATION
Suite d'objets .... CHAPELET
Suite et fin .... ETCETERA
Suite interminable .... KYRIELLE
Suite ordonnée d'éléments .... SÉQUENCE
Suite ordonnée d'opérations ...... PROCESSUS
Suite organisée pleine d'espoir (PD) .. NEUVAINE
Suite qu'une action entraîne .... CONSÉQUENCE
Suit la fin .... POSTMORTEM
Suit la naissance ou la mort .... FAIREPART
Suit le pape .... CAUDATAIRE
Suit tout de très près ...... EXAMINATEUR
Suiveur pas souvent bien inspiré (PD) ....
.... IMITATEUR
Suivi tranquillement .... TRAINTRAIN
Suivra sans difficulté .... OBÉISSANT
Suivre de près .... ENCADRER
Suivre de très près ... EXAMINER, TALONNER
Suivre une courbe ascendante ...... REMONTER
Suivre une piste .... ENQUÊTER
Suivre une voie .... EMPRUNTER
Sujet à des accès de mauvaise humeur ....
.... QUINTEUX
Sujet à des changements ...... CAPRICIEUX
Sujet à des fantaisies bizarres .... FANTASQUE
Sujet à discuter, à examiner .... QUESTION
Sujet à la migraine .... MIGRAINEUX
Sujet à la putréfaction .... PUTRESCIBLE
Sujet à l'épilepsie .... ÉPILEPTIQUE
Sujet à oublier .... OUBLIEUX
Sujet au catarrhe .... CATARRHEUX
Sujet de contrariété .... DÉSAGRÉMENT
Sujet de honte .... OPPROBRE
Sujet parlant .... LOCUTEUR
Sulfate de baryum .... BARYTINE
Sulfate de manganèse .... ALABANDINE
Sulfate hydraté de magnésium ...... KIESÉRITE
Sulfure de cuivre et de fer ..... CHALCOPYRITE
Sulfure de fer et d'arsenic .... MISPICKEL
Sulfure de mercure .... VERMILLON
Sulfure naturel d'arsenic .... ORPIMENT
Sulfure naturel de fer .... MARCASSITE
Supplice du feu .... AUTODAFÉ
Supplice du fouet .... FLAGELLATION
Supplier avec insistance .... CONJURER
Supplier d'une manière humble ... IMPLORER
Support allongé .... PÉDICULE
Support de bois .... CHEVALET
Supporter quelque chose de pénible ... SOUFFRIR
Supporter sans faiblir .... RÉSISTER
Support isolant d'un conducteur électrique ....
.... ISOLATEUR
Supposition destinée à expliquer un fait ....
.... HYPOTHÈSE
Suppression des marques distinctives ....
.... BANALISATION
Suppression des mots de liaison ..... ASYNDÈTE

Suppression d'un bien . . . . PRIVATION
Suppression d'un phonème . . . . APHÉRÈSE
Supprimer des bourgeons . . . . ÉBORGNER,
. . . . ÉBOURGEONNER
Supprimer la fourniture d'électricité . . DÉLESTER
Supprimer les signes distinctifs . . . . BANALISER
Suprématie de fait . . . . PRIMAUTÉ
Suprématie d'un État sur un autre . . HÉGÉMONIE
Sur cela . . . . LÀDESSUS
Surcharge de graisse . . . . EMBONPOINT
Surcharge graisseuse . . . . ADIPOSITÉ
Sûrement drôle à défaut d'être fin (PD) . . . .
. . . . GONDOLANT
Sûrement très cher . . . . RARISSIME
Sûreté du jugement . . . . MATURITÉ
Surface extérieure d'un volume . . . . PÉRIPHÉRIE
Surface géométrique . . . . ELLIPSOÏDE
Surface très glissante . . . . PATINOIRE
Surface velue . . . . VILLOSITÉ
Surfer sur Internet . . . . NAVIGUER
Sur la Baltique . . . . LETTONIE
Sur la pointe des pieds . . . . DISCRÈTEMENT
Sur la tête . . . . CASQUETTE
Sur la tête des insectes . . . . ANTENNES
Sur la tête d'oiseaux . . . . AIGRETTE
Sur le Bosphore . . . . ISTANBUL
Sur le côté . . . . LATÉRALEMENT
Sur le podium . . . . MÉDAILLÉS
Sur lequel on marche . . . . PLANCHER
Sur le Saint-Maurice . . . . SHAWINIGAN
Sur les chapeaux de roue . . . . . ÀTOUTEALLURE
Sur les épaules . . . . PÈLERINE
Surnom de l'apôtre Judas . . . . ISCARIOTE
Surnom de la République Française . . MARIANNE
Surnom donné aux Australiens . . . . . WALLABYS
Surnom familier . . . . SOBRIQUET
Surnommé « Le Juste » . . . . ARISTIDE
Surnommé « L'incorruptible » . . . . ROBESPIERRE
Surpasse dans l'estime d'autrui . . . . . . ÉCLIPSER
Surplus pondéral . . . . EMBONPOINT
Surprend l'interlocuteur . . . . COQÀLÂNE
Sur quoi il est impossible de revenir . . . .
. . . . IRRÉVOCABLE
Sur une blessure . . . . PANSEMENT
Sur une carte italienne (PD) . . . . OSSOBUCO
Sur un navire, pièce à deux branches . . VARANGUE
Surveillance attentive . . . . VIGILANCE
Surveillance clandestine . . . . ESPIONNAGE
Surveillance de jeunes enfants . . . . . . GARDERIE
Surveillant des forçats . . . . ARGOUSIN
Surveiller secrètement . . . . ESPIONNER
Survole les plages . . . . CERFVOLANT
Susceptible d'accueillir telle impression . . . .
. . . . RÉCEPTIF
Susceptible de causer une maladie . . PATHOGÈNE
Susceptible de nous donner le mal de mer (MH) . . .
. . . . HÉRÉDITÉ
Susceptible d'érection . . . . ÉRECTILE
Susceptible de s'adapter aux circonstances . . . .
. . . . FLEXIBLE
Susceptible de s'altérer . . . . PÉRISSABLE
Susceptible de se putréfier . . . . . . PUTRÉFIABLE

Susceptible de se volatiliser . . . . VOLATILISABLE
Susceptible d'être blessé . . . . VULNÉRABLE
Susceptible d'être gracié . . . . GRACIABLE
Susceptible d'être hydraté . . . . HYDRATABLE
Susceptible de vibrer . . . . VIBRATILE
Suscite les passions . . . . BOUTEFEU
Susciter l'indignation . . . . SCANDALISER
Susciter un sentiment néfaste . . . . . . FOMENTER
Suspendre la sensibilité à la douleur . . . .
. . . . ANESTHÉSIER
Suspendre le cours des choses . . . INTERROMPRE
Suspend son nid . . . . TISSERIN
Suspendue aux bouts de ses cordes . . . .
. . . . ESCARPOLETTE
Suspension complète du mouvement volontaire des
muscles . . . . CATALEPSIE
Suspension d'un liquide . . . . ÉMULSION
Symbole de capitulation . . . . . . DRAPEAUBLANC
Symbole du grade d'officier . . . . ÉPAULETTE
Symbole d'une union . . . . ALLIANCE
Symbole du paganisme . . . . LÉVIATHAN
Symbole national de la France . . . . COQGAULOIS
Symbole représentant une opération logique . . . . . .
. . . . OPÉRATEUR
Sympathie pour les étrangers . . . . . XÉNOPHILIE
Sympathique sans plus . . . . GENTILLET
Symptôme du rhume . . . . ÉTERNUEMENT
Symptôme neurologique . . . . ACINÉSIE
Syndrome de sevrage . . . . ÉTATDEMANQUE
Synthèse d'un corps chimique . . PHOTOSYNTHÈSE
Système d'alimentation . . . . VÉGÉTARISME
Système dans lequel les fonctionnaires ont un pou-
voir prédominant . . . . TECHNOCRATIE
Système de division du temps . . . . CALENDRIER
Système de fermeture . . . . MORAILLON
Système de perception des impôts . . . FISCALITÉ
Système des voyelles . . . . VOCALISME
Système d'identification des criminels . . . .
. . . . BERTILLONNAGE
Système du paléozoïque . . . . CARBONIFÈRE
Système économique . . . . LIBREÉCHANGE
Système électoral . . . . PROPORTIONNELLE
Système favorisant les meilleurs . . . . . ÉLITISME
Système fondé sur l'esclavage . . ESCLAVAGISME
Système moral qui fait du plaisir le but de la vie . . .
. . . . HÉDONISME
Système politique . . . . ABSOLUTISME
Système politique prônant l'union des peuples musul-
mans . . . . PANISLAMISME
Système social et politique . . . . . . MATRIARCAT
Tabac finement découpé . . . . SCAFERLATI
Tableau d'affichage . . . . BABILLARD
Tableau présentant la suite des jours . . . .
. . . . CALENDRIER
Table où sont placées les marchandises . . . .
. . . . COMPTOIR
Table où sont rangées les matières . . RÉPERTOIRE
Table ronde . . . . GUÉRIDON
Tablette mobile d'un meuble . . . . . . ABATTANT
Tablier d'enfant . . . . SALOPETTE
Tabouret de bois . . . . ESCABEAU
Tache cutanée rouge . . . . MARBRURE

Tache dans le bois . . . . MAILLURE
Tache de ce qui est tavelé . . . . TAVELURE
Taché de graisse . . . . GRAISSEUX
Tâche de rousseur . . . . ÉPHÉLIDE
Tache d'humidité . . . . MOUILLURE
Tache noire . . . . NOIRCISSURE
Tache rougeâtre . . . . COUPEROSE
Tache roussâtre . . . . ROUSSEUR
Tâcher d'obtenir à meilleur prix . . MARCHANDER
Tacheté, en parlant du pelage . . . . MOUCHETÉ
Taillé dans la roche . . . . RUPESTRE
Tailler à facettes . . . . FACETTER
Tailler de nouveau . . . . RETAILLER
Tailler en biseau . . . . BISEAUTER, ÉBISELER
Tailler en pièces . . . . ÉCHARPER
Tailler en suivant les contours d'un dessin . . . . .
. . . . DÉCOUPER
Tailler la pierre . . . . SCULPTER
Tailler le sabot du cheval . . . . RÉNETTER
Tailler obliquement . . . . BISEAUTER
Tailler un arbre . . . . ÉBRANCHER
Tailler un bloc de pierre . . . . ÉPANNELER
Talon d'Achille . . . . POINTFAIBLE
Tambour battant . . . DAREDARE, RAPIDEMENT
Tambour du Maghreb . . . . DARBOUKA
Tambour monté sur pied . . . . CAISSECLAIRE
Tamis grossier . . . . TAMISEUR
Tant bien que mal . . . . CAHINCAHA
Tant pis . . . . CESTDOMMAGE
Tape à l'œil . . . . TRÈSVOYANT
Tape amicale . . . . BOURRADE
Tape avec les doigts . . . . RÉDACTEUR
Tapis-brosse . . . . PAILLASSON
Tapocher sur quelque chose . . . . PIANOTER
Tapoter sur les touches . . . . PIANOTER
Tarif hôtelier . . . . DEMIPENSION
Tarte garnie d'oignons, d'anchois et d'olives . . .
. . . . PISSALADIÈRE
Tartelette en forme de barque . . . . . . BARQUETTE
Tartinade de Nice . . . . TAPENADE
Taux de bile dans le sang . . . . CHOLÉMIE
Taux de glucose dans le sang . . . . GLYCÉMIE
Taux de potassium dans le sang . . . . . . KALIÉMIE
Taux de rotation du personnel . . . . . . TURNOVER
Taux de variation d'une grandeur . . . . GRADIENT
Technique chirurgicale . . . . ANGIOPLASTIE
Technique de déplacement des navires . . . .
. . . . NAVIGATION
Technique de gravure . . . . EAUFORTE
Technique de l'interprétation de l'écriture . . . . . .
. . . . GRAPHOLOGIE
Technique de l'utilisation des fermentations . . . . .
. . . . ZYMOTECHNIE
Technique de refus . . . . CONTESTATION,
. . . . PROTESTATION
Technique de règlement en finance . . . CLEARING
Technique de vente . . . . PORTEÀPORTE
Technique d'examen médical . . . ÉCHOGRAPHIE,
. . . . IMAGERIE
Technique psychothérapique . . . PSYCHANALYSE
Technique qui corrige les défauts de prononciation
. . . . LOGOPÉDIE

Teen-ager . . . . ADOLESCENT
Teindre de nouveau . . . . RETEINDRE
Teint de sang . . . . SANGUINOLENT
Teinte de brun . . . . NOISETTE
Teinture d'opium . . . . LAUDANUM
Téléphone à haut-parleur . . . . . . INTERPHONE
Témoignage de reconnaissance . . REMERCIEMENT
Témoignage de refus, d'opposition . . . .
. . . . PROTESTATION
Témoignage de sympathie . . . . CONDOLÉANCES
Témoigner de la répugnance . . . . RENÂCLER
Témoin oculaire . . . . SPECTATEUR
Tempête violente . . . . TOURMENTE
Temple aztèque . . . . TEOCALLI
Temple consacré aux dieux . . . . PANTHÉON
Temps accordé en plus . . . . . . PROLONGATION
Temps accordé pour se détendre . . . RÉCRÉATION
Temps d'épreuve . . . . . . NOVICIAT, PROBATION
Temps de réflexion . . . . MÉDITATION
Temps des fleurs . . . . FLORAISON
Temps destiné aux réjouissances . . . . . CARNAVAL
Temps d'expiation . . . . PURGATOIRE
Temps du noviciat . . . . PROBATION
Temps fort long . . . . ÉTERNITÉ
Temps incertain . . . . CONDITIONNEL
Temps passé dans un emploi . . . . . . ANCIENNETÉ
Temps qui sépare un acte du suivant . . ENTREACTE
Temps qui suit la guerre . . . . APRÈSGUERRE
Tenace dans sa volonté . . . . OPINIÂTRE
Tenaille qu'utilise le vétérinaire . . . . . MORAILLE
Tendance à broyer du noir . . . . PESSIMISME
Tendance à considérer que n'arrive que ce qui doit
arriver . . . . FATALISME
Tendance à détruire stupidement . . VANDALISME
Tendance à devenir acide . . . . ACESCENCE
Tendance à éviter la lumière . . . . . PHOTOPHOBIE
Tendance à favoriser l'emploi de la force . . . . . .
. . . . BELLICISME
Tendance à grincer des dents . . . . BRUXOMANIE
Tendance à imposer un contrôle . . PATERNALISME
Tendance à ne penser qu'à soi . . ÉGOCENTRISME
Tendance à prendre des décisions hâtives . . . .
. . . . AVENTURISME
Tendance à satisfaire ses besoins . . . . APPÉTENCE
Tendance à simplifier de façon excessive . . . .
. . . . SIMPLISME
Tendance à suivre de près la Nature . . NATURISME
Tendance à tout centrer sur soi . . ÉGOCENTRISME
Tendance d'animaux à vivre en groupe . . . .
. . . . GRÉGARISME
Tendance favorable à l'intervention du clergé dans
les affaires publiques . . . . CLÉRICALISME
Tendance innée . . . . INSTINCT
Tendance naturelle . . . . INCLINATION,
. . . . PROPENSION
Tendance pathologique à la fabulation . . . .
. . . . MYTHOMANIE
Tendance politique . . . . ORIENTATION
Tend la main . . . . QUÉMANDEUR
Tendre à exclure quelqu'un . . . MARGINALISER
Tendre approche amoureuse . . . ROUCOULADE
Tendre au maximum . . . . ÉTARQUER

Tendre dans ses sentiments ...... AFFECTUEUX
Tendre de nouveau .... RETENDRE
Tendre une voile .... ÉTARQUER
Tendre vers un même point .... CONVERGER
Teneur du sang en glucose .... GLYCÉMIE
Teneur en boues d'un cours d'eau ... TURBIDITÉ
Teneur en sel .... SALINITÉ
Ténia vivant dans l'intestin ..... ÉCHINOCOQUE
Tenir bon .... PERSÉVÉRER, RÉSISTER
Tenir des propos galants (conter...) .. FLEURETTE
Tenir des propos incohérents .... DIVAGUER
Tenir des propos tendres et amoureux ....
.... ROUCOULER
Tenir en bon état .... ENTRETENIR
Tenir enfermé dans un espace étroit .. CONFINER
Tenir en haleine .... INTRIGUER
Tenir fortement à quelque chose .... RÉSISTER
Tenir la place de quelqu'un ..... REPRÉSENTER
Tenir le coup malgré tout .... RÉSISTER
Tenir par-dessous .... SOUTENIR
Tenir quelqu'un enfermé dans un lieu .. CLOÎTRER
Tenir tête .... RÉSISTER
Tennis-elbow .... ÉPICONDYLITE
Tension artérielle trop haute .... HYPERTENSION
Tentative de meurtre .... ATTENTAT
Tentative hésitante .... VELLÉITÉ
Tentative pour obtenir quelque chose .. DÉMARCHE
Tenter de nouveau .... RÉESSAYER, RETENTER
Tenter de régler un conflit .... NÉGOCIER
Tenter de séduire .... MINAUDER
Tenture au-dessus du lit .... BALDAQUIN
Tenture qui ferme l'ouverture d'une porte ....
.... PORTIÈRE
Tenue de combat des militaires .... TREILLIS
Tenue d'été .... TEESHIRT
Tenue féminine .... TAILLEUR
Tenue obligatoire .... UNIFORME
Tenue ridicule .... ACCOUTREMENT
Terme d'affection .... POULETTE
Terme d'affection désignant un enfant ....
.... PITCHOUNETTE
Terme de boxe .... UPPERCUT
Terme de mathématiques .... LOGARITHME
Terme de musique .... STACCATO
Terme de tennis .... AVANTAGE
Terme situé sous la barre de fraction ....
.... DÉNOMINATEUR
Termine l'été .... SEPTEMBRE
Terrain bourbeux .... MARÉCAGE
Terrain couvert de genévriers ..... GENÉVRIÈRE
Terrain d'atterrissage et de décollage ....
.... AÉRODROME
Terrain de courses de chevaux .... HIPPODROME
Terrain d'où l'on tire la glaise .... GLAISIÈRE
Terrain encombré de ronces ...... RONCERAIE
Terrain humide .... MARÉCAGE
Terrain où est cultivé le melon .... MÉLONNIÈRE
Terrain où se trouvent des truffes .... TRUFFIÈRE
Terrain planté d'arbres .... PLANTATION
Terrain planté de châtaigniers .. CHÂTAIGNERAIE
Terrain planté de fraisiers .... FRAISIÈRE
Terrain planté de pins .... PINERAIE

Terrain planté de rosiers .... ROSERAIE
Terrain planté de sapins .... SAPINIÈRE
Terrain planté de thuyas .... CÉDRIÈRE
Terrain planté d'orangers .... ORANGERAIE
Terrain plat devant un édifice ...... ESPLANADE
Terrain semé d'oignons .... OIGNONIÈRE
Terre ammoniacale .... TERRAMARE
Terre-à-terre ...... MATÉRIEL, PEUPOÉTIQUE,
.... PROSAÏQUE
Terre noire fertile .... TCHERNOZIOM
Terre réduite en poudre .... POUSSIÈRE
Terre tenue moyennant redevance ... TÈNEMENT
Terreur soudaine .... ÉPOUVANTE
Terrier anglais .... AIREDALE
Territoire de chasse .... POURVOIRIE
Territoire d'un vicaire .... VICARIAT
Territoire où travaille le curé .... PAROISSE
Territoire planté de vignes .... VIGNOBLE
Territoire qui couvre un cinquième de la province de
Québec .... BAIEJAMES
Territoire rétrocédé à la Chine en 1997 ....
.... HONGKONG
Territoire soumis au pacha .... PACHALIK
« Tes opinions, garde-les pour toi » (MF) ....
.... TARATATA
Test pour déceler des maladies .. CUTIRÉACTION
Testostérone inversée (MH) .... FÉMINITÉ
Tête-à-tête .... ENTRETIEN
Tête chercheuse (MH) .... EINSTEIN
Tête couronnée .... PRINCESSE
Tête de linotte .... ÉCERVELÉ
Tête-de-turc .... SOUFFREDOULEUR
Tête en l'air .... ÉTOURNEAU
Tête, siège de la pensée .... CIBOULOT
Texte auquel on renvoie, on se réfère .. RÉFÉRENCE
Texte corrigeant une information inexacte ....
.... CORRECTIF
Texte dactylographié .... TAPUSCRIT
Texte introductif .... PROLOGUE
Texte lyrique .... CANTILÈNE
Texte préliminaire .... PRÉAMBULE
Texte servant de fondement à une doctrine ....
.... ÉVANGILE
Textile artificiel .... FIBRANNE
Théâtre de verdure (MH) .... SALADIER
Thé noir de Chine .... SOUCHONG
Théologien italien .... THOMASDAQUIN
Théoricien de la tactique .... TACTICIEN
Théorie d'Einstein .... RELATIVITÉ
Théorie de la pensée .... NOÉTIQUE
Théoriquement, ne devrait pas faire de fautes .....
.... GRAMMAIRIEN
Thérapie par les animaux ...... ZOOTHÉRAPIE
Thétis et 48 autres belles .... NÉRÉIDES
Tic-tac .... ONOMATOPÉE
Tient à défendre ses droits ...... REVENDICATIF
Tient à sa ceinture .... KARATÉKA
Tient le spectateur en haleine ...... SUSPENSE
Tient tête (MH) .... OREILLER
Tient une auberge .... HÔTELIER
Tige métallique qui attise le feu ..... TISONNIER
Tige rigide indiquant les heures .... AIGUILE

Tigre femelle . . . . TIGRESSE
Timbre de voix masculine . . . . . . BASSETAILLE
Tirailler entre plusieurs choses . . . . . ÉCARTELER
Tirant sur le bleu . . . . BLEUÂTRE
Tire-au-flanc . . . . PARESSEUX
Tirer à sa fin . . . . AGONISER
Tirer au clair . . . . ÉLUCIDER
Tirer de la terre . . . . DÉTERRER
Tirer de l'ivresse . . . . DESSOÛLER
Tirer d'embarras . . . . . . DÉPANNER, DÉPÊTRER
Tirer d'erreur . . . . DÉTROMPER
Tirer des conséquences . . . . ARGUMENTER
Tirer de son fourreau . . . . DÉGAINER
Tirer de son portefeuille . . . . DÉBOURSER
Tirer d'un mauvais pas . . . . DÉBOURBER
Tirer du sommeil . . . . . ÉVEILLER, RÉVEILLER
Tirer en arrière . . . . RÉTRACTER
Tirer fréquemment . . . . TIRAILLER
Tirer la pipe . . . . IRONISER
Tirer les fils d'un tissu . . . . ÉFAUFILER
Tirer par rafales . . . . MITRAILLER
Tirer parti de, profit de . . ACCAPARER, UTILISER
Tirer son origine . . . . . . PROVENIR, REMONTER
Tirer sur quelqu'un . . . . CANARDER, FLINGUER
Tirer sur une cigarette . . . . CRAPOTER
Tirer un avantage de . . . . PROFITER
Tirer une arme à feu . . . . CANONNER
Tirer un trait . . . . SOULIGNER
Tire sur la neige (MH) . . . . SAMOYÈDE
Tire-veine . . . . STRIPPER
Tisser de nouveau . . . . RETISSER
Tissu ample retombant en plis harmonieux . . . .
. . . . DRAPERIE
Tissu constitué de fils entrelacés . . . . . DENTELLE
Tissu couvrant le corps d'un animal . . TÉGUMENT
Tissu d'armure . . . . PIEDDEPOULE
Tissu de coton . . . . CELLULAR, VELOUTINE
Tissu de coton blanc . . . . MADAPOLAM
Tissu de coton écossais gaufré . . . . SEERSUCKER
Tissu de coton épais . . . . LONGOTTE
Tissu de crin . . . . RAPATELLE
Tissu de laine . . . . FLANELLE, GABARDINE
Tissu de mensonges . . . . FABULATION
Tissu de soie . . . . TAFFETAS
Tissu épais, doux et chaud . . . . MOLLETON
Tissu fin fait avec le poil de chèvres . . CACHEMIRE
Tissu grossier . . . . THIBAUDE
Tissu léger . . . . FLANELLE
Tissu mince . . . . ÉPENDYME
Tissu présentant des alvéoles en relief . . . .
. . . . NIDDABEILLES
Tissu qui produit le nectar . . . . NECTAIRE
Tissu souple . . . . MOUSSELINE
Tissu spongieux . . . . TISSUÉPONGE
Tissu spongieux du poumon . . . . . PARENCHYME
Tissu très ajouré . . . . DENTELLE
Tissu végétal . . MÉRISTÈME, SCLÉRENCHYME
Titiller la convoitise . . . . SUSCITER
Titre complémentaire . . . . SURTITRE
Titre de Jean Lapointe . . . . SÉNATEUR
Titre de noblesse . . . . CHEVALIER, MONARQUE
Titre des princes d'Autriche . . . . ARCHIDUC

Titre donné à un cardinal . . . . ÉMINENCE
Titre donné aux dames . . . . MESDAMES
Titre donné aux jeunes filles . . . MADEMOISELLE
Titre donné aux religieuses . . . . RÉVÉRENDE
Titre d'ouvrages de liturgie . . . . RATIONAL
Titre d'un article . . . . RUBRIQUE
Titre d'une œuvre de Rossini . . . . . PIEVOLEUSE
Titre d'un livre . . . . INTITULÉ
Titre d'un prince allemand . . . . MARGRAVE
Titre du pape . . . . SAINTETÉ
Titre masculin . . . . MONSIEUR
Toile d'araignée . . . . ARANTÈLE
Toile de coton . . . . . . CRETONNE, PERCALINE
Toile de coton légère . . . . INDIENNE
Toile inachevée (MF) . . . . INTERNET
Toile résistante . . . . TREILLIS
Toilette rituelle . . . . ABLUTION
Tôle fine d'acier doux . . . . FERBLANC
Tomate allongée . . . . OLIVETTE
Tombeau dans lequel on mettait les corps . . . .
. . . . SARCOPHAGE
Tombe dans l'excès . . . . OVERDOSE
Tombée de la nuit . . . . BRUNANTE
Tombée du jour . . . . CRÉPUSCULE
Tomber à la taille . . . . RECOUPER
Tomber bruyamment . . . . VALDINGUER
Tomber comme une masse (s') . . . . . EFFONDRER
Tomber dans les pommes (s') . . . . ÉVANOUIR
Tomber du ciel . . . . . . DESCENDRE, PLEUVOIR
Tombe recouverte d'une butte de terre . . TOMBELLE
Tomber en abondance . . . . PLEUVOIR
Tomber en bas de sa chaise (MF) . . . . ATTERRER
Tomber, en parlant du grésil . . . . GRÉSILLER
Tomber en s'affaissant (s') . . . . ÉCROULER
Tomber en syncope (s') . . . . ÉVANOUIR
Tomber malade de nouveau . . . . RECHUTER
Tomber sous les coups . . . . ESTOURBIR
Tonneau contenant du vin . . . . FUTAILLE
Tord-boyaux . . . . EAUDEVIE
Torchon en lin . . . . ESSUIEVERRES
Tordre à plusieurs tours . . . . TORTILLER
Tordre ensemble des fils textiles . . . . . MOULINER
Tordre le cou . . . . ÉTRANGLER
Torsion convulsive . . . . DISTORSION
Tortiller en cordon . . . . CORDONNER
Totalement vaincre . . . . TERRASSER
Totalité des eaux de la planète . . HYDROSPHÈRE
Touche à la Chine . . . . BIRMANIE
Touche à la Hongrie . . . . ROUMANIE
Touche de l'argent . . . . TRÉSORIER
Touche du bois . . . . ÉBÉNISTE
Touché en plein cœur . . . . AMOUREUX
Touché en plein système (PD) . . PARKINSONIEN
Touché par votre généraliste . . . . HONORAIRE
Toucher à peine . . . . EFFLEURER
Toucher au corps . . . . ÉROTISER
Toucher aux confins d'un pays . . . . . CONFINER
Toucher ce qui est dû . . . . RECEVOIR
Toucher de l'argent . . . . ENCAISSER
Toucher en plein cœur . . ATTENDRIR, ÉMOUVOIR
Toucher les . . . . PIANOTER
Toucher par une balle, en blessant . . . ATTEINDRE

Toucher profondément . . AFFECTER, PÉNÉTRER
Toucher sans cesse . . . . TRIPOTER
Toucher terre . . . . ATTERRIR
Toucher une somme d'argent . . . . . . EMPOCHER
Touffe de faux cheveux . . . . POSTICHE
Touffe de poils . . . . MOUSTACHE
Touffe de poils sur la joue . . . . ROUFLAQUETTE
Toujours à la vue, elles sont maintenant en ligne . . .
. . . . ADRESSES
Toujours dans la course . . . . INVAINCU
Toujours en déplacement . . . . ITINÉRANT
Toujours prêt à faire la fête . . . . . BAMBOCHARD
Toujours prêt à vous aider . . . . SERVIABLE
Toujours prête à médire . . . . CANCANIÈRE
Toujours située à la porte d'entrée . . . SONNETTE
Tour comique . . . . SINGERIE
Tour d'adresse, de passe-passe . . . . . JONGLERIE
Tour de cochon (MH) . . . . ENTOURLOUPE
Tour de ville . . . . GRATTECIEL
Tourmenter avec obstination . . . . HARCELER
Tourmenter de façon persistante . . . . . LANCINER
Tourmenter moralement . . . . TARAUDER,
. . . . TENAILLER
Tourne autour du bétail . . . . ÉRISTALE
Tourne en cage . . . . ESCALIER
Tourne en rafales pour les verts . . . . . ÉOLIENNE
Tourner autour de . . . . GRAVITER
Tourner autrement . . . . RÉORIENTER
Tourner comme une toupie . . . . TOUPINER
Tourner dans tous les sens . . . . . TOURNICOTER
Tourner dans une certaine direction . . . ORIENTER
Tourner le dos à . . . . DÉDAIGNER
Tourner en dérision, en ridicule . . . . . PERSIFLER,
. . . . RIDICULISER, SATIRISER
Tourner en faisant plusieurs tours . . TOURNOYER
Tourner mal . . . . DÉGÉNÉRER
Tourner rapidement sur soi . . . . VIREVOLTER
Tourner sur ses talons . . . . PIROUETTER
Tourner un argument contre un adversaire . . . .
. . . . RÉTORQUER
Tourne sur un plateau . . . . CINÉASTE
Tour sur soi-même . . . . PIROUETTE
Tourte à la viande . . . . TOURTIÈRE
Tous les sons des cordes sensibles . . . TESSITURE
Tous nos rêves . . . . ONIRISME
Tousse moins que certains . . . . NONFUMEUR
Tousser faiblement . . . . TOUSSOTER
Tout à coup . . SOUDAINEMENT, SUBITEMENT
Tout à fait . . . . CENTPOURCENT,
. . . . COMPLÈTEMENT, ENTIÈREMENT,
. . . . EXACTEMENT
Tout à fait textuel . . . . LITTÉRAL
Tout appareil où se produit une électrolyse . . . .
. . . . VOLTAMÈTRE
Tout autour . . . . ALENTOUR
Tout ce que vous ne supportez pas l'intéresse . . . . .
. . . . ALLERGOLOGUE
Tout ce qui couvre le corps . . . . VÊTEMENT
Tout ce qui crée l'envie . . . . TENTATION
Tout ce qui existe . . . . CRÉATION
Tout ce qu'il faut pour aller en réunion (PD) . . . . . .
. . . . CONFÉRENCIER

Tout ce qu'on avale y passe . . . . ŒSOPHAGE
Tout chant d'église . . . . FAUXBOURDON
Tout de suite . . . . IMMÉDIATEMENT
Toute communication à distance . . . . . TÉLÉCOMS
Toute excroissance d'une partie de la plante . . . . . .
. . . . TUBERCULE
Toute maladie du cœur . . . . CARDIOPATHIE
Toute monnaie en espèces . . . . NUMÉRAIRE
Tout en nuances (en...) . . . . DEMITEINTE
Tout entier . . . . CORPSETÂME, SANSRÉSERVE
Toute œuvre considérable . . . . MONUMENT
Toute personne . . . . QUICONQUE
Toute-puissance . . . . OMNIPOTENCE
Tout être créé . . . . CRÉATURE
Toute une attaque . . . . DIATRIBE
Tout le contraire d'une monture en or (MH) . . . . . .
. . . . HARIDELLE
Tout le contraire d'un modéré . . . . . EXTRÉMISTE
Tout le monde en a une . . . . IDENTITÉ
Tout le monde que vous avez en tête (MF) . . . .
. . . . IMAGINATION
Tout le monde y emprisonne les propos des autres
(MF) . . . . GUILLEMETS
Tout le temps . . CONSTAMMENT, NUITETJOUR
Tout mettre ensemble n'importe comment . . . .
. . . . MÉLANGER
Tout petit . . . . LILLIPUTIEN
Tout petit singe à longue queue . . . . OUISTITI
Tout près de la tête . . . . DEUXIÈME
Tout-puissant . . . . OMNIPOTENT
Tout simplement . . . . BÊTEMENT
Tout un programme (PD) . . . . LOGICIEL
Toxicomane à la cocaïne . . . . COCAÏNOMANE
Toxicomane à l'éther . . . . ÉTHÉROMANE
Toxicomanie à l'éther . . . . ÉTHÉROMANIE
Toxine atténuée . . . . ANATOXINE
Toxine contenue dans des bactéries . . . .
. . . . ENDOTOXINE
Toxine diffusée dans le milieu extérieur . . . .
. . . . EXOTOXINE
Trace d'une plaie . . . . CICATRICE
Trace laissée par le gibier . . . . ABATTURE
Trace laissée par les vers . . . . VERMOULURE
Tracent la voie . . . . ORNIÈRES
Tracer autrement . . . . RETRACER
Tracer des sillons . . . . SILLONNER
Tracé sommaire . . . . DIAGRAMME
Tractation douteuse ou malhonnête . . MAGOUILLE
Traditions d'un pays . . . . FOLKLORE
Traduction des dialogues d'un film . . SOUSTITRE
Traduire en langage machine . . . . COMPILER
Traduire une grande joie . . . . RAYONNER
Trafic d'influence . . . . MALVERSATION
Trafic illégal sur les monnaies . . . . BILLONNAGE
Trafic malhonnête . . . . FRICOTAGE
Tragédie de Racine . . . . ANDROMAQUE
Tragédie de Shakespeare . . . . LEROILEAR
Trahissent leur camp . . . . RENÉGATS
Traîneau bas . . . . TOBOGGAN
Traîneau hippomobile . . . . CARRIOLE
Traînée sur la route . . . . ROULOTTE
Traîner de la jambe . . . . CLAUDIQUER

Traîner les pieds . . . . RENÂCLER
Traîner partout avec soi . . . . TRIMBALER
Trait de génie . . . . ILLUMINATION
Trait d'ironie mordante . . . . SARCASME
Trait distinctif . . . . CARACTÈRE
Traite des fins et des moyens . . . . . . TÉLÉOLOGIE
Traité indien de l'art d'aimer . . . . . KAMASUTRA
Traitement attaché à un emploi . . ÉMOLUMENTS
Traitement curatif du sida . . . . TRITHÉRAPIE
Traitement de mépris . . . . SNOBISME
Traitement des maladies mentales . . PSYCHIATRIE
Traitement médical . . . . THÉRAPIE
Traitement par la chaleur . . . THERMOTHÉRAPIE
Traitement par la lumière . . . . . PHOTOTHÉRAPIE
Traitement par l'eau . . . . HYDROTHÉRAPIE
Traitement par les hormones . . . .
. . . . HORMONOTHÉRAPIE
Traitement par les vaccins . . VACCINOTHÉRAPIE
Traitement par l'insuline . . INSULINOTHÉRAPIE
Traitement médical par manipulations . . . .
. . . . CHIROPRACTIE
Traiter à chaud . . . . UPÉRISER
Traiter à l'ozone . . . . OZONISER
Traiter avec égards . . . . RESPECTER
Traiter avec ménagement . . . . ÉPARGNER
Traiter avec mépris . . . MÉPRISER, VILIPENDER
Traiter avec rudesse . . . BRUSQUER, RABROUER
Traiter brutalement . . . . MALMENER
Traiter comme une chose . . . . CHOSIFIER
Traiter délicatement . . . . DORLOTER
Traiter des données en quantité . . . . . MOULINER
Traiter ensemble d'une affaire . . . . . . CONFÉRER
Traiter en vue d'un accord . . . . NÉGOCIER
Traiter gentiment . . . . MIGNOTER
Traiter le coton à la soude caustique . . . .
. . . . MERCERISER
Traiter par nitruration . . . . NITRURER
Traiter sans attention . . . . NÉGLIGER
Traiter sans ménagement . . . . BOUSCULER,
. . . . CHAHUTER
Traiter un cadavre . . . . EMBAUMER
Trait essentiel . . . . CARACTÈRE
Traits communs . . . . RESSEMBLANCE
Trajectoire d'un avion . . CORRIDOR, DESCENTE
Tranche de bœuf . . . . ENTRECÔTE, PESILLADE
Tranche de pain de mie . . . . BISCOTTE
Tranche de saucisson . . . . RONDELLE
Tranche de veau . . . . FRICANDEAU
Tranche de veau peu épaisse . . . . GRENADIN
Tranche de viande passée sur le feu . . . GRILLADE
Tranche de viande roulée . . . . PAUPIETTE
Tranche mince de viande . . . . ESCALOPE
Trancher finement . . . . ESCALOPER
Tranche ronde de filet de bœuf . . . TOURNEDOS
Tranquilliser quelqu'un . . . . RASSURER
Tranquillité de l'esprit . . . . QUIÉTUDE
Transaction malhonnête . . . . TRIPOTAGE
Transfert de fonds . . . . VIREMENT
Transfert de fonds sécurisé en principe . . . .
. . . . TÉLÉPAIMENT
Transformation d'atomes en ions . . . IONISATION
Transformation des aliments . . . . DIGESTION

Transformation du fer en acier . . . . ACIÉRAGE
Transformation du raisin . . . . VINIFICATION
Transformation en glace . . . . GLACIATION
Transformation graduelle . . . . ÉVOLUTION
Transformation sans ébullition d'un liquide . . . .
. . . . ÉVAPORATION
Transformées pour finir au café (PD) . . . .
. . . . BETTERAVES
Transformer en caillot . . . . COAGULER
Transformer en gel . . . . GÉLIFIER
Transformer en os . . . . OSSIFIER
Transformer en ozone . . . . OZONISER
Transformer en pain . . . . PANIFIER
Transformer en peroxyde . . . . PEROXYDER,
. . . . SUROXYDER
Transformer en robot . . . . ROBOTISER
Transformer en satellite . . . . SATELLISER
Transformer en savon . . . . SAPONIFIER
Transformer en star, en vedette . . . . . . STARISER
Transformer en vapeur . . . . ÉVAPORER
Transformer industriellement . . MANUFACTURER
Transformer la nature de quelque chose . . . .
. . . . TRAVESTIR
Transformer radicalement . . . . RÉVOLUTIONNER
Transformer un œuf en embryon . . . . FÉCONDER
Transgression de... . . . . INFRACTION
Transmettre en duplex, par les télécommunications
. . . . DUPLEXER
Transmettre par contagion morale . . . . INOCULER
Transmettre par le petit écran, par télévision . . . .
. . . . TÉLÉVISER
Transmettre ses pouvoirs . . . . . PASSERLAMAIN
Transmettre une maladie à quelqu'un . . . .
. . . . CONTAMINER
Transmis par les parents . . . . HÉRÉDITAIRE
Transmission de coutumes . . . . TRADITION
Transmission d'une maladie . . . . . . CONTAGION
Transmission génétique . . . . HÉRÉDITÉ
Transmis uniquement par voie sexuelle . . . .
. . . . VÉNÉRIEN
Transpiration abondante . . . . SUDATION
Transport de personnes . . . . LOCOMOTION
Transport en voiture . . . . VOITURAGE
Transporter du bois . . . . DÉBARDER
Transporter d'un lieu dans un autre . . DÉMÉNAGER
Transporter par voie aérienne . . . . . AÉROPORTER
Transporter quelque chose sans ménagement . . . . . .
. . . . TRANSBAHUTER
Transporter vers un lieu . . . . ACHEMINER
Transposer un texte dans une langue différente . . . .
. . . . TRADUIRE
Transposition des images télévisées en couleurs . . . .
. . . . TRANSCODAGE
Travail à la chaîne (MH) . . . . ENTRAIDE
Travail à la pioche . . . . PIOCHAGE
Travail d'amateur . . . . BRICOLAGE
Travail de fer forgé . . . . SERRURERIE
Travail de l'ouvrier . . . . MAINDŒUVRE
Travail de menuiserie . . . . BOISERIE
Travail du bois . . . . ÉBÉNISTERIE
Travail du sol avec des outils à dents . . . .
. . . . SCARIFIAGE

Travail du tamis . . . . ORPAILLAGE
Travail facile . . . . SINÉCURE
Travail fourni . . . . RENDEMENT
Travail intensif . . . . CHARRETTE
Travaillait à la hache (MH) . . . . BOURREAU
Travaille à la chaîne . . . . TISSERAND,
. . . . TRONÇONNEUSE
Travaille à la frontière . . . . DOUANIER
Travaille à la reproduction . . . . NATALISTE
Travaille à la tête du client . . . . SHAMPOUINEUR
Travaille au casino . . . . CROUPIER
Travaille au corps (MH) . . . . MASSEUSE
Travaille avec des animaux . . . . DRESSEUR
Travaille avec des fils . . . . ÉLECTRICIEN
Travaille avec des pièces multicolores . . MOSAÏSTE
Travaille dans le champ . . . . TRACTEUR
Travaille dans les fonds (PD) . . . . . . TRÉSORIER
Travaille dans un lieu chargé d'histoires . . . .
. . . . LIBRAIRE
Travaille dans un milieu de règlements de compte . .
. . . . TRÉSORIER
Travaille des mâchoires . . . . ALLIGATOR
Travaille en haut . . . . AVIATEUR
Travaille en musique . . BALLERINE, DANSEUSE
Travaille entre dépressions et précipitations . . . .
. . . . MÉTÉOROLOGUE
Travaille le bois . . . . ÉBÉNISTE
Travaillent à la poutre (MH) . . . . TERMITES
Travaillent dans nos champs . . . . MEXICAINS
Travaillent sous pression . . . . RESSORTS
Travaillent souvent au noir (MH) . . . . . LUMIÈRES
Travaille peut-être au cirque du Soleil . . . ACROBATE
Travailler au burin . . . . ÉCHOPPER
Travailler aux champs . . . . RÉCOLTER
Travailler avec des aiguilles . . . . TRICOTER
Travailler avec minutie . . FOUILLER, OUVRAGER
Travailler beaucoup . . . . BOULONNER
Travailler dans le bois . . . . SCULPTER
Travailler dans le public . . . . RECENSER
Travailler de façon solennelle . . . . OFFICIER
Travailler dur . . . . TURBINER
Travailler la terre . . . . . AMEUBLER, CULTIVER,
. . . . LABOURER
Travailler le terrain après la moisson . . . .
. . . . DÉCHAUMER
Travailler peu, sans se fatiguer . . TRAVAILLOTER
Travailler pour donner une autre forme . . . .
. . . . FAÇONNER
Travailler sur la planche . . . . REPASSER
Travailler sur le terrain . . . . LABOURER
Travailler sur orbite . . . . ÉNUCLÉER
Travailler sur un texte . . . . PLANCHER
Travailler une pâte . . . . PÂTISSER
Travailler une peau . . . . CHAGRINER
Travailler un matériau . . . . FAÇONNER
Travaille sur la pièce . . . . TOURNEUR
Travaille sur les chatons . . . . SERTISSEUSE
Travaille sur le terrain . . . . GÉOMÈTRE
Travaille sur le terrain des autres (PD) . . . .
. . . . ERGONOMISTE
Travaille surtout à la campagne . . . . . AGRONOME
Travaille surtout fin juin . . . . DÉMÉNAGEUR

Travailleur payé à la journée . . . . . . JOURNALIER
Travailleur qui atteint les sommets de son art (MF)
. . . . ÉMONDEUR
Travailleuse manuelle . . . . ARTISANE
Travaux intellectuels . . . . EXERCICE
Traverse la Sibérie centrale . . . . IENISSEÏ
Traverse la Syrie . . . . EUPHRATE
Traverse le désert . . . . CARAVANE
Traverser un lieu en tous sens . . . . . . SILLONNER
Treillis couvert de verdure . . . . TONNELLE
Treillis métallique . . . . GRILLAGE
Tremblement dans la voix . . . . CHEVROTEMENT
Tremblement des nerfs . . . . TRÉPIDATION
Tremblement de terre . . . . DÉSASTRE
Trembler de fatigue . . . . FLAGEOLER
Trembler de froid . . . . GRELOTTER
Très abondant . . . EXUBÉRANT, PLANTUREUX
Très affligé . . . . INCONSOLABLE
Très agaçant . . . . HORRIPILANT
Très agréable . . . . DÉLICIEUX
Très amaigri . . . . ATROPHIÉ
Très amusant . . . . BIDONNANT
Très ancien . . . . ANTÉDILUVIEN
Très autoritaire . . . . CASTRATEUR
Très aventureux . . . . TÉMÉRAIRE
Très bon . . . . EXCELLENT
Très chaud . . . . BOUILLANT
Très cher . . . . . . HORSDEPRIX, INABORDABLE
Très clair . . . . LUMINEUX
Très coloré . . . . ROUGEAUD
Très content . . . . ENCHANTÉ
Très cordial . . . . CHALEUREUX
Très critique . . . . NÉGATEUR
Très découragé . . . . DÉSESPÉRÉ
Très démonstratif . . . . EXUBÉRANT
Très dépendant des autres . . . . PARASITE
Très difficile à faire . . . . IMPOSSIBLE
Très difficile à supporter . . . . INVIVABLE
Très doué dans son domaine . . . . . TALENTUEUX
Très drôle . . . . BIDONNANT, DÉSOPILANT,
. . . . HILARANT
Très économe . . . . PARCIMONIEUX
Très éloigné . . . . AUXANTIPODES
Très éloigné dans le passé . . . . IMMÉMORIAL
Très éloigné du bon sens . . . . IRRATIONNEL
Très émouvant . . . . BOULEVERSANT
Très en colère . . . . FURIBOND
Très énervant . . . . . EXASPÉRANT, STRESSANT
Très engagé dans un projet . . . . CONTRIBUTEUR
Très ennuyeux . . . . SOPORIFIQUE
Très étroit . . . . SECTAIRE
Très excité . . . . DÉCHAÎNÉ
Très exigeant . . . . POINTILLEUX
Très facile à effrayer . . CRAINTIF, OMBRAGEUX
Très fameusement . . . RUDEMENT, SACREMENT
Très fatigant . . . . ÉREINTANT, ESQUINTANT
Très fine tranche de viande . . . . ESCALOPE
Très flatteur . . . . ÉLOGIEUX
Très fort . . . . PUISSANT
Très fréquent . . . . HABITUEL
Très grand . . . . COLOSSAL, ILLIMITÉ
Très grand courage . . . . HÉROÏSME

Très grande agglomération urbaine . . . .
. . . . MÉGALOPODE
Très grande quantité . . . . MULTITUDE,
. . . . SURABONDANCE
Très grand nombre . . . . . INFINITÉ, MULTITUDE
Très grand reptile dinosaurien fossile . . . .
. . . . TYRANNOSAURE
Très grand succès . . . . TRIOMPHE
Très grave maladie du sang . . . . LEUCÉMIE
Très gros . . . . GIGANTESQUE
Très gros repas . . . . BOMBANCE
Très haut degré de force . . . . INTENSITÉ
Très importante en médecine . . . . . . RECHERCHE
Très inquiétant . . . . AFFOLANT
Très instructif . . . . ÉDIFIANT
Très intense . . . . CARABINÉ
Très joli . . . . RAVISSANT
Très lentement . . . . ÀPASDETORTUE
Très loin . . . . ÀPERPETTE
Très loin du bon sens . . . . ABERRATION
Très maigre . . . . DÉCHARNÉ
Très mal vêtu . . . . DÉPENAILLÉ
Très mauvais . . . . ABOMINABLE
Très mauvais pour la santé . . . . VÉNÉNEUX
Très mauvais pour l'embryon . . . . . TÉRATOGÈNE
Très méticuleux . . . . SCRUPULEUX
Très mince . . . . FILIFORME
Très mouillé . . . . RUISSELANT
Très moulant lorsque mouillé . . . . TEESHIRT
Très moyen . . . . PASSABLE
Très pâle . . . . EXSANGUE
Très pauvre . . . . INDIGENT, MISÉRABLE,
. . . . MISÉREUX, NÉCESSITEUX, VANUPIEDS
Très petit . . . . LILLIPUTIEN, MINUSCULE
Très petit chien d'agrément . . . . CHIHUAHUA
Très petite particule de matière . . . . . POUSSIÈRE
Très petite partie d'un corps . . . . PARTICULE
Très petite statuette . . . . FIGURINE
Très petit passereau . . . . OISEAUMOUCHE
Très peu . . . . PASBEAUCOUP
Très peu développé . . . . SUCCINCT
Très prochainement . . . . INCESSAMMENT
Très raffiné . . . . SOPHISTIQUÉ
Très rapide . . . . VERTIGINEUX
Très rapidement . . . . ÀTOUTEALLURE
Très rare . . . . EXCLUSIF, RARISSIME
Très remarquable . . . . FORMIDABLE
Très riche . . . . MILLIONNAIRE
Très rouge . . . . CRAMOISI, RUBICOND
Très rusé . . . . ROUBLARD
Tressaillir vivement . . . . TRESSAUTER
Très sale . . . . CRASSEUX, CRAPOTEUX
Très salé . . . . ÉGRILLARD
Très séduisant . . . . IRRÉSISTIBLE
Très simple . . . . ÉLÉMENTAIRE, LINÉAIRE
Très surprenant . . . . IMPROBABLE
Très vite . . . . . . ÀTOUTEALLURE, DAREDARE,
. . . . PRESTISSIMO, VENTREÀTERRE
Très vite, comme un oiseau . . . . . . ÀTIREDAILE
Très voyant . . . . TAPAGEUR, TAPEÀLŒIL
Treuil à axe horizontal . . . . GUINDEAU
Treuil servant à enrouler un câble . . . . DÉVIDOIR

Triangle qui peut sonner faux (MF) . . CACHESEXE
Tribunal des anciens Juifs . . . . SANHÉDRIN
Tricot fin en poil de chèvre . . . . CACHEMIRE
Trier de noùveau . . . . RECLASSER
Tringle pour y placer les outils . . . . . . RATELIER
Tripoter avec maladresse . . . . . TRIPATOUILLER
Triste maladie venue de l'extérieur (PD) . . . .
. . . . FRANCOPHOBIE
Tristesse causée par l'éloignement de son pays . . .
. . . . NOSTALGIE
Tristesse vague . . . . MÉLANCOLIE
Triturer avec les dents . . . . MÂCHONNER
Triturer des aliments . . . . MASTIQUER
Trois dizaines . . . . TRENTAINE
Troisième paupière des animaux . . . NICTITANTE
Troisième phase de la division cellulaire . . . .
. . . . ANAPHASE
Troisième point du jeu, au tennis . . . . QUARANTE
Trois œuvres liées . . . . TRILOGIE
Trois points en une partie . . . TOURDUCHAPEAU
Trois signes de croix en ligne . . . . TICTACTOE
Tromper dans ses espoirs . . . . . . DÉSAPPOINTER
Tromper en faussant la réalité . . . . . . MYSTIFIER
Tromperie calculée . . . . SUPERCHERIE
Trompette-de-la-mort . . . . CRATERELLE
Trompettiste de jazz . . GILLESPIE, MILESDAVIS
Trompettiste français . . . . MAURICEANDRÉ
Trop beau pour être vrai . . . . . MIROBOLANT
Trop dire . . . . RESSASSER
Trop extraordinaire pour être vrai . . SURNATUREL
Trop grosse quantité . . . . OVERDOSE
Trop minutieux . . . . TATILLON
Trop sensible . . . . DOUILLET
Trop sortir . . . . RESSASSER
Trop uniforme . . . . MONOTONE
Trou au golf . . . . NEUVIÈME
Trouble de la mémoire . . . . PARAMNÉSIE
Trouble de l'appétit . . . . DYSOREXIE
Trouble de la réfraction oculaire . . . . AMÉTROPIE
Trouble de la vue . . . . AMAUROSE, STRABISME
Trouble de l'écriture du langage . . . . . DYSLOGIE
Trouble du fonctionnement . . . . . DÉRÈGLEMENT
Trouble-fête . . . . RABATJOIE
Trouble important dans un groupe . . . .
. . . . DÉCHIREMENT
Trouble moral profond . . . . DÉSARROI
Troublé par des événements subits . . . .
. . . . MOUVEMENTÉ
Trouble psychique . . . . SCHIZOPHRÉNIE
Trouble qui perturbe un secteur d'activité . . . . . .
. . . . TURBULENCE
Troubler le fonctionnement . . . . DÉRÉGLER
Trou dans la chaussée, dans la rue . . NIDDEPOULE
Trou dans une pièce de fonderie . . . GRUMELURE
Trou dans un voile . . . . ŒILDEPIE
Troupe à cheval . . . . CAVALERIE
Troupe de gens masqués . . . . MASCARADE
Troupe d'enfants bruyants . . . . MARMAILLE
Troupe de partisans . . . . GUÉRILLA
Troupe de soldats . . . . BATAILLON
Troupe haute en couleurs . . . . COLONIALE
Troupe organisée . . . . MARÉCHAUSSÉE

Trouve de l'eau .... SOURCIER
Trouve les bons mots .... DIALECTICIEN
Trouver à force de recherches .... DÉNICHER
Trouvera les moyens de vous faire parler (PD) ....
.... TORTIONNAIRE
Trouver à redire .... RÉCRIMINER
Trouvera toujours la sortie .... DÉBROUILLARD
Trouver la réponse .... REMÉDIER, RÉSOUDRE
Trouver les bons mots .... RASSURER
Trouver l'identité de .... IDENTIFIER
Trouver par hasard sur son chemin ....
.... RENCONTRER
Trouver porte close .... SECASSERLENEZ
Trouver une réponse, une solution ... RÉSOUDRE
Trouve toujours à qui parler ...... POLYGLOTTE
Trouve toujours à redire .... ERGOTEUR
Tube creux pour lancer des projectiles ....
.... SARBACANE
Tube de prise de vues .... ICONOSCOPE
Tube de verre .... ÉPROUVETTE
Tube pour l'écoulement des eaux ... EXUTOIRE
Tube que l'on écoute à toutes les sauces, qui a un
succès fou .... RIGATONI
Tubercule comestible .... POMMEDETERRE,
.... TOPINAMBOUR
Tuberculose de la hanche .... COXALGIE
Tuer avec préméditation .... ASSASSINER
Tuer avec une arme .... DESCENDRE
Tuer quelqu'un : l'envoyer... .... ADPATRES
Tuer sauvagement .... MASSACRER
Tuer sur décision du tribunal .... EXÉCUTER
Tueur à gages .... SPADASSIN
Tumeur bénigne ..... PAPILLOME, XANTHOME
Tumeur cutanée .... MÉLANOME
Tumeur des méninges .... MÉNINGIOME
Tumeur des os ... OSTÉOSARCOME
Tumeur fibreuse de la peau ...... MOLLUSCUM
Tumeur formée par le sang épanché .. ANÉVRISME
Tumeur inflammatoire .... MYCÉTOME
Tumeur osseuse .... ÉNOSTOSE
Tumulus abritant des sépultures, en Russie ....
.... KOURGANE
Tunique sans manches .... GANDOURA
Tunique des sénateurs .... LATICLAVE
Turbine à gaz .... TURBORÉACTEUR
Turbomachine hydraulique ...... TURBOPOMPE
Tuyau qui dirige la flamme .... CHALUMEAU
Type à la recherche d'une bonne (MF) ....
.... HUMORISTE
Type de beauté .... PLASTIQUE
Type de chicorée scarole .... CORNETTE
Type divinement félicité .... BIENHEUREUX
Type dont le destin est sur la glace (MF) ....
.... ESQUIMAU
Type du séducteur cynique ...... LOVELACE
Type idéal pour nettoyer les planchers .. FROTTEUR
Type jugé en même temps qu'un autre ....
.... COACCUSÉ
Type qui a hâte de se séparer .... PÉQUISTE
Type qui aime voir le monde .... EXPLORATEUR
Type qui a l'air du diable .... ENSORCELÉ
Type qui a un appétit d'oiseau (MF) .. OISELEUR

Type qui critique tout .... ERGOTEUR
Type qui en a ramé un coup .... GALÉRIEN
Type qui est aux oiseaux .... OISELIER
Type qui gagne sa vie en faisant face à tout le monde
(MF) .... PORTRAITISTE
Type qui gagne sa vie sur un trapèze .. TRAPÉZISTE
Type qui maquille sa vraie nature ..... TRAVESTI
Type qui met du punch dans nos vies ....
.... HUMORISTE
Type qui met la main à la pâte .... BOULANGER
Type qui met son travail sur la glace d'un coup de
balai (MF) .... BROSSEUR
Type qui n'a pas les deux pieds dans la même bottine
.... UNIJAMBISTE
Type qui n'est pas sourd .... AUDITEUR
Type qui ne vous fait pas de cadeau si vous n'êtes pas
gentil .... PÈRENOËL
Type qui passe sa vie en cage (MF) .. DRESSEUR
Type qui rêve en couleurs .... UTOPISTE
Type qui se débarrasse de tous ses meubles ....
.... ÉBÉNISTE
Type qui se donne bien du mal .... MASOCHISTE
Type qui séjourne dans un lieu de villégiature .....
.... ESTIVANT
Type qui s'occupe des restes des autres ....
.... VIDANGEUR
Type qui supporte les autres .... TOLÉRANT
Type qui travaille pour sauver les meubles ....
.... ANTIQUAIRE
Type qui vit dans le passé .... HISTORIEN
Type qui voit plus loin que les autres (MF) ....
.... PRÉCURSEUR
Un archiduc y fut assassiné en 1914 .. SARAJEVO
Un art qui ne manque pas de caractères ....
.... CALLIGRAPHIE
Un athlète qui prend du poids (MH) ....
.... HALTÉROPHILE
Un Belge qui ne s'occupe pas de ses oignons (MH)
.... MÊLETOUT
Un bon coup de poing .... UPPERCUT
Un bon emploi .... SINÉCURE
Un bon endroit pour les confidences .. OREILLER
Un bon exemple .... SPÉCIMEN
Un bon petit goût .... REVENEZY
Un certain nombre .... PLUSIEURS
Un chien sachant chasser sans son maître ....
.... RETRIEVER
Un choix difficile .... ÉCARTÈLEMENT
Un choix où les dés sont souvent pipés ....
.... PLÉBISCITE
Un circuit, un triple, un double et un simple ....
.... CARROUSEL
Un coup à ne pas rester en place (PD) ....
.... CROCHEPIED
Un coup que l'on ne voit pas toujours venir ....
.... RÉPERCUSSION
Un coup qui va de bas en haut .... UPPERCUT
Un cri dans la nuit .... ULULATION
Un des chevaliers de la table ronde ... LANCELOT
Un des douze apôtres .... MATTHIEU
Un des États américains .... OKLAHOMA
Un des maîtres de l'école florentine .. ANGELICO

Un des martyrs canadiens .... JEANDEBRÉBEUF
Un des péchés capitaux .... GOURMANDISE
Un des pères de l'impressionnisme .... PISSARRO
Un des rois mages ... BALTHAZAR, MELCHIOR
Un des sacrements de l'Église catholique
.... CONFIRMATION
Un dirigeable, par exemple .... AÉROSTAT
Un don qui fait souvent illusion ...... UBIQUITÉ
Une aiguille dans un bras (MF) .. TOURNEDISQUE
Une armoire pour déplacer les armoires (MF) .....
.... DÉMÉNAGEUR
Une attitude qui ne tient pas debout (MH) ....
.... AGENOUILLEMENT
Une bonne fourchette .... USTENSILE
Une bonne volée .... BASTONNADE
Une carnivore .... ROSSOLIS
Une célèbre baleine .... MOBYDICK
Une certaine intensité .... AMPÉRAGE
Une confusion qui a beaucoup vieilli (PD) ....
.... BROUILLAMINI
Une des Antilles .... PORTORICO
Une des Antilles françaises .... DÉSIRADE
Une des cinq parties du monde ...... AMÉRIQUE
Une des îles d'un archipel français d'Amérique du
Nord .... MIQUELON
Une des îles Éoliennes .... STROMBOLI
Une des neuf muses .... CALLIOPE
Une des vedettes de «Autant en emporte le vent»
.... CLARKGABLE, VIVIANLEIGH
Une eau qui fait rajeunir .... JOUVENCE
Une entreprise qui tourne à plein régime (MH) ....
.... BANANERAIE
Une façon de passer .... INAPERÇU
Une façon de reprendre le problème .. RÉEXAMEN
Une façon de s'asseoir .... FACEÀFACE
Une femme .... UNETELLE
Une femme et un prénom pour transporter du liquide
(MH) .... DAMEJEANNE
Une fin à l'américaine ...... ÉLECTROCUTION
Une fois prise, il faut la tenir ..... RÉSOLUTION
Une fonction très pratique .... COPIECOLLER
Une force pleine de douceur ...... PERSUASION
Une grenouille .... RAINETTE
Une hirondelle l'est .... AIGREFIN
Une industrie très fragile (MH) .... VITRERIE
Une journée .... VINGTQUATREHEURES
Une jupe, par exemple .... VÊTEMENT
Une louche, par exemple .... USTENSILE
Une mère tenue responsable (MH) .... OISIVETÉ
Un empereur l'a fait construire ...... TAJMAHAL
Une Napolitaine, par exemple .... ITALIENNE
Un endroit bien branché .... CYBERCAFÉ
Un endroit où il y a de l'argent .... COFFREFORT
Un endroit où le sucre ne manque pas ....
.... CHOCOLATERIE
Un endroit où l'on risque de se perdre ....
.... LABYRINTHE
Un endroit plein de rebondissements (MH) ....
.... TRAMPOLINE
Une œuvre de Jansénius .... AUGUSTINUS
Une partie de la flotte américaine y fut détruite ....
.... PEARLHARBOUR

Une partie de l'automne, de l'année .. NOVEMBRE
Une petite folie .... ÉGAREMENT
Une réunion où l'on siffle .... BEUVERIE
Une pièce de théâtre, par exemple .. SPECTACLE
Une poudre magique .... PERLIMPINPIN
Une province canadienne .... MANITOBA
Une rencontre loin de la foule ...... TÊTEÀTÊTE
Un événement qu'il faut arroser ...... INCENDIE
Une vieillesse de cent ans .... CENTENAIRE
Une vraie bombe norvégienne (MF) .. OMELETTE
Une vraie tête de linotte .... ÉCERVELÉ
Un Français qui participa à la guerre de l'Indépen-
dance américaine .... LAFAYETTE
Un gars qui se déplace avec des polices (MF) .....
.... ASSUREUR
Un grand chez les blancs .... SANCERRE
Un groupe assez important .... CENTAINE
Un homme avec une queue de cheval .. CENTAURE
Un homme de droite qui peut se faire passer pour un
homme de gauche (MH) .... AMBIDEXTRE
Un homme de lettres .... ÉPISTOLIER
Un homme de terrain .... ARPENTEUR
Un homme riche .... MILLIONNAIRE
Uniformité ennuyeuse, lassante .... MONOTONIE
Un ingrédient de la moussaka ...... AUBERGINE
Un investissement qui rapporte ..... RETRIEVER
Union confédérale .... SÉNÉGAMBIE
Union de solidarité .... FRATERNITÉ
Union étroite de divers éléments .. COHÉRENCE
Unir en vue d'une action commune ... COALISER
Unir par syncope .... SYNCOPER
Unité atomique d'animaux .... MÉTAMÈRE
Unité de combat .... ESCADRILLE
Unité de compte qui équivaut à mille francs ......
.... KILOFRANC
Unité de force magnétomotrice ... AMPÈRETOUR
Unité de gestion de la terre .... SEIGNEURIE
Unité de l'armée de l'air .... ESCADRON
Unité de longueur .... MILLIMÈTRE
Unité de mesure d'angle solide ... STÉRADIAN
Unité militaire .... BATAILLON
Unité monétaire principale du Kenya .. SHILLING
Un jeu qui demande de la patience .. CASSETÊTE
Un mal qui touche les cochons ...... LADRERIE
Un mélange de blanc et de jaune (MH) ....
.... OMELETTE
Un milliardième de mètre .... NANOMÈTRE
Un million de billions .... TRILLION
Un million de hertz .... MÉGAHERTZ
Un mot qui fait du bruit ...... ONOMATOPÉE
Un pastis, par exemple .... APÉRITIF
Un pays où s'installer (MH) .... ELDORADO
Un petit pot qui accompagne les saucisses ....
.... MOUTARDIER
Un petit qui deviendra grand .... GIRAFEAU
Un petit verre d'eau-de-vie au milieu du repas ....
.... TROUNORMAND
Un petit verre qui ne fait pas de mal ... LENTILLE
Un peu acide .... CITRONNÉ
Un peu d'eau-de-vie .... RINCETTE
Un peu de beurre .... NOISETTE
Un peu de calmar .... VENTOUSE

Un peu de veau . . . . ESCALOPE
Un peu d'orange . . . . QUARTIER
Un peu élastique . . . . RÉNITENT
Un peu fou . . . . BRINDEZINGUE
Un peu hésitant . . . . RÉTICENT
Un peu ivre . . . . POMPETTE
Un peu maniaque . . . . MINUTIEUX
Un peu mouiller . . . . HUMECTER
Un peu pâle . . . . PÂLICHON
Un peu partout . . . . ÉPARPILLÉ
Un peu partout au pied du sapin . . . . . FIGURINES
Un peu snob . . . . SNOBINARD
Un peu strident . . . . STRIDULEUX
Un peu (un…) . . . . TANTINET
Un plat qui se mange froid . . . . . . VENGEANCE
Un plus pour l'emporter . . . . SURENCHÈRE
Un poil . . . . NANOMÈTRE
Un poisson avec de gros yeux . . . . ANABLEPS
Un quartier de Montréal . . . . PETITEITALIE
Un regard qui en dit long . . . . ŒILLADE
Un rien peut lui faire peur . . . . TREMBLEUR
Un rongeur qui fait des vols planés . . ANOMALURE
Un sacré numéro . . . . OLIBRIUS
Un sacré voyage . . . . PÈLERINAGE
Un seul suffit s'il est bon . . . . TOURNEMAIN
Un signe de moins . . . . NÉGATION
Un surplace . . . . ÉCARTÈLEMENT
Un tel . . . . TARTEMPION
Un temps fort long . . . . ÉTERNITÉ
Un tiers qui fait une différence (MF) . . ADULTÈRE
Un travail qui risque de faire bâiller (PD) . . . .
. . . . CARPICULTURE
Un tsunami en cause un . . . . DÉSASTRE
Un vêtement qu'on ne met pas soi-même . . . .
. . . . CAMISOLEDEFORCE
Un vieux qui a l'air tout neuf (MF) . . . .
. . . . NONAGÉNAIRE
Un voisin de derrière . . . . ULTÉRIEUR
Un vrai bébé . . . . NOURRISSON
Un vrai maniaque . . . . VÉTILLEUX
Un vrai paquet d'os . . . . OSSUAIRE
Usage abusif . . . . MÉSUSAGE
User de faux-fuyants . . . . TERGIVERSER
User de ruse, de subterfuges . . . . FINASSER
User de son nez . . . . ENQUÊTER
User d'ironie . . . . IRONISER
Usine de boisson . . . . RHUMERIE
Usine de constructions aéronautiques . . . .
. . . . AVIONNERIE
Usine où l'on fabrique le fil . . . . FILATURE
Usine où l'on fabrique une boisson . . . . CIDRERIE
Usine où l'on prépare la bière . . . . . . MALTERIE
Usine pour la transformation des grains . . . .
. . . . MEUNERIE
Usine qui produit du courant électrique . . . .
. . . . CENTRALE
Usiner de nouveau . . . . RÉALÉSER
Ustensile à deux branches . . . . PINCETTE
Ustensile conique . . . . ENTONNOIR
Ustensile creux . . . . RÉCIPIENT
Ustensile de cuisine . . . CASSEROLE, FRITEUSE,
. . . . LÈCHEFRITE, MOUSSOIR

Ustensile de nettoyage . . . . BROSSEÀDENTS
Ustensile de pêche en mer . . . . TURLUTTE
Ustensile de table . . FOURCHETTE, POIVRIÈRE
Ustensile pour arroser . . . . ARROSOIR
Ustensile pour broyer les aliments . . . .
. . . . MASTICATEUR
Ustensile pour manger la soupe . . . . . CUILLÈRE
Usure par frottement . . . . ABRASION
Utile après le repas . . . . CUREDENT
Utile au jardinier . . . . ARROSOIR
Utile en bijouterie . . . . PIERRERIE
Utile en chemin . . . . ODOMÈTRE
Utile en cuisine . . . . GÉLATINE
Utile pour partir le matin, au froid . . . .
. . . . CHAUFFEMOTEUR
Utilisation de la chaleur produite par un bistouri . . .
. . . . DIATHERMIE
Utilisation d'une langue incompréhensible . . . .
. . . . GLOSSOLALIE
Utilisation d'un mot dans un sens qu'il n'a pas . . . .
. . . . BARBARISME
Utilisée pour dissimuler l'âge véritable . . TEINTURE
Utilisé par l'illusionniste . . . . TRUQUAGE
Utiliser mal à propos . . . . GALVAUDER
Utiliser pour la première fois . . . . ÉTRENNER
Utiliser une tarte . . . . ENTARTER
Va à la chasse . . . . ÉPAGNEUL
Va au pas . . . . CAVALIER
Va au pied . . . . CHAUSSURE
Va avoir du mal à émerger . . . . . . VASOUILLARD
Vacance judiciaire . . . . VACATION
Vaccin antivariolique . . . . JENNÉRIEN
Vaccin contre le venin du serpent . . . . ANAVENIN
Vaccin en suspension dans un liquide gras . . . .
. . . . LIPOVACCIN
Vacciner de nouveau . . . . REVACCINER
Vaccin obtenu par culture . . . . AUTOVACCIN
Va chaque jour au parc . . . . AMAREYEUR
Vachement frapper . . . . ENCORNER
Va de bas en haut . . . . JARRETELLE
Va de bas en haut et de haut en bas . . TESSITURE
Va disparaître avec le temps . . . . . . ÉVANESCENT
Va du tube à la brosse . . . . DENTIFRICE
Va-et-vient . . . . BALANCEMENT
Va finir par poser des problèmes à la ligne (PD) . . .
. . . . GRIGNOTEMENT
Vagabond parcourant les chemins . . CHEMINEAU
Vague à l'âme . . . . NEURASTHÉNIE
Vaincre complètement . . . . TERRASSER
Vain propos . . . . CALEMBREDAINE
Vainqueur de la bataille des plaines d'Abraham . . .
. . . . JAMESWOLFE
Vaisseau spatial . . . . . . ASTRONEF, SPATIONEF
Valeur ajoutée . . . . APPRÉCIATION
Valeur morale . . . . MORALITÉ
Valve utilisée pour alimenter des tubes . . . .
. . . . KÉNOTRON
Vanité tirée de petites choses . . . . GLORIOLE
Vanter exagérément . . . . SURFAIRE
Va-nu-pieds . . . . INDIGENT, MISÉRABLE,
. . . MISÉREUX, NÉCESSITEUX, TRÈSPAUVRE
Va plus loin que la demande . . . . . ULTRAPETITA

Vaporeusement couvrir . . . . ENNUAGER
Variable dont la valeur n'est précisée qu'à l'exécution du programme . . . . PARAMÈTRE
Variante d'une langue . . . . DIALECTE
Variation continuelle successive en sens contraire . . . . FLUCTUATION
Variation du niveau des océans . . . . EUSTATISME
Varice des veines de l'anus . . . . . . HÉMORROÏDE
Variété d'armoise . . . . ABSINTHE
Variété de bananier . . . . PLANTAIN
Variété de cépage blanc . . . . RIESLING
Variété de feldspath . . . . ANDÉSITE
Variété de fève . . . . FÉVEROLE
Variété de jade . . . . NÉPHRITE
Variété de luzerne . . . . LUPULINE
Variété de mésange . . . . NONNETTE
Variété de petite olive . . . . PICHOLINE
Variété de pomme . . . . RAINETTE
Variété de prune . . . . QUETSCHE
Variété d'érable . . . . SYCOMORE
Variété de silice . . . . CALCÉDOINE
Variété de thym . . . . SERPOLET
Variété d'hibiscus . . . . AMBRETTE
Variété d'orge commune . . . . PAUMELLE
Variété régionale d'une langue . . . . . . DIALECTE
Vase à eau bénite . . . . BÉNITIER
Vase ayant servi à Jésus . . . . SAINTGRAAL
Vase dans lequel on sert des sauces . . . SAUCIÈRE
Vase décoratif . . . . CACHEPOT
Vase des Anciens . . . . AIGUIÈRE
Vase de terre poreuse . . . . ALCARAZAS
Vaste étendue de terre . . . . CONTINENT
Vaste immeuble . . . . BUILDING
Vaste paysage . . . . PANORAMA
Vaste région des États-Unis . . . . . . MIDDLEWEST
Vastes carrières servant de prison à Syracuse . . . . LATOMIES
Va sûrement vous dégoûter . . . . NAUSÉEUX
Va-t-elle détruire notre beau paysage ? . . . . ÉOLIENNE
Va tromper tout le monde . . . . . FRAUDULEUX
Vautour des régions méditerranéennes . . . . PERCNOPTÈRE
Vaut un milliardième de mètre . . . . NANOMÈTRE
Va vous mettre dans l'embarras . . . . PERPLEXITÉ
Veau, oignons, tomates et un peu de vin blanc . . . . OSSOBUCO
Vedette de « À l'est d'Éden » . . . . . . JAMESDEAN
Vedette de « Autant en emporte le vent » . . . . CLARKGABLE
Vedette « Des Aventures de rabbi Jacob » . . . . LOUISDEFUNÈS
Vedette du Cotton Club . . . . ELLINGTON
Vedette symbolisant l'idéal sexuel . . SEXSYMBOL
Vedette très célèbre . . . . SUPERSTAR
Végétal à chapeau (MH) . . . . CHAMPIGNON
Végétal à chatons . . . . AMENTACÉE
Végétation de sous-bois . . . . BROUSSAILLE
Véhicule à deux roues . . . . CHARRETTE
Véhicule à une ou deux roues . . . . . . BROUETTE
Véhicule du personnel des chemins de fer . . . . DRAISINE

Véhicule expérimental à coussin d'air . . . . AÉROTRAIN
Véhicule hippomobile . . . . CARROSSE
Véhicule hivernal muni de patins . . . . TRAÎNEAU
Véhicule qui progresse de lui-même . . . . AUTOMOBILE
Véhicule sans moteur . . . . REMORQUE
Véhicule servant de bibliothèque . . . . BIBLIOBUS
Véhicule spatial . . . . ASTRONEF
Veille à la conservation du gibier . . . . GARDECHASSE
Veille du premier novembre . . . . . . HALLOWEEN
Vélo à trois roues . . . . TRICYCLE
Vélo pour trois . . . . TRIPLETTE
Vélo sans pédales . . . . DRAISIENNE
Velue, mordante et peu sympathique . . TARENTULE
Vend ce qu'il faut pour mieux voir . . . . LUNETIER
Vend des boutons . . . . FLEURISTE
Vend des livres de poche . . . . LIBRAIRE
Vend des sucreries . . . . CONFISEUSE
Vend des verres . . . . OPTICIEN
Vendeur de livres d'occasion . . . . . BOUQUINISTE
Vendeuse de poissons . . . . HARENGÈRE
Vendre à perte . . . . SACRIFIER
Vendre au détail ce qu'on a acheté . . . REVENDRE
Vendre des marchandises à bas prix . . . LIQUIDER
Vendre hors du pays . . . . EXPORTER
Vendre rapidement à bas prix . . . . . . BAZARDER
Vénération superstitieuse . . . . FÉTICHISME
Vengeance corse . . . . VENDETTA
Venge les innocents . . . . JUSTICIER
Venir après . . . . SUCCÉDER
Venir au monde . . . . VOIRLEJOUR
Venir avant . . . . DEVANCER
Venir avec . . . . ACCOMPAGNER
Venir de l'étranger . . . . IMMIGRER
Venir d'en haut . . . . DESCENDRE
Venir en abondance . . . . PLEUVOIR
Venir en aide . . . . SECONDER, SECOURIR
Venir en courant, en hâte . . . . ACCOURIR
Venir près de quelqu'un . . . . APPROCHER
Venir se briser, en parlant des vagues . . DÉFERLER
Venir se fixer à l'étranger . . . . IMMIGRER
Vente publique de marchandises d'occasion . . . . BRADERIE
Vent glacial . . . . BLIZZARD
Vent originaire du Sahara . . . . HARMATTAN
Vent qui souffle en tournoyant . . . . TOURBILLON
Vent qui souffle sur la Corse . . . . LIBECCIO
Ventre à terre . . . . ÀTIREDAILE,
. . . . ÀTOUTEALLURE, DAREDARE,
. . . . PRESTISSIMO, TRÈSVITE
Venue au monde . . . . NAISSANCE
Venue inopinée . . . . SURVENUE
Vénus, Mars, Jupiter en sont . . . . PLANÈTES
Ver à pouvoir de régénération . . . . . . PLANAIRE
Verbosité intarissable . . . . LOGORRHÉE
Ver brillant . . . . ÉMERAUDE
Ver de l'embranchement des annélides . . . . ARÉNICOLE
Ver de terre . . . . VERMISSEAU
Verger d'orangers . . . . ORANGERAIE

Vérification de faits .... RECOUPEMENT
Vérification des objets lors d'une saisie-exécution
.... RÉCOLEMENT
Vérification d'un texte d'après les manuscrits .....
.... RECENSION
Vérifier à l'arrivée .... RÉCEPTIONNER
Vérifier comme il faut .... INSPECTER
Vérifier les qualités .... ÉPROUVER
Vérifier une mesure .... ÉTALONNER
Vérité de la Palice .... ÉVIDENCE
Vérité d'une évidence niaise ..... LAPALISSADE
Vérités, faussetés et rumeurs ..... COMMÉRAGE
Ver luisant .... CICINDÈLE
Ver marin .... TÉRÉBELLE
Vernir la porte .... VERNISSER
Ver parasite .... ASCARIDE
Ver parasite de l'intestin du porc ...... TRICHINE
Ver plat d'eau douce .... PLANAIRE
Verra-t-elle son ombre aujourd'hui ? .. MARMOTTE
Verre de contact, taillé .... LENTILLE
Verre de contact (MF) .... APÉRITIF
Verre de sécurité .... PLEXIGLAS
Verre de terre .... MAZAGRAN
Vers de douze syllabes .... ALEXANDRIN
Verser de l'argent .... DÉBOURSER
Verser de nouveau .... REVERSER
Verset qui se chante .... ANTIENNE
Vers la gauche .... SÉNESTRE
Vers le passé .... ENARRIÈRE
Vertébré aquatique .... LAMPROIE
Vertébré qui a deux paires de membres ....
.... TÉTRAPODE
Vert émeraude .... SMARAGDIN
Vertu qui consiste, qui pousse à pardonner ....
.... CLÉMENCE, MISÉRICORDE
Vertu supérieure propre au héros ..... HÉROÏSME
Verve populaire moqueuse .... GOUAILLE
Ver vivant dans l'appareil circulatoire .. BILHARZIE
Vésicule artificielle .... LIPOSOME
Vesse-de-loup .. CHAMPIGNON, LYCOPERDON
Veste de cérémonie .... JAQUETTE
Veste de toile .... SAHARIENNE
Veste en duvet .... DOUDOUNE
Veste en peau de mouton .... TOULOUPE
Vestibule dans le pavillon (PD) ...... UTRICULE
Vêtement à longues jambes .... PANTALON
Vêtement ample .... CACHEMISÈRE
Vêtement collant d'une seule pièce ....
.... JUSTAUCORPS
Vêtement court .... CAMISOLE
Vêtement de bébé .. BARBOTEUSE, BRASSIÈRE
Vêtement de coupe réglementaire .... UNIFORME
Vêtement d'église .... CHASUBLE
Vêtement de travail constitué d'un pantalon ....
.... SALOPETTE
Vêtement de travail en toile .... TREILLIS
Vêtement d'homme .... REDINGOTE
Vêtement d'intérieur .... PEIGNOIR
Vêtement d'intérieur féminin ..... DÉSHABILLÉ
Vêtement du Maghreb .... DJELLABA
Vêtement en lambeaux .... GUENILLE
Vêtement en tricot .... CHANDAIL

Vêtement féminin .... CORSELET
Vêtement léger .... CHEMISETTE
Vêtement liturgique .... CHASUBLE
Vêtement masculin .... PARDESSUS
Vêtement porté sur une tenue négligée ....
.... CACHEMISÈRE
Vêtement protecteur .... COUPEVENT
Vêtement qui ne laisse pas passer l'eau ....
.... IMPERMÉABLE
Vêtement réglementaire .... UNIFORME
Vêtement ridicule .... DÉFROQUE
Vêtement sale .... GUENILLE
Vêtement sans manches .... PÈLERINE
Vêtements qu'emporte une fille qui se marie ......
.... TROUSSEAU
Vêtements que presque toutes les femmes ont (MF)
.... RIENÀMEMETTRESURLEDOS
Vétérinaire qui s'occupe des chevaux ... HIIPIATRE
Vêtu de loques .... LOQUETEUX
Veuve noire .... ARAIGNÉE
Viande coupée en morceaux ..... FRICASSÉE
Viande de porc .. COCHONNAILLE, RILLETTES
Viande grillée .... GRILLADE
Viande séchée .... PEMMICAN
Vibration acoustique, sonore .... ULTRASON
Vice de prononciation ..... BÉGAIEMENT,
.... BLÈSEMENT, CHUINTEMENT,
.... ZÉZAIEMENT
Vice versa .... RÉCIPROQUEMENT
Victime de la listériose .... FROMAGER
Victime de la malbouffe ...... GRASSOUILLET
Victime des paparazzis .... MITRAILLÉ
Victime d'une baisse brutale ..... GRELOTTANT
Victoire d'Augereau .... MILLESIMO
Vider son cœur et sa tête .... ÉVISCÉRER
Vider un réservoir .... VIDANGER
Vie austère .... ASCÉTISME
Vie de parasite .... PARASITISME
Vie d'ermite .... SOLITUDE
Vie d'une personne .... BIOGRAPHIE
Vie facile et oisive .... DOLCEVITA
Vie future .... ÉTERNITÉ
Vieil avare .... FESSEMATHIEU
Vieillard respectable .... PATRIARCHE
Vieille découverte .... NÉANDERTAL
Vieille femme laide, méchante et médisante ....
.... SORCIÈRE
Vieille femme russe .... BABOUCHKA
Vieille habitude .... TRADITION
Vieillesse extrême .... DÉCRÉPITUDE
Vieille voiture ..... GUIMBARDE, TEUFTEUF
Vieillissement de l'organisme ..... SÉNESCENCE
Vieillissement pathologique précoce .. SÉNILISME
Viennent avec le conjoint, avec le mariage ....
.... BEAUXPARENTS
Vient à propos .... OCCASION
Vient en aide .... FACILITATION
Vient généralement avec le temps ..... SÉRÉNITÉ
Vie privée .... INTIMITÉ
Vierge chasseresse grecque .... ATALANTE
Vieux avant de l'être .... OBSOLÈTE
Vieux cordonnier .... SAVETIER

Vieux et proche de la ruine .... VERMOULU
Vieux papiers .... ARCHIVES
Vieux sanglier .... SOLITAIRE
Vieux signe égyptien .... HIÉROGLYPHE
Vif accès de colère .... EMPORTEMENT
Vif et enjoué .... SÉMILLANT
Vif et malicieux .... ESPIÈGLE
Vif intérêt .... ATTIRANCE
Vif regret .... REPENTIR
Vigne redevenue sauvage .... LAMBRUCHE
Vignette placée à la fin d'un chapitre ....
.... CULDELAMPE
Vignoble de la Côte-d'Or ...... MONTRACHET
Vignoble du Médoc .... CHÂTEAULAFITE
Vigueur sexuelle .... VIRILITÉ
Vilaine entaille .... ESTAFILADE
Vilaine tache sur un document ... ROUSSISSURE
Vilain petit canard .... MOUTONNOIR
Vile dénonciation .... MOUCHARDAGE
Village cri .... EASTMAIN
Village du Québec (Les) .... ESCOUMINS
Ville américaine détruite en 1906 par un séisme ...
.... SANFRANCISCO
Ville américaine sur le lac Érié .... CLEVELAND
Ville au nord de Montréal ...... SAINTJÉRÔME
Ville bâtie sur des îlots .... AMSTERDAM,
.... STOCKHOLM
Ville canadienne .... EDMONTON
Ville-centre .... CAPITALE
Ville d'Alberta .... LETHBRIDGE
Ville d'Allemagne .... BADENBADEN,
...... COBLENCE, EISENACH, FRANCFORT
Ville d'Angleterre .... EASTBOURNE,
.... LIVERPOOL, SOUTHAMPTON
Ville d'Australie .... MELBOURNE
Ville d'Autriche .... INNSBRUCK, SALZBOURG
Ville de Californie .... BEVERLEYHILLS
Ville de Catalogne .... BARCELONE
Ville de Chine .... OUROUMTSI
Ville de France ... ALBERTVILLE, BORDEAUX,
.. BOULOGNE, BRIANÇON, CARCASSONNE,
... CHAMONIX, LAROCHELLE, MARSEILLE,
.... MONTPELLIER, PERPIGNAN,
.... SAINTÉTIENNE, SAINTNAZAIRE,
.... SAINTTROPEZ, TOULOUSE
Ville de France, dans les Alpes ...... GRENOBLE
Ville de Géorgie .... SAVANNAH
Ville d'Égypte .... ALEXANDRIE
Ville de la banlieue de Montréal ... OUTREMONT
Ville de la Colombie-Britannique ....
.... PRINCEGEORGE, VANCOUVER
Ville de la Côte-Nord .... SEPTÎLES
Ville de la Montérégie .... LONGUEUIL,
.... VARENNES
Ville de Lanaudière .... LACHENAIE,
.... MASCOUCHE, TERREBONNE
Ville de la Nouvelle-Écosse ...... DARTMOUTH
Ville de la région de Charlevoix ....
.... BAIESAINTPAUL
Ville de la Saskatchewan .... MOOSEJAW
Ville de l'Égypte ancienne .... HÉLIOPOLIS
Ville de l'Italie ancienne .... HERCULANUM

Ville de Louisiane .... BÂTONROUGE
Ville de Mésopotamie .... BABYLONE
Ville de Russie .... IOCHKAROLA
Ville des basses Laurentides .... ROSEMÈRE
Ville des Cantons de l'Est ...... SHERBROOKE
Ville des États-Unis .... ALLENTOWN,
.... LOSANGELES, WASHINGTON
Ville des États-Unis fondée par William Penn .....
.... PHILADELPHIE
Ville de Sicile .... TAORMINA
Ville d'Espagne .... ALBACETE
Ville des Pays-Bas .... AMSTERDAM
Ville de Suède .... STOCKHOLM
Ville de Turquie .... ISTANBUL
Ville d'Israël ...... BEERSHEBA, JÉRUSALEM
Ville d'Italie .... BRINDISI, FLORENCE
Ville du Bas Saint-Laurent .... RIMOUSKI
Ville du Brésil .... IPATINGA
Ville du Canada ...... HAMILTON, VICTORIA,
.... WINNIPEG
Ville du centre du Canada .... SASKATOON
Ville du Chili .... SANTIAGO
Ville du Japon .... ICHIKAWA
Ville du Liban ..... BEYROUTH, BAALBECK
Ville du Mali .... TOMBOUCTOU
Ville du Maroc .... MARRAKECH
Ville du Maryland .... BALTIMORE
Ville du Nouveau-Brunswick .... FREDERICTON
Ville du New-Jersey .... ATLANTICCITY
Ville du Portugal .... LISBONNE
Ville du Québec .. CHIBOUGAMAU, LAPRAIRIE,
.. LEGARDEUR, MONTLAURIER, PINCOURT,
.... ROUGEMONT, SAINTBRUNO,
.... SAINTEJULIE, TROISRIVIÈRES
Ville du Québec fondée en 1642 .... MONTRÉAL
Ville du Québec située dans le Bas-Saint-Laurent ...
.... LAPOCATIÈRE
Ville du Québec sur le lac Saint-Jean .. ROBERVAL
Ville du Québec sur le Saint-Maurice ....
.... SHAWINIGAN
Ville du Québec sur l'estuaire du Saint-Laurent ....
.... LAMALBAIE
Ville du Venezuela .... MARACAIBO
Ville en banlieue de Toronto ..... MISSISSAUGA,
.... SCARBOROUGH
Ville natale de Martin Luther ...... EISLEBEN
Ville où sont des troupes .... GARNISON
Ville portuaire du Pérou .... TRUJILLO
Ville près d'Ottawa .... GATINEAU
Ville principale .... MÉTROPOLE
Ville sainte de Palestine .... JÉRUSALEM
Ville universitaire du Québec ..... MONTRÉAL,
.... SHERBROOKE
Ville voisine de Montréal .... WESTMOUNT
Vin blanc .... MUSCADET, RIESLING
Vin blanc du Roussillon .... RIVESALTES
Vin blanc liquoreux .... SAUTERNES
Vin blanc mousseux .... BLANQUETTE,
.... CHAMPAGNE
Vin blanc mousseux du Midi ...... CLAIRETTE
Vin blanc suisse .... SYLVANER
Vin de Bourgogne rouge .... MERCUREY

Vin de Jerez . . . . MANZANILLA
Vin du Beaujolais . . JULIANAS, MOULINAVENT
Vin d'un cru du Beaujolais . . . . . SAINTAMOUR
Vingt-quatre heures sur vingt-quatre . . . .
. . . . NUITETJOUR
Vin italien . . . . VALPOLICELLA
Vin liquoreux d'Espagne . . . . ALICANTE
Vin rouge . . . . CORBIÈRES
Vin rouge de Bourgogne . . . . CHAMBERTIN
Vin rouge léger italien . . . . BARDOLINO
Violation d'un lieu saint . . . . PROFANATION
Violence extrême . . . . FÉROCITÉ
Violences que l'on fait subir à un ennemi . . . .
. . . . REPRÉSAILLES
Violent accès de colère . . . . COUPDESANG
Violent courant sous-marin . . . . TURBIDITÉ
Violent ébranlement physique . . . . . COMMOTION
Violente douleur morale . . . . TOURMENTE
Violente explosion . . . . DÉFLAGRATION
Violente secousse psychologique . . . .
. . . . ÉLECTROCHOC
Violente tempête . . . . TOURMENTE
Violent excitant . . . . NICOTINE
Violer le caractère sacré d'un lieu . . . . PROFANER
Violer son serment (se) . . . . PARJURER
Violoniste du village . . . . MÉNÉTRIER,
. . . . VIOLONNEUX
Violoniste italien . . . . LOCATELLI
Violoniste italien d'une grande virtuosité . . . .
. . . . PAGANINI
Violon italien . . . . STRADIVARIUS
Virage avec skis parallèles . . . . CHRISTIANA
Virus en forme de bâtonnet . . . BACTÉRIOPHAGE
Visage d'enfant . . . . FRIMOUSSE
Vis-à-vis . . . . ÀLOPPOSÉ
Viscère abdominal . . . . INTESTIN
Viscères et boyaux . . . . ENTRAILLES
Vise à augmenter les forces . . . . FORTIFIANT
Vise à renverser le pouvoir . . . . . INSURRECTION
Viser d'un œil . . . . BORNOYER
Visite surprise . . . . REVENANT
Vis ou as . . . . MANILLON
Vitamine B1 . . . . THIAMINE
Vitamine B2 . . . . LACTOFLAVINE
Vit aux dépens des autres . . . . PARASITE
Vit aux dépens des filles publiques . . SOUTENEUR
Vit dans le bois . . . . LIGNICOLE
Vit dans un autre monde . . . . IRRÉALISTE
Vite fait . . . . GROSSIER
Vite fait, vite pris . . . . CASSECROÛTE
Vit en communauté . . . . CÉNOBITE
Vitesse supérieure à la vitesse normale . . . .
. . . . SURVITESSE
Vit peut-être à Jérusalem . . . . ISRAÉLIEN
Vit peut-être à Boston . . . . AMÉRICAIN
Vit peut-être à Oran . . . . ALGÉRIEN
Vit peut-être en France . . . . EUROPÉEN
Vitrail de grande dimension . . . . VERRIÈRE
Vivacité et énergie dans l'action . . . . . . ACTIVITÉ
Vivacité gaie . . . . ALACRITÉ
Vivacité turbulente . . . . PÉTULANCE
Vivant et coloré . . . . PITTORESQUE

Vive approbation . . . . BRAVISSIMO
Vive contrariété . . . . TRIBULATION
Vive controverse publique . . . . POLÉMIQUE
Vive discussion . . . . ALTERCATION
Vive opposition . . . . DISSENSION
Vivier à anguilles . . . . ANGUILLÈRE
Vivre au-dessus de ses moyens (s') . . . ENDETTER
Vivre aux dépens des autres . . . . PARASITER
Vivre en bon accord . . . . COUSINER
Vivre en nomade . . . . NOMADISER
Vivre sous l'occupation . . . . SQUATTER
Vocalisation spontanée . . . . BABILLAGE
Vodka et jus de tomate . . . . BLOODYMARY
Voie d'eau dans une toiture . . . . GOUTTIÈRE
Voie de circulation autour d'une ville . . . .
. . . . PÉRIPHÉRIQUE
Voie de fait . . . . . . BATAILLE, ESCARMOUCHE
Voie de recours . . NÉCESSITÉ, RÉTRACTATION
Voie secondaire . . . . DIVERTICULE
Voie urbaine . . . . BOULEVARD
Voile blanc . . . . CIRROSTRATUS
Voile carrée . . . . GRANDVOILE
Voile haute . . . . PERROQUET
Voilé par des vapeurs . . . . VAPOREUX
Voilier à deux mâts . . . BRIGANTIN, GOÉLETTE
Voilier à trois coques . . . . TRIMARAN
Voir de façon fugitive . . . . APERCEVOIR
Voir de près . . . . EXAMINER
Voir rapidement . . . . ENTREVOIR
Voisinage désagréable . . . . PROMISCUITÉ
Voisinage immédiat . . . . PROXIMITÉ
Voisin de l'abeille . . . . ÉRISTALE
Voisin de la gélinotte . . . . LAGOPÈDE
Voisin du babouin . . . . MANDRILL
Voisin du dauphin . . . . MARSOUIN
Voisine de l'anguille . . . . LAMPROIE
Voisine du thym . . . . SARRIETTE
Voit mieux de loin . . . . PRESBYTE
Voiture à deux roues . . . . CHARRETTE
Voiture aménagée en maison . . . . ROULOTTE
Voiture automotrice sur rail . . . . AUTORAIL
Voiture de charge . . . . TOMBEREAU
Voiture de luxe . . . . LIMOUSINE
Voiture de dépannage . . . . DÉPANNEUSE
Voiture dont le chauffeur n'est pas assis . . . .
. . . . POUSSETTE
Voiture hippomobile . . . LIMONIÈRE, VICTORIA
Voiture se déplaçant sur un rail . . . . . MONORAIL
Voix de femme . . . . MEZZOSOPRANO
Voix de femme aiguë . . . . COLORATURE
Voix donnée aux élections . . . . SUFFRAGE
Voix masculine . . . . HAUTECONTRE
Voix peu mélodieuse . . . . CASSEROLE
Volait il y a très longtemps . . . . PTÉRODACTYLE
Vol à très basse altitude . . . . RASEMOTTES
Vol-au-vent . . . . FEUILLETÉ
Volcan actif aux États-Unis . . . SAINTHELENS
Volcan de la Guadeloupe (la) . . . . . . SOUFRIÈRE
Volcan des Philippines . . . . PINATUBO
Volcan du Mexique . . . . PARICUTIN,
. . . . POPOCATÉPETL
Vole bruyamment . . . . HANNETON

Volée de coups .. BASTONNADE, DÉROUILLÉE
Vol effectué par un avion .... RASEMOTTES
Vol effronté .... PIRATERIE
Vole le bec ouvert .... ENGOULEVENT
Vole près de l'eau (MH) ... ÉCUMEURDESMERS
Voler à quelqu'un ses effets ...... DÉTROUSSER,
.... DÉVALISER
Voler au-dessus .... SURVOLER
Voler avec adresse .... FILOUTER
Voler dans les jardins .... MARAUDER
Voler de l'argent à quelqu'un .... DÉLESTER
Voler des choses de peu de valeur .. CHAPARDER
Voler en battant des ailes .... VOLTIGER
Voler une place .... DÉTRÔNER
Voleur à la tire .... PICKPOCKET
Voleur de fruits .... MARAUDEUR
Volonté de commettre une infraction .. TENTATIVE
Volonté d'expansion .... IMPÉRIALISME
Volonté faible, hésitante .... VELLÉITÉ
Volte-face .... CONVERSION, PIROUETTE,
.... REVIREMENT
Volume plus ou moins important ...... GROSSEUR
Vomissement de sang .... HÉMATÉMÈSE
Vont aux pieds .... MOCASSINS
Vont aux urnes .... ÉLECTEURS
Vont et viennent quand il pleut .. ESSUIEGLACES
Votre père l'a transmis à votre mère ....
.... SPERMATOZOÏDE
Voué à l'échec .... SUICIDAIRE
Vouloir dire .... SIGNIFIER
Vouloir en savoir un peu plus ...... APPRENDRE
Vous aide à faire mieux .... STIMULANT
Vous embarque dans de drôles aventures (PD) .....
.... SUBCONSCIENT
Vous entrez dans ses comptes ... RECENSEMENT
Vous en verrez plus d'une à Cap-Chat .. ÉOLIENNE
Vous fait passer au rouge .... ÉRÉSIPÈDE
Vous frappe brutalement .... SAISISSANT
Vous laisse de glace .... RÉFRIGÉRANT
Vous met dans l'embarras .... PERPLEXITÉ
Vous met dans un sale état .... NÉCESSITÉ
Vous ne le supportez pas longtemps ....
.... EXASPÉRANT
Vous pousse à agir .... INCITATIVE
Vous pouvez compter dessus en cas d'oubli ......
.... SOUFFLEUR
Vous prend à la gorge ...... COQUELUCHE
Voûte céleste étoilée .... FIRMAMENT
Voyage à travers un pays .... TRAVERSÉE
Voyage au loin .... PÉRÉGRINATION
Voyage d'agrément sur un paquebot .. CROISIÈRE
Voyage d'exploration .... EXPÉDITION
Voyage en faisant de l'exercice .... CYCLISTE
Voyage fait dans un esprit de piété .. PÈLERINAGE
Voyager beaucoup .... BOURLINGUER
Voyager dans la fiction .... IMAGINER
Voyager en transit .... TRANSITER
Voyager sur la mer, dans les airs ..... NAVIGUER
Vraiment énorme .... DÉMESURÉ
Vraiment pas banal, pas courant ..... RARISSIME
Vraiment pas chic .... INÉLÉGANT
Vraiment pas convaincu .... PERPLEXE

Vraiment pas déprimant .... EXALTANT
Vraiment pas gros .... MAIGRELET
Vraiment pas lourd .... ULTRALÉGER
Vue circulaire, vue d'ensemble ..... PANORAMA
Vue de l'esprit .... ABSTRACTION
Wiener l'était .... MATHÉMATICIEN
Y a de la joie .... ALACRITÉ
Yom Kippour .... GRANDPARDON
Zèle ardent pour imposer ses idées ....
.... PROSÉLYTISME
Zeus fit d'elle une constellation .... CALLISTO
Zeus les métamorphosa en étoiles ..... PLÉIADES
Zone de la haute atmosphère ...... IONOSPHÈRE
Zone de passage étroite .... CORRIDOR
Zone dévastée .... NOMANSLAND
Zone d'ombre .... PÉNOMBRE
Zone médiane d'un fruit .... MÉSOCARPE
Zone occupée par un animal .... TERRITOIRE
Zone où l'on voit se déplacer le Soleil et la Lune ...
.... ZODIAQUE
Zone qui s'étend autour d'un point .. PÉRIMÈTRE
Zone sans éclat .... TERNISSURE

Du même auteur :

(1965), Les valeurs morales de la théologie johannique, Paris, Gabalda, 387 p.

(1988), Vocabulaire de l'intelligence artificielle, Secrétariat d'État du Canada, 1217 p. (Bulletin de terminologie no 184).

(1989), Lexique de la micrographie, Secrétariat d'État du Canada, 111 p. (Bulletin de terminologie no 187).

(1989), Lexique de la guerre spatiale, Secrétariat d'État du Canada, 119 p. (Bulletin de terminologie no 191).

(1991), Vocabulaire du langage Ada, Secrétariat d'État du Canada, 217 p. (Bulletin de terminologie no 206).

(1993), Dictionnaire anglais-français d'intelligence artificielle, Paris, Masson, 203 p.

(2006), Le nouveau dictionnaire des mots croisés, Montebello, Les Éditions le mieux-être, 559 p.